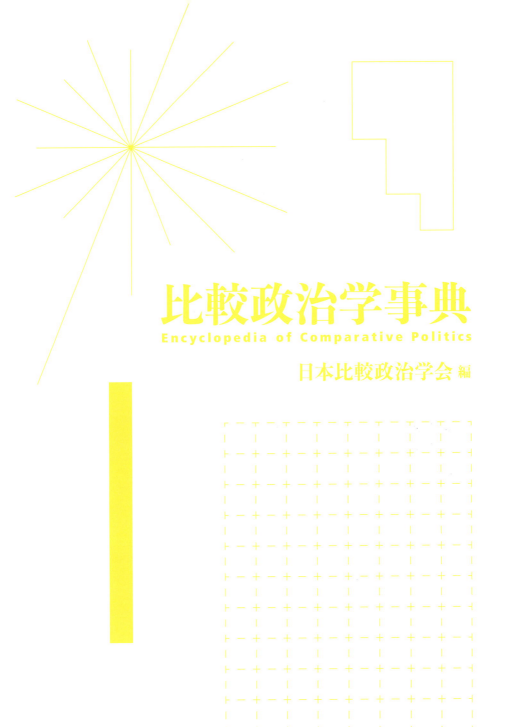

比較政治学事典
Encyclopedia of Comparative Politics

日本比較政治学会 編

丸善出版

刊行にあたって

日本では，これまで政治学や国際政治学の事典は刊行されてきましたが，本書のように，比較政治学（comparative politics）という名称を冠した事典が刊行されるのは初めてのことです．比較政治学は，政治学における一つの下位分野として位置付けられていますが，その歴史は長く，古代ギリシャのアリストテレスによる著作『政治学』にまでさかのぼるとも言われています．その後のマキアヴェッリ，モンテスキュー，ブライス，トクヴィルなどが著した政治学におけるさまざまな古典についても，比較政治学の系譜に位置付けられる業績とされています．今でこそ比較政治学は政治学における一つの下位分野とされているのですが，実は政治学の歴史と重なり合っており，比較政治学こそ政治学であるという見方もなされないわけではありません．

20世紀を通じて政治学の科学化や専門分化が大きく進展したことにより，今日の比較政治学は一つの独立した分野として，政治学の中でもひときわ目立つ存在となりました．とりわけ，第二次世界大戦後には，かつて植民地であったアジアやアフリカの国々が国家として新たに独立し，比較政治学が研究対象とする国や地域は一気に拡大しました．世界各国でみられる政治現象はさまざまであり，戦後の比較政治学においては，多岐にわたる研究テーマが取り扱われるようになりました．また，比較研究の方法にも注意が払われ，比較政治学の方法論をめぐるさまざまな議論が展開されてきました．日本においては，戦後の早い時期から比較政治学に対して関心が向けられ，海外の代表的な研究成果の翻訳が数多く公刊されるとともに，世界の国々を分析対象とする研究業績が蓄積されてきました．

日本の比較政治学がブレークスルーを迎えることになったのは，1998年の日本比較政治学会の設立でした．「日本比較政治学会設立趣意書」には次のように書かれています．

　　　とりわけ冷戦後の世界では，NIESや発展途上国の民主化，旧社会主義諸国の民主化および市場経済化，先進諸国の行財政改革などといった政治経済体制の根幹に関わる争点が，重大な課題として浮上してきている．これらの課題への取り組みには，単に実務的な観点から対処するだけでは十分でない．現在の諸問題の歴史的背景を解明し，それを踏まえて学術的な観点から課題の設定の仕方に立ち返って問題点を理論的に整理し，効果的な政策や制度を構想していくことも必要である．そのためには各国別の研究にとどまら

ず，その成果を踏まえて理論的に各国の政治や外交を比較・検討し，研究上の新たな飛躍を生み出すことが肝要である．

　日本比較政治学会は，このような目的のために，世界各国の政治や外交について研究する国内外の研究者を集めることにより，研究者相互の交流と協力を促進するとともに，独自の研究成果を公表してきました．「日本比較政治学会編」として本事典を刊行するにあたっては，可能な限り多くの学会員の協力を得ることとし，数多くの会員に執筆をお願いしました．項目によっては，会員以外の執筆者に依頼したケースもありますが，本事典は，200名近くの執筆者の手により，約300項目が執筆されています．幸いなことに，当初の段階で盛り込むことを決めた全ての項目について，一つの漏れもなく，本書に収めることができました．

　本書は，「調べる」事典ではなく「読む」事典という性格をもっています．比較政治学に関心をもつ読者が手に取りやすく，読みやすく，理解しやすくなるようにと考え，本事典の全ての項目は，それぞれ見開き2ページで完結するように執筆されています．本書の構成は，序章「比較政治学の歴史」に始まり，「方法論」「国家と社会」「政治体制」「政治参加」「政治制度」「紛争」「シティズンシップとガバナンス」という全7部からなっています．各部では，より細分化した項目を章ごとに取り扱っており，全25章に分かれています．そこでは，比較政治学において欠くことのできない項目はもちろん，最近の比較政治学において注目を集めているような，新しい項目まで扱っています．その意味で，本事典は，現時点における日本の比較政治学の到達点を示すものとして位置付けることができます．

　本事典の最初の刊行予定は2025年5月でしたが，原稿提出から内容の検討や校正などの編集作業まで順調に進み，2025年1月の刊行へと刊行時期が早まりました．大勢が関わっているにもかかわらず，刊行予定を大幅に短縮できたのは，関係者お一人おひとりのご理解とご協力のおかげです．本書に関わった全ての執筆者と編集幹事・編集委員のみなさんに心より御礼申し上げます．

　このような企画が実現できたのは，ひとえに丸善出版企画・編集部の小林秀一郎さんと藤村斉輝さんのお力添えがあったからです．今思えば，長かったような，あっという間の出来事であったような，不思議な時間をご一緒させていただいたことに感謝するばかりです．

　本書が日本における比較政治学の発展のための一助となれば，これに過ぎる喜びはありません．

2024年11月

編集委員長

岩　崎　正　洋

■編集委員一覧 （五十音順）

編集委員長

岩　崎　正　洋　　日本大学法学部　教授

編集幹事

遠　藤　　　貢　　東京大学大学院総合文化研究科　教授
大　西　　　裕　　神戸大学大学院法学研究科　教授
小　川　有　美　　立教大学法学部　教授
粕　谷　祐　子　　慶應義塾大学法学部　教授

編集委員

網　谷　龍　介　　津田塾大学学芸学部　教授
伊　藤　　　武　　東京大学大学院総合文化研究科　教授
岡　田　　　勇　　名古屋大学大学院国際開発研究科　教授
岡　山　　　裕　　慶應義塾大学法学部　教授
久　保　慶　一　　早稲田大学政治経済学術院　教授
近　藤　康　史　　名古屋大学大学院法学研究科　教授
末　近　浩　太　　立命館大学国際関係学部　教授
辻　　　由　希　　東海大学政治経済学部　教授
外　山　文　子　　筑波大学人文社会系　准教授
馬　場　香　織　　北海道大学大学院法学研究科　准教授
東　島　雅　昌　　東京大学社会科学研究所　准教授
日　野　愛　郎　　早稲田大学政治経済学術院　教授
松　尾　秀　哉　　龍谷大学法学部　教授
宮　地　隆　廣　　東京大学大学院総合文化研究科　教授
安　井　宏　樹　　神戸大学大学院法学研究科　教授

（2024 年 11 月現在）

■執筆者一覧（五十音順）

浅 井 直 哉　日本大学

浅 野 正 彦　拓植大学

浅 羽 祐 樹　同志社大学

浅 見 靖 仁　法政大学

芦 谷 圭 祐　山形大学

油 本 真 理　法政大学

安 　 周 永　龍谷大学

安 中 　 進　弘前大学

飯 尾 　 潤　政策研究大学院大学

飯 田 　 健　同志社大学

飯 田 芳 弘　学習院大学

五十嵐 誠 一　千葉大学

池 谷 知 明　早稲田大学

池 本 大 輔　明治学院大学

石 黒 大 岳　アジア経済研究所

石 田 　 淳　東京大学

井 関 竜 也　東京大学

市 原 麻衣子　一橋大学

伊 藤 　 岳　大阪公立大学

伊 東 孝 之　早稲田大学 名誉教授

伊 藤 　 武　東京大学

稲 田 　 奏　東京都立大学

井 上 　 睦　北海学園大学

今 井 宏 平　アジア経済研究所

今 井 真 士　東洋大学 非常勤講師

岩 坂 将 充　北海学園大学

岩 崎 正 洋　日本大学

岩 本 美砂子　三重大学 名誉教授

上 神 貴 佳　学習院大学

上 杉 勇 司　早稲田大学

植 村 和 秀　京都産業大学

上 村 雄 彦　横浜市立大学

宇佐見 耕 一　同志社大学

臼 井 陽一郎　新潟国際情報大学

内 山 　 融　東京大学

浦 部 浩 之　獨協大学

遠 藤 晶 久　早稲田大学

遠 藤 　 貢　東京大学

大 石 晃 史　インディアナ大学 客員研究員

大 串 和 雄　東京大学 名誉教授

大 西 　 裕　神戸大学

岡 田 　 勇　名古屋大学

岡 部 みどり　上智大学

岡 部 恭 宜　東北大学

岡 本 正 明　京都大学

岡 本 三 彦　東海大学

小 川 有 美　立教大学

小 野 　 一　工学院大学

小 山 晶 子　東海大学

粕 谷 祐 子　慶應義塾大学

勝 又 裕 斗　東京大学

加 藤 淳 子　東京大学

加 藤 雅 俊　立命館大学

門 屋 　 寿　早稲田大学

金 丸 裕 志　和洋女子大学

鎌 原 勇 太　横浜国立大学

上 川 龍之進　大阪大学

河 﨑 　 健　上智大学

菊 田 恭 輔　アジア経済研究所

執筆者一覧

菊池 啓一	アジア経済研究所
木寺 元	明治大学
日下 渉	東京外国語大学
工藤 文	金沢大学
久保 慶一	早稲田大学
窪田 悠一	日本大学
ケネス・盛・マッケルウェイン	東京大学
古賀 光生	中央大学
小堀 眞裕	立命館大学
小松 志朗	山梨大学
小森 宏美	早稲田大学
近藤 則夫	拓殖大学 非常勤講師
近藤 正基	京都大学
近藤 康史	名古屋大学
酒井 啓子	千葉大学
坂井 亮太	中央学院大学
阪野 智一	神戸大学 名誉教授
坂部 真理	大東文化大学
坂本 治也	関西大学
作内 由子	獨協大学
サディス 純	インディアナ大学
佐藤 俊輔	金沢大学
佐藤 丙午	拓殖大学
佐藤 祐子	早稲田大学
塩川 伸明	東京大学 名誉教授
島田 幸典	京都大学
清水 直樹	高知県立大学
庄司 香	学習院大学
白糸 裕輝	ミシガン大学
申 琪榮	お茶の水女子大学
末近 浩太	立命館大学
杉浦 功一	文教大学
杉木 明子	慶應義塾大学
杉田 弘也	神奈川大学
杉之原 真子	フェリス女学院大学
杉村 豪一	常葉大学
鈴木 一人	東京大学
須田 祐子	東京外国語大学 非常勤講師
仙石 学	北海道大学
空井 護	北海道大学
宋 財法	関西大学
孫 斉庸	立教大学
高橋 百合子	早稲田大学
高安 健将	早稲田大学
武内 進一	東京外国語大学
武田 宏子	名古屋大学
竹中 千春	元 立教大学
竹中 佳彦	筑波大学
田中 拓道	一橋大学
田中(坂部)有佳子	共立女子大学
谷口 将紀	東京大学
谷口 美代子	宮崎公立大学
谷口 友季子	アジア経済研究所
田村 哲樹	名古屋大学
千坂 知世	名古屋商科大学
辻 由希	東海大学
坪郷 實	早稲田大学 名誉教授
外山 文子	筑波大学
豊田 紳	アジア経済研究所
鳥飼 将雅	大阪大学
中井 遼	東京大学
中島 晶子	東洋大学
中田 瑞穂	明治学院大学
中西 嘉宏	京都大学
中溝 和弥	京都大学
縄倉 晶雄	全国過疎地域連盟

新川 匠郎	神戸大学	
西岡 晋	東北大学	
錦田 愛子	慶應義塾大学	
西山 隆行	成蹊大学	
野田 昌吾	大阪公立大学	
秦 正樹	大阪経済大学	
馬場 香織	北海道大学	
濱本 真輔	大阪大学	
稗田 健志	大阪公立大学	
東島 雅昌	東京大学	
東村 紀子	京都外国語大学 非常勤講師	
日野 愛郎	早稲田大学	
藤川 健太郎	名古屋大学	
藤嶋 亮	國學院大學	
藤村 直史	神戸大学	
藤原 帰一	東京大学 名誉教授	
堀江 孝司	東京都立大学	
堀拔 功二	日本エネルギー経済研究所	
本田 宏	北海学園大学	
本名 純	立命館大学	
前嶋 和弘	上智大学	
牧野 久美子	アジア経済研究所	
舛方 周一郎	東京外国語大学	
増原 綾子	亜細亜大学	
増山 幹高	政策研究大学院大学	
待鳥 聡史	京都大学	
松尾 晃孝	エセックス大学	
松尾 秀哉	龍谷大学	
松尾 昌樹	宇都宮大学	
松尾 隆佑	宮崎大学	
松嵜 英也	津田塾大学	
松田 憲忠	青山学院大学	

マリサ・ケラム	早稲田大学	
三浦 まり	上智大学	
水島 治郎	千葉大学	
溝口 修平	法政大学	
宮内 悠輔	立教大学	
宮田 智之	帝京大学	
宮地 隆廣	東京大学	
宮脇 聡史	大阪大学	
宮脇 昇	立命館大学	
向山 直佑	東京大学	
村上 彩佳	専修大学	
村上 勇介	京都大学	
森下 明子	同志社大学	
安井 宏樹	神戸大学	
安岡 正晴	神戸大学	
矢内 勇生	高知工科大学	
柳原 克行	大同大学	
山尾 大	九州大学	
山崎 望	中央大学	
山田 紀彦	アジア経済研究所	
山根 健至	福岡女子大学	
山本 健太郎	北海学園大学	
山本 達也	清泉女子大学	
湯川 拓	東京大学	
横田 正顕	東北大学	
吉田 徹	同志社大学	
ロバート・ファーヒ	早稲田大学	
鷲田 任邦	東洋大学	
和田 毅	東京大学	

（2024 年 11 月時点）

目　　次

序　章　比較政治学の歴史

[編集担当：岩崎正洋]

比較政治学とは …………………… 2
政治学における「比較」の歴史 ….. 4
比較政治学委員会 ………………… 6
ヨーロッパにおける比較政治学の展開
…………………………………… 8
日本における比較政治学の受容と展開
…………………………………… 10

第Ⅰ部　方法論

[編集担当：粕谷祐子・岡田　勇・日野愛郎]

第1章　方法論の展開

比較研究の端緒 …………………… 16
リサーチ・デザインの発展 ……… 18
質的・量的分析論争 ……………… 20
混合手法 …………………………… 22
QCA ………………………………… 24
規範理論 …………………………… 26
ゲーム理論 ………………………… 28
ベイズ推論 ………………………… 30
研究倫理 …………………………… 32

第2章　データ収集

エリートインタビュー …………… 36
オーラルヒストリー ……………… 38
フォーカス・グループ・インタビュー
…………………………………… 40
サーベイ …………………………… 42
国際比較世論調査 ………………… 44
オンラインデータ収集 …………… 46

第3章　質的分析

事例研究	50	エスノグラフィー	58
経路依存	52	構成主義	60
過程追跡	54	言説分析	62
比較歴史分析	56		

第4章　量的分析

統計的因果推論	66	時系列分析	76
サーベイ実験	68	空間分析	78
重回帰	70	テキスト分析	80
マルチレベル分析	72	ネットワーク分析	82
パネルデータ分析	74		

第Ⅱ部　国家と社会

［編集担当：岩崎正洋・小川有美・近藤康史・馬場香織］

第5章　国家建設

国家とは何か	88	開発独裁	100
近代ヨーロッパにおける国家建設		グローバル化と国家	102
	90	欧州統合と国家	104
非西欧における国家建設	92	軍と国家	106
紛争後の国家建設	94	未承認国家	108
脱植民地化	96	レンティア国家	110
国家の統治能力	98	地方自治	112

第6章 ナショナリズム

ナショナリズムとは何か ………… 116
国民統合 ……………………… 118
ナショナリズムと紛争 ………… 120
脱植民地主義とナショナリズム
　　　　………………………… 122

分離独立運動 ………………… 124
多文化主義 …………………… 126
宗教と国家——キリスト教 …… 128
宗教と国家——イスラーム …… 130

第7章 福祉国家

福祉レジーム論 ……………… 134
福祉国家の変化の理論 ………… 136
福祉国家と新自由主義改革 …… 138
ポスト工業化社会と福祉国家の変容

　　……………………………… 140
福祉国家と移民 ……………… 142
途上国の福祉国家 …………… 144

第8章 政治文化

政治文化論 …………………… 148
ソーシャル・キャピタル ……… 150
政治文化と政治変動 ………… 152

クライエンテリズム ………… 154
文明の衝突 …………………… 156
イデオロギー ………………… 158

第9章 ポピュリズム

ポピュリズムとは何か ………… 162
アメリカのポピュリズム ……… 164
中南米のポピュリズム ………… 166
日本のポピュリズム ………… 168

ヨーロッパの右派ポピュリズム
　　……………………………… 170
ヨーロッパの左派ポピュリズム
　　……………………………… 172

第Ⅲ部　政治体制

[編集担当：遠藤 貢・粕谷祐子・網谷龍介・東島雅昌]

第 10 章　政治体制の概念と理論

民主主義と権威主義 ················ 178
民主主義指標 ························ 180
権威主義体制の下位類型 ·········· 182
ハイブリッド体制 ·················· 184
民主化の理論 ························ 186
民主主義の後退 ····················· 188

民主政の崩壊 ························ 190
権威主義の崩壊 ····················· 192
直接民主主義と代表民主主義 ····· 194
民主主義と熟議 ····················· 196
ステークホルダー・デモクラシー 198

第 11 章　民主主義

多数決型・競争型民主政 ·········· 202
多極共存型・合意型民主政 ········ 204
民主化支援 ·························· 206
民主化と国際環境 ·················· 208
民主政と経済的不平等 ············· 210
資本主義と民主主義 ··············· 212
民主政の(経済)パフォーマンス ··· 214

民主政と市民社会 ·················· 216
政治的分極化 ························ 218
民主政と社会的多様性 ············· 220
中位投票者定理 ····················· 222
数理モデルによる民主主義理論
···································· 224

第 12 章　権威主義

独裁者のジレンマ ··················· 228
全体主義（ファシズム・ナチズム）
···································· 230
権威主義の遺産 ····················· 232
クーデタと粛清 ····················· 234
治安機構・軍と抑圧 ··············· 236
権威主義体制における選挙 ········ 238
権威主義体制における与党 ········ 240

権威主義体制における議会 ········ 242
分配政治，懐柔，取り込み ········ 244
資源の呪い ·························· 246
プロパガンダ・メディア・検閲
···································· 248
地方統治 ···························· 250
サブナショナル権威主義 ·········· 252
野党と抗議行動 ····················· 254

選好の偽装（自己検閲） ……… 256　　ソ連の解体 ……………………… 260
アラブの春 ……………………… 258

第Ⅳ部　政治参加

[編集担当：遠藤　貢・大西　裕・宮地隆廣・安井宏樹]

第13章　社会運動

社会運動の定義 ………………… 266　　エスニック運動 ………………… 274
社会運動の分析アプローチ ……… 268　　NGO・NPO ……………………… 276
社会運動の帰結 ………………… 270　　大衆デモ ………………………… 278
環境運動 ………………………… 272

第14章　政党と政治システム

政党の機能 ……………………… 282　　クリーヴィッジ ………………… 300
政党の分類 ……………………… 284　　キリスト教民主主義政党 ……… 302
カルテル政党 …………………… 286　　イスラーム政党 ………………… 304
政治資金 ………………………… 288　　社会民主主義政党 ……………… 306
政党助成 ………………………… 290　　地域政党 ………………………… 308
政党システムのタイポロジー …… 292　　組閣の連立理論 ………………… 310
政党システムの変化 …………… 294　　連立理論 ………………………… 312
デュベルジェの法則 …………… 296　　選挙前連立の理論 ……………… 314
政党の位置 ……………………… 298　　ジュニアパートナー …………… 316

第15章　利益団体

利益団体の定義と活動 ………… 320　　農業団体 ………………………… 328
利益団体と政策過程 …………… 322　　シンクタンク …………………… 330
労働組合 ………………………… 324　　多元主義 ………………………… 332
経済団体 ………………………… 326　　西欧のコーポラティズム ……… 334

ラテンアメリカのコーポラティズム $\cdots\cdots\cdots\cdots\cdots\cdots\cdots\cdots$ 336

第Ⅴ部　政治制度

［編集担当：岩崎正洋・粕谷祐子・岡山　裕・松尾秀哉］

第16章　アプローチ

政治制度とは $\cdots\cdots\cdots\cdots\cdots$ 342　　歴史的制度論 $\cdots\cdots\cdots\cdots\cdots\cdots$ 346
制度論の歴史 $\cdots\cdots\cdots\cdots\cdots$ 344

第17章　選　挙

選挙制度 $\cdots\cdots\cdots\cdots\cdots\cdots\cdots$ 350　　アカウンタビリティ $\cdots\cdots\cdots\cdots$ 374
多数代表制と比例代表制 $\cdots\cdots\cdots$ 352　　選挙サイクル $\cdots\cdots\cdots\cdots\cdots\cdots$ 376
混合制 $\cdots\cdots\cdots\cdots\cdots\cdots\cdots\cdots$ 354　　有権者 $\cdots\cdots\cdots\cdots\cdots\cdots\cdots\cdots$ 378
中選挙区制 $\cdots\cdots\cdots\cdots\cdots\cdots$ 356　　投票行動のモデル——投票参加
阻止条項 $\cdots\cdots\cdots\cdots\cdots\cdots\cdots$ 358　　　　　$\cdots\cdots\cdots\cdots\cdots\cdots$ 380
予備選挙制度 $\cdots\cdots\cdots\cdots\cdots\cdots$ 360　　投票行動のモデル——投票決定
選挙制度と政党システム $\cdots\cdots\cdots$ 362　　　　　$\cdots\cdots\cdots\cdots\cdots\cdots$ 382
選挙権の導入 $\cdots\cdots\cdots\cdots\cdots\cdots$ 364　　政治的景気循環 $\cdots\cdots\cdots\cdots\cdots$ 384
有権者登録 $\cdots\cdots\cdots\cdots\cdots\cdots$ 366　　インターネットと投票 $\cdots\cdots\cdots$ 386
投票の義務付け $\cdots\cdots\cdots\cdots\cdots$ 368　　ニューロポリティクス——社会におけ
選挙運営の評価 $\cdots\cdots\cdots\cdots\cdots$ 370　　　　　る選好と決定 $\cdots\cdots\cdots\cdots\cdots$ 388
選挙管理 $\cdots\cdots\cdots\cdots\cdots\cdots\cdots$ 372

第18章　統治の制度

大統領制と議院内閣制 $\cdots\cdots\cdots$ 392　　政治の大統領制化 $\cdots\cdots\cdots\cdots\cdots$ 400
憲法典 $\cdots\cdots\cdots\cdots\cdots\cdots\cdots\cdots$ 394　　政治と司法 $\cdots\cdots\cdots\cdots\cdots\cdots$ 402
議院構造 $\cdots\cdots\cdots\cdots\cdots\cdots\cdots$ 396　　司法の政治化 $\cdots\cdots\cdots\cdots\cdots\cdots$ 404
院内の制度（委員会）$\cdots\cdots\cdots$ 398　　官僚制 $\cdots\cdots\cdots\cdots\cdots\cdots\cdots\cdots$ 406

独立行政機関	408	連邦制	414
中央銀行制度	410	アメリカの連邦制	416
君主制	412	EU の連邦主義	418

第Ⅵ部　紛　争

［編集担当：岩崎正洋・遠藤　貢・久保慶一・末近浩太］

第 19 章　紛争の諸相

政治的暴力	424	テロリズム	434
戦　争	426	クーデタ	436
内　戦	428	革　命	438
民族紛争	430	紛争と植民地主義	440
宗教紛争	432	合意の拘束力と不合理な戦争	442

第 20 章　紛争のダイナミズム

経済と紛争	446		464
天然資源と紛争	448	武装勢力と組織犯罪集団	466
民主化と紛争	450	紛争と非国家主体	468
選挙暴力	452	ディアスポラと紛争	470
地勢と紛争	454	紛争と難民	472
気候変動と紛争	456	紛争と介入	474
自然災害と紛争	458	ジェノサイド	476
食料／水資源と紛争	460	メディアと紛争	478
テクノロジーと紛争	462	歴史認識	480
破綻国家，失敗国家，脆弱国家			

第 21 章　紛争後の平和構築

紛争終結と和平合意	484	紛争と安全保障	486

国際法と武力紛争 …………… 488	DDR ……………………………… 498
国連と紛争 …………………… 490	移行期正義 …………………… 500
地域機構と紛争 ……………… 492	戦争犯罪裁判 ………………… 502
平和構築 ……………………… 494	真実委員会 …………………… 504
治安部門改革 ………………… 496	

第Ⅶ部　シティズンシップとガバナンス

［編集担当：大西 裕・小川有美・伊藤 武・辻 由希・外山文子］

第 22 章　政治経済

発展指向型国家 ……………… 510	グローバリゼーションと体制変動
資本主義の多様性 …………… 512	……………………………… 524
コーポレート・ガバナンス …… 514	グローバル・タックス ……… 526
財政政策 ……………………… 516	資源外交 ……………………… 528
金融政策 ……………………… 518	食料と政治 …………………… 530
都市政治 ……………………… 520	宇宙開発と政治 ……………… 532
格差と政治 …………………… 522	SDGs と政治 ………………… 534

第 23 章　ジェンダー，移民

ジェンダーと比較政治 ……… 538	人口政策 ……………………… 556
女性運動 ……………………… 540	人工妊娠中絶と政治 ………… 558
女性の政治代表 ……………… 542	ケアと政治 …………………… 560
ジェンダーと選挙制度 ……… 544	「LGBT」と政治 …………… 562
国家フェミニズム …………… 546	同性婚と政治 ………………… 564
ジェンダーと福祉レジーム …… 548	外国人労働者 ………………… 566
ジェンダーと体制移行 ……… 550	難民 …………………………… 568
ジェンダーと資本主義 ……… 552	移民の包摂と統合 …………… 570
ジェンダーと紛争 …………… 554	排外主義 ……………………… 572

第24章 政治コミュニケーション

マスメディアと政治 ……………… 576
マスメディアと世論 ……………… 578
ソーシャルメディア（SNS）と選挙
……………………… 580
フェイクニュース ………………… 582
陰謀論 ……………………………… 584
若者と大衆デモ …………………… 586

第25章 知とガバナンス

テクノクラート …………………… 590
官僚制と専門知 …………………… 592
汚職取締機関 ……………………… 594
汚職と政治 ………………………… 596
オンブズマン ……………………… 598
デジタル政府 ……………………… 600
個人情報 …………………………… 602
疫病と政治 ………………………… 604
主権者教育 ………………………… 606
高等教育改革 ……………………… 608

【付録】『比較政治学会年報』特集タイトル・目次一覧 ……………… 611
参照・引用文献 …………………………………………………………… 621
見出し語五十音索引 ……………………………………………………… xvii
事項索引 …………………………………………………………………… 665
人名索引 …………………………………………………………………… 695

見出し語五十音索引

■英字

DDR　498

EU の連邦主義　418

「LGBT」と政治　562

NGO・NPO　276

QCA　24

SDGs と政治　534

■あ行

アカウンタビリティ　374

アメリカ

　　──のポピュリズム　164

　　──の連邦制　416

アラブの春　258

安全保障，紛争と　486

委員会，院内の制度　398

移行期正義　500

イスラーム，宗教と国家　130

イスラーム政党　304

イデオロギー　158

移民

　　──の包摂と統合　570

　　福祉国家と──　142

インターネットと投票　386

院内の制度（委員会）　398

陰謀論　584

宇宙開発と政治　532

右派ポピュリズム，ヨーロッパの　170

疫病と政治　604

エスニック運動　274

エスノグラフィー　58

エリートインタビュー　36

欧州統合と国家　104

汚職と政治　596

汚職取締機関　594

オーラルヒストリー　38

オンブズマン　598

オンラインデータ収集　46

■か行

外国人労働者　566

懐柔，取り込み，分配政治　244

介入，紛争と　474

開発独裁　100

格差と政治　522

革命　438

過程追跡　54

カルテル政党　286

環境運動　272

官僚制　406

　　──と専門知　592

議院構造　396

議院内閣制，大統領制と　392

議会，権威主義体制における　242

気候変動と紛争　456

規範理論　26

キリスト教，宗教と国家　128

キリスト教民主主義政党　302

近代ヨーロッパにおける国家建設　90

金融政策　518

空間分析　78

クーデタ　436

　　──と粛清　234

クライエンテリズム　154

クリーヴィッジ　300

グローバリゼーションと体制変動　524

グローバル化と国家　102

グローバル・タックス　526

君主制　412

軍

　　──と国家　106

――と抑圧，治安機構　236

ケアと政治　560
経済団体　326
経済的不平等，民主政と　210
経済と紛争　446
経路依存　52
ゲーム理論　28
権威主義
　　――体制における議会　242
　　――体制における選挙　238
　　――体制における与党　240
　　――体制の下位類型　182
　　――の遺産　232
　　――の崩壊　192
　　民主主義と――　178
検閲，プロパガンダ・メディア　248
研究倫理　32
言説分析　62
憲法典　394

合意の拘束力と不合理な戦争　442
抗議行動，野党と　254
構成主義　60
高等教育改革　608
国際環境，民主化と　208
国際比較世論調査　44
国際法と武力紛争　488
国民統合　118
国連と紛争　490
個人情報　602
国家
　　――とは何か　88
　　――の統治能力　98
　　欧州統合と――　104
　　グローバル化と――　102
　　軍と――　106
国家建設
　　近代ヨーロッパにおける――　90
　　非西欧における――　92
　　紛争後の――　94
国家フェミニズム　546
コーポラティズム
　　西欧の――　334
　　ラテンアメリカの――　336

コーポレート・ガバナンス　514
混合手法　22
混合制　354

■さ行

財政政策　516
左派ポピュリズム，ヨーロッパの　172
サブナショナル権威主義　252
サーベイ　42
サーベイ実験　68

ジェノサイド　476
ジェンダー
　　――と資本主義　552
　　――と選挙制度　544
　　――と体制移行　550
　　――と比較政治　538
　　――と福祉レジーム　548
　　――と紛争　554
時系列分析　76
資源外交　528
資源の呪い　246
自己検閲，選好の偽装　256
自然災害と紛争　458
質的・量的分析論争　20
失敗国家，破綻国家，脆弱国家　464
司法
　　――の政治化　404
　　政治と――　402
資本主義
　　――と民主主義　212
　　――の多様性　512
　　ジェンダーと――　552
市民社会，民主政と　216
社会運動
　　――の帰結　270
　　――の定義　266
　　――の分析アプローチ　268
社会的多様性，民主政と　220
社会における選好と決定，ニューロポリティクス
　　388
社会民主主義政党　306
重回帰　70
宗教と国家：イスラーム　130
宗教と国家：キリスト教　128

宗教紛争　432
熟議，民主主義と　196
粛清，クーデタと　234
主権者教育　606
ジュニアパートナー　316
植民地主義，紛争と　440
食料／水資源と紛争　460
食料と政治　530
女性運動　540
女性の政治代表　542
事例研究　50
シンクタンク　330
人口政策　556
人工妊娠中絶と政治　558
真実委員会　504
新自由主義改革，福祉国家と　138

数理モデルによる民主主義理論　224
ステークホルダー・デモクラシー　198

西欧のコーポラティズム　334
政策過程，利益団体と　322
政治
　　──と司法　402
　　──の大統領制化　400
　　「LGBT」と──　562
　　SDGsと──　534
　　宇宙開発と──　532
　　疫病と──　604
　　汚職と──　596
　　ケアと──　560
　　食料と──　530
　　人工妊娠中絶と──　558
　　同性婚と──　564
　　マスメディアと──　576
政治化，司法の　404
政治学における「比較」の歴史　4
政治資金　288
政治制度とは　342
政治代表，女性の　542
政治的景気循環　384
政治的分極化　218
政治的暴力　424
政治文化と政治変動　152
政治文化論　148

政治変動，政治文化と　152
脆弱国家，破綻国家，失敗国家　464
政党
　　──の位置　298
　　──の機能　282
　　──の分類　284
政党システム
　　──のタイポロジー　292
　　──の変化　294
　　選挙制度と──　362
政党助成　290
制度論の歴史　344
世論，マスメディアと　578
選挙
　　権威主義体制における──　238
　　ソーシャルメディア（SNS）と──　580
選挙運営の評価　370
選挙管理　372
選挙権の導入　364
選挙サイクル　376
選挙制度　350
　　──と政党システム　362
　　ジェンダーと──　544
選挙暴力　452
選挙前連立の理論　314
選好の偽装（自己検閲）　256
戦争　426
戦争犯罪裁判　502
全体主義（ファシズム・ナチズム）　230
専門知，官僚制と　592

組閣の連立理論　310
組織犯罪集団，武装勢力と　466
阻止条項　358
ソーシャル・キャピタル　150
ソーシャルメディア（SNS）と選挙　580
ソ連の解体　260

■た行

大衆デモ　278
　　若者と──　586
体制移行，ジェンダーと　550
体制変動，グローバリゼーションと　524
大統領制化，政治の　400
大統領制と議院内閣制　392

代表民主主義，直接民主主義と　194
多極共存型・合意型民主政　204
多元主義　332
多数決型・競争型民主政　202
多数代表制と比例代表制　352
脱植民地化　96
脱植民地主義とナショナリズム　122
多文化主義　126

治安機構・軍と抑圧　236
治安部門改革　496
地域機構と紛争　492
地域政党　308
地勢と紛争　454
地方自治　112
地方統治　250
中位投票者定理　222
中央銀行制度　410
中選挙区制　356
中南米のポピュリズム　166
直接民主主義と代表民主主義　194

ディアスポラと紛争　470
テキスト分析　80
テクノクラート　590
テクノロジーと紛争　462
デジタル政府　600
デュベルジェの法則　296
テロリズム　434
天然資源と紛争　448

統計的因果推論　66
同性婚と政治　564
統治能力，国家の　98
投票
　　——の義務付け　368
　　インターネットと——　386
投票行動のモデル：投票決定　382
投票行動のモデル：投票参加　380
独裁者のジレンマ　228
独立行政機関　408
都市政治　520
途上国の福祉国家　144
取り込み，分配政治，懐柔　244

■な行

内戦　428
ナショナリズム
　　——とは何か　116
　　——と紛争　120
　　脱植民地主義と——　122
ナチズム・ファシズム，全体主義　230
難民　568
　　紛争と——　472

日本における比較政治学の受容と展開　10
日本のポピュリズム　168
ニューロポリティクス：社会における選好と決定
　　388

ネットワーク分析　82

農業団体　328

■は行

排外主義　572
ハイブリッド体制　184
破綻国家，失敗国家，脆弱国家　464
発展指向型国家　510
パネルデータ分析　74

比較研究の端緒　16
比較政治，ジェンダーと　538
比較政治学委員会　6
比較政治学
　　——とは　2
　　——の受容と展開，日本における　10
　　——の展開，ヨーロッパにおける　8
「比較」の歴史，政治学における　4
比較歴史分析　56
非国家主体，紛争と　468
非西欧における国家建設　92
比例代表制，多数代表制と　352

ファシズム・ナチズム，全体主義　230
フェイクニュース　582
フォーカス・グループ・インタビュー　40
福祉国家
　　——と移民　142

——と新自由主義改革 138
——の変化の理論 136
途上国の—— 144
ポスト工業化社会と——の変容 140
福祉レジーム論 134
福祉レジーム，ジェンダーと 548
不合理な戦争，合意の拘束力と 442
武装勢力と組織犯罪集団 466
武力紛争，国際法と 488
プロパガンダ・メディア・検閲 248
紛争
——と安全保障 486
——と介入 474
——と植民地主義 440
——と難民 472
——と非国家主体 468
気候変動と—— 456
経済と—— 446
国連と—— 490
ジェンダーと—— 554
自然災害と—— 458
食料／水資源と—— 460
地域機構と—— 492
地勢と—— 454
ディアスポラと—— 470
テクノロジーと—— 462
天然資源と—— 448
ナショナリズムと—— 120
民主化と—— 450
メディアと—— 478
紛争後の国家建設 94
紛争終結と和平合意 484
分配政治，懐柔，取り込み 244
文明の衝突 156
分離独立運動 124

ベイズ推論 30
平和構築 494

ポスト工業化社会と福祉国家の変容 140
ポピュリズム
——とは何か 162
アメリカの—— 164
中南米の—— 166
日本の—— 168

ヨーロッパの右派—— 172
ヨーロッパの左派—— 170

■ま行

マスメディア
——と政治 576
——と世論 578
マルチレベル分析 72

未承認国家 108
水資源／食料と紛争 460
民主化支援 206
民主化
——と国際環境 208
——と紛争 450
——の理論 186
民主主義
——と権威主義 178
——と熟議 196
——の後退 188
資本主義と—— 212
民主主義指標 180
民主主義理論，数理モデルによる 224
民主政
——と経済的不平等 210
——と市民社会 216
——と社会的多様性 220
——の（経済）パフォーマンス 214
——の崩壊 190
民族紛争 430

メディア
——と紛争 478
プロパガンダ・——・検閲 248

■や行

野党と抗議行動 254

有権者 378
有権者登録 366

与党，権威主義体制における 240
予備選挙制度 360
ヨーロッパ
——の右派ポピュリズム 170

——の左派ポピュリズム　172
——における比較政治学の展開　8

■ら行

ラテンアメリカのコーポラティズム　336

利益団体
　——と政策過程　322
　——の定義と活動　320
リサーチ・デザインの発展　18

歴史的制度論　346
歴史認識　480

レンティア国家　110
連邦主義，EU の　418
連邦制　414
　アメリカの——　416
連立理論　312
　組閣の——　310

労働組合　324

■わ行

若者と大衆デモ　586
和平合意，紛争終結と　484

凡　例

1. 本書は，比較政治学に関わる事柄について分かりやすく解説する「読む事典」として企画された．そのため，中項目による解説を採用している．調べたい項目を探すには，目次の後にある「見出し語五十音索引」を参照されたい．

2. 各項目とも，主題の定義や概念の規定，歴史的経緯と展開，これまでの研究成果，参照すべき文献や資料について具体的に記述した．また，本文の記述内容が他項目と関連する場合は，タイトル横に「☞「項目名」頁数」という形で関連項目を示した．

3. 各項目の執筆者名は本文末尾の〔　〕内に記した．ただし，記名原稿ではあるが読みやすさという観点に立って，編集委員会と編集部が表現や形式の編集と統一を行った．

4. 主要な専門用語（概念・人名など）については一定程度の表記統一を行ったが，複数の表記法がある用語については執筆者の表記を優先して統一していない場合がある．

5. 本文中の引用・参照文献は，原則として（荒木 2008）のように，著者姓と出版年で記している．引用ページを示す場合は，（荒木 2008：2-5）のように記した．

6. 参照・引用文献の書誌情報は巻末に一括して挙げた．和文は筆頭執筆者名の五十音順，欧文はアルファベット順で掲載している．

7. 当該テーマについてより詳しい知識を得るために，項目の末尾に「さらに詳しく知るための文献」として比較的入手しやすい文献を挙げた項目がある．

8. 重要語句は巻末の索引に採録した．ただし内容に触れず語句のみが文中に記されている場合は，煩雑を避けるため採録を省いたものもある．

序 章

比較政治学の歴史

政治学における下位分野の一つである「比較政治学（comparative politics）」には長い歴史があり，古くはアリストテレスによる政体の分類にまで遡る．その後もマキアヴェッリやモンテスキューらの著作においてみられるように，「比較」の視座による統治に関する議論が蓄積されてきた．比較政治学は古代ギリシャから今日に至るまで連綿と続いてきた学問の一つであり，政治学の中でも特に長い歴史をもっている．しかし，「比較」を行う際の方法や対象が明確に意識され，「比較政治学」という名称によって一定のまとまりをもつ研究が自覚的に行われ，研究成果が蓄積されるようになったのは，第二次世界大戦後のことである．本章ではまず，そもそも「比較政治学」とは何かを明示した後，政治学における「比較」の歴史をふりかえる．さらに，世界における比較政治学の展開について，とりわけアメリカ，ヨーロッパ，日本のケースに注目することにより概観する．

［岩崎正洋］

比較政治学とは

☞「民主化の理論」p. 186,「政党の機能」p. 282,「選挙制度」p. 350

　比較政治学は，政治思想，国際関係論，政治学方法論と並ぶ，政治学を構成する下位分野である．ここでは，これらの分野と比較政治学との違いを検討して比較政治学の特徴を浮かびあがらせたい．他の分野との対比から，比較政治学は，①実在するデータを分析し，②国際関係ではなく国内の政治を分析対象とし，③ある国の固有性理解ではなく，ある程度地域・時代をまたいで存在する政治現象に対する因果関係の説明（一般理論化）を目指す学問分野であることがわかる．
●**国内政治の実態分析**　政治学は一般に，統治に関わる諸決定を分析する学問であるが，政治学を細分化する際の分岐点として，それが政治の理念上の問題を扱うのか，それとも政治の実態を扱うのか，に分かれる．前者に属するのが政治思想，後者に含まれるのが比較政治学と国際関係論である．政治思想研究は理念上重要な問題（例えば権力，自由，正義など）に対し，「どうあるべきか」という規範的検討を加えたり，ある理念や概念の思想史上の発展を分析する．ここでは，ある主張（理論）を展開する際の論拠として実証データを用いた検証は必要とされない．これに対し，比較政治学（および国際関係論）においては，実在する情報や数量化されたデータを用いた分析によって仮説が検証され，それが支持された段階で初めて「理論」として成立する．

　では，国際関係論と比較政治学の違いは何だろうか．ここでは，分析する対象が問題となる．国際関係論はその名前が示すように国と国との関係，つまり国家間の政治（politics between nations）を分析するのに対し，比較政治学は国家内の政治（politics within nations）を主な分析対象としている．したがって，国際関係論での主要なテーマには，戦争，安全保障，国際貿易，国際機構の働きなどがある．これに対し比較政治学の主要テーマは，民主化，政党政治，選挙制度など，国内政治（domestic politics）が中心である．

　政治学方法論は，政治理論や国際関係論に比べると比較的最近になってから確立してきた新しい分野である．政治学方法論には，大きく分けて現象を数値化して分析する定量分析と，言葉に頼って分析する定性分析がある．比較政治学ではこれら両方を利用する．方法論研究者との違いは，方法論研究者の場合は分析方法そのものを開発することに主眼を置くのに対し，比較政治学者にとっての分析手法は，みずからの仮説を検証するために利用する道具といえる．

　比較政治学の特徴は，地域研究との対比からもみえてくる．地域研究は，ある国や地域に関し，その政治，社会，歴史，文化を包括的に理解しようとする学問

分野といえる．比較政治学と（政治的側面に注目した）地域研究は，ともに国内の政治を対象とし，実証的な分析をする点では共通するが，研究の目的において異なる．誇張した表現ではあるが，地域研究の目的が分析対象地域そのもの，特にその地域固有の特性の理解であるのに対し，比較政治学の目的は，ある程度地域や時代を越えてパターン化してとらえられる現象の理論的理解である．例えば日本を対象とする政治研究において，日本を事例として一般理論に貢献しようとする姿勢をもつ研究が比較政治学的なもの，日本を理解しようとする姿勢をもつ研究は地域研究的なもの，ということになる．

　だが，ここでの特徴付けは，理解しやすくするための誇張が多分に含まれており，実際の研究では他分野との境界線は曖昧であることに留意して欲しい．例えば，政治思想研究で規範的な議論をする際に実際の現象を事例として用いたり，国際関係論の分析において国内政治を重視したり，比較政治学でその逆のタイプの研究を行う場合もある．また，ある地域の理解と一般理論化は二律背反の関係にあるのではなく，どちらかというと地域理解中心，どちらかというと一般理論志向，というような「程度」の問題である．さらに，一般理論を構築しようとする際に分析対象地域の理解が必要なことはいうまでもなく，比較政治学の一般理論が地域研究の恩恵なしには形成されないことは非常に多い．

●**比較政治学の発展**　このような特徴をもつ分析は，アリストテレス，マキャベリ，モンテスキューなどの古典的著作にもみて取ることができる．だが，比較政治学というラベルが貼られるようになるのは，第二次世界大戦後のことである．1950年代にアメリカの社会科学研究評議会（SSRC）に比較政治学委員会が設立され，これ以降「比較政治学」という呼称がある程度確立し，一分野を形成していった．その後，この分野の研究は，心理学，社会学，経済学などの隣接領域の研究手法や研究テーマから影響を受けつつ，常に発展を続けている．

　今世紀に入ってからの重要な展開に「因果推論革命」や「クレディビリティ革命」と呼ばれる，因果関係に関する発想の変化がある．1990年代までの比較政治学では，因果関係を示すには説明変数 X と被説明変数 Y 間の共変関係を示すことが重要だと考えられていた．いわゆる重回帰分析の発想である．これに対し「因果推論革命」では，X が起こらなかったという反実仮想状況で Y は起こらなかったのかどうかに注目する．この考え方が実証政治学で広がってきたことで，実験や，実験に則した分析手法による分析が重視されるようになってきている．

　もう一つの重要な発展は，デジタル技術の発展を利用した分析手法の多様化と精緻化である．今世紀に入ってから，テキスト分析，ネットワーク分析，地図位置情報を用いた分析など，新しいタイプの分析手法を利用することでこれまでにない新しい知見が得られるようになっている．20世紀半ばに「誕生」した比較政治学という学問は変化を続けており，その発展を常に追いかける必要がある．　　［粕谷祐子］

政治学における「比較」の歴史 ☞「比較研究の端緒」
p. 16

比較政治学（comparative politics）という語は早くはイギリスのフリーマンの1873 年の著書にみられるが，比較は人間社会における政治の考察の初めから用いられた方法であった．多様なポリスからなる政体の実験場のようであった古代ギリシャでは，アリストテレス（B.C. 384-322）が治者の数と公益の違いに注目して，王政／僭主政，貴族政／寡頭政，国制／民主政という 6 分類を与えた．彼の師であったプラトンもローマの知識人政治家であったキケロも政体を比較して論じたが，彼ら古代の思想家による比較は最善の政治とは何かという問題意識と結び付いていた（宇野 2013）．

●**統治メカニズムの政治理論**　政治が人間の作為であり，権力にはその良し悪しにかかわらずそれぞれのメカニズムがある，という近代的な認識をもたらしたのはルネサンス期のマキアヴェッリ（1469-1527）である．それに続きボダンやハリントンらにより統治のメカニズムをとらえる政治理論が生み出される．特にモンテスキュー（1689-1755）は，小国・中位国・大国の規模の相違や，同時代のイングランドの権力抑制，商業社会など，古代とは異なる比較の観点から統治機構を論じて，フランス革命やアメリカ合衆国憲法にも影響を与えた．

●**トクヴィル，ウェーバー，ミル**　18-19 世紀にはスミスやマルクスが登場して社会経済研究が発展し，さまざまな事例や統計を論証に用いるようになった．その中で今日の比較政治学のさきがけとなる業績を打ち立てたのはフランスのトクヴィル（1805-59）であろう．彼は「アメリカの中にアメリカを超えるものを見た」という視点に立ち，平等化，体制の転換と連続性，集権と分権など，民主化の時代の諸問題を米仏の比較を通して深く掘り下げた（トクヴィル 2015；1998）．ドイツでは社会科学の巨人ウェーバー（1864-1920）が経済や宗教の世界史的比較に取り組んだことがよく知られるが，彼はミヘルスの先駆的な政党組織研究の影響を受け，政党についても重要な類型化を行っている（野口 2020）．

方法としての比較について考察を深めたのはイギリスの J・S・ミル（1806-73）である．ミルは『論理学体系』で，仮説を証明する手段として帰納の五つの方法——一致法，差異法，一致差異併用法，共変法，余剰法——をあげている．それらの方法は今日の基準では厳密な適用には向かないが，現在の比較政治学者にもしばしば参考にされるものである（保城 2015）．

●**20 世紀の政治学**　19 世紀末から 20 世紀にかけて社会科学が専門分化していく中で政治学・経済学・社会学という分野が新たに確立した．それら社会科学の

中でも比較研究がとりわけ大きな役割を果たすようになったのが政治学である．20 世紀の政治学の特徴は，アリストテレス以来の演繹的な比較ではなく，経験的・帰納的な比較が主流となったことである．ベントリーはドイツで学んだ形而上学的な国家論を離れて，集団に注目する政治過程論と政治学方法論をシカゴで展開した．彼のいたシカゴ大学ではメリアムを中心とするシカゴ学派が発展し，20 世紀を代表する政治学者を多数輩出する．その中にはアメリカを中心とする現代政治分析のラスウェル，キーらとともに，比較政治研究のアーモンドも含まれる．アーモンドとヴァーバの記念碑的業績『市民文化』以降，統計的比較とデータセットの整備が進展する（Munck & Snyder 2007；von Beyme 2010）．

●**国際的アリーナとしてのアメリカ**　第二次世界大戦後，世界の政治学の中心地となったのはアメリカであった．その背景にはヨーロッパからの研究者の移動がある．ナチズム・大戦の時代にドイツや中欧からアメリカに逃れた学者には，国際関係論のドイッチュ，全体主義論のフリードリヒ，包括政党論のキルヒハイマーらがおり，彼らは政治学の広範な分野に影響を与えた．

　もっとも，戦後アメリカの社会科学を席巻したシステム論は，独自性や差異の比較よりも一般化を志向するものであった．また旧植民地諸国が次々独立したこの時代に近代化論（後には政治発展論）が盛んになったが，その裏には米ソの開発モデルの競争という国際政治の現実があった．それにもかかわらず，研究者の出身や研究対象が多様化した比較政治学は，1960〜70 年代に一つの黄金時代を迎える．その担い手となったのはリプセット（1922-2006）をはじめとするアメリカの政治学者だけでなく，米国で学位を取るかフェローとして学んだ後，国際的共同研究に参画していったヨーロッパ諸国（あるいはラテンアメリカ）の研究者達である．法学的教育を受けた前の世代とは異なり，彼らは政治学・社会学の最新の成果を修得して，政党システムや政治体制，政治変動の比較分析に取り組んだ．その中にはノルウェー出身のロッカン，スペイン出身のリンス，オランダ出身のレイプハルトらがいる．

●**方法論の対立と対話**　今日までの比較政治学の発展の中では，定量，定性，フォーマル・モデルといった異なる方法間の対立が存在するといわれる．だがそれらの多様な方法を包含して比較政治学は「枝々の幅広い天蓋」をもつ樹のように成長したという見方もある（シュミッター 2006）．日本の政治学では，戦後まもなく思想史研究の丸山眞男（1914-96）が日本の超国家主義をドイツのナチズムと比較し，日本の「無責任の体系」を剔抉して衝撃を与えた．しかしその後の世代の比較政治学者によって丸山の論証の問題点が指摘されている（丸山 2015；久米 2013）．こうした先行業績との批判的対話は，日本における比較政治学の専門化の軌跡として重要な意味合いをもっている．　　　　　　　　　［小川有美］

比較政治学委員会

☞「ヨーロッパにおける比較政治学の展開」p. 8,「民主化の理論」p. 186

　第二次世界大戦後には，旧植民地であったアジア・アフリカの国々が独立し，新興国家としての立場で国際社会に参加するようになり，それに伴って国家数も増加した．米国政府は国際主義的な姿勢を示し，世界的にも「発展」に対する関心が高まった．このような状況は，社会科学のさまざまな領域における変化——理論や方法論についての進展，研究者自身による海外調査（例えば，非西欧諸国）の機会の増加など——とも相まって，戦後の比較政治学を特徴付けることとなった．とりわけ，当時の比較政治学において中心的な役割を担ったのは，比較政治学委員会（Committee on Comparative Politics）の存在であった．

●**比較政治学委員会の設置**　1948 年にアメリカの社会科学研究評議会（The Social Science Research Council：SSRC）の会長に就任したヘリングは，政治学の研究に厳密さと奥行きを与えるために，政治行動委員会と比較政治学委員会を設置した．キーが政治行動委員会の委員長に就任し，同委員会のメンバーでもあったアーモンドは 1954 年の比較政治学委員会の設置に伴い，初代の委員長に就任し，1963 年までその職にあった．アーモンドによれば，「諸外国の政治システムの研究に，アメリカ政治学における研究諸分野の改革ですでに大きな成果をあげていた理論の発酵と方法論の革新とを取り入れることに使命感をもってとりくんだ」（アーモンド　1982：11）という．

　比較政治学委員会は，ベテランと若手の政治学者から構成され，ヘリングやノイマンなどのベテランをはじめ，パイ，コールマン，マクリディス，ラパロンバラ，ウィナー，ヴァーバなどの当時の若手研究者がメンバーであった．数多くの研究者がアジア，中東，アフリカ，ラテンアメリカの国々に目を向け，旧植民地から独立した数々の新興諸国を研究対象とした．比較政治学委員会は，従来の比較政治学が政治制度や統治機構に注目してきたのとは異なる視点により，「比較」という視点を重視し，理論と方法の精緻化を行う必要があると考えていた．

●**比較政治学委員会の関心**　比較政治学委員会は当初，研究戦略の問題に重点的に取り組んだ．新興諸国に関する研究は，地域研究の枠組み内で行われがちであった．同委員会は，社会科学の理論と方法に関連付けることにより，新興諸国の政治に関する研究が政治学研究における主流となるように試みたのであった．そのための具体的な取り組みとして非西欧の政治システムの研究を理論的に精緻化し，方法論的に厳密にすること，さらに西欧諸国の政治を研究する際にみられる形式論的かつ制度論的な偏向を克服することが指摘されていた．アーモンドに

よれば，比較政治学委員会は「政治学が政治的な諸現象の因果関係と政治形態の多様性をより適切に取り扱うことを可能にする理論の発展を促すという課題」（アーモンド 1982：15）を担ったのである．

　例えば，アーモンド自身の 1956 年の論文「政治システムの比較」や 1960 年の共編著『発展途上地域の政治』（*The Politics of the Developing Areas*）所収の「比較政治のための機能的アプローチ」などは，比較政治学委員会の方向性を反映したものである．とりわけ，非西欧諸国における立法・司法・行政・官僚制などの運営が西欧諸国の基準から明らかに逸脱している点を制度的かつ記述的に描写するのではなく，「操作的に定義される一連の機能的なカテゴリー」（アーモンド 1982：19）を用いることによって把握しようと試みたのであった．

●**比較政治学委員会の活動**　比較政治学委員会の関心は，新興諸国と発展途上地域における政治の近代化と民主化にも向けられていた．委員会のメンバーの手により，1961〜63 年にかけて「政治発展」に関する一連の研究が展開された．近代化と民主化に関わる主な制度に注目することにより，それらの制度の前近代社会への導入に伴う問題と導入後の結果について検討された．具体的なテーマとして，「コミュニケーションと政治発展」「官僚制と政治発展」「教育と政治発展」「トルコと日本の政治発展」「政党と政治発展」などが取り扱われ，その成果として「政治発展研究叢書」が刊行された．同叢書を含め，比較政治学委員会を中心とする政治発展に関する刊行物は，1950 年代末から 1970 年代に至る約 20 年間にわたって政治学に影響を及ぼした．この間の同委員会の取り組みは，発展主義アプローチないし発展研究とでも呼べる一つのまとまりをもたらした．

　多くの政治発展に関する議論に共通してみられたのは，発展の過程が単線的な経路を進むと考えられていた点である．アーモンドらは，政治発展が①国家建設（state building），②国民形成（nation building），③参加（participation），④分配（distribution）という四つの段階からなると説明した．またハンティントンは，政治発展が逆行する場合を退行（decay）や崩壊（breakdown）といった概念を用いて説明したのであった．

　しかし，政治発展を巡る基準は，欧米諸国の経験から引き出されたものであり，必ずしも発展途上諸国の現実に妥当したものではなかった．欧米型の発展モデルは次第に受け入れられなくなり，比較政治学委員会の活動は徐々にみられなくなった．その後，発展主義アプローチに代わるものとして 1980 年代には，政治経済学的アプローチ，コーポラティズム・アプローチ，ネオ・マルクス主義的アプローチなどが注目されるようになった（Wiarda 1985）．　　　　　　［岩崎正洋］

📖さらに詳しく知るための文献
・アーモンド，ガブリエル・A.（1982）『現代政治学と歴史意識』（内山秀夫ほか訳）勁草書房.
・ウィーアルダ，ハワード・J. 編（1988）『比較政治学の新動向』（大木啓介ほか訳）東信堂.

ヨーロッパにおける比較政治学の展開

☞「比較政治学委員会」p. 6,「政治の大統領制化」p. 400

第二次世界大戦後の比較政治学は，社会科学研究評議会の比較政治学委員会を中心とする活動とも相まって，Made in USA の学問分野であるかのような印象を与えることになったかもしれない．とりわけ，行動科学革命の影響がみられる時期において，比較政治学の新たな取り組みは，ギリシャ以来の古典の蓄積とともに，学問の中心がヨーロッパであるという前提を覆すほどの威力を示した．大戦の被害からまだ立ち直っていない時期のヨーロッパの政治学界に対して，米国の政治学界から次々と発信された新たな理論やモデル，方法論は大きなインパクトを与え，それ以前のヨーロッパの政治学が十分に目を向けてきたとはいいがたい，アジアやアフリカの新興諸国における政治発展に関する政治的知識をもたらした．しかし，ヨーロッパの比較政治学の豊かさも無視することはできない．

●**ヨーロッパの政治学界**　ヨーロッパには，ECPR（European Consortium for Political Research）のように，ヨーロッパ全体の政治学の学会が存在する一方で，例えば，イギリスの PSA（Political Studies Association）のように，国ごとの政治学関連の学会も存在する．国ごとに国内学会があり，それぞれの学会が自国内で活動していながらも，同時にヨーロッパという括りの政治学の世界が存在する．ヨーロッパの政治学は，「多元的な伝統によって特徴付けられる」（Boncourt et al. 2020：8）という指摘もある．ヨーロッパの政治学の学会は ECPR だけでなく，EpsNet（European Political Science Network），EPSA（European Political Science Association），ECPSA（European Confederation of Political Science Association）などもある．

ECPR の設立が最も古く，1970 年であるが，EpsNet は 1996 年（2007 年に解散），EPSA は 2010 年，ECPSA は 2007 年である．それぞれメンバーシップの形態が異なり，ECPR と EpsNet は団体（機関）会員からなり，EPSA は個人会員，ECPSA は各国の政治学会からなる．それにともなって会員数も異なっており，ECPR の会員数は 338 団体，EPSA は 548 名の個人会員，ECPSA は 19 の各国の学会によって構成されている（Boncourt 2020）．このような点を踏まえると，ECPR は団体会員からなるため，各団体に所属している個人の数という規模の面でも，歴史的にも設立後半世紀以上を経ているという点からヨーロッパにおける比較政治学の歴史と重なり合う部分があり，注目に値するヨーロッパの政治学の学会である．

●**ECPR の設立者達**　ECPR の設立に際して中心的な役割を果たしたのは，ブ

ロンデルとロッカンであった．フランス出身のブロンデルは，英国エセックス大学の政治学部設立に際してアメリカ政治学のもつ科学的な志向を念頭に入れ，体系的な政治学教育を導入した．彼によれば，ヨーロッパの政治学がアメリカ化したことにより，海外から多くの学生が集まるようになり，海外に向けて政治学を発信することにもつながった．その延長線上にあるのが ECPR の設立であった．ブロンデルはロッカンとともに，イギリス，ドイツ，オランダ，フランス，スウェーデンの政治学者達に声を掛け，フォード財団からも援助を受けた．設立時にはロッカンが会長に就任し，ブロンデルは常務理事の職に就いた．学会の事務局は，ブロンデルが所属していたエセックス大学に恒常的に置かれ，加盟団体による会費によって運営される仕組みとした．

　ECPR の主な活動としては，年に一度の研究大会，ワークショップの開催，データ分析のためのサマースクール，ニューズレターの発行，*European Journal of Political Research* や *European Political Science Review* などの学術雑誌の刊行があげられる．各種イベントはヨーロッパの各地で開催され，COVID-19 パンデミックの際には研究大会がオンラインで開催された．ECPR には，多様な研究テーマに沿って 50 以上のリサーチグループが設けられ，ヨーロッパだけにとどまらず，世界中の政治学者間のネットワークがつくられている．

●ヨーロッパの比較政治学の展開　　ヨーロッパの比較政治学は，一国の事例に注目して分析を行っていたとしても，そこには比較分析につながるような視点が内包されているところに特徴がある．例えば，レイプハルトがヨーロッパの小国であるオランダの経験から多極共存型民主主義（consociational democracy）を論じたとしても，アングロアメリカ型の民主主義や大陸ヨーロッパ型の民主主義との比較という視点がともなっている．デュベルジェの政党論がフランス政治を，サルトーリの政党システム論がイタリア政治を念頭に置いているとはいえ，他の欧米諸国の事例との対比が意識され，常に比較分析に結び付いている．

　ヨーロッパ発の比較政治学において，とりわけ注目に値するテーマをあげると，例えば，ロッカンに代表される「中心–周辺」論はアメリカ政治学にはみられない視点であり，政党研究の分野でも政党システム論はヨーロッパならではの多様性を反映している．福祉国家論もまた，北欧諸国の事例だけでなく，先進工業民主主義諸国の比較を行う際の視点を提供する．政治の大統領制化（presidentialization）もヨーロッパの文脈から提起されたものである．　　　　［岩崎正洋］

📖さらに詳しく知るための文献
・Daalder, H.（ed.）（1997）*Comparative European Politics: The Story of a Profession.* Pinter.
・Boncourt, T. et al.（eds.）（2020）*Political Science in Europe: Achievements, Challenges, Prospects.* Rowman and Littlefield.

日本における比較政治学の受容と展開

☞「比較政治学とは」p. 2,「福祉レジーム論」p. 134,「民主化の理論」p. 186

比較政治学は，地球一体化する世界における国内の政治現象を主な対象とし，多国間比較，数カ国比較により一般的理論をつくり，「効果的な政策や制度の構想」の議論を行う研究領域である．そして，他の国の政治と比較することにより，日本政治の共通性と特有性を解明するものである．以下，日本における比較政治学の受容と展開について概観し，1998年の日本比較政治学会の設立にも触れる．

●**比較政治学の受容の始まり**　受容の始まりは，欧米の民主主義体制をモデルにした近代化論・民主化論であり，中進国や途上国が経済的に発展し，先進国に追いつく民主化モデルを巡る議論である．アメリカ合衆国（米国）では比較政治学は第二次世界大戦後発展したが，アメリカ政治と区別する外国研究の分野である．

次に，比較政治学と日本政治論との関係でいくつかの動向を取り上げる．日本政治の民主的性格に関する規範的な研究に対抗して，米国を基準とする多元主義アプローチからの日本政治論が展開された（1987年創刊の雑誌『レヴァイアサン』参照，大嶽 2005）．他方，1970年代には，先進国の政治分析の中心であった多元主義モデルが利益媒介の実態に合わないことを指摘するネオ・コーポラティズム（団体統合主義）が提起され，日本でも1980年代に導入された．同論は，分析レベルとして「利益媒介のシステム」（シュミッター），「団体統合のための政治構造」（パニッチ），「代表と（国家）介入の接合の形態」（ジェソップ）などを設定する（山口 1984：344-345）．日本では，この議論を通じて労働政治論という新研究分野が立ち上がった．

さらに，欧米における第二次世界大戦後の福祉国家問題は日本の政治学では十分に議論されなかったが，欧米で「転換期の福祉国家」が議論される時期にようやく福祉国家論は本格的に議論される．日本政治学会年報は，スウェーデン・イギリス・西ドイツ・米国の福祉国家との比較と「日本型福祉国家」の最新分析を含み，「『福祉国家問題』に関する政治学の立ち遅れを取り戻す」きっかけとなった（日本政治学会編 1989：iii-iv, viii-ix）．エスピン=アンデルセン（Esping-Andersen 1990）は，社会民主主義レジーム，保守主義レジーム，自由主義レジームの三類型化を論じる．2000年代以降，三類型に家族主義レジームを加え，世界諸国を比較する福祉レジーム論へと議論は進み，福祉政策を巡る新状況や構想・政策制度を議論する福祉政治論が成立する．

また，1990年代の日本の政治改革の課題には選挙制度改革，国会改革，政府改革が含まれ，日本における比較政治学の受容の成果が問われる局面であった．

●**日本比較政治学会の設立**　1998 年 6 月設立の日本比較政治学会の設立趣意書（日本比較政治学会編 1999）は、「冷戦後の世界では、NIES や発展途上国の民主化、旧社会主義諸国の民主化及び市場経済化、先進諸国の行財政改革などといった政治経済体制の根幹に関わる争点が、重大な課題として浮上……現在の諸課題の歴史的背景を解明し、それを踏まえて学術的な観点から課題の設定の仕方に立ち返って問題点を理論的に整理し、効果的な政策や制度を構想していくことも必要」と述べる。そのために、比較政治学、各国研究・政治史・外交史、地域研究、日本政治論、国際政治学・国際関係論の研究者・実務家の交流、発表・議論の場をつくることを目標にした。同学会はこのような研究者の共同研究の場となり、多国間の比較事例研究を蓄積し、日本政治を比較するよい機会を提供している。

　同学会年報『比較政治学の将来』（日本比較政治学会編 2006）が論じているように、（歴史的）構造主義アプローチ、合理主義アプローチ（合理的選択論）、文化主義・構成主義アプローチという比較政治学の三つの研究アプローチが日本に受容されている。複数のアプローチを組み合わせたより洗練されたアプローチ、さらに構造とアクターの相互規定性への注目、新制度論と経路依存性、アイデンティティ政治の分析など多様な展開がある。また数量分析に有用な世界的データとして、民主主義−独裁指標、ポリティ指標、フリーダムハウス指標（政治的権利と市民的自由）、世界価値観調査などがあり、定量的分析が行われている。

●**比較政治学の展開と課題**　日本の比較政治学は、体制間比較と同時に個別の多様性のある制度テーマを取り上げている。大統領制・半大統領制・議院内閣制のように、類型化はより中間的な類型を含んでいる。民主主義体制に関しては、民主主義体制の持続・脆弱性、デモクラシーの危機、さらに熟議デモクラシー・無作為抽出によるミニパブリックス・シティズンシップ教育の議論へと展開している。2000 年代以降、競争的（選挙）権威主義体制、権威主義体制の持続が注目される。政党政治や執政府研究への関心は高く、各分野でガバナンス論が導入されている。市民社会や社会運動がテーマとなり、体制を問わずポピュリズムの比較研究が増加している。シティズンシップ・移民・難民、市民の政治意識、民族・宗教、軍・クライエンテリズム、内戦・戦争・危機などテーマは広がっている。

　前述の労働政治論、福祉政治論に加えて、気候危機が焦点となり、環境政治／重層的環境ガバナンス論の重要性は増している。市民社会／ソーシャル・キャピタル論、ジェンダー政治論が横断的な分野として成立している。こうした横断的分野の研究を蓄積することが重要である。また、EU 政治と加盟国の国内政治の密接な関係性から地域統合比較、中央地方関係・自治体比較が取り上げられている。対象の拡大は、比較政治学は何のためにあるのかを問うてもいる。さらに、気候危機やコロナ危機などの世界的な危機に関する研究にみられるように、比較政治学と関連する人文・社会科学、さらに自然科学との連携も重要な課題である。　［坪郷　實］

第 I 部
方法論

第1章

方法論の展開

比較政治学における方法論は，社会科学の方法論の議論と軌を一に展開されてきた．1990年代のキング・コヘイン・ヴァーバ（KKV）による問題提起以降，比較政治学の方法論は，「原因の効果」を推定するための確率論に基づく因果推論の進展と，「効果の原因」を探究するための質的な事例研究に基づく過程追跡やQCAなどの集合論の発展の2つの流れのもとで展開してきた．また，双方の長所を活かす混合手法を採り入れる研究も多く，それらは上記の2つの流れに留まらず，規範理論，ゲーム理論，ベイズ推論の考え方を援用し，新しい研究を切り拓くものも含まれる．本章では何を観察すべきかという事例選択から，実験をはじめとする原因の割り付けに至るまでの比較政治学におけるリサーチデザインについてまず検討し，質的な研究方法や混合手法の意義を明らかにする．最後に，方法論の進展に伴う，実験後のデブリーフィングなどの研究倫理のあり方について検討する． 　　　　　　　　　　　　　　　　　　　　［岡田　勇・日野愛郎］

比較研究の端緒

☞「統計的因果推論」p. 66

　比較研究とは，例えば国家を対象にした場合，複数の国家間で比較したり，時間軸に沿って比較することを通じて因果関係を推論する営みである．抽象的には，ある空間に存在する国家や個人といった特定の「単位（unit）」を，複数の単位間で比較するか，あるいは（および），その単位を時系列に沿って比較し，因果関係の解明を目指すものと定義できる．

　因果関係を明らかにするために提唱されている比較の方法は大きく二つある．すなわち，①「差異法（method of difference）」および「よく似たシステム・デザイン（most similar systems design）」，②「一致法（method of agreement）」および「違ったシステム・デザイン（most different systems design）」である．差異法と一致法は，J・S・ミルの『論理学体系』において明確にされた由緒ある方法である．よく似たシステム・デザインと違ったシステム・デザインは，プシェヴォルスキとテューンによって提案された方法である（Przeworski & Teune 1970）．

●**差異法の論理と無作為割当**　（比較）政治学で最もよく用いられる方法は，差異法である．差異法の論理とは，独立変数，あるいは研究者が興味のある変数 X のみが複数の観察の間で異なっており，ほかの Z1, Z2, Z3, ……の変数が同一の場合に，X を Y の原因とする論理である（表1）．観察可能および観察不可能な変数すべてが観察間で同じ値を取っており，ある単一の独立変数だけが異なる場合，その変数が従属変数の変化をもたらした原因とするものである．

　問題は，関心のある独立変数以外の変数が等しいという条件が満たされることは少ないということである．そこで用いられる方法が，原因（処置）変数 X を無作為に割り当てる「ランダム化比較試験（randomized controlled trials）」である．すなわち，複数の観察からなるサンプルを「処置集団（treatment group）」と「統制集団（control groups）」の二つの集団に無作為に分割し，片方の集団には原因 X が割り当てられ，他方の集団には原因 X が割り当てられなかった場合，二つの集団において X 以外の変数 Z1, Z2, Z3, ……の期待値は等しくなるがゆ

表 1　差異法

観察単位	従属変数 Y	独立変数 X	変数 Z1	変数 Z2	変数 Z3
A	○	○	○	○	×
B	×	×	○	○	×

表2 一致法

観察単位	従属変数 Y	独立変数 X	変数 Z1	変数 Z2	変数 Z3
A	○	○	○	×	○
B	○	○	×	○	×

えに，差異法の論理に基づいて因果効果が推論できる．処置集団と統制集団への振り分けが研究者以外によって行われ，原因 X の割当が無作為であると想定される場合には，そのデザインは「自然実験（natural experiment）」と呼ばれる．

●一致法と「効果の原因」　差異法の論理を突き詰めた無作為割当の論理は，ある独立変数 X を与えた場合，時間的に後続する従属変数 Y に対していかなる効果を及ぼすかを明らかにするもので，「原因の効果（effect of cause）」に関心を寄せる．他方，ある従属変数 Y が与えられた場合に，時間を遡り，Y の原因 X を明らかにしたい場合もあろう．すなわち「効果の原因（cause of effect）」に関心を寄せる場合である（Holland 1986）．

　例えば，ある町で食中毒が発生した場合に，どの食物が食中毒を引き起こしたのかを知りたい場合がある．この場合，第二の比較の方法である「一致法」が適する．つまり，食中毒となった患者を調査し，共通して摂取した食物が食中毒の原因だと推論するのである．従属変数 Y を一定として，相互に異なる Z1，Z2，Z3 は原因ではなく，共通する X を原因とする（表2）．しかし，一致法には難点がある．もし研究者が観察できなかった Z4 もまた共通しているならば，X ではなく実は Z4 こそが真の原因であった可能性が残る．したがって，一致法はあくまで原因を探索する研究の初期段階，あるいは何が原因となるかに関して，一定の理論的知見が存在する場合にうまく適用できる．この弱点のためか，比較政治学において明示的に一致法を用いた研究をみかけることはほとんどない．

●よく似たシステム・デザインと違ったシステム・デザイン　よく似たシステム・デザインは，筆者の理解する限り，実質的には差異法に類似している．より興味深いのは，もう一方の違ったシステム・デザインである．この方法は，例えばインド，アイルランド，イタリアで教育水準が国際主義の態度と正の相関を示している場合，教育水準を説明するにあたって国家間（システムレベルの）差異は無視できること，ほかの変数が原因となることを示すためのものである．

　差異法は，国（システム）が相互に似ていることを前提とする．他方で，一致法と，違ったシステム・デザインは，国（システム）が相互に異質な場合にこそ適用できる．一致法や違ったシステム・デザインを明示的に適用している研究は比較政治学では少ないが，明示的に適用する可能性も模索すべきだろう．

[豊田　紳]

リサーチ・デザインの発展

☞「事例研究」p.50,「統計的因果推論」p.66,「重回帰」p.70

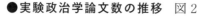

　政治学におけるリサーチ・デザインの発展を知るためには，政治学のトップジャーナルでこれまでに刊行された論文のタイプを確認することが妥当であろう．図1は政治学における主要6誌において過去20年間に掲載された政治学論文を，分析手法ごとに可視化したものである．

　1980年代後半には，政治学といえばプラトンやルソーなどに代表される「政治哲学」「政治学史」などが主流であり，仮定を明確にせずに個々の事例を定性的に（記述的に）分析することが多かった．図1をみると，そのような「事例分析」研究は1995年から2015年にかけて減少していることがわかる．

●**重回帰分析の限界**　他方，「重回帰分析」と「因果推論型」研究は増え続けており，特に因果推論型研究の躍進は著しい．実は，因果推論型研究が大きく発展している背景には，重回帰分析の限界があり，両者は密接に関係している．重回帰分析においては，応答変数Yと複数の説明変数Xを研究者がみずから設定し，調査・観察データを用いてXとYの間の共変量を特定する．しかし，この分析結果が妥当であるためには少なくとも二つの条件（①変数間の「線形」関係，②XとY両方に影響を与える交絡変数が制御されていること）を満たす必要がある．これ以外にも考慮すべき（そしてしばしば非現実的な）統計学上の仮定を満たす必要があるため，論文審査を通過するためには複数の査読者からの厳しいコメントをクリアーすることが求められる．しかし，実験を使った因果推論型の分析手法は，このような統計上の制約なしに因果効果を推定できるメリットをもつ．これが実験手法を使った「因果推論型」論文が好まれ，政治学者の間で幅広く支持を集めてきた大きな理由だといえる．

●**実験政治学論文数の推移**　図2

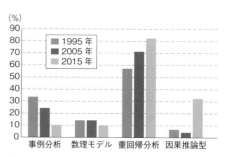

（注）検討対象は *American Political Science Review*, *American Journal of Political Science*, *Journal of Politics*, *World Politics* のうちの国内政治を分析する研究論文（*Comparative Politics* と *American Politics* 分野の論文），および，*Comparative Political Studies*, *Comparative Politics* に掲載された全ての研究論文である（N＝524）．「因果推論型」は実験型と擬似実験型手法の両方を含む．複数の手法を組み合わせている論文もあるため，4種類の合計が100％とはならない．

図1　政治学主要6誌に掲載された実証論文の推移（1995-2015）
出典：粕谷（2018）図1

は，政治学を代表する学会誌である APSR 誌（*American Political Science Review*）に 1950 年代から今日までに掲載された，ランダム化比較試験（RCT）を使った実験政治学論文数の推移を示している．RCT を使った実験政治学論文が APSR 誌に初めて掲載されたのが 1956 年であり（Eldersveld 1956），それ以来，実験政治学論文数は 10 年ごとに倍増し続け，とりわけ 2000 年代から 2010 年代にかけて掲載論文数が 31 から 84 と著しく増えている．

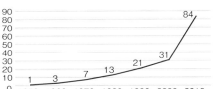

図 2　APSR 誌に掲載された実験政治学論文数の推移（1950-2019）
出典：Druckman（2022），Chapter 1.

　重回帰分析でできることは変数間の共変量の「予測」であり，多くの場合，その分析結果が深刻なバイアスを含んでいることは共通認識として広まっている．しかし，図 1 が示すように 1995 年から 2015 年にかけて重回帰分析を使った実証分析が増大している理由は，「調査・観測データ」を使ったとしても，交差項，差の差分析（DID），回帰不連続デザイン（RDD），操作変数法（IV）などの統計手法を駆使することで，「予測」から「因果推論」に向けて少しだけ近づくことができるからである．因果関係分析のゴールドスタンダードは「重回帰分析」と実験手法を駆使した「因果推論型」だといえるだろう．

●**政治学で実験論文が増加し始めた背景**　社会現象を説明する上で「因果関係」を意識することは，新しい現象ではない．英国の哲学者 J・S・ミルは因果関係を証明するためには，A が見出されるところに B および C が存在するという「一致法」だけでは不十分であり「差異法によるいっそう決定的な証拠」が必要と記し，因果推論のために必要な方法を 19 世紀に提示している（ミル 2020：201）．2010 年代以降に政治学で実験論文が増加し始めた背景には，上述した「重回帰分析の限界」に加え，以下の三つの理由があると思われる．第一に，クラウドソーシングやソーシャルメディアが登場したためデータが集めやすくなったこと．第二に，高性能のコンピューターの出現によって，数百万単位のビッグデータが分析できるようになったこと．そして第三に，統計的に「有意な」実験結果だけではなく，「有意でない」実験結果も学術誌に掲載されるようになったことである．

●**リサーチデザインの発展と大学教育**　1995 年以降の政治学におけるリサーチデザインの発展は，データサイエンスの発展から強い影響を受けている．そのため，実証的な政治分析では統計学の習得を求められるようになった．

［浅野正彦］

質的・量的分析論争

☞「事例研究」p. 50,「重回帰」
p. 70

　「政治学」という分野の成立以来，研究手法の中心は質的手法であったが，この状況は電子計算機の発達に伴う量的手法の発展により変化した．1994 年に量的研究の立場から質的研究の改善策を提起するという形式で書かれたキング，コヘイン，ヴァーバの『社会科学のリサーチ・デザイン』(以下 KKV) が出版されたことで，質的研究・量的研究間の方法論争が先鋭化した．

●**「黒船」としての KKV**　電子計算機が政治学をはじめとする社会科学の研究においても一般的に用いられるようになる以前には，政治学研究は当然のように質的な手法を用いて行われていた．質的方法論が当たり前であった時代には，わざわざこれを「質的」手法と呼ぶ必要もなく，方法論争も明確には存在しなかった．しかし，量的手法が徐々に一般化し，既存の質的研究による知見をより大規模なデータを用いて検証・批判する研究が相次いで発表されると，こうした状況は変化する．量的手法の体系化を背景として，その論理で質的手法への「アドバイス」を行う KKV が 1994 年に発表されると，従来方法論の体系化を殊更必要としてこなかった質的研究者は大きな衝撃を受けた．

　KKV は，「量的研究と質的研究は共通の論理に基づいている」という前提のもとで，質的研究のバイアスを最小化するための方策を指南する．しかし両者が同じ論理を採用しており，かつ量的研究の方が一般にバイアスを避けやすいのであれば，質的研究は量的研究ができない場合の「次善の策」にすぎないという結論が導かれうる．そのため KKV は多くの質的研究者から，量的研究の枠組みの中に質的研究を統合し，それを劣位に位置付ける試みとして受け止められた．これを脅威と認識した質的研究者は，「質的研究には独自の価値があり，量的研究の下位互換などではない」と示す必要に迫られ，これが質・量間の方法論争へと発展した．

●**方法論争の展開**　KKV によって引き起こされた方法論争は，まず質的研究者が KKV への応答を行うという形で展開した．KKV が発表された翌年の 1995 年には，アメリカ政治学会が発行する *American Political Science Review*（APSR）誌上で同書に対するレビューが特集され，レイティンやコリアーといった大御所政治学者が KKV への評価と反論を行った．2000 年代に入ると，質的方法論研究が発展し，ブレイディ&コリアー『社会科学の方法論争』(原著 2004 年刊) とジョージ&ベネット『社会科学のケース・スタディ』(原著 2005 年刊) といった書籍が発表される．こうした応答の内容は多岐にわたるが，全体としては，

KKV の貢献を認めつつも同書が提唱する量的手法の優越を前提とした研究の評価基準に疑問を投げかけ，質的研究に特有の貢献が十分に評価されていないと主張するものが多い．例えば，単一事例研究であっても，事例の中で原因が結果に作用する過程に関する情報（因果プロセス観察［causal process observation］）を積み重ねることで，セレクションバイアスを避けて分析を行うことが可能になるという『社会科学の方法論争』の主張は，量的研究と質的研究の相違点としてその後の質的方法論研究においても繰り返し言及されている．

　2000 年代までの応答の多くが，質的研究と量的研究の間に共通の枠組みを見出そうとする点では KKV と同様で，あくまでそのあり方に関して異議を唱えるものであったのに対し，2010 年代に出版されたガーツ＆マホニー『社会科学のパラダイム論争』は，両者はその背後にある数学的な基盤も，研究の問いや目的や規範も，推論の方法も異なる，まったく別個の文化であると主張する．著者らによれば，質的研究は集合論の論理に基づき，結果にまず着目してその原因を探究する「結果の理由（causes-of-effects）」アプローチを取るのに対し，量的研究は確率論の論理に基づき，原因からスタートしてその結果に対する影響を推定する「原因の効果（effects-of-causes）」アプローチを取るのだという．著者らにとって質的研究と量的研究は完全に別個のものであり，研究手法に関する議論はあくまで各々の枠「内」でのみ機能するため，互いを批判したり一方の優越を主張したりすることには意味がない．こうした質的手法側からの応答を通じて両者の違いと強みは広く認識されるようになっており，今日特に比較政治学の分野において，量的手法と質的手法を一つの研究の異なる場面で使い分けるマルチメソッドの研究法（Seawright 2016）が一般的になったのはその証左だといえる．

　以上のように，質・量方法論争は，まず 1990 年代に量的方法論の側からの問題提起によって始まり，2000 年代にかけてこれへの応答を通じて質的方法論が発展し，2010 年代には質的研究と量的研究の相違点に関して研究者の間で一定の合意が生まれ，両者の「棲み分け」が実現するという形で展開してきた．こうした棲み分けは媒体単位でも起きており，粕谷(2018)によれば，2015 年時点で APSR などのいわゆる「トップジャーナル」に掲載された比較政治学の論文の 80% が重回帰分析を用いているのに対し，1995 年には 30% 以上あった事例分析の論文の割合は，2015 年には 10% 程度にまで低下している．一方で，東島(2021)によれば，より詳細な記述が可能になる書籍（モノグラフ）の場合には，1990 年代から現在に至るまで常時 30〜50% の研究が質的事例研究を用いている．　　　［向山直佑］

📖さらに詳しく知るための文献
・ガーツ，ゲイリー ＆ マホニー，ジェイムズ（2015）『社会科学のパラダイム論争——2 つの文化の物語』（西川賢・今井真士訳）勁草書房.
・キング，ゲイリーほか（2004）『社会科学のリサーチ・デザイン——定性的研究における科学的推論』（真渕勝監訳）勁草書房.

混合手法

☞「事例研究」p. 50,「重回帰」
p. 70

　混合手法（mixed methods）とは,「同一研究の中で一つ以上の分析アプロー
チを組み合わせる研究デザイン」を意味している（Harbers & Ingram 2020：
1117）. 比較政治学を「世界で生じる国内の政治現象を分析し, そこから普遍的
な理論を導き出す学問」（久保ほか 2016：2）と定義すると, 比較政治研究は,
以下のような条件をもつことになる. ①一事例だけに当てはまる議論ではなく,
理論の射程条件を満たす母集団のパターンに光を当てた議論（「外的妥当性」）を
目指し, ②原因がどのようにして結果に影響を与えるのか「因果メカニズム」を
同定し, ③他の条件を一定にして, 原因（独立変数）が変われば結果（従属変数）
も変わる「共変関係」を見出そうとする.

　「経済発展が民主化を促す」という仮説を検討するとしよう. 上記3条件に照
らすと, ①日本だけでなく世界全体がその傾向にあるか, ②どのように国家経済
の豊かさと民主化はつながっているか, ③経済発展と民主化の双方に影響を与え
る他の変数（共変量）を一定にしても, 経済発展（例えば, 1人当たり GDP の
高さ）が改善すれば, 民主主義の程度（例えば, V-Dem などの民主主義指標）
も上昇する正の相関関係がみられるか, 検討する必要がある. しかし, 単一の分
析手法に頼るだけでは, この目標を満たすことは難しい. 複数の分析手法を組み
合わせて研究デザインの質を高めることになる.

●**分析手法のレパートリー**　比較政治学で多用される分析手法として, 統計分
析, 数理モデル, 事例研究があげられる. 統計分析は, 理論の従属変数と独立変
数を量的データで測定し, 大きなサンプル・サイズをもとに変数間の共変関係を
分析する. 経済発展と民主化の関係に沿って考えると, 1人当たり GDP を独立
変数に民主主義の程度を従属変数にし, 他の共変量を統制した重回帰分析を行
い, 両者に統計的に有意な正の関係がみられるか検討する. 統計分析は, 偏りの
少ないサンプルを採りやすいため, 外的妥当性の確保に向き共変関係の確認にも
長けているが, 変数同士がどのように結び付き帰結を生み出すか, メカニズムの
同定は一般に難しい.

　数理モデルは, ゲーム理論の知見をもとに, 諸アクターを設定し彼らの利得と
戦略について仮定を置き, いかなる帰結が導かれるのか演繹的に明らかにする.
例えば民主化を考えるために, 数理モデルでは経済エリート（富者）に支えられ
る独裁者と体制から疎外された大衆（貧者）の二つのアクターを設定し, 前者は
民主化に着手するか否か, 後者は民主化後の再分配要求をどの程度行うのかを戦

略として設定できるかもしれない．経済発展が大衆の所得を大きくすると，民主化後の大衆の再分配要求は小さくなる．すると，独裁者は民主化に応じやすくなる．このように民主化と経済発展が「再分配要求」というメカニズムで結び付いていると考える．数理モデルは，理論上の因果メカニズムを明らかにする上で優れているが，変数間の共変関係を実証的に特定できない．

　事例研究とは，「多数の事例（母集団）に光を当てることを目的として，単一（もしくは複数）の事例を集中的に調査する」（Gerring 2007：20）．例えば，日本という1事例に絞り，経済発展と民主化の関係を分析すれば，経済発展がもたらす政治と社会のさまざまな変化を多面的に観察でき，それらの変化が民主主義の発展や維持にどのように結び付いているか分析できるかもしれない．事例研究で主に用いられるツールは，インタビューや質的資料などである．事例研究では，統計分析で十分とらえられない変数間のメカニズムを解明できるが，当該事例が母集団全体の傾向を反映しているかといった，サンプルの代表性の確保は一般に難しい．

●**混合手法の多様性**　それぞれの分析手法には利点と欠点があるため，比較政治学では複数手法を組み合わせる混合手法を採ることで，より頑健な研究デザインを導こうとする．具体的には，上記の分析手法を組み合わせることで，事例の適切な選択，仮説や変数の導出と検証，単一手法から得られた知見のもっともらしさの向上，さらには因果効果（変数間の共変関係）と因果メカニズム（変数間がどのような論理でつながるか）の包括的検討が目指される．例えば，統計分析と事例研究とを組み合わせることで，サンプルの偏りを避けながら母集団に当てはまる共変関係のパターンを特定しつつ，他方で少数の事例に着目することで想定する因果メカニズムどおりに変数間が結び付いているか検討できる．量的・質的分析の混合手法は，米国シラキュース大学の「質的・複数手法研究のための研究所（Qualitative and Multi-Method Research Institute）」を中心に研究コミュニティが形成されている．数理モデルと統計分析を組み合わせることで，数理モデルの実証上の含意が当てはまるのか，アクターの同定や利得や戦略についての仮定が妥当なのか，広く検証できる．こうした試みは長らく，「理論モデルの実証的含意（Theoretical Implications of Empirical Model）」として，米国と欧州の両方で研修プログラムが毎年継続的に実施され，研究コミュニティの発展に寄与してきた．そして，数理モデルと事例研究の混合は，精緻な因果メカニズムの解明を理論と実証の両面から行うことを可能にし，「分析的叙述（analytic narratives）」アプローチとして提唱されている（Bates et al. 1998）．　　　［東島雅昌］

📖さらに詳しく知るための文献
・東島雅昌（2021）「多国間統計分析と国内事例研究による混合手法——分析アプローチとしての発展と方法論的限界への処方箋」『アジア経済』62巻4号，49-78頁．
・Seawright, J. (2016) *Multi-Method Social Science*. Cambridge University Press.

QCA

☞「デュベルジェの法則」p. 296

　スモールnの体系的比較も可能な手法である質的比較分析（Qualitative Comparative Analysis, 以下 QCA）はレイガンによって提案された（Ragin 1987）．QCA は複数条件の異なる組み合わせを網羅的に扱い，その必要条件性，十分条件性をブール代数や集合論を基に把握する．80 年代に生まれた比較的新しい手法だが，複数の仮説や説明を統合的にとらえ因果の複雑性に迫る QCA は従来の定量的・定性的な分析手法とは位相の異なる接近法として注目され，政治体制や政治参加，紛争といった比較政治学の領域でも急速に普及した．

●**多元結合関係**　QCA の特徴を選挙制度比較の例から考えよう．議会制民主主義の国では議会選挙に名を連ねる政党が少ないにもかかわらず議会政党が多くなることは想定しがたい．このとき，「選挙政党が多いこと（A）」は「多党制（Y）」の必要な要素かもしれないが，選挙制度の特徴を考慮せずして十分な理由とはならないだろう．「小選挙区制の導入（B）」が多党制を妨げるというデュベルジェの法則がある．すると条件 A（選挙政党が多い）は条件 B の否定（〜），「小選挙区制の導入なし（〜B）」との結合で結果 Y（多党制）へ至る十分条件になる．この 2 条件の結合関係はブール代数の「論理積（*）」で A*〜B と表現できる．なお，ここでは多党制（Y）の十分条件（→），A*〜B→Y の関係を想定しており，原因なくして結果なしという必要条件の関係を想定していない．原因があるときに結果も生じると期待する十分条件では多党制（Y）に至る代替条件が考えられる．例えば小選挙区制でも，それより包括的な地域ブロック（C）を導入することで比例性原理を働かせうる．そこでは条件 A（選挙政党が多い）が代替的な選挙制度条件 C と結合することでも多党制（Y）を促すと考えられる．この同じ結果に至る性質（等結果性）は多元関係を表す「論理和（+）」を使い A*〜B+A*C と示される．

●**配置構成比較**　以上であげた多党制（Y）の生成と関わる A，B，C の多元結合関係では A*〜B*C→Y という組み合わせの可能性を否定しない．十分条件では結果が上位集合，原因が下位集合という関係になる．先の例では，A ないし C では下位集合にならず A かつ C が多党制（Y）の下位集合といえる．このとき，A*〜B も Y の下位集合の関係であるため，A かつ〜B かつ C の上位集合である Y を想定できる．この点を表 1 で確認する．表 1 の（左）は選挙制度条件を含む 3 条件と結果 Y の配置を仮想 8 事例で比較している．QCA では十分条件を検討する際，観察データを条件 n 個の全組み合わせ（2^n）に基づく「真理表」で整理す

第1章　方法論の展開　　25

る．3条件の場合，その真理表は表1の(右)のように$2^3 =$ 八つの配置構成となる．

このとき，A*〜B は A の存在（1）と B の欠如（0）に基づく行4，A*C は A と C の存在に基づく行7でみられる．そして下線の事例で結果 Y の存在を整合的に観察できるため，行4，7の配置構成は多党制（Y）の十分条件とみなせる．行5（A*〜B*C）も同じく結果 Y

表1　二値の観察データ（左）とその真理表（右）

事例	A	B	C	Y		行	A	B	C	事例
1	0	1	1	0		1	0	0	0	2
2	0	0	0	0		2	0	0	1	3
3	0	0	1	0		3	0	1	1	1
4	1	1	0	1		4	1	0	0	<u>6</u>
5	1	1	1	1		5	1	0	1	<u>7</u>
6	1	0	0	1		6	1	1	0	4,<u>8</u>
7	1	0	1	1		7	1	1	1	<u>5</u>
8	1	1	0	1		8	0	1	0	

の存在を促す一方，該当事例7では A*〜B，A*C という二つの等結果性ある力学が働くことを意味する．そして，これらの行は行1，2，3での Y の欠如を促す配置構成と非対称性を有しつつ，結果の説明を可能にする．

●**分析手続き**　QCA では二値のデータだけでなく，0，1，2といった多値，0.0-1.0 で推移するファジィ値のデータも使用できる．ただし QCA の分析はそれぞれの事例の各条件および結果への所属値に基づく．表1の Y の場合，議会政党の数という量的ローデータは各国の政党制を比較する物差しになりうるが，多党制に（どの程度）所属するかを考えるものではない．そのため QCA では各事例の質的・量的ローデータから二値，多値ないしファジィ値でもって各条件，結果の類型へ分類する①「キャリブレーション」が必要になる．そして，この①を経たデータを表1の（右）のような②「真理表」にまとめる．だが結果の存在（欠如）と完全に整合的な配置構成ばかりでなく，分析では行6のような不完全さを伴うだろう．そこではなぜ違う結果が同じ配置構成で生じるかなど各行の分析が求められる．この真理表での十分条件の配置構成を基に最後に③「最小化」する．表1の行4（A*〜B*〜C），行5（A*〜B*C），行7（A*B*C）の場合，行4と5，行5と7で条件が一つだけ違う．この異なる条件を余分とした縮約で A*〜B + A*C という解を導ける．ただし③では行8のような未観測の配置構成（論理残余）に注意が必要となる．少ない議会政党（〜Y）を整合的に観察できた行1，2，3のみを③に用いる複雑解では〜A*〜B + 〜A*C という解が得られる．他方，③で行8の論理残余も含める節約解では〜A という解を導出できる．論理残余を含めるか，含めるならば，どの論理残余を含めるかは分析で敷く前提に依存する（李・新川 2023）．そのため比較の目的を明確化させるべく，研究の問いから始まり，事例と条件の選択を含む比較の設計，そして①，②，③を経て実質的解釈に至るプロセスのくり返しの検討が QCA の分析で推奨される．　　　　［新川匠郎］

📖さらに詳しく知るための文献
・メロ，パトリック・A.（2023）『質的比較分析（QCA）——リサーチ・デザインと実践』（東伸一・横山斉理訳）千倉書房.

規範理論

☞「福祉レジーム論」p. 134,「多極共存型・合意型民主政」p. 204

今日の比較政治学における通常の研究対象は，現実に起こった政治現象であろう．現実にすでに生じた出来事について，記述したり説明したりすることを経験的分析と呼ぶ．経験的分析における理論が経験的理論である．経験的理論には，政治現象の特徴や違いや政治現象の発生メカニズムを一般化したものが含まれる．

●規範理論とは何か　これに対して，規範理論は，現実には必ずしも起こっていないかもしれないが，「望ましいこと」「あるべきこと」に関わっている．ロールズの『正義論』に端を発するリベラリズムないし正義論や，熟議民主主義論や闘技民主主義論などの民主主義理論が，規範理論に属する．リベラリズムは，異なる信条・価値観を抱く人々がそれでも共存できるために従うべき原理を探究する．熟議民主主義論や闘技民主主義論は，現実に存在する民主主義を記述したり説明したりするためではなく，望ましい民主主義の構想として提示されている．

「望ましいこと」「あるべきこと」に関わるがゆえに，規範理論は「非現実的」と見なされることがある．しかし，非現実的であることは，必ずしも規範理論の意義の否定にはならない．むしろ，規範理論の非現実性は，現実の問題性を明らかにするために必要でさえある．

●規範理論の不可避性　しかし，比較政治学が経験的分析を行うものだとすれば，どうしてそこに規範理論が関わりうるのだろうか．一つの回答は，経験的に見える比較分析も実際には不可避的に規範理論をともなっているというものである．比較政治学の代表的な研究には，しばしば規範的な要素を見出すことができる．例えば，ムーアの『独裁と民主政治の社会的起源』（Moore 1966）は，民主主義の起源の因果的説明を民主主義とは何かという規範的問題と切り離すことはできない，ということを教えてくれる著作として理解することができる（Lichbach 2013）．レイプハルトの多極共存型民主主義論も，規範的な側面を有している（Lijphart 1977）．レイプハルトは，社会の構造（同質型と多元型）とエリート行動（協調型と対立型）という二つの軸によって，民主主義の四つの類型を析出できるとした．「多極共存型」は，そのうちの社会の構造が多元型で，エリート行動が協調型の類型である．彼の類型論は，望ましい民主主義はアングロサクソン的なもの（求心型）だけではないということを示すためのものでもあった．レイプハルトは，これとは異なるオランダやベルギーなどの多極共存型も「望ましい」民主主義であることを示そうともしたのである．

別の例として，エスピン＝アンデルセンの福祉（国家）レジーム論がある．エ

スピン＝アンデルセンの研究は，「脱商品化」「階層化」「脱家族化」という三つの指標を提示して，現実の福祉（国家）レジームを「社会民主主義レジーム」「保守主義レジーム」「自由主義レジーム」に類型化するとともに，その形成を権力資源動員論によって説明するものである（Esping-Andersen 1990, 1999）．このように理解するとき，エスピン＝アンデルセンの研究は，類型と因果的説明を提供するものである．しかし，彼の研究は同時に，望ましい福祉（国家）レジームのあり方を示すものでもある．例えば，脱商品化は個人が労働・市場に依存しないで生きていける程度を，また，脱家族化は福祉に関する家族責任および個人の家族福祉への依存の程度を，それぞれ測るための概念であるが，同時にこれらには，労働に依存しないで生きられること，福祉が家族責任として理解されていないことが「望ましい」という価値観が反映されている．

●**規範的枠組みと経験的分析**　明示的に規範理論を枠組みとした経験的分析を行っているものとして，熟議民主主義研究がある．先述のように，熟議民主主義は，「話し合い」を中心とした民主主義の規範理論の一つである．したがって，その当否は経験的な検証によって確かめられるべきものではない．しかし，熟議民主主義の理論には，しばしば経験的な内容も含まれており，それゆえに経験的な検証にも開かれている（Grönlund & Herne 2022）．実際，「熟議」を枠組みとした経験的研究も行われている．例えば，シュタイナーらは，どのような制度配置の下でならば熟議がより促進されるのか（そうではないのか），また，熟議が何をもたらすのかについて，アメリカ，イギリス，スイス，ドイツの国会審議の「言説の質指標（Discourse Quality Index）」を用いた比較分析を通じて明らかにしようとしている（Steiner et al. 2004）．その結果によれば，例えば多数決型よりもコンセンサス型の民主主義の方が熟議を促進し，高いレベルの熟議が行われた場合は，より平等主義的な決定がもたらされやすい．

　規範理論が経験的分析の枠組みとなるときには，通常の経験的分析と異なることがある．第一に，規範的な命題が経験的分析によって反証されたとしても，だからといって，必然的に当の規範理論の内容が見直されるべきということになるとは限らない（田村 2008）．規範理論から見れば，それは，現実の政治が望ましい状態から隔たっていることを意味しているからである．そうだとすれば，改善されるべきは規範理論ではなく，現実の方である．第二に，規範理論を用いた分析は，今ある政治の分析だけではなく，将来のあるべき政治のための手がかりを得るための分析となることがある．とりわけ実験的な方法は，それを通じて，さまざまな制度配置の予想される結果を知ることができる．そのことは，将来の望ましい制度設計に役立つだろう（Grönlund & Herne 2022）．　　　　　　［田村哲樹］

ゲーム理論

☞「政治と司法」p. 402

　ゲーム理論は，人間社会におけるさまざまな現象を，その現象に関わる複数の意思決定者の相互作用に着目して論理的に分析する学問である．チェスや将棋のように，複数の意思決定者が各自の目的達成のために行動し，相互に作用し合う状況をゲーム的状況と呼ぶ．ゲームの行動主体はプレーヤーと呼ばれる．ゲーム理論では，各プレーヤーは目的達成のために可能な限り合理的な行動を取ると前提する．そして，誰がプレーヤーであるのか，プレーヤーがどのような行動の選択肢をもっているのか，複数プレーヤーの行動計画（＝戦略）の結果どのような帰結が起こりうるのか，予想される帰結に対して各プレーヤーがどのような選好順序をもっているのか，相手の選好や選択肢に関わる情報をどの程度有しているのか，といった仮定を立てる．ゲーム理論は，このような諸仮定に従って，どのような帰結が均衡となるのかを予測する演繹的な分析手法である．ゲーム理論は，ある現象が発生したこと，もしくは発生しなかったことを，個々のプレーヤーの行動の集積としてとらえる．すなわち，方法論的個人主義に立脚している．分析の際には，プレーヤーの選好順序を利得（payoff）または効用（utility）として数値化することが一般的である．

●ゲーム理論，ゲームの種類　ゲーム理論は協力ゲーム理論と非協力ゲーム理論に大別される．協力ゲーム理論では，プレーヤー間で拘束力ある合意が形成できることを前提として，集団としてどのような意思決定をするのかを分析する．一方，非協力ゲーム理論では，プレーヤー間での拘束力ある合意の形成を前提としない．領土を巡る紛争や，民主化を目指す市民間の自主的な協力といったさまざまな状況を，個々のプレーヤーの意思決定とその相互作用から分析する．社会科学におけるゲーム理論の応用の多くは非協力ゲーム理論に基づいている．

　さらにゲームは，プレーヤーがゲームに関する情報を知っているかという観点からも分類される．すべてのプレーヤーが相手プレーヤーの選好に関する情報をすべて知っているかによって，完備情報ゲームと不完備情報ゲームに分類される．一方，すべてのプレーヤーがプレーの歴史についてすべて知っているかによって，完全情報ゲームと不完全情報ゲームに分類される．プレーヤー間でもっている情報に格差があることを情報の非対称性という．例えば，独裁者はみずからの軍事力や経済力を正確に理解していても市民にはその情報が秘匿されていることもあれば，民主主義体制においても政治家は有権者よりも政策に関わる情報を多く入手しているかもしれない．ゲーム理論では，こうしたゲームの性質に応

じて異なる均衡概念を用いてゲームの均衡を予測する.

●**ゲーム理論と比較政治学**　社会科学におけるゲーム理論の応用は経済学から始まり，今では政治学全般においても広く応用されている．比較政治学におけるゲーム理論の応用は，民主主義体制における政治過程から出発した．例えば，Downs（1957）による選挙競争研究，Baron & Ferejohn（1989）や Cameron（2000）による立法過程研究，Epstein & O'Halloran（1994）による政治家と官僚の間の本人–代理人問題の研究，Fearon（1999）による政治家のアカウンタビリティ研究，などにおいてそれぞれ有力なモデルが組み立てられている．その後，ゲーム理論の応用は民主体制内政治にとどまらず，民主化などの政治体制の転換（Boix 2003；Przeworski 1991；Lohmann 1994）や権威主義体制と軍部との間の本人–代理人問題（Svolik 2012），権威主義体制による検閲や情報収集（Lorentzen 2013, 2014），プロテストとクーデタの関係性（Casper & Tyson 2014），選挙不正と選挙監視（Chernykh & Svolik 2015），国内紛争（Bueno de Mesquita & Shadmehr 2023；Fearon 1995b）といった幅広い状況に及んでいる.

　特筆すべきは，比較政治学研究が経済学者をはじめとする他分野の研究者によるゲーム理論的分析から知見を得て発展してきたことである．例えば，North & Weingast（1989）は 17 世紀のイギリスで生じた名誉革命を題材として，なぜ独裁者が民主化を受け入れるのかという問いをゲーム理論的に分析している．この研究はその後の民主化研究に大きな影響を与え，比較政治学の教科書においても度々引用されている．他にも，Acemoglu & Robinson（2006）は，富裕層と貧困層が税制を巡って対立しているという状況を想定し，その対立が民主化に至る条件やメカニズムを導出している.

　ゲーム理論は現代の比較政治学において理論の構築や精緻化を行う上で重要な分析手法となっているが，ゲーム理論に対する反発も根強く存在している．例えば，ゲーム理論を用いた比較政治学分析は現実の複雑性を過度に単純化している，またプレーヤーが経済的利益の最大化を志向すると仮定されている，といった批判である．ただし，こうした批判の一部は，ゲーム理論に対する誤解から生じている場合もある．　　　　　　　　　　　　　　　　　　　　　　　[稲田　奏]

📖さらに詳しく知るための文献
・Gehlbach, S.（2021）*Formal Models of Domestic Politics*. 2nd ed., Cambridge University Press.
・浅古泰史（2018）『ゲーム理論で考える政治学——フォーマルモデル入門』有斐閣.

ベイズ推論

☞「ゲーム理論」p. 28,「空間分析」p. 78,「テキスト分析」p. 80,「ネットワーク分析」p. 82

　ベイズの定理を用いて不確実な情報を利用することをベイズ推論と呼ぶ.

●**信念更新**　ゲーム理論を含む数理モデルでは,行為主体は不確実な情報に関する信念をベイズ推論で更新するのが一般的である.例として,不確実な情報をもとに有権者が投票先を決める簡単なモデルを考える.現職政治家の有能さを表す変数 X があり,$X=1$ であれば有能,$X=0$ であれば無能だとしよう.しかし,有権者は X を直接は観察できず,そのことを X が既知の確率 p で $X=1$ に,$1-p$ で $X=0$ にランダムに定まる確率変数であると表現する.このように p はわかるが X はわからないと仮定することで,有権者は政治家の有能さを曖昧にのみ知っている状況を単純化できる.

　有権者は政治家の実績を利用して X を推論する.実績を Y で表し,$Y=1$ を成功,$Y=0$ を失敗とする.有能でも時には失敗するし,無能でも偶然成功することがあるので,Y は X の不確実な指標である.そこで,政治家が有能なとき($X=1$)に成功する($Y=1$)条件付き確率を q_1,無能なとき($X=0$)に成功する($Y=1$)条件付き確率を q_0,ただし $q_0<q_1$ と仮定する.つまり,有能でも無能でも成功する可能性はあるが,有能な方がそれが高い.

　Y の値のみを観察した有権者が,確率論における条件付き確率の定義から導かれるベイズの定理を使って X の値を推論すると,

$$\mathbb{P}(X=1|Y=1)=\frac{\mathbb{P}(Y=1|X=1)\mathbb{P}(X=1)}{\sum_{x=0}^{1}\mathbb{P}(Y=1|X=x)\mathbb{P}(X=x)}=\frac{q_1 p}{q_0(1-p)+q_1 p} \tag{1}$$

と書ける.この式は,政治家が有能である確率を p だと考えていた有権者が,政治家の成功を観察すると,その確率を $q_1 p/\{q_0(1-p)+q_1 p\}$ に更新することを表している.この更新が起こる前の確率(この例では p)を事前確率または事前信念,更新が起こった後の確率(式(1))は事後確率あるいは事後信念と呼ぶ.この例では,$q_0<q_1$ なら事後確率が事前確率より高くなり,有権者は政治家が成功すればその有能さをより信じるという直観的な関係が導出される.

　こうしたベイズ推論は政治学におけるほとんどの数理モデル,特に不完全あるいは不完備情報ゲームにプレイヤーの推論過程として組み込まれている.プレイヤーがベイズ推論を行うという仮定が,プレイヤーが既知の確率変数の値から未知の確率変数の値を推測する際の一貫した論理を提供するのである.

●**ベイズ統計モデル**　経験的研究においては,研究者自身がデータを分析するた

めにベイズ推論を行う．統計モデルのパラメータを未知の変数としてその事後確率を，上のモデルと同様に事前確率，パラメータが与えられたときのデータの条件付き確率，それに観察されたデータの値から計算する．

　ベイズ統計モデルの直観的な理解は次のような単純な例で概ね得ることができる．母集団における政権支持率 π を，世論調査によって推定することを考えよう．π は 0 と 1 の間の任意の値を取りうる連続変数なので，その事前確率分布を一様分布，つまりどの値も等しくありうると仮定する．回答者 i の支持・不支持を Z_i で表し，$Z_i=1$ を支持，$Z_i=0$ を不支持とする．回答者が母集団からランダムに抽出されていれば，Z_i は確率 π のベルヌーイ分布に従う．世論調査の標本サイズを n とすれば，Z_i の和，つまり回答者のうち政権支持者の数は試行回数 n の二項分布となる．したがって，ベイズの定理を用いると，π の事後確率分布を

$$
\begin{aligned}
p(\pi|Z_1, ..., Z_n) &= \frac{p(\pi)\,p(Z_1, ..., Z_n|\pi)}{\int p(\pi)\,p(Z_1, ..., Z_n|\pi)\,d\pi} \\
&= \frac{\pi^{1+\sum_{i=1}^{n}Z_i-1}(1-\pi)^{1+n-\sum_{i=1}^{n}Z_i-1}}{B(1+\sum_{i=1}^{n}Z_i, 1+n-\sum_{i=1}^{n}Z_i)}
\end{aligned}
\tag{2}
$$

と書ける．ただし，$B(\cdot)$ はベータ関数である．

　上式の右辺はベータ分布と呼ばれる分布族の確率密度関数であり，平均は $(1+\sum_{i=1}^{n}Z_i)/(2+n)$ で与えられる．これは要するに，事後分布の平均は事前分布の平均 $1/2$ とデータの標本平均 $\sum_{i=1}^{n}Z_i/n$ との加重平均になっており，重みがそれぞれ 2 と n になっているということである．したがって，n が小さければ事後平均は事前平均からさほど動かず，n が大きくなるにつれて事後分布が事前分布に依存しなくなっていく．実は，これはベイズ推論の一般的な性質であり，データがもつ情報の量を事前分布との対比で定量的に評価できることを示している．極端な例を考えると，$n=1$ であってもベイズ推論を行うことはできるが，その場合は事前分布がデータよりも大きな重みをもつ．少数の観察から得られる結論は，研究者の事前の信念に依存することが理解されよう．

　ベイズ推論はパラメータ数の多い複雑な統計モデルについてもパラメータの事後分布を計算することができるため，階層モデル，空間統計，テキスト分析，ネットワーク分析などでの統計モデルの推定によく用いられ，そうしたモデルではしばしばベイズ推論が唯一の実際的な推定手法になる．そうした分析に用いられる複雑なモデルでは事前分布に対して頑健な推論を行うのに必要なデータ量が大きくなり，政治学が伝統的に扱ってきたデータを大きく上回るサイズのデータ（明確な定義はないが，「ビッグデータ」と表現されることもある）と組み合わせて使うことが求められている．　　　　　　　　　　　　　　　　　　　[白糸裕輝]

研究倫理

☞「エリートインタビュー」p. 36,
「サーベイ」p. 42,「エスノグ
ラフィー」p. 58

　研究倫理についての関心と要請は広く認識されるようになっている．一般的に
研究倫理は，過去の非倫理的な研究についての反省，訴訟，政府や大学，学会に
よる制度整備によって発展してきた．非倫理的な研究実践を許すことは将来の研
究活動を危うくするものであり，アカデミアによる一致した対応は必然といえ
る．研究倫理には，実在しないデータをでっち上げる捏造，意図的なデータの改
ざん，他者のアイデアの盗用，研究費の不正利用といった研究不正を行わないこ
とが含まれる．ほとんどの高等研究機関ではこうした研究不正を行わないような
防止策を取ることが求められており，違反者にはさまざまな罰則が適用される．
他方で，政治学をはじめ経験的な社会科学で用いられるインタビューやサーベ
イ，実験といったデータ収集や分析・公開に際しては，研究参加者（情報を提供
する人）を巻き込む場合の研究倫理の懸念が一般的な形で網羅的に定めがたく，
そのため大学などに設置される倫理審査委員会による第三者レビューによって研
究倫理の懸念点と対策の是非が審査されるようになっている．以下では，こうし
た人を対象とする調査・実験に関わる研究倫理（以下で，研究倫理という場合は
これを指す）について要点をまとめる．

●**研究倫理への関心の高まり**　歴史的に研究倫理は，1964 年のヘルシンキ宣言，
1974 年の米ベルモントレポートなどを契機として，医学や生命科学，心理学な
どの行動科学において指針やガイドラインが定められてきた．行動科学を取り入
れた政治学が研究倫理を明確に扱うようになったのは，20 世紀後半と考えられ
る．他方で日本の政治学における研究倫理の要請は比較的歴史が浅く，多くの大
学で倫理指針や倫理審査制度が整備されたのは 2000 年代以降のようである．倫
理審査は，経験的調査を実施する前に要請され，多くの場合 1 か月ほどの期間を
必要とする．研究の倫理面での妥当性を第三者的な観点から評価することによっ
て，非倫理的な研究を予防するとともに，研究者は不測の社会的問題を抱える危
険を低減する制度である．

　研究倫理への関心が高まってきた理由はいくつか考えられる．まず，インタ
ビューやエスノグラフィーを用いる人類学や社会学で深められてきた問題意識
が，同様の手法を用いる比較政治学者にも要請された．研究参加者との対等な関
係性や尊厳の配慮，研究参加者が置かれたコンテクストについての理解，研究成
果の還元といった点があげられる．他方で，政治学において倫理審査が普及して
きた理由の一つとして，実験手法の広がりも指摘できるだろう．医学や心理学で

発展してきた実験手法では，研究目的を達成するために，研究参加者に対して情報収集の目的と手段の詳細を意図的に秘匿することが必要となる．そうした盲検法は，自由意志による研究参加を阻害することになるため，倫理的に許される方法について第三者の判断を仰ぐ必要が生じる．さらに，さまざまなデジタルデータが活用できるようになった今日，以前は想定されなかった倫理的な課題が生じていることにも自覚的であるべきだろう（サルガニック 2019：6章）.

●**一般的な要請事項**　研究倫理の一般的な要請として注意すべきことは多岐にわたる．最重要なものとしては，研究参加が実質的に研究参加者の自発性によることを担保すること，そのために文書によるインフォームド・コンセントを研究参加に先立って取り付けることがあげられる．実験などのように研究目的や介入内容を研究参加の決定に先立って伝えられない場合には，実験後に説明を行ってデータ提供の同意を確認するデブリーフィングが必須だが，侵襲性の程度とそのほかのリスク，コストを踏まえて，倫理審査にかけることが望ましい．また，政治学では政治家や軍人から難民や社会的に弱い立場の人々まで研究参加者が多岐にわたることから，研究参加者と研究者の権力関係，情報の内容や入手方法，情報が開示された場合のリスクなどを踏まえて，慎重な対策を行い，倫理審査を経ることが望ましい．基本的に研究者は他者について研究を行うことができるリソースをもった外部者であり，研究成果を公開する決定権を有する点でも研究参加者の生活を左右する権力を有する．また実質的な参加の自発性は，研究参加者と第三者との社会関係から生じることにも注意するべきであり，最善の注意と対策を取る必要がある（Fujii 2012）.

　そのほかにも留意すべき点は多い．研究参加による利益の最大化と負担の最小化，および利益と負担のバランスは常に気を付けるべきである．また，研究参加者のプライバシーの保護は匿名化だけの問題ではなく，居住環境や得られた情報の記述（当該人物の家族構成，年齢，性別，知識など）にも関わる点に注意が必要である．情報の保秘もまた匿名化のみの問題ではなく，近年の研究データの透明性についての要請（データセットやフィールドノートの公開など）との関係でも慎重に行われるべきである．ソーシャルメディアから得られた情報は多くの場合，匿名化の有無にかかわらず個人情報をトレースできる可能性が残されている．そして，研究参加者に対して，最大限の尊重と丁寧な対応を取ることも忘れてはならない．研究倫理について配慮すべき点は多岐にわたるが，望ましい研究倫理のあり方について，研究手法のいかんにかかわらず，高い自覚をもつことが期待される．　　　　　　　　　　　　　　　　　　　　　　　　［岡田　勇］

📖さらに詳しく知るための文献
・眞嶋俊造ほか編著（2015）『人文・社会科学のための研究倫理ガイドブック』慶應義塾大学出版会.

第2章

データ収集

比較政治学が扱うデータとその収集手法は多岐にわたり，多くの研究者がデータ収集に多くの時間と労力を費やしてきた．とりわけ，インタビューやサーベイのように研究参加者から直接一次情報を入手する手法は，古今東西多くの研究者によって用いられてきた一方で，手法としての精緻化も試みられ続けてきた．それは，比較政治学が方法論に強い関心を抱く学問分野であること，なおかつ政治アクターや政治制度の現在や過去，さらには言説や心理的態度といった多様な分析対象を扱うものであることと無縁ではない．本章では，主に一次資料を用いたデータ収集について，その方法論や活用例，さらには各手法に特有の利点や倫理的課題といった点を明らかにする．近年ではインターネットを用いたデータ収集も盛んに導入されており，新しい可能性も広がっている．データ収集は分析手法や理論志向・事例志向の違いなどとも関係するため，他の章と合わせた理解が求められる．

[岡田　勇・日野愛郎]

エリートインタビュー

☞「フォーカス・グループ・イ
ンタビュー」p. 40

インタビューとは研究に関連して他者に対して行う聞き取り調査のことを指す．同時に複数名に対して聞き取りを行うインタビューもあるが，本項目では，インタビュー実施者とインタビュー対象者が，一対一で行うインタビューを扱う．なかでも，政治家や官僚などの政策決定者や，より広く政治に携わるエリート（例えばロビー団体勤務者，NGO 関係者，企業幹部，大学教員など）を対象にするエリートインタビューを中心に扱う．

●**インタビューにおける倫理**　インタビューでは，インタビュー対象者の，自由意志に基づくインフォームド・コンセント（informed consent）が必須であり，原則として，同意書を利用した書面による同意の形態をとる．近年では，実施者は同意書に加え，インタビュー概要を記した情報シート（information sheet）の提供も求められるようになってきている．これらの例は，大学の Web サイトなどにも掲載されている．

インタビュー倫理の基本として，インタビューに応じないことや質問に回答しないことが対象者の不利益につながらないことを明示する義務，インタビューの内容や，インタビューの過程で知ることとなった対象者のプライベートな情報を第三者に明かさないこと（confidentiality），インタビューを研究に利用する際の匿名化（anonymization）をあげることができる．ただし匿名化については，エリートインタビューの場合，実名での引用につき同意書などにおいて対象者の明示的な同意を得た場合には，該当しない．なお，匿名化では，単に名目的に匿名にすればよいとは限らない．匿名にしていても，インタビューについての情報（日時や場所）や文脈から，情報元が推測される可能性があるからである．例えば，関係者 5 名のうち 1 名のみが名古屋に在住なら，「名古屋で実施した匿名インタビュー」という書き方では，実質的に匿名性が薄れてしまう．この場合であれば，インタビュー場所の情報を伏すことで対処できる．

倫理規定や倫理審査などを整備する大学は日本でも増えている．必ず，自身や共著者が所属する大学の倫理規定などを確認し，従うことが必要である．倫理に関する論議は日進月歩であり，かつては許容されたやり方が，現在や将来にわたって許容されるとは限らないことを念頭に置く必要がある．

●**インタビューの実際**　エリートインタビュー対象者は多忙なことが多く，最初に何分程度インタビューができるか確認しておくと，実施者も優先順位がつけやすくなる．一番聞きたいことを最初に聞く，というアドバイスをする人もいる．

他方，対象者の批判ととらえられかねないような質問は，インタビューの後半に回すという戦略もありえるだろう．実施者がインタビューで質問したい項目を聞き終わった後，最後の質問として，コメントがあるか尋ねるのも有意義だ．実施者が質問しなかった点や見落としていた点を，対象者が議論してくれることがある．インタビューの終了時には，他にインタビューに応じてくれそうな方を紹介してもらえないか，聞いてみるのもよい．

インタビューを対面で実施する際は，例えば，対象者の勤務先やカフェなどの場合が多いだろうが，対象者の自宅に招かれることもありえないことではない．対象者と実施者の両方が不安に感じない場所で，インタビューを実施するべきである．対面以外の選択肢としては，電話インタビューに加え，Web 会議システムを用いたインタビューやメールのやりとりなどがありえる．

●**インタビューと研究**　研究においては，さまざまな資料に依拠することが重要であり，インタビューについても，公文書や新聞資料，既存の研究，回顧録といった他の資料も同時に参照すべきである（山本 2014）．特に，インタビューでは，対象者が参加する動機として，自身の考えや立場を正当化するインセンティブがあることを忘れるべきではない（Berry 2002）．対象者が積極的に嘘をつこうとしていない場合でも，記憶間違いということもある（Mosley 2013）．さらにいえば，実施者の属性（例えば，実施者が米国名門大学の白人男性教授の場合と，アジアの大学の博士学生であるアジア系の若い女性の場合）によって，インタビューに応じる対象者の層や，インタビューでの回答の内容が異なることもありえる（Mosley 2013）．

どれだけの数のインタビューを実施するべきか，の一つの指針として，飽和（saturation）という概念がある（Bleich & Pekkanen 2013）．例えば，ある社会運動に携わる人々の動機を研究する場合，新規にインタビューを実施しても，それまでのインタビューですでに提示されていた動機しか言及されないなら飽和に達したと判断できる．

最後に，エリートインタビューでは，実施したいインタビューができないことも多い．対象者の連絡先が公開されていないことも多いし，連絡ができても返信がこないことも頻繁である．対面調査の場合は，現地でのフィールドワークに許可が必要か，また危険がないか，なども調べておく必要がある．場合によっては，渡航したが現地でのインタビューがまったくとれないこともありえる．インタビューが実施できなければ成り立たない研究には，取り掛かる上で慎重になったほうがよい場合もあるかもしれない．　　　　　　　　　　　　　［藤川健太郎］

📖さらに詳しく知るための文献
・山本健太郎（2014）「事例研究」加藤淳子ほか編『政治学の方法』有斐閣，37-70 頁．

オーラルヒストリー

☞「サーベイ」p. 42

　オーラルヒストリーは，当事者からの聞き取り（インタビュー）記録である．人類学や社会学などで，みずから記録を残すことが少ない人々の記録を残す手段として重視されているが，政治学では，政治家や行政官など政治活動の主体からの聞き取りをもとにしたオーラルヒストリーがつくられ使われることが多い．

　オーラルヒストリーは分析手法ではなく，研究資料の作成あるいは現象の測定，つまり観測や実験などと同様に，事象の記録を取る研究活動である．資料の性格としては，政治学で用いられる資料の中で，決定的に重要とされる公文書，書簡などに次ぐ一次資料とされる日記や回顧録など，当事者がつくる資料と同等の価値がオーラルヒストリーにあると考えられる．

　資料としてのオーラルヒストリーは，多くの場合，研究者が当事者からの聞き取り記録を整理することによって成立しており，研究者が関与して残される資料であるというところに特徴がある．そこで，世論調査やアンケート調査など研究者が関与してつくられる研究資料と一定の共通性がある．事象の当事者でない研究者が関与することは，歴史に残すために，ある程度の一般性をもって話をしなければならないという意識を話し手に生じさせるとともに，聞き手による設問の作成や事後の確認によって，他の文字情報との関係が整理されたり，話し手による自己合理化を抑制したりする側面がある．その点で，うまくすれば日記や回顧録にはない正確性が期待できるのである．

●**得られる情報の特徴**　オーラルヒストリーは，同時進行型を例外として，多くの場合は，関心対象の出来事が起きたときから時間が経ったときが多いために，記憶が曖昧になるとか，事後的な合理化が生じるといったことが指摘される．しかし，現在進行中の事態に影響を与えるため同時代的には公開できない情報が，時間とともに明らかにできるという側面もあり，時間の経過がむしろ重要な意味をもつ．また当事者の立場では日々の出来事に追われて整理ができていないが，振り返ってみてうまく事態を説明できるようになっているということもある．そこで，時間が経つほど対象化しやすいものの，記憶も薄れるという二律背反のバランスを取ることが大きな課題となる．

　またオーラルヒストリーから得られる情報には広がりがあり，そのことをよく認識することによって，作成にしても使用にしても価値が高まる．誰でも思いつくのが，事件や事実関係の発見あるいは確認である．このように何が起こったのかということを知るのは基本であるが，これは文書資料で概略を知ることができ

ることも多く，オーラルヒストリーならではの情報は，それを補う具体的な細部にわたる情報の方であることが多い．その意味で，オーラルヒストリーにおいては，事件の背景にある過去の経緯や人間関係，あるいは資料に残りにくい事情をいかに発掘できるかが重要な意味をもつ．またオーラルヒストリーにおいては，話し手の話しぶりなどから，本人や関係者の思考特性についての情報を得るということも大きな目的である．そのため，複数のオーラルヒストリーなどを比較して，関係者の思考方法の違いや，それが具体的な事件で合流する様子，あるいは食い違う様子などが明らかにできることもある．さらに，当時の関係者にとっては当然の前提である，例えば執務環境であるとか組織の標準的な処理手順あるいは人事慣行などは，わざわざ聞かなければ答えてもらえず，当事者が積極的に記録することも少ないために，オーラルヒストリーならではの情報となることがある．その意味で，オーラルヒストリーの実施においては，周辺情報の獲得といった側面に気を配ることが重要になる．

●**聞き方の工夫と関係性**　オーラルヒストリーでは話し手が都合のよいことばかりを事後的に語るという批判に対しては，聞き手の工夫によって，できるだけバランスを取ること（バイアスの少ない）に加え，詳細な（有効性の高い）記録をつくっていくことで応えていくべきである．聞き手が聞きたいことだけを質問する単純な聞き取りにおいては，話し手を誘導することにつながりやすい．そこで，時系列で周辺部をも含めて，話を聞いていくというのは有効な方法である．周辺情報も含めて聞いていくことで，聞き手が予想していない出来事や情報を得ることができるようになるし，周辺情報が多ければそれと矛盾する事実の改変は難しくなる．また時系列で整理して語ってもらうことは，話し手の記憶を活性化する点で意味があるとともに，事実に改変があると時系列上の矛盾が出てくるために，改変が起こりにくくなるという面がある．その意味で，しばしば行われる，重要な当事者の生涯を聞く伝記型のオーラルヒストリーは，特定の事実の解明のためには効率が悪いように考えられがちであるが，バイアスの少ない資料を得るためには有益であると考えられる．

　このように，聞き手と話し手との関係性が重要な役割を果たすとすれば，同じ国あるいは文化内でそれが完結しているとき，その外側の研究者にとって一定の壁が存在することを意味する．もちろん公文書あるいは当事者の日記や手記においても同様の問題は存在するが，聞き手が研究者であるため，その問題が認識されにくいこともある．そこで比較政治学で使用するためには，オーラルヒストリーが関係性を前提とすることを認識し，話し手・聞き手・読者のそれぞれの基礎知識あるいは文化的背景の違いを考慮すべきであるともいえよう．［飯尾　潤］

📖**さらに詳しく知るための文献**

・御厨貴編（2019）『オーラル・ヒストリーに何ができるか──作り方から使い方まで』岩波書店．

フォーカス・グループ・インタビュー

☞「サーベイ実験」p. 68

フォーカス・グループ・インタビュー（FGI）は，フォーカス・グループ，フォーカスド・インタビュー，フォーカス・グループ・ディスカッションとも呼ばれる．「グループ」とは，個人ではなく集団が対象であること，また「フォーカス」とは，研究関心に基づいてあるトピックに限定された聞き取り調査であることを意味する．要するに FGI とは，特定状況下における，集合的な意見が何であるかを追求するデータ収集を目的とした質的研究手法の一つである．1930 年代より，回答者が質問者に主導されることなく，より自由に，自然な形で経験を語ってもらうための手法が探索されるようになった．第二次世界大戦中の米国において，ラジオを聴いた参加者に沸き起こった感情を確認し，その理由を語らせる手法を開発したことが FGI の発端といわれる（Merton & Kendall 1946）．1950 年代には商品開発のためのマーケティング調査，1980 年代からは保健衛生，臨床心理学，社会学，プロジェクトの評価調査，行動科学全般では積極的に適用されているが，政治学を含む社会科学全体でこの手法が同様に認知されているとは言いがたい．安価で使い勝手がよいことから，容易に着手できるとの偏った認識も広まる一方，計量的調査と組み合わせて用いられるようになり，2000 年代以降急速に各分野で導入されている実態から，研究手法としての精査が求められている．

●**FGI によるデータ収集から分析まで**　一つのグループには，5 名から 12 名の参加者を募る．進行役（ファシリテーター）がインタビューを進める．進行役は研究の意図を理解した上で，参加者にあらかじめ用意されたガイドラインに沿って参加者に質問を提示しながら，およそ 1〜2.5 時間のインタビューを構成する．この間，参加者の対話から生じる集団力学（グループ・ダイナミクス）を把握し，必要とされるデータが収集できるかどうかについては多分に進行役の能力に委ねられる．話しやすい雰囲気を醸成できるか，発言力の弱い参加者の意見を引き出せるかなどの力量が問われるのである．参加者に安心・安全な環境を提供するため，録画・録音が認められない場合には書記役を立てる．分析の対象は，各参加者の表情や身振り手振りもあるが，主には FGI から得られた議事録である．テキスト化された情報の分析には，キーワードによるコーディングや内容分析（コンテンツ・アナリシス）が用いられることが多い．

●**研究手法としての特徴と多様性**　伝統的な FGI は，参加者間の相互作用を通じデータを得ることが主目的とみなされている（Morgan 1996）．参加者から自然な語りを得るため，研究目的を見定めた上で，参加者が質問内容に応えられる

ような特徴・経験を均一的に有するよう，グループは慎重に構成される．参加者の居住地域，ジェンダー，教育水準などの属性について同質性を担保するか否かは，意見の収斂あるいは幅の広さを求めるかに準じ研究者自身が設定する．参加者がよそ者同士であることは，繊細なトピックや自分の価値観を語りやすいといわれ，参加者の間での対話の進み方が議論の方向性を左右する．その利点を生かし，性的マイノリティグループや，暴力を経験した女性達などの少数派の声を引き出すのにも有効といわれる．参加者同士が各人の応答に触発され，トピックに理解を深め，議論が進展することがFGIでは期待される．参加者の表面的な応答に留まらず，複雑な感情，洞察，過程を明確にできる点で，深い（in-depth）データを取得できることがこの手法の主な利点である．参加者間の相互作用から生じる間主観性と集合的な経験に基づく語りの創出を重要視する見解は，FGIの代表的な特徴である（Stanley 2016）.

　他方，FGIの研究対象への適用と見方は多様性に富み，模索が続く．属性の異なる複数のグループにFGIを行い，属性間の比較やグループに共通する特徴を見出す比較分析が進んでいる．例えば，どのように政治を語り，何が政治参加を促すかを問う国家間比較の調査は，世代と教育水準の異なる参加者を募り，複数の国で実施された．各国グループ内の議論の精査とともに，社会・政治・歴史的文脈がどのように議論の発展に影響を及ぼすかも分析の焦点にし，比較することができる（van Bezouw et al. 2019）．さらにFGIは，新規の研究領域や未開拓の現象を探索的に追求する側面と，別の研究手法と組み合わせて明らかとなった結果を確認する側面を併せもつ．サーベイ調査の前段階におけるFGIの役割は，質問票の言葉の選択，仮説設定の妥当性などの事前確認である．サーベイ調査の事後には，調査結果を確認する，あるいはより深い情報を得るために実施される．このように研究の質を高めるべく，研究対象に多面的に取り組む研究手法の組み合わせの一つとしても注目が集まっている．

　近年は，オンライン上のヴァーチャルなFGIが展開される研究もある．伝統的なFGIの設定と同じく参加者がプラットフォームに同期する場合に加え，アバターを用いて個人情報を参加者同士が知りえない設定にすることもできる．集団を対象としていても，参加者間の議論の場が設定されないノミナル・グループ技法やデルファイ技法は，FGIとは異なる集団対象のインタビューであるとみなされる傾向がある．　　　　　　　　　　　　　　　　［田中（坂部）有佳子］

📖さらに詳しく知るための文献
・Shamdasani, P. N. & Stewart, D. W. (2014) *Focus Groups: Theory and Practice.* Sage Publications.
・Casey, M. A. & Kreuger, R. A. (2014) *A Practical Guide for Applied Research.* Sage Publications.

サーベイ

☞「研究倫理」p. 32

　サーベイとは，一般的に，質問紙を用いて標本（sample）に質問をし，答えてもらうことで，人々の行動，意見，態度，バックグラウンドを測定する科学的な営為のことを指す．社会調査（social survey）や世論調査（public opinion survey）ともいう．サーベイの目的は，研究関心対象である集団（母集団という）について，集団全員ではなく一部を構成する人々（標本）に対して質問をし，そこで獲得した情報に基づいて母集団の実像を推論することにある（集団全体を対象とするものは悉皆調査という）．そのため，サーベイへの参加を依頼される標本は，恣意的にではなく，ある一定の確立された手続きによって母集団を代表するように選ばれる．また，調査実施主体は，（ほぼ）同じ内容の，標準化された質問を標本に尋ね，多くの場合，その回答を数字に割り当てて，その数字（調査統計量）を統計的な手法を用いて分析をする．

●**総調査誤差フレームワーク**　（観測できない）母集団について推論するためにサーベイを実施するものの，問題は，サーベイで観測された情報が母集団の情報と一致するとは限らないことである．というのも，サーベイにおける観測値はさまざまな誤差やバイアスを含んでいるためである．誤差はサーベイ過程のさまざまな局面において常に存在しうるものであり，より質の高いデータをいかに得られるかは調査方法論（survey methodology）という分野において研究されている．調査実施主体の調査資源は無限ではなく，すべての誤差やバイアスをなくすことはできない．調査実施主体は限られた調査資源をどのように投入して，より質の高いデータを得るかを検討する必要がある．このときに，調査過程の全体を見渡しさまざまな局面における誤差について総体としてとらえる考え方を総調査誤差（total survey error）フレームワークという（Groves et al. 2004）．このフレームワークでは，最終的に得られる調査統計量に含まれる誤差について，母集団の属性とどの程度一致がみられるかという代表（representation）と，構成概念とどの程度の一致がみられるかという測定（measurement）の二つの観点から検討する．

●**代表**　研究関心の対象（目標母集団）を決定した後，調査実施主体はその縮図となる標本の抽出を試みる．そのためにまず標本抽出枠（sampling frame）が設定される．標本抽出枠は，標本として選ばれる可能性のある構成員の集合であり，標本を抽出するために用いる方法や名簿と密接に関連している．目標母集団と標本抽出枠は必ずしも一致しないため，そこで生じる誤差をカバレッジ誤差という．例えば，日本の有権者全体を目標母集団とした調査で標本抽出枠として選

挙人名簿を用いた場合，目標母集団と標本抽出枠の一致率は極めて高いものの，その選挙人名簿が作成された後に転入や転出（あるいは死亡）した有権者が存在することで，両者は必ずしも完全に一致しない．

　次に，標本抽出枠が設定されるとそれを基に無作為抽出によって標本が選ばれる．無作為抽出を用いるのは，標本を抽出したときに生じる誤差（標本誤差）について統計的に処理できることが知られているためである．しかし，実際には，作成された標本リストの全員が回答するわけではなく，さまざまな理由で回答を得られないケース（欠測という）が生じる．欠測は多くの場合，年齢や教育程度，住居形態などによって系統的に生じ，回答にバイアス（偏り）を生じさせる可能性が高い（無回答誤差）．そのような系統だった偏りを補正するためにウェイト補正で事後調整を行うことがあるが，誤差を減少させることも増大させることもありえる（調整による誤差）．このように調査統計量を得るまでには代表という側面を見ても4種類の誤差が発生する可能性が存在する．

●測定　サーベイにおいてもう一つ重要なのは，研究対象とされる構成概念がいかに調査統計量に反映されるかについての測定の側面である．調査実施主体が研究遂行上で明らかにしたい構成概念については，サーベイでは具体的な質問文の形に落とし込む．それによって得られることが想定される真値を「測定真値（measurement）」という．このときに，その測定が本当に構成概念とズレがないかという構成概念妥当性については注意深く検討する必要がある．

　また，真値である「測定」と実際に得られた「回答」の間には測定誤差が生じる．例えば，過去の投票行動について記憶が曖昧で正確に答えられなければ測定誤差は大きくなる．また，選挙での棄権のように社会規範に従って過小報告が観察される社会的望ましさバイアス（social desirability bias）も測定誤差の一種と考えられる．さらに，「回答」はコーディング・ルールによって数値化され「編集済み回答」となるが，その際にも単純な転記ミスやコーディングの混乱など処理誤差が発生する可能性が残っている．このように，調査企画時に意図した構成概念と最終的に得られる調査統計量の間にズレが生じる局面が複数存在する．

●調査モード　上述のさまざまな誤差の発生と密接に関連するのがデータの収集方法によって分類される調査モードである．代表的な調査モードとして，調査員が回答者を訪ね口頭で質問をする面接調査，調査票を送付して回答を収集する郵送調査，電話をかけて口頭で回答を収集する電話調査，面接調査にコンピュータ/タブレットを導入したCAPI/CASI調査，インターネットによって回答を収集するウェブ調査などがあげられる．調査モードによって，標本のアクセス可能性，コスト，調査員の介在，データ収集期間の長さ，回収率が大きく異なってくるため，調査実施主体は研究の意図と調査資源を考慮しながら，調査モードを選択することになる．

［遠藤晶久］

国際比較世論調査

☞「サーベイ」p. 42,「マルチレベル分析」p. 72,「政治文化論」p. 148

国際比較世論調査とは，可能な限り同一の手法に基づきながら，共通の質問項目を含んだ調査票を用いて複数の国で実施されるサーベイのことである．各国の文化や人々の行動，価値観，世論について比較可能になるため，政治学のみならずさまざまな分野において複数の大規模国際比較世論調査プロジェクトが実施されている．その多くは空間横断的なだけでなく，時点横断的でもあり，過去からの変化やトレンドについての把握も企図されている．

●**政治文化の測定**　初期の代表的な研究として，アーモンドらが行ったアメリカ，イギリス，イタリア，ドイツ，メキシコの5カ国の政治文化の比較があげられる（Almond & Verba 1963）．アーモンドらは政治システム一般，入力，出力，政治的自己の四つの対象に対する人々の指向を測定することによって，各国において未分化型/臣民型/参加型の文化がどの程度みられるかについて議論している．

さらに，経済発展によって脱物質主義的価値観（Inglehart 1977）がもたらされると主張したイングルハートは，経済・技術発展と人々の価値観の関係を検証するために，ヨーロッパ価値観調査（European Values Study：EVS）を基礎にしつつ，1981～84年に欧州以外の国にも対象を広げて世界価値観調査（World Values Survey：WVS）プロジェクトを開始した．その10年後の1990～94年に第2波（Wave 2）を実施すると，その後は約5年に1回のペースで調査を実施し，最新のWVS Wave 7では66カ国をカバーするに至っている．これらのデータを用いたイングルハートらは，伝統的価値観対世俗-合理的価値観と生存価値観対自己表現価値観の二つの軸によって各国の文化の差異を描き出しつつ，文化の差異と経済発展の間に相関があることを示した（Inglehart & Welzel 2005）．

●**CSES**　政治学者を中心とした国際比較世論調査プロジェクトとして，選挙制度が政治行動や民主過程への評価に与える影響について検証するために実施された比較選挙調査プロジェクト（Comparative Study of Electoral Systems：CSES）があげられる．Module 1は1996～2001年の間に33カ国で実施された．執筆時点で最新のModule 5（2016～21年）では45カ国にまで増えている．CSESでは，共通の質問項目を選挙後調査に含めるだけでなく，選挙制度や政党，選挙区などのマクロデータも統合することで，マクロな政治的コンテクストとミクロな政治行動の関係の研究を可能にしている．マルチレベルモデルのような統計的な手法の発展とあいまって，CSESは多くの研究で利用されるようになった（Dalton & Anderson eds. 2010；Klingemann eds. 2012）．

●**ABS** 2000年代に入ってから国立台湾大学および中央研究院（Academia Sinica）の研究者を中心として東アジア，東南アジア各国での社会経済的近代化，体制移行，民主化，民主主義的価値観，アジア的価値観を比較するための国際比較世論調査であるアジアンバロメーター（Asian Barometer Survey：ABS）が企画された．Wave 1 は2001〜03年に日本を含む8カ国・地域で実施され，執筆時点で最新の Wave 6（2021〜23年）では，インドやスリランカなど南アジアの国を含む15カ国・地域にまで拡大した．2000年代からの20年間は中国の台頭など地政学的な要因の変化が東アジア，東南アジア諸国に大きな影響を与えてきた時期であり，ABS は地域における政治的安定を検討するためには貴重なデータを提供している．また，ABS は，Global Barometer Survey（GBS）という枠組みの下で，ラテンアメリカ諸国を対象とした Latinobarómetro，アフリカ諸国を対象とした Afrobarometer，中東諸国を対象とした Arab Barometer，東欧から中央アジアまでをカバーする ICSR Eurasia Barometer と協働し，共通の質問項目を設定している．GBS が対象としているのは，実に世界人口の70%をカバーする国々である．なお，EU 加盟国を対象とするユーロバロメーター（Eurobarometer）は GBS とは連携をしていない．ユーロバロメーターはこれらの調査よりも歴史が古く1973年から実施されているが，その主体は欧州委員会であり，研究者や調査実施機関が中心となっているほかの調査とはその性質が異なる．

●**そのほか** 国際比較世論調査にはそのほかにもさまざまなものがある．国際社会調査プログラム（International Social Survey Programme：ISSP）は現在45カ国の機関が加盟し，1985年以降，毎年調査を実施している．年ごとに調査テーマ（政府の役割，社会ネットワーク，社会不平等，環境，労働志向など）を設定し，異時点間の比較が可能なように同一テーマの調査が複数回実施されている．例えば，「政府の役割」モジュールは1985年，1990年，1996年，2006年，2016年に実施された．そのほかにも European Social Survey などが知られている．

●**国際比較世論調査の課題** 国際比較世論調査はマクロなコンテクスト（社会経済発展，制度など）とミクロの行動や態度を結び付けて検証することを可能にする貴重なデータである一方で，実施に際しさまざまな課題にも直面する．質問文をどのように翻訳するか，それが各国で同じ概念を測定しているかについては慎重な検討を必要とする．国によっては，サーベイの科学的手続きがとれない調査環境を前提とする必要があり，さらにいえばサーベイ実施自体にリスクを伴うような国も存在し，データの質が大きく異なる可能性もある．また，国際比較世論調査は膨大な予算を必要とするが，その資金獲得は大きな課題である．CSES や ABS の日本調査では大型の研究助成獲得が必要であり，その採否次第では不参加となる危機と常に隣り合わせである． ［遠藤晶久］

オンラインデータ収集

☞「研究倫理」p. 32,「サーベイ」
p. 42

　オンラインデータ収集とは，インターネットなどの電子リソースを利用して情報を収集する多様な手法である．世界銀行が提供する経済・開発・政府の財政に関わるさまざまな指標や，Varieties of Democracy（V-Dem）や Freedom House などの民主主義や政治的自由に関わる指標のみならず，各国の新聞や政党綱領，選挙公約，ソーシャルメディアまで，比較政治学で用いられるデータの多くがオンラインで収集することが可能となっている現在，そうした大規模データを効率的に入手するための手法の開発も大きな進化を遂げている．

●**ウェブアーカイブデータの利用**　まず，何らかの組織や特定の目的をもったプロジェクトによって構築されたデータセットが公開されている場合には，取得は容易になる．上述の世界銀行が提供する World Bank Open Data や V-Dem，Freedom House などはその代表である．他にも国家間の戦争や紛争のデータを提供している Correlates of War，これまで最も頻繁に利用されてきた紛争に関わるデータである UCDP/PRIO Armed Conflict Dataset，軍事費や武器移転に関わる包括的なデータ SIPRI Military Expenditure Database など，多岐にわたる．これらのデータは，ホームページにアクセスし，一部は申請することで容易にダウンロードできる．

●**ウェブスクレイピング**　他方，このようにあらかじめ整備されたデータセットではなく，インターネット上の生のデータを大量に収集する必要がある場合もしばしばある．手動でダウンロードしてもよいが，データの規模が大きくなると反復作業に時間とコストがかかるため，プログラミングによって自動的に収集する方法が模索されることになる．こうしたウェブサイトからデータを自動的に抽出する手法は，ウェブスクレイピングと呼ばれ，一般的には HTML や XML から情報を取得する．さまざまな手段があるが，最も一般的なのは，プログラミング言語である Python の BeautifulSoup や Scrapy，R の Rvest などのパッケージを用いて，取得したい情報が掲載されているウェブサイトからデータを自動的に収集する方法である．ウェブスクレイピングは，新聞記事や議事録，選挙綱領，新聞や雑誌のテキストデータなど，大規模なデータを自動的に収集するために便利な手法ではあるが，ウェブサイトによってプログラミングを書き換えなければならず，サイトの構造が変わると動かなくなるので，難易度は高い．また，近年はウェブサイトの構造が複雑になっている場合が多く，ユーザーが画面をスクロールした上で次の画面を読み込む処理を組み込んでいるサイトからの取得には，上

記のパッケージに加えて Selenium が必要になる．技術的な手法については，Python 言語で行う場合は森（2019）やミッチェル（2019）を，R 言語の場合には石田ほか（2017），ミュンツェルトほか（2017）などが参考になるだろう．取得したデータは，テキスト分析やネットワーク分析をはじめ，さまざまな分析に活用することができる．

なお，新聞については，大学図書館が提供する Nexis Uni などのデータベースなどを利用して検索，収集することが可能である．とはいえ，これらのデータベースを対象にウェブスクレイピングを行うことは禁止されている場合が多いので，注意が必要である（後述）．また，日本の主要な新聞については過去のデータを一括して購入できる場合がある．

● **API（Application Programming Interface）**　これに対して，一部のウェブプラットフォームやサービスは，API を提供している場合がある．API を利用すれば，ウェブスクレイピングと比較してはるかに容易に大規模なデータを収集することができる．例えば，Google Maps API を用いると地理情報を収集することができ，他の多様なデータと合わせて政治分析に利用できる．

API は，ソーシャルメディア・プラットフォーム上での活動やユーザーの発言を分析するためのデータ収集においても強力なツールである．例えば，Facebook や Instagram については，API を用いて投稿された書き込みや写真に対するコメントを一括してダウンロードするパッケージが複数開発されている．X（旧 Twitter）についても，例えば重要な政策の転換や何らかの重大事件に対して一般の人々の見解がどのように表明されているかを巡る分析など，比較政治学上の重要な課題に取り組むためのデータとなり得る．経営者が代わる以前は，ディベロッパー申請を行えば，学術目的に限り無料で大量のツイートを取得することができた．しかし，X に移行してからは，API の利用には無料・有料プランがあるものの，無料プランでは取得できるポスト数の上限がかなり低く設定されるなど，制限が多くなった．ソーシャルメディアのデータは，特定のトピックやイベントに関する一般ユーザーの反応を把握するために効果的であり，テキスト分析やネットワーク分析などの有力なデータとなる．

●**オンライン調査**　オンラインで世論調査やサーベイ実験を行うことで，人々の意識を収集する手法も広く活用されている．Qualtrics などのオンラインプラットフォームや専用の調査ツールを使用してサーベイを行い，被験者から得た回答を統計分析にかける方法が，最も一般的である．

●**倫理**　以上のような手法は，オンライン上にある無数のデータを収集する上で非常に有用である．ただし，データの利用や収集には法的および倫理的な問題も付きまとう．研究者はデータの取得と使用を巡る法規制やプライバシーに関する規定を遵守しなければならない．　　　　　　　　　　　　　　　　　　［山尾　大］

第3章

質的分析

　一般的に質的分析と呼ばれる手法は，経験的データがもつ数量的なものに限らない性質をとらえ，そこから理論的な含意を導き出そうとしたり，あるいは理論的に想定されるものについてのエビデンスを収集したりしようとする手法を指す．具体的な手法は多様であり，それぞれがベースとする理論想定も一様ではない．また，理論と経験（エビデンス）との関係についての想定もさまざまである．そうした多様な手法は，とりわけ研究の目的が一般化可能な理論の検証よりも事例の理解にある場合や，経験的データについての関心が数量的な傾向にとどまらない場合には，豊富な示唆を与えてくれることだろう．本章で扱う内容には，事例研究（量的手法も含むが質的手法が主となる），観察対象となる事象や過程の時間性について深く追求する過程追跡，比較歴史分析や概念としての経路依存，アクターの文化や動機，言説に着目するエスノグラフィー，構成主義，言説分析が含まれる．

[岡田　勇・日野愛郎]

事例研究

☞「統計的因果推論」p. 66,「時
系列分析」p. 76

　事例研究を専門的に扱った著書で，ゲリングは，事例研究を以下のように定義
する．すなわち，「類似したより大きな単位のクラス（あるいは事例の母集団）
の理解を目的に行われる単一あるいは少数の単位（unit）すなわち事例に対する
集中的な（intensive）研究」と定義する（Gerring 2007：37）．ここで，単位（事
例）とは，国家や個人のように，空間的に明確に他から区別される存在であって，
時間軸方向については，複数の「観察」が存在しうる．したがって，量的分析を
用いる事例研究もありうる．例えば，統計的な時系列分析や，統計的因果推論の
手法の一つである合成コントロール法を用いた場合も，単一の単位について因果
推論を行うものであり，事例研究に含まれる．

　しかし，ゲリングは事例研究と質的研究の間には方法的に親和性があるとも書
く（Gerring 2007）．そして，後のゲリングの定式化によれば，量的研究とは，
記述／因果推論のために，エクセルのようなスプレッドシート上で行列の形に表
せる観察上での共変動パターンを，形式化して，すなわち集合論，質的比較分析，
頻度統計，ベイズ確率，無作為化に基づく推論，合成コントロール法によって，
利用する．対する質的分析は，問題のさまざまに対応する，寄せ集めの「比較不
能な観察」に基づき推論する（Gerring 2017）．以下では，もっぱら質的な方法
を用いる事例研究について述べることとする．

●**質的な事例分析における仮説検証のための方法**　質的事例研究は，事例研究か
ら得られた寄せ集めのデータが，（しばしば競合する）諸理論のいずれとよく当
てはまるかを比較することによって仮説を検証できるとされる．具体的には，
「二重に決め手となる検証」「動かぬ証拠による検証」「選別するための検証」「か
すかな兆候を示す検証」などの検証基準が提案されている（ベネット 2014）．そ
れぞれの検証基準に基づき，さまざまな強さで仮説を検証できる．

　量的分析は確率論的世界観に基づくが，質的分析は集合論的な世界観に基づい
ているとして，質的分析と量的分析は世界に関する完全に異なる哲学的前提に依
拠していると論じる者もあるが（ガーツ＆マホニー 2015），現状では，質的（事
例）分析と量的分析を組み合わせる混合研究手法を採ることが推奨されている．

●**質的事例分析の長所と短所**　では，量的分析に対する質的事例分析の強みと弱
みは何か．先行研究は，質的な事例分析が得意とすることは，概念を妥当な形で
用いること，新たな仮説の導出，因果メカニズムの探求，複雑な因果関係のモデ
ル化と評価とし，その弱点を，分析対象を従属変数から選んでしまうことに由来

する選択バイアスや，結論の代表性（一般性）の欠如などだとしている（ジョージ＆ベネット 2013）．

以上の議論で明確に述べられていないことは，質的データすなわち「少数の単位を集中的に研究する質的事例研究の方法によってのみ得られる，スプレッドシート上では表現できない比較不能な観察」を通じてのみ得られる，量的研究では不可能な情報とはいかなるものかという問いである．ここで，質的事例分析の最大の強みは，ある形で行為した政治アクターの抱いていた欲求・信念・意図・所有する情報など，すなわち一般に「動機」と呼ばれる心理に関するデータを提供する点にあるだろう．行為の動機に関するデータが重要となる理由は，量的分析（統計的因果推論）に基づき因果推論を行う上で最大の障害となる「内生性（endogeneity）」あるいは「自己選択（self-selection）」の問題とは，まさに行為者の動機の問題だからである．ここで自己選択とは，分析の対象がみずからの意思決定として，研究者がその因果効果を知りたい独立変数を選択してしまうことを指す（統計的因果推論に関するわかりやすい入門書として，松林 2021）．質的分析は，政治アクターがなぜその行為を選択したのかに関する動機についての情報を与えるために，量的研究の弱点を補うのである．

●優れた質的事例分析の事例　政治アクターの心理に関する記述が理論の確からしさを高めた具体的な研究例として，レイプハルトによるオランダの一国事例分析『調整の政治』を取り上げよう（Lijphart 1975）．『調整の政治』は，1970年代までのオランダの民主主義が安定していたことを，政治エリート達が，①政治をビジネスとして，結果志向でとらえ，②同意しないことに同意しており，③頂上外交（交渉）を行い，④各政治勢力と政治影響力の配分が比例しており，⑤非エリート層を政治から排除し，⑥エリート間交渉を秘密にし，⑦かつエリートが構成する内閣が，議会に対して優位に立っていたことから説明する．この分析は，この七つのオランダ政治の特性が，政治エリートがオランダの民主主義が危機にあると実際に認識し，その危機を避けるべく試行錯誤する政治過程の帰結としてもたらされたことを記述する．換言すれば，量的分析には難しいような形で，上述7要素が具体化する前後の過程での政治エリートの心理に言及しつつ政治過程を記述するがゆえに，分析が大きく説得力を増していると考えられるのである．

確かに，心理への明白な言及がないままフランス，ロシア，中国の社会革命を論じたスコッチポルによる重要な事例研究もある（Skocpl 1979）．その意味で，質的事例研究と心理記述の関係は，必然ではない．他方で，スプレッドシート上で心理過程を表現するのは難しく，自己選択の問題を克服する上で，質的事例分析に基づく心理的側面の記述が有益であることは，間違いないといえよう．

［豊田　紳］

経路依存

☞「歴史的制度論」p. 346

　比較政治経済学における歴史制度論の台頭とも関わって，政策の発展や持続性を過去の政策決定や歴史的に形成されてきた制度と関連付けて説明する概念として，経路依存が言及されることが多い．過去の時点での政策決定がその後の政策発展や方向性を規定するといった意味でこの概念が用いられているが，こうした理解は，歴史が重要であると述べているに等しい．ピアソンは，経路依存をより限定的にとらえ，「正のフィードバックによって，歴史的発展パターンに分岐を生じさせる社会過程」（Pierson 2004：21）と定義している．

●決定的分岐点と正のフィードバック　経路依存は，経路の生成・開始に関わる過程と経路の再生産に関わる過程から構成されている．経路生成に関わる過程は，決定的分岐点と呼ばれ，複数の選択肢の中からある選択肢が選択され，経路が発生する時点を指す．決定的とされるのは，一旦特定の選択肢が選択されると，複数の選択肢が選択可能であった当初の状態に戻ることが困難になるとの意味からである．どの選択肢が実際に選ばれ，その後も残っていくかは，事前に予測できず，状況依存的な性格が強いとされる．しかし一旦特定の選択肢が選択されると，時間の経過に伴い，特定の制度的パターンが存続していく（Mahoney 2000）．

　経路依存の典型例としてあげられるのが，QWERTY というキーボード配列である．19 世紀末，手動型タイプライターの隣接する印字バーが絡まないよう，タイピングの速度をわざと遅くするために考案されたのが，この配列であった．タッチタイプのタイピングが技術的に可能になった後も，より効率的な文字配列に置き換えられることなく，現在でも QWERTY 型配列が広く普及している．このように，過去のある時点で行われた選択を，その選択に至った当初の諸条件が変更されているにもかかわらず，時間の経過とともに制度的パターンとして再生産するメカニズムが，正のフィードバックないし自己強化である．

　正のフィードバックを生み出す要因については，大きく分けて，主に功利主義的な観点と権力政治的な観点から説明される．前者について，経済学者のアーサーは，次の四つをあげている．①高い初期・固定費用：制度形成の初期費用が大きいほど，制度を大幅に変更するという誘因をもちにくい．②学習効果：製品の普及が高まるにつれ，利用者は製品の効率的な利用方法を学び，そのことが製品改良や費用削減につながる．③調整効果：他者が同じ行動を選択すれば，そこから得られる利得が増大する．④適応期待：特定のパターンが普及していけばいくほど，「勝ち馬に乗る」必要性を感じるようになる（Arthur 1994）．

アーサーの研究の意義は，経済学においてそれまで支配的であった収穫逓減の法則を覆す，新しい概念として収穫逓増を提唱し，制度変更に伴うコストや利用し続けることによって得られるメリットなど，費用便益計算という合理的な理論枠組によって，正のフィードバックを論証した点にある．

●経路依存と権力　経路依存は，元々は経済学において開発された概念であるが，政治学にも広く応用されるようになった．イギリスやカナダとの比較から，第二次世界大戦後の時点で，アメリカでは政府が公的医療保険を立法化する前に民間医療保険がすでに定着していたことが，その後の国民皆保険への移行をますます困難にしたとするハッカーの研究は，その一例である（Hacker 1998；2002）．

実際，経済の領域以上に政治の世界では，正のフィードバックが起こりやすい．しかしそれは，効用最大化といった功利主義的な観点からだけでは説明できない．重要なのは，政治の本質ともいうべき権力の非対称性である．

現行の制度的配置において優位に立つアクターは，権力を行使して，現行の制度を再生産しようとする．制度の存続拡大が，優位に立つアクターの権力をさらに増大させ，そのことがさらなる制度拡大につながっていく．権力の非対称性は，正のフィードバックを生み出す重要な要因であると同時に，一旦正のフィードバックが設定されると，時間の経過に伴い権力の不均衡が拡大していく．しかも制度は一般的に変えにくいように設計されている．政治制度に組み込まれた現状維持バイアスが，正のフィードバックを強化し，経路の切り替えを難しくする．

●経路依存への批判　経路依存論は，決定的分岐点における状況依存性を強調する一方，その後の自己強化の過程については決定論的であると批判されることが多い．また，経路生成と経路再生産のメカニズムを区別するのは，急激な制度革新とその後の長期にわたる制度の安定・持続という断続平衡説を前提としているとセーレンやシュトレークは批判する．断続平衡説に立つと，制度の持続か，それとも外部からの衝撃を受けて従来の制度が完全に崩壊し，別の制度に取って代わられるかの理解になりかねない．制度変化は必ずしも外生的ではなく，内生的にも生じる．そして，長期にわたる漸進的な変化の積み重ねが，制度の再生産という経路依存的な展開だけではなく，大きな歴史的断絶を引き起こす場合があるという（Thelen 2003；Streeck & Thelen 2005）．

制度改革の時代において，着目すべきは，福祉国家の持続性ではなく，福祉レジーム再編の政治であり，そうした観点から，西岡は，経路依存から経路形成への視座転換の必要性を指摘している．もっとも，現実の制度変化は，経路形成と経路依存の相互関係の中で展開される．そのため，両者を折衷した経路依存的経路形成といった概念や，経路自体の変化を意味する経路変化という視角から，経路調整，経路転換，経路離脱といった概念が，制度変化をとらえる枠組として提起されている（西岡 2007）．　　　　　　　　　　　　　　　　　　　　　［阪野智一］

過程追跡

☞「事例研究」p. 50,「統計的因果推論」p. 66

　なぜ, ある国では普遍主義的な福祉制度が発展し, ほかの国ではそうではないのか. なぜ, 日本は第二次世界大戦後, 急速に復興を成し遂げることができたのか. 比較政治学の研究は, こうした,「なぜ」という疑問から出発することが多い. 説明したい現象を「結果」ととらえ, その結果を生み出した「原因」は何かを考えるのである. 現象に対する因果的説明を行うための研究手法にはさまざまなものがあるが,「過程追跡 (process-tracing)」もその一つである. 過程追跡は, 特に定性的な事例研究で因果的説明を行うために用いられる手法である. 元来, 認知心理学の分野で用いられていた手法であったが, 政治学者のジョージが1979 年に著した論考以来, 過程追跡の考え方や方法が, 政治学の分野でも広まっていった (George 1979 ; Bennett & Checkel 2015 ; Trampuscha & Palier 2016 ; Falleti 2016). 今日では,「過程追跡は質的分析に不可欠なツールの一つ」として認知されるに至っている (Collier 2011 : 823).

●**過程追跡とは何か**　過程追跡とは, 具体的にはどのようなものを指すのだろうか. 統一された定義があるわけではないが,「実際に起きた事例における因果メカニズムの作用の仕方に関する詳細な事例内実証分析を用いて, 因果メカニズムを追跡するための研究方法」(Beach & Pedersen 2019 : 1),「当該事例を因果的に説明できる可能性をもつ因果メカニズムに関する仮説を構築あるいは検証するために, 事例内部の出来事の過程, 配列, 結合についての証拠を分析すること」(Bennett & Checkel 2015 : 7), といった説明がなされている. これらの定義には異なる要素も含まれているが, 共通していえるのは, 原因と結果のあいだにある結び付き, 因果メカニズムの解明を目的とした事例研究法, 特に単一事例内分析の手法であるということだ (井頭 2023).

●**KKV の影響**　過程追跡が政治学で広く普及するようになった一つの契機として, キング, コヘイン, ヴァーバが執筆した『社会科学のリサーチ・デザイン』(著者の頭文字をとって「KKV」と呼ばれる) の刊行があげられる (キングほか2004 [原著は 1994 年刊]). 同書は,「因果推論 (causal inference)」, すなわち「観察されたデータから因果関係を学ぶ」(キングほか 2004 : 7) ことが社会科学の最大の目的であると指摘した上で, 定量的手法の考え方に依拠して定性的研究を科学的な方法として改善する方途を示した. KKV の主張は, 特に定性的研究者から多くの批判を招き, 定性的研究の意義を巡る論争が引き起こされるとともに, 事例研究法の理論的洗練化も進んだ (ブレイディ&コリアー編 2014 ; 井頭

編 2023）．

●過程追跡の意義　KKV は因果推論とは因果効果を解明すること，つまり（ほかの条件が一定のもとで）X（独立変数）がある場合とない場合との結果の差（従属変数 Y の変化の有無）を分析することであると指摘した（キングほか 2004；粕谷 2018；松林 2021）．これに対して，ベネットとジョージは因果関係の説明においては因果効果のみならず，因果メカニズムの解明もまた必要かつ重要であると批判する（ベネット＆ジョージ 2003）．因果メカニズムについては多様な見解が示されているが，ごく大まかにいえば，「独立変数と従属変数の間に介入して，両者をつなぐものである」（ベネット＆ジョージ 2003：124）．事例研究者達は，定性的な事例研究は，原因が結果に至るまでの過程を詳細に分析することで因果メカニズムを解明し，因果推論に貢献すると主張する（ジョージ＆ベネット 2013；ガーツ＆マホニー 2015）．複雑な因果関係を把握できることも過程追跡の利点である．過程追跡法を用いれば，別の原因やその組み合わせが同一の結果に至る同一結果帰着性や，類似した原因が異なる結果に至る複数結果帰着性といった，複雑な因果関係をとらえられる（ジョージ＆ベネット 2013）．

●過程追跡に基づく事例研究　因果メカニズムの解明とは，要するに「原因と結果の間のブラックボックスを解明すること」を意味する（メロ 2023：81）．原因が結果に至るまでの連鎖過程をつぶさに辿り，因果プロセスを明らかにするには，定性的な事例研究が好都合である．どのような過程を経て結果が生じたのかを文書やインタビュー記録などの情報を頼りに詳細に分析して，競合仮説の支持または不支持を結論付ける（井頭 2023；ヴァン・エヴェラ 2009）．

●過程追跡の目的と種類　過程追跡は研究の目的に応じて，大きくは三つの種類に分けられる（Beach & Pedersen 2016, 2019；保城 2015；田村 2023）．第一に，結果説明型である．歴史的にも社会的にも重大なトピックを取り上げ，その原因と因果メカニズムを解明する．事象それ自体の理解を深めることが主眼であり，研究結果の一般化は意図されない．第二に，理論構築型である．原因と結果はある程度判明しているものの，両者を関連付ける潜在的メカニズムが不明である場合や，結果は既知だが原因が未知の場合の手法である．理論構築に向け，知見の一般化が目指される．最後に，理論検証型である．因果メカニズムに関する理論仮説がすでに存在している場合に，その仮説が対象事例にも妥当するか否かを検証するタイプのものである．　　　　　　　　　　　　　　　　　　　［西岡　晋］

📖さらに詳しく知るための文献

- ・ジョージ，アレキサンダー＆ベネット，アンドリュー（2013）『社会科学のケース・スタディ——理論形成のための定性的手法』（泉川泰博訳）勁草書房.
- ・田村正紀（2023）『因果過程追跡の基礎——経営革新事例の即応研究法』白桃書房.
- ・保城広至（2015）『歴史から理論を創造する方法——社会科学と歴史学を統合する』勁草書房.

比較歴史分析

☞「経路依存」p. 52,「歴史的制度論」p. 346

　比較歴史分析とは，複数の事例について長期的な歴史的過程を分析し，理論的な含意を導き出す研究手法のことであり，因果関係の分析，時間的なプロセスの強調，体系的で文脈を考慮した比較という三つの要素によって定義される（Mahoney & Rueschemeyer eds. 2003）．いわゆる「ビッグ・クエスチョン」を提示し，主に質的な事例分析を通じて理論的枠組みを提示するタイプの研究で頻繁に用いられる手法である．

●**沿革と定義**　比較歴史分析は，近代社会科学一般において古くから用いられ，ミルやウェーバーにまで遡ることができる．特に，質的研究と量的研究の間の方法論争を背景に質的方法論の体系化が進む中でこの呼称が一般化し，2000年代以降にこの手法を論じる書籍が出版されたことで（Mahoney & Rueschemeyer eds. 2003；Mahoney & Thelen 2015），分析手法として広く認識されるようになった．関連する概念として歴史社会学や歴史的制度論が存在するが，歴史社会学が解釈主義やポストモダニズムのアプローチも含み，歴史的制度論が比較を行わない研究も包含するのに対し，比較歴史分析はこれらを含まないより絞られた概念である．比較歴史分析は定義上必ずしも方法論を限定するものではないが，実際には質的手法が中心となっており，逆に量的分析を中心とする研究潮流は歴史的政治経済学と呼ばれ，近年発展がみられる．

●**特徴**　回帰分析やサーベイ実験といった手法とは異なり，比較歴史分析には決まったやり方や明確な数学的基盤があるわけではなく，マニュアルやソフトウェアも必要とされない．一般に量的研究が「手法の開発→適用」という順序で発展してきたのに対し，質的研究は「優れた実証研究→その方法論的解釈」という逆の順序で体系化が行われてきた．比較歴史分析も，手法ありきではなく，ムーアやスコッチポルなどの優れた研究者のいわば「名人芸」から特徴を抽出し，この名前を付けたと考える方が自然である．

　比較歴史分析を特徴付ける要素の一つは，分析目的と因果関係に対する考え方であろう．比較歴史分析は，母集団から抽出したサンプルを用いて全体的な因果関係を推論するというアプローチを取らず，少数の事例を使ってその事例を説明する枠組みを構築することを重視する．そのため，理論の適用範囲について自覚的であることが必要とされ，ある原因が常に同じ効果を与えたり，ある結果が常に原因をもっているという前提を置くことに対して抑制的な傾向がある．そこでは，既存の理論に基づいて平均的因果効果を求めるのではなく，これまでにない

因果関係を主張したり，既存の理論の対立を解消する枠組みを提示したりすることで，研究分野に新たな方向性を与えることが目標となる．必然的に，比較歴史分析を用いた研究には分野の「パイオニア」的なものが多くなり，逆に独立変数と従属変数が固まり，その因果関係の検証が中心となる段階では，比較歴史分析の出番は減る．しかしこの検証プロセスが行き詰まりをみせたとき，事例の分類などを通じて転換点をもたらすのは，往々にして比較歴史分析である．

　比較歴史分析のもう一つの特徴は，長期的な因果関係に目を向け，かつそのプロセスに着目する点である．因果関係には，結果と原因それぞれが生じるのにかかる時間の長短によって，合計4種類が存在する．その中では原因と結果が共に短期間で生じるものが最も観察しやすく，したがって研究者の注目も集まりやすい（ピアソン 2010）．しかし，長期的な因果関係も同様に重要なのであり，そこに着目するのが比較歴史分析である．ある時点での決定がその後の方向性を規定する「経路依存（path dependence）」，この決定の時点を指す「重大局面（critical juncture）」といった概念を用いて，比較歴史分析は，長期的にいかにして特定の結果が生じたのかを説明してきた．

　もっとも，遠い過去の原因から現在の結果に長い矢印を引くという作業自体は，比較歴史分析以外の手法によっても行われてきた．前述の歴史的政治経済学では，時には何世紀も前の原因が現在の政治を規定していることが膨大な歴史データの統計分析によって示される．しかし，ここでの主眼が原因と結果を結び付け，因果関係の存在を明らかにすることなのに対し，比較歴史分析は影響が「どのようにして」生じたのかに関心をもつ．歴史的な因果メカニズムの解明には，特定の少数事例について，時には一次史料を参照しつつ丹念に過程を追うことが必要となる．例えば，同じ旧植民地における開発の程度の違いを扱った研究でも，Acemoglu et al.（2001）がグローバルなデータを用いた統計分析によって「入植者の死亡率の低さ→制度的発展→経済発展」という因果関係の存在を検証したのに対し，比較歴史分析の主唱者の一人であるマホニーは，アメリカ大陸の旧スペイン語圏の国々を比較し，それぞれの事例における歴史的プロセスを分析することで，植民地化以前の制度的発展と宗主国の制度のあり方の組み合わせによって，その後の長期的な開発が左右されることを示した（Mahoney 2010）．類似の問いを扱っていても，研究手法によって着眼点や分析結果は異なり，この多様性こそが学問分野を前進させるのである．　　　　　　　　　［向山直佑］

📖さらに詳しく知るための文献
・Mahoney, J. & Rueschemeyer, D.（eds.）（2003）*Comparative Historical Analysis in the Social Sciences.* Cambridge University Press.
・Mahoney, J. & Thelen, K.（eds.）（2015）*Advances in Comparative-Historical Analysis.* Cambridge University Press.

エスノグラフィー

☞「研究倫理」p. 32

　エスノグラフィーとは，人々（ethnos）と文書（graph）の合成語で，人々とその文化を記述する方法である．調査者は，研究対象に接近し，彼らの行動，思考，感情などを文脈的に理解しようとする．この方法は，20世紀初頭に文化人類学で生まれ，社会学でも採用され，100年以上の歴史をもつ．だが，政治学では不人気で，21世紀初頭になってようやく関連文献の出版が相次いだ（Joseph et al. 2007；Schatz ed. 2009；Aronoff & Kubik 2013；Bevir & Rhodes eds. 2016）．

●**政治学におけるメリット**　エスノグラフィーは，個別的・記述的・解釈的であり，非科学的で一般化に適さないとみなされがちである．しかし，政治現象を十分にとらえるためには，エリートであれ民衆であれ，アクター自身の声に耳を傾け，彼らの信念や感情を理解したり，その実践を直に観察したりする必要がある．そうすることで初めて，アクターの価値や選好，ブラックボックスとされがちな制度や集団内における政治過程，社会運動のフレーミングやレパートリー，人目を避けて展開される非公式の政治，そして意味を巡る政治の象徴的な次元などを理解できる．さらにエスノグラフィーでは，現場における驚きや発見を通じて，しばしば当初の目的や問いを変更する必要が生じる．こうした試行錯誤の過程は，新たな研究課題の発見に重要な寄与をする．

●**実証主義と解釈主義**　実証主義的なエスノグラフィーは，観察者のバイアスを排し，客観的な真実をとらえ，比較を通じて因果関係の仮説検証を行い，個別の文脈を重視した中範囲理論を志向する．他方，解釈主義的なエスノグラフィーは，文化人類学の影響を受けて，客観的な真実の存在を否定する．調査者は，個別のポジショナリティ，文脈，関係性，偶発性に限定された視点と観察の中から，恣意的に「真実」を選択する．にもかかわらず，客観性や一般性を強調すれば，虚偽であるだけでなく，調査者のバイアスや現地との非対称的な権力関係を隠蔽してしまう（クリフォード＆マーカス 1996）．こうした自己批判のもと，解釈主義的なエスノグラフィーは，いかに人々が世界やみずからの行動に意味を与え，他の人々と相互に関わっているのかに着目し，社会に埋め込まれた間主観的な意味，すなわち「部分的真実」を理解しようとする．そして，個別の文脈に即した解釈を提示し，直感や既存の理論に反する事例を説明しようとするのである．

●**妥当な解釈の追求**　解釈主義的なエスノグラフィーの知は，人々の解釈をさらに調査者が解釈するというプロセスに基づいており，物語的である．だが，「何でもあり」の解釈が許されるわけではなく，暫定的な知を巡って他の研究者や調

査対象者らと批判的な対話を行い，より妥当な解釈を得ることが重視される．対話を通じて単一の真実に辿り着く必要はなく，対立する解釈も多声的な意味世界を理解する上で重要である．建設的な対話を可能にするには，調査者は解釈の根拠を明示する必要がある．再現不可能な一度きりの現象における間主観的な意味に関する「厚い記述」（ギアーツ 1973）の提供は基本である．また，データと分析プロセスを公開し，どのように観察から結論に至ったかを示すことも重要である．そして，みずからのバイアスやポジショナリティを説明し，研究者が現象を知覚し，解釈し，判断する方法に影響を与える「準拠枠（frame of reference）」を示す必要がある．そのためには一人称の使用も有効である．

●**方法とデータ**　エスノグラフィーでは，フィールド調査を通じた参与観察が用いられることが多い．それは数年にわたる長期的なものだったり，短期調査の繰り返しであったりする．ただし，さまざまなデータを通じて，人々が世界に付与する意味を拾い集める感性（sensibility）があれば，参与観察をせずとも，エスノグラフィーは可能だとする立場もある．実際，エスノグラフィーでは，参与観察やインタビューだけでなく，歴史資料，テキスト分析，伝記，口述の歴史，音楽や映画といった大衆文化，非公式な会話，統計や世論調査など，あらゆるデータをブリコラージュして（寄せ集めて），意味を解釈していくことが有効だ．また，近年のデジタル化やグローバル化から，新たなエスノグラフィーが生まれてきた．例えば，オンライン上の社会的相互作用や文化を分析するサイバー・エスノグラフィーや，複数のフィールドのつながりを明らかにするマルチ・サイト・エスノグラフィー，ローカルに生きる人々の日常とグローバルな構造の相互作用に焦点を当てるグローバル・エスノグラフィーなどがある（藤田・木村編 2013）．

●**調査倫理**　エスノグラフィーによる調査対象への接近は，新たな連帯やコミットメントの可能性だけでなく，彼らに危害を与える危険性も伴うため，倫理が大切である．大学や学会は，現地の人々に「害を及ぼさない（do no harm）」を基本とする倫理規定を設けてきたが，フィールド調査では常にルールを遵守できるとは限らない．例えば，世間話などを通じて同意書なしに予期せぬ人から情報を得たり，守秘義務や匿名性を守っても研究の公表が予期せぬ反響を起こすこともある．調査対象者とラポール（信頼関係）を築こうとするあまり，求愛してきたり，犯罪に関わる者らと適切な距離をとれなくなることもある．そうした状況では，日常的な人間関係の倫理をもとに判断することが重要となる．　　［日下　渉］

📖さらに詳しく知るための文献

・Mark B. & Rhodes, R. A. W. (eds.) (2016) *Routledge Handbook of Interpretive Political Science.* Routledge.

・Schatz, E. (ed.) (2009) *Political Ethnography: What Immersion Contributes to the Study of Power.* Chicago University Press.

構成主義

☞「言説分析」p. 62

　構成主義とは，人間の行動や制度を観念に着目して説明するアプローチである．ここでいう観念とは英語のアイディア（idea）であり，規範や物事の因果関係に関する理解などが含まれる．宗教を例に取れば，神や善行の基準は形あるものではないが，それらが複数の人に共有されれば，間主観的に実在するもの（その人々の間で構成された現実）となり，彼らの行動を規定する（Berger & Luckmann 1966）．この考え方は 1960 年代より社会学で発展し，後に多様な分野に応用された．

　比較政治学では，政治にまつわる行動や制度を説明する上で，現実に関する認識（「日本は危機にある」など）と，因果に関する認識（「新自由主義は経済成長を実現する」など）にまつわる観念に着目する．1980 年代末より構成主義に着想を得た研究が発表され始め，21 世紀に入ってから精緻な理論が提唱されるようになった（Blyth 2017）．日本では構成主義ではなく，構築主義と呼ばれることもあるが，双方とも英語のコンストラクティヴィズム（constructivism）の訳である．

　構成主義には大きく二つの立場がある．新自由主義を適切とする観念が政策関係者に広がったことを説明する際，その根拠として文書やインタビューなどを示したとしても，広がった「事実」は分析者が構成した現実にすぎないという批判ができる．これは，あらゆる記述は記述者の解釈に偏り，客観性は保証しえないというポストモダニズムに立脚しており，社会学では有力である．これに対し，多くの人が合意できる形で確からしく記述することは可能であるという実証主義の立場があり，比較政治学の構成主義もこれを前提とすることが多い．

●**人間像と制度変化**　構成主義の意義は他のアプローチとの対比によって理解できる．人間は文化や時代を問わず自己利益の最大化を図るとする合理主義，そして人間の行動は変更困難な関係すなわち構造に制約されるとする構造主義に即して考えてみよう．これらに基づけば，「政治家は選挙での勝利を目指す」など，アクターの選好は自己愛に基づいて決まり，財力や武力，権限など動員可能かつ有限な資源を用いて，自己利益の最大化を図る．社会を構成する人間の欲望や諸々の資源は確たるものとして存在する「物質」であるという理解は唯物論に依拠している．

　これに対し，構成主義は観念論に基づく．同じ政治状況に対して異なる評価が並び立つことがあるのは，各人が状況に対して異なる側面に着目したり，その側

面に対して異なる尺度で評価をしたりするからである．社会を構成する「物質」は各人がもつ観念に照らされ，異なる意味をもちうる（Wendt 1999）．

構成主義による政治の分析は二つの特徴をもつ．第一に，構成主義では，人間の選好もまた観念によって構成され，可変的である．構成主義でないアプローチが自己愛に規定された固定的な選好をもつ人間を想定するのに対し，構成主義は周囲の影響を受けつつ社会や自分自身を問い，何が適切であるかを不断に考えるエージェンシーをもつ人間像を想定する（Carstensen & Schmidt 2017）．

第二に，構成主義は制度変化の説明に適している．固定された選好をもつ人間を想定する場合，制度は各人の行動の均衡を意味するが，そうなると制度がなぜ変化するのかを説明できない．これに対し，構成主義は制度変化を，エージェンシーをもつ人間の観念の変化に帰着させる．例えば，環境問題に特化した省庁の誕生は，環境を重視する観念の普及に起因すると考える．観念を人々に伝える言説（discourse）に着目して，制度の維持や変化を説明するアプローチは言説的制度論（discursive institutionalism）と呼ばれる（Schmidt 2010）．

●観念の採用と効果　構成主義は，観念がもつ人間を動かす力に着目する．しかし，実際にはすべての観念ではなく，ごく一部の観念だけが有力になる．これはなぜか．

特定の観念の採用が構成主義で説明できないことは往々にしてあり得る．例えば，政府の規制で不利益を被っている企業が「規制緩和は望ましい」という言説を唱えたとする．これは，利益に基づいて言説が選ばれているに過ぎず，言説が選好を構成しているとは言いがたい．

構成主義はエージェンシーと不確実性，そして観念のもつ整合性に着目して，観念の採用を説明する．人間は周囲の影響を受け，既存の観念を学び，その観念に照らして社会や自己を安定的に理解する．しかし，社会の変化や多様な観念を知ることによって，何が適切であるかがわからない状況（経済学でいうナイト的不確実性［Knightian uncertainty］）が生じる．これを解決すべく，社会や自己を理解する上で整合的な観念を採用することになる．その際，諸々の観念を吟味した上で決まる場合もあれば，模倣による場合もある（DiMaggio & Powell 1983；Blyth 2002）．そして，観念が登場し，人々の間で採用され，それが制度として確立されていく過程を追跡することが観念のもつ力を示す方法として採用される（Carstensen & Schmidt 2017）．　　　　　　　　　　　　　［宮地隆廣］

📖さらに詳しく知るための文献
・バーガー，ピーター＆ルックマン，トーマス（2003）『現実の社会的構成――知識社会学論考』（山口節郎訳）新曜社.
・小野耕二編著（2009）『構成主義的政治理論と比較政治』ミネルヴァ書房.
・西岡晋（2021）『日本型福祉国家再編の言説政治と官僚制――家族政策の「少子化対策」化』ナカニシヤ出版.

言説分析

☞「構成主義」p. 60

　「言説 (discourse)」とは何だろうか．論者によってたびたび異なる使い方が
されるため，一つの定まった定義はないが，広い意味では，一定程度のまとまり
をもった言葉による表現のことを指す．会話，演説，答弁，記者会見のように口
頭で述べられたことや，本，公文書，記事，SNS 上の文章などの書かれたもの，
つまり言葉によるあらゆる表現が含まれる．

●**言説分析における「言説」のとらえ方**　言説分析もまた，言語表現を研究対象
とするが，その場合に言説とは，人間社会や自然界に生起する事象に対する解釈
の枠組みを形成し，人々の認識を一定の範囲に制約して行動を方向付ける機能を
果たす言語的システムを表すものとして理解される．表面上で容易に観察しうる
言語表現に限らず，言われてきたことや書かれてきたことの集積や歴史的堆積の
中から一定のパターンや構造を抽出して，その全体的編制をも言説としてとらえ
る．そのこととも関連して，言説分析では幅広い観点から言説にアプローチす
る．言説が産出されるコンテクストを分析し，また言説によって社会がどのよう
に影響を受け秩序付けられるのかといった点を解明しようとする（野村 2017）．
したがって，言説分析は単なる言葉の使い方に関する研究にとどまるものではない．
　言説に着目する考え方は，オースティンやサールの言語行為論，ソシュールの
言語学，デリダやフーコーらのポスト構造主義の思想，こうした主として人文学
における議論が下敷きになっている(Howarth 2000；Torfing 1999)．特にフー
コーの影響は絶大であり，「諸記号の集合」ではなく「自身がそれについて語る諸対
象をシステマティックに形成する実践として」言説を扱うという，『知の考古学』で
示された着想は今日の言説分析の理論的基盤となっている(フーコー 2012：97)．

●**言説分析の特徴**　言説分析はどのような特徴をもつのだろうか．一口に言説分
析といっても実際の研究は多様であるため，常に当てはまるとは限らないが，以
下にあげる点が特徴といえる．

　第一に，おおよそ共通していえることは，言語が主体や社会を構築するという
認識を基礎として，社会の現象や構造を解明しようとする意図をもっている点で
ある．物事には変わらない本質があるという本質主義を批判し，物事は言説を通
して初めて意味が付与され，社会的に構築されるという点を重視する（赤川
2001）．すなわち，言説分析は「所与の現実」や「当たり前の常識」とされてい
ることに疑問を呈し，それらの変化可能性を示す（ハッキング 2006）．

　第二にポスト実証主義の考え方に立脚している点である．近年の比較政治研究

の多くは実証主義を基盤としている．実証主義では，物事は実在しており，研究者はそれを客観的に認識できると考える．これに対して言説分析を標榜する研究は多くの場合，実証主義とは異なり，物事は言説を通じて主観的・間主観的に認識され，そのことを通じて物事は初めて意味が与えられるものととらえる．存在論や認識論の点で実証主義とは異なる視座をもつのである（野村 2017）．

第三に，物事の解釈や問題の定義付けを巡る対立や闘争が政治過程において重要な位置を占めていると理解する点である．同じ事象であっても解釈や考え方は人によって異なるため，政治過程の場では自身の解釈や考え方がいかに正当なものであるのかをそれぞれのアクターが主張する．解釈を巡る対立・闘争が政治過程の重要な要素になっていると考えるのである（Hajer 1995）．

●言説分析の多様性　言説に焦点を当てた研究は近年，政治学・比較政治学の分野でも広まり，研究上の蓄積も膨大である（西岡 2021）．研究手法は定性的手法が用いられることが一般的だが，実証主義的な定量的手法を用いた研究もある．

それぞれの研究が依拠する学問的・理論的背景も多様であり，必ずしも比較政治学という枠組みにとどまるものではないが，代表的なアプローチとしては例えば以下のものがあげられる．

①社会言語学を学問上の基盤としつつ言説の背後にあるイデオロギーを批判的に検討する「批判的言説研究（批判的談話研究）」（ヴォダック 2023 など），②デンマークのコペンハーゲンを拠点とする国際政治学者達による取り組みから広まった研究で，国際政治における「安全保障化」の過程を言説分析によって明らかにしようとする「コペンハーゲン学派」（Buzan et al. 1998；小田桐 2024 など），③イギリス・エセックス大学を拠点とし，ポスト構造主義，ラカン派精神分析，ラクラウらの政治理論などを理論的根拠として固有の言説理論を組み立ててきた「エセックス学派」（Howarth & Torfing 2005 など），④ヨーロッパ政治を主たる研究対象とする比較政治学者であるシュミットが，言説分析と新制度論を架橋して，合理的選択制度論，社会学的制度論，歴史的制度論に次ぐ「第四の新制度論」として提唱する「言説的制度論」などである（シュミット 2009 など）．

●言説分析の課題　2010 年代になり，アクターネットワーク理論（ラトゥール 2019 など），批判的実在論（バスカー 2009 など），新しい唯物論（バラッド 2023 など）といった，言説分析とは一線を画し，物質性や実在性も重視する社会理論が注目を集めている．これらの思潮とどのように対峙するのかが，言説分析にとって大きな理論的課題といえる． 　　　　　　　　　　　［西岡　晋］

📖さらに詳しく知るための文献
・小野耕二編著（2009）『構成主義的政治理論と比較政治』ミネルヴァ書房.
・西岡晋（2021）『日本型福祉国家再編の言説政治と官僚制――家族政策の「少子化対策」化』ナカニシヤ出版.

第4章

量的分析

　比較政治学において量的分析を用いることは珍しいことではなくなり，その手法も年々洗練化している．第4章では，量的分析の一環で用いられるそれぞれの分析手法を項目ごとにコンパクトに紹介する．第1章でも紹介した通り，統計的因果推論革命の影響は比較政治学にも及んでおり，潜在的結果の枠組みで原因の効果を厳密に推定することの重要性が広く認識されるに至っている．関連して，識別のための仮定を満たしやすいサーベイ実験や観察データをもとに共変量を調整することにより因果推論を行う方法を紹介する．その他，国や地域の制度・環境のマクロと人々のミクロを接合する手法であるマルチレベル分析や，国や地域の横断面と時系列の縦断面を統合的に分析できるパネルデータ分析は，とりわけ比較政治学と親和性が高く，横断面，縦断面をさらに追究する空間分析，時系列分析も同様である．テキストや関係性をデータ化したテキスト分析やネットワーク分析も多言語・コミュニティを射程に収め，比較政治分析を今後さらに豊かにする分析手法である．　　　　　　　　　　　　　　　　　［岡田　勇・日野愛郎］

統計的因果推論

☞「リサーチ・デザインの発展」
p. 18,「サーベイ実験」p. 68,
「重回帰」p. 70

　因果推論とは，因果関係あるいは因果関係を同定する方法に関する研究であり，統計学の手法を用いて定量的な因果推論を行うのが統計的因果推論である．因果推論では，原因となる要因を処置，原因によって引き起こされる要因を結果，処置が結果に与える影響を効果と呼ぶ．効果があるか否かを統計的に検定するとともに，その効果の大きさを統計的に推定することが統計的因果推論の目的である．因果推論には，ある結果をもたらす原因を探る研究と，ある原因が結果に与える効果を確かめる研究があるが，統計的因果推論の主な対象は後者である．それは，結果の原因を同定するには質的研究が不可欠である一方，原因の効果はデータを用いて量的に検証することが可能であり，統計学の分析手法が直接的に役立つからである（岩崎 2015）．

●潜在的結果アプローチ　統計的因果推論には種々のアプローチがある．代表的なモデルとして，潜在的結果に基づく反事実モデル（Rubin 1974），同時方程式モデル（Woodward 2014），有向非巡回グラフ（DAG）に基づくグラフィカルモデル（Pearl 2009）などがあげられる．この中で比較政治学の応用例が最も多い反事実モデルについて説明する．このモデルを用いた因果推論は，潜在的結果アプローチまたはルービン因果モデルによる因果推論と呼ばれる．

　各個体 i について結果を Y_i，処置を二値変数 $T_i \in \{0, 1\}$ としよう．$T_i = 1$ のとき「i は処置された」，$T_i = 0$ のとき「i は処置されなかった」という．潜在的には，個体ごとに処置のパタンが二つあり，それに応じて起こりうる結果も 2 パタンある．$T_i = 1$ の場合に起こりうる結果を $Y_i(1)$，$T_i = 0$ の場合に起こりうる結果を $Y_i(0)$ とする．これらの起こりうる結果を合わせて潜在的結果という．このとき，各 i について処置されたときの潜在的結果と処置されなかったときの潜在的結果の両者を観察することができれば，二つの結果の比較によって処置の効果を定量的に評価することができる．例えば，潜在的結果の差 $\delta_i = Y_i(1) - Y_i(0)$ を個体処置効果と定義し，$\delta_i > 0$ であれば正の効果，$\delta_i < 0$ であれば負の効果，$\delta_i = 0$ であれば効果なしと評価することができる．しかし，処置 T_i の値は 0 または 1 のいずれか一方であり，T_i の値が決まれば観測される結果 Y_i は $Y_i = T_i Y_i(1) + (1 - T_i) Y_i(0)$ という一つの値に決まる（ただし，これが成り立つには「一致性」と呼ばれる仮定が必要である）．二つの潜在的結果のうち少なくとも一方は反事実であり，反事実を観測して比較に用いることはできない．これを因果推論の根本問題という（Holland 1986）．

そこで，各個体の処置効果を評価する代わりに，個体の集合に関する処置効果の評価を試みる．例えば，平均処置効果 $\text{ATE}=\mathbb{E}[\delta_i]=\mathbb{E}[Y_i(1)-Y_i(0)]=\mathbb{E}[Y_i(1)]-\mathbb{E}[Y_i(0)]$ の推定を目指す．しかし，ATE も単純に推定することはできない．処置を受けた個体と受けなかった個体が存在する場合，データから直接推定できるのは $\mathbb{E}[Y_i(1)|D_i=1]$ と $\mathbb{E}[Y_i(0)|D_i=0]$ であり，$\mathbb{E}[Y_i(1)]$ と $\mathbb{E}[Y_i(0)]$ ではないからである．

●識別　標本サイズが無限になれば推定対象であるパラメタ（例えば ATE）が理論的に求められる状態にあるとき，そのパラメタは「識別されている」という．例えば，$\mathbb{E}[Y_i(1)]=\mathbb{E}[Y_i(1)|D_i=1]$ かつ $\mathbb{E}[Y_i(0)]=\mathbb{E}[Y_i(0)|D_i=0]$ ならば，無限標本を用いて ATE が推定できる．これらの条件を満たすには，「潜在的結果のペアと処置の値が独立である」という仮定を置けばよい．このように，統計的因果推論における識別は仮定を置くことで実現される．

次に，その仮定をどうやって満たすかが問題になる．上にあげた仮定は，処置の無作為割付けによって満たされる．よって，ランダム化比較試験を実施すれば，推定対象を識別することができる．このように，識別のための仮定とその仮定を満たす研究方法の設計を識別戦略という．ランダム化比較試験以外によく利用される識別戦略として，自然実験，操作変数法，回帰不連続デザイン，固定効果モデル，マッチングなどがある．部分識別や媒介分析も行われる．

識別に必要な仮定は一つとは限らない．ATE の識別には SUTVA（Stable Unit Treatment Value Assumption）と呼ばれる仮定も必要である（Rubin 1986）．SUTVA は，①各個体が受け取る処置の内容は均一であり，②ある個体の処置の値は他の個体の潜在的結果に影響を及ぼさないという二つの条件からなる．SUTVA は統計的因果推論において特に重要な仮定である．

識別されないパラメタについて定量的な推論を行うことはできない．パラメタが識別されたら，そのパラメタを有限標本を用いて推定するという統計的推定の問題に取り組むことになる．例えば，ランダム化比較試験によって二値の処置のATE を推定・検定するなら，処置を受けた群と受けなかった群との間で結果の平均値の差を推定・検定する．観察データを用いる研究では，識別戦略に応じた推定方法を用いる．多くの場合，重回帰を応用して推定・検定を実施する．

ここでは処置が二値のときを例に説明したが，処置が二値以外，例えば連続型である場合にも潜在的結果アプローチを応用することができる．　　　［矢内勇生］

📖 さらに詳しく知るための文献
・Cunningham, S. (2023)『因果推論入門——ミックステープ：基礎から現代的アプローチまで』（加藤真大ほか訳）技術評論社.
・インベンス，グイド・W. & ルービン，ドナルド・B. (2023)『インベンス・ルービン統計的因果推論』上・下（星野崇宏・繁桝算男監訳）朝倉書店.
・松林哲也 (2021)『政治学と因果推論——比較から見える政治と社会』岩波書店.

サーベイ実験

☞「サーベイ」p. 42

サーベイ実験とは世論調査内で行われる実験である．サーベイ実験の方法は多岐にわたるが，いずれも回答者を適切な方法（主に無作為割当）でグループ分けし，異なる刺激（stimulus）を与え，刺激後に測定された応答変数の値をグループ間で比較する点は共通する．サーベイ実験では主に，提示された刺激に応じて特定のフレームが活性化され，回答者の解釈のスキーマが変化し，刺激後の行動・意識もまた変化すると期待される．ここでの刺激は静的な文章，図表が多いものの，近年はPCやタブレット，スマートフォンを用いるインターネット世論調査の普及により，動画や音声などの動的な刺激を与えることもできるようになった．

世論調査から得られた観察データの場合，母集団を描写するには最適だが，変数間の因果関係を推論するには限界がある．一方，実験室で行われる実験は因果関係を明らかにするには最適であるものの，サンプルの特徴から起因する一般化可能性に限界がある．サーベイ実験は世論調査上に実験を埋め込むことで，調査観察データと実験アプローチの長所を組み合わせたものである（Schnabel 2022）．また，因果関係の推論の他にも，サーベイ実験は社会的望ましさバイアス（social-desirability bias）などの測定誤差の除去にも用いられる．

●サーベイ実験の長所と短所　サーベイ実験の他の長所としては費用，機動性，SUTVA（Stable Unit Treatment Value Assumption）が満たされやすい点などがあげられる．サーベイ実験の費用のほとんどは回答者への謝金であり，フィールド実験や実験室実験に比べ，被験者1人当たりの費用が低い．言い換えれば，同水準の予算であれば，より大規模のサンプルサイズが確保できることを意味する．オンライン・サーベイ実験に限定されるが，機動性が高いことも大きなメリットである．また，サーベイ実験では実験アプローチの重要な仮定であるSUTVAが満たされやすいといった長所もある．

一方，サーベイ実験の短所の多くは世論調査そのものと共有する．世論調査には総調査誤差（total survey error）が存在する．例えば代表性の側面からは，ターゲット母集団とサンプリングフレームとのズレを表すカバレッジ・エラー，サンプリング・フレームとサンプルの間に存在するサンプリング・エラー，サンプルと回答者間に存在する無回答エラー（nonresponse error）などが考えられる．これらの要因によりサーベイ実験は代表性，外的妥当性の面で批判されやすい．とりわけ，回答者がインターネット使用者に限定されるオンライン・サーベイ実験ではより顕著である．また，尺度の妥当性や不良回答者（satisficer）に

よる測定誤差なども慎重に検討する必要がある．このようにサーベイ実験には社会調査に関する知識（測定尺度，サンプリング，事後補正など）が要求される．

●**サーベイ実験の例**　以下に，いくつかのサーベイ実験の架空の例を紹介する．

リスト実験（list experiment）は測定誤差の一つである社会的望ましさバイアスを除去するための手法の一つである（Imai 2011）．例えば，通常の世論調査では率直な回答が期待できない人種差別や排外主義的態度をもつ人々の割合を推定するために，以下のような設問を設ける．「以下は，時々人々を怒らせたり，立腹させたりする可能性がある三つの事柄です．これらの中から，どれかではなく，いくつの事柄があなたを立腹させたかを教えてください」という設問の下に，統制群には「消費税の増税」「芸能人のスキャンダル」「大企業による環境汚染」といった 3 項目を箇条書きで加える．処置群には更に「隣に外国人の家族が引っ越してくること」を追加する．選択肢は，統制群は「0 個」から「3 個」までの 4 件法，処置群は「4 個」を加えた 5 件法となる．処置群の平均個数から統制群の平均個数を引いた差分が「隣に外国人の家族が引っ越してくることを嫌う人」の割合となる．

ファクトリアル・サーベイ実験（factorial survey experiment：FSE）は無作為に生成されるシナリオ（ヴィネット）を回答者に提示し，その内容に対する賛否や評価を測定する実験デザインである（Auspurg & Hinz 2015）．実験刺激としてヴィネットを使うことからヴィネット実験（vignette experiment）とも呼ばれる．例えば，主観的な適正賃金の規定要因を明らかにするために，以下のようなヴィネットを回答者に提示することが考えられる．「【社会福祉士】として働いている【大卒】の【60 歳】【女性】がいるとします．この人の月収（手取り）は【11万】円です．この人の月間の収入は，あなたの視点からみて公平ですか，不当に高いですか，低いですか．」ここで【　】内の内容は無作為に配置される．例えば，【60 歳】の箇所は 30 歳，40 歳，50 歳，60 歳，70 歳の中から一つが無作為に表示される．選択肢は「不当に低い」「公平」「不当に高い」の 3 件法（以上）とする．ヴィネットの提示と応答変数の測定は 1 人の回答者に対し，複数回繰り返すこともできる．二つ以上のヴィネットを同時に呈示し，より好むヴィネットを選択，または評価，格付けする実験デザインもあり，コンジョイント実験（conjoint experiment）とも呼ばれる（Hainmueller et al. 2017）．この場合，ヴィネットはプロファイルとも呼ばれ，表を用いて提示することが多い．　　　［宋　財法］

📖さらに詳しく知るための文献

・Mutz, D. C.（2011）*Population-based Survey Experiment*. Princeton University Press.
・河野勝（2018）『政治を科学することは可能か』中央公論新社.
・山田一成編著（2023）『ウェブ調査の基礎——実例で考える設計と管理』誠信書房.

重回帰

☞「統計的因果推論」p. 66

　ある要因が他のある要因に影響を与えるか否か，与えるとすればその強さはどの程度かを分析するための統計モデルを回帰モデルという．回帰モデルは，特定の一つの要因を出力とし，一つ以上の要因を入力とする一方向の（必ずしも因果ではない）関係を想定する．関係の向きはモデルの仮定であり，方向の正しさを検証することは回帰の目的ではない．影響の方向については，回帰分析を行う前に理論的に検討し，正当化する必要がある．

　回帰モデルにおいて入力となる変数を説明変数（予測変数，独立変数），出力となる変数を応答変数（目的変数，被説明変数，従属変数）という．説明変数の数が一つの回帰を単回帰，二つ以上の回帰を重回帰と呼び，単回帰と重回帰を合わせて回帰という．

●**重回帰モデル**　応答変数 Y を K 個の説明変数 $X_1, X_2, \cdots, X_K$ に回帰する重回帰モデルは，

$$Y_i = \beta_0 + \beta_1 X_{1i} + \cdots + \beta_K X_{Ki} + \varepsilon_i \tag{1}$$

と書ける．i は観測個体の識別子で，標本サイズを N とすると $i=1, 2, \cdots, N$ である．ε は誤差項であり，応答変数の変動のうち，説明変数では説明できない確率的な変動を表す．誤差項の期待値は 0 であると仮定する．重回帰の主な目的は，説明変数の係数であるパラメタ β_k（$k=1, 2, \cdots, K$）に関する統計的推定と検定を行うことである．回帰パラメタの代表的な推定方法として最小二乗法（OLS）がある．統計的検定には t 検定や F 検定が利用される．

　重回帰モデルの個々のパラメタ β_k は偏回帰係数と呼ばれる．偏回帰係数 β_k の値は，この係数がかかる説明変数である X_k 以外のすべての説明変数の値を固定した状態で，X_k のみが 1 だけ大きくなったときの応答変数 Y の平均的な変化量を表す．あるいは，X_k から他の説明変数によって説明される部分を除去した独自成分が 1 だけ大きくなったときの Y の平均的な変化量が，β_k である．分析結果を報告する際には，影響の大きさを示す偏回帰係数の推定値だけでなく，推定の不確実性を示す標準誤差を併せて提示する．これらの値があれば，個々の β_k についての統計的検定が実施できる．

　重回帰モデルの性能は，「当てはまりの良さ」と呼ばれる指標によって評価される．代表的な指標として，決定係数，自由度修正済み決定係数，平均二乗誤差，平均二乗誤差の平方根，平均絶対誤差などがある．また，カイ二乗検定や交差検証によってモデルの適合度を評価する場合もある．重視すべき指標は分析の目的

によって変わる.

式（1）のように，偏回帰係数に関する一次式で表されるモデルを線形モデルという．重回帰は線形に限定されるものではなく，非線形モデルを考えることもできる．一般的に，説明変数に条件付けた応答変数の期待値 $\mathbb{E}[Y|X_1, X_2, \cdots, X_K]$ が回帰関数であり，

$$Y_i = \mathbb{E}[Y|X_1, X_2, \cdots, X_K] + \varepsilon_i = f(X_1, X_2, \cdots, X_K) + \varepsilon_i \tag{2}$$

というモデルを考えることができる．$f(.)$ をどのような関数と考えるかは分析者に委ねられる．単に「重回帰」というときは，式（1）を仮定して誤差項が正規分布に従う線形モデルを指すことが多い.

●**重回帰による共変量調整**　重回帰は，統計的因果推論でも利用される．因果推論のための重回帰では，応答変数を結果変数，原因となる説明変数を処置変数，そのほかの説明変数を制御変数または共変量と呼ぶ．処置変数のみに関心があるのに単回帰ではなく重回帰を使うのは，交絡変数を共変量としてモデルに組み込むためである．交絡変数とは，処置変数と結果変数の両者の原因となる変数である．重回帰による因果推論で鍵となる識別仮定は，「観察可能な変数に条件付ければ処置変数の値は無作為に決まる（selection on observables）」という仮定である．識別仮定が満たされ，モデルの定式化が正しければ，処置変数の偏回帰係数を，結果変数に対する平均処置効果（ATE）の推定値として利用できる.

共変量の選択を誤ると，因果効果の推定にバイアスが生じうる．特に三つのバイアスに注意する必要がある．第一に，交絡変数をモデルに入れ損ねると，欠落変数バイアスが生じる．第二に，処置後変数をモデルに含めると，処置後バイアスが生じる（Montgomery et al. 2018）．処置後変数とは処置の影響を受ける変数であり，典型的には処置と結果の中間に位置する変数である．第三に，合流点変数をモデルに含めると，合流点バイアスが生じる（Elwert & Winship 2014）．合流点変数とは，二つ以上の変数から影響を受ける変数であり，典型的には処置変数と結果変数の両者の結果となる変数である.

したがって，重回帰による因果推論では，交絡変数をすべて共変量として含み，処置後変数や合流点変数を含まない重回帰モデルを用いる．しかし，交絡が漏れなく共変量に含まれていることを証明するのは不可能である．実践的には，理論上想定される処置後・合流点変数を取り除き，交絡の中でも処置変数または結果変数との関係が強いものを可能な限り共変量としてモデルに組み込み，バイアスが含まれうることを考慮に入れて推定結果を解釈する必要がある．　［矢内勇生］

📖さらに詳しく知るための文献
・浅野正彦・矢内勇生（2018）『R による計量政治学』オーム社.
・高橋将宜（2022）『統計的因果推論の理論と実装――潜在的結果変数と欠測データ』共立出版.
・田中隆一（2015）『計量経済学の第一歩――実証分析のススメ』有斐閣.

マルチレベル分析

☞「サーベイ」p. 42,「国際比較
世論調査」p. 44,「重回帰」
p. 70

マルチレベル分析とは，階層化されたデータをもとに，高次の層に由来する分散を変量効果（後述）としてモデル化し，階層により異なる分散に分解して説明する分析モデルである．高次の層に由来する分散には2種類あり，一つは高次の層のユニット（単位）間で異なる「切片」のばらつきと，もう一つは高次の層のユニット間で異なる「傾き」のばらつきである．研究分野によって手法の呼ばれ方が異なり，階層化されたデータの構造を活かすためのモデルであることを表した階層線形モデルや，ランダムな要素を組み込むことにより高次の層から派生する分散をモデル化する変量効果モデル，もしくは混合効果モデルなどがあるが，いずれもマルチレベル分析と同一の分析モデルと考えてよい．

●**ランダム切片モデル**　まず，切片が高次の層のユニットごとに異なることを想定したランダム切片モデルは以下の数式で表すことができる．

$$y_i = \alpha_j + \beta x_i + \varepsilon_i \tag{1}$$

$$\alpha_j = \gamma_0^\alpha + n_j^\alpha, \text{ with } n_j^\alpha \sim \text{N}(0, \sigma_\alpha^2) \tag{2}$$

ここでは二層構造をもつデータを前提にする．一層目（レベル1）にユニットi，二層目（レベル2）にユニットjが想定される．マルチレベル分析が開発された教育社会学ではレベル1が生徒単位，レベル2が概ねクラス単位であるが，比較政治学における応用例は，レベル1が個人単位やアクター単位，レベル2が国や事例単位であることが多い．レベル1がレベル2に入れ子になっている（ネストされている）ことがマルチレベル分析を行う際のデータ構造上の要件である．

切片α_jはユニットjにおいて固有の値をもつ．政治学においてマルチレベル分析を紹介したSteenbergen & Jones（2002）が用いた例では，EUで実施されたユーロバロメータのデータをもとに，欧州統合への賛否が国（レベル2）ごとに異なることを想定している．すなわち，国により欧州統合への賛否の度合いが違うため，切片α_jを平均値γ_0^αからランダム項n_j^αの分だけ分散が存在することを前提に置いて変量効果としてモデル化する．この分散は正規分布$\text{N}(0, \sigma_\alpha^2)$に従い，被説明変数の分散のどれくらいの割合がレベル2である国や事例の違いによって説明されるかを示す級内相関係数$\left(\text{Intra-Class Correlation} = \dfrac{\sigma_\alpha^2}{\sigma_\alpha^2 + \sigma_\varepsilon^2} \right)$により確認することができる．このように，マルチレベル分析を行うことの利点の一つは，高次の層に由来する分散と低次の層に由来する分散を区別できることである．もう一つの利点は，データの階層構造を考慮せず，レベル1の観察のみをも

とに通常の回帰分析を行うと損なわれる推定の不偏性や効率性を担保できることである.

●**ランダム傾きモデル**　次に，傾きが高次の層のユニットごとに異なることを想定したランダム傾きモデル，もしくはランダム係数モデルは以下の数式で表すことができる.

$$y_i = \alpha_j + \beta_j x_i + \varepsilon_i \tag{3}$$

$$\beta_j = \gamma_0^\beta + n_j^\beta, \text{ with } n_j^\beta \sim \text{N}(0, \sigma_\beta^2) \tag{4}$$

傾き β_j はユニット j の間でばらつきがあることが想定される. アジアンバロメータをもとにアジアの人々が抱く国への誇りを分析した日野（2021）は，自国の経済状況が良好であると思う人ほど国への誇りを感じやすいという正の関係（傾き）の強さは各国の状況により異なると考えた. 具体的には，傾き（係数）は，データ全体の平均値 γ_0^β からランダム項 n_j^β の分だけ分散するようモデル化する.

マルチレベル分析のもう一つの長所は，高次の層に固有の変数 μ_j を分析に含めることができることである. 例えば，上記の日野（2021）の分析では各国の市民的自由の度合いをレベル2の変数として含めている. モデル上は，上記の α_j の式に $\gamma_1^\alpha \mu_j$，β_j の式に $\gamma_1^\beta \mu_j$ をそれぞれ追加することになる. その際，ユニット j であるレベル2の国の数を対象にした回帰分析を行うことになるため，マルチレベル分析のユニット j の数は信頼できる推定を行うために最低でも20（Stegmueller 2013），被説明変数が二値の場合など制限されている場合は50から100が必要であるとされる（Moineddin et al. 2007）.

比較政治学におけるマルチレベル分析の有効性は，レベル1における人々や集団の関係がレベル2における制度や環境にどのように規定されるかを見ることができる点であろう. 上記の分析では，中国のように市民的自由が制約されている国でこそ，自国の経済状況が良好であると認識する人ほど国への誇りを感じる傾向にあることが明らかになっている. このように，クロスレベル交互作用（$\gamma_1^\beta u_j x_i$）を見ることにより，レベル2の変数 μ_j がレベル1の変数の効き方 $\gamma_1^\beta x_i$ を調整・条件付けする度合いを精査することが可能となる. 比較政治学における応用範囲は広く，政治体制がエリート間の関係を規定する，ないし，選挙制度が投票行動のあり方を規定するといったマクロとミクロを接合する手法といえる.

上述の変量効果の式を元の式に代入し展開すると，以下の式にまとめられる.

$$y_{ij} = \gamma_0^\alpha + \gamma_0^\beta x_i + \gamma_1^\alpha u_j + \gamma_1^\beta u_j x_i + n_j^\alpha + n_j^\beta x_i + \epsilon_i \tag{5}$$

$n_j^\alpha + n_j^\beta x_i$ が「変量効果」，$\gamma_0^\alpha + \gamma_0^\beta x_i$ が「固定効果（fixed effect）」と呼ばれ，それゆえ混合効果モデルとも呼ばれる. マルチレベル分析における「固定効果」と，比較政治学においてより一般的な次項のパネルデータ分析における固定効果は似て非なるものであることには注意が必要である（Gelman & Hill 2007：245）.

［日野愛郎］

パネルデータ分析

☞「重回帰」p. 70

　パネルデータとは，横断面データ（cross-sectional data）と時系列データ（time-series data）の 2 次元の構造をもつデータを意味し，時系列横断面データ（time-series cross-sectional data）とも呼ばれる．つまり，二つ以上の同じユニットから異なる 2 時点以上のデータを採取する．例えば，1000 人の有権者（ユニット）から，選挙前後（時系列）で議会に対する信頼を聞いたサーベイデータや，1945～2020 年（時系列）の期間で 50 の民主主義諸国（ユニット）の経済成長率と政治体制を毎年記録した多国間データは，パネルデータの構造をもつ．パネルデータを用いた重回帰分析の回帰式を数式で表すと式(1)のようになる．i はユニット，t が時点である．

$$Y_{it} = \alpha + \sum_{k=1}^{K} \beta_k x_{kit} + \varepsilon_{it}, i=1, ..., N ; t=1, ..., T \tag{1}$$

　K 個の独立変数(x) についてそれぞれユニット数(N) と時点数(T) だけ観察数があることを示している．ここでは，従属変数 Y_{it} は連続変数とし，最小二乗法（ordinary least squares：OLS）を推定するケースを考える．

　パネルデータの強みは大きく二つあるが，それらに付随した注意点もある．第一に，複数のユニットから何度もデータを採取することで観察数を増やしてより大きな自由度を確保できるので，横断面データや時系列データと比べて，複雑な統計モデルを推定できる．しかし，このパネルデータの構造は，誤差項 ε_{it} が独立同分布（independent and identically distributed：iid）に従う，という OLS の最良線形不偏推定量（BLUE）を導くための仮定に抵触しやすくなる．

　第二に，横断面データは一時点のみなので，ユニット固有の観察不能な変数が独立変数 x_{kit} に相関していると，推定結果にバイアスが生じる．一方，パネルデータでは，同一ユニットから複数回データを採るため，ユニット固有の異質性を統制しながら独立変数の因果効果を推定しやすい利点をもつ．しかし，ユニット固有の異質性をどのように統計モデル上考慮に入れるかは，パネルデータの特徴に応じて異なる．

●第一の問題──分散不均一性・同時相関・自己相関　複数ユニットから何度もデータを採取するパネルデータの構造上，得られたデータでは①ユニットごとに残差の分散が異なる（パネル不均一分散：panel heteroskedasticity），②同時点の異なるユニットの誤差項が相関する（同時相関：contemporaneous error correlation），③各ユニット内の時系列で誤差項が相関する（自己相関：autocorrelation），といった問題が生じやすくなる．これらの問題を考慮せず OLS を推定すると，推定量は効率的でなくなり，標準誤差は不正確になる．

①と②の問題に対処するために，パネルデータの構造を考慮に入れたパネル補正標準誤差（Beck & Katz 1995）が利用可能である．③の問題に対処する上で，従属変数のラグを導入したり自己回帰モデルを推定したりするといった方法が応用上用いられることが多い．しかし理想的には，従属変数がどれくらい時系列的に変化しにくいのか，それぞれの独立変数がいかなるタイムスパンで効果をもつのか，といったデータ生成過程を正しく理解してモデル定式を行わないと自己相関の問題を適切に処理できない（Troeger 2020）．また，①〜③の問題は，誤差項と相関するが右辺に投入されていない変数がもたらすバイアス（omitted variables bias）が存在する場合にも生じることになる．

●**第二の問題——ユニットの異質性**　ユニットごとに時間に応じて変わらない特徴（例えば，国家がユニットの場合の領土の地形など）が存在するにもかかわらず，それらを考慮せずに回帰分析を行うと，独立変数の推定量にバイアスがかかる可能性がある．パネルデータの場合，ユニットのダミー変数を投入してユニット固有効果を統制することで，時間不変の特徴が観察不可能であっても考慮に入れられる．しかし，こうした固定効果モデル（fixed effects model）は推定に当たり，ユニット間のばらつきを取り除き，ユニット内のばらつきだけを利用することになるので，独立変数が時系列的にゆっくりと変化し，さらに時系列が短いと効率的でなくなる．このとき，ユニット効果をユニットがもたらすランダムな誤差であるとみなす変量効果モデル（random effects model）がより効率的だが（Clark & Linzer 2015），ユニット効果が独立変数と無相関でなければ推定量にバイアスがかかる．

ユニットや時点の異質性を同時に考慮に入れるために社会科学者に多用されてきたのは，ユニット固定効果と時間固定効果を同時に投入して差の差分析（difference in differences）に近似させる二重固定効果モデルであったが，そのためにはいくつかの重要な仮定を満たす必要があることが明らかになっている（Imai & Kim 2021）．パネルデータを用いていかにして因果関係に迫ることができるか．因果推論手法の開発はパネルデータ分析のフロンティアとなっている（Imai et al. 2023；Xu 2023）．　　　　　　　　　　　　　　　　　　　　　［東島雅昌］

📖さらに詳しく知るための文献

・Troeger, V. (2020) "Time-Series-Cross-Section Analysis." in L. Curini & R. Franzese, *The SAGE Handbook of Research Methods in Political Science and International Relations* : 616-631. Sage Publishers.

時系列分析

☞「パネルデータ分析」p.74

　時系列分析（time-series analysis）とは，一つの個体（unit）について複数時点でデータが取得される時系列データを分析し，その結果を解釈するための統計手法のことを指す．政治学における時系列データには，例えば月ごとの日本の内閣支持率やアメリカ大統領の支持率などが含まれる．時系列分析には，複数の個体について1時点でデータが取得される横断面データや，複数の個体について複数の時点でデータが取得される時系列横断面データ（パネルデータ）の分析とは異なる方法論的課題が存在する．政治学においては，入手可能な時系列データの種類が限られること，取得できる間隔が荒く観測数が小さくなる傾向があることから，研究対象がいわゆる先進国となることが多い．また比較政治学においては，その研究的関心から時系列分析よりも時系列横断面データ分析が行われることが多い．

●時系列分析の方法論上の課題　時系列分析を行う上で第一の問題として，時系列データの線形回帰分析は，誤差項の自己相関（autocorrelation）がないとの仮定に違反する可能性がある．次のような時系列間の関係を想定しよう．$Y_t = \beta_1 + \beta_2 X_t + \beta_3 Y_{t-1} + u_t$　$t = 1, 2, \cdots, n$. ここで，Y_t は時点 t における従属変数 Y の値，X_t は時点 t における独立変数 X の値，Y_{t-1} は時点 $t-1$ の従属変数 Y の値，u_t は期待値0，分散 σ^2 の独立かつ一様な分布に従うランダムな誤差項である．右辺に1期のラグ付き従属変数が含まれることは，例えば今月の内閣支持率は，先月の内閣支持率と相関をもつということを意味する．ここでは1期前の Y の値に現在の Y の値が依存する，一次の自己回帰（autoregressive）過程，AR(1) 過程を想定している．この変数間の関係が正しいにもかかわらず，実際には次のようなモデルを推定したとする．$Y_t = \beta_1 + \beta_2 X_t + v_t$ すると $v_t = \beta_3 Y_{t-1} + u_t$ となり，Y_{t-1} は Y_{t-2} と相関をもつことから，v_t も $v_{t-1} = \beta_3 Y_{t-2} + u_{t-1}$ と相関をもつ．このように誤差項に自己相関が存在する場合，最小二乗推定量は不偏ではあるものの，理論的に最小分散をもたず，最良線形不偏推定量（best linear unbiased estimator：BLUE）ではなくなる．

　時系列分析の方法論上の第二の問題として，「見せかけの回帰（spurious regression）」が発生する可能性がある．次の AR(1) 過程をもつ時系列を想定しよう．$Y_t = \alpha + \beta Y_{t-1} + u_t$ ここで $|\beta| < 1$ の場合，Y_t の期待値も分散も時点 t によらず定数となり，時系列 Y_t は定常（stationary）であるという．また $\beta = 1$ のとき，Y_t は単位根（unit root）をもつといい，和分（integrated）過程 I(1) と表す．この場合，Y_t の期待値は t が大きくなるにつれ，際限なく上昇あるいは低下し，

その分散は t が大きくなるにつれ増加する．このとき Y_t は非定常であるという．このような単位根をもつ二つの時系列を用いて線形回帰分析を行ったとき，実際には両者は無関係であるにもかかわらず，それぞれトレンドをもつことにより統計的に有意な結果が得られるという「見せかけの回帰」が発生しうる．

●**時系列分析の方法**　こうした方法論的問題に対応するために，時系列分析ではさまざまな手法が開発されてきた．時系列データは，先述した自己回帰（AR）過程，和分（I）過程に加え，現在の値が現在および過去のランダムな誤差項の値に依存するという移動平均（moving average：MA）過程から構成される．時系列データがこうした過程に従っていることを前提に，各時系列を自己回帰和分移動平均（autoregressive integrated moving average：ARIMA）モデルに当てはめ，誤差項の系列相関を除去し，定常性を保証したホワイトノイズ残差に変換したものを変数として用いることで，線形モデルの推定が可能になる．この系統の手法の政治学での応用として例えば，アメリカにおいて女性の方が男性よりも民主党支持の傾向があるという党派性ジェンダーギャップが拡大する要因について検討した Box-Steffensmeier et al.（2004）がある．

　一方で Y_t と X_t の二つの時系列がそれぞれ単位根をもっていたとしても $u_t = Y_t - (\beta_1 + \beta_2 X_t)$ が I(0) 過程に従うのであれば，Y_t と X_t は共和分（cointegration）の関係にあるといい，それぞれを従属変数，独立変数とする線形回帰モデル $Y_t = \beta_1 + \beta_2 X_t + u_t$ を推定することができる．また Y_t と X_t が共和分の関係にあるということは，一つの均衡からの乖離を修正するメカニズムが働いていることを意味するため，誤差修正モデルを推定することで均衡への調整をもたらす独立変数の長期的影響を推定することが可能になる．この系統の手法の政治学での応用として例えば，イギリスにおける首相支持率の政党支持率に対する短期的および長期的影響を推定した Clarke & Lebo（2003）がある．

　さらに，自己回帰（AR）モデルを多変量に拡張したベクトル自己回帰（VAR）モデルにおいては，モデルに含まれるすべての変数は内生変数として等しく扱われ，各変数がそれ自身およびそれ以外の変数の過去の値に回帰される．こうした変数間の相互依存関係を前提に，ある変数に与えられたランダムな外生的なショックが他の変数の将来の値にどのような影響を与えるのか，どの程度その影響が持続するのかをインパルス応答関数を用いて分析できる．この系統の手法の政治学での応用として，例えばアメリカ大統領の行政命令の発出に対する，ある時点での外生的な要因による大統領支持率上昇の正の効果が長期間持続することを示した Christenson & Kriner（2019）がある．

　時系列分析にはほかにも，独立変数の従属変数に対する影響の時間的変化を推定や，モデル全体の構造変化が起きた時点の推定など政治学的に重要な関心に応える手法が含まれる．　　　　　　　　　　　　　　　　　　　　　　［飯田　健］

空間分析

☞「統計的因果推論」p. 66,「地勢と紛争」p. 454

　空間分析（spatial analysis）とは，位置座標のような地理空間的構造をもつ空間データ（spatial data）やモデルを用いた，ある現象の地理空間的なパターン，相関関係，因果関係の検証，予測や，ある現象が示す地理空間的パターンを説明する理論的構築・検証などを巡る分析手法一般を指す（Darmofal 2015）．例えば，「地理的距離の近い主体や地域の性質が類似する（正の相関）あるいは異なる（負の相関）」といった空間的自己相関（spatial autocorrelation；空間的依存性 spatial dependence）や，地域的な固有性のような空間的異質性（spatial heterogeneity）に配慮した計量分析は，その典型例といえる．また，ある地域の属性や現象が近隣地域での現象に影響を与えるといった空間的スピルオーバー（spatial spillover）の分析や，地理空間上の任意の地点で生じる現象の空間予測（spatial prediction）も，空間分析の一種である．

●**先駆的研究**　空間分析の応用範囲は広く，その歴史も長い．実際,「平均への回帰（regression toward the means）」などでも知られるゴルトンによる空間的自己相関（空間的依存性）の指摘は，19世紀に遡る（Galton 1889）．現在でも，空間的自己相関は近隣地域間の相互作用（空間的スピルオーバー）ゆえに生じるのか，あるいは似通った属性をもつ地域が近隣に存在するゆえに生じるのかという「ゴルトン問題（Galton's problem）」は，空間分析の主要な論点の一つである（Darmofal 2015：3-5）．また，感染者クラスターの地理空間的パターンと水汲み場の突発的な水源変更という自然実験（natural experiment）を手がかりに，19世紀のロンドン市内におけるコレラ流行の原因を（1884年のコレラ菌発見に先立って）明らかにした Snow（1855）も，空間分析を用いた先駆的研究として知られる．さらに，武力紛争のような比較政治学の主要な研究対象にも，1960年代にはすでに空間分析の手法が応用されていた．例えば，Mitchell（1969）はフィリピンの武装勢力フク団による支配領域や，フク団への文民の支持の決定要因を巡り，自治体単位の空間データを用いて空間的スピルオーバーにも配慮した実証分析を提示している．

●**空間分析の再登場と定着**　一方，データの不足，データの空間構造を踏まえた統計学的・計量経済学的な推定法，空間構造をもつデータの処理に伴う大規模な演算に耐えるコンピュータの処理能力不足といった課題から，比較政治学や関連分野への空間分析の定着は時間を要した．他方，2000年代以降，空間計量経済学/統計学（spatial econometrics/statistics）や地理情報システム（geographic information system：GIS）の発展，計算機の処理能力向上によりこうした課題が解決され，比較政治学を含む社会科学分野での空間分析の応用が進展する．

　こうした研究の進展の背景には，二つの動機がある（Gleditsch & Weidmann 2012：2）．第一に，地理空間的により小さな分析単位を用いた，関心のある政治現象のより的確な把握と分析の志向がある（空間的分解［spatial disaggregation］）．典型的には，従来主流だった国家を単位とした分析に代えて，数十km四方の緯度経度グリッドや地方行政単位などのサブナショナルな単位のような新たな分析単位を用いて，内戦における戦闘のような関心のある現象やメカニズムに接近する研究が提示されてきた．第二に，地理空間的に細かな単位での経済活動指標や地理的条件，災害，気候のような，衛星画像などに基づく新たなデータに動機付けられた研究も進展する．特に，関心のある政治現象と系統的に関係せず外生的（exogenous）に生じると考えられる地理的条件，災害，気候といった要因や現象と因果推論（causal inference）の手法を組み合わせ，因果効果の厳密な検証（識別 identification）を志向する研究が進んでいる．

　空間的分解を志向する研究の進展は特に紛争研究において著しく，空間分析や空間データは実証研究に定着している．その契機となったのは，Armed Conflict Location & Event Data（ACLED, Raleigh et al. 2010）や Georeferenced Event Dataset（GED, Sundberg & Melander 2013）といった「武力紛争下でどのような烈度の戦闘などがどの地点でいつ，どのような主体間で生じた」といった情報を把握できるイベント・データ（event data）の整備である．こうしたデータの整備を背景に，従来主流だった国家単位の分析に代えて「戦闘が生じた地点と生じなかった地点」のような紛争の実態をとらえうる地理的に小さな分析単位の様相に着目する分析（初期の研究に，Buhaug & Rød 2006），内戦における戦闘の地理空間的な拡大パターンや（初期の研究に，Bauhaug & Gates 2002）紛争の空間予測を巡る研究が進展している（Cederman & Weidmann 2017）．

　新たなデータの活用と因果効果の識別を志向する研究の進展も著しい．例えば，植民地の境界線とそれを引き継いだ国境の恣意性（ここでは，国境による民族分断が国境付近の人口や経済的条件などと系統的に相関しないという性質）に着目し，国境による民族分断が独立後の内戦に与えた影響を検証した Michalopoulos & Papaioannou（2016）や，基地局配置と地理的条件に規定された東ドイツにおける西側放送の受信状況（電波強度）を用いて，外国（西側）メディアが権威主義（東側）体制への支持に与えた影響を検証した Kern & Hainmueller（2009）など，比較政治学の中心的論点を巡る研究が提示されている．　　　　　　［伊藤　　岳］

📖さらに詳しく知るための文献

・Darmofal, D.（2015）*Spatial Analysis for the Social Sciences*. Cambridge University Press.

テキスト分析

☞「オンラインデータ収集」p. 46

　政治的な事象の多くは，テキストによって表現される．選挙において政党や候補者が発行するマニフェスト，議事録に収録された議員の議会でのスピーチ，議会で議題となる法律案，政治を取り扱った新聞記事，政治について議論するソーシャルメディア（SNS）のメッセージ，政府やその他機関が発行する報告書など，これらはすべて政治に関するテキストとして比較政治学の研究対象となる．これらの政治的なテキストをデータとして利用する計量分析（Grimmer & Stewart 2013；Benoit 2020）は，21 世紀になり政治学で急速に拡大した分野である．

●**テキスト分析拡大の背景**　テキスト分析の拡大の理由は大まかに三つある．第一は，データの取得が容易になったことである．今日ではテキストの多くが電子的につくられ，また，紙媒体のテキストも電子化が進められている．そして，それらのテキストがインターネットにアクセス可能な形で置かれている場合には，ウェブスクレイピングや API にアクセスする R や Python のスクリプトにより，大規模なテキスト・データを自動で構築できるようになった．第二は，後述のように分析手法が大きく発展したことである．これらの手法には，コンピュータ・サイエンスで開発されたものばかりでなく，政治学的方法論において発展したものも数多くある．第三は，分析を行うためのコンピュータの能力が飛躍的に向上したことである．

●**テキスト分析の手法と知見**　政治学で広く使われるテキスト分析の手法は，Grimmer & Stewart（2013）にまとめられている．テキスト分析の手法は大別して，事前に枠組みを定めてから人間がテキストから読み取る情報をコンピュータによって代替させるもの，あるいは，より探索的な分析から新たな知見を得るものに分けられる．前者の例としては，辞書あるいは機械学習の教師付きモデルを用いた感情分析や，wordscores によるテキスト・スケーリングの手法を用いた政治アクターのイデオロギー位置の析出などがある．これらの手法の多くは，人間がテキストを読んで感情などのラベルを付ける，人的コーディングされたテキストを必要とする．後者の例としては，テキストコーパス内に存在するトピックを事前知識なしに推定できるトピック・モデル（例えば，LDA モデルなど）を用いて，文書を分類していくものなどがある．

　さて，このような手法を政治的なテキストの分析へ応用することで，どのような知見を得られるのだろうか．以下は，いくつかの代表的な応用例である．King et al.（2013）は，中国の SNS のテキスト分析により，中国政府が検閲しているのは政府に対する立場にかかわらず集団行動への動員につながりかねない投

稿であることを示した．Soroka et al.（2014）は，新聞記事の感情分析と，世論調査結果の比較から，マスメディアが人々の経済情勢の認識にどのように影響し，また影響されるのかを検討した．Barberá et al.（2019）は，ツイートの時系列分析を通じて，アメリカ合衆国における政治的課題の設定について，政治家が大衆を導くというよりは，政治家が大衆に応答している側面が強いことを示した．Hargrave & Blumenau（2022）はイギリス議会の演説テキストの分析から，女性議員がステレオタイプに沿った「女性的」スピーチを近年では行わなくなってきたことを実証した．これらの例が示すように，政治的な事象の多くはテキストで表現される以上，テキスト分析は政治学の幅広い分野で意味のある貢献をなしうるのである．

　比較政治学におけるテキスト分析の応用での重要な課題の一つは，多言語の取り扱いである．異なる言語で書かれたテキストを直接に比較できれば，テキスト分析はより有用なものとなる．過去10年の自動翻訳の進歩はこの多言語分析の可能性を大いに広げた．方法としては，テキストの全部を一つの言語に翻訳する，あるいは，辞書ベースの分析のための短文を翻訳して，分析することも可能である．後者は大規模コーパスを用いた研究にかかるコストを大幅に低減するが，注意深く翻訳をすることによって，十分な精度を上げられることがわかっている（例えば，de Vries et al. 2018．ただし，以下も参照されたい）．

●**大規模言語モデル**　ここまで概観してきた政治学におけるテキスト分析は，2020年以降の大規模言語モデルの登場により，その姿を一変させつつある．大規模言語モデルは，膨大な言語コーパスを教師として，IT企業や大学の計算資源を利用して，トレーニングされた深層学習モデルであり，分類やスケーリングといった既存のテキスト分析のタスクから，言語の生成まで広範な目的に利用できる．特に，ここ数年は，ChatGPTやGeminiをはじめとした構造的に進化し巨大化したモデルにより，言語分析・生成の精度が飛躍的に進歩し，それにともなって，テキストを用いる高度な分析が簡単に行えるようになっているのである．

　政治学における利用は出版された論文の数こそ現時点では少ないが，今後は急速に増えていくと考えられる（例えばArgyle et al. 2023）．政治学者のテキスト分析に関して，ごく小規模の人的コーディング，あるいは人的コーディングなしに高精度の分析ができること，多言語対応のモデルを用いることによって翻訳を経ずに言語をまたいだ分析が可能になること，モデルが生成した言語を人間との対話に用いることなど，幅広い応用の可能性があるからである．しかしながら，既存の大規模言語モデルを利用する社会科学者にとってはモデルの中身がブラックボックスとなりがちであることに注意すべきであるし，また，大規模言語モデルのもたらすテキスト分析の飛躍的な進化は，政治的な現象を説明するという政治学者の役割を問い直すことにつながりうることにも留意すべきだろう．［松尾晃孝］

ネットワーク分析

☞「オンラインデータ収集」p. 46

　実証的分析のほとんどのアプローチでは，データを表形式で考える必要があ
る．行は個別のケース（個々の人々，国など）を表し，列は測定したすべての変
数を表す．関連する変数のパターンを検討することによってケース間の類似性を
見つけることは，分析の目的の一つであるが，ケースは基本的に離散的なユニッ
トとして扱われる．しかし，このようにケースを扱うことは，比較政治学で研究
する多くの状況について直感的に考える方法ではない．地域社会の人々，議会の
議員，同盟や貿易圏の国々について考えるとき，互いの関係という観点から考え
て，空間的な言葉を使って表現するのは直感的である．ある人物をコミュニティ
の「中心」と，あるグループを「核心」と表現したりする一方で，他の人物を「周
辺」と表現したりする．

　近年，ネットワーク分析が人気を集めているのは，ケース間のつながりを分析
の中心に据えるからである．データ表の代わりに，ネットワークの「グラフ」は，
各事例を結節点（「ノード」）として表し，そのノードは，事案間のつながりを表
す紐帯（「エッジ」）で他のノードと結ばれている．ノードもエッジも，追加の
データ変数をもつ可能性もある．例えば，エッジは，二つのノード間の接続の強
さを示す「重み」変数をもつのが一般的である．

●**ネットワーク分析の応用**　ネットワーク分析が非常に効果的で柔軟なのは，研
究に適した「ノード」と「エッジ」の定義を使ってネットワークを構築できるこ
とである．データの種類によっては，ネットワークとして扱うのに特に適してい
るものもある．おそらく最もわかりやすいのは，SNS から取得したデータで，
ユーザーはすでに「ソーシャルグラフ」と呼ばれるネットワークに編成されてい
る．しかし，SNS データであっても，ネットワークを構築する方法はさまざま
である．SNS のつながりを表すエッジ，互いへの返信，互いのポストの共有，
あるいは相互のつながりのアカウントを使って，ユーザー同士を結び付けること
ができる．友人関係のネットワークを分析すれば，SNS 上に存在するコミュニ
ティについての洞察が得られるだろうが，共有された投稿を分析すれば，その
ネットワークを横切る情報（またはいわゆる「フェイク・ニュース」）の流れを
モデル化することができるかもしれない．

　SNS に限らず，グラフとして分析できるデータの種類にはほとんど制限がな
い．例えば，法案への共同提案や重複する献金元をエッジとすることで，政治家
を研究することができる．企業間の商取引関係をネットワークとして分析するこ

とで，市場の構造や貿易協定の影響を理解することができる．情報の広がりは，個人間の接触を記録することでモデル化できる．学術研究も，引用や共著を基礎として，研究者や研究機関間のネットワークを構築し，研究することができる．コミュニケーション，共有行動，同じグループへの参加など，どんな相互作用を使っても二つのノードを接続し，ネットワークを構築するための基礎として使用することができる．この方法は比較政治研究において非常に有効であることが証明されており，国を越えてネットワークの構造を比較することで，議会，市場，社会の機能における重要な違いを明らかにすることができる．

●**グラフを分析する方法**　グラフが構築されると，ネットワークの構造や個々のノードが果たす役割について重要なことを発見するために，さまざまな分析手法が利用できる．例えば，「密度」を計算することで，ほとんどのノードが互いに接続されている凝集的ネットワークなのか，それとも少数のノードだけが直接接続され，他のノードは中間ノードを介してのみ互いに接続されているまばらなネットワークなのかを判断することができる．各ノードの「中心性」も計算できる．中心性の計算にはさまざまな方法があり，それぞれネットワーク構造におけるノードの位置について異なることを表す．各ノードに接続するエッジの数を単純に数えて「次数」と呼ばれる値を計算できる．各ノードからグラフ内の他のすべてのノードまでの平均距離を計算して，そのノードが全体的にどの程度接続されているのかを知ることもできる．また，他のノード間の最適ルート（測地線）のいくつかがそのノードを通過するかを計算して，そのノードがグラフの相互接続性にとってどの程度重要かを知ることもできる．このようにして，どのユーザーがコミュニティ間で誤情報を広めるのに重要なのか，あるいは，どの政治献金者が目標を追求するために一見バラバラに見える議員を結び付けているのかを発見できるかもしれない．

　さらに，互いに強く結び付いたノードを発見するアルゴリズムを使って，グラフから「コミュニティ」を検出することもできる．これはネットワーク分析において最も強力な方法の一つである．ネットワーク全体の形状を考慮するため，直接接続していないノードでも，ネットワークの同じ部分で多くのつながりを共有していれば，同じコミュニティに分ける可能性があるから，ほとんどの分析手法では見逃してしまうようなつながりを見つけることができる．例えば，直接的なつながりのない政党でも，メッセージを広めるためにSNS上の同じアカウントの多くに頼るかを確認できる．

　ネットワーク分析は，SNSの台頭により急速に普及したが，さまざまなデータを検討する実証的手法としての価値もある．研究者がデータを表だけではなく，つながりや構造の観点から考えることを可能にするネットワーク分析は，これからも比較政治学に新たな可能性を開く．　　　　　　　［ファーヒ・ロバート］

第Ⅱ部
国家と社会

第5章

国家建設

　ヨーロッパで誕生した近代国家は，非西欧諸国の脱植民地化と独立や，超国家的な政治共同体構築の試みを経て，なお今日に至るまで政治共同体の支配的な形態であり続けている．近代国家はまた主権国家であり，領域内を実効支配する対内主権と，その実効的な支配権を他国によって認められる対外主権を有する．しかし実際には，対内主権にかかわる国家の統治能力には国によって違いがあり，内戦などによって秩序の確保に課題を抱える「脆弱国家」が存在する一方，実効支配があっても国際的に国家承認を得られておらず，対外主権が確立しているとはいえない「未承認国家」も存在する．近代国家の建設はなぜヨーロッパで始まったのか．近代国家が抱える問題とはなにか．本章では，西欧・非西欧の国家建設，国家の統治能力，国際政治における国家，国家と軍といった国家建設にまつわる幅広い問題を取り上げ，比較政治学の中心的主題である国家について多様な観点から考察する．　　　　　　　　　　　　　　　［近藤康史・馬場香織］

国家とは何か

☞「国家の統治能力」p. 98

　国家が観念の産物だとしても実態を欠くわけでもなく，領域内の住民に安心と恐怖を与えるものとして確かに存在する．それは権力と権威が生起するメカニズムを見えやすくするとともに，その意味を把握するための概念であり場である．

　ヴェーバーは『職業としての政治』（1919 年）において，国家の定義にあたってその活動内容ではなく手段に注目すべきとした上で「国家とは，ある一定の領域の内部で……正当な物理的暴力行使の独占を（実効的に）要求する人間共同体である」とする（ヴェーバー 1980：8-10）．簡明だが，国家を巡るいくつかの論点が示されている．それは「力」の行使に関わるが，「正当な」ものとみなされなければならず，しかも「独占」的に，すなわち（できる限り）一元化されたかたちで担われる．こうした一元論的国家像は，裏を返せば，近代国家が多元的・分権的な封建制的統治構造の克服によって出現した事情を映しだすものであり，その意味で国家は，ヨーロッパの歴史的経験から抽出された概念である．

●**主権国家の成立**　ストレイヤーは国家出現の徴候として，時間・空間における連続性，常設的政治制度の形成，そして究極的権威の承認とそれに対する忠誠をあげ，ヨーロッパにおける国家の起源を中世に求めた．注意すべきは，国家が十分な広さの領域を有するとともに多数の人々を統合する政治単位として，「帝国」とも「都市国家」とも区別されるという点である．ヨーロッパ国家モデルは，他のタイプよりも政治的・経済的能力において優れていたために，非ヨーロッパ圏においても模倣に価するものとみなされた（ストレイヤー 1975）．

　さらに絶対王政のもと一連の戦争に対処すべく軍事と行財政が一体のものとして発展し，権力一元化に拍車を掛けた．この点に注目すれば，ティリーが論じるとおりまさに「戦争が国家を作りだす」（Tilly 1985）．存亡を賭けた国家間の激しい競争は集権化を促す一方，諸国家の並存と勢力均衡によって特徴づけられる主権国家体制の成立に帰結した（木村 1993）．かくして近代国家の主権を特徴づける対内的絶対性と対外的排他性がここに結合する．

●**国家と社会の関係**　他方で国家の制限や否定を唱える議論も絶えない．権力に懐疑的な自由主義者は，「夜警国家」と呼ばれるようにその活動範囲を国防治安など必要最小限のものに留めようとする．またマルクスとエンゲルスによる『共産党宣言』（1848 年）では，国家は私的所有権を保護し，もてる者の支配を可能とすることから「近代的国家権力は，単に，全ブルジョア階級の共通の事務をつかさどる委員会にすぎない」と論じられる（マルクス＆エンゲルス 1951：41）．

いずれも社会の優位が前提とされ，国家の自律性や意義は小さく，二次的なものとされるが，同時に国家は資本主義市場経済の円滑な機能を保障するものとしてとらえられてもいる．社会は国家から区別され，その外部にありながら，完全に絶縁されているわけではなく，その存続は国家の法と力によって支えられている．このように国家の活動の必要性が社会との関係に根ざすものであるのなら，社会からの要求と承認次第では一転して——福祉国家がそうであるように——その権限を強化し，責務の範囲を拡げることもありうる．

このとき国家は「政府」以上の存在である．国家について考察するとき，それが社会によって求められ（抗われ）強められ（抑えられ），さらに違いが曖昧になるほど相互に浸透する運動が視野に入るはずである（Poggi 1978）．国家は元来社会から自律した空間として概念化されたが，その力は社会に関わることで現れる．国家権力の作用は，政府の権限や規模，制度に留まらず，他の主体や場（市場や共同体，家族など）との関係の中で観察・解釈される必要がある．

●**国家の力と正当性**　国家の権力は，社会に対して一方的に服従を強いる裸の暴力ではない．むしろ，日常的な支配は，苦痛よりも恩恵に立脚する点で，より洗練された力によって実現する．マンが論じるとおり，国家が社会への働きかけに際して用いるのは「インフラストラクチャー権力」であって「専制権力」ではない（Mann 1986）．しかし，この権力によって，人々の意思疎通や往来，市場の取引が促進され，国民に関する集合的また個別の情報が蓄積され，効率的な徴税や再配分が可能になるのだから，一時的沈黙を強いる暴力より，はるかに恒久的で安定的な支配のために欠くことのできない力である．

国家の支配は，それを受け入れさせる威信，すなわち権威によっても支えられる．権力行使の目的が「共同善」に結びつけられていることは，正当性の根拠たりうる（ダントレーヴ 1972：272-281）．もっとも，「共同善」の内容は，秩序と平和の維持から，域内住民の共存と統合を可能にする諸条件の確保，生存や富裕，平等をもたらす経済的・社会的保障など多岐にわたり，しかも，これらを供給する国家の能力もまちまちである．さらに正当性を備えた支配には，善き目的や成果だけでなく，決定に至る手続，民主主義を採用する諸国においては，その政治的原理が課す要件の充足（特に多数者の支持）が求められる．

国民統合，民主政治，安全保障，資本主義，福祉など多様な主題が国家と結びつく．国家はそれら問題群において担う役割のために重要な分析対象たりうる．さらに権力と正当性が多様な形態をとりうることは，国家がそれぞれ際立った個性を有し，比較されうるとともに，〈なぜ〉そうなるのかという問いを喚起することを意味する．国家が比較政治学の中心的主題となる所以である．［島田幸典］

📖**さらに詳しく知るための文献**
・佐藤成基（2014）『国家の社会学』青弓社．

近代ヨーロッパにおける国家建設

☞「福祉国家の変化の理論」
p. 136,「民主化の理論」
p. 186

　第二次世界大戦後の西ヨーロッパでは，国民国家を超える政治体構築の試みが他地域に類例をみないほど進展したにもかかわらず，国民国家は最も優越的な政治共同体であり続けた．国民国家は民主化と社会保障の拡充を行い，民主的な福祉国家は社会主義体制崩壊後の東ヨーロッパでも目指された．国民国家の形成も民主化も福祉国家の発展も，相互に密接な関係をもつ別個の歴史的過程であり，戦後国家はそれらの過程の重層的な展開を経て生まれた．概して民主化と福祉国家の発展は19世紀の工業化社会の到来とともに始動した一方，国民国家の形成はそれ以前から進んでいた．その国民国家も，国家建設——ある特定の領域支配のための集権的な統治機構の整備——と，国民形成——国家への忠誠心や同じ国家に帰属しているという意識や連帯感の醸成——という異なる歴史的過程を経て成立した．総じて19世紀初頭以降に本格化した国民形成に対し，国家建設はそのはるか以前，特に16世紀から18世紀までの初期近代（early modern）と呼ばれる時代に相当程度の進捗をみせていた（ただし初期近代の国家の多くは集権的国家ではなく，同一君主の下に複数の国家が緩やかに合同し，各国家の伝統的な法や権利が温存される「複合国家」［古谷・近藤編 2016］であったという）．

●**国家建設のパラドクス**　国家建設はヨーロッパ全域で均一には進行しなかった．比較政治学者ロッカンは，古代の西ローマ帝国崩壊後に復興された旧帝国（神聖ローマ帝国）を念頭に，その中央に延びる都市やカトリック教会の拠点が密集した「都市ベルト」からの距離と，中世ヨーロッパの宗教的中心であるローマからの距離という，ヨーロッパの東西軸と南北軸における地政学的位置が国家建設の成否にとって重要であると論じ，旧帝国の周縁部から成功裏に国家建設はなされ，その中核地域（イタリアとドイツ）は19世紀後半まで分裂状態が続いたというパラドクスを指摘した（Flora ed. 1999）．ロッカンの考察外の東ローマ帝国の地域においても，政治や言語や宗教の普遍的性格が相対的に弱いという，各地域に根差した国家の建設に有利な条件があり，実際，中世には国家建設がなされたにもかかわらず，それらの試みは東方に開かれたこの地で続いた諸帝国の攻防の中にすべて挫折し，かの地が地域ごとの国家に分割されるのは第一次世界大戦後を待たなければならなかった，というパラドクスを認めることができる．

●**「戦争が国家をつくる」**　交易関係に注目し世界システムの「中核」「半周辺」「周辺」地域の国家の特徴を考察したウォーラステインや，さまざまな形で進行した封建社会の危機に地主貴族がとった対応から東西ヨーロッパの「絶対主義国

家」の成立とその構造の多様性を論じたアンダーソンらのネオマルクス主義的な国家論とほぼ同時に登場したティリーの国家建設論は，社会経済的条件ではなく戦争に主点をあてた．「戦争が国家をつくり，国家が戦争を引き起こした」(Tilly 1975b：42) というその主張は，戦争が，その遂行のために必要な諸資源を徴収し動員するための組織を発達させることを強調し，それを最も首尾よく成就させた領域支配の集権的国家が，帝国や都市など他の政治共同体を凌ぐ存在になっていったとみなした．ティリーはその後，戦時における資源動員のあり方にロッカンの枠組と資本集積の様態という社会経済的要因を加味し，資本集約型（経済的に豊かな「都市ベルト」の，為政者と資本家が提携した都市国家や小国家の林立），強制型（北・東ヨーロッパの，希少な資源を強制的に徴収する帝国的秩序），資本集約・強制型（都市ベルトの西に位置するイングランドとフランスの，経済発展を享受し強制的徴収もなしうる集権的国家）という国家建設過程の三類型を提示した (Tilly 1990). さらに戦争に注目しつつ国家の建設過程と構造の多様性をより克明に明らかにしようとする比較政治研究が生まれた．

●**過程と構造の多様性**　ダウニングは，16世紀から17世紀に戦争のコストを格段に高めた「軍事革命」への各国の対応に注目する (Downing 1992). 戦争遂行に必要な財政確保という喫緊の課題に，課税への同意を通じて君主の権力を制約してきた身分制議会を排し，集権的な官僚機構と直接税の徴収で応えることによって「官僚的軍事的絶対主義」となった国々（フランスやプロイセン），間接税と征服で得た海外の資本市場からの調達で対応しえたために官僚制を発達させる必要のないまま「中世立憲主義」が存続した国々（オランダやイングランド）という違いが生まれたという．これに対して「財政＝軍事国家」としてのイングランドに関する研究 (ブリュア 2003) に想を得たエアトマン (Ertman 1997) は，立憲主義体制下の行政機構は必ずしも家産的とは限らず，絶対主義は必ずしも発達した行政機構をもつわけではないとした上で，政治体制（絶対主義と立憲主義）と行政機構の特質（家産的と官僚的）を区別し，それらの組み合わせから国家の四類型を導き出した．その際，行政機構の特質の違いは，各国家が戦争などの国家間競合に集中して直面するタイミングの違いから説明された．

●**国家建設と宗教**　国家建設を促した戦争の多くは宗教戦争であり，宗教戦争はカトリックを一宗派とし，多くのプロテスタント宗派を生んだ宗教改革に端を発する．諸宗派は国家や都市権力と協力し，域内の異なる宗派の信仰や文化を抑圧し，人々の内面や公私の生活を一元的な影響力の下に置き，それらを同質化した．この「宗派化」過程を通じて生まれた規律化された社会が，初期近代の国家の臣民支配の基礎を築いたという (Gorski 2003). 初期近代の宗教対立は，戦争のみならず，社会的規律化のためのさまざまな手段の整備を通じても，国家建設を進めたのである．　　　　　　　　　　　　　　　　　　　　　　　　　［飯田芳弘］

非西欧における国家建設

☞「脱植民地化」p. 96,「戦争」
p. 426

　国家建設とは，政府が市民に対して政策を執行する力をもち，市民が政府に従うことで，国家が統治の機能を果たせるようになることを意味する．今日の政治学で主流となっている国家建設の議論は西欧の思想家に源流をもち，ヨーロッパの内外を対比して特徴をとらえる試みがなされてきた．西洋のように生産活動の分業化がみられない東洋では，自給的な農村部を搾取する強力な専制的集権国家が存在することを指摘したマルクスはその典型である（マルクス 1963）．

　非西欧の国家建設に関する研究は西欧の経験を相対化する試みであり，大きく三つのタイプがある．第一に，ヨーロッパ諸国の経験から得られた知見を非西欧国家に照らして再検討するものがある．第二に，国家建設の一般的なモデルを踏まえ，非西欧国家の位置付けを示すものがある．そして第三に，西欧諸国では経験が乏しい植民地にまつわる影響を論じるものがある．

●**西欧の知見の再検討**　西欧の経験に依拠した国家建設論で最も有名なものは，国家が戦争をつくり，戦争が国家をつくるというティリーの仮説である．国家は脅威となる周辺国家に戦争を仕掛けるとともに，戦争に負けないようみずからの統治を強化するという競争を通じ，今日生き残った西欧諸国は政府と市民の固い結束をもつ強い国家を打ち立てたとティリーは唱える（Tilly 1990）．この仮説に従えば，外的脅威の乏しい国際環境では国家建設が滞る．実際，戦争の少ない地域として知られるラテンアメリカでは，国家の統治は総じて不十分である（Centeno 2002）．

　しかし，この仮説では理解が困難な事例も存在する．5 世紀から 8 世紀にかけて，日本と朝鮮半島の新羅では徴税をはじめとする行政の諸制度が発達し，その度合いは中世後期のヨーロッパ諸国を上回るほどであった．両国とも，隣国には隋と唐という中国の王朝が控えていたが，中国は両国と恒常的に軍事衝突を繰り返したわけではない上に，内陸部から侵略の脅威にさらされ，軍事的に強力とはいいがたかった．戦争に代わる国家建設の要因として考えられるのは制度の模倣である．各国の支配者層はみずからの特権を保持し，かつ住民に対して統治の正統性を示す必要があったため，実績のある中国の制度が導入された（Huan & Kang 2022）．

●**国家建設の一般理論**　フクヤマは古今東西の経験を踏まえ，国家建設を二つの段階に分けて論じた．まず，小規模な部族で構成される社会から大規模な中央集権国家が生じる初期国家建設の段階があり，①十分な生産の余剰，②エリートの

出現を可能にする程度の社会規模，③個人の逃避を困難にする地理的制約，④外敵の存在や宗教など，個人が自由を放棄し，制約を受け入れる外的誘因が揃うと，国家が成立する．その後は，ティリーの仮説に従い，国家が互いに競争してみずからを強化していく競争的国家建設の段階に入る．フクヤマの議論では，中国は強力な国家の代表例であり，広大な領土の中に出現した多数の初期国家がサバイバルを繰り広げる中で，強い国家が建設された（Fukuyama 2011）．

　一方，アセモグルとロビンソンは国家の強さと市民社会の強さという二つの変数を重視する．今日の安定した民主制国家は，国家が強い執行力をもつとともに，国家から自律性が高く，かつ国家をみずからの利益のために制御しようとする強い市民社会も有する．部族社会からこうした民主制国家に至るには，国家と市民社会がともに強化され続けねばならない．社会が強すぎれば，国家をつくる同意が調達できず，逆に国家が強すぎれば，自律的な社会の支えをもたない国家となる．前者の例はナイジェリアにあるティヴランド，後者の例は中国であり，脆弱さを抱える国家として中国が描かれる点がフクヤマとは異なる（Acemoglu & Robinson 2019；2023）．

●**植民地経験の影響**　ヨーロッパの外側に広がった植民地に関する研究は総じて，植民地にまつわる経験が独立後の国家建設に無視できない影響を与えたことを指摘する．アフリカの国家建設の問題に歴史的起源を求める研究はその代表例である．ヨーロッパ領植民地に奴隷を供給した地域ほど独立後の政府に対する信頼が低いことや（Nunn & Wantchekon 2011），英領か仏領かを問わず，徴税機構の整備など植民地当局の統治力の強化は不十分で，そのことが独立後の国家の弱さにつながっていることが明らかになっている（Frankema 2011；Frankema & van Waijenburg 2014）．

　日本の植民地支配の遺制をはじめ，植民者が西欧諸国ではない場合の研究も数多い．ここでもやはり，組織的な統治の整備が後の国家建設に正の効果をもつことが指摘されている．日本の支配を受けた満州と，支配を受けなかった満州に隣接する内蒙古を比較した研究はその例である（Mattingly 2017）．　　　［宮地隆廣］

📖さらに詳しく知るための文献
・フクヤマ，フランシス（2013）『政治の起源——人類以前からフランス革命まで』上・下（会田弘継訳）講談社.
・フクヤマ，フランシス（2018）『政治の衰退——フランス革命から民主主義の未来へ』上・下（会田弘継訳）講談社.
・アセモグル，ダロン＆ロビンソン，ジェイムズ（2020）『自由の命運——国家，社会，そして狭い回廊』上・下（櫻井祐子訳）早川書房.

紛争後の国家建設

☞「紛争と植民地主義」p. 440

　国家建設とは英語で state building, state formation と呼ばれる現象である．政治学の領域においては，各国家による近代国家としての発展経験を踏まえ，紛争がもたらす国家建設の問題の所在が変容していった．西欧諸国による国家形成をもとに，脱植民地化の過程において経済成長を目指す国家の再構築における帰結と課題の提示，そして冷戦終結後の脆弱国家，失敗国家，あるいは弱い国家とも呼ばれる国々に対しての外部主体による介入の多様化へと展開する．これらの議論は，いずれも近代国家の概念を土台とし国家のあるべき姿を前提としている．

●**近代国家と脱植民地国家の能力**　近代国家は，ウェーバーによって定義されたように，暴力行使の手段が領域内の人々によって認められるような正統性をもつかが要と考えられた．それは，独占的な権力行使は統治者の意思決定に基づき執行機関が実行するという法体系を維持し，対内主権が確保されることが必要条件である．ロッカンは，こうした近代国家の形成過程そのものが，エリート権力間の利害対立の繰り返しによる産物であることを指摘する (Rokkan 1975)．中世における領土統一後から，治安維持，貨幣経済，係争解決の制度や機関の整備が徐々に進められたことを勘案すれば，国家建設そのものが紛争を生みやすい．ティリーは，近代国家の形成を成り立たせたのは対外戦争であると述べる．その継続のために国民からの徴税と義務兵役制度を整え，軍人への恩給や教育提供との引き換えに国民を保護したことで，統治機構が確立されたという．市民が政治制度に参加し，参政権をはじめとする権利獲得を要求するのは，国家と制度の基礎的な基盤が固まった後であった (Tilly 1985)．

　段階的な発展を長年の国内・対外紛争の中で進めた西欧諸国に対し，脱植民地過程に入ったアフリカ，ラテンアメリカ，アジア地域諸国では，近代国家として突如発進することとなった．これらの新興国家では，治安維持，効率的な官僚機構，法の支配，徴税および予算の計画，配分，執行のほか，国民が必要とする教育，公衆衛生など公共サービスの提供といった国家がもつべき能力が担保されているのかに注目が集まった．この背景には近代化論の興隆が後押しし，西欧諸国が経験した経済発展を下支えする国家が正統性確保に至らず，国家の能力が弱いままにある課題が浮上したことにある．国内紛争が国家間紛争よりも多く勃発している状況において，弱い国家が国家の能力をみずからの力で高めていく余地は狭められた．そこでは中央集権的な軍事力形成とともに根強く残る指導者による人治のもとに官僚制が導入される新家産制国家が顕著に現れた．さらに外部主体

によって注がれる政府開発援助（ODA）や軍事援助が及ぼす帰結として，巨額の財政赤字から抜け出せず，一部の権力者，エリート，官僚のレント・シーキングの構造も指摘された．経済成長を目指す国家の中でも国内対立・紛争を調整しつつ，能力主義による自律した官僚制を敷き開発に成功した開発国家がアジア諸国にみられたものの，不正な富の蓄積，収奪的制度の構築に終始する略奪国家では開発の失敗が相次いだことから（Evans 1995），政治腐敗を排除するべくガバナンスの向上が問われるようになった（Wesley 2008）．

●**冷戦終結後における外部主体の介入の多様性**　国家運営が行き詰まった弱い国家に対し，冷戦終結後，西欧諸国のみならず国際機関・地域機関などの外部主体がより積極的に国家建設に関与するようになった．1990 年代に主流となった国際的な国家建設は，トップダウン型でリベラルな制度構築を弱い国家に適用しようとする試みであった（Paris & Sisk 2009）．ユーゴスラビア，カンボジア，ソマリア，コソボを皮切りに派遣された国際連合による平和維持活動は，国内紛争で荒廃した弱い国家に対し，共同主権あるいはみずから暫定統治を行い，治安維持を肩代わりし，選挙執行や行政機能を担った．こうした観点から冷戦終結後における紛争後の国家建設を巡っては，国際政治・国際関係論の領域でも分析が進んだ（武内 2013）．米国によるアフガニスタン，イラクへの限定的な関与や，受入国同意に基づく特定国による介入も含め，いずれも不介入原則に対する例外的措置であった．人間の安全保障や保護する責任の概念では，統治能力を十分に満たさない国家の代わりに，国際社会の構成員が保護されない人々の安全を守ることが強調された．市民が必要とする安全な水，保健衛生，基礎的な教育などの公共サービス提供に多くの外国，支援機関，非政府組織（NGO）が関わる中で，それでも変わらず課題となるのは，いかにそのような関与の正統性を確保・維持できるかである（Krasner & Risse 2014）．さらに複数の武装組織の対峙，テロリストといった非国家主体などが台頭したことによる国内紛争の複雑化によって，紛争管理は困難を極めることとなった．誰もがみずから従おうとする統治形態が不在の中，秩序回復と維持のための活動が必要とされながら，その活動に対する正統性の確保は外部主体の関与が長期で一方的になるほど西欧中心主義，新植民地主義であるとの批判を浴びた．

　その対応策としてボトムアップ型の，地域社会の規範・慣習を制度構築に導入するポスト・リベラルアプローチが提唱された（Richmond 2011）．また，国家形成の過程が異なる弱い国家に適用できる一律的な制度モデルはないことから，各国の問題所在を探索することを提唱する研究群もある（Chandler 2021）．国家建設自体が紛争の種との知見を踏まえれば，外部主体がエリートのみならず，社会の多様なグループといかに関わりあうかが問われている．［田中（坂部）有佳子］

脱植民地化

☞「脱植民地主義とナショナリズム」p. 122

脱植民地化とは，植民地支配を受けた国が，宗主国から独立する過程を指す．植民地化の過程は多様であるが，脱植民地化もこの多様性を反映している．そして脱植民地化の多様性が，独立後に成立した政治体制の多様性を生み出した．

●**植民地支配の脆弱性**　政治学者の藤原帰一は，冷戦後のアメリカが構築した「非公式の帝国」が直面したジレンマとして，①協力者のジレンマ，②介入のジレンマ，③紛争拡大のジレンマの三つをあげた（藤原 2007）．これらは，「非公式の帝国」ほど先鋭な形ではないものの，「公式な帝国」を樹立した古典的な帝国主義にも以下のとおり顕現する．

①協力者のジレンマ：植民地支配を円滑に行うためには，現地の協力者を見出し，かつ教育によりこれを生み出すことが肝要となる．しかし，育成した協力者が，宗主国に協力する保証は実はない．例えば，英領インドでは，反英独立運動を率いたのは，英国人化を目指す教育を受けたインド人エリートであった．

②介入のジレンマ：協力者の協力を確保できない場合，植民地支配を貫徹するためには直接統治を行うことが解決策の一つとなる．他方，直接統治にはコストがかかる．例えば，英領インドにおいては，1857 年大反乱を契機にイギリス東インド会社による支配をイギリス本国による直接統治に切り替えた．しかし，第二次世界大戦で疲弊すると，独立運動の高揚と大宗教暴動の発生に伴う統治コストに耐えきれず，逃亡するように拙速に独立を承認した（中溝 2022）．

③紛争拡大のジレンマ：植民地獲得競争の展開は，宗主国同士の紛争に発展しかねない危険性を常に孕む．イギリスとフランスが対峙した 1898 年のファッショダ事件が古い例となるが，その後も日本が展開した 15 年にわたる侵略戦争のように，破滅的な世界大戦に至る結果も生み出した．

このように植民地支配は，帝国というコトバから連想される強靭さとは裏腹に，脆弱性を内包している．そしてこの脆弱性こそが，脱植民地化を招いた．

●**脱植民地化の過程**　帝国主義の脆弱性を突いたのは，植民地支配に苦しんだ被支配者に他ならない．例えば英領インドでは，反英闘争は 1857 年大反乱のような武装闘争の他に，インド国民会議派が主導した非暴力的な抵抗運動が力をもった．第一次世界大戦後は，まずレーニン，そしてウイルソンによって民族自決原則が唱えられたこともあり，1927 年に開催された「植民地抑圧と帝国主義に反対する国際会議」のように植民地独立を目指す国際的な連帯の動きが広がった．このような状況下で，脱植民地化の過程は，大きく①交渉に基づく非暴力的な権

力委譲型，②独立戦争を含む暴力的闘争よる奪権型，③交渉と暴力的闘争が混在するハイブリッド型に区分することができる．

①の典型例は，英領インドとなる．英領インドにおいては非暴力主義を掲げたインド国民会議派とムスリム連盟という政党が独立交渉の主体となり，権力委譲という形で1947年にインド，パキスタンとして独立した．ただし，独立前年から始まった大宗教暴動が交渉の進展に大きな影響を与えたように，暴力と完全に無縁だったわけではない．

②の事例としてはベトナムがある．独立交渉が不調に終わった後，まずフランスとの間で独立戦争を戦い，休戦協定により南北に分断される．その後，北ベトナムが今度はアメリカとベトナム戦争を戦い，最終的に1976年に南北統一を実現した．③の典型としてインドネシアがあげられる．日本の敗戦直後，独立運動指導者スカルノは独立を宣言するが，かつての宗主国オランダはこれを認めず再植民地化を図る．オランダは，一方でインドネシア共和国政府と交渉を行いつつも，「警察行動」と称して武力攻撃を続けたことから，日本軍政下で設立された郷土防衛義勇軍の出身者らを含む多様な武装勢力との間で戦闘が繰り広げられた．交渉と戦闘は決着をもたらさなかったが，最終的にインドネシア独立を支持するアメリカがオランダに圧力をかけ，インドネシアは1949年に独立を果たした．

●**脱植民地化と独立後の政治体制**　脱植民地化の多様な過程は，独立後に誕生した政治体制の多様性を生み出した．アジア17カ国の比較研究を行った政治学者の粕谷祐子は，独立後最初の政治体制形成にとって脱植民地化前10年程度の統治制度と運動の相互作用が重要であると指摘する（粕谷2022）．具体的には，統治制度面では，自治制度の有無／王室権限の強弱，運動面では，穏健派／急進派主導かといった違いが，民主主義体制と権威主義体制（王政／政党支配／個人支配）の違いを生むと議論した．筆者は，相互作用の中でも独立を主導したアクターの性格が独立後の政治体制に大きな影響を及ぼしたと考えている．

例えば，インド国民会議派という政党が独立運動を主導したインドでは，植民地期の民衆運動の展開と代議制への参加経験が民主主義の定着に貢献した（中溝2012）．これに対し，十分な自治制度が存在せず，独立に軍が大きな役割を果たしたインドネシアでは，民主主義体制は長続きせず，軍の支持を背景としたスハルトによる独裁が長期にわたって継続した（今村2024）．このように，独立後の政治体制を考察する上で，制度と運動の相互作用を検証することは重要である．同時に，粕谷も指摘するように，今後の課題として，民族構成，国民統合上の条件，冷戦構造の影響など構造的要因の更なる分析も求められている．［中溝和弥］

📖 さらに詳しく知るための文献

・粕谷祐子編著（2022）『アジアの脱植民地化と体制変動——民主制と独裁の歴史的起源』白水社．

国家の統治能力

☞「国家とは何か」p. 88,「福祉国家の変化の理論」p. 136,「官僚制」p. 406

　国家にはそれぞれが有する特徴や目標からさまざまな呼称が使われる．例えば，領域内の治安・秩序の維持と国防が第一義的に期待される政体は夜警国家と呼ばれ，福祉国家はこれらに加えて社会保障を通じて国民生活の安定と向上を目指す．国家には多様な役割が求められるが，統治能力の高低がそれぞれの目標を達成するために必要となる財政・人的資源へのアクセスを規定することで，政策上のパフォーマンスに影響を及ぼす．そのため，統治能力が欠如し，期待される役割を果たすことができないものを脆弱国家や破綻国家と呼ぶこともある．

●**統治能力の起源と影響**　国家の統治能力の起源に関しては，戦争の遂行を通じた行政制度の発展が国家建設につながったとする Tilly（1975a）の先駆的な研究がある．この知見は，植民地期以後のアフリカ諸国が内政不干渉の原則が尊重され，戦争に備えた制度の構築の必要性がなかった結果として高度な統治能力が醸成されなかったことを示す研究にもつながっている（Herbst 1990）．

　国家の統治能力は政治，経済，社会の政策的諸側面に影響を及ぼす．例えば，動員可能な資源の多寡は公共サービスの提供における質と量，体制の安定性，民主化，国際・国内紛争のリスクといった政治的帰結に関係するという指摘がある．また，経済発展，工業化，貧困削減，収入格差の緩和や福祉の向上だけでなく，人権の保護や感染症の拡大抑制もこれによって説明しうるとの実証研究の蓄積がある．一方で，統治能力の高い国家は市民社会に対する優位性のゆえに個人や社会集団に非自由主義的，または抑圧的な態度を取ることも可能となる．

●**構成要素と指標**　こうした国家の統治能力はいくつかの要素に分けることができる．第一に，官僚制に代表される行政機構の規模と効率性である．専門的な知識・技能やルールに基づく予測可能な意思決定プロセスは，国家の政策遂行の可能性を左右する（Weber 1948）．第二に，国防や治安維持のための強制力である．国家が国民や領土を守ることはみずからの存立に直結する．同様に，国内の治安維持も秩序を保つという意味で統治の成否を左右する．こうした国内外の脅威への対処は軍隊や警察といった強制力をもつ機構の能力によるところが大きい．また，これらと結び付いた司法機関の能力は法の執行を通じた秩序維持を可能にする．第三に，徴税のための能力である．国家が国民に対して公共財の提供を行うには広範かつ効率的な税の徴収が不可欠である．ただし，国家の徴税能力の発展は市民社会との相対的な力関係や徴税の実施にかかるコストなどに依存すると考えられている（Levi 1988）．

第5章 国家建設　99

このような統治能力の概念を操作化して国家間比較に資する指標をいくつかの方法で作成しようとする試みもある．国家の統治能力を代理変数でとらえようとするアプローチでは，一人当たりGDP，幼児死亡率，道路網の広がり，役所や郵便局などの場所・数などの指標でこれが表された．またこれを潜在変数として考えるアプローチでは，関連する多くの側面をまとめて単一の指標として扱う方法がとられた．これに関する代表的な例としては，世界ガバナンス指標があげられよう．

●規定要因──経済的側面　国家の統治能力の高低がいかなる要因によって規定されるかについても，これまでにいくつかの知見が提示されている．まず，徴税に依存しない国家財政は当該能力の発展を妨げてしまう．石油や鉱物といった豊富な天然資源へのアクセスは十分な収入を保証するため，国家から徴税のための国内制度を整備するインセンティブを奪い，結果として国家の統治能力の向上を阻害してしまう．同様の議論は，外国からの援助を多く受ける国でも制度の構築が停滞するという指摘にも当てはまる．

また，国家の統治能力は市場経済の発展の過程と軌を一にする形で形成されたとの見方もある（Polanyi 1944）．市場経済において資源の効率的な配分がなされなかった場合に，国家はその失敗を補うために種々の規制を行ったり，公共サービスの提供を行ったりして富の再分配を行うことが求められる．そのような一連の対応が諸制度の整備を通じて統治能力を発展させる一因となったのである．

●規定要因──政治社会的側面　政治体制も国家の統治能力に影響を及ぼす可能性がある．民主主義下における政府の公約履行に対する信頼性や政策の透明性は，市民側が徴兵制や徴税制度を受け入れる素地を提供したとの議論もある．ただし，東アジアの開発国家がみずからの経済発展において指導力を発揮したことからも，政治体制が国家の統治能力に及ぼす影響については見解の一致をみていない．

さらに，民族，言語，宗教などの社会的亀裂も国家の統治能力の発展に影響を及ぼす可能性がある．仮に公共財の供給がこれらの社会集団ごとに行われる傾向が強い場合には，国家全体の制度の構築を妨げてしまう．ただし，実証研究上の合意はみられておらず，社会構造が国家の統治能力に対する効果についてはさまざまな成果が提示されている．

国家の樹立からの年月も統治能力を高める要因として考えられているが，そこに至るプロセスは一様でない．被植民地時代に搾取的な統治を受けた国では，独立後も財政や官僚制度の基盤が脆弱なまま存続している例もある．逆に，中南米では資本や土地所有における不平等のもと，エリートが富の独占を狙った結果として法体系や財政制度の整備が進んだとの知見が提示されている．　　［窪田悠一］

📖さらに詳しく知るための文献
・久保慶一ほか（2016）第2章「国家」『比較政治学の考え方』有斐閣，21-38頁．

開発独裁

☞「独裁者のジレンマ」p. 228

　開発独裁の定義については研究者の間で完全な意見の一致があるわけではないが，開発を推し進めるためには強力なリーダーシップが必要だと主張することによって独裁的な政治を正当化しようとした体制というのが最大公約数的な定義であろう．「正当化した体制」ではなく，「正当化しようとした体制」という表現が使われるのは，開発独裁の多くは正当性の獲得にあまり成功しなかったからである．開発独裁が言論や結社の自由を制限し，政府を批判する者を厳しく取り締まったのは，支配の正当性の獲得が不十分であったからにほかならない．

●**開発独裁の共通点**　韓国の朴正熙政権，台湾の蒋経国政権，フィリピンのマルコス1世政権，タイのサリット政権，インドネシアのスハルト政権などが開発独裁の典型例としてしばしばあげられる．これらの政権には開発政策の断行によって独裁的な政治を正当化しようとしたこと以外にも共通点がある．いずれの政権も当時の冷戦構造の中において反共の立場をとり，経済開発のためだけでなく，共産主義の脅威に対抗するためにも強力なリーダーシップが必要であり，言論・結社の自由の尊重は国内における共産主義勢力拡大をもたらす危険性があると主張することによっても独裁的な政治を正当化しようとした．

　またこれらの政権は西側先進諸国からの投資を積極的に誘致した．途上国の多くが独立してからまだ日が浅かった1950年代や60年代には，植民地時代の苦い経験の影響もあって，先進国との貿易や先進国からの投資は経済的従属をもたらし，民族資本の育成や自立的な工業化の妨げになると考える人も少なくなかった．植民地とはならなかったタイでも1930年代に経済ナショナリズムが高まり，サリット政権誕生までは外資導入には消極的な姿勢をとっていたし，インドネシアもスハルト政権誕生までは自国企業を中心とした自立的な経済成長を重視していた．開発独裁の典型例とされるサリット政権やスハルト政権は，そうした政策を大きく転換させ，外国資本の誘致に力を入れた．

　反共主義や親外資的な姿勢も開発独裁の定義に含めないと，開発独裁という分類に「大躍進」時代の中国やドイモイ政策期のベトナム，エジプトのナセル政権やガーナのエンクルマ政権など一般的には開発独裁とはみなされてこなかった広範な国々の政権も含めることになる．

●**不安定な「支配の正当性」と反共主義**　開発独裁論は，工業化の開始が遅ければ遅いほど政府が経済開発において重要な役割を果たす必要があるというガーシェンクロンやアムスデンの議論とも一定の親和性をもつ（Gerschenkron

1961；Amsden 1989）．しかしガーシェンクロンやアムスデンは経済に積極的に介入できるのは独裁的な政治体制だけだとは断じていない．政府が経済に積極的に介入する必要があるという考え方が国民に広く共有されれば，議会制民主主義を維持したままでも政府主導の経済開発を行うことは可能であろう．開発独裁はそうした可能性を否定し，自由で公正な選挙は実施しない．

　自由で公正な選挙に勝利することによって国民の多くから支持を得ていることを示すことは政権の正当性獲得に大きく寄与する．そうすることができない開発独裁は，ほかの手段によって正当性を獲得することを目指すしかない．経済成長や軍事的成果によって得られる正当性をハンチントンはパフォーマンス・レジティマシーと呼んだが，ハンチントンが指摘したようにパフォーマンス・レジティマシーは不安定なものになりやすい（Huntington 1991）．経済成長は景気の波や国際的経済環境にも大きく左右されるからである．

　経済成長の成果だけによっては安定した支配の正当性を獲得できなかった開発独裁にとっては，共産主義に対抗するためにも強権的な政権が必要だと主張することは重要な意味をもった．冷戦期には反共的な立場を堅持すれば，言論・結社の自由を制限しても西側先進国からの制裁や批判を回避できただけでなく，西側先進国から軍事援助や経済援助が得られた．開発独裁の典型例とされる政権はいずれもアメリカや日本から多額の援助を受けた．冷戦終了後は開発独裁の典型例とみなされるような政権が登場していないことは，開発独裁の成立と存続にとって共産主義の脅威がもっていた重要性を示すものともいえよう．

●**低い持続可能性**　開発独裁は持続性の高い政治体制ではない．開発独裁には，韓国や台湾のようにめざましい経済的な成果をあげたものもあれば，フィリピンのようにあまり成果をあげられなかったものもある．開発独裁は経済成長に成功しても失敗しても10年から30年程度で崩壊することが多い．経済成長に成功して産業構造が高度化し，国民の所得も向上すると独裁的な体制を維持することは難しくなる．経済成長の成果があげられない場合も独裁を正当化できなくなり，政権の存続が難しくなる．

　強権的な開発独裁が長期化すると汚職が蔓延し，経済開発にも悪影響を与えることが多い．開発独裁が経済的な成果をあげるためには，経済成長に大きな悪影響を与える程度にまで汚職や不正が横行することを防ぐメカニズムや環境が必要であるが，そうした要件を満たす国はそれほど多くはない．　　　　　　［浅見靖仁］

📖さらに詳しく知るための文献
・中兼和津次編（1994）『近代化と構造変動』講座現代アジア2，東京大学出版会．
・東京大学社会科学研究所編（1998）『開発主義』20世紀システム4，東京大学出版会．
・赤木攻・安井三吉編（2002）『東アジア政治のダイナミズム』講座東アジア近現代史5，青木
　書店．

グローバル化と国家

☞「経路依存」p.52,「資本主義の多様性」p.512

　グローバル化とは，財・資本・情報・人の国境を越えた移動と相互依存の深まりによって，世界が一つに結び付くようになった状態を指す．グローバル化が新しい現象であるかどうかについては論争がある．かつてはグローバル化とともに国家の役割が低下していくと考えられたが，現在の比較政治学・政治経済学では，グローバル化の影響が国内の政治・経済制度に応じて多様であり，必ずしも国家の衰退につながるわけではないと考えられるようになっている．

●**グローバル化の諸側面**　グローバル化とは，交通手段や情報通信技術の発達を背景として，国境を越えた結び付きがさまざまな領域で深まることを指す．それは社会的な交流，文化的な一体化，地理的・空間的な距離感の縮小，軍事的な相互依存など多くの意味を含むが，特に経済的な相互依存の深化は国家に大きな影響を及ぼす（ヘルドほか 2006）．1970 年代にブレトンウッズ体制が崩壊し，国境を越えた資本移動の規制が撤廃されると，金融を中心としてグローバルな市場統合が進んだ．グローバル化は歴史上前例のない現象という見方がある一方で，国際貿易や海外直接投資の大部分は先進国の間（欧州，北米，東アジア）で行われており，世界経済の統合度は 1870〜1914 年の時期と変わらないという見方もある（Hirst et al. 2009）．

●**国家の変容**　グローバル化が国家に与える影響については，制約説と強化説という二つの見方がある．グローバル化が本格的に進展した 1990 年代に広く唱えられたのが制約説である．資本移動が自由になると，企業は税や社会保険料の低い国，労働者保護や市場規制の弱い国へと工場や本拠地を移すことができるようになる．産業の空洞化を避け，企業や投資家を引き付けるために，国家は税や社会保障の水準を引き下げ，労働者保護を弱めたり規制を緩和したりすることを強いられる．こうしてすべての国は「底辺への競争（race to the bottom）」に向かっていくという．またアメリカのワシントン D.C. に集まる国際機関（国際通貨基金［IMF］，世界貿易機関［WTO］など）や財政金融当局者の間で，国家の役割を縮小し市場の規制緩和や自由化を進めるべきとする理念が共有されているとも指摘され，それは「ワシントン・コンセンサス」と呼ばれた．

　一方，1990 年から 30 年間の経済協力開発機構（OECD）に属する先進国の一般政府支出，公的社会支出，総税収（対 GDP 比）をみると，ほとんどの国で横ばいか微増となっており，必ずしも「底辺への競争」は観察されない．国家の強化説によれば，グローバル化とともに国家は新たな役割を担うようになる（Garrett

1998；Weiss ed. 2003）．第一に，国際競争によって国内では一時的に職を失ったり貧困に陥ったりする人が増える．国家はこれらの人々への社会保護や再分配を強化する政治的な圧力にさらされる．第二に，企業や投資家を引き付けるために，国家は通信・電力・物流などの公共インフラを整備し，労働者の技能を向上させるための教育や職業訓練，すなわち人的資本への投資を増やすという誘因をもつ．

●**分岐の要因**　グローバル化の下で国家の役割が制約されるか強化されるかは，以下の国内要因に依存すると考えられる（Garrett 1998；Swank 2002；Weiss ed. 2003）．第一は，政治的な決定過程である．少数者を包摂するコンセンサス型の政治システムをもち，コーポラティズムなど労使協調の仕組みがあり，社会民主主義政党が強い国では，国家の強化が起こりやすい．一方，多数決型の政治システムをもち，労使協調の仕組みが弱く，右派政党が強いアングロ・サクソン諸国などでは，新自由主義が受容されやすく，国家の役割が制約されやすい．第二は，雇用・福祉制度の経路依存である．経路依存とは，ある制度が導入されると受益層が生まれ，その制度を前提として他の制度がつくられるため，制度変化に大きなコストがかかることを指す．グローバル化への対応は，既存の雇用・福祉制度の経路依存上に行われやすい．資本主義の多様性論によれば，調整型市場経済をもつ国ではグローバル化の下でも雇用保護と手厚い社会保障が維持されやすい．一方，自由な市場経済をもつ国では雇用の流動化，社会保障の削減が選択されやすい．また福祉レジーム論によれば，社会民主主義レジームの国では若者，女性などに対する社会的投資戦略が選択されやすく，自由主義レジームの国では新自由主義戦略が選択されやすい．第三は，国家の統治能力である．官僚制が整備され，政策決定が集権的である国ほど，国家の役割は維持・強化されやすい．一方，多くの発展途上国のように，官僚制が未発達で政策決定が分権的な国ほど，「底辺への競争」に巻き込まれやすい（Rudra 2008）．

●**グローバル・ガバナンス**　国家の対応が国内要因によって分岐するとはいえ，グローバル化とともに一国だけでは対処できない問題も増えている．貿易紛争，金融不安，移民・難民問題，気候変動，安全保障，感染症，貧困などである．これらに対処するため，国家を超える水準で公式・非公式の制度による新たなガバナンスが生まれつつあるとも指摘される．世界政治の主体はもはや国家ではなく，国際機関，欧州連合（EU）などの地域連合，多国籍企業，国際NGO，各国政府，地方政府などによる多層的でネットワーク型のグローバル・ガバナンスへと変容しつつあるという見方もある（ナイ＆ドナヒュー 2004）．　　　［田中拓道］

📖**さらに詳しく知るための文献**
・田中拓道ほか（2020）『政治経済学——グローバル化時代の国家と市場』有斐閣．
・ロドリック，ダニ（2014）『グローバリゼーション・パラドクス——世界経済の未来を決める三つの道』（柴山桂太・大川良文訳）白水社．

欧州統合と国家

☞「EU の連邦主義」p. 418

　新機能主義の主唱者の一人であるハースは，かつて統合を「複数の別個の国家的枠組みにおける政治的諸主体が，彼らの忠誠心，期待，そして政治活動を新たな中心へと移行させる過程であり，その新たな中心の諸制度は既存の国民国家に優先して管轄権を有するか，それを要求する．政治統合の過程の最終結果は新しい政治的共同体であり，既存の実体の上位に置かれる」と定義した（Haas 1958：16）．新機能主義の理論によれば，そのような統合の過程を進展させるのは，ある分野での統合が他の分野での統合へ技術的圧力を生じさせる「波及（スピルオーバー）」の論理であり，特に経済団体をはじめとする非国家主体は更なる統合を支持し，結果として漸進的に統合が進展するであろうと考えられた．

　しかし，1960 年代には，新機能主義に対し，政府間主義の立場から挑戦がなされた．この論争において，政府間主義の代表的論者であるホフマンは，統合の論理に諸国間の多様性の論理を対置して国家は残り続けると主張し，加えて多様な協調的取決めがなされたとしても，その制度への忠誠の移行がなければ依然その権限は限定的で条件付きであり，国民国家が基本的単位であることと統合の進展とは矛盾しないと論じた（Hoffmann 1966）．このように新機能主義と政府間主義の論争は，欧州統合と国家の関係に関する対照的理解を提示したといえる．その後，1990 年代には政府間主義の立場から諸国の選好に基づく政府間交渉と制度選択の結果として統合を説明するリベラル政府間主義の理論が展開され（Moravcsik 1998），新機能主義の系譜でもその修正・再構成が継続される中，現在に至るまで両理論は統合と国家に関する基底的な参照軸の一つであり続けている．

● **EU の創設と研究潮流の多様化**　1980 年代半ば以降の欧州統合の進展，特にマーストリヒト条約の発効と欧州連合（EU）の創設は共同体権限を大幅に拡大し，そのことは統合と国家の関係について新たな研究潮流を生じさせた．それは第一に EU 全体を一つの政体としてとらえ，比較政治学の枠組みから分析しようとする潮流であり，例えば比較連邦主義や，国家形成論，あるいは多様なガバナンス論の枠組みを用いた研究潮流など，非常に多様な研究が含まれる．第二に，これと関連して，EU が各国に対して与える影響が「ヨーロッパ化」の理論において明示的な分析の対象となった．そこでは欧州レベルでのガバナンス構造の出現が既存の国家へ変容を促すと考えられている（Featherstone & Radaelli eds. 2003）．これら一連の研究潮流は，欧州統合が進展する中，EU という政体の形成とともに，それによる国家自体の変容や，EU と国家の相互関係を分析しよう

としたといえる.

●危機における統合と国家　2000年代後半以降には，連続する危機の中，多くの国で統合の政治化が生じ，統合と国家に関する視角もさらに変容した．例えばポスト機能主義の理論は，1990年代以降，EUの権限がアイデンティティに関わる領域に及び，野党や欧州懐疑政党による世論の動員が容易になった結果，今や各国内に統合に対する「抑制的不一致」が存在すると指摘した（Hooghe & Marks 2009）．また，新政府間主義の理論は，それにもかかわらず，マーストリヒト条約以降も超国家機関の権限拡大を回避して各国間の政策調整を強化する形で統合が進展しており，政治指導者間の欧州での協調が，統合に不満をもつ国内世論との乖離を深めていると論じる（Hodson & Puetter 2019）．もっとも，統合の政治化が一貫して強まっているかには議論の余地があり，各国世論のEU支持も2010年代半ばから回復傾向にある中，これらの議論を過度に強調することはできない．しかし，各国で排外主義や欧州懐疑を掲げるポピュリズム政党が伸長傾向にあることは事実であり，また欧州統合と人の移動に関わり，新たに国境を越える亀裂が生じつつあることも多くの研究で指摘されている（Marks et al. 2021）．

　そのような中，欧州統合の方向性についても多様な可能性が模索されている．2005年の欧州憲法条約挫折により，統合がやがて国家性を帯びるとの想定はすでに弱まっていたが，英国のEU離脱はさらに統合の巻戻しが生じうることを現実として示した．2017年の欧州の将来白書が統合の縮減を含む五つの将来シナリオを示したように，そのことは統合と国家の関係を柔軟に再考する必要性を強め，例えば，従来多速度欧州や多層的欧州，アラカルト欧州などの概念とともに議論されてきた「差異化された統合」への関心を高めた（Schimmelfennig & Winzen 2020）．また，欧州の連帯に関する多くの研究も，統合と国家の関係を考える上で示唆に富む．連帯に関する研究は多様であるが，一般的に人々の連帯への支持は低いものではない．ある研究によれば，政策分野・イシューにより市民の連帯への支持は異なるが，国家間協力への支持は広範な分野に存在し，分野によってはEU権限を強化する統合にも高い支持が存在する（Bremer et al. 2020）．現時点では，近い将来にEUが欧州合衆国となるとは考えられないが，他方で諸国間の統合や連帯への支持は「抑制的不一致」の想定ほど低くはない．統合と国家の間には，依然として広い可能性の空間が開かれている．［佐藤俊輔］

📖**さらに詳しく知るための文献**

・ヴィーナー，アンツェ＆ディーズ，トマス編（2010）『ヨーロッパ統合の理論』（東野篤子訳）勁草書房.
・遠藤乾（2016）『欧州複合危機──苦悶するEU，揺れる世界』中公新書.
・佐藤俊輔（2023）「危機の時代における欧州統合と国家」日本比較政治学会編『危機と国家』日本比較政治学会年報第25号，ミネルヴァ書房.

軍と国家

☞「治安機構・軍と抑圧」p. 236

　軍と国家との関係は，アラガッパが指摘するように「近代国家の中心的なパラドックス」（Alagappa 2001：29）であるといえる．ウェーバーは近代国家を「ある一定の領域内で……レジティマシーを有する物理的暴力行使の独占を（実効的に）要求する人間共同体」と定義したが，近代国家の成立には国外の脅威から国家・国民を守るために十分な強度をもった常備軍が必要であり，それはときには国内の治安維持にも用いられた．この任務を遂行するためには軍が国家の統制の下に置かれていることが必要であるが，実際には軍が暴力やそれを背景とした脅迫によって国家（政府）の統制に反抗する可能性もあり，そうなった場合には国家が軍に抵抗することは極めて困難である．

　そのため，軍の政治介入をいかに防ぐか，そして軍はなぜ政治介入を行うのかという問題は，長く関心を集めてきた．

●**現代の軍とプロフェッショナリズム**　現代の軍は，常備軍を出発点とし高度に専門化された官僚機構として発達してきた．こうした特徴をもつ軍を一つの制度としてとらえたハンティントンは，軍にプロフェッショナリズム（専門職業主義）がどの程度備わっているかによって，軍と国家との関係が決まると論じた（ハンチントン 2008）．ハンティントンによると，現代の高度に専門化された将校（職業軍人）には，プロフェッショナリズムを構成する，①専門技術，②責任，③団体性，という三つの要素が認められる．ここでの専門技術とは，軍事力の編成や装備および訓練，軍事活動の計画，戦闘内外での作戦指揮などの暴力の管理を指す．また責任とは，国家の軍事的安全保障の達成と考えられ，団体性とは将校がそれ以外の社会から切り離された特殊な団体を形成していることを指す．

　しかし，プロフェッショナリズムという概念には批判も多い．そもそも客観的な測定が困難であることに加え，例えばファイナーは，「プロフェッショナリズムに即した行動をとらない軍はプロフェッショナリズムを十分に備えていない」という本質論的な説明に陥る危険性を指摘した（Finer 1962）．ただ後述するように，こうした批判を受けながらも，プロフェッショナリズムは軍と国家の関係を考察する際に依然として重要な概念となっている．

●**文民統制の方法**　軍の政治介入をいかに防ぐかという観点で，軍と国家の関係を論じる場合，文民である政治家が軍を統制するという意味で文民統制（civilian control）の語が用いられる．ハンティントンによると，文民統制は，文民グループと軍人グループの相対的な権力関係のうち，軍人グループの権力が弱まる

程度に応じて達成されるとした．この考えに立つと，文民統制を定義する際の基本的な問題は「いかにして軍人の権力を極小にしうるか」ということになる．

そこでハンティントンは，軍のプロフェッショナリズムに注目して主体的文民統制と客体的文民統制という二つの方法を提示し，後者がより望ましいと論じた（ハンチントン 2008）．主体的文民統制とは，軍との関係性において文民の権力を極大化させ，いわば軍を押さえつけることで文民統制を実現しようとする方法である．これは，軍独自の活動分野を否定することで達成されるものであるため，プロフェッショナリズムが欠ける軍に対し唯一可能な文民統制の方法であるとされた．一方，客体的文民統制とは，自律的な軍においてプロフェッショナリズムを育成・促進させ，極大化させることで実現しようとする方法である．つまり，軍人を軍人たらしめ，軍人がプロフェッショナリズムを獲得すればするほど，政治的に中立化し，政治介入の極小化につながると考えたのである．

これに対しファイナーは，プロフェッショナリズムの極大化は軍を自己本位的にし，文民政府との衝突につながると論じた（Finer 1962）．またパールマターは，プロフェッショナリズムの１要素である団体性の極大化が，軍を強い政治介入傾向のある状態（プリートリアニズム）に転化させると指摘した（Perlmutter 1977）．このほか，プロフェッショナリズムの概念を用いず，文民統制を「終点」ではなく「過程」ととらえた上で，文民政府による軍への制度的な監視の重要性を主張する議論も登場している．

●**軍の政治介入の要因**　軍の政治介入には，軍による文民政府の説得や恐喝，暴力やそれを示唆する脅迫，そして文民の一掃と軍政の確立など，多様な手法・程度がある．そして文民統制の方法と同様に，軍はなぜ政治介入を行うのか，という点についてもさまざまな分析がなされてきた．

ステパンは，対外的脅威が存在する場合には軍はこれに注力するため政治介入の動機は小さくなり，国内で武装反乱が発生するなど対内的脅威が増した場合には政治への関心が高まって政治介入は誘発されると論じた（ステパン 1989）．また，アセモグルとロビンソンは，定着前の民主主義体制において所得格差が大きい場合，軍の政治介入は，再分配強化に不満を持つ富裕層に支持されると指摘した（Acemoglu & Robinson 2006）．

これらの議論は，軍には常に政治介入の傾向があるという前提に立っていることに注意が必要である．この前提なく介入要因について論じたものに，ノードリンガーの「団体としての利益」がある（Nordlinger 1977）．ノードリンガーは，軍を含むすべての公的制度は団体として利益を共有していると指摘し，軍はこうした利益の保護と増大を目的として政治介入を行うと主張した．　　　［岩坂将充］

📖**さらに詳しく知るための文献**

・ハンチントン，S. 著（2008）『ハンチントン 軍人と国家』上（市川良一訳）原書房.

未承認国家

☞「連邦制」p. 414

　未承認国家（unrecognized states）とは，「正当な暴力を独占して統治を行う内的な主権は有し，既存の国家に国家承認を求めているが，主権国家として如何なる独立国家からも承認されていない，または少数の国から承認されている政体」である（Caspersen 2011：11）．大きく分けて，主権には内的な側面と外的な側面がある．内的な主権とは，国家の統治能力であり，正当な暴力を独占して統治を行う政府を必要とする．この場合の正当性とは，ある主体が設定したルールや決定に対し，周囲の人々がそれを適切なものとみなし，みずから進んで服従する態度をもつことを意味する．他方で外的な主権とは，他からの干渉を排した自律性であり，他国や国際機関から国家として承認されていることを意味する．

　つまり内的な主権は，統治を実現する政府を重視し，国家の正当な暴力の行使を促進させる方法であり，外的な主権は集団に付与され，その権威を行使させる国家承認を重視し，国際社会において主権を分割する方法である（松嵜 2021）．未承認国家は，他にも「非承認国家」や「事実上の国家（De Facto States）」などとも呼ばれるものの，どの用語でも，内的な主権はあるが，外的な主権はないという特徴は共有されている．

●**未承認国家の事例**　未承認国家は，ソマリランドや北キプロスなど，アフリカや欧州にも存在するが，その大半がユーラシアに集中している．ユーラシアには「古い未承認国家」と「新しい未承認国家」があり，ジョージアの南オセチアとアブハジア，モルドヴァの沿ドニエストルなどは，ソ連解体期に形成された点で「古い未承認国家」と呼ばれる．

　他方で，2014 年から 2022 年までのウクライナ内のドネツク人民共和国やルガンスク人民共和国は，「新しい未承認国家」と呼ばれる．この政体は国際法的に帰属する親国家からの分離独立を掲げ，武力紛争が発生した点，親国家は分離主義的勢力を制圧できずに停戦に至り，未承認国家になった点で類似点がある．

　だが，未承認国家には曖昧な側面がある．例えば内的な主権といっても，ユーラシアの未承認国家にはロシア軍が駐留し，その安全保障に大きな役割を果たしている．そのため，必ずしも未承認国家は正当な暴力を独占できるとは限らない．また他国からおおむね承認されないといっても，何カ国から承認を得られれば独立国家になるのかという点は曖昧であり，未承認国家として分類される具体的な事例は研究者によって異なる．とはいえ，未承認国家という現象が世界で起こっていることは事実であり，主権や国民，国家を問い直すことにもつながる．

その点で未承認国家は，比較政治学において重要な現象である．

●未承認国家の形成要因　未承認国家の主要な論点としては，その形成や存続の要因などがある．例えばドブ・リンチは，脅威認識やパトロン国家の介入から未承認国家の形成を説明する．彼は，ティリーの「戦争が国家を形成する」という命題を未承認国家の形成に援用し，排他的主権を主張する親国家から侵攻されるという脅威認識が，未承認国家において形成されたと論じる（Tilly 1990）．また，武力紛争に至る過程では，未承認国家の中で国民意識も育まれた．例えば，沿ドニエストルでは，モルドヴァとの対立が先鋭化する中で，独自の国旗や紋章，国歌などが定められるなど，沿ドニエストル人の創出が試みられた（松嵜 2021）．さらに，未承認国家には，その存立を支援するパトロン国家が存在し，パトロン国家は，自国の利権を追求するために未承認国家を支援していた．こうしたパトロン国家の介入も，未承認国家の形成要因である．

　他方で，連邦制の制度的機能に着目して，未承認国家の形成を論じる研究がある．コーネルやエシェテルなどによると，民族自治が境界線の画定や集団のアイデンティティ，国家統治機構，政治指導者，外部アクターからの外部支援の受け皿に影響を及ぼすとともに，制度下された自治が分離独立を引き起こす能力を向上させ，その行動を促進させた（Hechter 2000）．ユーラシアには未承認国家が多く存在するが，ソ連は非対称的な連邦制を採用し，ソ連解体とともに，その内在する自決が，未承認国家の形成も促したとも論じられる（Cornell 2002）．

●未承認国家の存続　未承認国家には，すでに消滅した事例もあるが，存続している事例もある．この未承認国家の存続を解く鍵が，キングの「民族紛争の利益」である（King 2001）．彼によると，親国家と未承認国家は，紛争が未解決であるという現状を維持することで，それぞれ利益を得ている．親国家は，政治経済的に脆弱国家であることが多い．未承認国家はこの親国家の脆弱性を利用し，「自国」で製造品を輸出する際に関税を掛けることなく，他国と貿易することができる．未承認国家は親国家との統合に向けた誘因が働かない．

　他方で，キングによると，親国家も現状維持を続けることで利点を得ている．親国家は未承認国家を抱えていることで，国際機関からの援助を受けることができるからである．これに対して，国際機関や地域機構などは，未承認国家の存在を認めず，連邦制や自治などを通して，未承認国家を親国家に再統合させようとする．だが，一度国家から特定の領域が分離した場合，分権的制度の導入は容易ではない（Weller 2008）．こうして，アクター間で，「未承認国家」という選好が均衡する．つまり現状維持しか方法がないので，未承認国家は存続するという説である．このキングが提示した「民族紛争の利益」は，未承認国家の存続を説明する上で，支配的な見解となっている．　　　　　　　　　　　［松嵜英也］

レンティア国家

☞「天然資源と紛争」p. 448

　レント（rent）という特殊な富に依存する国家をレンティア国家（rentier state）と呼ぶ．レンティア国家には共通する特徴がある／ないという議論や，その議論を成立させる理論・枠組みを，「レンティア国家論」（rentier state theory）と呼ぶ．レンティア国家論には，過去にレンティア国家と呼ばれた国が徐々にその性質を変える過程を論じるものも含まれる．

●**レントの定義**　レンティア（rentier）とはレントの受給者，あるいはレントで生活している人物を指す．一般に経済学では，レントとは「競争市場で発生する利益を超えた利益」を指す．商品価格は原価と利益から構成され，利益は生産者間の競争を通じて縮小する．しかし，一部の特殊な商品，例えば土地は，新規参入者が価値のある土地そのものを新たにつくり出して競争を行うことができないため，高い価値をもつ土地の利益が競争によって縮小することは少ない．このようなレントを「希少レント」と呼ぶ．天然資源の中にもこのような希少性をもつものがあり，石油はその代表例である．レンティア国家論では，このような石油レントが「外生性」と「非稼得性」をもち，「直接政府に流入する」ことに注目する．「外生性」とは国外で生み出された富であることを意味する．例えばレントの代表である石油の富の大半は輸出によって生み出されており，その代金は国外の経済主体が支払っている．「非稼得性」とは，レントの受益者がその生産にほとんど関与していないことを指す．一般に，産油国で石油産業に従事するのは全労働者のごく一部にすぎないが，その国が石油生産で潤うとき，大半の国民は自分が生産に関与していない富の利益を得ている．「政府に直接流入する」とは，その富が国営企業の収入であることを意味している．上記のとおり，石油レントは競争によって減少しないので，石油の富を保有する政府は独占的にその配分を決定し，実行することが可能となる．このように，レンティア国家とは政府が税によらない収入を得ることで，財政民主主義の機能を縮小させる国家であると言い換えることができる．

●**レンティア国家論**　上記のレントの3要素によって，国民は，自分が稼いでいない，自国の経済と関係のない富を，政府の配分によって獲得することになる．国民の納税額を政府の配分額が上回るのがレンティア国家の特徴であり，このような寛大な政府への支持は高くなる．レント収入によって財政に占める納税の割合が低くなると，政府は国民の声を積極的に聞くインセンティブが低下し，その国の権威主義的な傾向が強くなる．また，国内経済に対する政府支出の割合が高

くなることで，経済アクターは政府に従属的になり，政府は経済的にも支配を強めることが可能となる．このようなレンティア国家の仕組みは，ベブラーウィーとルキアーニの共編著 *The Rentier States* が，中東地域で民主主義が定着しない状況をレントへの依存と関連付けて論じたことで初めて明らかとなった（Beblawi & Luciani 1987）．およそ20世紀半ばまで，経済成長と民主主義の定着は一致して進展する現象だと考えられてきたが，経済的に豊かな中東の産油国が一向に民主化しないという謎に対して，レンティア国家は一つの答えを与えている．同様に，経済的に豊かになりながらも国家機能が脆弱であるという産油国の特徴もまた，歳入を石油レントに依存するために徴税機構を整備せず，効率的な支出政策を策定する必要が低いことから説明されるようになった（Karl 1997）．

　1990年代初頭にいわゆる「民主化の第三の波」が世界各地を覆う中，中東地域はこの波を回避した理由を説明する理論として「レンティア国家」の概念は注目を集め，2000年以降になると比較政治学の分野でロスが発表した「石油の呪い」研究から，計量分析を用いた石油の普遍的な負の効果というアイデアがレンティア国家論にも導入されるようになった（Ross 2001）．その中には，「弱い国家」は反乱軍を効果的に抑えることができないために産油国では内戦の発生確率が高まるという議論や（Humphreys 2005），それとは逆に石油レントは政治体制の延命に寄与するという分析も行われている（Smith 2004）．

●レンティア国家の特徴と論点　レンティア国家論は多様な広がりをみせ，同時にその論点も多様化している．古典的なレンティア国家論は地域間比較の視点をもたず，定性的な少数事例研究として発展した．そこでは，観察される微細な変化が重視され，レンティア国家論に含まれる法則的な説明（石油依存が民主化を阻害する）は観察対象を過度に抽象化しているとして批判的に扱われる傾向がある（Eibl et al. 2022）．これに対して，レンティア国家論を石油レントの単一原因論として扱わず，油田の所有形態（国営・民間）などの条件付けによって石油の負の効果の発生が決定されるという議論もあり，そこでは石油レントの効果はそれを発生させる条件の組み合わせとともに積極的に支持される（Luong & Weinthal 2010）．「石油の呪い」研究が用いる多国間・多時点間比較の計量分析では，分析対象範囲や使用される推定方法によって分析結果が異なるため，石油の負の効果の有無について議論が続けられている（Ross 2015；Waldner & Smith 2020）．　　　　　　　　　　　　　　　　　　　　　　［松尾昌樹］

📖さらに詳しく知るための文献
・ロス，マイケル・L.（2017）『石油の呪い──国家の発展経路はいかに決定されるか』（松尾昌樹・浜中新吾訳）吉田書店.
・松尾昌樹（2009）『湾岸産油国──レンティア国家のゆくえ』講談社.

地方自治

☞「地方統治」p. 250

　地方自治とは，国家という一定の枠組みの中で，地方自治体が自立（自律）した団体としてみずからに関わる事柄についてみずからの責任において判断し，決定するとともに，地域住民の意思に基づいて政治，行政を行うことを意味している（風間編 2018）．日本国憲法は，第8章において「地方自治の本旨」に基づく地方自治を保障している．この「地方自治の本旨」は，一般に，地方自治体が国やほかの団体から自立（自律）して，みずからの意思で活動できるという「団体自治」と，住民がみずからの地域に関する事柄をみずから決定し，実施するという「住民自治」の二つの要素から構成されるといわれている．

●**地方自治と近代国家**　そもそも人々が集まって共同で生活するようになれば自然に集落・村落ができる．そこでは自分達の事柄については自分達で決定し，行っていたはずである．そのような村落共同体の自治は，国家が存立する以前から存在していた．しかし，近代国家は国を統一する中で，政治的ならびに行政的要因から，地方団体を一種の統治的団体と認識しながら，国家の強力な監督の下において統制するとともに，委任事務の名の下に国家事務を地方自治体に負担させることによって中央統制を強化してきた．戦前の日本の地方制度に強い影響を与えたプロシア（ドイツ）の地方制度は「地方行政制度」といわれてきたように，国の行政を執行する機能を担ってきた．日本の地方自治も行政の側面が強調されてきたために，地方自治体，法律でいうところの地方公共団体は，実質的に社団法人的事業団体，すなわち公法人もしくは公共団体，または行政的団体と化したとされる．戦後になると日本の地方自治はアメリカの影響を受けることになったが，戦前の制度から引き継いでいるものもある．地方自治は，理論または理念と現実とが遊離したために，法的理念の域を超えて理想化されてきた（阿部ほか編 1989）．

●**地方自治の意義**　地方自治は，理念的には次のような存在意義があるとされる．第一に「国家からの自由」である．自治体という自律的な団体を組織することにより国家の支配からの自由を確保することができるという考え方で，団体自治を通じた自由主義の実現を期待する地方自治論である．第二に「地域民主主義と市民教育」である．地域において有権者の意思を表明する場を設定し，いわば地域民主主義の実践を積むことが民主主義体制の充実・強化に資するという考え方であり，住民自治の側面といえる．これを端的に示した言葉がブライスのいう「民主主義の学校」である．第三に「資源配分の効率性と「足による投票」」である．住民が自分の選好に合ったサービスを提供してくれる自治体に移動（足によ

る投票）ができれば，自治体も住民の選好に即したサービスを供給するようになり，結果として資源配分の効率性の実現が期待される（礒崎ほか 2020）.

●**地方自治研究の視角**　各国の地方自治を研究する際の視角の一つに，中央地方関係がある．天川晃は，中央政府と地方政府の関係を，事務権限，すなわち機能面の協働や重複の程度に注目した「融合−分離」の軸と，政治的意思決定の自律性の程度に注目した「集権−分権」の軸を用いて分析している．一般的には，「集権−分権」の軸と「融合−分離」の軸を用いることで，中央−地方関係をより正確に分析でき，比較が可能となる（大森・佐藤編 1986）．さらに「集中−分散」の軸を加えるものもある．中央政府がより多くの政策領域を担い，サービス提供に責任をもつか（集中），地方政府がより多くの権限をもち，より多くの公的サービスについて責任をもつか（分散）という視点である（建林ほか 2008）.

●**比較地方自治論の試み**　地方自治制度は，各国の歴史的・文化的・政治的背景によって成り立っている．クールマンとヴォルマンは，ヨーロッパ諸国における地方政府システムの比較研究において重要な次元として「機能特徴」「領域特徴」「政治特徴」の三つに区分している（Kuhlmann & Wollmann 2019）.「機能特徴」は，地方政府が任務遂行上有している機能責任の範囲と内容，自律性の程度で，比較において極めて重要な次元である．「領域特徴」は，市町村領域構造と改革について二つの基本モデル，北欧型と南欧型に区別して議論する．また「政治特徴」は，垂直的政府間関係だけでなく，地方政府における水平的関係，特に公選の地方議会と地方行政の関係に焦点を当て，さらには，市民の役割と影響力を（市民，議会，行政の三者関係を明らかにするために）取り上げている.

●**地方自律性指標**　地方自治の比較研究において重要な次元である「機能特徴」に関して，地方自律性を計測するものとして「地方自律性指標（LAI：Local Autonomy Indexes）」が注目される．LAI の研究を主導したラドナー達は，1990〜2014 年の 25 年間にわたりヨーロッパの 39 カ国を網羅して，11 の変数によるコーディングスキームに基づいて，機能権限と責任，そして地方裁量に関する指標を作成，分類している（Ladner et al. 2019）．その後，LAI は日本を含む OECD 諸国を中心に世界 51 カ国に対象を広げ，1990〜2020 年までの約 30 年にわたり，LAI2.0 として各国の地方自律性を比較している（Ladner et al. 2021）．これらの指標によって，地方自治の時間的・空間的制約を超えた比較が可能になっている（岡本 2022）.

　これまでの研究で，制度的な面における比較地方自治研究は充実してきた．それに比べると，実際の地方自治の運用面に関する測定は容易ではなく，地方民主主義（地域民主主義）の国際比較とともに，今後の課題であるといえる．地方自律性，「団体自治」の比較研究だけでなく，もう一つの地方自治の重要な側面である「住民自治」，特に民主的な地方自治の比較研究をいかに進めていくかが，今後の比較地方自治研究の課題であるといえよう．　　　　　　　　　　　［岡本三彦］

第6章

ナショナリズム

　言語，民族，宗教，歴史などの文化的アイデンティティを基盤に人々をつなぎ，内と外の境界を明確にするナショナリズムは，近代以降，政治・社会的秩序形成の基盤として規範的な価値を与えられてきた．ナショナリズムによって描かれる政治共同体の「青写真」や，共同体帰属者を排他的に規定する境界へのこだわりは，国民形成を促してきた一方，今日まで国家間戦争，内戦，分離独立運動の重要な要素であり続けている．もっとも，ナショナリズムはネイションと同様に政治的な構築物であり，形成過程にあるネイションとの相互作用や，政策，政治情勢の変化などによって変容しうる．ナショナリズムの可変性を認識しつつ，その起源を探り，その影響に眼を向けることが重要である．本章では，国民統合，紛争，脱植民地主義，宗教など，ナショナリズムの実態やその影響を知るための重要テーマについて多面的に検討する．

[近藤康史・馬場香織]

ナショナリズムとは何か

☞「ナショナリズムと紛争」
p. 120,「脱植民地主義とナ
ショナリズム」p. 122

　ナショナリズム（nationalim）では通常，内と外との境界を巡るこだわりが政治問題化する．すなわち，人間集団の内外の境界に強い愛着と執着が示されるのである．その際，こだわりは具体的に発現し，歴史的な文脈の中で政治問題化することによってナショナリズムという呼び名で一般に認知されていく．ロシアのウクライナへのこだわり，ウクライナの独立へのこだわり，中国の海へのこだわり，歴史認識を巡る世界各地でのこだわりなど，ナショナリズムの視点から詳細を検討すべき事例が現在も頻出している．

●**ナショナリズムとネイション**　具体的な政治問題の中にナショナリズムを見出すことは，過去にも現在にも容易である．しかし，一般的・抽象的な政治概念としてナショナリズムを把握することは難しい．「○○はナショナリズムである」ということは容易でも，「ナショナリズムとは△△である」と定義することは困難である．冒頭の説明をナショナリズム「とは」と変えてしまうと，他にも同様の共同性がありうるとの反論がすぐに可能であろう．他方，例外となる事例も次々と現れ，定義の実質が掘り崩されていくのである．

　もとより，内と外との境界は，さまざまな人間集団でこだわりの対象となる．そのため，ネイション（ネーション，nation）と呼ばれる人間集団に関係する場合にナショナリズムという呼び名は用いられる．とはいえ，ネイションとは何かと問うても，答えは曖昧なままである．ネイションと呼ばれるものがネイションであると答えざるを得ないからである．ネイションの日本語訳としては，国民，民族，国家といった言葉が用いられているものの，それらを統一する新語はつくられていない．それゆえ，国民主義，民族主義，国家主義のいずれかをナショナリズムの日本語訳とするのであれば，選択理由の説明が必要となる．あるいは，日本ナショナリズムを日本主義と訳すように，ネイションの名称を主役化してネイションという言葉自体は消してしまう方策もある．

　いずれにせよ，ネイションとナショナリズムの可変性は強く意識されるべきである．ネイションは形成されるものであり，ナショナリズムはその形成を促進し，あるいはそれにともなって変化するものである．おそらく現在でもネイションは形成されており，未来にも形成されるのであろう．その過程でネイションの内と外との境界は複雑に揺れ動き，内側であった人達が外に位置付けなおされたり，外側であった人達が内に位置付けなおされたりもする．ネイションのわかりやすい境界線とされがちな国境線でさえ，歴史的に変動することが通常である．

また，人間があちこちに移住して，歴史的な変動を生み出していくことも決して異例ではない．さまざまな人間集団の中で，特に19世紀以降，人間の意識と生活におけるネイションの存在感が急激に増してきて，現在まで至っているのである．

●**ナショナリズムを問うことの意味**　ところで近代的な学問は，ネイションやナショナリズムに対して中立的なものであろうか．あらゆるものがネイション化する時代に生きる人間には，ネイションへのこだわりから離れることが難しい．実際，ネイションの歴史的形成に近代的な学問が果たしてきた役割は大きいのである．

　最もわかりやすいのは歴史学である．ネイションを枠組みとする歴史学は，直接にネイションとナショナリズムの形成につながっている．また，対抗するネイションを設定しての歴史記述，さまざまな人間集団をネイションに結び付ける歴史解釈，歴史家が担う役割などにも形成との関連を見出しうるであろう．他方，人口統計や地図の中にも，形成との直接の関連を見出しうるものがある．例えば，民族別人口を視覚化した民族地図があげられる．ともすればそれは，調査者・作成者の意識によって変動する数値やデザインの表現となる．学問という営為を例外とせず，ナショナリズムの視点から検証することは，現在の人間の意識と生活を解明することに貢献しうるであろう．それとともに，問う人間自身の存在のあり方をみずから検証する好機ともなりうるものである．ナショナリズムを問うことは，ネイション化の流れが続く中に生きる人間の営為の検証のみならず，問う自己のあり方を問いなおす契機ともなりうるものなのである．

　なお，ナショナリズムに規範的な意味内容を盛り込もうとする場合，悪しきナショナリズムを別扱いにして善きナショナリズムを主張したり，パトリオティズムのような別の言葉に善性を集中させて，ナショナリズムの悪に対抗させたりすることがある．また，ナショナリズムとは異なる思想や現実を表現するものとして，コスモポリタニズムやインターナショナリズム，トランスナショナリズムという言葉もある．いずれも日本語に翻訳しにくい言葉である．ただ，ナショナリズムをはじめ，あえて日本語にしないことで日本ネイションとの精神的な距離感を保つことができれば，それは，ナショナリズム研究のための有用な工夫ともなりうるであろう．　　　　　　　　　　　　　　　　　　　　　　［植村和秀］

📖**さらに詳しく知るための文献**
・Hutchinson, J. & Smith, A. D. (eds.) (1994) *Nationalism*. Oxford University Press.
・スミス，アントニー・D. (2018)『ナショナリズムとは何か』(庄司信訳) ちくま学芸文庫.
・佐藤成基編著 (2009)『ナショナリズムとトランスナショナリズム──変容する公共圏』法政大学出版局.

国民統合

☞「多文化主義」p. 126,「移民の包摂と統合」p. 570

　今日，国民の分断や連帯感の喪失が問題として認識され，国民（再）統合の必要が論じられている国は少なくない．その背景には，各国・各地域に固有の文脈とそれとは無関係ではないながらもグローバルレベルで共通する要因がある．本項目では，国民統合として整理しうる事例について，20世紀後半以降のヨーロッパ諸国に限定して論じる．また，本項目では国民を当該国の国籍を有する国家の成員と定義するが，そうした定義への異議申し立てともいえる現実政治の動きがあることにも後段で触れたい．

●**移民の包摂と排除**　国民統合のあり方は，社会的現実と規範のせめぎ合いの中で変わり続けてきた．1970年代前半，西欧・北欧諸国で労働移民の受け入れが制限されると，移民の定住化と家族の呼び寄せが進む一方，非正規移民も増加した．そうした中で，政治的・社会的論争を経て，差異を保持したままでの移民の社会的包摂が主流となった．実態としてのマルチ・エスニック化と（例外はあるが）公式の多文化主義である．1990年代には，「国民国家の退場」をめぐる議論も盛んになった．だが2000年代に入ると，移民第二・第三世代による暴動やテロ行為が頻発し，並行社会の存在や統合の失敗が指摘されるようになった．こうして国語運用能力や国民的価値観の共有を求める国民統合政策への転換が起きた．とはいえ，そうした政策はあくまで個人を対象としたものであり，民族や宗教などの集団を想定して要求されるものではない．

●**多文化主義的統合の波及**　1990年代後半，EUの東方拡大過程で「西」の規範が「東」に持ち込まれる．民族主義の高まりが懸念される「東」の加盟候補国に対し，EUもNATOも加盟の条件として少数者の権利保障を求めた．なかでも特に注目されたのがエストニアとラトヴィアである．旧ソ連構成共和国の中で特にこの二国が問題となるのは，両国の歴史認識では占領期に位置付けられるソ連時代の移住者が「不法移民」として扱われ，全人口の3割から4割にも及ぶ無国籍者が発生したためである（小森 2009）．この時期の両国の国民統合は社会統合政策と呼ばれ，ソ連時代の移住者の大半を占めるロシア語話者が国語運用能力を習得して，国籍取得や社会・政治参加を果たすことを主たる目標としていた．他方，統合の対象とされたロシア語話者には「移民」としての自己認識はなく，国家の平等な市民として扱われないことに対する不満や憤りは統合の遅滞を招いた．統合政策とは別に，ソ連時代の遺産である国語系とロシア語系に分かれた授業言語別学校制度や二言語化されたメディア空間が維持されており，実態として

の多文化社会は厳然として存在していた．当時，EU の主流であった多文化主義的統合という規範に適合するとの認識ゆえに，並行社会が存続したのである．

●**「国民化する国家」** 「国民化」は，時代や国によって程度や現れ方の違いがあることを別にすれば，国民国家イデオロギーの下では常態であるともいえる．だが，政治情勢の変化を受けてそれが急進的な形で進むことがある．ロシアによる 2022 年 2 月のウクライナ侵攻が，それまでにも進んでいたウクライナの国民化のあり方に与えた影響は甚大である．従来，使用言語と国民アイデンティティが必ずしも直結していなかった同国において，使用言語が国民化の象徴となった．戦禍で国家との紐帯の象徴が言語に求められる動きは，状況的ナショナリズムの現れともいえる．国家との紐帯の証左として改めて言語を重視する傾向が，ウクライナとならんでロシア語話者人口の割合の大きいエストニアやラトヴィアでも顕著になった．ラトヴィアでは，長期居住許可を有するロシア国籍者に A2 レベルのラトヴィア語能力が要求されることになり，この基準を満たさない者を国外退去処分とする移民法改正が行われた（実際には，現時点では退去処分になった者はおらず，また，75 歳以上は能力証明が免除される）．安全保障の観点から国民化が問題となっているのである．加えて，戦争は歴史的記憶の面からの国民統合にも変化をもたらした．

●**越境する国民統合** ラトヴィアがロシア語話者を潜在的な脅威として他者化する背景には，ロシアの国民統合政策がある．ロシア政府が 1990 年代以来，国外ロシア人同胞を外交カードとして政治的に利用してきたこととも連続性を有しているが，プーチン政権下での射程の長い国民統合政策は，多くのロシア語話者を抱える近隣諸国の不安を煽るものとなっている．その国民統合とは，ロシア語・ロシア文化や旧ロシア帝国・旧ソ連空間という歴史的・地理的経験などによるロシアとの結び付きを主張するものである（長島 2023）．そうした主張は，平時には限定的な効果しか期待できないプロパガンダであったとしても，戦時には安全保障上の脅威として認識され，対抗的な動きにつながりかねない．

越境型の国民統合はロシアのみが利用する政策ではない．国外同胞に対する統合政策は，外交政策としてよりも，場合によっては国内政治におけるより大きな効果が期待できる側面を有するともいえる．国境の大きな見直しを経験したハンガリーをはじめとする中東欧諸国や，歴史的に移民の送り出し国であった南欧諸国でも類似の例がみられる． ［小森宏美］

📖さらに詳しく知るための文献
・新川敏光編（2017）『国民再統合の政治——福祉国家とリベラル・ナショナリズムの間』ナカニシヤ出版．
・ブルーベイカー，ロジャース（2016）『グローバル化する世界と「帰属の政治」——移民・シティズンシップ・国民国家』（佐藤成基ほか編訳）明石書店．

ナショナリズムと紛争

☞「分離独立運動」p. 124

　近現代においてナショナリズムは，その実現の過程で紛争を生み，多くの人が血を流す戦争へと結び付いていった．国民国家の枠組みが定着する中，民族集団に基づく建国や権利の尊重を求める争いが頻発し始めたからである．第一次世界大戦後の1918年，ウィルソン米大統領により戦後処理と国際秩序の原則として「14か条の平和原則」が出され，その中で民族自決が提唱されたことは，各地で勃興し始めていたナショナリズムが政治に結び付く一つの契機となった．原則で言及されたのは，オーストリア・ハンガリー帝国と，バルカン半島，ポーランド，オスマン帝国領内の諸民族の自決権のみだったが，民族自決は後に他の地域の民族にとっても政治的指針となる．ナショナリズムは各地で領土問題や宗教などとも結び付き，紛争の一因となっていった．

●**宗教とナショナリズム**　アジア諸国の中で緊張が近年顕在化している例としては，インドのヒンドゥー・ナショナリズムが指摘される．2014年に成立したモディ政権では国家主導で宗教的価値観に依拠した改革が進められ，ヒンドゥー至上主義とも呼ばれる．批判勢力への弾圧もみられ，モスクの跡地にヒンドゥー教の寺院が建設されるなどしている．インド国内には人口の14％を占める約2億人のイスラーム教徒がいるが，2020年代以降は過激派のヒンドゥー教徒がイスラーム教徒を暴行する襲撃事件が頻発し始めた．

　中東で最も長期にわたり続く紛争の一つであるパレスチナとイスラエルの争いも，それぞれのナショナリズムに基づく対立といえる．イスラエル建国のイデオロギーとなったシオニズムは，ユダヤ教に基礎を置くナショナリズムの一形態で，ユダヤ教徒をユダヤ民族と読み替えることで，ユダヤ人国家の樹立を目標とするものであった．これは必ずしもユダヤ教に内在的な論理とはいえず，近代ナショナリズムの潮流を受けて創案された政治戦略といえる．

　後にイスラエル初の女性首相となるゴルダ・メイヤは，建国の際に「パレスチナ人と呼ばれる人々など存在しなかった」と発言したことで知られるが，これは対立する集団のナショナル・アイデンティティを否定することで，自国のナショナリズムの体現を正当化しようとする，ナショナリズムによる紛争という側面を典型的に表した発言といえる．

　他方でパレスチナ人にとって，独立国家の樹立は悲願である．1993年のオスロ合意は，紛争の対話による解決の枠組みを定めたもので，パレスチナ人にとっては民族自決への期待を抱かせるものだった．

●**ナショナリズムと排他性**　ナショナリズムが紛争に結び付きやすいのは，帰属意識に基づく民族自決の主張が，他の集団に対する排他性と連動しやすいからである．ナショナリズムの主要論者の一人であるゲルナーは，ナショナリズムを「政治的な単位と民族的な単位とが一致しなければならないと主張する，一つの政治的原理」だと述べた（ゲルナー 2000：1）．この原理に従えば，一つの政治単位の中に異なる民族集団が構成員として含まれることは困難になる．だが実際には，単一の民族集団のみで構成される国家は稀有であるため，マイノリティ集団は排除の危機にさらされることになる．

　国家の中で異なる帰属意識を抱く存在に対して，暴力的な排除を試みるようになると，エスニック・クレンジング（民族浄化）へと発展する場合がある．冷戦終結期は各地での地域紛争で，多くの衝突がナショナリズムを起点に起きた時期といえる．旧ユーゴスラビアで起きたセルビア人，クロアチア人，ボシュニャク人の間の対立は，その代表的事案となった．チトー政権期のユーゴスラビア共和国は，多民族多宗教から成るモザイク国家であったが，比較的安定した共生が成立していた．だがチトー大統領の死後，民族・宗教間の対立が表面化すると，過激な暴力を含む紛争が 1991 年から約 10 年の間続くこととなった．

　ネイションとエスニシティは異なる概念だが，ナショナリズムの「原初主義」を重視する立場からは関連付けて論じられる傾向がある．スミスは，ナショナリズムが近代化以前からある共同体の紐帯（エトニ）に依拠することを強調した（スミス 1999）．その伝播は近代化過程で知識人が担うこととなる．

●**民主主義とナショナリズム**　国内の多様性をどのように政治に反映させるかは，民主主義の課題でもある．その点からは，エスニック・クレンジングが起きるのは民主主義の失敗とも呼べる（Mann 2005）．逆にいえば，他者の殲滅を図らずとも共存は可能であり，多くの国ではそれが多文化主義や民主的政治体制の構築過程で共生のあり方として模索されている．カナダのケベック州や，イギリスのスコットランドなどで異なる地域アイデンティティが存在しても，運動があまり暴力化しないのは，体制内での多様性の反映に成功しているためと説明できる．

　とはいえその調和のバランスは微妙であり，一国内の民族的マイノリティによるナショナリズムの主張は，ときに分離独立運動にも結び付く．フランスとスペインの境界にあるバスク地方，スペインのカタルーニャ州，中東ではトルコ，シリア，イラクなど広範囲に分かれて住むクルド人の運動などは，安定と対立の境界線上に立つ課題と呼べる．人の帰属意識は多様な側面から成り立ち，集団内で必ずしも均一なものではない．民族や宗教など属性に基づき他者の存在自体を許容できなくなると，対立は克服しがたいものとなる．ナショナリズムに基づく紛争を回避するには，こうした集団内での差異に対する寛容さと，多様性を政治システム上で対処できる制度構築が必要となる．　　　　　　　　　　［錦田愛子］

脱植民地主義とナショナリズム ☞「ナショナリズムとは何か」p. 116

　脱植民地主義は多義的な概念である．一般的に脱植民地主義は植民地支配からの解放や植民地の政治的独立ととらえられることが多いが，植民地主義をどう定義するかによって脱植民地化の意味は異なる．新興独立国と旧宗主国や先進国などが政治，経済，軍事的側面で従属的な関係が維持される場合，「新植民地主義」が継続していると解されることがある．

●**ナショナリズムとは何か**　植民地からの解放を希求する植民地解放運動に大きな影響を与えたのはナショナリズムである．ナショナリズムは，エスニック・ナショナリズムとシビック・ナショナリズム（またはリベラル・ナショナリズム）という二つのタイプに類型化されることが多い．前者は，血縁，言語，宗教，文化，伝統などを共有するメンバーを基盤とする民族（またはエスニック集団）が一つの国家，またはそれに準じる政治的単位をもつべきであるという政治的原理である．後者は一定の領域に居住する人々が，人種，民族，エスニシティに関わりなく，政治的理念や政治的価値を共有し，平等な権利を保障する政体へ帰属意識を共有していることを前提とし，国家建設や国民統合を目指す理念である．

　多くの植民地でナショナリズムを担っていたのは，同質性と共通の帰属意識を有する民族やエスニック集団ではない．植民地領の枠組みを単位として独立を目指す，いわゆる植民地ナショナリズムが植民地解放運動の主流であった．また，地域（または大陸）全体の独立・解放を希求する，マクロ・ナショナリズムが展開した地域もある．これに該当するのが，19世紀のラテンアメリカでのパン・アメリカニズム，20世紀のアラブ地域におけるパン・アラビズム，20世紀以降のアフリカにおけるパン・アフリカニズムなどである．

●**植民地独立の原則**　植民地が独立する際，独立国家の領域をどのように画定するかは，これまで主に二つの原則に基づいて実施されてきた．第一は，いわゆる「ウティ・ポシデティス（uti possidetis）原則」である．これは，植民地宗主国の行政単位をそのまま継承する方式で，初めて適用されたのが19世紀初頭にラテンアメリカのスペイン領が独立したときである．第二は，「自決（self-determination）原則」である．これは，エスニック・ナショナリズムによって民族が独立し，国家の構成員と民族が合致する国家を形成すると理解される傾向があるが，自決する主体が誰であるかによって，新生国家の実体は異なる．第一次世界大戦後に統治領域の再編が行われた際の基本的な原則は，「自決原則」であった．大戦後，四つの帝国（ロシア，ドイツ，オーストリア＝ハンガリー，ト

ルコ）から六つの国家（エストニア，リトアニア，ポーランド，チェコスロヴァキア，ハンガリー，セルビア人・クロアチア人・スロヴェニア人王国）が誕生した．他方，第二次世界大戦後，ヨーロッパ諸国が支配していた植民地が独立する際，アジアやアフリカでは多くの場合，ウティ・ポシデティス原則が適用された．

●**アフリカにおける脱植民地化と二つのナショナリズム**　欧米列強諸国によって植民地化された地域では植民地主義に対するさまざまな抵抗運動がみられる．紙幅の都合上，ここではアフリカ大陸の状況をみていきたい．

　アフリカにおける脱植民地化に大きな影響をもたらしたイデオロギーは，植民地ナショナリズムとパン・アフリカニズムである．前者は，他の植民地・従属地域と共通し，その萌芽は第一次世界大戦後にみられる．後者は，19世紀末にアメリカやカリブ海地域のアフリカ系知識人が主導し，植民地ナショナリズムとは異なる発展をたどってきた．しかし，1945年に開催された第5回パン・アフリカ会議で主導権をクワメ・エンクルマなどのアフリカ・ナショナリストらが握り，二つのナショナリズムが結合することでパン・アフリカニズムは「アフリカの独立と統一」を目指す運動へ発展した．

　しかし，植民地解放運動の担い手達は植民地解放後の構想として，必ずしも同一のヴィジョンを抱いていたわけではなかった．この時期の独立後の構想は主に，①植民地分割競争によって確定された植民地宗主国の行政単位を継承する独立，②近隣の数カ国による連合国の結成，③アフリカ全体を包摂する「アフリカ合衆国」の創設，④植民地領内の民族（エスニック）集団や特定地域の分離独立，という四つに大別できる．②と③はパン・アフリカニズムの思想に根ざしていた．独立諸国間での見解の相違によって1960年代初めに「アフリカ合衆国」構想は挫折したが，パン・アフリカニズムの理念は1963年に設立されたアフリカ統一機構（OAU）に継承されることになった（小田 1989）．

　多くのアフリカ諸国はウティ・ポシデティス原則に基づき，独立を達成した．このことはアフリカ分割によって策定された，いびつな国境性と統治単位を固定化させ，植民地支配の過程で形成された民族・地域間の対立や分断が継承されることでもあった．そのため脱植民地化がむしろ「再植民地化」を生み出したという見解もある（小倉・舩田 2018）．独立後の多くのアフリカ諸国は国家建設や国民統合，経済問題や武力紛争など植民地支配の負の遺産に直面し，脱植民地化を達成しているといいがたい．　　　　　　　　　　　　　　　　　　［杉木明子］

📖さらに詳しく知るための文献
・木畑洋一・中野聡責任編集（2023）『冷戦と脱植民地化I――20世紀後半』岩波講座 世界歴史22，岩波書店．
・小倉充夫・舩田クラーセンさやか（2018）『解放と暴力――植民地支配とアフリカの現在』東京大学出版会．
・永原陽子編（2009）『「植民地責任」論――脱植民地化の比較史』青木書店．

分離独立運動

☞「未承認国家」p. 108,「地方
自治」p. 112,「ナショナリズ
ムとは何か」p. 116,「民族紛
争」p. 430

分離独立運動とは，地方自治の拡大や独立を目指す勢力による運動のことを指す．英語の separatist movement ないし secessionist movement に相当する語であるといってよいが，この概念の意味するところには注意が必要である．まず，日本語の「分離独立運動」という言葉には「独立」という語が含まれているが，separatist movement のすべてが独立による新たな国家の樹立を目標としているわけではない．既存国家の枠組みの中での地方自治拡大を求める勢力も含まれる．また，同じ地域の分離独立運動であっても，時期やグループによって，目標が独立であったり地方自治であったり異なる場合もある．このため，新国家樹立を目指す勢力を secessionist movement，より広義の分離独立運動を separatist movement として区別することもある．次に，secessionist movement や secession という語には，脱植民地化の事例を含まない場合がある．関連して，separatism や secession といった単語にはネガティブな語感があることに注意が必要である（Heraclides 1991；Pavković & Radan 2007）.

そのため英語では，self-determination movement（民族自決運動）という言葉も用いられている．この言葉のほうが，「分離独立運動」という言葉よりも本質をうまく表現している，と筆者は考えているが，本項目では，表題に従い「分離独立運動」という言葉を用いる．

分離独立運動は，他の社会運動や内戦とは異なる解決策を必要とする点で特殊であり，また，新国家の樹立につながりうる，という意味で重要である．

●**分離独立運動の原因**　分離独立運動が起こる原因は多岐にわたるが，ナショナリズムは重要な要素である．この点に関連して，以前に享受していた自治を失った地域は分離独立運動に従事しやすいとされる（Quinn & Gurr 2003）．これ以外にも，一国内で経済的に先進な地域は，税の再分配において不利益を被りやすいため，分離独立するインセンティブが生まれることがある．スペインのカタルーニャ地方やユーゴスラビアにおけるスロベニアを例としてあげることができるだろう．天然資源が存在する地域でも，同様のインセンティブが分離独立運動につながることがある．また，国内における多数派の民族が移住してくることによる軋轢や，政治的な迫害や権利剥奪も，分離独立運動の要因になる．

●**分離独立運動の形態**　分離独立運動は，特に先進国では，平和裏に行われることも多い．例えば，スコットランドでは，地域政党のスコットランド国民党が民主主義に基づき選挙に参加し，分離独立の住民投票実施を求めてきた．2014 年

の住民投票では独立が否決されたものの，現在もスコットランド国民党は分離独立を目標としている．やはり平和的な分離独立運動が展開されてきたカタルーニャでは，2017年に中央政府の同意に基づかない一方的な住民投票を強行した際に，スペイン警察と住民が衝突し多くの負傷者が出た．

　他方，発展途上国では武力紛争の形態をとることが多い．ただし，エリトリア人民解放戦線やスリランカの「タミル・イーラム解放の虎」など例外はあるものの，分離独立を求める勢力は通常，軍事的にはかなり弱小であり，武力のみで中央政府からの譲歩を引き出すのは簡単ではない．そのため，第三国からの支援を受けることも多いほか，外交活動に力を入れることもある．

●**分離独立運動の解決**　分離独立運動は解決が難しいことで知られる（Walter 2009a）．その代表的な理由として，三つあげることができるだろう．まず，多民族国家においては，中央政府には，分離独立運動に譲歩しないという評判を得るインセンティブがあるとされる．他の民族による分離独立の要求を阻止するためである（Walter 2009a）．二つ目はコミットメント問題である．例えば地方自治による解決の場合，将来にわたって中央政府が地方自治を尊重する保証がない．これをあらかじめ知っている分離独立運動側は地方自治による解決に消極的になりかねない．三つ目に，分離独立運動側の武力が小さいために，政府側に十分な譲歩を行うインセンティブが生まれないことがあげられる．後二者の問題については，国際的な保証を与えることや，政府が紛争の長期的なコストを考える場合には，解決の糸口が生まれる（Fujikawa 2021）．

　とはいえ，もちろん分離独立運動が解決することもある．代表的な解決策には，地方自治の付与と分離独立を巡る住民投票の実施があげられる．分離独立を巡る住民投票は，エリトリア・東ティモール・南部スーダン・モンテネグロでは独立につながり，スコットランドでは否決されている．なお，分離独立を巡る住民投票が解決につながるのは，中央政府の同意がある場合のみであり，カタルーニャやイラクのクルド人自治区（2017年）のように，中央政府の同意なく一方的な住民投票を実施しても，基本的には解決につながらない．

　なお，分離独立を目指す勢力が，一方的に分離独立を宣言したり，武力により事実上の独立を達成したりする場合がある．しかし，現代では，このような一方的な分離独立が多くの国からの国家承認につながることは稀であり，バングラデシュやコソボは例外にあたる．事実上の独立を達成しても，多くの場合は国際的に国家として承認されず，この場合を，事実上の国家（*de facto* states）ないし未承認国家（unrecognized states）と呼ぶ．英語では前者を用いることが主流になりつつあるが，日本語では後者を用いることが多い．　　　　　　　［藤川健太郎］

多文化主義

☞「移民の包摂と統合」p.570

　多文化主義（multiculturalism）とは，民族文化的多様性を政治的・社会的・象徴的秩序の不可欠な構成要素として公式に承認することで，国家を統合しようとする原理とそれに基づく公共政策である（Fleras & Elliot 1992）．かつて民族文化的な多様性は政治的安定を脅かすものとして，主流社会への同化を意図したさまざまな政策の対象となってきた．しかし20世紀後期以降，欧米民主主義諸国の多くは同化主義的政策を放棄し，民族文化的マイノリティとそれが社会にもたらす多様性に寛容なアプローチを取るように変化した．

●多文化主義とマイノリティ　キムリッカは民族文化的マイノリティを，「ナショナル・マイノリティ」「先住民」「移民集団」の三つに分類し，カテゴリーごとに必要な多文化主義政策が異なることを示した（キムリッカ 2018）．第一のナショナル・マイノリティとは，国民国家成立以前から歴史的領土において社会を形成していた下位国家的集団であり，独自のアイデンティティをもち，ナショナリズムを追求する．このカテゴリーには，連邦制および権限委譲による領土自治権や言語権の承認などの政策対応が妥当である．スコットランド，カタルーニャやバスク，フラマン，ケベックなどがその例である．第二の先住民は，ナショナル・マイノリティと同様，国家成立以前から独自の伝統社会を形成していたが，植民者による征服と国家の後見的対応のもとに置かれてきた．したがって彼らには土地所有権や自治権の回復などの脱植民地的政策が求められる．例えば，アメリカ・インディアン，カナダのイヌイット，ニュージーランドのマオリ，スカンジナビアのサーミなどである．第三の移民集団は，世界中から国境を越えて移住してきた人々であり，新天地における市民権の獲得を目指している．このカテゴリーには，主流社会に受け入れるための公用語習得の支援や多文化主義的学校教育および文化的活動への支援などの政策が求められる．

　三つの類型の多文化主義政策に共通するのは，自由民主主義国家においてすべての個人に保証される基本的な市民的・政治的権利の保護だけでなく，民族文化的マイノリティがみずからのアイデンティティと習慣を維持し表現できるように，一定の公的承認と支援を行うことである．

●カナダの多文化主義　カナダは国家政策として多文化主義を導入した最初の国である．この背景にはケベック州のフランス系ナショナリズムの高揚に発する国民統合の危機があった．ケベックが建国ネイションとしての承認と（ケベック以外の）英語系カナダとの対等な関係を求めたことに呼応して，1960年代に連邦

政府は「二言語・二文化主義」委員会を設置した．しかし西部のドイツ系やウクライナ系の人々から，英仏二元論によって国を定義することへの反発が高まり，委員会は方針転換を迫られた．これを受けて1971年にトルドー連邦首相が表明したのが「多文化主義宣言」である．

　トルドーは「英仏2言語をカナダの公用語とするが，カナダに公式文化は存在しない」と表明し，多文化主義政策として4点を掲げた．①カナダに寄与しうるあらゆる文化集団を支援する．②あらゆる文化集団の構成員が文化的障壁を乗り越えカナダ社会に参加できる条件を整える．③あらゆる文化集団相互の創造的交流を促進する．④移民が公用語の少なくとも一つを習得するのを支援する．以上，これらは移民を含め文化集団の多様性を積極的に承認するものの，その目的は平等な諸個人からなる単一の「カナダ・ネイション」としての国民統合であり，ケベックをネイションとして認めるものではなかった．この汎カナダ主義の路線は1982年の憲法改正（カナダ権利自由憲章）にも反映され，1988年の多文化主義法によって法的根拠が与えられている．

　他方，連邦政府の路線に反発したケベック州は，フランス語を公用語と定め，1980年と95年の二度にわたりケベック主権確立（政治的独立）を目指す州民投票を実施した（いずれも否決）．連邦の多文化主義に対抗して「間文化主義（interculturalism）」を掲げ，フランス語および仏系文化の共有を基礎に移民と文化的多元主義を包摂する，ケベック・ネイションとしての発展を追求している．

●**多文化主義と比較政治学**　2000年代以降，イスラーム移民や難民問題の動向と関わって，多文化主義は否定的評価を受けることが多い．その中で多文化主義は比較政治学の研究テーマとしても注目されている（Abu-Laban et al. eds. 2022）．福祉国家研究者，バンティングはキムリッカとともに，多文化主義が福祉国家の政治に与える影響を検証している．彼らは，民族的・人種的異質性と多文化主義政策の採用が福祉国家の基盤としての国民的・社会的連帯を弱体化させるとする説（異質性/承認と再配分のトレードオフ仮説）を検証し，これが必ずしも妥当しないこと，事例によっては多文化主義政策が福祉国家の強化につながることを示した（Banting & Kymlicka 2006）．彼らの共同研究は，クイーンズ大学の「多文化主義政策プロジェクト」として継続している（Queen's University, Multiculturalism Politics in Contemporary Democracies）．同プロジェクトは，既述のマイノリティの3類型に沿った「多文化主義政策指標（Multiculturalism Policy Index）」を設定し，欧米21カ国の指標スコアを毎年公開している．これによると，移民や多文化主義への反発が生じているにもかかわらず，多文化主義政策は継続し，拡大し続けていることが明らかにされている．とりわけ移民人口の規模と多文化主義政策の強化には強い関連があることが示唆されている．

[柳原克行]

宗教と国家
キリスト教

☞「宗教と国家：イスラーム」
p. 130

キリスト教と国家の関わりの歴史的変遷と多様化は，現代における政教関係の諸起源をなしている．キリスト教と国家や政治の関係は実にさまざまであるが，ここでは比較政治学に資するべく，歴史的経緯を踏まえつつその諸側面を示したい．

●**歴史的経緯**　キリスト教は古代ローマ帝国の被支配民族ユダヤ人の宗教の一派として1世紀に始まった．イエスこそ救世者（キリスト），と伝え，ユダヤ民族の垣根を越え礼拝と相互扶助のネットワークと共同体を帝国内に広げた．皇帝崇拝や兵役を拒絶する反面，それ以外は政治に干渉せず，帝国統治の正当性を認めた．ローマによる迫害は徹底した撲滅とはならず，帝国内に浸透した．ここにキリスト教の平和主義，政教分離，福祉的共同性などの特徴の起源がみられる．

4世紀にはローマ帝国の国教となり，帝国の衰退の中でヨーロッパの秩序維持者として権威を認められ，中世には封建領主として，またヨーロッパを束ねる帝国として支配的な存在となった．宗教改革以降は次第に王権や国民国家に服しつつ，なお人々の道徳規範の担い手として影響力を残した．長年にわたって形成されたキリスト教的な政治文化の影響は世俗化の進んだ現在も残り，人々の市民的アイデンティティと結び付き法制度や教育に影響をもたらしている（松本編 2009）．

近代にはしばしば教会権力が市民革命により公権力から排除され，他方これに対抗し民主政治への関与により影響力の維持を目指す動きがある．カトリック教会の総本山バチカンは近代国際法の整備の中で宗教国家として地位を確保し，国際規範の形成に独自の関与を展開してきた（松本 2019）．近代主義，帝国主義的な政治社会の流れに同調しようとする自由主義的な流れがあり，他方で近代社会の諸問題を厳しく衝き，キリスト教思想を批判理論として教会のアイデンティティを再構築しようとする流れも現れた．並行して，19世紀以降の世界宣教の中で，布教に専念し政治関与を避けようとする流れもある．いずれも近代国家の確立を念頭に，教会の市民宗教としてのあり方を模索している（松本・高柳 2009）．

●**キリスト教社会における教会の政治関与**　歴史的にキリスト教が支配的な影響力をもってきた地域や国における，権威主義体制や民主化，民主政治の中での教会やキリスト教政党，政治運動などの政治関与が特に注目される．西欧ではそれぞれの国における国教会や主要教派を背景に，市民革命と産業革命が展開し，社会が大きくする中で，一方でフランスのライシテのように，政教分離とキリスト教的な国民意識の調整が重ねられてきた（伊達 2018）．また他方で資本主義と社会主義の双方を批判し，利益団体と政府，企業の間の調整によるコーポラティズ

ム的な政策を進めたキリスト教民主主義政党が，20世紀において政府の一角を占めるなど一定の役割をもった（中野ほか 2016）．これに対して多くの教派（デノミネーション）に分かれ，さらにさまざまな超教派的な諸運動の影響も強いアメリカ合衆国では，対照的にキリスト教政党が世俗政党と対峙，競合する形をとらなかった．むしろ二大政党双方の背後に教会やキリスト教の運動があり，キリスト教的な言説や思想が，国家観や社会思想を巡る論争の中で展開されてきた（森 1996）．これらに対しラテンアメリカやフィリピンでは，権威主義体制下の開発と人権侵害を巡る教会勢力の政治関与のあり方とその影響力の現れが注目されてきた（渡部 2017；宮脇 2019；Casanova 1994）．体制との対立や協力，政治改革や民主化運動への貢献，民主化後の教会の正統性と政治関与の程度，といったイシューがこれらの国々の政教関係を巡る比較政治学上の主要点といえる．

●**市民社会の中のキリスト教** 「キリスト教」の中で統一的な政治思想があるわけではなく，またキリスト教が主流である社会においても宗教の多元化が進んでおり，西欧におけるキリスト教民主主義政党の近年の退潮にみられるように，キリスト諸教会やキリスト教運動が政治の主流の一角を占めることは困難となっている（水島 2002）．そうした中でキリスト教そのものを旗頭とし，キリスト教社会を維持促進しようとするのではなく，キリスト教思想を手掛かりに市民社会に開かれた人権上，道徳上の問題に取り組む，市民的な政治関与が主流となっている．ただし，政治指導者のパーソナリティにキリスト教を巡る思想の影響が現れたり，政治家が宗教を巡る一定の潮流を支持基盤，動員対象とみて特定のイシューに関する宗教的な主張や法制度についての態度表明や政治行動を起こしたりする場合もある．

　キリスト教が少数派である地域も含め，その教会や諸活動団体は，さまざまな社会運動の母体や支援団体として存在感を示している．欧米の慈善団体や人権運動の多くはキリスト教的な起源をもち，それらの運動が宣教と絡みつつグローバルに展開することで，開発や人権の問題に教会や修道会，キリスト教系市民団体が積極的に関与してきた．その結果，これらの運動は，国家主導の開発や福祉政策，治安問題と接点をもち，時に政策を巡る対立も生じてきた．1960年代以降，キリスト教系の人権運動，平和運動，環境保護運動は，国際機関と連携しつつ教派や宗教を越えた協力関係を促進している．

　アジアやアフリカの教会は欧米による宣教ののち現地化が進み，国民国家形成にしばしば積極的に参加し，ナショナリズムの一角をなしていることも多い．また国教など支配的な他宗教が存在する中で少数派である場合，特定の少数民族が広範にキリスト教を受容し，多数派民族に対峙するエスニック・アイデンティティの重要な構成要素となるケースもみられる（寺田 2002）．　　　　［宮脇聡史］

宗教と国家
イスラーム

☞「宗教と国家：キリスト教」
p. 128

　イスラームとは，「絶対帰依するという意味で，アッラーとその使徒であるムハンマドを信じ，聖典クルアーンの教えに従って生きること」と定義される（小杉 2002a：74）．イスラームは，ムハンマドが 610 年からの 22 年間に唯一の創造神であるアッラーによって啓示を受け，それをクルアーンとして伝えてから次第に世界中に広がってきた．イスラームを信仰する人々はムスリムと呼ばれる．イスラームは，宗教的信条，シャリーア（イスラーム法），政治・社会システムという三つの側面をもつとされ，宗教的信条に関しては近代以前と以降で大きな変化はないが，シャリーアと政治・社会システムに関しては近代以降，再考・再解釈されてきた（小杉 2014）．また，ムスリムにとってイスラームは自己のアイデンティティであり，そこには一定の帰属意識が伴う（リズン 2004）．

　ムスリムの 2 大宗派といわれているのがスンナ派（スンニー派）とシーア派である．ムスリム人口の約 90% を占めるスンナ派は，正統 4 代カリフ（後継者・代理人）がムハンマドの後継者であるという立場を取る．対するシーア派は，ムハンマドの従弟である第 4 代カリフ，アリーとその子孫をイマーム（最高指導者）とする立場を取る．シーア派を国教とする代表的な国家がイランである．他にイラク，レバノン，アゼルバイジャンなどで信者が多い．

　現在，ムスリム人口はイスラーム発祥の地である中東地域をはじめ，ソ連から独立した中央アジア諸国，パキスタン，バングラデシュ，インドネシア，マレーシアといった南アジアや東南アジア諸国，全 54 カ国中 19 カ国でムスリムが過半数を占めるアフリカ諸国，さらには移民を中心とした「ユーロ・イスラーム」と呼ばれるヨーロッパで生活するムスリムまで，約 20 億人となっている．また，驚くべきはムスリム人口の増加であり，2010 年前後の時期では世界のムスリム人口は 15 億人弱であったので，10 年間で 5 億人が増えたこととなる．特にヨーロッパでその伸びが顕著であり，2050 年には，キリスト教を抜き，イスラームが世界で最も信者が多い宗教になると予想されている．ユース・バルジ（若者の膨張）と呼ばれるように，ムスリム人口が多数を占める国では若年層の多さが指摘され，平均年齢が 30 歳を下回っている国が多い（酒井 2014）．

●**イスラームにおける主権とウンマ**　西洋由来の国家概念では当初，主権は王や皇帝という国を統治した個人，そしてその後は人民に帰属した．一方で，イスラームにおいて主権は，アッラーという神に由来しており，ムスリム達の「想像の共同体」であるウンマが神によって主権の行使を許されているという論理で説

明される（小杉 1998）．そのため，ムスリム世界では政教分離は困難な場合が多い．ウンマとは，「全世界に住むすべてのムスリムが国家や民族に関係なく，帰属することができる単一の共同体」であり，排除と囲い込みを特徴とする西洋で発展した主権国家とは対照的に，既存の国家領域を越えようとする特徴をもち，ムスリムに限定されるが包摂性と開放を特徴とする（末近 2018）．そのため，ムスリム世界において国家はウンマの下位に位置し，ウンマによって主権の行使を委任されるアクターとされる．また，ウンマの認識に関しては，ムスリム達の間で緩やかな合意がみられ，これが想像の共同体としての機能を強めている．このウンマの考え方は，グローバリゼーションや SNS の発展といったような，主権国家の国境を越える現象と呼応しやすい．サイバースペース上の仮想共同体をある種のウンマ，または公共圏として活用するムスリムが増加し，こうした現象は「サイバー・イスラーム」と呼ばれている（保坂 2014）．また，イスラームではムスリムが統治する領土と異教徒が統治する領土をそれぞれ「イスラームの家（dar al-Islam）」「戦争の家（dar al-harb）」として区別している．ウンマが認識論的な次元で解釈される想像の共同体であるのに対し，イスラームの家は存在論的な次元で解釈される，ムスリムが実際に支配する領土である．ムスリムは一般的にイスラームの家の拡大が平和の達成につながるという考えをもっている．

●**イスラーム復興運動**　先に述べたように，シャリーアと政治・社会システムに関して，イスラームは再解釈されてきた．近現代でそうした動きの大きな流れがイスラーム復興運動である．これは，西洋化・近代化・世俗化が進むことでイスラームの伝統や価値観が変容したり脅威に晒されたりすることに反対し，伝統的イスラームでは機能していた自律的な社会を再獲得するために覚醒した個人または集団によって行われる運動を指す（小杉 1998）．ムスリムは，近代における主権国家の世界的拡大という現実を受け入れつつ，ウンマとイスラームの家という概念が，西洋において切り離された政治的領域と宗教的領域の再統合，または宗教的領域の復権を目指す活動に正当性を与える役割を果たしている（末近 2018）．このように，イスラームは多様な解釈が可能であり，イスラーム復興運動も主権国家を正当化するもの，否定するもの，暴力行為を肯定するもの，否定するものなどさまざまである．ムスリム同胞団，イラン・イスラーム共和国，アルカーイダ，イスラーム国，イスラーム協力機構はすべてイスラーム復興運動の異なった形態である．懸念されるのは，SNS の普及により，一部の急進的な考えが若者を中心に急速に広まりやすくなったことである．　　　　　　　［今井宏平］

📖さらに詳しく知るための文献
・小杉泰（2014）『9・11 以後のイスラーム政治』岩波書店.
・末近浩太（2018）『イスラーム主義——もう一つの近代を構想する』岩波新書.

第7章

福祉国家

　福祉国家は，単に国家が福祉を分配し国民の生活を保障するだけでなく，それによって戦後の先進諸国の政治的安定性や経済成長を生み出した要因とされたため，政治学において重要なテーマとなってきた．ただしそのあり方には各国で相違があることから，類型化を中心として，比較政治学においてもさまざまな議論が行われている．さらに，近年の福祉国家は，グローバル化や高齢化など，さまざまな変容圧力にさらされており，その変化の要因や方向性が問われるとともに，やはり各国ごとの違いが，比較政治学上の重要なテーマとなっている．本章では，福祉レジーム論などの類型論と福祉国家の変化を説明する理論について検討した後，近年の変化の状況について，新自由主義改革，ポスト工業化，移民という変容圧力との関連から論ずる．また先進国だけではなく，途上国での福祉国家についても扱い，幅広い視野から福祉国家について考える.

[近藤康史・馬場香織]

福祉レジーム論

☞「経路依存」p. 52

第二次世界大戦後，先進諸国は社会保障制度の拡充に取り組んだ．国家は，所得保障や社会サービスを提供し，出生から死亡までの幅広い生活上のリスクに対応するようになった．

ただし，福祉を供給する主体は，国家に限られない．市場や伝統的共同体も福祉供給を担っている．福祉レジーム論は，国家，市場，伝統的共同体による福祉の組み合わせに着目する．各国の共通点と相違点をとらえた上で，福祉レジームはいくつかのタイプ（類型）に分類される．

●**福祉レジーム類型論**　福祉レジーム論の提唱者・エスピン゠アンデルセンは，福祉レジームを三つに分けた（エスピン゠アンデルセン 2001）．

第一に，社会民主主義レジームである．スウェーデンなど北欧諸国が当てはまる．主に国家が福祉を供給するタイプである．大規模に再分配を行っているため，社会支出の対 GDP 比は高い．全国民が一つの制度に加入することが多く，原則的に同じ給付を受ける．所得保障と社会サービスのどちらも充実している．

第二に，保守主義レジームである．ドイツなど大陸ヨーロッパ諸国が当てはまる．ここでは，主に伝統的共同体（家族，教会，団体）が福祉を供給している．大規模に再分配を行っている点では社会民主主義レジームと変わりはないが，福祉の制度が職域ごとに分かれており，それぞれ拠出も給付も異なる．所得保障が充実している一方，社会サービスが手薄である点も，社会民主主義レジームとは異なる．

第三に，自由主義レジームである．アメリカなどアングロ・サクソン諸国が当てはまる．ここでは，主に市場が福祉を供給している．再分配の規模は最も小さく，所得保障も社会サービスも小規模である．

エスピン゠アンデルセンが三類型論を提起した後，彼が取り上げなかったオセアニア，中・東欧，ラテンアメリカを事例として新しいタイプが模索された．東アジア諸国の位置付けについても盛んに研究が行われた．日本，韓国，台湾では，家族が中心となって福祉を供給しており，企業にも福祉供給が期待されている．国家は経済成長を最優先しており，福祉の制度を整備するのではなく，できる限り多くの人を就労させようとする．結果として，福祉レジームは小規模にとどまる（グッドマン＆ペング 2003）．これは東アジアモデルと呼ばれる．

東アジアと南欧の国々をまとめて家族主義レジームと呼ぶこともある．どちらの国々でも家族が中心的な福祉供給主体であり，社会サービスは低調で，比較的

小さな福祉レジームである点で共通している（新川編 2011）.

　ただし，こうした福祉レジームの分類は，おおむね 1990 年代までの特徴をとらえたものである．2000 年代に入って，福祉レジームが再編された結果，それぞれの特徴は部分的に変化している．例えば，スウェーデンでは国家による福祉が縮小する一方，民間の福祉が拡大した．日本を含む家族主義レジームの国々では社会支出が増加し，もはや小さな福祉レジームとは呼べなくなっている．

●**福祉レジームの政治経済学**　各国で異なる福祉レジームが現れたのはなぜか．福祉レジームの変化／持続は何によって説明されるのか．こうした問いに答えようとするのが，福祉レジームの政治経済学である．

　初期の政治経済学では，福祉レジームの発展を決めるのは政治ではなく，経済であるとされた．どの国でも経済が成長するに従って，福祉レジームが発展する．経済が成長すれば，福祉にまわす財源が増えるからである．これが産業主義理論である（ウィレンスキー 1984）．

　しかし，スウェーデンやアメリカをみれば明らかなように，経済が発展した国々でも異なるタイプの福祉レジームが成立している．どのような福祉レジームに発展するかは，経済ではなく，政治のあり方によって決まると考えられた．

　政治的要因としてまず取り上げられたのが，労働勢力の権力資源である．労働勢力とは，働く人々の組織である労働組合と，労働組合を支持母体とする社会民主主義政党を指している．権力資源とは，組織の大きさやまとまりを指している．労働勢力が強力であれば福祉レジームは発展し，弱ければ発展は抑制される．この理論は，権力資源動員論と呼ばれる（エスピン゠アンデルセン 2001）．

　権力資源動員論は，高度経済成長期の福祉レジーム発展をよく説明した．しかし，オイルショック後に低成長の時代がやってくると，権力資源動員論では説明できない状況が現れた．労働勢力が弱体化したにもかかわらず，福祉レジームは削減されなかったのである．なぜ福祉レジームは維持されたのか．そこでピアソンが提起したのが，経路依存性である．

　経路依存性とは，いったん制度が成立すると，制度それ自体が現状維持の力をもち，制度変化が起こらないことを指す．現状の制度には，受益者がいる．例えば，年金受給者団体や，その団体から支持を受ける政治家達である．受益者は，現行の制度を変えたり，新しい制度をつくることに反対する（Pierson ed. 2001）.

　そのほかにも，政権の党派性，政治制度(連邦制，選挙制度，執政制度)，支配的な政策アイディアによって福祉レジームの発展を説明する理論がある．［近藤正基］

📖**さらに詳しく知るための文献**

・エスピン゠アンデルセン，イエスタ（2001）『福祉資本主義の三つの世界——比較福祉国家の理論と動態』（岡沢憲芙・宮本太郎訳）ミネルヴァ書房.

福祉国家の変化の理論

☞「福祉レジーム論」p. 134,「福祉国家と新自由主義改革」p. 138,「資本主義と民主主義」p. 212

19世紀後半から20世紀初頭にかけてヨーロッパ諸国で誕生した福祉国家は,第二次世界大戦後に大きく発展し,経済のグローバル化やポスト工業社会への移行に直面し,変容を遂げてきた.ここでは福祉国家の形成・発展,持続,再編という一連の発展過程を巡る理論に関して,政治の位置に注目して紹介する.

●福祉国家形成・発展の理論　まず,比較福祉国家研究の端緒ともいえる産業化論から見ていこう.ウィレンスキーらによって提唱された産業化論は,広義の近代化の進展により,従来,家族や市民社会が果たしてきた福祉生産・供給機能を,国家が代替・補完せざるを得なくなった結果として,福祉国家が形成されたととらえる.このように,産業化論は,福祉国家の差異を説明する要因として,近代化の程度に注目するため,政治には重要性が置かれない.産業化論は,福祉国家を構成する諸政策に関する,途上国と先進国の差異を説明する上で説得力を有する一方で,先進諸国内の差異を説明することは難しい.

途上国と先進国の差異を重視する産業化論に対して,先進諸国内の福祉国家の差異を説明する理論として注目を集めたのが権力資源動員論である.コルピらによって提唱された権力資源動員論は,福祉国家を,労働者階級と資本家階級の階級闘争の結果として生じるものととらえる.すなわち,労働者階級と資本家階級の権力資源の活用の差異によってもたらされる,各国ごとに異なった労資間の権力バランスが,福祉国家の差異を説明するのである.このように,権力資源動員論は,階級政治(および,それに規定される政党政治)の重要性に注目した理論といえる.権力資源動員論は,労働組合の組織力が高く,社会民主主義勢力が長く政権を担ってきた北欧諸国において,寛大な福祉国家が形成されてきたことを説明する上で説得力を有し,福祉国家の形成・発展を説明する理論として注目を集めることになった.その一方で,資本家や中間層が福祉国家の形成・発展に果たしてきた積極的な役割を軽視している点が批判され,ポンツソン,スヴェンソン,マレスらによって階級(交叉)連合論が提唱された.

労働者階級以外の主体も福祉国家の形成・発展に影響を与えているという視点を一般化した理論が,エスピン=アンデルセンの福祉レジーム論である.比較福祉国家研究の現代的な古典ともいえる福祉レジーム論は,脱商品化,階層化,脱家族化に注目し,先進諸国の福祉国家が質的に異なる三つの世界(社会民主主義,保守主義,自由主義の各レジーム)に分類できることを指摘する.福祉政治という点で重要になるのはこの三つの世界を生み出す要因であり,エスピン=アンデ

ルセンは，労働者階級の階級動員，階級政治的な同盟のあり方，レジームの制度化に関する歴史的遺産を指摘する．言い換えれば，三つの世界の名称が示しているように，福祉レジーム論は，福祉国家の形成・発展を支える（階級政治に限らず，政党政治も含む）政治連合に注目する理論といえる．このように，階級政治の重要性に注目した権力資源動員論の知見を発展させ，政党政治を射程に収めた政治連合の重要性を指摘する福祉レジーム論は，福祉国家の形成・発展を説明するもっとも有力な理論として定着することになった．

●**福祉国家持続の理論**　福祉国家が成熟するにつれて，福祉レジーム論が注目した政治連合とは異なる政治的論理が重要となっていることを発見したのが，ピアソンらによって提唱された福祉国家の新しい政治論である．ピアソンは，1980年代の英米両国における新保守主義政権が福祉国家を縮減しようと試みたにもかかわらず，十分な成果を得られなかった要因として，以下を指摘する．すなわち，福祉国家の発展に伴い影響力を有するようになった受益者団体が，既得権益を守るべく政治活動を行ったこと，そして，縮減は不人気政策であるため，政治主体は非難回避が必要になったことである．福祉国家の新しい政治論は，福祉国家の縮減が一般的に難しい一方で，社会政策のプログラム構造や意思決定に関する政治制度の差異などによって非難回避の可能性は異なるため，改革の可否は国ごと／政策領域ごとに異なることを示唆する．福祉国家の新しい政治論は，縮減圧力に対する福祉国家の持続性（および，持続性を前提とした縮減の成否）を説明する上では説得力を有する理論であり，比較福祉国家研究の新たな地平を切り拓くものとなった．しかし，1990年代以降，持続-縮減という観点ではとらえきれない福祉国家の再編が進む中で，新たな理論が提示される．

●**福祉国家再編の理論**　先進国は，経済のグローバル化の進展とポスト工業社会への移行に直面し，再商品化を重視したケインズ主義的福祉国家から，新自由主義的福祉国家や社会投資的福祉国家など，再商品化や脱家族化を重視する新しい福祉国家へと変容を遂げている．この抜本的な変化をとらえるために，シュミットらによって言説的制度論が提唱された．言説的制度論は，公的な政治制度の下における，政治言説（政策アイディアを巡る主体間の相互作用）を通じた福祉国家改革の正統化／正当化過程に注目する．すなわち，経済社会環境の変化に対して，政治主体がどのように問題を設定し，改革案を提示したか，そして，どのように支持調達を図ったかが，福祉国家の再編のあり方を左右するのである．

　福祉国家自体の変化に伴い，比較福祉国家研究で注目される政治の中身は変化してきた．上記の紹介が示すように，福祉国家の展開を理解する上では，利益，制度，アイディアという政治学が注目する諸要素の相互作用が重要である．比較福祉国家研究の理論展開は，各要素の相互作用に注目することによって，福祉国家の展開を生み出す複雑な因果メカニズムをとらえるための苦闘の歴史といえよう．[加藤雅俊]

福祉国家と新自由主義改革 ☞「歴史的制度論」p. 346

　1970年代に入ると福祉国家の正当性は揺らぎをみせ始め，その制度・政策は新自由主義による挑戦を受けるようになる．新自由主義とは，福祉国家の市場介入のあり方，とりわけ完全雇用・再分配政策に代表される政府の有効需要創出によって経済成長を目指すケインズ主義的福祉国家の財政政策を批判し，自由競争市場の拡大を目指す思想・運動を指す．具体的な改革は自由競争市場の拡大を目指す政治経済制度のルール変更として現れ，規制緩和，民営化，税制の変更，社会保障の削減などに代表される．新自由主義改革は，1970年代末から1980年代初頭にかけて登場したイギリス・サッチャー政権およびアメリカ・レーガン政権の経済政策を皮切りに世界的な潮流となり，戦後福祉国家のあり方を大きく変容させた．

●**福祉国家の危機**　新自由主義台頭の背景には，戦後福祉国家を支えた経済・政治・社会構造の変容と，それによる福祉国家の経済パフォーマンスの鈍化および政治的正当性の喪失がある．福祉国家は，金ドル本位制によって資本移動を規制し安定的な自由貿易体制を実現するブレトン・ウッズ体制と，国内の社会的保護という「埋め込まれた自由主義」（Ruggie 1982）のもとで成立した．こうした経済秩序は，冷戦下におけるアメリカの政治経済的覇権と，西側諸国内における左右両党派のコンセンサス政治によって支えられたものでもあった．しかし，1971年にアメリカのニクソン大統領により金ドル兌換停止が発表され，各国が変動相場制に移行すると，ブレトン・ウッズ体制下での資本の移動規制はその根拠が失われる．さらに1970年代の二度のオイル・ショックによって西側諸国が経済停滞に陥ると，福祉国家の経済運営に疑義が提示されるようになった．その急先鋒となったのがハイエクやフリードマンの思想に基づく新自由主義である．現実の改革は，福祉国家を支えた階級間合意から離脱し，資本への規制や負担の撤廃を目指す保守勢力（ニュー・ライト）によって担われた．この時期，産業構造の変容によって労働組合の組織率や社会民主主義勢力の影響力が低下したこと，行政権力の肥大化や家族＝女性によるケア供給を前提とした仕組みなど福祉国家に対して多方面から批判が生じたこともコンセンサス政治の崩壊要因となった．

　1981年には経済協力開発機構（OECD）から『福祉国家の危機』と題する報告書が提出され，福祉国家の社会政策見直しの方向性は国際的にも共有された．さらに1989年に冷戦が終結し，資本のグローバルな移動が全面化すると，各国では国際競争力の維持・強化を目的とする法人税減税や労働規制の緩和，福祉切

り下げ競争といった「底辺への競争」が生じた．新自由主義改革は福祉国家の行き詰まりに対する処方箋として，先進諸国共通の政治的アジェンダとなった．

●**福祉国家再編／新自由主義改革のスペクトラム**　では，新自由主義改革によって福祉国家はどのように変容したのか．この問いに対する答えは，新自由主義をどう定義し，改革のどの側面に着目するかによって異なってくる．福祉国家と新自由主義改革の関係は，初期には「大きな政府」対「小さな政府」という二項対立でとらえられ，新自由主義改革による福祉国家の変容も「維持か縮減か」というゼロサム的な軸から評価された．1990 年代には，1970～80 年代までの新自由主義改革の波にもかかわらず，社会支出が当初予想されたほどには削減されず，福祉国家が必ずしも後退や解体に向かっているわけではないという指摘が歴史的制度論の立場からなされるようになる（Pierson 1994）．他方で，所得格差の拡大や完全雇用政策の変容など，福祉国家の縮減傾向が従来どおり継続し，あるいは深化しているとの指摘もなされてきた（Mishra 1999）．

　2000 年代以降に入ると，福祉国家が何らかの形で再編を遂げたことは共通了解となり，議論の軸もその質や方向性を問うものへと移行した．ポスト工業化に伴い「新しい社会的リスク」が顕在化する中で，「維持か縮減か」「大きな政府か小さな政府か」というゼロサム的な軸に収まりきらない変化がみられるようになったためである．現実の変化は多様だが，一方では新自由主義的再編による競争国家が生じたといわれる，競争国家では，競争的経済政策と併せて福祉供給に際しての就労義務付けなど，ウェルフェアからワークフェアへの移行が特徴となる．もう一方にはイギリス・ブレア労働党政権の「第三の道」や「新しい社会民主主義」（Giddens 1998）に代表される社会的投資国家がある．古い社会的リスクに事後的に対処するケインズ主義的福祉国家に対し，社会的投資国家はリスクへの予防的対応に特徴付けられ，社会支出の重点を教育訓練，労働市場のためのアクティベーションなどの投資戦略に転換させる．社会的投資を巡る評価は複雑である．労働市場への統合や社会的包摂によって新自由主義への対抗戦略となるという評価がある一方で，社会政策の生産性を強調し，脱商品化ではなく再商品化に目標を置くために，むしろ新自由主義に親和的であるという評価もある．

　今日，新自由主義が，国家介入の最小化や古典的自由主義への回帰を志向するという認識は変わりつつある．自由競争市場の条件を創出し，維持するためには国家の強力な介入が必要不可欠なためである（Harvey 2005）．こうした新自由主義の実践と「強い国家」との密接不可分な関係は，伝統や権威の復活を目指す保守主義との関係においても改めて強調されるようになっている．福祉国家と新自由主義改革の関係は新たな局面に来ているといえるだろう．　　　　　　［井上　睦］

📖さらに詳しく知るための文献
・ハーヴェイ，デヴィッド（2007）『新自由主義──その歴史的展開と現在』（渡辺治監訳）作品社．

ポスト工業化社会と
福祉国家の変容

☞「福祉国家の変化の理論」
p. 136

　ポスト工業化社会の到来は，経済構造の変動にとどまらず，ジェンダー関係のような社会構造にも大きな変化をもたらした結果，福祉国家の構造と機能をも変容させた．社会の中心が工業製品の産出からサービスの生産・消費に移行するポスト工業化社会へのシフトは，情報技術への依存の高まり，高等教育の普及，個人化，少子高齢化といったさまざまな社会変動をともなったため，伝統的な福祉国家のモデルは新たな課題への対処を迫られてきたのである．

●**ポスト工業化社会への移行**　ここでいう「ポスト工業化社会」とは，製造業の衰退と，サービスセクターの拡大によって特徴付けられる．例えば，戦後経済秩序の分水嶺となる 1970 年代初頭をみると，先進工業諸国で製造業従事者比率は 30〜40% ほどを占めていたが，それはすべからく漸減していき，2020 年の段階では多くの国で 10% 程度，特にサービス経済化の進む英語圏では 10% を切る水準にまで落ちこんでいる．逆に，多くの先進工業諸国ではサービスセクター雇用が全体の 70〜80% を占めるまでになっている．

　こうした産業構造の転換は，「労働市場の女性化」という現象をももたらした．そもそも，戦後高度成長期を主導した工業セクター労働者の多くは男性であった．一方，ポスト工業化に伴い製造業従事者数が漸減していく中で，拡大するサービスセクターの労働需要の多くを埋めたのは女性労働者であった．サービス業の多くにおいては男性の比較優位はそもそも存在しないし，さまざまな対人社会サービスにおいてはむしろ女性労働者が求められたからである．

　このような工業化社会からポスト工業化社会への移行という経済の構造変動は，ジェンダー間の性別役割分業という社会構造にも大きな影響を与えてきた．男性と女性との間の賃金格差が大きく，家事を代替する市場サービスに乏しいため家庭内での家事サービスの産出にも多大な不払い労働を必要とする工業社会では，男女間で婚姻関係を結び，「夫は外で働き，妻は家庭を守る」という性別役割分業を行うメリットが男女ともに大きかったとされる（Becker 1974）．しかし，女性の高学歴化も加わり，男女間の賃金格差が縮小に向かうポスト工業化社会では，「イヤな夫」と一生添い遂げるメリットは減少し，離婚率の上昇という形で核家族モデルは動揺する．そして，離婚の確率の一般的上昇は，女性に家庭からの退出オプションを失わせてしまう専業主婦モデルを魅力のないものとし，共働き世帯を一般化させた（Iversen & Rosenbluth 2010）．

●**福祉国家の変容**　このような経済構造と社会構造の変化は，男性工業労働者の

ニーズに対応するために設計され，戦後の高度成長期に確立した従来の福祉国家モデルに変容を迫ることとなった．伝統的福祉国家は，労災，疾病，失業，老齢といった事由により賃金稼得者が労働市場から所得を得られなくなるという「伝統的社会リスク」に対応することを第一義として設計されていた．こうしたリスクの具現化に対しては，労災保険，失業保険，老齢年金といった現金給付によって対処することができる．女性や子供は，男性稼ぎ主・女性ケア者モデルの下，世帯を単位として，男性稼ぎ主に提供される現金給付によって社会的リスクから保護されることが想定された．

　しかし，ポスト工業化社会への移行は，このようなリスクの具現化に対して事後的に現金給付するプログラムによってはカバーできない「新しい社会的リスク」への対処を福祉国家に迫るようになった．ポスト工業化社会における労働市場の女性化，一人親世帯の増加にみられる家族モデルの多様化，いわゆる「マックジョブ」や「ギグエコノミー」といわれる低賃金サービス労働の拡大は，賃労働と家庭内ケア労働の両立困難，一人親世帯の貧困，不安定雇用もしくは長期失業の可能性の増大といった「新しい社会的リスク」を顕在化させたからである（Taylor-Gooby 2004）．このような「新しい社会的リスク」に対しては，公的保育サービスの拡充，育児休業制度の整備，シングルマザーや若年失業者を労働市場に再統合するための技能訓練プログラムの拡大といった，現金給付には還元できない社会政策が求められるようになった．しかも，生産性上昇余地の乏しいサービスセクターの拡大に伴い経済成長と税収が停滞する一方，少子高齢化により既存現金給付プログラムへの公的支出が増大し続けるという「永続的緊縮」の下で（Pierson 2001），こうした新しいニーズへの対応を先進工業諸国は求められるようになったのである．

　結論として，ポスト工業化社会への移行は，福祉国家の再評価と変革を先進工業諸国に促してきた．経済構造の変化は，家庭内の性別役割分業のような深いレベルでの社会構造にも影響を与え，人々の価値観や規範をも転換させた結果，福祉国家の役割は市場の変動から労働者を保護する「脱商品化」だけでなく（Esping-Andersen 1990），出産や育児のようなライフコースを通じて経験するリスクにうまく対処して労働市場で労働力商品として振る舞えるように手助けをする「再商品化」にまで及んでいる（Morel et al. 2012）．ただし，こうした新たな課題に各国の福祉国家がどのように対処しているのか，対処できるのか，その規定要因を探ることも比較政治学の今後の課題の一つである．　　　　［稗田健志］

📖さらに詳しく知るための文献
・エスピン＝アンデルセン，イエスタ（2022）『平等と効率の福祉革命——新しい女性の役割』（大沢真理監訳）岩波現代文庫.

福祉国家と移民

☞「外国人労働者」p. 566,「移民の包摂と統合」p. 570,「排外主義」p. 572

「福祉国家」とは人々の安定的な生活を保障するため，一生涯の間に起こりうる多様なリスクに対応すべく，徴収した歳入を元手に資源の再分配を行う仕組みが整備された国家を指す．加えて「福祉国家」は，自由競争を是とする資本主義社会においても国家による責任のもと最低限の生活水準を保障し，教育や医療，保健衛生や住環境，労働と失業対策などの幅広いニーズを政治的権利として認めていることが特徴的である．この「福祉」の概念は，イギリスで誕生した．同国では生活困窮者に対し，相互扶助や宗教的慈善活動により貧困問題を解決しようと試みる期間が長く続いたが，商工業の急速な発展と経済格差の拡大に伴い，具体的な制度構築を実施する必要性に迫られた．試行錯誤が重ねられる中，ナショナル・ミニマムの考えを取りまとめたベヴァレッジ報告は，健全な社会を構築する上で「福祉」を不可欠かつ国力増強にも寄与するものとして 1942 年に発表された．この報告書こそが「ゆりかごから墓場まで」の概念を包括的に提示したものであり，近隣欧州諸国に対しても福祉の概念を浸透させる基盤となった．

●**新自由主義の到来と統合政策の蹉跌**　第二次世界大戦直後より欧州諸国は，経済復興と産業活性化の観点から多くの移民を受け入れることが急務とされる中，移民に対する手当（あるいは報償）としての社会福祉制度も整備・拡充していく必要性に迫られた．当時の欧州諸国における恒常的な労働人口不足は深刻な問題であり，それを補うために安価で国益にかなう労働力の輸入を喫緊の課題としていた．ところが 1970 年代後半に起きた石油危機に伴うスタグフレーションや失業率増加により，主流であった社会民主主義的政策は後退した．それと同時に手厚い福祉制度は人々の依存心を増幅させ，経済的自立の機会や個人の責任感を奪う元凶になるとの認識のもと，新自由主義的政策を歓迎する機運が高まった．この動きと連動して，移民の増加による福祉費用の負担が増大し，国家財政を圧迫することへの懸念が強まると，当時の欧州各国政府は，移民に対する自発的な帰国奨励政策を採った．しかし政府の思惑とは裏腹に，多くの移民は環境や制度が出身国よりも整備された欧州に留まることを選び，さらに出身国から家族を呼び寄せた．この動きはやがて移民の滞在の長期化と差異を可視化させ，差別問題ともあいまって受入国における文化的・宗教的摩擦を招いた．1980 年代以降の欧州は，従来の寛容な移民・難民政策および福祉政策の矛盾を指摘する政治家が台頭し，躍進を遂げた時代であった．同様の現象は，福祉国家として知られる北欧諸国をはじめ，移民について政治的議論を行うことはタブーであったフランスや

ドイツおよび周辺諸国においても同様にみられるようになった．しかし経済的不安が蔓延する中でそのタブーをあえて破り，移民を巡る不安や不満を代弁する政治家は，有効かつ抜本的な政策を採りえない既存の伝統的中道政党への見切りをつける人々を取り込み，潜在的支持者も含めて支持者層を着実に拡大していった．

●脅威としての「移民」「難民」への社会のまなざしと福祉排外主義　2000年代に入ると，イスラム過激派による複数のテロが世界各地において実行され，イスラム系の移民を多く擁する欧州各国においては「移民」を安全保障政策上の脅威とみなす世論が広まった．一見，EU加盟国間の関係深化に伴うグローバリゼーションが加速しているかのようにみえる欧州社会において，移民に対する嫌悪や不信感が増幅する中での複数回にわたるテロ事件は，国民国家への回帰を促進させる逆説的な政治的潮流を生みだした．その結果として福祉排外主義を標榜する政党が政権与党入りする事例や，政権与党との連立や閣外協力を行う動きも活発化し，中には大統領選で最終決戦投票にまで進出する事例も現れた．欧州議会では近年，反移民やEU離脱を標榜する会派も形成されており，同会派に属する政治家は共通して「移民」の存在を自国における社会的・経済的貢献度が低く，社会福祉制度を濫用する存在であることを強調する．特に高福祉・高負担を実現してきた福祉国家では「移民」だけではなく，実質的には広義の「難民」に該当する人々に対しても，すでに整備された福祉制度に厚かましくただ乗りする偽装難民ではないかとの疑いの目を向ける論調が強まっている．そして人道主義的で高邁な理想を掲げる政治家は存在感をなくし，経済的合理性追求と危機管理の一環としてわかりやすく福祉排外主義を実行してくれそうな政治家が支持層を確実なものにしている．

　なお，現行のEU法には「無差別（non discrimination）」の基本原則があり，EU加盟国の国民とEU外囲国境線を越えてくる「移民」との間には垣根がなく，両者は福祉を平等に享受することを意味する．つまりEU構成国の国籍をもっていない「移民」であっても，一定の要件を満たせば福祉の恩恵に浴することが可能であるため，福祉排外主義を主張する人々は，その手厚い福祉制度こそが（偽装難民を含む）移民や難民の欧州への新規流入をいっそう促進する措置とみなす．

　各国の移民統合政策システムが機能不全に陥り，移民の人々によるテロ行為や暴力行為など，公共財の破壊行為や非行問題が顕在化している現代社会において，移民にも手厚い福祉給付制度は，移民に対する排除を望む声をより高まらせる要因となり，ヘイトクライムやヘイトスピーチへと形を変えながら社会に表象されている．この事象は悪循環ながらも社会の分断をいっそう際立たせる要因となっており，福祉に手厚いはずの「福祉国家」において，「移民・難民」と「国民」との埋められない溝はより深化し拡大する様相を呈している．　　　　　［東村紀子］

途上国の福祉国家

☞「福祉レジーム論」p. 134

　開発途上国ではラテンアメリカや東アジアの新興諸国において，社会保険や公的扶助などの社会保障制度の整備が進み，福祉国家として議論の俎上に上ってきた．*The Oxford Handbook of The Welfare State* にも，欧米など先進諸国以外では，ラテンアメリカと東アジアにそれぞれ 1 章ずつ割かれている．さらに一部の論者は，福祉レジーム論を開発途上国にも拡大し分析を試みている（Gough et al. 2004）．

　ラテンアメリカといっても域内の経済的格差は大きく，それは社会保障部門にも及ぶ．東アジアに関しては，経済成長後の民主化に伴う韓国と台湾で急速に社会保障制度が整備されていることが注目されている．中国は改革開放による社会保障制度の劇的な変化が起き，韓国と台湾とは別の角度からの研究がなされてきた（Castles et al. 2022；宇佐見編 2003）．

●**ラテンアメリカの福祉国家**　ラテンアメリカの社会保障制度形成の要因として圧力団体を重視し，軍人や公務員，専門職，ホワイトカラーや労働組合に組織された労働者などが主として社会保障の主要な受益者となったとする研究がある（Mesa-Lago 1978）．ラテンアメリカにおける社会保障制度は，フォーマル・セクターを対象とした社会保険を中心として発展してきており，社会的保護のニーズの高い貧困層など社会的脆弱層，あるいはインフォーマル・セクターに対する社会保障が脆弱であった（Grassi et al. 1994；Barrientos 2019；宇佐見編 2001）．

　福祉国家の類型化に関して，エスピン＝アンデルセンの福祉レジーム論を基に歴史的背景の相違から，欧米とは異なりラテンアメリカでは，普遍的レジーム（アルゼンチン，チリ，コスタリカ，ウルグアイ），社会保障から取り残された層が多い複線型レジーム（ブラジルとメキシコ），社会保障の対象が極めて限られている排他的レジーム（中米・アンデス諸国）に分類する研究がある．このうち条件付きながら普遍的レジームと複線型レジームがヨーロッパの保守主義レジームに類似しているという指摘もある（Solano 2019）．

　1990 年代には新自由主義経済政策が全域でとられ，それは社会保障政策にも及んだ．改革の方向性としては，社会保障制度に市場原理を導入し，制度の効率性を向上させることであった．改革の最大の中心は，それまでの賦課方式が中心の公的年金改革であった．メッサ・ラーゴは，ラテンアメリカにおける年金改革を 3 類型に分類している（Mesa-Lago 1996）．21 世紀になると年金改革が第二段階に入ってくる．その際，改革の方向性は穏健左派や急進左派などの党派性で

は説明できず，1990年代の第一段階の改革の制度的デザインが第二段階の改革に影響するとの新制度論からの学説も提起されている（馬場 2018）.

1990年代に社会保険制度が市場原理を導入して改革される一方で，社会保険の対象にならないインフォーマル・セクター，特に貧困層に対する新たな政策が導入されだした．21世紀になると，子供の健康と教育を条件に貧困層に現金を給付する条件付き現金給付プログラムがラテンアメリカ全域に拡大した．同プログラムは，人的資本に投資を促し貧困の世代間連鎖を断ち切ることを目的とし，同時に現金を支給することにより現在の貧困状態の緩和を目的としたものであった．この条件付き現金給付政策は，右派政権や左派政権を問わずに域内全域に広まったことについて，アイディア自体が政策の拡大に影響したとする研究や（宇佐見・牧野編 2015），メキシコを事例に優秀なテクノクラートによる政策の制度設計と客観的かつ説得的な政策評価が政策の継続を可能としたとする研究などがある（濱口・高橋 2008）．21世紀はまたラテンアメリカにおいて多くの左派・中道左派政権が成立した．その中で，プリブルは，なぜ特定の国で普遍主義的社会保障政策がとられ，他方でとられなかったのかに関して，政治の歴史的遺制，選挙での競争性および政党の性格から分析している．そこでは，普遍的政策がとられる場合，政策が上からテクノクラートにより設計される場合と，下から左派政党が設計する場合があるとしている（Pribble 2013）.

●東アジアの福祉国家　東アジアの初期の福祉国家や社会保障制度の研究として，開発途上国の社会政策を社会開発論的視点から主として分析しているミジリーや（Midgley 1986），何人かの研究者は東アジアの社会保障制度の発展の背後に儒教の影響を強調している（Jones 1990）.

第二世代の研究で東アジアの福祉国家の特色としてまずあげられることは，経済成長を優先させ，政治的には権威主義体制が存在し，経済成長がある水準に達し，政治的民主化が達成された後に社会保障制度の整備が本格化したという指摘である．経済成長におけるガーシェンクロンの「後発性の利益」を，遅れて発展した韓国の福祉国家の事例に適用し，先発福祉国家の「技術」を取捨選択できるという，後発性のメリットを韓国の福祉国家は享受したとする研究がある（金 2008）．李蓮花は，韓国と台湾の医療制度研究を基に，東アジアの工業化や民主化の「後発性」を踏まえて，東アジア型社会保障政策の特徴として普遍主義志向，皆保険，インフォーマル・セクターへの対応を指摘している（李 2011）.

他方，東アジアの社会保障の特徴はその多様性にあり，シュミッター等のコーポラティズム論の方がアジアの福祉国家分析に適しているとする研究がある．例えば台湾を例とすると，国家コーポラティズムが排除から包摂へと移行した結果，社会保険制度が導入され，民主化後に全国民がカバーされるに至ったと論じている（上村 2015）.

［宇佐見耕一］

第8章

政治文化

　文化は広く社会科学において重視されてきた要素の一つであるが，政治学においても，人々の間での共有価値や規範，間主観性の一定のパターンが政治に対してどのような影響を与えるかという点から政治文化論が展開されてきた．特に比較政治学においてはそれが各国間の違いを生み出す点が注目されている．政治文化のあり方を民主主義の安定性と結び付けたアーモンドとヴァーバの「市民文化論」はその代表的業績であるが，ソーシャル・キャピタル論やクライエンテリズムの議論もそのような特徴をもって展開されている．ただし，文化を構造的要因として各国政治の違いを説明するだけでなく，脱物質主義的価値観のように政治変動の要因とされたり，また「文明の衝突」論のようにグローバルな対立構造の原因として注目されたりするなど，政治文化論の射程は広がっている．加えて，投票行動や政党研究においても，イデオロギーといった形で政治文化的要素は重視されているのである．　　　　　　　　　　　　　　　　［近藤康史・馬場香織］

政治文化論

☞「政治文化と政治変動」p. 152

　ロスによる文化の説明をもとに政治文化論を定義するならば（Ross 1997），政治文化論とは，人々が日常生活を管理するために用いる意味体系としての，そして人々の行動を規定する社会・政治的アイデンティティの基盤としての文化に規定された，政治行動に関する議論体系である．

●**政治文化論の特徴**　政治文化は特定の集団の特性として理解され，こうした集団には国家のみならず，サブナショナルな小集団，サブナショナルにもトランスナショナルにもなり得る民族・宗教集団など，多様なものがある．

　集団に帰属する特徴として政治文化をとらえることから，この議論は，異なる集団を架橋する一般理論の構築は可能でも適切でもないと考える傾向がある．政治文化論はむしろ，各政治文化集団の行動を規定する意味体系を解釈しようとするアプローチを中心として形成される．

　政治文化論はまた，文化を集団間比較の中で差異化してとらえ，特定集団がもつ文化については，不変ではないものの，比較的強靱であると仮定する．その意味で，政治文化は通常変数としてとらえられるよりも，前提条件としてとらえられることが多い．そのため，例えばエルキンスとシメオンは，政治文化を「可能な代替行動，問題，解決策の全範囲よりも論理的に小さい範囲に注意を限定する効果をもつ「マインドセット」」であるととらえる（Elkins & Simeon 1979：128）．

●**宗教文化に関する議論**　政治文化に関する議論は多岐にわたり，歴史も長い．なかでも現在の比較政治学に影響を与え続ける古典の一つは，ウェーバーの『プロテスタンティズムの倫理と資本主義の精神』であろう．ウェーバーは，プロテスタントのカルヴァン派が，ドイツにおける近代資本主義の勃興を促進したと論じた．運命はあらかじめ決せられ，よい運命にある者は自然と魂の質が高くなると信じる彼らは，誠実で，勤勉で，倹約的な行動を取るとしたのである（Weber 1904-1905）．同様にプロテスタンティズムが政治に影響を与えるとする議論には，イングルハートのものなどがある．イングルハートは，米，独，北欧のようにプロテスタントの影響が強い国々では民主主義が安定する傾向があると論じた（Inglehart 2000）．

　1970年代半ばに始まった民主化の第三の波で南欧やラテンアメリカでカトリック文化圏が民主主義への移行を開始すると，プロテスタンティズムの政治的影響に対する関心は弱まり，関心対象は他の宗教・政治文化圏に移行した．アジアにおいては，儒教が上下関係を重視することで社会の秩序を維持しようとする

特徴をもつことから，儒教をベースとする「アジア的価値」は民主主義と相容れないとの議論が高まった．しかし1980年代に台湾や韓国が民主化すると，この議論に対する研究者の関心も薄れた．

その後宗教文化と政治体制の関係に関する学問の焦点はイスラームに移行し，宗教的権威を政治的支配から切り離さない限りイスラーム諸国の民主化は困難とする議論などがみられるが（Lakoff 2004），論争がある．

●**市民文化アプローチ**　政治文化論において最も盛んなアプローチは，市民文化に焦点を当てたものである．なかでもアーモンドとヴァーバの議論は，この分野の礎を築いたといえる．彼らは各国の政治文化を偏狭なもの，主体的なもの，参加的なものに分類し，このうち主体的政治文化が民主主義の強化に寄与すると論じた（Almond & Verba 1963）．

アーモンドとヴァーバの議論が政治文化の境界を国境に重ねているのに対し，社会関係資本（social capital）の議論は境界をよりサブナショナルにとらえる傾向がある．例えばパットナムらは，社会関係資本を信頼，規範，ネットワークといった社会組織の特徴と定義し，社会関係資本が強いコミュニティでは，人々は互いを信頼し協力し合う可能性が高まり，民主主義の機能を下支えすると論じた（Putnam et al. 1994）．

●**政治文化論の有用性**　政治文化論の有用性として，ロスは5点を指摘する．第一に，文化は政治共同体の基礎であり，これを分析することで政治が発生する文脈がいかに規定されているかを理解できる．第二に，個人と集団のアイデンティティを紐帯するものを分析することができる．第三に，文化によって集団の境界が定義され，集団間の行動組織化が説明できる．第四に，アクターの選好の由来を解釈する枠組みを提供する．そして第五に，制度や動機の基礎を理解する助けになる，という（Ross 1997）．

●**政治文化論の限界**　ただし，政治文化は個々人の間で間主観的に共有される要素であり，観察が容易でない．人々は政治文化の影響に通常自覚的ではないため，政治文化の影響に関する直接的なインタビュー調査ではそれをとらえることが困難となる．さらに，政治文化の境界線をどこに引くべきかについても，しばしば問題となる（Elkins & Simeon 1979）．

また，政治文化は，政治的行動をもたらす上での直接的な原因ではなく，環境要因であることがほとんどである．そのため，政治文化論に批判的な論者は，これ単体を説明変数に用いた議論を構築するよりも，制度論や構造論などといった他のアプローチとの組み合わせで用いることが望ましいと論じる．［市原麻衣子］

ソーシャル・キャピタル

☞「政治文化論」p. 148

　ソーシャル・キャピタル（social capital, 以下 SC と略記）は，政治学者パットナムによる一連の研究が契機となって，1990 年代以降，社会科学全般で広く用いられるようになった概念である．今日 SC は政治学に限らず，経済学，社会学，経営学，公衆衛生学，犯罪学などさまざまな研究分野で重要概念として扱われている．2000 年代には SC は学術分野にとどまらず，OECD や世界銀行などの国際機関，日本を含む各国政府機関などでも注目され，政策的な展開もみられるほどの「SC ブーム」が存在した．しかしながら，2010 年代以降はブームは次第に下火となっている．

●**パットナムの SC 論**　パットナムの SC 論の出発点となったのは，イタリアの州制度改革を題材とした比較政治学上の研究書 *Making Democracy Work*（邦題『哲学する民主主義』）である（Putnam 1993）．同書は，イタリアで新たに創設された 20 の州政府の統治の成否は何によって説明されるのかを主たる問いとし，州ごとに異なる SC の蓄積量の多寡こそが統治の成否を左右することを示した．

　同書の中で SC は「調整された諸活動を活発にすることによって社会の効率性を改善できる，信頼，規範，ネットワークといった社会組織の特徴」（Putnam 1993：167）と定義されている．SC の蓄積量が多い地域では，人々の間の自発的協力関係が成立しやすくなり，政府や社会の運営が効率的に行われる．SC は民主主義をうまく機能させるための鍵となる文化的変数だ，というのが同書の結論である．

　同書は比較政治学において政治文化論の復権をもたらした一冊として高く評価された（Laitin 1995）．加えて，政治学における実証的な市民社会研究の嚆矢になった研究としても重要な一冊となった（坂本 2010）．

　パットナムはその後，アメリカを題材にした著作 *Bowling Alone*（邦題『孤独なボウリング』）を発表し，アメリカの SC は 1970 年代以降減退している，と主張した（Putnam 2000）．同書は，アメリカにおいて人々のネットワーク参加や他者に対する信頼感，協調性や社交性の水準が過去に比べて低下していることをさまざまなデータから示した．そして，SC 減退がアメリカの民主主義の危機をもたらしている，と主張した．

　パットナムは各国の研究者を集めて，日本を含む先進民主主義国の SC の動向を比較分析した編著本も刊行している（Putnam ed. 2002）．各国で SC 研究が進められる中で，「政府の質→SC」という，パットナムの研究とは逆の因果の存在

も指摘された（Rothstein & Stolle 2008；Martinangeli et al. 2023）.

●概念の曖昧さ　議論の出発点では SC は，ある社会において自発的協力関係を成り立たせ，政府・社会運営を効率的にする信頼，規範，ネットワークを指す概念であった．つまり，SC は信頼，規範，ネットワークという異なる三要素を「三位一体」のように包含し，国・地域や社会を単位として評価付けがなされるマクロレベルの文化的変数として登場した．

　しかしながら，さまざまな SC 研究が展開していく中で，SC の定義は次第に曖昧になっていき，単に個人間の「ネットワーク」や「社会関係」あるいは個人が他者に対して抱く「信頼」という言葉の置き換えのように SC 概念が用いられるようになった．例えば，同質的な狭い仲間内のネットワークを「結束型（bonding）SC」，多様な背景をもつ人々から成るネットワークを「架橋型（bridging）SC」，政府と市民社会組織間のネットワークのように権力上位者-下位者間のネットワークを「リンク型（linking）SC」とする用法はその典型例である．

　こうした用法では，SC は個人が保有するネットワーク量あるいは他者に対する信頼のようなミクロレベルの変数として用いられる．SC 概念がネットワークや信頼という言葉の置き換えのように用いられるようになったことで，SC 研究の外延は飛躍的に拡がったものの，SC の分析概念としての独自性は失われた．

●測定の難しさ　一時ブームとなった SC 研究が政治学では次第に低調となっていった一因として，SC の測定上の難しさがある．SC の測定には，個人を対象としたサーベイのデータが用いられることが多い．具体的には，個人の団体所属状況，人付き合い状況，一般的他者に対する信頼感，ボランティア参加率などの変数が用いられる．

　マクロレベルの文化的変数として SC を測定する場合には，これらサーベイデータから得られた変数の回答を集計して，その平均値が用いられる．しかし，地域間の SC を比較するためには，地域ごとに一定規模以上のサンプルサイズを確保する必要があり，調査コストが高くつく．また，サーベイデータゆえに，設問のワーディングの影響などによる測定誤差の問題もつきまとう．

　以上の理由から，信頼性と妥当性がある測定手法を用いて SC の経年データを蓄積していくのが困難であり，その点が SC 研究の発展を阻害しているといえる．SC 研究の更なる発展のためには，低コストで信頼性と妥当性のあるデータが得られるような測定手法の開発が必要とされている．　　　　　　　［坂本治也］

📖さらに詳しく知るための文献
・パットナム，ロバート（2001）『哲学する民主主義──伝統と改革の市民的構造』（河田潤一訳）NTT 出版.
・パットナム，ロバート編著（2013）『流動化する民主主義──先進 8 カ国におけるソーシャル・キャピタル』（猪口孝訳）ミネルヴァ書房.

政治文化と政治変動

☞「政治文化論」p. 148

　政治文化とは，政治に対する個々人の価値観，指向，態度のある集団内での全体的な傾向や体系のことをいう（ただし政治文化についての定義は，政治学の中でも国際政治やナショナリズム論，文化人類学的アプローチなど，研究分野によって異なっている）．アメリカの政治学者イングルハートは，人々の価値観はそれが形成される時期の社会経済状況に影響され，世代によってその傾向の違いがあることを明らかにした．そしてこの世代間での価値観の相違は，世代の入れ替えにともなって社会全体の価値観の傾向を変化させる．そしてそれは新たな政治的争点や政党の出現を通じて政治変動につながりうると論じた（金丸 1997）.

●イングルハート『静かなる革命』　アーモンドとヴァーバによって確立された政治文化の研究手法は，世界各国の個人に対してその政治的指向や態度の調査を行い，そこから各国の政治文化の傾向を計測して類型化するというものであった（Almond & Verba 1963）.『静かなる革命』（Inglehart 1971；1977）でイングルハートは，個々人の価値観を調査するという同様の手法で，戦後，経済成長を遂げた先進諸国では，戦前・戦中世代と戦後世代との間で価値観の傾向が異なることを明らかにした．そしてその世代間の価値観の違いは，それぞれの世代がどういった社会・経済状況の下で価値観を形成してきたかに起因するとし，第二次世界大戦前後の貧しく危険な時代に価値観を形成した世代の人々は物質的な豊かさや身体的安全を優先する傾向があり，他方，戦後経済成長期の豊かで安全な時代に価値観を形成した世代の人々は物質的な豊かさや身体的安全よりも個人の自由や自己実現を重視する傾向があることを明らかにした．その上で，戦前・戦中世代にみられる価値観を「物質主義的価値観」，戦後世代にみられる価値観を，「脱物質主義的価値観」と呼んだ．また，人々の価値観は政治的社会化が進む時期に形成され，それはその後およそ変化することがないため，時間の経過に伴う世代の入れ替えにより社会全体の価値観の傾向が物質主義から脱物質主義へと変化していくとした．この研究はあくまで価値観に着目するものであったが，これは政治文化の主要因となる．よってイングルハートは，さらなる研究の蓄積を踏まえて後に『文化変容』（Inglehart 1990）という研究を発表している．

●ニューポリティクスと政治変動　イングルハートの研究のさらに重要な点は，価値観変化が社会変動や政治変動へとつながることを示唆した点にある．このことは，その著書の表題が「静かなる革命」となっている点によく現れているといえよう．このように彼が，価値観変化の検証だけでなく政治変動の説明にまで展

開した背景には，この研究が行われた1960年代後半の世界的な政治現象，すなわち各地での学生運動の勃発や環境問題への関心，フェミニズム運動などの新しい社会や政治の動きが先進諸国で相次いで発生したことにある．「静かなる革命」はまさにこうした新しく起きた政治の動きを説明しようとした．

　こうした政治の新しい動きは，先進国の政治が左右イデオロギー対立軸で動いていた当時，新しい左翼運動として知られており，脱物質主義的価値観の増加はこの新しい左翼の台頭を説明するものとされた．ところがこれに対しては，脱物質主義的価値観を反映した新しい右翼の政治運動もありうるという有力な批判がなされた．例えばフラナガンは，物質主義／脱物質主義の価値観対立軸に，リバタリアン／権威主義という新たな価値観対立軸を加えることで，価値観変化は新しい左翼運動のみならず新しい右翼運動の台頭も説明できるとした．つまり，新しい左翼の主張する環境問題，人工妊娠中絶の自由化，女性や性的少数者の権利保護，反核兵器などの政治的争点に対して，強い防衛力，愛国心，法と秩序，移民反対，マイノリティの権利反対，特殊創造説などの新しい右翼の政治的争点の登場も説明したのである（Flanagan 1982；Inglehart & Flanagan 1987）．そしてこれら新しい左翼／右翼の主張する争点はいずれも脱物質主義的価値観を反映した「ニューポリティクス」（Muller-Rommell & Poguntke eds. 1995）と呼ばれ，物質主義的価値観を反映した「オールドポリティクス」と区別された．

　このことは1970年代以降，ヨーロッパを中心に従来の左右対立軸に沿った政党に加え，環境政党や極右政党の登場といった議会政治レベルでの政治の変化としても現れることになる．ここに，個人レベルの価値観変化は，新しい政治的争点の出現を通じて，議会政治や政治体制レベルの変化にまで及ぶことになった．政治文化の変化が政治変動を引き起こすことがここで示唆されたのである．

●**現代における権威主義の台頭とポピュリズム**　昨今，ポピュリズムの台頭や各国政治の権威主義化が問題とされている．イングルハートの『静かなる革命』は学生運動や環境問題が実際の現象として背景にあったが，極右的争点も含むニューポリティクスの観点からみると，彼の議論は今日の権威主義化をもその射程に収める．実際，極右研究で有名なイニャーツィは「静かなる反革命」が起きているとすでに1990年代の初めに指摘している（Ignazi 1992）．またイングルハート自身も，ポピュリズムや極右研究で著名なノリスとともに『文化的反動』（Norris & Inglehart 2019）を発表し，今日の極右の台頭などにみられるポピュリズムが「静かなる革命」への「反動」であることを検証している．このように，今日のポピュリズムや権威主義の台頭はさまざまに論じられているが，イングルハートの示した個々人の価値観やその総体である政治文化の変化から検証するアプローチは必ずしも多くはない．イングルハートの議論は半世紀前に遡るものであるが，今日のポピュリズムや権威主義の検証にも資するものである．［金丸裕志］

クライエンテリズム

☞「権威主義の遺産」p. 232

　現在の比較政治学では，クライエンテリズムは政治家や政党といったパトロンによる特定の有権者に対する利益の分配に対し，クライアントである有権者が投票などの政治的支持をもって報いるという交換関係であると理解されることが多い（Hicken & Nathan 2020）．その代表例としては，官職の提供などといったパトロネージや，票および投票参加の買収があげられよう．本テーマが比較政治学で扱われるようになって久しいが，定義やその構成要件が曖昧なまま研究が進められてきた．しかし，2000 年代に入ると上記のようなとらえ方が主流となり，有権者の政治的支持との交換を前提とはしない特定の地域や選挙区への利益の供与（例えば，公共事業によるインフラ整備など）を指すポークバレルと区別されるようになっている．

●**クライエンテリズムの構成要件**　以上のような経緯もあり，現時点においてもクライエンテリズムの定義について明確な幅広い合意が存在しているわけではない．しかし，これまでの研究においては，パトロンとクライアントの間で二者関係が成立していること（dyadic relationships），二者間での利益供与と政治的支持との交換がそれぞれ互いの行動に付随していること（contingency），二者間で上下関係が存在していること（hierarchy），二者間での利益供与と政治的支持との交換が繰り返し行われていること（iteration）がクライエンテリズムの構成要件として取り上げられ，二者間での交換が有権者の自由な意志（volition）によるものであるか否かも議論されてきた（Hicken 2011）．このうち，二者間の社会的関係を重視することが多かった 2000 年代までの研究では，二者関係の成立や上下関係の存在が強調され，パトロンの庇護に依存するクライアントはクライエンテリズムから逃れられない存在として描かれることが多かった（建林 2022）．

　他方，2000 年代以降の研究では，二者間での利益供与と政治的支持との交換の付随性や交換の繰り返しに注目が集まった．例えば，秘密選挙に基づく現代の民主主義でもクライエンテリズムが機能している理由について，アルゼンチンの有権者に対するサーベイデータを用いて考察したストークス（Stokes 2005）は二者の関係を囚人のジレンマゲームとしてとらえ，利益供与を受けたにもかかわらず投票しないという有権者による「裏切り」を防ぐためには，パトロン側による有権者の監視（monitoring）および懲罰の可能性を伴う繰り返しゲームの履行（enforcement）が不可欠であると論じた．また，有権者が各党の提示する政策綱領に応じて投票することを想定する責任政党政府モデルの対極にクライエンテ

リズムを位置付けたキッチェルトとウィルキンソンも監視と履行を強調している（Kitschelt & Wilkinson 2007）．ただし，供与する利益の重要性が極めて高く有権者の行動の予測可能性も高い場合においては，監視と履行が脆弱もしくは欠如している場合においても，クライエンテリズムが成立しうるとした．

●**新たなクライエンテリズム研究の方向性**　こうして2000年代以降のクライエンテリズム研究ではパトロンとクライアントの間でのコミットメント問題の解決手段としての監視と履行が重視されるようになり，パトロンのエージェントとして有権者の監視を行うと同時に繰り返しゲームの履行を可能にするブローカーの存在に注目が集まるようになった（Stokes et al. 2013）．しかし，ヒッケンとネイサンは，コミットメント問題に関する研究への過度な集中に警鐘を鳴らしている（Hicken & Nathan 2020）．彼らによれば，2008～2018年に出版された82の研究のうち，政治家による監視を見出すことができたものが11，「裏切り」を行った有権者への利益供与の停止などといった履行のエビデンスを見出すことができたものも11しかなかった．現代においてはブローカーの監視を可能にするような社会ネットワーク構築のコストが大きく，ブローカーによる監視も不完全なものになりがちである．そして，一部のアフリカ諸国や東南アジア諸国のように，そもそも監視を行うブローカーが存在しない例も少なくないという．

　すでにそれまでの研究においても示唆されていたが（Kitschelt & Wilkinson 2007），近年の研究ではクライエンテリズムの多様性が注目を浴びている．そこでは，長期的な二者関係に基づき上記のような監視と履行が行われているタイプのものは関係性型クライエンテリズム（relational clientelism）と呼ばれ，パトロンとクライアントとをつなぐ組織的基盤が弱いために監視と履行が機能しにくい単発型クライエンテリズム（single-shot clientelism）と対比される．そして，中所得国では関係性型クライエンテリズムと同時に責任政党政府モデル的な有権者と政党のリンケージもみられがちであるが，政党の組織的能力によるバリエーションも大きい（Yildirim & Kitschelt 2020）．ペルーのように政党が弱い国では，市民社会との関係が深い地方官僚がブローカー役を務めることもある（Cornell & Grimes 2023）．また，監視と履行を重視した研究は暗黙のうちに二者間の上下関係を想定しがちであるが，有権者側に注目した研究では資源豊富な有権者が利益供与を要求するために政治家に近づき，有権者主導でクライエンテリズムが構築された事例も報告されている（Hicken & Nathan 2020）．以上のような多様性を認識しつつ，クライエンテリズムと民主主義や経済発展との関係を含めて研究が進められている．　　　　　　　　　　　　　　　　　［菊池啓一］

📖さらに詳しく知るための文献
・日本比較政治学会編（2022）『クライエンテリズムをめぐる比較政治学』ミネルヴァ書房．

文明の衝突

☞「政治文化論」p. 148,「民族
紛争」p. 430

　文明の衝突とは，アメリカの政治学者ハンティントンが 1996 年に刊行した同名の著書で展開した，冷戦終結後の国際政治の特徴と展望に関する議論である．その要諦は，東西（共産主義対自由民主主義）のイデオロギー対立が終結した世界では，世界の七つまたは八つの主要な文明の間の対立が顕在化し，特に文明と文明が地理的に接する「断層線（フォルト・ライン）」に沿って紛争がエスカレートしやすくなるというものであった（Huntington 1996）．この議論の骨子は，『フォーリン・アフェアーズ』の 1993 年夏号に掲載された同名の論考で発表されていた（Huntington 1993）が，その際は「文明の衝突？」とクエスチョンマークが付けられていた．ハンティントンは，当初はこの議論を冷戦終結後の世界を見通してく上での問題提起として提示したといえるが，その後の 1996 年の加筆単行本化に際して，『文明の衝突と世界秩序の再編成』とあらためられた．

　新たな政治対立の単位とされた文明を，ハンティントンは広範な文化のまとまりとしてとらえた．特に西欧，東方正教会，イスラーム，仏教，ヒンドゥー，アフリカ，ラテンアメリカ，中華，日本という区分にみられるように，主として宗教の違いに着目していた．つまり，文明の衝突論において，冷戦終結後の世界は，宗教を基礎とする複数の文化圏＝文明からなる多極化が進むと予見されていた．ただし，その論調自体は，西欧文明とそれ以外の文明，特にイスラーム文明との対立に紙幅が割かれていたため，ハンティントン自身が属する西欧文明にとっての新たな脅威を提示することに眼目が置かれていたといえる．

●**社会科学に「文化」を取り戻す**　文明の衝突論には，発表後直ちに賛否両論が寄せられ，研究者だけでなく政策決定者の間でも大きな論争を巻き起こした．主たる批判としては，文明が過度に単純化されており内部の多様性が看過されている，さらには，文明の違いが不可避的に政治対立や紛争を発生させるわけではない，といったものであった．しかし，文明の衝突論の貢献は，国際政治学，広くは社会科学にあらためて文化や宗教の役割を再検討させる契機を生み出した点にみることができる．

　まず，文明の衝突は本当に起こっているのか，という問いは，文化や宗教が政治対立や紛争を説明するための独立変数にどの程度なり得るのか，というかたちで顕在化した．特に，文化がある社会において政治的行動を導く共通の規範や制度となると考えてきた政治文化論と高い親和性をみせた．例えば，ノリスとイングルハートは，イスラーム主義組織アルカイダによる 2001 年の米国同時多発テ

ロ事件以降，西欧文明とイスラーム文明の衝突が現実味をもって語られるように
なる中，世界価値観調査／ヨーロッパ価値観調査（WVS/EVS）のデータを用い
て，イスラーム教徒と非イスラーム教徒の信条や価値観を比較分析した．その結
果，西欧世界が代表するとされる民主主義に対する認識については，両文明の間
で優位な差異はなかったこと，そして，それぞれの文明の中でも民主主義や政治
指導者のあり方に対する認識には相違があること，が明らかにされている．これ
は，ハンティントンによる過度に単純化された文明観に対する実証研究からの異
議申し立てであったといえる（Norris & Inglehart 2002）.

　異なる文明が衝突しやすいという議論は，同じ文明ならば衝突しにくいのかと
いう問いによって仮説からも検証することもできる．これをデモクラティック
ピース論（民主的平和論）の観点から検証した計量的な研究では，文明の衝突の
仮説は支持されないという結果が示された．民主主義を奉じている国家，つまり
同じ文明に属しているとされる国家同士も，民主主義と非民主主義の国家同士
も，ほぼ同じ確率で衝突してきたのである（Henderson 2004）.

●**比較政治学におけるフレーミングとして**　文明の衝突論は，その巨視的な視座
から世界の複数の諸国を対象とした政治文化論や国際政治学の発展を牽引した一
方で，比較政治学では特定の国の国内政治における文化や宗教の役割を検討する
際のフレーミングとしても機能した．ボスニア，コソボ，ルワンダ，エチオピア，
アフガニスタンなど，冷戦後の世界の各地で民族紛争や分離独立運動が頻発する
ようになったことを受けて，宗教や文化がそれらをエスカレートさせる要因と
なっているのか，という問いに研究上の関心が集まった．当初は文明の衝突論へ
の応答として，この問題を複数の諸国によるパネルデータで計量的に検証する動
きがみられ，ある研究では，冷戦後の最初の10年間（1990〜99年）において，
国家内の文明間の接触は，文化や宗教の境界線を越えない接触よりも，より激し
い紛争にエスカレートする可能性が高いという結果を示した（Roeder 2003）.

　しかし，特定の国家を対象とした個別の紛争研究では，文化や宗教の影響を検
討する際に文明の衝突論のフレーミングは徐々に下火となっていった．むしろ，
個別の紛争研究では，文化や宗教の違いが不可避的に政治対立や紛争を発生させ
るといった通俗的な理解やイメージを静態的な文化決定論や本質主義的説明とし
て批判的に扱う傾向が強くなっていった．例えば，2000年代以降に内戦状態に
陥ったいくつかの中東諸国，例えば，イラクやシリアについて，その国内政治は
異なる宗派間のアイデンティティ・ポリティクス，すなわち「宗派対立」と解
釈される傾向が強かった．しかし，多くの研究が，政治主体が常に宗派の差異に
沿って展開されるわけではないことや，人々の投票行動が常に宗派アイデンティ
ティによって規定されるわけではないことを実証してきた．　　　　［末近浩太］

イデオロギー

☞「ポピュリズムとは何か」
p. 162

　イデオロギー（[英] ideology；[仏] idéologie；[独] Ideologie）は，「思考」「理想」の意の ideo- と，「学問」「学説」「教理」の意の -logy からなるように，もとは「観念学」「思想の科学」を意味したが，多様な使われ方がなされてきたために単一の定義を示すことは難しい．比較政治学上は，さまざまな観念や態度が規定因によって相互に関連付けられた信念体系（belief system）と定義するのがよいだろう（Converse 1964）．それらには「主義」（isms）と呼ばれるものが多く，①現状認識と将来のビジョンがある，②目標到達のための方向性・段階を提示している，③多くの人を動員するために大衆に訴えかける，④普通の人にでも理解できる単純な言葉で表現されるといった特徴がある（Baradat 1994：7-8）．

　1792年，フランス国民公会で，議長席からみて左側にジャコバン派，右側にジロンド派が座ったことから，左翼（left wing）と右翼（right wing）という対比が生まれた．左翼は既存の体制を変革しようとするもので，進歩や平等，理性，合理主義，国際主義，労働者，下層などを想起させ，右翼は支配的な体制を維持しようとするもので，保守や秩序，伝統，浪漫主義，民族主義，資本家，上層などを想起させた．左-右のイデオロギーは，対立軸上に有権者や集団，政党，政策を位置付けて論じることができ，「政治のエスペラント」（Laponce 1981：51）として欧州以外でも用いられる．機能的に等価な対立軸は，米国ではリベラル-保守である．第二次世界大戦後の日本では，戦前体制の是非や安全保障を巡って形成された保守-革新であり，55年体制崩壊までマスメディアでもよく使われた．また国際政治における東西両陣営の冷戦は，政治・経済・軍事・文化の対立であったが，資本主義と社会主義のイデオロギーの対立に基づくとされていた．

●**態度の一貫性とヒューリスティクス**　イデオロギーを政治学の分析道具として最初に用いたのは米国の経済学者ダウンズである（Downs 1957）．彼は，経済学を政治に応用し，リベラル-保守のイデオロギー軸上に有権者や政党を位置付けて演繹的に民主主義を論じた．ダウンズの議論に対して，ストークスやコンヴァースらミシガン・グループは，サーヴェイ・データに基づいた実証研究により，有権者の態度空間はダウンズのいうような一次元ではないこと，米国の有権者はイデオロギーという抽象的なもので政治問題を考えておらず合理的に投票しているわけではないこと，エリートの態度の一貫性と一般有権者のそれとに違いがあることなどを指摘した（Stokes 1963；Converse 1964）．これ以降，米国では，①有権者が，政治の問題をイデオロギーに関連させてとらえているか，②異

なる争点に対する有権者の態度にイデオロギー的一貫性があるのかが論じられた．論争の結果，米国の多くの有権者は，包括的なイデオロギー観念を駆使しておらず，イデオロギーについて無知だと理解されるようになった（Kinder 1983）．

しかし現実の米国の有権者のリベラル–保守への自己位置付けは，政治的認知や政治行動と高い相関をもつ．イデオロギーは，政治的知識の高い人々には認知構造を統合するものとして，政治的知識の低い人々には政党や候補者に対する感情評価のラベルとして機能している．後者は，イデオロギーが，自分に合理的選択となる政党や候補者を推論するヒューリスティクスになっていると理解しうる．

●脱イデオロギーと分断　欧州では，イデオロギーがどのような要因によって形成されているのか，イデオロギーは政党制とどのような関係があるのかについて関心が高く，イングルハートらの研究（Inglehart & Klingemann 1976）など，多くの国際比較研究がなされてきた．蒲島・竹中（2012）によれば，欧州諸国の有権者は，アジア諸国の有権者よりも，イデオロギーに自己を位置付けることができ，左–右の対立の度合いも大きく，イデオロギーと宗教や生活水準，国家帰属意識，政治満足度との関連が強い．また欧州諸国の有権者は，米国や日本の有権者よりも，イデオロギーと支持政党や投票政党との相関が高い．

その欧州でも，1970年代からイングルハートが，脱工業社会化と世代交代による物質主義的価値から脱物質主義的価値への価値変容を主張し，環境保護政党や極右政党の登場は左–右のイデオロギーと別次元のものととらえられた．冷戦終結後，有権者のイデオロギーの中道化が進み，既存政党間のイデオロギー対立が稀薄化する一方，反移民，反エリート，反既成政党，反EUなどを掲げるポピュリズム政党が台頭し，左–右の次元ではとらえられない分断が生じている．

日本では，55年体制崩壊後，自己を中間に位置付ける有権者が増え，争点態度に対するイデオロギーの規定力は弱まり，イデオロギーと支持政党や投票政党との相関も低下し，脱イデオロギー化している（蒲島・竹中 1996；2012）．高年層と若年層では「保守」「革新」のとらえ方も異なる（遠藤・ジョウ 2019）．とはいえイデオロギーに代わる新たな対立軸が現れたとはみられていない．

他方，米国ではイデオロギー的分極化が進んでいる．ただ，その分極化には，反移民，反エスタブリッシュメントなどのポピュリズム的な主張も伴う．国際政治では，自由民主主義と権威主義との対立が生じているとされる．イデオロギーは，投票行動や争点・政府の実績・リーダーに対する政治志向や政治選好を要約し，またそれに影響を及ぼす「超争点」（super issue）となりうるものである．今後，イデオロギーが政治の対立軸として機能するかどうかは，ポピュリズムや権威主義などを包摂したものになっていくかどうかにかかっているといえよう．

[竹中佳彦]

第9章

ポピュリズム

19世紀末の米国の人民党に起源をもち，20世紀半ばのラテンアメリカの政治運動について主に用いられたポピュリズムという概念は，20世紀末以降のヨーロッパの極右政党の台頭や，21世紀のトランプ現象を経て関心が高まり，近年新たな光が当てられている．これらの政治運動の多くには，「人民」に依拠する反エリート的言説や，支持者との直接的結び付きを重視する政治戦略という共通点がみられる．今日の世界では，右派・左派を問わずポピュリズムと呼ばれる政党や政治家が支持を拡大させており，民主主義の後退と呼ばれる現象とも絡んで大きな関心を集めている．本章では，米国，中南米，日本，ヨーロッパなど異なる国・地域に繰り返し見出されてきたポピュリズムの共通点および差異に留意しつつ，ポピュリズムの定義，要因，政策やイデオロギーの多様性，民主主義との関係を中心に，主要な議論を紹介しつつ検討を行う．　［近藤康史・馬場香織］

ポピュリズムとは何か

☞「グローバル化と国家」p. 102

　ポピュリズムを端的に定義すると，「人民（ラテン語でpopulus）」に依拠して既成政党やエリート層を批判し，既存の政治の抜本的な改革を訴える政治運動ととらえることができる．その根底には，既存の社会を「エリート」と「人民」に二分して理解するとともに，エリートを腐敗し，特権的な利益をむさぼる存在，人民を勤勉で正しく価値判断のできる存在とみなし，エリートではなく「本来の主権者」である人民が政治的意思決定をみずから行うべきとする政治観がある（ミュデ&カルトワッセル 2018）．

●**関心の高まり**　もともとポピュリズム，ポピュリストという用語自体は，19世紀末のアメリカの人民党に起源をもち，20世紀半ばのラテンアメリカの政治指導者などについて用いられた経緯があるが，21世紀に入り，ポピュリズムへの関心が高まり，概念に新たな光が当てられている．その背景にあるのが，各国で既成政党と距離を置き，エリート批判を中心に据えて急進的な主張を展開する新たな政治勢力が台頭していることである．ヨーロッパでは20世紀末より，既成政治を厳しく批判しつつ，反既成政党，反移民・反難民，反イスラーム，反ヨーロッパ連合（EU）を訴える政党や政治指導者が台頭した．そして2016年，イギリスでEU離脱の是非を問う国民投票が実施され，既成政党や労使など有力団体，メディアの意向に反して離脱派が僅差ながら勝利し，最終的にEU離脱（ブレグジット）が2020年に実現したことは強い衝撃を与えた．またアメリカでも2016年，トランプが大統領選挙に勝利したが，同様に既成政治を批判する大統領の当選はラテンアメリカでも続いている．近年のこれらの新しい政治運動や政治指導者の台頭を受け，その共通の特徴に注目してポピュリズムやポピュリストと呼び，比較政治学で扱うことが一般化した．なおかつての日本では，特に新聞・テレビなどの有力メディアにおいて，ポピュリズムを「大衆迎合主義」と訳すことがしばしばみられたが，「ばらまき政治」「人気取り政治」と近い意味で用いられることが多く，比較政治学におけるポピュリズム理解とやや異なることに注意する必要がある．

●**民主主義の「敵」なのか**　ポピュリズムについては，民主主義を掘り崩す脅威とみる見方と，民主主義を促進する存在とみる見方があり，評価は大きく分かれている．まず前者の場合，ポピュリズムは法の支配や権力分立を否定し，「反多元主義」の立場から多数者の専制を正当化する危険な存在であり，民主主義と相いれず，場合によって権威主義に道を開くものとみなされる．それに対し後者の

場合，ポピュリズムはエリート支配に対抗するアンチ・エスタブリッシュメント運動であり，疎外されてきた人民の統治を回復する「民主主義的」な存在と理解される．また両者の折衷的な見方として，政権を獲得したポピュリズムは権力集中を進め，法の支配を脅かす危険性があるが，ポピュリズムが野党にとどまり厳しく政権批判を続ける場合には，既成政治に緊張感を与え，民主主義に積極的な貢献をするのではないかという考え方もある（Mudde & Kaltwasser 2014）.

●**伸長の背景**　ポピュリズムが近年拡大をみせている背景には，以下の理由が考えられる．第一は，既成の左右対立軸の変容である．20世紀末以降，冷戦の終結やグローバル化の進展といった新しい事態が生じたことは，経済的対立軸を基本とする従来の左右軸を弱め，既存の中道右派，中道左派政党の求心力の低下をもたらした．他方，グローバル化やEU統合の是非，移民・難民問題などの新たなイシューについて，既成政党は概して対応が遅れ，グローバル化批判や反EU，反移民の立場に立つポピュリズムの台頭を許すこととなった．第二は，政党を支える団体の衰退である．20世紀の有力政党の多くは労組，農民団体，経営者団体，教会などの宗教組織を支持基盤にもち，人材や票，資金を依存してきたが，これらの中間団体のほとんどは21世紀には組織が弱体化し，有権者と政党をつなげるパイプとしての役割を大幅に低下させた（水島編 2020）．この状況下でポピュリズムは，団体ではなく有権者に直接アピールし，既成政党や団体を「既得権益」と位置付けて批判することで，既成政党や団体に縁遠い人々の支持を集めることに成功した．第三は，インターネット，特にSNSの発達である（Pajnik & Sauer 2017）．上記の中間団体をバイパスして有権者とつながる「中抜き」の手法は，特定の支持団体をもたないポピュリズムにとって極めて効果的である．ポピュリズムの多くは，団体や党組織を介さずともSNSで既成政治を批判し，反EUや反移民・難民の急進的な主張を展開し，一般有権者の支持を広げることに成功した．

●**右派と左派**　反移民，反EUなど排外主義的で右派イメージの強いポピュリズムであるが，反緊縮や再分配強化を求める左派ポピュリズムも近年伸びている．政策や主張が真逆にみえる左右のポピュリズムであるが，既成政党や既成政治を批判し，SNSなどを通じて直接有権者の支持を集めるスタイル，グローバル化やEU統合に慎重で，「人民」を守る砦としての「ナショナル」な枠組みを重視する点など，共通点も多い．この左右のポピュリズムに挟撃され，従来の中道主体の政治空間は縮小を余儀なくされている．　　　　　　　　　［水島治郎］

📖**さらに詳しく知るための文献**
・水島治郎（2016）『ポピュリズムとは何か──民主主義の敵か，改革の希望か』中公新書.
・ミュラー，ヤン＝ヴェルナー（2017）『ポピュリズムとは何か』（板橋拓己訳）岩波書店.
・松谷満（2022）『ポピュリズムの政治社会学──有権者の支持と投票行動』東京大学出版会.

アメリカのポピュリズム

☞「ポピュリズムとは何か」
p.162,「マスメディアと政
治」p.576,「ソーシャルメディ
ア（SNS）と選挙」p.580

　アメリカの政治制度の根幹にあるのが選挙デモクラシーであるために，ポピュ
リズム的な発想は常にアメリカ政治の伝統として受け継がれてきた．選挙デモク
ラシー（electoral democracy）で重要なのは，人々の世論であるためだ．「世論
に敏感である」という意味で「ポピュリズム」という言葉には，扇動的で否定的
なニュアンスはあるものの，その一方で「民衆の声を救い上げる」という肯定的
なイメージもあることがアメリカのポピュリズムの特徴である．そのため，アメ
リカのポピュリズムは，草の根の運動に支えられた反エリート主義という共通項
をもつ．

●**政治や経済の特権階層への反発に基づくポピュリスト運動**　アメリカにおける
ポピュリズムは，ジャクソン大統領（任期：1829-37）の時代にまで遡る．この
時代は「ジャクソニアン・デモクラシー（Jacksonian Democracy）」といわれ，
それまでの貴族，大土地所有者という特権階層に対する強い批判に基づいてい
る．ジャクソン政権時代には，政治参加の拡大や開かれた政治任用（猟官制度，
spoils system）などの急進的な平等主義に基づく改革が，次々に実現されていっ
た．ジャクソン大統領はそれまでは特権階層が独占していた政治システムを大き
く改革したとして「庶民の英雄」ともてはやされた．一方で，改革は主に白人男
性のためのものであり，ネイティブ・アメリカンの強制移住など，白人至上主義
の推進でもあった．

　また，19世紀末から20世紀初頭にかけて台頭した第三政党である人民党
（Populist Party）の政治運動はアメリカ政治史上，画期的な経済ポピュリズム運
動であった．人民党は，資本主義の構造や金融エリートに対する不信感を強く
もった西部と南部の農民を中心に組織され，経済的に苦しむ広範な人々の不満を
受けて大きな社会運動となっていった．人民党の主な主張は，通貨増発（金本位
制を改革し，銀貨鋳造の増加による経済刺激策）や累進所得税，独占企業の排除
（鉄道や通信の国有化）などの貧民救済だった．さらに，選挙制度の改革，大統
領任期制限などについても人民党は訴えた．人民党は1896年の大統領選挙では，
民主党候補で銀貨自由鋳造を主張するブライアンを支持したが，ブライアンの敗
北で人民党も二分することになり，運動は萎んでいった．しかし，人民党の主張
は他の社会運動に受け継がれ，一部を除いては民主党と共和党の二大政党の手に
よって次々と実現されていった．

●**平等主義を訴える知的エリートに対抗する文化的ポピュリズム運動**　このよう

に政治や経済の特権階層への反発に基づくポピュリスト運動とともに，20世紀半ば以降は，平等主義を訴える知的エリートに対抗する文化的ポピュリズム運動も広がっていく．その代表格が，1960年代から長くアラバマ州の知事を務めたウォレスであろう．ウォレスは，公民権運動に不快感をもつ南部の白人層の代表として人種隔離廃止政策に強く反対した．1968年にはケネディ，ジョンソンの2代にわたる民主党政権が推進してきた人種隔離廃止政策に反対し，民主党を離党し，アメリカ独立党から大統領選挙に出馬した．犯罪摘発強化政策を訴え「法と秩序を守る」というスローガンを掲げ，白人労働者階級からの強い共感を受け，南部だけでなく，北部の都市部ブルーカラー労働者や白人移民らが同調し支持を広げた．二大政党の候補には及ばなかったが，南部5州ではトップの得票だった．ウォレスの選挙運動は平等主義を訴える知的エリートに反発するポピュリズム運動の象徴であった．

●トランプ時代のポピュリズム運動　上述のさまざまなポピュリズム運動の流れのいずれにも当てはまるのが，トランプ大統領（任期：2017-21）である．トランプはみずからを「アウトサイダー」であることを強調し続け，従来の政治体制に批判的な反エスタブリッシュメントの立場を強調した．さらに「アメリカ・ファースト（America First，アメリカ第一主義）」のスローガンを掲げ，保護主義的な立場を採り，国内の雇用を促進するために貿易協定を再評価し，アメリカ企業の海外進出を阻止するといった政策を推進した．このように政治や経済の特権階層に反発するポピュリズム的な政策だけでなく，民族主義的な要素を含む文化ポピュリズム的な対応をしたのもトランプの特徴である．その中には米墨国境の壁建設推進や，難民受け入れの大幅な減少，部分的だったが特定国家を対象とする形で実現した「イスラーム教徒入国禁止」などの反移民政策などが含まれている．

　トランプの動員手段で特徴的だったのはソーシャルメディア（特にツイッター，現X）を積極的に活用し，支持者と直接的にコミュニケーションを取る手法を取ったことだった．これによりトランプのポピュリスト的な姿勢に批判的な既存のメディアを介さずにみずからのメッセージを発信する手法を確立した．この手法は一般大衆にアピールしたのは事実だが，トランプが発したメッセージにはアメリカの歴史の中で最も重要視されてきた市民的自由や寛容性，平等主義などを否定するものが多く，上述の「イスラーム教徒入国禁止」のような極めて単純化した対応が強調されてきた．そのため，ソーシャルメディアの爆発的な情報の伝播力のもつ危険性も浮き彫りになっている．同じ党派性をもつ集団への愛着が強まる一方で，対立する集団への敵対心が高まる「感情的分極化（affective polarization）」の悪化も情報環境の変化と無関係ではない．　　　　　　　　［前嶋和弘］

中南米のポピュリズム

☞「ポピュリズムとは何か」
p. 162

　中南米（ラテンアメリカ）は現代（1930年前後以降）において，ポピュリズムとされる現象を3度にわたり経験している．そのいずれでも，ポスト植民地国家として構造的に抱える社会経済の問題が深刻化し，既存の政党政治が対処できずに政治社会の亀裂が深まる状況で起きた．最初の経験はポピュリズムという概念が多様な意味内容をもつに至る契機となる事例を多数提供し，2度目は，今日，頻繁に用いられる，政治スタイルの観点からの定義が広まる契機となった．

●**古典的ポピュリズム**　最初のポピュリズムは1930年代から40年代を中心とする時期に出現した．中南米ではこの時期を「ポピュリズムの時代」と呼ぶ．今日からみると，中南米でも，また世界的にも，古典的といえる現象である．

　中南米は主に19世紀初めに独立するが，それは「ナショナリズムなき独立」で，植民地期からの強固な階層格差構造，ならびにそれを支えた白人系の少数エリートによる政治経済社会の支配が独立後も変わらずに存続した．寡頭支配と呼ばれるそうした支配のあり方は，19世紀後半の大英帝国の覇権下での世界資本主義の拡大に伴う中南米の経済社会発展を機に変容が始まる．欧米への農産物や鉱産資源などの原材料を提供する第一次産品輸出が活況となり，都市化などの近代化が進む．その過程で専門職業者などの中間層，労働者や都市貧困層などが徐々に増加した．当時は夜警国家で経済発展は格差を拡大しただけだったため，少数のエリート層に含まれない中下層の人々は不満を募らせ，生活の向上や政治参加などの要求を突き付けるようになる．少数による寡頭支配に反対する，そうした人々やその主張に基盤を置く大衆政党も現れ，国や地域によって違いはあるものの，1929年の世界恐慌の前後にはそうした振興勢力が政治的に有力となったり，政権に就いたりする例が各国でみられるようになった．そのような中南米で一般的に観察された動きが，アメリカ合衆国発のポピュリズムという用語でとらえられた．

　古典的ポピュリズムにより，それまで識字者の男性に限られていた参政権が拡大し，寡頭支配による閉鎖的な政治が市民一般に開かれた空間となった．それは「社会的な民主化」と呼ばれ，ポピュリズムの肯定的なイメージを形成した．他方，ポピュリズムを進めた政治家や勢力が権力を集中させ政治が権威主義化する例も多数現れ，「社会的な民主化」が民主主義の定着に至った国は少数に限られた．

　同時に，人々の生活の向上のために国家主導の経済社会発展が指向された．国内の資本（蓄積）不足の解消のため対外債務に頼り，しかし工業化が十分には進展せずに税収が限られ，国民への大盤振る舞いもあって財政赤字体質となり，高

率のインフレに帰結し政治と社会を混乱させた．そこから，大衆迎合的，無責任などの否定的な意味合いをポピュリズムという表現が帯びることにもなった．

●**ネオポピュリズム**　最初のポピュリズムによる政治の混迷は，1959年のキューバ革命を契機とする武装革命勢力の活発化への対応を目的とするアメリカ合衆国の後押しから，60年代から70年代にかけて中南米の大多数の国で長期軍政が出現する事態を招く．軍政下でも国家主導型の発展路線は継承され，対外債務と財政赤字，そしてインフレの問題は深刻化し，破綻する．そのような状況下で民政移管が進み，同時に破綻した経済を立て直すため，それまでの国家主導を改め，市場経済原理を徹底させる新自由主義（ネオリベラリズム）が急速に浸透する．

　その過程で，特に一般大衆の生活を圧迫した超高率（ハイパー）インフレを鎮静化するために，新自由主義を推進する大統領が政党や組合などの中間媒介組織を介さずに，少数の特権的な既得権益集団と深刻な経済社会の困難に直面する一般大衆との対比を後者に対して直接訴えかけて支持を得る政治スタイルがみられた．これを主にアメリカ合衆国や英国の研究者がネオポピュリズムと呼んだ．これに対して社会経済の構造面を重視する中南米の研究者からは，古典的ポピュリズムの肯定面を念頭に，政治スタイルに還元する「ポピュリズム概念の萎縮」，さらに，格差是正に向けた政策の放棄や合意形成の過程が軽視・無視され民主的な政治空間の縮小という点でむしろ「脱ポピュリズム化」ではないかとの批判が起きた．ただ，事例が限られ，また現実の政治が新自由主義の弊害による次の段階に入ったため，ネオポピュリズムを巡る論争は立ち消えとなった．

●**今世紀のポピュリズム**　新自由主義はインフレを鎮め社会を安定化させ経済を回復軌道に戻したものの，歴史的な階層格差社会を根本的に変えるまでには至らなかった．人々の関心が貧困や格差などミクロ経済面の課題に向くようになり，前世紀末から新自由主義への批判が高まる中，左派が政権に就く例が増えた．左派には，財政均衡を保ちつつ社会政策を拡充することを目指す穏健（中道）と新自由主義への徹底した批判とその転換を言説とする急進の二派に大別できる．欧米での右派ポピュリズム研究の隆盛の影響を受けて，中南米のポピュリズムとして注目されたのが，急進左派で，新自由主義の恩恵を受けた少数を批判しそれに与れなかった一般の多数者からの支持を集める政治スタイルである．その過程で政治の多元性を限定し，権力を集中させる傾向がみられ，民主主義体制の棄損に至る例が現れた．2010年代後半からは，汚職の蔓延や一般犯罪の増加と凶悪化を背景に右派政権が誕生し，「特権化した少数の既存勢力」を批判して支持を集め，三権分立を弱めて多元的な政治を損ねる国もみられるようになった．［村上勇介］

📖**さらに詳しく知るための文献**
・村上勇介編（2018）『「ポピュリズム」の政治学——深まる政治社会の亀裂と権威主義化』国際書院．

日本のポピュリズム

☞「ポピュリズムとは何か」
p. 162

　ポピュリズムやポピュリストという言葉は，日本でも多く使われるようになった．国立国会図書館のデータベースでは「ポピュリズム」を内容に含む邦語図書は 218 件，「ポピュリスト」は同 24 件存在する（2023 年時点）．その多くは 2010年代以降の出版であることから，日本でポピュリズム現象が注目されたのは，比較的最近であることがわかる．

　欧米ではすでに 19 世紀末から使われてきたポピュリズムという言葉が新聞紙上で日本政治の文脈で用いられるようになったのは 1990 年代半ばのことだが，いずれも「大衆主義」や「大衆迎合主義」と括弧書きされたり，あるいは財政拡張主義（"ばらまき"）的な政治姿勢を指したりするものが多かった．続いて多く使われたのは，小泉純一郎首相時代（任期：2001-06）のことであり，さらに民主党政権誕生以降，この言葉が頻出するようになった（Fahley et al. 2002）.

●**ネオ・リベラルなポピュリズム**　特定政治家の政治スタイルや，反エリート主義といった現代政治でのポピュリズムの定義を日本に応用した本格的研究は，大嶽秀夫『日本型ポピュリズム』（大嶽 2003）を嚆矢とする．同書では，ポピュリストとやはり呼ばれた米レーガン大統領（任期：1981-89）との比較を通じて，「小さな政府」を目指す小泉のそれを「ネオ・リベラル型ポピュリズム」であると定義した．他方，日本のポピュリズムは，テレビなどを通じてアピールを試み，庶民感覚を大事にする一方，アメリカと比べ，自国の伝統の強調や海外勢力批判といった「扇情的側面」がないことが特徴だとされた．また同書では，小泉以外にも田中眞紀子や石原慎太郎がポピュリズム政治家としても言及されている．

　2000 年代後半から，ポピュリズム政治の典型とみなされるようになったのは橋下徹ならびに同氏らが結成した大阪維新の会である．都構想に対する二度の住民投票を実施したほか，府議会定数削減や民間活力導入，公務員制度改革，大阪府・市政のスリム化などは，橋下府知事（2008-11，後に市長 2011-15）のメディア露出や SNS の駆使などとあわせて，「劇場型ポピュリズム」（有馬 2017）などと呼称された．

　以上のように，日本のポピュリズムは改革志向ないしネオ・リベラル型であることを特徴としている点が，欧米のそれと大きく異なる．ポピュリスト政治家の非伝統的メディアの駆使やトップダウンの政治的決定，中間団体やリベラル層への攻撃，これを支持する有権者の政治不信の高さや現状に対する不満，さらに政治環境として既成政党や政党制内外での変化などは，諸外国のポピュリズムと類

似しているが，主として新自由主義的価値観を有する中間層に支持される政治運動としての性格を有している点が異なる．ポピュリズムの定義の一つに反エリートであることが含まれるが，これは日本における政治・経済・文化的エリートの地位が欧米と逆に保守的であることも示唆していよう．他方で，欧米と同様に，例えば山本太郎とそのれいわ新選組を左派ポピュリズムに分類する指摘もある（Hanssen 2021）．

●ポピュリストとしての首長　維新の会の支持構造を分析する中で，善教はそれが大阪という地域的代表性を有しているゆえに支持されていること，それゆえに強固な支持ではないことを実証している（善教 2018）．維新の会の例にみられるように，日本のポピュリストのもう一つの特徴は，それが自治体の首長を名指しして用いられることが多いという点である．アメリカでも州知事を指してポピュリストとされることはあるものの（Canovan 1981），欧州では稀だ．

これに関して，松谷満は小泉純一郎・自由民主党支持者に加え，橋下徹・維新の会支持者，河村たかし名古屋市長支持者を比較調査して，特に後の二者は特定の社会階層に偏重していないこと，また政治エリートではなく市民の代表が民意を実行すべきと考える有権者から支持されていると指摘している（松谷 2022）．ポピュリズムとは「薄いイデオロギー」であるとされるが，日本のポピュリズムは，日本政治の対立軸の相対的な弱さや無党派層の多さを反映して，ソフトかつ包括的であることを特徴としているといえる．

その中でも首長によるポピュリズムが多くみられるのは，日本の地方政治が二元代表制を採用しているという，制度的特徴から説明することも可能である．すなわち，特に大都市の首長（知事・市長）は，小選挙区のもとで選出される．他方で議会は複数人が当選する中選挙区制である．ここから，地方議会議員は利益団体や労働組合などの組織的支援を得て当選することができ，他方で首長はこうした利益構造に含まれない無党派層を動員して当選可能性を高めることができる．そして都市部の無党派層は，既得権益批判や改革言説に敏感であることが多い．ゆえに，日本のポピュリスト政治家は地方において見出されることが多くなるというのが制度的説明として採用されることになる（Yoshida 2023）．

いずれにせよ，ポピュリズムという言葉は，記述概念や分析概念というよりも，日常用語においては，政治的・経済的・文化的エリートが好ましくないと考える政治姿勢や言説を非難するために使われるものであることに留意すべきだろう．そうであれば，日本と欧米におけるポピュリズムの異同に注意を向けることで，当該国における主流の政治観を知ることが可能になるという意味においても，各国のポピュリズム比較は大きな貢献をもたらすことが期待される．　［吉田　徹］

ヨーロッパの右派ポピュリズム

☞「ポピュリズムとは何か」p. 162,「排外主義」p. 572

　右派ポピュリズムとは，ヨーロッパにおいては欧州懐疑主義（euroscepticism）的な右派政党の総称である．フランスの国民連合や「ドイツのための選択肢」，オーストリア自由党など，欧州議会で"identity and democracy"会派に属する党（本項目執筆時点）が主に想定される．名称や綱領などの統一性には欠くため，ポーランドの「法と正義」やハンガリーのフィデスなどを含める論者も少なくない．

●**歴史的経緯**　歴史的には，戦前からの極右勢力との連続性をもつ組織を除けば，1970年代に登場して減税と規制緩和を訴えた北欧の反税政党が嚆矢とされる．80年代には利益誘導政治が批判された諸国において公的部門を腐敗の温床と呼ぶ勢力が，その政府批判のスタイルから「ポピュリスト」と呼ばれた．

　90年代以降には各国で構造的な改革が進むと，むしろ改革で打撃を受けた人々への浸透を図りつつ，移民・難民問題の政治争点化を成功させた．先住民（native）以外への福祉の提供を非難する「福祉排外主義（welfare chauvinism）」と呼ばれる主張は，右派ポピュリズム勢力の大きな共通点と目される（Mudde 2007）．

　さらに，2000年代以降には，欧州懐疑主義を前面に打ち出した．10年代の「欧州複合危機」（遠藤 2016）下においては，財政から治安，難民など，従来から支持層が重視する争点が欧州連合(EU)批判と結び付いて，各国で支持が拡大した．

●**ポピュリズムの定義**　ポピュリズムの定義は数多いが，それらを政治思想としての定義，政治手法としての定義に二分類するか（水島 2016），これに政治スタイルを加えて三分類する（Kaltwasser et al. eds. 2017）ことが一般的である．ヨーロッパの右派ポピュリズムの場合も，どの定義を採用するかは論者の強調点によって異なる．

　政治思想としての定義では，国民主権の強調，あるいは投票結果万能主義が重視される．右派ポピュリズム政党の多くは直接投票を好み，専門家や中間団体への諮問を嫌う．その理由は一様ではないが，正当化の根拠は，中間団体などが「国民の純粋な意思を表出することを妨げる」ことによる．各政党の攻撃対象は文脈により異なるが，EUへの否定的な態度は共通する．西欧では主要政党の多くがEUを支持するため，右翼ポピュリズムは反EU票の受け皿になりうる．

　動員手法の観点では，直接的な動員手法が重視される．もちろん，現代の民主政諸国において政治指導者がマス・メディアやSNSを活用して有権者に直接語り掛ける手法はほぼすべての政治勢力に活用されている．ただし，階級や宗派，職能などの集団が強固に組織され，団体を通じた政治的動員が強力であった西中

欧諸国においては，直接的な動員手法を最も早くから導入した政治勢力としてポピュリストの目新しさが強調された．これらの党には歴史的極右勢力との人的・組織的なつながりを有したものが含まれたことから，「極右ゆえに」ではなく，「極右であるにもかかわらず」支持される背景として，政治手法が意識された．

最後に，政治的スタイルとしての「庶民的な振る舞い」という特徴がある．率直な言葉遣いや親しみやすさを意識した振る舞いなど，伝統的な「政治階級」とは異なる所作を強調する指導者がポピュリストと呼ばれやすい．ただし，動員手法と同様に，既成政党の指導者が類似のスタイルを採用することも少なくない．

●支持拡大の背景　右派ポピュリズムが台頭した背景は，おおむね，有権者側の事情（需要側）と政党側の事情（供給側）の要因に分けて議論される．需要側では，脱工業化，世俗化などに伴う伝統的な政党支持の希薄化とそれに伴う政治的なコミュニケーションの変化が指摘される．社会全体の価値観の変容に抗って，伝統的な価値観を擁護したい人々が右派ポピュリズムを支持するとの指摘もある．供給側では，経済的にも文化的にも主要政党の政策的な収斂が指摘され，特に連立政治の下では各党が政策的な差別化に苦慮する中で，移民・難民問題や欧州統合など，それ以前には他党が十分に取り組んでこなかったと認識される問題の争点化に成功し，独自の立場を確立したことが支持拡大に結び付いたと考えられている．

もっとも，政党間の競合や社会状況は各国で大きく異なり，右派ポピュリズムへの支持の規模や政治的な影響力は個別に論じる必要がある．整理の基準としては，少なくとも制度的な背景と歴史的な経緯を踏まえる必要がある．

制度としては，（半）大統領制，小選挙区制度などの多数決的意思決定と，比例代表制を基調とする合意型のシステムの下では右派ポピュリズム勢力の戦略的な合理性が異なる．後者では，一定の不満を糾合すれば政党システムへの参入そのものは容易であるが，合意形成の過程で存在感を維持することが難しい．他方，前者の仕組みでは，新興勢力として過半数の支持を得るのは難しい反面で，特定の政治家が主要政党を通じてポピュリスト的手法を導入する影響が大きい．

地域で分けると，西中欧では既成政党が強固な政党帰属に支えられた反面として，新興政党や周辺的な政党が新しい手法を導入したことで右翼ポピュリストは頭角を現した．1990年代以降に民主化した中東欧諸国では民主化以降に複数政党による政党システムが構築されており，「ポピュリスト」と「既成政党」の区別には限界がある．西中欧でも，新興ポピュリスト政党がかつて批判の対象とした政治システムを許容して既成政党化したこと，主要政党がポピュリスト的な手法を導入したことを合わせて，ポピュリズムの主流化傾向が指摘される（水島編2020）．

他のあらゆる分析概念と同様に，右派ポピュリズムという概念を用いる場合には，分析の射程を意識して抽象度を統制する必要がある．　　　　　　［古賀光生］

ヨーロッパの左派ポピュリズム

☞「ポピュリズムとは何か」p. 162,「ヨーロッパの右派ポピュリズム」p. 170

　2008 年金融危機以降のヨーロッパでは，とりわけ地中海沿岸諸国で，新興急進勢力として左派ポピュリズムの台頭をみた．債務危機を契機とする 2010 年代の情勢を念頭に，その定義，事例と背景，特徴，課題について解説する.

●**定義**　ポピュリズムは，社会が究極的に「汚れなき人民」と「腐敗したエリート」という敵対する二つの同質的な陣営に分かれると考え，政治とは人民の一般意思の表現であるべきとする，中心の薄弱なイデオロギーである（Mudde & Rovira Kaltwasser 2017）.「中心の薄弱な」とは，常に他の核となるイデオロギーを付着させていることを意味する．この定義による左派ポピュリズムは，民主社会主義にポピュリズムのレトリックとテーマを接ぎ木したものといえよう.

　一方，左派ポピュリズムを言説的・情動的な動員戦略と定義付ける立場もある.「階級」に基づかない多様な社会的要求，例えばエコロジー，反人種主義，移民，女性，LGBTQ などのそれを節合（articulate）し，階級横断的に「人民」を構築，集合的意思へとまとめあげ，新自由主義的秩序という共通の敵に立ち向かおうとする．これは政治理論家ラクラウ（Laclau 2005）とムフ（Mouffe 2018）の立場である．彼らは軽蔑的・病理的に扱われてきたポピュリズムを，規範的判断から切り離すことに貢献した．2010 年代のヨーロッパの左派ポピュリスト勢力には，程度の差はあれ，ラクラウが創始した言説分析の英エセックス学派の理論的影響がある.

　左派ポピュリズムは包摂的ポピュリズムと呼ばれることもある（Mudde & Rovira Kaltwasser 2013）．右派ポピュリズムも人民主権の奪回と民主主義の回復を求めるが，「人民」から典型的には移民を排除し，平等への要求に応じない．移民をナショナルなアイデンティティと繁栄，福祉国家を脅威にさらす，よそ者とみなすからである．これに対し左派ポピュリズムは，平等と社会的公正という左派の価値観により，本来は「人民」から移民を排除しないのである.

●**事例と背景**　ギリシャの急進左派連合（シリザ），イタリアの五つ星運動，スペインのポデモス，フランスの不服従のフランス，ポルトガルの左翼ブロックが事例としてあげられる．ドイツの左翼党や，コービン党首（2015 年 9 月～2020 年 4 月）が率いた英労働党も，この範疇に位置付けられる.

　左派ポピュリズムが台頭した諸国には，およそ共通する文脈がある．まず，デモクラシーや財政緊縮の問題を掲げ，システム矛盾や既存エリートの約束反故に抗議する大規模な社会運動が先行していた．また，主要二大政党が中道に収斂

し，社会が提起する新たな問題を政権与党は把握できていなかった．各事例には国民性や歴史的特殊性があり，同一政党でも指導者層交代による性格の変化がみられるため，すべてに通じる定義付けは難しい．一方で，左派ポピュリズムが2000年代のラテンアメリカから2010年代の南欧へ伝播したことは示されており（ポデモス），EU域内では同時代の新興左派勢力として相互の影響や学習もみられた．

●**既成左派政党と異なる特徴**　左派ポピュリスト勢力には，以下のような相互に関連する特徴がある．すなわち，①新自由主義を敵視するイデオロギーを採用，②伝統的左派の表象よりも「人民」と「寡頭制」の分断を中心にしたレトリックを優先し，③社会運動の要求を公共政策に反映するため政権掌握を追求，④白人・非白人労働者層の願望を体現し，社会的流動性の低下や気候変動を懸念する中間層ともつながることができるカリスマ的な指導者が率い，⑤喜び，希望，反乱といった感情を政治に注入する（Cervera-Marzal 2024）．

　言説面では，自分達を「右でも左でもない」（ポデモス），政党ではなく「運動」（五つ星運動）のように称し，既成左派政党とは異なる新しさを強調する．この点は，若くて社会運動経験のある，デジタルリテラシーの高い人々を惹きつけた．社会的公正，人種平等や気候変動により関心をもつ，ミレニアル世代である．さらに既成左派政党の手法を批判，広場占拠の社会運動を支持し，雇用の不安定な知識人層を取り込んだ．特に注力したのは環境運動との連携である．雇用や賃金に不安を抱く労働者の要求と，気候変動や生活の質に関心をもつ高学歴中間層の要求とを結び付けようとした．社会運動との接触を通じて自分達を既成政党から差別化し，運動の弾みを支持拡大に転換する．参加民主主義を唱え，デジタルプラットフォームで広く共鳴者とつながり，クラウドファンディングを好む．現実には，意思決定権を指導者周辺に集中させ，地方幹部や党員が影響をもちえない構造があり，これに支持者が落胆し離反する傾向もある（Cervera-Marzal 2024）．

●**成功と失敗，課題**　ヨーロッパの左派ポピュリズムは成功したのか，ブームが去り失敗したのか，判断は難しい．2010年代後半にギリシャ，イタリア，スペイン，ポルトガルでは政権参加や閣外協力を経験したが，政権交代，党首や主要メンバー交代により党勢や方針も変化している．一方，福祉国家の縮減，移民や難民の大規模な流入を背景に，右派の排除的ポピュリズムが伝統的な左派支持層を取り込み，主流化している．何よりも，ラクラウとムフのいう戦略は理論的には成立しても，「人民」内部の異種混淆性が利害対立を惹起している現実もある．雇用や住宅を巡る労働者層と移民，生活様式を巡る労働者層とエコロジー運動，トランスジェンダーの権利を巡るシスジェンダー女性内部の分裂などである．

［中島晶子］

第Ⅲ部
政治体制

第 10 章

政治体制の概念と理論

政治体制とは，「政治指導者や政策の決定に誰が影響力を有しているのかを決める諸ルール」と大きく定義することができる．広く市民がそれらに対し政治的影響力をもつ場合には民主主義体制，逆に政治指導者自身やその取り巻きが政治的影響力を有するときに権威主義体制であるといえるが，そもそも「政治的影響力」をどのように把握するのか，思想・歴史・数理・計量など多様なアプローチを背景にさまざまな考え方が比較政治学には存在してきた．政治体制をいかに把握するのかについて方向性を定めることで，民主主義への移行やその定着のメカニズムを解明し，どのような条件で権威主義が維持され，あるいは民主主義の後退が起きるのか，分析が可能になる．また，民主主義・権威主義と一口にいっても，それぞれの政治体制には豊かな多様性が内包されている．本章では，政治体制の多様性をどのようにとらえ，政治体制変動はいかにして起こるのか，考えていく．

[網谷龍介・東島雅昌]

民主主義と権威主義

☞「民主主義指標」p. 180,「民主化の理論」p. 186

　政治体制（political regime）とは，政治という人間の営みの「ゲームのルール」を束ねたものである．世にいう政治の「仕組み」であり，俗に「ここの政治ではPということになっている」というときの，Pの総体である．政治体制によって人々の政治なる活動は秩序付けられ，定型性を帯び，制度化される．

●**政治体制の分類**　政治体制は政治ユニットごとに存在するが，細部まで踏み込めば千差万別である．そして一般的に多様な個体が存在するとき，それらを似たものどうしでまとめながら，あるいは一定の基準を立てていくつかに仕分け，そこに生じる集合を単位に比較したり，集合の間に序列をつけて階層化したりするのは，認知能力に限りのあるヒトがモノやコトを理解する際の所作として自然である．アリストテレス以来，政治体制の分類がさまざまに試みられてきたゆえんである．

　現在の比較政治学において，政治体制の分類法として最も優先度が高いと目されるのは，民主主義とそれ以外とに分ける二分法である．一定の基準を満たした政治体制を「民主主義（体制）」と呼び，基準を満たさない政治体制と区別する．後者の呼称として今日多く使われるのは，「権威主義（体制）」である．こうして政治体制は，まずは民主主義のグループと権威主義のグループとに分けられ，さらに各グループの中でより細かな分類が行われれば，形容詞付きの「○○民主主義」や「△△権威主義」が登場することになる．ただし民主主義も権威主義も多義的な名辞であり，とりわけ多様な意味を込め得る民主主義を政治体制のあり方として「手続き的（procedural）」に理解するのは，比較政治学では一般的であるものの，政治学全般においては民主主義理解の一つの流儀にすぎない．

　それでは，どのような政治体制が民主主義なのか．「民主的な方法とは，諸個人が人民の票を求めて行う競争的闘争によって決定を下す力を獲得するような，そういう政治的決定到達のための制度的取り決め（institutional arrangement）のことである」とのシュンペーターの言明が（Schumpeter 1950：269），手続き的な民主主義理解の端的な定式化の嚆矢とされるが，経済学者の彼が「制度的取り決め」のあるべき姿を細かく検討したわけではない．民主主義の基準の明確化に生涯をかけて取り組んだのは，20世紀最大の政治学者の一人，ダールであった．彼は生前最後の著書において，「理想的な民主主義」がクリアすべき基準を，国レヴェルの大規模な政治ユニットにおける「代表民主主義」が一定程度満たす上で備えていなければならない「政治制度（political institution）」として，①選

挙された代表，②自由・平等・頻繁な選挙，③表現の自由，④代替的な情報源，⑤結社の自律性，⑥デモスの全メンバーの包摂の六つを挙げた（Dahl 2006）.

●政治体制の性格付け・順位付け　ダールのこのポリアーキー基準を筆頭に，いくつかの民主主義基準が考案されているが，いずれも政治体制を構成するルールそのものではなく，政治体制が民主主義である場合に生じるはずの，政治状態や政治制度のあり方を問題にしている．「ゲームのルール」は，プレイヤーが現にそれに従ってプレイしているという意味で実効的なものでなければならないが，ルールが実効的かどうかはルールブックからではなく，ルールが生み出す人々の行動の有様・様態から判断するしかない．そこで政治体制が政治を整序することで生じる状態や制度から，逆に政治体制の状況，この場合は民主主義充足の程度，つまり民主主義度を推定するわけである．なお，目下流通する民主主義基準は例外なく複数の要素によって構成される複合的なものであり，その場合，民主主義も相応に厚いルールの束と観念されるから，手続き的理解を民主主義の「薄い」理解と決めつけてはならない．特定の政治ユニットにおける民主主義基準の達成度を表す目印として開発されるのが民主主義指標であり，V-Dem 指標や EIU 指標など，主流は多数のチェック項目のスコアを総合する量的なインデクスである．

　しかし，民主主義指標を使って政治体制の民主主義度を推定するとき，何点以上得点すればその政治体制を民主主義と認定してよいのか，この判断には恣意性がつきまとう．同じ 10 点満点の指標でも，民主主義認定／不認定のカットオフ・ポイントを 5 点に設定するのと 8 点に設定するのとで，民主主義と権威主義のそれぞれの顔触れは違ってくるが，どちらが正しいかは誰にも確言できない．そこで民主主義指標を用いて政治体制の民主主義度を推定しながらも，そこから始まる議論の恣意性を抑えて「科学」性を維持すべく，政治体制を民主主義と権威主義とに二分しない研究方略が案出され得る．政治体制の一つの属性として民主主義度は語るものの，政治体制が民主主義か権威主義かについては語らないというやり方である．その場合，例えば民主化とは権威主義から民主主義への政治体制の質的変化ではなく，政治体制の一属性たる民主主義度の量的増加を意味するにとどまり，あるいは民主主義度の低下は語るものの，民主主義の「崩壊」は論じないことになる．政治体制に対して施されるのは分類ではなく順位付けとなるが，これまたヒトが多様なモノやコトを理解する際の有力な方法ではある．

　比較政治学が民主主義を経験的に把握すべく開発してきた手法は，比較政治学が社会「科学」に徹しようとするとき，政治体制の呼称としての地位を「民主主義」から奪う可能性を秘めている．とはいえ政治体制を研究する際，それを民主主義とそれ以外とに仕分けなければならない強い理由があり，その理由を比較政治学者がこぞって深く諒解しているわけではないから，目下当然視されている件の二分法が一時の流行に終わる可能性も，あながち否定できない．　［空井　護］

民主主義指標

☞「民主主義と権威主義」p. 178

　社会科学では，貧困や差別といった抽象的な概念や現象を研究対象とすることが多い．特に，貧困の原因やそれがもたらす結果といったような，研究対象に関する因果関係を推論（因果推論）しようとする場合，これら抽象的な概念や現象を数量化したデータを収集し，統計分析を行う．また，現実社会で政策を考えるためには，現状把握や目標設定が不可欠である．そのためには，これら抽象的な概念や現象を，具体的な情報として把握する必要がある．例えば，汚職や人権侵害状況に関する膨大な量の報告書を読まずとも，それら情報を要約し各国の状況を点数化・順位付け・分類する指標があることで，私達は各国を容易に比較・理解できる（Kelley & Simmons 2015）．このように，抽象的で複雑な概念・現象に関する情報を要約し数値化・分類する作業を「測定（measurement/measuring）」と呼び，その得点化されたものを「指標（index/measure）」と呼ぶ．したがって，指標は，現実社会においても研究においても不可欠な道具といえる．

●**政治学における民主主義指標**　政治学では，民主主義や政治体制という概念が研究対象とされてきた．特に，各国は民主主義体制なのか独裁体制なのかといったように，政治体制を分類したり，民主主義の程度を測定したりすることによって，民主主義と戦争といった政治現象との間の関係を明らかにしてきた．また，現実社会でも，民主化支援政策において，政策目標の設定や支援対象国の現状評価などのために民主主義指標が用いられてきた（Munck 2009）．

　民主主義指標は，1950年代から現在まで数多く開発されてきた（Bollen 1990；鎌原 2011）．しかし，民主主義という同じ概念を測定しているにもかかわらず，それぞれの指標は民主主義を適切に測っているのかといった問題（Bollen 1990）や，使用した指標によって分析結果が変わってしまう問題（Casper & Tufis 2003）が指摘されてきた．つまり，民主主義指標には，それを開発する「生産者」と利用する「消費者」がおり（三上 2002：83），各々が指標の質や選択に関わる諸問題に向き合う必要がある．そのため，既存指標の比較や新たな指標の開発にとって指針となるような枠組みを提示する基礎研究が行われてきた．

●**民主主義指標に関わる三つの課題**　ムンクの一連の研究（Munck 2009 など）は，民主主義指標に関する評価・開発の枠組みを提示し，既存指標の問題点を指摘した研究の中で，最も影響力のあるものとされる．ムンクらは，既存の民主主義指標の妥当性を評価・比較したり新たな指標を開発したりする際に直面する三つの重要な課題・手続きとして，「概念化（conceptualization）」「測定（measurement）」「集約（aggregation）」をあげた（Munck & Verkuilen 2002）.

　まず，概念化とは，測定対象となる概念を定義し，それを構成する属性（attribute）を特定することである．これは，民主主義指標にとって最も重要な作業である．民主主義という言葉を聞くと人それぞれ異なる定義を思い起こすだけでなく，国や時代によっても定義が変わる多義的な概念である（Arat 1991；Bollen 1990；Gallie 1956）．特に，民主主義指標の場合，政治的な意思決定を行う政府を樹立したり排除したりする方法・手段の観点から民主主義をとらえる民主主義の「手続き的定義（procedural definition）」に依拠している（例，Arat 1991）．例えば，ダールは，政府と異なる意見や反対する政党を許容する程度を表す「公的異議申立て（public contestation）」または「競争（competition）」と，このような権利を有する程度を表す「包括性（inclusiveness）」または「参加（participation）」の二つの属性（次元）から民主主義は構成されると定義した（Dahl 1971）．つまり，普通選挙権を伴う複数政党による自由・公正で競争的な選挙という手続きの達成度合いが，各国の民主主義の測定で重要となる．だが，このような属性も数値を割り当てられるほどには具体的ではない．そこで，各属性をより具体的な構成要素に分解する作業が必要となる．次に，測定とは，概念化の作業を経て具体化された各構成要素を反映するデータを選定したり，民主主義を程度の問題と考え連続的に測るのか，民主主義か否かといった分類の問題として測るのかを決めたりする作業に関わる課題を指す．最後に，集約という課題は，測定された各構成要素を足し合わせるのか，掛け合わせるのか，平均するのかといったように，どのように一つの指標として合成するのかといった作業に関わる．

●**既存の民主主義指標**　これまで，政治学で最も権威ある民主主義指標は，ポリティ・スコア（Gurr 1974；Center for Systemic Peace）であった．これは，各国の民主主義の程度を−10（権威主義）〜＋10（民主主義）の範囲で測定した21点尺度の指標である．しかし，ムンクらをはじめとした数多くの研究者が，概念化・測定・集約に関するポリティ・スコアの問題点を指摘している．例えば，ポリティ・スコアは，民主主義にとって不可欠な参加の側面を測定していないとされる（Munck & Verkuilen 2002）．また，民主主義は，そもそも選挙を基礎に定義されるに留まらないことから，指標が前提とする民主主義の定義で合意することは困難であるとされる．そのため，このような問題点をできる限り解消したVarieties of Democracy（V-Dem）プロジェクトが注目されている（Coppedge et al. 2011）．このプロジェクトには2023年現在4000人以上の研究者が参加しており，V-Dem の民主主義指標は多くの研究で使用されている．　　　［鎌原勇太］

📖さらに詳しく知るための文献
・鎌原勇太（2011）「民主主義指標の現状と課題」『法学政治学論究』90号，103-136頁.

権威主義体制の下位類型

☞「ハイブリッド体制」p. 184,
「権威主義体制における選挙」
p. 238

　「民主制はどれも似通っているが，独裁制はどれも別々の形で非民主的である」（Svolik 2012：20）．このように表現できるのは，民主主義体制の事例が参加と競争に基づくポリアーキーの最低限の基準を共有しているのに対して，権威主義体制の事例にはそのような共通点すらないからである．その多種多様な事例群を識別するため，これまで政治体制論では理論的・方法論的な観点の変化に応じてさまざまな分類枠組みが提唱された（今井 2017a；2021）．

●**総称的な理念型**　分類の試みが急増したのは民主化への学術的関心が高まった1990年代以降である．当初は Linz（1975）の伝統を引き継ぎ，事例の特徴描写を総称するための理念型として提示されることが多かった．特に，スルタン主義体制やポスト全体主義体制が権威主義体制と同列の非民主主義体制の類型として並置される（Linz & Stepan 1996；Chehabi & Linz eds. 1998）か，参加や競争に関する定義的特徴の一部を欠いた「形容詞付き民主主義」（Collier & Levitsky 1997）が民主主義体制の劣化版の下位類型として濫造された．2000年代に入ると，実証分析に役立たせるため，分類枠組みの位置付けは総称的な理念型から客観的に操作化可能な変数へと変化した．事例群の焦点も概念的に民主主義と権威主義を峻別した上で権威主義体制の下位類型へと絞られた．さまざまな質的類型が考案された一方，批判的な再解釈の一環として量的指標も提唱された．その類型や指標を分類するときに理論的に重視された要因こそが制度である．

●**制度に基づく質的類型と量的指標**　制度への視点は主に二つに大別される．第一に，政党間の競争性の違いである．複数政党選挙という民主主義的な制度に権威主義的な実態を内在した事例群を浮き彫りにするため，選挙の有無の違いによって選挙型（選挙権威主義）か閉鎖型（Schedler 2002；Schedler ed. 2006）に分類し，その競争性の違いによって競争型（競争的権威主義）か覇権型（Levitsky & Way 2002；2010）に分類することが常であった．このような類型は2000年代に大流行したものの，2020年代現在では下火である．データの情報量の多さを考慮すると，政党間の競争性を類型として二分化するより得票率や議席占有率をそのまま変数として活用したほうが分析的に有益だからである．

　第二に，権力中枢の違いである．つまり，体制運営に実質的に関わる支配エリートの組織的基盤の違いのことである．組織ごとのアクターの政策的選好の違いは権威主義体制の帰趨（特に民主化の可能性）に影響を及ぼすと想定された．この理論的視点の嚆矢は Geddes（1999）である．彼女は冷戦期のラテンアメリ

カ，共産圏，アフリカの事例研究の知見を一般化し，軍事支配，政党支配，個人支配に分類した．軍事支配は内部分裂に弱く，体制変動とともに民主化しやすいのに対して，政党支配は内部分裂に強く，体制変動しにくい．個人支配も内部分裂には強いが，指導者の死去と一蓮托生であって暴力的に体制崩壊しやすいと考えられた．この類型間の論理の違いをゲーム理論によってアクターの合理的戦略の結果として説明したことも当時としては画期的であった．

この先駆的な試みはさまざまな学派の分類枠組みの礎石となった．最も網羅的といえるのは Cheibub et al.（2010）である．彼らは文民統制と「君主は君臨すれども統治せず」の原則を踏まえて文民しか体制を運営できない民主主義体制と，軍人や君主も実効的な執政代表者になりうる権威主義体制を対比させ，前者を執政府・立法府関係（執政制度の形式的側面）から大統領制，半大統領制，議院内閣制に分類する一方，後者を組織内の権力中枢（執政制度の実態的側面）から軍政，民政，君主政に分類した．軍最高評議会，与党政治局，王室評議会という各類型固有の利害調整装置は，支配エリート間の協調，ひいては体制存続に寄与すると想定された．この軍部，政党，君主という三類型を軸に他の類型で補完するのがその後の研究の基本となった（Magaloni & Kricheli 2010；Wahman et al. 2013；Anckar & Fredriksson 2019）．この流れを受けて Geddes et al.（2014）も当初の分類枠組みを更新し，軍事支配を直接関与と間接関与に区分する一方，王族支配と寡頭政を新たに導入した．権力中枢という執政制度の実態的側面に着目した質的類型は権威主義体制の分類枠組みの主流といえるだろう．

とはいえ，その枠組みには二つの点で批判的に再検討できる余地もある．第一に，質的類型の範囲を形式的側面まで拡張できる（今井 2021）．執政府・立法府関係の概念的な抽象性を高めると，民主主義体制と共通の視点から権威主義体制の実態と形式の相互補完的な組み合わせをより詳細に把握できる．第二に，実態的側面を量的指標として再解釈できる．この立場を最も明示したのが Svolik（2012）である．彼は一つの事例で両立可能な特徴であるはずの軍事支配と政党支配は別々の変数として量的に計測するほうが妥当であると論じ，従来の質的類型を軍部の政治関与と政党への制約という量的指標へと再構築したのである．スルタン主義体制や個人支配の類型を個人支配化や権力集中の指標として再解釈する近年の試み（Geddes et al. 2018；Gandhi & Sumner 2020）もこれと同じ発想である．さらに，この二つの再検討を同時に試みたのが V-Dem（Teorell & Lindberg 2019）である．彼らは世襲，軍部，与党，信任，直接選出という五つの次元が執政代表者の任免にどの程度影響を及ぼすのかを体制横断的に計測した．権威主義体制の多様性を適切に把握するため，どのような質的類型や量的指標を構築・適用するか，それは研究者の理論的視点次第である．　　　［今井真士］

ハイブリッド体制

☞「民主主義指標」p. 180,「権威主義体制における選挙」p. 238

　ハイブリッド体制（hybrid regime）とは，権威主義でありながら，民主主義的な性格をもつ混合政治体制を指す．2000 年代以降，比較政治学において頻繁に言及されるようになった用語だが，民主主義と権威主義の中間的な政治体制については，1990 年代から学術的な関心が寄せられてきた．従来の民主主義と権威主義という二分法ではとらえ切れない政治体制について，「委任民主主義（delegative democracy）」（O'Donnell 1994），「非自由民主主義（illiberal democracy）」（Zakaria 1997），「準権威主義（semi-authoritarianism）」（Carothers 1997），「選挙権威主義（electoral authoritarianism）」，「競争的権威主義（competitive authoritarianism）」（Levitsky & Way 2010）など多数の概念が提示された．形容詞付きの民主主義や権威主義概念が増加したため，概念上の混乱について警鐘がならされるようになった．しかし近年，民主主義と権威主義との差異が小さくなっていることが注目されており，混合政治体制を指す政治用語は多用され続けている．

●**背景**　ハイブリッド体制が学術的関心を集めるようになった背景には，冷戦終結後の権威主義体制の変化が存在する．ベルリンの壁崩壊後，世界は民主主義に向かうとの楽観論が支配的であった．しかし実際には，民主主義に移行するとみられていた国の多くが，権威主義体制のまま停滞していることが明らかになってきた．1990 年代以降，権威主義体制の数が緩やかに減少する一方で，その内実に大きな変化が生じた．従前の権威主義体制は，実質的に政党政治を認めない事例が多かったが，冷戦後は政党政治を認める事例が急増した（今井 2017a）.

　東島は権威主義体制を，①選挙を実施していない「選挙なし独裁制」，②国政選挙は定期的に実施されているものの，野党の選挙参入が認められていない「閉鎖的独裁制」，③選挙は競争的で野党の参入が認められているが，参政権がごく一部の市民に制限されている「競争寡頭的独裁制」，④定期的に実施する選挙に野党の参入が認められ，参政権も広く制度上保障されているが，選挙競争が公正とはいえない「選挙独裁制」の四つのカテゴリーに分類し，各タイプの権威主義体制の比率の変化を確認した．その結果，冷戦終結後に「選挙独裁制」が急増しており，2010 年代には権威主義体制の 70% を占めるようになったことを明らかにした（東島 2023）．現在は，権威主義体制であっても選挙が実施されている事例が圧倒的多数派であり，民主主義的なシステムを備えていることが珍しくない．比較政治学においてハイブリッド体制が関心を集めるようになった背景に

は，このような権威主義体制の変化が存在する．

●**定義**　ハイブリッド体制は権威主義でありながら民主主義的性格をもつ混合政治体制を指すが，定義については案外明確ではない．ハイブリッド体制の研究は中間的な政治体制の類型化を試みるものが多い．類型化に際して焦点をあてられることが多いのが政党，選挙，議会である．選挙の有無や公正性，政党や参政権に関する規定などに焦点があてられる．加えて，国家権力間のチェック・アンド・バランス，特に執政権に対する統制や裁判所の独立性・中立性，法の支配，言論の自由，市民社会に対する弾圧の有無なども重要な指標となる．例えば「委任民主主義」は，定期的に競争的で公正な選挙が実施され，複数政党制が採用されているが，水平的・垂直的アカウンタビリティが機能していない体制を指す．また，選挙は実施されるものの，政権または既得権益層が裁判所を使って野党を解党したり，みずからに不利な選挙結果を「不正選挙」のかどで無効にしたりする事例も散見される．

●**なぜハイブリッド体制が増加したのか**　権威主義体制の指導者にとり選挙を実施するメリットは何であろうか．国際的要因としては，1990 年代から国際機関や国際ドナー機関が民主主義や人権保障の実現を推進したことが大きい．現在は権威主義体制であっても民主主義や人権を完全に否定することは難しく，国際的評価のために一定程度まで民主主義を装う必要がある．国内的要因としては，政治指導者が安定的な支持を獲得するために，議会や政党が利益調整の場として有効であることが指摘されている（Rodan 2018）．加えて，選挙結果を通じて統治エリートの力量や野党の人気について情報を収集できること，野党陣営が体制打倒に向けて協調することを防げる点も利点として指摘されている（東島 2023）．

●**世界の状況**　ハイブリッド体制の増加傾向は，21 世紀に入っても継続中である．各国の民主主義の度合いを測る指標として代表的なものが，Economist Intelligence Unit による民主主義指数（選挙過程・多元性，政府機能，政治参加，政治文化，人権保障），V-Dem 指標（選挙，自由，参加，熟議，平等）だが，いずれの指標においてもハイブリッド体制が多数存在していることを示している．民主主義指数によると，完全民主主義はわずか約 14% であり，欠陥民主主義，混合政治体制が約 50%，残りが独裁政治体制に分類されている（2022 年現在）．V-Dem 指標でも自由民主主義，選挙民主主義，閉鎖的権威主義が減少する一方で，選挙権威主義が増加していることが示されている（川中 2022）．［外山文子］

📖さらに詳しく知るための文献
・東島雅昌（2023）『民主主義を装う権威主義——世界化する選挙独裁とその論理』千倉書房.

民主化の理論

☞「民主主義の後退」p. 188,「権威主義の崩壊」p. 192,「民主化と国際環境」p. 208

　第二次世界大戦後，民主主義とは何かを巡る思想的な考察とは別に，国家の民主化を客観的に測る研究が進められるようになった．民主化とは，端的にいうと，ある国の政治体制が民主的なものへと移行し定着する過程を意味する．

●ポリアーキーと近代化理論　シュンペーターが選挙による競争を中心とする手続き的な民主主義を主張して以降，定期的で競合的な選挙の有無が民主化を測る重要な尺度とされるようになった（Schumpeter 1942）．また，第二次世界大戦後に冷戦が深まる1950〜60年代にかけて，各国の政治を比較する比較政治学が盛んとなり，その中で植民地から独立した途上国が（欧米流の）自由民主主義国家へと向かう単線的な過程を想定して比較研究する「政治発展論」が発達していった（岩崎 1999）．その後，実際の政治体制の多様性を踏まえて，ダールは，シュンペーターの主張を拡大し，西欧やアメリカで実践される自由民主主義体制を範としつつ，「自由化（公的異議申し立て）」と「参加（包括性）」の程度から各国の民主化の程度を測る議論を展開した．二つの尺度が最大限となった状態が「ポリアーキー」と呼ばれ，欧米諸国の多くが位置付けられた（Dahl 1971）．

　民主化が進む要因については，構造的な条件が注目された．まず，経済発展と政治発展（＝民主化）の好ましい相関関係を想定する議論として，リプセットは，経済発展が進むことで中産階級が発達し所得水準と教育水準が改善すると，中間層の政治参加の要求が強まり，民主化が進むと主張した（Lipset 1960）．このいわゆる「近代化理論」は，1950〜60年代にかけて広く支持されるようになった．他方，ムーアは，地主層や農民層，ブルジョア層の相互作用に注目し，各国の社会経済構造の違いがいかに近代化の行方（民主主義，ファシズム，共産主義）を分かつのかを歴史的に説明した（Moore 1966）．しかし，1960〜70年代に，中南米諸国や独立後間もないアジア・アフリカ諸国で相次いで軍事政権や独裁政権が誕生すると，権威主義の問題に注目が集まり，民主化の研究は低調になった．

●民主化の「移行」理論と「第三の波」の議論　1970年代半ばからポルトガル，スペイン，ギリシャといった南欧諸国で権威主義体制からの民主化が始まり，1980年代にはブラジルなど中南米諸国でも軍事政権が崩壊し民主主義体制への移行が相次いだ．それらの諸国で，政府や軍，反体制派のエリート間の合意＝「契約（pact）」によって民主化が進んだことに注目して，オドンネルとシュミッターは民主化の「移行（transition）」の理論を提示した（O'Donnell & Schmitter 1986）．移行理論はアクターの選択を重視し，近代化理論とは異なり，経済的・

社会的条件とは無関係に，体制側と反体制側の政治エリート達の交渉と合意によって民主化は可能であるとして，民主化研究の主流となっていく．

　冷戦が終結へと向かう1980年代終盤には，東欧の社会主義諸国で政治と経済の自由化が始まり，欧米流の自由民主主義体制へ移行していった．民主化の担い手としての市民社会に注目が集まるとともに，世界的に相次ぐ民主化の現象をハンチントンは民主化の「第三の波」と呼んで反響を生んだ（Huntington 1991）．そこでは民主化の国際的要因も注目され，国際社会の圧力，民主化支援，他国の民主化のデモンストレーション効果，グローバル化などの分析が進んだ．

●**民主化の「定着」理論**　他方で，1990年代には，制度上は民主化されたものの，政治情勢が不安定な国が現れるようになった．最初の競合的な選挙が行われるまでの民主化の「移行」段階から，民主主義体制の「定着」段階へ議論の焦点が移っていく．リンスとステパンは，1996年の著書で，民主主義体制の「定着」とは，民主政治が「街の唯一のルール」となり，政治の仕組みとして当然であることが，少なくとも政治エリートの間で受け入れられている状態とした（Linz & Stepan 1996）．定着の要因の研究が盛んとなり，ダイアモンドは，民主主義体制の定着には，強力な政治制度や活力ある市民社会，経済的なパフォーマンスの改善など，長期的かつより広い条件が必要とする（Diamond 1999）．パットナムは，「社会関係資本」の形成の程度が，民主政治の機能に影響を与えるとする（Putnam 1993）．

●**民主化の停滞・後退の中で**　以上のように民主化の理論は，民主化を移行と定着の段階に分けた上で，社会の構造的条件を重視するものと政治アクターの選択を重視するものとに大別できる．さらに，民主化の国際的側面に注目する研究が発達した．今世紀に入る頃には，世界の国・地域のうち3分の2弱が競合的選挙が行われる「選挙民主主義」国家になった．しかし，民主主義体制が定着したとみなされる国の数は大きく増えることはなく，むしろ民主主義体制と権威主義体制の中間の「混合体制」に留まる国家が目立つようになった．近年は，民主化が「進まない」要因の考察が盛んになっている．フクヤマは，国家の行政能力が低いと国民の不満が高まり民主主義の定着が困難となるため，政治の自由化より国家の制度構築の先行を主張する（Fukuyama 2014）．また，石油など天然資源の豊富な国で，資源からの収入（レント）のばら撒きによって民主化が進まない「資源の呪い」が指摘される（Ross 2012）．さらに，中国からの援助や投資の増大で欧米諸国の民主化圧力・支援が効果を失いつつあるなど，民主化に不利な国際環境の形成が議論されている．しかも，民主主義体制が定着したと思われていた国で，「民主主義の後退」や人々の権威主義志向が強まる「脱定着」が起きている（Foa et al. 2017）．民主化のゴール自体が問い直されている状況で，民主化の理論のさらなる洗練が求められる．　　　　　　　　　　　　　　　［杉浦功一］

民主主義の後退

☞「民主主義指標」p. 180,「アラブの春」p. 258

　「民主主義の後退」とは，2010年ごろから特に注目度が増した概念であり，既存民主主義国ないし，新興民主主義国の中でも民主主義の固定化が一定程度進んだと考えられていた国において，民主的に選出された指導者，政府によって，民主主義を構成する重要な制度の一部が掘り崩される現象をさす．冷戦期までしばしばみられたクーデタ，憲法停止などによる独裁の導入などとは異なり，民主主義体制の枠組みは維持したまま，主に執行権に対する他機関による統制機能を削ることによって，現職政府の恣意的な権力行使を，その程度の大小の差はあれ，容易にする（Bermeo 2016；川中編著 2018）．英語では backsliding, recession, ないし erosion という言葉が使われる．

　1970年代からの民主化の波は，2000年代には旧東欧諸国のEU加盟，2010年代には「アラブの春」を迎え，さらに継続するかにみえたが，同時に2010年代からは南米のベネズエラ，インドのモディ政権，トルコのエルドアン政権，フィリピンのドゥテルテ政権，ブラジルのボルソナロ政権などいくつかの目立った民主主義の後退の事例が指摘されるようになった．東中欧のハンガリーのオルバン政権やポーランドの「法と公正」政権は，民主主義の固定化の成功例と考えられてきたEU加盟国の事例として注目を集めた．また，アメリカ合衆国におけるトランプの大統領期の行動は，ラテンアメリカ研究者のレビツキーに，安定した民主主義国家と考えられていたアメリカ合衆国についても「民主主義の後退」の枠組みで考察させることになった（レビツキー＆ジブラット 2018）．これらの事例からもわかるように，民主主義の後退は，ポピュリズム，特に政権を取ったポピュリスト政治家の政策と政治手法とも関連している．

●民主主義の諸指標　耳目を集める事例とともに，「民主主義の後退」が注目を集める原因となったのは，V-Dem, Freedom House など，民主主義の諸指標による指摘である．例えば V-Dem によれば，2022年の世界の民主主義のレベルは1986年のレベルと同等であり，この間の35年間の進化が帳消しになるほどの後退がみられる（Papada et al. 2023）．2022年には42カ国が独裁の方向に動き，2012年に権威主義体制下に暮らしている人口は世界人口の46%であったのに対し，2022年には72%と大幅に増加している．これらの数値は自由民主主義体制のみならず，選挙民主主義体制，権威主義体制の国も含めた世界全体の国家の体制の民主主義度の変化を集計したものである．また，民主主義の枠組みそのものが崩れたケースも含まれ，民主主義を構成する要素の権威主義体制の方向への変

化をすべて広く「民主主義の後退」ととらえている.

V-Dem の民主主義の指標は多様だが，そのうち民主主義の後退に関わる自由民主主義指標は，自由で公正な選挙に関する選挙民主主義指数と，政府の権力の恣意的運用への制約に関する自由主義指数を合成したものである.

このうち，選挙民主主義指数については変化の程度は少ない．ハンガリーのように与党に有利な選挙制度の変更が行われたり，トランプとその支持者のように2020 年大統領選挙が不正であると主張したりするケースもあるが，全体として選挙の競争性自体は減退していない（Little & Meng 2023）．実際，民主主義のプロセスを通じて政権交代が生じ，民主主義の後退局面が止まることもあり，民主主義のレジリエンスも指摘されている.

それに対して，後退が目立つのは，自由主義指数であり，市民的自由，法の支配，司法の独立などの領域である．政府がこれらの領域のルール変更によって，みずからの政治的決定への制約を減らし，執行権の拡大を図っていることが「民主主義の後退」の焦点となっている.

●**司法の独立，市民的自由と「民主主義の後退」**　上述の「民主主義の後退」の特性は，この問題についての議論を複雑なものにしている．多くの研究者が民主主義にとって司法の独立，市民的自由への侵食が本質的であるとの立場を取る．EU は特に法の支配を重視し，ポーランドにおける司法の独立の後退に対して制裁も課した（Müller 2013；Pech & Scheppele 2017）．それに対し，民主的に委任を得た政治勢力が司法などに影響を及ぼすことこそ民主的であるとの反論がポピュリスト政権側から提示される．独立した司法やそれが擁護する基本権の「正しさ」を前提として，独立性への侵食を批判すればするほど，EU，メディア，司法をエリートとして人民に対置するポピュリストの論法を強化する構造がある.

人民の多様性を反映した多元主義的な政治的意思決定過程というポリアーキーの基本に立ち返り，選挙民主主義の指標の低下には表れないが，ポピュリスト政党が，政治的対抗相手を正統な政治アクターとして認めていない点に注目すべきであるという議論もある（Urbinati 2019；Oleart & Theuns 2023）.

●**制度変更なき後退**　もう一つ，論点となるのは，政府によるメディアや司法の独立などへの侵食を客観的に測ることの難しさである．制度変更があればそれをとらえることができるが，政府に任命権はあるが実質的人選を機構内で行うなど，独立性を担保するのが慣習で，それが侵食された場合など，客観指標で把握しにくい事例も多い．また，これらの独立性の程度には民主主義の国間にも元来差があり，もともと低いケースよりも後退したケースに関心が集まっている点にも留意が必要である（粕谷ほか 2021）.　　　　　　　　　　　　　　　　　　　［中田瑞穂］

民主政の崩壊

☞「ハイブリッド体制」p. 184,
「クーデタ」p. 436

　民主政の「崩壊（breakdown）」とは，比較的短期間のうちに政治体制としてのデモクラシーの手続きが停止または破壊され，最終的に非民主的な政治体制に移行することを指す．かつては，比較的平等な経済社会や民主的な政治文化などの構造的な存続条件の欠如は，民主政の「生まれながらの死」に直結すると考えられていた．農民問題の解決を近代化の岐路として重視したムーア（Moore 1966）の議論は，こうした決定論的解釈の典型である．これに対して 1978 年に刊行された『民主体制の崩壊』で序論を担当したリンスは，重大な懸案（国境問題，少数民族問題，土地分配問題，軍制改革など）に直面しても民主政が直ちに崩壊に至ることはないとして，正統性喪失の諸段階（権力喪失，権力真空，権力掌握）に応じた政治的アクターの振る舞いを重視する過程論的分析手法を提唱した（Linz 1978）．

　リンスによれば，困難を抱えた民主政の下で政策の策定と遂行にあたる実効的な多数派を維持するには，社会的対立を政治的紛争に転化する役割を担うエリートの行動と選択が重要である．政府と忠誠的反対派（loyal opposition）は，明確な反システム勢力である非忠誠的反対派（disloyal opposition）を牽制するために，両義的存在である準忠誠的反対派（semi-loyal opposition）に適切に対応しなければならない．1930 年代のフィンランドや 1950 年代末のフランスのように，体制の危機が権力喪失の段階に至っても，巧みな政治指導によって民主政への回帰（再均衡，reequilibration）が実現することもある．以上の枠組みを戦前日本の「民主化途上体制」の分析に応用した研究に，竹中（2002）がある．

　また，後にベルメオ（Bermeo 2003）は，体制危機の兆候とされる分極化（polarization）について考察し，世論や投票行動に現れる私的分極化と，公共空間の組織的活動が可視化する公的分極化とを区別した．確かに，分極化は民主政を否定する口実となりうる．だが，民主派の世論が優越していながら崩壊を防げなかった事例もあれば，戦間期のベルギーやチェコスロヴァキアのように，非民主的政党が台頭してなお民主政が存続した事例もある．民主的エリートが力を注ぐべきは，有権者の政治的感応性を抑え込むことではなく，非民主的政党や暴力的政治手法の誘惑から距離を取ることだとベルメオは主張する．

●**崩壊パターンの多様性**　リンスらが主に取り上げたのは，内政問題の帰結として民主政が崩壊した事例であった．だが，武力による侵略・占領や内政干渉などの外圧による民主政の崩壊や，第二次世界大戦後のチェコスロヴァキアのよう

に，崩壊の過程で外圧が内政と複雑に絡み合う場合もある．これらの国際干渉を伴う崩壊は，内戦，クーデタ，民衆反乱，非民主的大衆政党の政権参画（合法的革命）と並んで，民主政のアウトサイダーまたは外力による破壊（外因性崩壊）の一種である．なお，執政制度や選挙制度などの政治制度が民主政の強化や不安定化の要因として崩壊過程に与える影響についても，すでにさまざまな角度から多くの研究が行われている（Linz & Valenzuela eds. 1994；Mainwaring & Shugart eds. 1997）.

　ベルメオによれば，冷戦期（1946〜89 年）における民主政の崩壊原因の過半を占めたのはクーデタであった（64%）．リンスは軍によるクーデタを伝統的勢力による反動の一種とみていたが，冷戦期の新興国の軍は，脆弱な官僚機構や腐敗した政治家に代わる近代化の担い手を自任していることも少なくなかった．冷戦後（1990〜2010 年）になるとクーデタの比重は 36% に低下し，代わって民主政の「後退（backsliding）」が 25% から 50% に増加した（Bermeo 2016）.「後退」とは，ハンガリーのオルバン政権，トルコのエルドアン政権，ベネズエラのチャベス／マドゥーロ政権など，非民主的体制への完全な移行に至らない事例も含めて，民主的正統性を掲げる政府自身による民主的手続きの破壊である.

●崩壊研究の課題　政府やその指導者みずからが水平的アカウンタビリティの弱体化を意図して憲法改正を発議する「自己クーデタ」は，崩壊の新たなパターンである．Maeda (2010) は，体制のインサイダーによる内因性崩壊こそ，今日特に注目を要するとしている．また，カラー革命以降の一部の旧ソ連邦諸国のように，権威主義的なオリガーキーの形成と崩壊が短い周期で繰り返されるパターン（Hale 2005）も，政治体制の安定性を暗黙の前提としてきた既存の枠組みには当てはまらない．今日では，①民主政内部における民主的要素の退行，②民主的要素と独裁的要素を併せもつハイブリッド体制への移行，③非民主的体制への完全な移行（狭義の「民主政の崩壊」）を理論的に区別しながら，相互の関連や共通点を明らかにすることが，「民主政の崩壊」という現象のより精密な理解につながる.

　また，演繹モデルを用いた分析では，因果的要素として社会経済的不平等（再分配圧力）が強調されることが多かった．Acemoglu & Robinson (2006) はそうした系譜を代表する研究の一つである．モデルの吝嗇性のためとはいえ，移行期の争点が経済問題に集約されることはなく，今では傍流の崩壊パターンであるクーデタに焦点を当てることも現実的ではない．だが他方で，格差問題と民主政の弱体化との関係についての指摘（Levitsky & Ziblatt 2018）からも，再分配と体制変動との関係を論じることは現に必要とされている．アクターの自律性の強調が従来の研究の特徴であり，同時に弱点でもあった．民主政を取り巻く構造的条件に再び光を当て，政治的アクターをエイジェンシーとしてとらえ直すことが，民主政の崩壊を巡る過程論的分析の新機軸となりうるだろう．　　［横田正顕］

権威主義の崩壊

☞「権威主義体制における選挙」
p. 238,「クーデタ」p. 436

今日，中国，ロシア，イランといった地域大国をはじめ，世界中の多くの国が権威主義的な体制により統治されている．V-Dem 研究所の報告書によれば，2022 年時点で世界人口の 72% もが権威主義体制の下で暮らしているという（Papada et al. 2023）．権威主義体制とは，非民主的なルールにより「リーダーを輩出しうる集団を特定し，誰がリーダーの選択や政策に影響を及ぼすのかを決定する」体制である（Geddes et al. 2014 : 314）．権威主義体制はこうしたルールに変更がみられた際に崩壊したとみなされるため，単一の独裁者の退出が権威主義体制の崩壊をもたらすとは限らない．

冷戦後の権威主義体制の平均存続年数は 20 年であり，冷戦期の体制（平均 12 年）と比べて長命だという（Kendall-Taylor & Frantz 2014）．こうした長期化を実現した要因の一つは，体制が露骨な弾圧ではなく，選挙などの民主的制度を用いた抱き込みの手段を学習し，効果的に用いるようになったことにあるとされる（Kendall-Taylor & Frantz 2014）．

本項目では，1946〜2010 年に発生した権威主義体制の崩壊を記録した Geddes et al.（2014）のデータセットに基づいて，冷戦後とそれ以前との違いにも着目しながら，権威主義体制の崩壊の特徴について論じる（本項目で扱えなかった，体制崩壊を説明するさまざまな要因に関するレビューは，粕谷〈2014 : 8 章〉や久保ほか〈2016 : 6 章〉を参照されたい）．

●体制崩壊のパターン　Geddes et al.（2014）は，1946〜2010 年に観察された 223 件の権威主義体制の崩壊を，九つのパターンに分類する．それによると，崩壊全体の 5% 以上を占めるのは，クーデタ（35%），民衆蜂起（17%），選挙不出馬（14%），選挙敗退（13%），反乱（8%）である．こうした崩壊のパターンについて，冷戦期の体制崩壊と冷戦後の体制崩壊とでは，二つの大きな違いが見出される．

一つは，クーデタによる体制崩壊の減少である．クーデタは，冷戦期における体制崩壊全体の 47% を占めていた．しかし，冷戦後にはクーデタによる政権奪取の正当化が難しくなっており，発生件数が減少している（フランツ 2021）．そのため，依然としてクーデタは体制にとって大きな脅威であるが，冷戦後の体制崩壊に占める割合は 11% にすぎず，反乱による崩壊（13%）をも下回っている．

第二に，選挙による体制崩壊の増加である．選挙による体制崩壊は，現職やその後継者が選挙で敗れるか（選挙敗退），もしくは出馬せずに（選挙不出馬）政権を明け渡すときに観察される．実は，冷戦期においても，選挙による体制崩壊

は全体の21%を占めており，けっして少なくはなかった．しかし，冷戦後に権威主義下でも最低限の競争を備えた選挙が規範となったことを受け（選挙権威主義），選挙による体制崩壊が全体の37%を占めるまでに増加し，最も一般的な崩壊パターンとなった．メキシコ，セネガルやケニアなど，数十年に渡り存続してきた強力な権威主義体制が，選挙によって崩壊している．

●**体制崩壊と民主化**　このように，権威主義体制はさまざまな形で崩壊する．それでは，権威主義体制の崩壊は，民主主義への移行（民主化）をもたらすのであろうか．第二次世界大戦以降の歴史を振り返ると，権威主義体制の崩壊後に民主主義体制が樹立された事例は体制崩壊全体の半数にも満たず，新しい権威主義体制の樹立に終わることが多い．そして，1975年のカンボジアにおいて，クメール・ルージュによる体制が誕生したように，より権威主義的で凄惨な体制に替わられることも少なくないのである（権威主義体制の崩壊が民主化を意味するわけではない，というこの事実は，権威主義体制の崩壊を分析する際には，権威主義体制の崩壊と民主主義への移行とを区別できる，Geddes et al.（2014）などのデータセットを用いるべきことを示唆している）．

　ただし，冷戦後の体制崩壊に限れば，やや事情は異なる．この期間の体制崩壊の3分の2において，続く体制が民主主義に分類されているのである．体制崩壊が民主化と結び付きやすくなった要因の一つは，選挙による体制崩壊が主要な崩壊パターンとなったことである（フランツ 2021）．選挙による体制崩壊の後には，実におよそ90%の確率で民主主義体制が生まれているのである．

●**規範となった選挙と体制の崩壊**　ここまでに述べてきたとおり，冷戦後の権威主義体制にとって選挙実施はもはや規範となっており，選挙による崩壊は，最も多くみられる権威主義体制の崩壊パターンである．そして選挙による崩壊の後には，ほとんどの場合民主化が実現する．しかしそれでも，選挙が繰り返し実施されれば，権威主義体制が自然と淘汰されていくとはいえないであろう．

　選挙は反体制派が政権へ挑戦するための結集点となり，短期的には体制崩壊を促す傾向にあるとされるものの，長期的には，さまざまな機能を通じてむしろ体制存続に寄与するとも指摘される（Knutsen et al. 2017）．実際に，シンガポール，タンザニアやロシアなど，定期的な選挙に勝利し続け，長期にわたり存続する体制が世界中で観察される．こうした体制は，露骨な選挙不正だけではなく，選挙制度操作（Washida 2018）や経済操作（東島 2023）といった巧みな戦略を活用し，選挙を乗り越える．どのような条件の下での選挙が，権威主義体制を崩壊させるのかを解明することは，今後の重要な研究課題の一つである．　　［門屋　寿］

📖さらに詳しく知るための文献
・フランツ，エリカ（2021）『権威主義——独裁政治の歴史と変貌』（上谷直克ほか訳）白水社．

直接民主主義と代表民主主義

☞「民主主義と権威主義」
p. 178

　民主主義（デモクラシー，democracy）の語源は，民衆を意味するデーモス（demos）と，力や支配を意味するクラトス（kratos）の結合であり，「民衆による支配」である．

●**直接民主主義**　民衆が直接支配を行う直接民主主義は古代の世界各地に存在したが，とりわけ古代ギリシャが注目されてきた．生産活動が行われる私的な場である家（オイコス）と峻別された都市国家（ポリス）は，市民に開かれた公共の場とされた．政党や官僚制，職業軍人は不在で，民会で平等な市民が議論により合意を形成する直接民主主義を実施していた．ただし市民は兵役に就く成人男性に限られ，女性や居留外国人，奴隷は排除された．また多くの行政官は抽選で，将軍などの要職は選挙で選ばれていた．僭主や貴族による支配も行われ，民主政は不安定であった．

●**代表民主主義**　近代になると議会を中心に，選挙などを通じて選出された代表者による支配を行う代表民主主義が形成されていった．代表の起源は王の身体に体現される政治的な一体性の表現である．他方，議会の起源は身分制社会で貴族や聖職者の代表が集まり，王から特権に基づく利害を守るべく交渉する場である．

　名誉革命やフランス革命といった，王政から民衆による支配への転換は，領域主権国家から国民国家へと国家が再編される過程でもあった．小規模なポリスで行われていた直接民主主義は，大規模な国民国家における議会制を中心とする代表民主主義に取って代わられた．加えて身分制社会に起源をもち多様な利害を代表する場であった議会は，利害や民意を共にする国民を代表する場にもなった．やがて前者の観点から多様な利害と議会を結び付ける政党が正当化され，後者の観点から議会の民主化が課題となった．産業化に伴う社会問題の深刻化を背景に，台頭する労働者階級，後には女性へと参政権の範囲が拡大された．「一つの利害や民意を共有する国民」という擬制が定着する過程で，多様な階層・属性を越える平等という理念が力を発揮した．20世紀前半には，知識人達の憂慮に反して，選挙権をもった大衆が民主主義を担い，警戒されてきた民主主義は肯定的なシンボルへ転換した．

●**代表民主主義への批判と定着**　しかし代表民主主義はファシズムと共産主義から挑戦を受けた．シュミットは自由主義と民主主義を峻別し，自由主義の本質を公開性や討論に，民主主義の本質を治者と被治者の一致や同質性に求めた．例外状態で決断を担う主権者を重視するシュミットは議会制民主主義を批判し，大統

領による独裁と同質的な国民が担う「喝采による民主主義」を支持した．事実，ファシズムは独裁＝自由主義を否定する民主主義を現実化した．他方，レーニンは議会をプロレタリアートを抑圧するものとして批判し，すべての権力をソビエトに集中すべきと主張した．やがてソ連ではプロレタリアートの意思を体現するとされた共産党による人民の指導が永続化し，独裁的な体制が定着した．

　自由主義諸国ではファシズムや共産主義は内包する直接民主主義的な側面に対する警戒が拡大した．そこで着目されたのはシュンペーターの議論である．彼は「人民の意思」の存在自体を疑問視し，人民に選出された代表者達による決定を重視した．人民の役割を代表者の選出に限定する構想はエリート主義的だが，同時に「人民の意思」を強調したファシズムや共産主義と対峙し，自由民主主義を防衛する代表民主主義論でもある．

●代表民主主義の揺らぎ　戦後，経済成長と福祉国家を巡る合意の下，代表民主主義は安定したが，1960年代後半にはスチューデントパワー，ベトナム反戦運動，環境運動，フェミニズムなど，多様な運動が高揚し，代表制を批判し直接民主主義を求めた．1970年代以降には経済成長が鈍化し，戦後政治の合意が崩れ，1980年代には新自由主義が世界に広まり，代表民主主義を支えてきた中間層が解体していった．1990年代にはソ連や東欧で「東側の民主主義」が自壊し，自由民主主義は挑戦者なき政治体制になったかにみえたが，足元では現在に至る危機が進行していた．第一に，グローバル化を背景に，エリートや専門家が実質的な支配を行い，民衆が排除される「ポストデモクラシー」が進展している．第二に，人民に正統性を置き，既得権益層や移民などを批判するポピュリズムが台頭している．ポピュリズム勢力が政権を掌握し，人々の自由が制限される「イリベラルデモクラシー」へと政治体制が変質する事例もある．2010年代には緊縮財政や格差拡大に反対するオキュパイ運動が起きるなど，代表されない民衆の声が議会外で噴出している．こうした動きを直接民主主義の新たな形とみることもできる．第三に，アメリカ中心の国際秩序が変化し，権威主義体制の諸国が増え，中国をはじめ権威主義を自由民主主義の挑戦者とみなす流れもある．

　歴史的な展開をみてきたように，直接民主主義と代表民主主義は規模の問題のみが原因で，古代から近代に民主主義が姿を変えたのではない．異なる種（species）の民主主義である両者は緊張関係に立つこともあれば，活性化を促す相補的な関係にもなる．現在，代表民主主義が挑戦にさらされているが，代表民主主義にとって「危機」は「常態」ですらあった．直接民主主義もそのポテンシャルを秘め続けている．民主主義の問題領域が拡大する中で，直接民主主義と代表民主主義が相互に活性化し，民主主義全体を刷新していくか，が問われている．　［山崎　望］

📖**さらに詳しく知るための文献**

・宇野重規（2020）『民主主義とは何か』講談社現代新書．

民主主義と熟議

☞「民主政と市民社会」p. 216

　熟議とは，話し合いのことである．より正確には，それは，理由の提示とその検討の中で，各自の当初の意見や立場が変容していくような話し合いのことである．熟議によって，意見が異なる人々の間での合意（コンセンサス）形成が期待される．ただし，熟議の目的はそれだけではない．互いの立場が異なること（不合意）を理解し承認すること，自分とは合意できない他者の意見や立場の理由を理解することも，熟議の重要な目的である．これは，「メタコンセンサス」と呼ばれることもある（Curato et al. 2017；田村 2008）．熟議と対比されるのは，多数決である．多数決が「数の力」によって決めることだとすれば，熟議は「理由の力」によって決めることである（齋藤 2017）．

　熟議を基礎とする民主主義が，熟議民主主義である．民主主義が必ず熟議的というわけではなく，熟議民主主義は民主主義の類型の一つである．ただし，純粋に経験的な分析のための類型というわけではない．それは，あるべき民主主義を指し示す規範的な概念である．

●**熟議民主主義論の展開**　熟議民主主義の理念そのものは，古代ギリシャにまで遡るといわれる．しかし，特に政治理論において本格的に議論されるようになるのは，1980年代後半以降である．民主主義論の「熟議的転回」ともいわれる．

　1990年代になると，「差異」を重視する立場から，熟議の理性中心性が批判されるようになる．熟議では，他者にも受け入れ可能な理由の提示と，それを妥当とみなした際のみずからの立場の変容が求められる．しかし，そのような熟議は，うまく理由を提示できない人々の排除をもたらすというわけである．とりわけ批判されたのは，熟議が当該社会のマジョリティやエリートのコミュニケーションに適合的だという点である．その結果，熟議を通じたマイノリティの排除が生じうる．こうして，熟議の概念そのものの再検討が求められるようになった．

　再検討された熟議では，情念が重視される．挨拶や身振り手振りなどの身体的動作，レトリック，ストーリーテリングなども，重要なコミュニケーション様式とみなされるようになった．より近年では，視覚的なイメージや表現手段，サウンドと沈黙，物理的な存在などの非言語的なコミュニケーションも，熟議のレパートリーとされることもある（Mendonça et al. 2022）．話すことよりも聞くこと（傾聴）の方が重要とする議論もある．熟議の理性中心性の見直しは，熟議の包摂性を高め，より平等な熟議の実現につながると期待される．

　近年の有力な研究動向として，熟議システム論がある（Dryzek 2010；Parkinson

& Mansbridge eds. 2012；Elstub et al. 2018；田村 2017）．これは，熟議を複数の制度や実践の連関（システム）において理解するべきとする考え方である．例えば，しばしば熟議民主主義の制度の典型としてあげられるミニ・パブリックスについて，熟議システム論では，ミニ・パブリックスと議会との連関，ミニ・パブリックスと市民社会や社会運動との連関などを見ていく必要があると考える．このようにして，熟議システム論では，政治体制などの大きな規模で熟議民主主義を考えることができるようになるとされるのである．

●**比較政治学と熟議民主主義**　熟議民主主義の経験的な分析への適用も行われてきた．その典型は，現実に存在するミニ・パブリックスの研究である（Curato et al. 2021）．ミニ・パブリックスとは，市民が集まって特定のテーマについて議論を行うための制度の総称である．とりわけ，無作為抽出（抽選）によって参加者選出を行うものを指すことが多い．典型的なものとして，討論型世論調査，市民陪審，市民会議などがある．特に市民会議は，選挙制度改革，憲法改正，気候変動対策などの重要な問題について，比較的長期間の熟議の後に，議会に対して原案を提供するものも多く，現実政治において大きな役割を果たしつつある．

　特に 2000 年代以降，ミニ・パブリックスの事例研究や比較研究も多く行われている．熟議システム論に依拠した研究では，ミニ・パブリックスと，一方の議会や政府との関係，他方の市民社会との関係に光が当てられる．

　熟議民主主義論への疑問の一つは，話し合いは本当に「熟議的」なのかというものである．この疑問に答えるために，「言説の質指標（Discourse Quality Index）」が開発され，それに基づいた議会やミニ・パブリックスにおける熟議の質に関する経験的な比較研究が行われている（Bächtiger et al. 2022）．言説の質指標に改良が加えられる一方で，それとは異なり，熟議の「聞く」側面を測定するための指標として，近年では「傾聴の質指標」も提唱されている（Scudder 2022）．

　熟議民主主義の経験的な研究の中には，エスノグラフィーなどの質的な社会調査の手法を用いるものもある（Curato 2019；Hendriks et al. 2020）．これは，ミニ・パブリックスなどの制度化された熟議ではなく，人々の日常生活の中に熟議的実践を見出そうとする試みである．このタイプの研究は，熟議民主主義＝ミニ・パブリックスというわけでないということを教えてくれる．

　熟議は「西洋的」なものと見なされがちだが，「非西洋」における熟議を巡る研究も行われてきた．例えば，中国などを念頭に置いた「権威主義的熟議」概念の提案（He & Warren 2011），「熟議文化」概念による非西洋的な熟議の探究（Sass & Dryzek 2014），権威主義体制の下での社会レベルの熟議民主主義の発見（Wedeen 2008）などである．こうした研究は，熟議民主主義と自由民主主義の関係をどう見るかという問題を提起している．　　　　　［田村哲樹］

ステークホルダー・デモクラシー

☞「利益団体の定義と活動」
p. 320,「多元主義」p. 332

　ステークホルダーは企業経営の文脈から社会全体に波及した概念であり,「組織の目的達成に影響を与えることができるか,組織の目的達成によって影響を受ける個人または集団」という定義が最も知られている (Freeman 1984：46).2000 年代には公共経営や政策過程を巡る議論でも一般的に使われるようになった.したがってステークホルダー・デモクラシーは,株主だけでない多様な関係者を考慮したコーポレート・ガバナンスの姿を指すこともあれば(この文脈ではステークホルダー資本主義という用語も使われる),地域住民および利益団体のように明確な利害関心や強い政策選好をもつ個人,または集団を重視した政治・行政のあり方を指すこともある.ここでは主に後者を念頭に置く.

●**背景**　民主政治における利益団体の役割に着目した議論は 20 世紀初頭からあり,多元主義やコーポラティズムに関する研究が重ねられてきた.それにもかかわらず近年ステークホルダーの概念が広まった背景には,社会の多様化,官民協働に基づくガバナンスの普及,グローバル化がある.20 世紀末以降の自由民主主義諸国では雇用が流動化し,団体に属さない人も増えた一方で,ジェンダー平等,性的・文化的マイノリティの尊重,環境保護など,脱物質主義的な諸価値が追求されるようになった.このため旧来の団体政治や階級均衡の限界は明らかとなり,さまざまに異なる利害関心や価値観を有する無定形のステークホルダーを包摂できる新たな代表制が模索されている.また,政府が一元的に担ってきた公共サービスを民間の企業や非営利団体も担うようになった現代では,多元化したアクター間の複雑な関係を把握する上で,文脈ごとに指示対象が変わる(政府も含まれうる)ステークホルダーをアカウンタビリティの問責主体ととらえることが有用である.さらに,グローバルな相互依存や地域統合が深まるにつれて,国境横断的なガバナンスの機能や正統性を支える脱領域的な諸集団がステークホルダーと呼ばれるようになった.国連や EU では,当該分野のステークホルダーの代表による対話を通じて合意形成を行う,マルチステークホルダー・プロセス (MSP) が普及している(佐藤 2010；Dodds 2019).各国でも MSP の実施例は増えており,特に気候変動やインターネットに関するガバナンスでは,政府,企業,NGO,科学者・技術者などのアクター間の連携が推進されやすい.

●**意義**　民主政治やガバナンスに種々のステークホルダーを包摂すべき理由は,次の 3 点に整理できる.第一に,決定から重大な影響を受ける者が決定のプロセスに参加できることはデモクラシーの核心であり,主要なステークホルダーを包

摂せずに行われた決定は民主的な正統性が低い（松尾 2019）．従来から利益団体には，選挙で十分に代表されない利害関心や選好強度を政策過程に入力する意義が認められてきた．現代の MSP は，より多様化した利害関心や価値観を代表させるために幅広い個人・集団を巻き込み，正統性の向上を図る手法だと考えられる．

第二に，主要なステークホルダーをプロセスに関与させて多様な利害関心や価値観を考慮しなければ，手続きが不公正だとみなされて不満や不信を生んでしまう．その結果として，決定の受容可能性は低下するだろう．

第三に，各分野のステークホルダーがもっている専門知を取り入れなければ，利用可能な認識的資源は狭まり，決定の質を高めることが難しい．専門分化が進んだ社会では，規制対象となる企業・団体の協力なしに政府が実効的な規制を行うことは不可能に近い．それゆえステークホルダーのロビイングには重要な知識を政策過程に供給する側面があり，多くの政策の形成や実施においてステークホルダーとの協議は必須である．また，例えば森林管理協議会（FSC）などの民間団体が定めた基準・資格はソフト・ローの一種として働くことがあり，不十分な法規制を補完・代替する意義が存在する．

●**課題**　ステークホルダーの積極的な包摂に向けられる懸念も二つ指摘できる．まず，専門家支配に陥る恐れがある．企業や NGO などの非国家主体に MSP への参加や規制の分担を求めることは，民主的正統性の向上を導かないかもしれない．特定の利害関心や価値観を共有するステークホルダーの代表とされる非国家主体は，選挙に基づく代表性をもたないからである．少数の団体が不確かな代表性のまま政策過程をコントロールすることは，ステークホルダーによるガバナンスであっても，デモクラシーとはいいがたい．そこで課題となるのは，政策過程の透明性を高めて各団体の影響力を可視化するとともに，アカウンタビリティ向上のため，団体の意思決定プロセスにみずからが代表しようとするステークホルダーとの持続的対話を組み込むよう要求することである（Macdonald 2008）．つまりステークホルダー・デモクラシーは，非国家主体の民主化を重要な前提とする（この点ではステークホルダー資本主義の具体化も連続的な課題である）．

次に，偏った代表や質の低い決定を生み出す危険性がある．ステークホルダー間には利用可能な資源の格差が存在しており，参加の条件は対等でない．この点を考慮せずにステークホルダーの包摂を掲げるだけでは，有力な企業・団体による政策過程の操作を招きかねない．また，ステークホルダーがもたらす知識は各々の利害関心を反映した不足やひずみを伴いやすいため，政府が特定のステークホルダーへの依存を深めてしまえば，決定の質も低下する可能性が高い．このためステークホルダー・デモクラシーには，多元性を確保可能な MSP の設計，政治腐敗を抑止するための政治資金制度やロビイング規制，一般的な資源格差を是正するための社会経済的諸条件の整備などの課題もある．　　　　［松尾隆佑］

第11章

民主主義

　民主主義体制とは，政治指導者や政策の決定に対して市民が政治的影響力をもつ体制であると大まかにはイメージすることができる．その前提となるのは，基本的な政治的・市民的権利や自由が保障されていることである．この出発点は「政治の世界」の内側に目を向けたイメージであるが，民主主義の理念それ自体は政治の世界の外にも広がりをもち，平等，平和，繁栄，理性といった諸理念との結び付きの中で議論されてきた．では現実世界において，民主主義体制とこれらの諸理念はどのように結び付くのだろうか．そこには重要でありながら解答が容易ではない，さまざまな問いが存在する．本章では，民主主義体制にどのような多様性があるのか，民主主義体制と国際関係には関係があるのか，民主主義とそれを支える社会的条件の関係はどのようなものか，そして民主主義による決定は「合理的」なのか，といった論点について多様な角度から検討する．

[網谷龍介・東島雅昌]

多数決型・競争型民主政

☞「選挙制度」p. 350

多数決型・競争型民主政は，ともに選挙における多数派を目指し，その多数派が決定することを最大限認める立場といえる．ただし，両者は重なり合いながらも，異なるものと考えられる．

●多数決型の典型としてのウェストミンスター・モデル　多数決型の民主政としては，いわゆる「ウェストミンスター・モデル」があげられることが多い．36カ国の政治データを数量化し，執行府–政党次元と連邦制次元とに整理して，各国比較を行ったレイプハルトも，ウェストミンスター・モデルを多数決型民主政の典型例と考えた（レイプハルト 2014）．しかし，ウェストミンスター・モデルを多数決型民主政の典型例とした彼の分析は，限界があった．彼自身が著書の中で，貴族院の存在，スコットランドなどへの権限委譲，中央銀行の独立化などによって，イギリスや1993年以降のニュージーランドがウェストミンスターから逸脱してきたことを認めた．純粋な意味での多数決型民主政の典型は，それによりバルバドスだけになったと，批判者から評されることもあった．

　レイプハルトによる多数決型民主政の定義では，合衆国の位置付けなどを含む連邦制次元の評価が論争を呼んできた．ツェベリスは，「政権存続期間変数は大統領制における行政府優位の指標を算出するのに使うことはできないのは事実であり，レイプハルトは「直感的な」数値を利用している」と疑問を呈した（ツェベリス 2009：140）．また，レイプハルトの多数決型民主政の定義は事実上，彼が設定した二つの変数のうち連邦制次元を無視していると批判もあり，イギリスを多数決–単一制，合衆国を多数決–分権的と整理する研究もある（Bernauer et al. 2016）．

　「ウェストミンスター」の定義付けには，解釈主義政治学からも批判がある．実証主義的に考察すると，レイプハルトが認めざるを得なかったように，イギリスは多数決型民主政から離れつつあり，ウェストミンスターを多数決型民主政の典型として描いているのは，むしろ論者の解釈のなせる業であると論じた（ローズほか 2015）．

　それでも，イギリスの政治システムが小選挙区制によって多数決型優位で進められてきたことに関しては，特に異論が存在しているわけではない．イギリス庶民院の小選挙区制は，2010年の保守党・自民党の連立政権合意によって，2011年に順位付け連記投票小選挙区制（alternative vote）への変更を巡って国民投票となったが，その結果は圧倒的多数が変更を拒否した．このときに小選挙区制の

対案となったこの制度は，投票者に順位付けを連記させ，2位票以下も含めて当選者は過半数を得ることを求める点で，実質的には1選挙区で1名の当選を争う小選挙区制であった．当時，この制度を推進した自民党や選挙改革協会（Electoral Reform Society）は，全国得票率30%台でも庶民院過半数を獲得することができる小選挙区制では，有権者過半数の民意が反映されないという点を一つの批判的論点に設定していた（Electoral Reform Society 2010）．イギリスを典型とした多数決型民主政理解に対しては，早い時期から，事実上の「少数決」であるという批判があった．

　（順位付けを加味したものを含む）小選挙区制によって議席を選ぶ制度を全国レベルの立法府的に導入している国々は，イギリス以外に，カナダ，オーストラリア，インド，アメリカ合衆国などがある．これらの国々では，選挙区における当選者が得票1位であればよいとする点では，この民主政は間違いなく，競争型民主政とはいえるかもしれない．しかし，多数を代表しているかという点においては，いずれの国においても，（オーストラリアの場合は1位票であるが）政権党得票率は過半数に達していない．また，アメリカ合衆国の場合は，上院が2年ごとに3分の1しか選挙対象ではないので，上下両院の多数派が異なる場合が珍しくない．この点でも，多数決型民主政とは，実際に有権者の過半数を代表しているものではないといえるだろう．

●権利志向民主政のアンチ・テーゼとしての競争型民主政　なお，競争型民主政は，多数決型民主政とは微妙に異なるものであり，主として合衆国の法学者によって，この20年ほど唱えられてきたものである（Issacharoff & Pildes 1998）．アメリカ合衆国では，歴史的に政治的紛争に対して連邦最高裁が決着を与えたことが多かった．しかし，その頻度は，戦後に入って増加し，特に，一部の人工妊娠中絶を合憲と判示したロー対ウェイド事件に対する連邦最高裁判決などで，政治的焦点となる判決が出されてきた．その中で，権利志向や熟議志向の民主主義に対するアンチ・テーゼとして競争的民主政が提起されてきた．そこにおいては，統治能力のある選挙の指導者選抜という点に関心がもたれてきた．選挙は，直接に争点や政策を決定するものではないが，指導者を選出することに意義を見出している．その思想的淵源は，20世紀初頭に活躍した経済学者シュンペーターに遡ることができるが，あくまでも20世紀後半の合衆国政治の文脈の中で，再注目されたといえる．　　　　　　　　　　　　　　　　　　　　　　［小堀眞裕］

📖さらに詳しく知るための文献
・レイプハルト，アレンド（2014）『民主主義対民主主義——多数決型とコンセンサス型の36カ国比較研究』第2版（粕谷祐子・菊池啓一訳）勁草書房．
・ローズ，R. A. W. ほか（2015）『ウェストミンスター政治の比較研究——レイプハルト理論・新制度論へのオルタナティブ』（小堀眞裕・加藤雅俊訳）法律文化社．

多極共存型・合意型民主政

☞「多数決型・競争型民主政」p. 202,「政党システムのタイポロジー」p. 292,「クリーヴィッジ」p. 300,「組閣の連立理論」p. 310

　多極共存型・合意型民主主義は，いずれもオランダ出身のアメリカの政治学者であるレイプハルトによって提唱されたモデルである．第二次世界大戦後のヨーロッパにおいては，戦間期を反面教師として，いかに安定した民主主義体制を築くかが実践上も，また政治理論上でも課題となっていた．この問題は各国個別の問題というよりも，冷戦構造の中でアメリカを中心とする西側諸国全体の問題として共有されていた．そこで理想とされた政治体制は，イギリスのような二大政党に利益が集約され，有権者が選挙によって議会多数派を選び，それに基づいて単独政権が形成されるようなウェストミンスター型の政治体制である．このような体制をもたらさない，社会が宗教，階級，民族などさまざまな亀裂によって分断されている状況は不安定な政治をもたらすとみなされていた．

●多極共存型民主主義　このような議論に対して1960年代以来，ヨーロッパの政治学者から多くの反証が出されてきた．国家形成にまで遡って合意による政治の伝統を説くレームブルッフのコンコルダンツ・デモクラティー（Lehmbruch 1996）や，サルトーリが政党システムの類型として多党制を分類し，民主主義を安定させる「穏健な多党制」という類型をつくり出したのもその例としてあげられよう．

　これらの中でとりわけ影響力があったといえるのがレイプハルトの諸理論である．彼は1968年に *The Politics of Accommodation* を出版して，社会が階級と宗教によって分断されていながら安定した民主主義体制を維持してきたオランダの政治を分析した（Lijphart 1968）．

　一国ではなく，より一般化されたモデルとして提示されたのが，1977年に『多元社会のデモクラシー』の中で提唱した「多極共存型民主主義」の理論である（Lijphart 1977）．この中でレイプハルトは，典型的な国としてオランダ，ベルギー，オーストリア，スイスをあげ，これらの国々では社会が亀裂で分断されていながら安定した民主主義を実現していると主張した．その条件が①大連合，②相互拒否権，③比例原則，④領域自治である．

　イデオロギーによって社会が分断されている場合，特定の多数派が政権を取ることは，少数派の抑圧につながりかねない．それゆえ政権は通常の連合理論によって予想されるような最小勝利連合ではなく少数勢力を包摂する①大連合になる．また，対立が生じたときに多数派で押し切るのではなく，②相互拒否権を認めて少数派を尊重する．財政支出やポストの配分は③比例原則によって配分す

る．国家で決定することは必要最小限にとどめ，それぞれの部分社会の④領域自治を認める．

このような統治のイメージは当時から各国の実情とズレがあったこと，世俗化や経済構造の変化で部分社会が解体していったことなどから，現在では西ヨーロッパで議論されることは少ない．典型としてあげられた国々でどの程度その要件が維持されているかという観点の研究が主となっている．

多極共存型民主主義理論が現在用いられるのは，民族で分断された国々でいかに民主主義を定着させるかというより，制度工学上の関心から議論がなされているといえよう．

●合意型民主主義　さて，民主主義の類型論としてレイプハルトはその後多数決（マジョリタリアン）型と合意（コンセンサス）型の区分を提唱した（Lijphart 2012）．彼は民主主義の制度10項目を掲げ，それぞれ指標を測定し因子分析した．その結果，それぞれの国の制度を二つの次元で説明できるとした．一つは政府・政党次元（選挙制度，政党システム，単独政権・連立政権，執政府–議会関係，利益媒介制度）つまり政党間でどの程度権力が共有されているかを指す（共有されている方が合意型）．もう一つは連邦制次元（連邦制，一院制・二院制，軟性憲法・硬性憲法，違憲審査，中央銀行の独立性）で，中央政府以外の制度にどの程度権力が分散しているかを指す（分散している方が合意型）．その上で合意型の方が多数決型よりも経済指標などでよい帰結をもたらすと主張した．

同書の特徴は，指標を用いることで，多極共存型よりも広く多数の国家を分析・比較可能にした点に加え，司法や中央銀行の独立性など比較政治学で新しく議論されるようになったテーマも取り込み，それぞれの国の政治制度全体を明快に類型化した点があげられよう．現在のリベラルデモクラシーを鳥瞰するのに有用である．

その一方，現在では指標を用いた各国別の比較政治研究においては政治制度の総体を位置付ける方法は一般的ではなく，個別の制度について比較する研究が主流となっている．実際に，レイプハルトの研究も別の指標を用いると再現できず，きれいに二次元に分かれるわけではないことが指摘されている（Coppedge 2018）．

多数決型と合意型の区分はそれぞれの国の民主主義体制を政府・議会中心に類型化するトレンドから，指標を駆使し「民主主義の質」も含めて制度を個別に分析する現在の研究潮流の過渡期に位置付けられよう．　　　　　　　［作内由子］

📖さらに詳しく知るための文献
・レイプハルト，アレンド（2014）『民主主義対民主主義——多数決型とコンセンサス型の36ヵ国比較研究』第2版（粕谷祐子・菊池啓一訳）勁草書房．

民主化支援

☞「民主化と国際環境」p. 208

民主化支援とは，ある国の政治体制を民主主義に移行させたり，民主主義的政治体制を定着させたりするべく，対外アクターが行う支援を指す．

●民主化支援の手段　キャロサーズは，民主化支援を「非民主主義国において民主主義を発芽させるため，あるいは民主主義の萌芽を経験した国の民主的移行を促進するために特別に計画された援助」と定義しており（Carothers 1999：6），民主化支援の主な手段は援助であることがわかる．この場合の民主化支援には"democracy assistance"の用語が用いられることが多い．"democracy aid"の用語が使用されることもある．民主制を構築・強化することを目的とした技術，金銭，物品などの援助が行われる．

ただし，"democracy support"の邦訳も「民主化支援」であることを踏まえると，より間接的な手段も含まれることになる．他国において民主主義を実現させようとする人々を側面支援する目的で用いられる外交的圧力や報酬の行使，または経済的圧力や報酬の行使なども，民主化支援の手段といえる．外交的圧力としては批判，外交的報酬としては賞賛，経済的圧力としては貿易・投資・援助などの停止，経済的報酬としては貿易・投資・援助などの再開などが行われる．

●支援内容　キャロサーズは，民主化支援が提供される主な分野を選挙，国家制度，市民社会の3分野に分類する（Carothers 1999）．

民主主義の根本条件である自由，公平，かつ定期的な選挙を実施するための支援は，選挙プロセスのみならず政党の育成にも提供される．

過去に事実上多党制を経験したことのない国で民主主義への移行が起こると，政権党の立法能力が弱く，行政府へのチェック体制に不備が生じることがよくある．また，そもそも財政不足や人員不足などで行政能力が乏しければ，民主的な政治プロセスを維持することは容易でない．さらに民主主義に欠かせない法の支配の強化も必要となる．国家制度支援は，こうしたガバナンス能力を向上させる目的で提供される．

民主化支援によって移行させようとしたり定着させようとしたりする民主主義体制は，単に国民に普通選挙権を与え，自由・公平かつ定期的な選挙を行っている選挙民主主義ではなく，国民に政治的権利と市民的自由が保障されている自由民主主義を指すことが多い．そのため民主化支援は，報道の自由を求めて活動する独立系メディア，国家から離れた市民社会スペースを維持・拡大しようとアドボカシーを行うNGO，信教の自由のために活動する宗教団体などの市民社会ア

クターに対しても提供される.

●支援提供アクター 支援を提供するアクターには，援助庁などの政府機関のみならず，政党がもつ政党財団，議会や政府の資金で活動する民間財団，および民間資金で活動する非政府組織などがある．政党財団の例としては，ドイツやスウェーデンなどの政党がもつ財団（例えばドイツのコンラート・アデナウアー財団［Konrad Adenauer Stiftung］やフリードリヒ・エーベルト財団［Friedrich Ebert Stiftung］，スウェーデンのオロフ・パルメ国際センター［Olof Palme International Center］やヤール・ヤルマション財団［Jarl Hjalmarson Foundation]）などがある．議会や政府の資金で活動する民間財団の例としては，全米民主主義基金（National Endowment for Democracy）や台湾民主基金会（Taiwan Foundation for Democracy）などがあげられる．民間資金で活動する非政府組織の例としては，オープン・ソサエティ財団（Open Society Foundations）やフリーダム・ハウス（Freedom House）など，多くの団体がある.

●民主化支援の歴史 民主化支援は米国外交の代名詞かのように指摘されることが多いが，その原型はむしろ西ドイツに求められる．1970年代半ばにポルトガルやスペインなどの南欧諸国が民主化すると，これらの国々の民主制を支える必要性が生じ，西ドイツの政党財団が民主化支援を開始した.

その後レーガン政権期の1980年代には米国で全米民主主義基金が設立され，米国援助庁も民主化支援を本格化し始めた．冷戦が終結し，東欧をはじめとして民主化の波が急拡大すると，民主化支援を行うアクターは先進民主主義地域全体に拡大した.

さらにポーランドやインドネシアなど，第三の波で民主化した新興民主主義国の一部は，みずから民主化支援を提供するようになった．また，第二の波で民主化したインドなども，他国に選挙支援を行っている.

●民主主義の防衛 かつて民主化支援は，非民主主義国に対しては民主化を促進する目的で，民主制への移行をすでに開始した国に対しては民主制の定着や質を向上させる目的で行われていた．しかし2000年代に入ると先進民主主義国を含めて世界全体で民主主義の弱体化が深刻化し，ダイアモンドが「民主主義の不況（democratic recession）」と呼ぶ状況になった（Diamond 2019）．ここに至って民主主義を巡る支援は，民主化や民主主義の定着を促進するものよりも，既存の民主主義がさらに瓦解することを防ぐ目的で行われるものが多くなった．当然のことながら，こうした場合には民主化支援の用語は用いられず，民主主義の防衛（democratic defense）などの用語が用いられる． ［市原麻衣子］

📖さらに詳しく知るための文献
・杉浦功一（2010）『民主化支援──21世紀の国際関係とデモクラシーの交差』法律文化社.

民主化と国際環境

☞「民主化の理論」p. 186,「民主主義の後退」p. 188,「民主化支援」p. 206,「アラブの春」p. 258

冷戦が終結へと向かう1980年代終盤，東欧の社会主義諸国で政治と経済の自由化が始まり，自由民主主義体制への移行としての民主化が進んだ．アジアでもフィリピン（1986年），韓国（1987年）と相次いで民主化された．このような1970年代半ば以降の世界的な民主化の動きを，ハンチントンは民主化の「第三の波」と呼び，民主化と国際環境の関係に注目が集まった（Huntington 1991）．体制側と反体制側のアクター間の交渉や経済発展による近代化といった国内的要因に注目した民主化の理論が形成される一方で，国際的要因の考察が進んだ．

●**民主化を左右する国際環境**　ハンチントンは，外部アクターの関与や他国の民主化のデモンストレーション効果を指摘した．ホワイトヘッドは，民主化の国際的側面を，制裁の可能性を含む明示的政策を通じて民主化が促される「支配」，国際勢力と国内勢力の相互交流を通じて民主化が進められる「合意」，近隣諸国の民主化に関する情報の浸透など非強制的で意図せざるチャンネルを通じて民主化が促される「感染（contagion）」に分類する（Whitehead ed. 1996）．第二次世界大戦後の占領下での日本の民主化やミャンマー軍事政権に対する欧米の制裁は「支配」に該当し，開発援助における民主化支援は「合意」に基づくものである．衛星テレビやインターネットなどを通じた「感染」以外にも，グローバル化による経済成長を通じた中間層の拡大や，逆に経済格差の広がりによる不満の蓄積，世界的な経済危機の余波による不況など，国内外のアクターが意図せざる国際的要因も民主化に影響を与える（Grugel & Bishop 2013）．

民主化にプラスになる方向に国際環境が働くとは限らない．権威主義国家の国際政治や国際経済での影響力の増大によって，民主化を支援する国際アクターの影響力が低下する場合もある．レヴィツキーとウェイは，民主化の行方を左右する要因として，西側（先進民主主義諸国とその影響下にある国際機関）の「レバレッジ（てこ）」と「リンケージ（連関）」に注目する．西側のレバレッジとは，民主化支援を含む外部からの民主化圧力に対する政府の脆弱性と定義される．西側からみると民主化への影響力である．リンケージは，経済的・政治的・外交的・社会的・組織的な結び付きと，資本と財・サービス・ヒト・情報の国境を越えたフローの濃度を意味する．政府の強制力や与党の組織力，反対勢力の強弱といった国内的要素に左右されるものの，基本的に西側とのリンケージが強いほど，民主化を促す西側のレバレッジは強まる．逆に，権威主義勢力とのリンケージが強くなると，民主化圧力のレバレッジは低下する（Levitsky & Way 2010）．

● **1990 年代の国際環境と民主化**　フクヤマが 1992 年の著書で「歴史の終わり」
と呼んだように，冷戦の終結とともに，西側の自由民主主義体制こそが望ましい
政治体制であるという認識が国際社会で広まった（Fukuyama 1992）．1990 年
代には，民主化，経済発展，平和の間の好ましい相関関係が支持され，欧米先進
国の外交やその影響下にある国際機関の活動に反映された．民主化支援が拡大
し，開発援助には民主化が政治的コンディショナリティ（条件）として付与され
るなど，東欧の旧社会主義諸国や途上国に民主化圧力が加わった．圧力が強まる
中で，自由選挙を実施するなど，多くの国々が民主化へ向けた政治改革を進める
姿勢を示した．紛争後国家でも，平和構築の手段として民主化が推進されていく．

● **2000 年代の国際環境と民主化**　2001 年の 9.11 米国同時多発テロ事件により
アメリカは対テロ戦争を開始し，アフガニスタンやイラクに武力介入を行い占領
下で民主化を進めるなど，国際的に民主主義を推進する政策を展開した．また，
2003 年から 05 年にかけてはグルジア（現ジョージア）やウクライナなどで「カ
ラー革命」が発生し，不正選挙をきっかけにした民主化運動による政権打倒が
「感染」していった．しかし，それらはむしろ民主化支援への反発を招き，中国
やロシア，イランといった権威主義諸国は，国内で民主化運動を取り締まり，外
部からの民主化支援を遮断し，上海協力機構などを通じて国際的に連携するよう
になった．

● **2010 年代後半以降の国際環境と民主化**　2008 年のアメリカに始まる世界金
融危機と 2010 年頃のヨーロッパ債務危機で欧米諸国の景気が低迷し，対照的に
中国は経済発展を持続させた．さらに 2013 年に発足した中国の習近平政権は，
「一帯一路」政策など積極的な援助と投資を展開するようになった．それにより
途上国での西側諸国や EU のリンケージが相対的に縮小し，民主化を求めるレバ
レッジが低下していく．2011 年の「アラブの春」では，民主化運動が中東で広
がり，エジプトのムバラク政権など独裁政権が倒されたものの，リビアやシリア
などでは内戦の発生，エジプトでは軍事政権の誕生という形で終わった．それら
の危機やグローバル化による貧困で発生した大量の難民・移民流入への反発か
ら，2017 年のトランプ米大統領誕生など民主主義国家でポピュリズムが広がり
「民主主義の後退」がいわれるようになった．この状況は，2020 年以降のコロナ
禍と相まって，自由民主主義の魅力低下をもたらした．さらに，中国やロシアな
どの権威主義国家の連携が広がり，SNS の統制や NGO の規制など抑圧の手法を
相互に学習するようになった．2021 年にトランプを破ったバイデンが大統領と
なり，同年 12 月に「民主主義サミット」を開催し，翌年 2 月からのロシア・ウ
クライナ戦争ではウクライナを支援するなど，民主主義国家の国際的な連携を打
ち出しているものの，近年の国際環境は民主化にとって好ましい状況ではなく
なっている．

[杉浦功一]

民主政と経済的不平等

☞「福祉レジーム論」p.134,「中位投票者定理」p.222

　先進民主主義国では，累進課税制度と福祉政策により富裕層から貧困層へ所得移転が行われ，所得格差を縮小させる再分配政策がとられている．国民の多数の所得は平均所得以下であるため，民主政下で再分配政策が決定されるのは当然だと考えられる．だが国ごとに再分配の規模は異なり，所得移転後の経済的不平等の度合いも大きく異なる．ここではまず民主政下での再分配モデルをいくつか紹介し（矢内 2020），次に比較政治経済学での議論をみておく（稗田 2022）．

●**民主政下での再分配モデル**　メルツァーとリチャードは，中位投票者定理を用いて再分配の決定モデルを提示した．このモデルからすると，中位投票者の所得（中位所得）と平均所得との差が大きいほど，つまり所得格差が大きいほど，大規模な再分配が実現されることになる（Meltzer & Richard 1981）．

　しかし現実には，所得格差の大きいアメリカで再分配の規模は小さく，所得格差の小さい北欧諸国で再分配の規模は大きい．そこでモーネらは，保険としての再分配という考えを導入する．再分配が就業者の所得格差を縮小するものと認識されている場合，メルツァーらのモデルが当てはまる．だが再分配が失業者に対する保険と認識されている場合，結果は異なる．平均所得と中位所得の差が小さい（所得格差が小さい）ときには，中位所得者は失業すると所得が大幅に下がるため，そのリスクに備えて多額の保険をかけようとする．平均所得と中位所得の差が大きい（所得格差が大きい）ときには，中位所得者は失業しても所得はそれほど下がらないため，多額の保険をかけようとはしない．つまり所得格差が大きいほど再分配の規模は小さくなるのである（Moene & Wallerstein 2001）．

　このほか，有権者を高所得層，中所得層，低所得層の3集団に分けて考えるモデルもある．このモデルでは，中所得層は高所得層と低所得層のうち，自身との所得格差が小さい方に親近感を抱いて連携すると考える．高所得層との格差の方が小さいと，中所得層は高所得層と連携するため再分配の規模は小さくなる．低所得層との格差の方が小さいと，低所得層と連携するため再分配の規模は大きくなる（Lupu & Pontusson 2011）．

　アイヴァーセンらは，有権者を3集団に分け，選挙制度から再分配を説明する．多数代表制の国では，選挙は左派と右派の2政党で争われ，中所得層が高所得層と低所得層のどちらと選挙前連合を組むかで勝敗が決まる．中所得層が高所得層と連携して右派政党を支持し，選挙後に裏切られると，再分配は一切行われなくなる．低所得層と連携して左派政党を支持し，選挙後に裏切られると，高所得層，

中所得層に課税され，低所得層のみに所得移転が行われる．中所得層にとっては後者の方が，より悪い結果をもたらすため，右派政党を支持する．これに対し比例代表制の国では，各集団を代表する3政党が選挙で争い，それぞれ同数の議席を獲得する．連立政権発足後に裏切りが起こると政権は崩壊するため，裏切りを懸念する必要はない．このとき中所得層は，高所得層と組むよりも低所得層と組んで大規模な再分配を行った方が利得は大きくなるので，低所得層との連立を選ぶ．したがって，多数代表制の国では中道右派政権ができ，再分配の規模は小さくなるのに対し，比例代表制の国では中道左派政権ができ，再分配の規模は大きくなる（Iversen & Soskice 2006）.

●**比較政治経済学による所得格差の分析**　比較政治経済学では従来，コーポラティズムの国では集権的な労働組合が連帯賃金政策をとり，賃金格差が小さくなると論じてきた．また福祉レジーム論は，労働運動が強力な社会民主主義レジームの国では福祉が充実して経済的平等が実現される一方，労働運動が脆弱な自由主義レジームの国では福祉が充実せずに格差の大きな社会になると説明してきた．

　1980年代以降，グローバル化と産業構造の変化により，コーポラティズムの衰退と福祉国家の再編が進む．アイヴァーセンらは，サービス産業は製造業より生産性が低く低賃金となるため，サービス産業化が進むと，雇用拡大，賃金平等，財政規律のうち二つしか実現できないトリレンマに陥ると論じた．英米など自由主義国では，サービス産業での雇用拡大と引き換えに所得格差が拡大し，ドイツなどキリスト教民主主義国では，格差の拡大を認めないためサービス産業での雇用を増やせずに失業者が増え，北欧諸国など社会民主主義国では，公共セクターでの雇用を増やして格差拡大と失業増を防ぐ代わりに財政が悪化するというのである（Iversen & Wren 1998）.

　ところが2000年代以降，ICTの発展により金融・ビジネスサービス・情報通信などで生産性が飛躍的に高まる．高付加価値のダイナミックなサービス産業が経済成長を牽引し，高度な一般的技能をもつ人材が必要とされる知識基盤経済の到来である．英米では，ダイナミックなサービス産業の高賃金に惹かれて，多くの若者が教育ローンなどの自己資金で高額の高等教育を受けるため，高度な一般的技能をもつ人材が大量に供給されて経済は成長するものの所得格差は拡大した．北欧諸国では，高等教育の無償化や積極的労働市場政策など政府の社会的投資により，こうした人材を増やして経済成長を実現し，それにより増えた税収で公共セクターの雇用も維持することで，所得の平等も実現している．ドイツでは，職業訓練制度により製造業の輸出競争力を支える高度な特殊技能をもつ人材は供給されるものの，高等教育を受ける者は増えず，ダイナミックなサービス産業は成長しない．一方で低生産性のサービス業での低賃金労働が増え，所得格差が拡大するデュアリズムが進行している（Wren 2021；稗田 2022）.　［上川龍之進］

資本主義と民主主義

☞「福祉国家の変化の理論」
p.136,「福祉国家と新自由主
義改革」p.138,「資本主義の
多様性」p.512

　資本主義は経済システムの特徴を，民主主義は政治システムの特徴を示す用語
であるが，現代の先進諸国が示すように，両者は併存することが多い．ここでは，
各原理の特徴に簡単に触れた上で，両者の関係性とその変容について整理する．
●**資本主義**　資本主義は，経済活動の目的を利潤の獲得に置く経済システムであ
り，私有財産制，自由契約の原則，資本蓄積，財・サービスだけでなく生産手段
や労働力の商品化，競争市場における自発的交換，生産手段の私的所有，賃労働
の普及などによって特徴付けられる．その中核には，生産手段を資本として有す
る資本家が，生産手段を有しない労働者の労働力を購入し，財・サービスの生産
を行い，商品として市場で売買することで，利潤を追求するという力学がある．
したがって，資本主義が円滑に機能するためには，労働者の再生産をどのように
担保するかが鍵となる．加えて，資本主義は，労働者の再生産以外にも，商品の
流通を可能にするための社会的インフラや契約の履行を担保する法制度などの公
共財の存在，鉱物資源や自然環境の利用を前提としている．言い換えれば，資本
主義は，資本主義の外部に大きく依存している．
●**民主主義**　民主主義は，統治する者と統治される者が一致した政治システムで
ある．古代ギリシャは直接民主主義を採用していたが，現代社会における民主主
義は間接民主主義であり，自由民主主義と呼ばれる．自由民主主義は，公的異議
申し立てと包摂性を兼ね備えた政治システムであり，自由な政治活動を前提とし
たエリート間の競争と人々の広範な政治参加によって特徴付けられ，代表による
決定は官僚制を通じて執行される．ここで重要な点として，多様な利益が決定の
場に過度に突きつけられることや，政治競争が激化することは，円滑な決定の作
成および執行の障害となり，自由民主主義を不安定化させかねない．言い換えれ
ば，自由民主主義が円滑に機能するためには，利益の反映や政治競争を一定の範
囲内に制御することが重要となる．
●**資本主義と民主主義の両立の要諦としての福祉国家とその変容**　資本主義と民
主主義は，上述のように，それぞれ内在的な課題を抱えている．また，資本主義
が個人の利潤の追求を志向するのに対して，民主主義は社会全体にかかる共同利
益の追求を志向するなど，両者は異なる志向性をもつ．したがって，資本主義と
民主主義の関係性をとらえる上では，内在的な課題にどのように対処することで
併存してきたかが重要となる．オッフェやジェソップが示唆するように，政治学
は，政治経済システムとしての福祉国家を形成することによって，資本主義と民

主主義が一定の安定性を実現してきたことを指摘する.

　まず戦後の高度経済成長期には，ケインズ主義的福祉国家が形成された．そこでは，人々は経済的な利益を重視し，階級を基礎とした利益集団や政党を通じて意思決定に影響を与えた．そして，国家は，大量生産・大量消費型の経済を前提に，マクロ需要管理政策を通じて経済過程に介入することで経済成長を実現し，労働市場で収入を得られなくなった場合の保障を充実化させる脱商品化政策を通じて人々に社会的保護を提供することで（その反面，ケアの負担を家族に押しつけてきた），政治的支持調達を実現してきたのである．しかし，この過程において，女性，環境問題，南北問題といった支持調達につながらない非経済的な争点は，意思決定から排除されてきた．言い換えれば，ケインズ主義的福祉国家の時代は，女性，地球環境，グローバルサウスに負担を課し，経済成長の実現および再分配に政治的争点を限定する形でバイアスと制約を内包しながら，資本主義と民主主義の両立を実現したのである．

　1980 年代以降，経済のグローバル化の進展とポスト工業社会への移行に直面し，福祉国家は，新自由主義的福祉国家や社会投資的福祉国家と呼ばれる新しい形態へと変化した．ここでは，国家は，知識基盤経済を前提に，ミクロ競争力政策を通じて経済過程に介入することで経済成長を実現し，再商品化政策や脱家族化政策を通じて人々に社会的保護を提供することで，政治的支持調達を実現するようになった．言い換えれば，労働市場の流動化を背景とした長期失業や若年失業に対処するために，労働市場への参入を促す政策と，女性の社会進出や家族形態の多様化を前提に，家族福祉への依存を緩和する政策が社会的保護の鍵となったのである．ここでは，環境配慮型の経済への移行や脱家族化政策の進展により，女性や地球環境への負荷は一定程度軽減したが，解消したとは到底いえない．また，国内における格差の拡大などの新たな課題にも直面している．その一方で，政治的争点は国内の経済問題が中心を占めており，人々の価値観が多様化し，グローバルイシューが重要になっているにもかかわらず，非経済的な争点や国境を越えた問題への応答は十分になされていない．このように，新しい福祉国家の時代は，バイアス（女性や地球環境への対応は一定程度改善するが，グローバルサウスの搾取は続き，新たに国内の格差が深刻化する）と制約（国内の経済問題中心の政治）の形を変えることで，資本主義と民主主義を両立させてきた．

　地球環境問題の深刻化，政治参加の減退，国家の介入能力の低下といった諸課題に直面する現在，資本主義と民主主義が今後もバイアスと制約を内包しながらも両立可能かつ持続可能であるかは，開かれた問いである．したがって，これからの政治学にとって，資本主義と民主主義のそれぞれに内在する課題が矛盾を抱えながらもどのように処理されているのかについて，福祉国家など，両者を媒介するメカニズムに注目しながら検討することが重要となる．　　　　［加藤雅俊］

民主政の（経済）パフォーマンス ☞「民主主義と権威主義」p. 178

　これまで民主政（民主主義）が経済的なパフォーマンスに与える影響を分析した研究は無数に存在しており，一部の研究は，民主主義が経済成長に与える望ましい影響に否定的な見解を示している（Barro 1996；Murtin & Wacziarg 2014）．他方で，民主主義が経済成長に与える望ましい影響を肯定的にとらえる研究も存在しており，1標準偏差の民主化度の変化が，長期には1人当たりGDPを98%も増加させるという分析もある（Madsen et al. 2015）．民主主義国家で経済成長しやすいという研究では，民主主義国家は，より経済改革を行い，健康や教育に関する公共財へ投資するため課税をし，経済成長の妨げとなる社会不安を引き起こしにくいため，権威主義国家よりも優位なのだと主張している（Acemoglu et al. 2019）．

●**包括的なサーヴェイとメタアナリシス**　このように，どちらの意見も存在しており研究の数も膨大である．そのため，近年では，こうした先行研究に基づいて包括的なサーヴェイやメタアナリシスを行う研究も複数存在している．管見で最新のサーヴェイ論文はGerring et al.（2022）だが，この研究は2000年以降の1100の分析に基づいており，民主主義国家が権威主義国家に対して特に有利なのは，人権や透明性，汚職，人間開発・健康といった分野であるとしている．経済成長も民主主義国家にとって有利な分野ではあるが，その程度は必ずしも顕著ではなく，格差や公的支出に関しても望ましい効果がみられるが，その効果はさらに小さいと主張している．また，賃金や雇用に関しては，むしろ，権威主義国家の方が優位な結果となっており，経済に関連する分野でも一様に民主主義国家が優位であると示されているわけではない．経済成長に限れば，この研究以前にColagrossi et al.（2020）のメタアナリシスがあり，1983年から2019年までの2047の分析に基づいて，統計的に有意な結果が報告されやすい出版バイアスを考慮に入れた上でも，民主主義国家は経済成長にとって望ましい効果があると示している．そして，その効果は，この研究以前に470の分析を用いて同様の検証を行ったDoucouliagos & Ulubaşoğlu（2008）よりも大きかったと指摘している．

　このように，近年行われていたサーヴェイやメタアナリシスは，その効果の大小の差異はあれども，民主主義国家は，権威主義国家と比較して，一部の例外を除いて経済的なパフォーマンスが優位にあると結論付けているといってよいだろう．ただし，ここで対象としている少なからぬ分析は，おそらく必ずしも現代の因果推論を前提としておらず，因果推論を用いた新たな分析によって補完される

必要があるように思われる．また，同様に重要な問題は，データの信頼性に関連する．すなわち，経済的なパフォーマンスを従属変数として考察する場合，一般的に，例えば GDP のような指標が用いられるわけであるが，そもそも民主主義国家と権威主義国家では，データの質に差があるという指摘が存在しており（Hollyer et al. 2011），こうした問題を考慮に入れた上でなければ，十分にフェアな比較ができないという懸念がある．以下では，こういった観点を考慮に入れ，これまでの先行研究から得られた知見をまとめる．

●**因果推論とデータの質を考慮した研究**　因果推論を用いて特に影響力の大きい研究として知られているのは，1960 年から 2010 年までの 175 カ国のデータを分析した Acemoglu et al.（2019）である．この研究は，近隣諸国の民主化の程度を操作変数とした分析を行い，因果関係を考慮に入れた上で，民主主義が経済成長を促すという因果の方向を確認したのである．そして，その効果の大きさは，民主化後の 25〜30 年の間に 1 人当たり GDP が 20% も増加するとしている．

　しかしながら，因果関係の方向性を考慮したそのほかの最近の研究は，この結果に複数の点から修正を迫っている．Eberhardt（2022）は，1960 年から 2010 年までの 61 カ国のデータを用いて，Acemoglu et al.（2019）の結果を確認しつつ，その効果は，より控えめなものだと強調している．Imai et al.（2023）は，マッチングの手法を用いて，Acemoglu et al.（2019）を再分析した結果，民主化自体に経済成長に対する影響は認められないが，権威主義化が経済成長を停滞させると報告している．Pelke（2023）は，1789 年から 2019 年までの 177 カ国のデータを用いて，民主主義の程度の段階的な改善は，経済成長に影響を与えず，いわゆる民主化のみが影響を与えるとしている．そして，その効果は，1 人当たり GDP を約 17% 増加させるとしている．また，Sima & Huang（2023）は，1960 年から 2010 年までの 153 カ国のデータを用いて，民主化時点に十分な経済的豊かさや教育程度などがある国々（強い民主主義国家と呼ぶ）でないと民主化後の経済成長も覚束ないと指摘している．この研究によれば，強い民主主義国家は，平均して約 35% さらに経済成長する一方で，弱い民主主義国家は約 1% の成長に過ぎないとしている．

　データの問題を考慮した最近の研究である Martinez（2022）は，人工衛星からみた各国の夜間光の情報を基に，権威主義国家は，年間の GDP 成長率を約 35% も誇張して報告していると分析している．この研究は，公開されているデータを用いて分析を行うと，それ自体が権威主義国家に優位な結果を招く可能性があると示唆しているように思われる．しかしながら，上述したように，そうした公開データを用いても，民主主義国家が経済成長にとって優位であるという結果が多く報告されているということを鑑みれば，民主主義国家の優位は揺るがないと考えてしかるべきであろう．

[安中　進]

民主政と市民社会

☞「ソーシャル・キャピタル」
p. 150

　市民社会（civil society）は，西洋の政治・社会思想史において古くより用いられてきた概念である．市民社会は時代や場所，用いる思想家によって多様な意味で用いられてきた（Ehrenberg 1999）.

　しかしながら，現代の政治学においては，①個人と国家の間にあるさまざまな非営利・非政府の団体・組織（NPO・NGO）ないしは自発的結社（voluntary associations），②特定の社会規範によって特徴付けられる望ましい社会の状態，③市民の活動や参加が行われる「公共圏」，という三つの意味で用いられることが多い（Edwards 2011）. 特に実証的な政治科学の領域においては，もっぱら①の意味で用いられている．

●**市民社会の三つの機能**　市民社会には三つの機能がある（坂本編 2017）. 第一に，アドボカシー（advocacy）機能である．市民社会は，公共問題や社会課題を発見し，それを広く政治や社会に訴えかける．アドボカシーの結果，世論や人々の行動様式，あるいは公共政策が変化することもある．アドボカシーは，①公職者に対する直接的なロビイング（lobbying），②署名活動やデモなど一般市民を動員する形で行われるグラスルーツ・ロビイング，③マスメディアを通じたアピール，④シンポジウムやセミナー開催あるいは書籍やデータの公表などを通じた啓発活動，などの具体的な方法によって行われる．

　第二に，サービス供給機能である．市民社会は，福祉，医療，教育，環境保護，スポーツ，文化芸術などの領域において，さまざまなサービスを有償ないし無償で供給する．それらのサービスは政府や営利企業によっても供給されるが，市民社会のサービス供給は，非営利・非政府の組織であるがゆえに，個別のニーズに応じた多様かつ柔軟なものになりやすい．加えて，先駆的・機動的なサービス供給も行われやすく，有償の場合でも比較的安価ないし適正価格で提供されやすい．

　第三に，市民育成機能である．市民社会は多様な背景をもつ人々が自発性に基づいて出会い，集い，議論し，取引や交渉が行われる場である．その場で生じる人間関係から，人々はさまざまな経験や学習の機会を得る．具体的には，他者の多様な意見や利害の存在に気づいたり，組織運営や取引・交渉のスキルを学んだり，他者と協調・協働する術を身につけたりする．また，公共問題や社会課題に気づいたり，時には政治への関心や政治に関する規範意識を高め，勧誘・動員を契機に，具体的な政治的行動をとったりもするようになる．

●**市民社会が民主政に与える影響**　市民社会は民主政と非民主政のどちらの政治

体制においても存在している．しかしながら，結社活動や表現の自由が保障された自由民主主義体制の下でこそ，強力な市民社会が形成される（Howard 2003）．

逆に，強力な市民社会の存在は，自由民主主義体制の維持・発展にポジティブな影響を与える．市民社会のアドボカシー機能は，社会の利害を政治過程に入力し，垂直的アカウンタビリティを確保する上で重要である．また，体制の民主化過程においては市民社会の諸活動が民主化を促進する（Burnell & Calvert eds. 2004）．サービス供給機能は，公共問題や社会課題の解決に役立ち，政府との協働を推し進め，ガバナンスの充実に資する（Salamon 1995）．市民育成機能は，寛容性や参加志向，あるいは一般的他者に対する信頼や協調性を有する「善き市民」の育成やソーシャル・キャピタルの形成に役立つ（Putnam 1993）．

しかしながら，政治的文脈によっては，市民社会が自由民主主義体制の維持・発展にむしろネガティブな影響を与えることもある．例えば，民主政を危機に陥れる過激な政治運動や全体主義運動の動員基盤として市民社会組織が利用されてしまうことがある（Satyanath et al. 2017）．また，市民社会組織での経験や学習の機会によって，排外主義や差別意識を助長されてしまうこともある（Kaufman 2002）．さらに，権威主義体制の下では，市民社会が反体制運動に結び付かないように巧妙に操作されつつ，人々と国家の間の利益媒介経路や懐柔手段ないしはサービス供給の手段として，体制維持に資するように利用されている（Teets 2014）．市民社会には，こうした民主政にとっての「逆機能」の側面が存在することにも留意しなければならない．

●**市民社会の国際比較**　民主政の国々の中でも，市民社会の強さは国によって異なる．サラモンらの研究では，「能力」「持続可能性」「インパクト」という三つの観点から「グローバル市民社会インデックス」（Global Civil Society Index）を作成し，世界34カ国の市民社会の強さを測定している（Salamon et al. 2004）．強い市民社会を有するのは，オランダ，ノルウェー，アメリカ，スウェーデン，イギリスといった国々である．日本の順位は19位であり，先進民主主義国の中では弱い市民社会を有する国の一つとされる．

日本の市民社会の弱さを説明する要因として，法制度の影響が指摘されてきた（Pekkanen 2006）．日本では伝統的に非営利の法人格を取得したり，税制上の優遇措置を受けたりするのが難しい法制度が存在した．特に許認可権限を有する行政の裁量権が大きいために，行政と距離を置いた市民活動団体が発達しにくい構造であった．1998年のNPO法制定や2006年の公益法人制度改革は，その構造を変容させる重要な契機となった．近年は多様かつ財政的にも豊かな市民活動団体が増加しつつあり，日本の市民社会は急速に発展し始めている．　　［坂本治也］

📖さらに詳しく知るための文献
・坂本治也編（2017）『市民社会論――理論と実証の最前線』法律文化社.

政治的分極化

☞「ヨーロッパの右派ポピュリズム」p. 170,「民主主義の後退」p. 188

政治的分極化（political polarization）とは，政治的領域においてエリートあるいは有権者のレベルで，個別の集団内部での均一性が高まり，集団間の差異が拡大することで対立が激化している状況を指す．特に政党を集団の単位とする政治的分極化を政党分極化（party polarization）あるいは党派的分極化（partisan polarization）という．政治的分極化については古くから議論されてきたが，1980年代以降，アメリカ政治の分野での研究の発展に伴い用語として定着した．アメリカでは議会における二大政党間のイデオロギー的分極化から，有権者レベルのイデオロギー的分極化および感情的分極化（affective polarization）へと研究関心が移行し，それらの研究枠組みがヨーロッパやアジアなどの国々に関する研究にも波及した．

●**アメリカにおける政治的分極化**　アメリカでは上下両院とも1960年代以降，民主党と共和党の二大政党間でのイデオロギー的分極化が進んでいる．まず両党の議員の多数派の間で法案に対する賛否が分かれる政党投票（party-line vote）が行われた採決の割合や，両政党の多数派間で賛否が分かれた投票において所属政党の多数派に投票した議員の割合を示す政党一致スコア（party unity score）が上昇するという意味での各政党内部での均一性の高まりがみられる．また，法案に対する点呼投票のパターンをもとに各議員について測定され，一般的にリベラル-保守のイデオロギー的立場を表す指標とされる DW-NOMINATE スコアの政党別の平均値の差が両党の間で拡大している（McCarty et al. 2008）．

このようなエリートレベルでの分極化を受け，有権者レベルでの党派間のイデオロギー的分極化の実態についても関心が高まった．分極化の進行を主張する立場からは，政党帰属意識とイデオロギーおよび争点態度との相関が強まっていること，つまり民主党支持者，共和党支持者がそれぞれリベラル，保守を自認し，かつイデオロギー的に一貫した争点態度をもつ傾向が強まっていることが示されている（Abramowitz & Saunder 1998；2008）．また，大統領選挙において非競争的な州の数が増加し，共和党優位の「赤い州」と民主党優位の「青い州」に分かれることによる地理的分極化も進んでいるとされる．ただしこれらの主張に対しては，有権者全体のイデオロギー分布はほとんど変化しておらず，中間層の割合の減少もみられないことから，実際に起きているのは党派的分極化ではなく，イデオロギー的・政策的に異なる政党への帰属意識をもっていた有権者がそれらと一貫した政党帰属意識をもつようになる党派的仕分け（partisan sorting）であ

るとの批判もある（Fiorina et al. 2006；2008）.

とはいえ，2010年代になると民主党支持者と共和党支持者のイデオロギー分布はいっそう乖離し（Pew Research Center 2014），とりわけ人種問題と移民問題を巡って民主党支持者と共和党支持者との間で異なる意見をもつ傾向が強まっている（Sides et al. 2018）. さらに党派性を社会的アイデンティティとみなしたとき，内集団である支持政党に対する感情（好意）と外集団である非支持政党に対する感情（反感）の差が拡大し，互いに嫌い合う度合が増しているという意味で，有権者レベルでの感情的分極化が進行している（Iyengar et al. 2019）.

●ヨーロッパ，アジア，南米における政治的分極化　近年のヨーロッパ諸国における政治的分極化は右派ポピュリスト政党に代表される反政治エスタブリッシュメント政党（anti-political-establishment parties：APEp）の伸長によって特徴付けられる（Casal Bértoa & Rama 2021）. APEp の選挙での得票率は西ヨーロッパのほとんどの国で2008年の経済危機以降とりわけ顕著に上昇しており，伝統的政党のカルテル化とそれに起因する中道への収れんにより発生したイデオロギー空間の周縁部の空白を APEp が埋めることで分極化が起きている（Casal Bértoa & Rama 2020）. その一方で，EU 加盟国の政党の選挙公約と得票率をもとに推定した各政党のイデオロギー位置の指標をみる限り，過去数十年間にわたってヨーロッパで分極化が進行しているという証拠はない（Kolster & Wittrich 2021）. また多党制下での感情的分極化の度合いを測定する指標を用いてヨーロッパとアメリカを比較した Reiljan(2020)によると，有権者レベルにおいて中・東ヨーロッパの国々ではアメリカよりも感情的分極化の度合いが大きいのに対し，北西ヨーロッパの国々ではアメリカよりも感情的分極化の度合いが小さい.

アジアにおいて政治的分極化が顕著なのは韓国であり，主要左派政党と右派政党の議員の間でのイデオロギー自己認識の平均値の差は概して拡大傾向にある. また有権者レベルにおいても従来の地域的分極化に加え，両政党の支持者の間でのイデオロギー的分極化および感情的分極化の進行が確認できる（Cheong & Haggard 2023）. 一方，日本においては，自民党議員のイデオロギー分布の右傾化がみられるものの，有権者全体や自民党投票者についてはそのような傾向はなく（谷口 2020），少なくとも有権者レベルでの分極化は進行していない. さらに南アジア，東南アジアの国々における政治的分極化の起源は少なくとも20世紀前半まで遡り民族や宗教に深く根差している（Carothers & O'Donohue eds. 2020）. また南米の一部の国々では国家的危機をきっかけに引き起こされたイデオロギー的分極化は民主主義の後退の一因となった（Handlin 2017）.　［飯田　健］

📖さらに詳しく知るための文献
・レビツキー，スティーブン＆ジブラット，ダニエル（2018）『民主主義の死に方──二極化する政治が招く独裁への道』（濱野大道訳）新潮社.

民主政と社会的多様性

☞「民主主義と熟議」p. 196,「多
極共存型・合意型民主政」
p. 204

　民族や宗教，階級など多様な社会集団が並立し，社会的な分断が対立や紛争を
招きかねない国において，いかにして安定的な民主政が維持されるのか．比較政
治学はこの難題に 1960 年代から取り組み，その研究成果は現実政治で積極的に
応用されてきた．他方 21 世紀以降は，社会的多様性を巡る従来の議論の前提が
大きく変容し，新たな視点が求められる時代に入っている．

●多極共存型民主主義　オランダ出身のレイプハルトが 1960 年代末に考案した
多極共存型民主主義論は，分断線が複数走る多様な社会において，いかにして安
定的な民主政を実現できるのかを説明し，強い影響を与えた（Lijphart 1968）.
彼はオランダ，ベルギー，オーストリア，スイスを例として，宗教や階級によっ
て国民が分断され，しかも各グループが「柱」と呼ばれる社会集団として凝集力
を保ち，社会的分断が深刻にみえるにもかかわらず，民主政が崩壊することなく
維持されているメカニズムを明らかにした．彼が重視したのが，出身集団の利害
を離れて交渉・妥協できるエリートによる協調であり，比例代表制や大連合政権，
争点の非政治化といった制度・慣行を活用することで，紛争を未然に防止し，民
主政の安定を実現することができるという．この議論は北アイルランドやアパル
トヘイト後の南アフリカなど，ヨーロッパ内外の国・地域で活用・応用され，現
実にインパクトを与えた．また彼は後に多極共存型民主主義の議論の射程を広げ
て「コンセンサス型民主主義（合意型民主主義）」を提示している．この多極共
存型民主主義論が比較政治学を代表する古典的理論の一つであることは確かだろ
う．

●近年の変容　他方で近年,「エリートの協調」を軸とした分断の克服，民主政
の安定を巡る議論の限界があらわになっている．オランダをはじめ多極共存型民
主主義のモデルとされた諸国では，21 世紀に入り，既成政党への不満の噴出，
既存の政治の枠組みを批判するポピュリズムの拡大が顕著である．しかもそこで
批判のターゲットとなっているのは,「エリート協調」という多極共存的な合意
形成のあり方そのものである．エリート協調は，もはや各集団間の妥協ではな
く，エリート層の既得権益を守る一種のカルテルとして認識され，打破すべき対
象となっている．そもそも宗教や階級によって社会が分断されていた時代には，
多くの人がみずからの属する宗教や階級にアイデンティティを有し，各集団の指
導者への「臣従」を維持していたことで，エリート間の妥協への支持が調達され
ていた．しかし世俗化や脱工業化の進展，ライフスタイルの変化を背景に宗教や

階級の動員力が大きく低下した21世紀，政党や団体に属さない無党派層・無組織層が多数を占めるようになると，既存の政党や団体のエリート同士の協調は，分断を架橋する勇気ある行動ではなく，既得権を固守するための「談合」と理解され，批判の対象となる．特にインターネットによる情報流通の発達した現代にあって，エリートが一方的にアジェンダを設定し，秘密裏に交渉を進めることは困難となっている．「アウトサイダー」たるポピュリスト勢力はその点を衝き，既成政党や既存の団体の「特権性」を批判して支持を広げた（水島 2016）．

●**平等性・公開性の問題**　政治理論研究者のオフリンは，多極共存型民主主義を熟議民主主義の立場から批判的に検討し，「平等性」「公開性」の軽視を指摘する（O'Flynn 2007；2017；田村 2013）．彼によれば，少数のエリートが密室で物事を決める多極共存型民主主義は，一部の人々を優遇し，意思決定プロセスが公開されない点で民主政にとって重要な平等性，公開性が欠けている．そして民主的なプロセスから排除された市民達は，みずからの意に添わない政治的決定に直面して不信感をいだくだろうという．彼のこの説明は，近年のエリート協調への批判の背景を鋭く指摘するものといえる．

●**多様化する多様性**　さらに近年，宗教や階級などの従来の分断線と異なる，これまで看過されてきたさまざまな社会的多様性が顕在化し，民主政のあり方が問い直されている．エスニシティやジェンダー，都市と地方など，多様な背景をもつ人々が政治空間に参入し，時として先鋭的な対立を生んでいる．ただ，そのような多様性の存在，集団的な分断の析出が直ちに政治的対立に発展するとは限らない．最近の比較政治学では，有権者の自集団エリートへの「臣従」を前提とせず，集団の枠を超えて支持を集める政党が集団間の対立緩和に果たす役割に関心が寄せられている（Garry 2014）．多様な集団から支持を得ようとする政党は，特定の集団の利益のみを追求する政党と比べ，極端を避け穏健で妥協的な方向を示すことで，集団間の対立を和らげ，架橋的なアイデンティティ形成を促すことができるという見方もある．

　先のオフリンは，分断社会で信頼ある政治を築くためには単なる交渉と妥協では不十分であり，各集団間における「共にある感覚」「共通の意図」の醸成が必要としている．多様性の増す現代の民主政にとって，さまざまな分断を乗り越えて共通感覚を育むことが，喫緊の課題であるといえよう．　　　　　［水島治郎］

📖さらに詳しく知るための文献
・レイプハルト，アレンド（2014）『民主主義対民主主義——多数決型とコンセンサス型の36カ国比較研究』第2版（粕谷祐子・菊池啓一訳）勁草書房.
・レイプハルト，アーレンド（1979）『多元社会のデモクラシー』（内山秀夫訳）三一書房.

中位投票者定理

☞「民主政と経済的不平等」
p. 210

　中位投票者定理（median voter theorem）は，政策争点軸上の有権者の選好な
どに関するいくつかの前提の下，選挙において政党（候補者）の争点軸上の立場
が中位投票者の最適点（ideal point）と一致する唯一の均衡が存在することを示
した理論的命題である．有権者の政策選好と政治家の政策決定との関係について
の理論的基礎を与え，中位投票者の選好を有権者全体の選好として取り扱うこと
を正当化することから，社会科学の理論モデルおよび実証分析において広く応用
されてきた．中位投票者定理のアイデアは，店舗立地を巡る企業間の空間的競争
における均衡を研究した Hotelling（1929）においてすでにアメリカの二大政党
を例に政治学への応用が示唆されているものの，Black（1948）による定式化を
経て，Downs（1957）において政党間競争に本格的に応用されたことから，そ
こで想定される政党間競争モデルをダウンズモデル（Downsian model）と呼ぶ．
●中位投票者定理の理論的前提　中位投票者定理が成立するための主な前提とし
て第一に，争点が一つしかなく，実数で表される争点軸上にすべての政治的意見
が位置付けられるということがある．例えばリベラルと保守の間で意見が分布す
るイデオロギー対立軸や，税率および福祉サービスの水準など意見が分かれる重
要な政策争点があげられる．各有権者はそうした一次元の争点軸上にみずからの
最適点をもつことが想定されている．なお有権者をその最適点によって争点軸上
に並べたとき，両端から数えて有権者の数がそれぞれ同数となる中位数（中央値）
を最適点としてもつ有権者のことを中位投票者（median voter）と呼ぶ．第二に，
この争点軸上において各有権者は単峰型（single-peaked）の選好をもつことが
前提とされる．すなわち，争点軸上の政党の政策に対して，各有権者はみずから
の最適点から最も近い政党の立場を最も好み，その政党に投票する．また棄権は
しない．そのほかにも，政党は二つのみ，政党は政策を同時に決定する，政党の
目的は得票最大化である，有権者は政党の政策を正確に知っている，候補者は中
位投票者の最適点を正確に知っているなどの前提がある．
　これらの前提がすべて満たされる場合，中位投票者の最適点の立場を取る政党
は選挙においてもう一つの政党と同じかそれより多い票を有権者から集める．つ
まりこれは，中位投票者の最適点に位置する政策を掲げる政党は選挙において少
なくとも負けないということを意味し，選挙での得票最大化を目的とする政党の
政策はいずれもこの中位投票者の最適点と一致することが均衡となる．
　このように中位投票者定理は数々の前提の上に成り立っているが，それらの中

には非現実的なものも含まれる．例えば，多くの場合選挙では単一争点ではなく，複数の争点が存在するが，一次元の政策空間を多次元に拡張することでほとんど場合，均衡は存在しなくなる．また二政党間ではなく多党間競争を考えた場合，無数の均衡が存在する．さらに，実際の選挙ではあまりにみずからの最適点とかけ離れた政策を提示する政党しかいない場合，有権者は疎外（alienation）を感じて棄権することも考えられる．このように有権者が棄権する可能性を考えると，有権者の選好の偏りにより有権者の最適点の分布がひずみ，その最頻値と中位数が大きく乖離していたり，有権者の選好の分極化により最頻値が複数存在していたりする場合，中位投票者定理は成り立たなくなることがある．

●中位投票者定理の応用　このように中位投票者定理は理論的にかなり限定された状況下でしか成立しないことが明らかであるにもかかわらず，有権者の選好が代表民主制における政党間競争を通じて政府の政策決定を規定するメカニズムを明解に示し，有権者全体の選好を中位投票者の選好に代表させることを正当化することから，公共選択論，公共経済学，政治経済学の分野を中心に中位投票者はモデルに取り入れられ，有権者の選好と政府支出，税率，年金，所得再分配などの政策決定との関係についての理論的検討に用いられてきた．

　さらに中位投票者定理の妥当性に関する経験的検証や，中位投票者の選好が政策決定に与える影響に関する実証分析も行われてきた．その際に必要となる中位投票者の最適点の測定に関して，経済学者は世帯所得の中央値などの経済統計で中位投票者の最適点を代替させてきたが，この方法は所得と有権者の政策選好に関する強い仮定を置いている上，分析対象となる政策分野が限られるという意味で政治学的には問題をはらむ．そこで中位投票者の政策選好を測定するより直接的な方法として，有権者調査データを用いることがあるが，データが入手可能な国の数や期間の問題から比較政治学における有用性は限定的である．

　こうした問題を踏まえ，中位投票者のイデオロギー位置の測定に広く用いられるのが Kim & Fording（1998；2003）の方法である．この方法は，世界 50 カ国以上を対象に，選挙でのマニフェストに表れた政党のさまざまな政策争点での立場やイデオロギーを数値化した Manifesto Research on Political Representation（MARPOR）project のデータを利用し，各政党を一次元のイデオロギー軸上に並べ，選挙におけるそれらの得票率をもとに各国の中位投票者の最適点を推定している．このようにして求められた中位投票者の最適点の推定値は，さまざまな問題点を指摘されつつも，政府の政策決定や有権者の選好の変化の規定要因に関する実証分析，有権者の選好に対する政府の応答性の評価に用いられている．

［飯田　健］

📖さらに詳しく知るための文献
・浅古泰史（2016）『政治の数理分析入門』木鐸社．

数理モデルによる民主主義理論

☞「中位投票者定理」
p. 222

　民主主義の政治制度がもつ特記すべき特徴は,国民がみずから政治制度を選択し変更しうることである.このような制度選択にあたっては,目の前にある制度とは異なる制度を構想する想像力が求められる(Wolin 2004).比較政治学は,既存の政治制度を評価し,新たな制度を構想し選択するための参照点を与えてくれる.

　数理モデルはこの参照点の提示に二つの役割を果たす.①実証分析にむけて仮説を提示する際に,数理モデルを用いて因果関係の方向を定義する役割(浅古2016).②数学的定式化とそれに基づく演繹的推論を用いて論理的予測を提示する役割である(境家 2014).以下では後者の役割に注目する.

　数理モデル(mathematical models)は,現象とその要因との関係を,数式で記述したものである.フォーマル・モデリングあるいは数理分析は,「政治的行為者(アクター)の行動原理と意思決定状況を数理的に表現し,そこから予測される結果を演繹的に推論する研究アプローチである」(境家 2014：132).

　数理的表現を用いることにはいくつかの利点がある.第一に,論理的一貫性が保証されることである.第二に,曖昧さを排した簡潔明瞭な説明を実現できることである.副次的な利点として,演繹的推論を用いて論理的予測が提示できる場合もある.以下,三つのレベルの分析例をあげ,数理分析の多様性を示す.

●**民主主義のモデル**　民主的統治と計画的に育成された政治エリートによる統治(political meritocracy)では,どちらがパフォーマンスに優れるのだろうか(Bell 2015；Landemore 2020).決定参加者の多様性と一様性の影響を比較する多様性が能力に勝る定理(diversity trumps ability theorem)(Hong & Page 2004)や多数決が生む集合知を扱う陪審定理(Condorcet's jury theorem)を媒介として議論が交わされている.

●**民主的決定方式のモデル**　民主的決定方式を数理モデルを用いて分析することもできる.アローは,意思集約方法が満たすべき最低限の条件を五つ示した.①社会の選好関係が推移的であること,②完備性と推移性を満たす限り個人選好のすべてのパターンが集約対象となること,③全会一致なら社会的決定もそれに従うこと,④偶然を除きある人の決定が常に社会的決定となってしまわないこと,⑤比較対象ではない選択肢がもたらす影響からの独立性である.

　これら五つの条件をすべて満たすような意思集約方法は存在しないことをアローは数理的に明らかにした(アローの不可能性定理)(Arrow 1963).このことは,制度選択に当たりどの条件を諦めるかの指針を提供してくれる(浅古 2016).

表1　各条件を満たさない決定方式の例

条件①	条件②	条件③	条件④	条件⑤
総当たり戦 （ペア多数決）	全会一致方式	くじ引き	独裁制	単純多数決 ボルダ方式

●**民主主義の制度の中でのアクターの行動予測モデル**　以下に代表的なテーマと分析例を示す（Gehlbach 2022）．①政党の選挙競争の決定論的モデル：Hotelling-Downs モデルは，政権獲得を主眼に置く二つの政党が一次元のスペクトラム上に並んだ政策立場を選択するモデルであり多様な応用がなされている（Downs 1957）．モデルを多次元政策空間に拡張すると均衡が存在しなくなる問題が指摘される．②政党の選挙競争の確率論的モデル：ところが，上記のモデルで有権者が確率論的に行動することを仮定すると，多次元政策空間での均衡の非存在の問題が解決されるため意義深い．③特殊利益の政治：利益誘導政治のモデルでは，選挙キャンペーンへの支援のモデル（Ashworth 2006）を基礎に，利益団体によるロビー活動モデル，シグナリング・ゲームなどが提唱されている．④拒否権プレーヤー：拒否権をもつプレーヤーの数が多く，それらのプレーヤーの選好が乖離している場合には，政策の安定性が高まることが社会的選択理論の枠組から導かれる（Tsebelis 2002）．政治システム内での意思決定の順序の予測にはゲーム理論の枠組が利用される．⑤委任：立法府がプリンシパルとなって，エージェントである官僚機関や専門家委員会に対し政策権限の委譲が行われる．このような委任の分析には空間モデルが用いられている（Bendor & Meirowitz 2004）．⑥連立：Baron-Ferejohn モデルは，議員間での資源の分配を巡る議会交渉の分析に用いられる（Baron & Ferejohn 1989）．多くのモデルが最小勝利連合が形成されることを示唆する（Riker 1962）．分配を巡る交渉の分析には最後通牒ゲームも用いられる．⑦政治的代理人：有権者が直面する政治家のモラルハザードや情報の非対称性といったエージェンシー問題を，選挙が解決するかが議論される（Barro 1973；Ferejohn 1986）．⑧体制転換：排除された多数派（貧困層）は，代償を払ってでも非民主的なエリート（富裕層）を打倒するのか．Acemoglu-Robinson モデルでは，マルコフ・ゲームを用いて貧困層が起こす集団行動のコストは時代によって変動すると分析される（Acemoglu & Robinson 2001）．

●**中範囲の理論と分業**　このように数理モデルは抽象度が高いために広い応用可能性をもつ．その一方で，数理モデルは複雑な事象の一側面を研究目的に応じて選択的に切り取ったもの（idealization）である．それゆえ，数理モデルは中範囲の理論の構築に資する．数理モデルは明晰であるため誰もが理論の検証や変更に参加できる．その利点を生かし，数理モデルによる民主主義理論は，規範理論や国際政治学など多分野と協働するハブとなることが期待される．　　　［坂井亮太］

第12章

権威主義

権威主義体制では民主主義体制と違い，人々の自由と権利が侵害され，政治指導者（独裁者）の権力は制限されず，暴力や不正が偏在する．独裁者はみずからの政治的脅威を粛清し，治安部隊を用い抑圧する．しかし，こうした状況では，独裁者を支える統治エリートや市民は独裁者への疑心暗鬼を高め，クーデタや反乱も起きやすくなる．つまり，強制的手段に頼るだけでは，権威主義政治は不安定になる．このリスクを軽減するために，独裁者達は政党・選挙・議会といった政治制度を活用したり，巧みな情報操作を行ったり，人々に便宜を供与したりすることで，統治を盤石にしようとする．独裁者達は，国家を統治する上でどんな課題に直面し，それらの問題にいかに対処するのだろうか．そして，権威主義国家に住む人々は独裁者の政治にどのように対応するのだろうか．本章では，権威主義体制の政治の論理について，さまざまな側面から分析する．

［網谷龍介・東島雅昌］

独裁者のジレンマ

☞「クーデタと粛清」p. 234,「権威主義体制における選挙」p. 238,「選好の偽装（自己検閲）」p. 256

　権威主義体制（独裁制）の政治指導者（独裁者）による統治と聞いて連想するのは，暴力や強制など抑圧的手段で人々に服従を強いる強権政治かもしれない．北朝鮮の金正恩による粛清や，ミャンマーの軍部独裁による民主派市民の弾圧，政治権力を習近平一人の手に集中させる中国が思い浮かぶ．権力への制限がなく，人々の権利や自由が十分保証されない権威主義体制下で，為政者は暴力的手段に訴えやすい．しかしながら，強制的手段にまったくコストがないわけでもない．

　他方，抑圧から距離を取り，人々の権利や自由を保証し，あるいは競争的な選挙を行って政治的自由化を進めると，独裁者の統治基盤を脅かすかもしれない．自由と抑圧の狭間で生じるこのトレード・オフ（二律背反）のことを「独裁者のジレンマ（dictator's dilemma）」と呼ぶ（Wintrobe 1998）．独裁者のジレンマは，大きく①独裁者と統治エリートのあいだに生じるものと，②独裁者と市民のあいだに生じるもの，の二つに分けることができる．

●独裁者と統治エリートの関係　独裁者はみずからに権力を集中させ，統治エリートの粛清を実行することで，体制内ライバルの反抗を抑止できる．この意味で，制限のない権力を背景にした暴力による威嚇は，統治エリートを独裁者に跪かせる上で有効に機能するだろう．しかし，粛清による威嚇は二つの点で独裁者にとって副作用を伴う．

　第一に，独裁者への権力集中が無制限であるがゆえに，統治エリート達は次に粛清されるのは自分かもしれないという疑心暗鬼に陥りやすくなる．こうした疑心暗鬼の高まりは，統治エリートをして機先を制するために独裁者を暗殺したりクーデタを起こさせたりする．実際に，多国間統計分析は，独裁者への権力集中が過度に進むと独裁者の暗殺が起こりやすくなることを示す（Chin et al. 2022）．

　第二に，粛清の恐怖を通じて統治エリートを規律するためには，不満分子を特定し抑圧を担う治安部隊の協力が必要不可欠になる．しかし，効果的な粛清を行うために軍の力を高め，それに依存するようになれば，軍によるクーデタのリスクが高まる（Svolik 2012）．

　とはいえ，独裁者への権力集中と暴力への依存が生み出す副作用を恐れて統治エリートに権力を委譲すれば，統治エリート達は付与された権力を拠り所に体制転覆を図りやすくなる．つまり，独裁者はみずからと統治エリートのあいだの権力分有が，体制安定性につながる仕組みづくりを行う必要がある．

●独裁者と市民の関係　独裁者への権力集中と抑圧への過度の依存は，独裁者と

市民の関係についても二つの問題を引き起こす.

　第一に, 統治エリートと同様, 市民もいつ自分達が抑圧されるかわからないために, 体制批判を行うことを控え (自己検閲), 体制にとって口当たりよいことしか発言しなくなる (選好の偽装). 市民による政府への批判や異議申し立てがなくなると, 独裁者は社会がいかなる問題に直面しているのか把握できなくなる. つまり, 権威主義体制下の独裁者への権力集中は, 統治に必要な情報の不足を招くのである.

　第二に, 過度の暴力への依存は, 体制に反対する人々の退路を断つことで人々を一か八かの過激な行動へと駆り立てるかもしれない. つまり, 強権政治が大衆の不満を吸い上げることを難しくし, 抗議運動や武力闘争など反政府的な集合行為を組織することにつながる (Goodwin 2001).

　しかし, 他方で弾圧を緩和し人々の権利や自由を認めれば, それをテコに人々は激しい政府批判を展開したり, 選挙で野党に票を投じたりして体制の求心力を切り崩すことにつながる. みずからの体制を維持したい独裁者は, 市民の意見に耳を傾ける仕組みを整えつつ, それが独裁者の統治基盤を傷つけないようにする必要がある.

●いかにして独裁者のジレンマは克服されるか　自由と抑圧のあいだのこうしたジレンマを, 独裁者達はどのようにして乗り越えるだろうか. 統治エリートとの関係について最も研究されてきたのは与党組織のもつ役割である. 与党の中で明確なキャリアパスを定め「集団指導体制」を制度化すれば, 統治エリートは粛清を恐れずに体制のために働き, 安定した権力分有は体制の存続に寄与する (Magaloni 2008 ; Geddes et al. 2018). 軍エリートに対しても, 軍事資源の差配を担う閣僚ポストを軍幹部に当てがい, 軍を取り込むことでクーデタを抑止できる (Meng & Paine 2022).

　市民についていえば, 大衆支持を高める再分配政策を行うことで, 抑圧や不正への依存を下げジレンマを緩和できる (Han 2022 ; 東島 2023). あるいは, メディア空間で, 人々の集合行為を呼びかける情報は厳しく検閲し, 他方で政策批判には寛容になれば体制に有益な情報だけを利用できる (King et al. 2013). 独裁者のジレンマをどのように乗り越えるかは, 独裁政治の本質に迫る問題であり, 権威主義体制を分析する社会科学者の関心事でありつづけている.

[東島雅昌]

📖さらに詳しく知るための文献
・浅古泰史・東島雅昌 (2023-25)「連載 どうする独裁者——数理・データ分析で考える権威主義」『経済セミナー』日本評論社.
・東島雅昌 (2023)『民主主義を装う権威主義——世界化する選挙独裁とその論理』千倉書房.

全体主義（ファシズム・ナチズム）

☞「ソ連の解体」
p. 260

　自由を圧殺する管理社会，その極限たる強制収容所と重ねて想起される 20 世紀のディストピアとしての全体主義は，思想，文学，歴史学，社会科学をはじめとする多くの学問分野における重要テーマの一つであるが，本項目では，比較政治学における全体主義論，とりわけ比較政治体制論における受容と発展に焦点を絞り，主としてファシズムとナチズムについて記述・分析した研究を取り上げる．

●「全体主義」概念の生成発展　全体主義という言葉の由来は，1923 年に自由主義者アメンドラがファシストを非難するために用いた「全体主義的」という形容詞に遡る．その後，ファシスト自身が自由主義を否定し，すべてを包含して倫理と価値を体現する国家への個人の一体化というその理想を表すものとしてこの語を用いるようになった（Traverso 2001）．また，ファシズムやナチズム，ボリシェヴィズム（ソ連）の類似性に着目する議論は早くからみられ，例えばイタリアから亡命したカトリック・人民党の指導者ストゥルツォは，これら三つの体制を 19 世紀までの独裁とは質的に異なる，全体主義という新たな政治システムとして位置付けた（Sturzo 1936）．

　全体主義概念を用いた初期の実証研究としては，ナチ・ドイツの権力システムの構造と機能を分析したノイマンの『ビヒモス』（1942 年）が重要である．ノイマンが，党・軍・官僚・産業界が分立し競合する多頭制的構造を抽出し，体制全体を拘束・統合する法や制度，組織を欠いた混沌の支配，すなわち「ビヒモス」と位置付けたことは，理論の精緻化に有益な視座をもたらした．全体主義論は 1960 年代まではナチ体制研究においても重要な位置を占めていたが，その代表がブラッハーであった．彼は，ナチ支配を，党と国家の不分明な錯綜状態において唯一の仲裁者たるヒトラーの意志が貫徹する全体主義的指導者国家としてとらえ，そのイデオロギーが（とりわけ末期に）全面的に展開された点にそのダイナミズムと革命性を見出した（Bracher 1969）．

●冷戦と全体主義モデルの隆盛　冷戦期前半に最盛期を迎えた全体主義モデルにおいては，ナチ・ドイツとスターリン主義のソ連を一つの体制類型ととらえ，両者の類似性を強調することに力点が置かれたが，その代表例がフリードリヒとブレジンスキーの『全体主義的独裁と専制』（1956 年）である．彼らは，社会生活を包括する公的イデオロギー，独裁者が指導する（国家官僚制と融合ないしそれに優位する）大衆的単一政党，テロルに依拠した警察統制のシステム，党によるマス・コミュニケーション手段と実力装置の独占的統制，経済の中央統制という

全体主義体制の症候群を抽出し，広く参照される記述モデルを提示した．

しかし，全体主義の典型とされた両体制の実証研究が進むにつれ，体制による社会・個人に対する統制や浸透に限界があったことや，指導部内に著しい対立や無秩序が存在したことがより明確となった．体制の実態との乖離という問題を踏まえ，全体主義モデルの精緻化を試みたのがリンスの『全体主義体制と権威主義体制』（1975 年）である．リンスは，他の非民主的体制，特に権威主義体制との識別性を重視し，全体主義体制を①一枚岩ではないが一元的な権力中枢，②排他的で自律的なイデオロギー，③単一政党やその大衆組織を通して広範に行われる，政治的・集団的な社会活動への市民の参加と積極的な動員という特徴により定義した．後にユートピア的との形容詞が付されるイデオロギーの重視，独裁者（その存在は必然とはされない）より単一政党の機能への注目（党組織が政府の上位あるいはそれと対等である場合にのみ，全体主義とされる），広範かつ強烈な動員の強調，テロルを体制の定義に含めないなどの点に彼のモデルの特徴がある．またイタリアのファシズム体制については，単一政党・運動による権力の全体主義的独占やさまざまな集団の強制的同質化が不完全であったため，「動員型」権威主義体制として全体主義と権威主義の境界事例と位置付けられている．

●「第三の波」以降の全体主義体制論　その後，1989 年以降の旧東欧諸国の体制転換を踏まえ，リンスは権威主義体制の下位類型としていたポスト全体主義体制（主に非スターリン化以降の東欧諸国）について，全体主義体制の諸制度，とりわけ単一政党の指導的役割の存続とイデオロギーが形骸化しつつも「社会的現実の一部をなしている」ことを重視して，これを独立の体制類型とした．さらに脱全体主義化の度合いに応じて「初期型」「凍結型」「成熟型」という下位分類も提示した（Linz & Stepan 1996）．これらは民主化論との接合の試みであり，移行様式のバリエーションへの示唆はあるものの，個別記述モデルという性格が強い．なお 1990 年代に全体主義論の再度の流行がポスト共産主義の東欧諸国においてみられ，第二次世界大戦中や旧体制下での抑圧に関する実証研究が進展したが，これを踏まえての政治体制論としての彫琢は今後の課題である．

全体主義論は，比較政治体制論や独裁の比較研究の生成発展に（特に創成期において）大きく貢献したが，典型がナチ・ドイツとスターリン主義期ソ連に限られるという適合事例の少なさもあり，その理論的発展は頭打ちの状態にある．分析モデルとしての有用性が減じたことは否めず，全体主義という用語への批判を含め独自の体制類型とすることを疑問視する見方も根強いが，イデオロギーを中核として人間と社会の根本的改造を企図する広範な動員を行い，団体活動を徹底的に党国家の統制下に置こうとするような独特な体制を，非民主的体制一般の中にどのように位置付けるのかという問題は残るであろう．　　　　［藤嶋　亮］

権威主義の遺産

☞「クライエンテリズム」p. 154,「クーデタと粛清」p234,「サブナショナル権威主義」p. 252,「移行期正義」p. 500

　「権威主義の遺産」とは，過去の権威主義体制のもとで支配的であった公式・非公式の制度や規範，アクター間の関係性，政治文化などを指し，民主化の第三の波以後，民主主義の質や定着への関心が高まる中で着目された概念である．権威主義体制が長期化，あるいは繰り返す場合や，民主主義体制への移行プロセスが旧体制エリート優位で進められる場合には，権威主義の遺産の影響が民主化後も強く残ることが予想される（Hite & Cesarini eds. 2004）．

●**権威主義体制期に制定された憲法や法律**　権威主義の遺産のうち制度に関わるものとして，権威主義体制のもとで制定される憲法や法律がある．権威主義体制のエリートは，民主化後もみずからの安全や，特定アクターの排除，軍の政治的役割維持，私有財産の保障などを企図して，あらかじめ憲法や法律を制定することがある．また，それらが簡単に改正されることのないよう，拒否権を行使できる仕組みをつくる場合も少なくない．

　例えばチリでは，ピノチェト軍政によって制定された 1980 年憲法が，民主化後も政治・経済のあり方を長きにわたって規定した．上院では大統領経験者に終身議員資格が与えられたほか，任命議員の枠が設けられ，陸海空軍の最高司令官や警察組織の長官経験者などから任命することが定められた．このため，ピノチェト政権時代に任命された議員が民主化後の上院で議席の 2 割近くを占め，憲法や法律の改正が長く妨げられてきた．また，経済面では国家による経済への介入を制限する規定が盛り込まれ，新自由主義的な社会経済システムが確立した．

　こうした憲法規定の存在は，民主化後も軍をはじめとする旧体制エリートの反動を防ぐ効果を有する一方，民主主義に対する人々の幻滅を招く可能性もある．チリでは 2000 年代以降抗議運動が活発化し，2019 年には既存の政党政治や新自由主義経済を含む 1980 年憲法体制全体に対する抗議運動が全国に広がった（「社会の暴発」と呼ばれる）．

●**脆弱な民主主義症候群**　過去のクーデタの経験や政治的制度化の欠如は，民主化後の統治機構を支える社会的合意の弱さや，軍の政治的役割が強く残る「衛兵主義」につながり，「脆弱な民主主義症候群（weak democracy syndrome）」を引き起こす可能性がある（Haggard & Kaufman 2016）．執政府に対するチェックアンドバランスが弱く，民主主義の諸制度に対する信頼度が低い場合，反対派による選挙結果の受け入れ拒否など不確実性が高まり，民主主義体制の耐性が低下する．こうした状況では，クーデタや，「勝者総取り」志向を強める現職指導

者の権威主義化を通じた権威主義体制への逆行につながりやすい．また，一度クーデタが起こると近い将来再び発生しやすくなる「クーデタの罠」に陥る場合もある．

　ハガードとカウフマンによると，民主化の第三の波以後の権威主義体制への逆行事例では，脆弱な民主主義症候群に該当するパターンが目立ち，経済発展度などの効果を統制しても一定の説明力をもつことが明らかになっている（Haggard & Kaufman 2016）．例えば2007年のクーデタ以後のバングラデシュでは，非政党選挙管理政府を中心とする独自の選挙制度を巡って主要アクター間の対立が深まった．2014年には野党が選挙をボイコットする中，与党は反対派への弾圧を強め，現在まで事実上の一党独裁が続いている．

●**権威主義継承政党**　第三の波以後の民主化では，権威主義体制から生まれ，民主化後も主要な政党として存続する「権威主義継承政党（authoritarian successor party）」が広くみられる．権威主義継承政党には，過去の権威主義体制の政権党（例：台湾の国民党，メキシコの制度的革命党）と，民主化の前後に権威主義体制の指導者や幹部によって創設された政党（例：スペインの国民党，ガーナの国民民主会議党）という大きく二つのタイプがあり，ロクストンによれば，1974〜2010年の民主化事例のうち約4分の3で確認されている（Loxton 2018）．

　権威主義継承政党は，その存在自体が権威主義の遺産としてとらえられる一方，民主的な選挙に勝利して政権に返り咲くことも珍しくない．例えば，先にあげた台湾の国民党とメキシコの制度的革命党は，いずれも民主化後に選挙で勝利し，政権に就いている．その強さは，旧体制から引き継いだ政党ブランド，全国に展開する政党組織，クライエンテリズムのネットワーク，資金源，高い凝集性に由来する．権威主義の過去は苛烈な人権侵害など負の歴史と結び付けられる場合もあるが，権威主義時代からの資源は，民主主義体制下の競争において有利に働くことが示唆される（Loxton 2018）．

　権威主義継承政党の存在が民主主義の質や定着に与える効果は両面的である．民主主義にとって有害な影響としては，移行期正義の進展の阻害，軍の後見的役割やサブナショナル権威主義といった権威主義的な制度の維持があげられる．さらに，先述の脆弱な民主主義症候群に該当するような場合には，権威主義継承政党の政権復帰が引き金となって権威主義体制への逆行につながる場合もある．他方で，権威主義継承政党には民主主義を安定させる効果も期待できる．権威主義継承政党が存在することで，旧体制エリートなど潜在的な反民主主義勢力を政党政治に組み込むことが可能となり，また体制支持を巡る亀裂に沿って，それぞれの立場を代表するような政党が存在する政党システムは，制度化・安定化に向かいうる．こうした効果は事例によって異なり，差異を生む条件や，長期的な効果の変容について，さらなる研究が望まれる．　　　　　　　　　　［馬場香織］

クーデタと粛清

☞「独裁者のジレンマ」p. 228

　クーデタは軍など政権内の勢力による政権リーダー（独裁者）の非合法的な追放を，粛清は政権リーダーによる政権エリートの強制的な排除を指す．両者は権威主義体制における極めて重要なダイナミクスであり，それは特に独裁者とエリートのパワーバランスと直接的に結び付いているからである．クーデタはエリートが独裁者に権力分有の維持を迫る手段，粛清は独裁者がエリートの力を削ぎ権力分有の軛（くびき）から逃れる手段とみなせる．権力分有が維持され独裁者の行動がエリートによって一定の制限を受けるのか，それとも権力が独裁者個人に集中し政権がその意のままに動くのかによって，同じ権威主義体制の中でも政権の性質は大きく異なる．そのためクーデタと粛清を理解することは権威主義の政治学的分析に不可欠である．では具体的にこの二つのダイナミクスについて近年どのような議論が展開されているのだろうか．

●**クーデタ**　軍などが実力を行使して権力を掌握するという点では多くのクーデタは似たようなものだという印象があるしれない．しかし，実際その性質にはさまざまなものがあり，特に重要な類型として政権中枢全体の入れ替わりが伴うか否かという点があげられる．つまり，独裁者個人はクーデタによってすげ替えられるものの政権中枢の構成が変わらない個人交代型クーデタ（reshuffling coup）と，政権中枢自体がそっくり入れ替わる基盤転覆型クーデタ（regime changing coup）とに分けることができる（Aksoy et al. 2015）．この類型化によりクーデタの原因や結果をより精密に理解することができるようになった．例えば，議会などの制度は個人交代型クーデタの減少にはつながるが，基盤転覆型クーデタでは減少がみられない（Kim & Sudduth 2021）．

　ただし，どのような性質であるにせよクーデタは独裁者にとって最大の脅威である．それゆえ独裁者はクーデタをいかに予防するかさまざまな手段を講じる．軍によるクーデタの脅威を低下させるため独裁者が自国の軍隊をあえて弱く保つことは広く観察される．こういったクーデタ予防策（coup proofing）が実際にどのような効果をもつのかも重要な問いだ．例えば，国軍とは別系統の軍事組織を設立し国軍の機能を低下させることは，クーデタの成功率を下げる一方でクーデタ計画の件数自体は減少しないどころか時期によっては増加することが報告されている（De Bruin 2020）．

　さて，クーデタという政権内部での争いは内戦や民主化といった政権外部からの圧力とも複雑な関わりがある．例えば，内戦中はクーデタの発生率が増加する

一方で成功率は下がることが知られている（Bell & Sudduth 2017）．内戦中に起きたクーデタは内戦の終結を早めるという指摘もある（Thyne 2017）．さらに，クーデタが結果的に民主化を促進する可能性についても議論が活発になされている（Derpanopoulos et al. 2016）．

●粛清　独裁者はどのような手段で誰を粛清するのだろうか．粛清というと処刑が連想されるかもしれないが，敵対するエリートを要職から解き自身に忠実なエリートに置き換えることでも権力を強化することはできる．厳しい手段により独裁者は自身の強さを示せるかもしれないが，他のエリートから反発を招くかもしれない．粛清の対象も敵対するエリートを誰彼構わず排除すればよいというほど単純ではない．例えば，大きな力をもつエリートを粛清できれば政権内の勢力争いの点では好ましいかもしれないが，力のないエリートばかりを手元に残してしまっては政権の運営に支障をきたす．近年こういった粛清の手法・対象・規模などの詳細なデータの構築と分析が進められている．例えば，独裁者は政権発足時から中枢にいたエリートを粛清する傾向があり，その際に処刑や国外追放ではなく収監による排除が選ばれやすいという報告がある（Goldring & Matthews 2023）．また一つの国や限定的な時期に注目して詳細な人事記録を利用するミクロデータ分析も粛清研究の注目すべき潮流といえる（Woldense 2022）．

　粛清の時期がどのように決定されるかも重要な論点だ．研究者によって意見は分かれており，独裁者が自身の権力基盤が脅かされクーデタなどの危機に瀕しているときに打開策として粛清を行うのだという主張と，逆に独裁者の権力基盤が安定しており粛清に反発する形でクーデタが計画されたとしてもそれを失敗に追い込むことができるタイミングで粛清が行われるのだという議論が存在している（Sudduth 2017）．この議論はクーデタ，粛清，そしてエリート・独裁者間のパワーバランスのダイナミクスをどう理解するかというより大きな問いにもつながる．クーデタと粛清はパワーバランスを反対の方向に動かすだけでなく，一方（の予見）が他方を惹起もしくは抑止するなど複雑な関係にある（Svolik 2012）．クーデタ未遂後の首謀者に対する粛清や，粛清を受けたエリートによるクーデタは一般的であるし，それらを予見してお互いの行動が変わることも十分に考えられる．独裁者とエリートのパワーバランスがどのような状態にあるとき，どのようなクーデタや粛清が行われるのか．その結果として，パワーバランスが，そしてその後の各自の行動がどのように変化するのか．独裁者とエリートの行動に関する時間解像度の高いデータ構築が進んだことで，クーデタと粛清を巡る権威主義政権内の複雑なダイナミクスの研究は今後大きく発展すると考えられる．

［大石晃史・サディス　純］

治安機構・軍と抑圧

☞「アラブの春」p. 258

　国家による抑圧（あるいは弾圧）とは，国内の市民およびその集団が本来認められるべき権利と行動を強制的に国家が抑制することである．民主的な体制の場合，政府機関が事前検閲を通じて表現の自由を制限することは，抑圧のわかりやすい例になろう．集会や結社が不当に制限されることも抑圧にあたる．ただ，こうした抑圧は暴力の直接的な行使を伴わないことが多い．ところが治安機構（警察，武装警察など）や軍による市民の抑圧となると話が変わる．物理的な暴力をもって，特定の個人行動や集団行動を抑え込むことが想定されている．死傷者が出ることが織り込まれるばかりか，死傷者の発生を通じて他の潜在的脅威への萎縮効果すら期待されている．具体的な手段は，拘束，拷問，デモ・集会などの強制的解散，殺害，虐殺などがあげられる．

●抑圧と政治体制　近代的な国家とは暴力の合法的な独占を求める統治機構であるから，一般的には暴力を行使する国家の能力は社会のそれを圧倒しており，国家指導者の指示が下されれば，治安機構・軍が国民を一方的に弾圧する事態に陥る．しかし，実際に起きる抑圧の程度は政治体制によって異なる．民主的な体制であれば，治安機構・軍による暴力的な抑圧は起きにくくなる．なぜなら，そうした体制の指導者は定期的に国民の投票による評価にさらされ，また，各種報道機関（最近では市民のソーシャル・ネットワーク）によるチェック，司法の場での責任追求を受ける可能性など，下手なことをすると指導者の地位が危うくなる仕組みがさまざまにあるからである．したがって，仮に脅威に暴力的な手段をもって対処することが必要と判断されたとしても，民主主義下では通常，手続き的な正当性を確保した上で治安機構・軍は暴力を行使する．

　対して非民主的な政権の場合，暴力的な抑圧のハードルが下がる．国家の抑圧を告発するメディアの役割は制限され，抑圧にともなって生じる人権侵害や各種損失の責任を追求する司法機関の力が相対的に弱いためである．非民主的な体制下での街頭デモや反政府活動に，警察や軍の部隊が動員されて苛烈な弾圧が加えられ，時に大量の死傷者が出ることも決して珍しいことではない．現代ではある国の市民に対して残虐な弾圧が起きると国際司法機関や人権団体，一部の国々からの批判や制裁を覚悟しなければならない．とはいえ抑止する力には限りがある．こうした政治体制と抑圧との関係性の違いは直感的にわかりやすいものの，異論もある．その一つは中間形態での抑圧の強さを指摘するものである．すなわち，安定した民主主義同様に，安定した権威主義でも抑圧は起きにくく，その中

間の混合的な体制や一方から一方への移行期に政治的な抑圧が生じやすいという主張である（Regan & Henderson 2002）. 統治エリートとそれに挑戦する勢力との間での競争が激しくなると，既存の統治エリートが国家機構を動員した敵対勢力の抑圧に踏み切りやすくなるというのがその理由となる.

●**治安機構・軍の背信**　治安機構・軍の構成員は通常その国の市民である. つまり，治安機構・軍による抑圧とは，現場では国民が国民に対して暴力を行使することに他ならない. となれば，指導者は市民への暴力的な抑圧，とりわけ，政敵や一般市民に対する抑圧は慎重でなければならない. 指導者が自身の保身や偏った目的のために治安機構・軍を動員すると，民主的な統制のない政治体制下であっても治安機構・軍の背信を招きうる. 暴力を管理する治安機構・軍が指導者に従わない場合，体制の頑強性が揺らぐことになるだろう.

　この治安機構・軍の背信については，2011 年に起きた中東・北アフリカでの連鎖的な反政府運動である「アラブの春」で注目を集めた. シリアでは指導者であるバッシャール・アル＝アサド大統領の命に従って軍が市民を弾圧して体制が維持されたのに対し，イエメンでは軍の一部が離反して最終的に独裁体制が崩壊した. エジプトでは軍が大統領であったホスニ・ムバーラクの指示に従わず体制が崩壊したものの，その後にクーデタを起こして政権を乗っ取った.

　では，国家の指導者が下す指示に治安機構・軍が従ったり従わなかったりするのはなぜか. その条件を知るには四つの要因を検討する必要がある（Barany 2016）. まず，官僚機構としての水準の高さや専門職業主義の浸透といった軍事的要因である. 厳格な指揮命令系統が維持されていれば，個々の将兵の意思とは関係なく抑圧は機能しうる. 第二に，国家全体の中での軍隊の位置付けや指導者との関係といった政治的要因（政軍関係）である. 指導者が治安機構や軍内の特定勢力に肩入れすると，軍は組織的な統合を重視して指導者を見限ることがある. 第三に，抗議行動に対する共感が治安機構・軍内にあるかどうかといった社会的要因である. 民族的属性や信仰を同じくする人々への弾圧を軍の部隊は拒絶することがある. 最後に近隣国や大国による介入の可能性のような外的要因もまた重要である. これらのうち，どの要因が治安機構・軍の行動にどういったかたちで影響を与えるのかについては個別の文脈によるところが大きいと理解されている. 理論化の作業は進んでおらず，これからまだまだ発展する研究分野といってよいだろう（Brooks 2019）.

［中西嘉宏］

📖**さらに詳しく知るための文献**
・酒井啓子編著（2016）『途上国における軍・政治権力・市民社会──21 世紀の「新しい」政軍関係』晃洋書房.
・ルトワック，エドワード（2018）『ルトワックの"クーデター入門"』（奥山真司監訳）芙蓉書房出版.
・ハンチントン，サミュエル（2008）『ハンチントン 軍人と国家』上・下（市川良一訳）原書房.

権威主義体制における選挙

☞「ハイブリッド体制」p. 184

　権威主義体制（独裁制）と聞くと、選挙と無縁であるように思われるが、必ずしもそうではない．図1は、1789年から2019年までの権威主義体制の変化について、選挙の特徴を軸に分類したものである．19世紀中ごろまでは、国政選挙を実施しない独裁体制（選挙なし独裁制）が大半であったが、その比率は時を経るごとに小さくなっている．現在では、中国やサウジアラビアなどごく少数の国にとどまる．19

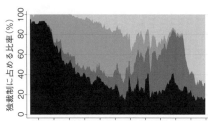

図1　国政選挙の特徴に基づく独裁体制の変遷（1789-2019）
出典：東島（2023：36）

世紀後半には、野党の選挙参加を認めつつも選挙権を制限した独裁制が多くみられたが（競争寡頭的独裁制）、このタイプの独裁制の比率も急激に低下し、南アフリカ共和国のアパルトヘイト廃止とともにほぼ消滅した．その後、全体主義あるいは共産主義の勢力が一党独裁を敷く第一次世界大戦後から戦間期・冷戦期にかけて、普通選挙を導入するものの、与党しか国政選挙に参入できない権威主義体制が支配的となる（閉鎖的独裁制）．ナチス・ドイツやソビエト連邦が典型であり、現在のヴェトナム、キューバも一党独裁を維持する．そして、冷戦終結以後から数多くみられるのが、普通選挙を定期的に実施し野党も選挙参加が認められているが、与党がさまざまな選挙操作を駆使して権力交代を起こさせないタイプの権威主義体制である（選挙独裁制）．この選挙独裁制は、現在権威主義体制全体の8割弱を占めており、最も典型的になっている．現代ロシアやシンガポール、ジンバブエといった国々がこの種の独裁体制である．

　この選挙独裁制の増加は、競争的な選挙の実施と引き換えに国際援助を与えるといった、冷戦後の欧米諸国を中心に展開された民主化の国際圧力の高まりと軌を一にしていた．そのため、選挙独裁制は民主化途上体制であり、いずれはこうした国々も民主化するという楽観的な見方もあった．しかし、選挙独裁制の国々の多くは民主主義に移行することはなかった．

●独裁選挙の機能とリスク　選挙独裁制の強靭性に鑑みて、選挙が実は権威主義体制の指導者（独裁者）の支配を長引かせているのではないか、と議論されるようになった（Gandhi & Lust-Okar 2009）．例えば、野党の参入する選挙で与党が

圧勝すると，独裁者は体制の強さとみずからの人気を誇示し，情報として他のアクターに伝達できる（Magaloni 2006）．あるいは，競争的な選挙の結果は与野党のいずれがどの地域で強いのか貴重な情報をもたらし，限られた資源をどのように配分すればよいのか貴重な判断材料にできる（Miller 2015）．こうした競争的な選挙をつうじた情報の伝達と収集は，世論調査やメディアの信用度が低いために，統治に必要な情報の不足に陥りやすい権威主義体制を支える政治制度として機能するメカニズムが示唆された．

　しかし同時に，権威主義体制の選挙は独裁者の統治基盤を揺るがすきっかけとして機能することもある．例えば，大規模な選挙不正が明るみに出ると，その糾弾を旗印に選挙後抗議運動が組織されやすくなる．2000年代の旧ソ連諸国の「カラー革命」はその典型例であった（Tucker 2007）．他方，あまりに選挙を自由化しすぎると，独裁者は選挙で負けるかもしれない．つまり，選挙の実施は独裁者にとって毒にも薬にもなる．権力の座に居座るために選挙操作に依存しすぎても抗議運動のリスクがあるし，選挙の情報便益を得るために選挙を自由化しすぎても失権のリスクに直面するのである（東島 2023）．

●**独裁者による選挙操作のレパートリー**　　リスクを最小化しつつ，体制を維持するために独裁者はさまざまな方法で選挙を操作する．例えば，選挙結果を暴力や票の水増しなどで強制的に歪曲する露骨な形態の選挙不正ではなく，選挙前に経済分配を強化して大衆支持をあらかじめ固めれば，選挙をある程度自由化できる（東島 2023）．また，体制に有利な操作であると人々が認知しづらい手段，例えば選挙制度・選挙区割り・選挙法の仕組みを操作したり，選挙管理委員会の人選に手心を加えたり，野党（候補者）の登録抹消を恣意的に行い，選挙の圧勝を生み出せるかもしれない（Ong 2018；Szakonyi 2022；門屋ほか 2024）．あるいは，体制メディアのプロパガンダをつうじて巧みに情報を取捨選択して独裁者の有能さを発信して大衆の支持をつなぎ止め，体制維持を図るかもしれない（Guriev & Treisman 2022）．選挙独裁制が権威主義体制の支配的形態となった現代世界において，独裁者達がいかに選挙を操作してみずからの支配を維持・強化しようとするのか考えることは，現代の独裁政治を理解する上で大きな意味をもっているといえよう．また，選挙に際して独裁者がとるさまざまな戦略に対し，市民がいかなる認識をもち，どのように対応するのか分析することも重要だろう．独裁制の選挙分析は多くの興味深い問いをもたらす，比較政治学のフロンティアの一つを成している．

[東島雅昌]

📖**さらに詳しく知るための文献**
・東島雅昌（2023）『民主主義を装う権威主義——世界化する選挙独裁とその論理』千倉書房.
・山田紀彦編（2024）『権威主義体制にとって選挙とは何か——独裁者のジレンマと試行錯誤』ミネルヴァ書房.

権威主義体制における与党

☞「独裁者のジレンマ」p. 228,
「権威主義体制における選挙」
p. 238

　権威主義体制における与党とは，独裁者を頂点として，党・政府・議会・社会団体のポストを垂直的に指名する人事権限を軸に，上意下達が多かれ少なかれ貫徹されるピラミッド型の政治組織であると，ひとまず定義できよう．その純粋形態は，ソ連共産党の組織原理であるノメンクラトゥーラ制にみられるが，中国共産党，覇権政党期のメキシコ制度的革命党，エジプトにおいてナセルが組織したアラブ社会主義連合（ナセル自身は「党」という言葉を忌避したが）などはすべて，公職に就く者を上から指名する指名権限を軸に統治している．そうしたピラミッド型の政党組織に基づく権威主義体制が，「政党独裁体制」である．

●政党独裁体制の長期持続　独裁体制の下位類型ごとの存続年数に着目したゲッデスによる先駆的研究は，政党独裁体制は他の下位類型である「個人独裁体制」や「軍事独裁体制」よりも長期間持続することを示し（Geddes 1999），その後に続く研究の基礎を与えた．政党独裁国家が長期間持続するのは独裁者とエリートの間で一体性を維持できるためである（Brownlee 2007）．換言すれば，政党独裁体制では，権威主義体制のもとで最も頻繁にみられる体制内部のエリートによる体制転覆が起きないのである．これは独裁者とエリートの間で「権力分有（power-sharing）」が実現しているためと考えられる．換言すれば，政党独裁国家においては，独裁者は権限を党組織に移譲し，また体制内エリートに対しその身分を保障し，独裁者とエリートの間で不可避的に発生する相互の疑心暗鬼と猜疑心を緩和している．同時に独裁者は，政党内から離反者が出て独裁者に対して挑戦して党の一体性が失われないよう，圧倒的な得票率・投票率で選挙に勝利して「抑止シグナル」を送るとされる（Magaloni 2006）．

　これに対し，政党に依拠する権威主義体制をつくり上げた当の独裁者が死去した場合には政党独裁が崩壊しやすいこと，したがって多くの政党独裁体制の与党は実際にはそれほど強力なものではないことを示した研究もある（Meng 2021）．この研究からは，政党に支えられたかにみえる権威主義体制の長期持続が，実際に政党という制度によってもたらされたものであるか，あるいは，当該の政党の組織化に先立つ条件によってもたらされたものであるか（内生性［endogeneity］あるいは自己選択［self-selection］が存在するか）が判明としないことがわかる．

　残念ながら，統計的因果推論の論理に則る限り，この問題を実証的に解決することは困難である．政党に限らず，あらゆる制度は特定の歴史的な条件下で，政治アクターによって意図をもって導入されるのであり，統計的因果推論の論理が

要請するように，先行条件から独立して（無作為に）導入されることはまずないからである．だとすれば，政党独裁体制の起源についての研究成果と照合しつつ，総合的あるいは理論的にアプローチする必要が生じる．

●政党独裁国家の起源　政党独裁体制（一党制）の起源に関する1970年のハンチントンの先駆的な研究によれば，一党体制は内戦や植民地独立戦争といった形で社会的分極化が進展した場合に発生する（Huntington 1970）．この議論は，社会革命に起源を有する権威主義体制は長期間持続するというレヴィツキーとウェイによる議論と軌を一にしている（Levitsky & Way 2012, 2022）．レヴィツキーらの議論によれば，大規模な武力紛争は体制崩壊の危険をもたらしうるが，そうした危険を生き延びた体制は，独裁者が権力を維持するにあたって脅威となる社会的勢力を支配でき，同時に，政治エリートの凝集性を高める結果をもたらす．

他方で，ロイターによる研究によれば，独裁者とエリートの間のパワー・バランスが前者あるいは後者に偏していない場合，すなわち独裁者とエリートのパワー・バランスが相互につり合いが取れている場合に，政党独裁国家は樹立される（Reuter 2017）．これら先行研究のうち，前者のハンチントンやレヴィツキーらの研究は，激しい紛争によって独裁者に敵対する勢力が壊滅した場合に政党独裁国家が成立すると論じ，後者のロイターの研究は，社会内のエリートが一定程度のパワーを保持している場合に，政党独裁国家が成立すると論じている．これらの研究成果は一見して矛盾するものではあるが，政党独裁国家の起源について単一の起源は存在しないことを示すものである．であれば，少なくとも独裁者とエリートの間のパワー・バランスという観点からみる限り，単一の定まった条件から政党独裁国家が生じてくるものではないこと，したがって，その限りで，政党という組織の存在がやはり体制の維持にとって重要な因果効果をもっていると推論できるだろう．

●残された研究課題　政党独裁体制は，選挙に競争性が全く存在しない一党制システムと，野党が存在し，多少とも競争的な選挙が実施される覇権政党システム（あるいは選挙権威主義体制）に区別できる．純粋な一党制システムと野党が存在する覇権政党システムでは，同じ権威主義体制でも議会や選挙および独裁者が入手する情報の量と質，また選挙に圧倒的な投票率・得票率で勝利して抑止シグナルを伝達する能力が変化してくる可能性があり，二つの体制の差異および相互の移行を，理論的・実証的に明らかにしていく必要がある．　　　　［豊田　紳］

📖さらに詳しく知るための文献
・東島雅昌（2023）『民主主義を装う権威主義──世界化する選挙独裁とその論理』千倉書房．

権威主義体制における議会

☞「ハイブリッド体制」p. 184,
「権威主義体制における選挙」
p. 238,「分配政治，懐柔，取
り込み」p. 244

権威主義体制下の議会は長らく民主主義を装うための飾りであり，独裁者や支配政党（以下，支配政党を含めて独裁者とする）の政策を追認する「ゴム印機関（rubber-stamp）」と考えられてきた．議会とは，主権者から委任を受けた代表が立法などの政策について意思決定を行うとともに，有権者の意見をその過程に反映させ，政府を管理・監督する機関である（Kreppel 2014）．民主主義体制では通常，自由かつ競争的選挙を通じて主権者から委任を受けた議員が，選挙区を代表し政策決定過程に参加するとともに，政府の管理・監督を行う．一方，権威主義体制下の選挙は操作されるため，議会は真に国民を代表しているとはいいがたく，政策決定過程では民意よりも独裁者の意向が反映される．政府への管理・監督権も体制が許容した範囲内でしか行使されない．つまり権威主義体制では，主権者からの委任方法や議会機能が独裁者により制限を受ける．だからこそ，権威主義体制下の議会は形式的だとみられてきた．

しかし現在では，権威主義体制下の議会にも非常に多様かつ独特な政治機能が備わっているという認識が広がりつつある．

●**独裁者にとっての機能**　1990 年代以降，議会，選挙，政党などの民主的制度が権威主義体制の維持にどのような役割を果たしているのか，そのメカニズムの解明に関心が集まり，ハイブリッド体制を中心に量的および質的研究が飛躍的に進んだ．その背景には，冷戦終結後に多くの権威主義体制が本来は必要のない民主的制度を統治に活用し，長期に持続している現実があった．

そこで明らかにされたのは，権威主義体制下の民主的制度には体制に向かう明示的／潜在的脅威を緩和するとともに，体制内外のエリートや大衆の支持を獲得する機能が備わっているということである．例えば議会では，独裁者と野党が互いの政治的選好を表出し，合意や譲歩を行う．一部の野党に譲歩することで独裁者は彼らを体制に取り込み（Gandhi 2008），反対勢力を分断させ，結束して体制に挑戦することを阻止する（Lust-Okar 2005）．それは選挙対策にもなりうる．また議員は人々の要求を議会に吸収したり，選挙区サービスにより有権者とパトロン・クライアント関係を構築したりする．さらに議会はコミットメント問題の解決にも活用される（Svolik 2012）．独裁者がエリートに対して権力分有やレントの分配を約束しても，制度的保証がなければ信用をもたせることは難しい．議会はその一手段となる．つまり独裁者は取り込み，情報収集，レントの分配，権力分有などを通じて有効な統治を行うことができる．

これらの機能は，競争的選挙が実施されない閉鎖的権威主義体制でも観察される．野党が存在しなくても，あえて体制に批判的な人物を議員として取り込むことはある．また議員ポストやそれに付随するさまざまな特権は，エリートへのレントとして機能する．一部の国では議員が大衆の支持獲得を目指し，選挙区サービスを行う．多くの社会主義体制は選挙操作や間接選挙を通じて，幅広い分野，属性，地域から代表を選出することで，議会の代表性を強調するとともに，あらゆる分野の情報が集約される場としている．ラオスのように，議会に国民からの意見を直接受け付ける専用電話回線を設置したり，行政や司法の決定に対する不服申立制度も整備したりし，情報収集や国民の不満緩和に関する独特の機能を付与しているところもある（山田 2015）．

以上は，体制と制度の関係性というマクロレベルの分析であり，独裁者にとっての議会機能と位置付けられる．

●**制限された政治機能**　2010年代に入ると，議会の政治機能そのものに焦点を当てたミクロレベルの分析が，一国研究を中心に次第に行われるようになった（Gandhi et al. 2020）．

そこで明らかになったのは，権威主義体制下の議会は制限を受けつつも，少なからず実質的な政治機能を有しているということである．権威主義体制であっても，イシューによっては政策決定に民意が幅広く反映される．ときには議会で法案を巡りエリート間だけでなく独裁者とエリートの対立が表面化し，審議が行き詰まり，内容が修正された上で合意に至ることもある．また党内や執政府内で解決できない問題があえて議会に持ち込まれ，意見や利害対立の調整も行われる（石塚 2015）．議員による政府への質疑を通じてアカウンタビリティ機能が果たされ，国によっては議会で国家幹部に対する信任投票を実施している．それは体制の正当性向上にも寄与する．一見するとこれらは民主主義体制の議会機能と同じにみえる．しかし権威主義体制下では，独裁者が自身の利益や体制への影響，国民の関心度合い，党・執政府内の利害対立などを考慮しながら，議会の政治機能の許容範囲を決める．したがって体制に不都合な事態が生じるならば，その機能は大幅に狭まり，議会そのものが廃止される可能性も否定できない．

とはいえ制限付きでも議会で政治が展開されるということは，独裁者以外の政治アクターにとっても有効な機能が備わっていることを意味する．

●**今後の課題**　議会機能の多くが明らかになった反面，新たな課題も生まれた．これまでは特定の時間的文脈における機能に焦点が当てられてきたが，制度に関する独裁者の選択とその帰結の変遷過程をとらえ，体制と議会の関係性をより長期に理解する必要がある．国によって実質的な政治機能の違いがもたらされる要因の解明も課題といえる．そして，行政レベルによって議会機能に差異があるかどうか，あればその理由も明らかにしなければならない．　　　　［山田紀彦］

分配政治，懐柔，取り込み

☞「独裁者のジレンマ」p. 228,
「クーデタと粛清」p. 234

　分配政治とは，為政者がみずからの権力維持に必要な支持を調達するため，あるいは，潜在的に脅威となる勢力を懐柔し，取り込む（ことで分断する）ために，物質的・非物質的な利益や負担を分配する行為，また，それを巡る対立や妥協，分配的帰結を含めた動態を指す．一般的に政治は，誰が何をいつのどのように得るか，もしくは諸価値の権威的配分として定義されるが，政治体制の類型にかかわらず，分配政治は政治的営みの中核の一つである．特に権威主義体制研究の文脈で分配政治を論じる際に重視されてきた点は，為政者が権力を維持する上で支持調達や懐柔を行う必要がある層（権力基盤）が，民主制よりも限定されていることである（Bueno De Mesquita et al. 2003）．もちろん，民主制も権威主義体制も内実は多様であり，権力維持に必要な支持の広さや構成は一義的に定義できない．権威主義体制の下位類型を含む政治体制のあり方，政治制度（複数政党間選挙や議会の有無，選挙制度，執政制度，連邦制など），歴史的・社会的・経済的条件（政軍関係，社会的亀裂や社会集団の特徴，経済発展，産業構造など），政治文化，さらに具体的な政治状況によっても左右される．また，為政者の支持調達能力は，国家の人口・経済・歳入の規模，天然資源や，中央・地方レベルの官僚機構や政党組織などの組織的インフラの有無などによっても制約される．

●**権力基盤と財の種類**　支持調達や懐柔が必要な層の広さは，分配される財の性質と密接に関連している（Bueno De Mesquita et al. 2003）．一部の統治エリートに権力維持を依存している場合，主に私的財（特定の個人に対する排除可能性・競合性が高い財，例えば重要なポストや利権など）が活用される．支持調達や懐柔の必要な層が広がるにつれ，私的財では対応できなくなるため，エリートや大衆に対するクラブ財（特定の集団や地域に対する財）や，広くアクセス可能な公共財（非排除性・非競合性に特徴付けられる財）の活用機会が増し，また，分配の仕組みの制度化が必要となる．ここでいう制度化とは，ポスト配分や予算配分などのルールだけでなく，議会・選挙・政党を通じて，分配に関わる機会を与えるフォーマル／インフォーマルな仕組みの整備も含む．為政者はこうした仕組みを通してみずからの裁量を制約し，将来的分配にコミットすることで，統治エリートや大衆の中長期的視野に立った協力を引き出す（Magaloni 2008；Svolik 2012 など）．

●**分配政治の実際**　為政者個人に権力が集中し，対抗エリートや大衆が（体制発足時の初期条件や粛清などにより）組織化されていない場合，為政者は国家を私

物化して蓄財に励みつつ，権力維持にとって必要なごく限られた統治エリート（軍や治安機関などのトップや幹部）を要職・利権・カネなどによって裁量的に優遇することで，エリート間で忠誠心を競わせつつ分断し，クーデタを抑止しながら統治する（Geddes et al. 2019；Frantz 2018 など）．一方，為政者が軍などの組織的な基盤に依拠する場合，組織に対する優遇措置（例えば軍なら軍人を対象とした年金制度や国営企業のビジネス利権など），あるいは，国防関連の予算やポスト，議員の任命権などを付与することで，支持調達や懐柔を行う．大衆を懐柔する必要性（徴税や徴兵，革命や蜂起の脅威，反対勢力の動員力，強力な労働組合の存在，経済危機など）や能力（予算や官僚機構の統制力や地方での組織力）が高い場合，為政者は議会や政党を通じて，エリート（特に与党議員）や大衆（特に与党支持者）の支持を相乗的に調達する．例えば，エリートの選挙での集票力や地域の経済業績などに応じて与党議員・閣僚・地方首長などの任免を行ったり，与党支持者が多い地域に多くの補助金や開発プロジェクトを配分し，福祉政策の運用や公的雇用などにおいて与党支持者を優遇（野党支持者を冷遇）することで，エリートと大衆の双方に体制への求心力を生み出す（Blaydes 2011；Magaloni 2006 など）．一方，大衆を懐柔する必要性や能力が低い場合，反対勢力に政党資格や閣僚ポストを選択的に付与するなどによって分断し，相互に競合させることで協力を阻害したり，動員力を削ぐことに注力する．

●**権力闘争に埋め込まれた分配政治**　支持調達や懐柔の必要性があるということは，裏を返せば，エリートや大衆が，為政者にとって脅威となりうる集合行為（クーデタや謀反，抗議運動や蜂起，スト，野党への離反など）を展開する意思や力をもっており，抑圧などの代替的手段で対応するのが困難な場合である．つまり，分配政治は，為政者・エリート・大衆の権力闘争の中に埋め込まれている．分配による支持調達や懐柔の必要性があれば，為政者は資源制約の下，脅威の相対的深刻さや代替的手段間の戦略的なトレードオフを考慮に入れながら分配を行う．例えば為政者は，エリート（大衆）の脅威が高い場合には，予算に占める軍事支出（社会支出）の割合を増やしたり，土地税・財産税（所得税）を減らすなどしてバランスを取ろうとする．他方，分配による支持調達や懐柔の必要がない層は，分配から排除・疎外される．

●**民主制との連続性**　分配政治のあり方は，体制類型よりも実質的な権力基盤により左右される．民主制であっても公共財を中心とした政治が展開される保証はなく，選挙の競争性，政権の党派，政治家と利益団体・官僚との癒着，非分配イシューの顕在性（の操作），有権者の認知や集合行為能力の限界，政治制度の特質などによっては，一部の取り巻きや支持者向けの私的財やクラブ財の分配，公共財の党派的利用が顕著となる．　　　　　　　　　　　　　　　［鷲田任邦］

資源の呪い

☞「レンティア国家」p.110

「資源の呪い」は，特定の一次産品（多くは天然資源由来で加工程度が低い）に輸出産業が依存することによって生じる一連の政治経済的な問題を指す．とりわけ，国際的に需要が高く，膨大な外貨を獲得することができる石油や天然ガスといった非再生可能エネルギー資源への依存が問題とされるが，鉱物資源やそのほかの一次産品，さらには国際援助や中央政府から地方政府への財政移譲などに過度に依存する場合にも類似のメカニズムが指摘されることがある．

経済面での問題は多くあげられる．例えば，加工程度の高い工業製品と比べたときの一次産品の交易条件の悪さや国際コモディティ市場での資源価格の不安定性に起因する長期的な経済成長の鈍化があげられる．また，資源輸出によって為替が過大評価されたり，雇用が資源部門に著しく偏ったりすることによって代替的な輸出産業の育成が阻まれることは，20世紀半ばのオランダでの経験から「オランダ病」とも呼ばれる．ちなみに資源依存による低成長にすべての事例が陥ったわけではなく，実証分析にはさまざまな議論があることに注意が必要である．

●**政治的な問題**　政治面での「呪い」は，Ross（1999）が論じたように多岐にわたる．まずは長期的な経済成長が不安定であることから，財政運営が短期的な視野に陥ることや膨大な外貨収入にあやかって他部門への徴税圧力が弱まることによる国家制度の弱体化があげられる．政治家や官僚は納税者からの監視や説明責任にさらされることでパフォーマンス向上に努める動機をもつが，資源輸出が豊かな国では一般市民は納税者よりも受益者としての認識が強く，アカウンタビリティが働きにくい．資源輸出益の分配によって権力を保持する政治家は，資源部門の独占的管理や国有化を進め，代替産業が政治的ライバルに資することを恐れて，恣意的な市場への介入を強め，結果として資源部門への依存を強化する．政治的動機に基づく経営が国営企業を侵食することにより生産性の悪化リスクも高まる．このようなメカニズムから生じる統治システムは，レンティア国家と呼ばれる．

さらに，そうした状況下では権威主義体制に陥りやすい．ロス（2017）は，石油が豊かな国は民主体制に移行しにくく，権威主義体制に移行しやすいことを指摘している．ただし，この傾向には地域性もみられ，不随条件に注意する必要がある．例えば，中東の産油国には権威主義体制が多いが，同時にイスラームが広く信じられている地域でもあるし，民主化を促進する地域機構が欠けている．他方でラテンアメリカでは，石油をはじめ資源輸出に依存する国でも民主体制が一般的である．その理由として，資源由来の豊富な非税収入があるおかげで，利益

分配圧力の高まりと富裕層への増税や資産接収といった民主化に伴うコスト，すなわち民主化の忌避要因が低減することが考えられる（Dunning 2008）.

●**制度は解決になるのか**　資源依存による経済面・政治面での悪循環には不随条件があり，結果は必ずしも一様ではない．そのため，既存研究では負の影響を緩和する可能性が盛んに論じられており，とりわけ制度を強化することが負の因果メカニズムに対処する有効な手段だと論じられてきた．例えば，国際コモディティ市場の不安定さや長期的な脆弱性は，好況期に安定化基金や外貨準備などによって資源利潤を積み上げておき，不況期に経済促進剤として公共投資に用いることで緩和されるだろうし，政治家による恣意的な統治は独立した監査機関や自律的なチェック＆バランスの確立・強化によって抑止できるだろう．短期的な動機による利益追求行動をルールによって規制するべきだというわけである．

　しかし，「資源の呪い」が呪いと呼ばれる所以は，資源依存がそうした制度強化という解決策を妨げる恐れがあることにある．資源の呪いを避ける対策を知っていたとしても，それを実行に移すのは容易ではない．資源部門への産業集中と豊かな財源の獲得は，その恩恵にあやかる社会集団や利益団体を強化する．例えば，石油産出国ではしばしば燃料価格が国際価格と比べて低く抑えられる．その恩恵は，運輸交通や電力などに限らず，資源輸出部門の労働者や取引業者，資源生産地の地方政治家や住民を始め，社会一般に裨益（ひえき）する．制度を強化するということは，そうした受益者の恩恵に制限を設け，不確実な将来のために負担を強いることを意味する．さらに，制度強化のための政策変更は，そうした利害関係者が影響力をもつ政治家が交渉する国会で承認される必要がある．負担増を必要視する政治家は，長期的には賢人なのかもしれないが，短期的には選挙で生き残れないだろう．20 世紀のベネズエラを詳細に論じた Karl（1997）は，「資源の呪い」が特定の国家構造をロックインし，逃げ場をなくすと論じた．

　とはいえ，特定の利益構造にロックインするかどうかは，将来起こりうる状況をどれくらい重視して行動できるかによっている（未来の割引率という）．もし多くの利害関係者が未来に起こることを確実視して，あるいは信頼して行動できるならば，短期的な利益構造を超えた政策・制度選択が可能になるだろう．近年の研究では，資源部門への依存からの脱却は，不確実性に満ちた将来について，政治家や住民などの利害関係者がそうした変化にコミットメントできるかどうかの問題だと論じる（Gazmararian & Tingley 2023）.　　　　　　　［岡田　勇］

📖さらに詳しく知るための文献

・ロス，マイケル・L.（2017）『石油の呪い──国家の発展経路はいかに決定されるか』（松尾昌樹・浜中新吾訳）吉田書店.
・岡田勇（2016）『資源国家と民主主義──ラテンアメリカの挑戦』名古屋大学出版会.

プロパガンダ・メディア・検閲

☞「独裁者のジレンマ」
p. 228

　プロパガンダとは，相手の意見や態度を変えることを目的に，権力者がメディアのメッセージを操作することを指す．検閲は，権力者が自国にとって不利な情報を遮断する行為を指し，あらゆるメディアに対して行われる．インターネットやソーシャルメディアの登場によって，権威主義体制におけるプロパガンダや検閲の目的と手法は多様化し，権威主義体制の支配に安定をもたらしている．

●**プロパガンダと検閲の変遷**　プロパガンダおよび検閲が多く用いられたのは，第一次世界大戦および第二次世界大戦期である．ヒトラー，スターリンらによって，新聞・ラジオ・映画などを通じた大規模な宣伝戦が行われた．現在でも，独裁者は政権にとって都合のよい情報をつくり上げ，ジャーナリストを投獄・殺害し，嘘や偽情報を流すことで情報を操作している．しかし，ベルリンの壁崩壊以降，独裁者は民衆による反乱を恐れ，暴力的な統制やあからさまな検閲を行うことは少なくなっている（Carter & Carter 2023）．代わりに，独裁者はプロパガンダや検閲を通じて国民の支持を得ようとする．ロシアのプーチンやシンガポールのリー・クアン・ユーは，恐怖や脅威を強調するよりも，経済的パフォーマンスや公共サービスの提供をアピールするような言説を豊富に用いる（Guriev & Treisman 2022）．このようなメカニズムをとらえようとしたのが，権威主義体制を対象にしたプロパガンダと検閲の研究である．プロパガンダと検閲の研究は，テキスト分析の発展により飛躍的に進展した．インターネットやソーシャルメディアから大量のデータを収集し分析する手法を用いて，中国における検閲の実態を明らかにしたキング達の研究を皮切りに，重要な成果が蓄積されている（King et al. 2013）．

●**プロパガンダと検閲の目的**　独裁者がプロパガンダや検閲の手法を駆使するのは，独裁者が情報取得におけるジレンマにさらされているためである．独裁者は自身にとって不都合な情報を遮断することができるが，統治を行うために必要な情報も得られない．そのため，独裁者は権力者に対する批判を容認し，時には独立系のメディアをも許容することで，地方官僚の腐敗といった統治に必要な情報を得る．また，権威主義体制におけるプロパガンダと検閲の多様性は，選挙といった名目上民主的な制度によって生じる（Carter & Carter 2023）．独裁者は，人々が独裁者に対して抱く信念（belief）をプロパガンダによって操作しようとする．選挙の制約を受けない中国のような権威主義体制は，政権が暴力をも辞さない能力をもつことを人々に向けて発信する（absurb propaganda）．他方，選

挙による制約を受けるコンゴなどの国家では，独裁者が有能な指導者であるという市民の信念をつくり上げるために，事実をねじまげて発信し，選挙での勝利を確実にする（honest propaganda）．

●**プロパガンダの類型**　従来のプロパガンダ研究では，プロパガンダの機能を，メディアのメッセージが刺激となり相手の認識・態度・行動を変化させる説得（persuade）としてとらえた．しかし，権威主義体制では，非説得的なプロパガンダも行われている．これはハード・プロパガンダと呼ばれる（Huang 2015）．例えば，中国中央電視台（CCTV）のニュース番組である「新聞聯播」は，毎日同じ時間に放送されることによって，人々に中国共産党の統治がゆるぎのないものであることを示す．このような独裁政権の統治の安定性を示す効果は，シグナリング効果と呼ばれ，人々が独裁政権に対して反抗する意欲を低下させる．他方，ソフト・プロパガンダといわれる，人々の感情に訴えかけるプロパガンダも行われている（Mattingly & Yao 2022）．民族主義・愛国主義的なドラマやソーシャルメディアのコンテンツは，権威主義体制が設定した「敵」としての外国に対する怒りを喚起する．ソフト・プロパガンダは民衆の抗議活動を抑制するものではないが，ハード・プロパガンダを補完する役割を果たす．

●**インターネットと検閲**　権威主義国家は，伝統メディアのみならずオンラインでの検閲をも強化している．キング達は中国の代表的なソーシャルメディア（中国語で微博）の投稿を収集・分析し，国家に対する批判的なコメントが削除されているという通説を裏切り，デモなどの集合行為を呼びかける投稿が削除されていることを発見した（King et al. 2013）．また，ロバーツは中国における検閲の手法を恐怖（fear），情報の摩擦（friction），情報の氾濫（flooding）の三つに整理した（Roberts 2018）．このうち，情報の摩擦とは，人々が情報にアクセスするコストを増加させることを指す．中国におけるインターネット管理システムであるグレート・ファイアウォール（Great Firewall）は，党と政府にとって望ましくないウェブサイトへのアクセスを遮断する．また，アクセスに多くの時間がかかることで，ユーザーは国内のウェブサイトに誘導される．情報の氾濫は，政府が意図的にソーシャルメディアに大量の情報を流すことで，党と政府にとって好ましくない情報を見えにくくすることを指す．

　検閲を行う主体は国家に限らない．検閲はソーシャルメディアを運営しているプラットフォーム企業によっても行われる．また，ジャーナリストや市民による自主的な検閲である自己検閲が行われている．ジャーナリストや市民は，みずからの言説がソーシャルメディアで問題になることを避けるために，別の言葉を選択し，あえて批判対象を不明確にする．このような多様な主体による検閲は，権威主義体制の支配に安定をもたらすためのメカニズムの一部として作用している．

［工藤　文］

地方統治

☞「サブナショナル権威主義」
p. 252

　シンガポールなどの小国を除き，周縁地域全体を中央から直接監視し統治することはできない．とりわけ，国家組織が弱い国は，地方統治に頭を悩ませている（Migdal 2001）．この問題は，少数の指導者層の指示に下位エリートや市民を従わせる権威主義体制において，より深刻になる．そこで，地方の統治を担う代理人を通じて，社会を統制する必要が生じる．マイ・ハッサンらは，代理人を通じて社会を統制し，動員し，体制の命令を遵守させるよう仕向けることを，「潜入行為（infiltration）」と呼び，権威主義体制の政治的コントロールの重要な一側面とした（Hassan et al. 2022）．

●地方のアクターと体制の安定　最も重要な代理人は，地方の行政エリートだ．中国では改革開放以降，地方政府の財政規模が急速に拡大しているが，中国共産党のネットワークを通じて，中央が党・国家エリートの人事権を完全に掌握しており，地方への支配は揺るがない（Landry 2008）．地方エリートの出世や左遷も，独自の要因で決定されている．中国では，税収，パトロネージネットワーク，経済発展などの要因が，出世の確率に影響することが実証されている．ある程度競争性を保った選挙が行われる権威主義体制では，現職大統領や支配政党の得票を伸ばすことができた地方行政長官が，長くポストを占める傾向がある．

　行政エリートと地方住民との結び付きも検討に値する．サハラ以南アフリカのように民族的に多様な国では，指導者と異なる民族が多数の地域の長官に他地域出身者を任命しやすい．その民族を躊躇なく抑圧できるからだ（Carter & Hassan 2020）．民族関係のみならず，地方行政長官として土着エリートと外来エリートのどちらを選出するかも重要である．前者の場合，その地方特有の統治に関する知識や人脈も多く，統治を安定化しやすい．一方で，地方利益に拘泥しがちで，汚職の温床となりやすく，時には中央政府の政治的ライバルとなる．対して後者は，中央政府への忠誠が強いが，当該地方における人脈をもたないため，統治が不安定となりやすい．このトレードオフの中で，各地方の特色を鑑みて支配者はどのような戦略を取るか決定していく（Hassan 2020）．

　行政エリート以外の地方のアクターを利用する戦略も，各国でみられる．国家とは別に，地方社会に伝統的に根付いた制度やアクターを用いることで，効果的に社会を統制することができる．例えば，伝統的な酋長が社会において大きな影響力を保持しているサハラ以南アフリカでは，効果的な選挙動員や公共財の配分のために，彼らの協力が不可欠である．他にも，共産主義ポーランドにおいて，

カトリック教会に「愛国主義的司祭」を送り込み，社会を統制した事例がある．

●**地方統治と政治体制**　一般に権威主義体制は少数のエリートによる集権的統治を志向するが，市民やエリートの不満の矛先が中央に向かうというデメリットもある．その不満は，選挙における支配政党支持の低下や，究極的には地方からの抗議運動による体制打倒さえも引き起こす可能性がある．中国では，一定の分権化を認めることで，政権批判を地方政府のレベルにとどめている．分権化を通じて中央政府の責任を回避し，体制の安定を維持する戦略は，権威主義体制による地方統治の妙といえよう．

　一方で，地方エリートに野放図に権力を与えると，体制の安定性を逆に損なう結果にも至ることがある．分権化によって権力を得た地方エリートは，中央に対してしばしば政策的妥協を要求する．例えば，1990年代のロシアでは，いくつかの地方が中央への税移転を拒否するという，深刻な財政上の問題が生じた．さらには，中央の意思決定に不満をもつ地方エリートが，体制の不安定化の起点となることも少なくない（Radnitz 2010）．中央地方関係の制度は，地方エリートと中央エリートの長期にわたるバーゲニングによって，体制の安定を維持できる均衡点へと向かって漸進的に決定されていく（Boone 2003）．

　支配政党は，中央と地方のエリートのコミットメント問題を解消する政治的制度として機能する．支配政党形成のためには，中央と地方のエリート双方が利益を感じ，その計画に協力する必要がある．すなわち，双方の政治経済資源が均衡しているときに，支配政党が形成されやすい傾向がある（Reuter 2017）．メキシコの制度的革命党は，地方から中央へという人事パターンを保障し，地方エリートの忠誠に基づく体制の長期安定を支えた（Diaz-Cayeros 2006）．統治しづらい地方，あるいは安全保障上重要な地方のエリートを，積極的に支配政党に入党させて体制に取り込み，安定化する戦略が取られることもある（Blaydes 2020）．

　民主化後に，権威主義体制のエリートが地方で影響力を発揮するケースも多い．メキシコやアルゼンチンの事例では，民主化後の指導者は地方統治にまで手が回らず，地方内部に影響がとどまる限り，サブナショナル権威主義を放置していた（Gibson 2005）．権威主義体制時代の支配政党党員が，体制転換後も地方での動員能力を買われて，新体制下の大統領政党に多くリクルートされることもある．彼らは，権威主義体制時代の統治方法を維持する傾向が強いので，民主化改革の阻害要因となる．インドネシアの事例では，1998年の民主化後にスハルト時代に任命された市長が長く務めた市では，権威主義時代のエリートによる国家制度の捕獲（elite capture）が起こり，改革が妨げられた．

　紙幅の制約で触れられなかったが，公共財の配分や経済政策，抗議運動の動員など，他にもさまざまな個別の切り口がある．地方統治の問題は，権威主義体制研究のユニークな枠組みを浮き彫りにする絶好のトピックだといえよう．　　［鳥飼将雅］

サブナショナル権威主義

☞「地方統治」p. 250

　サブナショナル権威主義（subnational authoritarianism）とは，国全体ではなく，地方レベルで権威主義体制が構築されている状態を指す言葉である．国家の下位単位において権威主義的な統治が現れるという現象は決して新しいものではなく，マシーン政治など，さまざまな切り口から研究が積み重ねられてきた．サブナショナル権威主義はこれを主に政治体制，さらには中央政府との関係性に注目して論じようとするものである．この用語は全国レベルでは民主主義体制が実現している状況下での，特定地方における権威主義体制の出現・持続を論じる際に用いられることが多いが，権威主義体制下における地方政治を含める論者もいる．

●民主化局面における権威主義体制の「飛び地」　サブナショナル権威主義という用語が広く知られるようになったのは 2000 年代半ば頃，アルゼンチン，メキシコをはじめとしたラテンアメリカ研究の文脈においてであった．これらの国々はいずれも民主化から一定の時間が経過し，民主主義が定着したと考えられていたが，一部の地方において権威主義体制の「飛び地（enclave）」が現れていた．こうした状況を受け，民主化を国家レベルで論じるのでは不十分なのではないかという問題意識から，サブナショナルレベルの政治体制が一大研究テーマとなったのである（Gibson 2013；Giraudy 2015；Gervasoni 2018）．ラテンアメリカ諸国以外には，南北戦争後のアメリカ南部やソ連崩壊後のロシアなどもサブナショナル権威主義の例とされる．

　このような「飛び地」はどのような場合に現れるのだろうか．研究者達がまず取り組んだのは，なぜ特定の地方が「外れ値」になるのかという問いであった．この点に関してはさまざまな説明が可能であるが，その中でも，地方レベルの経済構造に注目する研究が一大潮流をなした．アルゼンチンを主要な事例としたGervasoni（2018）は，中央政府から多額の財政移転を受けている地方において非民主主義的な体制が現れやすいことを明らかにしている．また，地方の政治体制が多様になる国家にはどのような特徴があるのかという観点からも研究が行われている．McMann et al.（2021）は，起伏に富んだ地形，人口規模の大きさ，多民族性に特徴付けられる国家において，サブナショナルレベルにおける政治体制が不均一になりやすいことを示した．

　サブナショナル権威主義はどのような場合に持続，もしくは崩壊するのか．この問いを検討する際に留意が必要なのは，こうした「飛び地」は一国内の下位単位に過ぎないという点である．すなわち，一見すると独立した権威主義体制のよ

うではあるが，その統治は国内法や全国的な政治制度，予算などの影響を受けざるを得ないのである．それゆえに，サブナショナル権威主義の持続を論じるためには，地方レベルにおける民主化のみならず，当該地方と中央政府との関係性が重要な意味をもつことになる．この問題に地方の側からアプローチしたのがGibson (2013) である．同研究では，サブナショナルレベルの現職が採用する「境界コントロール（boundary control）」戦略として，①地方レベルにおける権力の独占，②影響力の全国化，③中央地方関係の私物化をあげ，これらが機能している場合にサブナショナル権威主義が維持されると論じた．これに対し，大統領の選好や能力に注目する議論もある．Giraudy (2015) は，大統領がサブナショナル権威主義の維持にメリットを見出し，それを維持する「上からの再生産」と，大統領の側は崩壊させたくても，地方レベルの権威主義が強固であるがゆえに体制が維持される「下からの再生産」があることを指摘している．

●民主化への影響・権威主義体制研究への適用　サブナショナル権威主義は特定の地方に限定された問題ではなく，全国政治にも影響を与えうる．全国的には安定した民主主義国家であったとしても，こうした地方が存在することは，国民を，選挙を通じた意思表示や市民権の行使を享受できる人々とそうではない人々とに分断することになる．このような状況下では，全国的に民主主義を深化させることも困難になるだろう．さらに，民主化の進展自体が不透明な状況下においては，サブナショナル権威主義は全国的な民主化プロセスそのものを困難にしかねない存在でもある．1990 年代のロシアでは，地方レベルにおける権威主義的な統治の残存は，全国政党の地方への浸透を阻むなど，民主主義の定着にもネガティブな影響を与えた．

　サブナショナル権威主義を権威主義化局面や確立した権威主義体制下での地方政治研究に応用しようとする研究もある (Gel'man 2010)．ロシアで 2000 年代以降に進んだ再権威主義化においては，中央政府の介入や政党を通じた統制強化により，サブナショナル権威主義が全国的な権威主義体制に取り込まれる様子が観察された．政治体制変動の方向性こそ真逆ではあるものの，中央が地方に介入し，その基盤を突き崩そうとする構図は民主化局面とも重なる．また，全国的に権威主義体制が確立した状況下においても，独自の権力基盤を有する地方指導者がいる場合には，中央政府との間でバーゲニングが展開される余地がある．サブナショナル権威主義は民主化局面に限らず，権威主義体制研究にも一石を投じる可能性がある．　　　　　　　　　　　　　　　　　　　　　　　　［油本真理］

📖 さらに詳しく知るための文献
・川中豪編著（2018）『後退する民主主義，強化される権威主義──最良の政治制度とは何か』ミネルヴァ書房．

野党と抗議行動

☞「独裁者のジレンマ」p. 228,
「権威主義体制における選挙」
p. 238,「アラブの春」p. 258

　野党の選挙参加と市民による抗議行動（デモ）は，権威主義体制の存続にとって潜在的な脅威である．前者は選挙での野党の勝利，後者は抗議行動による民主化という体制崩壊につながりかねない．どちらも政権外のアクター，すなわち反体制勢力による独裁者への抵抗である．

　前者に参加できるのは，政府によって許可された合法的な野党のみである．ただし，政党の結成や活動を合法化されていない政党（勢力）や，反対に，政策上の譲歩や閣僚ポストを提供され，政府への協力を受け入れる野党も存在する．また投票や選挙運動への協力を通じて，彼らへの支持を示す市民や団体も存在する．

　後者の抗議行動では，市民社会団体や労働組合，職業組合，民間軍事組織など政権外の団体に加え，野党もしばしば主催者となる．さらに，抗議行動を支持する一般の市民がそこに参加する．

●**野党や市民はどのように独裁者へ抵抗するか**　反体制勢力の対抗手段は，主に政治制度の外で行われるか，制度を通じて行われるかに分けられる．政治制度の外では，独裁者の辞任を求めたり，改革や政策への反対を訴えたり，さらには革命を求めたりする目的で，市民を動員して抗議デモなどの行動を起こす．

　他方，政治制度を通じては，野党として選挙へ参入したり，あるいは選挙や議会への参加をボイコットしたり，選挙の結果，議会に議席を得るのみならず，前述のとおり，独裁者が組織した内閣に加わったりすることもある．

　とりわけ，抗議デモは，権威主義体制の存続を揺るがす対抗手段として関心を集めてきた．1986年にフィリピンでマルコス独裁政権を打倒した「ピープルパワー革命」や，2011年前後にアラブ諸国で生じた「アラブの春」など，多数の市民が参加する民主化運動は，実際に体制崩壊を招く要因となってきた．

　さらに，反体制勢力による抗議デモは，独裁者を支持していない大衆が多数存在することを示すシグナルとして機能し，政権内のエリートが協調して，独裁者に対するクーデタを起こしやすくなることも論じられている（Casper & Tyson 2014）．つまり，間接的にも権威主義体制の存続を揺るがす現象だといえる．

　抗議デモと同様に，政府への抗議や改革要求を掲げて，野党が選挙への参加をボイコットするという対抗手法もある．ボイコットは，主に選挙不正に対し国内外から注目を集めるため用いられてきた（Beaulieu & Hyde 2009）．

　他方，野党が選挙で勝利し，独裁体制が崩壊することもある．メキシコでは2000年の選挙での敗北により，制度的革命党による約70年の統治が終焉を迎え

た.「競争的権威主義体制」と評されていたセネガルで 2012 年に行われた選挙では，3 期目を目指した現職大統領が敗北した．こうした野党の勝利は，必ずしも独裁者が主導した「上からの民主化」による帰結ではなく，政権への支持を過大評価するという独裁者の誤算によって，しばしば生じているという（Treisman 2020）.

●何が野党や市民の抵抗を妨害／促進するのか　反体制勢力の抵抗は，彼らを集団間で分断するという独裁者の戦略によって，協調が阻害され，効果が弱まってしまう．反体制勢力が独裁者に与えられる最大の脅威は，多様な集団が一丸となって大規模に市民を動員し，対抗することである．多数の市民が参加する蜂起となれば，軍や治安部隊に鎮圧を躊躇させたり，政権内のエリートに離反させるインセンティブを与えたりできる可能性がある.

　ラスト=オカルは，反体制勢力が一致して抗議行動を組織できるかどうかは，独裁者の統制戦略に影響されると論じた．反体制勢力の諸集団が一様に対処され，政治制度から排除される，あるいは参加を許容された場合，集団間でイデオロギーに差異があったとしても，協調しやすい．他方，一部の集団にのみ政治制度への参加が許され，そのほかは排除されるというように分断されると，参加を許容された集団と排除された集団の間で協調が生じにくくなる．前者が，後者との協調によって独裁者から懲罰を受けることを恐れるためである．その結果，大規模な抗議行動の発生が抑制されるという（Lust-Okar 2005）.

　よって，反体制勢力間での協調を促す出来事が起こると，独裁者への抵抗が促進される．抗議デモ発生の重大な契機となるのは，選挙で政権側の不正が発覚した場合である（Tucker 2007）．投票結果の改ざんなど，過剰な不正が行われるほど，選挙後の抗議デモが起きやすい（東島 2023）．2000 年代の旧ソビエト連邦諸国で起きた「カラー革命」では，こうした選挙不正を引き金に抗議デモが拡大した．抗議行動をする他の要因としては，市民の不満を生む経済状況の悪化や，反体制勢力間での協調を容易にする携帯電話などの通信技術の発達などがある（Brancati 2013；Pierskalla & Hollenbach 2013）.

　他方，選挙での野党の勝利や，その結果としての民主化をもたらす要因には，諸野党で結成された政党連合の存在があげられる（Donno 2013；Howard & Roessler 2006；Wahman 2013）．前述の与党が敗北した各国でも，一部の野党間での連立が勝利につながっていた．野党連合のメリットは，市民の反体制票を分散させず，得票を集約できることにあるため，各党は候補者を一本化できるように調整し，共同で選挙運動に取り組む（Ong 2022）．さらに，抗議デモの発生と諸野党の協調が，相乗作用で民主的変化を促すという研究もあり，反体制勢力が結集する重要性を示している（Sato & Wahman 2019；Trejo 2014）.

［谷口友季子］

選好の偽装（自己検閲）

☞「独裁者のジレンマ」p. 228

　選好の偽装あるいは自己検閲とは，権威主義体制のような政治的締め付けの強い社会において，反体制エリートや一般市民が抑圧を恐れて本音を公言しない状態である．1989 年，それまで頑健だとされていた東ドイツの権威主義体制が民衆革命によって崩壊した．この劇的な体制変動を受けて，クラーンの研究で提唱されたのが「選好の偽装」という概念である（Kuran 1991；1995）．これは，旧ソ連諸国や中東諸国などで後に発生した他の民衆革命の背景を理解する上でも重要な概念として知られている．

　クラーンは，個人が他人に対して表明する選好を公的選好（public preference）と呼び，それは社会的圧力のない状態で個人がもつ私的選好（private preference）とは異なる，という点に着目した（Kuran 1991）．これら二つの選好の違いは民主主義体制でも存在しうる．しかし権威主義体制の方が大きい．というのも，権威主義体制の場合，個人の権利や表現の自由が十分に保障されていないからである．例えば，市民が政府に対する支持／不支持を公表しなければならないとする．政府はそれをみて市民が親政府側なのか，あるいは反政府側なのかを判断する．権威主義体制の場合，親政府側の個人は優遇を受けられる一方で，反政府側の個人には制裁が与えられるかもしれない．そこで権威主義体制下で暮らす市民は，たとえ政府に不満を抱いていたとしても，リスクを回避するために，私的選好とは異なる偽りの「支持」を公的選好として表明するのである．

●選好の偽装と情報の非対称性　権威主義研究が選好の偽装に関心を寄せるのは，選好の偽装が革命の発生や権威主義体制の持続を規定しうるからである．具体的には，選好の偽装は一般市民と独裁者それぞれが直面する情報問題（情報の非対称性）と関連している．第一に，市民は互いの選好がわからないために，集合行為問題に直面する．革命の成功には大多数の市民の参加が不可欠である．しかし，権威主義体制では，市民が互いに本音を隠す傾向が強いために，他人の選好を正確に把握することは難しい．つまり，自分は政府に抗議する気があっても，他人が政府に不満を抱いているのかわからず，革命に協力してくれるのかもわからない．このような状況に置かれた市民は，革命失敗のリスクを恐れて結局は立ち上がらない傾向がある．

　しかし，逆にいえば，大多数（ある一定数以上）の人々が独裁者に不満を抱いていることがわかれば，一般市民は選好を偽る必要はなく，集合行為問題が解決へと向かう．例えば権威主義体制において経済不況や選挙不正が発生し，独裁者

に対する市民の不満が高まったとする．すると，それまでタブーとされてきた政府批判を公表するリスクが下がる．むしろ，不支持の公表は革命成功後に得られるメリット（将来的に新体制の仲間として社会に受け入れられるなど）を高める．このようにして選好の偽装に由来する集合行為問題が解消され，革命の発生が促されるわけである（Kuran 1991）．

　第二に，独裁者側は，一般市民の本当の考えは独裁者の目からは見えない「ブラックボックス」であるために，「独裁者のジレンマ」に直面する（Wintrobe 1998）．すなわち，権威主義体制では市民が本音を隠している可能性が高いために，独裁者は，誰に，どの程度支持されているのかわからない．そのため，いつ誰が反乱を起こすかわからない疑心暗鬼に陥る．反乱を恐れた独裁者は弾圧や情報統制によって締め付けを一層強化する．しかし，それは一般市民のさらなる選好の偽装をまねく．そうすると独裁者はさらに情報がわからなくなり，かえって不安に駆られるのである．

　このような情報問題は，独裁者が，エリート間の権力分有，さらには反体制派や一般市民の反乱抑止を試みる上で，大きな障壁となる．すなわち，選好を誤認して反体制派に政治ポストや資金を分配すれば，反乱のためのリソースを彼らに提供することになる．また，反体制派以外の人々も巻き込むような過剰な弾圧は，独裁者に対する反乱を誘発しかねない．そこで独裁者は，秘密警察や地方官僚による通報のほか，議会の設置や多党制選挙の実施によってみずからの支持層の把握に努めている．情報収集が権威主義体制における選挙の目的の一つとされるのはこのことによる（Schedler 2013）．

●**実証研究への影響**　選好の偽装の重要性は世論調査を用いた実証研究においても強調されることである．権威主義体制では正確な世論を把握することが難しい．例えば，政府による好戦的なプロパガンダが報道されている権威主義国において，戦争に対する賛成／反対を質問したとする．この場合，実際には反対であっても「賛成」と回答する回答者が存在する可能性が高い．その理由は，政府による言論統制が厳しい権威主義国では，回答者はどこかで自分の回答は監視されており，政府の選好と異なる回答をすれば罰せられるかもしれない，と恐れるからである．このように社会的に望ましいと認識されている回答をしてしまう可能性を社会的望ましさバイアスと呼ぶ．それに対して，近年の実証研究においては，回答者の回答にある程度の匿名性を与える手法を導入し，より信頼性の高い世論調査データの取得を目指す研究が進んでいる．例えば，ブレアらの研究では，米国と対立する武装勢力タリバンの活動拠点であるアフガニスタンにおいて，市民がどの程度米国を中心とする外部部隊を支持しているかを測定するためにリスト実験（アイテム・カウント法）が用いられている（Blair et al. 2014）．［千坂知世］

アラブの春

☞「レンティア国家」p. 110, 「若者と大衆デモ」p. 586

2010年12月にチュニジアで発生した抗議行動を端緒に, 2011年にアラブ諸国全体へ波及して生じた大規模な反政府抗議行動・民主化運動による政治変動の総称.

●**経緯** チュニジア中部の地方都市で失業中の青年が焼身自殺を図ったことを発端に, 2010年12月18日から発生した若者らによる州当局への抗議行動が, 腐敗した政権の打倒を訴える全国規模の抗議行動に拡大し, 2011年1月14日, 23年続いたベン・アリー政権を退陣させた（ジャスミン革命）. チュニジアでの革命はアラブ諸国全体へ波及し, エジプトでは民主化を求める青年組織が1月25日を「怒りの日」としてデモを呼びかけ, 首都カイロの中心部であるタハリール広場で座り込みを始めて抗議行動を展開し, 2月11日に30年続いたムバーラク政権を退陣させた. 長期にわたる独裁的な政権が民衆の抗議行動によって打倒されたことで, 2011年1～3月にかけて各国で抗議行動が発生し, 地域的な民主化への期待もみられた. しかし, 抗議行動が体制打倒を目指したイエメンとリビアでは, 政権側の治安部隊と反体制組織民兵との武力衝突に発展し, 国連や地域機構・周辺国の介入によって政権交代を果たしたものの, 内戦による破綻国家状態に陥った. 同じくシリアでは政権が抗議行動を鎮圧したが, 周辺国の支援を受けた反体制派組織との内戦状態に陥った. 君主制諸国では体制内改革が目指されたが, バーレーンでは抗議行動の要求が王政打倒に急進化したため, 地域機構である湾岸協力会議（GCC）の介入により鎮圧された. また, 暫定政権から民主的な選挙を経て政権移行を果たしたエジプトでも, 議会政治の混乱と経済の停滞が民衆の不満を招き, 2013年7月3日に軍がクーデタを起こし, 主導した国防相のシーシーが大統領に就任した.「国民対話カルテット」の貢献で民主化の成功国とみられていたチュニジアでも, 組閣を巡る政党間対立と新型コロナウイルス感染症対策を巡る混乱から2021年7月25日にサイード大統領が議会を停止し, 強権的な支配が復活した.

●**背景と特徴** 抗議行動の連続的・同時多発的な発生と急速な拡大の背景には, 第一に, 1990年代の財政危機による補助金削減と2000年代の新自由主義化政策による貧富の格差の拡大があり, 人口の過半数を占める若年層の多くが就業機会に恵まれず困窮していたことがある. 一方で, 長期的な独裁政権のもとで既得権益層が富を独占し, 世襲化を図って縁故主義と腐敗が蔓延しており, チュニジアで青年が焼身自殺に至る苦境への共感が高まりやすい状況があった. 第二に, 共感から行動への転換を促す巧みなメッセージを伝達拡散する情報通信技術の急速

な発達があった．抗議行動の情報は，旧共産圏諸国におけるカラー革命の経験を反映した弾圧への対応法を含む参加の手引きと合わせて SNS を中心に拡散され，金曜日の集団礼拝の機会に合わせた集会の呼びかけと相まって，弾圧の恐怖を克服した民衆の大量動員をもたらした(酒井 2011)．しかし，その後の政治過程では旧来の政治エリートの多くが温存され，変化を期待した民衆の不満を解消できない議会政治の不安定化もあって，強権的な統治者のもとで反動化する結果となった．

●研究上の論点　抗議行動の連続的・同時多発的な発生と急速な拡大，および多様な経路の展開を理論的にどう説明するのかというアラブの春後に提起された課題に対し，社会運動論と政治制度論の分析視角による実証分析が重ねられ，それらを踏まえた比較歴史分析による理論的総合が試みられている（今井 2017b）．抗議行動の動員やフレーミングに注目する社会運動論のアプローチは，独裁政権の安定性を説明するために過小評価されていた 1990 年代以降のさまざまな社会運動の経験に着目し，反体制派が継続的に組織化や糾合できる政治的機会構造の存在が抗議行動の成功につながったことを指摘し，社会運動の経験の有無と体制を打倒するのか／体制内改革を目指すのかという目標設定との組み合わせによって，各国の抗議行動がたどった経路に違いが生じたことを論証した（Khatib & Lust 2014）．政治制度と支配エリートの組織基盤に注目した政治制度論のアプローチは，「スルタン主義」と特徴付けられるアラブ諸国の政治体制について，君主制と共和政という統治制度の違いによって，体制の正統性に関わる選挙の役割が異なることに着目し，君主制よりも選挙に厳しい制限を課す一党支配の共和政ほど抗議行動が激化しやすい傾向にあることを論証した．また，一党支配の共和政において個人支配と世襲化の傾向が強まる中で，与党が 蔑 ろにされ内部分裂が生じやすい状況にあったことに加え，軍部が制度化され，組織的利益を保持するための自律性を有しているほど体制移行につながることを指摘した（Lynch 2014）．比較歴史分析では，アクターの行為を規定する制度や機会など構造的要因をよりマクロかつ長期的な時間軸の視点でとらえ，為政者と反体制派の相対的な勢力バランスを規定する経済的・歴史的な構造的要因に注目し，統治制度の違いに関係なく行われる世襲相続の有無と，石油資源の活用という二つの条件の組合せによって，抗議運動の発生および展開経路の分岐についての因果説明を試みている（Brownlee et al. 2015）．アラブの春によって，アラブ諸国における民主化の可能性と制約についての理論的知見がさまざまな分析視角より提示されているが，その根幹には，国家と社会の関係と石油レントの効果が中心的な論点として，絶えず問い直されている．　　　　　　　　　　　　　　　　　　　　　［石黒大岳］

📖さらに詳しく知るための文献
・松本弘（2015）『アラブ諸国の民主化――2011 年政変の課題』山川出版社．
・私市正年ほか編著（2017）『中東・イスラーム研究概説――政治学・経済学・社会学・地域研究のテーマと理論』明石書店．

ソ連の解体

☞「連邦制」p. 414

　ソ連は 1980 年代後半のペレストロイカで大きく揺さぶられ，1991 年 12 月に国家として解体した．その過程は一直線ではなく，曲折に富んでいた．

●**体制転換と国家解体**　ソ連の解体はしばしば社会主義体制の終焉と同一視されている．しかし，他の多くの旧社会主義国は旧体制を放棄しても国家が解体してはいないし，ソ連でも国家解体抜きで体制転換を遂げようとする試みがあった．

　ゴルバチョフ政権のもとで進められた改革運動（ペレストロイカ）は当初は体制内改良を目指していたが，次第に変容し，市場経済への移行およびリベラルデモクラシー型政治制度の採用という体制転換の様相を帯びるようになった．その後の焦点は，体制転換をどういう国家枠組みで進めるかという問題にあった．ソ連国家の解体は旧体制の行き詰まりの直接の産物としてではなく，国家枠組みを維持しつつ体制転換を進めようとする試みの挫折として理解する必要がある．

●**同盟再編を巡る論争**　ソ連はもともと「連邦制」という建前をとり，構成共和国は「主権」をもつとされていたが，実態はその建前から大きく乖離していた．ペレストロイカの中でそうした乖離への批判が高まり，諸共和国は次々と「主権宣言」を発したが，それは最初から国家の解体を目指すものではなく，「形骸化した連邦制から実質的な連邦制への移行」もしくは「連邦から国家連合への移行」が唱えられた．一部の共和国では分離独立論が高まったが，それらを除く他の諸国の間で同盟条約を結ぼうとする試みが 1990 年から 91 年にかけて続けられた．大半の同盟条約案は社会主義的色彩のほとんどないものになっていた．

　1991 年 4 月に，独立派 6 共和国を除く 9 共和国とゴルバチョフ大統領の間で「9 プラス 1 の合意」が成立し，同盟条約案作成作業も大詰めに近づいた．これに対し，同盟条約締結がソ連中央権力の大幅削減につながることを恐れた連邦議会および政府の抵抗が強まり，1991 年 8 月のクーデタに至った．

●**ロシアとソ連**　ロシア共和国はソ連を構成する共和国のうちの最大のものであり，しばしばソ連そのものと同一視されたが，具体的な管轄事項の多くを連邦中央に奪われ，連邦体制に不満をいだいていた．1990 年 5 月にロシア共和国最高会議議長にエリツィンが選出され，6 月にロシアの主権宣言が採択されたことにより，ロシアとソ連は明確に別個のアクターとなった．この後の政治過程は，ソ連権力とロシア権力の対抗を軸として展開するようになった．

　もっとも，エリツィン・ロシア政権はソ連国家の解体を追求していたわけではなく，同盟条約交渉にも一貫して参加していた．ゴルバチョフとエリツィンは確

執をかかえつつも，水面下での交渉を重ね，接近の試みも何度か繰り返された．その典型たる「9プラス1の合意」の後しばらくは，ゴルバチョフがエリツィンに大幅に譲歩する代わりに，エリツィンはゴルバチョフ支持の姿勢を示した．

8月クーデタ失敗後，ロシアとソ連の力関係はロシア優位となったが，そのロシア政権内で新たな路線闘争が生じた．同盟条約交渉を継続し，ソ連全体の改革を主導しようとする考えと，同盟存続はロシアにとっての負担だとして，他の共和国を切り捨ててロシア一国で資本主義化を進めようとする路線の対立である．不透明な状況がしばらく続いた後，11月には「ロシア一国資本主義」路線が優位を占め，12月のソ連解体の決断に至った．

●ウクライナの動向　ロシア政権をソ連解体に突き動かした一つの要因はウクライナの動向にあった．もっとも，ペレストロイカ初期のウクライナでは西部を除きナショナリズムは弱体であり，独立論もほとんどなかった．1990年7月に採択されたウクライナ主権宣言も，「ソ連の中での主権」を主張するものだった．

同年秋頃から，西部で強かった急進ナショナリズムがキーウその他の地域にも広がり，共産党もその影響を受けた．この後のウクライナ共産党は「主権派共産党」と「帝国派共産党」に分かれ，人民戦線（ルーフ）は「主権派共産党」と提携する主流派とそれを拒否する急進派に分かれた．主導権をとった「主権派共産党」は主権主張を強めたが，まだ独立論には至らなかった．

8月クーデタ失敗後，ウクライナは急激に独立路線に舵を切った．もっとも，独立宣言の文言は簡潔なもので，独立後のウクライナがソ連の後継同盟とどういう関係をもつかを明らかにするものではなかった．12月の独立国民投票と大統領選挙が同じ日に設定されたため，大統領候補たちは自分こそが独立の担い手にふさわしいとアピールして，独立論の急速な広がりを促した．国民投票では独立賛成が圧倒的多数を占めたが，クリミヤでは投票率が低く，また大統領選挙では地域差が大きかった．独立を確認したウクライナはロシア政権をソ連解体の方向に突き動かしたが，その後に形成される独立国家共同体の性格についてはロシアとウクライナで解釈が異なり，後の対抗関係が姿をあらわした．

●その後　ソ連は連邦構成共和国と自治共和国・自治州その他の地域からなっていたが，ソ連解体は前者のみを独立国家とした．連邦構成共和国は新たな国家形成の受け皿となることができ，比較的平穏な形での分離が可能だったが，それ以外の地域では受け皿が不明確で，紛争が起きやすい条件があった．いくつかの地域では軍事紛争が生じた．それらの大半は1990年代半ばまでに停戦に漕ぎ着けたが，2010年代以降，紛争が再燃した例もある．そればかりか，かつては平穏だったクリミヤおよびドンバスでも軍事衝突が起き，遂にはウクライナ戦争に至った．これはソ連解体の時点で未解決だった問題が他の条件と重なりあうことで噴出したものである．

[塩川伸明]

第IV部
政治参加

第13章

社会運動

　価値の権威的配分である政治という営みを考える上で，個人が集まって利益を唱える社会運動の存在は無視できない．政治や社会の現状に不満を伝えること，しかもその不満は一人で感じているのではないと訴えることは，すでにある価値の配分に変更を迫るものである．この意味で，社会運動は政治の始点であるといえる．一方，社会運動はまさに社会で起きる現象であることから，政府に主な関心を据える実証的な政治学よりは，むしろ社会学の対象と見なされる傾向が強かった．今日，この二つのディシプリンが社会運動を独立して研究しているということはなく，共通の理論的基礎を踏まえ，各々の関心に合わせて社会運動を扱っている．政治学であれば，行政組織や政党，利益団体など，政府を動かすさまざまなアクターとの関わりに焦点を当てた分析が進められている．本章では，社会運動の定義，基本的な分析アプローチ，現状の変更すなわち帰結に関する考え方，そして主なイシューにおける社会運動の現れ方について解説する．

[宮地隆廣・安井宏樹]

社会運動の定義

☞「社会運動の分析アプローチ」
p. 268,「社会運動の帰結」
p. 270

　社会運動全般に関する標準定義が確立しているとはいえないが，社会運動の基本特性についてはおおよそ合意が形成されてきている．

●社会運動の特性にあげられる要素　例えばタロウの教科書の第4版は，「共通の目的と社会的連帯に基づき，エリートや敵，および当局（authorities）との持続的な相互作用を行う集合的挑戦」という定義を示すとともに，その四つの構成要素（集合的挑戦，共通目的，連帯と集合アイデンティティ，持続的な闘争の政治）を社会運動の基本特性にあげる（Tarrow 2022：10-11）．またイタリアの重鎮による教科書の第3版（della Porta & Diani 2020：21-22）は紛争志向，非公式のネットワーク，および独特の集合アイデンティティを伴う集合行為として社会運動を特徴付ける．さらに欧米の社会運動研究の研究動向を包括する「ハンドブック」の最新のもの（Snow et al. eds. 2019：5-10）は主要な研究者による社会運動の定義に共通する要素を五つ抽出している（集合・共同行為，目的・要求における変革志向，非制度的手段，ある程度の組織性，ある程度の持続性）．

●社会運動の特性の整理　上記要素を整理すると以下のように理解できる．

①目的における変革志向：国家や市場，市民社会（団体・公共圏），共同体，親密圏における規範や制度，慣行や行動規範，社会通念の変更やその阻止，集団の社会的承認を要求する．目的を追求するための戦略には，政治システムを介した規制，標的となる主体への直接の働きかけ，理想とする社会を先取りした「予示的（prefigurative）」実践に大別できる．

②部外者としての影響力行使：利益団体に比べて社会運動は政府やそのほかの社会システムの意思決定にアクセスを保障されていない．ここからいくつかの特徴が派生する．まずティリーは1978年，社会運動を政治システムにおける部内者（政府，政党，利益団体）に対する「挑戦者」として位置付けた．最終的な標的は政策決定者だとしても，部外者である社会運動は抗議などの非制度的手段を多用して第三者とその資源を動員しなくてはならない．この点を政策過程との関係で明確化したのがアメンタの「政治的媒介モデル」である．

　動員すべき第三者としてはマス・メディアと世論が特に重要となる（McCarthy et al. 1996）．抗議行動が報道されると，緊急に解決を要する争点があると有権者の一部が認識しているというシグナルが政治エリートに伝わる．また選挙は社会運動の政治的機会が開かれる時期であり，社会運動と接点のある政党活動家もいるので，社会運動が選挙時に活発になることもある（選

挙前動員). 政権獲得の可能性の低い小政党だけでなく, 政権獲得を追求する「主流派政党」も野党のときは社会運動との連携に利益を見出す一方, 政権に入ると幅広い利害関係者への配慮から急進的運動と距離をとろうとする (Kriesi 2015). 急進的運動と政党が近づきすぎると, 政治の両極化につながることもある.

一般に第三者や標的主体にとって重要な資源を操作して影響力を行使することをレバレッジ (てこ) という. 国際的な運動のキャンペーンを通じて国内NGO が, 道義的資源 (人権規範) と外圧 (国際社会の支持, 外国政府による経済制裁) を利用し, 自国政府の行動を変えようとすることをブーメラン効果という (Keck & Sikkink 1998).

③持続的・組織的な集合行為：人々の集合体が行う集合行為 (collective action) のうち, 社会運動はある程度の持続性が特徴である. 持続的な集合行為の成立は何らかの行動の調整やネットワークの形成を必要とする. 運動には構成員と外部との境界や構成員の役割の明確性(公式性)がやや高い組織や, 複数の組織の連合体も含まれるが, 構成員の流動性や個人参加もあるので, 運動全体はネットワークとしてとらえられる. また単発の抗議行動や制度化された行事を含め, 目的を共有する一連の活動の流れ, キャンペーンとしても運動はとらえられる.

④集合アイデンティティ：集合行為が持続するには参加者の間に何らかの意識の共有が必要である. 集合アイデンティティとは, ある境遇や信念を特徴とする社会的カテゴリーへの個人の帰属意識 (社会的アイデンティティ) が集団的に共有された状態を指す. そうした集団意識は外部との境界意識, 特に敵との闘いを通じて高められる. 個人レベルでは集合アイデンティティを強く内面化した人ほど, 集合行為に参加する動機は強まる (本田 2022).

●社会運動と政治運動　社会運動は政治システムを媒介項として社会システムの変革を目指すが, 政治運動は政治システムへの参入やその変革を目指す. しかし20 世紀初頭の労働組合運動と社会主義政党のように, 社会運動と政治運動が未分化である場合もある. また 1980 年代末の東欧革命のように弾圧のリスクから市民社会組織の性格を強調していた社会運動が政治運動に移行する場合もある.

近年は政治変動と社会運動の研究の相互浸透が進んできている. なかでも運動の政治過程論を主導していたマッカーダム, ティリー, タロウは 2000 年代に入り, 「闘争の動態 (dynamics of contention)」論を提唱した. 社会運動や革命, スト, ナショナリズム, 民主化などの現象を闘争の「エピソード」として一括りにし, そこで展開される過程に共通する一般的な「メカニズム」を解明しようというものである (McAdam et al. 2001). しかしこうした「動態」論の研究課題とは独立に, タロウが 1990 年代から用いていた「闘争の政治 (contentious politics)」の語は広く使われるようになってきている.　　　　　　　　[本田　宏]

社会運動の分析アプローチ

☞「社会運動の定義」p. 266,「社会運動の帰結」p. 270

　社会運動論はさまざまな政治学理論の中でも比較的長い歴史をもち，段階的に発展してきた理論の一つである．社会運動は，社会に存在する秩序の変革を目指してランダムに発生する集合行為・社会現象として長くとらえられてきた．社会運動論はこのような社会運動の発生を体系的に説明するため，発展してきた理論である．

●**マルクスと階級闘争**　社会運動論の起源・さきがけは，18世紀後半から19世紀にかけて起こった西欧諸国の資本主義革命期における社会主義・共産主義運動といった階級闘争である．マルクスは社会的生産関係の中に存在する資本家や労働者といった「階級」という概念が集団内に共通認識されることによって，このような集合行為が可能となると説明した．こうしたマルクスの集合行為に対する視座は社会運動論の基盤となったのである．

●**新しい社会運動と社会運動の理論化**　社会運動論発展の過渡期となったのが1960年代以降の環境運動や女性運動をはじめとした「新しい社会運動」の展開と理論化の再興である．トゥレーヌは，それまでの階級闘争といった「古い」社会運動論が国家の制度と秩序を変革することを目的とするという狭義の前提を批判し，社会運動は，人々の認識を改革するための社会的プロセスに影響を与えるものという広義の概念を構築した．ハーバマスはさらに，社会運動を社会において集合的な学習プロセスを引き起こすメカニズムであるとし，既存の社会システムと実際の社会の間の差異を埋めるといった規範的な側面を強調した．

　一方で，このような社会構造や認識に焦点を当てたマクロの理論を批判する形で，個人の合理的選択に焦点を置いたミクロの理論が発展した．例えば，個人が抗議行動などのコストの高い行動を起こすジレンマを指摘したオルソンの集合行為のパラドックス（Olson 1965）や，経済的資源を，マイノリティや社会的に疎外された集団が動員を可能とする要因としてとらえた資源動員論（McCarthy & Zald 1977）である．これらの議論は個人の経済的合理性を前提とすることによって，集合行為のジレンマに対するいくつかの解を示したのである．またその一方で，アイデンティティや感情を，個人が社会運動に参加する動機・（非経済的）合理性とした議論が展開された（Melucci 1980）．

　続いて発展したのが，個人の集合行為から社会運動組織のエージェンシーとしての役割に焦点を当てたメゾ・レベルの議論である．抗議行動などの具体的な行動を起こさない期間においても，社会運動が個々人を結び付けるネットワークと

しての役割を果たすメカニズムを説明する必要性があったためである．その一つの代表的な説明となったのが，フレーミング論である．社会運動組織によって構築されるマニフェスト，コンセプトやストーリーが，ある集団が集合行為を行いさらに長期的に活動を維持するために必要な強い動機・共通認識を提供するとした（Benford & Snow 2000）．一方，社会運動組織同士のネットワーク構造に着目した議論も展開された．これらの議論は，社会的関係性が民主主義を強化するとする社会関係資本論の議論と結び付き，集合行為が起こるメカニズムを社会構造レベルの要因から明らかにしたのである．

●**社会運動論の統合**　1980年代後半以降，これまでマクロ・ミクロレベルにおいてそれぞれ発展してきた議論を統合する取り組みが行われた．その代表例となるのが，政治的機会構造論である．ここでアクター（個人・社会運動組織）は，政治制度やシステムによって生まれる機会構造によってその行動が制約されると考えられる．機会構造とは，権力の地方分権といった一定の構造から，政党政治のように時間的変化が伴うものまで存在する（Kriesi 1995）．アクターは，このような社会・制度・構造的文脈によって規定される機会に対して合理的に行動するという仮定のもとで，マクロ・メゾ・ミクロの理論が結合するのである．

その一方，1990年代から2000年代にかけて，ティリーらによる「闘争の政治（contentious politics）」という社会運動へのアプローチが発展した．本アプローチは，それ以前の社会運動論が個々の社会運動や社会運動組織に着目してきたのに対し，一連の闘争のエピソードに焦点を当て，そのサイクル・政治的プロセスを明らかにしようとしたのである（McAdam et al. 2001）．このようなエピソードは，ローカルレベルの運動から国家変革を目指す革命運動，トランスナショナル運動といったさまざまな運動，また社会運動組織以外の関連するアクター（政党，労働組合，軍部など）をそのプロセスに包括する．本アプローチで中心となるメカニズムは，アクター同士の関係性とその変化であり，社会運動の拡散（diffusion）やスケールシフト，または運動の終息といった結果を決定する要因になるとされる（Tarrow 1998）．社会運動論において，「闘争の政治」は，現在までに存在する最も包括的な社会運動を説明するアプローチといえる．

●**近年の議論とこれから**　近年の比較政治学研究において，社会運動は，体制移行・選挙動員・政策過程・資源闘争などさまざまな政治的事象の説明要因として考察されてきた．これまで主に，社会運動の発生や構造を理解するために発展してきた上記の社会運動論と，政治学的事象を説明するために比較政治学の枠組みの中で発展した理論との擦り合わせ，また部分的な統合を進めていくことが，今後の課題であると考えられる．　　　　　　　　　　　　　　　　　　　［佐藤祐子］

社会運動の帰結

☞「社会運動の定義」p. 266,「社会運動の分析アプローチ」p. 268

　社会運動の帰結を巡る学術的議論は，特に米国で1970年代に運動の成功・失敗の一般的要因を巡って始まった．資源動員論は組織の資源や戦略に求めたのに対し，『貧者の運動』のピヴンとクロウォード（Piven & Cloward 1979）は攪乱行為による交渉力の増大に求めた．またギャムソンの『社会的抗議の戦略』（Gamson 1990）はさまざまな運動の事例から成功の度合いを四つに類型化し，運動の担い手集団自体を承認せずに目的だけを当局が採用する「先取り」や，担い手集団の指導者の「取り込み」を完全な成功・失敗の中間に位置付けた．

●**運動の帰結・効果**　だが1990年代以降，運動の「成功」「失敗」の語はあまり使われなくなっている．運動の目標が達成された場合，参加者が運動の成果を強調するのは当然だが，実際にはさまざまな媒介要因が効いた上での目標達成となる．したがって運動単独の効果を実証するのは困難である．主観的な面でも，運動内部で目的や成果のとらえ方は多様であるのが普通である．例えば短期と長期のどの時間枠で考えるかにより，成果のとらえ方は異なってこよう．運動が戦略的に目的を追求しても，意図せざる帰結は生じる．このため運動の「帰結（consequence, outcome）」や「効果（impact）」の語が好まれるようになった．

●**政治的媒介モデル**　社会運動は政治を含めた社会システムの意思決定過程に恒常的アクセスを確保していない主体である．目標達成は容易でないので，さまざまな手段を駆使しつつ，より大きな資源をもつ第三者を巻き込むことで影響力を発揮する．このような影響力行使のメカニズムはすでに1960年代から1970年代，資源動員論や運動の政治過程論の発展過程で指摘されていた．この視角を政策過程における社会運動の効果に絞って理論化したのがアメンタの「政治的媒介モデル」である．彼は，いかなる文脈においても運動が効果を発揮する万能の形態や政治構造はなく，むしろ運動が効果を発揮する具体的条件の探求を提唱する．すなわち，特定の運動がどのような戦略や目的，行動形態を選択し，特定の政治システムや状況との相互作用を通じて政策過程にいかに影響力を及ぼしたかである．働きかけの対象となるのは議会・立法過程，官僚・行政過程，裁判所，政党，選挙，住民投票，マス・メディア，世論である（Amenta et al. 2019）．

●**分類**　運動の帰結・効果を他の主体との相互作用から生じた結果として広くとらえると，外部への帰結・効果とともに運動自体への帰結が考えられる．

(1) 運動自体への帰結：外部との相互作用の結果として運動に生じた変化である．運動組織の制度化，利益団体化，商業化，運動の目的やイデオロギー，ある

いは活動形態の急進化，分裂，衰退，政党化，他の社会運動への波及などがあげられる．急進化について，例えば暴動は運動参加者の非合理的衝動よりも，国家権力による弾圧や排除との相互作用で生じるという見方をティリーは提示した（Tilly 1978）．社会主義運動や労働運動の急進化や分裂（共産党の定着など）の要因については膨大な議論の蓄積があるが，近年は政治システムと運動の相互作用が強調されてきている（Bartolini 2000）．

　同じ運動内の急進派が穏健派に意図せずに及ぼす効果は急進派効果（radical flank effects）と呼ばれる．例えば，運動の急進派による道路往来の妨害や暴動は，問題への世論の関心を高め，政治やメディアのエリートにとっては穏健派運動団体の利用価値も高まることがある一方，穏健派の運動団体まで非難や弾圧を受けてしまうきっかけにもなりうる（Snow et al. 2013）．

　運動の政党化や運動政党についてはヨーロッパの緑の党や右翼と左翼のポピュリスト政党，南米の事例が注目された．ただし運動政党の議会への定着は，運動が政党システムに及ぼした効果としても扱うこともできる．他の社会運動への波及は抗議サイクルや抗議形態の伝播の問題である．これはタロウが焦点を当てた点だが，彼はさらに 2000 年代以降，社会運動やストの波が革命や民主化に移行する「メカニズム」の解明を研究課題にあげている．

(2) 外部への帰結：社会運動の変革対象は市場や市民社会，共同体，家族，政治システムなどに存在する．それらの変革対象に対して運動による挑戦（それに伴う他者との相互作用）がどの程度の効果を及ぼしたのかが焦点となる．

①政治的帰結：政治システムに及ぼした変化である．分類としては，社会運動に対する政治システムの「応答性」として 6 種類が区別されている（Burstein et al. 1995）．これを整理するとアクセス（情報公開など手続面）の改善，運動の要求のアジェンダ設定，政策決定（立法化や法案の内容の改善），政策実施，問題状況の実際の改善，政治構造やルール全般の変化である．この最後の点としては，権利（市民的自由，選挙権，労働基本権）の承認や政治体制の民主化，政党システムの変化（運動政党の定着）などが考えられる．

②経済的帰結：経済システムを変革対象とする運動の効果も近年，研究対象に浮上してきた．そのような運動は，政府による規制や資源配分，企業との直接交渉・抗議，自主的・予示的実践（社会的企業・連帯経済・政治的消費者主義）の 3 形態に分類される（Giugni & Grasso 2019）．

③文化的帰結：運動の変革対象や形態には文化的要素も存在する．主な研究対象としては意見・信念・社会通念や報道・出版内容の変化，集合アイデンティティの形成，抗議の新しい表現形態があげられる．ただし運動の文化的効果を客観的に実証するのは困難である（Show et al. 2013）．　　　　　［本田　宏］

環境運動

☞「社会運動の定義」p. 266

　環境問題と関わる社会的集合行為は多種多様で，国別・地域別にもさまざまなかたちで展開される．今日では，環境政策は政治アジェンダに確たる位置を占めるが，制度化が進行する前の運動・思想や，あえて大規模化せず地域密着型で地道な活動を続けるものも対象に含まれる．

●テーマ　自然を愛好し環境負荷の少ないライフスタイルを実践するだけなら，個人的関心事の範疇内にとどまる場合も少なくない．環境運動が政治的意味を獲得するのは，産業発展の弊害，すなわち資源の過剰消費や公害が顕在化して以来と考えられる．農薬空中散布の悪影響を扱ったカーソンの著作（Carson 1962）は，環境論の嚆矢とされる．ローマ・クラブの「成長の限界」（1972年）は，経済成長思考を相対化し，人々の関心を環境問題に向けさせる契機となった．この時代にこの種の価値変容が起こり得た理由については，世代交代に伴う脱物質主義的価値観の伸張というイングルハートの所説（Inglehart 1977）が知られる．

　公害の場合，発生源の特定が比較的容易で，汚染者負担原則に則り責任の所在を明確化することも可能である．それに対し，不特定多数の経済行為が環境条件悪化を招く場合，問題は複雑である．オゾンホールや酸性雨などのように，その知覚には特別な概念装置が必要な場合も少なくない．ベックによれば，環境リスクとは曝されるものであり，その分配の不平等は階級対立を超える（Beck 1986）．この意味で，環境保護・エコロジー運動は，社会主義運動や労働運動など階級対立を基底とする在来型社会運動とは性格が異なる．環境運動は第二波フェミニズム運動と並び，戦後西欧「新しい社会運動」の代表的潮流をなす．

　リオの地球サミット（1992年）は重要な里程標である．生物多様性保護なども含む，あらゆる環境問題が議題となり，重要な国際条約や取り決めが結ばれた．その一つに気候変動枠組み条約がある．同条約の締約国会議（COP）が定例化され，気候変動に関する政府間パネル（IPCC）のような専門家委員会も活動する．京都議定書やパリ協定などの温室効果ガス排出規制もその延長上にある．しかし，地球温暖化対策が遅々として進まぬ焦りから，2010年代後半には，グレタ・トゥンベリを先頭とする若者の抗議行動の世界的席巻もみられた．

　反原発運動も特筆すべきテーマである．放射線被ばくへの不安が根底にある．同時に，『原子力帝国』を著したユンクの専門家・官僚批判にみられるような，監視国家から市民的自由と民主主義を守るというヨーロッパの知的伝統も見過ごされてはならない．重大原発事故（チェルノブイリ，福島）の発生とともに反原

発運動は注目度を増し，いくつかの国では脱原発を実現させる原動力となった．ただし，地球温暖化防止のために原発利用を支持する言説が一定の影響力をもつなどの状況変化の中，反原発運動も曲がり角にある．

●**生成と発展**　環境運動は，エリート挑戦的な草の根運動から出発することが多い．そうした集合行為の成否やライフサイクルの分析には，資源動員論，フレーミング理論，政治的機会構造論などが援用される．「闘争は，それが埋め込まれた社会的ネットワークと連接構造を利用して，集合行為フレームと強力な敵手との持続的な闘争を可能にするための支持基盤となるアイデンティティを作り出すときに，社会運動へと結晶化する」（タロー　2006：55）．

　環境運動の唯一でないが有力な発展コースは，政党化して既成政治の枠組みの中でエコロジー改革を行うことである．いくつかの国で，緑の党などと呼称される新党が定着した．ここに至り，環境運動は政党論，政治過程論，政策論の分析対象となる．体制内化は運動起源政党に緊張を強いる．ドイツ緑の党は1980年代後半に，原理派と現実派の党内抗争を経験したが，その後はシングルイシューの抗議政党の面影はない．他党と連立し，政権入りする道も拓かれた．緑の勢力は，欧州議会で有力会派を構成するなど，国際政治にも影響力を強めつつある．

　経済成長を維持しつつ環境保全を求める考え方が，今日では優勢である．モルやイェニッケらにより確立された理論はエコロジー的近代化と呼ばれ（Mol et al. 2009），先進国の環境政策を支える主流言説となっている．ドライゼクは，産業主義からの離脱のラディカルさの度合いと，それが常識的か独創的かに注目して，環境言説を問題解決，生存主義，持続可能性，緑のラディカリズムの四つに分類するが（Dryzek 2013），エコロジー的近代化は持続可能性と親和性が高い．

●**活動スタイル・形態**　政党化や政権獲得が至上命令とは限らない．環境運動の活動スタイルは多種多様な形態を取る．産業主義への懐疑から，街頭でのデモ行進や大衆集会，時に過激な直接行動もある．だが，体制批判の度合いはさまざまで，攪乱型行動よりもプラグマティックな改革と政策提言を重視する団体もある．

　「グローバルに考え，ローカルに行動する」とのスローガンは有名である．環境運動が国際NGO化する例も少なくない．著名なものとしては，グリーンピース，世界自然保護基金（WWF），地球の友（FoE）などがあげられる．環境NGOの中には，高度の専門知を有しシンクタンク的な役割を演ずるものもある．

　近年の特徴として，ソーシャルメディアやインターネットを介した影響力拡大戦略や，サイバー空間における世論・政策形成にも注目する必要がある．

［小野　一］

📖 さらに詳しく知るための文献
・フランクランド，E. ジーンほか編著（2013）『変貌する世界の緑の党──草の根民主主義の終焉か？』（白井和宏訳）緑風出版．

エスニック運動

☞「分離独立運動」p. 124

　エスニック運動とは，エスニシティの集団的利益を求める運動である．エスニシティとは，祖先や慣習など人間の属性にまつわる何らかの要素について，それを共有していると信じている人々のカテゴリーである．共有している事実ではなく，共有しているという信念が重要であることに注意が必要である．エスニシティへの帰属は当人の意識で変わるので，エスニシティの成員は流動的である（Brubaker 2004）．

　一般に社会運動は，既存の社会に向けて異議を申し立てるとともに，政府に対して運動の利益になる対応を求める．エスニック運動であれば，運動を起こすエスニシティが何らかの不利益を被っていることが問題として取り上げられる．したがって，国家の中で立場の弱いエスニシティが運動を起こすことが多い．

●**近代化とエスニック運動**　エスニック運動は近代化の産物である．ある者が同じ血族で構成される部族社会に生きているなら，自身と属性の異なる集団と関わる機会は少ない．しかし，科学技術が発展し，部族の外側に住む人々と交流する機会が増えると，みずからの帰属を意識することも増える．さらに，出版物の普及により，同じ属性をもつ見知らぬ人とも帰属意識を共有する機会が広がり，想像の共同体としてエスニシティを大きな規模で構想することが可能になった（Anderson 1991）．

　また，近代化に伴って，政府が市民生活に介入することが増えたことも運動の契機となる．とりわけ，特定のエスニシティが政府の運営を主導すると，その集団に利益が偏った政策がなされ，エスニシティに絡んだ運動が発生しやすい（Olzak 1992）．さらに，世界各地でみられる共通のパターンとして，国境部の防衛や天然資源の開発など国益に絡む活動を行うべく，エスニシティの生活基盤となる土地のあり方に政府が変更を加えようとすると，運動が起きる．

●**エスニシティの発生**　人間が特定のエスニシティに属すると思うようになることについては大きく，状況主義（circumstantialism）と原初主義（primordialism）という二つの立場がある．前者は，人々を取り巻く状況の変化によってエスニシティを名乗ることが利益になることに着目する．政策が運動を引き起こすという先述の現象は状況主義で説明できる．これに対して原初主義は，属性に関する共通の要素を過去から引き継いでいるという感覚そのものこそがエスニシティの起源であると唱える．

　かつて，原初主義に対しては，特定の要素の有無という客観的な基準からエス

ニシティを定義しているため，本質主義に陥っているとの批判が寄せられてきた．しかし，21世紀に入ってからは，原初主義を再評価する意見もある．この背景には，エスニシティを名乗る人々がみずからを取り巻く状況とは無関係に，自身の属性への愛着を所与のものとして理解しているという研究成果が，心理学など自然科学の分野から提示されていることがある（Brubaker 2004）．

●**運動の多様性**　社会運動の分析では，資源動員・政治的機会構造・フレーミング過程という三つの側面を意識した上で，運動とそれに関わるアクターとの相互行為の過程を追うことが基本となっている（McAdam et al. 2001；Amenta 2014）．エスニック運動の研究においても，この手法が踏襲されてきた．以下では，政治学が関心を向けるテーマの例として，分離独立運動と暴力の発生を取り上げる．

エスニシティが分離独立運動に至る条件として，その成員がもつ所得や学歴などの資源（多いか否か）と，エスニシティの居住域が国家において占める経済的位置（先進的か否か）という政治的機会構造を組合せて考える研究がある．中東のクルドのように，資源に乏しく，かつ非先進地域に住むエスニシティは，現在の国家に留まる利益がないため，分離独立に踏み切るという（Horowitz 2001）．これに対し，4カ国のクルドの比較を通じ，農村部に守るべき伝統的な社会関係があり，かつ都市部にクルド住民が十分存在することが条件であると唱え，クルドの資源保有が多様であることを強調する研究もある（Smith 2018）．

エスニック運動が情報発信やロビー活動など平和的なレパートリーではなく，相手に身体的危害を加える暴力に訴える原因の解明は，競争理論（competition theory）と呼ばれるモデルを軸に発展してきた．これによれば，複数のエスニシティが政権獲得など何らかの競合状態に入ると，紛争がエスカレートする（Olzak 1992）．これに関連して，エスニシティを取り巻くマクロな政治的機会構造を重視する研究もある．例えば，ラテンアメリカ諸国や南アフリカ共和国のようにヨーロッパ人入植者が定住した国家の場合，入植者の優位が明白な垂直的な関係が確立されるため，独立後の運動はみずからの劣位を覆す漸進的な闘争が中心となり，暴力は発生しがたい．これに対し，サブサハラのアフリカ諸国に多くみられるように，入植者の定住の規模が非常に小さい国家の場合，社会を構成する諸々のエスニシティは水平的な関係にあるため，独立後に入植者が去った後の政治権力を巡って，暴力を伴う激しい対立が発生しやすい（Vogt 2019）．

［宮地隆廣］

📖**さらに詳しく知るための文献**
・アンダーソン，ベネディクト（2007）『定本 想像の共同体──ナショナリズムの起源と流行』書籍工房早山．
・ブルーベイカー，ロジャース（2016）『グローバル化する世界と「帰属の政治」──移民・シティズンシップ・国民国家』明石書店．

NGO・NPO

☞「民主政と市民社会」p. 216

　現代社会における組織活動は，大きく三つに分けられる．国や地方政府などの公的組織は第一セクター，営利を求める民間の企業組織は第二セクター，非営利の活動に従事する民間組織は第三セクターに分類される．この第三セクターに属するのが，「非政府組織（Non-Governmental Organization：NGO）」と「非営利組織（Non-Profit Organization：NPO）」である．

●**NGO・NPO とその組織原理**　NGO・NPO にどのような組織が含まれるかについては，狭義から広義の定義があり，統一された使用法があるわけではない．狭義には，NPO 法人やボランティア団体のみを含めるが，広義には社団法人，財団法人，社会福祉法人，学校法人，宗教法人，医療法人までをも含める．アメリカでは，このような広義の定義が使用されている．最広義では，共益団体ともいいうる労働団体，経済団体，協同組合が含まれる（経済企画庁 2001）．

　各セクターでは，異なる組織原理が作用する．第一セクターの組織原理は，トップダウンのヒエラルキーである．第二セクターの組織原理は，市場原理に基づく競争である．第三セクターの組織原理は，自発性に基づくネットワークである．NGO・NPO は，個別性，先駆性，迅速性，柔軟性，多元性を特徴とし，行政のもつ公平性や企業の利潤追求に囚われない役割が NGO・NPO には期待される．

●**日本における NGO・NPO の成長**　NGO・NPO は，戦後，大きく成長を遂げていく．ただし，日本では，公益法人や特殊法人と呼ばれる半官的な民間団体が数多く存在した．前者は許可主義をとり，設立の許可に際して主務官庁の裁量が大きかった．後者の特殊法人においても，主務官庁の判断の余地が残されている．公益は「官（行政）」が「上」から決める伝統をもつ日本では，自律的なNGO・NPO は個別的利益として軽視される風潮があった．しかし，1995 年 1 月に起きた阪神・淡路大震災の復興において無数のボランティア団体が活躍したことを受け，民間の非営利組織の活動を促進するために，1998 年 3 月に特定非営利活動促進法（NPO 法）が成立し，さまざまな活動を行う民間の非営利組織に法人格が与えられることになった．NPO 法では，NPO が公益を推進する新たなアクターであることが明記され（第 1 条），公益法人や特殊法人とは異なり法人の許可システムを限りなく「準則主義」に近い「認証主義」とすることで（第10 条），NPO が法人格を取得することを容易にした．2023 年 10 月末現在，認証法人数は 5 万 105 を数える．

●**世界的な連帯革命**　NGO・NPO の成長がみられるのは日本だけではない．と

りわけ冷戦終結以降，世界の多くの国でNGO・NPOの台頭が観察される．ジョンズ・ホプキンス大学のサラモンは，このような世界的なNGO・NPOの台頭を「連帯革命」と呼び，19世紀以降の国民国家の成立に匹敵するほどの影響力をもつ現象としている（サラモン 1994）．実際，NGO・NPOは，1980年代後半以降に世界各地で生じた民主化革命において各国の市民社会運動を牽引する役割を果たしている．このため，しばしばNGO・NPOは，市民社会を代表するアクターと位置付けられている．市民社会とは，「自由な意志に基づく非国家的・非経済的な結合関係」を制度的核心とする領域である（ハーバーマス 1994：xxxviii）．さらに，NGO・NPOは国境を越えたネットワークをも形成し，今やグローバルなレベルでさまざまなイシューに影響を与えており（五十嵐 2018），グローバル市民社会の実体化を促進する．

●**NGO・NPOの特異性と他セクターとの関係性**　NGO・NPOがもつ主な機能と役割を，第一セクターおよび第二セクターとの関係の中でとらえた場合，大きくは以下の三点にまとめられよう．

第一に，補完的な社会経済的機能である．NGO・NPOは，政府や企業がカバーできない領域で補完的な役割を果たす．貧しい人々に対して無担保で少額の融資を行う金融サービスであるマイクロクレジットは，その最たる例である．先進国でも，高齢者介護に従事するNGO・NPOが，このような補完的機能を果たしている．NGO・NPOは，しばしば第一セクターおよび第二セクターと協働して公益の促進を目指す．そこでは，複数の主体によるシナジー（相乗効果）が期待される．このような複数の主体による協治もしくは共治を，ガバナンスと呼ぶ．

第二に，対抗的な政治的機能である．NGO・NPOは，政府と企業に対抗し，それらの行動に変容を迫ろうとする．このような活動は，しばしばアドボカシー（政策提言）と呼ばれる．例えば，政府に対抗するものとしては，核兵器の廃絶を求める「核兵器廃絶国際キャンペーン（ICAN）」という国際NGOの活動があげられる．企業への対抗を意図したものとしては，1997年の先進国の多国籍企業に利する多国間投資協定や1999年の途上国への市場開放を求める第3回WTO閣僚会議に対するグローバルなNGO運動がある．

第三に，規範起業家としての役割である．NGO・NPOは，新たな規範の創出や既存の規範の修正を試み，政府や企業の行動に変容を迫ろうとする．最たる例は，対人地雷の製造と使用の廃止を目的として結成された「地雷禁止国際キャンペーン（ICBL）」という国際NGOの活動である．地雷は国内安全保障に必要な兵器ではなく，罪のない民間人が犠牲になる悪魔の兵器であるとする規範転換を行い，対人地雷全面禁止条約（オタワ条約）の成立に貢献した．ICBLの活動は，行為主体の認識が国際関係の重要な要素と考える社会構成主義（コンストラクティビズム）の実証事例としても注目に値する．　　　　　　　　　［五十嵐誠一］

大衆デモ

☞「社会運動の定義」p. 266

　デモ（demonstration）は広場や道路などの公共空間を移動しながら社会的要求を表示する行為であり，社会運動の行為形態としては最もイメージしやすい．しかしデモが社会運動の常套手段（行動レパートリー）となったのは 19 世紀以降である．英国やフランスの抗議運動の歴史を分析したティリーの一連の研究によると 18 世紀までは商人や領主に対する局地的・属人的な一揆が多かったのに対し，19 世紀以降はデモや請願のように定型化された形態を用いる持続的・全国的な社会運動が生まれた．中央政府への権力集中と代表民主制の発展により，運動の標的や回路が集約されたことが背景にあった．フランスなどでの革命も定型化された抗議形態の国境を越える拡散を助けた．このように定型化した抗議ないし組織の形態が他の国や時代のさまざまな運動に模倣されて伝播することをタロウは「モジュール性（modular, modularity）」と表現した．

●**デモの発生**　1950〜60 年代前半の米国では，社会の崩壊が個人の不満を生み出し，そうした不満が逸脱行動としての暴動や社会運動に現れると論じる社会心理学的な集合行動（collective behavior）論が隆盛を極めた．なかでも大衆社会論は，社会統合の機能を担っていた中間集団の衰退やマス・メディアの発達をともなった大衆社会状況において，多数の孤立した個人が出現し，社会不安から抗議に参加すると考えた．また相対的剥奪論は，個人が自分や所属集団の置かれた境遇を他者の境遇やみずからの期待値と比較し，ふさわしい処遇を受けていないと感じる社会経済状況が生じたときに，抗議に参加すると論じた．しかしその後，集合行為の成立を個人の合理的打算によって説明しようとするオルソンの集合行為（collective action）論が登場する．これに触発されて 1970 年代に登場した資源動員論は，孤立した人々や窮乏した人々ほど抗議に参加するという説を否定し，個人の時間的・金銭的余裕や外部からの支援といった資源や，運動組織による個人への働きかけ，つまり動員の重要性を強調した．こうした視点を政治参加全般に応用したヴァーバら（Verba et al. 1995）は，市民が政治に参加する理由を資源，動機，動員の 3 要素で説明する視角を提示した．例えば社会経済的地位の異なる集団の間で投票率やデモ参加率に違いが生じる理由が説明できる．

●**参加の決断**　近年は不満や動機，感情といった社会心理学的要素に再び注目しながら資源動員論と組み合わせ，デモへ参加する，しないという決断の個人間の違いをミクロ次元で解明する視角も現れてきている．クランダマンスによると，例えば富の配分の実際の不平等（配分的正義）よりも，意思決定手続きの公平性

や当局による処遇（手続的正義）への不信感の方が，強い不満を生みやすい．しかし不満は，昔の集合行動論の想定のように，いきなり抗議デモへの参加に現れるのではない．漠然とした不満を抱く個人が抗議デモの目的に共感するようになる過程が必要である（Klandermans 2015）．

これが抗議の「需要」，動員潜在力の面である．例えばどのような社会的属性や党派性をもった個人が特定の争点に関心が強いのかが問題となる．抗議の需要の形成には，不満の元になっている社会状況に対する診断や解決策について特定の解釈（フレーム）を与える説得活動が有効となる（Snow & Benford 1988）．このような説得活動をクランダマンスは「コンセンサスの動員」と呼ぶ．これはアジェンダ構築の過程としても理解できる．そこでは，印象的な命名（naming）や元凶の断定（blaming）により，不満を要求（claiming）へ変換する努力が払われる（Cobb & Ross 1997）．

参加の需要に応じるのがデモの機会の「供給」面である．運動組織の活動家は現状を脅威や機会と解釈し，抗議への参加の必要性や有効性を説き，感情をかきたて，シンパを行動へ促す．これはクランダマンスのいう「行動の動員」，あるいは動機付けフレーミングの過程である．個人を参加へ促す動機には，集団目的の効率的実現だけでなく，アイデンティティ（連帯感）の充足欲求や，意思表示（イデオロギー）欲求も含まれる．複数の動機が補い合うことで個人が抗議への参加を決断する可能性は高まる（Klandermans 2015）．

●デモの政治的文脈　運動組織はみずからの党派性や結束を確認する目的でデモを行うことがある．しかし民主化や革命のような大きな政治の流れの中では，一連のデモが象徴的な意味をもちうる．選挙の不正が指摘されたり，選挙結果に有権者の一部が不満を爆発させたりした場合に「選挙後抗議」デモがしばしば起きる．

●デモの正当性　ティリー（Tilly 2004）は，抗議が正当なものと受けとめられるために世間に示すべき徳として，worthiness（真っ当さ・健気さ），unity（結束），numbers（頭数），commitment（献身）の四つをあげ，まとめてウンク（WUNC）と呼んだ．

●デモの効果　非暴力のデモやストのような「市民的抵抗」は，シャープ（Gene Sharp）のいう「支柱」（軍や警察，公務員，財界エリート，国営メディアなど）を独裁政権から離反させるきっかけを生み出すことにより，民主化や民政転換につながることがある（Chenoweth 2021）．市民的抵抗とは非暴力の集団的抵抗を指す．デモのほか，ゼネスト，スローダウン（怠業），サボタージュ（機械や施設の破壊行為），ボイコット（不買運動），ハンスト（断食），スクワッティング（占拠），市民的不服従（人種隔離法や徴兵，徴税など，悪とみなした法制度への服従の拒否）が手段となる．　　　　　　　　　　　　　　　　［本田　宏］

第14章

政党と政治システム

政党（political party）は，その名のとおり，社会の一部（part）の人々が政治に影響を及ぼすことを目指してつくる集団である．そうした部分性ゆえに，古くから政党は政治共同体全体の公益よりも一部の人間の私益を優先する存在として否定的に評価されがちであったが，社会の中に多様な価値観や利益があることが広く認められるようになった近代以降，国家と社会をつなぎ，政権を担う主要な存在であるとみられるようになった（ただし，部分性に対する批判は今も残っている）．そのため，政党は比較政治学の重要な分析対象として扱われ，さまざまな視座や分析枠組みが提示されてきた．本章では，政党そのものについての基本的な分析枠組みの他，政党の分布や相互作用のシステムに関する理論，政党政治を支えるとともに影響を与えるさまざまな制度，政党が依拠する「部分」に着目した類型などに加えて，民主的な決定に必要な多数派形成に関する理論を取り上げる． ［宮地隆廣・安井宏樹］

政党の機能

☞「政党の分類」p. 284

政党とは「政治に関係する何らかの利益を確保するために形成され，みずからが政治権力の行使に直接たずさわることで，その目的を達成しようとする集団」として定義できる（待鳥 2015：2）．ここでいう利益とは経済的な便益に限定されず，構成員（党員）が抱く理念なども含まれる．

共通の利益を確保するための集団という点で利益集団と，また政治権力の行使に直接たずさわる点で議会内の会派などと，政党は共通点をもつ．しかし，利益集団は政治権力の行使に直接関与せず，会派は共通利益をもつとは限らない．

●**政党の歴史的展開**　歴史的には，政党の存在は害悪だと考えられてきた．

古典古代以来，政治は社会構成員のすべてに共通する利益，すなわち公益や共通善を追求することが理想とされ，構成員の一部の利益は私益あるいは部分利益（個別利益）として区別されてきた．政党は部分利益を追求する団体であり，それが政治権力を握ることは好ましくないとみなされてきたのである．

部分利益を追求する政治勢力が複数存在し，相互に競争したり，抑制し合うことで公益が実現するという考え方を多元主義（多元的政治観）という．多元主義は，イギリスの政治思想家・政治家バークや，アメリカの建国者のひとりで合衆国憲法制定に重要な役割を果たしたマディソンらによって提唱されたが，それは政党の存在意義を確立することにもつながった．

実際にも，18 世紀にはイギリスでトーリーとホイッグという二つの政治勢力が政党の原型を構成するようになり，19 世紀から 20 世紀初頭にはアメリカや日本を含む各国の政治過程に政党が定着した．政党に加わり党員となる人々も，貴族や富裕層から一般市民へと広がった．その軌跡は，有権者資格の拡大および議会の影響力の強まり，すなわち代議制民主主義の確立と重なり合う．

●**利益集約と利益表出**　現代における政党の機能を理解するために，政治過程を選挙過程と政策過程に分けた上で，それぞれにおける政党について考えよう．

選挙過程における政党は，有権者の間に存在する多様な利害関心や考え方をいくつかに集約し，選挙での選択肢として提示することを主な機能とする．人間がそれぞれに違っていることから生じる多様性をそのまま受け入れるだけでは，政治における意思決定は不可能である．そこで，利害関心や考え方を何らかの方法で集約する必要が生じる．それを担うのが政党である．政党のこうした役割を，利益集約機能と呼ぶ．

利益集約機能を担う複数の政党が選挙で競争して，議会の勢力分布や，大統領

制であれば政権党が定まる．その後の政策過程でも，政党には多くの役割がある．各政党は支持者の利害関心や考え方を束ねているが，有権者全体からみれば部分であり，議会など政策決定を担う機関でそれぞれの主張を打ち出しつつも他党と協議や妥協を行い，有権者の過半数が受け入れる政策をつくることになる．議院内閣制の場合には，必要に応じて他党と連立政権を形成することも含まれる．これらを利益表出機能と呼ぶ．

政策過程では多数派形成が不可欠である以上，政党は支持者の意向を忠実に代弁するだけでは利益表出機能を果たせない．他党との協議や連立はその典型例だが，二大政党制と議院内閣制の組み合わせで，選挙で勝利した政党が政権与党として方針を貫徹できるようにみえる場合にも，党内にはさまざまな分派があって法案ごとの党内妥協が必要になる．

支持者の側からみれば，このような展開には不満が残る場合がある．その際には，選挙制度や権力分立のあり方（執政制度）によって，利益集団を通じて政権に直接働きかけることなどにより，政策の実現を図ることも珍しくない．利益表出機能は政党のみが担っているわけではないのである．

●政党組織　利益集約機能と利益表出機能は政治過程における政党の基本的な機能だが，それを実際に担っているのは，各政党を構成する内部組織である．それを総称して，政党の組織（政党組織）と呼ぶ．

先にも述べたように，政党は利害関心や考えを共有する個々人がつくり出す団体だから，政党に加わっているメリットを党員が実感できない限り存続が難しい．また，同じ政党に加わっている人々の望む政策や追求する理念が，常に一致しているとは限らない．そのために選挙で勢力を拡大し，政策過程での影響力を強めるとともに，分裂や造反が起こらないように組織を管理する必要が生じる．

このような役割を担うのが政党の幹部（執行部・指導部）と呼ばれる人々で，通常は有力政治家が就く．幹部は，一方において党内の団結を維持し，ときには造反行動への制裁も行う．それにより確保される政党のまとまり（一体性）を規律と呼び，政策や理念の一致による一体性（凝集性）とは区別することが多い．他方で，幹部は他党との取引や妥協を通じて自党支持者の利益表出も図る．

支持者の中から組織運営を担う人材をリクルートし，その一部を政治家にして，さらに幹部へと育てることは，政党の安定的な存続や機能維持には不可欠の営みである．また，政党が政策の体系をわかりやすく提示したり，党首などが親しみやすいイメージをつくり出すことも，政治参加にとってプラスの効果をもつ．政党は，市民と政治をつなぐ不可欠な回路でもある．　　　　　［待鳥聡史］

📖さらに詳しく知るための文献
・待鳥聡史(2018)『民主主義にとって政党とは何か——対立軸なき時代を考える』ミネルヴァ書房.

政党の分類

☞「政党の機能」p. 282,「カル
テル政党」p. 286

政党の分類とは，政治権力を担おうとする政党がどのような利益を追求し，いかなる組織構造をもつかに注目して行われる区分である．一つの政党についてのことであるため，「政党の機能」の項目で取り上げた，政党組織に密接に関係する．なお，ある国家や地方自治体など，政府が存在する単位で活動する政党相互間の関係は政党システム論と呼ばれるテーマとなり，別項目で取り上げる．

●**組織構造による分類**　政党が政治過程に定着したのは，議会政治が発展した19世紀のことである．当時は選挙のほとんどが財産や納税額によって有権者資格（参政権）を限定する制限選挙であったため，党員と政治家のいずれも，その資格を充足できる貴族や富裕層に限られていた．このような政党を，ヴェーバー（1980）は「名望家政党」，デュヴェルジェ（1970）は「幹部政党」と呼んだ．

参政権が拡大し，20世紀に入ると財産などによる制限が，さらにはジェンダーによる制限もなくなった．自国籍をもつ成人の全員が有権者資格をもつ普通選挙が定着すると，政党の構成員もそれに合わせて広がった．選挙での勝利を通じた政治権力の獲得と，その行使による利益追求が政党の目標なので，有権者資格に応じた構成員の拡張は不可欠であった．

とりわけ，都市労働者や中小農民などの非富裕層を支持基盤とする左派政党は，これらの人々を積極的に構成員とし，広範な党員からの少額の党費の徴収などによる党財政の安定化や恒常的な活動を伴う組織拡充を図った．このような政党をデュヴェルジェは「大衆政党」と呼んだ．大衆政党は，名望家政党として出発した保守（右派）政党にとっても，標榜すべき新しい組織モデルとなった．

●**支持基盤による分類**　大衆政党は20世紀半ばの標準的な政党組織となったが，1960年頃までは各政党の支持層は明確に異なっていた．西ヨーロッパの主要国の場合には，支持層は社会経済的地位と深く結び付いており，富裕層やエリート層から支持される保守政党と，非富裕層・非エリート層から支持される左派（社会民主主義）政党が存在するのが基本構図であった．このように，特定の社会経済階層からの支持を重視し，それに依拠する政党を，主に左派政党の場合に「階級政党」と呼ぶことがある．

ところが1960年代以降には，有権者資格の拡大が終わったこと，戦後復興に始まる経済成長により社会全体が豊かになったこと，さらに若い有権者が非経済的な価値を重視するようになったことで，各政党はみずからの伝統的支持基盤へのアピールだけでは十分な勢力拡大が見込めない状況に置かれた．

そのため，従来の支持基盤の外側，とりわけ経済的な左右対立軸における中道の有権者に訴求する政策を打ち出す戦略を，政党はとることになった．このような戦略の結果として，支持基盤を大きく拡大した政党を，キルヒハイマーは「包括政党」と名付けた（Kirchheimer 1966）．包括政党の先駆例はドイツ社会民主党であったが，次第に政権を目指して競争する各国の主要政党は包括政党化を図るようになった．日本の自民党もその一つだとされる．包括政党は，有権者全体の中道を目指し，それに拠って立つという意味で，しばしば自称ではあるが「国民政党」と呼ばれることがある．

しかし，包括政党化は伝統的支持基盤を弱めることにもつながった．中道からの支持確保に努める政党は，「風」とも表現される無党派層などの一時的な関心を惹きつけられると選挙に大勝し，そうでないと大敗する傾向が生まれた．主要政党の党員数は減少し，財政基盤にも大きな影響を及ぼすこととなった．

●**新しいタイプの政党**　強く安定した支持基盤を政党がもたなくなったことは，いくつかの新しいタイプの政党を生み出すことになった．

主なものの一つは，特定の争点のみに専心し，その争点に強い関心をもつ有権者からの支持を継続的に確保する「単一争点政党」の登場である．1980年代に国政進出を果たしたドイツの「緑の党」は当初，その代表例だとされた．単一争点政党の台頭は，選挙制度が小政党の存在を許容するかどうかに大きく依存する．

もう一つは，組織的な基盤を確立せず，掲げる理念なども明確にすることなく，既存の政党に飽き足らない有権者の一時的支持を獲得することに特化した政党の登場である．パーネビアンコ（2005）は，このような政党を「選挙-プロフェッショナル政党」と呼び，従来の政党を「大衆-官僚政党」として区別した．選挙-プロフェッショナル政党は，今日の各国政治でしばしばブームを巻き起こすポピュリスト政治家との相性がよい．

包括政党化した主要政党にも，新しい動きが生じている．党員数の減少などにより党費収入が頭打ちとなる一方で，主要国は政党助成金といった公費補助を受けるようになった．それは政党が民主主義体制に不可欠な存在として認知された結果ではあるが，同時に各政党が既得権者になったことも意味していた．

支持基盤や掲げる政策の相違が小さくなり，公費補助などを通じた既得権の維持について利害が一致するようになった各政党は，一種の結託関係を形成する．カッツとメア（2023）は，従来の組織構造を維持しつつも他党とこのような結託関係を形成する政党を「カルテル政党」と呼んだ．カルテル政党論以降もさまざまな政党組織モデルは提唱されているが，このような認識は共有され，前提になっているといえるだろう．　　　　　　　　　　　　　　　　　［待鳥聡史］

📖さらに詳しく知るための文献
・待鳥聡史（2015）『政党システムと政党組織』東京大学出版会．

カルテル政党

☞「政党の機能」p. 282,「政党の分類」p. 284

　カルテル政党（cartel party）は，カッツとメアが提起した政党組織の類型の一つであり，幹部政党（cadre party），大衆政党（mass party），包括政党（catchall party）に続くものとして位置付けられる（Katz & Mair 1995；2009；2018）．1970年代以降，党派心の衰退や政党の機能低下が指摘されてきたが，今なお政党は議会制民主主義の中心に位置しており，政治権力の獲得を求める唯一の集団である．

　カッツとメアは，政党が置かれた状況を衰退や終焉ではなく適応と変化としてとらえ，今日まで生き延びている事実に注目した．彼らによれば，政党は社会の諸利益を代表するというよりも，国家の側に軸足を移し，国家に浸透することによって生きながらえている．カルテル政党論は，政党が私的な存在ではなく公的な存在となったことに注目しているのである．

図1　カルテル政党モデルにおける政党・市民社会・国家の関係
出典：Katz & Mair（2018）を改変．

●**政党間のカルテル**　カッツとメアは，1960年以降の政党組織の変化に関する比較研究において，次の二点を指摘した．第一に，政党は国家から提供される資源に依存し，国家機関（agent of state）の一部としてみなされるようになった点である．現代の政党は公的助成を中心とする国家資源を使用しており，多くの民主主義諸国で政党助成制度が採用されている．

　第二に，資源やコミュニケーション手段などにおいて，各党が似通った特徴をもつようになった点である．カルテル政党は，国家の規制を受けたコミュニケーションのチャネルを使用し，選挙キャンペーンを実施する．各党が国家の影響を受け，共通の制約を課されると，政党は同質的な組織を有するようになる．

　政党は法律に基づくルールの決定者であり，みずからが変化をもたらしたといえる．その意味で，政党は共謀関係を形成しているという見方ができる．各党は組織の維持を第一義的な目的とし，選挙での敗北によるコストを抑制しようとすることで利益を共有する．カルテル政党は，組織の生存に向けて政党間カルテル

を形成し，政党間の均衡を図る．

●カルテル政党の組織　公的助成に依存し，似通った特徴を示す政党間には，組織内部にも共通点がみられる．「カルテル」という表現は複数政党の存在を想起させるが，カッツとメアが政党組織の類型としてカルテル政党を提示したのは，この点に関わっている．彼らは，公職における政党，中央本部の政党，地方の政党という三つの側面から政党組織をとらえ，三つの特徴をあげた．

　第一に，公的助成の実現により，政党は党員や支持者への依存を弱める．カルテル政党は国家からの資源を確保するため，必ずしも支持者の要求に応じる必要がなくなる．第二に，地方の政党，すなわち政党支部や地方支部の影響力が弱まる．国家資源の使用は，支持者だけでなく地方支部の重要性の低下をもたらす．また，コミュニケーション手段の変化に伴い，政党やリーダーは有権者への直接的な働きかけが可能になった．政党の中枢は，地方支部の要請や圧力から解放され，自律的に行動するようになる．

　第三に，中央本部の政党には集権化と専門化が生じる．この傾向は，上記の二点とともに，公職における政党（議会政党）が中央本部の役割を兼任することによって加速する．公職における政党は，役職の兼任や任命権の支配を通じて，メンバーシップからの制約を受けなくなる．また，一般の党職員が選挙戦略や宣伝活動の専門家にとって代わられることにより，中央本部が「脱政治化」して政治的な影響力を弱める．カルテル政党は，公職における政党という性格が強くなる．

●カルテル政党論の射程　政党間の類似性は，連立や政策という点からも説明される．例えば，カルテル政党間には重要政策の競合がほとんどみられない．現代の政党は，国内事情や国際的な取り決めにより政策の自由度が制限されている．政党間競合は国家の運営能力を巡るものとなり，何を行うかではなく誰が行うかが問われることとなる．カルテル政党を巡る議論は，政党間の共謀関係，すなわち政党間カルテルを扱う点と，カルテルに属する各党の組織的な特徴を取り上げる二つの視角に分けられる．重要なことは，政党間カルテルの形成がカルテル政党の出現を促進するという点である．

　カッツとメアによると，政党の類型は，ある時点において主流の立場を占めたモデルへの反応が新たなモデルの出現を促進するという．カルテル政党は，あくまでも現代の政党を説明するモデルであり，時代の変化とともにカルテル政党というモデルが古くなり，また他の新たなモデルが提起される可能性もある．

［浅井直哉］

📖さらに詳しく知るための文献
・岩崎正洋（2020）『政党システム』日本経済評論社.
・カッツ，リチャード＆メア，ピーター（2023）『カルテル化する政党』（岩崎正洋・浅井直哉訳）勁草書房.

政治資金

☞「政党助成」p.290

　政治資金は，政治に関わる活動に不可欠な要素である．代議制民主主義の根幹を成す選挙では，政治家や政党が有権者の支持を獲得するために実施されるキャンペーンに多額の資金が必要とされる．さらに，政策立案や政党組織の運営など，多岐にわたる政治活動にも資金が必要である．政治家や政党への寄付は，選挙における投票と同様に，政治的支持の表明としての役割をもち，言論の自由に基づく政治参加の一形態とみなすことができる．一方で，政治に関わるアクター間での資金力には差が存在し，規制がなければ，資金力のある個人や団体が政治的議論で優位に立ち，民主的な意思決定プロセスをゆがめる恐れがある．「言論の自由」と「政治的代表の平等」という価値の間でどのようにバランスを取りながら，政治活動に必要な資源をどのように調達するかは，長年にわたり重要な課題とされている．

●**資金源の変遷と政治資金規制**　歴史を通じて，政治家や政党の政治活動に関わる資金調達方法は多岐にわたっている．大衆政党の登場とともに党員制度が整備され，党員が納入する党費が主要な資金源として機能した．しかし，大衆政党が包括政党へ変貌していく中で，多くの政党では党員数の減少がみられ，党費の代わりに業界団体や労働組合など外部からの寄付がより重要視されるようになった．他方で，政治が特定の組織化された利益に左右されることへの警戒も強く，資金調達の過程で政治腐敗が発生し，政治家や政党への有権者の不信感が高まるケースも多くみられた．政治腐敗に伴う政治資金規制は，業界団体・労働組合からの資金調達を難しくした．そこで，小口の個人寄付を積極的に活用し，企業・団体による影響力を抑制しつつ，政治的代表性の向上を図る試みがみられる．しかし，有権者の政治参加の低下や政治不信を背景に，個人からの資金調達には大きな進展がみられないのが実情である．次なる政治資金源として，多くの国では公的な政党助成を導入する傾向にある．

　政治的代表の平等を重視する立場から，政治資金規制が徐々に整備されてきた．政治資金規制は，支出に対する規制，収入に対する規制，透明性に関する規制，そして監督・執行に関する規制の四つのカテゴリーに分類されることが一般的である．支出規制は，資金の使用量をコントロールしようとするものであり，時には言論の自由を制約する可能性があると指摘されることもある．収入規制は，許容される政治資金の源泉（企業，労働組合，個人，外国人，匿名など）に関する質的規制と，収入額に関する量的規制によって構成される．透明性に関す

る規制は，把握された政治資金の収支をどの程度まで公開し透明性を確保するかについてのものである．最後に，監督・執行に関する規制は，政治資金に関する監督と処罰を行う主体がどの程度まで独立的な権限を有しているかについてのものである．

●「ヨーロッパモデル」と「アメリカモデル」　政治資金に関わる規制を整備すると同時に，政党助成を導入することで政党・政治家の安定的な資金調達を補助する方式は，欧州の国々で多くみられる．この方向性のアイデアは，欧州地域レベルで共有されつつある（OSCE/ODIHR 2023）．一方，アメリカ合衆国のように，政治参加における自由をより強調する形で独自の経路を辿っている事例も存在する．バックリー対ヴァレオ事件（1976 年）で，最高裁は，公的助成を受けていない以上，支出金額を制限することは違憲であると判断した．アメリカでは，企業・労働組合などが政治家や政党に直接寄付を行うことは禁止されているが，代わりに政治活動委員会（PAC）を設立して役員などから資金を集めて寄付することが容認されている．さらに，政党・候補者と独立した政治団体が膨大な規模の政治資金を調達し，活動しているため，政治資金規制は強化されているものの，政治資金自体の選挙への影響力は非常に大きい．

●**政治資金が政治過程に与える影響**　政治資金に関する研究を進めるためには，まず政治資金の実態を把握することが必要である．しかし，資金の流れを正確に把握することは容易ではない．一方で，政治資金の流れや各国の規制に関する比較研究を可能にするデータベースの整備が進んでおり，政治資金が政治過程に与える影響を検討する研究は着実に蓄積されてきた．政治資金がもたらす政治的帰結については，主に選挙結果，政策決定，政治腐敗に与える影響が検討されている．選挙費用の支出が選挙結果に与える影響に関しては，ジェイコブソンの研究を起点に，選挙費用と選挙結果が互いに影響し合う相互因果関係を考慮した研究が蓄積され，政治資金が選挙結果にプラスに影響していることが確認されている（Jacobson 1978）．また，選挙費用の上限を引き上げると，候補者数が減少し，現職者に有利に働く傾向があることが指摘されている（Fouirnaies 2021）．政治資金の寄付が政策決定に与える影響については，議員の議会での投票行動に与える影響だけではなく，契約の受注や政府による規制・監督の度合いなど，具体的な政策決定との関連で分析されている．近年，分析手法の発展に伴い，寄付の多寡が政策決定に与える影響を実証的に確認する研究が増えている（Evertsson 2018）．最後に，政治腐敗との関連では，政党助成の導入が腐敗を減少させる効果をもつという分析結果が示されている（Hummel et al. 2021）．

　政治資金の調達と使用に関する規制を適切に設計し，実施することは，民主主義の健全な発展にとって極めて重要である．政治資金に関する研究は，政治的透明性と公正性を確保するための政策提言に不可欠である．　　　　　　［孫　斉庸］

政党助成

☞「カルテル政党」p. 286,「政治資金」p. 288

政党助成は，一定の条件を満たした政党に対して，国が政治活動費を補助する制度である．狭義では，選挙運動，政党運営，政策開発などにかかる費用を政党に直接助成することを意味し，広義では，政党に対する税制上の優遇，選挙運動のための無償の放送枠の提供，公共施設の無償利用など，間接助成も含む概念として用いられる場合がある．助成対象になる政党の要件，交付金配分額の算定方法，交付金の使途に関する制限の有無などによって，政党助成制度には多様性がみられる．受領要件としては，議会における議席の有無，前回選挙での得票率が一定割合を超えていること，あるいはその両方が基準とされることが多い．交付金配分の算定方法としては，最初に一定割合を受領資格がある政党に対して均等に配分するケースもあるが，一般的には，前回選挙における得票率や議席率をもとに比例配分する方法が用いられることが多い．交付金の使途に関する制限については，選挙運動費用や政策開発など限定された目的にのみ使用を許可している国もあれば，政党の政治活動の自由を尊重し制限を設けていない国も存在する．また，メキシコや韓国のように，使途の一部をジェンダー平等の実現など特定の目標達成のための活動に指定している例もある．

●政党助成の普及とその評価を巡る論争　政治資金の調達方法として政党助成が活用され始めたのは，比較的最近のことである．伝統的には，党費，大口の個人寄付，企業や労働組合からの寄付など，多様な資金源に頼っていた．しかし，党員数の減少や政治腐敗を原因とする政治資金規制の強化などにより，従来の資金源からの調達が困難になった．一方，選挙運動の費用増加や政党組織の巨大化により，政党の政治活動には以前よりも多くの資金が必要となった．このため，多くの国で伝統的な資金源に代わる新たな方法として政党助成の導入が進んでいる．制度の導入過程や時期によって国により政党助成への依存度は異なるが，大多数の国では政党助成が不可欠な政治資金源として認識されている．政治資金制度のデータベースによると，調査対象となった 181 カ国中，約 7 割の国で政党に対する直接の助成が行われている（International IDEA 2020）．

新たな資金源として政党助成の導入を正当化する根拠としては，既存の資金源だけでは増大する政治費用を賄うことが難しくなっていること，特定の資金源への過度な依存を防止すること，資金力の不平等を是正することによって公正な政党間競争を促進することなどがあげられる．特に，市民社会に根差した政党が発達していない新興民主主義国家では，伝統的な資金源が機能しにくいため，政治

資金に関わる汚職が発生しやすく，それがさらなる民主的な政党政治の定着を妨げる要因となりがちである．このような場合，政党助成は，発展途上にある政党の成長を促す有力な資金源として積極的に導入される．他方，政党が国からの助成に依存することの危険性について警告する意見も根強い．市民社会との接点をもち，個人からの自発的な寄付によって運営される，私的結社としての政党の姿を理想とする立場からは，公的な助成金への依存によって政党が本来の役割を果たせなくなると批判される．政党助成を受けることになった既存政党の財政的優位が強化されることにより，現在の政党システムが固定化する可能性があること，一般市民からの寄付を必ずしも必要としなくなった政党が市民社会との接点を失い，カルテル政党化することなどが問題点として指摘されている（Katz & Mair 1995 ; 2009）．

●**政党助成がもたらす政治的帰結に関する研究**　以上のような論争を背景に，政治学の分野では，政党助成制度がもたらす政治的帰結について多数の研究が行われてきた．政党助成制度の多様性に関するデータが整備されるとともに，その多様性に着目したよりミクロな比較研究が進展したことで，政党助成の影響に関する研究も徐々に蓄積されてきた．これまでの研究では，主に政党助成が政党間競争のあり方，政党組織，有権者の政治に対する信頼度に与える影響について検討されてきた．政党間競争のあり方との関係では，政党助成の有無に留まらず，具体的な制度の内容にみられる多様性に着目した分析が多くみられる．議席保有を助成対象となる政党の要件としない場合，議席の獲得には至っていないが一定割合の得票率に達している小政党も助成対象に含まれる可能性が高くなる．助成を受けた弱小政党がそれを利用してさらに生き残ることができれば，既存の政党システムを固定化するよりも，むしろ新党の出現を容易にすることにつながる（Casal Bértoa & Spirova 2019）．次に，政党助成と政党組織の関係については，主に政党助成への依存が党員規模，党内意思決定の手続きに与える影響が検討されてきた．政党助成金への依存度と党員数との関係について分析した van Biezen & Kopecký（2017）は，政党助成の導入が党員規模の縮小をもたらしているわけではないことを示した．また，党内意思決定に関しては，政党助成および政治資金制度の規制強化が政党組織の専門化と集権化をもたらすと指摘されている（Gauja et al. 2020）．政党助成と有権者の政治に対する信頼度の関係については，政党助成が既存政党のカルテル化をもたらさないための対策（マッチングファンド，小政党に有利な算定方法の採用など）を講じていれば，議会や政治に対する信頼度を高める効果が期待できることが指摘されている（May 2018）．

　政党助成に対する評価は現在進行形である．公正な競争を保証する制度なのか，既存の政党によるカルテル化の産物であり，新しい政治勢力の出現を困難にするものなのかに関する検証は，今後も続くだろう．　　　　　　　　［孫　斉庸］

政党システムのタイポロジー ☞「政党の機能」p. 282,「政党の分類」p. 284

　さまざまな国の政党システムについて，何らかの特徴に応じて政党システムを類型化したものをタイポロジーという．典型的には，政党の数と，政党間の競合のあり方によって分類される．歴史的には，まず政党の数のみによる分類が行われ，それだけでは政党システムの細かな違いを十分に加味できないことから，政党間競合のあり方も組み合わせて，より精緻な類型化が目指されてきたといえる．

●**デュベルジェの三類型**　政党の数のみによって政党システムを類型化しようとした試みは，デュベルジェの研究に源流がある（Duverger 1951；1963）．デュベルジェは，政党システムを「一党制」「二党制」「多党制」の3種類に類型化した．

　とりわけデュベルジェが重視したのは，一党制とそれ以外の違いである（岩崎2020）．一党制は非競合的な政党システムだが，二党制と多党制は共に競合的な政党システムになる．競合的であるという意味で，二党制と多党制は共通しており，その違いは必ずしも強調されない．また，一党制や多党制には，そうみえる政党システムの間にもさまざまなパターンが存在しているが，こうした違いにも十分注意が払われることはなかった．そのため，政党システムのタイポロジーとしては大まかすぎるという批判が寄せられることになった．デュベルジェのタイポロジーを発展させた研究も行われ，ダール（Dahl 1966）によるものや，ブロンデル（Blondel 1968）によるものなどがあるが，なかでも到達点といえるのが，サルトーリのタイポロジーである（Sartori 1976）．

●**サルトーリのタイポロジー**　サルトーリは，政党の数に加え，政党間のイデオロギー距離を取り入れることで，政党システムのタイポロジーを試みた．サルトーリは，政党のイデオロギーを左右の一次元上に並べ，その距離の大小を問題にしたのである．サルトーリは，政党システムを7種類に分類した．

　まず，デュベルジェのいう一党制を，3種類に分けた．①一党制，②ヘゲモニー政党制，③一党優位政党制である．①一党制は，文字どおり一つだけの政党が存在を許されている状態を指す．②ヘゲモニー政党制は，覇権を握るヘゲモニー政党が存在し，そのほかの政党が存在こそしているものの，ヘゲモニー政党と同じレベルでは競争できない状況に置かれている．これら2種類の政党システムは，非競合的な政党システムと位置付けられる．

　同じ一党制でも，③一党優位政党制はやや異質である．③は，①や②と違って，競合的な政党システムに分類される．民主的な競争のもとで，優位な一政党が一

貫して（具体的には，4回以上連続の国政選挙で）議会の多数を占め，政権を維持し続ける政党システムを，一党優位政党制と呼ぶ．

④二党制は，デュベルジェの議論とも重なる．二つの政党が政権の座を巡って選挙で争い，勝利した方が議会の過半数を占めるので，単独政権を組織する．

政党の数にイデオロギー距離を加えたサルトーリのタイポロジーの特徴は，デュベルジェのいう多党制を3種類に分けてとらえるところに現れる．多党制の3種類とは，⑤穏健な多党制，⑥分極的多党制，⑦原子化政党制である．

⑤穏健な多党制は，いずれも中道寄りでイデオロギー距離の近い3〜5の政党が，連立を組み替えながら交代で政権を担当していく政党システムである．イデオロギー距離が近いので，選挙結果に応じて連立の枠組みは適宜組み替えられるが，すべての政党に政権を担当する可能性があるところがポイントになる．これに対し，⑥分極的多党制は，中道寄りの政党以外に，イデオロギー距離が遠く，左翼や右翼に偏った政党が存在するが，こうした極端な政策位置を取る政党は政権には参画しない．政権を担当するのは，中道付近の政党のみである．⑦原子化政党制は，支配的な政党が一つも存在せず，小政党のみからなる政党システムで，理論上は存在しうるが，現実には存在しにくい．

●**サルトーリのタイポロジーの意義と影響**　サルトーリのタイポロジーには，主に二つの意義を指摘できる．第一に，それ以前は一括りに非競合的な政党システムとされてきた一党制の中に，競合的な一党優位政党制が存在することを指摘したことである．サルトーリの母国であるイタリアや日本では，第二次世界大戦後の相当程度の長期間にわたって，競合的な選挙を行っていながら一つの政党が長期にわたって安定的に政権を維持していた．従来は見過ごされてきたが，現実には存在する政党システムを，タイポロジーの中に位置付けた意義は大きい．

第二に，多党制を精緻に分類して，そこに含まれる多様性を明らかにしたことである．それまで，デュベルジェも含め，少なくない政治学者が二党制こそ政党システムのある種の必然ととらえてきた（岩崎 2020）．しかし，多党制にもさまざまなバリエーションがあり，安定的なものも存在しうることが示されたのだ．

サルトーリのタイポロジーは，その包括性と完成度の高さゆえに，その後広く用いられ，政党システムのタイポロジーの基準となり続けてきた．だが，近年では穏健な多党制とされてきた欧州の国々で極右政党が台頭するなど，政党システムに変化が生じるケースがみられる．新たなタイポロジーが求められる日も遠くないかもしれない．

［山本健太郎］

📖 **さらに詳しく知るための文献**
・岩崎正洋（2020）『政党システム』日本経済評論社．

政党システムの変化

☞「クリーヴィッジ」p. 300

　政党システムは,「システム（制度）」という語が示すとおり,基本的には安定的なものととらえられることも少なくない．しかし実際に世界各国の政党政治を観察すると,政党システムがときに変化しているようにみえることもある．ゆえに政党システムの変化を巡っては,そもそも変化は起こるのか否か,変化の有無をどのように測定するか,変化するとすればそれはなぜなのかといった多様な議論が展開されてきた.

●**凍結仮説**　リプセットとロッカンは,欧州諸国を題材に,1920 年代の社会的亀裂（クリーヴィッジ）が「凍結」され,1960 年代も同様の政党システムが維持されていると主張した（Lipset & Rokkan 1967）．これを凍結仮説という．凍結仮説は,宗教や階級といった社会的亀裂がひとたび生じれば,それに即して政党システムが形成され,安定的に推移するという主張である.

　凍結仮説は,政党システムの安定性を巡って幅広い議論を巻き起こした．一つには,凍結仮説を支持する立場から,政党システムの安定性を主張する議論があり,ローズとアーウィンによるものが知られている（Rose & Urwin 1970）.

　しかし,1980 年代になると,欧州諸国で現実の政治に大きな変化がみられるようになる．イングルハートが脱物質主義的価値観の出現を指摘したように（Inglehart 1977）,それまでは存在しなかった価値や政策を訴える政党が出現し,その典型例としては環境問題を前面に掲げる緑の党がある．こうした現実政治の変化に合わせて,政党システムの変化の程度を説明する指標を示そうとする研究が現れた.

●**選挙ボラティリティと有効政党数**　ペデルセンは,連続する 2 回の選挙間での各政党の得票率の変動を足し合わせた値を選挙ボラティリティと呼んだ（Pedersen 1980）．得票率が増えた政党と減った政党の値を足し合わせれば,合計は 0 になるので,計算にあたっては増加分（減少分）のみを足し合わせる．この数値を欧州各国について計算して比較すると,1960 年代までは変動が小さいが,1970 年代には大きくなっていることが確認された.

　他方,ラクソーとタガペラは,各政党の選挙での得票率,あるいは議会での議席率の二乗値をすべて足し合わせて逆数をとった値を有効政党数として定義した（Laakso & Taagepera 1979）．この値が大きく変動すれば,政党システムに何らかの変化が生じていることが示唆される．有効政党数は,どの国でも同種の基準で計算することが可能であるため,政党システム変化のみならず選挙制度や統治

構造の比較研究などで，今日まで幅広く用いられている．

●**メアの『政党システムの変化』** 選挙ボラティリティも有効政党数も，政党システムが変化したか否かについては一定の知見を与えてくれる便利な指標である．しかし，仮に変化が起こっているとして，質的にどのような変化が起こったのかや，なぜその変化が起こったのかについては，数値のみをみてもわからない．1990年代には，メアがその名も『政党システムの変化』という書籍を上梓し，政党間の「競合の構造」に着目することの重要性を説いた（Mair 1997）．

　いうまでもないことだが，そもそも政党システムがなぜ重要かといえば，その形態によって政治のありように違いが生じるからである．例えば，二党制であれば単独政権になりやすいので，為政者は強いリーダーシップを発揮できるのに対して，多党制は連立政権になりやすく，為政者のリーダーシップは抑制されやすい．他方，二党制はその強いリーダーシップゆえに，政権交代によって為政者が替われば政策が大胆に変更されるので，安定性には欠けるが，多党制はもともと多くのアクターの合意がなければ政策を決定できないので，ひとたび決定された政策は安定的に推移しやすい．つまり，政党システムの変化それ自体もさることながら，変化がどのような政治的帰結を生み出すのかという点こそが重要なのである．メアの議論は，その点を視野にとらえたものといえる．

　メアは，政党システムにおける競合の構造を，閉鎖的なものと開放的なものに分けて類型化した（Mair 1997）．閉鎖的な競合下では，新党の参入は抑制され，選挙の結果形成される政権の姿も予見可能である．これに対し，開放的な競合下では，新党の参入が容易で，選挙後の政権の形についても予見が難しい．前者には英国などの二党制や，日本のような一党優位政党制の国々が該当し，後者にはオランダのような多党制の国々があてはまるとされる．

●**政党システム変化の要因** メアの議論からは，政党システムが変化する要因について，凍結仮説が指摘したような社会的亀裂とは異なる要因を抽出することができる．それは，選挙制度の重要性である．どのような選挙制度を採用するかによって，政党システムに参入できる政党の数には違いが生じる．小選挙区制であれば少なくなるだろうし，比例代表制であれば多くなるだろう．この違いによって，政党システムの競合の構造が変わる．だとすれば，選挙制度が変更されれば政党システムも変化しうるということになる．実際，日本では1990年代前半に衆議院の選挙制度が変更され，政党システムの変化につながった（山本 2021）．政党システムの変化をとらえるには，社会的亀裂のような社会経済的要因のみならず，選挙制度などの制度的要因にも目を向ける必要がある．　　　　［山本健太郎］

📖**さらに詳しく知るための文献**
・岩崎正洋（2020）『政党システム』日本経済評論社．

デュベルジェの法則

☞「政党システムのタイポロジー」p. 292,「政党システムの変化」p. 294

　デュベルジェの法則とは，政治学者のデュベルジェが，選挙制度と政党システムの関係性について提唱した法則をいう（Duverger 1951；1963）．一般には，「小選挙区制は二大政党制をもたらし，比例代表制は多党制をもたらす」という法則として理解される．選挙制度と政党システムの関係を示した命題としては最も広く知られたものといえ，政党研究の分野では実証，理論の両面から無数の検証が加えられてきた．

　実のところこの法則は，「小選挙区制は二大政党制をもたらす」という前段と，「比例代表制は多党制をもたらす」という後段の二つの命題から成り立っていることに注意を向ける必要がある．デュベルジェ自身は，前段のみを「法則」と呼んでおり，後段は経験的な傾向を述べたにすぎない（Benoit 2006）．このため，前段部分のみを切り取って「法則」と呼ぶことも少なくない．

●機械的要因と心理的要因　デュベルジェが「小選挙区制が二大政党制をもたらす」という前段を「法則」と称したのは，機械的要因と心理的要因という二つの要因によって，法則が理論的に成り立つと考えたからである．まず，小選挙区制というのは，一つの選挙区から1人しか当選者が出ない仕組みである．そのため，第三党以下の小政党が候補者を擁立しても，当選できる可能性は高くない．また，当選しなかった候補に投じられた票はいわゆる「死票」となってしまう．つまり，第三党以下の小政党によって擁立された候補に投じられた票は，その候補がほぼ確実に落選するため無駄になってしまうということになる．これが機械的要因である．

　小選挙区には機械的要因が存在するため，今度は有権者の投票行動に影響が出る．投票には，住んでいる地域などによって程度の差はあれ，一定の時間や手間（コスト）がかかる．有権者の中には，コストを払うからには，自分の票をなるべく有効に使いたいと考える者もいるだろう．そうであれば，3位以下になる可能性が高そうな候補に票を投じるよりは，1位か2位になりそうな2人の候補のうち，相対的に好ましい方に票を投じた方がよいと考えるようになる．これが心理的要因である．

　もちろん心理的要因が作用するには，重要な前提条件がある．それは，有権者があらかじめどの2人の候補が首位争いしそうか，判別できなければならないということである．そのためには，報道機関による調査などを通じて情勢を把握できる必要がある．情勢がおおむね把握できれば，はじめから上位2人になりそう

な候補が好ましいと考える有権者はそのままどちらかに票を投じるだろうし，本当は3位以下になりそうな候補が好ましいと考えていた有権者も，上位2人が見込まれる候補のよりましな方に投票できるようになる．このうち後者のように，一定の条件のもとで有権者が本来望ましいと考える投票先を変更するような投票行動を，戦略投票という．

●**デュベルジェの法則への批判**　デュベルジェの法則には，多くの批判が寄せられることになった．なかでも，現実に小選挙区制を採用している国でも，二大政党制になっている国は少ないということは有力な反証例となりうる．厳密な意味で二大政党制になっているのは，事実上米国のみであり，長らく典型例の一つとされた英国も，2010年代になって連立政権となるなど，二大政党制に揺らぎがみられる．また，カナダのように，地域政党が強い場合は小選挙区制でも三党制になっているところもある．現実に小選挙区制を採用しても二大政党制になっている国が少ないのだから，法則の妥当性に疑義が生じるのは避けられないともいえるのだ．

●**M＋1ルール**　しかし，現実に二大政党制になっている事例が少ないからといって，法則のすべてが誤りだと結論付けるのは早計である．リードは，日本でかつて採用されていた中選挙区制を事例として，選挙区における有力な候補者の数はM（Magnitude：定数）＋1に収斂すると指摘した（Reed 1990）．これを，M＋1ルールという．リードの主張は，コックスによって数学的にも証明されている（Cox 1997）．

　M＋1ルールを小選挙区制にあてはめれば，定数は1だから，1＋1＝2で，有力候補者の数は2人に絞られるということになる．選挙区ごとの有力候補者が2人に絞られるというのは，デュベルジェが機械的要因と心理的要因によって引き起こされると主張したこととそのまま重なっている．しかし，これを全国レベルに引き延ばそうとすると，例えば特定の地域のみで厚い支持を誇る地域政党が存在した場合，その地域では2人の有力候補者のうちのどちらかは地域政党の候補となり，実際に当選する者も現れるだろう．そのほかの地域では二大政党（のみ）が強みをみせたとしても，一部の地域の選挙区からは地域政党の候補が当選すると，全国レベルでは三党制になるといったことが起こりうるのだ．カナダのケベック州という一地域では，ブロック・ケベコワという地域政党が二大政党に割って入り，全国レベルでは三党制となっているのは，まさにこの現れである．

　つまり，デュベルジェの法則は，全国の政党システムと結び付けるのではなく，「小選挙区制では有力候補者が2人に絞られる傾向がある」，すなわち選挙区レベルでのM＋1ルールについて指摘したものととらえれば，十分に正しさを保っているといえる．デュベルジェの法則は，M＋1ルールを小選挙区制という一形態にあてはめたものととらえる方が，今日では一般的である．　　　　　［山本健太郎］

政党の位置

☞「政党の分類」p. 284

　政党の位置とは，政党が有権者の支持を巡って政策によって競合する場合，政党が政策空間において取る位置のことである．政党の位置が意味をもつのは，ある政策に対する立場が政党間で分かれており，政党間の競合が成り立つ場合である．

　伝統的に最も意味をもつとされていたそのような政策は経済政策である．国家の市場への積極的な介入が望ましいとする立場と，経済を市場に任せる経済的自由主義の立場が対立し，前者を左，後者を右として一次元の経済政策軸を想定する．左の位置取りをする政党が左派ないし左翼，右が右派ないし右翼，どちらにもよらない立場を取る政党が中道政党である．

　ただし，そのような対立をもたらす政策は，経済左右軸には限らない．各国で議会制度，政党システムが形成される際に突出していた政策対立が，政党システムによって保存され，政党の位置がそのまま固定化することもある．日本における安全保障政策を巡る保革，アイルランドにおける独立の形を巡る位置，韓国における外交政策についての保守と進歩などがその事例である．このような経済ではない政策対立についても，位置に左右の呼び方がつけられることが多く，多くの場合保守派が右，改革派が左と呼ばれる．

　一方で，政策に関する競合ではあるが，政党の位置が意味をもたない場合がある．それは，ヴェイレンス・イシューを巡る競合においてである（Stokes 1963；Magyar et al. 2023）．有権者のほとんどが同じ方向を支持する政策で，政党もその政策についての同じ立場を取る場合，位置は問題にならない．その場合，重要なのは，どの政党が最もその政策を扱うのに長けており，よい結果を出しうると，有権者に認識されているか（政党の「イシュー・オーナーシップ」）である（Stubager 2018）．

● **GAL-TAN 軸**　政党を一次元の左右軸上に位置付けることは，有権者にとっても認知の負荷を減らすことになる．そのため，経済政策などの主要な政策争点以外の外交政策や文化政策などさまざまな政策対立も，一次元の左右軸に合成されて政党位置が認識されていることもある．

　しかし，1980年代以降の北西欧では，それまで支配的だった経済争点に加え，新しい社会運動に関わる政策が政党間競合で重要となり，キッチェルトはこれを経済軸に合成せず，経済軸と垂直に交わる第二の軸として政党の位置を二次元で把握することを提案した（Kitschelt 1992；1994）．第二の軸には実際には環境問

題，多文化主義とナショナリズム，生き方の多様性や自己決定と伝統的な慣習など，多くの政策が合成され，近年では，上向きが Green, Alternative, Libertarian を重視する政策位置という意味で「GAL」，下向きが Traditional, Authoritarian, Nationalism を重視する政策位置との意味で「TAN」とまとめられ，この縦の軸を GAL-TAN 軸と呼ぶようになっている（Marks et al. 2006）.

グローバル化の進展，EU 諸国にとっては経済政策の欧州化の影響により，経済政策の取りうる幅が減少し，政党が経済政策上の位置に差異が出しにくくなるにつれて，GAL-TAN 軸上の政党の位置が重要性を増している.

●新急進右翼政党　GAL-TAN 軸に関しても，GAL の側を文化的左派，TAN の側を文化的右派として，位置付けを左右で呼ぶことがある. 80 年代から支持を広げてきた文化的に極端に右に位置する政党を極右政党，あるいは戦間期の極右政党と区別するためには新急進右翼政党と呼ぶ. 新急進右翼政党の経済軸上の位置は定まらないことが多く，集計すると中道に位置付けられることが多い.

●政党の位置の測り方　これまでに多数の方法が考案されており，多くの国を対象に経時的なデータが集められ，比較研究に応用できるようになっている（Magyar et al. 2023）. まず，有権者が政党をどこに位置付けているかについては，Comparative Study of Electoral Systems（CSES）や European Election Study（EES）がある. 専門家の判断による位置付けとしては，Chapel Hill Expert Survey（CHES）がヨーロッパをカバーしており，2020 年にはヨーロッパ以外の国もカバーした Global Party Survey が実施された. 政党がどのような位置取りをしたがっているのか，みずからの位置取りをどのようにみせたがっているかについては，選挙前のマニフェストを分析した Manifesto Project や，主要新聞各紙に現れた政党の選挙前の声明をコーディングした Comparative Campaign Dynamics Dataset（CCDP）がある.

●政党の位置と政党の戦略　政党は有権者の支持を集めるために，政策位置ごとの有権者の密度の多寡を意識しつつ，潜在的支持層の支持の最大化を求めて政策空間上の位置を調整すると考えられている（Downs 1957）. 二次元空間でも同様である.

強調したい次元での位置を際立たせ，あえて他の次元での位置を曖昧にすることも選挙戦略上有効である（Rovny 2012）.

ただし，政党は随意に位置を移動できるわけではない. 政党の活動家の位置は潜在的支持有権者の位置より急進的（より右ないしより左）であることが多く，政党の位置移動を制約する. さらに，政党のブランドに反する位置移動は，ブランドをぼやけさせ，政党への支持が失われる結果を招くとも指摘されている. 例えば社会民主主義政党のネオリベラリズム政策の支持などである（Lupu 2016）.

[中田瑞穂]

クリーヴィッジ

☞「多極共存型・合意型民主政」
p. 204

　クリーヴィッジとは，一国の社会を継続して分断する構造的な「亀裂」を意味する概念である．例えば，階級対立はその構成要素の一つであるが，他にも民族や信教に関するもの，産業的な利益に関するものなどがある．

　構造的「亀裂」自体はさまざまな国でみられるものであるが，「比較」という点でそれが特に重要となるのは欧州においてである．これは，そこでみられる柱状社会では人々の所属先の別が明確であり，集団間の対立が顕在化しやすいためである．こうした特徴は，欧州にレイプハルト（Lijphart 1977）の指摘するような諸勢力間の協調を重視する民主主義をもたらすとともに，多様な政党システムをもたらしたとされる．

●**欧州の政党政治とクリーヴィッジ**　欧州には，社会民主主義政党や保守主義政党の他にも，キリスト教政党や農業政党など多種多様な政党が存在するのだが，議会において主要な地位を占める政党の属性は国によって異なる．リプセットとロッカンによれば，こうした政党システムの特徴は各国のクリーヴィッジ構造によって決まったとされる（Lipset & Rokkan 1967）．

　彼らによれば，欧州において普遍的な意味をもつクリーヴィッジには次の①〜④がある．そのうち①と②は，「国民」革命によってもたらされるものであり，「国民」の形成を企図する中央の作用とそれに対する抵抗に起因する．①は地方・周辺と中心との対立であり，民族や言語，宗教に関し，独自性をもつ集団が国民文化に対抗するものである．②は教会と政府との対立である．これは歴史的に教育などに関し特権を有していた教会とその集権的統制を図る国家との対立である．③と④は「産業」革命によってもたらされるものである．③は地主と新興産業層の対立であり，農業と工業，地方と都市の利益の対立を意味する．④は労働者と雇用主との階級的な対立を表すものである．なお，これらはパーソンズの理論を応用した中心–周辺論的な図式の上で図１のように配置される．

　さて，リプセットとロッカンが，各国の政党システムの差異を説明する上で焦点としたのは，これら四つのクリーヴィッジのうち，①〜③である．というのも，これらを巡り諸集団がどのような連携／対立関係を構築したかによって，各国の政党システムは異なるものになったと考えたからである．具体的には，「宗教改革」「民主革命」「産業革命」という三つの時期において，国家形成を図るものとそれに抵抗するものとが，それぞれいかなる勢力と手を結んだのかによってこの関係は決定したのだという．この過程は国ごとにさまざまな条件の下で進み，そ

の結果形成された異なる形のクリーヴィッジ構造が各国の政党システムには反映されているというのが二人の見解である．

　なお，欧州における基礎的な政党システムの形成は，1920年代までに完了したとされる．この点についてリプセットとロッカンは，「1960年代の政党システムは，わずかだが重要な例外を含みつつ，1920年代のクリーヴィッジ構造を反映している」（Lipset & Rokkan 1967：50）と，欧州の政党システムの「凍結」に言及している．この「凍結」の理由は，選挙権拡大の終了を機に，新たに支持を獲得する余地が大幅に減少し新政党が現れなくなったからであるとされる．

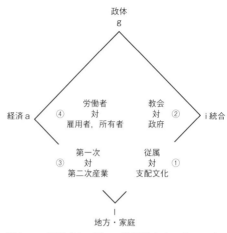

図1　a-g-i-l 図式上の四つの決定的クリーヴィッジの推奨位置
出典：Lipset & Rokkan 1967：14

●**現代社会とクリーヴィッジ**　しかし20世紀後半において，それまで安定していた欧州各国の政党システムには動揺がみられるようになる．産業形態や生活様式の変化などにより欧州社会の集団的基盤が揺らぎ，政治的意思決定において個人が重要視される傾向が強まるようになったことがこの背景にはある．既存の枠組みの範疇にはなかった，新自由主義政党や排外主義的な右翼政党，環境政党に代表される新しい政党が欧州の政党政治に出現したのは，そのような時代においてである．

　ただし，上記のようなマクロ的視点がここで有効性を失ったわけではない．実際に，近年ではこれまでのものに代わる新たな対立が多く指摘されている．その代表的な例としてあげられるのが，「物質主義者」と「脱物質主義者」との対立である．イングルハート（Inglehart 1977）によれば，社会が長期にわたる平和と高度な経済発展を経験したことで，生存に必要な安全や安定といった「物質主義」的価値よりも，自己実現などを重視する「脱物質主義」的価値に関心を置くものが増えてきているという．こうした変化は，環境保護などを訴える新たな政党を後押しし，政党システムにも影響を及ぼしているとされる．

　もちろん，昨今の対立と従来の対立とでは，集団的結束という点で特徴が異なっており，必ずしも両者は同列に扱えるものではない．しかし，これらはともに政治における社会構造的な対立の重要性を示すものとして，現在の比較政治学において欠かせない要素となっている．　　　　　　　　　　［杉村豪一］

キリスト教民主主義政党

☞「宗教と国家：キリスト教」
p. 128

　第二次世界大戦後のヨーロッパにおいては，イタリア，オーストリア，オランダ，（西）ドイツ，スイス，ベルギー，ルクセンブルクなどで「キリスト教」や「カトリック」を党名に付した政党が長く政権に就き，戦後政治を支えた．これらが一般に「キリスト教民主主義政党」と呼ばれる．実際イタリアではデ・ガスペリ，西ドイツではアデナウアーなど各国の戦後政治をけん引する政治家がここから登場した．

　現実政治における重要性に比べてこれらに対する研究が十分に蓄積されてきたとはいいがたいが，1990 年代になって当時興隆しつつあった比較政治学の分析方法を用いて多くの研究が公になった．日本においても 1990 年代から 2000 年代にかけて各国研究者によるキリスト教民主主義政党研究が進んだ．

　当時の研究の論点は主に二つあった．第一に，なぜ（近代主権国家が政教分離の原則を前提としているのにもかかわらず）「キリスト教」民主主義政党という宗教を掲げた政党が成立し台頭したのか，第二に，キリスト教民主主義政党のイデオロギー的な独自性は何かという問いである．

●なぜ台頭したのか　19 世紀のヨーロッパは自由主義勢力が中心となり国家形成を進めていた．そこでは古くから教会が有していた特権は排除され，国家による一元的な公権力の支配と国民統合が目指された．具体的には既存の政教和約の破棄，従来教会が担ってきた社会政策のはく奪などの世俗化（政教分離）政策が進められた（水島 2002）．

　比較政治学者のカリヴァスによれば，自由主義が進展した 19 世紀においても教会上層部は平信徒や下位聖職者に対する統制を維持しようとした．同時期その勢いに押されていた保守主義政治家も，教会に取り込まれることを好まず，双方が結び付いて政治的動員を行うには至らなかった．しかし一層世俗化政策が進み自由主義勢力が教会の教育における特権を奪おうとすると，各地の下級聖職者は，例えば学校での宗教教育のアルバイトを制約されることとなり，下級聖職者と平信徒を中心に，教会は保守政治家と選挙協力することになった．

　この選挙協力が大きな成果をあげた結果，「宗派政党」が誕生した．同時に平信徒ら活動家の政治参加が成果をあげたことで，宗派政党は教会からの自立性を高めて政党組織と化していく．カリヴァスによれば，宗派政党の成立は，自由主義政権による世俗化政策に対抗しようとした教会と保守政治家との戦略の「意図せぬ結果」だったということになる（Kalyvas 1996）．

●その独自性 19世紀後半になると各国で労働運動が台頭し，資本主義の弊害を指摘した1891年の教皇回勅「レールム・ノヴァルム」を契機として，労働運動をキリスト教陣営へ取り込もうとする勢力が台頭した．各国で時機のずれはあるが，その結果「宗派政党」は超階級的で多元的な構造を有するようになり，この勢力が影響力を増すにつれて「キリスト教民主主義政党」と呼ばれるようになる．こうしてキリスト教民主主義政党は，内的な多元性のゆえに，政党としてのイデオロギー上の独自性について議論されるようになった．

実際各政党が掲げ，アーヴィングなどの政治学者が論じていたのは「人格主義（personalism）」であった．「人格主義」とはフランスのカトリック思想家マリタンなどによってまとめられたキリスト教民主主義思想の概念である．本来原罪を抱える人間は超越者との関係によって「全き存在」となりうる．すなわち人格主義とは，人間の原初的共同体としての家族の形成を通じた「人格」の成長を謳う．個人主義とも全体主義とも異なり，個人と社会の相互の結合を是とし，具体的には家族政策を重視するとされる（松尾 2013）．

その後1990年代のキリスト教民主主義政党を巡る議論の中で，エスピン=アンデルセンによる三つの福祉国家類型に続き，ファン・ケルスベルヘンが比較政治学的手法を用いて，キリスト教民主主義勢力による福祉国家の特徴を，資本主義を容認しつつ家族政策を重視している点にみて「社会的資本主義（social capitalism）」と論じた（van Kersbergen 1995）．その後（大陸）福祉国家研究を中心に「労働なき福祉」など特徴付けは進む（Esping-Andersen ed. 1996）が，概して党の多元的な構造と，その間の調整と動員に特徴を求めるものが多い（Kalyvas & van Kersbergen 2010）．

●その凋落 しかし同時期グローバル化が進展し福祉国家の縮減が進み，多様な利益の調整役であったキリスト教民主主義政党に対する支持は凋落していった．長期政権による癒着などが批判され，イタリアでは政党システムごと解体した．再統一後のドイツでは長期に及ぶコール政権が下野後，2005年からメルケルが長期政権を維持したが，その退陣後下野し支持も低下している．ベルギーでも近年は自由主義勢力に押されて，ナショナリストと選挙協力するなど右往左往している．党名から「キリスト教」を外す党も多い．一時，研究では欧州統合の進展にキリスト教民主主義勢力が寄与した点が強調されたが，西欧に限っても，統合が揺れる中で，世俗化の進行，新自由主義やポピュリストの台頭に対して，キリスト教民主主義政党は，独自のアイデンティティと政策を打ち出していけるかが問われているといっていいだろう． ［松尾秀哉］

📖さらに詳しく知るための文献
・田口晃・土倉莞爾編著（2008）『キリスト教民主主義と西ヨーロッパ政治』木鐸社．

イスラーム政党

☞「宗教と国家：イスラーム」
p. 130

イスラーム政党とは，イスラームの教えや価値観に依拠したイデオロギーをもつ政党と緩やかに定義される．イスラーム教徒が有権者や支持者の多くを占めているだけではイスラーム政党の要件を満たさず，党の指導部がイスラームの教えや価値観を政治に反映させようとする意図を公然と示している必要がある（小杉2002b）．イスラーム的な政治の実現を目指していることから，イデオロギーとしてのイスラーム主義を掲げるイスラーム主義政党と呼ばれることもある．

イスラーム政党の歴史は，中東や東南アジアなどのイスラーム教徒が多く暮らす地域における 20 世紀前半の近代国家の成立・独立期まで遡る．特に議会政治や政党政治が導入された諸国において，民族主義や社会主義を掲げる政党の結成とともに，例えばエジプトやシリアではムスリム同胞団，パキスタンではジャマーア・テ・イスラーミー，インドネシアではマシュミ党やナフダトゥル・ウラマーなどのイスラーム政党が台頭した．

イスラーム政党に関する研究は，比較政治学よりも地域研究の分野で発展し，特にそのイデオロギーや思想に関する分析が積み重ねられた．その背景には，比較政治学，広くは社会科学の暗黙の前提となってきた世俗化テーゼ，すなわち，宗教の公的領域における影響力は不可逆的に低下していくとする見方があった．しかし，それと同時に，多くのイスラーム政党がイスラーム主義者による社会運動（イスラーム主義運動）から発展したものであったこと，そして，これらの諸国の民主主義や政党政治が比較的短命に終わり，世俗主義を掲げる権威主義体制によって反体制派ないしはテロリストとしての地位に追いやられたことが，社会科学の政治分析におけるイスラーム政党の重要性を低下させていた．

●**比較政治学におけるイスラーム政党**　比較政治学においてイスラーム政党が取り上げられるようになったのは，冷戦終結後の世界的な民主化の機運が高まった1980 年代後半以降である．政治的自由化によって，権威主義体制下で非合法化されていたイスラーム政党が活動を解禁されるケースや，既存のイスラーム主義者・運動が新たにイスラーム政党を結成するケースがみられるようになった．ただし，世界各国のイスラーム主義者・運動は，1980 年代からこの時期にかけて党や選挙の綱領に民主主義の尊重を掲げるようになっていた．例えば，1998 年のスハルト政権崩壊後のインドネシアでは，ナフダトゥル・ウラマーやムハマディヤというイスラーム主義運動がそれぞれ民族覚醒党と国民信託党を設立し，政党政治へと本格的に参入した．中東では，2011 年の「アラブの春」後のチュ

ニジアとエジプトで実施された総選挙で，いずれもイスラーム政党が勝利した．

こうして政治的自由化によってイスラーム政党が台頭する現象が頻発するようになると，比較政治学と地域研究の両方において，その原因を説明しようとする試みが活発化した．主たる問いは，有権者がなぜイスラーム政党を支持したのか，というものであった．イスラーム政党の側の大衆動員や選挙の戦略に着目した研究では，イスラーム的価値観の標榜といった非物質的な側面と医療・福祉・教育などの社会サービスの提供という物質的な側面の役割が探求された．これらは，いずれもが非宗教政党に対するイスラーム政党の差異や優位，さらには有権者に対する訴求力を説明するものであった．しかし，イスラームを説明変数として強調しすぎると，各国間のイスラーム政党の得票の差や1人のイスラーム教徒の有権者が世俗主義政党に投票するという現実が説明できない，という批判もあり，政党システム論，政党組織論，選挙研究の一般理論を援用した実証研究も進められることになった（Mecham & Hwang eds. 2014）．

●従属変数としてのイスラーム政党　比較政治学や地域研究では，イスラーム政党自体を従属変数とする研究も発展してきた．その代表が，イスラーム政党が多元的な政治過程に包摂されると穏健化するという「包摂–穏健化」仮説である（Schwedler 2007）．ここでいう政治的自由化と政治主体の穏健化の相関については，『政治社会学』や『第三の波』など比較政治学の古典でも論じられており，そこでは基本的に戦術や政策の内容の穏健化が着目されてきた（リプセット＆ロッカン 2013；ハンティントン 2023）．しかし，イスラーム政党は，宗教に基づく思想的拘束性が強いことから，その穏健化はより開放的で寛容な世界観への移行として解釈されることが多い．具体的には，人権や男女平等，場合によっては政教分離などの西洋近代的なリベラルな価値観への接近やコミットメントであるが，これと並行して武装闘争やテロリズムといった政治的暴力の放棄や民主主義や政党政治への参入それ自体が含まれることもある．事例研究では，ヨルダンのイスラーム行動戦線党，イエメンのイスラーハ，エジプトのムスリム同胞団など無数のケースが取り上げられてきた．その中では，同仮説の妥当性が主張される一方で，包摂よりも排除の方がイスラーム政党に穏健化のインセンティヴをより多く与えるといった，まったく逆の研究結果が見られることもあった．

「包摂–穏健化」仮説は，政治的機会構造の議論にも大きく重なる部分もある点から，より一般的な比較政治学の分野へ理論的に貢献する可能性をもつと同時に，世俗化テーゼに沿って非宗教政党を分析対象としてきた従来の政党組織論や政党システム論にもイスラームに基づく大衆動員や選挙戦略の観点から，豊かな示唆を含むものであろう．　　　　　　　　　　　　　　　　　　　　［末近浩太］

社会民主主義政党

☞「ポスト工業化社会と福祉国家の変容」p. 140

社会民主主義政党は，西欧諸国を中心として，特に戦後から現在に至るまで，政党システムの重要な一角を占めてきた政党であり，イギリス労働党，ドイツ社会民主党，スウェーデン社会民主労働党などが代表例である．その目的は時代とともに変化しているが，労働者を主な支持基盤としながら，社会的・経済的平等や公正の実現を，議会を通じて追求してきた点に特徴をもつ．

●**社会民主主義政党の形成と発展**　西欧諸国において社会民主主義政党が形成されたのは，19世紀末から20世紀初めである．その背景には，工業化に伴う労働者階級の増大と，選挙権の拡大など民主化の進展があった．その結果，労働者階級の利害を議会に伝える存在として，社会民主主義政党は形成されたのである．

したがって社会民主主義政党の特徴は，労働運動を基盤としながらも，議会を通じて資本主義の漸進的な改良を目指す点にある．ただし形成直後の段階では，議会外での革命路線を目指す潮流を内包し，党内対立につながる場合もあった．ドイツ社会民主党などはその典型であったが，多くの場合，戦後には議会主義へと一本化された．また社会民主主義政党は，大衆政党と呼ばれる新たな政党組織に基づく点でも特徴的であった．大衆政党とは，議会外の党員の動員が資金面や活動面において組織化されている政党であり，労働者を中心とした党員の活動に依存している点で，社会民主主義政党は大衆政党の典型とされてきた．

以上のように社会民主主義政党は労働者の利害を代表する政党として発展した．戦後にかけて政権を獲得するケースも増え，福祉国家の拡大などの成果を残した．

●**階級形成と階級連合**　ただし選挙パフォーマンスや政策的成果という面では，社会民主主義政党の間でも違いはあった．例えばスウェーデン社会民主労働党は長期政権を築き，その間に社会民主主義レジームと呼ばれる充実した福祉国家を形成した．他方でイギリス労働党は，政権を一定の期間は担ったものの，福祉国家をそれほど拡大させることはできなかった．

社会民主主義政党の選挙パフォーマンスの違いという点で鍵となるのは，「階級形成」と「階級連合」である（Esping-Andersen 1985）．社会民主主義政党の支持基盤の核となるのは労働者階級であるが，その内部にも多様性があるため，政党は支持基盤として労働者階級をまとめ上げる戦略が必要になる．これが階級形成である．しかし，労働者の支持だけで議会多数派を獲得することも難しい．そのため，社会民主主義政党は他の階層との連合も必要となる．これが階級連合である．この階級形成と階級連合を両立させたとき，社会民主主義政党の選挙パ

フォーマンスは向上し，政策的成果もあげられる．スウェーデン社会民主労働党が最も成功した背景には，一つに統合された労働組合からの支持が強固であり（階級形成），かつ農民層や中間層との階級連合も実現できた点にある．

●**社会民主主義政党の危機と変化**　1980年代頃から，社会民主主義政党のパフォーマンスには陰りがみえ，危機も囁かれるようになった（Przeworski & Sprague 1986）．その背景には，ポスト工業化によって従来の支持層である工場労働者が減少しつつあったことや，経済成長や高学歴化に伴う中間層の増大，また環境やジェンダーなど経済にとどまらない争点の多様化があった．これらの変化の中，より多様な有権者を支持層とする必要性に迫られたのである．

　この状況を受け，1990年代以降の社会民主主義政党は刷新を試みた．その一つの軸は，経済的中道化である．「小さな政府」や雇用の柔軟化といった，新自由主義的改革の手法の一部を取り入れながら福祉国家の再編を目指すとともに，グローバル化に対応しようとした．もう一つの軸は，ジェンダー平等や多文化主義などといった形で，社会文化的分野へと平等や公正を拡大しようとする，文化的リベラリズムの強調である（Kriesi et al. 2012）．このような変化を経た社会民主主義政党を，左翼リバタリアンと特徴付ける場合もある（Kitschelt 1994）．

　これらの刷新は，社会民主主義政党が高学歴中間層や女性の支持を開拓する重要な要因となった．「第三の道」を標榜するイギリス労働党や，「新中道」を提示したドイツ社会民主党はその典型である．その結果，社会民主主義政党の選挙パフォーマンスは回復し，2000年前後には多くの国で政権を獲得した．

●**変化の功罪**　2000年代以降に政権を獲得した社会民主主義政党は，福祉国家の再編や文化的リベラリズムに位置付けられる政策を実現し，一定の成果をあげた．しかしそれらの変化は，大きなリスクを孕むものでもあった．中間層の支持と引き換えに，伝統的な支持基盤であった労働者層の分断を招き，その一部が社会民主主義政党支持から離反する傾向が生じたのである．

　一方での経済的中道化は，低賃金や失業など不安定な状態にあり，従来型の再分配を求める労働者層からの不満を招くとともに，それらの不満に応じる急進左派政党の台頭によって，社会民主主義政党への支持が揺らぐ国もあった．他方，文化的リベラリズムの重視は，必ずしもそれに共鳴しない権威主義的・ナショナリズム的傾向をもつ労働者層の離反を招き，それらの層の経済的不満とも相まって，右翼ポピュリズム政党に支持が流出することとなったのである．

　その結果，2010年代以降は，多くの西欧諸国で社会民主主義政党が低迷することとなった．フランス社会党やオランダ労働党など一部の国では壊滅的な状況になっているとともに，最も成功してきたスウェーデン社会民主労働党すら低落状況が続いている．時代に対応し変化を続けてきた社会民主主義政党であるが，現在はかつてない深刻さでその存在意義が問われている．　　　　　　［近藤康史］

地域政党

☞「クリーヴィッジ」p. 300

　特定の地域を活動拠点として，当該地域の住民を中心に支持を得ようと試みる政党を，一般に地域政党（regional party）と呼ぶ．地域政党の中には，単に活動拠点となる地域に関わる争点を重視するのみに留まるものもあれば（Brancati 2008），地域住民の集合的アイデンティティに基づいてその利益を外部の政治勢力から防衛しようとするものも存在する（Jolly 2015）．後者については「地域主義政党（regionalist party）」と呼称されることもあり，以下では主に後者に該当する政党について説明する．

●**地域政党が台頭した背景**　全国レベルでの政治経済や文化を代表する「中央」と，これに対置される「周辺」の地域との関係は，リプセットやロッカンが論じるところの亀裂構造にあたる（Lipset & Rokkan 1967）．キーティングによれば，この「中央-周辺」の亀裂構造に基づく政治運動は，19世紀までの西ヨーロッパにおいて，地域の保守・伝統を「中央」の介入から保護しようとしたり，「中央」に対して地域の自立や連邦制の採用を求めたりするようになった．このような地域からの政治的要求は，おおむね1920年代までに中央政府によって「中央」への取り込みが図られるか，あるいは抑圧を受けていった．戦後もしばらくは，地域に対する中央政府からの干渉が続いたとされている．しかし，1970年代以降に国家による従来型の地域政策に批判が集まるようになり，再び地域運動が活性化していく（Keating 1998）．

　戦後に高まった地域の集合的アイデンティティに基づく西ヨーロッパの政治運動は，必ずしも受動的に外部の政治勢力との交渉や対抗を目指すにとどまるものではない．スウェンデンによると，そうしたアイデンティティに基づく政治過程とは社会経済や政治，文化を原動力にもつものであり，自身の影響力を拡大させていこうとする（Swenden 2006）．つまり，地域の集合的アイデンティティに基づく運動は，ときに当該地域の外部に対してもその影響を及ぼそうと試みるのである．

　以上のような背景から，地域の集合的アイデンティティによって創設された地域政党は，全国議会にも進出し，他の政党にとって無視できない政治勢力となっていった．具体的には，少なからぬ獲得議席数を背景に全国政党との政策的交渉を試みる事例（イギリス，スペイン）や，国政の連立政権に参加して全国レベルの与党となる事例（ベルギー）があげられる．

●**地域政党のヴァリエーション**　ダンドワは，地域政党をその諸要求の具体的内

容によって類型化している．第一に，「中央」に対する文化的な承認や政治的権利へのアクセス・参加を要求する「保護主義政党（protectionist party）」があげられる．保護主義政党は，特定地域における少数派の利益の文化的・政治的な保護にその要求をとどめる．第二に，特定地域への権限移譲や，所属国家の連邦制もしくは国家連合体制への移行を要求する「分権主義政党（decentralist party）」も存在する．分権主義政党は「中央-周辺」間の権力の分配状況に挑戦し，所属国家の政治体制の転換を目的としている．そして第三に，「分離主義政党（secessionist party）」があげられる．分離主義政党は国際環境の変容をもいとわない主張を掲げる政党であり，具体的には，新たな国家の創造や国境線の再定義，所属国家の弱体化などを図ることで，活動拠点とする地域の分離独立，もしくは近隣国家への編入を目指す（Dandoy 2010）．

　地域政党を，一つの政党ファミリーとして左右軸に基づく政党システムに位置付けることは困難である．というのも，地域政党が掲げる地域特有の争点は，それ自体が選挙における明瞭な対立軸であり，伝統的なイデオロギーを横断したものだからである（高橋 2016）．ヨーロッパの各政党類型を対象としたマークスらの分析によれば，伝統的な経済争点と比較的新しい文化争点（いわゆる「GAL-TAN」）の両次元において，東西ヨーロッパどちらでも地域政党はほぼ中央に位置する（Marks et al. 2006）．具体的な各国事例としても，イギリスの「スコットランド国民党」のように社会民主主義的な志向をもつ地域政党もあれば，イタリアの「北部同盟」（後の「同盟」）やベルギーの「フラームス・ベラング」のように右派的な立場を取る地域政党もまた存在することが明らかとなっている（宮内 2024）．

　地域政党は，その戦略やイデオロギーにポピュリズムを採用することがある．地域政党は「周辺」を代表して「中央」政府へ異議申し立てを行おうとする政党である（Mazzoleni & Mueller 2017）．したがって理論上，「人民」の立場から「エリート」を批判するポピュリズムと地域政党とは親和的ともいえる（宮内 2024）．先述の北部同盟やフラームス・ベラングは，地域政党であると同時に，反移民政策・排外主義を前面に押し出してエリートを批判し，支持を拡大した右派ポピュリスト政党としても知られている． 　　　　　　　　　　　　　［宮内悠輔］

📖さらに詳しく知るための文献
・奥野良知編著（2019）『地域から国民国家を問い直す——スコットランド，カタルーニャ，ウイグル，琉球・沖縄などを事例として』明石書店.
・スウェンデン，ウィルフリード（2010）『西ヨーロッパにおける連邦主義と地域主義』（山田徹訳）公人社.
・宮内悠輔（2024）『地域主義政党の国政戦略——現代ベルギーにおける政党間競合の展開』明石書店.

組閣の連立理論

☞「連立理論」p. 312

　日本のように議会の信任で政権が成り立つ議院内閣制の国では，議会多数派の支持を失うことが与党にとって死活問題となる．そこでは選挙を通じて議会多数派を掌握できた政党が内閣を組織し政権を担う単独政権が，最も単純な統治の仕方となる．だが新党躍進や政党乱立によって議会多数派の政党による単独政権という選択肢は困難になる．また議会多数派を占める政党があるにもかかわらず，複数政党が政権を担う連立政権もある．連立という選択肢は議会制民主主義の政治過程の中核的特徴を規定する（Laver & Schofield 1990）．

●**公職追求モデル**　組閣時には首相職を含む大臣職配分が求められる．連立理論では組閣過程で各党が最大限の公職（つまり大臣職）を追求すると想定する（Riker 1962）．これを 2021 年ドイツ連邦議会選挙後の社会民主党（SPD），緑の党，自由民主党（FDP）の組閣を例に考えよう．選挙で第一党になった SPD の 206 議席では総議席（736 議席）の過半数以上とならなかった．だが緑の党（118 議席），FDP（92 議席）との連立協議を通じて議会多数派内閣を発足できた．そこでは首相を SPD，副首相を緑の党，財務大臣を FDP からといった具合に役職配分されて計 17 名が入閣した．その大臣職配分比は SPD が 47.1％，緑の党が 29.4％，FDP が 23.5％ となる．そして，これは 3 党の合計議席にみる割合（SPD 49％，緑の党 28％，FDP 22％）と近似する．この組閣政党の中での各党の議会勢力比（議会多数派への貢献度）と各党の大臣職配分比の比例関係は，図 1 のように 90 年代以降のドイツの組閣例を含めても同様にみられる．

　この 45 度対角線での比例関係は議院内閣制の国一般でみられる特徴で，ギャムソンの法則と呼ばれる（Gamson 1961）．この比例関係に基づき公職追求モデルでは，政党の議席数から，発足する内閣で得られる大臣職数を予測できる．議会多数派となる選択肢の中で各党が最大限の公職を追求するとき，例えば SPD にとってオール与党の連立は期待できる大臣職配分が少ない．そこで SPD は最も大臣職を期待できる選択肢としてできるだけ小党と連立を組むと予想できる．このとき，各党が大臣職を最大化できる一方，一党でも離脱すると議会多数派でなくなる連立を最小勝利連合と呼ぶ．

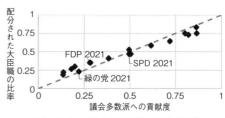

図 1　ドイツでの大臣職配分（1990-2021）

●**政策追求モデル**　大臣職の数を最大化させると予測する公職追求モデルと異なる連立が実際には生じる．先述のSPDにとっては83議席のドイツのための選択肢（AfD）を含めた連立の方が多くの大臣職を期待できた．ただしSPDは左派，AfDは右派という政策空間上の位置で両党には距離がある．政策追求モデルでは各党が公職追求のみならず政策実現のため，できるだけ政策距離の近い党と組閣協議を行って，発足させる内閣での政策方針に折り合いをつけることが想定される．なお，この政策空間は左右の一次元とは限らない．SPDと連立したFDPは経済問題で右派に位置して，当該問題で左派に位置するSPD，緑の党と距離がある．だが社会・文化問題という第二の政策次元に注目すると3党は進歩的・リベラルな立場を共有できる．このように政策追求モデルは複数の政策次元を踏まえた大臣職獲得の最大化が想定可能である．ただし各党は大臣職の量的配分だけでなく，重要争点とする政策の実現を追求すべく，例えば緑の党にとっての環境大臣のような特定の大臣職の要求も考えられる．この大臣の管轄にレイバーらは注目し，質的な大臣職配分モデルを提起する（Laver & Shepsle 1996）．このモデルは各政策次元で中位政党に位置することが，関係する大臣職の獲得のために重要なことを示す一方，各党が重要争点とする政策の顕現性によって配分が変わりうることを示唆する．これは大臣職をすべて等しいとして，その量的配分を予測したギャムソンの法則の見直しへとつながっている．

●**モデルの発展**　政策追求モデルでは各党の政策位置を所与とした．そこでは選挙綱領などの比較を通じ各党の政策位置を推定，政策空間を理解する試みがある．この先駆的取り組みにレイバーらの提案した教師ありテキスト分析Wordscore（Laver et al. 2003）があり，発展がみられる．また公職追求，政策追求モデルは各党の求める大臣職を最大化できる連立を想定したが，議院内閣制の国際比較を通じモデルからの逸脱も明らかになってきた（Andeweg et al. eds. 2011）．その一つは議会多数派となる上で公職追求が想定した最小限の連立規模とならず，多数派形成にとって余分な政党を含む過大規模連合である．もう一つは議会多数派を掌握できていないものの，（複数）政党が内閣を組織でき政権を担える少数政権である．その上で連立理論は議院内閣制のみに留まるか，大統領制との比較がみられる（Chaisty et al. 2018）．議院内閣制では図1のように大臣職が小政党に過大配分，大政党へ過小配分される傾向がある．対して議会の信任を必要としない大統領制では小党が議会多数派に不可欠なかなめ政党となりえず，大臣職配分でばらつきがある．これはギャムソンの法則の再検討を促す一方，その比例関係に基づく公職追求，政策追求モデルから外れた過大規模連合，少数政権についての大統領制における実践と比較する機会を与えている．　　　　［新川匠郎］

📖さらに詳しく知るための文献

・レイプハルト，アレンド（2014）『民主主義対民主主義——多数決型とコンセンサス型の36カ国比較研究』第2版（粕谷祐子・菊池啓一訳）勁草書房．

連立理論

☞「組閣の連立理論」p. 310

　複数政党が組閣に関わり，連立して政権運営することは議会制民主主義の国で恒常的にみられる．組閣の連立理論は公職と政策の追求という動機を手掛かりに，なぜ複数政党が参画するか，政権成立の背後にある力学を理解するものであった．だが各党の動機に基づき自動的に連立が成立することはなく，内閣の発足で終了するものでもない．そこでは，①選挙実施，②政権成立，③政権運営（ガバナンス），④政権終了のサイクルという見方が提案される（Müller et al. 2024）．これは各段階の過程，ある段階から別の段階への連続性，①から④のサイクルから次の4段階への動態などさまざまな時間性をとらえる試みである．

●**選挙実施の段階**　得票最大化を目指し選挙で各党が競合する中，組閣まで念頭に置く以下のキャンペーンがみられる．一つは特定政党と選挙で調整，場合によって選挙後の協働まで公言する積極的コミットメントである．この選挙前連立（Golder 2006b）は他党との政策協調を通じ組閣交渉を円滑にする一方，組閣時の大臣職配分を比例的にすることや重要視する役職の獲得可能性を高めるとされる．二つ目は選挙時に特定政党と協力しないと公言する消極的コミットメントである．これは主要政党が「防疫線」を張って極左や極右の政党を締め出す戦略にみられ，選挙結果によっては連立相手を限定することで組閣交渉の難航につながる．これら選挙時のキャンペーンは以前の政権運営，終了の段階とも関わる．小党にとっては政権運営の際に重視する政策の優先順位を高くできることは有権者の業績投票を促せる一方，政権終了が政策と関係のない不祥事などに端を発する政権内不調和の場合は与党であることが選挙で不利に働くことになる．

●**政権成立の段階**　選挙後に組閣を複数政党が行う上で交渉のための主導者が必要になる．このとき，議院内閣制では直接選出されない国家元首が組閣担当者を任命する場合，すべての党が政権をつくる可能性を探れる「フリースタイル」である場合がある．前者での選出過程においては各党の議会勢力比や相対的な政策位置，後者で主導者が選ばれる際には過去の組閣経験が重要とされる．他方，いずれで選ばれた場合も連立交渉には不確実性と複雑性が付きまとい，組閣交渉の遅延に関わる（Diermeier & van Roozendaal 1998）．ここでの不確実性は選挙による議会勢力変化，複雑性は交渉の席に着く政党数，政策的主張に起因する．組閣担当者やフリースタイル下の組閣経験政党は交渉で優位に立つ機会をもつが，不確実性と複雑性が大きいと連立与党の大臣職配分は比例的になりやすい．

　政党間関係での不確実性と複雑性は一つでも政党が抜けると議会少数派になる

最小勝利連合の保険として余分な政党を含める過大規模連合を促すとされる．ただし政権参加は党内の一体性，党の再選可能性を損なうために魅力のないものに映ることもある．そこでは議会多数派となる政権でなく少数政権が選ばれることもある．これら政権の規模の選択は制度設計とも関わる．内閣信任のために議会の賛成多数を必要としない消極的議院内閣制では少数政権が成立しやすい一方で，上院権限の強い二院制で両院の多数派を確保する，権限の強い大統領の拒否権発動を避ける際に過大規模連合が組まれやすい．そして，これら制度設計は政党間の分極化の度合いと相まって政権の規模を規定するとされる（Thürk et al. 2021）．

●**政権運営の段階**　組閣する際，どの党が各管轄の大臣職を得たのかによって，後に実施される政策は変わりうる（組閣の連立理論における大臣職配分モデル，Laver & Shepsle 1996）．ここでは各大臣の自由裁量に基づく政策実施が政権運営で想定される一方，共通の政策方針を連立与党が定める中で政策実施を監視，強制する取り組みもみられる．このとき，組閣を通じ明文化される連立協定は政策実施内容を事前に規定するものであるが，各政策を管轄する大臣の監視役として副大臣が任命されることも考えられよう．また法案起草時における異なる管轄の大臣の携わり方，議会内の各委員会での法案審議の在り方，各大臣への議会質問の活用法といった議会の会期中における行動様式も政権運営の在り方を特徴付けるものとなる．具体的な政策実施においても，関連する大臣の政策位置だけでなく連立与党の政策合意が関わると指摘される．ただし政権運営のパフォーマンスは政権の規模により変わりえて，議会の会期中に一定でないことも指摘される．

●**政権終了の段階**　少数政権や過大規模連合に比べ最小勝利連合は安定することが国際比較で示される．そこでは与党間（内）での取引コストや政策距離，そして野党による後継首相の明示化が必要な建設的不信任案や首相の解散権といった制度設計が注目を集めてきた．また個人的事情や不祥事が内閣の早期終了の引き金になりうる一方，インフレ率や失業率にみる有権者の経済的不満も連動するという．その上で選挙前連立，連立協定の明文化といった選挙実施，政権成立の段階における取り組みが政権の持続に関わるとされる．そして政権運営の段階では，与党の対立と妥協の様式が有権者の与党認識と相互的につくられる中で，政権評価が形成されていくことが指摘される（Fortunato 2021）．

　連立政権の比較は研究蓄積が多い一方，その静態的分析へ批判があった．これを受けて連立理論では政権サイクルの各段階でどんな過程が生じているかを解明する試みがみられる．また前段階で何が生じ，次の段階へいかなる影響を与えているか，そして後のサイクルでいかなる分岐をもたらすか．議院内閣制，大統領制を問わず議会制民主主義での時間性の比較理解が進められている．［新川匠郎］

📖さらに詳しく知るための文献
・ツェベリス，ジョージ（2009）『拒否権プレイヤー』（眞柄秀子・井戸正伸監訳）早稲田大学出版部．

選挙前連立の理論

☞「連立理論」p. 312

多くの民主主義国家において，政党は他の政党と協力して選挙に勝利し，政権を樹立し，法案を可決する．政治学における研究の大半は，選挙後に形成される政権連合に焦点を当てたものであるが，ゴルダー（Golder 2005；2006a；2006b）の研究を基礎として，選挙前の連立に関する文献が増加している．

●当初の理論化　ゴルダーによれば，「選挙前連立は，複数の政党が単独で立候補するのではなく，選挙戦略を調整するときに存在する」（Golder 2006a：195）．政党はそれぞれのアイデンティティと組織を保持しているが，選挙協力は，政治システムに応じて，①候補者の共同推薦／リスト，②選挙区で互いに競合しないための候補者調整，③共通のマニフェスト，④共に政権を担当する意向の公的表明，といった形態を取る．ゴルダーが提起した重要な疑問は，なぜある政党が選挙前に他の政党（あるいは複数政党）と連立を組むことを決定するのか，一方，他の政党は選挙当日に単独で競争し，選挙後に連立政権を組むことを選択するのかということである（Golder 2006b：1）．

選挙前連立が成立するのは，政党の得票，政権獲得，政策追求の目標について，メリットがコストを上回る場合である（Golder 2006b）．こうした目標の間にはトレードオフの可能性がある．したがって，選挙前連立に関する説明は，いつ，どこで，どのように選挙前連立が政党の議席占有率を高め，政権ポストを獲得し，政策に影響を与えることができるかを重視する．選挙インセンティブを重視する研究者は，政党が個々の政党の合計よりも集団でより多くの票を獲得できる場合，あるいは政党の得票率が個々の得票率よりも集団でより多くの議席を獲得できる場合に，選挙前連立が形成されると論じる．例えば，選挙前連立は，比例代表制よりも多数制の選挙制度において形成される可能性が高い（Golder 2005）．選挙前連立は選挙に先立って発表されるため，多党制の選挙における有権者の戦略的計算を先取りし，それによって政党の勝利可能性を高めることができる．

選挙前連立に関する文献では，選挙上のインセンティブとは別に，選挙前に連立を組むことが，政党の政権入りの能力，政権の利益を享受する能力，選挙後の政策決定に影響を与える能力などにどのような影響を与えるかについても考察されている．選挙前連立は，閣僚ポストやそのほかの勝利報酬の分配方法および追求されるべき政策について交渉しなければならないため，単独で競争する場合と比較してコストがかかる可能性がある．その結果，選挙前連立の全体的な規模や参加政党の相対的な規模が，連立成立の可能性に影響を与えることになる

（Golder 2006a）．政党の政策目標と有権者の政策選好を考慮すると，政党のイデオロギー的立場も，選挙前連合が形成されるかどうか，どの政党が形成されるかに影響する．選挙前連立は，イデオロギー的立場がより一致する政党間で形成される可能性が高いし，政党システム全体におけるイデオロギー的な偏向が大きいほど，比較的近い立場の政党間で選挙前連立は形成されやすくなる（Golder 2006a）．

●**理論の拡張**　政党の規模やイデオロギーの影響は主に西欧の議会制の文脈で議論されてきたが，他の文脈における選挙前連立の研究も理論の精緻化に貢献してきた．例えば，日本では，支持基盤が地理的に重なっていない政党は，相対的な規模やイデオロギーの違いに非対称性があるにもかかわらず，安定した選挙前連立を構築している（Liff & Maeda 2019）．中東欧の新興民主主義国では，極めて分裂した政党システムとニッチ政党の支持基盤が狭い場合に，選挙競争での規模の経済が働きやすく，選挙前連立が起きやすい（Ibenskas 2016）．ラテンアメリカの大統領制においては，政策と役職のいずれを求めるかによって政党のタイプが異なり，役職を求める政党は，選挙前連立では彼らが望む役職報酬に関する信頼できるコミットメントが得られないため，選挙後まで政府の役職を求めるのを待つ可能性が高い（Kellam 2017）．アフリカでは，役職を求める動機が選挙前連立を説明することが多く，社会的・民族的隔たりを越えて形成される選挙前連立は現職を破る可能性を高める（Kadima 2014）．最後に，非民主的な文脈における野党の選挙前連立に関する研究は，選挙制度よりも野党勝利の可能性がより影響力をもつことを示している（Gandhi & Reuter 2013）．

●**未解決の理論的課題**　選挙前連立に関する文献で未解決の議論の一つは，選挙前連立の根底にあるコミットメントの信頼性である．議会制に関する文献では，政党が選挙前連立の合意を反故にすれば，レピュテーション・コストを被り，将来の選挙で選挙前連立を利用できなくなるため，コミットメントは信頼に足ると論じている（Golder 2006b）．しかし，大統領制に注目する研究者は，大統領が憲法上の内閣組織に関する裁量を与えられているため，連立パートナーとの選挙前の合意を無視できることを強調している（Kadima 2014；Kellam 2017）．パトロネージ分配が主流の政治システムにおける選挙前連立に関する研究では，勝利した場合のパトロネージ分配が保証されないため，事前の金銭的ペイオフに選挙前連立が依存すると論じられている（Hendrawan et al. 2021）．

　選挙前連立の理論的説明は文脈によって異なるが，実証的研究の蓄積は，選挙前連立が一般的にみられ，重要でもあることを示している．選挙前連立がなぜ，いつ，どこで形成されるのかは，選挙結果を説明する上でも，選挙後に形成される政権の構成や安定性を説明する上でも重要である．　　　　　［マリサ・ケラム］

ジュニアパートナー

☞「連立理論」p. 312

　ジュニアパートナーとは，連立政権に参加している政党の中で，相対的に劣位の立場にある政党を指す．したがって，どの政党がジュニアパートナーなのかを識別するためには，連立与党間の力関係を明らかにする必要があるが，その決定要因は多様であり，単純なものではない．

●**識別の難しさ**　ジュニアパートナーの指標の一つとして考えられるものは，連立与党の中での議席の少なさである．古典的な連立理論がサイズの理論（Riker 1962）から発展してきたことにも象徴されているように（篠原編 1984），連立という行動の重要な目的が政権獲得のための多数派形成である以上，数の問題は無視できないからである．

　しかし，連立与党内の少数派が必ず劣位になるわけではない．日本の細川護煕内閣（1993 年）や，その翌年に成立した村山富市内閣などのように，連立与党内の少数派から政権首班が出ることもある．政権を代表する存在である首班を出している政党を，閣内少数派であるという理由だけで劣位と位置付けてしまってもよいのか，疑念が残るところだろう．

　では，政権首班を出していない政党がジュニアパートナーなのだろうか．確かに，政権首班の座は大きな権力資源であるが，絶対的なものではない．その地位は連立によって形成された多数派からの支持に支えられており，政権首班を出していない政党が連立から離脱すれば瓦解してしまう．また，「神輿」という政界用語があることにも象徴されているように，政権首班の座が連立政権内での優位を自動的に保障してくれるわけでもない．このように，連立内での議席率や，政権首班といった要素は，ジュニアパートナーか否かを自動的に決定付けるものではない．

●**連立組み替えの威嚇の実効性**　連立離脱が政権首班の座を覆す力をもつことに着目すると，連立離脱という選択肢を現実的に行使できる状態にあるか否かという，連立組み替えの威嚇の実効性の有無が，その政党の連立与党内での交渉力を大きく左右することがわかる．例えば，連立与党内の小政党に政権首班の座が提供されるという，サイズの理論からすると説明が困難となる事例は，小政党が実効的な威嚇力をもつ一方，大政党側の威嚇には実効性が乏しいという場合に多くみられる．逆に，大政党側にのみ威嚇の実効性があるという場合には，議席の少なさからくる小政党側の劣位が増幅され，大政党が連立政権を支配的な形で運営する傾向が強まる．この場合，小政党はジュニアパートナーとしての性格を強く

帯びることになる.

　他方，連立組み替えの実効的な威嚇力が連立与党間で均衡している場合には，議席率や政権首班といった要素が連立与党間の力関係に比較的順当に反映されるが，大政党の側も，連立組み替えによる野党への転落という事態の出来を避けようとするため，連立与党幹部を網羅しての定期的な協議枠組みといったような，連立与党間の意思疎通や綿密な調整を行うための仕組みが設けられるなど，融和的な連立政権運営が多くなる傾向にある.

●**連立参加と党内紛争**　連立組み替えの威嚇の実効性が大政党の側にのみある場合のように，小政党（ジュニアパートナー）側の劣位が著しいものになると，大政党（シニアパートナー）が政権運営の主導権を握り，連立与党間の意見調整を行う機会も縮減されがちとなる. そのため，ジュニアパートナー側では不満が生ずる傾向にあるが，その強度には党内で差が生じやすい. すなわち，ジュニアパートナーから入閣できた閣僚は，担当省庁への権限に加えて，内閣という憲法上の合議制機関への参加資格をもつことから，ジュニアパートナーの中では政策過程への影響力を比較的もちやすく，連立維持に傾きがちとなる一方，そこから排除された議員団・党の側では，シニアパートナーへの不満が一層高まりやすくなるのである. こうした温度差はしばしば党内紛争の火種となるが，その対立が党の分裂というレベルにまで激化すると，ジュニアパートナーの劣位が一層強まるという悪循環に陥ってしまうことになる.

　また，連立組み替えの威嚇そのものも党内紛争のリスクを孕んでいる. 連立理論のもう一つの柱である政策距離の理論が示唆するように（Axelrod 1970），連立形成には政党間の距離も影響するため，連立相手を変更しようとする行動が，自党の政策志向や政党配置全体の中でのポジション，さらには，支持基盤とする有権者層などの変更を目指すシグナルという政治的意味合いを帯びてしまい，その是非を巡る党内対立を惹起するからである.

●**「与党内野党」としての機能**　ジュニアパートナーは，連立与党の一員でありながらも相対的に劣位にあるが，連立組み替えの威嚇力をもっていれば，シニアパートナーに対してある程度の交渉力をもつ. その力を利用すれば，ジュニアパートナーはシニアパートナーの独善を抑えるチェック機能を発揮することができるが，それが行き過ぎれば，連立政権の円滑な運営を妨げてしまいかねない（「野党」的側面）. こうした「与党内野党」としての面をもつジュニアパートナーには，バランスの取れた政権担当能力が必要とされることになる. 　　［安井宏樹］

📖さらに詳しく知るための文献
・篠原一編（1984）『連合政治Ⅰ——デモクラシーの安定をもとめて』岩波書店.
・岡沢憲芙（1997）『連合政治とは何か——競合的協同の比較政治学』日本放送出版協会.

第15章

利益団体

利益団体はその名の通り，特定の利益を社会や政府において実現するために組織された団体である．利益団体を理解するには，まずそれが団体であることを意識する必要がある．多くの人が共有している利益を扱っていなければ，そして組織を運営するコストを負担するに見合う意義や利益がなければ，団体は存続できない．あらゆる組織がそうであるように，利益団体もまた時の流れとともに浮き沈みがあるが，代表的なものとして一般に知られる定着した団体には，人々をそこに集め続ける何らかの力を持っていることになる．とりわけ，政府や与党とつながりをもっているのか，どのようにつながっているのかは利益団体の存続や性格に重要な影響をもつ．利益団体の姿はその国の政治の姿を映す鏡でもある．本章では，利益団体の定義，代表的な利益団体である経済活動に即した団体，そして政府と利益団体の関係を把握するための概念として検討が重ねられてきたコーポラティズムが扱われている．　　　　　　　　　　　　　[宮地隆廣・安井宏樹]

利益団体の定義と活動

☞「利益団体と政策過程」p. 322

　ベントレーは『統治過程論』（1908 年）において，政治とは社会に存在するさまざまな利益集団の対立と調整の過程であり，集団が十分に解明されれば，すべてのことが解明されると論じた．憲法を軸とした国家の公法体系としてイメージされていた政治に対して，経済的利益を追求する利益集団間の対立と調整のイメージへの転換を主張した（Bentley 1908）．ベントレーの政治観を再発見したのがトルーマンである．トルーマンは政治過程を利益団体間の力の均衡として理解し，法制度よりも団体間の綱引きが重要なものととらえた．さらに，団体の形成と維持について，マクロな社会変動を重視する一般理論を提示した（Truman 1951）．このように，20 世紀初頭から政治の実態解明の切り口として，集団というものが注目され，それを政治過程の中心に据える集団理論（group theory）が形成された．

●**集団を巡る定義**　利益団体とは特定の関心，権利，価値の維持や増進のために組織された集団である．インタレストという言葉にみられるように，必ずしも経済的な利益を巡って組織される集団に限定されない．集団を区分する上では，意識されているか，組織されているか，政治への直接行動があるかが違いとして重視される．共通の利益が存在するにもかかわらず，それが明確に意識されていない集団として，潜在的利益集団がある．利益集団とは共通の利益をもち，政治に関心を有する人々の集合である．利益集団と利益団体の差としては，後者は組織化されている点にある．団体の提供する便益を受けることと交換に，一定の労力，資金，情報などを提供する関係が成立していれば，組織化が行われている．みずからの利益を推進するために議会や政府に働きかける利益団体が圧力団体である．利益団体はさまざまな活動を行っており，その中でも圧力行使に注目する際に圧力団体と呼ばれる．

　利益団体は選挙，代表制の限界を補完するものである．選挙は時期が限られており，選挙の争点が有権者の関心事と一致しないこともあるなどの課題がある．また，団体は時期を選ばずに，任意の問題について活動できる．政治家や政党も有権者の利益や関心を掬い取れるとは限らないという点で，団体は選挙や代表制の限界を補完し，選挙以外で人々の意思を政治に反映させる手段としての役割をもっている．

　利益団体が政治過程で果たす機能という点では次の三つがある．まず，国民や会員の利益や関心を政治過程に吸い上げる利益表出機能である．次に，数多くの

個人や団体から表出された利益を調整し，いくつかの政策にまとめる利益集約機能である．そして，公的決定された事項を，具体的な公共政策として遂行し，実施されるように担保する政策執行機能である．

利益団体は民主主義でさまざまな機能を果たすものの，団体の指導層が構成員の統制や監視の及ばない状態になる可能性もあり，寡頭制の鉄則として指摘されてきた．寡頭制の鉄則とは，人間社会の集団が必然的に少数支配の傾向に陥ることを指す．ドイツの政治学者ミヘルスが『現代民主主義における政党の社会学』において，政党や労働組合の広範な比較研究を行い，あらゆる組織は巨大化するにつれて，効率的運営の必要から少数者の手に組織運営の実質的権限が集中していく傾向があることを示し，それを寡頭制の鉄則と呼んだ．特にドイツ社会民主党を内部から分析し，民主主義を標榜する政党組織にすら当てはまる公式であると考え，鉄則と名付けられた．少数支配は，組織上の要請とともに，指導者と大衆の心理的欲求によって促進されていると主張した（Michels 1911）．

●**アドボカシー，ロビイング**　利益団体は政党との関係を構築していることもある．特に労働組合は伝統的に左派政党を選挙や政策の面で支援し，経営者団体は右派政党を支援していることが多い．情報交換や資金援助にとどめたり，党員として加わったり，政党の執行部に参画したりするなど，団体-政党の関係性には幅がある．

利益団体は，その利益の実現のために議会，政党，行政，世論などに働きかける．アドボカシーとは公共政策や世論，人々の意識や行動などに一定の影響を与えるために，政府や社会に対して行われる団体・組織の働きかけの総称である．さまざまなアドボカシーの中で，利益団体が行う活動としてまず連想されるものとして，ロビイングがある．

ロビイングとは，特殊利益あるいは公共利益の増進のために，議員や官僚などの政策を決定する者に直接的に影響力を及ぼそうとする行為である．団体のリソースとしては，組織規模，財政規模，情報や専門知識，戦略的地位や正統性など多岐にわたる．ロビイングの戦術としては，政策決定者に直接訴えるインサイドロビイング以外に，世論に働きかけることで政策を変更させようとするアウトサイドロビイング，グラスルーツロビイング（草の根ロビー活動）がある．具体的には，一般市民への宣伝活動，メディアを通じた広告，すわり込みなどの多様なものがある．　　　　　　　　　　　　　　　　　　　　　　　　　［濱本真輔］

📖さらに詳しく知るための文献
・田口富久治（1969）『社会集団の政治機能』未来社.
・辻中豊（1988）『利益集団』東京大学出版会.
・日本政治学会編（2012）『現代日本の団体政治』年報政治学 2012-2，木鐸社.

利益団体と政策過程

☞「利益団体の定義と活動」
p. 320

　利益団体は政策の形成から実施に至る一連の過程に関わり，その中心を担うこともある．利益団体の政策過程への関与とその全体像，そしてそれらへの規範的評価を含め，さまざまな学問を背景にしつつ議論が展開されてきた.

●**利益集団自由主義**　多元主義的民主主義では，複数の集団による競争によって，全体社会の利益の調整をはかることを目的とする．それは国家と個人の間に中間集団を設定することで，政府の肥大化を防止する自由主義の理念に合致するものであった．また，人々が集団を介して参加し，集団間の競争を公開することで民主的統制も果されることになる．ベントレーに起源をもちトルーマンが継承，発展させた集団理論は多元主義的民主主義の理論的一翼を担った.

　これに対して，ロウィは多元主義的民主主義の実像を利益集団自由主義としてとらえ，その問題点を指摘した．利益集団間の調整を果たすべき政府が自律的な力を失い，団体の圧力に流されてしまっており，特殊な圧力団体の利益が「公共の利益」であるかのように正当化されやすいとする．それは国民の政府に対する不信感を強める結果に至っていると警告した（Lowi 1969）.

●**レント・シーキング**　団体の働きかけについては，政府による資源配分の失敗と結び付けて論じられることもある．レントとは，ある生産要素を供給させるために必要な水準を超えた支払い，いわゆる超過利潤を指す．レントはもともと地代を意味するものであったが，今日ではもっと広い意味で用いられている．政治学では公的な権力によって供給量が固定されている財やサービスの供給者が独占的に得る利益を指す概念として用いられている．例えば，政府による規制や保護に守られている産業は，それらがない場合よりも高い利益を上げることができると考えられ，その超過利潤に相当する部分をレントと呼ぶ．そのため，企業や利益団体は政治家や官僚に働きかけて有利な規制政策を維持するインセンティブをもち，こうしたレントを求めて繰り広げる行動をレント・シーキングという.

　ただ，参入規制のようなレントを生じさせる仕組みは公正な競争を歪め，潜在的な参入企業や消費者の利益が損なわれ，効率的な資源配分が阻害される．また，レント・シーキング自体は資源が生産には向かないため社会的浪費であるとして非生産的・非効率的な活動とみなされることが多い.

●**政策ネットワーク**　政策ネットワーク論は，ある政策分野における政府アクターと社会アクターの関係に注目し，政策過程の動態を明らかにしようとするものである．現代では国家と社会の境界線はあいまい化し，相互浸透が進んでい

る．政策の形成や実施でも，政府機関，利益団体，審議会，政党など，公私の多様なアクターが相互依存関係にあり，それらがネットワークを構築している．政策ネットワーク論は政治学，政策科学，組織論などの複数の理論的起源があり，80年代以降に国家-社会関係，政策過程をとらえる概念として発展してきた．

　政策ネットワークを巡る議論には方法上の立場の相違とともに，理論的射程の異なる二つの方向性がある．方法上は定性的な分析とともに，政策ネットワーク構造を数学的なモデルで表現しようとする「社会ネットワーク分析」と総称されるものがある．理論的射程をみると，一つの方向性は政策ネットワークを利益集団政治モデルの分析用具として活用するものである．もう一つの方向性は新しい統治形態として，ガバナンスの側面に注目するものである．

　政策ネットワークの類型で最も有名なのは，ローズとマーシュによるものである．彼らは政策ネットワークを政策共同体とイシュー・ネットワークという二つの理念型が両極に位置するものとして提示した（Marsh & Rhodes eds. 1992）．類型化の基準は，ネットワークの統合密度，ネットワークを構成するアクターの数と特色，ネットワーク内の資源配分状況である．

　政策共同体は，参加するアクターの数が限られており，経済的利益や専門家の利益が支配的となる．参加メンバー間の関係は緊密に保たれ，基本的価値の共有，メンバー構成の継続化，あらゆる政策課題に対する共同の対処などを通して統合的なネットワークが形成されている．それとは対照的に，イシュー・ネットワークには多数のアクターが参加している．アクター同士の接触頻度も不定期で，利害も錯綜する傾向にあることから，基本的な価値は共有されにくく，対立が生じやすい．いわゆる「鉄の三角形」は政策共同体の典型である．政（政治家），官（官僚），業（業界）の三者が緊密に結び付いて，自分達の共同体の利益を最大化させているとの批判がしばしばなされる．

　両極の間に三つの類型がある．政策共同体に近い順にみると，専門家ネットワークは技術的な知識を必要とする政策分野で，専門家を中心に構成される．次に，政府間ネットワークは地方自治体の代表組織によって構成される．最後に生産者ネットワークは経済的な利害関係をもつ官民アクターによって構成される．

　政策ネットワークは政策決定に関与するアクターやその相互作用，権力依存関係を総合的に概観することができる．政策立案は長い間，社会的な問題が入力され，政策的な解決策が出力されるブラックボックスとして説明されてきたが，政策ネットワークは，その内側を明らかにする視座と方法を提供する．　［濱本真輔］

📖さらに詳しく知るための文献
・村松岐夫ほか（1986）『戦後日本の圧力団体』東洋経済新報社．
・河田潤一編著（2008）『汚職・腐敗・クライエンテリズムの政治学』ミネルヴァ書房．
・辻中豊編（2016）『政治変動期の圧力団体』有斐閣．

労働組合

☞「利益団体の定義と活動」
p. 320

　労働組合は，労働者が，労働時間や賃金など労働条件の維持や改善，またみずからの経済的・社会的地位向上を共通の目的として結成する組織である．資本主義社会において，労働者は自身の労働力を使用者に提供し，その対価として賃金を受け，生計を立てる．このため個々の労働者は，使用者との関係において構造的に脆弱な立場に置かれることになるが，これを対等に是正する目的で，多くの国において労働組合が法的に認められている．

●**労働者の権利と組合活動**　労働者に認められる基本的な権利を労働基本権という．日本では，労働三権（団結権，団体交渉権，団体行動権）として憲法第28条に規定される．労働者はこれらの権利と労働組合法や労働関係調整法などに基づき，労働組合を組織し，労使交渉を行い，労働協約を結ぶことで，よりよい労働条件を導けるのである．こうした労使自治と呼ばれる手段のほかにも，労働組合は，労働者に有利な法規制の実現を通じて，労働条件を向上させることができる．労働時間や賃金，安全衛生などに関わる重要な労働条件・環境については，労働基準法などの法律で最低限の基準が定められ，労使間合意があっても，労働協約の内容は法的規制を侵すことができない．また，失業手当や職業訓練など，労働者のセーフティネットにあたる社会保障関連法も，労働環境改善には重要となる．社会保障制度の充実は，労働者の生活を安定かつ豊かにするだけでなく，労働者の交渉力も構造的に向上させるからである．労働法や社会保障関連法は，日本をはじめ，政労使で構成される国の審議会などに労働者代表が参加し議論されるよう制度化されている場合もあるが，最終的には各国とも国会での法改正を要するため，労働組合は，政党との協力関係を通じて政策過程に影響を与える必要もある．このように，労働組合は，企業内・産業別の労使交渉に加え，政策過程においても労働者の利益実現のため種々の活動を行う．

●**日本と各国の労働組合**　労働組合の形態は各国でさまざまだが，日本の場合，企業別労働組合，それらが加盟する産業別組織（単産），単産が加盟する全国中央組織（ナショナルセンター）という三層構造がみられる．産業別組織中心の欧米と違い，日本では企業別組合に組合費配分や人的配置が集中し，労働組合も企業内での雇用保障や賃上げを重視する企業別労使関係の慣行があり，企業横断的対応が困難という弱点が存在した．これを補う役割を果たしたのが，毎年春の労働条件交渉，いわゆる春闘方式と呼ばれる労働運動である．日本最大のナショナルセンターとして戦後の労働運動を牽引した，官公労中心の日本労働組合総評議

会（総評）の主導で1950年代に確立され，労使協調を基調とした民間労組中心の全日本労働総同盟（同盟）など他のナショナルセンターも追随し，時に大規模なストライキも辞さぬ激しい運動が展開された．1989年に総評と同盟の合流を主とする労働組合再編で現在の日本労働組合総連合会（連合）が誕生して以降も春闘は継続しているものの，労使協調路線の定着や，バブル崩壊後の低経済成長を背景に，存在感が低下している．

　諸外国の主要ナショナルセンターとしては，アメリカ労働総同盟・産業別組合会議（AFL-CIO），ドイツ労働総同盟（DGB），フランス労働総同盟（CGT）などがあり，各国で強い影響力を有してきた．比較政治の視点として，労働組合組織率（全雇用者中の加入者割合）と労働協約適用率から，各国の労働組合の特徴と課題を把握できる．日本の組織率と協約適用率は低く，ともに17%（2018年）であるが，これは労働協約の多くが企業別にとどまるという課題を表し，米，英，韓国も同じ傾向にある（浅見 2020：69）．ナショナルセンターが分化したフランスでは組織率は10.8%（2016年）と低いが，産業別組織が労使交渉を担うことで，協約適用率は98%（2018年）に上り，ドイツも傾向はやや近い．一方スウェーデンは，組織率65.5%（2018年），適用率88%（同）で，デンマークと同様どちらも非常に高い．このように，労働組合の組織化の現状と，保護される労働者の範囲は国ごとに大きく異なっている．

●**就労形態の多様化と労働組合の課題**　労働組合が広く労働者を保護しきれない課題は近年，世界的にみられる．日本では，1990年代に入ってから企業規模別の賃金格差に加えて，正規労働者と非正規労働者の待遇格差が大きな問題とされている．欧米でも不安定労働者を指すプレカリアート（precariat）という造語が生まれ，注視されるようになった（Standing 2011）．また最近，AIなどの技術が発達し，プラットフォーム企業と業務契約を結ぶだけで働くウーバーイーツ配達員のようなギグワーカーと呼ばれる新しい就労形態も急速に拡大している．ギグワーカーは労働者とみなせる要素も多く，彼らを労働者として保護するか，自営業者と扱うかは，各国で大きな論争となっている．グローバル競争の激化，産業・人口構造の変化などもあり，労働組合の縮小傾向は世界的に歯止めがかからず，厳しい現状にある．さらに，ギグワーカーなど就労形態の多様化で，従来の労働法体系や社会保障制度のみならず，労使自治からも労働者の保護は一層困難になると予想される（安 2022）．労働組合が今後，労使関係や社会保障制度の再編をどう目指し，多様化する就労形態に対応していかにこれを保護するかは，各国政治においてより重要さを増すものと思われる（新川・篠田編 2009）．

[安　周永]

📖さらに詳しく知るための文献
・安周永（2025）『転換期の労働政治──多様化する就労形態と日韓労働組合の戦略』ナカニシヤ出版.

経済団体

☞「利益団体の定義と活動」
p. 320,「農業団体」p. 328

　経済団体は，産業ごとに形成されている業界団体と業界横断的または業界を包括するように形成された財界団体の二つに分けられる．財界団体のような包括的な団体を頂上団体と呼ぶこともある．

●**日本経団連**　日本経済団体連合会（日本経団連）は労使問題を扱う日本経営者団体連盟（日経連）と 2002 年 5 月に統合して発足した．107 の業種別団体，47 の地域別経済団体，1512 の大企業法人ほかを会員として，228 人の職員で運営されている（2023 年 4 月現在）．同会には 42 の政策委員会があり，28 の対外，地域・国別委員会が設置されている．経済界の諸団体間の意見の調整を行い，それを集約し，政治と行政に反映させている．日本商工会議所（日商），経済同友会（同友会）とともに経済三団体の中心に位置する．海外の経済団体に対しては国際的な窓口になり，日本を代表している．

　沿革をみると，1922 年設立の日本経済連盟会であり，1946 年 8 月に経済団体連合会（経団連）が設立され，経済団体の代表格として連合国軍総司令部（GHQ）による占領政策に対し，経済界の意向を反映するための交渉窓口の役割を担った．初代会長は日産化学工業社長を務めた石川一郎であり，東京芝浦電気社長などを経て 2 代目会長に就いた石坂泰三の頃から「財界総理」の異名を取るようになった．52 年 9 月に改組し，日本商工会議所，中小企業団体連盟が離脱し，業種別団体の連合体に範囲が限定された．その後，日米経済協力，防衛生産，さらに保守合同などで積極的に活動した．政治献金の割り振りを行うなど，政界と経済界の結合の要となる．80 年代における行政改革では第二次臨調，行革審を通じて元会長の土光敏夫が臨調の会長を務めるなど，その主導性を発揮した．

　経団連は企業から集めた献金で政界に強い影響力をもった．93 年にはゼネコン汚職などもあり，業界や企業ごとに献金額を割り当てる「あっせん方式」を廃止した．2004 年に政策評価による政治献金関与を再開し，それをもとにした献金を会員企業に呼びかけている．2009 年に中断したが，2014 年に献金の呼びかけを再開した．また経団連はさまざまな諮問機関に参画してきたが，奥田碩会長が 2001 年に設置された経済財政諮問会議の民間議員に就任して以来，政府主催の主要会合の民間議員に経団連会長みずからが就任している．

●**全米商工会議所**　全米商工会議所は 300 万社が加盟する米国最大の経済団体で，大企業から中小企業までを含む，全米最大規模のロビー活動を展開する団体である．州および地方会議所，経済団体，および海外の 100 以上の米国商工会議

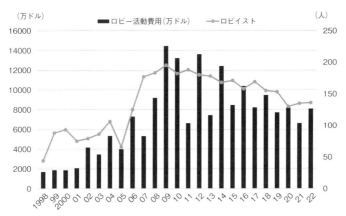

図1　全米商工会議所のロビー資金とロビイスト数
出典：Open Secrets より作成

所を代表する．本部はワシントン D.C. にあり，スザンヌ・クラークが会長兼CEOを務める（2023年12月現在）．

全米商工会議所はタフト大統領の要請を受けて，1912年4月に設立された．各地で商工会議所は設立されていたが，これに伴い，さまざまな商業および貿易組織の代表者グループが全国組織としてビジネス利益の統一団体を創設した．

全米商工会議所は実業界の利益を代表し，伝統的に共和党寄りとされてきた．アメリカの非営利団体である Open Secrets はアメリカの政治資金やロビー活動に関するデータを構築・公開している．それによると，全米商工会議所は年1億ドル近いロビー資金を投じて政策に影響力を行使し，過去25年間でほぼ常に1位の支出額を誇る．2020年以降は130人ほどのロビイストを雇用している．

●**ロビイング規制**　アメリカにはロビイングを規制する仕組みがある．20世紀初頭までのロビイングには買収行為を伴うおそれが濃厚な，議員への直接的・個人的懇請としての性格が強く，これに対処するために制定されたのが1946年のロビイング規制法である．同法により，圧力団体や企業などの代理人として活動するロビイストは議会に身分登録する必要があり，透明性を確保するため，活動内容を議会に報告する義務がある．1995年にはアカウンタビリティと透明性を強化することを目的として，ロビイング開示法（1995年）が制定され，2007年の改正を経て，ロビイングへの規制は続いている．同法に基づく情報は1999年以降にオンラインで公開されている．2021年のロビイスト登録者数は1万2183人であり，元議員ら議会対策に精通している人物が多いとされる．ただ，議員や政府高官を退任した後は一定期間，ロビイストとして活動することを制限している．

［濱本真輔］

農業団体

☞「クリーヴィッジ」p. 300,「利益団体の定義と活動」p. 320,「中選挙区制」p. 356

農業団体とは，農業従事者，特に農業経営者を主たるメンバーとして構成される団体を指す．その活動内容は，農産物の流通や営農上必要な情報の提供のほか，農業従事者やその家族，また農業従事者が多く居住する地域の社会的・経済的地位の向上など多岐にわたる．国家レベルの団体としては，日本の全国農業協同組合中央会（JA全中）やアメリカの全米農民連盟（American Farm Bureau Federation：AFBF），フランスの全国農業者組合連合（Fédération nationale des syndicats d'exploitants agricoles：FENSA），韓国の韓国後継農業経営人中央連合会（한국후계농업경영인중앙연합회：韓農連）などがあげられる．

●**利益団体としての農業団体**　多くの先進民主主義国では，農業部門が国内経済に占める比率は低く，農業の生産性も商工業に比べて低い水準に留まっている．そのため，前述の諸団体をはじめとする多くの先進諸国の農業団体は，農業経営者・従事者やその家族，また農村地域の社会的・経済的利益の確保と伸長を目的とした政治活動を行っている．したがって，多くの場合農業団体は，農業経営者・従事者の互助団体であると同時に，利益団体としての性格も併せもっている．先進諸国の農業団体が政治活動を通じて確保・実現しようとする主な利益としては，①農家所得や農産物価格に関するもの，②農産物の国際的な交易条件に関するもの，③農地の利用や農山村の環境に関するものなどがあげられる．

①の例としては，1995年以前の日本でコメに対して行われていたように，農産物の買上価格が公定のものである場合，その価格を引き上げるよう政府に求める運動などがあげられる．1990年代以降，欧米諸国では農産物買上価格の引上げが過剰生産を引き起こすことが問題視され，価格と生産量を切り離す（デカップリング）取り組みとして政府が農業経営者に直接補助金を給付する直接支払制度が導入されてきた．この補助金額の引上げも，農業団体による利益追求の対象となる．

②の例としては，世界貿易機関（WTO）での多角的貿易交渉や，二カ国間ないし地域レベルで結ばれる自由貿易協定（FTA）において，みずからの農産物がより好条件で取引可能となるよう求める運動があげられる．農産物は，公的補助金の投入や外国産品の輸入規制によって法的に保護されていることが少なくない．自由貿易を原則とするWTO体制下で，いかにそうした補助や保護を維持するかは，しばしば農業団体にとって重要な政治活動上の焦点となる．

③の例としては，1970年代以降の日本における農地の転用があげられる．一般に農地は，他用途に用いると農地としての復元が困難であることから転用が規

制されているが，1970年代以降の日本の農村諸地域においては，農地を道路や工場などに転用できるよう規制を緩和することがしばしば農業団体からも主張され，農村のインフラ整備や企業誘致，そしてそれによる農業従事者の兼業機会の確保などが図られてきた．

●利益表出活動をとりまく制度・構造的環境　農業団体が利益実現のために駆使する政治活動上の手法やその効果は，各国の政治体制，選挙制度，あるいは政党システムなどに大きく左右され，国ごとに極めて多様である．加えて，各国の農業団体が農業関連の諸政策課題のどの領域を重視するかも，国ごとに一様ではない．日本では，農地改革によって国内の大半の農業経営者が自作農に転じ，みずからが土地を保有するようになったといった経緯があり，農業団体が保守政党を支持する時代が長らく続いた．加えて，55年体制下の自民党が農山村を主たる支持基盤としたこと，また衆院選で中選挙区制という，利益団体の利害関係を反映しやすい選挙制度が採用されてきたことなどもあり，JA全中が自民党と強固な結び付きを図ってきた．他方，自民党の側でも，農業経営者らの支持を得て選挙に当選し，その見返りとして農業団体の意向を反映した施策の実現を目指す，いわゆる農林族議員が生まれた．そうした利益の交換関係は，JA全中が最盛期には1000万人以上の組合員・准組合員を擁し，またその結束が強固であったことによっても支えられてきた．他方，従来党議拘束が緩やかであったアメリカでは，AFBFの政党選好は日本のJA全中ほど固定化されてはいない．むしろAFBFの利益表出活動は，民主党・共和党のいずれかを問わず，農業地帯を抱える選挙区の選出議員を主たる対象として，10年程度の時限立法として制定される農業法やその関連法を巡って実施されることが多い．また，南東部・南西部の地域対立を政党間のクリーヴィッジとする韓国では，農業団体は特定の政党の支持母体となるよりも，「食の安全」など都市住民が共感するイシューを前面に掲げ，その実現のために世論喚起に注力する傾向がある．

　また，一口に農業経営者といっても，農産物の種類や経営形態によって直面する課題や利害関係は異なってくる．例えば，先進諸国では概して農業への就労者が減っているが，農業部門が生産の担い手を外国人労働者に求めることが可能かどうかは農産物の種類や生産形態によっても大きく異なる．小規模の水田稲作の場合，圃場での作業だけでなく隣接する農地との調整や収穫物の販売など，さまざまな作業を並行して行わなければならず，それを外国人労働者が担うことは容易ではない．他方，大規模な畜産業の場合，作業工程をある程度分業化し，外国人労働者に委ねることも一般化している．したがって，ある農業団体の政治活動を比較政治学的な観点からみるにあたっては，その団体がどのような生産活動を行い，どのような利害関係を抱えているのかを注視することも必要になる．

[縄倉晶雄]

シンクタンク

☞「NGO・NPO」p. 276

　シンクタンクとは，主に政策的含意のある研究に従事しながら，その研究成果を，政治家および官僚ら政策立案に直接関与する人々や，メディア，そして一般の世論を対象に発表する研究機関のことである．政府，企業，大学などに付属する研究機関として組織される例も少なくないが，世界的にみると，政府や企業などから独立した民間の非営利団体であることが圧倒的に多い．

●**シンクタンクの広がり**　シンクタンクの起源は 19 世紀の終わりから 20 世紀初頭に遡ることができるが，より本格的に成長を遂げるようになったのは 20 世紀半ば以降のことである．経済社会領域における政府の役割拡大や米ソ冷戦といった国際環境の激変などを背景に，政策的助言を提供する研究機関への需要が高まったのである．

　今日，シンクタンクは日本を含む多くの国々において観察することができ，途上国においても活動している．そのような意味で，シンクタンクはグローバルな現象といえる　また，アメリカのブルッキングス研究所，外交問題評議会，ランド研究所，戦略国際問題研究所，イギリスの王立国際問題研究所，国際戦略研究所，ベルギーのブリューゲルなどのように，国内政治の枠にとどまらず，世界的な知名度を有するシンクタンクも存在する．一方，シンクタンクはグローバルな現象ではあるものの，発達の度合いは各国で一様ではない．シンクタンクが数多く存在している国もあれば，シンクタンクがさほど発達していない国もある．こうした中で，アメリカはシンクタンクの発達の度合いで突出していることで知られ，「シンクタンク超大国」といっても過言ではない．

●**シンクタンクの発達要因**　シンクタンクの発達を促す要因としては，大きく分けて制度的要因・財政的要因・政治的要因があげられよう．制度的要因とは，行政府や立法府がシンクタンク研究員ら外部専門家に対して開放的であるかどうかである．例えば，官僚制における政治任用職が多ければ，行政府において外部専門家が政府高官に起用される機会は多くなる．また，シンクタンクは非営利団体の形態であることが多いため，非営利団体を優遇する税制が整備されているか，政府補助金や財団の寄付などが充実しているかといった財政的要因も当然重要である．さらに，これらの要因と並んで，政治的要因も無視できない．政権交代が定期的に生じる政治環境では，野党勢力が魅力的な政策アイディアを追い求める中で，外部専門家を積極的に活用する傾向がある．サッチャー登場以降のイギリスでは，このような野党勢力の動向がシンクタンク設立を後押しした．同様に，

復権を目指す特定政治勢力がみずからの政治インフラの要としてシンクタンク設立を活発化させることもある．1970年代を境に，保守やリベラルといったイデオロギー型シンクタンクが急増したアメリカは，その典型である．

　なお，シンクタンクは民主主義国家だけに存在しているわけではなく，権威主義国家でもみられる．特に，習近平体制発足以降の中国では，アメリカのシンクタンクに対抗する狙いもあり，国家がシンクタンクの設立を推進している．

●シンクタンクの分類　シンクタンクと一口にいっても，その中身は多様である．多数の政策領域にまたがって研究を行う「総合百貨店型」のシンクタンクから，外交・経済・福祉・環境など特定の政策分野に限定して研究する「シングル・イシュー型」のシンクタンクまである．また，多くの研究員や豊富な予算を有する規模の大きいシンクタンクから，職員数はわずか数名といった零細のシンクタンクまである．アメリカのシンクタンクについては，研究の質や政治性などを基準に分ける分類もある．アメリカでは，1960年代半ば頃まで客観的な政策研究を強調する中立型シンクタンクが主流であった．20世紀初頭に設立されたブルッキングス研究所は，その代表格である．その後，1970年代を境に，特定のイデオロギーに基づくシンクタンクが急激に増加するようになった．1970年代初頭に誕生したヘリテージ財団はイデオロギー型の筆頭であり，みずからの役割を保守主義運動の先導役であると規定して政策研究を展開してきた．リベラル派では，アメリカ進歩センターというシンクタンクが有名である．ヨーロッパでは，「政治財団」という独特の種類のシンクタンクも活動している．政治財団とは，主要な政党の傘下に入る政党系シンクタンクのことである．政治財団については，ドイツの例が広く知られており，同国ではコンラート・アデナウアー財団やフリードリッヒ・エーベルト財団をはじめ七つの政治財団が活動している．

●シンクタンク研究の現状　現在，実務家やジャーナリストだけでなく，政治学者の間でもシンクタンクは政策過程において重要な役割を果たしていると認識されている．しかしその一方で，シンクタンクそれ自体に焦点を当てた政治学の研究は歴史が浅い分野である．「シンクタンク超大国」のアメリカでさえ，シンクタンクに対する学術的な関心が生まれるようになったのは，1990年代に入ってからのことであり，研究上の蓄積が豊富にあるわけではない．いうまでもなく，アメリカ以外の国のシンクタンクを対象とした研究になると，ヨーロッパを対象としたものを中心に少しずつ発表されるようになってきてはいるものの，依然として限られている．このような現状から，シンクタンクを巡る比較研究自体も発展途上の段階と言わざるを得ない．日本を含む各国シンクタンク研究の充実とより本格的な比較研究が待望される．　　　　　　　　　［宮田智之］

📖さらに詳しく知るための文献
・宮田智之（2017）『アメリカ政治とシンクタンク――政治運動としての政策研究機関』東京大学出版会．

多元主義

☞「ポピュリズムとは何か」
p. 162,「多極共存型・合意型
民主政」p. 204

　代議制に基づくリベラルデモクラシーの特徴を示す概念．複数の政党や社会集団の間で政治的資源が分散しているがゆえに，諸アクター間の議論や妥協に基づく意思決定が行われ，権力の担い手が交代する可能性のある状態や，そのような状態を望ましいとする信念を指す．多元主義は，エリートのみが支配する／支配すべきと主張するエリート主義と，政治に一般の人々（人民）の意思を反映させると標榜するポピュリズムの双方と対置される．エリート主義とポピュリズムは正反対のように見えるが，社会をエリートと一般の人々という二つの集団に分け，各々の多様性や集団間の妥協を軽視する点では共通している．

●**リベラルデモクラシーへの挑戦**　多元主義論が注目を集めるのは，リベラルデモクラシーの拡大や危機の時代である．19世紀末から20世紀初頭，先進国の多くで労働者や女性にも選挙権が拡大し，民主化が実現した．しかし大衆の政治参加に対する懐疑心は根強く，モスカ，パレート，ミヘルスらのエリート論者は，人民による支配は存在せず，少数のエリートによる支配は不可避と主張した．リベラルデモクラシーにとって深刻な脅威となったのが，ナチズムと共産主義である（Müller 2011）．多くの相違にもかかわらず，両者には二つの共通点があった．第一に，人民を均質なものとしてとらえ（ナチズムの場合はアーリア人種，共産主義の場合は労働者階級），それ以外の存在（ユダヤ人，資本家階級など）を人民の範囲から排除・抑圧した．第二に，代議制よりもヒトラーや共産党の独裁の方が統治者と被治者とを一体化できるとして，大衆を積極的に動員した．ナチズムの信用は第二次世界大戦により失墜したが，共産主義は冷戦期をつうじてリベラルデモクラシーのライバルであり続けた．そこで第二次世界大戦後の政治学は，エリート主義による批判を一部受容した上で，ナチズムや共産主義と対置する形で民主主義の再定式化を図った．その際中心的な役割を担ったのが多元主義論である．

●**多元主義論の隆盛**　シュンペーターは，人民は政治については無知で合理的な判断を下すことは期待できないとしてエリート主義的な見地を取り入れつつ，しかしそのような人民であっても公職を求めて競争する政治エリートのうちの誰に政治を委ねるかを選ぶ役割は果たしていると主張した（Schumpeter 1942）．選挙における政治家間の競争を制度化するのが政党システムである．サルトーリは，多様性や不一致が政治的秩序にとって脅威ではないという認識があって初めて政党は受容されたのであり，多元的世界観抜きに複数政党制が長く存続することはできないと指摘した．その政党システム論では，競争的なシステムと非競争

的なそれとの違いが重視され，冷戦期日本の一党優位体制と，政党間の競争が存在しない共産主義体制下の一党独裁制とは明確に区別されている（Sartori 1976）.

　多元主義論を代表するダールは，『統治するのはだれか』の中で，一握りのエリートが支配する寡頭制と人民による完全に平等な支配との中間に多元的民主主義を位置付けた．ダールによれば多元的社会では，投票権は法的に平等が保障されているが，それ以外の政治的資源（富や社会的地位，教育，政治的影響力など）は不平等に配分されている．しかし民主主義は見かけだけで，実際には社会的・経済的エリートが支配しているという指摘はあたらない．特定のエリート集団があらゆる資源で優位に立っているわけではなく，指導者層には異なる資源に依存する多様な人々が含まれているからである．争点ごとに有効な政治的資源は異なるため，多数派と少数派を構成する社会集団の組み合わせは常に変化し，両者の境界線は流動的なものになる．政策決定に対する直接的影響力をもっているのは公職者を中心とする一部のアクターに過ぎないが，選挙での支持を得ようとして政治家達が競争する結果，政策は一般有権者の選好をある程度反映したものとなる．つまり有権者も，間接的な形で影響力を行使しているのである（Dahl 1961）.

●多元主義論への批判とその後　多元主義論はさまざまな角度から批判された．レイプハルトは，多元主義論は宗教・言語などの政治的分界線が相互横断的に存在する穏健な社会を前提にしており，分界線が重なりあう分断された社会では，多数派と少数派が固定化することを避けるため，権力共有の枠組みが必要になると主張した（多極共存型民主主義論）．ロウィは，多元的民主主義の内実は利益団体・関係官庁・政治家による政策過程の独占に過ぎず，公益が損なわれていると指摘した（利益団体自由主義論）．ダールは利益団体政治を無条件に擁護したわけではないから，ロウィの批判は正鵠を得たものではない．しかし，ダールの『ポリアーキー』が民主化された体制の指標として自由化と参加の二つをあげつつ，前者に重点を置いていたように，多元主義論に選挙以外の政治参加を軽視する傾向があったことは否定できない（Dahl 1971）.

　学生運動により政治参加への注目が高まる一方，1980年代に国家への関心が政治学で復活すると，多元主義論は下火になった．ダールも後年の著作では，政治参加や民主主義の規範的側面を重視している．1980年代末に東西冷戦が終結に向かい，東側諸国の共産党一党独裁体制が自由化すると，複数政党制や市民社会への注目という形で多元主義は再度脚光を浴びたが，リベラルデモクラシーの勝利が喧伝される中，関心は一時的なものに留まった．2010年代以降，先進民主主義国でポピュリズムが台頭し，リベラルデモクラシーが再び挑戦に直面する中，ポピュリズムの対概念である多元主義に対する関心が高まっている．　　［池本大輔］

📖さらに詳しく知るための文献
・川出良枝・谷口将紀（2022）『政治学』第2版，東京大学出版会.

西欧のコーポラティズム

☞「利益団体の定義と活動」
p. 320,「多元主義」p. 332

　コーポラティズムとは，国家によって独占的にその分野の利益代表として認められた利益団体が政策形成・執行に携わる仕組みである．この政策形成・執行を行う利益団体は当該利益を代表する全国の職能団体を包摂した頂上団体であり，それゆえに代表性が認められ，政策の執行が可能になるのである．

　現代の比較政治学の用法では，1920年代から現代にいたるまでのこのような特徴をもつ制度が「コーポラティズム」としてひとくくりにされているが，いかなる側面に光を当てるのかによって異なる文脈で議論されるため，注意が必要である．

●コーポラティズムの種類と機能　コーポラティズムには下位分類がある．まず1920年代から30年代の国家コーポラティズムである．第一次世界大戦後のヨーロッパは議会制民主主義が広く制度化されていた．しかし，議会は階級間対立を調停する場としてしばしば有効に機能せず，これに代替する政治体制が模索された．その一つの有力な代替策が権威主義体制における国家コーポラティズムである．そのイデオロギー的背景は多様だが，原子化した個人を前提につくり上げられた自由主義的な議会制民主主義に対するアンチテーゼであったことが共通していた．その形態と機能は，国家が上から労働組合や企業など職能別に組織化し，これらの組織を全国で束ねる職能ごとの頂上団体を国家の一部に組み込むことで代表させると同時に政策の執行も担わせるものであった．このような体制を構築した理由としてイデオロギー的背景とは別に当時の指導者が十分な支持基盤をもたないがために一種の代表機関を必要としていたこともあげられる（Pinto 2017）．

　第二次世界大戦後（スウェーデンなど一部は戦前から）の西欧では，ネオ・コーポラティズムが発達した．これは議会制民主主義と並置された政府および労使の頂上団体の三者協議による合意形成の仕組みである．1970年代に主に多元主義と対比される利益媒介の仕組みとしてシュミッターを嚆矢とする研究が蓄積されていった（Schmitter 1974）．多元主義と異なり国家の中に公式／非公式の制度として埋め込まれ，排他的な代表権をもち，高度な組織化を通じて人々を包摂すると同時に利益集約を行う点に特徴がある．ネオ・コーポラティズムにおいてはインフレ抑制とセットになった所得政策や，より広く福祉政策について労使で合意し，それがそのまま政策として実現した．

　戦後の経済成長が止まり国際競争が激しくなるにつれて，産業横断的に賃金合意をすることが困難になると，それを代替する産業別コーポラティズム（メソ・

コーポラティズム）が注目されるようになった．さらに賃金合意にとどまらず，かねてからネオ・コーポラティズムの政策形成の役割を強調していたレームブルッフの議論を受けて，それぞれの産業別にどのような政策形成システムが構築されているのか研究されていった．

●**合意の成立の成否と経済的帰結**　これらの下位分類のうち特にネオ・コーポラティズムは複数の研究文脈に位置付けうる．

　一つはコーポラティズムがマクロ経済パフォーマンスの向上に結び付くのではないかという政治経済学的関心である．その背景には石油危機後の不況から脱却する上で，労使合意によって賃金を抑制できれば早期に経済が回復するのではないかという期待があった．さまざまな研究の結論としては必ずしもよりよい経済的帰結が得られるわけでない．

　もう一つは，なぜネオ・コーポラティズムという政労使合意が成立しうるのか，という問題である．多元主義との対比では労使の組織率の高さと内部の対立をまとめ上げられる利益集約の能力が強調されてきた．

　階級対立の文脈ではプシェヴォルスキがより長期的に労働者の利益になるがゆえに社民勢力の強さがコーポラティズムに結び付くと主張し（Przeworski 1985），これに対してスウェンソンが使用者側も労使合意には積極的であり，社民勢力のみでコーポラティズムの成否を議論すべきではないとした（Swenson 1991）．

　労使相互の利益に基づいてコーポラティズム的妥協が成り立つとすれば，その成立はお互い合意によって利益が見込める条件がそろっている場合といえよう．例えば労働者からすれば物価が抑制されなければ賃金抑制を受け入れる意味がない．それが実現しなければ，いったんは賃金抑制を受け入れたとしても持続性はなくなるのである．このように合意の当事者が見返りを得ることを前提に譲歩することを「政治的交換」と呼ぶ（真柄 1992）．政府がコーポラティズムによる賃金抑制を試みながら成功しなかった戦後イギリスのように「政治的交換」が成立せずに破綻するケースはしばしばある．

　組織化された労使による対等な交渉というネオ・コーポラティズムの土台は，労働組合組織率の低下とグローバル化による産業間の利害対立や労働組合の交渉力の低下とで掘り崩されている．しかし現在でもなおネオ・コーポラティズムの実践例はあり，その成立条件として「政治的交換」がこれまで以上に重視されている（Molina & Rhodes 2002）．労働側にとって不利な条件であっても，より条件が悪化することを避けるために福祉国家の削減・再編について合意を結ぶのである．ここで強調されるのはもはや組織に基づく排他的な利益媒介ではなく，政策ネットワークの一部としてのコーポラティズムである．

　コーポラティズム研究は 1970 年代から 80 年代の盛り上がりはもはや見せていないものの，なお政策形成の一つの回路として一定の役割を担っている．[作内由子]

ラテンアメリカの
コーポラティズム

☞「西欧のコーポラティズム」
p. 334

1960〜70 年代のラテンアメリカでは，権威主義体制への関心と結び付く形で利益代表システムとしてのコーポラティズム研究が展開した．1970 年代末以降，域内諸国は政治と経済の両面で，民主主義と新自由主義への二重の移行を経験する．二重の移行後のコーポラティズム研究では，指標化による各国比較や経済政策形成の側面に関する比較研究が行われている．

●**利益代表システムとしてのコーポラティズム** シュミッター（1984）は，主に多元主義と対置される利益代表システムの一形態として，理念型としてのコーポラティズムを以下のように定義した．コーポラティズムとは，構成単位となる団体が単一性，義務的加入，非競争性，階統的秩序，職能的分化といった属性をもつ，一定数のカテゴリー（労働セクターや企業家セクターなど）に組織されたシステムを指し，それぞれの団体は指導者の選出や要求の表明などにおいて国家から一定の統制を受けることと引き換えに，各セクター内で国家との協議相手として独占的代表権が認められる．シュミッターはコーポラティズムの下位類型として，団体が国家から自律的で国家に浸透していく「社会コーポラティズム」と，団体が国家に依存的で国家に浸透される「国家コーポラティズム」を措定した．このうち前者が西欧先進国でみられたのに対し，20 世紀中葉のラテンアメリカでみられたのは，国家からの統制の側面が強い後者であるとされる．

1970 年代のラテンアメリカでは，1973 年に始まるチリやウルグアイの軍政に象徴されるように，長らく民主主義を維持してきた国まで権威主義に移行する中，権威主義体制のあいだの差異や体制内の力学への研究上の関心が広がる．ポピュリストによる専制や官僚的権威主義など，異なる特徴をもつ権威主義体制が「発見」されていく中で，これらの体制に共通する国家と社会の関係のパターンとして指摘されたのがコーポラティズムであった（Malloy ed. 1977）．ステパン（Stepan 1978）は，国家と組織労働者の関係に焦点を絞ったコーポラティズムの下位類型として，労働組合を新しい政治・経済モデルに包摂するような政策を通じて国家と社会の均衡が目指される「包摂型コーポラティズム」と，労働組合を弱体化させた後に上から再組織することで国家と社会の均衡が目指される「排除型コーポラティズム」という，二つの理念型を提示する．

主要な論者によれば，当時の権威主義体制において広くコーポラティズムが目指された理由として，後発工業化諸国の従属的発展が抱える諸問題への対応策という解釈がある．従属的発展を進めていく上で，多元主義的利益代表システムで

は秩序を維持することが難しいため，コーポラティズムが採用されるという理解である（Malloy ed. 1977）．ただし，実際にどの程度コーポラティズムが実現していたかについては国や時期によって差がある．また，例えばメキシコの制度的革命党体制のようにコーポラティズムの特徴が広く指摘されてきた体制においても，一部の自律的な官僚機構や企業家層の影響力によって，国家の積極的役割に制約が存在したことも指摘されている（Spalding 1981）．シュミッターの定義，あるいは国家と組織労働者の関係に絞った定義にかかわらず，政権側にコーポラティズムの企図があったとしても，実際にどの程度実現していたかについては，国によって評価が異なる点に留意が必要である．

●経済政策形成パターンとしてのコーポラティズム　民主主義体制への移行後も，各国に残存するコーポラティズムをとらえる試みがみられた．上谷（2008）は，国家と組織労働者の関係におけるコーポラティズムを，国家からの統制による「制約」と，独占的協議相手としての「誘引」の要素に分解してとらえたコリアらの研究（Collier & Collier 1979）に依拠しつつ，修正した指標を用いて，民主主義への移行期を挟んだ域内複数国の変遷を可視化している．分析結果からは，国によってコーポラティズムの諸要素の濃淡が異なることが浮かび上がるとともに，民主化に伴う変化は概して「制約」が取り除かれる形で現れており，国家コーポラティズムの要素の減退といえることが指摘されている（上谷 2008）．

　他方，民主化後のラテンアメリカのコーポラティズム研究では，西欧のコーポラティズム研究で中心的に扱われてきたような，政労使の三者協議による経済分野の政策形成という側面が重視されるようになった．とりわけ経済危機への対応や新自由主義改革の遂行を巡って，「コーポラティスト型の政策形成」の特徴や効果に関する研究が展開していく．

　エチェメンディ（Etchemendy 2011）によれば，コーポラティスト型の経済開放モデルに該当するメネム政権下のアルゼンチンでは，政労使の公式・非公式の協調と交渉による政策形成がみられ，その帰結として，従来の輸入代替型工業化モデルのインサイダーアクターである国内企業と労組に対する補償（民営化および労働規制緩和の制限，特別関税体制および参入障壁の設定など）がもたらされた．またメキシコでも，経済自由化プロセスにおいて三者協議が重要性をもち，与党系労組は労働規制緩和の制限など一定の妥協を引き出したとされる．

　さらにアルゼンチンでは，2003年に発足したキルチネル政権のもと，労組が賃上げや労働協約の適用拡大などを巡る交渉で成果を上げ，「部分的ネオ・コーポラティズム」と呼ばれた（Etchemendy & Collier 2007）．ただし，失業者やインフォーマルセクター労働者の増加を背景に域内諸国の組織労働者の運動は弱体化しており，現状ではコーポラティスト型の政策形成やその効果は総じて限定的となっている． 　　　　　　　　　　　　　　　　　　　　　　　　　　　［馬場香織］

第Ⅴ部
政治制度

第16章

アプローチ

本章では，方法としての「制度論」に注目する．もともと政治制度とは明文化された公式の規則の体系を指す（本章「政治制度とは」参照）が，1990年代から政治制度がアクターの合理的な行動の選択を枠付けるような影響をもつことを重視した研究が登場した．Theda Skocpol et al. (1985) *Bringing the State Back In* による「国家論の復権」を嚆矢とし，特に Paul Pierson (1994) *Dismantling the Welfare State?* 以降，こうした研究が「新制度論」として一定の蓄積と議論を生んだ．その後，論者の視点や力点次第で，規範的制度論，合理的制度論，歴史的制度論，社会学的制度論などと多様な形で発展をみせた．また，当初，制度は，制度変化を求めるアクターの行動の歯止めとみなされたが，グローバル化の進展と福祉国家の変容などを背景として制度の漸進的・内生的な変化を説明しようとする点に力点が置かれるようになった．本章では，以上のような方法としての制度論の変遷を解説する． ［岡山　裕・松尾秀哉］

政治制度とは

☞「数理モデルによる民主主義理論」
p. 224,「西欧のコーポラティズム」
p. 334,「ラテンアメリカのコーポラティ
ズム」p. 336,「制度論の歴史」p. 344

　制度（institutions）とは，社会・国家・組織といった，複数の構成員からなる
範囲内における，運営や行動の規制に関わる決まりの体系である．政治における
制度は，多くの場合，法律や明文化された規則により制定されており，例えば，
連邦制など国家の組織に関わる制度に加え，一国家のレベルや一国内で観察され
る政治制度もある．選挙制度や議会制度のように，代表の選択や代表による決定
に関わる制度，大統領制や議院内閣制，官僚制など，行政に関わる制度がそれに
あたる．これら法律や規則に基づいた制度が，政治制度として伝統的にみなされ
てきた一方，特定のやり方や行動が政治の場で繰り返される場合，それが公に定
式化されていない体系であっても，政治制度と定義することもある．例えば，集
団的利益の代表や集約のあり方，その下での政策決定のパターンを特徴付けた，
コーポラティズムや多元主義（プルーラリズム）などは，こうした公に定式化さ
れていない制度の典型的な例である．両者の対比においては，利益集団の規模・
数，集団の階層化の有無といった組織面での相違が，コーポラティズムの労使利
益集団と政策決定者間の協議による調整と，多元主義下の集団間の競争という，
決定のあり方の相違に対応している．これに即して，両者の制度としての相違を
見出すことになる．

●**政治制度に対する考え方の変遷**　上記のように，政治学の制度論において，公
的な存在としての制度という見方から，非公式な体系や行動のパターンを含む制
度へと関心が広がった．個々人の利益に基づいた選択や決定に着目し，行動を中
心に政治現象を理解しようとする観点が政治学において強まるにつれ，伝統的な
政治制度への関心は低下したが，1980年代以降，非公式な体系や繰り返される
行動，規範も含む形で制度をとらえ直すことにより，従来とは異なる制度への関
心が生じた（March & Olsen 1989）．新制度論（new institutionalism）と呼ばれ
る考え方である．法を根拠に公に存在する国家のような政治制度であっても，法
律や明文化された規則のみを重視するのではなく，国家内でどのような形で政治
的決定が行われるか，国家が社会における利益からどの程度自律した決定が行わ
れるかといった問題関心に基づき，研究の対象とされる（Evans et al. eds. 1985）．
公の領域で定式化された存在として考えられてきた制度が，非公式な個人レベル
の行動やパターンも含み，広義に包括的に定義され分析されるようになった．例
えば，選挙制度は多数決主義か比例代表かにより公式の制度として大別される
が，それぞれの決定方式が，有権者の投票行動にどのような制約をかけるかによ

り，そのもとで生じる結果は左右される．新制度論は，こうした法則性をもった行動やその帰結をも含む制度の定義である．

●**新制度論──歴史比較分析と合理的選択論**　新制度論以降，政治制度が包括的に定義される場合でも，個人の行動と制度のどちらに重点を置くかで分析の手法は異なる．例えば，民主主義の分析においても，多数決主義か合意形成主義かという観点から，制度を多面的かつ包括的にとらえ，各国比較（Lijphart 2012）することも可能である一方，ゲーム理論など行動の合理性に基づいたモデルによる民主主義の代表や決定の分析も可能である．連立政権の形成に関しても，現実に各国でどのような政権が形成されるかの分析とともに，政党や政治家の動機付け（政権追求か政策追求か）を前提とした，連立理論による分析も可能である．その結果，新制度論内では当初，歴史分析や比較分析による制度レベルでの包括的理解に強調点を置く歴史比較的新制度論と，個人の行動の合理性を前提とする合理的選択新制度論の緊張関係もあった（Kato 1996）．しかしながら，実証分析が蓄積するにつれ，制度の制約を包括的にとらえた状況（situation）に関心をもつか，あるいはその状況下で，個人がどのような選好（preference）を形成し行動するかに焦点をあわせるかに，両者の分析手法の相違を見出し，両者を対立的にとらえるのではなく，相互補完的分析手法であるとする見方が有力になっている（Katznelson & Weingast eds. 2005）．

●**複数の制度と制度体系**　公に定式化されていない部分も含む包括的な制度の定義は，従来別々に分析されていた制度を組み合わせた体系を，あたかも一つの制度であるかのように分析する観点も生んだ．従来区別されていた複数の制度を組み合わせた体系は，レジームと呼ばれ，類型化され各国比較に応用される．代表的な例として，福祉国家において，自由主義・保守主義・社会民主主義の三つのレジームを区別したエスピン゠アンデルセンによる福祉レジーム論がある（Esping-Andersen 1990）．給付における普遍主義・限定主義の区別，市場における労働の脱商品化，福祉国家への多数派支持連合の形成という，福祉・経済・政治の異なる制度的側面から，制度体系，すなわちレジームとしての福祉資本主義の「三つの世界」が形成されるという考え方である．各国比較において重要なもう一つの制度体系の例は，資本主義の多様性による，調整型市場経済と非調整型（自由主義）市場経済の区別である（Hall & Soskice eds. 2001）．資本主義という経済制度を産業組織や政府規制，技術革新や生産様式などのさまざまな側面から特徴付ける一方，それらと対応する形で，労働市場における雇用や産業・企業レベルの労使関係における，コーポラティズムによる調整の有無にも着目し，調整型と非調整型（自由主義）に大きく区別する．利益代表のあり方，利害調整や決定様式の相違に基づいた，包括的な政治制度の定義が，政治経済制度を横断する資本主義の多様性の区別に重要な役割を果たしている例である．［加藤淳子］

制度論の歴史

☞「経路依存」p. 52,「歴史的制度論」p. 346

　比較政治学においては1980年代から2010年代半ば頃まで「新制度論（new institutionalism）」と呼ばれる潮流が盛り上がりをみせた．この潮流は社会学，経済学，組織研究，国際政治学でも生じたが，いずれも1960年代から70年代に大きな影響力をもった行動論に対抗する形で，制度が政治，社会，経済の現象を決定付けるその役割を解明しようという取り組みとして発展した．なお，旧制度論という呼称はあるが，憲法，議会，国連など公式制度を記述する従来の制度研究をそう呼ぶことで，新制度論がそれと異なる新しい研究であることが強調されたのである．以下，新制度論の三つの学派（合理的選択制度論，社会学的制度論，歴史的制度論）について隣接する学問を含めて概観し，それらが制度の起源，持続，変化をいかに説明しているかという観点から制度論の歴史を振り返る．

●**合理的選択制度論**　この学派は1970年代後半に始まったライカーらの議員行動研究に端を発し，ウィリアムソンに代表される組織の経済学の影響を受けて発展した．その特徴は，①アクターは決まった選好を有し，それに従ってみずからの利益を最大化するために行動すると仮定すること，②政治を集合行為のジレンマとしてとらえること，③アクターは他のアクターの行動を予測し，戦略的に行動すると仮定することである．

　では合理的選択制度論はどのように制度の起源，持続，変化を説明しているのだろうか．ワインゲストやコヘインは制度の存在理由について，協力することから利益を得るためにアクターは制度を必要とするという．ゲーム理論の囚人のジレンマの状況では，制度を形成することで集合行為や取引コストの問題を解決する必要がある．このとき制度はナッシュ均衡としてとらえられており，均衡している限り制度は持続する．制度変化についても，外的条件が変更されて制度の機能が低下するとき制度は崩壊し（外生的変化），アクター間の利益調整のために新たな制度が追求されるという．しかし，これらの説明に対しては，制度内部から生まれる（内生的な）変化を説明できない，制度のもつ機能や役割から起源や変化の原因を後付けで説明している，パワーの要素を考慮していないなどの批判が寄せられた．

●**社会学的制度論**　この制度論は，官僚機構などの現代組織の存在理由を効率性に求める従来の見方に対して，1970年代末に文化的な側面に焦点を当てたマイヤーやスコットなどの研究に由来する．その後1980年代にディマジオとパウエルは，制度とは社会で何が適切な行動であるかを定義するものであり，人々の行

動を制約するよりもむしろ適切な行動を取らせるものであると論じた。合理的選択制度論との対比でいえば、制度は利益のためにアクターがつくったものではなく、アクターとその利益は制度の中で構成される。そして社会における関係や行動が人々から当然のこととみなされるようになる過程は、「制度化」と呼ばれる。

こうした自明性を重視する点で、社会学的制度論は制度の持続の説明に適している。他方、制度変化に関する議論は二つに分けられる。まず、制度の自明性は変化が滅多にないことを意味するので、もしあるとすれば変化は外生的に突然起こる。また、制度が自明視される過程自体を制度の変化、さらに起源としてとらえることもできる。それは新たな制度（例えば政府省庁や企業の体制）がモデルとして普及する過程であり、「同型化」と呼ばれる。この学派にも批判はあり、制度の多様性の存在や内生的変化を説明できないこと、先験的に制度の存在を設定しているためアクターやパワーの視点が欠けていることが指摘された。

●歴史的制度論　この学派は、1960年代から70年代の構造機能主義や集団（利益団体）論に対抗して発展した。「歴史的制度論」と名付け、学派の一翼を担ったのはスタインモらの研究である。他の二つの学派よりも理論的基盤が弱いとして、これを新制度論の学派と認めない見方もあるが（河野2002）、広く参照されたホールらの論文（Hall & Taylor 1996）に倣い、ここでは第三の学派に位置付ける。歴史的制度論の特徴は、①制度とアクターの関係を、合理的選択制度論と社会学的制度論の両方を用いて論じる点で折衷的、②どのように制度が社会集団にパワーを不均衡に配分するかに関心がある、③歴史的発展、特に経路依存性の概念を提唱している、④因果関係において制度を唯一の原因とは考えず、社会経済的発展、理念・信条、アクター間の政治過程も考慮することにある。

制度の形成については、アクターの利益だけでなく理念や信条、社会経済構造も取り入れて説明する一方、制度の持続はアクター間でパワーが不均衡に配分されているからだと論じた。他方、制度は外生的に変化するとの理解が初期には多かったが、ピアソンやシーレンなどによって制度の経路依存性の研究が進み、内生的な変化が漸進的に生じることが指摘されたり、その漸進的変化のパターンが探究されたりした。

以上、各学派は理論面・実証面で知見を蓄積していったが、制度の役割や重要性が研究者の間で認められるにつれて、比較政治学者の新制度論への関心は2010年代以降、徐々に薄れていったといえよう。それと前後して制度への関心は、例えば権威主義体制や司法制度に向けられたが、新制度論への言及は少なくなった。他方、各学派は理論的に進化し、比較制度分析の精緻なゲーム理論や長期の現象を扱う比較歴史分析が新制度論の遺産を引き継いでいる。　　［岡部恭宜］

歴史的制度論

☞「経路依存」p. 52,「制度論の
歴史」p. 344

　歴史的制度論は，従来のアメリカ政治学で中心であった行動主義や社会還元主義を批判する形で登場した国家論の視座を継受しつつ，1990年代以降，合理的選択制度論や社会学的制度論などと並ぶ「新制度論（new institutionalism）」の一つとして発展してきた（Evans et al. eds. 1985；Fioretos et al. eds. 2016；Steinmo et al. eds. 1992）．歴史的制度論とはどのようなアプローチなのだろうか．歴史的制度論に依拠する研究の内容は多様だが，「時間的な過程や事象が政治的および経済的関係を規定する制度の起源や変容にどのように影響を及ぼすのかを考察する研究の系譜のこと」を指すとされる（Fioretos et al. 2016：3）．要するに，政治に関連する制度の形成や発展の過程を歴史的・時間的な観点から解明しようとするアプローチのことである．

●**制度論としての歴史的制度論**　歴史的制度論は「制度論」に「歴史的」という言葉が付されているが，当初，新制度論の一種として興隆したこともあり，「歴史的」な視点よりも「制度論」としての視点を重視していた．行動主義が個人あるいは集団の政治アクターの行動や態度に焦点を当てて政治的アウトカムを説明してきたのに対して，歴史的制度論はアクターの選好や行動を規定・制約する「ルールとしての制度」の決定的な役割に注目する（Immergut 1998；ノース1994）．制度の相違が行動，ひいては政治的アウトカムの相違を生み出すという仮説のもと，諸国間の差異を解明する比較論的視座が導かれる．例えば，初期の代表的な研究であるイマグートの『医療政治（Health Politics）』はスウェーデン，フランス，スイスの医療制度の違いがなぜ生じたのかを比較分析したもので，各国の政策決定過程における拒否点構造の違いが医療制度の違いの要因になっていることを明らかにしている（Immergut 1992）．

●**歴史的制度論の「歴史的」視座**　しかし，近年の歴史的制度論は制度論としての視座よりも，「歴史的」な観点をいっそう重視するようになってきている．歴史的制度論は比較歴史分析と密接に連関する形で理論上および方法論上の精緻化が図られ，歴史的・時間的な観点から政治現象を説明するアプローチとして定着してきた（Mahoney & Rueschemeyer eds. 2003；Mahoney & Thelen eds. 2015）．

●**時間の中の政治**　歴史的・時間的視座を重視する姿勢は歴史的制度論の第一人者として名高いピアソンが著した，『時間の中の政治（Politics in Time）』において厳密に論じられている（ピアソン 2010）．ピアソンは同書で，定着した制度は経路依存性をもつため変化しにくいこと，政治的選択が行われるタイミングや

事象が生起する順番（配列）によって結果が変わることなど，時間的文脈によって政治が構造化されていることを指摘している．そして何よりも，出来事が起きた瞬間をスナップショットで切り取るのではなく，長期的な視点をもち「動画」として全体像をとらえることの重要性を強調する．同書は歴史的制度論の理論的発展に貢献し，比較政治学にも大きなインパクトをもたらした．

●**歴史的制度論の基礎的概念**　歴史的制度論は，制度の発展過程を長期的な視点からとらえ，過去に生じた出来事やその積み重ねが現在起きている現象に大きな影響を及ぼしていると仮定する点を特徴とする．このような基本的な視座において鍵を握る概念が「重大局面（critical juncture）」と「経路依存性（path dependency）」である．

●**重大局面**　制度の発展過程を経路の形成・定着の過程として考えてみたとき，初期の段階ではどのような制度が定着するのかは見通せず，制度の選択肢も複数存在する状況にある．経路はまだ踏み固められていない．しかし，ある時期を過ぎると制度が定着し始め，別の制度を選択する可能性が低くなる．その転換点のことを「重大局面」と呼ぶ（Mahoney 2000；Collier & Collier 2002）．

●**経路依存性**　重大局面を過ぎると制度はいよいよ定着し，経路を後戻りしたり，別の経路に転換したりすることは難しくなる．制度や政策が形成され，それらが社会の中で定着すると，それによって便益を享受する受益者が生まれるため，彼らの利益を阻害するような制度改革はなかなか進まない．制度が持続力をもち，変化しにくくなることを歴史的制度論では制度の「経路依存性」と呼ぶ．経路から外れて方向転換することは容易ではなく，現在の制度選択は過去から積み重ねられてきた経路に左右されるのである（Mahoney 2000；ピアソン 2010）．

●**歴史的制度論の新しい展開**　歴史的制度論は制度の安定性を説明するには特に有用なアプローチである．しかし，実際には制度が変化することもあるため，制度変化をいかに説明するのかが歴史的制度論の課題となった．そのため，2000年代以降，歴史的制度論では制度変化を説明するための新たな理論的展開が図られている（Streek & Thelen eds. 2005；Mahoney & Thelen eds. 2010；セーレン 2022）．それらの研究は制度変化に着目しつつ，外発的・急進的な変化よりも，制度の内生的変化や漸進的変化を重視する点が特徴といえる．　　　　［西岡　晋］

📖さらに詳しく知るための文献
・北山俊哉（2011）『福祉国家の制度発展と地方政府——国民健康保険の政治学』有斐閣.
・セーレン，キャスリーン（2022）『制度はいかに進化するか——技能形成の比較政治経済学』（石原俊時・横山悦生監訳）大空社出版.
・ピアソン，ポール（2010）『ポリティクス・イン・タイム——歴史・制度・社会分析』（粕谷祐子監訳）勁草書房.

第17章

選　挙

選挙は，政府の公職者を選出する代議制民主主義にとって不可欠なもので，候補者を輩出する政党の性格やその組み合わせ，当選した候補者が政府内でどう行動するかなど，政治のあり方に決定的な影響を及ぼす．選挙を規定する諸制度は，いつ，どんな形式で選挙が行われるのかに関わるものと，誰がどう投票する（できる）のかを定めるものに大別される．前者は，議会選挙であれば比例代表制と選挙区制を基礎としつつ，両者の混合制も含めて多岐にわたり，予備選挙が実施される地域もある．後者については，投票資格が歴史的に拡大してきたのに加え，秘密投票が導入され，投票に有権者登録が必要とされたり，逆に投票が義務付けられたりなど投票の条件や方法がさまざまに変遷をみてきた．本章では，こうした選挙制度の広がりとその原因・効果に加え，近年関心が高まっている，選挙管理とその適正性の担保に関わる問題についても取り上げる．

[岡山　裕・松尾秀哉]

選挙制度

☞「多数決型・競争型民主政」
p. 202,「多極共存型・合意型
民主政」p. 204

　自由な選挙は，それだけでデモクラシーの条件が満たされるわけではないものの，代表制デモクラシーというかたちを取る現代デモクラシーにとって極めて重要な必要条件である．現代デモクラシーの下では，政治は市民による負託を受けたものでなければならないが，自由な選挙は，この民主政治にとって不可欠な民主的正統性を調達するという役割を第一に果たすものである．どのように代表を選べば，市民の声を反映した政治といえるのかが，ここでは問題となってくる．他方で選挙は，統治に実際に関わる立法府や政府のメンバーを選出する手続きであり，政治的な責任能力と行為能力を備えた立法府や政府をどのようにつくり出すかという問題と必然的に関係してくる．

●**選挙制度とは**　選挙制度とは，選挙のこの二つの側面，すなわち有権者が投票という行為を通じてその選好を表現するという側面と，その有権者によって投じられた票数をもとに統治の実際の担い手を選出するという側面とに関わる手続きの総称であり，より広義には，選挙権の規定，立候補の手続き，選挙運動，選挙管理など，選挙のプロセスのすべてに関わる技術的規定をも含む．選挙制度の中でも，選挙結果や政治システム全体にとってとりわけ重要な意味をもってくるのは，①選挙区の定数（小選挙区と大選挙区），②候補者（個人か候補者名簿か．また後者の場合，拘束式か非拘束式か），③投票方式，すなわち有権者が投じることのできる票の数（単記制と連記制，また，選好順位を記入させる移譲式），④議席割り当て方法（多数代表制か比例代表制か．全国区，広域ブロック，各選挙区など議席配分単位の違い．比例配分の計算方法，ボーナス議席や調整議席などの取り扱い．阻止条項など）である．

　こうした選挙制度の違いは，選挙結果に大きな影響を与える．当選者が１人だけか複数か，またどれぐらいの候補者が当選するかの違いはいうまでもなく有権者の投票行動を左右することになるし，議席への変換方法の違いによって，選挙後の議会構成は大きく左右される．そのような投票結果と議席変換との関係はさらに有権者の投票行動に影響を与えざるを得ない．

●**比例代表制と多数代表制**　今日の民主主義諸国の選挙制度は，選挙の二つの機能，代表性の確保および機能する政府の創出のどちらを重視するかで，比例代表制と多数代表制との二つに大別される．比例代表制は，前者の観点，すなわち社会に存在するさまざまな集団の利害・選好を広範に議会に包摂することを重視するものである．これに対し多数代表制は，議会を社会の縮図のように構成するこ

とよりも，議会多数派を明確につくり出し，これに依拠した安定した政府を生み出すことを重視するもので，この制度の下では，有権者に期待されるのは，みずからの代表を議会に送り出すことではなく，誰（どの政党）に政権を委ねるかを決定することである．比例代表制が得票率に応じて各政党に議席を与えるのに対して，多数代表制では基本的に各選挙区での最多得票者にのみ議席を与え，誰が勝者かを明確にしようとする．

●**選挙制度と政治システム**　当然，こうした選挙制度の違いは，それぞれの国のデモクラシーのかたちを根本的に規定することになる．オランダの比較政治学者レイプハルトは，現存する民主主義体制は，多数決型民主主義とコンセンサス型民主主義とに大別されるとしているが，この二つの異なるタイプの民主主義体制は，それぞれ多数代表制と比例代表制を採用しており，そのことが，多数派の意思を前面に押し出す統治を特徴とする前者と，政策に関するより広範な勢力間の意見の一致を重視する後者という違いを生み出す大きな一因にもなっている．政党システムに関しても，勝者だけに議席が与えられる小選挙区制＝多数代表制の下では小政党は生き残りが難しく，二党制が生まれやすいのに対して，小政党も議席獲得が可能な比例代表制の下では多党制となりやすい．そうした選挙制度の別による選挙の二つの機能のあいだのトレードオフの問題を緩和するために，両制度を組み合わせた混合型の選挙制度を採用する国も増えている．

　レイプハルトが論じているように，こうしたデモクラシーのタイプの違いには，それぞれの国の社会的亀裂の複雑さ（社会の多元性の大小）が関係しており，多数代表制か比例代表制かは，デモクラシーのかたちの違いの原因というより，多分に社会的亀裂のあり様の産物という性格をもっていることは事実である．しかし他方で，選挙制度は，政治のかたちや政治的競争に参加するプレイヤーのあり方・数にまで大きな影響を与えるため，政治のかたちを変えるための手段とされたり（1990年代前半の日本やイタリアでの選挙制度改革はその例である），あるいは，政治的競争をみずからに有利に運ぶための操作の対象にもなる．この点は，どのような選挙制度を採用するかという大きな制度の問題だけにとどまらず，人口変動などに伴う選挙区割りの見直しや定数の配分の変更も政党の消長に多大な影響を与えるため，政治的操作や政治的対立の対象になりやすい．したがって，こうした区割りの変更や定数配分の変更の決定をいったい誰が行うのか（政治家が行うのか，第三者が行うのか）に関する制度も重要である．

[野田昌吾]

📖**さらに詳しく知るための文献**

・レイプハルト，アレンド（2014）『民主主義対民主主義──多数決型とコンセンサス型の36カ国比較研究』第2版（粕谷祐子・菊池啓一訳）勁草書房．

・川人貞史ほか（2011）『現代の政党と選挙』新版，有斐閣．

・砂原庸介（2017）『分裂と統合の日本政治──統治機構改革と政治システムの変容』千倉書房．

多数代表制と比例代表制

☞「中選挙区制」p. 356

　多数代表制とは得票の順に議席を与える選挙制度であり，多数派に有利な仕組みとなる．比例代表制とは得票に応じて議席を与える選挙制度であり，少数派にも議席を得る機会がある．多数派による安定的な国政運営か，少数派による政治的な代表の確保か．バジョットやミルらの問題提起は，依然として重要である．選挙制度の比例性を巡っては，大きく二つの考え方がある．多数代表制と比例代表制のように質的な違いとして分類するか，比例性を指数化し，その違いを連続的にとらえるかである．

●**議席決定方式**　レイの古典的な研究によると，選挙制度は三つの変数に基づいて分類できる．議席決定方式（electoral formulae），選挙区定数（district magnitude），投票方法（ballot）である（Rae 1971）．議席決定方式は相対多数式（plurality），絶対多数式（majority），比例式（proportional）に大別される（これらを組み合わせる混合式［mixed］もある）．相対多数式は，議席獲得のために競争相手より多くの得票を求める．絶対多数式は，過半数の得票を求める．比例式は，得票に見合った議席を配分する．なお，投票方法にはカテゴリカル（categorical）と順序的（ordinal）があり，前者では有権者が候補者や政党から一つ以上を選んで投票し，後者では候補者や政党に選好の優先順位を付ける．

●**選挙区定数**　多数代表制と比例代表制の違いに直接的に関わるのは議席決定方式であるが，選挙区定数が比例性に最も影響するとの見解も有力である．得票率と議席率の差の絶対値の総和を2で割る Loosemore-Hanby 指数など，非比例性指数にはいくつかあり（Gallagher 1991），選挙区定数が小さいほど指数の値は大きい（Taagepera & Shugart 1989）．選挙区定数に代え，その逆数となる当選に必要な最低得票数（electoral threshold）を用いることがあり（Lijphart 1994），これは後述の当選基数の考え方に等しい．選挙区定数と総議席数の積からは有効政党数を近似できる（Shugart & Taagepera 2017）．他方，比例式の議席決定方式と選挙区定数1は相反するように，実際の選挙制度では，レイの挙げた変数は相互に関連する（Farrell 2011）．そこで，各議席決定方式の代表的な選挙制度を取り上げ，選挙区定数や投票方法との関係，比例性への影響を整理する．

●**相対多数式**　代表的な選挙制度として，いわゆる小選挙区制があげられる．正確を期すならば，単数選出相対多数式（single-member plurality：SMP）である．選挙区定数は1であり，投票方法はカテゴリカルとなる．有権者は候補者の中から1名を選んで投票し，最多の票を得た者が当選する．英米加，インドなど旧英

植民地で用いられることが多い．選挙結果の比例性が低いことで知られる．

●**絶対多数式**　代表的な選挙制度として，フランスの2回投票制（two-round system）やオーストラリアの優先順位付投票制（alternative vote）がある．フランスの2回投票制は上記の小選挙区制（単数選出相対多数式）と同じく，選挙区定数は1，投票方法はカテゴリカルであるが，第1回投票で過半数の票を得た候補者がいない場合，登録有権者数の12.5％以上の票を得た候補者が第2回投票に進むことができる（国民議会議員選挙の場合）．3名以上の候補者が第2回投票に進む場合，絶対多数の選挙結果は得られない可能性がある．他方，オーストラリアの優先順位付投票制も選挙区定数は1であるが，投票方法は順序的であり，有権者が候補者に選好の順位を付ける点が異なる．過半数の票を得る候補者が現れるまで，有権者の付けた選好順位に従って，得票最下位の候補者の票を得票上位の候補者に移譲するプロセスを繰り返す．相対多数式と同様，絶対多数式の比例性は高くない．

●**比例式**　名簿式の比例代表制があげられる．比例式の下位類型には，最大剰余式（largest remainder）と最大平均式（highest average）がある．最大剰余式は当選基数で政党の得票数を割り，まず，その商の数だけの議席を，次いで，その剰余の大きい順に残余の議席を割り振る方式である．当選基数にはヘア式＝投票数/選挙区定数，ドループ式＝投票数/（選挙区定数＋1）＋1，インペリアリ式＝投票数/（選挙区定数＋2）などの違いがあり，当選基数が大きいと剰余の多さから比例性が高くなる．他方，最大平均式は整数で得票数を割っていき，その商の大きい順に議席を割り振る方式である．ドント式は自然数，サンラグ式は奇数で得票数を割るので，後者の方が比例性は高い．選挙区定数については全国を1とせず，いくつかに分割すると，比例性が低くなる．なお，投票方法はカテゴリカルであり，有権者は政党ないし候補者に投票し，候補者の名簿順位を変えられない拘束名簿式のほか，名簿順位を変えられる場合や順位自体がなく候補者の得票順に議席を与える場合（非拘束名簿式）などがある．

　なお，日本の衆議院で用いられていた中選挙区制（単記非移譲式投票制，single non-transferable vote：SNTV）の比例性は，一定の条件の下でドント式と数理的に等しい（李 1992）．ただし，議席決定方式は相対多数式であり，選挙区定数は3から5程度である．　　　　　　　　　　　　　　　　　　　　　［上神貴佳］

📖さらに詳しく知るための文献

・加藤秀治郎編訳（1998）『選挙制度の思想と理論』芦書房．
・川人貞史（2004）『選挙制度と政党システム』木鐸社．
・レイプハルト，アレンド（2014）『民主主義対民主主義——多数決型とコンセンサス型の36カ国比較研究』第2版（粕谷祐子・菊池啓一訳）勁草書房．

混合制

☞「多数代表制と比例代表制」
p. 352

　複数の選挙定式（当選者決定方式）を導入した選挙制度を混合制という．一般には議会の一院あるいは地方議会の1回の選挙において，定数を多数代表選出部分と比例代表選出部分に分け，それぞれで当選者ないし議席数を決定した後，全体の当選者を決定する選挙制度を指す．二院制議会で上院が比例代表制を，下院が小選挙区制を採用しているような場合は，混合制といわない．多数代表制と比例代表制を組み合わせることで，多数代表制の長所である安定政権の樹立と比例代表制の長所である多元性の確保の実現，多数代表制の短所である小党の排除と比例代表制の短所である多党化状況の回避を目指す．多数代表と比例代表それぞれに投票する2票制の場合には，多数代表で候補者を，比例代表で政党を選択する，あるいは多数代表で地域密着的な候補者を，比例代表でより大きな単位の県，州や全国を代表する政党ないし候補者を選択できる点も利点とされる．

　混合制は多数代表と比例代表のどちらに重きを置くかで，混合多数代表制（mixed-member majoritarian repsentation：MMM）と混合比例代表制（mixed-member proportional representation：MMP）に大別されてきた．前者は衆議院議員選挙の小選挙区比例代表並立制が，後者はドイツ連邦議会（下院）議員選挙で採用されてきた小選挙区比例代表併用制が代表例である．しかし，1990年代以降，多くの国が混合制を採用したことで多様性が増し，これら二つの分類に収まらなくなるとともに，種々の分類基準が提起されてきた．ここでは，マシコットら（Massicotte & Blais 1999）の分類に依拠し，異なる選挙定式で選出する部分（例えば多数代表部分と比例代表部分）の関係が独立的か，非独立的かという点に注目して分類し，それらの特徴と下位類型について説明する．

●**独立型混合制**　多数代表選出部分と比例代表選出部分が相互に影響を及ぼすことなく，それぞれ独立して当選者を決定し，それらを単純に合計して全体の当選者を決定する混合制を独立型の混合制と呼ぶ．独立型混合制は共存型，重層型，融合型に下位分類される．混合制は多数代表で選出する選挙区（定数を1とする小選挙区制が多い）とそれよりも定数が大きい選挙区での比例代表制を全国的に組み合わせる二層制が一般的だが，共存型は一層制，つまり特定の選挙区とそれ以外の選挙区で異なる選挙定式を採用している混合制を指す．例えばフランス元老院（上院）議員の選挙では，定数2以下の選挙区で2回投票制を，定数3以上の選挙区で比例代表制を採用している．

　重層型は二層制の独立型混合制で，衆議院議員選挙の小選挙区比例代表並立制

に示されるように，並立制（parallel voting）とも呼ばれる．重層型では2票制が多いが，1票制の場合もある．その場合には小選挙区の候補者と比例代表の政党の候補者名簿が関係付けられているので，2票制のような分割投票はない．重層型は，準比例代表制の一種とみなされるが，比例度は多数代表と比例代表の定数比による．

　融合型は一つの選挙区で異なる当選者決定方式を採用する．つまり一つの選挙区内で一定議席を多数代表で，そのほかを比例代表で選出するような混合制をいう．2005年から2017年までのイタリア元老院（上院）の選挙制度がこれにあたる．

●**非独立型混合制**　非独立型の混合制は修正・補償型と条件型に下位分類される．前者の代表例は小選挙区比例代表併用制である．併用制は定数を多数代表部分と比例代表部分に分けるが，全体の議席配分は各党の比例代表での得票に基づく．実質的には比例代表制だが，小選挙区での当選が優先される点で純粋な比例代表制と異なる．ドイツ下院の場合，議席配分は比例代表の全国集計票に基づいて州ごとに各党に配分される．小選挙区での当選者の議席は比例配分される議席数に含まれるが，小選挙区での当選者数が比例配分される議席数より多い場合には，当選者数は定数より多くなり，超過議席となった．ニュージーランド議会（一院制）も併用制を採用している．

　超過議席を回避するために，比例票に基づく議席配分の際に小選挙区での当選者数を除外する混合制は日本では連用制（小選挙区比例代表連用制）と呼ばれるが，一般的には併用制とともに混合多数比例代表制に分類される．特に区別する場合には，小選挙区での当選者決定後に追加的に比例代表議席を決定することから，追加議員制（additional member system：AMS）と呼ぶ．スコットランド議会やロンドン議会で採用されている．

　1993年から2005年までのイタリアの代議院（下院）選挙制度も修正・補償型に分類される．この選挙制度は，比例代表での議席配分を各党の得票数そのもので行うのではなく，小選挙区で当選者を出した政党（連合）が獲得した比例票から次点候補の獲得票＋1票を控除した修正票で行うことにより，小選挙区で当選者を出せなかった小政党が比例代表で議席を獲得できるようにした．

　条件型の代表例は1923年のイタリア下院選挙法で，最多得票政党の得票率が25％を超えた場合，その政党に議席の3分の2を付与し，残余議席を他の政党で比例配分することを定めた．この多数派ボーナス制（majority bonus system：MBS）がファシスト党の独裁に道を開く一端となった．

●**超混合制**　複数の混合制の組み合わせは，超混合制と呼ばれる．日本の参議院議員選挙の選挙区は小選挙区（相対多数代表）と中選挙区（単記非移譲投票制）が混合しており，共存型と重層型（選挙区と比例区）の超混合制といえる．

［池谷知明］

中選挙区制

☞「選挙制度と政党システム」
p. 362

　中選挙区制は，各有権者が一票を候補者に対して投じ，相対多数によって上位複数名が当選する選挙制度である．これは，上位一名が当選する小選挙区制と対比される複数人区制の一種であり，選挙区定数が 3〜5 名程度のものを特に中選挙区制と呼ぶ．比較政治学では，小選挙区制を含む単記非移譲式投票制として知られる．衆議院議員総選挙では，1925 年から 1993 年まで基本的に中選挙区制が用いられてきた（1946 年の総選挙時のみ大選挙区制限連記制）．参議院議員通常選挙の選挙区選挙では，定数 1 の小選挙区制を含む単記非移譲式投票制が 1947 年の第一回選挙以来利用されている．地方議会選挙においても，定数は 1 から 10 以上までと幅広いが継続的に単記非移譲式投票制が用いられている．諸外国においては，アフガニスタン，インドネシア，台湾などで国政選挙における利用実績がある．

●政党システムと政党組織　中選挙区制の比較政治学的研究関心の一つの焦点は，政党システムおよび政党組織にどのような影響があるのかということであり，それらを通じてどのような政治過程が形成されるかということにある．まず，中選挙区制は当選に必要な得票率が低く，中小政党に対して許容的である．選挙区定数 M の選挙区においてはそのドループ基数である $1/(M+1)$ の得票率が当選の十分条件であり，3 人区では 25%，5 人区では 16.7% と，この閾値は選挙区定数が大きくなるほど低くなる．実際に戦後日本政治においては共産党，公明党，および，民社党といった中小政党が一定の議席を確保した．他方で，1955 年以降 1993 年まで自民党が長期政権を維持してきたことから，中選挙区制は一党優位政党制をもたらすのではないかということが研究されてきた．単記非移譲式投票制であることに注目すると，理論的に中選挙区制は（ドント式）比例代表制よりも大政党に不利な選挙制度である．これは政党が最適な候補者擁立・得票配分戦略をとった場合の議席配分がドント式比例代表制と同一であり，同一選挙区に複数候補者を擁立する大政党のみが後述する戦略の失敗によって議席を減少させる可能性があるからである．しかしながら，中選挙区制は選挙区定数が 3〜5 名程度と小さいため，ドント式比例代表制よりは比例的であっても大政党に非常に有利な非純粋比例的選挙制度である（川人 2004）．実際に 1967 年から 93 年までの衆議院選挙において，自民党は一度も 50% 以上の得票率を得られなかったにもかかわらず，半数以上の選挙で過半数の議席を得た．総合的には，中選挙区制は大政党に有利ではあるがそれは小選挙区制ほどではなく，一党優位政党制の要因であるとはいえない．実際に戦前の日本では中選挙区制のもとで二大政党

制が成立し，戦後初期には多党制が成立していた（川人 2004）．

　中選挙区制において，大政党の候補者は選挙区内で同一政党の候補者と競争するため，政党ラベルに頼ることには限界があり，個人投票が重要になる．そのために，他の候補者とは異なるセクターの利益を代表したり，一部の地域に利益誘導を図るといった戦略が取られる（建林 2004）．これらは派閥や党内グループを発達させ，政党の一体性を弱める．政党の立場からみると，選挙区内での同一政党候補者間の選挙競争は，適切な数の候補者を擁立しその間で票を均等に配分するという課題を大政党に課している．そして，候補者の過少擁立，過剰擁立，および，得票の不均等配分という戦略の失敗は，大政党の議席を減少させる可能性がある．そこで，党内派閥や政策分野の棲み分けは，政党による得票均等化の手段であるとも考えられた（Ramseyer & Rosenbluth 1993）．しかし，自民党は候補者数抑制によって過剰擁立の失敗の減少には成功したが，得票の不均等配分に対処しようとした，あるいは，対処することができたという主張は実証的な根拠を欠く（川人 2004）．こうした中選挙区制の政党組織への影響の研究は，主として戦後日本政治における自民党の政党組織のあり方から研究が進められてきた．したがって，どこまでが中選挙区制による影響であり，それがどの程度に一般化可能かについては慎重である必要がある．例えば，個人投票が重要であることについては，制約的な日本の選挙運動規制の影響が指摘されている（川人 2004）．また，大政党の候補者間で票割りが必要になるという状況も，戦前の二大政党制時代や戦後初期の多党制の時期にはあまり当てはまらない．派閥や個人後援会の発展が自民党の一党優位政党制のもとで起こったことにも留意する必要がある．

●投票行動　中選挙区制における投票行動は，上述した個人投票の重要性に加えて，独特な戦略投票とその結果としての得票均衡によって特徴付けられる．まず，単記非移譲式投票制においては，選挙区定数 M に対して基本的には $M+1$ 人の有力候補者によって実質的な競争が行われる．ここで上位 M 人の当選者はその得票が等しくなり，有力候補者以外の得票は 0 になる．これは，有権者が自分の一票によってより好ましい候補者を当選させようとする場合，確実に当選する候補者や確実に落選する候補者に投票することが合理的ではないからである（Cox 1997）．小選挙区制の研究ではこのような戦略投票と，上位 2 名の有力候補者のうち好ましい方に投票するという準誠実投票とを区別できないのに対して，中選挙区制の研究では両者を区別することが可能であり，戦略投票を行っている有権者が十分に多いことが示されている（Katsumata & Noda 2024）．　［勝又裕斗］

📖さらに詳しく知るための文献

・Cox, G. W. (1997) *Making Votes Count: Strategic Coordination in the World's Electoral Systems.* Cambridge University Press.
・川人貞史（2004）『選挙制度と政党システム』木鐸社.
・建林正彦（2004）『議員行動の政治経済学——自民党支配の制度分析』有斐閣.

阻止条項

☞「ポピュリズムとは何か」
p. 162,「多数代表制と比例代
表制」p. 352

　選挙制度において，政党への議席配分に一定の得票数や得票率の獲得を条件とする仕組み．英語で「選挙の敷居（electoral threshold）」と呼ばれているように，当選のための一種のハードルとなる制度を指す．

●**選挙制度との関連**　阻止条項として一般的に認知され，かつ世界的に普及しているのは，比例代表制において選挙法などの法規によって議席獲得のための最低得票率を規定するケースであり，ヨーロッパ諸国の選挙制度に多くみられる．その中でも，例えば最低得票率の数値（全国レベルでの5%［(西)ドイツ，エストニア，リトアニア，アイスランド，スロバキアなど］，4%［ブルガリア，スロベニアなど］，3%［ギリシャ，イタリアなど］等々）や，適用範囲（国レベル［多数の国］，州・地域レベル［ジョージアなど］，選挙区レベル［ベルギーなど］），適用する対象（政党のみ［多数の国］，無所属候補や政党連合にも適用可［ポーランドでは，政党には5%，政党連合には8%と，別々の得票率を設定している］）などの基準によりさまざまなヴァリエーションがある．そのほかにも，少数民族や特定の地域を代表する勢力に配慮して，例外や付帯条項を設けている国もある．

　比例代表制以外の選挙制度下でも，規定によって当選を阻止する仕組みは存在する．フランスの下院・国民議会の選挙は小選挙区2回投票制となっているが，第一回投票で12.5%の得票率に達しなかった政党ないし政党連合は，第二回選挙には立候補できない．小選挙区比例代表並立制を採用する日本の衆議院選挙では，小選挙区で落選した重複立候補者が比例代表区で復活当選するには，自身が出馬した選挙区の有効得票数の10%の票を獲得しなくてはならない．

　法的には直接の規定はないものの，特有の制度により，議席獲得が阻止されるケースもある．一院制のポルトガルやフィンランド議会では阻止条項のない比例代表制を採用しているが，比例配分する議席数を大小さまざまな定数の選挙区に分けている．定数の少ない選挙区（フィンランドには1議席，ポルトガルには2議席定数の選挙区もある）では得票率の低い政党は議席獲得が困難になるため，結果として法定の阻止条項に類似した効果を発揮することになる．

●**利点と問題点**　阻止条項導入の利点は，得票数や得票率の低すぎる政党への議席配分による小党分立の発生を防止する点にある．議会で議席を獲得する政党が小規模の勢力に細分化されすぎると，首相指名や政権構築のための安定した多数派形成が困難になる恐れがあるからである．反面，阻止条項導入により一定の得票率未満の政党が議席を獲得できなくなることから，選挙の平等の原理に反する

というデメリットもある．多数派形成よりも意見表出に重きを置く議会の場合，選挙制度に小党分立防止の阻止条項は不要という議論もある．欧州議会の選挙制度では多くの欧州連合（EU）加盟国が阻止条項を導入する中で，ドイツでは連邦憲法裁判所により，2013年に5％から3％に改正，2014年に廃止の判決が下っている．理由は，欧州議会が内閣や首相（欧州委員会や委員長）を擁立する権限をもたないため多数派形成をする必然性が弱く，むしろ多様な意見表出を重視するという解釈から，阻止条項の導入は選挙の平等を侵害する，と判断されたためである．また人権・民主主義・法の支配の分野で国際社会の基準設定を行う欧州評議会では，2007年の第1547決議58項で「安定した民主主義国家では議会選挙の阻止条項は3％を超えてはならない」としている．その理由として同評議会では「コミュニティからの意見表出の平等と，政府・議会の効率性の間でバランスを取る」ことが重視されるためだという（Council of Europe 2007）．

●**改革の論点**　国内においても阻止条項改正の議論は起きている．大きな理由は，多くの国で大政党の支持率低下により小政党の得票率が上昇してきたこと，しかし阻止条項により議席獲得ができない政党が増えてきたためである．阻止条項が死票増加の要因になってきたのである．死票が増えると議席を獲得できない政党数や議席数が増え，逆に議席を獲得した政党や政党連合の議席数と議席率が上昇して，元々の選挙での得票率に応じた比例配分から乖離してしまうという問題が生じる可能性がある．また場合によっては，過半数の得票率を得ていない政党が，阻止条項の効果で過半数の議席を獲得するという事態も生じうる．

　改革の必要が叫ばれるようになってきた背景には，社会状況の変化がある．第二次世界大戦後に阻止条項が導入されたのは，社会が不安定で反体制的政党が議席を獲得する恐れが多分に存在したためである．しかし民主体制が定着して福祉国家が発展，さらに冷戦が終結して原理的なイデオロギー対立が弱まったといわれる現在，先進国の多くでは既成政党に対する不満を吸収するポピュリスト政党こそ台頭しているものの，かつてのような反体制的な原理的反対党が大勢を占めることは考えにくい．そのような状況下では，もはや阻止条項は不要ではないか，あるいは阻止条項として規定された得票率の基準を下げて，より幅広い政治勢力の議会進出を促すべきではないかという議論が起きているのである．

　その一方で，民主化途上の国や国内の政治情勢の安定を欠く国では，権力者側が特定の反対勢力や過激勢力の議席獲得を阻止するために，不当に高い得票率を阻止条項として設定する場合もある．いずれにせよ，阻止条項の設定に関しては，意見表出の多様性の確保と当該国や地域の政治体制の安定性や効率性の両方に目配せする必要があるといえる．　　　　　　　　　　　　　　　[河﨑　健]

📖**さらに詳しく知るための文献**
・大林啓吾・白水隆編著（2018）『世界の選挙制度』三省堂．

予備選挙制度

☞「選挙管理」p. 372

　予備選挙制度（プライマリー）は，議会や大統領など選挙の前に，それぞれの政党や政党連合の候補者を決定するために行われる選挙のことである．プライマリーは19世紀半ばにアメリカにおいて最初に導入されたとされる．21世紀に入ると，ヨーロッパやアジア，ラテンアメリカなど世界に広がり，ブームを迎えている．プライマリーの導入に注目が集まる背景としては，それまでの議会制民主主義が停滞や危機を迎えているという認識があった．プライマリーの導入は，候補者選定過程をエリートから人々の手に取り戻して民主化し，議会制民主主義を刷新する手段と期待された（Hazan & Rahat 2010）．しかし，ブームの影で，歴史的な先例であるアメリカを筆頭に，プライマリーは分極化や政治のコスト増大など，さまざまな問題をもたらすことが指摘される（Boatright ed. 2018）．以下では，予備選挙制度の制度的な特徴と具体的な事例を押さえた後で，それが現代の民主主義に与える多面的な影響を概観していく．

●**予備選挙制度の制度的特徴**　予備選挙は，いくつかのタイプに分けることができる．まず選出する候補者の選挙によって，政党や政党連合の執政長官候補や議員候補，政党党首のプライマリーがある（Sandri & Seddone 2021）．実施についても，法律や政党規約に基づき義務的に実施されるプライマリーか，義務的でなく政治状況に応じて実施されるかに分かれる．次に，候補者を選ぶ政党の党員などに限定されているクローズド・プライマリー（閉鎖型予備選挙）と参加料の支払いなどを条件に党員以外も投票できるオープン・プライマリー（開放型予備選挙）がある．ただし，プライマリーの定義の境界は曖昧で，党首プライマリーなど従来の党員投票と類似した党首選挙がプライマリーと呼ばれる場合もある．あえてプライマリーということで，メディアの注目を集め，本選挙の投票を有利に運ぼうという企図がある．

　プライマリーの実施は大規模なアメリカを除いて稀であるが，2020年代初頭のデータをみると下記のような実施状況である．

　プライマリーは，本選挙と比較した制度的な相違が重要である．プライマリーは，通常選挙に関する法的規制の対象とならないことが多い．候補者資格，有権者資格，選挙運動や政治資金規制，選挙管理については，本選挙では選挙法などで定められ，公的な選挙管理機関による選挙管理の対象となる．他方，プライマリーについては，歴史的に幅広く実施されてきたアメリカでさえ州法などの規制は本選挙と比べると厳格ではなく，他の国では政党規約で概要が規定される程度

にとどまる．プライマリーは緩やかな規制で行われるため，透明性や公正性に関して，批判も寄せられる．

●**予備選挙制度と民主主義の関係**　プライマリーは議会制民主主義の刷新にどれほど貢献できているだろうか．その評価は両義的なものにならざるを得ない．

　候補者選定過程の民主化については，党員や一般参加者の関与が制度化されるものの，従来の利益団体や地方有力者などの選挙地盤を有する政治家を抑え，政党指導部の意向を反映する手段になりうる可能性が指摘される．他方で，プライマリーによって，従来のような政党指導部の候補者選定と比較して，現職以外の新規の政治家の参入機会は増大するという研究もある．ただし，本選挙と比べると，プライマリーは本選挙を含む長期的運動を要するため参加コストが上がり，ジェンダーやエスニシティーの点でマイノリティー出身の候補者の選出を困難にするともいわれる（Astudillo & Paneque 2021）．さらに，プライマリーは本選挙に比べて，大口献金者や利益団体，活動家などインサイダーの影響力を強めるため，一般党員や有権者の影響はかえって制限されるとの研究もある．

　プライマリーの実施目的についても，候補者選出過程の民主化という主眼の背後にある理由の重要性が指摘される．ただし，政党や政党連合における議員や施政長官候補のプライマリーについては，候補者決定過程における連合内・党内の集合行為問題を解決し，プライマリーによる決定という正当化を通じて，党内規律の確保や選挙前連合の結束を確保する狙いもある．さらに，プライマリーの実施は，本選挙における支持者の掘り起こしや党員の動員という目的ももつ．ただし，得票増大効果の実証は難しく，強い根拠があるとはいえない．イタリアなどの事例では，少なくともプライマリーを総選挙前に実施することで，有権者の支持動員が進んだといわれている．

　プライマリーの導入は民主主義の安定をもたらすとは限らない．実際アメリカのプライマリーに関する研究では，本選挙と比較して急進的選好をもつ活動家や圧力団体の影響が強く候補者選定に反映されるため，選出される候補者は左右に急進化し，分極化が進むとされる（西川 2016）．ただし，有権者レベルまで分極化が及ぶかは争いがある．候補者レベルの分極化は，大統領選挙など選出母体が広範になるほど，拮抗した状況で帰趨を左右する無党派層や浮動票の獲得を難しくしてしまう課題も生んでいる．政党規律の点でも両義的な効果がある，プライマリーの実施は，同一党内での争いであることから，政党の個人化（personalization）や政党イメージの低下につながる．他方で，首相候補などの選出は指導者の正統性を強化して，党首効果などを通じて政党や政権連合内の造反を抑える効果が期待できる．　　　　　　　　　　　　　　　　　　　　　　　　　　　　［伊藤　武］

選挙制度と政党システム

☞「デュベルジェの法則」
p. 296,「中選挙区制」p. 356

　選挙制度がいかに得票を議席に換算するのか，選挙制度が及ぼす政党への作用を三つの側面から検討する．一つ目は選挙区定数で，当選者数から小選挙区と大選挙区が大別される．二つ目は当選基準で，多数性と比例性があり，前者は後者の比例的でない特殊な場合である．三つ目は有権者の票数であり，1票を投じる単数票と，2票以上を投じる複数票が区別される．

●**多数性と二大政党制**　定数1で，候補 A，B，C が 45%，40%，15% を得票すると，相対多数では 45% の A が当選する．絶対多数では過半数が基準となり，この場合は過半数に達する候補がいない．選挙を繰り返す事後解決としては，フランスが決選投票を行う代表例である．1回目の上位2名に絞るか，2回目からの立候補を認めるなど制度的な多様性もあり，得票の少ない候補を順に除外していく予選方式も事後解決といえる．相対多数か絶対多数かの問題も得票を議席に換算する比例性に関わっている．相対多数であれば，A の得票でない 55% は死票となる．絶対多数では，有権者に選択肢を再考させることで，死票が 50% を上回ることを防ぐ．

　$\sqrt{\sum(v_i-s_i)^2/2}$ は政党 i の得票率 v と議席率 s の差の2乗を全政党で合計したものの半分の平方根であり，1に近いほど得票議席換算は比例的でなくなり，0に近づくほど比例的であることを示す（Gallagher 1991）．最も比例的でない相対多数は選択肢を減らす作用が強く，デュベルジェの法則としても議論されている（Duverger 1954）．選挙制度による得票議席換算が比例的でないと，得票が多いほど有利になり，こうした制度的作用に加えて，有権者にも次善の選択肢に投票するという心理的作用が働く．上記の例で，C の当選見込みは低く，C を支持する有権者が B の当選を望むのであれば，B に投票することでみずからの票を生かすことができる．制度・心理の相互作用を通じて，小選挙区相対多数は，2名の有力候補に絞り込み，政党システムとしては二大政党制を定着させる．

　絶対多数では，相対多数の心理的作用が働かず，第3候補以下が排除されず，有権者にとっては選択肢が増える．オーストラリアは絶対多数の事前解決の代表例であり，有権者に投票の際に選択肢に序列を付けさせ，得票の少ない候補の得票を他の候補に有権者の序列に応じて移譲させる．有権者には次善以下の候補への票の移譲があることで泡沫候補への票さえ死票とならない可能性が高まる．

　大選挙区相対多数としては，例えば，日本の参議院の全国区では，得票上位50名が当選する制度を 1980 年まで採用していた．また衆議院では，1993 年まで

各選挙区から得票上位 3～5 名が当選し，比較的少ない定数のため中選挙区とも呼ばれ，デュベルジェの法則の検証にも用いられてきている（Taagepera & Shugart 1989；Reed 1990；Cox 1997）．大選挙区絶対多数としては，アイルランドが代表的な国であり，中程度の定数で絶対多数を超える得票を他候補に移譲する．絶対多数はドループ・クォータ，1/（定数＋1）で求められ，例えば，選挙区定数 4 の場合，1/5，つまり 20％ が落選しない基準となる．

●**比例性と多党制**　比例代表の代表的な得票議席換算方式はドント式であり，一連の整数を除数とし，定数分の議席を配分する．例えば，定数 10 とすると，各政党の総得票数を整数で割り，10 番目に多い得票数が 10 議席目を配分するに必要な最小限の得票数となる．最小限の得票数で各政党の総得票数を除したのが各政党の議席数であり，最小限の得票数未満の得票が死票となる．北欧諸国で用いられるサンラグ式は，整数の代わりに奇数を除数とすることで，1 議席を獲得するのに必要な最小限の得票数を少なくし，小政党にも議席を獲得する可能性を高める．デンマーク式は除数の間隔を 3 とし（1，4，7，10，13，…），さらに最小限の得票数を少なくする．選挙制度の比例性が高まり，小政党でも議席を獲得する可能性が高まると，有権者にとっての選択肢は増加し，政党システムとしては多党制が定着する．

　選挙制度の主要な側面の三つ目は票数であり，投じる票数が限られるほど，有権者にとっての選択肢は減少する．2 票以上を投じる複数票では，累積投票と部分棄権の可否によって選択肢の増減に及ぼす作用は異なる．例えば，3 票を投じるとして，累積が認められる場合，3 票すべてを同じ選択肢に投じることができ，部分棄権が認められる場合，3 票すべてを投じる必要はない．逆に累積が認められず，部分棄権も認められない場合，みずからの 1 票を無効にしないためには，あまり望ましくない選択肢にも投票することが求められる．複数票であっても累積が認められ，部分棄権が認められると，選択肢を増やす作用は緩和され，1 票に限られると，選択肢を減らす作用はさらに強くなる．

　政党システムは，選挙制度だけでなく，社会，歴史，文化にも規定され，特に社会的亀裂によって凍結されるという議論もある．両者は相互に規定し，補強する関係にあり，全般的な傾向として，小選挙区，相対多数，単数票の選挙制度では，比例性は低く，選択肢は絞り込まれ，二大政党制が促される一方，大選挙区，比例代表，複数票の選挙制度では，比例性は高まり，選択肢は多様となり，多党制が促される．　　　　　　　　　　　　　　　　　　　　　　　　　　　　［増山幹高］

📖**さらに詳しく知るための文献**
・川人貞史（2011）「第 6 章 選挙制度と政党システム」「第 7 章 日本の政党間競争と選挙」川人貞史ほか『現代の政党と選挙』新版，有斐閣．
・レイプハルト，アレンド（2014）『民主主義対民主主義——多数決型とコンセンサス型の 36 カ国比較研究』第 2 版（粕谷祐子・菊池啓一訳）勁草書房．

選挙権の導入

☞「権威主義体制における選挙」
p. 238，「有権者登録」p. 366，
「有権者」p. 378

　選挙権の導入を，性別等を問わず，一定の年齢以上の市民に等しく選挙権が与えられるという意味での普通選挙と解すると，世界199カ国のうち約97%が該当するという調べがある（Our World in Data 2022）．

●**制限選挙から普通選挙へ**　選挙という方法は，その歴史を古代ギリシャの例に遡ることができる．スパルタやアテネなどのポリス（都市国家）では，集会における歓呼や投票によって会議の代表者を選出したり，共同体の構成員を追放（いわゆる陶片追放）したりした．しかし，そうした選挙権は，自由人の男性に限定されていた（Mitchell 2015）．

　身分や納税額などに限定されずに，ある年齢に達した成年男子に選挙権が与えられた形は，普通選挙（universal suffrage）と呼ばれた．この言葉は，普通選挙制導入に熱心であったイギリス貴族第三代リッチモンド公爵による造語といわれる（Duke of Richmond 1817）．この最古の例としていわれるのは，1792年にフランス国民公会を選挙した例である（辻村・糠塚 2012）．このとき，25歳以上のフランス市民が国民公会の議員選挙に参加できた．しかし，そのフランスにおいても，その後は実質的に納税などの資格が設けられ，再び普通選挙制が成年男子に導入されるのは，1848年二月革命以後のことであった．他の国々では，成年男子による普通選挙制の導入は，さらに遅れた．英国では19世紀にチャーティスト運動などに代表される参政権拡大の運動が続き，1832年，1867年などの度重なる選挙法改正を経て，1918年にようやく男子普通選挙制が導入された（女性参政権の実現は1928年であった）．日本では男子普通選挙制が1925年に導入された．

　女性参政権が最初に認められたのは，1893年のニュージーランドにおいてであった．しかし，そのニュージーランドでも，女性に被選挙権が認められたのは，26年後の1919年であった．米国では憲法修正としては，19条により1920年に女性の参政権が認められ，日本では戦後の1945年衆議院選挙で初めて認められた．

　選挙権という場合，その国の市民として認められず，事実上，コミュニティの外に排除された人々の選挙権を考慮する必要があるだろう．米国における黒人奴隷の選挙権は，1787年合衆国憲法においては認められなかったが，彼らの人口は，その5分の3という比率で連邦下院議員配分の算定基礎として数えられた．元奴隷やその子孫達に対しては，1870年修正15条により投票権に対する差別が禁じられるが，その後も，識字テストなどさまざまな障壁が1965年投票法で禁

じられるまで残った．投票所の運営なども含めて，選挙権の行使に対する障壁は今日でも完全に撤廃されたとはいわれていない．各国からの移民達によって築かれた合衆国においては，ネイティヴ・アメリカン達の選挙権は，さらに遅れた．1924年にインディアン市民法が制定され，ネイティヴ・アメリカンの人々も市民として選挙権が認められるようになった．もっとも，ネイティヴ・アメリカン達も，識字テストなどさまざまな差別や妨害と戦う必要があった．識字テストと戦う必要があったのは，南米でも同じであった．チリは1970年，エクアドルとペルーは1979年，ブラジルは1985年まで，何らかの識字に関する関門があった（Posada-Carbó 2022）．オーストラリアでは，1900年に制定された連邦憲法127条において「アボリジニ・ネイティヴは連邦民としてカウントされない」と明記されていて，選挙権は与えられていなかった．アボリジニへの選挙権の付与は戦後徐々に進められ，憲法127条は，1967年に国民投票を経て憲法から削除された（Geddis 2022）．

●「選挙権」導入後のいくつかの問題　選挙権の導入という点では，上記以外にも，国際的に問題となってきた論点がいくつかある．

　第一に，有権者登録という方法の問題である（詳細は「有権者登録」の項目を参照）．有権者登録は，手続きの煩雑さの程度に左右されるものの，全体として，人種的・社会的マイノリティーの選挙参加の障害になってきた．

　第二に国際的に論点になってきたのは，犯罪者および受刑者の選挙権である．ベルギー，フランス，ドイツ，ギリシャ，イタリア，ポーランド，ポルトガルを含む14カ国が受刑者に対する何らかの投票制限を設けている．例えば，ドイツでは，投票に関わる犯罪などに関して，最長5年の投票権はく奪が判決で課されうる．オーストラリアでは，3年以上の受刑者には投票権は認められないものの，3年未満の受刑者には投票権は与えられている（Dawood 2022）．なお，オーストラリアは義務的投票制を採用しており，理由なく投票を棄権すると罰金が科される可能性がある．日本では，公職選挙法11条により，受刑者の投票権は認められない．また，同条により，公職にあった者が，政治や選挙に関して刑に処された場合，刑を終えた後も，投票権は5年間，被選挙権は10年間停止される．それ以外の犯罪であった場合，釈放後や執行猶予期間中も，投票権・被選挙権が認められる．

　今日では，選挙権の拡大は国際的に大幅に進められてきた．もっとも，その質を問うた場合，さまざまな水準がありうる．ロシア連邦，ナイジェリア，トルコ，インド，パキスタン，フィリピンなどは，形式上，普通選挙権を有権者に保障しているが，2023年時点では国際的な評価において「選挙独裁制」と分類された（V-Dem 2023）．単に，普通選挙権が認められているか否かだけでなく，その選挙権の立候補や選挙運動規制の水準にも注意しておく必要があるだろう．　　　　［小堀眞裕］

有権者登録

☞「有権者」p. 378

　どんな国でも有権者として登録されてはじめて選挙で投票する資格を得るが，有権者登録は，選挙管理の中で最も費用と手間がかかる複雑な過程である．有権者名簿の情報が最新，正確，完全でなければ，選挙の正当性が損なわれかねないため，有権者登録のあり方は新興民主国だけでなく，民主主義の歴史が長いアメリカのような国でも政治的争点になる．

●**有権者名簿作成・更新のタイミング**　有権者名簿作成には，選挙ごとに新たに有権者名簿を作成する方法があり，情報が最新なだけでなく，名簿の更新による維持費が生じないという利点がある．選挙前の短期間に大規模に行うため，注目度が高く有権者教育の機会にもなり，データ管理インフラが脆弱な環境でも比較的実施しやすい．しかし，選挙のタイミングが流動的な場合は短期間での対応を迫られ，名簿の正確さや完全性を確認できない．また，一時期に集中的に大きなコストが生じる．ガーナなどで実施されてきたが，世界的には以下のような恒常的名簿の導入が進んでいる．

　有権者名簿を継続的に管理し，定期的に更新していく方法は，登録・修正・削除の作業時期が分散しているため，選挙前に集中的にコストが生じるリスクを避けることができる．ただし，名簿の維持管理には多くの職員が必要で常時負担を生むため，全体としてコストは小さくない．一定の頻度で，投票年齢到達，死亡，受刑，転居，帰化などによる変更を反映していく必要があるが，正確さや完全性を確保する時間的余裕もあり，選挙のタイミングが不規則でも混乱が少ない．

●**政府主導の有権者登録**　登録におけるイニシアティヴを誰が担うかは，その国の民主的過程への参加者構成に影響を与える．政府主導の方法には，選挙管理機関が有権者に働きかけて登録を推進するイギリス（郵便）やインドネシア（戸別訪問）のようなアプローチがあるが，非常にコストがかかる．より一般的なのは，オーストラリアのように選挙管理機関が，運転免許証や納税を扱う機関，住所変更を扱う郵便局などからデータ提供を受けて名簿を作成する方法である．全国民に身分証番号が発行されるアルジェリアでは，これを利用して効率的に有権者登録が行われる．

　住民登録を使用する日本も，データ提供型である．市区町村の選挙管理委員会が管理する選挙人名簿に登録されるのは，当該市区町村に住民票がつくられた日から3カ月以上その住民基本台帳に記録されている18歳以上の日本国民である．選挙人名簿への登録は，毎年3，6，9，12月の1日に行われ，選挙が行われる場

合にも基準日（公示・告示日の前日）に行われる．

国民登録制度を導入しているアルゼンチンやドイツのような国では，国民登録データと有権者名簿作成が事実上一体化し，より効率化している．生年月日，住所，国籍，婚姻などのさまざまな情報が含まれる国民登録は，公的サービス受給に不可欠で住民も能動的に届け出るため，最新・正確・完全という基準を満たす．有権者名簿作成のために生じる固有のコストはなく，選挙管理機関は何もする必要がない．デンマークでは，投票日18日前までに国民登録されていれば投票できる．ただし，国民登録制度があっても，セネガルのように有権者が自発的に有権者登録しないといけない国もある．国民登録制度の導入・維持には高いコストがかかるだけでなく，データ管理インフラが必要で，個人情報保護の必要もあることから，新興国では負担が大きい．また，独立性が求められる選挙管理機関が名簿情報を巡り政府に完全に依存するため，政府に対する信頼が低い国では選挙の正当性にも影響しかねない．

●**有権者による自発的有権者登録**　こうした政府主導の手法に対し，有権者の自発的登録に名簿作成をゆだねる国には，アメリカ，ブルンジ，南アフリカ，メキシコがある．有権者が選挙管理機関やその出張所にみずから登録に赴く場合，出生証明書，パスポート，自動車免許証，健康保険証などで身分確認を行うが，登録が無料でも身分証明書取得の費用が負担となり登録が進まないことがある．自発型では，一般的に政府主導型より登録率が下がる．自動登録する国では登録率が90%を超えるのに対し（Rosenberg & Chen 2009），自発型のアメリカでは2022年でも70%を下回っている．同国で自動登録を導入した一部の州は，登録率が大幅に向上した（Morris & Deumphy 2019）．他方，有権者登録を新たに導入した地域では投票率が5%ほど低下しており（Ansolabehere & Konisky 2006），投票率への直接的影響もうかがえる．

自発型の場合，一般に女性，若者，障がい者，少数民族，低所得層，低学歴者，遠隔地居住者，ホームレス，国内避難民の登録率が低くなる傾向がある．有権者登録における偏りは選挙結果の正当性を損なう恐れがあるため，選挙管理機関がこれらの集団に集中的に働きかけて登録を促進することが多いが，機関の中立性を損なうという批判もある．誰が有権者登録の責任を負うべきかという議論は，投票は権利か責務かという思想的対立だけでなく，包摂性の向上が誰を利するかという党派的計算を反映することもある．

近年の世界的な潮流としては，政府主導の登録が主流化する中，ラミネート加工，ホログラム，指紋など偽造防止対策を施した有権者登録カードの使用が広がっている．有権者登録業務のアウトソーシングが増え，生体認証を使ったコンピュータ管理が効率的で信頼性も高いとして経済的後発国で広がりつつあるが，外国企業への依存を警戒する声も出ている．　　　　　　　　　　［庄司　香］

投票の義務付け

☞「有権者登録」p. 366

　選挙における投票を市民に権利のみならず義務として位置付けている国は，民主主義・選挙支援国際研究所（The International IDEA）によれば，26カ国存在している．地域別にみると，欧州5（ベルギー，ルクセンブルク，リヒテンシュタイン，ブルガリア，ギリシャ），中東・北アフリカ3（エジプト，トルコ，レバノン），アフリカ2（コンゴ民主共和国，ガボン），中米4（メキシコ，コスタリカ，ホンジュラス，パナマ），南米7（ブラジル，アルゼンチン，ボリビア，エクアドル，ペルー，ウルグアイ，パラグアイ），東アジア2（シンガポール，タイ），太平洋3（オーストラリア，ナウル，サモア）となる．

　投票に行かなかった場合のペナルティとして，最も多く実施されているのは，IDEAのデータによれば，罰金であり，16カ国がこれを用いている．このうち13カ国は，投票を行わなかった有権者に対し，投票しなかった理由の説明を求めており，理由のいかんで罰金が免除される．無投票を繰り返した場合，選挙人登録が取り消されたり，パスポートやナショナルIDの取得ができなかったりといった市民生活上のペナルティを課している国も7カ国ある．その一方，中米諸国では何らペナルティを設けていない場合も多い．また，南米を中心とした8カ国が高齢者や若年者，障がい者などを対象に義務の対象外となる有権者を設けている．例えばブラジルでは16歳以上に選挙権が付与されているが，義務付けられているのは18歳以上70歳未満となる．

●**オーストラリアのケース**（データはすべてオーストラリア選挙委員会より）

　それでは，投票を義務付けている国として最も有名であろうオーストラリアの事情について説明する．投票の義務付けは1915年にクインズランド州議会選挙で導入され，連邦では1924年に法制化され1925年11月14日の総選挙から実施された．したがって，連邦の制度としては100周年を迎えた．投票を義務付けた最大の理由は，1922年の総選挙における投票率が前回と比べ12ポイント下がって59.4%に低迷したことであり，投票を義務付けた結果91.4%に上昇した．この制度を導入したのは保守側であるナショナリスト党・地方党連合政権であり，投票率が低下する中，労働運動を母体とする労働党の組織力に対抗するための党利党略も思惑にあった．

　オーストラリアにおいて義務付けられているのは，選挙人登録と投票手続きの2段階である．まずオーストラリアには住民登録の制度がないので，選挙人として居住する選挙区に登録し，転居した場合は登録を変更しなければならない．こ

れを怠った場合罰金刑が課される．オーストラリア選挙委員会によれば，2024年3月末時点で選挙人登録の割合は98.2%である．2010年には選挙人登録の割合は90.9%にまで低下し有権者の11人に1人が登録していなかった．登録率が上昇した要因としては，第一に転居した有権者が選挙人登録の変更を怠っても，免許証の住所変更などによって州政府が自動的に選挙人登録を変更できるようになった．第二に2017年に同性間の結婚を正式な結婚として認める（結婚平等）ための郵便調査が行われた．これは統計局による全有権者を対象とした調査であり，選挙人名簿に登録していなければ調査に参加できなかったため，結婚平等の実現に貢献したいと考えた多くの若者が駆け込みで選挙人登録した．

　日本でも住民登録が義務であることを考えれば，選挙人登録が義務であることは驚くに値しないが，さらにオーストラリア連邦選挙法245条は，選挙で投票することがすべての有権者の義務であるとしている．選挙委員会は，選挙後に投票しなかったと思われる有権者のリストを作成し，投票日から3カ月以内に該当する有権者に通知する．そのような通知を受け取った有権者は，実際には投票していたことを示すか，投票できなかった有効で正当な理由を示すか，20ドルの罰金を払わなければならない．もしも投票しなかった有権者が20ドルの罰金の支払いを拒んだり虚偽の申告をした場合は刑事罰が科される．選挙人登録の罰金刑は実際に課せられない可能性があるが，245条の刑事罰は実際に課せられている．

●**オーストラリアにおける議論と課題**　投票を義務付けることを正当化する議論としては，高い投票率が高いレベルの民主的正当性につながるということがあげられる．政治に無関心な人の投票行動によって選挙結果が左右されるという意見もあるが，無関心な人達が政治に関心をもつきっかけにもなる．投票に行かないという意思表示もあるはずとの意見もあるが，投票は権利ばかりでなく国民の義務の面もある．強いられるのは投票所に行って選挙人名簿との照合を受けることであり，誰かに投票しなければならないわけではない．無効票を投じる自由は存在している．投票が任意であれば組織力の高い政党が有利になるとの議論もある．

　2022年総選挙の投票率は89.8%であり，投票が義務付けられて以来初めて90%を下回った．ただこのことは，登録率が98%に迫っていることと併せて考える必要がある．2010年の投票率は93.2%であったが，登録率が90.9%であったので全有権者に対する投票率は84.7%となる．2022年は登録率96.8%に対する89.8%であるから，全有権者に対する割合は86.9%となる．また，州別の投票率をみると，先住民人口の割合が高いノーザンテリトリーで際立って低くなっており（73.1%），なかでも遠隔地の先住民コミュニティを含むリンジアーリ選挙区で66.8%にとどまっている．遠隔地の先住民コミュニティを含む2選挙区では登録率も80%台であり，今後の課題となっている．　　　　　　　　［杉田弘也］

選挙運営の評価

☞「選挙管理」p. 372

　自由で公正な選挙は代議制民主主義の要である．したがって，選挙が自由・公正かつ適切に運営されているかどうかを評価することは，民主主義の質を担保し，民主主義に対する人々の信頼を維持する上で不可欠である．選挙への信頼が失われれば，暴力（bullet）でなく投票（ballot）で利害対立の解決を図る民主主義の基盤が揺らぐことになる．とはいえ，選挙運営を評価することは，実際には容易ではない．選挙は，投票・開票・集計だけでなく，選挙関連法や選挙管理委員会の設計や運用，議席配分や選挙区割り，有権者登録，候補者登録，選挙運動・宣伝・選挙資金の規制，結果の確定や疑義への対処などを含む一連の過程からなる（さらに，行政や予算運営の中立性や報道の自由などの広い文脈に埋め込まれている）．国や時代によって程度は異なるが，すべての過程に選挙不正や操作の余地がある（日本については，選挙前の住民票移動，選挙運動・日数や報道の制限，解散権乱用，財政の党派的利用などに関する研究がある）．自由と公平性が担保されているかを精査するには，政党や市民社会，メディア，国内外の選挙監視団や専門家による積極的・包括的・体系的な監視や検証，さらに透明性を確保するための政治・行政側の協力や法整備が必要になる．以下では，比較政治学がどのように選挙運営の評価を操作化してきたか，主なアプローチについてまとめたい．

●選挙監視報告書などに基づく指標化　冷戦終結後，体制類型にかかわらず複数政党間選挙が拡大し，民主化支援の一環として国際選挙監視団が広がるなか，選挙運営の体系的評価を目指す研究が活発化した．こうした草分け的研究は，国際選挙監視団の報告書や各種報道・資料に依拠し，選挙の質に関する国×年パネルデータを構築し，多国間比較分析の道を開いた（Birch 2011；Hyde & Marinov 2012；Kelley 2012；Simpser 2013）．選挙の質を評価する際には，全体的な公平性だけでなく，公平性を棄損する主な選挙操作・不正の項目（例えば制度・人・票の操作［Birch 2011］）がコード化された．NELDA（Hyde & Marinov 2012；2021）は，野党の排除や脅迫，報道の中立性，不正の懸念や抗議運動などの項目を含め，選挙の多様な文脈をコード化した公開データを更新し続けている（2024年8月現在v6）．こうした指標化の強みは，実際の観測情報に依拠している点にあるが，正確性には限界もある．報道・資料にはむらがあるし，選挙監視団も人材・資源の制約により，選挙前後の短期間，一部の投票所しか配置できない．特に権威主義体制は，監視団を拒否したり，認めた場合でも監視団が入る前に司法・メディア・野党勢力に攻撃を加えたり，監視団が入っていない選挙区で選挙

不正を活発化させたり，監視団に見つかりにくい不正手段に切り替えたりすることが知られている．

●**専門家調査に基づく指標化**　一方，各国の専門家に対するサーベイに基づき，選挙運営の諸側面について評価した国×年パネルデータを構築する試みもみられる．代表的なものに，PEI（選挙公正性認識指標，現在 v10）がある（Norris 2013；Garnett et al. 2024）．PEI は，11 項目（選挙関連法，選挙手続き，選挙区割り［一票の格差やゲリマンダリングも含む］，有権者登録，政党・候補者登録，選挙宣伝・広告，選挙資金，投票，集計，結果確定，選挙管理委員会）について，複数の各国専門家に公平性を尋ねたサーベイから，項目ごとの公平性を推計している．民主主義の多次元性をとらえる V-Dem（Coppedge et al. 2024，現在 v14）も，同様の専門家調査に基づき，選挙の自由・公正性の総合評価に加え，選挙資金の透明性，選挙管理委員会の独立性や資源，複数政党間競争の確保，有権者登録，票買収，投票不正，脅迫，選挙暴力，選挙宣伝・広告機会の公平性などの側面について指標化している．こうした試みは，選挙の多様な側面についての公平性を比較検討する上で有用であるが，専門家とはいえ主観的な解釈が否めないという限界がある．

●**選挙結果データを用いた不正の検知**　選挙結果データから不正の痕跡を探るアプローチもある．投票率と与党得票率から票の水増しの痕跡を探るなどの古典的な方法以外に，さまざまな不正検知手法が提案されてきた．特に，投票所またはそれ以下の単位の詳細な選挙結果データを用いて，改ざんがない場合に想定される数値の理論分布（ベンフォードの法則などを応用）と比較することで，不正の痕跡を検知する手法（Mebane 2006）が有名であるが，選挙不正以外の要因（例えば有権者の戦略投票など）にも反応してしまうので解釈に注意を要したり，理論分布に沿って選挙結果が改ざんされるなどの問題も指摘されており（実際にロシアで見られた），さらなる手法開発が続いている．こうした手法は，選挙結果のみから不正の痕跡を探ることを可能とするが，アクセスが容易ではない詳細なデータを要するし（データ公表には投票の秘匿性侵害や政治的利用のリスクも伴う），特定の国の特定の選挙について限られた側面の検証しか行うことができないなどの限界がある．

●**選挙運営評価の今後**　以上のアプローチはそれぞれ長短がある補完的なものである．今後は，評価手法の改善や検証を重ねつつも，市民社会・監視団・行政・政治と連携して選挙管理の実践に組み込んでいく試みも重要である．また，有権者は，党派性や情報環境，個人的経験や思い込みなどによって，選挙の公平性について（ときにまったく）異なった認識をもつことにも留意が必要である（Anderson et al. 2005）．選挙不正の陰謀論もみられる現在，学問的知見を社会的議論に還元する試みも重要だろう．　　　　　　　　　　　　［鷲田任邦］

選挙管理

☞「選挙サイクル」p. 376

　選挙管理はシンプルだが複雑な業務の連続である．選挙の実施には，最低限，選挙人を認定し，立候補を受け付け，投票所を管理し，開票作業を行い，票を集計して結果を公表しなければならないが，業務の複雑さ，多層性，参加する市民の数を考えると，選挙管理上のミスは起こりうる．しかし，ミスは選挙結果への信頼を揺るがしかねない．

　加えて，選挙管理は政治家が最も関心をもつ過程の一つである．選挙での当落は有権者次第だが，政治家は有権者の投票行動に直接関与はできない．ゆえに，選挙結果が自分に有利になるよう選挙管理に働きかける動機が存在し，投票箱のすり替えや集計結果の改ざんなどの選挙不正が発生しうる．また，政治家は当選すれば選挙法やその運用に注文を付けうる立場に立つので，みずからに利するよう選挙人認定や投票の方法などの変更を働きかけるかもしれない．それは選挙における自由と公正さを捻じ曲げることになりうる．不正を含め，選挙の公正性に問題が生じれば，市民は選挙結果を信じられず，民主主義体制が危機に陥りうる．それゆえ選挙管理には専門性が求められ，また政治家任せにもできない．

●選挙管理機関　選挙管理を担う機関が選挙管理機関である．選挙管理機関は，先述した，選挙人資格認定，立候補受け付け，投票行為指揮，開票，票の集計（以上は本質的要素と呼ばれる）のすべてまたは一部を担当することを任務とし，責任を負うが（International IDEA 2014），組織形態は国によって異なる．選挙管理機関が複数種類存在することもある．選挙管理機関が常設の場合も，選挙期間にのみ設置される場合もある．国民投票など直接民主主義的な方法が規定されている場合はその扱いも含みうる．

　選挙管理のあり方を理解するのに広く用いられるのは，政府の関わり方の違いにより独立モデル，政府モデル，混合モデルの三つに分類する類型である．International IDEA（2014）によると，独立モデルとは，選挙管理機関が政府から制度的に独立している場合を指す．政府から独立した選挙管理委員会の存在が典型的といえる．政府モデルとは，選挙が政府によって，政府の1部局ないしは地方政府を通じて実施される場合を指し，先進国などでよくみられる．内務省や地方政府による選挙実施が典型的といえる．混合モデルとは，選挙管理機関が，選挙管理施策を決定し実施を監視・監督する政策・監視部門と，選挙管理実務を担当する実施部門の二重構造となっており，前者は政府から独立的だが，後者は政府の一部か地方政府である場合を指す．日本やフランス，旧フランス植民地諸国

などでみられる．政策・監視部門として選挙管理委員会が存在するも，実施部門は内務省の 1 部局が担う場合が典型的といえる．なお，International IDEA (2014) の調査によれば，2014 年時点で 217 カ国・地域中独立モデルが 63%，政府モデルが 23%，混合モデルが 12% である．

　選挙管理に違いが生じる理由は，各国の歴史的経緯によるので単純な説明は難しいが，独立モデルが多数派となるのは，同モデルにおける選挙管理機関の位置付けが関係しているかもしれない．International IDEA (2014) によると，選挙過程の正統性と信頼性確保のために，選挙管理機関は独立性，公平性，公正性，透明性，効率性，専門性，サービス精神の基本原則を有する必要がある．このうち，独立性には政府からの構造的な独立性と，政治的圧力によって決定が捻じ曲げられることがないという規範的な独立性という二つの概念が含まれる．後者はどのモデルでも重要であるが，世界の多くで両者は関連付けられ，前者が後者の意味での独立性を保障しやすいとみなされがちである．

　ただし，独立モデルと選挙の正統性，信頼との関係は複雑である．政府モデルが長い民主主義の伝統をもつ先進国で多くみられるように（Krennerich 2021），政府モデルだから選挙に信頼性がないというわけではなく，形式的な独立性は選挙管理の質を説明する上で重要でないとの研究もある（Birch 2011）．そこで，近年では選挙管理機関だけではなく，他の関係機関や市民社会などとの関係から選挙管理をとらえようとする研究がみられる（James 2020）．

●**包摂性と選挙サイクル**　選挙管理に関する重要な課題は自由と公正さの保障であるが，投票率も中心的なテーマの一つである（Pallister 2017）．投票率には投票行動研究で分析されてきたようにさまざまな要因が影響しているが，選挙管理のあり方も投票率に影響を与える可能性がある．とりわけ，有権者登録制度や投票所の位置，在外投票の方法など選挙管理制度がマイノリティなど特定の集団の投票率を下げているかもしれない．関連して，義務投票制や（元）囚人の選挙権回復などは代表性や参加の実質に影響を与えうる．すなわち，選挙管理は選挙の包摂性との関係を考える必要もある（James & Garnett eds. 2021）．

　上記からもわかるように，選挙管理に関する議論は本質的要素で完結するとはいえない．選挙過程は，本質的要素以外にも，区割り変更や選挙制度改革などの法的枠組み変更，予算確保や選挙管理業務従事者の調達・訓練，主権者教育や選挙啓発を含む有権者への情報提供，選挙人登録，選挙キャンペーン，選挙後になされる会計など各種点検，選挙争訟，有権者名簿更新などの一連の要素から構成されており，いずれも選挙管理と密接に関係している．すなわち，選挙管理は選挙前過程，選挙期間，選挙後過程からなる選挙サイクルの中でとらえられるべきであろう（International IDEA 2014）．　　　　　　　　　　　　　　［大西　裕］

アカウンタビリティ

☞「汚職取締機関」p. 594

　政治学において，通常アカウンタビリティとは，国民から選挙で選ばれた政府が，政治的意思決定や政策を含む諸活動について，説明する責任を負うことと理解される．1980年代以降，民主化が進展するとともに，新興民主主義諸国で政府のアカウンタビリティを向上させることが重要課題とされた．その流れを受けて，政治学でもアカウンタビリティの概念定義，類型化，操作化に関する議論が活発化し，他方で，多国間比較や個別事例に基づく経験的分析も興隆してきた．

●**アカウンタビリティの主体と構成要素**　アカウンタビリティとは，「「アカウンタビリティを課せられる主体（holdee）」（＝A）と「アカウンタビリティを課する主体（holder）」（＝B）」（高橋 2015：2）との関係性を指し，「A は，B に対してその過去または将来の活動について説明する義務があるとき，B に対してアカウンタビリティを有する．加えて，B はポジティブまたはネガティブな制裁を A に対して科することもできる」（粕谷・高橋 2015：29；高橋 2015：2）．このように，アカウンタビリティの構成要素としては，応答性と制裁の二つがある．「ポジティブな制裁」とは，A の優れた行いに対して B が与える報酬（再選，昇進，昇給など）を意味し，「ネガティブな制裁」とは，A の好ましくない行為に対して B が与える罰（選挙での落選，解雇，罰金など）を指す（粕谷・高橋 2015）．

　このように定義されたアカウンタビリティは，アカウンタビリティを課する主体，応答性と制裁の有無によって，「垂直的アカウンタビリティ（vertical accountability）」と「水平的アカウンタビリティ（horizontal accountability）」の二つのタイプに大別される．さらに，「垂直的アカウンタビリティ」は，「選挙アカウンタビリティ（electoral accountability）」と「社会アカウンタビリティ（societal accountability）」に分類される．

●**選挙・水平的・社会アカウンタビリティ**　政治学におけるアカウンタビリティ研究は，プリンシパル＝エージェント・モデルに依拠する選挙アカウンタビリティに着目してきた（Fearon 1999）．プリンシパルである有権者は，エージェントである政治家に権限を委譲する．政治家が有権者の望む政策実績をあげない場合，次回の選挙で，落選という罰を与える一方で，優れた業績をあげた政治家に対しては，再選という報酬を与える．このように，アカウンタビリティを課する主体である有権者は，選挙という制裁のメカニズムを発動することによって，アカウンタビリティを課される主体である政治家に対して，アカウンタビリティを求めることができる．この有権者と政治家との関係が選挙アカウンタビリティである．

水平的アカウンタビリティは，「他の主体により，違法とみなされる行動に対して，監視から法的制裁に至る行動を取る権限を正式に与えられた，国家機関の存在」(O'Donnell 1999：38) によって成り立つ．選挙アカウンタビリティと同様に，政治学（特に政治制度論）におけるアカウンタビリティ研究の中で重要な位置を占めてきた．司法・行政・立法府の間におけるチェック・アンド・バランス（司法審査，議会による行政府の監視など），政府から独立した監視機関による監視（汚職対策機関，会計検査院など），選挙で選ばれた政治家による官僚に対する監視が含まれる．これらの国家機関には，通常，相互に応答性と制裁の要素が備わっている．しかし，必ずしも両方の要素が揃っているとは限らない．例えば，国家から任命されたオンブズマンは，他の国家機関に対して違法行為などを調査する権限をもつが，違法行為に対する勧告に法的拘束力はないため，制裁を科すことはできない（粕谷・高橋 2015)．

1980 年代以降に，新興民主主義諸国で民主化が進む過程で関心が高まってきた社会アカウンタビリティは，「市民による組織や運動など，多様な形態を通した活動，そしてメディアにより発動される，選挙によらないが垂直的に政府をコントロールするメカニズムである．これは，政府の不正を暴いたり，新たな問題を公的に争点化したり，水平的アカウンタビリティを活性化させたりする」(Smulovitz & Peruzzotti 2000：150) ことを意味する．つまり，多様な非国家主体がアカウンタビリティを課する主体として，政府に対してアカウンタビリティを要求する．通常，政府に対して法的制裁を科す権限をもたず，応答性のみを構成要素とする．法的制裁を発動する「水平的アカウンタビリティを活性化」させる特徴に鑑み，「対角的アカウンタビリティ（diagonal accountability)」と称されることもある（Lührmann et al. 2020)．

●アカウンタビリティの測定　1980 年代以降，アジア，アフリカ，ラテンアメリカ，旧ソ連邦諸国で体制変動が起こり，政府のアカウンタビリティ向上を目指す制度改革が進退を繰り返す中，その制度変化の多様性を説明する多国間比較研究や，特定の地域・国に焦点を絞った事例研究が増えてきた．世界各国におけるアカウンタビリティの現状を理解するためには，統一した，信頼性の高い指標を用いてその程度を測定し，比較分析することが重要である．近年，「民主主義の多様性研究所（The Varieties of Democracy Institute)」が作成した V-Dem データを用いて，1990〜2022 年までの期間を対象とした，世界各国についての垂直的・水平的・対角的アカウンタビリティ指標が作成，公開されている（Lührmann et al. 2020；https://www.v-dem.net/［2024 年 1 月 7 日閲覧]）．今後，この新たな指標のアカウンタビリティ研究へのさらなる応用が期待される．　　［高橋百合子］

📖さらに詳しく知るための文献

・高橋百合子編（2015)『アカウンタビリティ改革の政治学』有斐閣．

選挙サイクル

☞「大統領制と議院内閣制」
p. 392

　各国の選挙サイクルを考える場合，基本的に議会解散がない大統領制の国々と，任期途中の議会解散がある議院内閣制（parliamentarism）の国々に分けて考える必要があるだろう.

●**大統領制諸国の選挙サイクル**　アメリカでは，憲法により大統領4年任期，連邦議会下院議員2年任期，連邦議会上院議員6年任期（2年ごと3分の1改選）とされ，1913年憲法修正17条による上院議員直接選挙導入を経て，大統領選挙・上下両院選挙と中間選挙（連邦議会上下両院選挙）が2年ごとに行われる選挙サイクルとなってきた. 今日，OECDに加盟する中南米諸国は，この選挙サイクルに似ているが，各国でさまざまな制度を採用している. メキシコもアメリカと同じく，6年任期の上院をもつが部分改選はなく，6年ごとに全数が改選される. 下院は3年ごとに全数が改選され，大統領選挙と同時に上下両院選挙が行われてきた. チリにおいては，大統領4年任期，上院は8年任期，下院議員は4年任期で，大統領選挙・下院全改選・上院半数改選が4年ごとに同時に行われる. コロンビアは上下両院を4年ごとに全数改選し，それに続いて同じ年に大統領選挙も行われてきた. 上記4カ国では，ともに議会解散という制度がない.

　これらの国々では，大統領が議会選挙に与える影響が大きいこともたびたびあった. 特に，アメリカでは，大統領の人気が高いとき，与党の議員候補者達は大統領の支持に頼ろうとする傾向がみられた. 候補者達が大統領の後を追うように支持行動することから，人気の高い大統領にはコートテール効果があるといわれてきた（Campbell & Sumner 1990）.

●**議院内閣制諸国の選挙サイクル**　議院内閣制諸国では，大統領ないしは君主（あるいはその代理人である総督）が形式上議会解散権をもつ憲法上の規定となっている国々が多い. 内閣の助言により君主が解散するという意味の規定が明文化されている国は珍しく，OECD諸国に限っていえば，日本以外には存在しない. これらの国々では，解散という制度のないノルウェーを除いてすべての国で，議会下院か，あるいは上下両院（イタリア，オーストラリア，スペイン）を解散できる. しかし，実際には，イギリスを含む多くの国々では，連立政権崩壊や予算案・重要法案の否決，少ない過半数の改善などの理由のない「自由な解散」（芦部 2023：357）は行われてこなかった. イギリスでも，戦後の多くの解散は5年任期の4年目の前半（1970年，1983年，1987年，2001年，2005年），任期満了の年（1950年，1964年，1992年，1997年，2010年）が多く，不信任案可決，

少ない過半数の解決など，理由のない党利党略的な解散は行われてこなかった．イギリスでは，2011年固定任期議会法で任期途中の解散は，3分の2以上の下院議員の賛成か政権不信任案の可決を除いて廃止されていた．しかし，イギリスのEU離脱条件に関する法案が多数否決される一方，3分の2以上の議員による解散決議や政権不信任案可決にも至らず，機能不全の下院を改選できなかった．その結果，2022年にこの法律は廃止されて，以前の制度に戻った．

　議会解散が可能な国々で，日本とは異なり，党利党略的解散があまり行われてこなかった理由は，比例代表制に基づく連立政権が多く，意表を突く形での解散を行ったとしても，一党で単独過半数を占める可能性が見通せないからであった．

●二院制で圧倒的多数の両院同日選挙例　議院内閣制諸国では，大統領制とは異なり，議会解散という制度が多く採用されていることから，下院解散と上院の定期的改選がズレる可能性がある．しかしながら，OECD諸国においては，上下両院が別々の時期に選挙されるということが一般化してきた国は，日本だけであった．近年では，チェコ共和国において2013年政権不信任後の下院解散によって上下各院選挙が別時期に行われるケースもあったが，そうした例の国々は依然として少数であった．

　オーストラリアは，日本と同じように上下両院選挙が別時期に行われてきた期間をもつ少数例の国であるが，もともと1900年の連邦憲法制定時において上下両院同時選挙が費用対効果の理由で想定されており，1950年代から70年代にかけての数回の両院別時期選挙の実践は，その後は行われなくなった．オーストラリアにおいては，両院別時期選挙の時期に上院選挙において小政党の台頭が相次ぎ，自由党や労働党という二大政党は上院単独選挙を避けるようになった．

　日本では，もともと明治憲法以来，貴族院においては皇族および侯爵以上の華族を除いて7年任期で選挙されていたが，その時期は各区分においてバラバラであり，また，頻繁に解散されてきた衆議院の選挙と重なることはなかった．日本国憲法制定時およびその後の参議院選挙法制定時も，衆参は別々に選挙されることが当然視されており，1947年・53年には両院は非常に近い時期に選挙を行ったが，やはり別の投票日で選挙された．1980年に衆議院での大平内閣不信任案可決という偶発的事態により，最初の両院同日選挙が行われた．1986年には，中曽根総理大臣が，定数是正の早期実施という理由で，衆参同日選挙ができるように，衆議院を解散した．そのときは，野党だけでなく，与党自民党からも，鈴木善幸，福田赳夫という元総理らが反対表明するなど，憲法的原則からの逸脱として広範な論争が巻き起こった（小堀 2023）．結局，1986年以後（2024年11月現在までに），衆参の同日選挙は行われていない．　　　　　　　　　［小堀眞裕］

📖さらに詳しく知るための文献
・小堀眞裕（2023）『歴史から学ぶ比較政治制度論──日英米仏豪』晃洋書房．

有権者

☞「有権者登録」p. 366

　有権者とは選挙において投票する権利をもつ者を指すが，民主政の起源とされる古代ギリシャ（アテネ）では，18歳以上の男性市民に限定され，外国人，女性，奴隷に選挙権はなかった．現代につながる西洋民主主義も，初期の事例は資産や性別などに基づく制限選挙から始まった．イギリスが男女普通選挙実現までに5段階の選挙権拡大を経たこと，欧州とは異なる共和主義的国家建設を標榜したアメリカでも当初は土地所有白人男性にほぼ限定されていたことはよく知られている．19世紀以降政治的エリート達が選挙権拡大に応じた理由として，経済・社会構造の変化への対応，政党間競争における支持拡大などさまざまな動機が論じられてきたが，戦争への動員の必要性も特に女性への選挙権付与の重要な背景として指摘される（Hicks 2013）．

●**女性**　女性の選挙権を求める動きは19世紀から活発化し，国家規模では1913年にノルウェーで初めて実現した．第一次世界大戦で女性が活躍すると，1914〜39年に28カ国が新たに女性の選挙権を実現した．女性はすべての選挙において男性と同等に差別なく投票できる権利を保障されるべきとした「女性の政治的権利に関する条約」（1952年）の影響も大きい．第二次世界大戦後に独立した国のほとんどが男女に同時に普通選挙権を認めたため，女性が選挙権をもつ国が急増した．

　現在でも制度上女性に投票権がないのは，男性限定の枢機卿が教皇を選出するバチカン市国だけとされるが，これは男性普通選挙でさえない．クウェート（2005年，20年間以上市民であることが条件），アラブ首長国連邦（2006年，基準非公開の制限選挙で全男女の12%のみに選挙権），サウジアラビア（2015年，絶対王政で国政選挙なし）といった21世紀中東における女性選挙権の限定的進捗を後押ししている要因は分析に値する．

●**外国人**　自国民以外に一定の居住要件を満たす外国人にも選挙権を認める国は多く，地方選挙に限定する場合もあれば，国政も認める場合もある．欧州連合（EU）加盟諸国では，EU加盟国籍者に地方選挙権を認めることが多いが（居住期間要件は3〜5年），それ以外の国籍者にも地方選挙権を付与する国もある．他にも，国政選挙（チリ，マラウィ）や地方選挙（韓国，イスラエル，ベネズエラ）にすべての国籍者の参加を認めている国がある．

　北欧5カ国は1970年代から相互に在住市民へ地方選挙権を付与している．歴史的経緯を反映した特例的扱いは旧宗主国・植民地間にも多く，ポルトガルはブラジル国籍者に国政選挙権を認めている．他方で，フランスは旧植民地アルジェ

リアなど EU 域外出身外国人に地方選挙権を認めないことが批判されており，日本における在日韓国・朝鮮人への投票権付与を巡る議論とも重なる部分がある．

　欧州諸国では選挙権をもつ外国人居住者に被選挙権も認めることが多く，被選挙権には選挙権より長い居住要件を課すことが多い．外国人に選挙権を付与すると，低所得有権者の増加により再分配政策が進むという分析もあり（Iturbe-Ormaetxe et al. 2021），要件のあり方は今後政治的争点としての重要性を増しそうである．

●**投票年齢と成人年齢**　投票する権利を得られる最低年齢をどこの国でも定めており，18 歳が 100 カ国を超える（日本も 2015 年から）．オーストリアなど 5 カ国以上が 16 歳，北朝鮮など 6 カ国が 17 歳，韓国は 19 歳，台湾とその他 2 カ国は 20 歳，シンガポールなど 5 カ国は 21 歳，アラブ首長国連邦は 25 歳としている．

　選挙権と成人がともに 18 歳という国が圧倒的に多いが，前者を引き下げる国が増えたため，両者が異なる国が現在多数あり，成人規定という概念が使いにくくなっている．アフリカには選挙権 18 歳以上，成人年齢 21 歳という国が多数あるが，他地域含めその逆の国も複数ある．

　選挙年齢の引き下げも戦争（従軍義務）との関係で進むことがあり，アメリカはベトナム戦争を契機に 18 歳に引き下げた（1971 年）．一般に投票年齢引き下げの背景には若い世代の政治参加を促進する期待があり，初めて投票する年齢が低いほど，その後も投票し続ける習慣がつくという分析もある中，長期的な投票率への影響が注目される．

●**排除される人々**　有権者から排除される要因として，選挙関連犯罪による一定期間公民権停止以外に最も一般的なのは精神障害である．国連加盟国の 3 割強がすべての精神障害を対象に選挙権を否定する一方，約 20 カ国はどのような精神障害があっても全面的に選挙権を認めている．軍が政治に関与することを警戒し，軍人に選挙参加を禁じる国も 17 カ国ある．

　受刑者の選挙権を停止する国がかなりある一方，刑務所収監，仮釈放，保護観察，どの期間でも選挙権を認める国も多数ある．人口に占める受刑者比率が世界最高のアメリカでは，出所後も事実上一生選挙権を奪う州があり，受刑関連で選挙権を行使できない者が年により 500 万人を超え，選挙結果にも影響しうる．同国では，21 世紀以降通常の投票手続きのハードルを上げる党派的な投票抑圧が激化しており，排除される集団の人種的な偏りが問題になっている．

　国内の特定の地域に一定期間以上住んでいることが選挙権の要件とされることで，海外在住国民が投票権を失うこともある．例えば，在外日本人は，地方選挙に投票できない．連邦制をとるアメリカでは，コロンビア特別区など州ではない地域の住人は連邦議会に議員を送れない．選挙権における不平等は是正されるべきだが，党派的影響が生じると予想される場合，問題解決は阻まれがちである．　　［庄司　香］

投票行動のモデル
投票参加

☞「投票行動のモデル：投票決定」p. 382

　選挙が実施されると有権者は二つの選択を迫られる．すなわち，投票に行くか否かと（投票に行ったとして）どの政党，あるいは誰に投票するかという選択である．一般的に前者を投票参加，後者を投票決定と呼び，両者をあわせて投票行動と総称することがある．ここでは，前者の投票参加について紹介をし，次項目で後者の投票決定について紹介をする．なお，投票行動といったときに後者のみを指すことがあるので注意が必要である．

●**投票参加の合理的選択モデル**　投票参加に関する最も有名なモデルである合理的選択モデル $R = PB - C + D$ を定式化したのは，ライカーとオードシュックである（Riker & Ordeshook 1968）．自己の利益を追求する合理的な有権者を仮定した場合，投票参加をしたときに個人が得られる利益 R(reward)が正の値を取る場合には投票をし，負の値を取る場合には棄権をするというモデルである．R の値は，その個人が投票することで選挙結果が変わる確率 P(probability)，その個人が好ましく思う政党が政権をとった場合と好ましく思わない政党が政権をとった場合の期待効用の差 B(benefit)，投票に行くことによってかかるコスト C(cost)，投票によって得られる市民の満足感・義務感 D（citizen duty）によって変動する．

　ライカーら以前の研究は D を考慮に入れておらず，投票のパラドクスという問題に直面していた（Riker & Ordeshook 1968）．一個人の行動によって選挙結果が変わる確率は実際にはかぎりなくゼロに近い．そのことは P と B の積がほぼゼロとなることを意味する．他方で投票コストは必ず存在するので，R は負の値を取ることになる．すなわち，合理的な有権者は棄権し，誰も投票に行かないという結論が導かれるが，実際の選挙では半数以上の有権者は投票をしている．このような問題を投票のパラドクスという．D の導入はこのパラドクスを克服する試みであるが，他方で，合理的な有権者の仮定と（結局のところ）義務感で投票をする有権者像に齟齬があるという批判も存在する．

　当然のことではあるが，有権者が実際に $R = PB - C + D$ の計算を頭の中でしているわけではない．しかし，選挙がどの程度接戦か，政党間の政策的な差異がどの程度大きいか，投票に行くコストがどの程度大きいかといった要素によって投票参加（特に投票率）が左右されることを明確にする点にこのモデルの利点がある．

●**投票参加の資源モデル**　投票参加の社会学アプローチは合理的選択モデルとは異なる研究潮流から生まれている．社会学アプローチではどのような人が政治参加しやすいかを年齢，所得，職業，宗教，人種などの社会経済的地位などの属性

から説明しようと試みる．とりわけ中心的な関心は政治的平等と社会経済的地位の関係にあり，経済格差や社会格差が政治的な不平等をもたらしているかが検討されてきた（Verba et al. 1995）．ブレイディらにより政治参加一般について提唱されたのが資源モデルである（Brady et al. 1995）．利用可能な資源を多く有している個人ほど政治参加をするというものであり，金銭や時間，市民的スキルが資源としてあげられる．これらの資源は個々人の社会経済的属性に大きく影響を受け，とりわけ市民的スキルは教育程度や仕事の経験，組織や宗教での活動などによって培われると考えられる．年齢が低いほど投票率が低いというよく知られた現象についても，この資源モデルでその一部を説明できるとも考えられる．

さらに，個人を取り巻く社会ネットワークも投票参加を促すと考えられる．なぜなら，上述のとおり，密な社会ネットワークに連なる人は，さまざまな組織的な活動を通じて市民的スキルやモチベーションを高める可能性があり，さらに，社会ネットワークは候補者や政党による投票依頼や動員のチャネルとして機能するためである．

●**投票参加の動員モデル**　社会学モデルを前提とすれば，高等教育の普及は投票率を高めるはずである．しかしながら，高等教育が普及した第二次世界大戦以降のアメリカにおいて投票率はむしろ下がっている．このような齟齬を説明するためにローゼンストーンらは動員モデルを主張した（Rosenstone & Hansen 1993）．すなわち，投票率の低下を候補者による動員が減少したことによって説明する．動員が多くされた場合には投票率が上がり，動員が少なかった場合には投票率が下がるわけだが，候補者は常に最大限の動員をかけるわけではない．というのも，動員にもコストがかかるため，候補者自身が再選確率と動員コストを勘案して選挙戦略を決定するからである．すでに再選が確実な候補者は，動員をする必要はほとんどない．

上述の2モデルが有権者個々人の特徴から投票参加という行動を説明する試みであるのに対し，動員モデルは投票参加の程度を候補者側の要因から説明しようとするモデルである．統一地方選と参院選が同一年に行われる亥年において，参院選の選挙運動の担い手である地方議員に動員疲れがみられ，そのため投票率が下がるという亥年現象も動員モデルによって説明される．

さらに，ガーバーらの研究以来，選挙運動が実際に投票率を左右するかを検証するフィールド実験がアメリカでは多数行われてきた（Gerber & Green 2000）．ガーバーらによる発見は，選挙運動のレパートリーのうち，電話による動員は効果がなくダイレクトメールの送付も効果が小さい一方で，戸別訪問が投票参加促進に大きな効果をもつというものであった（Gerber & Green 2000）．このことが示唆するのは，労働集約的な戸別訪問を中心としていた選挙運動がマーケティング戦略を中心としたものになっていったことがアメリカの投票率低下の背景にあるということである．　　　　　　　　　　　　　　　　　　　　　　［遠藤晶久］

投票行動のモデル
投票決定

☞「投票行動のモデル：投票参
加」p. 380

　個人が投票先を決定するメカニズムについては多くの研究がなされてきた．初期の実証研究では，コロンビア大学の研究者を中心とした世論調査によって社会経済的地位や居住地域などの個々人の社会的属性が政党への選好と結び付くという点が強調された（Lazarsfeld et al. 1948）．このような社会学モデル（あるいはコロンビアモデル）は，社会的亀裂が政党システムを規定するというリプセットらの研究を基礎付けるものともいえる（Lipset & Rokkan 1967）．さらに，社会学モデルを提唱する研究者は個々人を取り巻くネットワークにおいてその集団におけるメンバーの選好が似通っていることも発見し，社会ネットワークの重要性についても主張した．政治態度の形成における社会的コンテクストの役割の研究はその後の調査手法の発展とともに進展している（Huckfeldt & Sprague 1987）．

●**社会心理学モデル**　投票決定について個々人の心理的要因から説明しようとするのが社会心理学モデルである（Campbell et al. 1960）．ミシガン大学の研究者を中心に提唱されたため，ミシガンモデルとも呼ばれる．社会学モデルが注目する社会的属性は短期的には変動しないため，個別の選挙結果の変動を説明することには適さない．それに対して社会心理学モデルでは短中期的に変動する個々人の心理によって投票決定を説明するので，選挙結果の変動を説明するのにより適している．社会心理学モデルでは短期的な要因として候補者に対する評価や争点に対する態度が取り上げられるが，より中心的に取り扱われるのは，政党帰属意識や政党イメージ，政党支持態度といった党派心である．党派心は比較的安定的な中期的要因とされ，短期的な争点態度などにも影響を及ぼすため投票決定において大きな役割を果たすことになる．

　ただし，1970年代以降，多くの国で政党帰属意識や政党支持態度が減退していく政党脱編成が進んでいると議論されてきた（Dalton & Wattenberg eds. 2000）．無党派層の増大は，社会心理学モデルの射程範囲に一定程度の限界を生じさせている．他方で，社会の分断が叫ばれる近年のアメリカでは，政策上での極端な意見が対立するイデオロギー的分極化というよりは，二大政党の政党帰属意識を有する者同士がお互いを感情的に嫌い合うという感情的分極化が生じていることが指摘されている（Iyengar et al. 2019）．

●**空間投票モデル**　社会心理学モデルにおける重要な知見の一つに，アメリカの有権者の多くが政策争点に基づいて投票を行っていないというものがある（Campbell et al. 1960）．争点投票を行うためには①有権者が政策争点を認知し，

②特定の争点について重要だと考え，③どの政党の立場が最も自分の立場に近い
かを把握しているという三つの条件を満たしている必要があるが，この三つを満
たしている回答者は最大でも 36% に過ぎなかった（Campbell et al. 1960）．この
ことが含意するのは，アメリカの有権者は政策など考慮せずに政党への愛着心の
みで投票をしているという衆愚政治の姿である．その後，アメリカの有権者の合
理性を巡ってはさまざまな研究が行われたが，業績投票モデル（下記）が実証さ
れたことにより，一定程度の合理性が認められる形で決着した（田中 1998）．

　他方で，政策争点と投票の関係の研究は異なる研究潮流においても発展した．
ダウンズらが定式化した空間投票モデルは，政策空間において有権者と政党がそ
れぞれの政策的立場を位置付けられることを前提に，個々人が各政党の政策位置
を比較して投票するというものである（Downs 1957）．当初は，政策位置が最
も近い政党に投票をするという近接性モデルが提唱されたが，その後，政策志向
が同じ方向にあることとその主張が強いことを重視する方向性モデルが登場し
た．

●**業績投票モデル**　経済状況と選挙結果の相関の強さは広く知られてきた．政府
業績を判断材料にして投票をすることを業績投票という．とりわけ，経済業績を
中心として研究が発展してきており，経済投票モデルともいう．

　経済業績について判断する場合には，その基準によってポケットブック投票と
ソシオトロピック投票という二つのサブモデルが存在する．前者は個々人の家計
状況を勘案し，家計が潤えば政権党に投票し家計が苦しくなると政権党以外に投
票するというモデル，後者は社会全体の経済状況を勘案し，景気が良ければ政権
党に投票し景気が悪いと政権党以外に投票するというモデルである．

　比較政治学的に重要なのは，このような経済投票や業績投票が起こりやすい国
とそうでない国が存在するという点であろう．政権与党の凝集性，委員会制度，
第二院の院内構成，多数派政権／少数派政権，単独政権／連立政権といった各国
の政治的コンテクストの相違によって，政策形成過程での責任を政権党にどの程
度負わせることができるかは異なる．すなわち，責任帰属の明確性（clarity of
responsibility）によって業績投票の起こりやすさは異なるのである（Powell &
Whitten 1993）．

●**バッファー・プレイヤー**　日本独特の投票行動モデルとして蒲島郁夫はバッ
ファー・プレイヤー（牽制的投票者）の概念を提唱した．バッファー・プレイヤー
は「基本的に自民党政権を望んでいるが，政局は与野党伯仲がよいと考えて投票
する有権者」（蒲島 2004：175）と定義される．55 年体制における自民党の一党
優位政党制を前提としつつ，自民党による安定的な政権運営を望むものの，他方
で，自民党に緊張感をもたせることにより民主的応答性を確保しようとする有権
者の行動として説明される．　　　　　　　　　　　　　　　　　[遠藤晶久]

政治的景気循環

☞「権威主義体制における選挙」
p. 238

　経済状況は有権者が政府を評価し，選挙時の投票選択を判断するための基準の一つである．経済状況がよくなれば，人々の収入が増えたり生活水準が上がったりする可能性が高くなるからである．したがって，有権者は選挙のときに経済状況がよければ政府与党に投票し，経済状況が悪ければ野党に投票する．

　こうした有権者の投票行動を踏まえ，政府与党は選挙で勝利するために大規模な財政支出など拡張的な経済政策を実施し経済をよくしようとする．拡張的な経済政策は好景気，低失業率とともにインフレ（物価の高騰）をもたらす．低失業率は人々にとってよい経済状況だが，インフレは人々の生活を圧迫する悪い経済状況である．しかし，失業とインフレの間にはトレードオフの関係があり（フィリップス曲線），政府はそれらを同時に抑制することはできない．

　そこで，政府与党は選挙前に拡張的な経済政策を実施する．その結果，選挙の時期に好景気と低失業率がもたらされる．経済政策がインフレを引き起こすにはある程度の時間がかかるため，選挙後にインフレが発生することになる．政府は緊縮的な経済政策によりこのインフレを抑制するため，選挙後は不景気になり失業率が増加する．有権者にとってよい経済状況は選挙の時期だけであるが，有権者は近視眼的であり選挙直近の経済状況を評価しがちであるため，政府与党が選挙で勝利することになる．そして，次の選挙のときにはまた政府により拡張的な経済政策が実施され，好景気がもたらされる．ノードハウスはこのような選挙サイクルによって引き起こされる経済的な循環のことを「政治的景気循環」と呼び（Nordaus 1975），経済的な要因によって生じる景気循環とは区別している．

●**政治的景気循環のバリエーション**　ノードハウスの政治的景気循環は，大きく分けて以下の三つの方向で派生している．

　第一は，政府与党の党派性を考慮に入れた「党派的景気循環」である．ノードハウスは政党が異なっても同じ政策を実施するとしていた．しかし，実際は政党が異なれば実施される政策も異なる．左派政党を支持する有権者は労働者や低所得者であり，多少のインフレがあったとしても低失業率を望む．逆に，右派政党を支持する有権者は大企業や投資家であり，多少の失業率の増加があったとしても低インフレを望む．したがって，政府が左派政党の場合，選挙に向けインフレを放置し失業対策を熱心に行う．一方，政府が右派政党の場合，選挙に向け失業率を放置しインフレ対策を熱心に行う．その結果，左派政党と右派政党の政権交代により異なる経済政策が実施され，異なる景気循環が生じることになる

(Hibbs 1977). この景気循環は党派的景気循環と呼ばれている.

第二は，選挙前の財政支出の拡大に注目する「政治的予算循環」である．ノードハウスはフィリップス曲線の存在を前提にしており，政府が選挙前に経済政策を実施することにより選挙の時期に好景気と低失業率がもたらされ，選挙後にインフレが発生することを示している．しかし，選挙前の経済政策によって選挙の時期に好景気が確実にもたらされるわけではない．むしろ，選挙前の財政支出の拡大は政府の政策実績や能力を有権者に示すシグナルとみなすことができる．このような選挙サイクルによって引き起こされる予算の循環のことを，ロゴフとシバートは「政治的予算循環」と呼ぶ（Rogoff & Sibert 1988）.

第三は，政府与党が選挙タイミングを操作することを考慮に入れた政治的景気循環である．ノードハウスの政治的景気循環では，アメリカのように選挙タイミングが固定化されていることが前提としていた．それに対して，日本のように首相が解散権をもち，政府与党が都合のよいタイミングで選挙を実施できる場合，選挙前に拡張的な経済政策を実施しなくても，経済状況に合わせて議会を解散し選挙を実施することで，景気の波に乗ることができる．猪口はこれを「政治的波乗り」（Inoguchi 1982），伊藤は「日和見」と呼ぶ（Ito 1990）.

このように政治的景気循環の研究では，選挙前の政府与党による政策操作とそれを通じた経済操作，政府与党の党派による政策操作・経済操作の違い，政府与党による選挙タイミングの操作，以上の3点がどのようなメカニズムで生じているのかを明らかにしてきた．政策操作・経済操作は政府与党が選挙前に経済政策を操作し景気循環を引き起こすことであり，選挙タイミングが景気循環の原因というロジックである．それに対して，選挙タイミングの操作は景気循環に合わせて政府与党が選挙タイミングを変更することであり，景気循環が選挙タイミングの原因というロジックである.

●**政治的景気循環が生じる条件**　それでは，政治的景気循環はどのような条件で生じるのだろうか．これまでの研究によれば，政策操作が発生する条件としてメディアの自由度，競争力のある野党の存在，選挙の不確実性などがあげられている.

しかし，民主制と独裁制を併せた多国間比較研究により，政治的景気循環が生じる条件について十分な検討がなされてきたとはいいがたい．政治的景気循環の研究には，選挙タイミングのデータが必要不可欠であるが，これまでこのデータセットの整備が不十分であった．現在，東島らにより ETAD（Election Timing across Autocracy and Democracy）と呼ばれる民主制と独裁制の選挙タイミングのデータセットが構築されている．今後はこうしたデータセットを活用しつつ，民主制と独裁制を併せた多国間比較研究を進めることにより，政治的景気循環が発生する条件をより深く解明していく必要がある．　　　　　　　［清水直樹］

インターネットと投票

☞「選挙管理」p. 372

インターネットと投票の関係を考える際，二つの論点を整理して考える必要がある．それは，インターネットの登場によって投票判断の情報処理や政治宣伝がどのようなものになったのかという論点と，インターネットを投票そのものの手段として利用することについての論点である．前者はメディアと政治に関する論点の一つであり，後者は選挙管理行政という実務的・政策的な論点でもある．

●選挙活動の場としてのインターネット　かつてインターネットの普及が民主政治に革新的な変化をもたらすのが当然であるかのように語られた時代があった．過去のマスメディア主流の時代には，情報の送り手から受け手に対する一方的な情報伝達しか行われていなかったのに対し，インターネットの普及がこの非対称性を相対化させたからである．一人ひとりが（時に匿名性という平等な環境下で）直接意見を交わすことを可能にしたことは，対等な市民が公共的な事柄について議論を交わす古代ギリシャのアゴラの再来であるかのように語られ，有権者はその投票判断にあたって，より適切な判断を下せるようになるかと思われた．

その幻想を打ち砕いたのが，現実のインターネット空間における政治言説の分断である．フィルタリングされない情報の直接の交換とぶつかり合いは，高度な政治的技巧をもたない者の間にあって，憎悪と対立，時にデマの流通を加速させた．さらに人々は投票に際しネット上の多様な情報を取捨選別するのではなく，むしろみずからの事前信念を強化する情報のみを（時に無意識に）受容するので（いわゆるエコーチェンバー現象やフィルターバブル現象），かえって政治的分断が加速する面もしばしば指摘されている（Cinelli et al. 2021）．

さらにインターネットと投票判断の関係で論じられているのが，誤情報や偽情報を通じた選挙介入とその効果である（Tomz & Weeks 2020）．一般に，人々の政治的意見は単純なメディア接触のみによっては容易に影響を受けないものの，どのような枠組で物事をとらえるかという点については一定の影響を受けるとされる（谷口 2015）．インターネット上で大量の（現実には存在しない人物の）アカウントやプロフィールを生み出し，そこに膨大な誤情報・偽情報を投稿することを通じて種々の世論介入やその分断を図ろうとする動きがみられている．時に安全保障上の脅威と紐付けられて論じられることもあるこの現象（認知領域の戦い）については，学術的にもまだ明らかではない点も多く，どのような規制が許容されるべきかという実務的・政策的課題も含めて，今後の研究進展が望まれる領域となっている．

●**投票手段としてのインターネット**　もう一つの重要な論点が，投票手段そのものとしてのインターネットの利用可能性である．一般的には広義の電子投票の一つとして語られるものだが，ここで想定されているのは，（投票所での電子投票機を通じた狭義の電子投票ではなく）人々が自身のアクセスしているインターネット環境を通じて投票を完遂するということである．

　2022 年段階では，世界で唯一，エストニアにおいて国政選挙レベルでのインターネット投票が導入されている．エストニアでは期日前投票の一環として，住民 ID による認証を利用して政府による専用ポータルサイトを経由した投票が可能である．また，繰り返しの投票や，投票日の当日に紙による投票でインターネット投票を上書きすることができるようにもなっている．これは，インターネット投票が，選挙管理人の監督下でなされる電子投票とは異なり，自宅や屋外での投票が可能なために，脅迫や職場などからの圧力下での投票を強いられる可能性から有権者を保護・救済する必要があるためである（すなわち投票日当日にはインターネット投票はできない）(湯淺 2009).

　国政選挙ではない限定的な範囲であれば，エストニア以外でもインターネット投票導入の事例がある．カナダのオンタリオ州とノバスコシア州，オーストラリアのニューサウスウェールズ州などではインターネット投票が導入されたことがあり，これらはエストニア同様に期日前投票としての方法である．また，スイスやフランスでは国外に居住する自国民に限定し，在外投票の手段としてインターネット投票が導入されており，日本でも総務省を中心として在外邦人の投票権保障という論点からインターネット投票導入の議論がなされてきた．

　インターネット投票は単なる技術的革新のみではなく，傷病や居住状況の事情などにより投票所まで赴けない有権者の積極的投票権保障という側面をもつ一方，セキュリティのみならず選挙管理上の論点がある制度であることは否定しがたい．米国は連邦政府レベルでは試験を経た上で導入を断念しているし，エストニアの隣国のラトビアでも導入を公式に検討した上で，便益よりも問題が上回るとしてインターネット投票不導入を決定している．実のところエストニアでも最大の論点になったのは技術面よりは投票機会の平等性という憲法上の問題であったし（中井 2018），有権者も納得ずくの買収のような（端末を前にした）組織的投票不正は防ぎようがなく，エストニアでも実際に逮捕者や地方議員への有罪判決が出ている（ERR 2021）．インターネット投票導入の際に議論となるのは，狭い技術論だけではなく，権利の行使や平等の問題あるいはガバナンスや公正性という政治的論点も含まれている．　　　　　　　　　　　　［中井　遼］

📖さらに詳しく知るための文献
・アラル，シナン（2022）『デマの影響力——なぜデマは真実よりも速く，広く，力強く伝わるのか？』（夏目大訳）ダイヤモンド社.
・岩崎正洋（2009）『e デモクラシーと電子投票』日本経済評論社.

ニューロポリティクス
社会における選好と決定

☞「投票行動のモデル：投票決定」p. 382

　政治学はさまざまな方法を取り入れることによって発展してきたが，中でも生物学に属するニューロサイエンスの方法は特筆に値する．行動や制度の観察を主体とする政治学では，心理過程はブラックボックスとして間接的にしかデータを得られない対象であったが，ニューロサイエンスの方法はその前提を変えるからである．

●**非侵襲的脳機能計測の方法**　脳神経科学の分野で人間の社会的行動に対する関心が高まったのは 1990 年代初頭に遡る．背景には機能的磁気共鳴画像法（functional Magnetic Resonance Imaging：fMRI）による非侵襲的脳機能計測法の発達がある．赤血球のヘモグロビンは酸素との結合の有無で磁性の性質が異なるため，血液の酸素飽和度レベルは血管内外の MRI 信号を変化させる．この BOLD（blood oxygenation level dependent）効果により，MRI 内で課題を行う際の脳の撮像から活動する部位の特定ができる（Stanley & Adolph 2013）．機能的磁気共鳴画像法は，非侵襲的に，すなわち脳を傷つけることなく，脳の部位の活動から人間の心理過程に関わるデータを得ることができる方法であり，脳神経科学の分野において，社会的認知や社会的決定の研究が進展するのに大きく貢献してきた．

●**ニューロポリティクス**　方法の革新により，社会的行動一般の研究に対する関心が高まるのと同時に政治行動への問題関心が芽生えた（Fowler & Schreiber 2003）．現実の政治に影響を与える選挙などに関して，特にその関心が高まった．脳神経科学研究が盛んである米国においては，民主党と共和党の二大政党の対立が大統領選挙も議会選挙も特徴付けると考えられ，党派イデオロギーに関わる支持や選挙における候補者支持と脳内過程との関係に関心が高まり，専門誌に発表された研究もある．例えば，共和党支持か民主党支持かが親から受け継がれる傾向は選挙研究でよく知られていたが，MRI 実験では，両親の党派性の情報より，リスクを冒して報酬を得ようとする際の脳の活動の相違の方が，実験参加者の党派支持をよりよく予測するといった研究も行われた（Schreiber et al. 2013）．また，感情に訴えかけるとされてきたネガティブ・キャンペーンコマーシャル視聴に際し，選挙研究で用いられてきた感情温度計を用い，候補者への支持（感情温度）の低下が，認知コントロールに関わる前頭前野の部位の活動と相関することを示した研究もある（Kato et al. 2009）．いずれも，脳内過程に焦点をあわせ，生物学的基盤が，党派支持などの政治的態度や，投票などの政治的決定に影響を与えるか研究を行い，既存の政治学の知見に新しい観点を付け加えている．

●**脳神経科学の方法の限界**　これらの政治的行動や決定を対象とする脳神経科学

の応用研究はニューロポリティクスと呼ばれることもある．しかし，この呼称は脳神経科学では用いられない．政治的行動や決定に特化した脳の部位や神経過程は存在しないからである．視覚は後頭葉，聴覚は側頭葉，高次機能は前頭前野，情動は大脳辺縁系に関連，視覚は後頭葉にある視覚野に関わるというように，機能は脳の部位に局在する（機能局在説）．非侵襲的脳機能計測は，特定の態度や行動が観察されたときに活動する脳の部位から対応する神経過程を探る方法である．しかし，同じ部位が複数の機能をもち，特定の部位と脳の機能が必ずしも一対一対応していないため，活動部位から脳の機能を一つに特定することはできない．ニューロエコノミクス（Lee 2005）は脳神経科学の確立した分野であるが，ゲーム理論や時間割引，プロスペクト理論など経済学の数理モデルを社会的行動に応用する研究の総称であり，経済行動を分析対象とするという理由からニューロエコノミクスと呼ばれているわけではない．政治行動も経済行動同様，社会的認知や行動として，リスク決定や他者への好悪の感情といった，より一般的な社会的認知と関係付けられて分析される．政治的行動に関わる脳の部位が特定され区別されるのではないのである．

●**社会における選好と決定**　政治的行動も社会的行動の一部として脳神経科学の分析対象となり，社会的認知や選好，決定に関わると特定される部位と関係付けられて分析される．代表的な部位の一つとしては報酬系があげられる（Ruff & Fehr 2014）．生物としての人にとって，食料など物質的報酬に的確に反応することは生存に欠かせない．また，他者に対する好感や，規範を守る満足度など社会的報酬にも反応する．報酬系は，物質的社会的報酬の両者に関わる脳内部位の総称である．そのほか，安静時に活動するデフォルトモードネットワーク（Menon 2023）も，社会的認知やエピソード記憶など社会性に深く関わる部位である．MRI 実験では，実験課題を行う際の脳の活動は，安静時すなわちデフォルト時の脳の活動と比較されるが，そのデフォルトモードの脳内ネットワークが深く社会性に関わると考えられている．MRI を用いた非侵襲的脳機能計測法は，こうした社会性に関わる部位のどこがどのように活動するかを解明することを主眼としてきたが，現在では脳領域間の機能がどのような関係にあるかなど，部位間の機能の連結やネットワークを解明する方向の研究も進んでいる．　　　　［加藤淳子］

📖さらに詳しく知るための文献

・加藤淳子ほか（2017）「行動分析としての政治学と脳神経科学」日本政治学会編『政治分析方法のフロンティア』年報政治学 2017-2，木鐸社，173-203 頁．
・加藤淳子ほか（2016）「脳神経科学の方法は政治学の方法になり得るか——囚人のジレンマゲームの fMRI 実験を通して」『行動計量学』43 巻 2 号，143-154 頁．

第18章

統治の制度

近現代の諸国家においては，政策形成・執行の効率化や権力の暴走の抑止，自治の尊重といった観点から，統治のための権力が，異なるレベルの政府や政府内の諸機関の間で分割されてきた．特に19世紀以降の民主化を通じて，政府内の権力分立が確立し，立法権と執政権の融合を特徴とする議院内閣制と，両者が別立てとなる大統領制の区分が生み出された．ただし，司法を含めた諸権力間の関係や権限の配分は国によってさまざまである．それに，議会はそれ自体大きな組織で，二院制であるかどうか，委員会制度の活用のされ方などに違いがある．また政府には多かれ少なかれ政党の影響が及び，その程度や性格が諸機関の運用を左右する．その一方で，専門性を活用した政策執行のために，他の権力から高い自律性を与えられた独立行政機関も登場している．個々の政府の構造だけでも複雑であるが，政府間の権限・権力の配分もさまざまである．本章では，こうした統治に関わる諸制度の成り立ちと影響について解説する．

[岡山　裕・松尾秀哉]

大統領制と議院内閣制

☞「政治の大統領制化」p. 400

　大統領制と議院内閣制は，議会と政府に焦点を当てつつ，権力を創出し制御するためのマクロ・レベルの政治制度である．

●大統領制と議院内閣制　大統領制とは，政府を率いる執政権力（executive power）が大統領によって担われる独任制であって，その大統領が，議会とは別に，有権者による選挙を通して選出される一方，職に留まる上で議会の信任を必要としない制度である．これに対し，議院内閣制とは，執政権力が合議制を採る内閣によって担われ，その内閣の成立と存続が議会の信任に依存する制度である．

　大統領制と議院内閣制を論じる場合，しばしば米国と英国という具体的な国の制度が念頭に置かれることが多い．米国では大統領と議会は別々の選挙で選ばれ，特殊な事情に基づく大統領に対する弾劾裁判を除けば，大統領と議会は固定の任期を有し，互いに解任できない．構成員も重複は副大統領が上院議長を兼務する例外を除き認められない．大統領に法案提出権はなく，立法上の権限として拒否権はあるが，これも議会の3分の2の特別多数によって覆されうる．

　これに対し，英国では首相率いる内閣は議会のうち民主的な代表である下院の信任の上に成立し，大臣は上下両院いずれかの議員でなければならない．議会で成立する法案は政府提出のものが主である．下院は政府の不信任を決議できる一方で，首相は君主に助言するかたちで，議会期固定法が存在した一時期を除き，下院を解散できた．議会と内閣は相互依存の関係にある．

●権力の創出と制御　リベラルデモクラシーでは，人々は，政府に何事かを実現してくれることを期待する一方で，専制を避けて政府に応答性を要求し，自由が守られることを求める．力をもつ政府と，権力を制限される政府のバランスが問題となる．

　大統領制は，政府内では強い力をもつ大統領をもたらすが，大統領が議会多数の支持を得られるとは限らない．政党に凝集性（まとまり）があり，大統領が議会多数派である政党に対し，党首として，あるいは選挙を通して強い影響力をもつことができれば，大統領は強大な力を得る．しかし，議員達が院内で独立的に行動するのであれば，大統領としては説得を試みるよりほかに，議会との調整の方途はない．大統領の所属政党と異なる政党が議会多数派となる，いわゆる分割政府となれば，政府による意思の貫徹は困難であり，政府と議会の間の調整はいっそう必要となって，政治運営は場合によっては膠着状態に陥る．権力分立制が厳格であるほど，大統領制は，権力の制限に重心を置くことになる．

　議院内閣制では，内閣を監視し，その成立と存続を可能にするのが議会となる．

内閣としては，常時不信任の可能性があるために緊張を強いられる．議会の判断により内閣は交代するため，政治運営に柔軟性を確保できる．首相や内閣が事実上解散権を有するか否かはシステムによるため，内閣と議会が相互依存となるか，内閣が議会に対し一方的に依存するかはシステムにより異なる．

　政権を支える（諸）政党は，内閣の下に凝集性が高い場合，内閣の存続に重点を置くため，政府の監視と制御が不十分とならざるを得ない．反面，まとまりの弱い政権党や連立政権であれば，一部が内閣に対する支持を撤回することで，政権は不安定化する．単独政権が安定的で，連立政権が不安定ということではない．

　議院内閣制は，内閣制度を採用することから，首相は内閣の中に埋め込まれており，「同輩中の第一人者（primus inter pares）」と位置付けられる．ただ，近年は，「大統領化」の現象が各国で報告されており，有権者と直接につながろうとする首相の登場は，こうした内閣による制約から逃れる方向に作用するが，首相が議会内の支持基盤に制約を受けることに変わりはない．

●政治制度とデモクラシー　大統領制は米国を起源に中南米やアフリカ諸国，東（南）アジアで多くみられる一方，議院内閣制は欧州の古くからのデモクラシー諸国やコモンウェルス（旧英連邦）の国々に多い．大統領制と議院内閣制のほかにも，半大統領制，首相公選制，半議院内閣制といったほかのマクロの政治制度も存在する．議会から独立的な大統領と議会の信任に依存する首相の間で執政権力が分有される半大統領制はフランスに始まり，中東欧や旧ソ連邦諸国，アフリカの一部の国々にみられる（Elgie & Moestrup eds. 2007）．首相公選制はイスラエルで一時期採用されていた．議院内閣制と二院制の特殊な組み合わせから成る半議院内閣制の代表はオーストラリアとされる．日本は議院内閣制ともされる一方で，半議院内閣制との位置付けもある（Ganghof 2021）．

　この分野は比較憲法研究，比較政治制度研究という色彩を帯びて研究が続いてきたが，制度自体に対する関心以上に，制度の採用がどのような帰結をもたらすのか，例えば，デモクラシーの存続とその質，アカウンタビリティ，政党システム，経済実績，経済政策，財政赤字，平和問題，国際協力，民族紛争などと制度の関連に関心を向けてきた（Cheibub et al. 2014）．特に1980年代から90年代にかけて，中南米や東欧・旧ソ連地域における民主化と憲法制定により，制度の採用は現実政治の問題であった．大統領制と議院内閣制を巡る研究は，いずれがデモクラシーの安定に資するのかという規範的問題関心を背景に有してきた（Linz & Vanenzuela eds. 1994）．ただし，議会解散権や政府による立法上のイニシアティヴなど，大統領制あるいは議院内閣制だからといって各国の政治制度は決して同じではない．政治制度と政党配置の相互作用も影響は大きい．どの政治制度や政党配置がそのシステムのどのパフォーマンスと関連するのか，注意深い考察と検証が必要である．　　　　　　　　　　　　　　　　　　　　　　［高安健将］

憲法典

☞「権威主義体制における選挙」
p.238

　立憲民主主義では，人々が自由で豊かな生活を望むという前提の下，個人は公共財の享受のために自由の一部を国家に委ねる．例えば，国家は警察や社会福祉を通じて安全性や最低限度の生活保障を提供する代わりに，市民から税金を徴収する．しかし，国家はその権力を濫用し，略奪的に利用する危険も孕んでいる．このリスクを減らすために，権力を立法，行政，司法に分け，中央と地方政府間で分割することが重要である．憲法学では，これらの権利や政治制度を「実質的意味の憲法」と呼ぶが，民主主義国のみならず，君主国や軍事政権にもみられる．民主国家では代表者の選出や法の制定と執行の規則が重要だが，数の暴力による少数派の権利侵害を防ぐためには，基本的人権や統治機構を特別多数でしか改正できない上位の法規範に定めることが必要である．これを「形式的意味の憲法」，または憲法典や成文憲法と呼ぶ．歴史的には多くの国が人権の範囲や政治制度を慣習に基づいて定義していた．しかし20世紀に入り，参政権が拡大し，政府に期待される役割や政策領域が広がるにつれ，ほぼすべての国が明文化された憲法を採用するようになった．この憲法典の普及は，人権保護と政府の権力制限に対する意識の高まりを反映している．権利章典などの成文法や歴史的に集積されてきた判例法から構成されるイギリス憲法などの例外もあるが，これらも実質的意味の憲法として機能している．

●**憲法の制度設計**　憲法典の必要性と目的が共有されている場合でも，その具体的な内容は多様である．一つ目の要因は国固有の歴史である．多民族国家では少数派の権利や参政権が重視され，戦争を経験した国々は政軍関係について細かく規定することが多い．これらの規定の程度は，憲法の制定過程で市民がどれだけ関与したかによっても左右される（Elkins et al. 2009）．民主的なプロセスを経て起草・批准された憲法は，人権への配慮が深い．

　もう一つの要因は，時代による倫理観や危機意識である．規範意識の変化や新しい問題の登場により，憲法に規定される権利の範囲は拡大し，内容はより具体的になってきた．例えば，1950年代には法の下での男女平等を保障する憲法が41%に過ぎなかったが，2020年には89%に増加した．また，新しい憲法ほどジェンダー不平等の是正に積極的に取り組んでおり，例えば，議会における女性比率にクォータを設定したり，賃金平等を義務付けたりする傾向がある．このような社会への積極的な介入は，憲法が制定された時代の国際規範や大国の影響によっても形成されている．

●**憲法の普遍性**　憲法典の改正には通常，立法府の単純多数以上の賛成が必要である．この点で，憲法は単にルールを列挙するだけでなく，それらを堅固に「エントレンチ」（安定化・固定化）する役割も担っている．安定化とは，重要と見なされる権利やルール，そのほかの事項を立法多数による容易な変更から保護することを指し（長谷部 2022；Elkins et al. 2009），これには複数の目的がある．第一に，ルールの安定化により法律や政策の不確実性が減少し，長期的な経済的・社会的・政治的な投資が可能となる．第二に，多数決を利用して権威主義的な政府を確立する（例えば，投票権を制約する）などの非民主的な制度変化を防ぐ．第三に，少数派の権利を保護する．これがなければ，少数派は立法多数によるみずからの利益の保護を信頼しないかもしれない．このように，憲法は単にルールを設定するだけでなく，それらを一定の保護下に置き，変更をより困難にすることで，国家の安定性と多様な利益のバランスを保つ重要な役割を果たしている．憲法の固定化による利益は大きく，経済成長や政治的安定性との相関関係が指摘されている（Elkins et al. 2009）．

●**憲法の改正**　憲法は不変の契約ではなく，批准時に人気があったものでも，人権規範や政治力バランスの変化により時代にそぐわなくなる可能性がある．権利や統治機構が詳細に記述された憲法ほど，再解釈や法律による調整ではなく，正式な成文改正による適応が求められることが多い．現代のすべての憲法典には改正のルールが設定されており，後世が進化するニーズや規範に合わせて内容を適応させることを可能にしている．インド（100 回以上の改正）やドイツ（60 回以上）など，自由に憲法を改正している国もある．世界的にみて，憲法改正の多くは選挙法や地方分権など政治制度に関するものだが，日本のようにそれらの具体的な内容を憲法で明記せず，国会の単純多数で実現可能にしている憲法典は，改正の必要性が構造的に低いといえる（マッケルウェイン 2022）．

　憲法は設計上反多数派的であり，通常の立法よりも改正手続が厳しい．これには通常，議会多数の同意と，大統領，地方政府，市民などの追加の拒否権者による承認が必要である．しかし，フェルステーフらは，改正の頻度が高まっていることから，憲法がより柔軟になっていると論じている（Versteeg & Zackin 2016）．これは，憲法制定者が政府の自律性を制約するために，多くの権利と統治機構を列挙する傾向が増しているためである．適切なエントレンチメント＝安定化のレベルを見つけることは，憲法が最高法規としての役割を保ちつつ，時代に合わせて変化することを可能にするために不可欠である．［ケネス・盛・マッケルウェイン］

📖さらに詳しく知るための文献
・駒村圭吾・待鳥聡史編（2016）『「憲法改正」の比較政治学』弘文堂.
・ケネス・盛・マッケルウェイン（2022）『日本国憲法の普遍と特異——その軌跡と定量的考察』千倉書房.

議院構造

☞「大統領制と議院内閣制」
p. 392

　議院構造を議会における権力の集中・分散を規定するものとして，多数派であ
ることでいかに立法権を行使するのか，少数派であっても立法権を共有できるの
か，三つの観点からそれぞれ検討する．

●**立法・行政関係**　一つ目の視点は立法権と行政権の関係であり，典型的には，
議院内閣制による権力融合か大統領制による権力分立かの問題である．議院内閣
制では，行政権を司る内閣の存続が立法権を司る議会の信任に依拠し，立法権と
行政権が融合する．内閣は議会に責任を負うように行政権を行使し，議会は国民
によって選出され，議会は国民に責任を負うように立法権を行使することで，権
力融合による民主主義が実現する．一方，大統領制では，行政権を司る大統領と
立法権を司る議会は独立に国民によって選出され，国民に責任を負うように行政
権あるいは立法権を行使し，権力分立による民主主義が実現する．大統領と議会
は抑制と均衡の関係にあり，大統領は議会に責任を負うように行政権を行使する
とは限らず，議会による立法に拒否権を行使することもある．議会では多数派の
流動性が高まり，少数派でも立法権の行使に関与する可能性が高まる．

●**両院制・二院制**　二つ目の視点は立法権の水平的共有であり，具体的には，両
院制あるいは二院制の問題である．両者は同義にも用いられるが，両院制は一議
会の独立した二院が，二院制は独立した二議会が立法権を共有するとされること
もある．下院・上院あるいは第一院・第二院とされ，上院・第二院が元老院と称
されるように，明文ではないにせよ，年長者の経験・識見を仰ぐという位置付け
にある（オランダのように，上院を第一院と呼ぶ国もある）．ローマ時代の元老
院が貴族で構成されたように，中世・近世にかけて，貴族や聖職者の特権階級に
よる院と平民の非特権階級による院の身分制議会が定着する．階級以外にも，職
能や部族，人種で院を分けることもあり，これらも広義の身分代表である．

　また，アメリカの連邦制が典型例であるが，上院を州代表，下院を選挙区代表
として立法権を共有する．ドイツも連邦制であり，下院である連邦議会と上院で
ある連邦参議院の二院制とされるが，後者は各州政府から派遣された議員で構成
され，州に関連する連邦法案の審議に権能が限られるため，下院連邦議会による
実質的一院制ともいわれる．フランスは国民議会と元老院の二院制であり，後者
は地域代表として国民議会議員や地方議会議員によって選出され，内閣との関係
や両院不一致の場合などを除いて，権限は国民議会と対等である．日本の国会も
衆議院と参議院の両院制として，異なる選挙制度を採用し，選挙区代表の衆議院

に対して，参議院には都道府県代表という性格もあり，首相指名・信任や予算，条約，会期を除いて立法権を共有する．

　多くの国々で一院制が採用されているが，広義の身分代表，広義の地域代表に加えて，両院制・二院制を採用する国々には国家規模の大きさが共通する．院の構成が異なるか否かにかかわらず，二つの院が一致した結論に至るという慎重さも国家規模に応じて再考の院として立法権を共有する根拠となる．イギリス議会が貴族院の権限を制限し，非対称な両院制といわれるように，一院制を一方の極とすると，立法権を対等に共有する両院制・二院制の反対の極に近づくほど，多数派は立法権を掌握し難くなり，少数派も立法権の行使に関与する可能性が高まる．

●**権限委譲**　三つ目の視点は立法権の垂直的共有であり，全体としての議会から部分としての委員会や政党への権限委譲として理解される．例えば，議会は委員会を政策的管轄に応じて組織することによって，管轄ごとに全体から部分へ権限を委譲する．このように立法権が共有される場合，委員会が自律的であるほど，議会の多数派でなくとも立法権の行使に関与する可能性は高まる．

　議会と政党の関係も同様の立法権共有ととらえられる．イギリス議会が典型例であるが，部分である与党に議会運営の権限が委譲されるほど，多数派が立法権を掌握し，立法権に少数派が関与する可能性は少なくなる．一方，アメリカ上院のように，議員個々の権限が尊重され，例えば，議員が長演説で審議を妨害し，現在では長演説をすると宣言するだけで議事が止まるように，立法が単純多数決で可能でありながら，議事進行のためには 3/5 の特別多数決が必要とされ，言い換えると，2/5 の少数派に拒否権が保障されている．

　議院構造は複合的に立法権の行使を規定するものであり，立憲的制度選択の問題である．コックスとマカビンズは議会運営の権限委譲を「空港管制」に準えて整理している（Cox & McCubbins 2011）．直訳すると『立法のリヴァイアサン』となる彼らの書籍名も示唆するように（Cox & McCubbins 2007），議院構造は社会契約論的な権限委譲としての制度選択の問題である（ホッブズ 2022）．

　日本の国会は，衆議院による権力融合を基本としつつ，両院制と委員会制によって立法権の共有を促している．議会運営では全会一致が尊重されるが，多数派から選出される議長に決済権が保障されている．立法については両院の権限はほぼ対等であり，両院不一致の場合，両院協議会で 2/3 の特別多数決で調停するか，衆議院の 2/3 の特別多数決による再議決が必要となる．憲法改正については両院いずれかの 1/3 の少数派に拒否権がある議院構造である．　　　　［増山幹高］

📖さらに詳しく知るための文献
・川人貞史（2011）「第 4 章 議会と政党」川人貞史ほか『現代の政党と選挙』新版，有斐閣．
・川人貞史（2015）『議院内閣制』東京大学出版会．
・増山幹高（2015）『立法と権力分立』東京大学出版会．

院内の制度（委員会）

☞「連立理論」p. 312

　議員や政党が政策形成や政権運営・監視を行う場である議会の構造を最も特徴付けるのが委員会制度である．したがって，本項目では院内の制度としての委員会に焦点を当てる．

●委員会　議会が扱う議案や政策は幅広く，また審議には高い専門性が必要となる．そのため，議案を審議・議決し，政策を形成し，政府を監視するという議会の役割は，分野ごとにその分野を所管する委員会に委任される．

●委員会の機能と役割　委員会の機能と役割は，議員レベル，政党レベルそれぞれからの理解が進展してきた．アメリカ連邦議会研究は，議員レベルから委員会の役割と機能を解明してきた．アメリカの場合，近年強化されつつあるものの，他国と比べれば政党の所属議員の公認・当選や議場投票への影響力は依然低いため，議員にとっての機能という点から，委員会が検討される．特に，分配理論，党派理論，情報理論という三つの委員会理論が競合してきた．第一に，分配理論は，委員会は個々の議員が自身の有権者の利益に関係する委員会に所属し，有権者に利益を誘導することで再選可能性を高める場であると主張する（Shepsle 1978；Weingast & Marshall 1988）．また，委員会を，議員間で自身にとって重要な政策分野での利益を認めてもらうのと引き換えに相手にとって重要な分野での利益も認める「交換の利益（gains from trade）」を制度化する装置ととらえる．第二に，党派理論は，委員会がどの法案を審議・採決し本会議に送付するかという議事設定権（agenda-setting power）をもつ点に注目する．その上で，議会の多数党が委員会の議事設定権を統制・利用することで，自党にとって有利な政策を実現していると主張する（Cox & McCubbins 2007）．第三に，情報理論は，政策の立案と効果の間の不確実性に注目し，委員会は本会議に対して政策情報を与えていると主張する（Krehbiel 1992）．

　ヨーロッパ議会研究は，政党レベルから委員会の役割と機能を解明してきた．ヨーロッパでは，政党が所属議員の公認・再選や投票行動に与える影響力が強いため，政党にとっての機能という点から委員会が検討される．委員会の機能としては，分業，交換の利益，情報獲得，党派的調整の4点が指摘される（Mattson & Strøm 1995；Strøm 1998）．分業は，立法過程を分野ごとに分割して各委員会が担当することで，同時に複数の立法を行えるという効率性とさらに各委員会が専門性を高められることを指す．交換の利益は，上述のとおり議員の利益を相互に認めるという交換を委員会を通じて行うことである．情報獲得は，上述のと

おり政策とその帰結の間には不確実性が存在するため，政策について専門性を
もった議員が委員会に所属することで，政策の情報を提供するというものであ
る．党派的調整は，政党は委員会を通じて，所属議員を党の方針に従わせるもの
である．

　さらに，ヨーロッパの委員会研究では，連立政権における委員会の役割に注目
する．ヨーロッパの多くの国々では，複数の政党によって政権が形成される連立
政権が一般的である．内閣では，扱う政策の範囲と専門性から，各分野の政策決
定は大臣に委任される（Laver & Shepsle eds. 1994；Laver & Shepsle 1996）．大
臣は，連立政権の政策よりも自身の政党の立場に近い政策を実施しようとする
（大臣による逸脱）．連立政権の政党は，委員会において連立相手の政党からの大
臣の法案を修正したり（Martin & Vanberg 2011），連立相手の大臣と政策分野
が対応する委員会の委員長に自党の議員を任命したりすることで（Carroll &
Cox 2012），連立相手の大臣を監視しているとする（議会による監視）．加えて，
委員会は，野党が政府を監視する場ともなっている（Powell 2000；Strøm 1990）．
●**委員会の多様性**　国家間での議会の構造の分類と類型も行われている．特に委
員会の強さについては，Mattson & Strøm（1995），Martin（2011），Mickler
（2017），Strøm（1998）らの研究が，その序列化を試みている．なかでも，最も
平易な指標を用いている Martin（2011）は，①委員会は政府の省庁を所管して
いるか，②委員会は議会のどの段階で法案を審議できるか，③委員会は法案の提
出権をもつか，④委員会は法案の修正権をもつか，⑤委員会は大臣に出席と証言
を求めることができるか，⑥委員会は公務員に出席を求めることができるか，⑦
小委員会は存在するかという7項目を用いている．対象の39カ国のうち，委員
会の強さは，ハンガリー・スロヴァキア・アメリカ・オーストリア・チェコ・エ
ストニア・日本・リトアニア・スロヴェニア・ブルガリア・チリ・キプロス・フィ
ンランド・アイルランド・イタリア・ラトヴィア・ノルウェー・ポルトガル・ス
ペイン・スウェーデン，ベルギー・カナダ・デンマーク・ドイツ・アイスランド・
イスラエル・ルクセンブルク・ポーランド・イギリス・オーストラリア・フラン
ス・モーリシャス・コスタリカ・マルタ・ギリシャ・バハマ・ボツワナの順番と
なる．委員会が強いほど委員会中心主義，弱いほど本会議中心主義となる．

　委員会中心主義の国では委員会がより長い時間をかけて法案の実質的な審議や
修正を行い，本会議は採決が中心的な役割になる．一方，本会議中心主義の国で
は本会議が法案の実質的な審議を行う．また，委員会中心主義の議会ほど，一般
議員が政策形成に関与しやすいため，政党の評判よりも議員自身の評判を高める
ような法案や政策が制定される傾向にある（Martin 2011）．　　　　［藤村直史］

政治の大統領制化

☞「大統領制と議院内閣制」
p. 392

　先進工業民主主義諸国における政治の「大統領制化（presidentialization）」は，政党衰退論以降の政党政治を考えるために，ポグントケとウェブによって提起された概念である（Poguntke & Webb eds. 2005）．例えば，イギリスのブレア，ドイツのシュレーダー，イタリアのベルルスコーニなどの名前が大統領制化の具体例としてあげられる．彼らは，いずれも議院内閣制における首相という点で共通しているが，単に執政制度の側面に限定されるのではなく，政党リーダーや選挙キャンペーン時の「顔」としても卓越した存在であった．彼らは執政府の長であるとともに，政党のリーダーでもあり，みずからが政党内において優越的な立場を築くことにより，権力を行使し続けることができたのである．

　日本でも同様に，2000年代初頭の小泉純一郎や2012年の政権交代以降の安倍晋三が首相としてだけでなく，自民党総裁としてもリーダーシップを発揮し，選挙の顔として抜きん出た存在であったことから，彼らは日本における大統領制化の事例として考えられる．

●**大統領制化とは何か**　ポグントケとウェブによれば，大統領制化とは，「ほとんどの場合に形式的構造である体制タイプを変えることなく，体制の実際的運用がより大統領制的なものになってゆく過程」（ポグントケ＆ウェブ編 2014：2）のことである．したがって，大統領制化という現象は，議院内閣制が憲法改正により大統領制になるというのではなく，例えば，議院内閣制のもとで憲法を変えることなく，実際の運用によって大統領制的になることである．執政たる首相は，大統領制における大統領のようなリーダーシップを発揮するようになる．大統領制化は，①政党内および執政府内におけるリーダーシップの権力資源と自律性の増大，②リーダーシップを重視するようになった選挙過程という二つの点からとらえられる．これらの変化は，執政府，政党，選挙という民主主義的な統治の中心的な三つの領域に影響を及ぼす．大統領制化の過程は，三つの領域での変化によって示される．

　議院内閣制であれ大統領制であれ，あらゆる体制のタイプは，政党主導型統治と大統領制型統治との間に位置しており，いずれの極に近づくのかは偶発的要因と，さまざまな基底構造的要因によって決まる．議院内閣制では政党主導型統治がみられるのに対し，大統領制では大統領制型統治がみられる．しかし，大統領制化は，議院内閣制において政党主導型統治ではなく，リーダー主導型の統治がみられるようになったことを意味する．この場合には，リーダー個人の権力資源

と自律性が増大し，内閣や政党などの集団的アクターの権力と自律性は低下する．リーダーの権力増大は，自律的な統制領域の増大と，他者の抵抗に対する打開能力の拡大によって示されることとなる．

●**大統領制化の二つの要因**　大統領制化は，大別すると，（憲法構造に直接的に由来するのではない）二つの要因によってもたらされる．一つは，偶発的要因であり，時々の政治的状況や政治的リーダーの人格に由来するものである．もう一つは，構造的要因であり，政治の国際化，国家の肥大化，マスコミュニケーション構造の変化，伝統的な社会的亀裂政治の衰退などがあげられる．まず，政治の国際化は，グローバル化や欧州統合などにも関連している．政府が解決しなければならない問題が今日では一国内部で完結するとは限らず，国際協調なしには対処し得なくなっており，国内政治の決定は国際政治にも結び付く．次に，国家の肥大化は，長期にわたる官僚制の複雑化と組織的な専門化によって示される．マスコミュニケーション構造の変化は，1960年代初頭以来の電子メディアの発達と役割の拡大を意味している．メディアが政策の中身よりも政治家の人格に焦点を向けることにより争点の複雑化を避けようとする一方で，政治家はメディア特有の要求に迎合し，政策の説明よりも象徴化によりイメージ戦略を重視する．さらに，伝統的な社会的亀裂が浸食され，政党とその支持基盤である社会集団との結び付きが衰退したことなどが，従来の政党政治に変化をもたらした．

　大統領制化の現象は，四つの構造的要因と偶発的要因によって三つの側面それぞれにおいて観察される．大統領制化は，執政府，政党，選挙という三つの側面で同時に進行するのではなく，それぞれの過程は異なる速度，異なる期間で進行する．各側面の大統領制化は互いに影響を及ぼしており，例えば，選挙過程の大統領制化は政党リーダーの自律性を大きくし，政党の大統領制化につながる．政党リーダーの権力拡大は，執政府における優越的な役割を正統なものとし，執政府の大統領制化に拍車をかける．大統領制化の三つの側面は相互に作用しており，どれか一つだけが大統領制化するというわけではない．

●**大統領制化を巡る批判**　大統領制化という概念を巡っては，イギリスの議院内閣制における首相が米国大統領よりも国内政治では有力であり，仮に従来よりも多くの権限を手にしたとしても，米国の大統領のようになるのではないため，大統領制化ではなく，首相職の「首相化」として変化をとらえるべきであるという指摘がなされた．また，リーダーの中心性という意味では，政治の人格化（personalisation）としてとらえるべきとの批判に対して，ポグントケとウェブは人格化という用語が選挙運動のような候補者中心の傾向を含むこともあり，曖昧さや対象範囲としては人格化というのは不適切であるとしている．　　　［岩崎正洋］

📖さらに詳しく知るための文献
・ポグントケ，トーマス＆ウェブ，ポール編（2014）『民主政治はなぜ「大統領制化」するのか──現代民主主義国家の比較研究』（岩崎正洋監訳）ミネルヴァ書房．

政治と司法

☞「司法の政治化」p. 404

　モンテスキューが『法の精神』を著して以来，国家の権力を立法権，行政権，司法権に分離し，相互の抑制均衡によって権力の濫用を防止する権力分立の原則は，民主主義国家に広く受け入れられてきた．なかでも司法部は，行政部や立法部（議会）と異なり，選挙を通じて有権者に権限を委任され，応答責任を負うことがない．その結果として司法部は，行政部や立法部，さらには有権者それ自体からも自律性を保障されている．この点で司法部は，選挙を通じた委任と応答責任という民主主義政治の原則から外れた，非政治的権力部門であるとされる（大石 2021）．現在では自律的司法部による立法部・行政部の監視と抑制は自由民主主義体制（liberal democracy）の要件とみなされており，V-Dem をはじめとする民主主義指標でも体制を評価する際の要素として採用されている．

●司法部の創設・制度設計　司法部の権限・自律性は，憲法や司法に関する法制度によって規定される．しかし，これらの憲法・法令を制定・改廃するのは立法部・行政部を構成する政治的多数派である．ではなぜ，政治的多数派はみずからの行動を制約する自律的司法部を創設するのであろうか．権力分立の原則や立憲主義が規範として受容されたことはその理由の一つであろう．これに加えて，政治学の分野では以下の説明が通説として受け入れられてきた．

　第一の説明は，自律的司法部が財産権保障に対する信頼あるコミットメント（credible commitment）として機能するというものである．国家が経済発展するには外国からの投資が必要だが，国家は私有財産を接収・国有化することで短期的な利益を得ることができる．投資家にとって財産の接収は投資上のリスクであり，国家の側は財産権が保障されることを示さねばならない．そこで，自律的な司法部による公平な裁判の機会を保障することで，投資家に対して財産権の保障をコミットメントし，投資を誘致するのである（North & Weingast 1989）．

　第二の説明は，政権交代を予期した現政権が，次期政権による権力濫用を抑制するために，司法部による行政権・立法権の制約を導入・強化するというものである．したがって，政治的競争性と，それによる政権交代の可能性が高いほど司法部の権限・自律性は強化される傾向にある（Ginsburg 2003；Hanssen 2004 など）．この説明は，保険理論（insurance theory）と呼ばれる．

●司法部の機能　立憲民主主義は，立法部・行政部から自律した司法部が権力の濫用を阻止し，人権保障につながることを期待している．実証研究の上でも，司法部の自律性が高く権限が強いほど，政治的理由による逮捕・処罰などの権利侵

害が少なくなることが示されている（Keith et al. 2009）．また，司法部の自律性が高いほど，民主主義体制が崩壊し権威主義体制に移行する可能性が低下することも知られている（Gibler & Randazzo 2011）．司法部は自由民主主義体制を保護する機能を果たしているのである．

経済面では，司法部の自律性が高いほど経済成長が進むことが示されている（Feld & Voigt 2003）．自律的司法部による財産権保障へのコミットメントが機能している証拠といえよう．また，司法部の自律性が高いほど，政権交代後に旧政権のリーダーに対する逮捕や国外追放が減少することも示されている（Epperly 2013）．新政権による権力濫用が防止されているという点で，保険理論の予想に合致する結果である．

●**権威主義体制の司法**　権威主義体制（authoritarian regime）の司法部は，民主主義体制の場合に比べて自律性や権限が制約されているのが一般的である．しかし，権威主義体制のリーダー達が，みずからの利益のためにあえて自律的司法部を創設することもある．以下，代表的議論を紹介する．

まず，先にも述べた財産権保障への信頼あるコミットメントである．投資の誘致は現代の権威主義体制国家にとっても死活問題であり，自律的司法部は投資家の信頼を獲得する手段として機能しうる（Moustafa 2008）．また，司法部は官僚制を統制する手段ともなる．政治的リーダーと行政官僚制の間には本人–代理人問題が生じており，官僚達が自己利益のために権限を濫用しないように監視する必要がある．しかし，報道の自由や情報公開制度をもたない権威主義体制の行政官僚制は透明性が低く，監視は容易ではない．そこで，行政府から自律的な司法部を創設し，官僚制の監視にあたらせるのである（Moustafa 2008）．

さらに，自律的な司法部は体制への批判を予防する手段ともなる（Ríos-Figueroa & Aguilar 2018）．公平な裁判が期待できる場合，市民達は生活上の不満を裁判に訴え出ることができる．このことは，リーダーが市民の不満を察知し，体制への批判に予防策をとることを可能とする．また，自律的司法部は体制内エリートに対する信頼あるコミットメントとしても機能する．通常，権威主義体制のリーダーは，軍などの勢力と支配者連合（governing coalition）を形成し，支配に必要な資源を提供される見返りに利益の分配を約束する（Svolik 2012）．一方，連合内のエリート達は，リーダーが約束を破り利益を独占するリスクに直面する．そこで，自律的な司法部を創設し，リーダーといえど利益を独占できない制度を導入することで，リーダーは利益の分配を確約し，体制内エリートの離反を予防するのである．　　　　　　　　　　　　　　　　　　　　　　　　［井関竜也］

📖さらに詳しく知るための文献
・井関竜也（2022）「政治学における司法部門研究の現状と課題（1）・（2）完」『法学論叢』191巻2号，50-75頁；191巻4号，99-121頁．

司法の政治化

☞「政治と司法」p. 402

　最高裁判所長官の名前を言える人が日本にはどれくらいいるだろうか．長官を含めて15名（日本国憲法第79条第1項・裁判所法第5条第3項）の最高裁判事の任命（指名）は，国会の同意なく，内閣が行っているが（憲法第6条第2項・第79条第1項），民主的統制は国民審査（同第79条第2項）だけで構わないのか．法令の条文そのものを違憲・無効にする違憲審査に最高裁は消極的で，1947年5月3日の設立以降，13件しか下していないが，一票の格差是正や夫婦別姓を巡る訴訟では，各裁判官の個別意見が注目された．それだけ，誰が裁判官になるのかが「この国のかたち」を決める上で重要だということである．こうした司法を巡る政治学的アプローチを司法政治（judicial politics）という．

●**司法の政治化**　トランプ大統領は4年の任期（2017年1月〜21年1月）のうちに3名もアメリカ連邦最高裁判事を上院の同意を得て任命した稀なケースである．終身制の下，2名が死去，1名が引退する中で，保守派で若年の判事に構成が置き換わることで，そのレガシーは退任後も長く残ることになる．共和党内の予備選挙の頃からトランプの最大の公約は，「ザ・ナイン」（トゥービン 2013）ことアメリカ連邦最高裁判事9名のバランスを「傾かせる」ことだった．

　事実，その後，連邦最高裁は2022年6月24日，女性の人工妊娠中絶権は合憲だとしてきた「ロー対ウェイド」判決（1973年1月22日）を6対3で覆し，各州の法に委ねるとした．米国社会を二分してきた争点について，一度ならぬ二度とも，議会ではなく司法が決定打を放った．トランプ大統領が任命した3名の判事は全員，違憲とした．バイデン大統領も，黒人女性を初めて連邦最高裁判事に任命するなど，保守／リベラルといった政治性向はもちろん，人種や性別，年齢も判事任命において重要になる．特に，連邦最高裁の場合，違憲審査はもちろん，州と連邦の関係など「アメリカ合州国」のありようを規定するため，その構成（の仕方）は政治的な争点になる．これが司法の政治化（politicization of the judiciary）である．外国との同盟や基地の提供など「統治行為（political question）」に対する違憲審査において司法積極主義だと，一層，その傾向が先鋭化する．

　アメリカ連邦最高裁の定員も日本の最高裁と同じで憲法で規定されているわけではないため，法律の改正で増減が可能である．事実，ルーズベルト大統領（任期：1933〜45年）は大恐慌後のニューディール政策に違憲判決が続いたため，判事を増員するコート・パッキング（court-packing）を試みたことがある．結局，連邦最高裁の側が合憲に転じたため，判事の数は9名のまま変わらなかった．

最高裁も,「70 歳」定年規程（裁判所法第 50 条）を改正するか, 若年の判事を任命すれば, 特定の性向の判事を長く残すことは理論的に可能である. 15 名の判事は, 1970 年代以降, 裁判官 6 名・弁護士 4 名・検察官 2 名・行政官 2 名・学者 1 名という「枠」があるとされるが, 慣習にすぎないともいえる. 1952 年 8 月に任命された入江俊郎は当時 51 歳で, 71 年 1 月に退任するまで 18 年以上判事を務めたが, 近年は 60 代前半の任命ばかりである. 女性初の判事は 1994 年になってようやく誕生したが, 15 名中, 最大で 3 名である.

●政治の司法化　本来, 議会において政党間で協議・妥協を重ねて合意に至る（べき）争点も裁判所に持ち込み, その解決を委ねる現象を政治の司法化（judicialization of politics）という. 敗者の合意と勝者の自制は代議制民主主義や政党政治, さらには自由民主主義体制の根幹であるが, 左右間のイデオロギー的分極化（ideological polarization）が進む中, 敗者も勝者も両者一歩も譲らず, アリーナの外, 議決の後でも, 争いが続く.

　この深刻なケース（事例／判例）が韓国である. 例えば, 盧武鉉大統領（任期：2003〜08 年）の政権公約だった首都移転法は総選挙を前に与野党合意で韓国国会で可決されたが, 保守系野党はその後反対に転じ, 違憲審査を専管している憲法裁判所で審判され, 違憲・無効とされた. その後, 大統領府・国会などはソウルに残しつつ, 省庁の大半を新都市・世宗に移転する法が可決され, 再度, 憲法裁の審議に付されたが, 合憲とされた. いずれも, 韓国の中位有権者の選好を反映した憲法裁の戦略的決定であると分析されている.

　他にも, 国会法やメディア法などの強行採決, さらには政党内の懲戒処分まで, 政党間あるいは政党内で政治的に決着させる（べき）案件も, 司法が「最終決定」を下すようになっている. そうなると, 政治不信が高まるのは当然であるし, その分, 賭金が高くなった司法の政治化もますます進む. 両者は相互作用しており, 政治の分極化が進むと司法の分極化も進むという構図である.

●司法を政治学する　立法・行政・司法は三権と称され, いずれも国家権力を構成すると同時に, 相互に牽制することで均衡を担保するのが憲法体制の今日的ありかたである. それぞれをどのように制度デザインするかは各国の主権的決定だが（見平 2012）, 司法を, 最高裁を, 公平・中立なアクターとみなすのはナイーブすぎる. 司法も当然, 任命権者や議会・有権者の反応をあらかじめ織り込んで行動を選択する戦略的プレーヤーである. 日本国憲法では,「司法（第 6 章）」は「国会（第 4 章）」や「内閣（第 5 章）」と同等の位置付けであり, 本書では「統治の制度」の中で挙げられている.「司法を政治学する」ためには（駒村・待鳥 2020）, まずは問いを正しく設定するところから始めたい.　　　　　［浅羽祐樹］

📖さらに詳しく知るための文献
・黒木亮（2016）『法服の王国——小説裁判官』上・下, 岩波現代文庫.

官僚制

☞「官僚制と専門知」p. 592

　「官僚制」は，英語では"bureaucracy"という．"bureau"と"cracy"という，別々の言葉が合成されてできた用語である．語源を辿ると，前者は事務机や事務室，後者は力や支配を意味した（アルブロウ 1974；今村ほか 1999）．語源に照らして字義通りに解釈すれば，官僚制とは「事務室による支配」を表す言葉であり，官僚支配や，官僚による統治の自己目的化に対する批判的なニュアンスが込められていた（今村ほか 2015；阿利 1974）．しかし20世紀に入ると，近代社会の組織原理の本質を表した言葉として学術上の用語の中に定着していく（今村ほか 1999）．官僚制を病理的な負の側面からとらえるのではなく，むしろ正の側面を照射して，合理的な組織として描いてみせ，その後の官僚制研究に多大な影響をもたらしたのが，ドイツの社会学者ウェーバーの官僚制論である．

●**支配の3類型**　ウェーバーの官僚制論の特徴は，「支配」との関わりの中で官僚制の意義を見出した点にある（吉富 1976；藤原 2012）．ウェーバーは支配を正当化する根拠として，三つの類型を示している（ウェーバー 1960, 1970）．第一に「合法的支配」である．形式的に適切な手続に従って制定された法律や規則に基づく支配である．人々は，命令を下す「人」に対して服従するのではなく，それが「規則」であるがゆえに服従する．第二に「伝統的支配」である．昔から存在する秩序や伝統の神聖性に基づく支配の形態である．第三に「カリスマ的支配」である．支配者自身の類まれな能力，カリスマ性に魅了されて人々が服従する．官僚制は，合法的支配の最も純粋な形態であるとされる．

●**官僚制の特徴と永続性**　ウェーバーは近代的な官僚制には，旧来の家産官僚制などとは異なり，以下のような特有の機能様式，原則があると指摘している．①権限の原則（規則に基づく明確な権限），②階層制の原則（官庁間の明確な上下関係，上級官庁による下級官庁の監督），③文書の原則と公私分離の原則（文書に基づく職務執行，私生活と職務活動との区別化），④専門性の原則（専門的訓練を前提とした職務活動），⑤専業の原則（自身の職務活動への専念），⑥規則の原則（規則に基づく職務執行と規則関連知識の習得）である（ウェーバー 1960）．合法的支配の重要な特徴は形式的な規則が支配を正当化するという点にあるが，官僚制もまた規則を基軸として構築される結果，没主観的な非人格的形式性（ザッハリッヒ）が組織の作動原理となる（ウェーバー 1960）．近代的官僚制は，「精確さ，迅速さ，明確さ，文書の知識，継続性，慎重さ，統一性，厳格な従属，摩擦や物質的・人的なコストの節約」の面で，ほかの形態と比べて優れており（ウェーバー 2023：

122)，合法的支配を基盤とする近代社会にとって不可欠な存在となる．ウェーバーは，「官僚制は，ひとたび完全に確立されると，解体するのが最も難しい社会的構成体の一つである」と述べ，その永続性を強調している（ウェーバー2023：161）．

●**官僚制の逆機能**　官僚制論は，ウェーバーのように官僚制の合理的側面を重視する見解と，逆にその病理的側面に焦点を当てる見解とに二分される（辻 1969）．特にアメリカの官僚制研究では，後者の立場から，官僚制の問題点が明らかにされてきた．代表的な議論の一つが，社会学者マートンの逆機能論である．逆機能とは，システムの適応や調整を阻害することである（マートン 1961）．官僚制では，公平性・客観性の確保や組織の能率化という目的から，規則の遵守が重視される．規則遵守は組織目的を達成するための手段に過ぎないが，官僚制の組織原理に従ううちに規則遵守自体が目的化される「目標の転移」（手段の目的化）が生じる．規則遵守が何よりも優先され，柔軟な対応に欠けた杓子定規な形式主義，さらには儀礼主義が組織を覆うようになる．結果として組織目標の達成が阻害される（マートン 1961）．官僚制の逆機能や「意図せざる結果」を生み出す事例やメカニズムについては，セルズニック，ゴールドナー，カウフマンなどによっても研究されている（Selznick 1949；ゴールドナー 1963；カウフマン2015）．さらに，ダウンズやニスカネンなどは，経済学を理論的基礎に置きつつ，自己利益追求や予算最大化の観点から官僚行動を分析している（ダウンズ 1975；Niskanen 1971）．

●**ポスト・ウェーバー型官僚制？**　ウェーバーは官僚制の合理的側面に焦点を当て肯定的な評価を下したが，今日では官僚制は批判の対象となることが多い（野口 2011）．1980 年代以降，政府の財政が悪化する中，非効率性，繁文縟礼，セクショナリズムなど，官僚制の逆機能や病理性が改めて問題視されるようになり，「大きな政府」は批判の的となった．各国では行政改革が実行に移され，規制緩和や民営化，公務員の定員削減などが行われるとともに，企業経営手法や市場原理の公的部門への導入を意図とする NPM（New Public Management）の理念が浸透し，業績給の導入，政策実施機関のエージェンシー化，公会計改革など，旧来のウェーバー型官僚制の構造を大きく変革する試みも進められてきた（クールマン＆ヴォルマン 2021；ポリット＆ブカールト 2022）．官僚制が比較的堅固であった日本も，その例外ではない（北村編 2022；嶋田 2022）．官僚制の構造自体が変化を遂げる中，新たな時代の官僚制，ポスト・ウェーバー型の官僚制はどのような形態となるのか，その行く末はまだ見えていない．　　　　　［西岡　晋］

📖**さらに詳しく知るための文献**

・ウェーバー，マックス（2023・2024）『支配について Ⅰ・Ⅱ』（野口雅弘訳）岩波書店．
・真渕勝（2020）『行政学』新版，有斐閣．

独立行政機関

☞「大統領制と議院内閣制」
p. 392,「中央銀行制度」
p. 410

　権力分立制の中で行政権は，大統領制ならば大統領が，議院内閣制ならば内閣がもつことが一般的である．しかし，独立行政機関はこうした直接または間接の民意によって選出された執政部から一定程度の独立性を有して行政を担う．

●独立行政機関の独立性　ここでいう独立性とは，一般的に人事・権限・財源の独立である．独立行政機関の長やメンバーの任免権者は誰か，どのくらいの権限を有しているのか，財源や予算統制権限の所在などがしばしば問われる．こうした独立性の度合いは，独立行政機関によって異なる．

　こうした独立行政機関は，さまざまな規則を制定する準立法的機能や，さまざまな争いごとを裁定する準司法的機能をもつことがある．また，高度の専門性を求められることなどから中長期的な知見の蓄積や視点に立つ必要性，特に政治的な中立性が求められる政策領域を担当することがある．このように担うことになる権能や政策領域の性質から，政党政治や代議制民主主義のメカニズムに必ずしも馴染まないことを要因として設置されることが多い（村上 2013）．

　一方で，命令と委任の連鎖によって規律付けられる民主制国家において，権力分立制のもと行政権を司ることと，民意によって選出された執政部から一定程度の独立性を有する独立行政機関の位置付けがしばしば問われることがある．ただ，上記のような事務の性質上，その独立性は許容されるべきといった考え方の他に，権力分立制自体が権力の集中が市民の自由を奪うのでこれを避けるという消極的自由主義の発想に基づいていることが正当化の論拠として用いられる傾向にある（曽我部 2013）．また，長やメンバーの任免においては執政部や議会（立法部）が何かしらの人事権を有している傾向があり，完全に民意のコントロールの外にあるということは少ない．

●独立性のデザイン　一方で，上記の専門性や中立性などにおいてどの条件を満たせば当該政策領域において独立行政機関が設置・改廃されるかについて明確な基準はない．そこで参考になるのがホーン（Horn 1995）の取引費用の考え方である．ホーンによればコミットメントコストとエージェンシーコストというトレードオフの関係にあるコストの概念が，独立行政機関の存廃やその独立性の度合いを含めた制度選択を考える上で有用である．コミットメントコストは，特定の政策に深く関わることによって生じるコストである．特定の政策領域に深く関わることができると，政府与党はみずからの望む政策を実現しやすくなるが，政権交代して野に下ると対立する政治勢力によって政策が大きく変えられてしまう

おそれが出てくる．これを避けるために，独立した行政機関に変えられてほしくない政策を委ねておくという考え方が出てくる．しかし，その機関に独立性を高く付与してしまうと，政府与党によるコントロールが効かなくなって，政府与党の望む政策が実現できなくなってしまうコストが生じる．このようにして生まれるコストが，エージェンシーコストである．政権を維持できる見込みが高い場合は，独立行政委員会に独立性を付与するとコミットメントコストよりもエージェンシーコストが高く見積もられるため，政府与党は，独立行政委員会の独立性を低減させようとするか委員会そのものを廃止して一般行政に内部化する．しかし，政権交代が見込まれるような政治環境の場合は，エージェンシーコストよりもコミットメントコストを重視するため，より高い独立性を付与した独立行政委員会が設置されることがある．

●**日本における独立行政委員会**　現在の日本の独立行政機関は，アメリカの独立規制機関を参考にして戦後設立された（なお，大統領制を導入するなど権力分立が徹底されているアメリカでは，連邦通信委員会などの独立規制機関は，行政機関であるものの三権すべてから自律させ，三権すべてで統制するという考え方のもとに設置されている）．日本の独立行政機関は，独立行政委員会という長および複数の委員から構成される合議の機関の形態を取ることが一般的である．中央政府レベルでは，日本国憲法の第90条に根拠をもつ会計検査院，国家公務員法第2章に位置付けられている人事院，そして国家行政組織法第3条の「委員会」（通称「三条委員会」．運輸安全委員会［国土交通省］，原子力規制委員会［環境省］など），そして，この委員会に準じるものとして内閣府設置法第49条・第64条に基づき設置される内閣府の外局（公正取引委員会・国家公安委員会など）がこれに該当すると考えられている．また，認可法人ではあるものの，金融行政における権能の大きさから中央銀行である日本銀行も独立行政委員会の一種であるとする考え方もある．なお，国家行政組織法第8条などでも合議制の機関の設置が認められており，しばしば「委員会」の名称が付けられるが（通称「八条委員会」．政治資金適正化委員会［総務省］など），こちらはいわゆる審議会であり，諮問事項に対する答申の提出などを主な業務とする．

　地方政府レベルでも，①一機関への権力の集中を排除し，行政運営の公正妥当を期する，②それぞれの機関の目的に応じ，行政の中立的な運営を確保する，③住民の参加による機関により行政の民主化を確保する，といった理由で，教育委員会，選挙管理委員会，人事委員会・公平委員会など首長部局から一定の独立性を有する行政委員会が設置されている．　　　　　　　　　　　　　［木寺　元］

📖さらに詳しく知るための文献
・村上祐介（2011）『教育行政の政治学——教育委員会制度の改革と実態に関する実証的研究』木鐸社．

中央銀行制度

☞「独立行政機関」p. 408

　現代の中央銀行は，独占的な発券銀行としての機能と，銀行の銀行（最後の貸し手）として，破綻した銀行に流動性を供給する機能をもつ．これによって通貨の安定的な供給，金融システムの安定，決済システムの維持という重要な役割を担っている．では，なぜこうした経済的な制度が比較政治学の研究対象になるのだろうか．それは 1694 年のイングランド銀行創設以来，多くの国の中央銀行が政府への貸付を行ってきたことに関連している．

　現代の通貨は金や有価証券と兌換する義務がなく，発行権は国家に属するため，政府は歳入確保のために中央銀行にいくらでも通貨を発行させて名目上の収益（シニョレッジ）を獲得できる．しかし，通貨の大量発行は通貨価値の下落とインフレを引き起こしやすい．そこで中央銀行が冒頭で述べた機能を常に果たすには，政府から独立して金融政策を実施できる制度が必要になるが，それは政府にとって歳入確保や金融緩和（景気刺激）の手段を制限されることを意味する．ただし長期的にはインフレ抑制は政府にも利益となる．いかなるときに政府は中央銀行の独立性を認めるのか．それは政治的な決定であり，比較政治学が関心をもつ理由もそこにある．

●**中央銀行の独立性の現状**　世界の中央銀行が独立したのは 1990 年代以降で，90 年代には欧州諸国，メキシコ，韓国，日本など 30 カ国以上で実現した．ただし独立性の程度はさまざまであるため，研究者は独立性の有無だけでなく，その測定にも関心を払ってきた．独立性は政治的なものと経済的なものに分けられ，前者は金融政策の目標を選択できる組織的な独立性を，後者は金融政策の運営上の独立性を指す．図 1 は世界の中央銀行の独立性（政治的・経済的独立

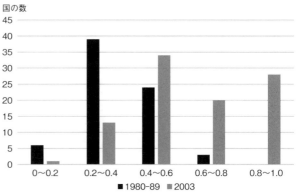

図 1　中央銀行の独立性の程度（世界全体*）
出典：Crowe & Meade 2007：Table 2.
注*：サンプル数は 1980-89 年が 72 カ国，2003 年が 96 カ国．

性を統合した指標）を数値化したものだが，80 年代から 2000 年代に多くの国で独立性が向上したことがわかる．その多くが新興国や途上国であった．

●独立性の要因　いかなるときに，そしてどの程度，中央銀行に独立性が与えられるのか．この問題について，先行研究を大きく分類するならば，信頼性論，分配対立論，構成主義論，通貨レジーム論に分けることができる（岡部 2020）．

　信頼性論は，政府が国内に不足する資本を海外から導入する必要があるとき，中央銀行に独立性を付与してインフレ抑制などマクロ経済安定への決意を示すことで国内外の投資家からの信頼を高めることができると論じた．また，債務危機や通貨危機によって国内に資本が不足した場合，国際通貨基金（IMF）がしばしば緊急融資のコンディショナリティとして中央銀行の独立性強化を要請してきたことに注目して，IMF が独立性の普及にとって重要な役割を果たすと分析した研究もある．IMF の要請を受諾することは市場の信頼を高めるシグナルとなる．

　これに対して分配対立論は，政治主体の利益はインフレ抑制だけではないと指摘し，例えば左派政党は失業対策のため景気刺激（金融緩和）を優先するだろうという．中央銀行の独立性は分配を巡る対立に関わるのである．この立場の研究は，保守的な金融政策を選好する現政権がみずからの在任期間が短いと予想する場合，次の左派政権の政策を制約するために事前に独立性を付与しやすいと論じた．この見方は民主主義国だけでなく，民主化を目前に控えた権威主義の国の分析にも有効である．チリやタイの事例研究は，民主化後に登場する政権が拡張的な経済政策を実施する可能性が高いほど，権威主義の現政権はそれを阻止する目的で前もって中央銀行に独立を付与しておくことを明らかにした．

　構成主義論は中央銀行の独立性という制度を別の観点から検討する．制度とは，社会で何が適切な行動であるか否かを定義するものであり，新たな制度がモデルとして普及していく過程は「同型化」と呼ばれる．中央銀行の独立性も一種の制度の同型化であって，政府がそれを選択するのは，国内外で国家の正当性や地位を向上させるためや，国際社会の規範に従うためだと説明される．

　そして通貨レジーム論は，為替制度との関係に着目して独立性を考察する．それによれば，自由な対外資本取引を前提にすると固定相場制では財政政策が，変動相場制では金融政策が有効であるため，為替制度の選択が独立性の実質的な効果に影響する．例えば，金融政策が有効となる変動相場制では中央銀行に高い独立性が求められる．しかし，為替制度と独立性の組み合わせはさまざまであり，その決定要因として民主化，政党制，中央地方関係などが検討されてきた．

　最後に中央銀行の別の性格についても指摘しておきたい．独立性が付与されるとき，選挙によらずに選出された国家機関に政策を委任するという意味で，中央銀行は会計検査院や選挙管理機関のような独立行政機関として理解することもできるのである．

[岡部恭宜]

君主制

☞「アラブの春」p. 258

　君主制は，君主の称号をもつ人物が国家元首を務める政治体制である．多くの君主制国家では，長子制などの世襲によって権力の継承が行われる．世襲によって後継者が決定されていても，北朝鮮やシンガポールのように国家元首が君主を名乗らない場合には，君主制とはみなされない．他方，マレーシアやアラブ首長国連邦のように，各州の君主から構成される評議会において互選で君主を選出する国家もある．君主制は，近代国家が形成される以前の世界では非常に一般的な統治形態であった（Gerring et al. 2021）．しかし，ケニアのように独立に伴い国家元首を旧宗主国君主から大統領へと変更し共和制へ移行した国もあれば，ギリシャやイタリアのように国民投票を経て共和制へ移行した国もある．2023年5月の時点で君主制と数えられるのは42カ国である．

●**君主制の類型**　君主制は絶対君主制と立憲君主制とに大別される．絶対君主制とは，国家元首である君主や王族のメンバーが政府の長を務め，実際の統治に大きく関与している政治体制である．政府の長が自由かつ公平な選挙で選出されていない点において，権威主義体制に分類される．現在では，サウジアラビアやオマーン，ブルネイ，アラブ首長国連邦などが該当する．一方，立憲君主制とは，君主が国家元首として君臨するものの，実際の統治が内閣や議会に委ねられている政治体制である．立憲君主制を採用していることは，その国家が民主主義的であることを必ずしも意味しない．今日のイギリスや日本のように，議会や内閣の構成員が自由で公平な選挙により選出されている民主主義国家もあれば，軍事政権下のタイのように軍部主導で政治が執り行われる非民主主義国家も存在する．

●**立憲君主の政治権限**　絶対君主制と異なり，立憲君主制のもとでは君主特権が廃止され，執政や立法，司法に関わる多くの権限が内閣や議会，裁判所などに移譲されている．このように立憲君主の政治的権限は制限されているが，その内実はさまざまである（Inata 2021）．例えば，日本の天皇やオランダの国王・女王のように，首相や内閣などの承認に基づいてのみ首相の任命や解散の承認を行うことが憲法上認められている場合もあれば，ブータンやマレーシアの国王のように議会の多数派から首相を任命することは要請されているものの他の統治組織からの承認や助言を受けず首相を任命できる場合もある．しかし，上記のような君主権限が憲法で規定されていたとしても，実際には形骸化しているとみなされている権限も多い．その一方，一般的ではないものの，君主に対する制限が形骸化することや，憲法上認められていない権限を君主が行使することで権威主義化が

進行する場合もある.

●君主制に関する比較政治学　君主制に関する比較政治学研究は，特定の国家あるいは地域を対象とする歴史的分析が主流である．日本の天皇制についても，その歴史や役割に関する膨大な研究の蓄積がある.

　君主制に関する地域横断的な比較政治学研究では，君主制の中でもとりわけ絶対君主制に大きな関心が払われてきた．その理由は，民主化後の国家では立憲君主の政治的権限は限定的であり，儀礼的な役割しか果たさないという暗黙の前提が置かれてきたから，と考えられる．実際，16 世紀頃の西ヨーロッパを対象とした研究では，君主の権限を信憑性のあるかたちで制限することで，市民の財産権が保証され，安定的な政治体制や経済成長が実現した，と指摘されている（Acemoglu et al. 2005；Blaydes & Chaney 2013；North & Weingast 1989；Rosenthal 1998）.

　一方，君主みずからが政治に積極的に参加する絶対君主制は，権威主義体制研究や中東政治研究において，研究の蓄積が厚い．近年では，とりわけアラブの春をきっかけとして，君主制国家の安定性に対する関心が高まった．エジプト，チュニジア，リビアなどの共和制国家では体制が崩壊したものの，その近隣の君主制国家では体制が維持された．Menaldo（2012）は中東・北アフリカ地域の国を対象とした計量分析を行い，君主制国家が共和制国家よりも体制が安定していること，さらには君主制国家が法の支配や経済成長においてよりよいパフォーマンスをあげていることを示した.

　また近年，立憲君主制も含む君主制と共和制のパフォーマンスを比較する研究も増加している．例えば，Garmann（2018）のように，君主制のほうが共和制よりも汚職の統制や法の支配などの点において優れていると指摘する研究がある．君主は長期間に渡って在位するという特徴がある．すなわち，選挙等によって比較的短期間で交代する大統領や首相に比べると，君主はより長期的な視点に立った意思決定を行いやすく，それが君主制と共和制のパフォーマンスの差を生み出しているのではないかと考えられている．その一方で，両者の経済成長には統計的に優位な差がないとする研究もある（Bjornkov & Kurrild-Klitgaard 2014）.

[稲田　奏]

📖さらに詳しく知るための文献

・水島治郎・君塚直隆編著（2018）『現代世界の陛下たち——デモクラシーと王室・皇室』ミネルヴァ書房.

・Hazell, R. & Morris, B.（eds.）（2020）*The Role of Monarchy in Modern Democracy: European Monarchies Compared.* Hart.

・Herb, M.（2016）*All in the Family: Absolutism, Revolution, and Democracy in the Middle Eastern Monarchies.* State University of New York Press.

連邦制

☞「政党システムのタイポロジー」p. 292,「アメリカの連邦制」p. 416,「EU の連邦主義」p. 418

　連邦制は，国家による効率的な資源配分，民主化の進展，民族間対立の抑制など，さまざまな政治的問題を解決することが期待されてきた．その一方で，冷戦終結後にはソ連やユーゴスラビアなどの連邦制国家が解体し，現在も一部の地域は分離独立問題に直面している．このような背景のもとで，連邦制の定義，類型化，そしてその効果に関する研究が進められてきた．

●**連邦制の定義**　連邦制に関係する概念として連邦主義（federalism）がある．連邦主義は単一主義に対置される規範的な概念で，両者は権力集中を是認するか否かによって区別される．単一主義とは地域単位の自律性を認めず権力の一元化を目指すものである．一方，連邦主義は複数の地域単位が自律性を維持しながら，共通の目的のために自発的に統合するものである．つまり，連邦主義においては，そのシステムを構成する単位（地域機関）とシステム全体（共通機関）という二つのレベルの政府が存在することが必要条件になる（岩崎 2005）．

　連邦主義の具体的な政体として，「連合（confederation）」と「連邦（federation）」がある．どちらもシステム全体を地域機関が共同で統治する（「共治」（shared-rule））とともに，地域機関が「自治」（self-rule）を行うという点は共通するが，両者のバランスは異なる．連合においては，市民が地域機関に参加し，地域機関が市民に権力を行使する一方で，共通機関の権限は限定的であり，代表の選出や財政は地域機関を通じた間接的なものに限られる．欧州連合（EU）や独立戦争直後のアメリカがその代表例である．それに対し，連邦においては，市民は地域機関（地方政府）と共通機関（中央政府）の双方と直接的な関係を結ぶ．つまり，市民は二つのレベルの政府に代表を送るとともに，双方から権力を行使される．また，連邦では，中央政府と地方政府がどちらも自律的に（他方から干渉されずに）決定する権限をもち，その権限分割の範囲は憲法に明記される（Watts 1998）．このように，連邦と連合を比べれば，前者は後者より「自治」が弱く「共治」が強い．

●**連邦制の多様性**　ただし，憲法が権限分割を規定しているからといって，連邦制国家が必ずしも分権的であるわけではない．確かに，世界初の連邦制国家であるアメリカ合衆国は分権的である．それは，連合から連邦へ移行したという歴史的経緯があるため，アメリカ憲法には連邦政府の権限のみが規定され，残余権はすべて州がもつという解釈が一般的だからである．しかし，憲法に中央政府と地方政府の権限がどのようなバランスで規定されるかは国によってかなり異なる．

実際，マレーシアやメキシコのように集権的な連邦制国家も存在する．

　この集権／分権の違いを考える上で，ステパンは「デモス制約-デモス促進」という尺度を提唱した．ここで，デモスとは中央議会における多数派を意味し，このデモスが下した決定を連邦の構成単位がどの程度制約できるかに着目した尺度である（Stepan 1999）．こうした議論は連邦制に多様な形態があることを理解する上で役立つ．

　また，連邦制を類型化する際には対称／非対称という区別もよく用いられる．古典的には，共通の目的のために統合する構成単位には権利が平等に与えられるべきだという対称性原理が，連邦制の必要条件だと考えられていた．しかし近年は，インド，カナダ，マレーシア，ロシアなど構成単位ごとに憲法上の権限が異なる非対称的連邦が，対立を抑制する有用な制度だとする論者もいる．

●**連邦制の効果**　　連邦制研究が近年発展したのは，この制度に一定の効果が期待されたからである．そこで，連邦制を独立変数として，それが公共財の効率的な配分，民主化，民族紛争の抑制と国家建設などに与える影響が考察されてきた．一方では，単一国家よりも連邦国家の方が地域住民の需要に応じた公共サービスの提供が可能であるとか，イラクやボスニアのような分断された社会では，連邦制が紛争を抑制する効果をもつと考えられた．他方で，1993 年に連邦制を採用したベルギーで国内の分離主義が高まったことから，連邦制は逆に多民族国家を不安定化させるのではないかとも指摘されるようになった．このように，連邦制が紛争を抑制する効果とそれを助長する効果の双方をもつことは，「連邦制の逆説」と呼ばれる（Erk & Anderson 2010）．概して連邦制の効果は両義的で複雑なものである．

　そこで，上述の類型や他の制度との関係，そして連邦制が採用される社会・経済環境など，どのような場合に連邦制がプラスの効果をもつかが分析されるようになった．例えば，地方政府の財政的自律は，社会のニーズにあった資源配分を可能にする一方で，債務の増加や汚職の蔓延などをもたらす可能性もある．そのため，それが経済的パフォーマンスを高めるためには，厳格な予算制約が課せられる必要がある（Beramendi 2007）．また，分離主義が高まるか否かは，地方独自の要求が中央にどの程度伝わるかが重要であり，その意味においてその国における政党組織や政党システムのあり方が重要な意味をもつ（近藤 2016）．このように，現在では，他の制度や社会経済環境との関係も考慮した上で，連邦制の効果が検討されるようになっている．　　　　　　　　　　　　　　　　　［溝口修平］

📖さらに詳しく知るための文献
・松尾秀哉ほか編（2016）『連邦制の逆説？──効果的な統治制度か』ナカニシヤ出版．

アメリカの連邦制

☞「連邦制」p. 414

　アメリカは，中央政府である連邦政府，50 の州政府と，一つの特別区（ワシントン D.C.），および，9 万 837 の地方政府からなる連邦国家であり，これらの重層的な政府間関係を連邦制と呼ぶ．近代国家の制度として最初に連邦制を確立したアメリカでは，州は軍隊（州兵），憲法，三審制の裁判システムをもち，州議会もネブラスカ州以外，二院制をとるなど，州政府は地方自治体というよりも国の政府に近い権限をもっている．連邦政府のみに認められている権限については，貨幣鋳造・通貨発行権，国債発行権，外国との通商・外交関係を樹立する権利，宣戦布告する権限など，合衆国憲法で「連邦議会」の権限として列挙され，それ以外の権限は州政府または国民に留保される（合衆国憲法第 10 修正条項）という限定列挙型となっている．一方，州内にある郡や市町村，学校区などの地方政府について合衆国憲法には規定はなく，地方政府は「州の被造物（creatures of the states）」と呼ばれ，州ごとに異なったルールの下に置かれている．

　19 世紀半ばまでの初期アメリカ連邦制の一つの特徴は，個人の権利が中央政府に侵害されることを権力分立によって防ぐことだった．しかし南北戦争の経験は，州や地方政府の権限が，ともすれば少数派に不寛容な宗教的・人種的多数派によって専制的に利用されかねないことを露呈した．そのためアメリカ連邦制は次第に初期の連邦と州の「二重主権論」的立場を脱して，特にニューディール以降，全国化・集権化の傾向を強めた．ニューディール期以降の連邦制は，それまでの連邦制が「二重連邦主義」と名付けられていたのに対して，「協力的連邦主義」と呼ばれるようになった．1930 年代の世界大恐慌を背景に，連邦政府，州政府，地方政府がそれぞれ協力しあって，社会福祉や失業対策，インフラ整備などに取り組むようになったためである．

　「協力的連邦主義」の進展により，州に対する連邦補助金や，地方に対する連邦・州補助金が急増し，第二次世界大戦後の 1946 年には州の連邦補助金依存度が 9.4% に過ぎなかったのが，1965 年の L・ジョンソン民主党政権時には 20% を超えた．ジョンソン民主党政権は貧困，福祉，犯罪，差別撤廃，教育，都市再開発など幅広い社会問題に連邦政府が直接介入して取り組む「偉大なる社会」プログラムを実施し，在職 5 年間に 200 以上の連邦補助金を新設した．州政府を介さず連邦政府が直接，地方政府にさまざまな種類の補助金を与え，新しい政策の実現を図ったことから，当時の連邦−州関係は「創造的連邦主義」と呼ばれた．一方，共和党のニクソン大統領は，「新連邦主義」と呼ばれる一連の改革に着手し，

連邦から州への権限移譲を実現しようとした．そのために，一般歳入分与制度の創設や用途限定型の補助金に代えて一括補助金を導入することで，州・地方政府の予算執行における裁量権を拡大したが，それでも州は必ずしも財政的に自立しなかった．その後，レーガン大統領はニクソンと同様に「新連邦主義」を政策目標として掲げたが，一般歳入分与制度は廃止した．連邦政府から州政府への分権改革で実際に成果を上げたのは，1996 年に当時連邦政府最大の福祉プログラムとなっていた，要扶養児童世帯補助金（AFDC）を廃止した民主党のクリントン政権だった．クリントン以後，連邦政府主導の「大きな政府」路線が終焉を迎えるかと思われたが，続く G・W・ブッシュ共和党政権は，2002 年に成立した「落ちこぼれ防止法」により，従来は主に州の専管事項であった初等・中等教育に，連邦政府が積極的に関与するようになった．また 2001 年 9 月の同時多発テロ事件以後のテロ対策でも連邦政府による州や地方政府への関与が強化され，国土安全保障省と州・地方政府が犯罪データを共有する「安全なコミュニティ」プログラムなどが開始された．またブッシュ政権末期の 2008 年夏に発生したリーマン・ショックとそれに続く金融危機により，連邦政府は不良資産救済プログラム（TARP）の設置など，大規模な財政支出を余儀なくされた．

　オバマ民主党政権では，2010 年に医療保険改革（オバマケア）が実現し，州を飛び越して，すべての国民に医療保険加入が義務付けられるなど医療保険分野での連邦政府の介入が強化された．移民政策の分野でもオバマ大統領は，市民権や永住権を保有する子供をもち，米国内に 5 年以上滞在している不法移民らを強制送還の対象から外す措置（DAPA）を大統領覚書として発令するなど，連邦政府主導の改革を断行する姿勢を示した．これに反発したテキサスなど共和党知事の州を中心とする 26 州が，議会を通さない措置は大統領の権限を逸脱しているとして違憲訴訟を提起した．続くトランプ共和党政権も大統領令を乱発して，移民規制の強化や環境規制の緩和，新型コロナウイルス感染症対策後の経済活動再開などで連邦政府主導の姿勢を取った．さらにバイデン民主党政権も，2022年 6 月に連邦最高裁で，女性の中絶の権利を認めた 1973 年のロー対ウェイド事件判決が覆されたことにより，保守州で中絶規制が強化される可能性を懸念して，女性が居住地以外の州で中絶手術を受けられるように，メディケイド（低所得者向け医療保険）の運用の変更を求める大統領令を出した．

　このように近年，連邦政府が州政府に対して，超党派的なコンセンサスを得にくい政策を押し付ける傾向が強まっているが，こうした傾向を「強制的連邦主義」（Kincaid 1990），または「懲罰的連邦主義」（Goelzhauser & Konisky 2020）と呼ぶこともある．特に 2000 年代以降，連邦政府と州政府が全国的な党派的争点を巡って法廷闘争を繰り広げるのが常態化しており，それが現在のアメリカ連邦制の一つの特徴となっている．　　　　　　　　　　　　　　　［安岡正晴］

EU の連邦主義

☞「連邦制」p. 414

　連邦主義は EU の理解に有用な概念であるが，政治目標としてみる場合と，分析概念として考える場合とで，使われ方が異なる．前者の場合，EU を連邦国家へ発展させるべきかどうかを巡る賛成派と反対派の政治対立が問題となる．後者の場合，EU の統治制度と既存の連邦国家との比較が主題とされる．ただし，政治目標としての連邦主義も，学術研究のための連邦主義も，その意味に差異はない．いずれも権力分有による多中心化および政治単位間の相互承認を通じて，権力均衡化を実現していくべきだとする考え方である（Burgess 2009；Elazar 1995）．この考え方をもとに，主権の絶対性が克服され，主権の共有が可能となり，国家間の分権的統合体が制度的に実現されてきたと主張するのが，EU の連邦主義である．

●**政治目標としての連邦主義**　欧州統合の歴史は実際に欧州連邦創設を目指す理念とともにあった．EU の源流としてクーデンホーフ=カレルギーの「パン・ヨーロッパ」構想（1922 年）や仏外相ブリアンの「欧州連邦秩序」構想（1927 年），スピネッリの「ベントテーネ宣言」（1941 年）をあげられる．1943 年には欧州連邦主義運動（MFE）が創設され，1946 年にはチャーチルの欧州合衆国構想もあった．以上の連邦主義言説前史を土台に，仏外相シューマンは欧州石炭鉄鋼共同体（ECSC）設立を「欧州連邦への第一歩」だと主張する．このシューマン宣言（1950 年）以来，欧州統合は具体的に制度化され，欧州経済共同体（EEC）（1958 年）から EU 創設（1993 年）へと発展していく．この間も連邦主義は折にふれ欧州議会で掲げられ（スピネッリらによる 1984 年欧州同盟設立条約案），欧州委員長ドロールなど EU 要人により欧州の進むべき道として示されてきた．そして 2000 年に独外相フィッシャーが欧州統合最終形態を提案する（Fischer 2000）．EU を国家連合から連邦制へ発展させ，加盟国代表の理事会を上院，欧州選挙による欧州議会を下院とする構想である．この後すぐ憲法制定会議にも擬せられる欧州将来像会議が開催され，欧州憲法条約が採択（2002 年）されるのだが，フランスとオランダが国民投票で否決，EU は国際条約による地域組織に止まることになる．連邦国家を目指した大文字の統合は終焉し，EU の政策統合を巡る小文字の統合の時代が続くとみられるようになる（遠藤 2013）．

　しかし連邦主義に反対する勢力にとっては，小文字の統合であっても反対すべきであった．2010 年以降のユーロ危機，難民流入，テロ続発が複合的に展開した実存的危機の時代に，欧州懐疑主義勢力が拡大する．イギリスは 2016 年に

EU離脱を問う国民投票を実施，2020年にEUを離脱するにいたる．そのイギリスでは連邦の語はFワードとも呼ばれ，特に英保守党内で忌み嫌われた．欧州懐疑主義は欧州議会でも勢力を拡大しており（2024年欧州議会選挙では総議席数の25%近くを占めるにいたった），右派の「欧州保守改革グループ（ECR）」（イタリアの同胞〈FdI〉や法と正義〈PiS〉などが参加）や，極右の「欧州のための愛国者（PfE）」（国民連合〈RN〉やフィデスなどが参加）および「主権国家のための欧州（ESW）」（ドイツのための選択肢〈AfD〉などが参加）は，EUによる国家主権の制約を連邦化とみなし反対している．

●**学術研究のための連邦主義**　EUは通常の国際組織を超えた政体を構成しているとする理解が一般的であるが，けっして連邦国家の樹立を宣言したわけではない．構成国は国連にも加盟する主権国家であり，EU軍もEU警察も存在しない．EU予算もGDPの1%強にすぎない．加盟国法の一時停止を可能にするEU緊急事態法もありえない．とはいえEU法が加盟国法に優位し，EU司法裁判所がEU法を最終的に解釈するという法秩序は，連邦国家に擬えることも可能だ．ヒト・モノ・カネ・サービスの自由移動が実現され，単一通貨ユーロも導入された．EU経済圏の存在はEU法に依拠した広範な規制により支えられる．そのEU法は欧州委員会や欧州議会といったEU市民を代表する機関と，欧州理事会（首脳会議）／EU理事会（閣僚会議）という加盟国を代表する機関の共同作業として策定される．EUが比較連邦主義研究の対象に据えられてきたのも，至極当然のことである．政府システムが複数存在し，加盟国政府の自律性は保障されるものの，EUで立法されたルールの遵守が義務となる．そしてこの二つのレベルの間および加盟国の間の協調原則が重視される．このような政体EUは，アメリカやドイツなどと，統治制度・政策形成・政党政治といった側面で比較されてきた（Saurugger 2014）．

　ただし，EUの公式文書にみずからを連邦制と同定する記述はみられない．EUを連邦制だとみなす学術論文も数少ない．連邦国家ではないが事実上連邦制に類似するEUは，実際にはマルチレベル・ガバナンスという用語により特徴付けられてきた．それは，EU・国家・地方・市民社会の各層が，補完性原則に拠り協力するシステムであり，その土台には，決定は可能なかぎり市民に近いところで下すべきであり，加盟国が個別に遂行するよりEUが実施した方が規模と効果に関して望ましい場合にEUの行動を限定すべきだとする規範が据えられている．これに対して，例えばハーバマスなどは，連邦政体EUの本質を加盟国とEUの行政連合に見出し，EUは官僚制的執行府連邦主義だと批判，EUが実現すべき「トランスナショナル・デモクラシー」を損なっていると主張し，正しい連邦制規範モデルを追求している（Habermas 2012）．　　　　　　　［臼井陽一郎］

第VI部
紛　争

第19章

紛争の諸相

世界の各地では，今も紛争（武力紛争）が繰り返し起こっている．そのほとんどが冷戦終結後に特に顕著となった内戦であり，その数は21世紀に入ってからも高止まりが続いている．20世紀の二つの世界大戦に象徴された国家間の戦争の発生件数は減少を見せたものの，2022年のロシアによるウクライナ侵攻に見られたように，世界から消滅したわけではない．紛争は，依然として比較政治学，そして，国際政治学，平和構築論，安全保障研究といった隣接分野が取り組むべき大きな課題であり続けている．本章では，現代の紛争にはどのような特徴や性質があるのか，そして，紛争を引き起こす争点や条件にはどのようなものがあるのか，という論点を取り扱う．具体的には，民族や宗教といった紛争を戦うアクターのあり方を規定すると考えられてきた所与の要因に加えて，紛争発生の以前と直後の時期に見られてきた政治現象（テロリズム，クーデタ，革命，植民地主義）を扱う．

[久保慶一・末近浩太]

政治的暴力

☞「内戦」p. 428,「民族紛争」
p. 430,「テロリズム」p. 434,
「クーデタ」p. 436

　政治的暴力とは，政治的目的によって肉体的危害を加えること，または物理的破壊を行うことと一応定義できよう．政治的目的とは．政治権力の奪取，政策の変更，選挙結果への影響などを指すが，直接に政治権力に関わらなくても，民族や宗教に基盤をもつ集団間対立を背景とした暴力は政治的暴力として認識される．他方で，国家間の戦争はまさに政治的目的をもつ暴力の行使であるが，政治的暴力（political violence）という用語は通常，国内の暴力現象について用いられてきた．また暴力という言葉は正統性と関わりをもつ．例外はあるものの，正統性があるとみなされる力の行使に対しては，暴力という語を用いないことが多い．

　政治的暴力の現れは，暗殺，拷問，テロリズム，内戦，民族紛争，武力革命，宗教的暴力，クーデタ，選挙に関連する暴力，国家テロリズム（state terrorism＝国家の自国住民に対する激しい弾圧），ジェノサイドなど，多様である．これらのカテゴリーは一部重複する．暴力を行使する主体は，国家テロリズムや多くのジェノサイドのように国家であったり，クーデタのように国家機構の一部であったり，内戦の一方の当事者のように非政府の武力組織であったり，ローンウルフ・テロリストのように個人であったりする．個人や非国家主体による政治的暴力は数多くみられるが，大規模な政治的暴力は国家権力を基盤とすることが多い．

●**政治的暴力の要因**　政治的暴力の研究は，それが生じる条件を巡って最も活発に展開されてきた．以下では国内の政治的暴力に限定するが，これまでの研究で政治的暴力に寄与するとされてきた要因は多岐にわたる．それらを便宜的に整理すると，環境的要因，行為主体の要因，主体間の相互作用において現れる要因に分けることができよう．

　環境的要因とは，行為主体（集団または個人）の外にある要因である．環境的要因では，主として動機付けに作用する要因（民族集団間の不平等，過去の政治的暴力の歴史，略奪可能な天然資源の存在，SNS空間に充満する虚偽情報など），暴力や紛争の機会や実行可能性を高める要因（ゲリラが潜むことができる山岳地帯などの地形，特定の民族集団の集住，民主主義と専制の間の中間的政治体制など），その両方に影響する要因（貧困，国家の脆弱性，組織内部における上官からの命令・圧力・承認や仲間集団からの圧力など）が指摘されてきた．また，環境的条件の急激な変動もしばしば暴力につながる．

　行為主体に内在する要因としては，特定の性格類型または病的気質，暴力一般に対する態度，暴力を正当化するイデオロギーや文化の内面化などがある．もっ

とも，ローンウルフ型のテロリズムは別として，組織的暴力では個人の性向は部分的説明にしかならない．ホロコーストに関する一連の研究は，暴力の加害者が特にサディスティックな性向の持ち主ではなく，その意味で「普通の人々」だったことを明らかにしている．ただし一定数の個人に共有されたイデオロギーや文化は組織的暴力に大きく寄与しうる．

　いったん政治的暴力が開始されると，それはしばしばらせん状に昂進する．集団間の対立を背景にしている場合，たとえ発端の暴力が一部のテロ・グループによるものであったとしても，しばしば被害者の所属する集団では対立する集団全体が加害者とみなされ，集団的被害者意識が高まる．被害者が所属する集団の中から加害者の所属する集団のメンバーに対する報復攻撃があれば，今度はその報復攻撃を受けた集団の中で集団的被害者意識が醸成される．このプロセスにより，しばしば相互の報復が繰り返され，その過程で集団間の境界が顕著性（salience）を増すとともに，各集団内部で過激な勢力に支持が集中する．

●特徴的なパターン　政治的暴力においては，いくつかのパターンが繰り返し観察される．例えば，非武装の一般市民が，特定集団への帰属や戦闘可能年齢の男性であることを理由に殺害されることが多い．敵とみなされる集団のメンバーはしばしば非人間化（人間とみなさなくなること）される．非人間化は言語レベルにも現れ，害虫・害獣や病原菌の隠喩が用いられる．

　政治的暴力はさまざまな論拠で正当化が試みられる．第一に，暴力は何らかの目的によって正当化される．国家が用いる正当化は安全，共産主義からの防衛，革命の成果の防衛などであり，2001 年の同時多発テロ事件以降は「テロとの戦い」の名の下に非暴力の反対派を弾圧する政権が数多く存在する．それに対して革命的暴力は，不公正な秩序を廃して公正な，もしくは「正しい」秩序を構築するという目的で正当化される．また，人権は西洋特有の価値であって非西洋世界には適用されないという主張によって反対派への弾圧が正当化されることもある．

　集団間対立ではダブルスタンダードがよくみられる．政治的暴力によって対立する両集団に被害者が出ていても，各集団は相手集団の被害を軽視または正当化し，自集団の被害は不当な攻撃によるものとして憤る．この現象の背後には，内集団の行動はやむを得ない状況によるものとみなし，外集団の行動は悪意に基づくものと考える心理メカニズムや，歪曲同化と呼ばれるメカニズム（自分の信念と一致しない情報は徹底的に検証されて弱点が洗い出されるのに対し，自分の信念と一致する情報は詳細に吟味されることなく採用されて自分の信念を強化すること）が存在する．また複数存在する公正基準のうち，内集団に都合のよい公正基準を採用することも頻繁である．これらの心理メカニズムは無意識に働くので，自分達こそが正しいと思い込み，その主張を受け入れない対立集団への感情的敵意が強まる．

［大串和雄］

戦　争

☞「国際法と武力紛争」p. 488

　戦争とは，国家の正規軍間の大規模な武力紛争である．そして戦争ほど，「人類にとって……悲劇的な愚行はない」（1947年の米国陸軍士官学校卒業式におけるアイゼンハワー陸軍参謀総長［当時］のスピーチ）．いったいいかなる目的が，その甚大な犠牲，費用，破壊を正当化しうるのか．この戦争の不合理を解明するための学術的探究は，政治学（国際政治，比較政治，政治思想），法学（憲法，国際法），経済学（防衛経済学），歴史学（外交史，軍事史），そして学際的な平和研究に至るまで，さまざまな分野で繰り広げられてきた．

●**戦争原因の三類型**　戦争原因についてはウォルツ（2013）による3類型論がよく知られる．それは医学のアナロジーを用いて，戦争イメージごとに戦争原因を特定する診断書と，その予防策を示す処方箋を整理する試みだった．

表1　3つの戦争イメージ

戦争イメージ	診断書（原因）	処方箋（予防）
第1イメージ	人間の欠陥	教育・啓蒙
第2イメージ	国家体制の欠陥	革命・民主化
第3イメージ	国際システムの欠陥	国家の自助努力

●**外交の限界**　「国家間の意図のコミュニケーション」としての外交の目的は，他方の行動選択を条件とする一方の行動計画（条件付き行動計画）を，文言（声明や同盟条約など）や行動（配備や装備の変更など）を通じて明らかにし，後者による計画の実行を前者に予期させてその意思決定に影響を及ぼすことにある．「同意によらざる一方的な現状変更」としての戦争を回避するには，現状変更はこれを阻止するとの威嚇や約束（現状変更を実行する国家への威嚇と，実行される国家への約束），あるいは，現状変更はこれを自制するとの約束の説得力が必要だ．一方によって威嚇や約束として「表明される意図（コミットメント）」は確実に断行・履行されるだろうと他方が必ずしも認識しない状況は「利害調整の駆け引きの失敗」を招く（Fearon 1995a：390）．この意味で，戦争の原因は外交の破綻にある（Jervis 1976）．

　同意によらざる一方的な現状変更を自制させる外交は，手段によって「抑止」と「安心供与」に二分される．前者は，自制の不履行には「阻止・報復」を以て応じるとの威嚇を，後者は自制の履行には自制の履行を以て応じるとの約束を手段とする．互いの意図について情報が共有されないために，関係国の安全保障上の不安を同時に解消できない窮境を「安全保障のディレンマ」というが，この窮境からの脱出策が安心供与にほかならない．

●法の限界　国内で個人間に成り立つ命題が，国家間にも同様に成り立つとする思考様式を国内類推論という．国内では，公権力の存在を前提に，正当防衛を例外として個人の実力行使を禁止することで実力行使なき社会の維持を図っている．同様に武力行使なき国際社会についても，国連の集団安全保障体制（憲章39条以下の7章）を前提に，自衛（憲章51条）を例外として個別国家の武力行使を禁止する（憲章2条4項）ことによってその維持が図られているともいえる．だが「制裁」「自衛」「侵略」は截然と三分できるものではなく，個別国家の独自の判断に基づく「武力の行使」や「武力による威嚇」は原則的に禁止されるものの，例外的に許容される行動の範囲は必ずしも厳格に限定できていない．

●国内統治と対外戦争　戦争に関する命題のうち，経験的妥当性の高い命題として「民主国家間の平和」論がある（ラセット 1996）．それは，民主国家と民主国家との組み合わせは，ほかの組み合わせとの比較において，戦争の勃発しない組み合わせである確率が高いというものだ．

　国内における権限・権利・義務の配置（例えば開戦の決定権限の所在や選挙権の範囲など）という観点から政治体制をとらえた上で，政体の類型が対外軍事行動に与える影響を論じる研究（古典的にはカントの共和政体論）や（カント 2006），動員（例えば徴兵）のために行われる「取引（bargain）」の帰結として立憲体制や民主体制への移行（私有財産の保障や政治的発言権の範囲拡大など）を説明する研究など，比較政治学的知見の蓄積は厚い（Ferejohn & Rosenbluth 2017；Levi 1997；Tilly 1985）．

●国家形成の波　19世紀以降の歴史において，世界大の戦争・対立の終結は，帝国の解体を通じて新生国家形成の波を作り出した（Lyon 1973）．第一波は，フランス革命，ナポレオン戦争後のラテン・アメリカに

表2　新生国家形成の波

波	時期	革命・戦争等による帝国解体
I	19c 初頭	ナポレオン戦争後のスペイン植民地独立
II	1917〜	第一次世界大戦後の帝国解体
III	1945〜	第二次世界大戦後の植民地帝国解体
IV	1991〜	冷戦終結と社会主義連邦解体

おけるスペイン植民地の独立，第二波は，第一次世界大戦後のヨーロッパにおける四帝国（ドイツ，オーストリア，ロシア，トルコ）の解体，第三波は，第二次世界大戦後のアジア，アフリカにおけるヨーロッパの海外植民地支配の終焉（脱植民地化），そして第四波は，冷戦終結に伴うソビエト連邦やユーゴスラビア連邦の解体であった．国際社会における規範構造の変化（とりわけ体制選択の自由，そして第一次世界大戦後は人民の自決原則の承認）は，国際社会における発言権の配置を大きく動かすことになった．　　　　　　　　　　［石田　淳］

📖さらに詳しく知るための文献
・ウォルツ, ケネス（2013）『人間・国家・戦争——国際政治の3つのイメージ』（渡邉昭夫・岡垣知子訳）勁草書房．

内　戦

☞「民族紛争」p. 430

　内戦とは，ある国の政府とそれに対抗する同国内の非政府勢力が当該国の政治的権威や領域支配といった内的主権を巡って争う武力紛争である．このため，その過程では国家権力やその正当性がしばしば争われ，そのあり方に関しての再考を我々に訴えかけるという意味で比較政治学における重要なテーマの一つである．

●**内戦概念の操作化**　内戦は多くの犠牲者をともなっていることが要件の一つである．これについて，Small & Singer（1982）は戦闘に起因する年間の死者数が千人以上に達している紛争を内戦と定義した．また，UCDP/PRIO データ・プロジェクトでも同様の定義を用いており，25 人以上 999 人以下の死者が生じた衝突を小規模武力紛争と呼んで内戦とは区別している．このような恣意的な数値設定は批判の対象となった一方で，特定の紛争がなぜ（小規模でなく）大規模な武力衝突となり，多くの死者を生み出す内戦となってしまうのか，という問いに関する実証研究を推進することとなった．

●**マクロ要因**　内戦の発生に関する研究はその国の政治，経済，社会的な特徴に注目するかたちで進められた．例えば，民主主義体制下では意見の表出や政治参加などに関する制度が存在することから，市民は暴力的な手段に訴えてまで異議を唱える必要性に乏しい．反対に，非民主主義体制下ではそうした制度は存在しないものの，反政府活動は政府からの厳しい弾圧を受けるリスクが高くなる．このため，内戦のリスクが最も高くなるのが，これらの中間に位置するアノクラシー体制下や体制が移行する時期であるとの主張がある（Hegre et al. 2001）．

　内戦の経済的要因として考えられるのが貧困や収入格差である．経済的な困窮に端を発する不満は人々を組織的な抵抗運動へと駆り立てる原動力であると考えられてきた．一方で，貧困は彼らの武装組織への参加に対する機会費用を低めるとする見方もある．これは紛争に関わることで得られる利益が通常の経済活動で得られる利益よりも大きいことから生じている．特に現代の内戦では天然資源の採掘から得られる収入が反政府武装勢力の資金源となっていることが指摘されており，紛争状態を維持することが彼らにとっては理にかなっている．また民族，宗教，言語などの多様性はそれ自体が内戦のリスクを高めるものではないが，それが社会集団間の経済格差と結び付くことで豊かな集団と貧しい集団との間での紛争を引き起こすとの知見も提示されている．

●**下位国家レベルの要因**　このような研究成果は主に内戦のマクロ要因を明らか

にしてきたが，同時にそれを国家レベルで検証することの限界も指摘された．これは，そもそも内戦で観察される暴力がある国の中でも地理的に偏在しているとの認識によるものである．例えば，国レベルのGDPなどの指標は当該国の平均的な経済発展の度合いを示すが，一国内でもより豊かな地域と貧しい地域の格差があるのが一般的である．また民族，宗教，言語などを異にする社会集団も往々に別々の場所に居住している．こうした内戦のリスクに関わる要因が地理的に偏っていることから，それに起因する暴力も一国内で一様に発生するわけではない．

　上記のような問題意識から，下位国家レベルでの内戦の要因に関する研究が進められた．地理情報や地方行政区分のデータを用いた分析は，国境や首都への距離，人口密度，民族分布，経済格差，採掘可能な天然資源や山岳・森林の有無などが内戦下の暴力と相関していることを示した（Buhaug & Rød 2006）.

●**市民に対する暴力，兵士の徴募**　こうした内戦のメカニズムの分解は，その過程における多様な側面に注目する視角を生んだ．内戦における暴力は武装アクター同士の戦闘に限らない．むしろ，そうした暴力は一般市民に向けられることが多く，それが現代における内戦の一つの特徴ともなっている．カリヴァスは，ギリシャなどの事例を取り上げながら，内戦下の市民に対する暴力行使を政府と反政府勢力の双方によるローカルな領域支配のあり方に求めている（Kalyvas 2006）．また反政府勢力に注目した研究では，その支持母体や組織構造における差異が市民に対して暴力的なグループとそうでないグループとを分けるとした．こうした民軍関係への着目は，個人がなぜ武装反乱に参加するのかという根本的な問題に直接的にアプローチする研究成果を生んだ．元戦闘員などを対象とするインタビューや質問票調査からは，強制的な兵士の動員のメカニズムや非強制的な徴募における金銭・社会的な報酬の存在が示されている．

●**反政府勢力による領域支配**　反政府勢力はみずからの活動を維持するために，兵士の徴募だけでなく，資金や物資の調達を行う必要がある．この目的のため，一定の領域を支配し，住民の生活や彼らの経済活動を統制することがある．これは国家による統治に類似するところがあり，しばしば疑似国家の体をなす．近年の研究では，こうした反政府勢力が行う統治のメカニズムや帰結に関する知見の蓄積が進んでいる（Arjona 2016）．また反政府勢力による領域統治は，恒常的な民軍関係を制度化することで，内戦終結後の民主化の土台となることも示されている．　　　　　　　　　　　　　　　　　　　　　　　　　　［窪田悠一］

📖**さらに詳しく知るための文献**
・多湖淳（2020）『戦争とは何か──国際政治学の挑戦』中公新書.
・東大作（2020）『内戦と和平──現代戦争をどう終わらせるか』中公新書.
・ブラットマン，クリストファー（2023）『戦争と交渉の経済学──人はなぜ戦うのか』（神月謙一訳）草思社.

民族紛争

☞「内戦」p. 428,「テロリズム」
p. 434

　血縁・言語・文化などを共有する人間集団をエスニック集団といい，国民国家をつくる人間集団をネイションというが，日本語の「民族」はネイション，エスニック集団双方を含意する言葉である（塩川 2008）．一つの民族のみで一つの国民国家が形成されることは稀であり，世界のほとんどの国民国家が国内に複数の民族を抱える．国家の内部で民族と民族との間で生じる紛争を民族紛争といい，東欧・旧ソ連地域，アジア，中東，アフリカなどを中心に，世界中で数多くの民族紛争が起こってきた（Uppsala Conflict Data Program）.

●**紛争の発生と激化**　民族自決の主張を背景とした，帝国の崩壊あるいは植民地支配からの独立による国民国家の成立は，民族紛争発生の契機となりうる．特定の民族が政治権力を握って支配民族として振る舞い，国家建設のプロセスを独占し，他の民族が権力分有や意思決定から排除され，国民統合の名の下に極端な同化政策が採られ，あるいは対等な政治的権利が与えられず，伝統的に住んできた土地から追われたり，経済開発の恩恵から排除されるといった差別・排斥が起こることで異議申し立てが生じる．平和的な異議申し立てが無視されたり，弾圧を受けることで強硬な異議申し立てや武装反乱に転化し，紛争化する(Gurr et al. 1993).

　紛争が「支配民族 vs 少数民族」という対立構図を取ると，力関係に圧倒的な差があるため，支配民族による少数民族への一方的な弾圧や，それがエスカレートした場合には少数民族を殲滅させようとする民族浄化が起こることがある．弾圧を受けた少数民族が支配民族と共存することはもはやできないと判断して激しく抵抗すれば，内戦や分離独立運動へと発展する．隣国に同じ民族が存在すれば，少数民族が領土を切り取ってその国への編入を目指す，あるいは隣国が介入して少数民族地域を併合しようとするイレデンティズム（民族統一主義）運動が起こり，紛争は国際化する（Horowitz 1985）．紛争の発生と激化によって人々は住処を追われ，拷問・性暴力・虐殺の被害者となり，難民化して近隣諸国に流れ込む．その意味でも民族紛争は国際的な問題となりうる．

●**体制変動と民族紛争**　独裁体制の崩壊・脆弱化や政治体制の移行にともなって民族紛争が発生することもある．ソ連・東欧では冷戦終結に伴う社会主義連邦国家の崩壊によって民族自決運動が再燃し，民族紛争が発生して数多くの国民国家が新たに誕生した．独裁体制下である程度機能していた国家機構や政治秩序維持のメカニズム，分配を巡るパトロン–クライアント・ネットワークが，国際環境の変化や経済の悪化によって脆弱化することで紛争が発生することがある．国家

権力を巡る闘争の激化とともに，解体されたパトロン-クライアント・ネットワークが小規模な単位に再編される過程で，エスニック集団を基礎とした権力闘争にクライアント集団(民衆)が巻き込まれて紛争が「大衆化」するのである(武内 2009)．

民主的制度や民主化がアイデンティティ政治を推し進め，紛争につながることもある．民族の利害を代弁する政党によって民族アイデンティティが煽動に使われて世論が分極化し，暴力をともなった政治的競争の道具となり，紛争へと発展する (Horowitz 1985)．あるいは，民主化によって地方分権政策が採られ，地方政治においてある集団が自分達の利益のために人々を民族や宗教といったアイデンティティで煽動し，血で血を洗う紛争が発生することがある (Toha 2022)．

つまるところ，民族の違いが紛争を起こすわけではなく，脆弱な国家機構，政治制度，政治過程の下で民族という表象を使って人々を動員し，政治的要求を主張する動機が高まることによって紛争が「民族化」するのである (藤原 2001)．

●**紛争の終わり方と紛争後の和解と共生**　民族紛争の帰結としては，政府(支配民族)側が軍事的に勝利するケースが圧倒的に多く (Licklider 2009)，少数民族が抵抗を続ける限り，政府軍による妥協のない弾圧が続く．例えば，クルド人は長期にわたり民族自決に基づく独立運動を続けてきたが，トルコやイラクで度重なる弾圧を経験している．ミャンマーでも独立以来，カレンやカチンなど少数民族が支配民族であるビルマ人に抵抗し，軍事的弾圧を受けてきた．

インドから独立したパキスタンのように分離独立を実現させた例もある．ソ連やユーゴスラビアの解体では数多くの国民国家が独立した．しかし，パキスタンの分離独立やユーゴスラビア解体の過程では，民族浄化に等しい大規模な殺戮が発生した．住民投票による分離独立も平和的な独立になるとは限らず，東ティモールは多くの流血を伴いつつ住民投票を行ってインドネシアから分離独立した．

インドネシアのアチェやフィリピンのミンダナオでは政府と少数民族とが交渉した結果，和平協定が結ばれ大幅な自治が付与されて紛争が終結した．しかし，自治付与が必ずしも暴力の終結につながるとは限らない．自治を与えられたインド北東部8州では，独立への動きを警戒する政府によって暴力的な治安維持活動がその後も継続した．パレスチナ紛争では国際社会の仲介で和平協定が結ばれて，パレスチナ人自治区が設けられたものの，イスラエル治安部隊による暴力は止まないどころか，「テロリスト掃討」を理由とした軍事作戦によって激化している．

紛争終結後，被害者と加害者がどう和解し，共生していくかという問題もある．ゲリラの武装解除や国軍への統合，統治機構における権力分有，移行期正義(真相究明と加害者の処罰)と国民和解，難民帰還といったさまざまな問題を解決しなければならない(武内 2016)．紛争を経験した国民の間では国家や統治の望ましいあり方について認識のずれが生じうる(末近・遠藤編著 2020)．そのずれを明らかにすることで国家再建への糸口を探ることも重要であろう．　　[増原綾子]

宗教紛争

☞「政治的暴力」p. 424

　宗教紛争とは，宗教的帰属に基づく社会集団が紛争の主体であるとみなされる紛争を指す．紛争には暴力を伴う場合と伴わない場合があるが，より大きな注目を集めるのは前者であるため，本項目では暴力的紛争に焦点を絞って解説する．

●**宗教紛争の説明**　宗教紛争の説明は，そもそも宗教の違いが原因といえるのかという点も含め，さまざまなアプローチが試みられてきた．世界的にも多様な宗教が存在し，暴力的紛争を数多く経験してきたインドの宗教紛争を研究してきたベレンスコットによれば（Berenschot 2011），代表的なアプローチは次の六つに整理できる．

①原初主義：特定宗教の存在，そのカテゴリー化を所与のものとして，宗教的帰属が各個人の世界観を形づくる上で重要な役割を果たすと理解する．それゆえ，異なる宗教間の文化的違いが「我々」と「やつら」という分断を容易に生み出し，過去の暴力的紛争の記憶が現在の紛争につながっていると説明する．

②思想アプローチ：単に宗教の存在だけではなく，特定の宗教が他の宗教より優位に立つことを主張するイデオローグの存在，その思想を実践に移す組織の存在が，人々に「我々」の「やつら」に対する優位性認識をもたらし，紛争に至ると説明する．インドの事例でいえば，ヒンドゥーの優位を主張するヒンドゥー至上主義が民族義勇団の活動によって支持を集めるようになり，宗教暴動に至ったという説明になる．

③道具主義：政治・経済的権力者が，みずからの政治・経済的利益を守り，そして新たに得るために，宗教紛争を道具として利用し紛争を引き起こすと説明する．例えば，インドの宗教紛争を長年にわたって研究したブラスは，ヒンドゥー至上主義者が「制度化された暴動システム」を構築し，選挙で有利になると彼らが判断したときにシステムを発動して宗教暴動を引き起こすと説明した（Brass 2003）．

④社会構築主義：宗教アイデンティティそのものは所与のものではなく社会的に構築された性格をもつという理解の下，宗教アイデンティティ，そして宗教紛争の硬直性を否定し，その柔軟性を強調する．その上で，宗教紛争は，政府の政策，政治的策謀，社会・経済的発展の複雑な相互作用の結果として生まれると主張する．例えば，インドにおいてヒンドゥー教徒とムスリムの境界が明確化されたのは，イギリス植民地政府の認識が国勢調査という形で政策として実施されたことが大きな要因であり，この単純化された二分法が「我々」と「や

つら」という分断を生み出し，結果的に多くの犠牲者を生んだ英領インドの分離独立という結果を招いたと議論する．

⑤社会心理学的アプローチ：紛争当事者の行動を心理学から説明するアプローチである．例えば，インドの宗教暴動で多発する女性への暴行について，他宗教集団である「やつら」に対する優位性を象徴する行為であり，自己愛の発露であると分析する．そのほかにもグローバル化の進展に伴う経済的苦境が生み出す不安感や，みずからの個人的な劣等感の克服の発現であるとする分析もある．

⑥関係論アプローチ：社会学者ティリーの関係論アプローチに基づいて（Tilly 2003），紛争当事者間（もしくは特定コミュニティ内部）の社会関係の変化から紛争を説明する考え方である．例えば，経済的関係の変化（ムスリムが裕福になりヒンドゥーと競合する），暴動を制止しなければならない国家の機能不全，異なる宗教間を架橋する市民社会的ネットワークの存在の有無（Varshney 2002）などを，紛争の発生原因と措定する．

●アプローチの評価　それぞれのアプローチに説得力と弱点があり，かつ説明対象によって適切なアプローチが異なるため，宗教紛争研究において特定のアプローチが優れていると評価することは難しい．宗教紛争研究において最も多くの関心を集めてきた問いは，宗教紛争が起こる時期と場所の変化のパターンを説明することであった．例えば，インドにおいては1992年にヒンドゥー暴徒によって由緒あるイスラームのモスクが破壊された際，事件は全国に映像とともに報道され，事件に触発された宗教暴動がインド各地で発生した．しかし，インド全土で同様の規模の暴動が発生したわけではない．さらに，過去に宗教暴動が頻発した都市においても，常に暴動が発生しているわけではない．変化のパターンを説明するためには，上述のアプローチの中では，③と⑥が最も有効と考えられる．

　このことは，これら以外のアプローチが有効でないということを意味しない．例えば，異教徒を襲撃する個人に焦点を当てれば，個人の思想形成に果たす②の役割は重要であり，殺害や暴行を実行する心理を説明するためには⑤は欠かせないだろう．可変的な宗教集団カテゴリーを分析する上では④の視点が重要である一方，紛争当事者の認識に着目すれば，宗教アイデンティティは社会的に構築されたカテゴリーに過ぎないにもかかわらず，当事者がみずからの宗教的帰属にまったく疑いをもたず，かつこれに固執することを上手く説明できない．これらの現実に直面するとき，①の視点を学術的でないと切り捨てることは難しいだろう．宗教紛争の多様な側面を考えるとき，いずれかのアプローチに固執するのではなく，説明の対象に応じてアプローチを使い分け，かつ，複数のアプローチを併用することがより効果的であると考えられる．　　　　　　　　　［中溝和弥］

テロリズム

☞「破綻国家，失敗国家，脆弱国家」p. 464,「武装勢力と組織犯罪集団」p. 466

テロリズムの元となる「テロ」の起源は，フランス革命後のジャコバン派による「恐怖政治（*la Terreur*）」に端を発する．「テロリズム」という用語が日常的な中傷用語として人口に膾炙し，高度に政治化され政敵へのレッテル貼りに用いられるという恣意的汎用との混同を避けるために，定義付けが必要視されながらも，国際的には 1937 年に国際連盟による試み以降現在に至るまで，統一された定義はない．一方で，特に 9.11 米国同時多発テロ事件以降，現実の治安，安全保障政策上の必要性から多くの国家は自身の政策目的的な定義を明確にしている．

●**テロリズムの概念化と原因論**　テロリズム研究の古典たるラカーをはじめ（Laqueur 1977），いずれの研究者も，一般的な政治的暴力や犯罪，戦争やゲリラ活動などとの差異化が困難であること，「誰かのテロリストは別の者にとっての自由の戦士」との表現が表すように相対主義を払拭できないことなどから，「テロリズム」に関する定義を巡る試みは「終わりのない議論」とみなされている．他方，テロリズムの特徴として①政治的意図を以て恐怖感を喚起する威嚇，暴力であること，②実際の対象に対してではなくそれを越えた広い対象に心理的な影響を与えること，③行為者と対象者の間の非対称性などが指摘される．象徴としての意味，メッセージ性も特徴とされ，シュミットはテロリズムが行為者と対象，観察者などの間のコミュニケーションとして成立すると指摘する（Schmid ed. 2011）．これらの学問上の概念は，行為者を非国家主体に限定しない，対象を文民に限定しない，国家テロリズムを除外しないなどの点で，上述の政策上の定義と異なる．

テロリズム研究は，分野横断的にさまざまな側面から行われている．テロリズムの原因論についても，心理的要因（不安，疎外意識），社会学的要因（急速な近代化の弊害，相対的剥奪，エリートの不満，社会的不公正），経済的要因（貧困，移動・通信手段の発達），文化・宗教的要因（宗教的過激主義），歴史的要因（暴力の伝統，植民地主義に対するナショナリズム，領土紛争），政治的要因（分離独立，マイノリティ差別，政治参加機会の欠如，不正義），国際的要因（外国による支援）などが根本原因（root cause）として指摘される（Crenshaw ed. 1995）．一方，批判的テロリズム研究では，国家による統治の失敗の帰結（脆弱国家），国家の政策（抑圧，排除など）への反応としてのテロリズムの側面が強調される．原因となる要因を過度に重視することが，行為者の暴力的性格を前提視し本質主義的理解を固定化させるとの問題もあり，それぞれの要因を背景や誘因，引き金となる要素といった，異なるレベルの要因として理解する必要がある（Bjorgo ed. 2005）．

●古いテロリズムと新しいテロリズム　ラポポートは近代テロリズムの様態を，19世紀末〜20世紀初頭の「アナキストの波」（帝政ロシア末期など），20世紀前半〜中葉の「民族自決の波」（IRA［北アイルランド］，イルグン［イスラエル］など），20世紀末〜21世紀初頭の「新左翼の波」（ベトコン［ベトナム］，PLO［パレスチナ］，赤軍派［伊，独，日］など），2001年以降の「宗教の波」（タミールの虎［スリランカ］，アルカーイダ［アフガニスタンなどを中心とする国際ネットワーク］など）の「四つの波」と分類した（Rapoport 2003）．

　第四の波が示すように，1990年代以降のテロリズムはそれ以前のものと大きく異なり，カルドーの「新しい戦争」論と呼応するように「新しいテロリズム」と認識されている（Neumann 2009）．特に2001年9.11米国同時多発テロ事件の発生により，圧倒的な殺傷能力（大量破壊兵器の使用可能性も含む）をもち宗教的色彩の強い，ネットワーク型のテロリズムが出現した（90年代のオウム真理教もその代表的事例としてとらえられる）．「新しいテロリズム」の出現に伴い，実務でも学問界でもテロリズム研究の増加を生み，官民ともにデータベースが整備された．なかでも米メリーランド大学グローバル・テロリズム・データベース（GTD）は1970年以降の事例を30万件以上所蔵している．もっとも，これらのデータベースは，メディアにより報道された事例を集めたものであり，注目度の高い案件が多くカウントされがちとの難点をもつ．

●カウンターテロリズムと批判的テロリズム研究　9.11は軍事力によるテロリズムの打倒という，アフガニスタンやイラクなどに対する「テロとの戦い（War on terror）」を生んだが，テロリズムを阻止・掃討するためのカウンターテロリズム（counterterrorism）の必要性が政策上強調されるようになった．クローニンは，テロリズムが終焉する契機として，テロリズムによる目的の達成や合法的政治過程への吸収などに加え，テロリスト組織幹部の殺害や徹底的な掃討作戦による崩壊をあげる（Cronin 2009）．一方でタウンゼントは，対テロ戦争により行き過ぎた安全保障優先政策が情報統制や自由の制限を生むと警鐘を鳴らすとともに，力によるテロリズムの抑圧はテロリズムを促進する可能性を指摘する（Townshend 2002）．GTDによれば，2001年以降中東と南アジアで発生件数が急速に増加し，2014年のピーク時での世界のテロ件数のうち，4割をイラクとアフガニスタンでの事例が占めた．そのため2008年頃から，対テロ戦争の名の下で展開される国家暴力やテロの脅威の国家による政治的利用に注目した批判的テロリズム研究（critical terrorism studies）が展開されている．　　　　　［酒井啓子］

📖さらに詳しく知るための文献
・タウンゼンド，チャールズ（2003）『テロリズム』（宮坂直史訳・解説）岩波書店.
・Muro, D. & Wilson, T. (eds.) (2022) *Contemporary Terrorism Studies.* Oxford University Press.

クーデタ

☞「軍と国家」p. 106

クーデタは「軍もしくは他の国家機構のエリートによる，現職の指導者を失脚させるための非合法かつ公然の試み」と定義される．特徴は実行者が体制のインサイダーである点であり，そこにおいて反乱や民衆による革命と区別される．実行者の多くは軍であり，本来は国防を主たる任務とする組織である軍による劇的な政治的介入がクーデタである．その結果として，軍がそのまま政治の実権を掌握するという軍事政権が成立することが多い．

●**傾向**　比較政治学におけるクーデタの重要性は，権威主義体制が成立するための主要な契機であるという点にある．クーデタは歴史的にみて，制度外の違法な体制変動のうち，最も多くみられてきた形態である．クーデタについての代表的なデータセットによると，1950年から2022年までの間におけるクーデタの試みは488件に上る（Powell & Thyne 2011）．時期的な傾向としては，発生件数は1960年代後半から減少し始め，冷戦の終結後にはさらに顕著な減少をみせた．地理的な傾向としては，ラテンアメリカとサハラ以南アフリカの二つの地域が突出して多く，合わせるとおよそ7割の件数を占める．なお，上記の488件はクーデタの「試み」であり，実際に権力を掌握しそれが一定期間持続したものは243件である．すなわち，クーデタの成功率は約5割ということになる．

●**発生要因**　クーデタの発生要因としては，政軍関係，特に軍による組織的利益の追求があげられる．すなわち，政府によって軍事予算が減額されたり，軍およびその支持集団の特権が脅かされたときに，軍はクーデタという違法な権力奪取に及ぶ．実際，クーデタが成功した後には軍事予算が増額されることが多いという傾向からも組織的利益の重要性がうかがえる．他方，政府の側からすれば軍には国防や治安維持のために十分な能力をもたせねばならないが，その反面それがクーデタという形でみずからを脅かしうる，というジレンマに陥ることになる．したがってクーデタを警戒する政府は，軍における雇用や昇進に関与することで体制への忠誠派を増やしたり，指導者の護衛を専門とする親衛隊を設立するなどしてクーデタ防止の策をとることになる．

クーデタ発生の背景としては現体制の置かれた環境や構造も重要である．すなわち，社会の不満が高まり現体制の正統性が低下している場合にはクーデタが起こりやすい．これは一つには軍にとって組織的利益の追求以外の「動機」を提供する．実際，クーデタ後の声明では「政治的秩序の回復」や「政治的腐敗の是正」といった公的利益が掲げられることが多い．もちろんこれらは単なる大義名分に

すぎない場合も多いが，動機の一部を構成しうるものでもある．同時に，正統性の低下は「機会」の提供にもなる．クーデタを起こした際に市民からの支持が見込まれ，それはクーデタそのものの成功確率を上げるとともに，権力を奪取した後の統治の円滑化にもつながるからである．以上の点は，直接的には市民による大規模な抗議デモが起こっているときにはクーデタも発生しやすい傾向にあることからも確認できる．また，現体制の正統性の低下をもたらす具体的要因として，低所得や低成長といった経済パフォーマンスの悪さや経済格差の拡大があげられ，それらはクーデタを招く傾向にある．あるいは，権威主義体制では民主主義体制よりもクーデタが生じやすいという点も指摘されており，実際これまで起こったクーデタの大多数は権威主義体制に対するものである（Thyne & Powell 2016）．

●**国際環境**　クーデタを取り巻く国際環境は大きく変動してきた．冷戦期の国際社会は，クーデタという違法な権力奪取に対して許容的であった．それは東西対立という戦略的な力学が優先されていたからであり，大国は途上国の多くの軍部に対して積極的に支援を与え，時には民主的に選ばれた政府に対するクーデタを秘密裏に支援することすらあった．しかし冷戦後に民主主義が国際的に規範化され民主化支援や選挙監視が活発化するのと軌を一にして，クーデタに対してアメリカや欧州連合（EU）は外交的非難や制裁を加えるようになった．さらには米州機構（OAS）やアフリカ統一機構（OAU）／アフリカ連合（AU）といった加盟国のほとんどが途上国によって構成される地域機構においても1990年代初め以降，クーデタによって成立した政権に対して制裁を加えるという規定が導入されてきた．冷戦の終焉を挟んでのこのような国際環境の大きな変化は，クーデタの発生件数が冷戦後に急減したことと時期的に符合しており，クーデタ発生の抑制において一定程度の効果があると判断できる．

●**帰結**　中長期的にみて，クーデタはその国の政治体制にどのような帰結をもたらすだろうか．クーデタが民主主義体制を崩壊させる主要な脅威の一つとして存在してきたことは間違いない．しかし，クーデタは独裁体制を打倒し民主化を促すための機会をもたらしうるということも指摘されている．すなわち，権力を手放す意思のない独裁者を追い落とすための最も有効な手段はその国における物理的に最強の主体であるところの軍隊によるクーデタである．そして，クーデタ後に成立した軍事政権が短期間に競争的な選挙を実施して民政移管をすれば，クーデタこそが民主主義をもたらしたといえる．実際，冷戦後には権力の奪取から数年以内に競争的な選挙を通した民政移管が実施されることが多くなっている（Marinov & Goemans 2013）．その意味で，クーデタ後長期にわたって軍が直接的に統治を行う軍事政権は少なくなってきている．もっとも，民政移管後も軍が強い影響力を行使する事例もみられるなど，「クーデタによる民主化」という視角には依然として一定の留保は必要である．　　　　　　　　　　［湯川　拓］

革 命

☞「アラブの春」p. 258

　語義としては,『ラルース百科事典』(1985 年, 8959 頁) の「既存の政権に反抗する集団が権力を握り, 維持するときに起きる, 国家の政治的, 社会的構造における突然で暴力的な変化」が代表的である. 日本語の「革命」は天の命が変わって王朝が変わるという易姓革命の考え方から来ているが, これは明治初めに日本の知識人が西欧の革命思想に接したときに採用した訳語であり, その後中国, 朝鮮, ベトナムなどアジアの中国文化圏の諸国にも普及した. 内容的・意味的には古代中国に起源を求めるよりも, むしろ西欧に求めるべきだろう.

●**西欧における意味の変遷**　「革命」はラテン語の revolutio から来ているが, もともと古典古代のラテン語にはなく, 中世後期に現れている. 当初は天文学の用語で, 例えばコペルニクスが天体の「回転」を指す言葉として使っている. この単語が政治的な出来事の名辞として使われたのは, イギリスの 1688 年の名誉革命 (Glorious Revolution) が最初であったが, このときも現代的な意味ではなくて「古い, 正統な状態への復帰」という意味であった. 現代的な意味で使われ始めたのは 1789 年のフランス革命からであった. そのときも当初は「復古」という意味だったが, まもなく現代的な意味に転じた.

　現代語における革命の特徴としては, まず急激性, 暴力性, 突然性がある. 対概念としてしばしば漸進的発展 (evolution), 改革 (reform) があげられる. 次に持続性, 構造性, 不可逆性がある. この点で単なる反乱 (revolt) と異なる. 第三に大衆性, 少なくとも結果的には大きな大衆動員がある. この点で単なるクーデタとは異なる. 最後にしばしば大きな社会的・経済的変動を伴う. つまり, 単なる政治秩序の変動には留まらない. このため「革命」は政治秩序だけではなく, あらゆる分野で比喩的に使われるようになった. 例えば, 今日では「新石器革命」「産業革命」「ダーウィン革命」「コペルニクス革命」など.

●**思想家における「革命」**　まずフランスのトクヴィルがあげられる. 地方貴族出身で, 革命によって多くの親族を失い, みずからも長く不安に悩まされた. これが革命の成果を認めつつも, その行方を悲観視する屈折した視角を生み出した. 主著『旧体制と革命』(1856 年) はフランスの社会政治システムの革命前後の連続性と非連続性を考察し, 逆説に富んだ洞察を導き出している. 革命の主たる成果は封建的な政治制度を自由と平等という理念に基づく秩序に置き換えたことと認めつつ, 自由と民主主義の間に解決不可能な矛盾をみる. 革命前から存在した中央集権化傾向が革命によってますます進展し, 革命後の平等主義的な傾向

によっていっそう強められた. 他方で, アメリカには中央権力に依存せず, 自主独立を尊ぶという習俗があって異なった発展を遂げたという.

ドイツのマルクスはヘーゲル哲学の影響を強く受けた思想家であり, 革命を歴史的発展の必然的な画期と考えた. 歴史は生産力と生産関係の間の矛盾によって進展し, ある階級の支配から別の階級の支配に移行するときに革命が起きる. 例えば, ブルジョワ革命は封建社会からブルジョワ社会への, また社会主義革命はブルジョワ社会からプロレタリアートを中心とする社会への移行時に起きるとする. 社会的発展が政治的発展を規定しているという意味では, 社会学的な革命論である. その信奉者がロシア, 次いで中国において大きな革命, いわゆる社会主義革命をなし遂げたので, マルクスの革命論は世界中に影響を広めた. しかし, その影響力はソ連を先頭とする社会主義圏の崩壊後かげりがみえ始めた. にもかかわらず, 今後も一定の影響力を維持するだろう.

ドイツ生まれでアメリカで活動したアレントは 1963 年に『革命論』を著した. それはアメリカ革命とフランス革命をほとんど同じ比重で論じているが, 共感を寄せているのは前者である. フランス革命やロシア革命は彼女にとって悲惨な失敗の例であった. 失敗の原因は社会問題に関わりすぎたことである. これに対してアメリカ革命は主として政治問題, いかに市民の自由を保障するかという問題に関わった. それは古代ギリシャのポリスで行われたような, いかに民主主義を機能させるかという共和主義的な関心であった. アメリカ人が関心を寄せたのは「市民的自由」というよりもむしろ「権力の構成」であり, 模範と仰いだのはルソーではなくモンテスキューだった. 彼女は同じ観点から 1956 年のハンガリー革命の労働者評議会運動にも関心を寄せた. その問題関心はトクヴィルに通じるものがある.

●比較政治学における「革命」　アメリカのスコチポルは『国家と社会革命』(1979 年) でフランス革命, ロシア革命, 中国革命を比較検討し, まず階級闘争のような非恣意的・構造的な要因, 次に国際的・世界史的諸過程, 最後に潜在的に自律的な組織としての国家の役割に焦点を当てる. 三国は革命が起きた時点で農業社会であり, 巨大な官僚制／原官僚制を有していた. 旧体制が突然経済的により発展した軍事的競争相手に直面して, 内部に「前革命的状況」が発生する. さまざまな集団が制度的に規定されつつ, 国際的な構造の中で行動し始める. やがて革命的騒乱の中で, 革命的シンボルの名において行動する人々が現れ, 新しい国家組織が設立される. 著者は社会革命における国家の自律的役割の見直しに大きく寄与した. 後に『国家の復権』(1985 年) を編集して研究方法論を説いた.

比較政治学の分野で近年革命研究に貢献が大きかったのは利益集団論, 比較民主化論, 数量政治学などの分野だろう. 革命の自由と民主主義への寄与は限定的とアレントが指摘しているが, これは今日ほぼ合意となっている. 　　[伊東孝之]

紛争と植民地主義

☞「脱植民地化」p. 96,「分離独立運動」p. 124

　紛争と植民地主義の因果関係については，世界大の戦争の帰結として帝国の植民地支配が緩んだことや植民地での戦争負担の増加が帝国中央からの離反を促したという面と，脱植民地化過程で帝国宗主国との独立を巡る紛争が発生したという二側面がある．ここでは主に後者を取り上げ，特に植民地が脱植民地化後に抱える対立・紛争要因に植民地統治経験がどう影響するかとの議論に光を当てる．

●脱植民地化・独立運動の過程・結果としての紛争　ウプサラ大学のデータベース（UCDP）に基づけば，第二次世界大戦後から1970年代半ばまでの間，欧米の植民地支配に対する独立紛争や独立後の宗主国の武力介入は世界全体の紛争の約1/4を占め，植民地主義への反発が紛争の根本原因の一つであることがわかる．

　植民地化された経験は，独立後の国家にさまざまな対立要因を残す．植民地化過程で恣意的・人工的に設定された領域が歴史的・伝統的領域とのずれを生じさせたことは，失地回復を目的とした領域紛争を生んだ（中東，アフリカの汎ナショナリズムなど）．同じエスニック集団が複数の国家に分断された例（クルド民族），一定の勢力をもつエスニック集団が辺境化された例（中部アフリカ，スーダンなどアフリカ諸国の多く）では，早い時期から分離独立運動が活発化した．さらには無計画で性急な帝国の退場，権力の空白の結果，国家間領域紛争に発展したイスラエル・パレスチナ紛争やカシミール紛争，また宗主国撤退直後に近隣国に併合された西サハラ，東ティモールでは，紛争の長期化が顕著である．

●ポストコロニアル国家における植民地主義由来の紛争要因　植民地主義と紛争との連関は，独立時にのみみられるわけではない．ポストコロニアル国家の独立後の内戦や迫害，強制移住，民族浄化などが植民地時代の政策に起因するとする研究は多い（Mamdani 2001）．分断統治政策の導入による民族，宗教間差別とマイノリティ優遇，エスニック対立や部族構造の創成と定着（アフリカ，南アジア），帝国内植民地出身者の植民地行政，治安維持への動員，移植（アイルランド，インド出身者の他の英植民地での起用），植民地住民への非人道的対応による暴力の定着，帝国により恣意的に選択された現地協力勢力の重用，独立後の政権掌握支援（傀儡王政の庇護），などの政策がそれである．これらの因果関係については量的分析による実証必要性も指摘されており，ランゲらは，独立後のコミュナルな対立が植民地支配に起因することを立証した（Lange & Dawson 2009）．

　またポストコロニアル国家の脆弱化や権威主義化などの問題も，植民地支配由来とされる（Fearon & Laitin 2003）．粕谷編著（2022）はアジアの事例をあげ，

脱植民地統治時の勢力配置図が最近に至るまでの政治対立に影響すると指摘，植民地末期の制度と運動の在り方に着目する．またアフリカの事例に関して武内（2009）は，ポストコロニアル家産制国家との概念を導入して，その体制のもとで保たれてきた秩序が1990年代に脆弱化し維持できなくなったことが紛争の頻発を生んだと論じている．中東では，パレスチナ問題など未完の脱植民地化を理由に他国への介入を正当化する事例（イラクによるクウェート侵攻）がみられる．

●**冷戦期と18世紀新世界での植民地**　ケネディ（2023）は脱植民地化の四つの波をあげ，19〜20世紀のそれを第二，三波とし，第一波を18世紀末から19世紀初頭の南北アメリカの，第四波を冷戦終焉後の旧ソ連・東欧諸国の独立とする．

ソ連時代のバルト三国，中央アジア支配やアフガニスタン侵攻には，帝政ロシアの植民地主義との連続性が指摘できる．またソ連解体後の黒海沿岸諸国（ウクライナなど）の独立，コーカサス地域の分離独立運動には，ロシアの植民地支配維持への抵抗の側面がある．冷戦期を代表する国際紛争も，脱植民地化を起点にもつ例（朝鮮戦争，ベトナム戦争），国内権力闘争から内戦化した例（アンゴラ，「アフリカの角」）など，植民地由来の紛争構造と重なり合う．その一方で，共産主義が脱植民地化を目指す植民地出身の知識人を魅了した点も看過できない．

他方，18世紀末以降の南北アメリカでは，西欧の植民地支配から離脱した入植者が先住民に徹底的な殲滅を行う入植者植民地主義（settler colonialism）の形態を取った．西欧帝国主義時代の入植者植民地主義では，脱植民地化過程で入植地を追われるか（アルジェリア），長期の武力闘争を経て体制転覆に至った（南アフリカなどの反アパルトヘイト闘争）反面，米国やカナダ，オーストラリアなどの古い時代の入植者植民地主義は現在も存続する．現代の入植者植民地主義の例にはイスラエルによるパレスチナ支配があり，多くの紛争の派生を招いている．

●**紛争解決と植民地主義**　植民地主義は紛争の根本原因であると同時に，紛争解決のための平和維持活動においても旧帝国との関係をみることができる．21世紀初頭の「テロとの戦い（War on terror）」に代表される国際的軍事作戦の展開において，再び欧米諸国が中東・アフリカでの紛争に直接関与する機会が増加したが，特にフランスは，旧植民地である西・中部アフリカ諸国（マリ，中央アフリカ，ニジェールなど）での平和維持活動への積極的参加が顕著である（Charbonneau & Chafer eds. 2014）．こうした状況は新植民地主義（neo-colonialism）とも呼ばれる．　　　　　　　　　　　　　　　　　　　　　　[酒井啓子]

📖さらに詳しく知るための文献
・難波ちづる（2023）「脱植民地化のアポリア」木畑洋一・中野聡責任編集『岩波講座世界歴史22 冷戦と脱植民地化Ⅰ』岩波書店．
・ケネディ，デイン（2023）『脱植民地化——帝国・暴力・国民国家の世界史』（長田紀之訳）白水社．

合意の拘束力と不合理な戦争 ☞「戦争」p. 426

　分権的な国際システムの下，諸国家はどのような相互作用を展開するのだろうか．この未知の課題に取り組むにあたって，同様に分権的な市場経済における経済主体間の相互作用に関する既知の命題がここでも同様に成り立つだろうとする類推思考を「市場類推論（market analogy）」という．この市場類推論は，経済学者オルソンらの同盟論（Olson & Zeckhauser 1966）などが Russett（1969）に再録されるなどして，すでに 1970 年代には国際政治学者の間でも知られるところであった．さらにこの思考方法は，1980 年代にかけて構造的リアリズムや国際レジーム論にまで浸透する．前者の代表格のウォルツは（Waltz 1979），構造的に類似した領域からの類推の有用性を説き，後者の一翼を成したコヘインは（Keohane 1982），明示的に「政治版の市場の失敗」の是正メカニズムとして国際レジームを定式化したのである．

　この国際政治学の経済学化の流れの到達点に，1990 年代のフィアロンによる戦争論があった（Fearon 1995a）．その戦争原因論は，合理的な主体間の「利害調整の駆け引きの失敗（bargaining failure）」として「戦争」を定位した上で，「経済交渉の失敗」原因論を「政治交渉の失敗」原因論として再解釈したものといえる（竹田 2004）．ここにいう経済交渉の失敗原因論とは，主体の意図についての情報が共有されておらず（非対称の情報），その上主体の表明する意図が確実に実現すると期待できない（信頼できるコミットメントの不在）ときに，合理的な主体間の交渉を通じた利害調整は頓挫するという議論であった．フィアロンは，国家間において「利害調整の駆け引きの失敗」がなぜ起こるのかを解明しない議論は（Jackson & Morelli 2011），「戦争の合理的選択」論たりえないと論じた．なお，フィアロンはその分析対象を，「一枚岩」の主体（unitary actor）たる国家の戦争に明示的に限定しており（Fearon 1995a），国内要因に着目する「戦争の合理的選択」論を必ずしも否定していない．

●**利害調整の駆け引きの失敗**　関係国間の価値配分の方法には，外交と戦争とがある．「戦争に訴える前に外交努力を尽くすべきだ」といった良識論は，シェリングによれば，軍事力を外交のオルタナティヴととらえるものに過ぎず，むしろ軍事力が，意図のコミュニケーションとしての外交過程において果たす役割を解明すべきとした（シェリング 2018）．このような 1960 年前後からのシェリングの戦略論の伝統に対するフィアロンの一連の研究の貢献は，提案・応答型の交渉ゲームにおける「外部機会（outside option）」として（Fearon 1995a；Powell

1996), コスト (人的犠牲, 財政的費用, 物的破壊など) のかかる戦争を位置づける不完備情報ゲーム・モデルを構築して, その完全ベイジアン均衡を特定するなどして「意図のコミュニケーション」論を精緻化した点にあった.

同意によらざる一方的な現状変更については, これを阻止するとの威嚇や, あるいはこれを自制するとの約束がなされ, このコミットメント (威嚇や約束の形で表明された意図) が確実に実行に移されるだろうと交渉相手が認識するならば, 交渉を通じて効率的な価値配分を実現できるだろう. しかしながら, それが信頼されずに, 相手が同意によらざる一方的な現状変更に踏み込むならば, 利害調整の駆け引きは頓挫する. そこで実現する事態こそ, 利害調整の駆け引きの「外部機会としての戦争」にほかならない. この「外部機会」における交戦国の利得が, 戦争の期待利益であるとすれば, 交戦は戦争の勝敗にかかわらずコストを要するものである以上, それは価値配分の方法として効率性を欠く.

ではなぜ合理的主体による行動選択の結果として不合理な事態が生じるのか. それは, ①関係国の意図についての情報が共有されていない上に, 威嚇や約束を実行する意図に関する相手の認識を操作して, 自国にとって好都合な事態を実現する (あるいは不都合な事態を回避する) 誘因があるから, あるいは, ②将来における勢力の伸長による外部機会の好転 (戦争の期待利得の増大) にもかかわらず, 現在の勢力を前提とする利害調整の要求はこれを変更しないとの約束に説得力を与えるメカニズムがないからである.

●コミットメントの政治学　威嚇や約束の説得力こそが外交の成否を分けるとはモーゲンソーの至言だが (モーゲンソー 2013 中巻), 威嚇や約束の説得力は, シェリングからフィアロンへとつながる系譜では「信頼できるコミットメント」と概念化された. シェリングは, この対外コミットメントを信頼できるものにするための政治的ツールとして, 国内において行政府が締結する条約への議会の同意 (批准) や, 声明などを通じて公言された譲れない一線からの譲歩を拒む世論 (国内観衆) などをあげたことはよく知られる (Schelling 1956). このシェリングの古典的洞察のうち, 議会の同意については, その後, パットナムの二層ゲーム論に (Putnam 1988), 譲歩を拒む世論についてはフィアロンの国内観衆費用論に結実した (Fearon 1994). 対外的なコミットメントの信頼性は, 当該国家の政治体制に依存するのかという問題 (民主国家の対外コミットメントの信頼性) のみならず, 同意によらざる一方的な現状変更について, これを自制するとの約束の説得力を損なわずに, これを阻止するとの威嚇の説得力を保つ国内政治制度を構築できるかという問題など, 国際政治学と比較政治学との接点にはさらに検討するべき論点がまだ残されている.　　　　　　　　　　　　　　［石田　淳］

📖さらに詳しく知るための文献
・シェリング, トーマス (2008)『紛争の戦略——ゲーム理論のエッセンス』(河野勝監訳) 勁草書房.

第20章

紛争のダイナミズム

紛争はいつ，どこで，なぜ起こるのか．この問いは多くの比較政治学者を惹きつけ，その国の経済状況や天然資源への依存の度合いといった経済的な要因，民主化のような政治変動や選挙の実施といった政治的要因，さらに地勢や気候変動，自然災害，食料／水資源，テクノロジーなどの環境要因など，多様な要因の影響が明らかにされてきた．本章の前半では，こうした紛争の諸要因について，比較政治学の知見を踏まえて論じていく．また，紛争には，国家，武装勢力，非国家主体，ディアスポラ，メディアなど多様なアクターが関与する．紛争は，しばしば多くの死者や難民を生み出し，時にはジェノサイドと呼ばれる大量虐殺すら引き起こしてしまう．さらに，過去の紛争を巡る論争が歴史認識問題の争点となることも多く，それが次の紛争につながることもある．本章の後半では，こうした紛争に関与する主なアクターや現象について検討する．

[久保慶一・末近浩太]

経済と紛争

☞「統計的因果推論」p. 66,「武装勢力と組織犯罪集団」p. 466

　貧困や低い経済成長といった経済的要因は，人口や険阻な地理，政治的不安定などと並び，内戦のような武力紛争の相関因子，予測因子として指摘される（Collier & Hoeffler 1998, 2004；Fearon & Laitin 2003；McGuirk & Burke 2020）．「貧困に苦しむ国や地域ほど，紛争発生の蓋然性が高い」といった直感的な着想はこれまで長く比較政治学や隣接分野の研究対象となり，実証分析に使用するデータセットや推定モデルなどの選択に対して頑健（robust）な経験的な関係性の一つともされている（Hegre & Smabanis 2006）．

●**国家の統治能力と機会費用**　国内における武力紛争の経済的要因（典型的には，一人当たり GDP や失業率）が脚光を浴びた契機の一つは，政治学における Fearon & Laitin（2003）と経済学における Collier & Hoeffler（1998, 2004）だった．Fearon & Laitin（2003）は「冷戦終結後に内戦が増加し，その原因は民族，宗教対立にある」というナイーブな理解に対して，①内戦の増加は 1950～60 年代以降の傾向であり，②民族的・宗教的多様性よりも，人口，貧困，政治的不安定，険阻な地理といった武装勢力の動員・生存を助ける条件，中央政府の統治能力（state capacity）の低さが内戦の発生と系統的に関連することを示した．Collier & Hoeffler（1998, 2004）も，政治的権利の欠如，不平等や民族・宗教対立といった要因よりも，貧困のような武装勢力の動員や生存可能性に関係する要因を，内戦の原因として強調した．もっとも，両者は経済的要因（貧困や失業）と内戦の蓋然性の間の系統的な関係性については同意しつつ，実証分析の解釈や理論面では異なる．具体的には，Fearon & Laitin（2003）が中央政府の統治能力不足を強調する一方，Collier & Hoeffler（1998, 2004）は武装勢力への協力・参画に伴う機会費用（opportunity cost）の低さを強調し，後続研究でもこうした知見の妥当性が検証対象となってきた（McGuirk & Burke 2020）．

●**実証研究の進展**　批判的検討を含め，貧困のような経済的要因と紛争の関係は紛争研究の中心的位置を占める．実証面では，(1) 貧困と紛争の関係は相関関係に過ぎないのか，貧困が紛争につながるという因果関係を示すのか，また (2) 機会費用と武装勢力への協力・参画といった関係は（初期の研究が着目した国家レベルだけでなく）サブナショナルな地域や個人のレベルでもみられるのかといった論点について，研究が進展する．その中では，貧困層の武装勢力への支持はむしろ低く（Blair et al. 2013），地域レベルでは失業率と紛争の間に明確な関係はみられないといった知見も提示されてきた（Berman et al. 2011）．

特に（1）の「相関か因果か」という論点については，統計的因果推論（statistical causal inference）の発展と信頼性革命（credibility revolution）を背景に，実証研究の進展が著しい．そもそも，①貧困が紛争を引き起こす（経済と紛争を巡り典型的に想定される因果関係），②紛争が貧困を引き起こす（逆の因果関係［reverse causality］），③第三の要因が貧困と紛争の両方を引き起こす（交絡［confounding］）のいずれの場合にも貧困のような経済的要因と紛争の間に相関関係が生じる．このため，両者の相関関係は必ずしも①貧困が紛争を引き起こすことを意味しない．実際，Djankov & Reynal-Querol（2010）は③交絡の問題を強調し，「貧困と内戦の関係は第三の要因に由来する擬似相関（spurious correlation）に過ぎない」という批判を提示した．こうした指摘に対して，天候不順や国際経済的な作物価格変動のような，当該国・地域の事情と系統的に関係しない外生的要因（exogenous factor）に由来する経済活動の停滞に着目することで②逆の因果関係や③交絡の問題に対処し，経済的要因が紛争の発生に与える因果効果（causal effect）の検証（識別［identification］）を試みる研究も蓄積している（Berman & Couttenier 2015；Dube & Vargas 2013；Miguel et al. 2004）．

　もっとも，経済的要因がすべての紛争に画一的な影響を与えるわけではない可能性もある．例えば，「経済的要因はある種類の紛争を激化させる一方，他の種類の紛争を沈静化させる」といった，紛争の類型に依存した因果関係が存在する可能性もある．従来こうした可能性は看過されがちだったが，McGuirk & Burke（2020）は生産要素（土地の支配）を巡る紛争（factor conflict）と生産物を巡る紛争（output conflict）を区別し，作物価格の上昇という経済的要因は，作物生産地域における土地の支配を巡る紛争の減少と生産物を巡る紛争の増加につながる一方，非生産地域における二つの類型の紛争の増加につながることを示した．

●政治的対立と交渉による解決の失敗　ただし，貧困のような経済的要因が武装勢力の動員や個人の参画につながるとしても，それらが①政治的権利，権力配分を巡る集団間の政治的対立・係争（incompatibilities）や，②その平和的解決の失敗につながるとするには，別の説明が必要になる（Bartusevičius & Gleditsch 2019；Fearon 1995a；Stewart 2008；Walter 2009b）．例えば，貧困を背景に支持や兵力を得た武装組織が国内に存在するなら，その勢力に応じた権力分掌（power sharing）や自治のような譲歩を提示することで，中央政府は交渉によって武力紛争を回避できるかもしれない．より一般的には，武力紛争は全当事者にとって有形無形のコストを伴う非効率的な（inefficient）係争解決手段である以上，経済的要因にせよ他の要因にせよ，ある要因が紛争につながることを示すには，当該要因が政治的対立・係争や，係争の平和的解決（交渉による解決）の失敗（bargaining failure）につながる論理を明らかにしなければならない．経済と紛争を巡る研究においても，この点は理論面の焦点となっている．　　［伊藤　岳］

天然資源と紛争

☞「レンティア国家」p. 110,「内戦」p. 428

　天然資源に富む国は，そうでない国に比べて紛争発生確率が高い．この仮説は多くの研究者によって注目を集めており，今日までさまざまに分析が行われている．紛争の発生原因については多くの研究があるが，天然資源は主に紛争のコストの観点から分析されてきた．一般に武力紛争は大きなコストを伴うが，それによって大きな富を生み出す天然資源を獲得することが期待されれば，紛争のコストは低下し，紛争の発生確率は高まる．他方で，天然資源は武装勢力の資金源となることで，内戦の発生確率やその期間に影響を与えているとも考えられている．

●**国家間紛争か，内戦か**　資源に関連した紛争は，国家間の武力紛争の場合と，国内紛争の2種類に分けられる．中東で発生した湾岸戦争やイラク戦争はいずれも産油国を舞台とした戦争であり，戦争当事者の一方はイラク，もう一方はアメリカを中心とする多国籍軍であった．これらの戦争は多くの人々の記憶に残っているために，石油のような天然資源は国家間紛争を引き起こすと主張される場合もあるが，長期的な視点に立てば資源保有国を舞台とする国家間紛争は決して多くはない．むしろ，資源保有国の国内で発生する内戦の方がずっと数が多い．また，紛争を内戦に限定すると，天然資源に富む国はそうでない国と比較して内戦の発生確率が高くなり，長期化することも知られている．こうしたことから，ここでは内戦に限定して解説する．

●**天然資源は暴力と結び付きやすい**　天然資源の中には木材のように特殊な施設を用いずに入手可能であり，また国際市場に提供可能なものがある．武装組織はこうした天然資源を略奪あるいは独自に入手することで活動の資金源とすることがある．ダイヤモンドなどの高価な天然資源も武装組織の活動資金になることがあったが（紛争ダイヤモンド），紛争国産のダイヤモンドの国際的な流通を禁じることで対応が可能であることが確認されている．他方で，石油のように莫大な費用を投じた特殊な施設によって生産される場合，事業から撤退することで発生する埋没費用もまた莫大になる．こうした施設ではパイプラインへの破壊工作に対する警護という名目で武装組織が金銭を要求しても（そこでは破壊工作を当の武装組織が実行する場合があり，これは事実上のみかじめ料である），撤退が困難なためにこれを断れず，また石油レントが膨大であるために石油会社がこれを支払い続けることがある．あるいは，武装勢力が人質をとって身代金を要求する場合にも，石油会社は莫大なレントから身代金を支払ってしまう．このように，武装組織は継続的に資金を得ることが可能となり，その国では紛争が長期化する

ことになる．また石油の国際貿易には原産地証明が不要なため，密貿易がより容易であり，武装勢力の活動資金になりうる．

●**研究動向**　天然資源が内戦を誘発することを計量分析を通じて初めて明らかにしたのは，コリアーとホーフラーの研究である（Collier & Hoeffler 2004）．彼らは，内戦の発生原因として「独裁がもたらす不平等に対する義憤」と「天然資源を獲得しようとする欲求」のどちらが正しいか分析し，後者の効果が高いことを示した．コリアーとホーフラーの研究には天然資源の分類やサンプルの抽出方法などの分析手法にいくつかの問題が指摘されたため，その後多くの研究者によって修正された．例えばフィアロンやデソイサは，天然資源の中でも特に石油が内戦と関連していることを明らかにしている（Fearon 2005；de Soysa 2002）．天然資源の中でも石油が内戦の発生原因と関連している理由は，産油国は石油レントに依存することで国家としての能力が低下してレンティア国家化するために内戦に効率的に対処できないという説や（Humphreys 2005），石油が略奪に適した資源であるとする説（Ross 2006；Lujala 2010）がある．後者の議論は天然資源の地理的な賦存状況に注目するもので，武装勢力が奪取しやすい場所に天然資源が存在していることが内戦の発生確率を高めると論じた．例えば油田が陸上にある産油国と沖合にある産油国を比較すると，内戦の発生確率を高めるのは陸上油田であり，沖合油田にはその効果がないことが明らかにされている．

●**石油と独立運動**　天然資源が存在する場所が特定の民族集団の居住地と一致する場合は，独立を志向した内戦の発生確率が高まるとする議論もある（Ross 2012）．一般市民が民兵として内戦に参加するためには，それまで従事していた職業から得られる収入を手放す必要がある．このときに発生するコストを機会費用と呼ぶ．その社会が貧困であり，また将来的な経済成長の見通しが低ければ，多くの市民が民兵に参加する際の機会費用は低くなり，内戦の発生確率は上昇する．天然資源が生み出す富がその国全体を豊かにする場合には，貧困が解消されるために民兵参加の機会費用が上昇し，内戦の発生確率が低下する．しかし，天然資源の生産地域と特定の民族集団の居住地域が一致している場合には，当該地域の住民は反乱軍に参加することの期待利益が大きくなる場合がある．これは，その地域で生産される天然資源の利益をその地域が所属する国全体で分け合う場合よりも，生産地域に居住する民族集団で独占した方が当該地域の住民の利益を増加させることが明らかであり，同時にその利益が内戦のコストを上回ると想定されている場合に該当する．この紛争を解消するためには，中央政府は石油産出地域に他地域よりもずっと多くの石油の富を配分する必要があるが，これは不均一な資源配分状態を生み出すため，国内政治を不安定化させる原因にもなりうる．中東地域では石油生産地域に特定の民族集団や宗派集団が居住している事例が多く，これがこの地域の不安定化に影響しているとも考えられる．　　［松尾昌樹］

民主化と紛争

☞「多極共存型・合意型民主政」
p. 204,「民主化支援」p. 206

　民主化と紛争について考えるとき，民主化を進める過程で紛争が発生する場合と，紛争後に民主化を進める場合の双方を念頭に置く必要があるだろう．前者の場合，非民主主義体制から民主主義体制に移行する民主化の過程では，内戦が起こりやすくなることが指摘されてきた（Hegre et al. 2001；Fearon & Laitin 2003）．民主化は体制の移行期であり，移行期には政治体制が不安定になり，社会の流動化も進みがちである．それゆえ，内戦などの紛争の発生を抑止しにくくなる，というわけである．

●紛争後の民主化　一方で，後者の紛争後の民主化についても，実はよく似た議論がなされることが多い．まず押さえておくべきは，民主化こそが紛争後に求められる国家機能の回復を目指す包括的プロセスとしての国家建設の核になっているという点である．特に冷戦終結後には，民主主義体制が紛争の出口戦略に位置付けられ，かつ効率性（保健，教育，電気，水，衛生などの行政サービスを効率的に提供する行政能力）と正当性（説明責任と包括的な代表制を有する政府）をもち合わせたガバナンスの再建が重視されている（Brinkerhoff ed. 2007）．

　紛争後の民主化において最も重要なのは，選挙であることは言うまでもない．選挙は新体制に正当性を付与するからである（Sisk 2009）．紛争後に選挙を行う上でまず重要なのは，そのタイミングである．選挙は，国家が選挙を実施する能力を獲得し，国家の領域と機能する政府についてのコンセンサスが存在し，主要な政治勢力が和平に合意し，紛争に加担した勢力が脱動員されて社会復帰が進展していること，などの条件が整った場合に実施することができる，とされている（Kumar & Ottaway 1998）．これらの条件が整う前に選挙を行うと，しばしば混乱が生じる．だからこそ，選挙に先んじて，政党や市民社会などの政治制度の強化を進める必要があるといわれている（Kumar & Ottaway 1998；Paris 2004）．そのために，国際社会は，政党や政党連合の組織化を促し，野党が形成されるような仕組みを整え，投票所の警備など選挙が実施できる環境を整備し，有権者の政治教育支援を行う必要がある（Bjornlund et al. 2007），と論じられている．

　紛争後の選挙では，選挙制度も非常に重要となる．多くの論者は，紛争後に初めて実施される選挙においては，基本的に全国1選挙区とする拘束名簿方式（closed-list）の比例代表制が望ましいと述べている．というのも，それが選挙区の区分を巡る対立を回避し，かつ全国から包括的に候補者を選出できるからである（Sisk 2009）．だが，これが最良の方法かどうかは状況によって異なり，普遍

的であるとの合意はない．例えば，コソボでは拘束名簿式比例代表の選挙が有効に機能しなかったことが示しているように，非拘束名簿方式（open-list）のほうが適している場合もある（Sisk 2009）．また，選挙後の政治体制については，レイプハルトが提唱した多極共存型民主主義（consociational democracy）の概念に基づく権力分有（power-sharing）体制が分断社会において最も適切だとされることが多い（Rothchild & Roeder 2005）．

　こうした紛争後の民主化の定着のために不可欠なのが，国際社会による民主化支援の継続である（杉浦 2010）．民主主義の定着には，資金支援，技術支援，政党や市民社会の形成などの政治的支援を通して，政治勢力間の継続的協議，法制度の整備，有権者の教育などを進めることが必要となる．だからこそ，国際社会がより長期的に民主化支援のための介入を行わなければならないのである（Kumar & Ottaway 1998）．

●**民主化の頓挫と紛争の再発**　とはいえ，紛争後の選挙は，必ずしも民主化を進めてきたわけではない．反対に，選挙を契機に抗議行動が頻発し，選挙の結果露呈した対立が政治社会的不安定を促進し，ひいては紛争を再発させるケースが頻発しているからである．アフガニスタンやイラクでは，選挙の導入が紛争を再燃させた（Rubin 2006；Dodge 2021）．なぜならば，選挙がしばしば対立軸や争点を明確にし，露呈した対立が紛争へと帰結しやすいからである．

　ここで論点は冒頭の民主化の過程で発生する紛争と重なる．つまり，紛争後の民主化という移行期には政治社会が極めて不安定化し，紛争が起こりやすくなる，というわけである．とりわけ，制度が脆弱なまま選挙を実施すれば，噴出した対立が紛争の再発に結び付きやすい（Mansfield & Snyder 2005）．選挙制度に限らず，国家機構が整備されていない状態での民主化を進めると，紛争再発を防止することが困難になる（山尾 2013）．特に，選挙の結果，一部の勢力の排除が進んだ場合には，対立が激化して紛争が発生しやすくなる（Selway 2011；Reynal-Querol 2002）．また，周辺国が選挙に介入し，一部の勢力を支援した場合にも，紛争が起こりやすくなる．このように，紛争後には選挙を経て成立した政府ですら，正当性の厳しい批判に遭いやすいことに注意が必要である（Englehart 2011）．

　では，紛争後の民主化はなぜうまくいかないのだろうか．それには多数の要因が複合的に関係しているが，西洋的な価値に基づく民主化そのものを批判する議論も，近年は盛んになっている．西洋の近代国家と民主主義を目指す平和構築を，プロセスとしての正当性（process legitimacy）のみを重視したものだと批判し，国家以外のアクターがサービスを提供することで安定した政治社会を生み出す（非民主的な）プロセスを，パフォーマンスとしての正当性（performance legitimacy）の重視と位置付け，それによる紛争後の安定化を積極的に評価する議論がその代表であろう（Dagher 2021）．　　　　　　　　　［山尾　大］

選挙暴力

☞「権威主義体制における選挙」
p. 238,「経済と紛争」p. 446

　これまでの研究の中では，選挙暴力は明示的には定義されてこなかったという指摘が行われてきた．近年，選挙暴力に関連する多くの事象がみられてきたのが地域としてはアフリカであり，その文脈で，改めて選挙暴力を定義する試みがなされている．ここでは例えば「選挙の過程や結果に影響を及ぼす目的で実施される暴力的，あるいは強制力をともなった行為」，または「差し迫った選挙や公表された選挙結果に直接関係する身体に危害が及ぶ暴力や強制力をともなった威嚇」といった定義がなされている．

●選挙暴力の発生背景　選挙暴力は，1990 年代に民主化を進めることを求める西側諸国の要求に応じて導入された複数政党制の下で実施されるようになった選挙を巡って生起してきた現象でもある．選挙暴力という現象はアフリカに限らずフィリピンやタイなどのアジア諸国にも観察されるが，特にアフリカにおいて選挙ガバナンス上の課題となってきた．また，選挙暴力は「選挙の呪い」といった形でも表現されるような現象としても理解され，選挙の実施そのものが，アフリカにおける民主主義に基づく安定に資するのかという点に関する疑念をも喚起してきた．その意味では，選挙は，動員を基軸とする社会現象として，その実施過程において，さまざまな要因の下に暴力を誘発する機会を提供してきた．また，選挙暴力は通常の紛争や暴力よりも，選挙との関連が注目される形で，限定的に用いられる概念である．

　そのため，選挙暴力はアフリカにおける「民主化」とされる政治体制変動における負の課題として一つの研究領域を形成してきた．アフリカにおける複数政党制下での選挙に関する包括的な研究の中で，その研究対象期間である 1990 年から 2003 年にアフリカで実施された選挙の中で「平和裏に」行われた比率は 20%にとどまり，それ以外の選挙では大規模ではないものの何らかの選挙に関する暴力が発生しているとの指摘がある (Lindberg 2006)．また，1990 年から 2008 年にかけて実施された 58%（129 件）の選挙において暴力があったことを指摘し，その中の 20%（45 件）はかなり激しい暴力が観察されたとの推定も行われている (Straus & Taylor 2012)．ただし，より詳細な検討を行うと，上記の研究で指摘されているほど選挙に関して大規模暴力が発生することは必ずしも常態化しているわけではない．したがって，紛争の測定との類似性をもつ，選挙暴力の規模の測定という点についても，どのような方式が望ましいのかに関してはさらなる検討が必要である．

●**選挙暴力の類型と発生論理**　複数政党制の下での選挙に伴う暴力は確かに現象化していたし，それは選挙実施前，選挙当日，そして選挙後のそれぞれの局面において発生してきた．ただし，アフリカにおいて発生してきた選挙暴力は，ケニアの2007年選挙後の事態に象徴されるような，選挙後の局面よりも，むしろ南アフリカなどの事例にみられる，選挙が実施される前の段階でより発生しやすい傾向も観察されている．したがって，選挙暴力に関しては，その予防のほか，選挙暴力の発生の傾向の研究も行われてきた．そして，選挙暴力が発生するシナリオとしては，帰納的に次の六つの可能性が指摘されてきた．ここには政権側が主導する場合と，挑戦者側が主導する場合，さらに両者が関与する場合が想定されている．

　第一に，ハラスメントや路上での口論で，ここには①政権側が警察などを使い，挑戦者側の集会を解散させたり，野党候補者を逮捕したりするなどの行為のほか，②政党支持者間の小競り合いといったものが含まれ，一般的に暴力の度合いは低いとされる．第二に，選挙結果の見通しが不透明な場合に，自由で公正な選挙が本来実施されるべきプレイイング・グラウンドから挑戦者を強制的に除外する組織的な弾圧を行う場合であり，挑戦者側の指導者が殺害されたり，身柄を勾留されたりするといった事態に発展する．第三に，これも選挙結果が不透明な場合に，その弾圧対象が挑戦者そのものではなく，挑戦者を支持する選挙区の支持者に向かう場合である．第四に選挙期間中に支持を取り付けるために，支持者にさまざまな資源の優先配分を約束することで，資源配分を巡る対立が誘発される場合であり，大規模な暴力につながる可能性をはらんでいるケースである．第五に，選挙の際に極めて限定的な地域の限定的な課題を巡って発生する暴力で，連邦制を採用しているタンザニアのザンジバルやナイジェリアのケースがあげられる．そして，第六として（時に票の不正操作の関わる形での）選挙結果の公表に対する抗議運動が大規模な暴力につながる場合であり，2008年に発生したケニアにおける選挙後暴力の事例が典型的とされる．これらの六つのシナリオですべての可能性が尽きているのかについての詳細な検証の必要性はあるが，選挙暴力が派生するメカニズムの類型としての意味は有しているといえる．

●**研究の新展開**　こうした選挙実施前の時期の選挙暴力においては，失業状態にある若者が，候補者に雇用されて暴力を振るう主体となるなど，経済的課題が指摘されてもおり，アフリカにおける武力紛争の発生とも深く関連する社会経済的な構造的課題がある点に留意が必要であり，容易には解消できない政治現象として理解する必要がある（Kovacs & Bjarnesen eds. 2019）．加えて第二次世界大戦以降のより長期の選挙暴力データをもとに，選挙不正や票の買収との関連も含むより包括的な観点に立った研究も現れている（Birch 2020）．　　　［遠藤　貢］

地勢と紛争

☞「統計的因果推論」p. 66,「空間分析」p. 78

　地形や標高のような自然地理（physical geography），民族集団の居住分布のような人文地理（human geography），社会地理（social geography）といった地勢と紛争の関係は，紛争研究の中心的論点である．例えば，中央政府の統治能力（state capacity）や軍事力の投射を制約する山岳地帯のような険阻な地形（rough/rugged terrain）は，低い経済成長や大きな人口などと並び，内戦発生の主要な相関因子として知られる（Buhaug & Gates 2002；Fearon & Laitin 2003；Hegre & Sambanis 2006）．また，人文地理学における「空間（space）」（物理的な領域）と「場所（place）」（社会的意味や価値と結び付く領域）の区別に対応するように（Cresswell 2004；O'Loughlin 2000；Tuan 1977），民族集団の居住分布，国境による民族分断や国内における政治的排除（political exclusion）のような地勢の人文，社会地理的側面や（Buhaug et al. 2008；Michalopoulos & Papaioannou 2016），険阻な地形のような自然地理と民族的多様性のような人文，社会地理の交錯に着目した研究も進む（Carter et al. 2019）．

●**自然地理と紛争**　特に，険阻な地形，中心地（首都）からの距離のような中央政府の統治能力や軍事力の投射を制約し，武装勢力の組織化や生存を助ける地理的障壁（アクセスの困難さ［inaccessibility］）の役割を巡る研究の歴史は長い．実際，ゲリラ戦や反乱戦（insurgency）を巡る事例分析や数理モデルを含め，1960〜70 年代には地理的障壁に着目した地勢と紛争の関係を巡る研究が進んでいた（Boulding 1962；Griffith ed. 1961；McColl 1969；Grundy 1971）．こうした研究は冷戦終結以降の紛争研究の中で再度着目され，Fearon & Laitin（2003）のような記念碑的な研究につながる．Fearon & Laitin（2003）は 1945 年以降における内戦の反乱戦としての性質を強調しつつ，大きな人口，貧困や政治的不安定などと並び，険阻な地形のような中央政府の統治能力や軍事力の投射を制約し，武装勢力の組織化，生存を助ける要因が内戦発生と関連することを実証的に示した．

　地勢と紛争を巡る近年の実証研究では，空間分析（spatial analysis）の手法や詳細な地勢を把握可能な空間データ（spatial data）を用いる分析が主流となっている．というのも，従来主流だった「険阻な地形の多い国家と少ない国家」を比較するような国家レベルの分析には，実際に武装勢力の活動や紛争が生じている地域，地点の地理的険阻さや中心地との距離といった地勢をとらえられないという課題があった（Buhaug & Lujala 2005；Buhaug et al. 2008）．こうした課題を解決し，理論的に想定される地勢と紛争の関係を検証する上では，民族集団や

数十 km 四方の緯度経度グリッドのような地理空間的に小さな分析単位や，衛星画像に由来する地形，森林被覆データのような空間データが有用となる．2000年代の空間データの整備を受け，地形や首都との距離，森林被覆といった地勢と内戦発生，戦闘の地理的拡大，内戦終結等の関係を巡る研究が進展した（初期の研究に，Buhaug & Gates 2002；Buhaug et al. 2008, 2009；Rustad et al. 2008）．

●**人文地理，社会地理と紛争**　地勢と紛争を巡る研究の射程は，険阻な地形のような自然地理的要因に限られるわけではない．実際，空間分析の定着や空間データの整備，因果推論（causal inference）のような方法論的な発展を背景に，民族の居住分布，国境による民族分断といった，地勢の人文，社会地理的な側面に着目した研究も進む．例えば，Buhaug et al. (2008)，Cederman et al. (2013) や Weidmann(2009)は文化人類学分野の地図から作成した空間データを用いて民族集団の居住地を操作化し，居住地と首都との距離や居住地の地理的険阻さのような自然地理的側面に加え，居住地の地理空間的集中や人口的集中の程度，中央政府を握る多数派民族集団との人口バランス，中央政府からの政治的排除といった地勢の人文，社会地理的側面も内戦の発生や終結と系統的に関連することを示した．

とはいえ，政治現象やその規定要因から影響を受けず定まることの多い自然地理的要因に比べ，政治現象と関連することの多い民族集団の居住分布のような人文，社会地理的要因と紛争の関係に着目する場合，相関と因果の混同が問題になりやすい．例えば，国境による民族集団の分断が紛争と系統的に関連するとしても，①国境による民族分断が紛争につながる（想定される因果関係），②紛争が民族分断につながる（逆の因果関係［reverse causality］），③第三の要因が民族分断と紛争の両方を引き起こす（交絡［confounding］）のいずれの場合にも，民族分断と紛争の間に相関が生じる．Michalopoulos & Papaioannou (2016) は植民地の境界とそれを引き継いだ独立後の国境が民族集団の人口や経済的条件などと系統的に関連しない形で定まったことを利用してこうした問題に対処し，民族分断が独立後の内戦に与えた影響を検証した．

●**自然地理と人文，社会地理の交錯**　地勢の自然地理的側面は人文，社会地理的側面を規定することによって，紛争に間接的な影響も与えうる．例えば，険阻な地形は中央政府の統治や軍事能力投射を制約するという直接的な経路に加え，ある地域の民族的多様性のような人文，社会地理的要因を左右するという間接的経路を通して紛争の発生に影響する可能性もある．Carter et al. (2019) はこの点に着目し，険阻な地形が民族集団間の交流や中央政府による抑圧，同化政策の阻害を通して当該地域における民族的多様性や民族集団の政治的排除を促進することによっても紛争の蓋然性を左右するという間接的経路を強調した．実際，Carter et al. (2019) の実証分析はこうした間接効果が，険阻な地形が内戦発生に与える影響（総合効果）の約 4 割に及ぶことを示した．　　　　　　［伊藤　岳］

気候変動と紛争

☞「政治制度とは」p. 342,「自然災害と紛争」p. 458

気候変動は気温，降雨などの変化によって測定される気温の長期的な変化を指す．気候変動と紛争は，一般にその対処を巡る先進国と途上国との対立など国際レベルの難航した交渉が連想される．しかし地域のレベルでは，現実に発生した洪水，干ばつ，台風，熱波などの異常気象が人々の生活を脅かすほどに増加して社会を不安定化させており，その不安定化が紛争の発生に発展させるリスクが懸念されてきた．こうした背景から気候変動と紛争を結ぶ経路と要因を分析する研究も盛んに実施されており，国連などが発行する複数の報告書でも気候変動が多くの紛争の遠因となっているとの認識が共有されている（藤原ほか 2022；関山 2023）．

●**気候変動と紛争の発生**　気候変動が引き起こす紛争の規模と程度は，農民と農牧民の紛争から，人々の移住が及ぼす社会の亀裂や，国家間での不安定化に至るまで多様である．気候変動が原因となった自然の脅威は，時には政府の統治をも脅かす危険がある．これまで気候変動が紛争の直接的な要因になる事例を特定するのは困難とされてきたが，他の社会的・経済的・政治的な要因と組み合わさり，相互に作用することで，直接的または間接的に紛争を誘発している．一つは，気候変動が直接的に紛争を引き起こす要因である．気候変動は人々の生理的・心理的な不安や資源の不足を増大させ，紛争を発生させうるためである．もう一つは，資源を巡る競争といった気候変動が間接的に紛争を引き起こす要因である．

●**気候変動と紛争の展開**　気候変動は紛争の根本的な原因となるよりも，もともとある紛争を悪化させる要因となるとの考えが有力である．2014 年に発表された気候変動に関する政府間パネル（IPCC）第 5 次評価報告書では，「気候変動は，貧困や経済的打撃といった十分に裏付けされている紛争の駆動要因を増幅させることによって，内戦や民族紛争という形の暴力的紛争のリスクを間接的に増大せうる」とある（IPCC 2015）．また気候難民と呼ばれる災害を原因とする大規模な人の移動は水や食糧の不足だけでなく，土地を巡る紛争を引き起こす．例えば 2020 年には巨大なハリケーンに襲われた中米 3 カ国から，多くの人々が国境を越えてメキシコの米国国境まで押し寄せて低度の紛争となった．気候変動に起因する経済の不況も，社会の経済的不平等を悪化させて紛争の可能性を高める．

不平等と紛争を結び付ける重要な概念は，相対的剥奪である．相対的剥奪は人々が達成すべきものに対する期待が実際の達成レベルをどの程度上回っているかを示すものである．相対的剥奪はその感情を抱いた人々に対して欲求の不満と攻撃性をもたらし，富と政治的権利の再分配を求めて反乱に参加する動機ともなる．

気候変動に起因する不利な経済状況がもたらす不満も，低レベルの紛争につながる可能性がある．アフリカのサハラ地域では，干ばつや食糧不足に伴う抗議行動などの低度の紛争や特定の経済状況による不満が内戦に発展した(Koubi 2019)．

●**気候変動と紛争の収束**　もっとも，気候変動が紛争を引き起こす原因を解明すれば，紛争を収束あるいは軽減する条件も特定できる．したがって国や草の根の社会の緩和と適応のための対応が自然の脅威を和らげ，社会に安定を取り戻すことにつながる．一つの是正策として注目されるのが，気候安全保障（climate security）の概念である．すなわち，気候変動を遠因として発生する紛争や暴動を脅威の内容とし，その脅威から国家や集団コミュニティを守ることである．この考えのもとで紛争予測を目的とした最近の研究では，当地のガバナンスを改善して政治的権利を擁護する施策が，予測される紛争リスクを低減することが確認されている．不利な気候条件のもとで紛争が発生する理由を理解してこそ，紛争を回避する適切な政策や制度も設計することができるからである．しかし政策的な関心の低さもあり，日本では気候安全保障への注目度は高くない（関山 2023）．

●**気候変動と紛争の研究**　気候変動と紛争の研究に対して比較政治学は三つの視点から示唆を与えうる（Gimore 2018）．第一は，政治制度に基づいた見解である．政治制度は，議会制度・三権分立制・大統領制・議院内閣制などの政治運営を正常かつ効率よく行う政治機構・統治組織の仕組みに注目する．その知見は，気候変動が紛争を導く原因を解明する上でも有用に働きうる．国や地方自治体の経済発展，気候変動に関連する課題に対処する政策，統治能力，法の支配の違いは，紛争の発生と規模を左右する．国家の制度設計と統治の帰結，貧困の度合い，農業など再生可能な資源への依存が高まり，気候変動に起因する経済状況にも悪影響を及ぼすため，国家能力が低い国では紛争が発生しやすくなる可能性がある．

第二は，定量分析の視座に基づいた知見である．複数の統計解析では，すでに空間的に細分化されたデータを用いて，気候変動が紛争に及ぼす影響を検証している．アジア・アフリカ・ラテンアメリカなどの低開発地域や，オセアニアの島嶼国は気候変動の影響に脆弱であるため，分析の対象となりやすい．コウビは，地域の統計データから極端な気温，暴風雨，干ばつなどの気象学的・気候学的な指標が，さまざまな形態の紛争と関連していることを指摘している(Koubi 2019)．

第三は，地域研究の視座に基づいた知見である．気候危機に起因する紛争は国家の全領域に同様に影響するわけではないことを考えると，ある気候危機が異なる国や社会経済的・政治的背景を越えて同じ効果を及ぼすとは考えにくい．したがって，ある地域の特徴を体系的に理解する地域研究の手法は効果を発揮する．

［舛方周一郎］

📖 **さらに詳しく知るための文献**

・関山健 (2023)『気候安全保障の論理──気候変動の地政学リスク』日経 BP 日本経済新聞出版.

自然災害と紛争

☞「内戦」p. 428,「気候変動と紛争」p. 456

　自然災害とは「多くの人的物的な損害を伴う急激な自然環境の変化」を指し，地震や津波，噴火，暴風雨，竜巻，砂嵐，熱波，寒波，干ばつ，洪水，土砂崩れ，豪雪，雪崩，落雷を含む．一方，事故や公害といった人的災害とは区別される．疫病や病害虫が自然災害に含まれるかについては判断が分かれる．また，どのように激しい環境変化であっても，人的物的な損害が伴わなければ災害とは呼ばない．すなわち，災害とは自然現象だけでなく，災害対策などの人的要因（脆弱性）にも依存する．一方，紛争とは「複数の主体の間で利益が相反し，またその帰属が争われている状態」を指す．したがって，口論や平和的な抗議活動も紛争に含まれるが，一般に武力の行使を伴う争い（武力紛争）を指すことが多い．武力紛争の中でも特に人的物的な損害が大きいものを戦争ないしは内戦と呼ぶ．

●**自然災害が武力紛争に与える影響**　政治学では，自然災害が武力紛争，特に内戦，に与える影響について分析がなされてきたが，学説に一致はみられない．自然災害が内戦を増やすという分析結果がある一方（Nel & Righarts 2008），そうした分析には問題があり，むしろ自然災害は内戦を減らすという報告もある（Slettebak 2012）．実際，2004 年スマトラ島沖地震を例に取ってみても，インドネシアのアチェ紛争は休戦，さらに和平合意に至ったが，同じく津波の被害を受けたスリランカ東部では政府とタミル系勢力との内戦（スリランカ内戦）が再発した．

　このような背景から，近年の研究は自然災害が武力紛争に至るメカニズムに注目している．初期の研究では，自然災害が物資の不足を引き起こし，武力紛争につながると述べられてきた．しかし，国際関係論の交渉理論からすると，物資の不足が直ちに武力紛争につながるとは考えられない（Ide 2023）．武力紛争が人的物的な損害を伴う以上，武力でなく交渉によって紛争を解決するほうが効率的である．例えば，武力紛争で勝つ確率が半々であれば，物資を折半したほうが，武力紛争に伴う損失を回避でき，よりよい期待利得を得られる．こうした平和的な解決にコミットできないために，武力紛争が発生するのである（コミットメント問題）．例えば，政府のみが復興支援を受ける場合，反政府集団の復興は遅れ，時間とともに反政府集団は不利な立場に追い込まれる．そうであれば，政府が復興する前に武力紛争を始めたほうがよい．政府は妥協案を示すかもしれないが，復興してしまえば妥協を続ける必要はなく，翻意するかもしれない．こうした可能性がある以上，政府は紛争の平和的な解決にコミットできない．これ以外にも

経済的損失や民族的分断などさまざまなメカニズムについて研究がなされている（Schleussner et al. 2016）.

　実証面でも，初期の研究は多国間データを用いて相関関係を示すことが多かったが，近年の研究はさまざまな手法を用いて因果関係やメカニズムを分析している．先行研究の中には，自然災害は人為的な影響を受けず，したがって外生的であると考えるものもある．しかし，自然災害はその定義からして災害対策といった人為的要因にも依存する．そのため，災害対策が未整備な国では災害が起こりやすく，また災害対策を含めた公共政策の不全から武力紛争が起こる可能性がある．こうした場合，見せかけの相関が生まれてしまい，分析上の問題が生まれる．そのため，自然現象とそれに伴う損害を分けて分析を行う必要がある．例えば，Kikuta（2019）は2004年スマトラ島沖地震のケースを例に取り，津波の波高と家屋の損失を分けてデータ分析を行っている．そのほかにも，質的比較分析を使ったものなど（Ide 2023），多様なアプローチから分析がなされている．

●**既存研究を超えて**　これらの分析と対照的に，その逆の関係，すなわち武力紛争が自然災害のリスクに与える影響についてはあまり研究がなされていない．ソマリアやアフガニスタン，イエメンといった内戦下の国々で自然災害が多発していることを考えれば，内戦が自然災害に与える影響を無視することはできない．実際，Kikuta（2020）は1996年以降のコンゴ内戦が大規模な森林破壊をもたらしたことを示している．加えて，自然災害が武力紛争を引き起こし，それが翻って自然災害のリスクを高めるという悪循環も指摘されている（Buhaug & von Uexkull 2021）．こうした悪循環を断ち切るために，災害・環境政策と平和構築を有機的に結び付ける必要性が強調されている（環境平和構築）．

　最後に，多くの研究は気候変動の顕著な例ないしはメカニズムとして自然災害に着目している（Ide 2023）．地球温暖化は暴雨や洪水，干ばつといった自然災害のリスクを高め，それら災害が武力紛争を引き起こす可能性がある．気候変動が直接に武力紛争の危険性を高めることも指摘されているが（ただし反論もある），自然災害を通じた影響も無視できない．その意味で，自然災害と紛争を考えることは，気候変動というグローバル・イシューを考える上でも重要である．

［菊田恭輔］

📖さらに詳しく知るための文献

・Buhaug, H. & von Uexkull, N.（2021）"Vicious Circles: Violence, Vulnerability, and Climate Change," *Annual Review of Environment and Resources* 46(1): 545-568.

・Ide, T.（2023）"Rise or Recede? How Climate Disasters Affect Armed Conflict Intensity," *International Security* 47(4): 50-78.

・Kikuta, K.（2019）"Postdisaster Reconstruction as a Cause of Intrastate Violence: An Instrumental Variable Analysis with Application to the 2004 Tsunami in Sri Lanka," *Journal of Conflict Resolution* 63(3): 760-785.

食料／水資源と紛争

☞「ソーシャル・キャピタル」
p. 150,「気候変動と紛争」
p. 456

灌漑用水の奪い合い，ダム建設反対運動，湖汚染による漁業権補償運動，水道事業民営化の撤回要求運動など，食料・水資源を巡る争いは驚くほど多様である．その理由は，水が人間にとってさまざまな意味や価値をもつためであり，異なる立場の人々が各々の論理を主張して衝突するからである．例えば，水が地球の生態系を支える貴重な資源であるという事実は，「環境や生物多様性を保全する論理」に結び付く．また，水は人間が生きていくために不可欠な命の源泉であるため，「安全な水へのアクセスは人権だという論理」が生まれる．さらに，山・川・森・湖・海に恵みをもたらす水はそこに暮らす人々の共同体意識やアイデンティティを形成し，「伝統・地域・文化を重視する論理」の基盤となる（Simmons 2016）．

水はさまざまな経済活動に欠かせない資源であり，「経済・開発・市場の論理」を優先する主張に結び付きやすい．ダムに貯めれば電力エネルギーとなり，灌漑によって農業用水として食料生産に寄与する．工場生産のためには大量の工業用水を必要とし，鉱山においても水は不可欠である．河川・湖沼・海では漁業資源を育み，交通インフラや観光インフラとしても重要な経済価値を包含している．一方で，水は武器にもなる．水攻めや飲料水を遮断する戦術のように，「戦争の論理」に従って水が利用されるのである．さらに，台風，津波，干ばつ，洪水，地滑りなどの水関連の自然災害に対して，政府が治水事業や救済・復興対策を効果的に遂行できるか否かは，「為政者による支配の正当性の論理」という観点からも重要である．水資源を巡る紛争は，多様な論理が錯綜する複雑な対立構造を孕むため，高度に政治的な問題となる傾向がある（Conca & Weinthal 2018）．

●**水資源ガバナンスと紛争**　価値観や利害の対立が常に紛争を誘発するわけではない．ここで重要なのは，対立する論理を調整する「水資源ガバナンス」が有効に機能するかどうかである（帯谷 2021）．水資源ガバナンスとは，誰が，いつ，どのように，水を手に入れるかを決める仕組みのことである．多様な利害関係者が参加する，透明性の高い水資源ガバナンスを確立できれば，水をより公正に配分できるようになり，紛争回避につながる．一方で，水資源を管理する体制が貧弱だったり，一部の利害関係者を排除する非民主的な決定がなされたり，汚職や縁故主義が蔓延したガバナンスであれば，潜在的な対立が紛争に発展してしまう．

さらに，化石燃料や鉱物資源と違い，姿を変えて動くという水特有の性質が水資源ガバナンスを複雑にする．水は氷河では固体であるが，融けて液体となって海や川や地下を流れ，蒸発し気体となって空気中を移動する．この特性が，経済

的にも法的にも国家・企業・コミュニティなどが安定的に蓄積し所有することを困難にする．自然地形に基づく分水界や流域は，国境や行政区域などの人為的境界とは一致しない．水のような越境する公共財を管理するためには，政治的境界を越えてさまざまな人々や行政が協力する必要がある．これを実現するために提唱されたのが「統合的水資源管理」概念である（Lubell & Balazs 2018）．

水を巡る争いは特定の場所で生じるものの，移動する水の性質上，その場所だけに着目していては有効な解決策を打ち出せない．そこで，統合的水資源管理では，淡水域と沿岸域，地表水と地下水，上流域と下流域，水利用と再利用（排水管理）などの諸事象を統合した視点からガバナンスを実践することを重視する．特に着目すべきは，食料と水の管理を統合させる観点である．水を直接利用する農家だけでなく，食品取引業者，食品製造業者，小売業者，消費者を含む食料のサプライチェーン全体に焦点を当てて，水資源の活用を考える必要が提唱されている（Keulertz et al. 2018）．また，各国政府・自治体・地域コミュニティ・企業などの主な利害関係者を「統合」する参加型民主主義を理想とするが，これを実際にどう実現し紛争を回避できるかは比較政治学に課された難題である．

●**紛争の世界的潮流と結果**　水資源を巡る紛争を分析する際には，紛争が起きている場所特有のローカルな諸要因だけではなく，世界的な潮流やグローバルな要因を理解することも大切である．気候変動や人口増加はその一つである．気温や降水パターンの変化が自然災害の頻度や激甚さを増し，世界各地で水資源ガバナンスの不確実性とリスクを高めている．また，新自由主義的経済政策の世界的な広がりもグローバルな要因である．これは，効率的な水資源管理を実現するために水資源の私有化・商品化を唱え，水資源ガバナンスに市場メカニズムを導入する思想である．一方で，2010年の国連総会や人権理事会において「安全な飲料水へのアクセスは人権」という考え方が認められたが，このような国連決議や国際法の締結によって，世界各地の紛争において「水は人権という論理」を掲げる勢力に正当性を付与することになる（Conca & Weinthal 2018）．新自由主義の「市場論理」と，「人権論理」や参加型水資源ガバナンスの考えとは緊張関係にあり，それは世界の多くの紛争において観察されるパターンとなっている．

水資源を巡る紛争の結果の分析も進展させる必要がある．紛争を，社会の分断を深刻化させる方向ではなく，社会の連帯を促し水問題に対処する能力やレジリエンスを高め民主的水資源ガバナンスを実現する方向に導くことが重要である．社会関係資本論やブローカー論など，国際政治や社会運動研究の知見を導入した分析が進みつつある（帯谷 2021；和田・三浦 2022）．　　　　　［和田　毅］

📖さらに詳しく知るための文献
・藤原帰一ほか編著（2022）『気候変動は社会を不安定化させるか――水資源をめぐる国際政治の力学』日本評論社．

テクノロジーと紛争

☞「戦争」p. 426

　技術（テクノロジー）と紛争を巡る問題は，各国の歴史的経験や政治的要請のもとで，議論の内容が異なる．一般的に，技術は紛争の手段を規定し，その目的にも影響を与えるとされる．ただしこれは，米国などの軍事技術で優越する国家を中心に語られる言説である．

●**技術革新と戦争**　兵器開発において，技術が戦争のあり方を根本的に問い直したとされる例として，米国の第三のオフセット戦略に基づく説明が参考になる．19世紀の火薬の軍事的活用の拡大が戦争の規模を変化させ，諸国民の間に残虐さを増した戦争を忌避する感情を生み，戦争は発生しなくなると指摘された．また，核兵器の存在と，その戦略の精緻化が，核兵器国間の戦争には「勝者はいない」と形容される状況を生み，抑止の安定化が国家の目標となったとも指摘される．核兵器の存在は，「安定-不安定のパラドクス」を生じ，核兵器を保有しない国の脅威感が高まるとも指摘されるが，核兵器の脅威の下では，それらを含めて戦争回避が必要な政策と理解とされている．

　これら議論は，兵器の技術革新が戦争のあり方を変え，社会における戦争の意義の変革を問題としている．それを代表する，いわゆる軍事技術革命（RMA）の議論では，軍事技術が軍の戦い方，軍と社会の関係，さらに社会そのもののあり方にまで影響を与えるとする．もちろん，18世紀のフランスの例を見ると，社会のあり方が軍事技術開発の方向性を規定する例も存在する．民主主義の誕生は，軍事教練が不足した「民兵」への依存が必然となり，彼らが簡単に操作できる兵器や戦術が必然とされた．つまり動員上の必要性が，軍事技術の開発を促すとするものである．

●**技術と紛争の関係**　これらを含め，技術と紛争の関係には複数の議論が存在する．これら議論は政策論と密接な関係があるため，それぞれの議論の文脈固有の事情に留意する必要がある．まず，戦争の勝利と技術の関係に関する議論がある．通常，技術的優越を保持する側が戦争に勝利するのが自然と考える．しかしこれは国家の正規軍同士の全面戦争という，一種の理念形に基づく分析である．実際には，反体制勢力による非正規戦やテロ活動などの技術的に劣勢側が選択する戦争や紛争の形態，あるいは戦場における AK-47 や RPG-7 のような古典的な兵器の活用によって正規軍による進駐が撤退に追い込まれることがある．つまり，技術的優越は戦争の勝利に決定的な役割を果たさない．

　技術と勝利の関係では，その間に立つ戦術に関わる諸変数の意義も指摘され

る．戦術とは，戦闘の方法（一般的に戦術とされる），戦闘を実施する際に必要な兵站，兵器の整備や更新，戦闘の特徴を決める情報，戦闘員（兵士）の教育，兵士の士気，戦闘を支える国民の意思など，多くの要素が存在する．したがって，戦闘における勝利は技術的優越や物量面での優越によってのみ達成されるものではない．技術は，これら諸変数に直接および間接的に影響する．例えば，1973年のヨム・キプール戦争（第四次中東戦争）では，イスラエルは物量的な劣勢を大隊レベルの情報の活用方法や戦闘方法（分散攻撃）などで補い，アラブ諸国の連合部隊に圧倒的勝利を収めている．

　1990年代には，航空面での軍事的優越が戦争の勝利（敵の降伏）を可能にするかどうか議論になった．湾岸戦争やセルビア攻撃では，米軍は航空優勢を確保し，攻撃対象の戦略重心の破壊を効果的に実施した．これは情報通信技術などに支援された作戦の重要性を印象付け，中国などもこの方法の採用を目指すようになった．作戦面での優越を確保することは，海洋での優越・管理，シーレーンの確保，海上封鎖作戦でも同様である．これら軍事的優越は，対軍事攻撃における敵対勢力に対する勝利を想定しており，破壊を主要目的とする．

　しかし，対軍事作戦ではなく価値攻撃を実施する際には，必ずしも対軍事作戦と同規模の破壊力を必要としない．さらに，陸上兵力の役割の一つである占領統治においては，それを目指す軍事作戦と，その実施を行う際に必要な活動（敵対勢力の再侵入の防止，治安の維持，民生の安定，テロの防止など）において，打撃力は決定的な意味をもたない．反体制勢力やテロ勢力の側にしても，高度技術を使用した兵器の使用は探知のリスクを高めるため，それが第一の選択肢にならない場合がある．さらに，技術的優越による打撃力重視の戦術は，相手の抵抗手段を奪うが，それに満足して紛争や戦争の根本原因への対応を回避する心情が生まれ，逆に軍事的緊張が高まる可能性も指摘される．つまり，技術の保有は，戦争や紛争の決定的な要素ではない．

●軍事技術の源泉　最後に，軍事における技術の活用において，その源泉（ソース）は何かという問題がある．技術は多目的な特質をもち，軍事への活用はその一形態に過ぎない．軍事技術の民生利用をスピンオフ，その逆をスピンオンと呼ぶが，その方向は開発状況により変化する．したがって，兵器開発における軍以外の主体の技術開発のレベルが，国家の軍事技術基盤の重要な構成要素となる．米国や中国などは，官民（軍民）の技術開発の相乗効果を効果的に活用しており，欧州諸国や韓国などでも，軍事と民生技術開発は密接不可分なものと考えられている．　　　　　　　　　　　　　　　　　　　　　　　　　　　　［佐藤丙午］

破綻国家，失敗国家，脆弱国家 ☞「内戦」p. 428,「ジェノサイド」p. 476

　本来の政府機能が失われたり，本来の政府機能からは逸脱する行動を取る状態に陥った国家を破綻国家，あるいは失敗国家（failed state）と呼ぶ場合がある．こうした状況の下では，本来国家により守られるはずの人々の安全がさまざまな形で危機に晒されることになる．ここで問題化されるのは従来の安全保障の対象である国家ではなく，人々の安全そのものである．

●**概念の混乱**　ただし，とりわけ日本語における破綻国家という概念には，政策概念という観点からは政策実施機関の「延命」につながるイデオロギー性があるとともに，厳密な術語として用いられる場合にはいくつかの問題があることに留意すべきであろう（Woodward 2017）．それは，第一に政府機能が失われるに至った理由がさまざまだからである．アフガニスタンのタリバーン政権のように，「対テロ」の名目の下でアメリカの攻撃によって壊された事例と，ソマリアのように，主にクラン（氏族）間の内戦の下で旧体制が放逐され，その後20年以上にわたり新政権の樹立ができなかった状況を，同じ概念でまとめることは十分な妥当性を欠いている．第二に，失われた政府機能の程度や様態が異なる事例をまとめて議論することになり，むしろ議論の上での混乱を招くことになる．破綻国家という概念は，学術的には曖昧な部分を含んでいる．ソマリアのように，1991年以降20年以上にわたり政府機能が完全に失われた状態が継続していた状況，また，1994年に生じたルワンダで発生したジェノサイドのように，本来領民に対する安全を提供すべき政府が，大量殺戮の少なくともその初期段階において，その殺戮に組織的に関与する状況が内戦の中で発生している状況も破綻国家として評価可能なのである．

●**類型化の試みと課題**　破綻国家という形でまとめて概念化してきたものを，次のように分類して考えるとらえ方が提起された（Rotberg ed. 2004）．弱い国家（weak state），失敗しつつある国家（failing state），失敗国家，崩壊国家（collapsed state）といった類型化が一つの代表的例である．この場合，「弱い国家」は，さまざまな理由で，本来政府が提供する必要のある公共財の提供が十分に行えなくなっているほか，国内的な対立を抱えたり，都市部の犯罪発生率が高くなっていたり，教育・医療面での十分なサービス提供ができない状況に至っている国家を指している．また，失敗国家の場合には，その領内において暴力（あるいは武力紛争）の程度が激しいということ以上に，①その暴力が持続的であること，②その暴力が経済活動と連動していること，③その暴力が既存の政府に対し

て行われていること，④その結果として，暴力の行使が更なる権力獲得の手段として暴力主体の間で正当化されていること，などがあげられる．その際に重視されているのは，政府が住民を抑圧し，国内の安全を剥奪する行為を行う点である．それによって，現政権に対する国内の反発を招き，武力紛争に発展する状況が生まれるのである．失敗国家のそのほかの特徴としては，国内の周辺地域に対する支配がまったく及ばないこと，犯罪につながる暴力が多発すること，公共財をほとんど提供できないこと，国家の諸制度の中でも国家元首を中心とした執行部がかろうじて機能している以外ほとんどは機能停止に陥っていること，などがある．こうした見方に立てば，先にあげたルワンダやコンゴ民主共和国は失敗国家の事例と考えるのが妥当である．失敗しつつある国家は，弱い国家から失敗国家へと政府機能がさらに弱体化している中間的な国家のあり方と考えることができる．そして，崩壊国家は失敗国家の極限的な姿であり，政府が完全な機能不全に陥り，公共財は政府以外の主体によってアドホックに提供されるだけで，権威の空白が生じている状態を指している．

　しかし，上記の分類には難点がないとはいえない．それは失敗（fail）と崩壊（collapse）は，定義上位相が異なるにもかかわらず，その違いが十分に考慮されず，両者が現実にひきつけられる形で連続的にとらえられている点である．失敗の最大の特徴が，「政府が住民を抑圧し，国内の安全を剥奪する行為を行う点」にあるとすれば，そこには機能する政府の存在が前提されている話であり，その政府機能がほぼ停止することによって特徴付けられる「崩壊」とはずれる．現実的には失敗と崩壊は相補的に進行すると考えられることから，区分は難しいが，定義上二つは異なった論理と方向性をもつと考える必要がある

●**政策概念化**　21世紀に入ると，破綻国家と概念化されてきた国家のあり方に関しては，政策的には脆弱国家（fragile state）といった形での概念化が行われるようになった．脆弱国家は，「国のガバナンスや制度が弱く適切な政策を実施する能力の低い国家」であると同時に，「その国への効果的な支援のあり方が検討対象となる国家」と解釈可能である．こうした概念化の背景として指摘される理由は以下の二つである．第一に，脆弱国家への人道的な関心であり，その国家で生活している人々の安全への懸念である．第二に，支援国側にとっての国家安全保障上の関心である．2001年9月11日のアメリカでの同時多発テロ事件に象徴されるように，脆弱国家を放置することが，自国の安全保障上の問題に転嫁しかねないという危惧である．したがって，脆弱国家は，開発や外交・安全保障の観点から国際課題とされた国家であり，アメリカの平和基金財団（Fund for Peace）が毎年公表する指標も破綻国家指標から，脆弱国家指標へと名称変更が行われるなどの変化にも国家を巡る認識の変容が現れている．　　　　［遠藤　貢］

武装勢力と組織犯罪集団

☞「テロリズム」p. 434,「破綻国家, 失敗国家, 脆弱国家」p. 464,「紛争と非国家主体」p. 468

　武装勢力と組織犯罪集団は, 切っても切れない関係にある. 前者は, 政治的な目的のために, 武力を準備し暴力を行使する集団である. 分離独立運動を行う集団や, テロ組織, 極右民兵, ギャング組織などが典型だといえる. 分離独立運動を行う集団の多くが, 国家に弾圧される少数派民族や少数派宗教などのマイノリティであり, 彼らは国家からの独立や自治権の拡大を求める. テロ組織であれば, 政府や市民を攻撃して社会に恐怖心を与え, その集団の政治的主張を宣伝する. 極右民兵はナショナリズムを掲げ, 移民やマイノリティー集団への暴力行為を正当化する. ギャング組織であれば, 南米などでみられるように, 暴力で町や地域の縄張りを支配し, 介入する政府や警察との抗争に明け暮れ, 政治的誘拐や処刑を繰り広げる.

　一方, 組織犯罪集団は営利目的の集団である. 犯罪行為による収益を組織的に行う集団で, 違法なビジネス活動に従事する. そこに政治的なアピールは皆無に近い. 国家や政府といった, 犯罪を取り締まる側に対する敵対心はあるものの, 同時に協力関係を築いてビジネスを保護してもらう動機も強い. 国家による庇護こそが, 組織犯罪の維持と拡大に最も効果を発揮する. イタリアのマフィアや, 中国の三合会, 南米のカルテルなどが典型である.

●**ネクサス論の主流化**　この一見, 相反する論理で活動する二つの非国家アクターに関して, 従来の政治研究は, 比較の対象にはするものの, 両者の違いを意識し, 切り離して考える傾向が長く続いた. 研究者に限らず, 政治も法執行機関も同様に, 分離主義やテロへの対策と組織犯罪への対策を別物と理解し, 縦割りの対応策を続けてきた. 例えば, 主権国家を不安定化する武装勢力への対応は国軍を中心とし, 組織犯罪対策は法執行機関である警察の役割だとされてきた. また, 武装勢力はみずからの存在を世に訴え, 注目を浴びることを是とするが, 組織犯罪は極力目立たないように活動する. このような違いから, 伝統的な安全保障のパラダイムでは, 分離独立やテロが内包する政治的な動機と, 組織犯罪の経済的な動機を混合すべきでないという規範が支配的であった.

　しかし冷戦の終わりに伴い, 世界の各地で民族紛争や宗教紛争などの内戦が広まり, それらの国の統治能力が低下していくと, 武装勢力と組織犯罪の垣根も急速に低くなっていった. 内戦下で民兵やギャングや自警団が, 武器の密輸や人身取引などの犯罪ビジネスに進出するのはたやすい. また, 組織犯罪にとっても武装勢力が一番の顧客となり, 違法物資の越境的な調達ルートを開拓してビジネス

規模を拡張する機会となった．脆弱国家における武装勢力と組織犯罪の「政略結婚」である．この両者の接近が顕著になるにつれ，政治学でもネクサス（nexus）の発展に注目する研究が台頭する（Petrich 2021）．両者を切り離す時代は終わったのである．

●**協力・統合・融合**　武装勢力と組織犯罪のネクサスには三つのパターンが存在する．第一に「協力関係」の構築である．民族紛争やテロを行う組織が，組織犯罪から武器や違法物資を調達するビジネス関係が典型といえる．例えばナイジェリアの組織犯罪は，麻薬やサイバー詐欺などで得た資金をもとに，ボコ・ハラムなどの暴力的過激主義勢力にテロ資金を提供し，武器取引の仲介を行ってきた（Olojo & Aniekwe 2022）．

　第二に「統合」である．これは，組織犯罪がビジネス拡張の過程で，国家との対立が本格化し，国家に対抗するための軍隊部門を整備することで，武装勢力として役割が備わるパターンである．中南米の麻薬カルテルの軍事化が典型例といえよう．コロンビアのメデジン・カルテルや，メキシコのシナロア・カルテルといった巨大麻薬組織は，自前の軍隊を擁し，国家の治安部隊と「戦争」を繰り広げてきた．シナロア・カルテルの最強武装集団といわれるロス・アントラックスは，退役軍人の訓練を受けるプロの暗殺団として有名である（Garcia 2020）．

　第三に「融合」パターンである．この形態では，武装組織と犯罪組織の境界がなくなる．武装勢力の活動が拡張し，組織犯罪の機能を吸収することで融合が起きやすい．例えば，ミャンマー政府への抵抗を続ける国境沿いの少数民族武装勢力がモデルといえる．最大の勢力であるワ州連合軍（UWSA）の場合，推定2万〜3万人のワ族兵士を抱え，中国から地対空ミサイルや攻撃ドローンの供給を受けてきた．UWSAは東南アジア最大の麻薬生産組織として知られ，その麻薬密売による収益が武器調達を可能にしてきた（Winn 2024）．フィリピンのアブ・サヤフ（ASG）も，このパターンである．本来，ミンダナオの分離独立を主張してきたASGが，組織運営資金の調達のために犯罪組織化していき，身代金目的の誘拐や，密航，海賊，武器密輸などの犯罪ビジネスを拡大させてきた（Singh 2018）．その結果，今では存在が分離主義勢力なのかテロ集団なのか，それとも犯罪組織なのか，理解することが難しくなっている．

　このように，「武装勢力」と「組織犯罪」の関係は，従来のように二つの異なるアクターとして別々にとらえるのではなく，いかに両者のネクサスが発展しているのかを分析することが重要になっている．その発展力学は国や地域によって異なる．今後，国別・地域別で比較する政治分析が期待されている．［本名　純］

📖さらに詳しく知るための文献
・本名純（2021）「グローバル化時代の越境組織犯罪——ビジネス・悪漢・安全保障」足立研幾ほか編『プライマリー国際関係学』ミネルヴァ書房，218-234頁.

紛争と非国家主体

☞「内戦」p. 428,「テロリズム」p. 434

　非国家主体とは，一般的には，確立された国家の制度に属さないかたちで国際関係に参入・作用する主体を指し，国際機関，企業，NGO，テロリスト集団，国際犯罪組織などが含まれる．20世紀から21世紀初頭にかけての非国家主体の研究では，主にその人道的・経済的活動に着目されてきたが，2000年代以降には，国際テロリズムや国内での紛争（内戦）に従事する武装非国家主体（armed non-state actor）に関する著作が急増した．その背景には，2001年米国同時多発テロ事件を契機とするアルカイダに代表される国際テロ組織の台頭や，中東やアフリカの紛争国における民族や宗派を基盤とする武装集団の跋扈があった．本項目では，非国家主体の中でもこうした武装非国家主体を取り上げる．世界の紛争に関する Correlates of War（COW）や Uppsala Conflict Data Project（UCDP）などのデータセットでも，内戦を国家と非国家主体の組織的・暴力的な争いと定義するなど，今日において武装非国家主体は，国際政治と国内政治の趨勢を左右する一大勢力とみなされている．

●**紛争が非国家主体に与える影響**　ある国で起こった紛争と非国家主体はどのような関係にあるのか．研究の関心は，まず，非国家主体を従属変数とするものに集中した．すなわち，非国家主体の発生・拡大・衰退・消滅の規定要因や，その目的・行動・戦略に関する研究である．その主流は，紛争下における暴力的手段の選択のインセンティヴや大衆動員戦略を説明するものや，国家や他の非国家主体との関係や交渉に着目したものであった．これらの研究では，フィアロンらによって展開されてきた主体間，特に国家間の戦略的相互作用による紛争発生の説明，例えば，パットナムの2レベルゲームやアリソンによる組織過程モデル・官僚政治モデルの議論などが援用された．

　しかし，現実には，非国家主体は，国家とは異なる目的と能力をもつ傾向が強い．非国家主体は，首尾一貫した敵対・友好関係をもたない傾向をもち，忠誠心が揺らぎやすく，利害関係も継続的に変化していくことが多い．歴史的に見ても，北アイルランド独立闘争やパレスチナ解放闘争など，植民地支配や占領に抵抗した民族運動の多くが分裂と統合を繰り返した．近年でも，アサド政権の権威主義的支配に抗するシリアの反体制派が離合集散し，「イスラーム国（IS）」という独自の国家建設を目指す非国家主体の誕生につながった．こうした現実は，国家対非国家，政府対非政府といった二分法（ダイアッドの交渉）を基調とする従来の紛争に関する説明の限界を示唆し，よりダイナミックでミクロなレベルの主

体間の相互作用をみる必要性を浮き彫りにした．非国家主体の実像に迫る作業は，紛争のメカニズムの再検討にもつながるのである（Biddle 2021；Pearlman & Cunningham 2012）．

●**非国家主体が紛争に与える影響**　紛争における非国家主体の影響力が増大する中，それが紛争にどのような影響を与えるのか，研究の関心は，非国家主体を独立変数とするものにも広がっていった．武装勢力の伸張は，戦闘の規模を拡大させるだけでなく，国家との戦力差が縮まれば膠着状態を生み出し，内戦を長期化させることがある．国家の側は，こうした非国家主体を正当な暴力行使の独占にとっての脅威として認識しやすい（Carment 2003；Rowlands & Carment 1998）．しかし，非国家主体は，他の国から軍事面や資金面での支援を受けるだけでなく，その利益に準じた行動を取ることで事実上の「代理人（proxy）」となることもある（Marshall 2016）．例えば，2000年代以降のイラク，イエメン，シリア，アフガニスタンの紛争国では，イランをスポンサーとする民兵組織が台頭したが，それらは陰に陽にその強硬な対米外交や軍事戦略に沿った言動をみせた．また，ロシアの民間軍事会社ワグネルも，2021年に勃発したウクライナ戦争にロシア側の武装勢力として参入した．このように，紛争下で台頭した非国家主体は，武装闘争や独自の対外関係を通して紛争を激化，長期化，拡大させる傾向がある．

　しかし，近年の研究では，武装した非国家主体をより中立的な立場から分析する著作が増えてきている．紛争中の人道支援や紛争後の平和構築や国家建設に対して，必ずしも負の影響だけを与えてきたわけではない．そうした議論の一つが，「反乱者によるガバナンス（rebel governance）」である．紛争によって中央政府による統治の機能不全が起こった地域，ないしは十分に行き届かない地域で，非国家主体がインフラ整備，治安維持，公共サービスの影響，さらには司法や徴税までをも担うといった現象のことである（Arjona et al. eds. 2017）．例えば，中央アフリカのンデレ周辺，パレスチナのガザ地区，パキスタンの連邦直轄部族地域，インドネシアのアチェ，コロンビアの周縁地帯などがあげられる．これらの非国家主体による実効支配地域では，中央政府が決定を実行する能力を欠き，暴力手段に対する独占が脅かされている状態が生じているが，統治が欠如しているわけではないため，「限定された国家性（limited statehood）」と呼ばれることもある（Risse ed. 2011）．こうした研究においては，非国家主体の殲滅や解体（つまり，国家の非国家主体による紛争の勝利）を前提としない平和構築や国家建設の現実的なあり方が論じられている．　　　　　　　　　　［末近浩太］

📖 さらに詳しく知るための文献
・Arjona, A. et al.（eds.）（2017）*Rebel Governance in Civil War*. Cambridge University Press.

ディアスポラと紛争

☞「内戦」p. 428

　古代ギリシャ語に由来する「ディアスポラ」は「離散」や「離散民」と訳され，元々の国家や民族的郷土を離れて他国で暮らす人々や，そのように離散すること自体を指す．ヘブライ語聖書が古代ギリシャ語に翻訳された際の経緯から，大文字の the Diaspora は古代イスラエル王国の滅亡によるユダヤ教徒の離散を指す語となった（早尾 2008）．しかし今日では，越境的に移動した民族集団を指す一般名詞（小文字の diaspora）として多様な民族に用いられており，「自身の民族的・宗教的郷土の外に定住する，共通の起源をもつ人々の集団」（Shain & Barth 2003）と定義される．ディアスポラは，離散後も自分が郷土の民族集団の一部であるという意識を維持し，郷土やそこに住む同胞との連帯意識をもつ点が移民とは異なるとされる（Bercovitch 2007）．

　ディアスポラと紛争の関係は双方向的である．紛争が起きれば人々は戦禍を避けようと各地に避難し，しばしば大量のディアスポラが生じる．他方で，世界各地のディアスポラが，郷土における紛争に大きな影響を与えていることも指摘されている．本項目では特に後者の側面に焦点を当てて検討してみたい．

●**紛争の要因としてのディアスポラ**　ディアスポラは，時には紛争勃発の直接的要因となる（Checkel ed. 2013）．1994 年の大虐殺へとつながったルワンダ内戦は，亡命ルワンダ人の第二世代を中核とする武装勢力「ルワンダ愛国戦線」が北隣のウガンダから侵入したことで勃発した（武内 2009）．非暴力の抵抗運動が支配的であったコソボ問題を武力紛争へと変化させた武装勢力「コソボ解放軍」は，欧米諸国に居住するアルバニア人ディアスポラが創立した組織「コソボ人民運動」によって形成されたものであった（久保 2008）．

　ディアスポラはまた，紛争の継続（長期化）に寄与する要因ともなる．25 年以上に及んだスリランカ内戦では，大砲やミサイルといった重火器や自前の海・空部隊まで保有していた反政府勢力「タミル・イーラム解放のトラ」を支えたのは世界各地のタミル人ディアスポラからの支援金であり，その額はピーク時には毎月 200 万ドルに上ったとされる（足達 2023）．

　紛争の要因としてのディアスポラの重要性は，計量的な研究によっても確認されている．内戦の発生要因に関する計量分析によれば，ディアスポラの規模が大きい国では内戦再発のリスクがより高くなる（Collier & Hoeffler 2004）．また，世界の 586 のテロ組織のデータを分析した研究によれば，民族的なディアスポラとのつながりを有しているテロ組織は，そうでないテロ組織と比べ，より存続し

やすく，また和平交渉による活動終結をより受け入れにくい（Piazza 2018）.

●ディアスポラの影響の背景　なぜディアスポラはその出身地における紛争に寄与する存在となるのだろうか．その理由としてしばしば指摘されるのがいわゆる「遠隔地ナショナリズム」（Anderson 1992）である．地理的に離れることによって母国が純化・美化されるため，ディアスポラのナショナリズムは母国のそれよりも激しく，より原理主義的なものになると考えられている（林 2022）．そうした理念や思想は，ディアスポラを郷土の紛争の支援へと駆り立てるだけでなく，ディアスポラの帰還によって郷土に持ち込まれ，それが紛争の一因となることもある．例えばウクライナでは，ソ連の抑圧的政策を嫌って北米などに移住・亡命した人々が独立後の1990年代に帰還し，彼らが持ち帰った歴史観がその後の「歴史の政治紛争化」につながった（浜 2023）.

また，特に欧米諸国などの先進国に居住するディアスポラの場合，貧しい郷土に住む同胞達よりも豊かで，大きな資金力を有することに加え，言論や結社の自由が保障されているために活動に制限がないことも，ディアスポラの影響力の背景として指摘されている（Roth 2015）．ディアスポラが居住国政府に対して政治的影響力を行使できる場合には，その国の外交政策を通じて郷土の紛争に影響を与えることも可能となる．特にアルメニア人とユダヤ人のディアスポラは，米国において大きな政治的影響力をもち，中東やコーカサス地域の紛争に関する米国政府の外交政策に重要な影響を与えてきたと指摘されている（Shain 2002）.

●平和の要因としてのディアスポラ　いうまでもなく，すべてのディアスポラが紛争の勃発や継続に寄与するわけではない．欧米に居住するディアスポラの場合，そこで獲得したリベラルな価値観や起業家精神・スキルを活かし，自分達の郷土における民主化や経済発展，紛争解決を促進する役割を果たすことも多い（Shain & Barth 2003；Smith & Stares 2007）．価値観という点では，先進国に逃れた移民と紛争地に残った人々に同一の質問票を用いた世論調査データの計量分析から，同一民族内で比較すると，移民の方が郷土の人々よりも穏健であるという結果も得られている（Hall 2016）.

紛争後の移行期正義においても，ディアスポラが積極的な役割を果たすことが指摘されている（Koinova 2018）．例えば欧米に住むルワンダ人やタミル人のディアスポラの事例研究では，ルワンダやスリランカ国内では当局からタブー視されて真相究明や責任者の処罰が進まない戦争犯罪事案について，追悼式典の開催，大きな注目を集めるドキュメンタリー制作，戦争犯罪事件の提訴，戦争犯罪に関する証言者の保護などのさまざまな活動をディアスポラが行っていることが示されている（Orjuela 2018）.　　　　　　　　　　　　　　　　　　［久保慶一］

📖さらに詳しく知るための文献

・Ember M. et al.（eds.）（2005）*Encyclopedia of Diasporas*, Springer.

紛争と難民

☞「難民」p. 568

　紛争や圧政は世界各地で多くの難民を生んできた．身に差し迫った危険や，政治体制の変化を受けた迫害を逃れるため，人々は国境を越えて安全で安定した環境を求め，移動を試みる．新しい環境で不安定な地位に置かれた人々を，受け入れ国ではさまざまな政策に基づき受け入れ，また対処してきた．人の移動と紛争は切っても切り離せない関係にあるといえる．

●**国際難民レジームの形成**　難民の保護のために国際的に統一された枠組みが確立されてきたのは，第一次世界大戦以後のことである．さらに第二次世界大戦でヨーロッパに数千万規模の難民が生まれると，専門機関の設置が求められ，1950年12月に採択された国連総会決議に基づき，UNHCR（国連難民高等弁務官事務所）が設立されることとなった．翌1951年には「難民の地位に関する条約」（通称，難民条約）が採択され，その第1条で難民とは「人種，宗教，国籍もしくは特定の社会的集団の構成員であることまたは政治的意見を理由に迫害を受けるおそれがあるという十分に理由のある恐怖を有するために，国籍国の外にいる者であって，その国籍国の保護を受けられない者またはそのような恐怖を有するためにその国籍国の保護を受けることを望まない者」と定義されることとなった．つまりこの時点で想定されていたのは，個々に政治的迫害等を立証可能な難民であり，戦闘などで生まれる大規模難民を庇護対象に想定してはいなかった．

　難民条約は保護の対象を地理的・時間的に制約するものであったため，これらを取り除いた「難民の地位に関する議定書」（通称，難民議定書）が1967年に採択された．その補完的な性格から，1951年の難民条約と1967年の難民議定書を合わせて難民条約と呼ぶことも多い．UNHCRと難民条約は，難民レジームと呼ばれるその後の国際的な難民保護体制の基盤として機能することとなる（中山2017）．その後もUNHCRは支援対象を拡大し，国内避難民，無国籍者，庇護申請者なども支援対象に含められていった．その結果，現在ではむしろ第1条で定めた定義に当てはまる難民（条約難民と呼ばれる）の人数を上回る規模の人々が，それら追加された枠組みに基づき支援を受ける状態となった．2022年末時点では2940万人の難民のほかに，6250万人の国内避難民と540万人の庇護申請者などがUNHCRの支援を受けている．

●**難民条約の限界**　2024年3月現在では193カ国が国連に加盟しているが，そのうち難民条約を批准しているのは146カ国，難民議定書は147カ国である．また締結国は履行に際して地理的制限の適用を選択することができ，例えばトルコ

は難民の出身地を欧州に限定している．そのため，2015 年に起きた難民危機で大規模に押し寄せたシリア難民は，トルコ国内では法的に難民として扱われなかった．彼らはトルコ国内で一時的保護の対象と位置付けられ，国内での移動が制限されて，当初は労働許可の取得も困難であった（鈴木 2021）．ほかにも，実際に多くの難民が生まれている中東諸国では，難民条約および難民議定書を批准している国が多いとはいえない．隣国で起きた戦争により多くの難民を受け入れてきたヨルダンも，これらの条約を批准していない．そうした国で UNHCR が活動する際は，各国政府との間で MoU（Memorandum of Understanding）を取り交わす形となる．このように実際に戦争で生まれた難民を保護する上では，難民条約による枠組みだけでは限界があり，補完的な制度を並行的に運用することによって支援活動が可能となる（ベッツ＆コリアー 2023）．

　一方で，中東において最長期にわたり支援が続き，最大規模の難民であるパレスチナ難民は UNHCR の支援対象ではない．1948 年のイスラエル建国を受けて 70 万人以上の規模で生まれた難民に対しては，UNRWA（国連パレスチナ難民救済事業機関）が先に発足し，支援を開始していたからだ．その後，世代を重ねるにつれて登録難民の数は倍増し，活動対象地域の 3 カ国 2 地域での登録人数は 2023 年時点で合計約 590 万人に上っている．これらパレスチナ難民を含めた難民支援の現場では，ユニセフ（国連児童基金）や WFP（国連世界食糧計画）などを含めた国際機関のほかに，難民を受け入れている各国政府の担当部局や，国際 NGO，ローカル NGO なども連携して支援活動が進められている．

●難民の帰還を巡る課題　レジームの形成期から状況は変化し，近年では戦争や政情の悪化により大規模な難民が生まれる例が増えた．2010 年以降だけでもシリア紛争，アフガニスタンのタリバン政権崩壊，ウクライナ紛争，イスラエル・ガザ戦争などがあげられる．これら紛争による難民は，自然災害や気候変動による難民と異なり，帰還が難しいことが特徴の一つといえる．戦闘の終結後も政治対立の構造は変わらず，帰還後の安全が保障されないことも多いからだ．生命や自由が脅威にさらされるおそれのある国へ人々を送還することは，難民条約第 33 条など複数の人権条約で禁じられている．これを「ノン・ルフールマン原則」という．しかし難民の長期滞在による負担から，受け入れ国の一部ではこの原則が守られず，自発的帰還と称した難民の強制送還が行われている．トルコやレバノンからのシリア難民の大規模な送還のほか，先進国でも送還が指摘され，裁判となる例もある．他方でパレスチナ難民は，難民問題の解決がイスラエル・パレスチナの当事者間の政治交渉に委ねられ，解決のめどが立たないため，まったく帰還が進んでいない特殊事例である．UNHCR と異なり，UNRWA のミッションには帰還支援や第三国定住は含まれない．大規模な人の移動が絡む難民問題の解決は，国際協調による取り組みが求められる困難な課題の一つといえる．［錦田愛子］

紛争と介入

☞「内戦」p. 428

　武力紛争は，社会科学全般にとって重要な研究テーマである．その中で比較政治学は特に内戦研究の蓄積が厚く，それとの関連で介入の問題にも一定の関心を寄せてきた．主な論点は，介入が内戦の展開や終結に与える影響である．

　紛争や国際政治の文脈で介入といった場合，一般には，ある国家の国内問題に外部アクターが特定の意図をもって関与することを意味する．当事国の意志に反して行われる強制的な介入もあれば，当事国の同意に基づく非強制的な介入もある．介入の手段は軍事的なものと非軍事的なものに大別できる．国際法上は内政不干渉原則が基本ルールではあるものの，実際には昔も今も介入は珍しくない．

　冷戦後の1990年代には人道的介入が注目を集め，21世紀になるとその文脈で武力による体制転換が争点として浮上した．そこには，米中対立が象徴する「民主主義対権威主義」という政治体制間の競争が絡んでいる．

●**比較政治学にとっての介入**　20世紀後半以降の武力紛争の発生数をみると，国家間戦争よりも内戦の方が圧倒的に多い（Davies et al. 2023）．そして内戦が継続すると，しばしば介入が始まる．冷戦後の国際社会は主に二つの理由から，内戦の解決を重要課題として認識し，その解決に一層注力するようになった．第一に，世界的な人権意識の高まりを背景に，内戦における一般市民の被害や人道危機に対する問題意識が強まった．第二に，冷戦が終わったことで，国際連合の安全保障理事会において大国間協調を期待できるようになり，介入が国際的正統性を得られる環境が整った．要するに，内戦に苦しむ人々を外から救うための手段として，多国間主義に基づく軍事介入が有力視されるようになったのである．ただし，21世紀に入ってから大国間協調は陰りをみせはじめた．

　伝統的に内戦の問題を研究してきた比較政治学にとっては，介入が内戦の展開にどの程度影響するのかが重要な論点になる．これに関してレガンが，内戦のデータセットを用いた統計分析により，介入は基本的に内戦を長引かせるが，いずれの紛争当事者にも与しない中立的な介入より，特定の紛争当事者に肩入れする介入の方が内戦の終結を早めると主張した（Regan 2002）．他には，拒否権プレイヤーの数が多いと内戦の早期終結が難しくなるため，介入アクターはその点を考慮して戦略を練るべきだとする論文もある（Cunningham 2006）．

●**人道的介入**　冷戦後，世界中で介入の問題に注目が集まったのは，1990年代の人道的介入がきっかけである．人道的介入とは，内戦や地域紛争の中で発生する人道危機を止めるために行われる軍事介入のことをいう．1990年代にソマリ

ア，ボスニア・ヘルツェゴビナ，ルワンダ，コソボなどで実例が相次いだことで，政治的な課題として，さらに学問上の重要テーマとして急浮上した．

　一般論として考えると，人道危機の背景には国家の統治能力の問題がある．一つは，統治能力が極端に低いために内戦の中で治安の悪化に歯止めがかからず，半ば自然発生的に人道危機が起きるケースである．もう一つは，統治能力の高い国家が自国民の一部に対して苛烈な弾圧を行い，人道危機を生じさせるケースである．つまり，「弱い国家」と「強い国家」では人道危機の発生メカニズムが対照的な形になる．もちろん現実の危機はそう単純に区別できるものではないが，国家の弱さと強さのどちらが主要な問題なのかにより，効果的な介入の方法は変わってくるだろう．

　これに関連して比較政治学には，内戦の原因として国家の統治能力に着目した研究の系譜がある．その中で，統治能力は抽象度が非常に高い概念であるため，それをどう定義し，実証的に測定するかが依然として課題であるとの指摘もある（粕谷 2014）．

●**武力による体制転換と民主化**　人道的介入には政治体制の問題も関係する．人道危機が起きるのは基本的に権威主義国であり，そこに介入するのは人権意識の高い民主主義国である場合が多い．したがって，人道的介入は異なる政治体制間の緊張関係をはらむものといえよう．

　この点を露わにしたのが，2011 年のリビア介入である．リビア内戦における人道危機を止める目的で，武力行使を認める安保理決議が採択された後，米英仏や北大西洋条約機構（NATO）が空爆を開始し，最終的には現地の独裁政権を崩壊に追い込んだ．これに対して，権威主義国の中国とロシアは，安保理決議が認めたのはあくまで一般市民を保護するための武力行使であり，体制転換はそこから逸脱するものだとして強く反発した．実際，米英仏の首脳は介入の最中に，リビアの民主化を目指す姿勢を隠そうとはしなかった．

　だが果たして，武力による体制転換は民主主義をもたらすのか．ここで注意したいのが「体制転換（regime change）」という言葉の意味である．現実の国際政治や国際政治学では，独裁政権の崩壊をもって体制転換とみなすことが多い一方，比較政治学の観点からすればそこは厳密な議論が求められる．ポリティ指標やフリーダム・ハウス指標が示すように，民主主義体制を構成する要素はさまざまあり，それらの形成・確立には一定の時間がかかる．また，権威主義体制が崩壊した後に，別の権威主義体制が現れることもある．フランツによれば，1946～2014 年の間に権威主義体制が崩壊した事例のうち，その後に新たな権威主義体制が生まれた事例と，民主主義体制に移行した事例のどちらも約半分だったという（フランツ 2021）．武力により独裁政権が倒れても，翌日からすぐに民主主義が現われるわけではない．　　　　　　　　　　　　　　　　　　［小松志朗］

ジェノサイド

☞「戦争犯罪裁判」p. 502

　ジェノサイドは通常「集団殺害」と訳される．1948 年に国連総会で採択されたジェノサイド条約の定義が最もよく知られており，そこでは「国民的，民族的，人種的または宗教的な集団の全部または一部を集団それ自体として破壊する意図をもって行われる次のいずれかの行為をいう」として，以下の五つの行為が具体的にあげられている．①集団の構成員を殺すこと，②集団の構成員に重大な肉体的または精神的な危害を加えること，③全部または一部の身体的破壊をもたらすよう企てられた生活条件を故意に集団に課すこと，④集団内の出生を妨げることを意図する措置を課すこと，⑤集団のこどもを他の集団に強制的に移すこと．

　ジェノサイドという言葉は，古代ギリシャ語で種を表す genos と，ラテン語に由来し殺害を意味する cide を組み合わせた造語である．ポーランド出身のユダヤ人法学者レムキンが，ナチ・ドイツの支配を告発するために著した『占領下ヨーロッパにおける枢軸国支配』（1944 年）でこの言葉が初めて用いられ，その後ジェノサイド条約で法的定義が与えられた．

　ナチのホロコーストはもとより，トルコによるアルメニア人虐殺（1915〜16 年），インドネシアの 9.30 事件（1965 年），カンボジア・ポルポト政権下の虐殺（1975〜79 年），ルワンダのトゥチ人虐殺（1994 年），ボスニアのスレブレニツァ虐殺（1995 年），スーダン・ダルフール地方での虐殺（2003 年）など，人類史においては大量殺戮が繰り返されてきた．ジェノサイドの例として，これらがあげられることが多い．

●**国際法上のジェノサイド**　人道に反する罪や戦争犯罪と並び，ジェノサイド罪は国際法上の中核的犯罪を構成し，国際刑事裁判所（ICC）によって管轄される．また，フランスやベルギーなど，普遍的管轄権を行使してジェノサイド罪を裁く国々もある．ルワンダや旧ユーゴスラビアに関するアドホックな国際刑事裁判所はジェノサイド罪を適用したし，ICC もスーダンのバシール元大統領に同罪を適用した．これらは国際法的にジェノサイドと認められた事例といえる．

　ジェノサイドは論争的な概念である．国際法上の定義にも，その定義の認定基準にも，異論があるからだ．具体的に何をジェノサイドとみなすのか，集団の定義は「国民的，民族的，人種的，宗教的」の四つで十分なのか，「意図をもって行われ」たことをどう証明するのか，どの程度の殺戮をもってジェノサイドと認定するのかなど，多くの論点が開かれている．

　国際法上の定義に対する異論の一つは，対象となる集団についてである．国連

総会での議論の際，自国内の政治的抑圧を巡る問題への飛び火を恐れたソ連や東欧諸国の反対で，「政治的」集団が含まれないことになった（クーパー 1986）．ジェノサイド条約もまた，国際政治上の妥協の産物という側面を有する．

　実際の裁判では条約の定義を広めに適用する例がみられる．ルワンダ国際刑事裁判所の判決では複数の被告にジェノサイド罪が適用されたが，強姦や性暴力に関してそれを適用した事例がある．殺害の有無にかかわらず，人格を破壊する行為にはジェノサイド罪を適用しうるとの判断である．ボスニア紛争におけるスレブレニツァ虐殺（1995 年）に関しては，旧ユーゴスラビア国際刑事裁判所がジェノサイド罪を宣告した．スレブレニツァ虐殺の犠牲者は 7000〜8000 人とされるから，ナチ・ドイツやルワンダのように百万人単位での犠牲者がなくともジェノサイドとみなしうるという判断だった．

●**広義のジェノサイド**　この概念が論争的になる理由の一つは，ジェノサイドというラベルがもつ政治的インパクトの大きさである．ジェノサイドのラベルは，国際的な「絶対悪」を意味する．このため，相手を貶めみずからの正当性を訴える政治的観点から，この用語が使われる例が多々ある．2023 年 10 月に勃発したイスラエル・ハマス間の戦争では，両陣営が互いの行為をジェノサイドだと非難した．

　政治的用語ではなく，大量殺戮の悲劇を繰り返さないための分析用語としてジェノサイドという言葉を使うには，国際法上の定義を緩めて考えることも有益だ．ジェノサイドの歴史的事例をみると，大量殺戮の対象となった集団は決して一枚岩ではない．ホロコーストでは，ユダヤ人だけでなく，ロマ人（ジプシー）やエホバの証人という民族的・宗教的集団，さらにナチ体制の優生学的観点から「生きるに値しない」とみなされた身体・精神障害者や遺伝病患者，「反社会的分子」の烙印を押された同性愛者，浮浪者，労働忌避者など，多様な集団が犠牲になった．ルワンダにおいても，トゥチ人の大量殺戮の中で，急進派の方針に同調しなかったフトゥ人が少なからぬ数殺害されている．ジェノサイドと呼ばれる現象では，決して単一の集団が殺戮されているわけではない．現実には，国際法上の定義と食い違うことが起きている．

　ジェノサイドの実行者は対象集団を恣意的に定義する傾向があり，その意味で被害者の複数性は大量殺戮の特徴ともいえる．実行者がいかなる政治的文脈で大量殺戮へと踏み出すのか，犠牲者集団がどのように選択されるのか．これらは複数事例の比較によって効果的に追究できる問いであろう．かつてホロコーストは唯一無二の悪であり，比較不可能だといわれた．しかし，「広義のジェノサイド」（石田 2011）という視点をもつことは，大量殺戮を比較し，特徴を抽出し，その防止に向けた策を講じるための有効な一歩となりうる．　　　　　　［武内進一］

📖さらに詳しく知るための文献
・石田勇治・武内進一編（2011）『ジェノサイドと現代世界』勉誠出版．

メディアと紛争

☞「マスメディアと政治」
p. 576,「マスメディアと世
論」p. 578

　メディアは紛争において多様な役割を果たしている．包括的な検討は難しいが，本項目では紛争当事者によるメディア利用，紛争報道と世論，情報戦・認知戦としての紛争という三つの視点からメディアの役割について検討してみたい．

●紛争当事者によるメディア利用　紛争当事者は支持調達や戦闘員の動員のためにしばしばメディアを積極的に利用する．最も有名な歴史的事例は新聞やラジオなどの多様なメディアを通じたプロパガンダによってドイツ国民を戦争へと駆り立てたヒトラーであろう（石田 2015；Welch 2016）．旧ユーゴ地域では，社会主義体制崩壊後の民主化により権力を掌握した民族主義的な政治エリートが国営メディアなどを利用し，他民族に対する敵意や憎悪を煽ったことが紛争の要因の一つとなった（Thompson 1999）．1994 年に起きたルワンダの大虐殺では，ラジオを通じて虐殺行為を煽るプロパガンダが展開されたことが知られており，その効果を計量的に確認した研究も存在する（Yanagizawa-Drott 2014）．

　近年の紛争では，ソーシャルメディアという新たなメディアの役割にも注目が集まっている．一時はイラクとシリアの国境付近の広大な領域を武力制圧するに至ったテロ組織「イスラーム国」は，ソーシャルメディアを駆使して先進国を含む 80 カ国以上から戦闘員を集めることに成功し，その数は合計で 3 万人近くにのぼったとされる（Zeitzoff 2017）．2010 年代以降，紛争当事者が自身の主張を展開する場としてソーシャルメディアを利用する事例が多数みられる．2012 年のガザ紛争ではイスラエル当局とハマスがそうした目的でツイッター（現 X）を利用しており，この紛争は最初の「ツイッター戦争」とも呼ばれている（Zeitzoff 2017）．他方で，ソーシャルメディアにおける個人のつながりは，さまざまな亀裂を克服し，紛争当事者が構築しようとするナラティブを否定する基盤となる可能性もある．そのため，ロシアのように，紛争に関与する国家当局がそうしたつながりを破壊しようとする事例もある（Asmolov 2019）．

　さらにソーシャルメディアは，紛争当事者による軍事目的の情報収集のあり方をも変えている．2022 年に勃発したウクライナ戦争では，ウクライナ政府が IT 軍を創設し，ソーシャルメディアなどを通じて市民から集めた映像情報を分析してロシア軍の展開を特定する仕組みをつくり出した（杉田 2022）．ソーシャルメディアの情報や公開の衛星画像などを用いた情報分析は「オシント（オープンソース・インテリジェンス）」と呼ばれ，政府だけでなく市民や民間団体によっても行われており，特に有名な団体としてウクライナ戦争でも活動している「ベ

リング・キャット」などがある（Higgins 2021；杉田 2022；小泉ほか 2023）．

●**紛争報道と世論**　紛争報道のあり方は各国の世論に大きな影響を与える．とりわけ世論の動向が政府の政策に影響を与える民主主義諸国では，紛争報道のあり方が世論を通じて政府の政策に影響を及ぼすことも少なくない．報道陣が比較的自由に戦場を取材できたベトナム戦争は，種々の衝撃的な報道が反戦の世論の高揚に寄与したといわれており，報道で戦争の帰趨が決まった戦争とも評される（松岡 2001）．他方，湾岸戦争やイラク戦争ではメディアにはさまざまな形で統制が加えられ，米軍の視点からの報道が中心を占めたことが戦争を支持する世論につながったとされ，特に湾岸戦争は「テレビの戦争」とも呼ばれた（小宮山 2023）．

　冷戦終焉後に勃発したボスニア紛争では，軍事力の点で劣勢に立たされたボシュニャク人主導のボスニア政府が米国の広告代理店を用いて自国の人道的被害を欧米世論に訴えかけ，最終的に欧米諸国はボスニア紛争に積極的に介入するに至った（高木 2002）．ソマリア紛争においては，軍事介入した米軍の兵士が現地の武装勢力に殺害され，その遺体が残酷に扱われる様子が報道されたことが米国内での介入反対の世論につながり，米国政府は結局ソマリアからの撤退を決定した．このように紛争報道が世論を通じて外交政策に影響を与えることは，「CNN効果」とも呼ばれる（Gilboa 2005；伊藤 2008）．ただし，こうした議論はメディアの影響力を過大評価しているという批判もある（松岡 2003；橋本 2006）．

●**情報戦・認知戦としての紛争**　情報が紛争において重要な役割を果たすのは古今東西変わりないが，近年は情報戦や認知戦としての紛争への関心が特に高まっている．情報戦は情報の流れの制御を目的とし，自陣営の情報空間の統制や相手陣営の情報システムの破壊・混乱などを行うものであるのに対し，認知戦は相手側の考え方や選択に影響を与えることを目的とし，個人の考え方を変えるための活動が展開されるものである（栗原 2023）．その双方において，メディアは重要な役割を果たしている．特に紛争当事者やその支持者が相手側陣営の個人に対して直接働きかけを行うことが可能となるソーシャルメディアは，情報戦や認知戦において極めて重要となる．2022 年のウクライナへの侵攻以降，ロシアでは，当局が国民の情報へのアクセスを厳しく統制し，欧米メディアやロシア国内の自由系メディアのウェブサイトへのアクセスが不能となり，ソーシャルメディアも完全にブロックされる状況が生じた（小泉ほか 2023）．このことは，情報戦・認知戦におけるメディアの重要性を何よりもよく物語っているといえよう．

　情報戦・認知戦において，近年ではとりわけ偽情報（ディスインフォメーション）の重要性が高まっている（小泉ほか 2023）．例えば，2022 年に勃発したウクライナ戦争に際して，ロシアはさまざまな偽情報キャンペーンを展開したことが指摘されており，それに対する受け手の反応を分析する実証研究も行われている（Erlich & Garner 2023）．　　　　　　　　　　　　　　［久保慶一］

歴史認識

☞「ジェノサイド」p. 476

　歴史認識の違いは国内政治における対立ばかりでなく，国家間の政治的紛争を引き起こすことがある．一般に過去の歴史的事象について異なる解釈が存在することは珍しくないが，歴史の転換点であると受け止められる重大な事象については共通の認識をもつことが求められ，その共通認識と異なる解釈は歴史認識を修正するものとして批判されるからである．ことに組織的かつ大規模な虐殺については，その犠牲となった国民が共有する歴史認識と，虐殺を行った国民のもつ歴史認識との間に隔たりがあることが少なくない．ここで加害者と犠牲者という区別を横断する共通の歴史認識が存在しなければ，過去の暴力行為に対する認識の相違が原因となって，現在の国際関係に緊張が生まれる可能性が生まれてしまう．

●ホロコースト　歴史認識の共有が求められる事象の中でも代表的なものがホロコースト，すなわち 1933 年にナチスが政権を掌握した後，占領地域を含むドイツとドイツの同盟国によってユダヤ人を主な対象として展開された組織的かつ大規模な虐殺である．ホロコーストは特定の民族や属性をもつ人間の絶滅を目的とした虐殺，ジェノサイドとして，実行に関わった者がニュルンベルク国際軍事裁判において処罰されるとともに，虐殺が存在したことを否定する言説や政治行動は歴史修正主義として批判を受けてきた．ただし，ホロコーストについては，ジェノサイドとしての認定は，ホロコーストの犠牲となったユダヤ人と，ナチスドイツと戦った連合国の政府・国民ばかりでなく，暴力を加えた側であるドイツ国民にも共有されていた．第二次世界大戦後の西ドイツ政府はホロコーストが行われた事実を認め，謝罪し，米ソ冷戦終結後に西ドイツが東ドイツと統一された後もホロコーストの事実認定と謝罪が続けられた．その歴史認識の共有のため，ドイツ政府以外の政府によるホロコースト関与の責任や戦時強制労働に対する補償など国際紛争は残されたが，ホロコーストに関する歴史認識の違いから生まれた政治的対立や国際紛争は少なくなってきた．

●日本の歴史修正主義　ホロコーストと異なって，日本の植民地支配と対外侵略の場合，歴史認識の相違と歴史修正主義は国際的対立を招いてきた．極東国際軍事裁判（東京裁判）では日本による戦争犯罪を裁く中で日中戦争における南京での虐殺も事実として認定されたが，（西）ドイツと異なって，日中戦争以後における従軍慰安婦・性奴隷制，あるいは南京大虐殺を始めとした日本軍による大量虐殺が存在しなかったとする言説が，政府関係者を含む日本の人々によって展開されたからである．日本政府による植民地支配と侵略戦争の責任を否定する言説

は，首相を含む政府関係者による靖国神社の参拝，あるいは植民地支配と対外侵略に関する日本の歴史教科書の記載に反映され，歴史修正主義として台頭した．当初は歴史認識の違いによる対立は日本国内の政治の中で展開されたが，Ａ級戦犯の靖国神社への合祀と歴史教科書の記載が日本国内だけでなく国際的にも報道されたことから，いわゆる歴史問題として，1980年代以後，歴史教科書の記載や日本政府首相の靖国神社訪問が日韓関係と日中関係も揺るがすことになった．従軍慰安婦・性奴隷制については94年に村山富市首相の談話によって謝罪を行い，95年以後アジア女性基金による補償を開始したが，村山談話は謝罪声明として不十分なものであり，アジア女性基金も政府による補償ではないとの批判を受け，歴史問題を巡る日韓関係の緊張が長く続くことになった．

●ジェノサイドの否定　歴史認識の違いが国際紛争を招いた事例は日本だけではない．その一つがカチン事件である．1939年にソビエト連邦はポーランドに侵攻し，併合した地域から連行したポーランド人多数が殺害されたが，ソ連政府は，カチン事件と呼ばれるこの虐殺はドイツが引き起こしたとして責任を認めなかった．ロシア・ポーランド両国がカチン事件をスターリンの犯罪と認定した現在も，ロシアはジェノサイドとしての事実認定は拒んでいる．トルコのアルメニア人虐殺も歴史認識が国際紛争を招いた例である．オスマン帝国のもとにおけるアルメニア人に対する迫害は第一次世界大戦中に誕生した青年トルコ党政権のもとで大規模かつ組織的虐殺に拡大したが，1991年にアルメニアがソ連から独立した後，アルメニア人虐殺はジェノサイドであり，トルコ政府に事実認定を求める運動が国際的に拡大し，トルコ・アルメニア関係が緊張した．2009年に両国は国交を正常化し，14年にはトルコのエルドアン首相がアルメニア人犠牲者に哀悼を表したが，トルコ政府は虐殺をジェノサイドとする認定を受け入れていない．

　より広く見るなら，歴史問題は，犠牲者と加害者の間に開いた暴力の集合的記憶の衝突である．戦争や植民地支配が犠牲を生み出した場合，戦争が終わり，植民地が独立しても，暴力の記憶は残される．戦争や植民地支配の暴力による犠牲が記憶され，犠牲を強いられた被害者がその記憶を共有し，私的な犠牲の記憶が国民の公的な記憶として語り継がれるとき，暴力の記憶はその国民の歴史の中核を構成する．犠牲を強いた加害者が異なる事実認識をもっていることがわかったとき，歴史認識の違いは自分達の集合的記憶の否定であり，加害行為が終わって久しい場合であっても，加害行為を行った国民は今なお自分達国民に対する脅威であると見なされうる．暴力の集合的記憶が国民の境界内に留まっている限り，ホロコースト，南京大虐殺，カチン事件，アルメニア人虐殺は，その加害国を脅威と見なす集合的認識を支える結果に終わるのである．　　　　　　［藤原帰一］

📖さらに詳しく知るための文献
・藤原帰一（2001）『戦争を記憶する――広島・ホロコーストと現在』講談社現代新書．

第 21 章

紛争後の平和構築

一度始まった紛争は，いつか終わりが来る．ただし，その「終わり方」には違いがあり，休戦・停戦協定が結ばれることもあれば，特定の勢力が相手を軍事的に制圧することもある．あるいは，支配地域や領土の分割によって結果的に戦闘が終息する場合もある．さらには，「終わり方」の違いは，紛争後のその国の政治や社会のあり方，すなわち平和構築の内実を左右する．本章では，紛争後の平和構築に関わる論点を取り扱う．具体的には，紛争の「終わり方」だけでなく，その後の平和構築を進めていく上でどのような課題があり，どのようなアクターが関与しうるのか，という問題を論じていく．平和構築の成功と不成功を分かつ要因を巡る比較政治学の研究は，紛争の解決や予防の方法を探求してきた平和構築論や安全保障研究などの隣接分野や実務の豊かな知見と密接につながっている．紛争の「終わり方」を考えることは，紛争の「終わらせ方」を模索していく上で不可欠な実践的な営為に他ならない．　　　　　　　　[久保慶一・末近浩太]

紛争終結と和平合意

☞「多極共存型・合意型民主政」
p. 204,「紛争と非国家主体」
p. 468

　紛争の終わり方は多様である．UCDP-PRIO のデータによれば，1945 年から 2005 年までの期間に終結した 372 の紛争エピソード（国家間戦争を含む）のうち，一方の軍事的勝利による終結は 119 件，和平合意による終結が 57 件，停戦合意による終結が 50 件，そのほか（上記のいずれでもない理由により紛争が規模縮小ないし終息したケース）が 146 件であった（Kreutz 2010）．内戦に限っても，軍事的勝利が 102 件，和平合意が 39 件，停戦合意が 31 件，そのほかが 116 件と，終結のタイプの比率は概ね同様である．本項目では，まず紛争の終わり方を規定する要因を概観し，次にその紛争後社会への影響について，特に和平合意の内容に着目しながら検討してみたい．

●紛争の終わり方の規定要因　紛争の終わり方は何によって決まるのだろうか．1944 年から 97 年までの内戦についてその終結のタイプを区別して規定要因を計量的に分析した研究では，国家の能力の重要性が指摘されている（DeRouen & Sobek 2004）．内戦はその定義上，国家が紛争当事者の一つとなる．国家の能力が高ければ，反政府勢力が軍事的に勝利する確率は当然低くなる．しかし国家の能力が高い場合には反政府勢力が紛争継続を求める誘因も弱まるため，停戦合意や和平合意も起きやすくなる．上記の研究では，国家の官僚制の質（行政能力）が高いときには反政府側の軍事的勝利の確率が低下し，また国家の軍事力が高いときにはいずれのタイプの紛争終結も起きやすくなるが，その効果は停戦合意において最も大きくなることが明らかとなっている．また，この研究によれば，国連の介入によって停戦合意や和平合意による紛争終結が起きやすくなる．

　紛争発生国の地理的条件も重要である．山岳地帯や広大な熱帯雨林がある国では，反政府勢力の隠れる場所が多く，政府側による鎮圧作戦はより困難となる（典型的な例として長期の内戦を経験したアフガニスタンやコンゴなどがあげられる）．上記の研究では，熱帯雨林がある国ではいずれのタイプの紛争終結も起きにくくなるが，その効果は停戦合意による終結において最も大きく，また山岳地帯の多い国では政府軍による軍事的勝利の確率は低くなる一方で反政府勢力による軍事的勝利や停戦合意はより起きやすくなるという知見が得られている．

　紛争は多数の民間人の犠牲者を生み出す．それを一刻も早く止めるために，紛争の最終的な解決を模索する前に，まずは戦闘行為の停止だけを決める停戦がしばしば模索されるが，すぐに破られ失敗に終わることも多い．失敗に終わった停戦の試みも含めたすべての停戦の情報を包括的に収集した研究によれば，1989

年から2020年までに起きた66カ国における109件の紛争において，停戦は合計で2202件に及んでいる（Clayton et al. 2023）．そこで近年では停戦の成否を規定する要因についての研究も進められている．アフリカ地域の内戦における和平プロセスを計量的に分析した研究では，国連PKOの存在が停戦合意成立の可能性を高めることが明らかとなっている（Duursma 2023）．

●**紛争の終わり方の影響**　紛争がどのように終わったのかは，紛争後社会のあり方に大きな影響を与える．例えば，紛争が一方の当事者の軍事的勝利により終結した場合には紛争は再発しにくい（Fortna 2008；Kreuz 2010）．これは，敗北した側の紛争当事者が戦闘能力を失っていることを考えれば至極当然であろう．

　和平合意により終結した場合，その和平合意の内容も紛争後社会に大きな影響を与える．この点で最も研究者の関心を集めてきたのは権力分有規定の有無の影響である．紛争終結後に一方の紛争当事者が政治権力を独占しようとすれば，それに不満をもった他方の紛争当事者が再び武器を取り紛争を再発させる危険性が生じる．和平交渉に関与した当事者が紛争後にどのように権力を分有するかの明示的規定を和平合意に含めることで，そうした危険が回避できると期待されている．特に多極共存型民主主義が紛争後社会における制度として適しているという考え方が一定の支持を得た1990年代以降，北アイルランドやボスニアなどで和平合意に権力分有規定が実際に盛り込まれている．和平合意に政治的・経済的・軍事的・領域的権力分有や権力分有の制度化の規定が含まれるかどうかを調査し，その影響を計量的に分析した研究によれば，和平合意に権力分有規定が含まれる場合には紛争再発のリスクは低くなる（Hartzell & Hoddie 2003）．

　ただし，紛争後の権力分有が必ずしもその社会の民主制の存続に寄与するとは限らない．1975年から2010年の民主制の存続の規定要因について計量的に分析した研究によれば，内戦終結後の国々に限った分析でも，多極共存型民主主義が想定するような包摂的権力分有（大連合，相互拒否権など）や地理的な下位単位への徴税・教育・警察の権限委譲などの分散的権力分有は民主制を存続させる効果をもたず，宗教の保護や司法の独立性を強める抑制的権力分有だけが民主制存続の可能性を高める効果をもつことが指摘されている（Graham et al. 2017）．

　和平合意の確実な履行を保証する第三者の存在も重要である．上述のように，和平合意が成立したとしても，紛争後に当事者が約束を守るという保証はない．特に，数の上で多数を占める民族集団など，紛争後の政治において優位に立つ側には平和が定着した後で約束を破棄する誘因が生じるため，和平プロセスには一般にコミットメント問題が存在する（Fortna 2008）．紛争後社会における紛争再発のリスクを分析した研究では，国連PKOなど，和平合意の履行を監視する第三者が存在する場合に，紛争再発リスクが低下することが明らかになっている（Hartzell & Hoddie 2003；Fortna 2008）．

［久保慶一］

紛争と安全保障

☞「地域機構と紛争」p. 492

　紛争（conflict）という用語を国際政治・比較政治で用いるときは，民族紛争，国境紛争といった用例のようにすでに軍事化した対立を指すことが多いが，ここでは安全保障との関わりから，将来軍事化する可能性がある対立も含めることとし，すなわち紛争を広義にとらえたい．

　紛争が国家間紛争の場合，手段を巡る紛争（conflict about means）と価値を巡る紛争（conflict about values）に二分することができる（Mendler 1990）．前者の場合は適切な国際レジームの形成・整備によって期待が収斂する可能性が高く，紛争は戦争に至らない．しかし後者の場合は，本来は相いれない複数の規範の競合状態に置かれ，当事国の現実主義的な妥協を待つよりほかない．冷戦期の米ソ，米中関係や2010年代半ば以降の米中，米露の対立は，前者と後者の双方の紛争の側面にまたがっている．この場合，安全保障の観点からは適切な安全保障レジームやCBM（信頼醸成措置）が求められる．しかしこうした厳しい対立からは履行可能性の低い合意にしか至らないことも多い．そのため結局のところ友敵関係が固定化し安全保障上の脅威として相互に認識することになる．

●**紛争の軍事化の要因**　紛争が主として一国の国内要因による場合，軍事化するか否かは，当該国の政治制度，政治文化，政軍関係，反乱側の装備，そして周辺国や大国の思惑に大きく依拠する．政治制度と政治文化に焦点をあてたラセットの民主的平和論は，国家間紛争に焦点をあてたものだが，同じことは国内紛争にもいえよう．軍事的手段の制御が制度的に弱く，軍事的手段が問題解決の方法として容易に用いられ，クーデタ成功の歴史や，反乱側の軍備が一定レベルを超え，大国や周辺国が関与したり援助したりすれば，国内紛争は容易に軍事化する．その争点は民族問題（言語，宗教を含む）を起源とする資源分配，政治体制，経済・教育政策など多岐にわたる．国内の反乱勢力が独立を目指す場合には，「パンよりも銃を」となることがある．現実に21世紀の新規独立国のうち東ティモール，南スーダン，コソボは武装闘争を伴わねば独立の道がより困難になったであろうことが想像に難くない．また大国や周辺国の関与の存否も重要な要素である．KLA（コソボ解放軍）は，みずからの政治的主張をワシントンD.C.の政治的回路を用いて国際化することに成功し，対セルビアのNATO空爆を行わせることに成功した．こうしたTAN（トランスナショナル唱道ネットワーク）の回路の成否は，規範の共有のみならず，主導者の力量や人的ネットワークの厚さにもよる．こうした回路の存在は，現状維持と現状打破のせめぎあいの中で複数の正義

間の闘争の存在を示唆している.

●**国境紛争，民族紛争**　紛争当事者の主張の内容や内外の要因にかかわらず，紛争を予防し続けることは安全保障に直結する.　そもそも安全保障は，主権の保全や現存国境の尊重などの現状維持を前提とする場合が多い.　現状維持にあって，対立を解くには時間と外交努力を要し，紆余曲折がつきものである.　三つの事例を紹介しよう.　第一に，中ソ国境問題は，イデオロギー対立と相まって 1969 年に軍事衝突に至った.　中ソ冷戦が 1980 年代まで続き，係争地域の距離の長い国境紛争の解決は，ゴルバチョフ訪中を経て 21 世紀初頭まで待たねばならなかった.　第二に，1938 年のミュンヘン会議でのヒトラーの主張は，チェコのドイツ系住民の保護という「民族問題」でありチェンバレンは外交解決に成功したと喝采された.　この問題の解決は，第二次世界大戦の戦争処理・戦後処理を経て，1975 年の欧州安全保障協力会議（CSCE）最終議定書（ヘルシンキ宣言）によって現存国境の尊重が安全保障の原則として多国間で合意されるまで待つこととなった.　第三に，2014・15 年のミンスク合意はウクライナのロシア語話者の保護を含んでおり，仏独の外交は評価されていた.　双方の紛争当事者に配慮した現状維持的政策は，外交の技巧としては適っていたが，それが安全保障に資するか否かは別問題であることを 2022 年のウクライナ侵攻は示している.

●**同盟と紛争**　20 世紀の冷戦末期から 21 世紀の新たな冷戦の間において，共通の安全保障，協調的安全保障，包括的安全保障といった概念が登場した.　これらの概念の共通点は，伝統的な友敵関係ではなく，対立した諸国も共通の課題を見出し，紛争原因として国内要因や経済・文化要因に着目する傾向である.　1990 年代には協調的安全保障のレジームとして欧州安全保障協力機構（OSCE）やASEAN 地域フォーラム（ARF）が注目され制度化が進んだものの，その後の米ロ，米中対立によって制度の機能が十分に発揮されているとはいえない.　これとは別に，同盟が国際公共財的役割を担い紛争予防に資するという発想が広まった.　ふりかえれば，1990 年代は NATO の東方拡大や日米同盟強化を支持する言説として新自由主義制度論的考えが拡大した時代であった.　一国の安全保障ではなく複数国の共通の安全保障を担う同盟が紛争要因を数理的に減らすことは首肯できる.　しかし古典的な安全保障のジレンマや同盟のジレンマが解消されたとしても，その同盟に入れない国は残る.　すなわち，友敵関係の想定主体の一方が残り，他方は消滅するという不均衡に陥った.　1990 年代には，なぜ NATO と敵対していたソ連が崩壊した後もロシアが NATO に入らない／入れないのか，という問いが存在しえた.　結局 20 世紀の冷戦期と同様に対立する構図が再現したのはなぜか.　そこには紛争の要因はなかったのか.　安全保障を万能にする方法はなく，紛争要因を除去する外交努力にも限界がある.　　　　　　　　［宮脇　昇］

国際法と武力紛争

☞「戦争」p. 426,「移行期正義」
p. 500

　戦争は,「ルールに統制された活動であり, 許可と禁止のある世界——つまり, 地獄のただ中にありながら, 道徳的な世界」であって, 規範や交渉などに媒介されてつくられたルールが, 守られたり破られたりする「社会的創造［構成］の産物」（［ ］内は引用者）であるとされる（ウォルツァー 2008：111, 123）.

　ここにいうルールのうち, 国際法は武力紛争のいかなる側面を, どれほど規制できるのか（筒井 1976）. ここでは開戦（人道的破局を回避するための干渉も含む）と交戦（特に人道的に残虐な交戦）の法的規制を概観する. その上で, 戦争終結以前の, あるいは体制移行以前における残虐行為などにつき, 加害者の刑事責任の追及を含む諸措置を意味する「移行期正義」にも言及したい.

●**戦争違法化の前史**　聖俗の普遍的な権威が存在した中世ヨーロッパでは, 正当な原因がある場合に限って戦争（侵略に対する防衛戦争や, 相手方の不正に対する刑罰戦争など）が許容されるとされた. これを正戦論という（筒井 1976）.

　しかし主権国家体制が定着した 18 世紀以降のヨーロッパでは, 交戦国が, 戦争事由の正・不正の判定をゆだねうる普遍的権威がもはや存在しない以上, 正・不正を問うことなく, 後述の武力紛争法を交戦国に差別なく適用する無差別戦争観（柳原 2000；松井 2018）が正戦論にとってかわっていった. この正戦と不正戦の無差別には,「中立」を容認することで戦争の全面化を回避して, その限定に道を拓いた面もあった.

●**交戦の規制**　交戦に関する法的規制 (*jus in bello*) を武力紛争法といい, 武力紛争の際に紛争当事者に適用される. 国際人道法とも呼ばれる. 当初, 慣習国際法として形成されたが, 戦争の違法化以前の 19 世紀から 20 世紀に法典化が進んだ. 武力紛争法は, 戦闘の手段（兵器）と方法に関する規則（1907 年のハーグ陸戦規則など）と, 戦闘外に置かれた傷病者・捕虜, 文民の保護に関する規則（1949 年のジュネーヴ四条約など）から成る. 前者の基本原則としては, 攻撃対象の区別（戦闘員と文民, 軍事目標と民用物との区別）, 無用な苦痛の禁止がある. 大量破壊兵器（化学兵器, 生物兵器, 核兵器）を含む特定兵器の使用禁止条約（対人地雷禁止条約, クラスター弾条約など）も, 武力紛争法に含まれる.

　なお, 民族解放闘争については, かつては内戦とみなされていたが, ジュネーヴ条約の第一追加議定書（1977 年採択）はこれを国際武力紛争と位置付けた. また, 非国際武力紛争（領域国政府と非国家武装集団とを当事者とする武力紛争など）にも武力紛争法は適用される.

●**開戦の規制**　開戦に関する法的規制（*jus ad bellum*）については，20世紀に国際連盟規約（1919年），（「国家の政策の手段としての戦争」を禁止した）不戦条約（1928年），国際連合憲章（1945年）を通じて戦争の違法化が進んだ．国連憲章は，安全保障理事会による強制行動と自衛権を根拠とする武力行使を，武力行使禁止原則（2条4項）の例外とした．自衛権の行使にあたっては，必要性ならびに均衡性の要件が満たされなければならない（Gray 2018）．違法な戦争に訴える国家に対してそれ以外の国家が共同して制裁を科す仕組みを構築して集団の安全を維持する体制を集団安全保障体制という．違反の認定や制裁の発動は，連盟規約の下では個別国家の判断に委ねられていたが，国連憲章の下では安保理の権限となっている．

　なお，NATO諸国によるユーゴスラビアへの空爆（1999年）の際には，一部の国家から，武力行使禁止原則に対する例外として，切迫した人道的破局を未然に防止するために必要最小限度の武力行使は合法とする人道的干渉論が主張された．その後，国連総会首脳会合（2005年）の成果文書で，領域国家が特定の残虐行為（ジェノサイド，戦争犯罪，民族浄化，人道に対する罪［文民に対する残虐行為］）から住民を「保護する責任」を果たす意思と能力を欠く場合には，国連安保理は国連憲章第7章（集団安全保障体制に関する規定）に基づいて行動するとされた．

●**指導者個人の責任**　開戦に関する法的規制違反についての指導者個人の刑事責任を国際的な刑事裁判を通じて追及する試みは第一次世界大戦の対独講和条約のカイザー訴追条項（ヴェルサイユ条約227条）にまで遡ることができる．同条約の231条は連合国の損失と損害につきドイツに責任があるとしたが，227条はドイツの政府と国民とを峻別し，指導者のみを裁くものだった（大沼 1976）．第二次世界大戦後のニュルンベルク国際軍事裁判と極東国際軍事裁判は，戦争犯罪，平和に対する罪（侵略戦争の計画・遂行など）に加えて人道に対する罪を対象とした．なお，国際軍事裁判については，「勝者の裁き」も人道に対する罪については正統であったとする議論（シュクラー 1981）などさまざまな論点がある．

　国際刑事裁判所（ICC）を設立した多国間条約ローマ規程（1998年）は，ジェノサイド，戦争犯罪，人道に対する罪，侵略犯罪を重大な犯罪とした上で，すべての国家はこれらの犯罪に責任のある個人に対して刑事裁判権を行使する（被疑者を捜査・訴追する）責務があるが，それを果たす意思と能力をもたない場合にはICCが国家の刑事裁判権を補完するとした．

●**平和と正義のディレンマ**　国際刑事裁判を通じた正義の追求は，交渉による早期和平（無条件降伏によらざる講和）の達成を阻害することはないのか．この問題は「平和と正義のディレンマ」とされる（下谷内 2019：1-13）．　［石田　淳］

📖**さらに詳しく知るための文献**

・ウォルツァー，マイケル（2008）『正しい戦争と不正な戦争』（萩原能久監訳）風行社.

国連と紛争

☞「紛争と難民」p. 472,「難民」p. 568

　米国のニューヨーク市に本部を置く国際連合は，193 の加盟国（2024 年 1 月現在）を擁する普遍的国際機構である．安全保障理事会，総会，事務局，経済社会理事会，国際司法裁判所，信託統治理事会（現在は活動停止）の六つの主要機関をはじめ，数多くの機関が安全保障から社会経済まで幅広い分野を舞台に活動している．

　本来，国連の最大の目的は，集団安全保障体制により国家間戦争を防止することである．ところが設立以降，実際には紛争地域で停戦監視などを担うケースが増え，また国家間戦争よりも内戦の方が国連の安全保障分野の主戦場になった．その文脈で発展してきたのが，平和維持活動（PKO）である．ただし，内戦は国連が介入したからといって，早期終結の可能性が高まるとは限らない．

　国連にとって，平和構築は課題が少なくない．参加アクターの多さに起因する非効率性の問題を解決するために，国連平和構築委員会が設立された．また難民・避難民の支援も平和構築の重要な要素だが，悪化の一途をたどる難民問題は国連の対応能力の限界を超えており，ヨーロッパ各国の政治にも波及している．

● **PKO の多様化と国内シフト**　1945 年に設立された国連の最大の目的は，侵略や国家間戦争を防止することである．そのための仕組みは集団安全保障と呼ばれる．それは，諸国家が武力による侵略を禁止するルールに合意し，もしルールを破る国家が現れたら他のすべての国々が共同で対抗するものである．しかし，冷戦期には米ソ対立の影響によりこの仕組みは機能しなかった．

　こうした集団安全保障の機能不全を補うものとして生まれたのが，PKO である．当初は，停戦が成立した紛争地域に兵士が展開して，停戦監視や兵力引き離しという限定的な任務をこなすだけだったが，事例が増えるにつれ活動の幅を選挙支援，インフラ整備，武装解除，行政支援などにも広げ，いまや紛争後の平和構築の柱ともいえる存在にまで発展した．また，PKO が展開するきっかけとして，国家間戦争より内戦が多くなった．つまり，PKO の多様化と国内シフトがセットで進んだのである．この流れは冷戦後に顕著となった．

　PKO の主眼は紛争の再発防止にある．そこで重要となるのは，なぜ紛争が起きるのかという問題である．比較政治学には内戦の発生原因に関する研究の系譜があり，経済的・社会的要因（貧困，天然資源，社会的多様性）と政治的要因（国家の統治能力，政治体制，国家権力の正統性）について，さまざまな議論がなされてきた（粕谷 2014）．PKO の実効性の検証と向上に関心がある者にとって，

こうした学問の蓄積は多くの示唆を与えてくれるだろう．

●武力という手段　冷戦後の国連 PKO における注目すべき動向として，武力の積極的な活用も見逃せない．もともと PKO は武力行使には極めて慎重であり，自衛目的に限るとの原則があった．しかし冷戦後，紛争地域で一旦戦闘行為が収まっても，PKO が活動を始めた後に再発したり，PKO 自体が攻撃の対象になったりするケースが目立つようになった．そうした厳しい現実を踏まえて，国連の中で PKO に積極的な武力行使を認める流れが強まり，「強力な PKO（robust PKO）」というカテゴリーも生まれた．

　ただし，武力という手段がよい結果につながるかどうかは議論の余地がある．PKO の強硬な姿勢が現地の状況を悪化させる可能性も否定できない．これに関して例えば，介入が内戦の継続期間に与える影響について統計分析を行った研究が，国際機構の承認のもとで行われる軍事介入（と経済的介入）は内戦の終結を早める効果がないとの結論を出している（Regan 2002）．他方，戦闘行為が継続中の紛争に焦点を絞った別の研究によると，PKO の軍事介入は暴力の減少に貢献できるという（Hultman et al. 2014）．また，内戦は国連が介入すると，一方の当事者の軍事的な勝利ではなく，和平合意や停戦という形で平和的に終わる可能性が高くなるとの見方もある（DeRouen & Sobek 2004）．

●国連が直面する平和構築の課題　国連にとって，紛争後の平和構築は今日の最重要課題の一つである．その中身は軍事・政治行政・社会経済の諸分野にまたがり，多岐にわたるため，現場では国連機関や各国政府，NGO など多様なアクターが同時に活動を展開することになる．ところがそうした状況は，組織の縦割りや活動の重複による非効率性の問題が生まれやすい．そこで 2005 年，平和構築活動全体の統合性を高めることを目的に，安保理と総会が共同で国連平和構築委員会を設立した．

　平和構築の一つのステップとして，難民・避難民の安全を確保し，帰還と社会への（再）統合を支援することも，国連が担う重要な役割である．この分野の主導的な機関である国連難民高等弁務官事務所（UNHCR）は，約 2 万人の職員が約 135 カ国で活動を続けているが，増え続ける膨大な数の難民・避難民（2022 年に 1 億人を超えた）に対応能力が追いついていない．

　2015 年，100 万人以上の難民がヨーロッパの国々に押し寄せた「難民危機」は，各国の政治に混乱と軋轢をもたらし，その結果，ドイツなど一部の国々では反移民・難民を掲げる右派ポピュリズム政党を勢いづかせることになった．国連が対応に苦慮する難民問題の悪化は，紛争国の平和構築を妨げるばかりか，先進国の政治や民主主義体制の問題に波及するリスクもある．　　　　　　　　［小松志朗］

📖**さらに詳しく知るための文献**
・国際連合広報局（2018）『国際連合の基礎知識』（八森充訳）関西学院大学出版会.

地域機構と紛争

☞「国連と紛争」p. 490

　一般的に地域機構は，限定された地理的領域において，規範やルールに基づき国家（および他の主体）が特定の問題に対処することを目的として設立された組織である．紛争解決や地域安全保障に関与する主な地域機構としては，地理的に隣接する国家が形成したアフリカ連合（AU），西アフリカ諸国経済共同体（ECOWAS），南部アフリカ開発共同体（SADC），米州機構（OAS），東南アジア諸国連合（ASEAN），南太平洋諸島フォーラム（PIF），独立国家共同体（CIS），欧州連合（EU）などがある．また北大西洋条約機構（NATO），欧州安全保障協力機構（OSCE），ASEAN 地域フォーラム（ARF），上海協力機構（SCO），アラブ連盟（LAS）などは複数の地域を包摂している（Kichner & Dominiguez eds. 2011）．

●**紛争解決と地域機構**　紛争解決に地域機構が担う主な役割は，紛争発生前の紛争予防と信頼醸成，紛争下での仲介，調停，仲裁，および軍事介入や平和維持活動（PKO）などがある．紛争終結後の平和構築・復興支援なども地域機構が担うことがある．地域機構が有する制度や機能は異なり，活動の実態は多様である．ASEAN や ARF は加盟国間の対話や信頼醸成では成果を収めているが，早期警戒システムや紛争解決の制度は整備されていない．LAS は，過去には紛争調停の実績があるが，近年は紛争解決のための活動は停滞している．PKO の実績がある地域機構は，EU, NATO, AU, SADC, ECOWAS, PIF などがあげられよう．OAS はドミニカ共和国やハイチなどで軍事介入を行ったが，現時点で OAS の枠組みで平和維持活動を行う可能性は低い．紛争後の多岐にわたる平和構築・復興支援のプロジェクトを支援できる地域機構は EU と OSCE のみである（Börzel & Risse eds. 2016）．

●**地域機構による紛争解決のための貢献**　国連憲章第 8 章に国際平和や安全保障における地域機構の役割が明記されているが，1990 年代以降，地域機構の重要性が増すようになった．その背景には国連のみでは世界各地で多発する武力紛争に対処することが困難であることとともに，一定の条件下では地域機構の関与に利点があるためである．主な利点としては，第一に地域機構は，地理的に文化や伝統を共有する隣接する加盟国から構成されるため，紛争の要因や現状を把握しやすいことにある．また地域レベルで個人または社会的ネットワークをもつ統治エリートやコミュニティのリーダー達が「仲介者」となり，紛争当事者達を説得し，停戦や和平を合意させ，履行を促す可能性がある．第二は，国連と比較した場合，紛争に関与する制度手続きや部隊の派遣などにおいて地域機構の方が迅速に対応できる．加盟国の合意が得られるならば，通常，AU は先遣部隊であれば

約14日以内，PKO部隊であれば約30日以内に派遣できるが，国連PKOの場合，安保理でPKOの派遣が採択され，実施されるまでに約3〜6カ月が必要である．またコンゴ民主共和国でEUが派遣した暫定多国籍緊急軍（IMEF）やSADCが中心となり編成された介入旅団（FIB）の活動のように，国連のPKOが遂行できない活動を地域機構のイニシアティブで実施することができる．第三に地域機構の加盟国は，近隣諸国で発生した紛争の影響を受けやすいことから，より真摯に紛争解決に取り組むと考えられている．第四に武力紛争発生国の政治状況により異なるが，域外諸国が介入するよりも地域機構の方が紛争国の政府や現地住民に歓迎される場合がある（Tavares 2010）．

●**地域機構の関与に伴う課題**　地域機構による紛争解決やPKOは万能ではない．紙幅の都合上，ここでは，主要な三つの検討課題を記しておきたい．第一は，地域機構が有する機能や能力に差異があることである．紛争予防や紛争解決で一定の成果を収めている地域機構は，EU，OSCE，ECOWAS，AUなどに限定されている．またアジアや中東のように，紛争解決や地域安全保障のために実効性をもつ地域機構が不在の地域もある．第二は地域機構の関与に伴う中立性・公正性の確保である．地域機構が加盟国の紛争に介入する場合，「地域大国」や特定の加盟国の政治的意向が強く反映される傾向がある．例えば，OASではアメリカ，ECOWASではナイジェリア，SADCでは南アといった「地域大国」の影響力が地域機構の活動に大きな影響を与えている．CISが実施したジョージア，タジキスタン，クリミア半島への「平和維持活動」は，ロシアの国益や外交戦略の追求のための手段であると解されている．地域機構が介入する場合，当該国に利害関心もつ近隣諸国がPKOに部隊を派遣することにより，中立性や公正性が揺らぐことになるのみならず，紛争解決の可能性を阻む可能性もある．第三は，地域機構が主導性をもつオーナーシップの問題である．地域によって差異はあるものの，紛争が多発するアフリカなどでは地域機構が国連やNATOなどの他の地域機構と連携して平和活動を行う，いわゆる「パートナーシップ国際平和活動」が増加している．通常，国連安保理の授権に基づき，地域機構が単独または他の機関と連携して紛争解決に関与しているが，連携機関の関係性が制度化されたり，法的に規定されているわけではない．人的・物的資源が欠如している地域機構ではその平和活動の多くは外部からの軍事・資金援助に依存しており，ドナーの意向を無視した活動を行うことは難しい（篠田 2021）．その結果，地域機構が国連や「大国」の利益を反映して軍事介入に関与する，「下請け」機関になるのではないかという懸念がある．　　　　　　　　　　　　　　　　［杉木明子］

📖**さらに詳しく知るための文献**
・落合雄彦編著（2019）『アフリカ安全保障論入門』晃洋書房．
・吉川元ほか編（2014）『グローバル・ガヴァナンス論』法律文化社．

平和構築

☞「破綻国家，失敗国家，脆弱
国家」p. 464,「国連と紛争」
p. 490

平和構築とは，冷戦終結後に頻発した内戦に対して，国際社会が持続的平和を
実現するための一連の活動のことを示す．その用語は，1970年代に平和学の第
一人者であるガルトゥングにより，構造的暴力を変革する概念として提示され
た．新たな国際秩序の形成のために，1992年，ブトロス・ガリ国連事務総長は，
『平和への課題』の中で，平和維持，平和創造に紛争後の平和構築を加え，これ
を紛争予防と平和強化のための包括的な諸活動として再定義した．冷戦終結によ
る自由民主主義に対する絶対視観を背景に，その諸活動の理論的支柱となったの
が「自由主義平和構築論(LPB)」である．複雑化する紛争形態や国際情勢に伴い，そ
のアプローチは国際社会主導型から現地社会主導型，状況適応型へと展開している．

●**自由主義平和構築論**　自由主義平和構築論とは，機能不全に陥った（非西欧の）
紛争後国家を国際社会主導で民主主義と市場経済を柱とする自由民主国家につく
り替えることを目指すもので，その構成要素には，治安，行政制度と憲法，法の
支配，人権，開発と市場経済化，市民社会などがある．LPBは，「民主主義国家
同士は戦争をしない」をテーゼとする民主的平和論に基づくものである．

実際，冷戦終結後，国連平和維持活動（PKO）は量・質とも大きく変化し，
停戦監視型から国家再建・平和構築を目的とした多機能型・複合型のPKOに変
貌を遂げた．パリスは，1990年代を通して展開された国連による平和構築活動
は，ウィルソン的な国際主義（介入主義的自由主義）に準拠しており，特に民主
化と市場経済化を柱とする点で共通していると指摘する（Paris 2004）．

しかし，こうしたトップダウン型の諸活動は社会的分断や紛争再発など意図し
ない結果を現地社会に生み出した．パリスはその原因を拙速な民主化と市場経済
化に求め，「自由主義導入前の制度構築」を提唱した．これは，国際社会が国家
機構を整備し，現地政府が平和を維持できる環境を整えた後にその主導権を移管
するというもので，外部主導の平和構築が現地主体性を阻害するジレンマを抱え
るとはいえ，外生性は不可欠という主張である（Paris & Sisk 2009）．

LPBは，2001年の米国同時多発テロ後，米国主導の「対テロ戦争」の新たな
文脈の中で，「国家建設」として再定義された．1990年代以降，ソマリア，リベ
リア，シエラレオネなどの国家の失敗や崩壊については政治発展論の中で取り上
げられてきたが，「テロとの戦い」の下で，「脆弱国家」や「失敗国家」は国際安
全保障上の脅威とみなされ，米国主導の介入主義的な国家建設に正当性を与え
た．その結果，「平和構築」は「国家建設」と同一視され，自由民主主義的な制

度や規範に基づく国家の機能強化の流れにつながった.

●ポスト・自由主義平和構築論（PLBP）　2010 年以降,「新植民地主義」と称される介入主義的な平和構築へのアンチテーゼとして, 現地主体性を重視する平和構築のあり方が「ポスト・自由主義平和構築論」として台頭した. それは,「ローカルへの転回」とも称され, 平和構築の実施過程で, 現地アクターを支援の客体から社会変革の主体としてとらえ直し, それまでのトップダウン型かつ外部主導型の外生的平和構築から, ボトムアップ型かつ現地社会主導型の内生的平和構築へパラダイムの転換を試みるものである.

PLBP の代表格であるリッチモンドは,「ハイブリディティ」の概念を用い, 国際アクターと現地アクター, 自由主義と伝統的・慣習的な価値や制度などの非自由主義の諸要素が混合し, 相互作用として達成される平和構築のあり方を提起する（Richmond 2011）. これに対し, ドナイスは, アフガニスタンなどの事例から, 国際社会と現地社会を二元論的に, 現地社会を同質的にとらえ, 現地社会を無批判に美化することを批判する（Donais 2012）. これは, 現地社会には階層や不平等な権力関係が存在しているため, 現地エリート中心に主体性を促進したことが, 逆に現地エリートの特権強化, 資源の不平等な再配分, 国家の正統性の欠如, 発言権をもたない多くの人々の周辺化につながったという主張である.

PLPB の議論では, LPB が国際秩序に適合した国家の再建を重視し, 国家と国民の社会契約を軽視したために「抜け殻国家」がつくり出されたとする. そのため, 平和構築過程において従属的立場の人々の参加と合意, 社会統合の促進, 公共サービスの提供によって国家の正統性が高まるとする. すなわち, PLPB は, 市民社会, 周縁化された人々のエンパワメントと社会変革によって平和を達成することを目指している点で, 自由主義的国家モデルを前提とした LPB の延長線上に位置付けられる. しかし, PLBP は抽象度が高く, 実践上の課題も多い.

●適応型平和構築論　LPB/PLBP の代替的な平和構築のアプローチとして, デ・コニングが提唱する適応型平和構築がある（de Coning 2023）. これは, 長期化・複雑化する紛争や暴力に対応するために, 予測不可能な非線形性を前提とし, 社会の自己組織化とレジリエンス強化を重視する複雑性理論を応用したものである. その特徴は, 紛争の影響を受けた現地社会と外部アクターが実験・学習・適応を反復するプロセスにある. そのための外部アクターの役割は, 現地社会が外部の価値観を取り入れ, 弾力的な社会制度に発展できるように, そのプロセスを促進することである. したがって, 自由主義の移植を前提とせず, 持続的平和は現地社会の中から生まれる自己組織化能力によって規定されるという点で, PLBP とも区別される. このように, 適応型平和構築はこれまでの画一的な思考の転換を促すもので, 規範的・機能的な側面が強く, 文脈固有性を前提としているために, 再現性や汎用性に乏しいなどの運用上の課題はある.　　［谷口美代子］

治安部門改革

☞「国連と紛争」p. 490,「DDR」
p. 498

　治安部門改革とは，紛争後の平和構築の過程で取り組まれる軍隊，警察，情報機関，司法機関などの治安部門を民主的な社会にふさわしいものに変えていく取り組みである．英語では Security Sector Reform と呼ばれ，頭文字を取り SSR と記される．SSR の対象とする範囲は，狭義と広義とで異なる．

　狭義の SSR では，軍隊，警察，情報機関といった実力組織が改革の対象となる．例えば，内戦の場合，政府軍と反政府軍が交戦していたとすれば，戦争終結後は政府軍と反政府軍の統合がなされたりする．反政府軍の武装解除・動員解除・社会復帰（DDR）が合意されることもある．

　一方，広義の SSR では，上記の実力組織を監督・監視する側にまで対象が広がる．例えば，軍隊を監督する国防省，警察を監督する内務省，さらには国防予算を監督する財務省や議会なども改革の対象となる．国や政府の動向を監視し，必要に応じて批判をするマスコミ，野党，市民社会の役割を強化することが SSR として取り組まれることもある (Uesugi ed. 2014).

●**機能強化と体質改善**　SSR は，狭義，広義ともに治安部門の機能強化の側面と体質改善の側面とに二分できる．機能強化としては，警察の治安維持能力を向上させるための支援がよく試みられてきた．しかし，いくら治安維持能力を高めても，警察が権力者の私物となっては，SSR をしても意味がないどころか，逆に人々の安全を脅かしかねない．つまり，警察の役割を浄化し，警察が市民を守るためには，警察機構や一人ひとりの警察官の体質改善が欠かせないのである．

　軍事支援との違いは，まさに，この体質改善が重視されている点に見出せる．同時に，治安部門の体質改善だけでは，SSR が平和構築に寄与するとは限らない．政治と治安部門の関係，治安部門の社会における位置付けなどが健全なものでなければ，軍隊，警察，情報機関が政争の具に使われたり，反政府勢力の弾圧に用いられたりしてしまう．SSR は機能強化と体質改善の二重のコミットメントがあって初めて，平和構築に寄与するのだといえよう．

●**理想と現実**　ところが，実際にはこの前提条件を踏まえた包括的な SSR が実施されてきたわけではない．背景には，SSR が国際機関や第三者によって実質的に主導されてきたことがある．もちろん，外部の支援がなくても SSR はできる．しかし，これまでの SSR の多くは，紛争終結後の平和構築の過程で，国連，欧州連合，先進国によって取り組まれてきた．国連平和維持活動の任務として位置付けられたり，9.11 後の米国によるアフガニスタン侵攻後の国家建設の主要課題とし

て，米軍やNATOが率いた多国籍軍によって実施されたりした（Sedra 2017）.

　そのため，SSRには国家主権の壁が立ちはだかる．国家の権力基盤を改革するため，SSRは政治的な取り組みにならざるを得ない．特定の人物の治安部門への影響力を削ぐことは，権力構造に影響を及ぼす．そのため，権力者にとって不都合な改革は，抵抗を受けやすい．本来であれば，権力と治安部門との非合法の関係や癒着を撲滅することが，成功の鍵を握るはずだが，その核心に迫ることは少ない．むしろ，政治性を避け，無難な技術支援に偏るため，兵隊や警察官の訓練や無線機などの装備品の提供に留まっている．

●**現地社会の主体性**　SSRを通じて紛争後の社会を民主的なものへと発展させていくというリベラルな前提を踏まえ，治安部門に対する法の支配と文民統制，治安部門による人権の遵守がSSRのゴールに設定されてきた．

　しかし，紛争後の社会は，それぞれに固有の歴史，政治，経済，文化があり，各社会の特性を無視して，一つの国家観や規範に基づき，同じような制度の青写真を描いたところで，SSRは行き詰まってしまう．SSRの成功は，現地の文脈に適した改革を現地社会が主体的に取り組むことができるかにかかっている．

　ここに矛盾が生じる．SSRを地に足のついたものにするためには，現地の権力者が積極的に改革に着手する必要がある一方で，現地の権力者はみずからの権力基盤を弱めかねない改革を快く引き受けるはずがない．外部者がSSR支援を無償で提供することで，SSRを通じて民主的な社会づくりを推進できるかもしれないが，外部者に依存していては，現地社会の主体性は，いつまで経っても生まれない．このようなジレンマをSSRは孕んでいる（Uesugi 2022）.

●**長期的な適応**　ジレンマに向きあいながらさまざまな地域で多様な組織によってSSRは取り組まれてきた．内戦後のシエラレオネでは英国が主導しSSRという概念が広まった．新生国家の東ティモールでは国連が中心となって警察，裁判所，議会がゼロから立ち上げられた．内戦後のボスニア・ヘルツェゴビナでは，NATOや欧州連合（EU）が長期にわたりSSRを担った．政権交代後のアフガニスタンやイラクでもSSRが試みられたが，満足のいく結果は得られなかった．

　支援を提供する外部者側の論理，価値観，制度が，現地社会の政治，文化，歴史，優先課題よりも重視されてきた．他方で，SSRを現地社会に適応させる試みは，治安部門の体質改善を骨抜きにしかねない．現地社会の政治や優先課題は流動的であり，その変化に対応し続けることがSSRには求められる．SSRは現地社会による長期的で主体的な関与を通じて実を結ぶことになる．　　　［上杉勇司］

📖さらに詳しく知るための文献
・上杉勇司ほか編（2012）『平和構築における治安部門改革』国際書院.
・藤重博美ほか編（2019）『ハイブリッドな国家建設──自由主義と現地重視の狭間で』ナカニシヤ出版.

DDR

☞「国連と紛争」p. 490,「治安
部門改革」p. 496

　DDR とは，紛争終結後の安定と復興のために，元戦闘員と一般市民を対象と
した，武装解除・動員解除・社会再統合（Disarmament, Demobilization, Reinte-
gration）に関連する一連の国際平和支援活動である．「R」には，「再定住（Re-
settlement)」などが加わることもある．具体的には，戦闘員と一般市民の間に
拡散した武器を回収し，紛争当事者である正規・非正規軍・武装組織の規模を縮
小または完全に解体し，元戦闘員が市民の地位と生計手段を得ることで，生産的
な市民生活に復帰できるよう支援を提供する社会的・経済的プロセスでもある．
紛争終結後に余剰となる武器と人員に関連する DDR は，治安関係の制度改革全
般を示す治安部門改革の一部として位置付けられることもある．

● **DDR の概念化と機能化**　DDR は，冷戦終結後に頻出した内戦に対し，国連
の平和維持活動のあり方が問われる中で編み出された政策と実施プログラムであ
る．1992 年，ブトロス・ガリ国連事務総長が『平和への課題』の中で，紛争予
防としての「平和構築」の概念を打ち出し，2000 年の国連平和維持活動（PKO）
検討パネルが『ブラヒミ・レポート』の中で，国連平和活動を平和創造，平和維
持，平和構築と規定した．こうした動きに呼応して，2000 年，国連事務総長は，
国連としての指針を示した『DDR における PKO の役割』を策定した．以後，
国連 PKO の任務に DDR が加わり，1980 年代後半以降，世界各地で 60 以上の
DDR プログラムが実施されている（UN-PKO 2023）．

　和平合意に規定される DDR の実施内容は，小型武器回収，現金給付，雇用創
出，職業訓練，教育保健，保健医療，子ども・女性兵士・障害者への特別支援な
ど多岐にわたる．実施機関には，国連 PKO，世界銀行，国連開発計画（UNDP），
国際移住機関（IOM），国連労働機関（ILO），国連児童基金（UNICEF）などの
多国間援助機関だけでなく，地域機関であるアフリカ連合（AU），欧州連合
（EU），二国間援助機関である米国開発援助庁（USAID），NGO などがある．関
係機関間の支援の重複と支援間のギャップを避け，効果的な連携・協力を促進し，
相乗効果を生み出すために，2006 年，国連が主導して，DDR 実施にあたっての
原則や考え方，留意点などを示した『統合 DDR 基準（IDDRS）』を策定した．

● **DDR の漸進的展開**　過去 30 年以上にも及ぶ DDR の実践は，地域の文脈，紛
争形態の多様化・複雑化に伴い，その目的と成果，実施主体，支援対象，活動内
容が多様化している．こうした実態を踏まえ，DDR を 3 世代に区分し，その特
徴を以下に示す（Muggah & O'Donnell 2015；Bangura 2023；Özerdem 2009）．

まず、第1世代DDR（1980〜90年代）は、一般的に「伝統的DDR」と呼ばれ、エルサルバドル、グアテマラ、ナミビア、モザンビークなど長期化した内戦（一部、国際戦争）の終結を目的とし、当事者間の停戦・和平合意と当事者の自発性を前提とし、武装解除→動員解除→社会再統合と順次的に実施された。組織化された正規・非正規の軍隊・武装集団を解体することに重点が置かれ、元戦闘員は、除隊後、現金給付を受け取った後、帰還もしくは再編された国軍・警察に再入隊・編入した。同世代DDRは、活動内容、規模などにばらつきがあったが、紛争再発予防という意味で一定の成果をもたらした（Colletta et al. 1996）。

第2世代DDR（1990年後半〜2000年前半）は、それまでの実践経験と国際安全保障環境の変化に伴う新たな課題をもとに、伝統的DDRに修正を加えたものである。主な修正点は、「DD」よりも「R」に焦点を当て、元戦闘員だけでなく、紛争の影響を受けたすべての人々、コミュニティを対象とし、社会的結束によって持続的平和のための環境整備を重視したことである。この背景には、①DDR実施後の紛争再発や治安悪化、②元戦闘員を対象とすることによる社会的分断の強化、③戦闘員と一般市民の境界線の不明瞭性、などがある。しかし、DDRの成否を決定付ける「R」の効果について実証研究が不足していることが支援機関のコミットメントを高める上での課題となっている（Cockayne & O'Neil 2015）。

第3世代DDR（2000年後半以降）は、中央アフリカ、リビア、ソマリア、マリ、ニジェール、イエメンなどを対象に、紛争当事者である武装集団の多様化に対応したものである。対象となる（過激派）武装集団は、その政治的目標が曖昧で、指揮命令系統が不安定で分裂しやすく、組織犯罪や国際テロネットワークと結び付いている傾向がある。そのため、従来のDDRと異なる点は、①和平合意前に活動を実施する、②アフガニスタンのような銃文化の強い国では「R」を先行する、③最終的な和平合意の当事者でない集団を対象とする、④当事者の自発性を前提とせず、強制力を用いる、⑤単発の事業ではなく、国家開発目標に関連付けた活動とする、⑥現地の流動的な政治プロセスとして位置付ける、などである。

●**国家建設の手段としてのDDRと今後の課題**　DDRは、暴力の独占を前提とする国家建設のために、治安と秩序を回復する有効な手段とみられてきた。特に、冷戦終結後に発生した内戦は、政治目標が明確で、組織化された軍隊・武装集団によるものが多かったため、当事者間の政治的解決とDDRの体系的な取り組みが一定程度可能だった。しかし、2000年代以降、紛争当事者・形態が多様化・複雑化し、暴力が分散したことによって、DDRの介入範囲が拡大した。そのため、支援需要に対して提供できる資源が不足し、関係機関間の効果的な統合と調整が困難になっている。したがって、中央政府の国家建設に対するオーナーシップと能力を高め、現地の流動化する安全保障環境や権力構造を見定め、DDRを柔軟に運用した外部支援のあり方が今後一層求められる。　［谷口美代子］

移行期正義

☞「国際法と武力紛争」p. 488,
「真実委員会」p. 504

　移行期正義とは，典型的には，独裁または武力紛争から脱した国で，過去に行われた大規模な人権侵害や残虐行為について実践される政策と取り組みの領域である．移行期正義は，上記の文脈で実施されるさまざまな措置の集合として定義されることも多い．それらの措置には，加害者の刑事訴追，真実委員会（truth commission）の設置，被害者への賠償と権利の回復（restitution），国家の代表者または加害者による謝罪，残虐行為の再発防止のための制度改革（軍，警察，司法府など），加害者の公職追放，一部の加害者の免責，被害者に関する公的記憶の継承と追悼（博物館，記念碑，記念行事など），ローカルレベルの和解の試み，強制失踪の犠牲者の遺体の捜索などが含まれうる．また，謝罪や記念碑の建立などの措置は，象徴的賠償（symbolic reparation）と呼ばれることもある．これらの措置を単独で実施するのではなく，相互補完的に組み合わせる総体的アプローチ（holistic approach）が推奨されている．また，移行期正義は被害者中心（victim-centered）であるべきだということが，少なくとも言説のレベルでは広く受け入れられている．

　移行期正義の措置は，武装勢力の一部のみとの和平合意に基づいて武力紛争継続中に実施されることもあれば，民主主義体制に移行することなしに，弾圧が激しかった時期の人権侵害を扱う真実委員会が設置されることもある．したがって，独裁や武力紛争の期間中の事例も移行期正義に含まれうる．さらに，植民地支配下の搾取や暴力，奴隷貿易と奴隷制，主として入植を基調とした植民地主義（settler colonialism）に起源をもつ国々（カナダ，オーストラリアなど）における先住民族への搾取・暴力・強制的同化政策などのように，遠い過去に起源をもつ問題は「歴史的不正義（historical injustice）」と呼ばれるが，これらの問題に対する取り組みも近年では移行期正義の名の下に論じられている．他方で，国家間戦争後の国家間和解や戦争犯罪の処理は，移行期正義と重なる面があるものの，移行期正義の範疇に含めないのが一般的である．

●**移行期正義の経緯**　移行期正義は，ニュルンベルク裁判をはじめとするホロコースト関連の裁判に起源を遡ることもできるが，近年の移行期正義の潮流の基点となったのは，1980年代以降のラテンアメリカ，とりわけアルゼンチンの経験である．1976〜83年のアルゼンチンの軍事政権は反対派に対する苛酷な弾圧で知られ，多くの市民が拷問の末に殺害された．それに対して民主化後の新政権は，軍事政権の最高幹部9人を訴追した（うち5人に有罪判決）．ラテンアメリ

カ諸国はたびたび独裁政権に支配されてきたが，民主化後の新政権が公正な裁判で前政権の人権侵害を裁いたのは画期的なことであり，強制失踪に関する調査委員会の報告書『二度と再び（Nunca más）』とともに，大きな国際的注目を集めた．続いて1989年に始まる中東欧諸国の脱共産化が注目された．これらの国々では，公職追放や，旧国家保安機関職員と密告者の開示および責任追及（および保安機関の膨大な監視ファイルの扱い）が大きな争点となった．さらに南アフリカの真実和解委員会（1995～2002年）は，真実委員会という選択肢を世界的に有名にした．ラテンアメリカをはじめとする初期の移行期正義ではポスト独裁型の事例が多かったが，1990年代以降はポスト紛争型が圧倒的に多くなっている．

今日移行期正義と呼ばれる問題領域には，当初は統一的な呼称が存在しなかった．移行期正義という言葉に収斂していくのは，概ね2000年前後のことである．移行期正義が国際的注目を集めるにつれ，国連におけるさまざまな宣言・報告書・決議で，人権侵害・国際人道法違反の被害者の権利が明示的に認められるようになった（United Nations 2023）．

●**移行期正義を巡る論争**　1990年代前半のユーゴスラビア紛争とルワンダのジェノサイドを経て，1990年代末頃には，人道に対する罪やジェノサイドに最も責任がある者に対しては免責を許さないという「反不処罰（anti-impunity）」の規範が，国連および国際社会の一部で成立した．しかしちょうどその頃から，学界や一部の実務家の間では加害者の刑事訴追に対する批判が増え，国連などとの乖離が目立つようになった．

批判の一つは，「平和対正義（Peace vs. Justice）」の議論として現れた．すなわち，いわゆるリアリストの立場から，加害責任の追及は武力紛争における和平の実現を阻害すると主張されたのである．和平を重視する立場からはしばしば和解が至上目的とされ，応報的正義に代わって修復的正義が主張されることもある．

他方で，左翼的立場からは，加害者への刑事訴追はトップダウンであり，国際社会の押しつけであり，被害者のニーズを反映していないと主張された（大串2012；2015）．この種の批判は，経済的不平等や貧困など経済構造を問題にする傾向があり，加害者訴追に代わるものとして賠償が重視されることもある．また，変革的正義（transformative justice）というスローガンを掲げ，従来の移行期正義モデルを超えて，権力や貧富の格差構造を変革すべきだと主張する人もいる．

どのようなモデルであろうと，移行期正義の実現は政治的力関係と予算的制約に左右される．被害者のニーズが何であろうと，それが部分的にでも充足されているのは，一部の国に過ぎないのが現実である．　　　　　　　［大串和雄］

📖さらに詳しく知るための文献

・Simić, O. (ed.) (2021) *An Introduction to Transitional Justice.* 2nd ed. Routledge.

戦争犯罪裁判

☞「ジェノサイド」p. 476,「移行期正義」p. 500

　戦争犯罪裁判は，紛争中に行われた非人道的行為（戦争犯罪）に関する真相究明と責任者の処罰を目的として実施される移行期正義メカニズムの一つである．本項目では，まず戦争犯罪裁判の歴史的展開を概観し，次に戦争犯罪裁判がどのような効果をもつのかという点について検討してみたい．

●戦争犯罪裁判の歴史的展開　国際的な戦争犯罪裁判を実施する構想は，元ドイツ皇帝ヴィルヘルム二世の訴追とその裁判のための特別法廷の設置を定めたヴェルサイユ条約にまで遡ることができるが，ヴィルヘルム二世が亡命したため，この国際裁判は実現には至らなかった（芝 2015）．その後，第二次世界大戦後に対独・対日の戦争犯罪裁判が実施され，ニュルンベルク裁判と東京裁判で両国の指導者層が裁かれただけでなく，連合国支配下の各地で戦争犯罪裁判（いわゆるBC 級裁判）が行われた（芝 2015；戸谷 2018；林 2009）．

　冷戦終焉後，旧ユーゴ地域の紛争における戦争犯罪が注目を集めると国際法廷の設置を求める声が強まり，1993 年に国連安保理によって旧ユーゴ国際刑事法廷（ICTY）が設立され，次いで1994 年にはルワンダ国際刑事法廷（ICTR）も設立された．この二つの法廷は旧ユーゴとルワンダの領内で起きた戦争犯罪のみを管轄権の対象とした一時的な特設法廷であったが，その後，常設の裁判所を設立する動きが強まり，1998 年に採択されたローマ規程（2002 年発効）によって常設の国際刑事裁判所（ICC）が設立された（村瀬・洪 2008）．

　2000 年代に入ると，戦争犯罪裁判を行う動きは世界の各地に広がった．紛争後平和構築のために暫定統治権をもつ国連ミッションが展開したコソボや東ティモールでは，国連ミッションの下で特設法廷が設置された．シエラレオネやカンボジアでは，政府が国連に支援を要請し，国連との条約に基づいて特設法廷が設置された．これらの裁判所は，国連と当事国が共同で法廷を設置・運営していることから，一般に「混合法廷（hybrid tribunals）」と呼ばれる（下谷内 2019）．

　戦争犯罪裁判は，国際法廷にとどまらず，各国の国内司法の枠組みでも行われるようになっている．一部の紛争当事国では，戦争犯罪裁判を行うための法整備が進み，国内の各級裁判所で戦争犯罪裁判が行われている．クロアチアやボスニアではその被告人は合計でそれぞれ2000 人以上に及び，戦争犯罪に関する国内裁判の件数は膨大である（久保 2019）．それに加え，一部の先進国などでも他国で行われた戦争犯罪に関する裁判が行われている．戦争犯罪の責任を追及する取り組みの連鎖的拡大は，「正義のカスケード」と呼ばれる（Sikkink 2011）．

各裁判所が管轄権の対象とする戦争犯罪の定義は裁判所規程などによって定められている．ジュネーブ諸条約やハーグ陸戦条約などで禁じられる行為（いわゆる「通例の戦争犯罪」）と，民間人に対して行われる殺人，殲滅，追放，虐待などの「人道に対する罪」が含まれている点では概ね共通しているが，1948年に採択されたジェノサイド条約で定義される「ジェノサイド」や，国際条約に違反する戦争の計画や遂行などの責任を問う「平和に対する罪」ないし「侵略犯罪」が含まれるか否かなどの点では違いがみられる（村瀬・洪 2008）．

●**戦争犯罪裁判と世論**　戦争犯罪裁判は紛争当事国の世論に大きな影響を与える．戦争犯罪裁判は個人の刑事責任を追及するものであり，特定の集団や国家の集団的責任を問うものではないのだが，特に裁判官の国籍が被告人と異なる国際裁判では，その構図によって民族意識が強まりやすい（Capoccia & Pop-Eleches 2020）．西ドイツの1950年代の世論調査データを用いた分析では，戦争犯罪裁判への疑念や反発から，裁判で下された刑罰が過酷な地域ほど，一党制への反対や民主主義への支持が弱くなっているという関係性が確認されている（Capoccia & Pop-Eleches 2020）．

旧ユーゴ地域では，ICTYの被告人の多くがセルビア人勢力の側であったことから，特にセルビア人の間でICTYは不公平で政治的な裁判所であるという認識が広まった．2000年代に入ると，セルビアは欧米から経済支援を得るためにICTYへの被告人引き渡しに協力することを求められたが，ICTYに反発する世論に配慮し，ICTYに自首する被告人を政府首脳が英雄と讃える状況が生じた（Subotic 2009）．ICTYに限らず，被告人が法廷で裁判所や判決の正当性を公然と否定する状況は戦争犯罪裁判において度々生じている．戦争犯罪裁判が，そこで裁かれる被告人やその出身国の人々に，罪の意識や反省を促すとは限らないのである．

●**平和と正義のジレンマ**　戦争犯罪裁判については，平和と正義のジレンマの存在が指摘されてきた（下谷内 2019；Krcmaric 2020）．戦争犯罪の責任追及は，紛争地における正義の実現と和解の促進に資するだけでなく，「不処罰の文化」を撲滅し，将来の戦争犯罪の抑止にもつながると期待されている．他方で，紛争終結後に自己の戦争犯罪の責任が問われる危険性は，紛争当事者に紛争終結を拒む誘因を与え，和平の実現を阻害してしまうかもしれない．この点について計量分析を用いて検討した研究によれば，戦争犯罪裁判はまさにそうした相反する効果を併せ持つ．ピノチェトの逮捕とローマ規程の採択によって戦争犯罪責任が問われる見込みが顕著に高まった1998年以降の「アカウンタビリティの時代」では，それ以前と比較して，紛争を平和裡に終結させるための独裁者の退出オプションとしての亡命が発生する確率が大きく低下し，内戦終結が起きにくくなるという逆効果がみられる一方で，国家当局による住民の大量殺害の発生確率が低下するという肯定的な効果もみられるのである（Krcmaric 2020）．　　［久保慶一］

真実委員会

☞「移行期正義」p. 500

真実委員会（truth commission）とは，「過去の人権侵害を調査し，その特徴を分析し報告する目的で立ち上げられる政府機関」（ヘイナー 2006：20）の総称である.

●**真実委員会とは**　真実委員会が一般概念として理解されるようになったのは1990年代半ば以降のこととされ（阿部 2006），真実委員会をどのように定義し，どの組織を真実委員会に含めて数えるのかについては，識者によって見解が異なる（Dancy & Thoms 2022）.

例えば，2001年刊行の著書において各地の真実委員会の活動について網羅的に検討したヘイナーは，①過去に焦点をあてる，②特定の事件というよりも，ある時期における暴力の傾向や特徴を調べる，③期間限定の組織であり，報告書の公刊をもって活動を終了する，④公的な認可を受けている，という四つの特徴を備える組織を真実委員会と定義し，1974年から著書刊行時までに少なくとも21の真実委員会が設置されたとしている（2006年に刊行された日本語版では原著出版後に設置された委員会もリストに追加されている. ヘイナー 2006）. 他方，ダンシーとトムズは，①期間限定の組織であり，②何らかのかたちの人権侵害について調査を行う任務を与えられ，③どこかの時点で実際に活動を開始する，という三つの条件にあてはまる組織を真実委員会と定義し，1970〜2000年に34カ国で45の真実委員会が活動を行い，さらに2001〜20年に40カ国で新たに45の真実委員会の設置が決まり，うち43の真実委員会が実際に設置され，2020年時点で10の真実委員会が活動中であったとしている（Dancy & Thoms 2022；Dancy et al. 2010）.

●**各地の真実委員会の事例**　初期の真実委員会としては，ウガンダの「行方不明者調査委員会」（活動時期：1974年）がある.

1980年代から90年代前半にかけては，軍事独裁政権から民主主義体制へと移行したラテンアメリカ諸国で数々の真実委員会が設立された. 例えば，軍事政権下で行方不明となった人々について調査し，『二度と再び』と題する報告書を作成したアルゼンチンの「行方不明者調査委員会」（同1983〜84年）や，ピノチェト政権下での行方不明者や拷問死・処刑などについて調査したチリの通称「レティグ委員会」（同1990〜91年）などである. また，1980年代に深刻な内戦を経験したエルサルバドルでは，和平合意の一部として設置が決まった真実委員会が，政府および反体制武装勢力による重大な人権侵害に関する調査を実施した

（同 1992〜93 年）（ヘイナー 2006）．

　数々の真実委員会の中でも，最もよく知られているのは，アパルトヘイト体制下の人権侵害について調査を行った南アフリカの「真実和解委員会（Truth and Reconciliation Commission：TRC）」（活動期間：1995〜2000 年，最終報告書の公刊は 2003 年）であろう．南アフリカの TRC においては，他者との共存を重んじる「ウブントゥ（ubuntu）」の精神のもと，アパルトヘイト体制下で政治的理由と結び付いて重大な人権侵害を行った加害者が，公開の公聴会の場で事実をすべて明らかにしたと認定された場合には特赦（アムネスティ）を認め，復讐や報復をするのでもなく，単純に水に流して赦すのでもない，「第三の道」を選んだ点に大きな特徴があった（Minow 1998；ボレイン 2008；阿部 2019）．

　和解に重点を置いた南アフリカの TRC は，東ティモールの「受容真実和解委員会」（活動期間：2002〜05 年）やシエラレオネの「真実和解委員会」（同 2002〜04 年）など，その後の真実委員会にも大きな影響を与えてきた．ただし，近年では重大な人権侵害の不処罰を許容しない国際正義規範が確立され，南アフリカの TRC で採用されたような「真実と引換えの免責」は支持されなくなっている（クロス 2016）．

●**移行期正義の一形態としての真実委員会**　真実委員会は，民主化や内戦終結後の移行期に設置され，活動することが一般的であり，移行期正義（transitional justice）の一形態と位置付けられる．刑事司法が犯罪行為を行った個人を訴追し処罰するためのものであるのに対し，真実委員会は，過去の体制下で起きた暴力や人権侵害の全体的な傾向や特徴を明らかにすることを通じて，同じ過ちを繰り返さないという新体制の姿勢を広く発信し，安定的な民主主義の実現や国民和解の促進に役立てることを意図して設置されるものである．

　ただし，南アフリカの TRC は，国外からの高い評価にもかかわらず，国内においては TRC が和解につながったとは必ずしも認識されていない（阿部 2019）．真実を証言したと認定された加害者が特赦という大きな利益を享受した一方で，被害者に対する補償が不十分であるといった問題もある．また，真実委員会が民主主義に与える影響についても自明ではなく，実証研究上の課題となっている（Dancy & Thoms 2022）．　　　　　　　　　　　　　　　　　　　　　［牧野久美子］

📖さらに詳しく知るための文献
・阿部利洋（2008）『真実委員会という選択――紛争後社会の再生のために』岩波書店．
・クロス京子（2016）『移行期正義と和解：規範の多系的伝播・受容過程』有信堂高文社．
・ヘイナー，プリシラ・B 著（2006）『語りえぬ真実：真実委員会の挑戦』（阿部利洋訳）平凡社．

第VII部

シティズンシップとガバナンス

第22章

政治経済

政治経済学は，政治と経済との相互関係を考察する比較政治学の一分野である．一方では，選挙制度や執政・議会・中央地方関係などの政治制度，政党政治や政労使協議などの政治的要因が，経済政策のあり方や経済成長など経済的側面に与える影響を研究してきた．他方では，景気のサイクル，経済的な富の分配のあり方や経済の発展度合いなどの経済的要因が，民主主義の発展や有権者の投票行動，ポピュリズム政党の拡大などの政治的側面に与える影響を考察してきた．グローバル化が進む現代では，国家の枠組みを超えた視野も不可欠となり，環境や持続可能性など新しい課題も次々に生まれてきている．

本章では，国家や市場制度・関連制度など政治経済体制の制度的な側面から入り，財政・金融・都市などの代表的政策分野を検討し，さらにグローバル化に伴う格差・食料・SDGs・体制変動など多様な現代的課題の探究に進む．

[伊藤　武・辻　由希・外山文子]

発展指向型国家

☞「金融政策」p. 518

　発展指向型国家（developmental state）とは，1982年にアメリカの国際政治学者ジョンソンが著書『通産省と日本の奇跡』において，第二次世界大戦後の日本で高度経済成長および不平等を是正した社会的安定が達成された理由として提示した，開発途上国の概念モデルである．発展指向型国家論は，経済発展を導いた国家の役割，官僚主導による戦略的な市場経済介入と，それを可能とする国家と社会の協調関係に着目し，当時新興工業国として台頭しつつあった韓国や台湾など東・東南アジアの発展に応用する動きも広がり，1980〜90年代に一大潮流となった．類似概念として開発主義国家がある．

●**経済発展と国家の役割**　国家と市場の関係，すなわち価値の垂直的配分を基本とする国家と，水平的配分を基本とする市場との比重差による各国の資本主義の形態の違いは，政治経済学の大きな研究関心であり，発展指向型国家論もそのアプローチの一つである．新古典派経済学では，国家の市場への介入は経済全体の効率性を損なうため，成長に悪影響を与えるとする．こうした中で日本をはじめ，アジア地域の経済的成功を説明しようとする試みが行われた．

　儒教など文化的要因を強調する見解に対し，ジョンソンは日本の目覚ましい経済成長が，官僚主導による国家の経済への積極的介入により成し遂げられたと論じた（Johnson 1982）．他国と同じく省庁間の権力闘争はあったものの，日本では通産省が主導権を握る形で多くの産業政策が立案・実施され，これが成長分野重視の産業構造の変化を生み，日本の奇跡が達成されたとする．このアプローチを基に，アムスデンが韓国，ウェードが台湾を対象として，経済発展過程における国家の役割を重要視する研究を発表するなど（Amsden 1989；Wade 1990），発展指向型国家論は一躍脚光を浴びることとなった．発展指向型国家論は，国家の介入がレントシーキングや不正腐敗に転ずる略奪国家につながる可能性を否定はしないが，資源の戦略的配分や市場の規制を通じ，国家がその能力いかんで経済成長を牽引する役割に主眼を置いている．

●**国家と社会の関係**　国家の戦略的介入が可能な条件として，社会からの自律性があげられる．国家が社会のさまざまな集団の影響力から脱し，自律的でなければ，経済全体のための政策を行うことは不可能である．このため，発展指向型国家論は多元主義のような社会中心アプローチではなく，国家中心アプローチといわれるが，もっぱら社会を軽視し，国家の役割を強調するわけではない．ジョンソンは，国家統制が強すぎれば競争が抑制され，非効率的経済活動を排除できな

いため，官民協調の体制が重要だと主張する（Johnson 1982）．戦前の強い国家統制経済体制からの連続性にも言及する一方，日本はその失敗の経験を踏まえ，通産省が審議会設置や産業団体の認可，人事交流，行政指導の手法などを通じて，1950年代以降，官民協調体制を確立したことにより，個別企業の利益追求から発生する集合行為を抑制し，同時に経済全体のための産業構造転換を達成できたと論じた．すなわち，国家の自律性の反面，国家と社会の緊密な紐帯も強調する．この矛盾ともいえる状況こそ，エヴァンスが概念化した「埋め込まれた自律性（embedded autonomy）」である（Evans 1995）．自律的な国家の官僚が，限られた勢力とのみ緊密な政策ネットワークを構築し情報共有することで，集合行為や略奪行為を抑制しつつ，政策を円滑・効果的に実施できる．この官民協調型システムは，財政金融政策や行政指導のみならず，労使関係や企業統治構造，政党制などにも影響される．発展指向型国家論は，行動主義中心のアメリカ政治学に対し，この時期エヴァンスやスコッチポルらが国家や社会の制度的構造に再注目すべきと主唱した制度論の性格も色濃いが，国家の役割のみを強調せず，その戦略的介入を可能とする社会との協調関係も重視している．

●発展指向型国家論の衰退？　発展指向型国家論は1990年代以降，二つの困難に直面した．まず，90年代にアジア各国で発生した経済危機は，成長要因を国家に求める議論への関心を低下させた．日本のバブル崩壊に伴う景気停滞に続き，1997年のアジア通貨危機は他のアジア新興工業国も直撃した．この深刻な経済危機は，この地域の成功に裏打ちされた発展指向型国家論の有効性を疑わせることとなった．次に，国家の市場経済への介入が効率性を低下させるとして批判し，政府の権限を縮小すべきと主張する新自由主義の思想が，1980年代から欧米を中心に旺盛となり，国家の役割を重視する理論が低調となった．日本でも中曽根康弘政権以降，国鉄や3公社の民営化に始まり，1990年代に入ってからは規制緩和が進められた．リクルート事件など政治腐敗も問題となり，官僚と利益団体，政治家の癒着関係を指す鉄の三角同盟をいかに解体するかが，一転して政治的争点となっていったのである．

　このように，発展指向型国家論への関心は以前より低くなったものの，開発途上国が先進国との競争の中で経済成長を達成するために，資源の集中が不可欠なことは変わらず，国家の役割は看過できない．また，2008年に発生したリーマン・ショックは，いかに政府の市場への介入が大切かを再認識する契機となった．国家の市場経済への戦略的介入に着目する発展指向型国家論の問題関心は依然，重要なものと思われる．　　　　　　　　　　　　　　　　　　　　　　［安　周永］

📖さらに詳しく知るための文献
・佐々田博教（2011）『制度発展と政策アイディア――満州国・戦時期日本・戦後日本にみる開発型国家システムの展開』木鐸社．

資本主義の多様性

☞「福祉レジーム論」p. 134

　冷戦の終結とともに，資本主義と共産主義の対決は終焉を迎え，多様な資本主義が競争する時代が訪れた．比較資本主義研究の嚆矢となったのは，アルベールの『資本主義対資本主義』である．彼は，競合する二つの資本主義を見出した．すなわち，ネオアメリカ型資本主義とライン型資本主義である．アメリカでみられる前者は，企業が市場で競争するモデル，ドイツでみられる後者は，企業がさまざまなアクターと協調するモデルである．金融制度や労使関係などの制度面での違いが二つの資本主義を生んだというのが，彼の見立てであった（アルベール 1992）．

　アルベールが注目した制度は，かねてよりレギュラシオン学派が資本主義分析で取り上げてきたものであった．レギュラシオン学派によれば，資本主義は本来的に不安定なシステムであり，労使対立や金融危機を引き起こす．諸制度による「調整（レギュラシオン）」が機能してはじめて，資本主義は安定する．レギュラシオン学派は，社会全体の制度配置，すなわち，労使関係，雇用制度，金融制度，企業間関係，社会保障などの組み合わせから資本主義のメカニズムを分析した（ボワイエ 1989；山田 1994）．

●**資本主義の多様性論**　冷戦後にグローバル化がますます進展すると，収斂論が唱えられるようになった．国際競争が激しさを増す中，各国は市場化の波に抗えず，経済システムは世界規模で均一化していく．つまり，資本主義は一つのモデルに収斂していくと考えられた．

　収斂論に対して，資本主義の分岐を説いたのが，ホールとソスキスである．比較資本主義研究に広く影響を及ぼした『資本主義の多様性』において，彼らは資本主義を二つのモデルに分類した（ホール＆ソスキス 2007）．

　一つは，アメリカに代表される「自由な市場経済」である．アングロ・サクソン諸国でみられるこのモデルは，競争を基本原理とする．企業は製品市場で競争する．企業は株式市場において投資家から資金を調達するので，株価に敏感で，短期的な利益を求めて行動する．労働者はどの業界でも通用する一般的技能を身につけており，仕事を変えることはたやすい．労働市場が流動的であるので，労使関係は発展しない．

　もう一つが，ドイツに代表される「調整型市場経済」である．西欧諸国や日本でみられるこのモデルは，調整・協力を基本原理とする．企業は準公的研究機関と連携しつつ，製品開発で協力する．金融機関は企業に長期で融資するため，企業は時間のかかる製品開発に取り組むことができる．労働者は，ある企業・産業

でのみ通用する特殊技能を身につけるので，仕事を頻繁に変えはしない．長期雇用が一般的になると，持続的で協調的な労使関係が築かれる．

こうした類型の違いは，国際競争において比較優位をもたらす．自由な市場経済では，短期的なイノベーションが重要となる産業（情報通信，金融，バイオテクノロジーなど）が発展しやすい．株式市場を通じて新興産業に素早く資金を集めることができるし，労働市場が流動的であるので労働者の確保も難しくない．一方，調整型市場経済は，高品質な製品の生産（工作機械，耐久消費財，輸送機械など）に強みをもつ．企業は長期にわたって製品開発を行っており，長期雇用の中で熟練技能を身につけた労働者が生産に携わるからである．

このように，企業間関係，金融制度，教育・職業訓練システム，労使関係は相互に結び付いて，一つのモデルを形成している．制度が結び付くことで全体として効率性が高まるとき，制度的補完性があるという．自由な市場経済にも調整型市場経済にもそれぞれ制度的補完性があり，それが国際市場における比較優位をもたらしている．したがって，資本主義は一つのモデルに収斂しない．

ただし，資本主義の多様性論は1990年代までの特徴をとらえたものである．長期的にみれば，欧州や日本で自由化が進んでいるとの研究も見受けられる．しかし，自由化によって資本主義が一つのモデルに向かうのではなく，自由化にも多様性があることが指摘されている（Thelen 2014）．

●**資本主義と福祉レジーム**　福祉生産レジーム論では，資本主義と福祉レジームが結び付けられる．資本主義の類型によって，異なる福祉レジームが現れるのである（エステベス=アベほか 2007）．

調整型市場経済では，労働者が高度な技能を身につけて，高品質の商品を生産することによって経済が成長する．高度な技能を得るために労働者が教育・職業訓練に投資することが求められるが，投資の見返りがなければ技能を得ようとしない．そこで，高い技能を身につけた労働者には高い賃金を保障する．職を失う場合には，技能に見合った職を見つけることができるように，十分な時間と金銭的余裕を与えようとする．こうして，失業時の所得保障は寛大になる．高い賃金や十分な所得保障が実現されれば，大規模な福祉レジームへと発展しやすい．

一方で，自由な市場経済においては，労働者はどの企業・産業でも通用する一般的技能を修得している．労働市場は柔軟化されているので，たとえ失業しても新しい職場を見つけるのは容易である．失業時の所得保障の拡充を求める声は大きくないので，福祉国家は発展しにくい．自由な市場経済は，小規模な福祉レジームと親和的である．　　　　　　　　　　　　　　　　　　　［近藤正基］

📖 さらに詳しく知るための文献
・ホール，ピーター，A. & ソスキス，デヴィッド（2007）『資本主義の多様性——比較優位の制度的基礎』（遠山弘徳ほか訳）ナカニシヤ出版．

コーポレート・ガバナンス

☞「ステークホルダー・デモクラシー」p. 198

コーポレート・ガバナンス（企業統治）とは何か．論者によってさまざまな意味で用いられているため，必ずしも明確な定義があるわけではないが，最も広義においては「企業の運営・管理のあり方」のことを指す（田中 2023：158）．比較政治学で言及される際には，より限定的に，特に株主による経営者の監視・コントロールのための仕組み，それに影響を及ぼす株式の所有構造などの経済システムをいう場合が多い（上川 2020；西岡 2015）．

●**コーポレート・ガバナンスと比較政治学**　コーポレート・ガバナンスについては，法学（会社法），経営学，経済学といった企業の経営やそれに関連する法的問題を対象とする学問分野で主に検討されてきた．だが，特に 2000 年代以降，企業不祥事の多発やいわゆる株主資本主義の発展を受けて，コーポレート・ガバナンスの重要性が経済界のみならず社会的にも広く認識され，政治の場でもその在り方が熱心に論じられるようになる．その結果，各国で実際にコーポレート・ガバナンスの強化を意図したさまざまな制度改革が進められた．このような時代背景の下，政治学の観点からコーポレート・ガバナンスを分析する「政治学派（political school）」が興隆した（Gourevitch 2003）．日本でも，近年のコーポレート・ガバナンス改革の政治過程に焦点を当てた研究が行われている（杉之原 2008；竹中 2017；西岡 2015, 2019, 2022；松中 2016）．

コーポレート・ガバナンスのあり方は国によって異なる上，近年ではその変化も観察される．比較政治学はコーポレート・ガバナンスがなぜ国によって異なるのか，またその変化はなぜ生じるのか，という主に二つの点に焦点を当てる．そこで採られるアプローチは，「三つの I」とも呼ばれる，制度（Institution），利益（Interest），アイディア（Idea）のうちどの要素に着目するかによって，おおよそ三つのタイプに整理できる（西岡 2015；上川 2020）．

●**制度中心アプローチ**　第一の制度中心アプローチは，各国の政治制度の違いによってコーポレート・ガバナンスの相違が形成されるととらえる．比例代表制を核とする合意形成型政治制度の下では企業の所有構造が集中化して大株主の存在が許容されるのに対して，小選挙区制を中心とする多数代表型政治制度の下では企業の所有構造が分散化して，少数株主が保護されるような仕組みになる．前者では，政治制度上の拒否点が多く生産者の利益が保護されるので，部外者の介入から企業を防衛するのに適したコーポレート・ガバナンスの仕組みが維持される．後者では，二党制が形成され政権交代に伴う大規模な政策変化が生じる可能

性が高いために，企業は政府から距離を置き，市場適合的で自由度が高く，外部の少数株主を重視するコーポレート・ガバナンスの仕組みを選択する（Gourevitch & Shinn 2005）.

●**利益中心アプローチ**　第二の利益中心アプローチはさらに政党政治論，利益集団論，政治連合論の三つのタイプに大別される．政党政治論は，支配的政党のイデオロギーの違いが各国のコーポレート・ガバナンスの違いを生み出すとみなす理論である．労働運動と社会民主主義政党が強い政治的影響力をもつ国では労働者の雇用保護，企業の安定的な発展を可能にする，企業所有の集中化が図られる．逆に保守主義政党の下では株式保有の分散化と株主主権型のコーポレート・ガバナンス体制が形成される（Roe 2003）．このような見解に対して，近年では社会民主主義政党の方がむしろ株主主権型のコーポレート・ガバナンス改革を主導しているとする，「党派性のパラドックス」論も提起されている（Cioff & Höpner 2006；Cioff 2010）.

　利益集団論はコーポレート・ガバナンスを巡る政治過程に影響を及ぼすアクターとして，主に利益集団に目を向ける．特に重視されるのは企業や経済団体といったビジネス集団である．コーポレート・ガバナンス改革は世論の関心がそれほど高くないため，その政治過程は「静かな政治（quiet politics）」となる．静かな政治の下ではコーポレート・ガバナンス改革の行方に強い関心をもつビジネス集団が政治的アリーナで影響力を行使して，制度改革を推進したり，逆に骨抜きにしたりすることができる（Culpepper 2011）.

　政治連合論は利益集団に目を向けると同時に，単一の集団が独自に影響力を発揮するというよりも，諸集団が政治的な連携や同盟関係を結ぶことで，政治過程に影響を及ぼすものととらえる．コーポレート・ガバナンスに最も強い利害関係をもつ株主，経営者，労働者の三者のうち二者間で同盟関係が形成されることで残りの一者との対立構造が生まれ，そのような構造の中でコーポレート・ガバナンスのあり方が決まってくる（Gourevitch & Shinn 2005）.

●**アイディア中心アプローチ**　最後が，コーポレート・ガバナンス改革のアイディア面に着目するアプローチである．近年のコーポレート・ガバナンス改革の基本的な考え方として，株主の意向に沿って企業経営はなされるべきであるという前提がある．このような考え方は，経済学のエージェンシー理論（プリンシパル-エージェント理論）によって学問的に裏付けられてきた（Bevir 2012；Fama 1980；Jensen & Meckling 1976；レマン 2021）．すなわち，エージェンシー理論というアイディアの形成と普及が近年のコーポレート・ガバナンス改革を促進してきたと考えられるのである（Dobbin & Jung 2010）．実際に各国で制度改革を主導してきたのは，「法と経済学」を専攻し，エージェンシー理論に共鳴する専門家達だったとする研究もある（Vitols 2013）.　　　　　　　　　［西岡　晋］

財政政策

☞「政治的景気循環」p. 384,「金融政策」p. 518

　財政政策は，政府が歳入（税や国債発行など）と歳出（公共事業など）を増減させて，景気の拡大や抑制を図ることで，マクロ経済を安定させることを目的とする政策である．比較政治学では，先進国間で異なる財政政策がとられるのはなぜか，また国ごとに財政黒字・赤字や政府債務残高の規模が異なるのはなぜなのかに関心が寄せられ，多くの研究が行われてきた．

●**政権政党の党派性**　国ごとの財政政策の違いを説明する政治的要因として注目されてきたのは，政権政党の党派性である．党派的景気循環論は政治的景気循環論を批判し，失業を嫌う労働者階級を支持基盤とする左派政党（社会民主主義政党）が政権を担うと，完全雇用を目標として財政拡張政策をとり，インフレを嫌う中産階級を支持基盤とする右派政党（保守政党）が政権を担うと，インフレ抑制を目標として財政緊縮政策をとると主張した（Hibbs 1977）．権力資源論も，労働運動と社会民主主義政党が強い北欧諸国では，福祉国家が発展して財政規模が拡大する一方，労働運動と社会民主主義政党が弱いアングロ・サクソン諸国では，福祉国家は発展せずに財政規模も抑制されると説明した．

　ところが1980年代以降，グローバル化の進展により，先進国は小さな政府に収斂するという見方が広まった．各国は企業や投資資金を引き留めたり呼び込んだりするために．税や社会保障支出を引き下げ，労働規制や環境規制の緩和を進める底辺への競争を強いられるようになったというのである．

　この収斂説に対し，国内の政治過程を重視する政治学者から反論がなされた．グローバル化により不安定な状況に陥った人々は，政府に再分配政策を求めるようになり，左派政党への支持が増えるというのである．ギャレットは，1980年代後半の先進国では，貿易開放度が高い国ほど左派政党が強くなり，政府支出が増大するという関係を見出した．また金融政策については，資本逃避を招くような低金利政策を実施することは難しくなったものの，財政政策については，グローバル化により資金の貸し手も増えたのだから財政拡張政策をとることは可能だと主張した（Garrett 1998）．ボイッシュも，左派政権の国では，固定資本や人的資本への投資という供給力強化のための財政支出は拡充されていることを示し，財政政策の収斂は生じていないと主張している（Boix 1998）．

　もっとも，不況時の財政政策については，収斂の傾向がみられる．第一次石油危機以降のスタグフレーション下では，右派政権の国がインフレ抑制のため緊縮財政をとる一方，左派政権の国は失業を減らすために財政支出を拡大させた．し

かし1980年代に資本移動の自由化が進んだことで，左派政権の国でも不況時における需要喚起のための財政出動は行われなくなったのである（Boix 2000）．

●**財政赤字の規模の違い**　次に国ごとの財政赤字・政府債務の規模の違いを政治的要因から説明する研究をみておく．注意すべきは，財政支出の規模と財政赤字の規模とは一致せず，政権政党の党派性からは財政赤字の規模を説明できないことである．左派政権が歳出を増やしても，それを上回る規模の増税を行えば政府債務は増えず，右派政権が歳出を減らしても，それを上回る規模の減税を行えば政府債務は増える．前者の典型例が北欧諸国，後者の典型例がアメリカである．

ワインギャストらは，財政赤字を共有資源問題ととらえた．税は国民から広く集められる共有資源であり，そのコストは認識されにくい．反面，財政支出による個別事業の利益は特定の人々に集中する．このため政治家は，公共事業などが地元の選挙区にもたらす利益を税のコストに比べて過大に評価し，その結果，税収に比して過剰な支出が行われることになる．よって全国一選挙区の場合に比べて，選挙区が細分化されて選挙区の数が増えれば増えるほど，財政支出は増大し，財政赤字が膨らむと考えられる（Weingast et al. 1981）．

一方，ルービニらは，内閣の在任期間が短く，多数の政党から構成される弱い政府の国で財政赤字が増大すると考えた．単独多数政権と比べて多数の政党から構成される連立政権では，政党ごとに政策や支持団体が異なり，それぞれが異なる分野への財政支出を主張する．しかも各政党は連立離脱という拒否権をもつため，その要求は受け入れられ，財政支出は肥大化する（Roubini & Sachs 1989）．さらに単独政権の場合，増税や歳出削減など財政再建のコストを野党の支持層のみに押しつけることができるのだが，連立政権では各党が異なる支持層をもつため，財政再建のコストをどの階層・集団に負わせるのか調整が難しく，財政再建は遅れる（Alesina & Drazen 1991）．

弱い政府を生み出す選挙制度と執政制度に着目した研究もある．小選挙区制の国では単独多数政権が成立しやすいのだが，比例代表制の国では多党制となり，イデオロギーが異なる政党が連立政権を構成することになりやすいため，財政赤字が増大する．また大統領制の国では，政権の任期が固定され，継続期間も長くなるため，財政赤字の規模は小さくなるという見方がある一方，大統領制では分割政府となりやすく，党派間での調整が難しいため，財政赤字の規模は大きくなるという見方もある（Persson & Tabellini 2004）．

これらの研究を実証的に否定する研究も多く，通説は確立されていない．近年では予算編成過程と予算制度に注目し，財政ルールや中期財政フレームが決められている，その遵守状況を独立財政機関が監視する，閣内や連立与党間で予算編成の権限が集権化されている，予算に関する情報の透明性が高いという場合に，財政赤字の規模は小さくなるとする研究もある（田中 2011）．　　　［上川龍之進］

金融政策

☞「財政政策」p. 516

　金融とは，経済におけるお金の流れを指す．金融は経済の血液といわれるように，お金の流れは，政治的に重要な経済成長や雇用などにも大きな影響を及ぼす．金融に関わる政策として，金融政策・為替政策・金融規制などがあげられる．

●**金融政策と中央銀行の民主的コントロール**　金融政策とは，金利や通貨供給などの手段を用いて物価を安定させ，景気変動を調整する政策であり，中央銀行によって担われる．適切な金融政策を選択し実施するにあたって，専門家による中立的な判断が民意により妨げられる可能性があり，金融政策は民主主義の原則と相いれない面がある．専門性と民主的コントロールの問題は他の経済政策においてもみられるが，金融は信用を基盤に成り立っているため，特にこの問題が強く現れる．

　物価を安定させるためには，景気が過熱している場合に金融を引き締めて景気を後退させる必要がある．しかし景気後退は世論の支持を得ることが難しく，選挙結果や支持率を気にかける政治家に好まれない．その結果，金融政策が政治的に決定されるとインフレ・バイアスが生じ，長期的に物価を安定させることが困難になる．たとえ政策決定者が長期的なインフレ抑制政策を約束しても，インフレ・バイアスのため市場の信頼を得ることができず，期待インフレ率を抑えることができないという時間非整合性の問題が生じる（Rogoff 1985）．

　これを克服するために，中央銀行を政治から独立させるべきであるとする議論が，1980年代以降さかんになった．金融政策を民主的コントロールから切り離し，中立的な専門家からなる中央銀行に委ねることで，インフレが抑制され長期的な経済成長が可能になるとするものである．1970年代以前の中央銀行は，経済発展のために特定分野への資本供給を誘導するといった役割も担っていたが，1970年代の高インフレの時代を経て，中央銀行の独立性が重視されるようになった．政府による経済への介入は安定的な貨幣供給に限定するべきであるとするマネタリズムの考え方も反映されている．

●**中央銀行の独立性と経済的パフォーマンス**　1980年代以降，日本を含む多くの国で制度改革が実施された．中央銀行の独立性の測定方法は多様に議論されているが，1980年代以降の独立性の増加傾向は顕著である（Crowe & Meade 2007）．統一通貨ユーロの導入に伴い1998年に誕生した欧州中央銀行も独立性が高い．制度改革が進むとともに，経済学・政治学では，中央銀行の独立性がインフレ率や経済成長に与える影響も幅広く研究され，当初は高い独立性が低インフレと相関するとされたが（Alesina & Summers 1993），次第に他の制度との関連

も注目されるようになり，賃金交渉制度などとの相互作用や（Hall & Franzese 1998；Iversen 1999），財政赤字との関連（Bodea & Higashijima 2017）が検証されている．

●**金融危機と非伝統的金融政策**　2007年からのグローバル金融危機以後，中央銀行の独立性を巡る議論に変化が訪れる．中央銀行の主な政策目的はインフレの抑制からデフレの克服へと様変わりし，景気の押し上げを期待されるとともに，金融システムの安定確保も中央銀行の役割とみなされた．こうした期待に応えるべく先進国の中央銀行は政策金利をゼロ下限に近づくまで引き下げたため，追加利下げができなくなり，量的緩和やフォワード・ガイダンスなどの非伝統的金融政策を採用した．

　この動きを先取りしていたのが日本で，バブル経済の崩壊後，金融システムの不安定化とデフレに直面し，早くも1999年には日本銀行はゼロ金利政策をとって2001年には量的緩和政策を開始した．グローバル金融危機後の2013年には，国債に加えて上場投資信託（ETF）なども大規模に買い増す「量的・質的金融緩和」を導入した．この過程で，2000年代初めおよび2012年から13年にかけ，日本銀行に対し金融緩和を求める政治的要求が高まったことは，中央銀行と政治の関係に新たな問いを投げかけた（上川 2014）．中央銀行の信頼を維持しつつ政治的目標との調整を図ることは可能なのだろうか．

　こうした傾向は，2020年以降の新型コロナ感染拡大に際し世界的に強まった．金融緩和だけでなく財政出動も増大したため，非伝統的金融政策が事実上の財政ファイナンスの役割を果たす局面もあり，財政と金融の協調が求められる中で（Corsetti 2023），中央銀行の独立性の意味が改めて問われている．パンデミックの終息後，各国は再びインフレに直面したが，政府債務が累積している状況では，中央銀行に金利を低く保つ圧力がかかりうる．

●**金融政策の政治性**　金融危機後の非伝統的金融政策には，資産価格を上昇させ格差を拡大させたという批判がある一方（Jacobs & King 2021），労働市場の改善により格差を縮小させたという研究もあり，明確な結論は得られていない（CGFS 2019）．いずれにしても，金融政策は政治的に中立ではなく，配分的影響も有することが認識されるようになった．

　近年では，経済的包摂の推進やグリーン移行といった政策目標の追求も中央銀行に期待されるようになっている（UNCTAD 2023）．しかし複数の目的の設定は，中央銀行に政治的判断を迫り，中立的な中央銀行という前提が揺らいでいる（Fernández-Albertos 2015）．　　　　　　　　　　　　　　　　　［杉之原真子］

📖さらに詳しく知るための文献
・上川龍之進（2014）『日本銀行と政治――金融政策決定の軌跡』中公新書.
・軽部謙介（2024）『人事と権力――日銀総裁ポストと中央銀行の独立』岩波書店.

都市政治

☞「多元主義」p. 332

　都市の政治は国家の政治と比べて地理的範囲が狭い．生活に密接に関わる争点が扱われ，人々が自発的に問題を解決していく必要性が高いために政治参加の重要性が高いと指摘される．ブライスやトクヴィルなどの思想家は，都市政治の民主的性格を強調する．だが，国家の政治と比べて地方選挙での投票率は往々にして低い．今日では，都市政治を完全に独立した場とみなしたり，その民主的性格を過度に強調したりするのは適切ではないとの指摘も強くなっている．

●**地域権力構造論争と都市レジーム論**　アメリカの都市政治の特徴を巡って，エリーティスト学派と多元主義論者の間で地域権力構造論争と呼ばれる論争が展開されてきた．エリーティスト学派は声価法と呼ばれるインタビューを中心とする調査を通して，都市の権力は一部の人々に独占されていると認識されていることを明らかにした．他方，多元主義論者は，いくつかの政策領域に関して，提案を行ったのは誰か，その提案が採用されたか否か，拒否された場合は誰によって拒否されたのかを調査し，具体的な意思決定の場で権力を行使した者を特定した．

　地域権力構造論争は，権力者の定義とその測定方法について意見の一致をみない，位相の異なる議論だったが，多元主義論者が，両方のアプローチを組み合わせた実証研究を行っていくにつれ，エリーティストが見出したようなエリートは実在しないことが明らかにされた．ダールに代表される多元主義論者は，政策決定に強い利益関心を有する人々が利益集団を組織してその利益関心を主張すれば，都市政府は諸集団間の利益調整を適切に行うので，特定の個人や集団があらゆる争点で利益を独占することはないと，都市政治の民主的性格を強調した．

　だが，利益集団の組織化に伴うコストを考えれば，その組織のされやすさに相違がある．また，都市の政治システムには実際にはバイアスがかかっているとも指摘されている．例えば，バクラックとバラツは，多元主義論者は権力の行使については論じているものの，争点が浮上するのを抑制する「非決定」に関する権力について論じていないと指摘し，ボルチモアを対象とした研究で貧困撲滅政策が争点化されていないことを指摘した．その指摘を踏まえてストーンは，アトランタ市を対象とした調査で，特定の民間企業が優越的な地位を占める様を，システミック・パワーという概念を用いてレジーム論として提起している．

●**足による投票と都市の限界**　上記の議論が都市を独立した場とみなしたのに対し，都市を開放系としてとらえたのが，ティボーの「足による投票」モデルである．消費者たる住民は望ましい税とサービスの組合せを供給する地方政府を自由

に選択できるため（足による投票），住民と地方政府の間には市場メカニズムに近い資源配分が成立することから，地方政府によるサービス提供はすべての人々の利益関心に合致する形で行われうると指摘した．この見解によれば，公共政策は中央政府ではなく地方政府が実施する方が望ましい結果が導かれることになる．

これに対しピーターソンは，都市政府はそれぞれの地域の権力構造の違いにもかかわらず，開発政策に積極的になる一方で，再分配政策に消極的になると指摘する．地方政府は財源の多くを自主的に確保・運用する必要があるにもかかわらず，通貨を発行することができないし，住民や企業の移動を制限することもできない．そのため，都市政府が税収を確保するには，市に経済発展をもたらし高額納税者を利するような開発政策を積極的に推進する一方で，納税せずにサービスを利用する貧困者を利するような，市の経済発展に否定的な効果を及ぼす再分配政策には消極的にならざるをえないという．この「都市の限界」論によれば，開発政策は都市レベルで行う方が望ましい結果が得られるのに対し，再分配政策は中央政府が一律に行う方が好ましいことになる．この議論は都市政治が中央の政治の単なる従属変数ではないものの，完全に独立しているわけではないことを明らかにしているといえよう．

●**多様性，貧困，治安**　都市には移民や新来の民族集団が移住してくることも多く，社会の多元性とそれに伴う問題が現出する場合も多い．都市には生活水準の向上を目指して貧困者が移住してくることも多いが，十分な収入を得られない低スキル労働者が住宅価格と物価の高騰に直面して生活に困窮することも多い．だが，ピーターソンが指摘するように都市は積極的な再分配政策を採用するのが容易でないため，中央政府が問題解決に乗り出さない限りは貧困問題は解消されにくい．産業構造の変化に伴い，所得階層と社会階層の流動性が低下する今日では，格差が固定化し，都市内でも所得による居住地域の分断が発生する場合もある．その分断は，人種・民族的な分断とも関連する場合が多い．

同質性を前提とした小規模コミュニティとは異なり，人口の移動が激しく，見知らぬ者同士が共生している都市では，多元性を受け入れつつも，安定的な秩序を創出して，人々が日常生活を営むことができる条件を整備する必要がある．そのため，治安を扱う警察などの専門家が紛争を処理する必要がある．だが，法執行機関の担い手と取り締まられる側に人種・民族的相違が存在する場合などには，相互の不信感が強まって社会的分断が深刻化することが多い．また，専門家に問題解決を委ねることは，住民が地域に対する決定権を失う危険性をともなっている．

それらの問題を解決するために人々の政治参加を促すよう提唱されることが多く，独自の試みを展開する都市も多い．グローバル化が進展する今日，社会的包摂を念頭に置いた都市政治の実施が求められているが，その実現は容易ではないといえるだろう． 　　　　　　　　　　　　　　　　　　　　　　　　　　　　　　［西山隆行］

格差と政治

☞「中位投票者定理」p. 222

本項目は，不平等と再分配との間の関係を解説する．政治を「価値の権威的配分」（Easton 1953：129）と定義するならば，税や社会保険料という形で国家が国民に負担を課し，それを財やサービスといった形で再分配することで格差を是正する働きは政治の中心的課題となる．もちろん，一口に「不平等」といっても，ジェンダー間の不平等や，民族集団間の不平等など，さまざまな不平等が社会には存在するが，本項目は資産や所得といった経済的格差に限定し，格差と政治との間の複雑な関係を探っていく．

●**再分配の政治経済モデル**　まず，経済的格差と政治の関係を考える上で参照基準となるのが，Meltzer & Richard（1981）による再分配の政治経済モデルである．この演繹モデルによれば，結論からいうと，所得格差が大きい社会ほど再分配の規模が大きくなる．

その理由は次のとおりである．彼らはモデル構築に当たり次の前提を置く．①すべての有権者はみずからの所得と社会全体の平均所得を知っている，②有権者は自己の可処分所得を最大化するように行動する，③すべての有権者が同じ税率で所得税を納める比例税制度を取る，④政府は全有権者に同額のお金を再分配する定額給付を行う，⑤税率が高すぎると労働意欲が減退し，社会の総生産額が減少し，個人の受け取る再分配の額も減る，⑥政府の歳入と歳出が等しくなる均衡財政を取る，の六つである．

こうした前提を置くとき，中位投票者定理から政府の再分配政策を決定する地位を占める中位投票者は再分配から利益を得るので，再分配が行われる．というのも，最も貧しいものから中位投票者までの票を合わせれば有権者の過半数を占めることができるからである．中位投票者が再分配から利益を得られるならば，選挙を通じてそうした政策が実施される．ここで，中位投票者が再分配から利益を得られる程度は，中位投票者の所得（中位所得）と平均所得との差として表現される．1人当たりの定額給付は，定額給付＝（総所得金額×比例税率）/有権者数＝（総所得金額/有権者数）×比例税率＝平均所得額×比例税率となるので，中位投票者にとっての再分配後の利得は，定額給付額－納税額＝（平均所得額－中位投票者の所得）×比例税率となるからである．

この論理だけでは，平均所得と中位所得との間に差がある限り中位投票者は税率引き上げを求めることになり，常に税率は100％となってしまう．しかし，前提⑤を置いているので，増税が生産意欲を引き下げて1人当たりの給付額が下が

らない範囲で，中位投票者は税率引き上げを求めることになる．するとこのモデルからは，平均所得と中位所得との差が広がれば広がるほど，社会的総生産が減少しても，中位投票者にとっては再分配から得られる利得が大きくなり，政策を決定できる位置にある中位投票者はより大きな再分配を求めることになる．一般的に，平等な社会では中位所得と平均所得は一致し，所得格差の大きい社会ほど中位所得と平均所得との乖離は大きくなるので，経済的格差の大きな社会ほど再分配の規模が大きくなるという含意をこのモデルから引き出すことができる．

●「再分配のパラドクス」との格闘　上述の政治経済モデルは，論理的には説得力があるものの，現実社会の経験とは一致していない．例えば，政府による所得分配前の市場所得のジニ係数が高い国ほど再分配の程度が大きいかといえば，そのような関係は必ずしも確認できない．この理論と現実のギャップは「再分配のパラドクス」と呼ばれ，多くの政治学者がこの謎の解明に取り組んできた．

　一つの見解として，政治的競争の多次元性にパラドクスの原因を求める研究がある（Roemer 1998；Shayo 2009）．政治的対立軸が経済的格差だけであれば所得格差の拡大は中位投票者により多くの再分配を求めさせるが，宗教やアイデンティティといった経済次元とは異なる対立軸が存在する場合，この関係は必ずしも成立しない．経済的に貧しい中位投票者も，ナショナリズムや宗教の次元で富者の側と連合を形成する可能性が存在するからである．

　また，将来所得の流動性がこのパラドクスを説明するとする研究もある（Alesina & La Ferrara 2005；Rueda & Stegmueller 2019）．もし，貧しい者が将来も貧しいままであると考えるならば，税率を引き上げることは給付額の増加となって返ってくるので得をする．しかし，現在の所得が平均未満でも，中位投票者が将来の所得や自分の子供達の所得が平均を上回ると見込むのであれば，将来の利得を考えて税率を低くすると考えられる．実際，所得階層間の流動性の高い社会集団ほど，再分配への支持が低い傾向がみられるという．

　さらに，自己利益だけでなく，市民の間の利他主義や「公正さの感覚」といった理念も考慮すべきであるとする研究も存在する（Ballard-Rosa et al. 2017；Cavaillé 2023；Rueda & Stegmueller 2019）．また，そもそも有権者は社会の経済的格差の存在自体を正しく認識できているのかどうかに疑問符を付す研究もある（Yanai 2017）．

　このように，不平等と再分配との間の関係は一筋縄ではいかない複雑なものである．現代社会を特徴付ける格差の拡大がどのように政治と結び付くのか，一層の研究が俟たれるところである．　　　　　　　　　　　　　　　　［稗田健志］

📖さらに詳しく知るための文献
・田中拓道ほか (2020)『政治経済学——グローバル化時代の国家と市場』有斐閣 (特に第 8 章).

グローバリゼーションと体制変動

☞「ハイブリッド体制」p.184,
「民主主義の後退」p.188

　グローバル化の動きの中での,「民主化」とされる体制変動はフクヤマによる「歴史の終わり」として知られた1990年代初頭にその動きが観察されるようになった（Fukuyama 1992）. 当時は,複数政党制下での選挙による政権選択が実施される政治体制への変化を「民主化」と評価し,ここには移行局面（transition）と定着局面（consolidation）の二つの局面の存在があるとされ,そのプロセスの検証が行われるようになった.

●**体制変動の評価の変容**　しかし,移行・定着論とされた民主主義の類型論自体が大きく後退した. こうした評価に代わり,1990年代後半には,複数政党制下での選挙実施のみで想定されていた民主主義への留保として,否定的な形容詞をつけた民主主義としてのとらえ直しが行われた. 委任民主主義（delegative democracy）はその代表的概念であり,ここでは特に水平的説明責任（horizontal accountability）における課題として概念化された,三権分立における行政府（執政府）の優位性という特徴が問題化された.

　21世紀を迎える頃には,民主化したと考えられた政治体制をより厳しく評価する視座が示されるようになる. ここに登場したのは形容詞付き権威主義という概念群であり,複数政党制の下での選挙は実施され,政権選択は行われているものの,特に選挙実施過程に問題があるという指摘がその中心的な問題点であった.「選挙権威主義（electoral authoritarianism）」や「準権威主義（semi-authoritarianism）」に加え,レヴィツキーらの議論で一躍認知されるようになったのが「競争的権威主義（competitive authoritarianism）」という概念であった. この概念は,国際関係の要素も加味しつつ,完全な権威主義ではないという前提条件のもと,広範な選挙権が認められる（一般的には政治「参加」が実現される）ものの,公正な選挙の実施,市民的自由への侵害,選挙に際しての平等なプレイング・フィールド（playing ground）における問題を抱える政治体制として概念化された. 補足的な条件としては,イランのように選挙で選ばれた政府の権威（大統領）が選挙で選ばれていない後見的な（tutelary）権力（宗教指導者）の大幅な制約を受けている事例は排除されている. こうした概念化にみられるとおり,選挙という複雑な政治現象に改めて分析を加える必要性が浮上してきた.

●**危機に瀕する民主主義**　グローバル化が進んできたとされる現下の世界各地において,冷戦終焉直後には唯一あるべき政治体制とも考えられたリベラルデモクラシーがさまざまな挑戦にさらされている. 2021年版のフリーダムハウスの報

告書は「反民主主義的転回（antidemocratic turn）」というタイトルを冠し，さらに最新の2022年版のフリーダムハウスの報告書では，「権威主義的支配のグローバルな拡大（global expansion of authoritarian rule）」というタイトルが採用されている．2022年版のフリーダムハウスのデータ上は，過去16年にわたり，後退（declined）した国の数が改善（improved）した数を大幅に凌駕していると指摘されている．そして，執筆時の最新版となる2023年度版では，17年連続でグローバルなレベルでの自由が後退しているとの指摘とともに，「50年に及ぶ民主主義への闘争（making 50 years in the struggle for democracy）」というタイトルが付されており，引き続き民主主義への闘争が継続しているという危機意識が示されている．

「民主主義の後退（democratic recession）」という現象を巡っては，国際的なデータスコアの平均値に変化がほとんどないことから，2000年代において民主主義が全体としては安定傾向を示しているが，実際に生起しているのは権威主義の強化だとする主張が行われてもいる．2000年代と今日には時期的なズレこそあるものの，「民主主義の後退」とされる現象についてより慎重な学術的な検討が求められる．

また，近年の議論においても，こうしたさまざまな挑戦の現状をとらえる際の概念化は極めて多様である．例えば，先に触れたフリーダムハウス報告書でも2019年版では「民主主義の後退，あるいは退行（democracy in retreat）」という標題が掲げられているものの，本文には「民主化の巻戻し（democratization rollback）」，あるいは従来から用いられているバックスライディング（backsliding），「民主主義の溶解（democratic erosion）」などの概念が併用されている．また，アメリカの文脈では「溶解」の他に民主主義への「攻撃（attack）」といった概念化の下での評価がなされており，現状において民主主義がさまざまな試練に立たされているという認識が示されている．社会の二極化によってもたらされた内側からの「合法的な独裁体制」の構築に対する危機意識から「民主主義の死」という表現まで現れてきたことにもこうした認識は共有されている．しかし，このように同時に多くの概念が現れていることで，多様な問題の広がりを十分に分析的に整理しきれておらず，世界的に生じている多様な現象に関わる評価を巡って混乱をきたしているようにも見受けられる．

民主主義の後退論は，先にあげた民主化したとされる政治体制の性格への評価の変化とも無縁ではない．形式的には選挙実施という民主主義制度の維持をみせかけながら，さまざまな選挙の操作を行うとともに，リベラルな制度をも侵食する形で，両者の機能を後退・侵食させる傾向が観察できる状況が近年の「民主主義」において生じている．そして，こうした現象が，民主主義やリベラルな制度の何らかの「閾値」を超えてどのように進んでいるのかを改めて検討する必要を迫っている．

［遠藤　貢］

グローバル・タックス

☞「SDGsと政治」p. 534

　気候危機をはじめとする地球環境問題，貧困や格差の拡大，紛争や核兵器の使用の可能性など地球規模課題は，人類の生存危機にまで深刻化している．どうすればこのような危機を回避し，持続可能な地球社会を創造することができるのか？その鍵の一つがグローバル・タックスである．

●**グローバル・タックスの三つの柱と意義**　グローバル・タックスとは，大きくとらえれば，地球規模で税を制度化することである．これには3本の柱がある．第一の柱は，各国が連携して共通の国際課税ルールをつくり，課税のための情報を各国の税務当局が共有することであり，第二の柱は，金融取引税，地球炭素税など実際に国境を越えた革新的な税を実施することである．そして第三の柱は，課税・徴税を行い，税収を地球規模課題の解決に向けて公正に使用するための透明で，民主的で，説明責任を果たすことのできるガバナンスを創造することである．

　グローバル・タックスが実現すれば，第一の柱により長期的にタックス・ヘイブン（租税回避地）はなくなり，第二の柱である税の政策効果により，投機的金融取引やエネルギーの大量消費など，グローバルな負の活動は抑制され，理論上，年間400兆円ほどの税収が生み出されて地球規模課題の解決のために充当されうる．さらに，第三の柱によりグローバル・ガバナンスの透明化や民主化，説明責任の向上が進むことが期待される．最後の点のロジックは以下のとおりである．

　加盟国の拠出金に依存し，国益に拘泥されて真の意味で地球益を追求できない既存の国際機関に対し，グローバル・タックスを財源とする国際機関は拠出金を財源とせず，自主財源をもつことになるので，加盟国の国益に拘泥されず，純粋に地球益を追求でき，政治的にも加盟国からの自立性が高まる．

　また，桁違いに多数で多様な納税者に説明責任を果たすためには，高い透明性と民主性が求められる．とりわけ，税収の使途決定にあたっては，政府代表だけでなく，さまざまなステークホルダー（利害関係者）が加わって物事を民主的に決定していくマルチ・ステークホルダー・ガバナンスが必須となる．これにより，政府代表だけで資金の分配などを決定している従来の国際機関よりも，多様な視点やチェック機能がビルトインされ，税収の分配を含めて，より公正な意思決定が行われることとなる．

　今後さまざまなグローバル・タックスが導入され，それにともなって次々と自主財源とマルチ・ステークホルダーによる意思決定を備えた国際機関が創設されることになれば，現在の強国・強者主導のグローバル・ガバナンスは，全体とし

て大きく変革を迫られることになる．さらに，グローバル・タックスを財源とする国際機関が多数創設された場合，長期的にこれらの機関がどこかの時点で一つに収斂して「グローバル・タックス機関」とも呼べる機関が設立される潜在性がある．そして，その機関を民主的に統制するために「グローバル議会」ないし「世界議会」とも呼べる組織が創設される可能性さえ展望できる．それが実現すれば，マルチ・ステークホルダーで担保していた各機関レベルでの透明性，民主性，説明責任が，まさにグローバルなレベルで担保されると考えられる．

このように，グローバル・タックスは資金創出，グローバルな負の活動の抑制のみならず，現在のグローバル・ガバナンスを変革する潜在性をもっていることから，その意義は限りなく大きいのである（上村 2021a；2023；上村編 2019）．

●**グローバル・タックスの実際**　グローバル・タックスの第一の柱の例として，巨額の利益を上げながら，それに見合った税金を払わない GAFA に対して，各国が OECD を通じてデジタル課税という共通の課税ルールをつくったこと，また多国籍企業を誘致するための法人税率の底辺への競争を防止するために，グローバル法人税共通最低税率の設定を決定したことがあげられる（上村 2021b）．

第二の柱は，国際連帯税とも呼ばれ，フランスをはじめ 10 カ国が航空券連帯税を実施している．これは，実施国を出発するすべての飛行機の乗客に課税し，その税収を Unitaid（国際医薬品購入ファシリティ）と呼ばれる国際機関の財源にする仕組みである．Unitaid は税収を用いて，途上国の貧しい人々がエイズ，結核，マラリア，C 型肝炎などの治療を受けることを可能にしている（上村 2009）．現在，EU では金融取引税の議論を行っているが，これが実現すれば投機的取引の抑制とより大きな税収という二重の配当がもたらされる可能性がある．また，アフリカ諸国は気候危機に対処するための資金を創出するために，地球炭素税を提案している．

第三の柱の萌芽は Unitaid の理事会にみられる．フランス，チリなど 9 名の政府代表に加えて，NGO から 2 名，財団から 1 名，国際機関（WHO）から 1 名で理事会は構成されている．これにより，多様なステークホルダーの意見を反映できるマルチ・ステークホルダー・ガバナンスを実現している（上村 2009）．

さらにこれをグローバルに拡大できるかどうかは，今後どの程度グローバル・タックスが実現するか次第だが，課税対象となるセクターとその所管省庁の抵抗が大きな障害となっている．これを乗り越えるためには，市民社会が力をつけ，政治家を動かし，政治の力で抵抗を覆すことが求められる．その意味で，グローバル・タックスの実現は，市民社会の力量にかかっているといえよう（上村 2021a）．

［上村雄彦］

📖**さらに詳しく知るための文献**

・上村雄彦編著（2016）『世界の富を再分配する 30 の方法——グローバル・タックスが世界を変える』合同出版．

資源外交

☞「レンティア国家」p. 110

　「資源外交」は主に日本において用いられる概念であり，その意味は多義的である．狭義には，資源輸入国によるエネルギー資源の安定的供給の確保を目的とした外交政策を意味する場合が多く，広義には，政府だけでなく民間企業を含む，資源を巡る国際政治や外交が議論の射程に含まれる（池内 2013）．また「資源」の定義も明確には定められていない．多くの場合，化石燃料や経済的価値の高い鉱物資源を指すが，各国・各時代の需要に応じて対象となる資源は変わってくる．

　なお，英語圏では「資源（の）政治（resource politics）」という概念の中で，対外的な資源調達についても議論されることが多い．しかし資源政治の研究の多くは，自国の資源を巡る国内政治や政策に主眼を置く傾向がある．21世紀に入ると，中国による対外資源獲得の動きが活発化する中で，特に2010年代以降，英語圏でも「資源外交（resource diplomacy）」の概念を用いた研究論文が増えてきている．それらの多くは，東アジア諸国（特に日本，中国，韓国）の対外資源調達を議論するものである．

●石油危機と日本の資源外交　日本で「資源外交」という概念が定着し，幅広く使用されるようになったのは，戦後，特に1970年前後からである（宮城 2013）．当時の中東情勢を受けて石油危機に直面した日本では，エネルギーの安定的供給が喫緊の課題となった．いわゆるエネルギー安全保障である．日本では，それまでにも個人の実業家や政治活動家が海外で自主開発による油田獲得を目指してきたが，1970年代以降は日本のエネルギー安全保障の一つとして，石油や天然ガスなどのエネルギー資源の安定的確保が政府の重要な外交政策課題となった．エネルギー資源を巡る日本の外交戦略は多角的であり，資源産出国での資源権益の獲得を目指すだけでなく，資源消費国間の協調体制の構築（例えば国際エネルギー機関［IEA］など）や，資源産出国への投資や技術供与によって国家間関係を強化することで，エネルギー資源の安定的供給を確保しようとしてきた（池内 2013；宮城 2013）．

●中国の資源外交　石油産出国である中国は，経済成長に伴う国内石油消費量の増加を受けて，1990年代半ばに石油の純輸入国に転じた．以来，中国はロシアや中東，中央アジア，アフリカなどを中心に，海外でのエネルギー資源の調達に注力している．また銅やニッケル，ボーキサイトといった鉱物資源の獲得にも精力的である．

　中国の対外資源獲得戦略は極めて多角的である．中国政府は海外での資源権益

の獲得だけでなく，中国の国有・民間企業が資源産出国のさまざまな産業やインフラ整備に進出することを奨励している．資源分野に限らず，資源産出国の開発全般を促進することで，両国の友好関係を深めるとともに中国製品の浸透をもはかる狙いである．例えばアフリカでは，中国による農業技術センターやマラリア対策センターの設置のほか，現地の中小企業に対する融資制度の創設，中国企業専用の経済特区の造成，中国語教育機関である孔子学院の設置，中国でのアフリカ人留学生の受け入れなどが実施されている．また中国の資金援助は完全タイドであり，中国企業の受注が条件に含まれるほか，原油や鉱産物など天然資源による現物返済契約が盛り込まれることも多い．これにより相手国から中国への将来的な資源輸入が確保されることになる（平野 2013）．

●**資源輸出国の資源外交**　資源外交に関する研究は，主に資源輸入国を分析対象にしているが，資源輸出国を対象にした研究もみられる．研究の焦点は，資源輸出を交渉カードに用いて自国の国際的地位や経済発展を確立しようとする資源産出国の外交戦略である．例えば軍政時代のミャンマー政府は，アメリカや欧州連合（EU）から経済制裁を受けて国際社会から孤立する中，中国に木材や鉱物（特に翡翠や銅），天然ガスなどを輸出することで外貨を獲得し，さらには中国からの政治的バックアップと経済協力を獲得してきた（工藤・渡邉 2013）．

またロシアは世界最大の天然ガス輸出国であり，欧州諸国の多くがパイプラインを通してロシアから天然ガスを輸入している．欧州の天然ガス市場におけるロシア産天然ガスのシェアの高さが，欧州地域におけるロシアの地政学的な影響力の源であるという（畔蒜 2013）．2022 年にロシア・ウクライナ戦争が始まると，EU 諸国は制裁措置としてロシア産石炭や石油製品の輸入を禁止したが，ロシアはそうした経済制裁に対して，欧州への天然ガス供給の削減を通告した．欧州のロシア産天然ガス輸入量は大幅に減少し，化石燃料の脱ロシア化が進む結果となった．しかし液化天然ガス（LNG）についてはロシアからの輸入が続いており，欧州諸国がロシア産エネルギー資源への依存から脱却することは難しい．

また 2000 年代半ば以降，ロシアは中国や日本などアジア太平洋地域の天然ガス市場の獲得にも本格的に着手するようになった（畔蒜 2013）．アジア太平洋地域への天然ガス供給事業には多くの課題があるが，天然ガス輸出を通してアジア太平洋地域にもロシアの影響力拡大がはかられている．　　　　　　　［森下明子］

📖さらに詳しく知るための文献
・白鳥潤一郎（2015）『「経済大国」日本の外交──エネルギー資源外交の形成 1967-1974 年』千倉書房．
・Power, M. et al. (2012) *China's Resource Diplomacy in Africa: Powering Development?* Palgrave Macmillan.

食料と政治

☞「SDGs と政治」p. 534

　食料は生存の不可欠の要素であるため近代国家では食料安全保障に関して多くの議論がなされてきた．人口が等比数列的に増加するため食料生産が追いつかず飢饉が起こると論じたマルサスの人口論は有名である．今日，政治経済学で飢餓や栄養不足の問題に大きな影響を与えているのはセンの「エンタイトルメント」（権原）論である．センは人が正当な所有あるいは交換によって財を得られる能力・資格のまとまりを権原とし，その破綻が飢餓や栄養不足を招くとした（Dreze & Sen 1990）．例えば食料価格高騰は貧者が食料を購入する能力を弱め，政府による公共配給制度の失敗は人々が最低レベルの食料を確保する資格を喪失させる．国家において総人口を養う食料生産があり，かつ市場や政府を通じて人々が食料に対する十分な権原をもちうるならば飢餓は免れるとされる．

●**政治体制と飢餓**　権原保障においては政府の役割が欠かせない．20 世紀以降も飢饉は世界各地で起こっているが，飢饉が大規模化するのは政府が人々の権原保障を軽視する場合である．権原の保障は自由なメディア，自由公正な選挙が存在し政府が人々に対してアカウンタビリティをもつ民主主義国とくらべ，権威主義的，独裁的な国では貧弱であることが明らかである．ソ連時代のウクライナ大飢饉（1932〜33 年），インドの植民地時代のベンガル大飢饉（1943〜44 年），中国の大躍進政策期の大飢饉（1959〜61 年）では数百万〜数千万人の死者があったとされる．朝鮮民主主義人民共和国でも大規模な飢饉（1994〜98 年）が起こった．民主主義的な体制でも飢饉は起こっているが，政府の人々に対する権限保障の機能が高いため，権威主義国よりも飢饉問題により適切に対処できる可能性が高いことが近年の計量研究で示されている．

　一国が食料危機，栄養不足に対処する有力な手段は食料の輸入や他国からの援助である．そのため世界的な食料貿易・援助体制構造は一国の食料安全保障に大きな影響を与える．このような状況も含めて世界的な食料の供給・需要の構造を資本主義の発展史から論じたのがフードレジーム論である．

●**フードレジーム**　フリードマン（2006）によると第二次世界大戦後の農産物の生産と貿易を巡る世界的分業体制としてのフードレジームはアメリカの重商主義的政策を中心に展開した．アメリカでは最低価格保障，輸出補助，輸入制限など政府保護下，穀物栽培や畜産で資本主義農業が広がり生産量は飛躍的に拡大し余剰農産物が累積した．戦後，アメリカは余剰農産物を戦火で荒廃したヨーロッパや発展途上国に援助，安価な商品として輸出することで，国内農民の利益を保障

した. 安価な食料供給は発展途上国では体制の安定に寄与したが, 一方農民の生産意欲を削ぎ農業の発展を妨げたとされる. その後ヨーロッパ諸国の農業復興,「緑の革命」により新興農業国となった一部の発展途上国の登場によって余剰農産物問題は深刻化した. 1972〜73年にアメリカのソ連への大規模な穀物取引が実現し, 農産物は余剰から不足に転じ, 価格は高騰したが, その後, 生産余剰は拡大しつづけアメリカ, ヨーロッパ, あるいはケアンズ・グループと呼ばれる輸出諸国グループ, 保護主義国の利害対立が激化した. 政治的対立を緩和するために求められたのは, 農業の特殊性を考慮した自由主義的な食料貿易レジームの構築であった. 国内助成, 市場アクセス, 輸出の暫時自由化を合意したGATTでの多角的貿易交渉, ウルグアイ・ラウンド (1986〜94年) の農業合意はその一里塚となった.

　現在, 世界的には食料の総生産・供給量は総需要量を満たすと推定されている. しかし, 先進国などでは多くの人々が肥満に悩み, 大量の食品ロスが発生する一方, 国連世界食糧計画 (1961年〜) が指摘するようにアフリカのサヘル地域や地域紛争国を中心に飢餓や低体重児童の人口は数億人にのぼる. 人口成長にみあった食料供給と分配が依然として大きな問題で, 1996年にはローマにおいて開催された世界食料サミットで栄養不足人口を半減することをうたった宣言が採択された. これら問題の解決は基本的により自由主義的なレジームの構築を通して求められ, WTO (1995年〜) を舞台に, さらなる自由化交渉が2001年以来ドーハ・ラウンドで続けられている.

　文化面では食は伝統文化に密着する領域であり, 国家的アイデンティティの重要な構成要素である. 歴史的にみると国家の形成・強化では教育や徴兵制などを通じ食を同質化しシンボルとして統制することは重要な過程であった. ナチズムやファシズム下のドイツやイタリアでは「理想的な食事」を追求し台所を国家に接合したとされる (Ichijo & Ranta 2016). 現代でも食は国のブランドとして重要な政治的シンボルとなっており, 先進国の多国籍企業のグローバルな展開は, 利益最大化のような一見, 政治中立な活動を追求する過程で先進国文化を浸透させてきた. それに対して伝統的な食文化の維持の動きもユネスコの無形文化遺産条約 (2003年) の下での食文化の登録として顕在化している.

　現在, 食料生産・流通の新自由主義的展開と技術革新はより効率的な大量生産・大量消費を可能とし, アグリビジネスや食品小売で多国籍企業が成長している. 食料生産・流通・消費はグルーバル化が進み, 遺伝子組換え, 種子の知的所有権, 環境問題, さらには生物学的・文化的多様性の減少などの新たな問題を顕在化させている. これらの問題に対して弱い立場にある発展途上国の反発は強い. 飢餓が今日も存在する以上, 政治分析の焦点は食料安全保障であるが, 地球温暖化など環境問題も視野にいれた幅広い分析が求められている.　　[近藤則夫]

宇宙開発と政治

☞「テクノロジーと紛争」p. 462

　宇宙開発は各国が置かれた地政学的な位置や，国際社会における役割，さらには財政的な制約によってさまざまな政策目標を実現するための手段として用いられる．歴史的には多くの国が宇宙開発の目的を科学探査やプラズマなどの宇宙空間における科学的現象を理解するための研究として取り組むことになった．それは 1957〜58 年の国際地球観測年（IGY）がきっかけとなったこととも関連している．人類初の人工衛星打ち上げであるスプートニク 1 号が打ち上げられたのも IGY の一環としてであった．

　しかし，スプートニクの打上げに続き，ガガーリンによる有人宇宙飛行が始まると，米ソ宇宙競争が本格化し，どちらが先に月面着陸を達成するのかという，国家威信を巡る競争へと変質した．宇宙開発がもたらす国際的なインパクトや科学技術力の誇示が政策目的となったのである．

　同時に，宇宙空間は安全保障に有用な空間でもあった．低軌道で地球を 90 分で 1 周する人工衛星は他国の上空を飛行しても撃ち落とされる可能性が低く，米ソともに相手を偵察する手段として活用した．また，赤道上 3 万 6000 キロにある静止軌道に通信衛星を配置して，世界中から情報を集めることも可能となった．こうした安全保障目的も宇宙開発の政策目的の主要なものである．

●**宇宙の商業利用とガバナンス**　しかし，近年重要になってきているのは，宇宙空間の商業利用である．宇宙技術の成熟化が進み，小型衛星や小型ロケットの開発が進んだことで，民間企業でも投資が可能となり，衛星を使って提供するサービスから収益を上げることができるようになった．また，電気自動車のテスラ・モーターズなどを経営するイーロン・マスクなどの大富豪が宇宙分野に巨額の投資を行い，民間主導の宇宙事業を進めるようになった．これにより，各国は民間企業の活動を支援し，グローバル市場での競争力をつけることで次世代の産業として宇宙企業を育てるとの政策目標を設定するようになった．

　こうした衛星やロケットの小型化や技術の成熟化は，これまで先進工業国に限られていた宇宙開発への参入を多くのグローバル・サウスの国々にも可能にした．みずから衛星を開発し，運用する国が 60 近くとなり，今後も増加していくとみられている．ロケットに関してはミサイルへの応用が可能なため技術移転に制限がかかっており，すぐにはロケット開発国が増えるとはみられていないが，いずれ増えていくとみられる．

　そうなると，国際社会において，これまでは少数の国が合意すれば宇宙開発の

ルールを決めることができたが，民間企業やグローバル・サウスの国々が参入することによって，ステークホルダーの数が増加し，国際ルールを定めることが難しくなった．現時点では宇宙条約をはじめとする条約と，国連におけるリモートセンシング原則などの法的拘束力はないが，宇宙活動の基礎となる原則が定められている．しかし，宇宙活動国が増えることによって，コンセンサスを得ることが難しくなっている．小型衛星によるコンステレーション（数千機に及ぶ衛星を同期して運用すること）事業が活発化したことで宇宙空間における物体の増加で低軌道が混雑し，衝突リスクが高まっているが，適切な規制の不在により，安全確保が難しくなっている．なお，静止軌道は配置できる衛星の数と使える周波数に限りがあるため，当初から国際電気通信連合（ITU）を通じて調整が行われている．

●**日本の宇宙開発**　こうした状況の中で，日本は長らく技術開発を主たる政策目標とした宇宙政策を実施してきた．1969 年の国会決議において「宇宙の平和利用決議」が採択され，自衛隊が宇宙開発において，技術開発や衛星の保有・運用をすることも，衛星によるサービスを利用することも禁じられていた．また，日米貿易摩擦がピークにあった 1990 年に日米衛星調達合意を結び，政府調達は一般入札で行うことが定められた．このため，競争力のある米国企業から調達することになり，日本の宇宙産業の商業的な活動の幅も狭まった．さらに，宇宙開発を所掌する官庁が科学技術庁・文部科学省であったこともあり，研究開発を目的とした事業の予算獲得が容易であり，日本の宇宙政策の目標は技術開発が中心となった．

　しかし，世界的に宇宙の防衛利用が進み，防衛装備が宇宙による支援なしには活用できなくなったこと，さらに宇宙の商業化が進む中で日本の産業競争力が低迷していたことなどから，2008 年に宇宙基本法が成立し，宇宙の産業化と防衛利用を推進する体制ができあがった．政策決定の中心は文部科学省から内閣府へと移り，研究開発は継続しつつも，宇宙利用に重点を置いた宇宙政策が実施されるようになった．ここから，日本発の宇宙ベンチャーが活躍するなど，商業化が進展し，2022 年の国家安全保障戦略では本格的に安全保障目的での宇宙利用が計画されることとなった．

　米中の対立が激しくなる中で，宇宙技術の優位性が軍事的優位性につながるとして，両国による軍事目的の衛星開発が強化されているが，同時に月面に水資源の存在があるとされ，その資源開発の競争も起きている．かつて宇宙開発の先進国だったロシアはソ連崩壊後，宇宙への投資が滞り，ウクライナ侵略に伴う制裁の対象ともなっているため，その凋落が激しい．グローバル・サウスの雄としてのインドの台頭は目覚ましく，UAE などの新興国も宇宙分野への参入を積極化している．　　　　　　　　　　　　　　　　　　　　　　　　　　　　[鈴木一人]

SDGsと政治

☞「気候変動と紛争」p. 456,「食料／水資源と紛争」p. 460

　SDGs（持続可能な開発目標）とは，2015年9月に国連で採択された「我々の世界を変革する：持続可能な開発のための2030アジェンダ」と題する文書の中核にある，2030年までに世界すべての国・地域が達成すべき普遍的な目標のことである．その領域は経済・社会・環境の三次元にまたがり，「誰一人取り残さない」を合言葉に17のゴール（目標）と169のターゲット（取り組み）で構成されている．17のゴールはより具体的には，①貧困根絶，②飢餓・食料・栄養，③健康・福祉，④教育，⑤ジェンダー平等，⑥水，⑦エネルギー，⑧経済成長・雇用，⑨インフラ・イノベーション，⑩不平等是正，⑪都市・居住，⑫消費・生産，⑬気候変動，⑭海洋，⑮陸上生態系，⑯平和・司法，⑰グローバル・パートナーシップの各領域を対象とする．SDGsに国際法上の縛りや罰則はなく，各国には一連の目標への自発的な取り組みが求められる．その進捗状況は，毎年開催されるハイレベル政治フォーラムと，4年に1回開催される国連主催の首脳級会合で検討されることになっている．

● **SDGs成立の過程**　SDGsは二つの流れが収斂する形で成立した．一つはMDGs（ミレニアム開発目標）からの流れである．MDGsとは2000年の国連ミレニアム・サミットでの宣言に基づいて策定され2001年に採択された，2015年を目標年とする途上国の開発のための8つのゴールと21のターゲットである．SDGsはつまり，MDGsの後継の位置付けをもつ．ただしMDGsがもっぱら途上国を対象としていたのに対し，SDGsでは世界全体が対象とされている点が決定的に異なる．もう一つは「持続可能な開発」を中心理念に据える地球環境政治の流れである．この理念は1987年に有識者会議のブルントラント委員会によって提唱され，1992年の国連環境開発会議（リオ会議／地球サミット）のスローガンとなった．その要諦は，将来世代のニーズを損なうことなく現代世代のニーズを満たす節度ある開発を追求することにある．

　SDGsの議論は国連環境開発会議20周年の2012年に開催されたリオ＋20サミットの前年の準備会合で，コロンビアのパウラ・カバジェロ外務省環境局長が，地球環境問題についてもMDGsと同様のゴールやターゲットを設けるべきと主張したことから始まった．ここで争点となったのがその策定方法であった．途上国側にはみずからの課題であるはずのMDGsが先進国主導で策定されたことへの強い不満があり，SDGsはすべての国連加盟国が関与する政府間交渉で行うべきと主張した．他方でEUは議論の拡散や交渉の決裂を懸念し，MDGsと同様

に専門家が策定すべきと主張した．最終的には，国連の定める地域グループの代表国による政府間交渉で策定されることとなった．

　もう一つの争点は，同じ時期に交渉が進んでいた気候変動枠組み条約の具体的措置を定めるパリ協定（2015年12月成立）との関係であった．両者の交渉はそれぞれ別の場で行われていたが，パリ協定の担当者はSDGsの議論が波及してくることを強く警戒し，SDGsの担当者も気候変動問題への深入りがSDGs全体の合意形成を破綻させてしまうことを懸念した．そもそも2030年を目標年とするSDGsと2100年を視野に入れるパリ協定は，その性質が異なっていた．

● **SDGs達成への課題**　MDGsでは，その野心的な目標のいくつかは達成された．例えば1日1.25ドル未満で暮らす貧困人口の割合を1990年比で半減するとの目標は，世界全体でこれを36%（19億人）から17%（8.4億人）へと減少させることに成功した．他方で未達成の課題もあった．例えば初等教育の完全普及との目標は達成されず，2015年時点での普及率は91%にとどまった．地域的なばらつきも大きく，特にサハラ以南アフリカで達成されたゴールは一つだけだった．

　SDGsはMDGsから継承された課題に加え，先進国を含む世界全体の課題を包摂する．例えば子どもの貧困は先進国にも存在するし，気候変動は国境のない課題である．ただ目標はかなり総花的で，相互の矛盾も内包する．例えば後発開発途上国の経済成長率を年7%にするとの取り組みを環境保全といかに両立させるか，バイオエタノールの原料となるトウモロコシやサトウキビの農地拡大を陸上生態系や生物多様性の保護といかに両立させるかなど，知恵を絞る必要がある．こうしたトレードオフに関する指摘は多く（例えばNilsson et al. 2016），各国政府による問題認識や分析能力の構築も政治的課題となる．

　SDGsは，開発と政治の関係という比較政治学的な課題と強く関連する．貧困人口の割合の半減というMDGsの目標が達成された理由としては，開発協力や社会政策の成果よりも，中国の急速な経済成長によるところが大きかった．成長と公平のいずれを優先し，いかに推し進めるかという根源的問いを投げかけている．

　MDGsにはなくSDGsで新たに加えられた内容として，ガバナンス，法の支配，腐敗根絶などの政治的課題がある．それらの実現こそが目標全体の達成のための礎になるとの認識がある．ただ世界全体では民主主義が後退し，新興国の台頭は西側中心の秩序や価値観を揺さぶっている．COVID-19によって各国は国内対応で手一杯になり，SDGs推進の意欲や能力は阻害され，SDGsの掲げるグローバル・パートナーシップも弱まった．開発の理念と道筋，それを推進する政治の体制，そして国家間協調のあり方があらためて問われている．　　　　［浦部浩之］

📖さらに詳しく知るための文献
・高柳彰夫・大橋正明編（2018）『SDGsを学ぶ——国際開発・国際協力入門』法律文化社．
・南博・稲葉雅紀（2020）『SDGs——危機の時代の羅針盤』岩波新書．

第23章

ジェンダー，移民

　ジェンダーや移民は，現代の国内・国際政治における重要争点であるとともに，比較政治学における既存の理論や概念の見直しにつながる研究主題でもある．今日，政治経済システムの変容や国際的な規範形成の影響もあり，ジェンダー平等や移民・難民の包摂／排除は争点としての重要性を増しており，国によっては政党システムの再編にもつながる．国家や政治アクターが，資源配分や権利保護の対象でもあり政治的主体でもある女性，性的マイノリティ，移民・難民に向き合うとき，市民とはいったい誰かが問い直される．本章では，ジェンダーと移民に関する制度・政策の分類，争点と対立軸，社会運動と政治代表，政治勢力の動員と同盟・対立関係，政治経済体制の（再）編制過程における社会的規範・アイディアの利用や刷新等について概観する．またこれらの政治動態を分析するためにジェンダー研究や移民研究が提示する概念や視点が，比較政治学における既存の理論や概念を見直す契機となることも示唆される．

[伊藤　武・辻　由希・外山文子]

ジェンダーと比較政治

☞「女性の政治代表」p.542,
「ジェンダーと選挙制度」
p.544

ジェンダー（gender）は今日，人文・社会科学のあらゆる分野で，無視することのできない重要な概念である．一般的には，生物学的な性差（sex）と区別される社会的性差を指し，「女らしさ・男らしさ」や，「男は仕事，女は家事・育児」といった性別役割分業などは，社会におけるジェンダーの現れといえる．

●**ジェンダーと政治学**　では，政治学においてジェンダーはどのように研究されてきただろうか．政治思想・政治理論の分野では，公（public）／私（private）区分の問い直しやケアの倫理といった重要な問題提起により，ジェンダー概念に依拠するフェミニズムは大きな役割を果たしてきた．だが，比較政治学において，ジェンダーに関連する研究は多いとはいえない．

例えば，学術雑誌を検索する際によく用いられる Web of Science で，"comparative politics"をトピックスとする論文は 1700 件以上ヒットするが，そのうち"gender"も含む論文は 86 件に過ぎない（2023 年 12 月確認）．日本比較政治学会では，共通論題を基盤とした「ジェンダーと比較政治学」が年報の第 13 号（2011 年）で特集されているが，同号を除くと，ジェンダーを主題とした論文が学会年報に載ることは少ない．

多くの国で，政治は男性の領域とされてきたことを反映して，選挙や立法過程といった，狭義の政治の場に女性が少なかったということが背景にある．日本でも，従来の政治学が女性を不可視化してきたことが指摘されている（岩本 1997；前田 2019）．

●**「女性と政治」を巡る研究**　そうした中で，政治における女性の存在自体を問題にする研究は，比較的行われている．女性議員の少なさ（とりわけ高い地位ほど少ない）を問題にする研究は代表的なものである．

また，投票の主体としての女性も分析対象になってきた．1970 年代まで，ヨーロッパのほとんどの国で，女性は男性よりも保守政党を支持する傾向があった（女性議員は左派政党から多く出ていたが）．だが 1980 年代になると，投票行動におけるジェンダー・ギャップが喪失するジェンダー脱編成（gender dealignment）が起き，やがて女性の方が保守的という伝統的ジェンダー・ギャップから，女性の方が再分配や政府による介入への支持が強いという現代的ジェンダー・ギャップへと，ジェンダー再編成（gender realignment）が起きたとされる（Inglehart & Norris 2003）．また雇用や福祉の分野をはじめとして，女性に関連が深い政策の類型化や形成過程の分析も多くなされてきた．

とはいえ，こうした女性と政治，女性と政策についての研究は，既存の手法を女性に関連するトピックに当てはめているだけで，必ずしもジェンダー概念を援用するフェミニズム的な研究とはいえないとの指摘もある（大嶽 2007）.

ジェンダーが社会的構築物であることを踏まえると，単に既存の比較政治学の理論や分析枠組を女性に関係する問題に適用するということを越えて，女性／男性（的なるもの）を所与とせず，それ自体の構築，作用，変容などを射程に収める研究や，既存の理論や分析枠組が，ジェンダー・バイアスをもっていることを暴き出す研究などが，ジェンダーと比較政治学に期待される役割だといえるだろう.

「ジェンダーと政治学」であるにとどまらず，「ジェンダーと比較政治学」であることも，研究が少ない理由といえるだろう.比較政治学は多くの場合，比較の単位として国民国家を想定してきた.公私区分の再考を通じて「政治」の範囲をとらえ直し，政治家や官僚，圧力団体などといった政治のプロによって行われ，最終的には政府の政策決定につながるような活動以外の，より日常的な場にも政治はあると考えるのもジェンダー論の重要な問題提起であるが，こうしたことは，国民国家を単位とする比較政治学には接続しにくいといえる.

●ジェンダーの比較政治学に向けて　単に，女性に関連するテーマやイシューを扱うということではなく，より積極的にジェンダー概念を取り込んだ比較政治学は，どのように構想できるだろうか.以下，若干の試みを概観する.

まず，当該社会におけるジェンダー秩序のようなものを，比較政治学はどのように扱うことができるか，またジェンダーの比較政治学は，何を比較すればよいのかを考察した論文は，比較政治学的に分析されるべき対象として，以下のようなものを具体的な例とともにあげている.すなわち，政策変化を通じて目指される女性（男性）像の書き換え，政治過程におけるジェンダー規範による制約と規範の動員，個々のアクターのジェンダーを巡る選好などである.これらはいずれも，国際比較に対して開かれている（堀江 2011）.

また別のアプローチとして，既存の（比較）政治学が援用してきた概念や理論が，ある種のジェンダー・バイアスを含んでいるということを指摘する研究も，ジェンダー論の観点を比較政治学に持ち込む研究になりうる.例えば，社会運動などのアクターが，自身の主体的力量に還元できない環境要因などを指す政治的機会（構造）という概念が，女性と男性に対し異なる機会を与えているとする洞察は，その例にあたるだろう（Ferree & Mueller 2004）.

こうした方向性を代表するフェミニスト制度論（feminist institutionalism）（日本語での要点の整理として佐高［2021］を参照）では，一見，中立的にみえる制度が，女性に不利に働くバイアスを抱えていることを問題にしている.

［堀江孝司］

女性運動

☞「若者と大衆デモ」p. 586

　日本では「女性運動」を主題とした研究は多くはないが，独立運動，民主化運動，反戦運動，ストライキなど，女性は常にさまざまな社会運動に参加してきた．なかでも，女性が「女性の利益」のために社会運動の動員主体となり，女性達による集団行動（collective action）をすることを，他の社会運動と区別して「女性運動」と定義することができる．この定義は，女性が主体的に意思決定を行う「女性団体」の存在を前提とし，かつ「女性の利益」を追求することをその運動団体の目的とすることを想定している．その観点から女性運動はしばしばフェミニズム運動と同一視されることも多い．

●「女性の利益（ニーズ）」を手がかりとした女性運動の理解　しかし，女性が中心となる運動の場合でも，「女性の利益」が何を指すのかは，必ずしも自明ではない．「女性」が一枚岩ではない多様な集団であるがゆえに，女性運動の目的も多様であり，すべての女性運動がフェミニスト運動であるとはいえないからだ（Hasunuma 2019；鈴木 2019）．そのような女性運動の違いを概念化するために広く用いられているのが，「女性の利益」と「ジェンダー利益」という概念である（Molyneux 1984）．この区別に基づく女性の「実際的ジェンダー利益」とは，安全な食べ物や清潔な水など，家族の世話役としての女性の実際的なニーズを満たす利益を指す．この利益を求める女性運動は，性別分業の構造の中で求められる母や妻のような役割と責任から生じるニーズに応える運動である．他方，「戦略的ジェンダー利益」を求める運動は，性別分業やあらゆる慣習および制度に埋め込まれている差別の撤廃，妊娠・出産に関する主体的な選択の自由の確保，ジェンダーに基づく暴力や支配をなくすための努力および法的措置への要求など，女性の構造的従属性を克服するために社会変革を求める．「戦略的ジェンダー利益」は，ジェンダー関係と女性の従属的な地位を変革する可能性を示すものとして評価されてきた．両者はジェンダー秩序に対する異なる立場のゆえに，しばしば対立するものとしてみなされる．

　以上の概念は，女性運動を分析するための有効な出発点となるだろう．しかし現実には，「実際的ジェンダー利益」と「戦略的ジェンダー利益」の区別は明確ではない．現実に存在する女性運動には，両方の利益が混在することが多い（LeBlanc 1999）．また，イデオロギー的志向やフェミニズムに対する意見が異なる複数の女性団体が，同じ目標に向けて活動することも珍しくない（Shin 2004）．さらに，ある時代には急進的でフェミニスト的とみなされていた女性運

動が，後に後世の活動家達に保守的な運動としてみなされることもある．19 世紀から 20 世紀前半に登場した女性参政権運動は，今からみると革新的な運動にみえないが，当時はジェンダー秩序を揺るがしうる「過激な」要求としてみなされていた．つまり，何が戦略的ジェンダー利益なのかは時代とその社会の文化的意味合いによって異なるものであり，その流動性と文脈依存性が，女性運動の主張や目的を根拠にして，女性運動を普遍的に定義することを難しくするのである．

● **SNS による変化と女性運動のダイナミズム**　近年は女性運動の動員方法も大きく変化した．21 世紀に普及したインターネットとソーシャルメディアは女性のアクティビズムにも大きな影響を及ぼした．2017 年から性暴力やセクシュアルハラスメントの経験を告白して性暴力根絶を訴えた #MeToo（私も被害者である）や，女性のみにヒールを強要される職場環境に抗議した #Kutoo のように，ハッシュタグを使った旧 Twitter（現 X）上の動員は，今日の女性運動にネット空間と SNS（social networking service）が欠かせないツールとなったことを物語る．高度な関心をもつ人々が物理的に集まることが前提となっていた伝統的な社会運動とは異なり，ネット空間は個々人が時間的・地理的な隔たりを越えて，情報の共有と共感を通じて「集団行動」への参加が可能になったからだ．これまでデモやフェミニスト運動への参加にハードルを感じていた女性や若者が，SNSの書き込みのようなリアルな声に触れることで共感が広がり，みずから声をあげていく新しい女性運動の主体として現れたのである．彼女達はいわゆるフェミニズムや女性運動に限らず，多様な社会運動に積極的に参加している特徴もある．情報テクノロジーの発展は，資源の乏しさを乗り越え，他の地域で行われる運動についても学び合い，グローバルな運動に連帯することもたやすくした．

　女性のアクティビズムのこのような力学をとらえるために，多様な形で行われる女性の集団行動そのものに注目する試みもなされてきた．例えば，女性運動が求める具体的な目的に囚われず，社会の変化を求めて動員，組織化されたすべての女性のアクティビズムを，女性運動と定義することである（Ferree & Mueller 2004）．このような包括的な定義は，女性が集団的な行動に参加すること自体が，みずからに与えられている伝統的な性別役割と日常的な制約に挑戦する力を与え，現在のジェンダー関係を抑圧的と認識し，変革を求める能力を高めていく過程としてとらえる．このように女性運動を包括的に理解するため，例えば，母として理不尽なことに抗議した行動が次第に参加者達の間に連帯が生まれフェミニズム運動に変化していくプロセスや，初めは平和，反人種差別，気候変動など，直接ジェンダーにとらわれない運動に参加し，次第に明示的にフェミニスト的な要素を獲得していく，女性運動のダイナミックな変化を掴むことが大事である．

［申　琪榮］

女性の政治代表

☞「女性運動」p.540,「ジェンダーと選挙制度」p.544,「ジェンダーと体制移行」p.550

　人類史を通じて，政治は主に男性の領域であった．今日でも，ほとんどの国では，いまだに国会議員の大半を男性が占めている．列国議会同盟（IPU）は，各国の女性議員数や比率を毎月公表している．それによると，2023年11月1日現在，全世界の議員のうち女性が占める割合は26.7%にとどまる（IPU 2023）．比較政治学では，女性の政治家が少ない理由や，女性が少ないことで生じる結果が問われてきた．

●**記述的代表**　一般的に，政治家が特定の属性の人々に偏っている状況は，記述的（描写的）代表の点で好ましくない．記述的代表とは，「立法府の構成が国民全体の構成に正確に対応する」ことや，「代表する対象と正確に対応し類似していること，あるいは対象をゆがみなく反映していること」を重視する概念である（ピトキン 2017:81）．これを重視する立場によれば，社会の半分を占める女性が半数に満たない議会は，選挙で選ばれていようと女性を代表しているとはいえない．

　しかし，女性の記述的代表の程度は，国や時代ごとに多様である．どのような国で女性議員が多いのだろうか．女性の記述的代表に影響を与える要因は，供給と需要に分けられる（Norris 1997；Matland 2005）．まず，供給要因として，社会の性差別的な価値観や性別役割分業があげられる．概して，女性は男性よりも政治的関心をもちにくく，政治家になりたい女性も少ない（Fox & Lawless 2004）．さらに，男女の分業が根強く女性の家事負担が大きければ，政治活動に必要な時間やカネ，ネットワークなども男性に集中しやすい（Paxton et al. 2020）．結果として，女性は候補者として選挙に供給されにくくなる．

　供給要因のほかに，有権者や政党からの需要も論点とされてきた．意欲と資源を備えた女性（男性）が，政党にリクルートされて候補者となり，有権者からの評価を経て議員として選出される．まず有権者は，女性政治家にステレオタイプ通りの振る舞いを求めやすく，非典型的な女性を低く評価しやすい．しかし平均的には，有権者に女性政治家への投票を避ける傾向はみられないどころか，むしろ女性有権者は特に積極的に女性に投票しやすい（Schwarz & Coppock 2022）．

　政党は，候補者のリクルートを中心的に担うが，積極的に女性を登用するかどうかは，政党によって異なる．一般的に，右派よりも左派政党の方が女性を積極的に擁立しやすい．一方で，左派政党や小政党の積極的な姿勢は，他の政党にも伝染しやすいため，政党間競争が活発であることも重要である（Matland & Studlar 1996）．

またさまざまな政治制度は，政党と有権者のいずれの判断にも影響を与える．特に，選挙制度（クオータ制含む）に関しては詳細な検討が加えられてきた（Rule 1987；Krook 2009）．

●**実質的代表**　記述的代表は，議会が社会構成を「写し出す（stand for）」ことを求める考え方である．対して，議会（議員）が女性の「ために行為する（act for）」ことを実質的（実体的）代表という（ピトキン 2017：151）．

これまで，女性議員が男性よりも女性の利益を（実質的に）代表できているのか，さらには女性議員が増加することでより女性の利益が代表されるようになるのかが，主に問われてきた．一般的に女性政治家は，男性よりも左派であり，女性の利益や女性の関心の高い争点を優先する傾向が強く，女性を実質的に代表しようとする（Chattopadhyay & Duflo 2004；Clayton et al. 2019）．したがって議員が男性に偏重する状況では，女性を代表する主体は限られる．

一方で，女性が議会に参入するだけで，必ずしも政策的な変化が生じるとは限らない．女性議員があまりにも少ない状況では，変化を及ぼすほどの力を発揮することはできない．ゆえにこのような場合，女性議員が一人や二人増えたところで，何らかの変化が生じるとは期待できない．女性の利益が代表されるようになるのは，一定の水準（30% など）まで女性議員が増えてからである．このような超えるべき水準をクリティカル・マスと呼ぶ（Kanter 1977）．

しかしながら，クリティカル・マスは実証的知見に支えられた概念ではない．そもそも女性議員の増加が政策的な変化をもたらすという仮説も，実証研究によっては否定するものもある．女性政策は，よりマクロの福祉レジームや社会構造などの影響を強く受けるからである．両者の因果関係は依然として論争の最中である（Childs & Krook 2009）．

以上を踏まえ近年では，女性議員の数ではなく，官僚や女性団体を含め，実際に変化を起こそうとするアクター（クリティカル・アクター）に注目する議論も登場している．また，そもそも表出されている「女性の利益」の内容から分析する，帰納的，あるいは構築主義的な研究も盛んである（Celis et al. 2014）．

●**男性偏重の果てに**　女性議員が増加したところで，政策的な変化は期待できないかもしれない．しかし，女性は広い意味で政治に変化をもたらす存在でもある．例えば，政治家に女性が増えることによって，女性の有権者は，自分が代表されているという実感をもち，政治に対する評価を高めやすい．このような代表のあり方を象徴的代表（ピトキン 2017）といい，近年関心を集めている．政治家が男性に偏重していることの効果は，幅広く議論されるべきである．［芦谷圭祐］

📖さらに詳しく知るための文献
・前田健太郎（2019）『女性のいない民主主義』岩波新書.
・三浦まり（2023）『さらば，男性政治』岩波新書.

ジェンダーと選挙制度

☞「ジェンダーと比較政治」
p. 538

　国政における女性議員の割合は世界平均で 27.0%，日本の衆議院は 15.7%，参議院は 26.6% である．世界的に女性の過少代表，あるいは男性の過大代表が生じているが，日本の衆議院ではその程度が大きく，184 カ国中 140 位である．他方，女性議員割合が 40% を超える国は 25 カ国，30% を超える国は 66 カ国となっている（2024 年 11 月現在，IPU 2024）．女性議員の多寡に対して，選挙制度の相違は大きな影響力をもつ．また一定割合を女性（あるいは男女）に割り当てるクオータ制の有無も重要である．

●**女性の政治代表と選挙制度**　一般的に比例代表制のほうが小選挙区制よりも女性議員割合が高い傾向にある．2022 年に選挙を実施した国のうち，比例代表・混合制度を採用する国において当選者に占める女性割合は 29.9%，小選挙区制を採用する国のそれは 22.4% であった（IPU 2023）．

　比例代表制のほうが女性が多くなる要因として，政党がどのような戦略から候補者を擁立するかに着目する必要がある．定数が 1 である小選挙区では女性が候補者に擁立されるということは男性が排除されるというゼロサム関係にあること，また過酷な選挙運動に勝つための資源（資金，時間，人脈など）が一般的に男性のほうが豊かにあることから，男性のほうが擁立されやすい傾向にある．比例代表制では，政党は幅広い層からの支持を得るために，候補者の多様性やバランスを意識して候補者名簿を作成することになり，女性も選ばれやすくなる．選挙制度が決定的な要因であるというよりも，定数の大きさ，議員の新陳代謝，政党内の候補者選定ルール，政党の選挙戦略といった要因を媒介しながら，女性候補者の多寡に影響を与えていく（Krook 2018）．

　クオータ制の有無も重要で，2022 年に選挙を実施した国のうち，クオータ実施国の女性議員割合は 30.9%，非実施国は 21.2% である（IPU 2023）．OECD 諸国では，2022 年現在，クオータ実施国で 35.8%，非実施国で 29.1% である．女性が 3 割を超える 24 カ国のうち 20 カ国でクオータ制が実施されている（佐藤・武岳 2022）．これらにより，クオータ制が女性の政治代表を向上させることがわかる．

●**さまざまなクオータ制**　クオータ制は議席の一定割合を女性に割り当てる議席割当と，候補者の一定割合を女性または男女双方に割り当てる候補者クオータの二つに大別される．議席割当は憲法上の規定を置いた上で法律によって定めることが多く，候補者クオータの場合は法律で全政党に対して定める場合と，一部の政党が自主的に規定する場合とがある．割合は 30〜50% が多く，男女の場合は

40～60％という規定もある．

2023年6月時点で何らかのクオータを実施する国は137ヵ国にのぼる（IDEA International）．うち，27ヵ国で議席割当，70ヵ国で法的候補者クオータが導入され，自主的な政党候補者クオータは61ヵ国，政党数としては127で実施されている．複数のクオータが導入されている国もある．日本では政治分野における男女共同参画の推進に関する法（候補者男女均等法）により，政党は数値目標を設定することが努力義務となった．多くの政党で数値目標が設定されているが，クオータを厳密に実施する政党はまだない．

クオータ制の強制力の強さと適用範囲は女性議員割合がどの程度改善するかに対して直接的な影響を与える．メキシコは50％のクオータ（パリテとも呼ばれる）を実施し，基準に満たない名簿を選挙管理委員会が受理しないため，最も厳格である．フランスもパリテを実施するが，男女比が1から乖離する程度に応じて政党交付金が減額される制度をもつことで実効性を高めている．比例名簿の場合は順位規定が重要であり，韓国のように奇数順位は女性に割り当てるとか，男女交互名簿を義務付けるといった措置が実効性を担保する役割を果たす．適用範囲は下院あるいは地方選挙などの一部に導入したり，混合選挙制度の場合は比例代表にのみ適用したりするなどバリエーションがみられる．

●**クオータ制による変化**　クオータ制導入の影響としては，候補者リクルートメント先や理想的な候補者像が多様化したり，女性の政治参加が活発になったり，周縁化されてきた女性に関する政策が実現するようになるなどの変化がもたらされることが観察される．もっとも，そうした効果の出現は政治的・社会的・文化的な環境による．

導入過程において，女性運動が女性の政治的代表の改善を求めて社会的な圧力を形成することが多いが，この条件を欠いたまま国際的圧力や男性権力者の思惑からクオータ制が導入された場合には，効力は限定的となる．クオータ制の導入とその実施過程において，政治におけるジェンダー平等を支持する政治文化が醸成されるかが鍵である．とりわけ政党の候補者選定過程に埋め込まれたジェンダー・バイアスがどの程度解消されるかは重要である．クオータ制は女性が政治家になりにくい障壁を減らし，有能な女性が政治家になる機会を増やす措置であるとの理解も，効力を発揮するためには必要である（三浦 2024）．

女性政治家が少ない背景として，公的領域は男性のものであるとするジェンダー規範が根強いことがある．女性の政治代表とジェンダー規範は密接に絡むのである．男女が数としては同数，権力としては対等であるジェンダー平等な政治を実現するには，選挙制度改革とともに文化規範の変容も重要である．［三浦まり］

📖**さらに詳しく知るための文献**

・三浦まり編（2024）『ジェンダー・クオータがもたらす新しい政治──効果の検証』法律文化社．

国家フェミニズム

☞「ジェンダーと選挙制度」
p.544

フェミニズムは，女性解放やジェンダー平等を求める思想である．その系譜は多岐にわたるが，かつては国家を，家父長制を体現し，女性を抑圧する存在とみなす立場も有力だった．一方，フェミニズムの主張を国家の政策に反映させ，ジェンダー平等実現のために国家を利用できるという考え方もある（Hernes 1987）．

●**国家フェミニズムとは**　国家フェミニズム（state feminism）とは，政府の女性政策機関による，女性に利益をもたらす社会・経済政策の推進に向けた努力を指す（Outshoorn & Kantola eds. 2007）．

国家フェミニズムについての比較政治学的研究は，RNGS（the Research Network on Gender Politics and the State）という国際共同プロジェクトにより継続的に続けられてきた（Stetson & Mazur eds. 1995；McBride & Mazur eds. 2012）．同プロジェクトの問題構成は，女性政策機関が女性運動のパートナーとなり，政策の実現や，女性運動の国家へのアクセスを可能にしうるのか，なぜ，またどのようにそうなりうるのかなどを解明する点にある（McBride & Mazur eds. 2012）．つまり，一般的にいって国家や政府は，女性やフェミズムの味方になりうるかということ自体を問うというよりは，そうなる条件を探るなどの，より具体的な分析が進められている．そのため，国家を一枚岩的にとらえず，官僚制内部にも女性運動の主張への理解者・協力者がいると想定している．

●**ナショナル・マシーナリー**　国家フェミニズムについての研究が特に着目するのは，女性政策機関（women's policy agency）やナショナル・マシーナリー（women's national machinery）などと呼ばれる，主に女性に関するイシューを担当する政府機関である．

そうした機関は多くの国に存在するが，そのすべてが女性運動にとって好ましい機能を果たすわけではない．RNGS の研究者によるマシーナリーの国際比較研究は，自身の政策への影響力と，女性運動など社会内勢力が政策に影響力を行使する機会を与える程度（アクセス）の高低から，マシーナリーを分類している．影響力，アクセスがともに高いのは，オーストラリア，オランダ，ノルウェー，デンマークのマシーナリーである．こうした違いを生み出したものとして，設立に至る経緯，組織形態，政治文化における国家の概念，女性運動の形態があげられる（Stetson & Mazur eds. 1995）．なお，オーストラリア由来の言葉であるが，フェミニスト官僚をフェモクラット（femocrat）と呼ぶ場合もある．

日本のマシーナリーは，1975 年に総理府に設置された婦人問題担当室から，

1994 年に男女共同参画室，2001 年に内閣府男女共同参画局へと変遷してきたが，いずれも省庁横断的な役割を果たしておらず，社会運動との連携も不十分だと評価されている（岩本 2007）．内閣府という他省庁より高い位置に置かれても，それを指揮する首相にジェンダー平等への関心が薄ければ，威力を発揮できない．

また韓国の 2022 年の大統領選で，マシーナリーの女性家族部廃止が争点化したように，マシーナリーは常に存続を保証されているわけでもない．

●**マシーナリーと社会運動**　RNGS の比較研究がマシーナリーを評価する際に，女性運動が政策へのアクセスを与えられているかを考慮している点は重要である．通常，省庁の政策評価において必須の項目とはいえまい．ここに，国家フェミニズムがフェミニズム的たりうる理由がある．

女性の利益とは何かは自明ではないが，RNGS の著作は，女性運動の主張を国家が推進しようとするとき，その姿勢を women-friendly だととらえている．逆にいうと，マシーナリーと運動の主張が相容れないことはありうる．

なお RNGS は，家父長制の変革を目指すフェミニズム運動と，そこまでは射程に納めないそのほかの女性運動とを区別しているが，前者のみならず，後者も国家フェミニズムの対象に含めている（McBride & Mazur eds. 2012）．

マシーナリーの設置は，女性の利益の実現を図ろうとする勢力の存在が，政府内に制度化されることであり，政府と社会内アクターとの間に政策ネットワークをつくりやすくすることでもある．マシーナリーが女性運動をエンパワーする面もある．同時にこのことは，政府内での弱い立場や少ないリソースを補うために，マシーナリーが社会内に同盟者を見出す過程としても理解できる．

●**国家以外の単位からの影響**　グローバル化の進展に伴い，ジェンダーを巡る規範や政策が，国家を越えた単位から影響を受けることが増えている．その際，国際機関が重要な役割を果たすことも多い．例えば，国連が 1975 年を国際女性年，1976〜85 年を国連女性の 10 年に設定したことが各国にもたらした影響は大きく，日本を含め，それを機にマシーナリーを整備した国も多い．

さらに，リージョナルやローカルといったレベルや，市民社会などの非国家的な統治のあり方も加味し，国家フェミニズムをマルチレベル・ガバナンスの観点からとらえ直す試みが進んでおり，超国家フェミニズム（suprastate feminism）や下位国家フェミニズム（substate feminism）なども語られている．特に EU は超国家フェミニズムが機能する場とされる（Outshoorn & Kantola eds. 2007）．

国家の相対化は，RNGS のより新しい共同研究が，国家を単位とした比較を行わなくなっていることに象徴的に現れている．同プロジェクトは，13 カ国から，中絶や政治参加といったテーマについて多くの事例を集め分析しているが，国による一貫したパターンは析出できず，国家を単位とした類型化はできないとしている（McBride & Mazur eds. 2012）．　　　　　　　　　　　　　［堀江孝司］

ジェンダーと福祉レジーム

☞「福祉レジーム論」p. 134,「ポスト工業化社会と福祉国家の変容」p. 140

　福祉国家や社会政策を専門とするフェミニスト研究者は，福祉国家による市民への社会保障の提供がジェンダー化されていること，つまり福祉国家が男性＝稼得者と女性＝家族ケア従事者という性別役割分業を前提にして社会保障の受給要件や水準を定め，不平等なジェンダー関係に寄与していることを批判した．さらに，既存の福祉国家研究が男性労働者の稼得喪失のリスクに対する保障にばかり焦点を当ててきたことを批判してジェンダーが福祉国家の中核的な編制原理であると主張し，その特徴を分析する新たな指標と類型を提案した．これらの批判や提案は主流の福祉国家論者にも大きなインパクトを与え，建設的な批判と応答により研究分野の活性化をもたらした（深澤 2003；Orloff 2009）．

●**ジェンダー福祉国家論**　フェミニスト研究者達による，エスピン＝アンデルセンの福祉国家類型論への批判は大きく三つに分けられる（Esping-Andersen 1990；O'Connor 1993；Orloff 1993）．第一に，脱商品化指標は，失業・疾病・老齢により働けなくなった場合の所得保障の要件や水準に注目するが，そこで想定されているのは男性労働者である．工業化社会における福祉国家では，夫が稼ぎ手となり妻が無償で家事・育児などのケア労働を行う性別役割分業型の家族が標準モデルとされ，女性の労働市場への参加，つまり女性労働力の商品化が阻害されてきた．しかし失業給付等の受給では通常，従前の雇用実績が要件となることを考えると，女性の経済的自立のためには脱商品化だけでなく商品化が重要である．第二に，社会的階層化指標は福祉国家の諸制度が階級的不平等にどう関与するかを問うものだが，ジェンダーや人種による階層化も分析すべきである．第三に，福祉国家論は福祉供給主体として国家と市場に注目してきたが，市民が生きていく上で不可欠な育児・介護などの重要な福祉を提供する家族の役割を無視している．これらの批判を受けたエスピン＝アンデルセンは家族福祉が他のセクターに代替される程度を脱家族化という指標でとらえることを提唱した（Esping-Andersen 1999）．また，福祉国家論者達も国家，市場，家族および非営利セクターの組み合わせによる福祉供給システムを表す福祉レジームという概念を使用するようになった．

●**ジェンダーに基づく類型論**　伝統的な福祉国家は性別役割分業に基づく家族を標準モデルとし，社会保障制度を通じてそのモデルに沿った家族形成にインセンティブを与えてきた．しかし国家が，無償ケア労働に従事する女性への所得保障あるいは公的ケアサービスを提供するならば，女性は男性配偶者に依存せずに生

活できるようになる．こういった制度がある国ではシングル・マザー世帯の貧困率が低くなる．セインズベリらのフェミニスト研究者らは，福祉国家が女性に与える効果を分析するだけでなく，福祉レジームがどのようなジェンダー関係を想定・促進しているのかをとらえる新たな類型論を提案した（Lewis 1992；Fraser 1994；Sainsbury 1996；Sainsbury ed. 1999）．類型の名称は論者によって異なるが，男性に稼得労働を通じて社会権を付与し，妻は夫を通じて社会保障に包摂される男性稼ぎ主モデル（male breadwinner model），労働市場で賃金を得る夫と家庭でケアをする妻（母）の役割分担を前提とし，後者に対しても直接の給付や社会権を付与する性別役割分担モデル（separate gender roles model），性別にかかわらずすべての個人が各々稼得労働とケアを両立できるように，給付と公的ケアサービスを整備する個人稼ぎ手／ケア従事者モデル（individual earner-carer model），性別にかかわらずすべての個人が稼得労働に従事することを促すが，ケアについての責任を国家は負わない総稼ぎ主モデル（universal breadwinner model）の四つが主要な類型である．

●ジェンダーの政治　類型論は福祉レジームの諸制度が総体として男性・女性集団一般にどのように権利と資源を配分するかを単純化してとらえることを可能にするが，ジェンダーという分析概念がもつ性別二元論と本質主義への批判という視座からすれば過度の単純化には問題がある（Orloff 2009）．同じグループにまとめられることが多い国々の間でも相違は大きく，一国内でも制度間のずれや矛盾がある．また一つの制度が女性と男性に与える効果も個人の社会的属性によって異なる（O'Connor et al. 1999）．そこで個々の社会保障制度の形成・改革過程に注目し，政治アクターによるジェンダー規範の利用や修正，形成された制度が異なる社会集団および集団間の関係性にもたらす効果といった福祉レジームを巡るジェンダーの政治を分析する必要がある．分析にあたっては女性性だけでなく男性性や異性愛中心主義規範の作用や，諸制度が移民の男女や性的マイノリティをどのように排除・包摂しているかを問うことも重要である．

●変化と政治的要因　産業構造の変化，人口の高齢化と女性の労働市場参加，ジェンダー平等規範の浸透などにより，多くの国でケアと就労の両立を支援する制度改革が進展しており，研究者は変化を規定する政治的要因を探ろうとしている（Ferragina & Seeleib-Kaiser 2015）．例えばボノーリは保育サービスや育児休業給付の公的支出の拡大に影響を与える要因として，女性の労働市場参加，政党のイデオロギー（1990 年代以前のキリスト教民主主義政党のネガティブな効果），議会における女性率をあげた（Bonoli 2013）．他方，エステベス＝アベらは政治アクターの選好やイデオロギーよりも，選挙制度および世論や産業界からの要求を踏まえた首相・大統領の権力（それを支える執政制度）が政策変化の程度を説明すると主張する（Estévez-Abe & Kim 2014）．　　　　　　　　［辻　由希］

ジェンダーと体制移行

☞「「LGBT」と政治」p. 562,
「同性婚と政治」p. 564

　脱植民地化や民主化といった体制移行は，ジェンダー規範（生物学的な性差ではなく，社会的・文化的に規定される男性と女性の社会的役割）に変化をもたらすのであろうか．理念的には，脱植民地化して独立すれば平等な国民となり，民主化して国民が選挙で政権担当者を選べば，男女平等が進展し，性的マイノリティの権利が拡大するように思える．しかし，実際はそうでもない．政治秩序の変化とジェンダー秩序の変化は連動しないこともある．体制移行が男性優位のジェンダー秩序の制度変容に必ずしもつながらず，制度変更が実質的な意味での男性優位のジェンダー秩序を必ずしも変容させてこなかった（竹中 2011）．ここでは，さまざまな体制を経験してきたグローバル・サウス，特に東南アジアの例を中心に，体制移行とジェンダーの関係をみていくことにしよう．

●**グローバル宗教と植民地化**　植民地化以前のグローバル・サウスの伝統的国家では，ローカルな文脈に基づいたジェンダー規範が支配的であった．ローカルな規範には多様性があるとはいえ，一般的には，男性が政治社会的にも家庭内においても優位にあり，女性は家庭を支える従属的地位に置かれていた．一夫多妻制，早婚，強制結婚，女性器切除といった形で女性に肉体的・精神的に苦痛を与える社会制度もあった．ただし，同性愛を容認する地域，女性婚を認める地域，トランスジェンダーが儀礼で重要な役割を果たす地域もあった．

　キリスト教，イスラーム，仏教，儒教といったグローバルな宗教は男性優位の教義をもち，性的マイノリティや同性愛を逸脱視してきた．こうした宗教がグローバル・サウスの伝統国家の権威を正当化する体制移行が起きると，男性優位規範を強化した．加えて，西欧諸国が植民地国家建設を本格化させ，近代化の名のもとに男性優位のキリスト教的価値観の浸透を図った．男性優位の規範が制度化され，英領植民地では同性愛交渉が犯罪となり，インドではトランスジェンダーであるヒジュラは犯罪集団化された．しかし，こうした規範がローカルな規範を完全に変えたわけではなかった．男性優位規範が弱かった東南アジアの場合，儒教化したベトナムで女性は影響力を持ち続けたし，イスラーム化したアチェでは女性のスルタンを輩出し続けた．イスラーム化したスラウェシのブギス地方では儀礼におけるトランスジェンダーの神性は堅持された（Andaya 2021）．

●**独立と開発**　第二次世界大戦前後から，グローバル・サウス諸国で独立機運が高まり，反植民地・独立運動や共産主義革命といった政治運動が激化した．アルジェリア，フィリピンやベトナムなどでは女性の政治（運動）参加が急拡大した．

国民国家として独立した諸国では，女性の選挙権付与が一般化するなど，男性優位のジェンダー規範への制度変更が一部で起きた．しかし，国家イデオロギー的には家父長制と異性婚に依拠した家族を骨格に据え，国家官僚機構がその規範を末端社会にまで浸透させ始めた．性的マイノリティは周辺化され，家族や社会からも差別を受け抑圧された．こうした規範は体制を問わず広がった．民主主義体制のインドでも，権威主義体制のシンガポール，タイ，インドネシアでも，共産党一党支配体制のベトナムやラオスでも変わりはなかった．

●**冷戦の崩壊，民主化，市場経済化**　1970年代後半，ジェンダー規範の変化を促す動きが世界的に起き始めた．一つは国連の動きである．1976年に国連女性の10年を開始し，1979年には女性差別撤廃条約を採択したことに象徴されるように，国連は女性の意思決定への参加を推進することを目指す「ジェンダーの主流化」という考え方を広め始めた．さらに欧米では性的マイノリティの権利擁護や同性婚の合法化を目指す動きが始まった．グローバル・サウスでは，高等教育や海外留学を経験した女性や性的マイノリティが増え，男女平等，性的マイノリティの権利擁護といった新たな欧米のジェンダー規範に接するようになった．

1980年代になると，グローバルな冷戦体制が崩壊して，欧米の民主主義的政治体制が規範的意味をもち始め，グローバル・サウスでは民主化する諸国も増えた．フィリピンやインドネシアのように民主化運動が起きた国は，女性NGOの活動が活性化して，政策的に男女平等を推進した．インドネシアでは各政党の議員候補者3割を女性とすることを義務付ける法律が誕生した．タイでは法律上はほぼ男女平等が確立した．グローバルなジェンダー主流化が民主主義への体制移行と相まって，より実質的に男女平等を促したといえる．ただ，権威主義体制でも男女平等が進むこともある．例えば，ルワンダは権威主義体制のまま女性の政治参加を進め，国会議員における女性割合は世界トップを誇る．また，民主主義体制で男性優位の規範が強まることもある．フィリピンは東南アジアで男女格差が最も低いものの，男性優位の規範を全面に出した男性が大統領選を制し8割以上の高い支持率のまま6年間の任期（2016〜22年）を全うした．

民主主義への体制移行が性的マイノリティの権利擁護や政治参加につながる保証もない．民主化したフィリピンではLGBT政党が生まれ，トランスジェンダーの国会議員が生まれるなど，性的マイノリティの政治参加が進みつつある．インドネシアやマレーシアでは民主化すると性的マイノリティの社会運動が始まった．しかし，まずイスラーム保守派がイスラームの教義に依拠して同性婚や性的マイノリティの存在を否定し始め，世論の支持を受けるに至っている．むしろ，権威主義体制を続けるベトナムで同性婚を非違法化する動きがあり，王室と軍隊による強権的政治の続くタイで2025年1月に同性婚が合法化された（日下ほか 2021）．

［岡本正明］

ジェンダーと資本主義

☞「資本主義の多様性」p. 512

　2022 年に出版された著書 *Cannibal Capitalism* において，フレーザーは，資本主義を単なる「経済システム」ではなく，「制度化された社会秩序」として理解すべきであると問題提起している（Fraser 2022）．資本主義経済システムにおいて生産が成り立つためには一定の背景条件が必要であるが，フレーザーによれば，これらの背景条件は「バックストーリー」として不可視化されてきた．しかしながら，資本主義が市場を通じた「搾取」のみならず，暴力による「収奪」に依拠して成り立ってきたことを理解するためには，「バックストーリー」である背景条件に切り込まなければならない．ジェンダー支配は，帝国主義的抑圧と自然環境の破壊，政治的支配とともに，資本主義経済の「バックストーリー」を構成する．

　こうしたフレーザーによる資本主義批判は，マルクス主義フェミニズムが長い時間をかけて検討してきた「社会的再生産」に関する議論を下地としている（Bezanson & Luxton eds. 2006）．女性が家庭内で行う家庭内ケア労働は，現役の労働者である男性稼ぎ主が労働に専念できるように配慮して毎日の生活を管理・運営すると同時に，将来の労働者／家内労働者となる子ども達を養育することを通じて，生産過程の維持と運営に不可欠な労働力の確保と補充の過程である「社会的再生産」の機能を担ってきた．けれども，こうした行為は，愛情に基づいて行われる「私的な行為」として経済システムの「外部」と位置付けられる．したがって，家庭内ケア労働に従事する者，つまり多くの場合，「女性」は経済的価値を創出せず，男性稼ぎ主に経済的に依存する「被扶養者」とみなされる．このとき，資本主義経済システムが「社会的再生産」に依存していることは，まったく問われることがなく，だからこそマルクス主義フェミニストは，資本主義経済を女性の身体と感情を収奪する経済システムであると批判した（Federici 2020）．

●**資本主義経済の歴史的発達段階とジェンダー関係**　他方で，フレーザーの近著では，資本主義経済の異なる歴史的発達段階において，社会関係としてのジェンダーが特有の仕方で構造化されてきたことを体系的かつ具体的に示すことで，社会的再生産の歴史的変遷が整理されている．16 世紀以来の資本主義の発達段階をフレーザーは，①重商資本主義体制（16〜18 世紀），②リベラル植民地資本主義体制（19 世紀），③国家管理型資本主義体制（20 世紀），④現代の金融資本主義体制の 4 段階に分類しているが，前述した男性稼ぎ主の「被扶養者」である女性が家庭内で社会的再生産を担う仕組みは，③国家管理型資本主義体制（20 世

紀）において初めて一般化した．これ以前の段階では，例えば植民地獲得競争の対象となった地域の人々や労働者階級の女性は，暴力的収奪の対象であった．対照的に，搾取と収奪を通じた資本蓄積は，列強諸国内での女性の「主婦化」を通じて，「無情な生産世界」から切り離された「安息の地」である中産階級「家庭」の増加を促した（Fraser 2022：Chapter 3）．

　これに対して，新自由主義が浸透した④現代の金融資本主義体制では，「男性稼ぎ主型家族」という理想は「共稼ぎ家族」によって取って代わられる．こうした事態は，投資銀行のエコノミストによって唱道された「ウーマノミクス」論に代表されるように，女性の労働参加の拡大とそれに伴う社会的再生産の商品化を現代的な経済成長の原動力と見なす主張を誘発した．けれども，現実的には，経済システムの転換によって多くの女性が低賃金・不安定雇用に振り向けられ，あるいは移民労働者化することで，ジェンダー間の経済的格差は拡大し，女性の経済的脆弱性は世界的に拡大した（Federici 2020）．

●**資本主義の多様性とジェンダー格差**　上記のフレーザーの議論に対し，「資本主義の多様性」論は，同時代に存在する資本主義経済システムを，労使関係，コーポレートガバナンス，教育・訓練システム，企業間コーディネーションに着目し，「自由市場型経済」と「調整型市場経済」の2類型に分類した．こうした「資本主義の多様性」論において，ジェンダー規範や関係のあり方に注意を促したのがエステベス＝アベやローゼンブルースによる議論である（Estevez-Abe 2006；Iversen & Rosenbluth 2010）．これらの議論では，労働者が職業技能の習得と向上を行う制度に特に焦点が当てられる．「自由市場型経済」では労働市場への参入と退出が柔軟に行われるためにも一般スキルの習得が重視されるのに対し，「調整型市場経済」では，労働者が特定の企業に長期的に雇用され，職務に適合した特殊スキルを習得することが求められるが，こうした制度環境では，出産・育児によるキャリア中断は企業にとっての損失と認識される．その結果，キャリア中断が見込まれる女性労働者の雇用が避けられる傾向にある．さらに，特殊スキルの習得を重視する「調整型市場経済」の特性は，スウェーデンなどの北欧諸国で，厳しい競争に勝ち残るために職能スキルの習得と向上に高額な投資が求められる職種や業界，特に製造業に男性労働者が集中し，より安定した公的セクターの職に女性労働者が流れることで，業種間において高い程度のジェンダー分離が生じることの要因となっている．このように，「資本主義の多様性」論においても，資本主義経済はジェンダー不平等と本質的に結び付いていると議論されている．　　　　　　　　　　　　　　　　　　　　　　　　　　　　　［武田宏子］

📖さらに詳しく知るための文献
・フレーザー，ナンシー（2023）『資本主義は私たちをなぜ幸せにしないのか』（江口泰子訳）ちくま新書．

ジェンダーと紛争

☞「ジェノサイド」p. 476,「移
行期正義」p. 500

　軍・武装勢力・軍事会社などの競う武力紛争や国家間の戦争が頻発する現代世界で，国家や国際政治を「男性優位システム（male dominant system）」ととらえ，ジェンダー的パースペクティヴから紛争過程を考察し，平和構築や民主化の過程での女性や弱者の人権救済と法的正義を求めるジェンダー政策が重視されている．
●**「女性に対する暴力」の問題提起**　ジェンダーと紛争の関連が国際的に注目されたのは，ボスニアやルワンダの内戦が起こった冷戦後の 1990 年代である．強制収容所や集団殺害（ジェノサイド），膨大な数の難民や避難民とともに，武装勢力の暴力に晒される女性の実像が浮き彫りとなった．民主化や自由化に向かう東アジアの国々では旧日本軍の性暴力とその歴史的責任を問う市民運動が広がり，日本の対応が求められた（VAWW-NET Japan 2002）．国際世論の動きを受け，第 4 回世界女性会議（1995）で「女性に対する暴力（VAW：violence against women）」の撤廃を謳う北京宣言が採択された．1975 年国際女性年以後，世界女性会議や女性差別撤廃条約決議なども契機とし，女性のエンパワーメントやアドヴォカシーを進めた人々の成果でもあった．
●**国際社会のジェンダー政策**　国連開発計画（UNDP），ユニセフ（UNICEF），国連難民高等弁務官事務所（UNHCR）なども改革を志し，2000 年の国連安全保障理事会第 1325 号決議は，武力紛争が女性に及ぼす甚大な影響を考慮し，紛争予防や紛争解決，和平交渉，平和構築，平和維持，人道的支援，戦後復興の意思決定と実施過程への女性の参加を促し，国連活動への女性の参加を拡大しジェンダー的パースペクティヴを導入し，紛争下のジェンダー的な暴力から女性や子どもを保護・救済することを指示した．この方針は 2001 年以降のアフガニスタンでの平和構築に影響を与え，新憲法下で女性の政治参加も実現したが，2020 年の米軍撤退とタリバン政権復活により再び人権侵害の懸念される事態となった．
●**国家，家父長制，戦争**　1970 年代より発展したジェンダー研究は，古代ギリシャのアリストテレスの「家父長制（patriarchy）」の概念に引照し，宗教・エスニシティ・文化・慣習などに基づく規範や制度に拠った男性優位の家父長制システムが各社会で固有のジェンダー秩序として編成され維持されてきたと論じた．近現代の国家もこの特徴を継承し，男性の権力者が統治し，男性兵士が軍隊を動かし，国家間のパワー・ポリティクスを展開してきたととらえる（ティックナー 2005）．
　戦争や内戦の過程ではナショナリズムや集団の共同体的アイデンティティの一体性が宣伝され，戦場で敵を倒す頼もしい「男性性（masculinity）」と「軍国の母」

や「銃後の守り」を担う「女性性（femininity）」の性的分業体制が強制される（ブターリア 2002）．女性の貞操が集団的名誉とされるからこそ敵方の女性への攻撃が戦いの手段となり，ボスニアでは「兵器としてのレイプ」，ルワンダでは「強制妊娠」が報告された．紛争下では，「家庭内暴力（DV：domestic violence）」，レイプ，集団殺害や「名誉殺人」という「女性殺害（femicide）」，人身売買や性奴隷，女性器切除，強制結婚などの暴力の連鎖が生み出され，複合的な人権侵害につながっている．集団的なレイプを拒む男性兵士，性的マイノリティの人々，子どもや高齢者などへの迫害も含め，「ジェンダーに基づく暴力（gender-based violence）」の概念が提起されてきた（竹中 2010；戸田 2015）．

　20世紀の歴史を振り返ると，女性の多くは戦争の犠牲者の側に置かれると同時に加害者側にも荷担し，総力戦の後に多くの国々で女性参政権が実現したことも事実である．最近では軍で女性兵士が採用される国が増え，武装勢力への女性の参加もめずらしくない．拉致されたかみずから望んだかは別として子ども兵士の数も多い．他方，戦時ではなくても，自衛隊を保持して安全保障条約で米軍に基地を提供する日本は「ジェンダー化された軍事化構造」を体現し，沖縄の米兵少女暴行事件（1995年）はその矛盾を象徴している（エンロー 2020）．

●国際刑事裁判所，移行期正義，サバイバーとしての女性　国連安保理は紛争下での集団殺害，戦争犯罪，人道に対する罪について1993年に旧ユーゴスラビア国際刑事裁判所（ICYT），1994年にルワンダ国際刑事裁判所（ICTR）を設置し，ICYTは161人，ICTRは93人を起訴した．ボスニア系の男性や少年が8000人以上も殺された1995年の「スレブレニツァの大虐殺」と未曾有の性暴力に関して，大物の容疑者を前に女性が果敢に証言した．2002年には常設の国際刑事裁判所（ICC）が設立され，「保護する責任」とともに「移行期正義（transitional justice）」を追求する規範と制度の構築が進められてきた（長編 2020）．

　ウクライナやガザをはじめ女性や弱者の受難は続くが，草の根の人々も諦めてはいない．武装勢力に負けず女性と子どもの権利を訴えるパキスタンのマララ・ユサフザイ，コンゴ東部の紛争地域で性暴力の被害女性を救うムクウェゲ医師，イラク北部でイスラーム国（IS）と闘う性暴力サバイバーのナディア・ムラドなど，ノーベル平和賞に輝く人々もジェンダーからの平和構築を指し示している．

[竹中千春]

📖さらに詳しく知るための文献
・アレクシエーヴィッチ，スヴェトラーナ（2016）『戦争は女の顔をしていない』（三浦みどり訳）岩波現代文庫．
・エンロー，シンシア（2020）『バナナ・ビーチ・軍事基地——国際政治をジェンダーで読み解く』（望月愛戸訳）人文書院．
・竹中千春（2010）「国際政治のジェンダー・ダイナミクス——戦争・民主化・女性解放」『国際政治』161号，11-25頁．

人口政策

☞「人工妊娠中絶と政治」p. 558

「安全・領土・人口」と題された 1977〜78 年の講義シリーズにおいて，フーコーは，18 世紀から 19 世紀に至る過程で「人口」が統治の対象とされる仕方に「転換」が生じたことに着目している．フーコーによれば，17 世紀の重商主義者達が「人口」を生産力の源泉として国力の基盤とみなしたのに対し，18 世紀になると重農主義の影響の下に「人口」は「一連の変数」に依存した「プロセスの集合」としてとらえられるようになる．このとき，人間の欲望を含む「一連の変数」は，分析したり，考察の対象とされることで普遍的な規則性が特定できる「自然性」を有するものとして理解される．こうした理解を通じて，「人口」は政治経済学などの多様な「新しい」学術的知や特定の技術を動員して管理される対象として認識されるようになり，その結果，「人口」レベルにおいて人が「良き生」を営むことを可能にする制度や環境を整えることが国家の「内政」上の主要課題として広く受け入れられるようになる．さまざまな専門知を身につけた専門家と協力して，国家が人口全体の「良き生」を目指す統治の仕組みを整え，運営する政治実践を，フーコーは人口の「生政治」と名付けた（フーコー 2007）．フーコーが「統治性」（ガバメンタリティ）という用語を用いて明らかにしようとしたのは，人口の「生政治」が人の身体や考え方，価値体系を規律する「規律権力」と結び付き，局所的・微視的な権力作用を通じて展開する国家の具体的な統治実践である．

●**人口政策と優生思想**　人口の「生政治」に動員される「専門知」は，医学や生物学といった領域での学術的知識の発展と技術革新によってアップデートされ，国家がその政策の対象として「人口」問題を扱う際の射程や方法は，近代の歴史を通じて変化してきた．人口と食糧生産の増加の速度の間に齟齬が存在することを学術的に最初に定式化したのはマルサスであったが，彼の時代においては人口増加のペースを抑制する手段は道徳的な「禁欲」であった．19 世紀に入ると，妊娠・出産に関する医療知識と技術が発達し，経済的弱者の間での人為的産児制限の重要性を強調する新マルサス主義が影響力をもつようになる．新マルサス主義は世界的な広がりをもった学術・政治運動であり，日本でも第一次世界大戦後の経済停滞を背景として，永井潜や安部磯雄，石本静江（後の加藤シヅエ）などによって普及が図られた．1922 年には新マルサス主義に基づいた産児制限運動の世界的指導者であるサンガーが来日している（荻野 2008）．

帝国主義的領土の拡大が国家の至上課題であった 19 世紀から戦間期という時

代状況において，新マルサス主義は優生思想と深く結び付いて展開した．1883年にゴルトンが提唱した優生思想は，種としての「人口」全体の「質の向上」に関心を寄せる思想であり，人為的な産児制限はしたがって，「優生」な者の出生が奨励される一方で，経済的弱者に代表される「劣性」な者の出生が抑止される限りで，人口全体の「質」の向上に資する．このように，優生思想と結び付いた新マルサス主義は，人口の間で出生が奨励されるべき者と抑制されるべき者を区別し，このとき，区別がなされる際の基準として，個人の経済的地位と能力が強調された．前出のサンガーは，産児制限の主要な課題を「優生の者からより多くの子どもが生まれ，劣性の者の子どもが減ること」であると明言している（Kevles 1985）．こうした優生思想に深く影響を受けた人口の「質」と「量」の管理は，しばしば言及されるナチス・ドイツのみではなく，日本やアメリカ合衆国を含む多様な国家で実践された．

●**日本の人口政策**　日本という国家において，近代国民国家建設の政治プロジェクトが開始されて以来，人口政策は一貫して重要な政策領域であった．同時に，その時々の時代状況と要請に応じて政策の焦点が変化してきたことは明確に認識される必要がある．例えば，日本国家が総力戦に従事した1930年代から1940年代にかけては，戦争遂行という目的のため，人口の規模の拡大を目指す出産奨励政策が表立った優生政策とともに実施された．

　対して，アジア太平洋戦争敗戦後に日本国家が直面したのは「過剰人口」問題であり，占領体制下であった1947年に導入された優生保護法は，人口規模を抑制するために受胎調節と人工妊娠中絶を一定の条件の下に合法化した．とはいえ，政策形成エリートの間では人口規模を抑制することへの懸念が強く，優生思想への明示的言及にはこうした懸念を緩和する意図も込められていた．

　1970年代に入ると，出生数の減少が問題化し，1990年に記録上最低であった前年の合計特殊出生率が公表されると，「少子化」問題は一挙に日本政府の最優先政策課題として位置付けられるようになる．以来，日本政府は，一連の少子化対策を打ち出しているが，これまでのところ，出生率の低下傾向は続いている．

　現代的状況における人口政策の「量」に対する関心の特化は，一見したところ，優生思想とはまったく関係がないようにみえる．1970年代以降，優生思想への批判が世界的に高まり，優生保護法は1994年のカイロ人口会議で批判された後，1996年に母体保護法に改正された．とはいえ，改正法はリプロダクティブ・ヘルス／ライツを十分に保護するものではなく，また，現在に至るまで経済的条件は人工妊娠中絶の要件を構成しており，したがって，出生が奨励されるべき者から抑制されるべき者を区別する基準である．この意味で，日本の現行の人口政策は，優性思想に結び付いた新マルサス主義の考え方と決して無縁ではない．

［武田宏子］

人工妊娠中絶と政治

☞「人口政策」p. 556

　中絶は，近代刑法では堕胎罪で禁止された．国の人口政策，社会道徳（女性にのみ貞操を要求）が立法理由で，キリスト教が胎児を独立した生命とみる点に基づいていた．しかし闇中絶は減らず，裕福な女性は秘密裏に安全な中絶を受け得る一方，貧困な女性は劣悪な施術や自己堕胎に追い込まれ身体生命を害するという階級に基づく批判が，19世紀以来現在も継続している．1960年代後半からの第二波フェミニズムは，女性の自己の身体や生殖に関する決定権を主張した．1990年代からは，「リプロダクティブ・ヘルス／ライツ」という．

●政治過程の特質　中絶は，経済政策や外交などの通常の政党の対立軸とは異なる政治的亀裂を生じ，左派政党がより支持的ではあるが，通常の政府提案＋多数党（連立多数派）の賛成で成立するのとは異なり党内の分岐を呼び，重要な争点ながら，議員提案・自由投票・国民投票・連邦最高裁判所／憲法裁判所の介入など，「周辺的」手続き（Cohan 1986）によりがちである．宗教的亀裂が重大な国において中絶への賛否が重なると，決定が膠着する（Lovenduski & Outshoorn 1986；Stetson ed. 2001）．

● 20世紀前半の解禁　革命後のソ連は，1920年，危険な闇中絶を廃し，労働者階級の女性を解放するためと称して合法化した．その後国力回復のため再び禁じた．再解禁は1955年，女性の労働力としての確保を目的とした．東欧諸国も，この時期合法化した（ルーマニアを除く）．避妊手段不足で，頻回の中絶が女性の心身を脅かした（滝川 1924；マモーノヴァほか 1982）．

　日本は，1948年に，議員立法の優生保護法で解禁した．敗戦により領土や生産手段を失い，人口制限と優生政策からであった．1949・52年の改正で「経済的理由」が入り，指定医1人の判断で実施可能となったが，配偶者の同意を要し，女性の権利ではなく，公費負担もない．1972・82年の経済的理由を削る規制強化への宗教団体主導の動きは，第二波フェミニズムが退けた．だが，ピルの解禁は1999年と遅く，経口中絶薬承認も2023年だった．米軍直轄の沖縄では，本土復帰まで中絶は非合法であった（Norgren 2001；荻野 2008；澤田 2014）．

● 1960・70年代の西欧・北米での解禁　第二波フェミニズム勃興の中，英国では議員立法で1967年合法化した．サッチャー政権が中絶規制を強化しようとしたが，自由投票で，制限は緩和された（石井 1981；Lovenduski & Randall 1993；Stetson 2001a）．

　米国では各州刑法中の堕胎罪が，1950年代に少し緩和された．女性運動は制

限的な州法を違憲と訴えた．1973年，連邦最高裁は，連邦憲法は女性のプライバシー権を保証すると解釈して中絶を合法化し（ロウ判決），多くの州刑法が覆った．以後，反中絶勢力（プロライフ）が組織化され共和党と結び付き，中絶容認派（プロチョイス）は民主党と結び付き，各級選挙の大争点となり，大統領による連邦最高裁判事の指名が，注目されてきた（Studlar & Tatalovich 1996；Stetson 2001b；緒方 2006；荻野 2012；小竹 2021）．

　フランスでは1970年代右派と左派が競り合い，右派のジスカールデスタン大統領が，中絶の合法化を，自由投票で成立させた．1979年に恒久法化され，1982年ミッテラン政権下75%の公費負担が導入され，2013年には全面無料化された（Mossuz-Lavau 1986；建石 1991；Robinson 2001；Veil 2009：149-62；井上 2020）．

　西独では，1974年に連邦議会で中絶の解禁を決めたが，連邦憲法裁がボン基本法の生命の保護条項によって覆され，制限的な立法となった．東西ドイツ統一において，旧東独は12週までの中絶は自由だったので，中絶法制は最後となった．超党派女性議員の提案が妊娠12週まで合法としたが，連邦憲法裁が，中絶は「違法だが非処罰」という決定を下した．1995年，連邦議会は，義務的カウンセリング・待機期間付きの中絶法を定めた（Kamenista 2001；齋藤 1997）．

●**1990年代から21世紀の動き**　手法が真空吸引から経口薬に移行する中（日本のみは戦後以来の掻爬が主流），規制強化と自由化の，双方の動きがある．米国連邦最高裁は共和党大統領指名の判事が増え，保守化した．2022年，連邦憲法は中絶のプライバシー権を認めていないとロウ判決を覆し，各州議会にゆだねた（ドブス判決）．直ちに妊娠6週からの中絶を禁じた州もあり，ほぼ自由な州もある．禁止州（地理的に偏る）在住の女性は，合法州に移動する負担が加重された（マッケナ 2022；鈴木 2023；兼子 2023；樋口 2023）．ポーランドではソ連影響下合法であったが，脱共産主義下，東欧では例外的にカトリックが復興し，1993年「妥協法」により厳しい制限が行われた．大規模に女性は抗議したが，2020年に憲法裁が中絶を全面的に禁止した（BBC 2020；小森田 2021）．

　他方カトリックの強いアイルランドで，1983年，憲法改正（国民投票）で胎児の生命保護を定め中絶を禁じたため，多くの女性が渡英した．1992年，憲法裁は中絶目的の移動の自由を認めた．国連自由権規約委員会が，中絶の規制緩和を求めた．政府は検討を市民議会（ミニ・パブリックス）にゆだね，中絶は憲法事項でなく議会が定めると結論を得た．2018年議会は同案を可決，国民投票も賛同し，12週までの中絶を認める法律が成立した（井田 2019；徳田 2021）．

　ドブス判決後，ドイツは刑法を改正して中絶情報の提供を解禁した（Reuters 2022）．フランスでは2024年，憲法改正に中絶の権利を盛り込んだ（Le Mond 2022；2024）．

［岩本美砂子］

ケアと政治

☞「福祉レジーム論」p. 134,「ポスト工業化社会と福祉国家の変容」p. 140

　ケアを巡る政治についてはさまざまな議論がある．ただ基本的には，市場経済の中では効率と利益が追求される一方で，そこでは生産的ではないものとして考慮されてこなかった無償のケアワークが，実際には我々の社会の存在と福利のための基盤となっていることに注目し，そこから従来の国家と市場を中心とする政治分析にケアの要素を取り込むことを試みる議論とみることができる．

●**ケアを巡る政治**　ケアに関する政治が議論されるようになったのは，1960 年代ないし 70 年代ごろのニュー・レフトによる，真の労働者の解放のためには市場に追い立てられる消費のための労働というこれまでの方向に変わる新しい社会関係の構築が必要，という議論に遡るが，本格的な議論が進んだのはフェミニスト経済学による主流派経済学批判が一定の影響を与えているとされる（Razavi 2007）．この批判は主に，主流派経済学は経済の貨幣化できる側面のみを特権的に扱うことで社会的再生産や無償労働といった生産活動を維持するために必要な側面を無視しており，また個人の行動を新自由主義的な合理的選択という仮定から説明しようとしていることで，家族を含むさまざまな社会関係に存在する権力性や不平等を無視しているという形に集約することができる．そしてこの主流派の考え方に対してフェミニスト経済学は，無償もしくは低賃金のケアワークの存在が実は現在の市場経済を機能させるためには不可欠な要素であること，そしてそのケアワークは多くの場合女性をはじめ貧困層，肌の色の異なる人々や移民労働者などの「周辺化された人々」によって担われていることに着目し，そこからケアを巡る政治経済の理論展開を進めていくようになる．

　近年では世界的な新自由主義的経済の拡大が，ケアを巡る政治の重要性を高めているという議論もある（Harcourt 2023）．新自由主義的な経済の進展は社会のさまざまな側面における市場化を促進したが，その結果として政府の役割の縮小と福祉の削減も進展し，その分ケアワークを担当する層に負担がのしかかることとなった．だが他方で新自由主義的経済のもとでは特に無償のケアワークは価値があるものとはみなされず，そのことが市場経済のもとで豊かになった層と，無償もしくは低賃金でケアワークを担当する層の間の格差と不平等を拡大させることとなった．また一部の国では市場化の進展は女性の有償労働への進出を広げる機会とはなったが，これは無償のケアワークの供給を減らす方向に作用することからこれを補うための有償のケアワークの需要が増加する一方で，その供給のために他国からの移民労働者の受け入れを進めるという形で，ケアを巡る政治と

第 23 章　ジェンダー，移民　　　　561

国家間の格差とが関係していることも明らかになっている．

●**比較政治分析とケア**　では比較政治分析においては，ケアはどのような形で取り込まれてきたか．それにはケアとは何を指すかをまず明確にする必要があるが，広い定義としては他者の感情や地球環境のケアを含むこともあるものの，一般的には育児や障がい者・高齢者の介護，および各種の家事労働など，経済活動には直接的に関わらないが人間の生活を成り立たせるための再生産に不可欠な行動としてとらえられることが多い．その上でそのケアは誰が提供しているのか，それは国や地域によりどのような相違があり，またその相違はいかなる理由で生じたのか，について分析することが，比較政治におけるケアを巡る政治を分析するための主な手法となる．

　ケアの提供者となるのは主には家族，市場，政府であり，そこからこれを福祉レジームの議論と接合させる形で保守主義型（伝統的な「家族観」に従い家族が主にケアを行い，政府は現金給付でこれを支援する），自由主義型（ケアを市場で提供される有償のサービスに委ねる），および社会民主主義型（政府が公的なケアサービスを整備し，家族をケア負担から解放する）という形で分けることもある．ただ実際にはこれらのサービスは必ずしも相互独立ではなく，例えば政府が現金給付と公的なケアサービスの両方を提供することで各家族に選択権を与えている場合もあるし，政府の支援も市場によるサービス提供も進んでいないために結果として家族がケアをせざるを得ないという事例もある（仙石 2011）．さらにはラザビの「ケア・ダイヤモンド」論のように，各種の「非営利」部門もケアの提供者の一つとして検討すべきという議論もある（Razavi 2007）．

　またケアの分野によっても制度が異なることから，ケアをひとまとめにするのではなくそれぞれの領域ごとの相違を検討することも必要となる．例えば宮本太郎（2021）は日本における貧困・介護・育児というケアの各領域における制度を検討しているが，そこではそれぞれの制度ごとの展開と，そこに作用した政治的要因には相違があることが提示されている．実際に政府および市場がケアを提供する場合には領域ごとの制度・組織が行うことが一般的であることから，それぞれの領域でいかなるケアの仕組みが提供されているか，を具体的に検討することが，比較政治におけるケアを巡る政治分析では不可欠となる．　　　　　［仙石　学］

📖さらに詳しく知るための文献
・ラザビ，シャーラ（2010）「政治，社会，経済からみたケアの国際比較——開発の視点から」『海外社会保障研究』170 号.
・宮本太郎（2021）『貧困・介護・育児の政治——ベーシックアセットの福祉国家へ』朝日新聞出版.

「LGBT」と政治

☞「同性婚と政治」p. 564

あらゆる社会において，支配的な規範から逸脱する，多様で，しばしば流動的な性自認や性指向を抱いたり，性表現をする人々が存在してきた．2000年代にはレズビアン，ゲイ，バイセクシュアル，トランスジェンダーの頭文字を並べた「LGBT」が定着した．近年は，そこにインターセックス，クエスチョンニングなどの頭文字を加えることも多い．ただし，より多様なアイデンティティを包括的にとらえるため，日本語の「性」がジェンダーとセクシュアリティの両方を意味することを活かして，ここでは彼らを「性的少数者」と表現したい．

● **LGBT運動の誕生と拡散**　中世の西洋社会では，キリスト教の厳格な性規範から逸脱する者らは社会的・法的に排除された．ただし，規範からの逸脱はあくまで行為で理解され，「異性愛者／同性愛者」というカテゴリーが成立したのは19世紀末だった．この時期，経済発展と都市化により，多くの人々が新たに親密な関係を結ぶ自由を得た．同性愛行為はフランスなどでは脱犯罪化された一方で，アメリカ，イギリス，ドイツでは逆に犯罪化された．1960年代後半，性的少数者による社会運動が活性化し，1970年代には脱犯罪化，脱病理化，差別禁止などを勝ち取った．レズビアンの運動はフェミニズムとも連動する形で展開された．1980年代から90年代にかけて，ゲイやトランス女性の間でHIV感染が広がるが，同時に権利獲得運動もグローバルに広がった（アルトマン2005）．その結果，脱犯罪化，差別禁止，同性婚の合法化といった権利の獲得が進んだ地域もあるが，激しいバックラッシュが生じた地域もある．

● **LGBT運動の成功条件**　諸国家は，性的少数者を抑圧，病理化，放置，支援するなど多様に処遇してきた．こうした差異は，グローバルなLGBT運動が各地の保守的な規範や勢力にどれほど対抗できたかで説明され，次のような成功条件が指摘されている．①資本主義による都市化・近代化という経済的条件（Boswell 1980；Inglehart & Norris 2003）．②多数派が性的少数者への権利付与を「脅威」と認識しなくなること（Mucciaroni 2008），世俗化（Finke & Adamczyk 2008），自由な市民社会（Offord 2013）といった社会的条件．③資源動員力（Adam & Duyvendak et al. 1999），国際的な規範が国内で「可視化」される程度（Ayoub 2016）など社会運動の条件．④独立性の高い地方分権や司法（Tremblay & Paternotte et al. eds. 2011），民主主義の強度（Encarnacion 2014）といった制度的条件である．

こうした主に西洋の経験から導出された条件ないし変数に着目して，台湾にお

ける 2019 年の同性婚の合法化など，非西洋における権利獲得状況を説明することもできよう．だが，非西洋ではこうした議論への反証も多い．例えば韓国は経済発展，民主主義，自由な市民社会といった条件をもつが，差別禁止法の成立も，同性愛行為を行う軍人（徴兵中の国民）を処罰する軍刑法の破棄運動も頓挫し続けている．逆に，タイやベトナムは，経済的には中進国で権威主義的な体制をもつが，性的少数者の法的権利は限定的に拡大している．

●**性的少数者の政治利用**　こうした複雑な状況を理解にするには，いかに性的少数者を，国家，支配的な社会勢力，そして当事者が，政治利用しているかに着目することが有効だ．国家リーダーは，性的少数者を「善き国民」の構成的外部とすることで，国民国家建設に利用した（Canaday 2009）．非西洋では多くの政治家が，LGBT に国家と家族が蝕まれていると危機を煽り，それに立ち向かうみずからの正統性を高める「政治的同性愛嫌悪」を用いてきた（Bosia & Meredith eds. 2013）．ロシア，マレーシア，ウガンダなどは，まだ萌芽しかけの LGBT 運動に対する規制や犯罪化を強化した．性的少数者の権利拡大も，支配的な権力と共犯関係を結びうる．2001 年同時多発テロ事件後アメリカでは，性的少数者に非寛容なイスラーム文化を「未開・野蛮」と攻撃する「ホモ・ナショナリズム」が高まった（Puar 2007）．イスラエルは，性的少数者の権利を強調して，パレスチナ人への人権侵害を隠蔽する「ピンクウオッシュ」を行ってきた．経済利用の例も多く，例えば日本では東京オリンピックの際，政府や広告会社がゲイ・カップルらの「ピンクマネー」に期待して「LGBT フレンドリー」を打ち出した．さらに，性的少数者が新自由主義のもと「善き市民」たることを主張して新たな排除を生み出す「新しい同性愛規範」もある（Duggan 2002）．

●**ポストコロニアルな再検討**　近年は，西洋発の運動や文化を普遍的なモデルとせず，ポストコロニアルな文脈で批判的にとらえる視座も発展している（Masaad 2007；Bosia & McEvoy et al. eds. 2020）．非西洋社会の多くでは，歴史的に多様な性的少数者が重要な社会的な役割を担ったが，西洋の植民地主義とその影響下で進められた近代化と国民国家形成のもとで犯罪化・周縁化された．それに抗するため，非西洋でも高学歴の都市中間層は LGBT の文化や運動を受容してきた．だが，多様な土着のアイデンティティを抱く者には，LGBT という西洋の概念に距離を置く者も多い．カミングアウトしてみずからを可視化させるという運動の戦略も，権威主義的な体制のもとでは抑圧を招きうる．さらに，公式の法制度の外部で，周縁化に対抗する豊かな土着の文化や資源があるからである．こうした過程を理解するには，日常の政治にも焦点を当てる必要がある（日下ほか 2021）．［日下　渉］

📖**さらに詳しく知るための文献**
・Bosia, M. & McEvoy, S. M. et al. (eds.) (2020) *The Oxford Handbook of Global LGBT and Sexual Diversity Politics.* Oxford University Press.

同性婚と政治

☞「「LGBT」と政治」p. 562

　同性婚とは，同性の2人が法的な婚姻を結ぶ制度である．2001年のオランダを皮切りに，2023年現在までに，世界30以上の国と地域で同性婚は法制化されている．同性婚には，性的少数派の権利の保障，国家による親密圏の管理，結婚契約の市民的・宗教的意義，そして何が家族を構成するのかといった複数の文化的・社会的・政治的問題が関わる．同性婚法制化の要請が世界的に高まったきっかけは2006年に採択された「ジョグジャカルタ原則」である．これは，性的少数派の権利保障のために国が取るべき措置について29の原則を定め，同性婚の必要性についても示した．各国が原則を採択したことによって同性婚法制化の国際的なプレッシャーが形成されたことに加えて，社会運動もその法制化を後押しした．

　同性婚は政治的対立が鮮明化するテーマでもあり，近年の争点は，同性カップルに対する「子をもつ権利」の保障である．同性婚には，同性の成人のカップルが家族を構成する権利に加えて，カップルが共同で親権を行使する養子縁組（共同養子縁組）の権利や，カップルが生殖補助医療を利用する権利の保障も含まれうる．従来異性婚カップルに保障されていたこうした権利を，同性婚カップルに対しても解放するべきかが議論されている．

●**同性パートナーシップ制度から同性婚へ**　同性婚を法制化した多くの国で，先立って同性パートナーシップ制度が導入されていた．アメリカにおいては，連邦国家が同性婚を合法化する以前の1990年代から，連邦各州が独自の同性パートナーシップ制度や同性婚の導入を進めた．アメリカにおける同性パートナーシップ制度や同性婚の扱いは州によって異なったため，全土における同性婚の法制化が望まれていた．

　2013年に同性婚を法制化したフランスにおいては，1999年にシビルパートナーシップ制度である連帯市民契約「パックス（PaCS：Pacte Civil de Solidarité)」が法制化されていた．パックスは同性のカップルでも異性のカップルでも締結可能であり，パートナーとの間に，婚姻に準ずる法的権利が保障される（Percin 2001）．ただしこれは，同性カップルが子をもつ権利については保障しなかった．パックスを締結した同性カップルが共同養子縁組をしたり，第三者からの精子提供を受けて人工授精によって子をもったり，代理母出産をしたりすることはできなかったのである（Percin 2001）．同性カップルの中でも，子をもつことを望む者や婚姻の象徴的価値を求める者，あるいは異性カップルと同様の権利保障を求める者から同性婚が希求された．

●**同性婚反対運動と政治**　保守派の中でも，特にカトリックを中心とした宗教右派は，同性婚によって異性愛規範とそれに伴う生殖規範が変化することを危惧し，反対運動を展開した．同性婚反対運動の中で，生物学的生殖可能性を前提とした異性愛カップルは「伝統的家族」と呼ばれ，その価値が称揚された（風間 2003）．

　ヴァチカンに地理的・政治的に近いヨーロッパは宗教右派による同性婚反対運動の中心となった．カトリック団体の組織力・資金力を活かした大規模・長期的・全国的な同性婚反対運動が展開され，地方議会から国会，欧州議会の議員および候補者に対する網羅的なロビイングも行われた．ヨーロッパから世界各地へと同性婚反対運動は伝播した（Kuhar & Paternotte 2018）．

　アメリカにおける宗教右派は，もともと政治不介入の立場だったが，1990 年代以降に同性婚や性教育といったジェンダー平等推進政策が進展する中で「危機感」を強めたことと，同時期にブッシュ政権が宗教右派との政治協働を強めようとしたことが影響し，同性婚反対の運動や政治的介入を強化した（堀江 2019）．なかでも，1996 年にクリントン大統領の署名によって可決された結婚防衛法（Defense of Marriage Act）は同性婚を制限した．これは連邦政府が同性婚を承認しないことと，連邦各州は同性婚がある州で合法であったとしても，他の州でこれを承認する義務はないことを定めた（藤戸 2018）．

●**同性婚とバックラッシュ**　上記の後退が示すように，同性婚反対運動は，ジェンダー平等推進政策に対するバックラッシュとして一定の成功をおさめた．同性婚の法制化自体を断念した国もあれば，法制化には至ったものの一定の後退を余儀なくされた国もある．フランスにおいては，2013 年の同性婚法制化の際に，同性婚カップルによる共同養子縁組が可能になったものの，これと同時に法制化が目指されていた，独身女性と女性どうしのカップルに対して，精子提供による人工授精を認める生命倫理法の改正は撤回され，2021 年の法制化まで先送りされた．

　アメリカにおいては，2013 年に結婚防衛法に対する一部違憲判決が下され，2015 年に合衆国最高裁判所によって同性婚を認めない州法を違憲とする判断が下されたことによって，全州で同性婚が事実上合法となった．他方で，2022 年に最高裁判所は女性の人工妊娠中絶権を合憲としてきた 1973 年の判決を覆す判断を示した．保守派多数となった現在の最高裁において今後，中絶権と同様の法律的位置付けにあった同性婚や同性愛行為が違法とされることが懸念されたため，連邦議会は，同性婚を最高裁判例だけでなく立法で明確に合法化する「結婚尊重法（Respect for Marriage Act）」を 2022 年に可決し連邦法化した．

　同性婚が法制化された国においても反対運動は続いており，法の撤廃や子をもつ権利の制限が争点となっている．宗教右派は政治への介入を強めながら，国際的な運動戦略の共有を進めており，一国での後退事例が連鎖する可能性もある．

［村上彩佳］

外国人労働者

☞「レンティア国家」p. 110,「移民の包摂と統合」p. 570

　国境を越えた人の移動と定住の多くは労働を伴うものであり，今日においても移民全体の 62% は労働移民（外国人労働者）である（ILO 2021）．世界の労働市場はますます流動化しており，労働移民としての就労先も単純労働分野だけに限らない．これまで労働移民は移住先で家族との再統合を果たし，市民権を取得して受入国に定住することが想定されていた．しかし，21 世紀に入ると短期契約労働者として移住者が増え，必ずしも受入国での定住や社会統合を想定することができなくなっている．

●**外国人労働者を巡る政治現象**　比較政治学のテキストを開いてみても，これまで外国人労働者が「民主主義」や「選挙」，「政党」と並んで立項されることはなかった．無論，このことは外国人労働者が政治とは無関係であることを意味しない．近代国民国家における外国人労働者の管理とは，すべからく政治的なものである．誰を入国させるのか／させないのか，という線引きに始まり，法的身分や国家構成員としての取り扱い，受入政策とその制度設計など，政治が関わる領域は多岐にわたる．また，受入国で外国人労働者を巡る諸問題が政治争点化することは珍しくなく，自国民の失業や治安の悪化など社会的問題の原因としてやり玉にあがることも多い．国民のあいだで反移民感情が盛り上がると，選挙で反移民を主張する右派政党や政治家が票を伸ばし，社会の分断が深刻化する．

　これまでの移民と政治に関する議論は，欧米など西側移民受入国を前提に行われてきた（Favell 2022）．ただし，労働移民は南から北への移動だけではなく，今日では南から南への移動や，北から南への移動も盛んである．例えば，2019 年における世界の外国人労働者のうち，14.3% はアラブ諸国（大半が経済的に豊かな湾岸アラブ諸国）に移動しており，その割合は 2013 年と比べて 2.6 ポイントも上昇した（ILO 2021）．このようなトレンドに変化があるため，政策的議論も自由主義・民主主義国家モデルを前提にすることの妥当性が問われており，移民研究においても独裁主義・権威主義国家を対象にした議論が進められている．

●**リベラル・パラドックスと非リベラル・パラドックス**　外国人労働者の管理は，政治体制にかかわらず特に重要な論点を構成している．自由民主主義体制の西側移民受入国ではその理念に基づき，開放的な経済政策を採用し，グローバル化を推し進め，人の移動も自由になった．しかしながら，外国人の流入が加速するほど，受入国の国民は国家の安全や社会の治安に敏感になり，民主主義的制度を通じて制限的・閉鎖的な移民政策を支持するようになる．とはいえ，「自由民主主

義」を標榜する国家としては外国人労働者の諸権利も擁護しなければならない.移民政治研究者のホリフィールドは,このような矛盾を「リベラル・パラドックス」と名付け,西側移民受入国が困難な課題に直面していることを論証した(Hollifield 2004).

それでは,独裁・権威主義体制国では,このような矛盾は発生しないのであろうか.最近の研究では「非リベラル・パラドックス」という概念が提唱されている(Natter 2024).この議論によると,非自由主義的な独裁国家では支配者の政策選択の余地が大きく,国内政治上の優先順位に合致すれば,開放的な移民政策をとることが可能になると説明する.しかし,独裁体制では国民への政治的・人権的な抑圧が行われるため,一方で外国人の権利拡大を含む開放的政策をとるのであれば,そこに「非リベラル・パラドックス」が生じうる可能性がある.

●統治体制に組み込まれる外国人労働者　権威主義的な移民国の事例として,中東の湾岸アラブ諸国(サウジアラビア,クウェート,バハレーン,カタール,UAE,オマーン)をみてみよう.湾岸アラブ諸国は,君主体制を敷く資源国(いわゆるレンティア国家)であり,大量の外国人労働者を抱えることでも知られている.1970年代の「石油ブーム」以降,今日に至るまでアジア・アフリカ諸国出身の安価な労働力が国家建設や経済成長を支えた.カタールやUAEでは,全人口の90%が外国人であり,そのほかの国も40~70%の割合を外国人が占めている.湾岸アラブ諸国の国民は,政治的には権力の側にいるものの,人口的・社会的には「マイノリティ」になるため,ある種のねじれが生じている.自国であるのにもかかわらず「マイノリティ」になる国民からは,外国人との文化摩擦や治安の悪化,ナショナル・アイデンティティの危機が訴えられている(堀抜 2016).

それでは,これほどまで大量の外国人労働者はどのように管理されるのか.外国人労働者は雇用先を身元引受人として,居住・就労許可を得る.これを「カファーラ(スポンサー)制度」と呼び,雇用主と外国人労働者の権力関係を非対称なものにし,その管理を厳格かつ容易にした.他方で,低賃金や劣悪な就労環境,人権問題の温床であるとの批判も根強い.また労働市場において,自国民労働者の多くは公的部門で就労し,外国人労働者の多くは民間部門で就労するという国籍別分業体制が敷かれている.さらに国民が外国人労働者を指導・監督する支配的立場にあることは,国民の一体性を生み出し,権威主義体制を下支えする効果がある.松尾は「湾岸アラブ型エスノクラシー」という枠組みを提示し,外国人労働者が経済的に搾取・抑圧されるだけでなく,支配体制の維持に組み込まれる様子を分析した(松尾 2013).　　　　　　　　　　　　　　　[堀抜功二]

📖さらに詳しく知るための文献
・明石純一(2020)『人の国際移動は管理されうるのか——移民をめぐる秩序形成とガバナンス構築』ミネルヴァ書房.
・松尾昌樹・森千香子編(2020)『移民現象の新展開』岩波書店.

難　民

☞「紛争と難民」p. 472

　「難民」は 16 世紀に起こった宗教戦争に伴いフランスから国外に逃亡した新教徒（ユグノー）を指す"réfugier"を語源とする．難民は自国の国家元首や政府などから迫害を受け生命の危機などに瀕した際，他国に庇護を求める．なお，一般的に，庇護とは国家が難民を匿う権利であると解されている．世界人権宣言第14 条 1 項には個人が庇護を希求する権利（right to seek asylum）が謳われているがこの条項に法的拘束力はない．

●難民保護のための国際機関の誕生　近代以降における難民を保護するための国際協力は，ロシア革命に端を発する旧ソビエト連邦からの難民を国際連盟が請け負ったことに端を発する．難民保護を担当する当時の高等弁務官はノルウェー出身のナンセンであった．その後，1943 年に米国主導のもとで連合国救済復興機関（United Nations Relief and Rehabilitation Agency：UNRRA）が生まれ，1946年に国際難民機関（International Refugee Organization：IRO）がこれを引き継いだ．IRO は第二次世界大戦後の 1951 年に，現在の国連難民高等弁務官事務所（United Nations High Commissioner for Refugees：UNHCR）へと発展解消した．

　これらの国際機関はロシアからの亡命者に加えて，ナチス・ドイツからの迫害を受けたユダヤ人を中心とするヨーロッパからの亡命者を保護した．当初，とりわけロシア難民に対しては，一定期間経過後本国への送還が予定されていた．しかし，本国帰還後の迫害の実態が明るみになり，また，ユダヤ人の大量殺戮（ジェノサイド）などへの緊急の対応が必要という認識が高まったことを受け，難民保護は次第に庇護国内での(恒久的)受け入れを目的とするものへと変容していった．他方で，イスラエルの建国に伴うパレスチナ問題の発生に伴い，パレスチナ人を保護する目的で 1949 年に国連パレスチナ難民救済機関(United Nations Relief and Works Agency for Palestine Refugees in the Near East：UNRWA)が成立した．

●冷戦期の国際難民保護　冷戦期の国際難民保護は米国の意向に基づき共産主義圏から資本主義圏への亡命者を対象とするものとされ，それ以外の強制移動事案は国際協力の埒外に置かれた．このため，インド・パキスタン紛争に伴う深刻な強制移動問題を抱えていた南アジア諸国や，多くの東南アジア諸国，そして日本を含む東アジア諸国は 1951 年難民条約および 1967 年改正難民条約に加盟しなかった．その後日本はインドシナ諸国（ベトナム，カンボジア，ラオス）からのボート・ピープルの受け入れ問題に直面する中，1981 年にこの二つの条約に加盟したが，それは難民条約の更なる改正があったからではなく，国際社会におけ

る日本の立ち位置を高めるべきという声への対応であった．2024年現在においても，南アジア諸国や多くの東南アジア諸国はこれら二つの条約に未だに加盟していない．

●「南北問題」としての難民保護　難民問題は国際構造変動の影響も受ける．アジア・アフリカ・中東および中南米諸国の出身で，みずからの居住国からの十分な支援を受けられない，また生命の危険に瀕した人々が急増する中，難民問題は次第に「南北問題」の様相を色濃く帯びるようになった．一つには，既存の難民条約における難民の定義が極めて限定的であるがゆえに，多くの人々が難民としての地位を獲得することが叶わず，したがって，「強制避難民」あるいは受け入れ先に難民資格を申請中の人，という意味合いにおいて「庇護申請者」と呼ばれるようになった．彼らの中にはUNHCRがその権限において支援対象とする「マンデート難民」も含まれているが，彼らのすべてがどこかの国に受け入れられるわけではない．

　また，国際的な保護を必要とする人々の数が急増しており，かつその多くが先進国ではなく発展途上国に避難している．UNHCR設立当初（1951年）には210万人余であった難民数は，2023年現在では1億1500万人以上にまで膨れ上がっている．このうち7割以上が低所得および中所得国に避難をしている．これに対応するため，直接の難民保護に加えて難民保護に従事する貧しい国々の体制支援を目的とする国際協力が急務となっている．

●「受け入れ」以外の選択肢　このような変容に伴い，難民を受け入れる，という政策とは別の選択肢も模索されるようになった．国際移住機関（IOM），国際労働機構（ILO），世界銀行などは，特に本人の意思に反して移動を余儀なくされる強制移住者を減らすため，その大もとの原因（root-case）である紛争や貧困問題の解決を目的とする，将来的な難民の帰還支援を視野に入れた平和構築および開発援助プログラムを提唱している．この考え方は「マイグレーション・マネジメント」と呼ばれ，「真の（bona fide）難民」の適正な庇護にもつながるとしてUNHCRにも受け入れられている．しかしながら，この動きは，主に欧米先進諸国における庇護疲れの反映でもある．既存のリベラル派政党などによる難民や移民の支援策は彼らの人権擁護という観点からは望ましいが，現実味に乏しく，かつ，受け入れ国民に不利なゼロ＝サム関係を強いるものとなっている．

　移民（や難民の）支援は比較的安価な労働力を求める大企業などの利益にも合致することとなる．他方で，労働組合は移民労働者を含む普遍的な労働者保護と国内の労働者保護の両立を図ることに成功しておらず，それが労働組合の相対的な政治力の低下をもたらしている．これが，移民／難民問題を政治アジェンダとするポピュリスト勢力拡大の背景にある．　　　　　　　　　　［岡部みどり］

移民の包摂と統合

☞「多文化主義」p. 126

　移民の包摂あるいは統合は，国境を越えて移動した人々が受け入れ社会にどのように適応したのか，また受け入れ国の政府および市民社会がそれをどのように促したのか，という双方向のプロセスに注目する場合が多い．このようなプロセスの中で，移民の統合形態は，「文化適応（acculturation）」や「同化（assimilation）」といった文化的側面や，「編入（incorporation）」や「包摂／排除（inclusion/exclusion）」のように法的・政治的側面および社会経済的側面を通して考察されている（Penninx & Garcés-Mascareñas 2016）．

●**フランスの移民統合政策**　フランスでは，国民統合のための「共和国モデル」として，出自，人種，宗教などに関わる「私的領域」を切り離した「公的領域」を構築することで，個人の平等を保障してきた．当モデルの下で，少数派の文化的権利が公式に承認されることはなく，公教育でも移民の児童生徒が通常学級に適応するために，フランス語の習得が優先された．1970年代以降に移民の統合が問題視されるようになると，統合が失敗している要因は主に移民側にあると指摘された．

　1990年代初めに，統合高等審議会によって「フランス的統合」が定義され，「共和国モデル」が移民統合のモデルとして再評価される（中野 2009）．その後，文化的統合と同時に経済的統合の必要性も唱えられたことから，統合を阻害する差別的要因をフランス社会側に見出す議論も生じた(中野 2015)．しかし，2000年代に入ると，「個人統合契約(contrat individuel d'intégration)」が導入され，それ以降は，移民に対して国民共同体への統合に努めることを求める傾向がさらに強まった．

●**イギリスにおける社会的包摂**　イギリスで1960年代に移民を統合する必要性が唱えられた背景として，旧植民地出身の移民に対して1950年代後半から頻発していた人種暴動を鎮め，国内の治安維持と人種関係の改善をはかる目的があった．入国規制を厳格化する一方で，国内の住居，保健，教育にみられた人種に基づく差別を是正するための統合政策が実施されるようになる（安達 2013）．

　教育政策を例にあげ，1960年代から80年代の統合政策の展開を辿る．1966年に新英連邦出身の児童生徒が英語を習得するための補助金が設けられ，言語の障壁を取り除くことに重きが置かれた．このように児童生徒の文化的差異に配慮しない同化主義的な施策は，特定のエスニシティの子どもの学業不振を招き，批判される．1985年のスワン報告（教育科学省）は，エスニック・マイノリティの教育的ニーズに配慮しつつ，通常学級および学校全体で多文化を理解するための

教育を実施する必要性に触れた.

1997 年以降の労働党政権は，差別，排除，不平等を克服し，あらゆる人々が社会へ参加することを促す社会的包摂を政策の優先課題として掲げた．社会経済的な困難を抱える人をはじめ，言語や文化的多様性への配慮が求められるエスニック・マイノリティが，貧困や社会的排除に陥りやすい対象として着目された．移民は，マイノリティ集団のコミュニティ間の結束，シティズンシップ教育や「ブリティッシュネス」という表象を通した市民の権利と義務の再確認が強調される社会統合政策の中に組み込まれていく.

●**多文化主義を貫くカナダ**　カナダでは，1971 年に多文化主義政策が打ち出され，50 年以上にわたりその理念が支持されている．しかし，多様性と差異を尊重する政策は，ナショナルなアイデンティティの一体性を保持しつつ，少数派の権利を公正に扱うパラドクスを内包していることから，多文化主義政策の中身が一貫していたわけではない.

1970 年代の政策は，ケベック州の分離を回避し，多様性に基づく国民文化を特徴とする国民の統合を主な目的とし，民族や文化共同体に重きを置いた多文化主義政策であった．アメリカの「メルティング・ポット」に象徴される同化主義に対し，カナダでは文化的多様性を混ぜ合わせることなく保持する「モザイク社会」が唱えられた．1980 年代に入ると，人種や出自に基づく差別を取り除き，個人および団体の公正な参加を促すための制度的包摂に政策の力点がシフトした（Fleras 2009）.

1990 年代では，エスニシティ，宗教，言語などの文化的背景に限定されず，貧困，ジェンダー，障害を越えた社会的包摂が唱えられる．多文化主義政策は，カナダへの帰属意識を通して醸成する文化的アイデンティティのほかに，公平な扱いを保証する社会的公正，コミュニティおよび公的な意思決定への市民の積極的参画といった側面へと広がりがみられた.

●**政策の対象となる「移民」カテゴリー**　移民受け入れ国の統合政策は，政治・法的側面だけではなく，文化的側面そして社会経済的側面と優先課題に変化がみられることから，移民の包摂・統合の定義が一様とはなり得ないことがわかる．個人あるいは団体の多様性と差異に関する権利を公的領域においてどの程度まで保障するのか．ナショナルな言説が展開される中で，各国の対応も揺れ動いている．社会的包摂の施策は，貧困，教育的ニーズ，宗教，ジェンダー，エスニシティなどに関わる多様なカテゴリーを想定し，「移民」は特別な政策の対象とならない国もある．統合政策の対象となる「移民」カテゴリーは，国籍や移住経験に限定されるものではなく，到着後の居住年数や第一言語が外国語であること，さらに社会経済的に不利な立場などのさまざまな側面を掛け合わせて浮かび上がるものとなりつつある．　　　　　　　　　　　　　　　　　　　［小山晶子］

排外主義

☞「移民の包摂と統合」p. 570

　排外主義という日本語の言葉の射程はやや広く，英語で表すところの xeno-phobia（ゼノフォビア，外国人嫌い）もしくは chauvinism（ショービニズム）のどちらも包含する向きがある．そのどちらも「自分が属するグループとは一定程度異なる個人や集団に対する否定的な態度もしくは恐れ」（Hjerm 1998：341）に帰着するものであるが，前者がどちらかといえば他者に対する直接的な敵意や嫌悪感を指す語であるのに対し，後者はそういった否定的態度の前提となるような自集団を（過剰に）称揚する感情や優越感を指すことが多い．

　排外主義的な政策，という言葉もあるようにそれは一国の政策や制度を指す用語として用いることもできるが，以下では主にその基盤となるところの人々の政治意識について整理する．

●**反外国人・反移民感情**　ゼノフォビアは，ギリシャ語の xeno-（外国の―），phobia（恐怖症）に由来しており，文字どおり外国人に対する嫌悪感情を指す．これが具体的な政治争点となるのは，国内における外国人（あるいは外国にルーツがあると観念される人々）に対する反感として現れることで，しばしば反移民感情として表出する．移民や移民政策に対する感情の研究については，社会学や政治学での蓄積が進み，おおむね，政治的不満，文化的脅威認識，学歴の低さ，地方居住といった要素が反移民感情の主因であるとされることが多い（Ceobanu & Escandell 2010）．

　経済的な苦境がどの程度，反移民感情に影響を及ぼしているかについては論争的である．客観的な経済指標（所得水準や暮らし向き），あるいは移民との職の競合については反移民感情へのつながりが明確ではない結果のほうが主流だろう（Hainmueller & Hopkins 2014）．反移民感情に影響しているとみられているのは，もっと主観的・向社会的な意識であり，例えば自分達が（客観的状況は差し引いて）集団的に周辺に追いやられているという剝奪感や（ゲスト 2019），回答者個人の状況よりも自分の住んでいる地域や社会全体の経済状況に悪影響を及ぼすという認識が反移民感情につながるようだ（Valentino et al. 2017）．それゆえ，社会全体の苦境を考えることのできる人間の利他的信念が排外感情をもたらす現象（Kustov 2021）や，通常は隠されがちな反移民感情をむしろ表立って表明することを規範として抱く現象（Igarashi & Nagayoshi 2022）もみられる．

　外国人に対する排外感情と一口にいっても，単純な強弱の一次元に帰着できるものではない．例えば外国人一般に対して排斥的な感情をもつこともあれば，一

国の中において特定の国や地域にルーツをもつ人々だけに強い排斥感情を抱くようなケースは多々ある．例えば日本では外国人一般への排外感情と中韓出身者への排外感情は異なった現れ方をしており（田辺編 2019），同じようなことは欧州や北米においてもみられる．その違いをもたらすのは，単なる文化的距離の遠近だけではなく，ホスト国との外交関係の変化によるところも大きい．

●**他文化に対する優越感情**　ショービニズムもまた排外主義の一環として語られがちな感情である．語源はフランスの軍人ショヴァンにあり，彼が抱いていたフランス的なるものへの狂信的な献身と他民族・他文化に対する優越感情から転じて生まれた言葉である（なお，ショヴァンが実在した人物であるかについては諸説あるようだ）．この意識はナショナリズム研究の一側面として分析されてきた経緯があり，特に世論調査を用いるような実証的な研究では，ナショナリズムを構成する一要素として，こういった自国の文化や達成に由来する（他者と比較しての）優越感すなわちショービニズムを分析してきた（Ariely 2012）．アメリカを対象とした研究では，このようなショービニズムの意味でナショナリズムの語を充てることもある（Huddy & Khatib 2007）．

　こういった政治意識は歴史的にみれば欧州の帝国主義や白人至上主義とも結び付いてきた経緯があり，エスノセントリズム（自民族中心主義）とも隣接する概念である．ただし両者の違いとしてショービニズムは必ずしもエスニックな紐帯を前提とするものであるとは限らない点に留意が必要である．

　ところで一般に福祉排外主義と呼ばれる主張や現象（充実した福祉を支持しつつ一方で福祉対象として外国人排除を求める主張や現象）も，英語では chauvinism の語が充てられている．一見，自集団に抱く優越感情の要素が見当たらず誤用にも感じられよう．しかし，名付け親ともされる研究（Andersen & Bjorklund 1990）では，デンマークやノルウェーの左派政党支持者が自国の福祉制度を強く称揚する一方で，その制度をもたず自国の福祉に頼る外国人への反感を説明するという意味で用いており，本来は自国称揚の側面が多々ある現象を説明するための用語であった．

　いずれにしても重要なこととして，こういった極端な自国・自文化の優越感情の高さは，結局のところ反移民感情につながりやすい傾向にある（Huddy & Del Ponte 2020）．そういった意味でゼノフォビアとショービニズムは，異なる政治意識であるという弁別が必要であると同時に，混然一体とした政治意識を構成してもいる．排外主義という日本語には，両者を区別できない不便さと同時に，両者の結び付きを一言で表せる便利さが同居している．　　　　　　　　［中井　遼］

📖さらに詳しく知るための文献
・永吉希久子（2020）『移民と日本社会──データで読み解く実態と将来像』中公新書.
・田辺俊介編著（2019）『日本人は右傾化したのか──データ分析で実像を読み解く』勁草書房.

第 24 章

政治コミュニケーション

　情報テクノロジーの発達とともに，政治におけるコミュニケーションの重要性
が高まってきた．古くは新聞，ラジオ，そしてテレビの時代からメディアが民主
主義において果たす役割について子細な分析が行われてきた．多元性を肝とする
民主主義においては政治的決定を行うに当たり，さまざまな集団から広く意見集
約を行い，同時に反対意見も有権者に対して示す必要がある．メディアは世論を
形成するための意見交換の場であり，また同時に権力を監視し政策形成の透明性
を確保するための番人でもある．これに対して権威主義国においては，軍部など
の支配階級がメディアを統制しており，政権にとって不都合な情報の拡散を禁じ
るなどの問題点が指摘されている．近年ではソーシャルメディア（SNS）の発達
により，政治がサイバー空間で争われることが多くなった．結果として，世論の
分断，フェイクニュースの流布，陰謀論の席巻などが問題視されるようになった．
路上でのデモにおいても参加者を動員するために SNS が重要なツールとして利
用されている．本章では，メディア研究に関する代表的な議論を確認した上で，
近年盛んに研究されている SNS が政治に与える影響について最新の分析を概観
する．　　　　　　　　　　　　　　　　　　　　[伊藤　武・辻　由希・外山文子]

マスメディアと政治

☞「メディアと紛争」p. 478,「マ
スメディアと世論」p. 578,
「ソーシャルメディア（SNS）
と選挙」p. 580

　民主主義とマスメディア（以下，メディア）は切っても切れない関係にある．民主主義では，政治を行う上で，政治的・社会的・文化的に多様な集団からのさまざまなインプットが必要となっている．競合する意見や利害も十分に示す必要がある．この多元な情報を吸い上げる役割を担っているのが，メディアに他ならない．つまり，多様な人々が共存する中で，意見を自由に交換できる市場のような存在がメディアであり，メディアは各種の政治情報を映し出す「客観的な鏡」となることができる．この「アイディアの市場（marketplace of ideas）」が民主主義に貢献，市民社会の形成に役立つことにつながっている．

　メディアは民主主義において重要な役割を果たし，政治的な意思決定に必要な詳細で事実に基づいた情報を国民に提供するだけでなく，政治問題について国民に情報を提供し，権力の乱用に対する監視役として機能する．さらには人々が見解を表明し，意見交換を行う「公共フォーラム（public forum）」の役割もメディアはもっている．

　世論やその形成過程は政治参加と密接に関連し，世論に大きな影響を果たすのがメディアの報道である．テレビ，新聞，ラジオ，不特定多数を対象にしたインターネットでの配信は，単なる情報ではなく，社会の断片そのものであり，国民一人ひとりの社会や政治への関心や利益を反映しているともいえる．民主主義を成り立たせる政策過程の透明性という過程を重視する中で，情報量そのものが正統性（レジティマシー：legitimacy）を生み出している．

　報道の基本は客観性であり，昔から，特定の争点があれば，対立意見を提供することが，アメリカのジャーナリズムのイロハである．ここに，それぞれのメディアがいろいろな立場の政策関係者の声を必要としている状況がうまれている．逆にいえば，政策関係者にとっては，自分の意見を発信できる場所が必ずあるということになる．一線級の政策関係者は，メディアに自分の意見を発信できる場所を確保している．

●権威主義的国家における「メディアの危機」 「メディアの危機」は「民主主義の危機」でもある．権威主義的国家（独裁国家）のメディア情報は，上から徹底的に統制されるため，「ゆがんだ鏡」となる．軍事政権や経済エリートなどの支配階級が情報を独占し，メディアが権力の一部となってしまっているため，情報は画一的で社会のほんの一部しか映し出さない．また，既存の社会秩序を追認する内容となる．受け手は情報を選ぶことはできず，少ない情報を拡大解釈するし

か方法はないため，どうしても受動的になる．そして，支配階級がメディアの情報をコントルールする以外にも，「メディアの危機」はある．例えば，国や地域によってはギャングなどの集団が警察より力をもち，自分達に都合が悪い報道を暴力的に阻害することもある．

世界各国の自由と民主化促進についての情報提供を行っている公共利益団体「フリーダムハウス（Freedom House）」が公表している世界各国の政治的な自由度の進展とメディアの自由度（「報道の自由（freedom of press）」「インターネットの自由（internet freedom）」）のランキングはほぼ重なっている．日本やアメリカ，西欧諸国，台湾などはメディアの自由度も政治の自由度も高い．

●「メディアの分極化」がもたらす「メディアの危機」　このうち，アメリカの場合，メディアは政治的から独立しており，「報道の自由」が建国以来，確立している．本来は，上述のメディアの危機とは遠い存在であるはずだが，アメリカ版の深刻なメディアと政治の危機的状況が起こっている．近年の世論の分断という変化に合わせながら，左右の政治的イデオロギーにその報道を呼応させるようにしていったことがアメリカのメディアが陥った危機的状況である．権威主義的国家なら，政府が報道の内容に介入するが，アメリカのメディアの場合，世論という「市場」に合わせて，メディア側が政治情報をマーケティングし，合わせていった．これがアメリカ型の「メディアの危機」であり，むしろ政府から「自由」であるがために起こってしまった．真実は一つであるはずなのに，メディア自身も分極化し，保守向けの政治情報，リベラル派向けの政治情報が提供される「メディアの分極化（media polarization）」が目立つようになっている．メディアに対するアメリカ国民の信頼度は急激に下がっているのはいうまでもない．

「メディアの分極化」の背景には，放送の「政治的公平性」を巡る規制緩和が1980年代に進んだ影響もある．規制緩和は，つまり「政府からの自由」である．その結果，世論という「市場」の変化の風向きを読みながら，1990年代以降，ラジオや，CATVや衛星放送の24時間ニュースチャンネル（ケーブルニュース）の特に「メディアの分極化」が目立っていき，現在に至る．この「メディアの分極化」で，支配階級がメディアの内容をコントロールする状況と同じように，アメリカでもメディアが「ゆがんだ鏡」となりつつある．

アメリカで起こっている「メディアの分極化」現象は，規制の強さや国内世論の状況などで，度合いこそ異なるものの，日本を含む他の民主主義国でも少しずつ起こりつつあるようにみえる．また，トランプ大統領（任期：2017〜21年）が先鞭をつけたソーシャルメディア（特にツイッター，現X）を積極的に活用した大衆動員は，その後，各国の政治エリートも次々に似たような手法を使っている．ソーシャルメディアの爆発的な情報の伝播力のもつ危険性とポピュリズムの台頭との関係を顕在化している．　　　　　　　　　　　　　　［前嶋和弘］

マスメディアと世論

☞「メディアと紛争」p. 478,「マスメディアと政治」p. 576,「ソーシャルメディア（SNS）と選挙」p. 580

　世論とは，社会の諸問題に関する，多くの人々に共有された意見のことをいう．マスメディアとは，多くの人々に情報を伝える媒体のことであり，伝統的には新聞・テレビ・ラジオ・雑誌などを指している．マスメディアは「第四の権力」と呼ばれ，世論に対して大きな影響力をもつと考えられてきた．しかし，狂乱索餌報道（feeding frenzy．サメの群れが獲物に襲い掛かるように，マスメディアが一斉に特定の政治家に攻勢をかけること）や権威主義国におけるプロパガンダを別にすれば，マスメディアにはあらゆる人の意見をたちまちにして特定の方向に変えるような影響力（しばしば皮下注射に例えられる）はない，というのが通説である．

●**さまざまなメディア効果**　さりとて，マスメディアには人々が元からもっている意見を強める程度の効果しかない（限定効果論），というわけでもない．皮下注射モデルと限定効果論の中間的立場の代表例が，議題設定効果である（McCombs & Shaw 1972）．マスメディアが特定の争点を繰り返し取り上げることで，人々もその争点を社会の重要問題としてとらえるようになる．

　マスメディアの議題設定によって人々に重要と認識されるようになった争点は，それ以降の政治に対する判断基準になりうる．例えば，当該争点をうまく処理できたかによって大統領や首相，知事など執政長官の業績が評価されるようになる．これをプライミング効果という（Iyengar & Kinder 1987）．

　同じ被写体の写真を撮るにしても，どこにフォーカスを合わせるかによって出来上がった画像の印象は大きく異なる．このように，マスメディアが現実のどの側面を切り取り，強調するかによって世論の反応が変わることをフレーミング効果と呼ぶ．例えば，ある事件を具体的な当事者のストーリーとして描くエピソード型フレームと，社会問題の一環としてニュースを構成するテーマ型フレームとでは，テーマ型フレームによる報道を見た人の方が事件の責任を社会や政府に帰属させやすい（Iyengar 1991）．

　人々は，マスメディアにはバイアスがかかっていると考えがちである．確かに，甲新聞は乙新聞よりも「左」で，丙新聞は自分と比べて「右」だなどと相対的に立ち位置を示すことは可能だ．しかし，そもそもイデオロギーには左や右の終点がないから，絶対的な中立点は定まらない．そして自身の党派心が強い人ほど，マスメディアは自分とは反対側のバイアスを帯びていて，社会に好ましくない影響を与えていると考えがちであること，すなわち敵対的メディア認知が観察

される（Vallone et al. 1985）.

　敵対的メディア認知の後半部分に関連して，「《自分》はマスメディアに左右されないけれども，《他人》はマスメディアに影響されてしまう」と思いこみ，他人のリアクションを見越して対応するために，結局は自分もマスメディアに影響されたも同然の行動を取ることを第三者効果という（Davison 1983）. 直前の鍵括弧内を政治家の発言と仮定して，《自分》を政治家本人，《他人》を世論に置き換えれば，容易に具体例を想像できよう.

●**メディア環境変化の影響**　この数十年で人々の情報環境は一変した. まずは，衛星放送やケーブルテレビの普及をはじめとするマスメディアの多元化である. そして何よりも，インターネットの発達は人類史の画期をなすであろう.

　メディア環境の変化を受けて，政治・経済・社会に関する情報は，もはや新聞や報道番組のようなハードニュースばかりでなく，娯楽的要素を多分に含んだソフトニュースまたはインフォテインメント（インフォメーションとエンターテインメントを合わせた造語）を通じても人々に届くようになった. 日本のワイドショーは，ソフトニュースの典型例である. その帰結に関しては，もっぱら娯楽を目的にテレビを見ている人々も「副産物」として政治知識を高められるという肯定的な見方（Baum 2003）と，各種メディアをはしごしてさまざまな情報を収集する「ニュースジャンキー」と，報道とはまったく無縁な情報環境を選び取る人々との間で格差が大きくなるという否定的な見方（Prior 2007）がある.

　メディアの多様化は媒体にとどまらず，コンテンツにおける選択幅の拡大をも意味する. 例えば，保守的な人は右派の新聞・テレビ番組・トークラジオ・ニュースサイト・言論人のソーシャルネットなど，自分の傾向に合う情報だけを消費する選択的接触が可能になり，反響室（echo chamber）にいるときのように「雑音」を遮断して保守的言説ばかりに触れるうちに，ますます保守化しかねない. リベラル派も同様で，過度なメディアの多様化が人々の政治的分極化をもたらすことへの懸念が強まっている（Jamieson & Cappella 2008）.

　日本における新聞発行部数の急落が象徴するように，インターネットの発達はマスメディアの存続に関わる深刻な影響を及ぼしつつある. 地元紙が淘汰され，ローカルニュースが流通しにくくなった地方で人々の政治意識が変化したり，インターネットではマスメディアとは異なり誤情報・偽情報が拡散しやすかったりと民主政治に対する負の側面も顕在化している. これらの諸点は他の項目を合わせて参照されたい.　　　　　　　　　　　　　　　　　　　　［谷口将紀］

📖**さらに詳しく知るための文献**
・蒲島郁夫ほか（2010）『メディアと政治』改訂版，有斐閣.
・谷口将紀（2015）『政治とマスメディア』東京大学出版会.
・稲増一憲（2022）『マスメディアとは何か──「影響力」の正体』中公新書.

ソーシャルメディア（SNS）と選挙

☞「若者と大衆デモ」p. 586

　情報通信技術の発展に伴い，ソーシャルメディア（SNS）の社会浸透ペースは凄まじい．SNS の時代に，政治や選挙はどのように変化しているのか．おそらく国際社会が初めて SNS の政治インパクトを目の当たりにしたのは 2010～11 年の「アラブの春」であろう（山本 2011）．Facebook や Twitter（現 X）が民主化運動への動員を助け，専制国家の情報統制を無力化した．その意味で SNS は，「民主化の武器」となった．

　しかし，それ以降，多くの民主主義国において，SNS は民主主義の前進ではなく後退に貢献するようになっている．その主因は，民主選挙における社会分断の深刻化であり，SNS は「分断のツール」として懸念されるようになった．特に 2016 年は，その象徴の年といえる．イギリスの欧州連合離脱を決めた国民投票，そして米国のトランプ大統領の誕生という二つの民主主義国で起きた世論分断の選挙は，まさに SNS 時代の民主選挙の危うさを世界に示した（Cosentino 2020）．オックスフォード英語辞典は，同年の「流行語大賞」に「ポスト・トゥルース」を選び，世論形成において客観的事実よりも個人の感情や信念が大きな影響をもつ時代に入ったことに警鐘を鳴らした．

　ポスト・トゥルースは，英国や米国などの民主主義先進国だけでなく，インドやインドネシアといった後進の民主主義大国にも広がっている．特に若年層の多い国では，Z 世代や Y 世代の有権者が多く，彼らの情報アクセスは伝統的なメディアではなく SNS に依存している．そういうデジタルネイティブ世代が世論の中核を形成する国では，どのような SNS の選挙インパクトがみられるのか．世界最大の直接選挙国であるインドネシアの事例から考えよう．

●誹謗中傷情報の兵器化　同国は，2004 年から 5 年に一度の直接大統領選挙を実施しており，現在は約 2 億の有権者を抱える．世界三大民主主義国（アメリカ，インド，インドネシア）の中でも，国のリーダーを直接選挙で選ぶのはインドネシアだけである．同国におけるポスト・トゥルース時代の大統領選挙は，2019 年と 2024 年に行われた．

　2019 年の大統領選挙は，米国の 2016 年選挙のように，社会分断の選挙となった．二期目を目指す現職のジョコウィ大統領と，野党第一党を率いるプラボウォとの闘いにおいて，両陣営ともサイバー部隊を大量に動員した．彼らはビッグデータを操り，Twitter のクリックやシェアの足跡を収集してネットワークのマッピングと拡散効果を分析し，ターゲット層ごとに響く選挙ネタを SNS で拡

散した．効果が確認できるとエンジンにアルゴリズムをプログラミングさせて，同類のネタをターゲットに流し続けた．こういうサイバー工作がフル稼働したのが 2019 年選挙の大きな特徴であった．

　プラボウォ陣営から発信されたメッセージは，「現政権が継続になればフリーセックスと LGBT（性的少数者）が合法になる」とか，「現政権が続けばウラマーが多く逮捕され，アザーンも禁止になる」といったイスラム保守層の不安を煽るものが多かった．逆にジョコウィ陣営のサイバー部隊も，プラボウォの誹謗中傷を SNS でばら撒いた．プラボウォが大統領になったら「民主政治は凍結され，社会から自由は奪われ，シャリアが導入されイスラム国家ができる」と訴え，穏健イスラムや非イスラムの有権者にプラボウォ脅威論を植え付けた．このような偽情報が大量に反復的に伝達される中で，真実との境目がぼやけてくる．気持ち悪いという嫌悪，許せないという怒り，いつか自分がマイノリティになるという不安と恐怖が感情を支配し，投票行動に直結していく．このようなサイバー空間における両者の誹謗中傷合戦が，2019 年選挙の主戦場となった（本名 2020）．

●**生成 AI とカワイイ選挙**　しかし，2024 年の大統領選挙では，SNS が違う形で選挙に大きく影響した．プラボウォのイメージチェンジである．彼は，前回選挙では「ストロングマン」を売りに，右翼イスラム・ポピュリストの選挙を展開し，ジョコウィに負けた．その限界を知った彼は，リブランディング戦略に出た．「ストロングマン」からソフトなキャラクターへの転換であり，最後は「カワイイおじいちゃん」に生まれ変わった．それを可能にしたのが生成 AI である．

　オープン AI を駆使した画像生成で，プラボウォをアニメ化し，そのアバターが軽快にポップに踊りだす動画が TikTok に大量放出された．プラボウォ選挙対策チームは，動画クリエーターや SNS のインフルエンサーを多数抱え込み，「プラボウォ・ダンス」を一緒に踊る街角の人々を次々と TikTok に流すことで，政治メッセージの極めて薄い選挙キャンペーンを展開していった．TikTok のアルゴリズムは他の SNS より早くバズる特徴と，主たるユーザーの Z 世代と Y 世代が全有権者の 56% を占めるインドネシアの選挙市場の特性を見据え，若くて政治的関心の薄い有権者層を主に狙ったマーケティングである．前回選挙のように，偽情報やヘイトで分断を煽るのではなく，「愉快で楽しくインクルーシブ」なムードを全面に出した．その戦略は成功し，プラボウォは大統領選挙を制した．

　このように，SNS の進化は民主選挙の性格を大きく変えている．インドネシアは，初めて生成 AI を本格動員した選挙戦として，世界三大民主主義国の実験場となった．プラボウォの勝利は，インドや米国の選挙コンサルタント業界に大きなヒントを与えたはずである．　　　　　　　　　　　　　　　　［本名　純］

📖さらに詳しく知るための文献
・バートレット，ジェイミー（2018）『操られる民主主義——デジタル・テクノロジーはいかにして社会を破壊するか』（秋山勝訳）草思社．

フェイクニュース

☞「メディアと紛争」p. 478

　フェイクニュースとは，社会に対して何らかの影響を与えることを目的に，意図的に流す虚偽のニュースのことを指す．広告収入の観点から，特定のサイトへのアクセス数やクリック数を増やそうとする金銭的な目的が動機となることもあるが，一国の政治や選挙に対して影響を与えることを企図して，政治的な目的から意図的に虚偽情報を流布するケースも存在する．

　フェイクニュースの伝達手段としては，新聞やテレビなどの伝統的なメディアが該当することもあるが，インターネット時代以降に普及したオンラインメディアは，フェイクニュースの数と影響力を飛躍的に増大させた．政治的な意図をもったフェイクニュースは，政治的・社会的な選好に基づいて特定の層にターゲットを絞りながら，彼らの感情的な反応を引き出しやすいようにデザインされていることが多い．実際，ファクトチェックされた真実の情報と虚偽の情報とを比較すると，虚偽の情報の方が統計的に有意な形でより速く，深く，広く拡散するばかりか，テロ，自然災害，金融情報などに関するものよりも，政治に関する虚偽情報の方がこの傾向が顕著であることが知られている（Vosoughi et al. 2018）．

●**デジタル時代の民主主義**　これまでも民主主義は，メディアの変化によって影響を受けてきた．20世紀には党派性を帯びた新聞やテレビの政治的影響が議論されることがあったが，21世紀に入るとインターネットが与える政治的影響について盛んに論じられるようになった．インターネットの黎明期には，インターネットの設計思想がもつ特性と民主主義社会の特性との親和性から，インターネットの普及が民主主義にプラスの影響を与えるのではないかという期待がなされた時期もあった．

　2000年代の後半になって，フェイスブック（Facebook）やツイッター（Twitter，現X）などのソーシャルメディアが誕生，普及・発展していく過程においても，当初は「民主化のツール」であるとか「民主主義を進化させるためのツール」としての役割が期待されていた．ところが，2011年に起きた「アラブの春」や「ウォール街占拠運動」などの政治運動を一つのピークとして，その後はインターネットが民主主義に与えるマイナスの影響が広く懸念されるようになっていった．

　民主主義社会の構成員にとって多様な価値観，とりわけみずからと異なる価値観に触れ，対話することは重要である．ところが，実際のソーシャルメディアの

内側ではアルゴリズム（algorithm）によって，自分と政治的価値観の近い者同士のつながりや関係性が強化される方向に働きがちである．その結果，同じような意見だけが反響して聞こえるに過ぎない「エコーチェンバー（echo chamber）」や，個人の選好に合致するようにフィルタリングされた情報だけに囲まれる「フィルターバブル（filter bubble）」と呼ばれる状況下に置かれることになる（Sunstein 2001；Pariser 2011）．この構造は，政治的選好がより強化されることで分極化現象を招き，民主主義社会にとって重要な熟議（deliberation）を阻害すると懸念されている（Sunstein 2017）．

こうした環境下で2016年に行われた二つの投票は，フェイクニュースが民主主義に与えるマイナスの影響を浮き彫りにした．一つは，イギリスのEU離脱を問う国民投票であり，もう一つはトランプが当選したアメリカ大統領選挙である．この年，民主主義国をリードしてきた二つの国で行われた投票では，ターゲットをグループ化した上で，ソーシャルメディアを経由してフェイクニュースを流す形での投票操作が行われたと考えられている（Bartlett 2018）．

●**フェイクニュース対策の難しさ**　デジタル時代に民主主義を機能させるにあたっては，フェイクニュースを野放しにしておくわけにはいかない．とはいえ，総論としてフェイクニュース対策を施すべきだという点で合意できたとしても，各論において具体的な方法を検討するにあたってはその難しさの方が際立つ．

例えば，当該ニュースが取り締まりや削除の対象となるフェイクニュースであるか否かを，誰がどのようにして判断するのかというフェイクニュースの定義を巡る問題がある．フェイクニュースを流すことは簡単でも，それぞれについてファクトチェックをしながら真偽を見極めるためには多大な労力が必要となる．この問題が難しいのは，言論の自由とのバランスが求められる点にもある．適正な規制と過剰な規制との線引きは，そう簡単でない．

また，外国勢力からの選挙介入への対策となると，国家レベルでのサイバーセキュリティのあり方とも関連する．日常的な通信傍受はプライバシーの保護という民主主義的価値と対立するが，サイバーセキュリティの強化なくしては外国勢力を排除した形での選挙を担保することさえ難しい現状がある．同時に，国境を越えるインターネットに対しては，国際的な対応も求められるが，インターネットの監視についてのスタンスは各国によって温度差があり足並みを揃えることは容易ではない．

さらに，近年になって発展著しい人工知能（AI）が，フェイクニュースの生成や検出にどのような影響を与えるのかについては，まだまだ未知の部分が多い．デジタル社会において民主主義を維持していくにあたっては，こうした困難さや課題に適切に対処していく必要がある．　　　　　　　　［山本達也］

陰謀論

☞「政治的分極化」p. 218

近年，世界中で陰謀論の蔓延が，社会的な問題事となっている．例えば，「Qアノン」と呼ばれる陰謀論は，主にアメリカ社会で急速に浸透しつつある．さらに，Qアノンを信奉する人々の多くはトランプの支持者であるとも指摘されている．Qアノンは，主にリベラル派の政治家やオピニオンリーダーで構成される「ディープステート」と呼ばれる闇の政府組織が，アメリカを真に牛耳っているといった陰謀論を主張している．さらに，Qアノン信奉者の一部は，2020年大統領選において国ぐるみで開票上での操作が行われたと主張し，真の勝者はトランプだと考えて米国連邦議会を襲撃する事件まで起こした．このように陰謀論は，かつてのようなエンターテインメント的消費にとどまらず，実際の政治や社会に直接的・間接的に強い影響を及ぼすようになっている．

●**陰謀論とは何か**　陰謀論に関連する研究は，主に，政治心理学や政治コミュニケーション，社会心理学といった分野で盛んに行われている．では，そもそも「陰謀論」とはどのように定義されているのだろうか．陰謀論の定義には必ずしも通説的なものはなく，研究対象に応じて，複数が並立している状態となっている．Douglas et al.（2019：4-5）は，複数の先行研究における陰謀論の定義を総合的に整理し，「重要な社会的・政治的な現象が起きた究極的な原因を，2人以上の強い力をもつアクターによる秘密の企みによって説明しようとする試み」と説明している．またユージンスキ（2022：41-43）は，「陰謀」と「陰謀論」を明確に弁別した上で，陰謀を「権力をもつ個人からなる少人数の集団が，自分達の利益のために，公共の利益に反して秘密裏に行動するもの」と定義し，陰謀論を「過去，現在，未来の出来事や状況の説明において，その主な原因として陰謀をあげるもの」として説明する．ここにあげた以外にも，陰謀論の学術的な定義は複数あるが，その最大公約数を取れば，「大きな政治的・社会的な意思決定の最終的な原因を，多くの人の目には触れない強い権力をもつ少数の人々（集団）が利益を得るための企みに求めるという見方」といえるだろう．

陰謀論の対象は，企業・学界・メディア・宗教団体など多岐にわたるが，その中でも，政治に関連する言説は突出して多いようである．「ブッシュ大統領は2001年の同時多発テロ（9.11テロ）を事前に知っていた」とか，「気候変動は共産主義者や国連，あるいは環境保護利権の団体によるでっち上げだ」といった陰謀論は，まさに典型例である．それは「政治」という営みが，そもそも多くの有権者には見えないところで，利権を巡る政治的な駆け引きがしばしば行われてい

ることに起因すると考えられる．したがって，陰謀論は，世論内部で自然発生する場合もあれば，政治的な支持を獲得したいと考える政治家や政党の側から，主に政敵を非難・糾弾するという意図に基づいてつくられ，それが支持者を通じて流通する場合もある（秦 2022）．

●**なぜ陰謀論を信じるのか**　陰謀論が人々の意識や行動に与える効果に関する研究は，2016 年頃の世界的な政治的動乱（英国の EU 離脱にかかる住民投票［いわゆる Brexit］やトランプ大統領の誕生）を期に，急速に増加するようになった．また，人が陰謀論を信じる度合いは，陰謀論的信念とか陰謀論的マインドセットと呼ばれる．先行研究では，陰謀論的信念の強い人は，論理的に矛盾する言説であっても同時に信じる傾向にあることが知られている．例えば，Wood et al. (2012) は，1997 年に交通事故で亡くなったダイアナ妃は，本当は暗殺されたという説を信じている人は，ダイアナ妃は実は今もどこかで生きているという，明らかに論理矛盾する陰謀論を同時に信じていることを明らかにしている．

　ではなぜ，荒唐無稽な陰謀論を少なくない人々が信じてしまうのだろうか．この根本的な問いに対して，先行研究では，いくつかの理論的説明が試みられている．なかでも，特に重要な説明の一つとして「動機づけられた推論」があげられる．動機づけられた推論とは，自身の先入観に反する事実が提示されると，現在抱いている世界観を乱さないようにその事実に新たな解釈を加えようとする心理的なメカニズムを意味する．特に，有権者自身がもつイデオロギーや党派性は，動機づけられた推論を働かせやすくすることが多くの先行研究で実証的に指摘されている．あるいは，政治的敗者の側（例えば野党など）ほど，権力をもつ側を非難する際に陰謀論を信じやすくなるといった研究もある．Uscinski & Parent (2014) では，陰謀論は脅威認識の一つの形態であり，相対的に権力から排除された政治的敗者は脅威を感じ，その自己防衛のために陰謀論を信じてしまうようになるというメカニズムを主張している．さらに細かい点では，例えば，政府や政治家による冗長な説明から隠蔽を感じて陰謀論を信じやすくなるといった研究や，コロナ禍でも明らかになったように，反科学的態度をもつ人ほど陰謀論を信じやすいことなども明らかになっている．

　以上のことから，「陰謀」自体は，どの社会にも存在すると考えられるが，有権者のもつ党派性やイデオロギーは，陰謀を真実だと認識する陰謀論信奉につながる機能をもちうると整理できるだろう．こうした知見に基づけば，世論における党派性やイデオロギーの対立が強調される社会（政治的分極化）ほど，陰謀論も広まりやすくなると考えられるだろう．　　　　　　　　　　［秦　正樹］

📖さらに詳しく知るための文献
・ユージンスキ，ジョゼフ・E.（2022）『陰謀論入門──誰が，なぜ信じるのか？』（北村京子訳）作品社．

若者と大衆デモ

☞「アラブの春」p. 258

　大衆デモとは，一般の人々が街頭などで集団で意志や主張を示す行為であり，現代では社会運動のレパートリーとして定着し，市民による選挙以外の政治参加の主要な表現となっている．21世紀以降に限っても，大衆デモを伴う運動には，中東での政治変動をもたらした「アラブの春」，オキュパイ・ウォールストリート運動などの反グローバル化運動，黒人への暴力や差別に反対するブラック・ライブズ・マター運動，香港の「雨傘運動」など枚挙に暇がない．そしてこうした大衆デモに共通してみられる特徴の一つは，若者の参加が多いことである（五野井 2012；倉田 2021）．

●**若者の大衆デモ参加**　大衆デモが発生する要因については，社会運動研究の理論である，政治的機会，動員構造，文化的フレーミングなどが説明の要素として用いられる（McAdam et al. 1996）．ただし，これらの理論自体は対象を若者に特化したものではない．若者がデモに参加する理由やデモの参加者に若者が多い要因についての理論的な研究は少ないが，諸事例から特徴的な要因を見出すことができる．例えば若者には，フルタイムの雇用，婚姻関係，家族に対する責任といった，運動に参加するコストやリスクを増加しうる個人的な制約がない．また，同世代であり学校などで空間を共有していることから，一体感をもちやすく組織化しやすいといったことも要因として指摘できる．

　若者は上の世代とは異なる時代を生き，しばしば異なる価値観や利害関係をもつ．若者世代が有する独自性は，若者がデモに参加する動機を形成する要因の一つとなる．香港では2014年の「雨傘運動」や2019年の抗議デモに多くの若者が参加したが，運動に参加した若者がもつ価値観には世代に特有のものがあった．第一に，強い香港人意識をもち，中国に対する親近感が弱い傾向にある，第二に，民主を強く渇望する傾向にある，第三に，中央政府や香港政府に対する不信感が強い，といった共通の特徴がみられた．また，「雨傘運動」の世代は，香港でデモが増加した時代に成長し，香港が「デモの都」と称される状態を当然として育ってきたことから，デモ参加に対する心理的な障壁が低い（倉田 2021）．タイでは2020年に若者によるデモが活発化したが，いくつかの要因には若者世代に特徴的なものがある．例えば，タイの経済状況が悪化する中で，就職や進学などの個人的な将来への不安や不満が若者の間で高まり，この不安や不満から，社会の不公正，矛盾，格差，権威主義に若者が目を向けた．閉塞感が漂う時代を生きるタイの若者は，社会問題への関心が高い．また，選挙の際に若者の多くが支持

した政党が，強権的に解散させられたことも，若者をデモに駆り立てる共通の経験としてあげられる（高橋 2022）．他方で，日本では若者がデモに対してネガティブな評価を下している．1970 年代以降の日本社会ではデモが不可視化されており，デモが何かを変容させたという現象は若者達にとって身近ではない．また，過去に比べ学生が時間的・金銭的に窮乏を強いられ，重い学費・奨学金の負担は就職活動へのプレッシャーへとつながる．こうした状況で政治的な意見を訴え権威に対して声を上げるのは容易ではない（富永 2021）．

●**若者の共通性・同質性とデモ参加**　若者のデモ参加を分析する際，しばしば「集合的アイデンティティ」の存在が主張される．これは，個人とその所属する集団との間における認知，道徳，感情的な結び付きによって各々の個人がある出来事における喜怒哀楽を共有したり，ある種の一体感をもったりして，デモなどの集団行動への参加を思い立つといった考えである（Polletta & Jasper 2001）．ここでは若者の共通性や同質性の存在が想定されている．確かにいくつかの例では，政治変動に関わるデモへの若者の参加において，依然として若者の共通性や同質性が一定程度作用していることもある．しかし，グローバル化によって人々のキャリアが個人化・流動化し，「集合的アイデンティティ」が成立し得なくなる状況下，若者についても世代や年齢によるキャリアやライフコースの共通性や同質性が失われると同時に，世代的な連帯感も失われた．こうした社会状況の変化を受けて，社会運動が元々の出自や社会的立場ではなく多様な人々がその場そのときにおいて集合し「経験」を共有することで成り立つとする「経験運動論」が，若者のデモ参加の分析に用いられることもある．若者とデモの関係を論じる際には，担い手となる若者の共通性と同質性および多様性・異質性のあり方を検討する必要がある（富永 2017）．

●**デモにおけるインターネット・SNS の活用**　若者が主体となる近年のデモではSNS が活用されていることが特徴となっている．例えば，2019 年の香港の抗議活動の大きな特徴は，ネットでの議論を経て特定の者が行動した「リーダーのいないデモ」という点にあった（倉田 2021）．また，2020 年のタイでは，デモに参加する学生が SNS を使って集合の告知を行い，デモの終了後は短時間のうちに解散する「フラッシュ・モブ」型のデモを展開した（高橋 2022）．このようなSNS の活用は，デモ参加者への詳細な情報共有，ガイドラインの周知，フォーラムの開催，情報のアップロードなどがネット上で行われる，「社会運動のクラウド化」と呼ばれた．これにより小規模のコストと手間で情報をデモ参加者の間で共時的にシェアし並列化できるため，象徴的なインフォメーション・センター以外に拠点を必要としない（五野井 2012）．現代は，参加者の「集合的アイデンティティ」の構築，デモの実施形態・参加方法などの点で，大衆デモと SNS が不可分となっている．

[山根健至]

第25章

知とガバナンス

比較政治研究では，政治体制に関する議論が多数の研究者の関心を引き付けてきた．しかし民主主義か権威主義かを問わず，国家の統治（ガバナンス）の在り方も重要な研究テーマである．冷戦終結後，国際機関により「良き統治」（グッドガバナンス）が政治体制にかかわらず世界的に推進されてきた．新興国に対して民主主義を押し付けることは内政干渉になるとの反発を受けたため，代わりに汚職撲滅などガバナンスの向上を求めるようになったのである．このような潮流の中で，汚職取締機関やオンブズマンなどの役割が注目を集めるようになった．また国家の統治においては，民主主義国家であっても民意にのみ基づいて政治的決定を行うことはできない．政府が政策を決定する上で専門家集団が蓄積してきた知識をいかに適切に活用するかが重要な課題となる．科学技術の発展に伴い求められる専門知が高度化する中で，専門知をもつテクノクラートの役割も拡大している．新型コロナウイルス感染症（COVID-19）のパンデミックにおいて顕著にみられたように，専門知と民主主義との両立が課題となる．本章では，専門知と民主主義との緊張関係，汚職取締，個人情報管理，教育などガバナンスに関する研究動向を概観する． ［伊藤　武・辻　由希・外山文子］

テクノクラート

☞「財政政策」p.516,「金融政策」p.518

　現代における政府は，グローバル化が進んだ経済の運営や感染症の拡大防止など，高度の専門知を有する政策課題に直面している．政策課題の複雑化を背景に，テクノクラート（technocrat）と呼ばれる専門家達が政府の意思決定に果たす役割が拡大している．テクノクラートは，選挙に出馬し政治家となった経験や政党への所属をもたず，学識や実務経験を有した専門家と定義されている（McDonnell & Valbruzzi 2014）．すなわち，専門性に加えて，政治的キャリアの欠如がテクノクラートの要件といえる．一方，専門家としての背景をもつ政治家はテクノポル（technopol）と呼ばれ，テクノクラートとは区別される．

　テクノクラート達はさまざまな形で政治的決定に関与する．国や地方政府，国際機関の官僚として政治的決定に関与する場合や，諮問委員といった形で政府の決定に助言を与えることを通して影響力を発揮することも想定される．しかし，近年特に注目を集めているのが，テクノクラートが大臣として任用され，内閣の一員として政治的決定に関与する場合である．特に財政・金融政策は早くから専門知の必要性が認識された分野であり，ヨーロッパやラテンアメリカを中心にテクノクラート財務大臣が任用される例が広くみられる．また，テクノクラート内閣が成立する場合もある．テクノクラート内閣の定義は必ずしも定まっておらず，首相と一部の閣僚がテクノクラートである場合（イタリアのドラーギ内閣，ギリシャのパパデモス内閣など）もあれば，より極端に首相以下ほぼ全閣僚がテクノクラートである場合（イタリアのモンティ内閣など）もある．

●**テクノクラートへの委任の理由**　テクノクラートが任用されるということは，政治家がテクノクラートに権限を委任するということを意味する．テクノクラート大臣を例にとると，首相がテクノクラートを大臣に任命し，内閣に信任を与える与党が同意しなければ，テクノクラートが大臣に任用されることはない．

　しかし，テクノクラートを任用するということは，本来ならば政治家が得られたはずの大臣の役職や，それに付随する政策決定の権限をテクノクラートに委任することを意味する．なぜ政治家は，自身が得られたかもしれない役職と権限をテクノクラートに委任するのであろうか．

　当然，テクノクラートのもつ専門知を活用することは理由の一つである．しかしこれに加えて，必要性が高いものの，選挙上のコストも高い不人気政策の実施もまたテクノクラートが任用される理由であることが指摘されている．その典型例は財政均衡を目的とした増税と支出削減，いわゆる緊縮政策である．経済危機

のもとでは，政府の財政均衡を通じて通貨を安定させ，外国から投資を誘致することで経済が回復するとの考え方がある（Alesina et al. 2015）．しかし増税や歳出削減は一般に有権者に不人気であり選挙上の敗北につながりかねない．その結果，多くの政治家は（たとえ経済的には必要でも）緊縮財政の実施をためらう．一方，テクノクラートは政治家としてのキャリアをもたず選挙での勝敗に無関心であるため，たとえ有権者に不人気だとしても緊縮政策を実施しやすいと考えられる．そこで，不人気政策の実施を目的としたテクノクラート財務大臣の任用が行われるのである（Alexiadou & Gunaydin 2019；Hallerberg & Wehner 2020）．

●**テクノクラート任用の帰結**　テクノクラートの任用がもたらす帰結についてまず論じられるべきは，テクノクラートがみずからの意図する政策変更に成功するのかであろう．この点については，テクノクラート財務大臣が任用されると，その国の国債利回りが低下するとの指摘がある（Alexiadou et al. 2022）．これは，テクノクラート財務大臣の任用が緊縮という不人気政策を実施し，通貨を安定させることへの信頼あるコミットメント（credible commitment）として機能することを示唆するものである．すでに述べた，不人気政策の実施という目的をテクノクラートが達成している証拠といえよう．一方，テクノクラートが政策変更に成功するのは，財政・金融政策のような専門性が高い領域に限られ，専門知の重要性が相対的に低い領域では，政治家経験に欠け政治的調整能力の低いテクノクラート大臣は，政策変更に成功していないとの指摘もある（Alexiadou 2020）．

　有権者との関係では，テクノクラート大臣の提案する政策は，通常の大臣の提案に比べて支持されやすいとの指摘がある（Vittori et al. 2023）．また，首相以下全閣僚がテクノクラートであるモンティ内閣の成立は，イタリア国民の民主主義政治に対する満足度を高めたことも指摘されている（Merler 2021）．共に，有権者・世論がテクノクラートを歓迎していることを示唆する結果といえよう．

●**民主主義政治とテクノクラート**　テクノクラートは，専門家であることに加え，選挙を経て選出された政治家ではない点に特徴がある．したがって，テクノクラートの影響力が拡大することと民主主義政治との間には一定の緊張関係がある．政治家ではなく専門家が統治を行い，ある社会にとって客観的に最適な共通善を実現すべきとする思想をテクノクラシー（technocracy）と呼ぶ．この立場を追求すれば，選挙や議会を通じた多元的民意の調整や，有権者による政府の監視と選挙を通じた統制といった考えは否定されることになる．したがって，テクノクラシー自体がリベラルデモクラシーにとって脅威であるとの指摘もなされている（Caramani 2017）．政治的課題が要する専門知が高度化する中で，テクノクラートの活躍の幅は拡大している．テクノクラートの有する専門知と民主主義政治をいかに両立できるか（あるいはできないのか）自体が，現代の民主主義国家の向き合うべき重要な課題といえよう．　　　　　　　　　　　　［井関竜也］

官僚制と専門知

☞「官僚制」p. 406

　官僚制と専門知について見る上では，政策の効果についての科学的・実証的根拠（エビデンス）に基づいて政策を形成する活動である EBPM（evidence based policy making）に着目するのが適切である．以下，デモクラシーと専門知の関係にも留意しつつ，英国と米国を中心とした EBPM の現状について述べる．

●**米国における EBPM**　米国では 2016 年 3 月に EBPM 諮問委員会法（Evidence-Based Policymaking Commission Act of 2016）が成立した．同法に基づき，15 名の超党派的なメンバーから構成される EBPM 諮問委員会が設置された．同委員会の使命は，プライバシーと情報の機密性を保持しつつ，エビデンス構築に資する政府保有データの利用の向上のための方策を検討することであった．

　一方，2017 年 1 月にスタートしたトランプ政権下において EBPM が危機にさらされかねない状況が生じた．トランプ大統領は同年 12 月，疾病管理予防センター（CDC）に対し，「ダイバーシティ」「トランスジェンダー」といった用語に加えて「エビデンス志向（evidence-based）」「科学志向（science-based）」といった用語の使用を禁止したのである．

　しかし，このような大統領の意向にもかかわらず，EBPM 諮問委員会における検討は進んだ．2017 年 9 月に最終報告が出され，これを基に EBPM 基盤法（Foundations for Evidence-Based Policymaking Act of 2018）が 2019 年 1 月に成立した．EBPM 基盤法では，各省庁への首席データ担当官・評価担当官・統計担当官の設置，ラーニングアジェンダ（エビデンス構築計画）の作成，年次評価計画の提出などが規定されている．

　2021 年 1 月に就任した民主党のバイデン大統領は，政権発足早々に各省庁に対して「科学的規範と EBPM を通じた政府の信頼回復に関するメモランダム」と題する指令を発した．同指令にはエビデンスや科学を政策決定において重視する旨の指示が多数盛り込まれている．トランプ前大統領によって毀損された科学やエビデンスへの信頼を取り戻そうとするバイデン政権の固い意思が表明されたものである．

●**英国における EBPM**　英国では政府エコノミスト（government economist）をはじめとする分析専門職（analytical profession）が EBPM に大きな役割を担っている．政府エコノミストの人数は EBPM の推進を始めたブレア政権下で急速に増えた．分析専門職には政府エコノミストのほか，社会調査職（social researcher），オペレーショナル・リサーチ職（operational researcher），統計職

（statistician），保険数理職（actuary）などがある．これらの専門職を包括する
グループとして「分析ファンクション（Analysis Function）」が置かれている．
分析ファンクションの事務局は国家統計局（Office for National Statistics）に置
かれ，ファンクションの長は国家統計官（National Statistician）が務めている．
各分析専門職を横断して，優れた取り組み（グッドプラクティス）や基準を共有
し，革新的な方法を開発し，インパクトのある分析を提供することが分析ファン
クションの目的である．

　ところで，英国の EU 離脱（ブレグジット）は EBPM には逆風であった．財
務省などは EU 離脱が英国経済を損なうとの予測を発表していたものの，2016
年 6 月に行われた国民投票では僅差で離脱賛成が多数となった．離脱に賛成した
有権者は経済学的なエビデンスよりも「主権を取り戻せ」といったスローガンに
魅力を感じたと考えられる．離脱派が「EU を離脱すれば拠出していた予算が戻っ
てくるため財政が潤う」といった根拠に欠ける言説を流していたことも大きい．

　ブレグジット国民投票後の英国政治は大きく混乱したものの，EBPM の進展
もみられた．例えば，ジョンソン政権下の 2021 年 4 月には政策評価タスク
フォース（Evaluation Task Force：ETF）が設置されている．ETF は内閣府と
財務省の共同傘下にある組織であり，政策の有効性に関する頑健なエビデンスが
政府の支出決定にあたって重視されるようにすることを目的としている．具体的
には，各省の予算要求の根拠となっているエビデンスについて財務省歳出チーム
（日本の主計局に相当）に助言すること，各省の評価の設計と実施に関して助言
と支援を行うことなどを任務としている．

●**日本における展開**　日本においても，安倍政権で EBPM の動きが進んだ．
2017 年 6 月閣議決定の「骨太の方針」（経済財政運営と改革の基本方針）にて「証
拠に基づく政策立案（EBPM）と統計の改革を車の両輪として，一体的に推進す
る」旨が記され，同年 8 月には EBPM 推進委員会が設置された．2018 年度から
「政策立案総括審議官」が各省庁に新設され，EBPM を担っている．

●**デモクラシーと EBPM**　トランプ政権やブレグジットの事例にみられるよう
に，デモクラシーと EBPM は一定の緊張関係にある．民主的に選ばれたリー
ダーがエビデンスを無視したり，有権者がエビデンスを考慮せず投票したりする
ことがしばしば起こりうる．とはいえ，デモクラシーが EBPM を制約する側面
にのみ注目するのは適切ではない．エビデンスに基づいた民主的熟議が行われ，
その結果として政策が選択されるような状況が実現すれば，EBPM はデモクラ
シーを活性化する役割を果たすことができよう．　　　　　　　　　［内山　融］

📖さらに詳しく知るための文献
・大竹文雄ほか編著（2022）『EBPM——エビデンスに基づく政策形成の導入と実践』日経 BP
　日本経済新聞出版．

汚職取締機関

☞「汚職と政治」p. 596

　21世紀に入り政治体制を問わず反汚職運動が盛んとなっている．興味深いことに民主主義体制のみならず権威主義体制でも政府は汚職取締に熱心である．近年，汚職取締においては警察や検察のみならず，独立した組織である汚職取締機関が中心的役割を果たすようになっている．

　現在，経済発展の度合いや政治体制を問わず，多くの国家において汚職取締機関が存在する．汚職取締機関の多くは2000年代以降に設置されているが，機関の権限や人事は一様ではない．また汚職の撲滅は経済発展や民主主義の深化には必要不可欠であると同時に，政府による汚職取締は政敵を排除するための政治的手段ともなりうる．そのため汚職取締機関による取り締まりは，機関設置の背景，国家全体のガバナンスの質，社会的亀裂の有無，政治的対立の状況を抜きにしては理解することができない．

●**反汚職運動の背景**　反汚職運動の高まりの背景には，1990年代以降の国際機関による啓蒙活動が存在する．冷戦終結後，世界的に民主化が進むとともに，世界銀行や国連などの国際機関や国際ドナー機関が主導して「良き統治（good governance）」を推進するようになった．国際機関は，汚職は民主主義を損なわせ，経済成長を阻害し，人権や人間開発を軽視するといった理由から反汚職の取り組みを推進した．2000年9月に国連ミレニアム・サミットで採択された「国連ミレニアム宣言」において「人権，民主主義，良き統治」の実現の必要性が訴えられた．2015年9月に国連で決議された「持続可能な開発目標（SDGs）」では，前文において「民主主義，良き統治，法の支配は持続可能な開発に不可欠である」と宣言された（外山・小山田　2022：4-5）．

　国連などの国際機関は，各国政府に対して国連腐敗防止条約（UNCAC），アフリカ連合腐敗防止条約，欧州評議会汚職に関する民事条約，欧州評議会汚職に関する刑事条約，OECD贈賄防止協定，米州腐敗防止条約など反汚職に関する国際条約を通じて，加盟国に反汚職政策や汚職防止法の制定，汚職取締機関の設置などを義務化した．これにより権威主義国家でも汚職取締機関が設置された．

●**汚職取締機関の分類**　国連開発計画（UNDP）による分類では，①汚職・腐敗の予防に特化した機関，②法執行に特化した機関，③汚職予防，取り調べ，送検，教育のすべての機能を有する機関，④汚職以外も含む多目的監査機関，⑤暫定的に組織された調査機関，以上5種類が存在する．これに対してクアは，汚職取締機関を①番犬型（watch dog），②攻撃犬型（attack dog），③張り子の虎型（paper tiger）または歯の抜けた虎型（toothless tiger）などの呼び名で分類した（Quah 2017）．番犬型機関は，政治的圧力に屈せずに中立的立場から汚職事件の捜査を実行する機関（例：シンガポール CPIB，香港 ICAC，インドネシア KPK），攻撃犬型機関は，権力者が政敵を追い落とし，みずからの政治権力を固めるために設置する機関（例：中国共産党中央規律検査委員会，カンボジア反汚職ユニット），張り子の虎型機関は，予算も人員も十分に組織化されていない機関とされる（外山・小山田 2022）．またタイのように，常設の汚職取締機関に加えて，軍事クーデタ後に，前政権の閣僚の汚職を取り締まるために特別な汚職取締組織が暫定的に設置される事例もある．

　汚職取締機関の人事についてもさまざまな手続きが存在する．特別人選委員会が候補者をリストアップした後に大統領推薦により国会で選出される国，一般公募と特別評議会を経て大統領により任命される国，一般公募後に検察長官や最高裁判事などの意見を徴収して国会により選出される国，また最高裁判所長官や下院議長などから構成される選考委員会により候補者が選出された後，最終的に上院が承認する国など非常に多様である．

●**汚職取締機関と政治**　汚職取締の効率性，公正性や中立性は，汚職取締機関が設置された政治的背景により大きく左右される．効率的な汚職取締のためには，汚職取締機関自体が清廉であり，警察や政治家など外部によるコントロールから独立していること，適切な権限・人員・予算が必要である．しかし国内に深刻な政治対立が存在する場合には，汚職取締機関に強力な権限を付与すると汚職取締機関自体が政治対立に巻き込まれ，政治を不安定化させる危険性がある．

　タイやカンボジアの事例では，政治の権威主義化が進むにつれて汚職取締機関が強化され，恣意的に運用されてきたという現実が存在する．非民主主義体制下での政治指導者による汚職取締の動機について，チェンとワイスの研究では①私的利益，②政党への忠誠，③政治的制度化の3点が指摘されている．③政治的制度化においては，政治指導者は国民に対して政治体制の人気と正当性を示すために汚職取締を開始する．この場合，短期的な権力闘争を超えて，持続性のある制度の構築が目指されると指摘されている（Chen & Weiss eds. 2019）．

　深刻な政治対立が存在する場合には，汚職取締機関は政争に巻き込まれやすく，権威主義体制下では，汚職取締は政敵の排除の手段として恣意的に運用されやすい．汚職取締や汚職取締機関については，背後に存在する権力関係や政治対立の状況など多角的視野から分析を行う必要がある． ［外山文子］

📖さらに詳しく知るための文献
・外山文子・小山田英治編著（2022）『東南アジアにおける汚職取締の政治学』晃洋書房．
・小山田英治（2019）『開発と汚職――開発途上国の汚職・腐敗との闘いにおける新たな挑戦』明石書店．

汚職と政治

☞「汚職取締機関」p. 594

　汚職（corruption）とは「みずからの職権や地位を濫用して，私利私欲のために不正を行うこと」「賄賂を受け取るなどして中立性や公正性に欠けた行為を行うこと」を指す．類似の言葉として腐敗が存在するが，汚職が多くの場合は個々人の不正行為を指すのに対して，腐敗は諸行為が制度や体制の一部となってしまっている状態を指す（小山田 2019：18）．汚職は，基本的には政治家や官僚といった公職者の権力行使が法律に反する場合を指し，「違法性」が特徴の一つとされる．しかし，どのような行為が汚職とされるかは時代による変化があり，汚職に関する先行研究の多くは，汚職の定義が世論においても，法律においても変化してきたことを明らかにしている．汚職の基準は国家や社会の間でも異なっており，時代や時期によっても変化することが指摘されている（外山 2013）．また汚職は，途上国の民主化や開発との関係からも学術的関心を集めており，政治体制や政治制度と汚職の多寡の関係性について多数の研究が存在する．

●汚職の定義　スコットやガーディナーは，公職者の行為が汚職であるか否かを判断する基準について①法的定義，②公益による定義，③世論による定義の3種類を提示している（Scott 1972；Gardiner 1993）．ハイデンハイマーは①公職中心型の定義，②市場中心型の定義，③公益中心型の定義に分類している（Heidenheimer ed. 1978）．いずれも公職者の行為が，違法であるか，または公益を損ねるかといった観点から定義を行っている．他方で，汚職には必ずしも「黒」とは断定できないグレーゾーンが存在するとの指摘もある（Fisman & Golden 2017）．加えて，当該行為が合法であっても人々が汚職とみなす事例も存在する．汚職や腐敗には「道徳的・倫理的側面」と，実際に国民に損害を与える「政治的帰結」の二つの側面があり，歴史上の大きな政治的変革は，道徳的批判と現実的不満が結合したときに起きたと指摘される（小林 2008）．

　近年では，汚職とみなされる範囲が拡大する傾向にある．政治家や官僚が公共事業契約などに際して賄賂やキックバックを受領し便宜を図る古典的な汚職だけではなく，政党や政治家が政策を通じて特定勢力に利権誘導を図る「政策汚職（policy corruption）」，政治家や官僚がみずからの地位を利用して利益を享受する「利益相反（conflict of interest）」なども汚職として問題視されるようになった．特に「政策汚職」については，政策によって汚職が行われるという点が問題視されるため，汚職の定義がより曖昧になるとともに，汚職問題が政治に与える影響が従前以上に大きくなった．

●**汚職の原因**　汚職が生じる背景については，文化・社会的要因として，貧困，旧植民地のなごり，道徳・倫理教育の欠落，汚職撲滅に取り組む政治リーダーの不在，汚職を許さない社会環境の欠如，社会構造の変化，市民社会やメディアの活動制限や未成長，市民の公務員に対する贈賄行為の慣行化などがあげられる．また経済・制度的要因としては，公務員の低賃金，公務員の裁量権の大きさ，政府の巨大な権限，汚職に関する懲罰制度の不備，司法制度の非効率，許認可などに関する政府手続きの煩雑さなどがあげられる（外山・小山田 2022）．途上国の汚職については，社会的または文化的要素が強調される傾向があり，情実主義，縁故主義，恩顧＝庇護主義などファミリー的な文化が汚職に影響を与えていると指摘されることが多かった．

●**汚職と政治体制**　汚職はガバナンスや経済開発との関係から考察されることが多いが，汚職問題を政治学的観点からとらえ，汚職と政治体制との関係性を分析する研究も積極的に行われてきた．民主主義体制の方が公職者に対する監視が厳しく汚職の程度は低いと想定されうるが，既存研究によりそのような関係性は必ずしも肯定されていない．選挙時における政治家の説明責任が汚職や腐敗を抑制するとの議論が存在するが，民主主義国家の方が非民主主義国家より汚職が少ないという証拠はない．選挙を巡る競争は，政治家の有権者に対するアカウンタビリティを高めることが期待される一方，候補者達が票買い（vote-buying）や汚職によって当選する可能性もある．同様に分権化は，政府の決定に対する有権者の関与を深化させるため汚職の削減に貢献するとの議論があるが，むしろ反対に地方有力者が地位を利用して私腹を肥やしたり，汚職により再選を達成しやすくなったりするという側面もある．しかし，民主主義国家としての歴史が長いほど，より効率的な反汚職の取り組みを行うことができ，汚職の削減が可能とも指摘されている（外山・小山田 2022）．

　これに対して権威主義国家では，政治権力が集中しているため有効な汚職取締は可能であるが，同時に汚職を行うことも容易である．また注意しなくてはならないのが，権威主義国家では汚職に関する情報を政府が操作している可能性があるという点である．特に途上国では，民主化以前にガバナンスに問題を抱えている国家が多く，汚職を民主化との関係性だけで論じることはできない．他方で21世紀において積極的な汚職取締を行っているのは，民主主義国家ではなく権威主義国家であるという興味深い現象も起きている．政治権力者にとって汚職問題は，政敵を一掃するための使い勝手のよい口実でもある．　　　　［外山文子］

📖**さらに詳しく知るための文献**
・フィスマン，レイ＆ゴールデン，ミリアム（2019）『コラプション——なぜ汚職は起こるのか』（山形浩生・守岡桜訳）慶應義塾大学出版会.

オンブズマン

☞「アカウンタビリティ」
p. 374,「汚職取締機関」
p. 594,「汚職と政治」p. 596

　国際オンブズマン協会（International Ombudsman Institute）によると，オンブズマン制度は，「権利の侵害，権力の乱用，不公正な決定，悪質な行政から市民を守る」ことであり，「行政の改善を促すとともに，政府活動をよりオープンにし，行政の市民に対する説明責任を向上させる上でますます重要な役割を果たす」（https://www.theioi.org/the-i-o-i［2024年1月8日閲覧］）．行政機関の活動を監視するために，1809年にスウェーデンで，世界で最初のオンブズマンが設立された．その後，国家行政機構が拡大する20世紀半ばになると，先進諸国に広まった．20世紀後半になり，アジア・アフリカ・ラテンアメリカ地域の国々が民主化を果たし，グッド・ガバナンスとアカウンタビリティの向上が目指される中，新興国でもオンブズマン制度が普及した．

●**オンブズマンの類型**　オンブズマンは，元来，行政機関の活動を監視する公的機関として設立された経緯があり，憲法もしくは法令によって，政府から独立した地位が保障されている．大別すると，(1) 議会型，(2) 行政府型，(3) 専門型の3類型がある．最も多くみられるタイプである (1) 議会型オンブズマンは，独立した監視機関である一方で，①議会により任命され，②行政府の活動を監視し，議会に報告する義務を有し，③省庁や国営企業における行政活動の合法性・公正性を調査する権限をもつ．(2) 行政府型オンブズマンは，①行政府により任命され，②行政府に加えて，場合によっては議会に対する報告義務を有し，③省庁・国営企業における行政活動の合法性・公正性を調査する．(3) 専門型オンブズマンは，①議会もしくは行政府によって任命され，報告する義務を有し，②政府の合法性・公正性を監視する任務に加えて，人権，汚職，職権，行政機構に対する苦情について調査する明確な権限が与えられ，③その権限は，省庁や国営企業にも及ぶ．いずれのタイプも，中央・地方政府によって設置される（Ayeni 2005；Reif 2004）．そのほか，公的機関としてのオンブズマンには，人権，子供の権利，ジェンダー・少数民族・障がい者に対する差別抑止，プライバシー，情報公開，警察など，単一分野における権利擁護を目的とするタイプもある（Reif 2004）．

　公的機関としてでなく，民間セクターに設置された市民オンブズマンも存在する．これには，弁護士や税理士が中心となり，情報公開制度を利用して公的資金の使途を監視する活動などがある（藤谷 1999）．また，オンブズマン制度は国内に限らず，国際機関にも設置されている．例えば，国際機関内に設置されたオン

ブズマンは，事務局長から任命され，報告義務を負う．その国際機関内部で，職員から寄せられた雇用関連の苦情処理を行う．超国家レベルの統治機構である欧州連合（EU）内部にも，欧州議会から任命され，報告義務を負う欧州オンブズマン（the European Ombudsman of the European Union）が設置されている（Reif 2004）．

●オンブズマンの役割と権限　オンブズマンの役割には，古典的な役割と拡張的な役割がある．古典的な役割としては，①政府による個人の権利の侵害，権力濫用，怠慢，不公正な決定といった，悪しき行為から個人を保護し，②政府機関や手続きについての苦情を受け付け，調査することを通して，問題点改善に向けて勧告し，③行政活動について議会へ報告することを通して，議会による行政府の監視を支援する（Ayeni 2005）．これらの役割を果たすために，オンブズマンに対しては，調査権限（情報公開請求を含む），政府機関に対する勧告権限，調査対象の政府機関，苦情申立人，議会に対して調査結果を報告する権限が付与される（Ayeni 2005）．しかし，オンブズマンが行使する勧告権限に法的拘束力はないため，勧告を受け入れて改善策を講じるかどうかは，当該行政機関の判断に委ねられることとなる．

　新しい民主主義諸国を中心に，行政機構に対する市民の苦情を調査するという古典的役割に加えて，人権擁護や汚職監視といった広範な役割を担うハイブリッド型オンブズマンが重要性を増しつつある．この背景には，1980年代以降，ラテンアメリカ諸国や中東欧諸国で，権威主義体制から民主主義体制への移行が進み，人権擁護への関心・必要性が高まったこと，そして国際機関が新興国・途上国に対してグッド・ガバナンスを構築しようとしたことがある（Finkel 2012；Reif 2004）．例えば，ラテンアメリカでは，1982年から2011年までの期間に，チリとドミニカ共和国を除く国に人権オンブズマンが設置された（Moreno 2016）．ただし，ポーランド（1987年）とロシア（1991年）では，共産主義崩壊前から人権オンブズマンが設置されるなど，権威主義体制下でもオンブズマンは存在する（Finkel 2012）．

　オンブズマンは，主として議会に任命され，行政府の活動を監視することを通して水平的アカウンタビリティを発動させる．さらに，市民がオンブズマンを通して政府に対する苦情を申し立て，調査を可能にすることから，垂直的アカウンタビリティのメカニズムとしても機能する．市民オンブズマンは，社会アカウンタビリティの主体といえる（Smulovitz & Peruzzotti 2000）．　　　　［高橋百合子］

📖さらに詳しく知るための文献
・Reif, L. C.（2004）*The Ombudsman, Good Governance, and the International Human Rights System.* Springer.

デジタル政府

☞「個人情報」p.602

　デジタル政府とは，公共部門においてデジタル技術の統合と活用をすることによって，政府サービス全般の質的な転換を目指そうとするものである．この概念は，単に政府サービスをデジタル化，オンライン化することを目的とするのではなく，デジタル技術を積極的に採用することで公的部門のあり方を再構築しようとしている点に留意が必要である．デジタル化そのものが最終目標ではなく，政府サービスをより効率的でアクセスしやすいものにし，透明性を高め，同時に市民と積極的に協働することを目指している点が特徴である．

●電子政府からデジタル政府へ　公的部門のデジタル化という政策課題は，過去20年以上にわたって取り組まれてきた．初期のデジタル化の主な問題意識や課題は，紙ベースのやりとりを電子化することによってコストの削減や効率化を目指すこと，ウェブサイトを通して情報提供を行うこと，インターネットを介して省庁間を結び付けることなどにあった．この時期の焦点は，政府サービスのオンライン化にあり，デジタル化そのものが目的とされていた側面が強い．近年議論されているデジタル政府（digital government）との質的な違いを意識するならば，当時行われていた公的部門のデジタル化は，デジタル政府というよりも電子政府（E-government）であったとして対比することができる．

　デジタル政府においても引き続きオンライン化は重要なポイントであることには変わりないが，電子政府の時代に比べると，より包括的なデジタル戦略を備えた上での市民の政治参加や，データなどを活用した「証拠に基づく政策立案（EBPM：evidence based policy making）」など，政策立案のあり方を含め公的部門の質的転換を明確に意図している点に特徴がある．

　こうした問題意識に基づき，デジタル政府を巡っては，クラウドコンピューティング，ビッグデータの分析と活用，政府サービスへの人工知能（AI）の組み込みなど，各国とも新しい技術を取り入れながら常に革新を目指している．また，近年では，誰でも自由にアクセスができ，加工や編集，再配布に制限のないオープンデータの積極的な公開や活用も主要な政策課題となっている．

　オープンデータは，デジタル政府における政策立案と実施において極めて重要な位置付けを占める．データの活用はEBPMの核心であり，公的部門の意思決定の精度および透明性を高めることに寄与する．現代社会が直面しているさまざまな社会的課題は，従来のような形での政府主導の公共政策のみでは解決が難しいものばかりである．この点，透明性が高くアクセスしやすい公共データは，市

民参加や官民協働による社会課題解決というアプローチの基盤となり，行政の高度化・効率化のみならず，経済の活性化およびイノベーションの強化，持続可能な開発目標（SDGs）との整合性を取ることで地球規模での課題への効果的な対処にもつながるとして期待されている．

●**デジタル政府の先進事例と今後の課題**　デジタル政府への取り組みとして，世界的に注目されているのがデンマークである．早稲田大学総合研究機構電子政府自治体研究所による「世界デジタル政府ランキング（2023年度版）」においてデンマークは，3年連続で1位の評価を受けている（Waseda University Institute of Digital Government 2023）．また，国連経済社会局（UNDESA）が隔年で行っている電子政府調査（E-Government Survey）においても，デンマークはフィンランド，韓国，ニュージーランド，スウェーデンなどとともに高い評価を受けている（UNDESA 2022）．

　これはデンマークが20年以上をかけて戦略的に取り組んできたことの成果であり，とりわけデジタル関連教育や市民中心という文化を公的部門のデジタル化の文脈で推し進めてきた結果でもある．デジタル政府への取り組みと聞くと，技術的側面に関心が集中しやすいが，デンマークの事例はこの政策課題に取り組む上での教育や文化的側面の重要性を示唆しているという点に注目する必要がある．こうしたランキングの上位に比較的人口の少ない国が多いことが示すように，デジタル政府が目指そうとする方向は小規模の国に有利な面があるとはいえ，これからの社会を考えるならば人口の多寡や経済発展レベルにかかわらずどの国も取り組むべき重要な課題だといえる．

　デジタル政府の取り組みを進めるにあたっては，セキュリティとプライバシーを巡る課題にも適切な対処が求められる．オープンデータの活用と市民のエンゲージメントを推進する上で，個人情報の保護とデータセキュリティの確保は欠かせない．また，デジタル政府が目指す透明性とアクセス性の向上は，サイバー攻撃やデータ漏洩のリスクとも隣り合わせとなる．この点，デンマークを含むデジタル政府先進国は，データ保護やサイバーセキュリティを巡って厳格な規定を設けることで，利便性の確保と市民の権利および安全の確保を両立させようとしている．

　デジタル政府の取り組みに終わりはない．生成AIやブロックチェーンのような急速な技術進歩が続くデジタル分野では，常に新しい技術動向に目を光らせる必要がある．一度やって終わりではなく，「絶えず改善し続ける」という姿勢が求められる．そのプロセスにおいては，公的部門の効率化，政策形成でのデータ活用，透明性の確保，そして多様なアクターの参加など，デジタル政府の本来の目的を逸脱しないように留意しつつ，新しい技術を効果的に統合し活用することが求められている．　　　　　　　　　　　　　　　　　　　　　　［山本達也］

個人情報

☞「デジタル政府」p. 600

　個人情報とは，名前，生年月日，住所など個人を識別できる情報のことをいう．加えて，思想，宗教，健康状態，学歴，財産の状況なども個人に関する情報に含まれる（新保 2000）．一般に，個人情報は（少なくとも民主主義を標榜する国々では）プライバシーの一つの側面として保護されるが，個人情報保護制度の内容は，社会的規範，文化，歴史的経験，政治思想を反映し，国によって異なる．

●**高度情報化と個人情報保護制度の発展**　個人情報保護が政策課題となったのはコンピューターが普及し始めた 1960 年代のことである（堀部 1988）．つまり大量の個人情報を収集し，処理できるようになったため，個人情報を含むデータ（個人データ）が濫用されるのではないかという懸念が高まり，法規制の導入をはじめとする政策的対応が求められるようになった．

　欧州では，1973 年にスウェーデンで「データ法」が制定されたのを皮切りに，1970 年代から 1980 年代にかけて，ドイツ，フランス，デンマーク，ノルウェー，オーストリア，ルクセンブルク，アイスランド，イギリス，フィンランド，アイルランド，およびオランダで個人データ保護法が制定された．その後 1995 年に欧州連合（EU）で「データ保護指令」が採択されたことを受けて 1990 年代半ばまでにすべての EU 加盟国で個人データ保護法が制定された．同指令は 2016 年に採択された「一般データ保護規則（GDPR）」の前身にあたる．

　米国では 1974 年に「プライバシー法」が制定されたが，同法が適用されるのは連邦政府が保有する個人情報のみであり，民間事業者が保有する個人情報については金融や通信といった個別分野ごとに制定された法律に基づく規制と事業者の自主規制が組み合わされている．

　日本では 1988 年に「行政機関の保有する電子計算機処理に係る個人情報の保護に関する法律」が制定され，2003 年には民間事業者を対象とする「個人情報の保護に関する法律（個人情報保護法）」が制定された．つまり日本の個人情報保護制度は，従来，公的部門と民間部門を区別する方式をとっていた．しかし 2021 年の法改正により公的部門と民間部門の規律が一元化されることになった．

●**個人データの越境移転を巡る対立と協調**　現代の世界では，膨大な量のデータが国境を越えて移転，利用，保存されるが，そうした越境データの中には個人データも含まれる．ところが個人データが国境を越えて流れる一方，個人データ保護（プライバシー）政策は，国ごとに策定，実施され，しかも内容にばらつきがある．そのため保護のレベルの高い国から低い国に個人データが移転され不適

切に利用される可能性がある一方，プライバシー保護を理由に国境を越える個人データの流通が制約される可能性もある．

したがって，一定レベルのプライバシー保護を確保しつつ，個人データの国際流通を円滑化するためには，政策を調和化することが必要となる．1980 年に経済協力開発機構（OECD）が採択した「プライバシー保護と個人データの国際流通についてのガイドライン」は，そのような調和化を目指している．

しかし実際には，ともに OECD 加盟国である米国と EU の間で，商用データ，航空旅客データ，金融取引データの移転を巡る摩擦が起きている．米 EU データ摩擦は，米国のプライバシー保護制度では政府部門と民間部門が区別されるのに対し EU のデータ保護制度では区別されないという制度設計の相違に起因するが，根底には，米国では市民の国家権力からの自由が重視されるのに対し欧州では個人の尊厳が重視されるという政策理念の相違がある（宮下 2015）．

●**データのガバナンスと国家，市場，個人**　データとの関連で，プライバシーとは「個人が自己についてのデータをコントロールできる権利」のことをいう（堀部 1988）．では，そのような権利を侵害する危険はどこから生じるのであろうか．

データプライバシーへの脅威としては，まず国家による個人データの濫用があげられる．例えば，ナチスは国勢調査で得られた個人データを濫用してユダヤ人を迫害した（この歴史的経験から欧州では比較的早い時期に個人データ保護法が制定された）．現在でも，権威主義国家では本人の知らないところで個人データが収集され監視に利用されていると疑われているが，民主主義国家においても国家安全保障の目的で個人データが過剰に利用されているという批判が根強くある．

また市場アクターである企業による個人データの濫用もデータプライバシーへの脅威である．情報化に伴い，さまざまな企業が個人データを収集し，利用するようになっているが，近年ではとりわけプラットフォーム企業がユーザー（消費者）の個人データを濫用する危険が指摘されている．

データのガバナンスにおいてはデータ保護（プライバシー）と他の利益のバランスをどのように取るのかが主要な問題の一つとなっている．原則的には，経済的利益とプライバシーのバランスは個人データの利用を認めつつデジタル経済の発展に不可欠な消費者の信頼が得られるよう図られる．他方，国家安全保障とプライバシーのバランスは，民主的社会で必要な限りにおいて，かつ目的と均衡のとれた利用を行うよう図られる．だが中国の個人情報保護法のように国家機関による個人情報の処理に特別規定を設ける事例も存在する．データのガバナンスは，技術的問題にとどまらず，高度に政治的な要素を含んでいるのである．

［須田祐子］

📖さらに詳しく知るための文献
・須田祐子(2021)『データプライバシーの国際政治——越境データをめぐる対立と協調』勁草書房.

疫病と政治

☞「ポピュリズムとは何か」
p.162

　人類は誕生以来疫病に大きな影響を受けてきた．政治も例外ではない．中世ヨーロッパで流行したペストは，当時の人々に甚大な影響をもたらしただけでなく，後世に至るまで政治経済に多大な影響を与えたという研究がある．スペインのコンキスタドール（征服者）達が持ち運んだ天然痘が，新大陸アメリカの先住民に壊滅的な被害を与えたという話もある．また，スペイン風邪（H1N1 亜型インフルエンザ）も当時の政治経済に大きな影響を与えたとされる．近年の COVID-19（新型コロナウイルス感染症）の流行も同様に世界中に大きな影響を与えた．

●ペストと天然痘　まず，黒死病と呼ばれるペストから見ると，14 世紀のペスト大流行によって特に西ヨーロッパでは人口が激減し，1/3 になったともいわれる．その結果，皮肉にも農奴の地位が上がったが，封建領主の加える抑圧などに対して，フランスでは 1358 年にジャックリーの乱，イギリスでは 1381 年ワット=タイラーの乱が起こったという話は世界史でも必ず習う．その陰に隠れて，人口不足がイギリスで高賃金経済につながり，産業革命の遠因にもなったという有力な説もあるが（Allen 2009），ペストが政治に長期的に与えた影響は両義的だと指摘されている．一方では，ペストによって人口が急減した地域では，生き残った農民の労働力としての価値が上がった結果，自由や平等を重んじる制度が発達し，こうした地域では，例えば，遥か後にナチスに対する支持が低かったという分析がある（Gingerich & Vogler 2021）．他方で，ペストのスケープゴートにされたユダヤ人がポグロムの被害に多くあった地域では，ナチスに対する支持が高かったという分析もある（Voigtländer & Voth 2012）．どちらの結果であれ，過去の事象が数百年を経ても政治に影響を与える可能性が示唆されているというわけである．

　天然痘が新大陸アメリカで与えた影響も甚大であったとされる．天然痘に対する免疫が存在しない「処女地効果」によって数多くの先住民が死亡した．これが苛烈な侵略政策と重なり先住民の人口が激減したとされている（Livi-Bacci 2012）．

●スペイン風邪と第一次世界大戦　スペイン風邪は，当時の新型インフルエンザの一種であるが，一説によれば，全世界で数千万人が死亡したとされる．当時は第一次世界大戦の最中であり，軍隊を介して感染が広まったという説も根強いが，必ずしも実証的に有力な根拠があるわけでもないようである．というのは，参戦国と不参戦国の平均を比較しても参戦国に死者が多いわけではないからであ

る（Aassve et al. 2021）．ただし，参戦国では，当時進展していたグローバル化の過程がスペイン風邪によって停滞したという指摘がある（Siklos 2022）．こうした研究もあるように，近年スペイン風邪を対象にした分析が再び数多く行われるようになった背景には，何といっても世界中を大混乱に陥れた COVID-19 によるパンデミックがある．過去の経験から教訓を得ようという考えが世界的に見られるのだろう．

● **COVID-19 パンデミックと政治**　COVID-19 のパンデミック下では，各国ともに感染を抑止するためにロックダウンをはじめとする強権的な政策を実施した．特に権威主義国家である中国の強権的な政策と，その感染抑止効果が権威主義の優位として広く知られた．こうした中で，民主主義の見直しの必要性が喧伝されたが（Narita & Sudo 2021），他方で，権威主義国家が公表するデータは相対的に信頼性が乏しく，権威主義国家の優位性も実際には疑わしいという指摘もなされた（Annaka 2021）．各国が COVID-19 の死者数として公表するデータではなく，WHO（世界保健機関）が「真の犠牲者（true death toll）」を把握するために利点があると指摘する超過死亡（excess mortality）を用いた分析では，民主主義国家での超過死亡が少ないという分析結果が報告されている（Jain et al. 2022）．また，1900 年から 2019 年までの超長期のデータを用いた分析では，民主主義国家は，感染症による死亡を権威主義国家と比較して 70% も減少させるとの研究もある（McMann & Tisch 2021）．

　とはいえ，COVID-19 のパンデミックにおいては，権威主義国家のみならず，民主主義国家においても，多かれ少なかれ強権的な政策が実施され，感染抑止や死者減少に寄与したとされる（Chen et al. 2022）．しかしながら，民主主義的価値の毀損を進めた強権的な政策が感染抑止に有効に機能した根拠は乏しいとの指摘もある（Edgell et al. 2021）．民主主義国家は，権威主義国家と比較して財政支援を非医療セクターに対して行うといった指摘もあり，こうした支援が強権的政策とは異なった形で，人々の生活を支えた可能性がある（Gür et al. 2023）．

　このように，COVID-19 のパンデミック下にあっても，民主主義国家が機能不全に陥ったとは言いがたい結果がさまざまな研究から示唆されているが，一部の民主主義国家が特に甚大な影響を被った可能性はある．それは特にトランプ大統領やボルソナロ大統領といった，いわゆるポピュリストが，この時期の政治を指揮したアメリカやブラジルといった国々である．ポピュリストが指揮した国々では，政策対応が十分ではなく，人々が自由に移動してしまい，その結果超過死亡が増えたという報告がある（Bayerlein et al. 2021）

　このようにまとめると，疫病が人類や政治経済に与えた影響は極めて甚大であり，今後も過去の教訓を生かし，疫病の影響を最小限に減らす努力が求められるだろう．

［安中　進］

主権者教育

☞「高等教育改革」p. 608

　デモクラシーを担う市民はどのような資質を具えた存在であるべきであろうか．そして，そうした市民はどのようにして生まれるのであろうか．これらの問いは，政治についての議論の中で古くから取り組まれてきた．市民がもつべき資質（シティズンシップ）や市民の育成（シティズンシップ教育）は，2002 年のイングランドでのシティズンシップ教育の必修化に向けて理論面での多大な貢献を果たしたクリックの論考（クリック 2011）などを契機に，近年多くの民主主義国家でますます注目を集めている．日本では，2015 年の選挙権年齢引下げによって，市民の育成は「主権者教育」として積極的に展開されるようになり，総務省と文部科学省による主権者教育のための副教材の作成（2015 年），小中学校での「道徳」の教科化（2018 年，2019 年），高等学校での「公共」の必修化（2022 年）などが実施されるとともに，教育の現場でのさまざまな活動が実践されている．

●**主権者教育研究の多様性**　主権者教育ないしシティズンシップ教育は学術的にも多くの関心が寄せられ，政治学，教育学，公共政策学に代表される多様な分野において多様なアプローチによる研究が進められている．例えば，シティズンシップとは何か，ひいては市民という存在はどのようにとらえられるべきか，という点についての研究である．具体的には，合意形成を目指す姿勢や思慮深さなどの民主的志向や，社会問題などに関わるよりテクニカルな知識やスキルといった，市民に求められるさまざまな資質のあり方を探究するものである．これらの研究では「政治リテラシー」という表現が用いられることも多い（日本政治学会編 2023）．

　教育の中身に目を向けると，学校教育に焦点を当てた研究では，主権者教育の活動として一般にイメージされやすい模擬選挙や地域課題についてのフィールドワークに加えて，社会問題を巡る対立を前提に，ディベートを通しての自説の論理性の向上を図る授業や，対立の解消や合意の形成を目指して熟議を実践する授業などが強調されている．こうした授業が展開される教科としては，政治の分野を扱う社会科や公民科などの個別教科のみならず，さまざまな教科を横断することの意義も指摘されている．また，「道徳」や「公共」といった新たな教科における主権者教育の取り組みや，主権者教育としての「特別活動」の活用も，多くの関心を集めている．さらに，初等中等教育だけでなく，大学や大学院などの高等教育機関に，主権者教育の提供主体としての意義を見出す研究もある．

　主権者教育が展開される場は，学校教育に限られたものではない．地域住民やNPO などとの連携や専門家の参加といった，多様なアクターをつなぐネット

ワークの形成を求める主張も見受けられる.

主権者教育を通じて獲得されるべき資質や主権者教育の手法などを，今日の社会変化の中でとらえ直す研究も進められている．グローバル化やデジタル化に対応するシティズンシップについての考察や，そうしたシティズンシップを具えた市民の育成のあり方の論究が，その一例である（松田 2023）.

●**主権者教育研究と比較政治学**　多様に展開される主権者教育研究に対して，比較政治学はどのような貢献を果たしうるであろうか．比較政治学は「世界中で生じる国内の政治現象を研究し，そこから普遍的な理論を導き出すことを目指す学問」として定義される（久保ほか 2016：2）．その一方で，主権者教育を巡っては，哲学的な研究を除くと，主権者教育の少数の実践例から主権者教育のあり方への含意を導出する研究が盛んである．こうした研究動向を踏まえると，比較政治学に期待される一つの貢献は，多様な国や地域の事例を有機的に結び付け，主権者教育の展開についての理論的基盤を構築していくことにあるといえよう.

また，「政治現象」の観点からは，「政治のための主権者教育」だけでなく，「主権者教育を巡る政治」に目を向けることも求められよう．主権者教育のプロセスには多様なアクターが参加する．学校教育を例にあげれば，教師などの学校関係者，学校教育を担当する行政組織，児童・生徒や学生とその保護者などがあげられる．これらのアクター間における不可避的な利害対立は各アクターの行動をどのように規定するのか，アクター間のインタラクションは主権者教育の実施に対してどのようなインパクトを与えるのか，主権者教育が実施された結果として政策過程はどのように変容するのか，といった政治的側面を分析することは，主権者教育の進め方に重要な示唆を与えるであろう（松田 2013；Matsuda 2014）.

主権者教育を巡る政治の検討には，それぞれの国や地域を取り巻くファクターにも目を向ける必要がある．例えば，学校教育を巡る制度の国家・地域間の違いは教師の行動に違いをもたらしうる一方で，近年では，日本に限らず，多くの国や地域で，教師は深刻なプレッシャーに苦しんでいるといわれている（Galton & MacBeath 2008）．こうした国家・地域間の相違点や類似点の解明は，主権者教育の手法などの比較に寄与するであろう．また，日本における政治教育への消極性や非政治性の強調といった社会的規範が，日本の主権者教育を他国のそれから乖離させているという指摘がある（近藤 2009）．その意味で，主権者教育に関わるそれぞれの国や地域の歴史的・文化的背景にも目を向けることは，地域的特性を踏まえた主権者教育の設計に向けて重要な意味をもつといえよう.

ここで強調されるべきは，「アクター」「制度」「構造」という比較政治学を特徴付ける着眼点は（久保ほか 2016），主権者教育研究においても不可欠であるという点であろう．より良き市民の育成に向けて，主権者教育の政治的側面についての比較政治学的研究がますます展開されることが期待される．　　　　［松田憲忠］

高等教育改革

☞「主権者教育」p. 606

　高等教育とは，国連教育科学文化機関（UNESCO）が定めた国際標準教育分類でレベル 5 以上の教育段階を指し，近年では教育機関・プログラムの多様化を背景に第三段階教育（tertiary education）とも呼ばれる（OECD 2008）．伝統的に各国は，学術研究・教育や専門家養成を担う大学（universities）を中心に，少数のエリートを育成する固有の教育制度を発展させてきた．これに対し，近年では社会経済構造の変化と高等教育のマス化・ユニバーサル化を背景に，国際的に共通の改革動向もみられるようになった．

●グローバルな高等教育改革の背景　現代の世界的な教育改革運動を牽引する第一の要因は，資本主義経済の変容である．すなわち経済のグローバル化・脱工業化などの進行に伴い，先進諸国では製造業を中心とする単純な定型型労働への需要が減少する一方，労働者には問題解決，創造性，コミュニケーションなど高度で複雑な能力・スキルが要求されるようになってきた．経済の成長と繁栄が知識の産出・分配・利用に依存するとされる，いわゆる知識基盤型経済／知識経済の到来は，高度な付加価値を生む高技能労働者への需要を増大させるとともに，教育・スキル水準に基づく労働者間の所得格差も拡大させた．以上のような経済変化の下，高度な認知・非認知能力を有する人材を育成し，かつ研究拠点（の一つ）として新たな「知」や技術・産業を創出する高等教育の機能が，各国の経済戦略の中で重視されるに至ったのである．

　第二の要因は，福祉国家再編のパラダイムとしての社会的投資戦略の登場である．戦後の福祉国家を経済にとって非効率とみなし，その縮減を追求する新自由主義に対抗し，1990 年代以降，主にヨーロッパの社会民主主義勢力によって提唱された社会的投資戦略では，むしろ社会保障の生産的側面が強調される．すなわち教育・訓練などの人的資本投資によって人々の雇用可能性（employability）を上昇させ，かつ積極的労働市場政策などを通じて就労を促進すれば，貧困層の自立と税収増，経済成長など多様な「社会的収益」を期待しうる，という主張である（三浦編 2018；Garritzmann et al. eds. 2022）．上記のように知識経済では，教育・スキル水準に基づく労働市場の分断が拡大しうるが，この状況において雇用の質を問わず人々に就労を強いる新自由主義とは異なり，社会的投資戦略では，教育の機会保障を含む多様な公的支援による「良質な雇用」への包摂が志向される．同戦略の中で，教育とは就学前教育から生涯教育までライフコース全般を通じて継続するものとみなされるが，この一環として，高等教育へのアクセス

拡大も政策目標に掲げられたのである（欧州連合［EU］の成長戦略としての『欧州2020』など）．

第三の要因として，経済協力開発機構（OECD），世界銀行，EU など国際機関の関与の拡大も重要である．例えば1990年代後半から OECD は，複雑な現代社会の中で必要とされる主要能力（キー・コンピテンシー）の定義を志向し，2000年以降は生徒の学習到達度調査（PISA）などを用いて若者の諸能力を世界規模で測定してきた．これら人間の知的能力に関する「国際標準」や「国際テスト」の導入は，各国の教育成果を可視化・序列化することで国境を越えた学力競争を刺激するのみならず，同調査から得られたデータを利用して，効果的な教育制度・実践に関するエビデンスの収集も促進した．これらの調査結果をまとめた各種の報告書・勧告は，国家間の政策学習や共通の改革アイディアの普及を促進し，教育制度やカリキュラム改革の原動力となったのである（Spring 2014）．

●共通の改革動向とその批判　高等教育進学率やその教育費の公私負担割合については，既存の政治・教育制度や政党政治の動態に応じて，先進諸国間でも大きな差異がある（Garritzmann 2016）．しかし，グローバルな知識経済で成功する人材育成を一つの軸として，近年の改革には各国共通の傾向もみられる．例えば，①ポリテクニック（polytechnics）など職業教育志向の高等教育機関やプログラムの増加，②教育内容に対する労働市場ニーズへの応答性やレリバンスの要求，③国境を越えた人的移動を促進するための入学資格・単位・学位制度などの一定の国際的標準化（欧州高等教育圏における「欧州単位互換制度」導入など），④オンライン教育を含む教育の供給形態の多様化，グローバル市場での教育サービスや研究成果の取引の活性化，⑤学長らの経営者・企業家としての役割の増大と権限集中，学外者の経営参加，などである（OECD 2008）．さらに大学進学率の上昇を受けて，一部の国は高等教育費の公的負担率を増大させたが，近年は政府の財政難を背景に，新しい公共管理（NPM）の手法に基づく成果志向の予算配分・競争的補助金が増加した点にも特徴がある．また公費投入に伴い，教育機関側には（特に外部機関による）教育の質保証，および経営の効率性や教育研究成果への説明責任が厳しく問われるようになってきた．

以上のような改革動向に対しては多様な批判も提起されている．第一に世界的な高学歴化は学歴インフレを引き起こし，必ずしも「良質な雇用」にはつながらないという批判，第二に人的資本投資や雇用可能性の強調は，教育を「経済化」し，その目的や意義の矮小化につながるという批判などである．さらに「国家戦略」としての高等教育の重視は，一方で公費投入の増加を正統化する側面をもつものの，他方では補助金の給付条件の設定や成果評価などを通じて政府による統制強化をもたらし，教育目標や育成すべき人材の定義を巡り，大学の自治・学問の自由・教員の専門職的自律性との間に緊張を生む側面もある．　　　［坂部真理］

付録 『比較政治学会年報』特集タイトル・目次一覧

号（発行年）	特集タイトルと目次
創刊号（1999）	**世界の行政改革** 発刊にあたって（岡沢憲芙） はじめに（五十嵐武士） Ⅰ　日本の行政改革 1．地方分権改革の成立構造（村松岐夫）／2．日本の行政改革——地方分権を中心に（森田朗） Ⅱ　欧米諸国の行政改革 3．アメリカ合衆国における行政改革（マーサ・ダーシック）／4．イギリスにおける立憲政の発展を考える（ジェイムズ・ミッチェル）／5．ロシア改革研究への一視点——「移行論」を越えて（下斗米伸夫）／6．スペイン行政の「近代化」——自治州国家体制とヨーロッパ化（野上和裕） Ⅲ　アジア諸国の行政改革 7．インドにおける地方自治・民主主義・国民統合（広瀬崇子）／8．韓国の地方制度と地方分権（姜再鎬）／9．中国の行政改革（趙宏偉）
2（2000）	**グローバル化の政治学** はじめに（藤原帰一） Ⅰ　国際機構・地域機構・各国政府 1．グローバル化の二つの顔——相互依存と覇権秩序（藤原帰一）／2．経済のグローバル化とIMFの役割——コンディショナリティーを中心として（古城佳子）／3．経済的グローバリゼーションと日本（草野厚）／4．グローバル・エコノミーと国際競争力——ジェソップ，アイリーン夫妻の政治経済学を中心に（高橋善隆） Ⅱ　比較分析——ヨーロッパ・アジア・日本 5．経済グローバル化と福祉国家レジーム——「新しい収斂」か「分岐の持続」か（宮本太郎）／6．韓国財務部の選好形成（大西裕）／7．「ヨーロッパの顔をしたグローバル化」に向けて？——ドイツ社会民主党の現在（網谷龍介）／8．1970年代における日本国家の介入様式の変容（内山融）
	民族共存の条件 はじめに（藤原帰一） Ⅰ　紛争をどう見るか 1．国民の崩壊・民族の覚醒——民族紛争の政治的起源（藤原帰一）／2．民主主義の定着と民族共存の条件（岩崎正洋）

3（2001）	Ⅱ　紛争の前に——インドとヨルダン 3．暴動の政治過程——1992-93 年ボンベイ暴動（竹中千春） ／4．ヨルダンの民族「共存」（北澤義之） Ⅲ　紛争の中で——アチェ・アゼルバイジャン・ボスニア 5．アチェ紛争——ポスト・スハルト体制下の分離主義的運動の発展（西芳実）／6．ナゴルノ・カラバフ紛争の政治的考察——紛争激化の要因と民族共存の展望（廣瀬陽子）／7．ボスニアの内戦前と内戦後——民族共存の観点から（月村太郎）
4（2002）	**現代の宗教と政党——比較の中のイスラーム** 序（小杉泰） Ⅰ　現代における宗教と政治思想 1．イスラームの挑戦か，諸宗教の復興か——現代の宗教と政党を考える（小杉泰）／2．西欧キリスト教民主主義——その栄光と没落（水島治郎） Ⅱ　民主化とイスラーム政党 3．イスラーム体制化における宗教と政党——イラン・イスラーム共和国の場合（松永泰行）／4．民主化期におけるイスラーム主義の台頭——インドネシアのダーワ・カンプスと正義党（見市建）／5．ソ連解体後の中央アジアにおける宗教と政党——タジキスタン・イスラーム復興党を中心に（湯浅剛） Ⅲ　議会政治と宗教 6．インド人民党とヒンドゥー・ナショナリズム（近藤光博）／7．現代レバノンの宗派制度体制とイスラーム政党——ヒズブッラーの闘争と国会選挙（末近浩太）／8．イスラエルにおける宗教と政党——「超正統派」のポリティクスをめぐって（臼杵陽）
5（2003）	**EU のなかの国民国家——デモクラシーの変容** はじめに（馬場康雄） 1．ヨーロッパ化と政治的正統性の行方（小川有美）／2．政治構造の変容と政策変化——欧州統合の中のドイツ（平島健司）／3．現代ポルトガル政治における「ヨーロッパ化」のジレンマ——ガヴァナンスの変容とデモクラシーの「二重の赤字」（横田正顕）／4．イギリスにおける地方統治の変容——サブナショナルなレベルの活性化（若松邦弘）／5．EU 統合と政治改革——イタリアの「長い過渡期」（村上信一郎）／6．中・東欧諸国における「民主化」と「EU 化」——チェコ共和国を一例に（中田瑞穂）／7．スロヴァキアの国内政治と EU 加盟問題——1993-2002 年（林忠行）／8．ヨーロッパ拡大とハンガリーおよび周辺地域マイノリティの「民主化」（羽場久浼子）
	比較の中の中国政治 1．比較政治学の新たな可能性——アジア諸国の政治をいかに比較するか（小野耕二）／2．中国の政治体制と中国共産党（高原明生）／3．「社団」から見た中国の政治社会——中国

6（2004）	「社団」調査（2001-2）を基礎にして（小嶋華津子・辻中豊）／4.中国の経済発展と地方の産業行政（三宅康之）／5.「保革共存」なき半大統領制——台湾の民主体制と政党政治（若林正丈）／6.強大な国家と不安定な支配——東アジアにおける脱植民地化とその影響（木村幹）／7.フィリピンの大統領制と利益調整（川中豪）／8.多種族国家マレーシアにおける連立政党の仕組みと限界——1999年総選挙における国民戦線（鳥居高）
7（2005）	**日本政治を比較する** はじめに（新川敏光） Ⅰ　比較の方法 1.『レヴァイアサン』世代による比較政治学（大嶽秀夫）／2.比較政治学方法論と日本政治研究（加藤淳子）／3.比較の視座から見る日本政治——日本のどこが本当にユニークなのか（T. J. ペンペル） Ⅱ　実証的比較研究 4.ドイツと日本の反原発運動と政治（本田宏）／5.日米バブル経済の比較政治経済分析（上川龍之進）／6.政治的象徴の二次元的な解釈——日本社会とコメ危機を事例として（ティエリー・グットマン）／7.政党政治と執政政治の間——首相の日英比較（高安健将）／8.高級行政官僚の人事システムについての日仏比較と執政中枢論への展望（野中尚人）
8（2006）	**比較政治学の将来** 1.比較政治学の将来とは？（フィリップ・シュミッター）／2.比較政治学における構成主義アプローチの可能性について（恒川惠市）／3.比較歴史分析の可能性——経路依存性と制度変化（阪野智一）／4.比較政治の将来（藤原帰一）／5.マクロ政治変動の帰結に対する「構造」と「行動」の影響——多項ロジスティック回帰による経験的検証（三上了）／6.経路依存性アプローチによる制度の比較歴史分析——韓国とタイにおける金融システムの発展（岡部恭宜）／7.社会的クリーヴィッジと政党システム——日本における都市農村クリーヴィッジの検討（岡田浩）
9（2007）	**テロは政治をいかに変えたか** Ⅰ　テロへの対応の比較政治分析 1.9.11事件と国内政治の変動——アメリカとイギリスの比較（中山俊宏・成廣孝）／2.9.11事件以後における国内政治の変動と市民社会（坪郷實・高橋進）——ドイツとイタリアの比較を中心に／3.「9.11」とユーラシアの四角形（岩下明裕）——ロシアと中国，ロシアとインドの関係比較を中心に／4.イラクでの人質事件とドイツの市民社会（本田宏）／5.公共空間における監視の強化（前田幸男）——日本と英国のテロ対策を事例として Ⅱ　テロリズムの比較政治

6. テロリズムの定義と行動様式（中村研一）／ 7. インドネシアのイスラム過激派の現状と将来（河野毅）／ 8. 西ドイツにおける抗議運動と暴力（井関正久）--「68年運動」と左翼テロリズムとの関係を中心に／ 9. 解放とテロリズム—PFLP と JRA（木村正俊）

リーダーシップの比較政治学

10（2008）

1. 政治の大統領制化の比較研究（原田久）／ 2. 投票行動からみた「執政部—有権者関係」の変容（平野浩）／ 3. インドにおける政治指導——BJP はなぜ成功し，そして挫折したのか（上田知亮）／ 4. 「選択操作的リーダーシップ」の系譜——ミッテランとサッチャー（吉田徹）／ 5. 韓国の少子化対策の政治的文脈と大統領のイニシアティブ（春木育美）／ 6. 元老西園寺公望と日本政党政治——その意思と権力（村井良太）／ 7. 「ドイツ自由主義希望の星」——皇太子フリードリヒ・ヴィルヘルムとドイツの政治的近代化（今野元）／ 8. コンセンサス・デモクラシーにおける「ワンマン」型リーダーの台頭（松尾秀哉）／ 9. 「カリスマ」の誕生—現代西欧の極右政党における指導者権力の拡大過程（古賀光生）

国際移動の比較政治学

はじめに（唐渡晃弘）

11（2009）

1. 国際移動者の3次元的トランスナショナリズム（都丸潤子）／ 2. 移民をめぐるトランスナショナル政治と出身国（澤江史子）／ 3. 湾岸アラブ産油国における外国人労働者問題と国内政治の変容（堀拔功二）／ 4. 送り出し国フィリピンの戦略（小ヶ谷千穂）／ 5. 人の国際移動をめぐる国家主権概念と多国間主義の再検討（久保山亮）／ 6. ドイツ・赤緑連立政権の移民・外国人政策（小野一）／ 7. 現代オーストリアの移民問題とその歴史的位相（梶原克彦）／ 8. 「入管行政」から「移民政策」への転換（明石純一）

都市と政治的イノベーション

はじめに——都市と政治的イノベーションの比較政治学（小川有美）

12（2010）

1. 都市と政治的イノベーション——歴史社会学的な試論（加茂利男）／ 2. 誰が変えたのか？近代ヨーロッパ都市における変革の主体——ウィーンを中心に（田口晃）／ 3. アメリカの政策革新と都市政治（西山隆行）／ 4. 現代香港における「政治」の出現（谷垣真理子）／ 5. 都市化と一極集中の政治学——一極集中は地方分権により緩和されるのか（曽我謙悟）／ 6. ベルギー分裂危機とブリュッセル周辺域の民族問題——「国家政治の縮図」から「都市政治の復権」へ（松尾秀哉）／ 7. フィンランドにおける中央—地方関係の新たな展開——分権型福祉国家の政策イノベーション（藪長千乃）／ 8. フィリピンにおける持続可能な発展とガバナンスに関する一考察——パラワン州プエルト・プリンセサ市の活動を事例として（柏

木志保)

13（2011）	**ジェンダーと比較政治学** はじめに（戸田真紀子） 1. 中東欧諸国におけるケア枠組みのジェンダー的側面——女性に期待される役割が国により異なるのはなぜか（仙石学）／2. 比較するまなざしと交差性——ジェンダー主流化政策の波及／阻害をどう見るか（土佐弘之）／3. ジェンダーの比較社会論・比較政策論と比較政治学——政策変化におけるジェンダー（堀江孝司）／4. EUのジェンダー平等政策と国内ジェンダー・パラダイム——チェコ共和国を事例に（中田瑞穂）／5. 現代イランにおける家族保護法の展開——成立，廃止，新法案（森田豊子）／6. 戦時性暴力とどう向き合うか——グアテマラ民衆法廷の取り組み（柴田修子）／7. 南アジアにおけるジェンダーと政治——インド民主主義のジェンダー・ダイナミクス（竹中千春）
14（2012）	**現代民主主義の再検討** はじめに——改めて問われる民主主義の「質」（大西裕） 1. アフリカにおける「民主化」経験と政治体制評価の新課題（遠藤貢）／2. ポスト社会主義圏における民主主義の質——体制転換後の分岐の規定要因に関する計量分析（久保慶一）／3. 官僚制と民主制——数理モデルと計量分析による多数国比較を通じて（曽我謙悟）／4. 台湾における政権交代と検察制度の独立性（松本充豊）／5.「優位政党」の盛衰と公的資源配分——多国間比較分析からみた集票効果の規定要因（鷲田任邦）／6. 代議制民主主義の機能に関する計量分析——日本を事例として（小林良彰）／7. 民主主義の質と国際的関与の関係（杉浦功一）／8. 国民主権主義と自由主義——マレーシアにおける競争的権威主義体制の成立と持続（鈴木絢女）／9. 弱者と民主主義——インド民主主義の60年の実践（中溝和弥）
15（2013）	**事例比較から見る福祉政治** はじめに——事例比較から福祉政治をみることの意味（仙石学） 1. 日欧年金改革における福祉改革と福祉政治——比較事例分析からの接近（伊藤武）／2. 新興国における年金改革に関するアイデアと言説の政治——南アフリカとアルゼンチンの事例（宇佐見耕一・牧野久美子）／3. 福祉国家改革の非難回避政治——日英公的扶助制度改革の比較事例分析（西岡晋）／4. 政党競争空間の変容と福祉再編——先進工業18カ国における子育て支援施策の比較分析（稗田健志）／5. ラテンアメリカにおける年金制度「再改革」——第一世代改革後の制度変容の視覚から（馬場香織）／6. 医療制度改革の比較政治——日本・米国・英国における医療の標準化をめぐって（石垣千秋）／7. オーストラリアとニュージーランドにおける福祉国家再

編——分岐と収斂をめぐるダイナミズムの考察に向けて（加藤雅俊）／8. スウェーデンとフランスにおける脱家族化への家族政策の変換（浅井亜紀）

体制転換／非転換の比較政治
はじめに——体制の転換と非転換を考える（遠藤貢）
1. 権威主義体制論の新展開に向けて——旧ソ連地域研究からの視角（宇山智彦）／2. ラテンアメリカにおける民主化と選挙管理機関（高橋百合子）／3. 中東諸国の体制転換／非転換の論理（浜中新吾）／4. 権威主義体制下の単一政党優位と体制転換——競合性の制度化の効果（今井真士）／5. ハンガリーにおけるデモクラシーのバックスライディング（平田武）／6. 南東欧諸国における寡頭的議会制からの移行——ルーマニアとブルガリアの比較から（藤嶋亮）／7. タイにおける体制変動——憲法，司法，クーデタに焦点をあてて（外山文子）／8. 軍と政治的自由化——ミャンマーにおける軍事政権の「終焉」をめぐって（中西嘉宏）／9. 二つのレフォルマシ——インドネシアとマレーシアにおける民主化運動と体制の転換・非転換（増原綾子・鈴木絢女）

政党政治とデモクラシーの現在
はじめに（網谷龍介）
1. ヨーロッパにおける政党と政党競合構造の変容——デモクラシーにおける政党の役割の終焉？（中田瑞穂）／2. アメリカ二大政党の分極化は責任政党化につながるか（岡山裕）／3. 政党政治とデモクラシーの変容（岩崎正洋）／4. 多党化時代の政党カルテル——1920年代カナダにおける進歩党の出現と二大政党（高野麻衣子）／5. 2000年代ドイツにおける政党政治再編成（小野一）／6. 多民族国家における政党政治と（非）デモクラシー——マレーシア与党連合内政治と閣僚配分（鷲田任邦）／7. ドイツとオーストリアの州における合意型の政権のパターン——概念の構造と経験的な分類に関する分析を通じて（新川匠郎）／8. 韓国政党政治における「直接行動」の意義と限界——ろうそくデモと政党の変化を中心に（安周永）

執政制度の比較政治学
はじめに（岩崎正洋）
1. 責任政治の挑戦（高安健将）／2. 戦後日本政治はマジョリタリアン型か——川人貞史『議院内閣制』をめぐる検証と日本型の「議会合理化」（野中尚人）／3. オーストラリアの執政制度——労働党政権（2007-13）にみる大統領制の可能性（杉田弘也）／4. カナダ政治における執政府支配の展開——ハーパー保守党政権を中心に（古地順一郎）／5. 議院内閣制における政治の「大統領制化」——トルコ・エルドアン体制と大統領権限の強化（岩坂将充）／6. 新興民主主義国における執政府の抑制——司法府と独立国家機関（岡部恭宜）／7.

韓国総選挙における候補者選出方法の変化と大統領による政党統制（浅羽祐樹）／8. 半大統領制と政党間競合——ルーマニアとブルガリアの比較から（藤嶋亮）／9. フランス半大統領制における家族政策の削減と再編——1990年代の利益団体の抵抗と「自由選択」（千田航）

19（2017）	**競争的権威主義の安定性と不安定性** はじめに（待鳥聡史） 1. 選挙権威主義からの民主化——議院内閣制の脅威？（粕谷祐子・東島雅昌）／2. 権威主義体制下の執政制度の選択と変更——「正統性の二元性」と「指導者の二元性」への視点（今井真士）／3. 権威主義的政党支配下におけるゲリマンダリング——GISを用いたマレーシアの事例分析（鷲田任邦）／4. タイにおける半権威主義体制の再登場——連続性と不連続性（外山文子）／5.「競争的権威主義」と「委任型民主主義」の狭間で——ラテンアメリカの事例から考える（上谷直克）／6. 組織化された野党不在の下の競争選挙実施による支配政党の崩壊——ソ連とメキシコの比較分析（豊田紳）／7. ポルトガル「立憲的独裁」の成立（1926-33年）（武藤祥）／8. 戦前日本における民主化途上体制の崩壊——競争的権威主義体制論への意味（竹中治堅）
20（2018）	**分断社会の比較政治学** はじめに（浜中新吾） 1. 分断社会と熟議民主主義——熟議システム論の適用と再考を通じて（田村哲樹）／2. 格差，治安，再分配支持——国家間のマルチレベル分析（飯田健）／3. なぜトランプは支持されたのか——先行学説の整理と検討（西川賢）／4. トランプの移民政策——分断社会に投下された扇動的言動とその本質（手塚沙織）／5. フランスの移民政策および難民政策に見る「統合」と「分断」——サルコジ主導による政策期からオランド政権までを中心に（東村紀子）／6. トルコにおける政軍関係と分断構造（岩坂将充）／7. ヨルダンにおける「アラブの春」民主化運動とその帰結——ムスリム同胞団運動の事例から（吉川卓郎）／8.「分断社会」における危機克服のための言説のあり方——韓国の朴槿恵政府の成立から弾劾事態までを事例として（李正吉）
21（2019）	**アイデンティティと政党政治** はじめに（上神貴佳） 1. ドイツにおけるアイデンティティをめぐる政治——ヨーロッパの文脈から（平島健司）／2. アメリカにおける政党政治とアイデンティティ（久保文明）／3. インド民主主義とアイデンティティ政治——国民，カースト，宗教の競合（竹中千春）／4. 法の精神——イスラエルの政党政治とナショナル・アイデンティティ（浜中新吾）／5. 選挙と政党政治はどのようなナショナリズムを強めるのか——ラトヴィア総選挙

前後サーベイ調査から（中井遼）／6. 地域アイデンティティと排外主義の共鳴と隔離——現代ベルギーにおける二つの地域主義政党の事例（宮内悠輔）／7. オーストラリア自由党とアイデンティティ政治——2018年8月の首相交代の背景と政党制への影響（杉山弘也）／8. 台湾における乖離するアイデンティティと政党政治——変わる有権者と変われない政党（大澤傑・五十嵐隆幸）

22（2020）	**民主主義の脆弱性と権威主義の強靭性** はじめに（粕谷祐子） Ⅰ　政治体制に関する理論的検討 1. 民主主義は脆弱で権威主義は強靭か（空井護）／2. 民主主義の脆弱性と権威主義の強靭性——領域統治の観点から（加藤朗） Ⅱ　民主主義の脆弱性 3. アメリカ政治における長い民主化と帰結としての脆弱化（待鳥聡史）／4. 東中欧における「民主主義の後退」--「民主主義」と立憲主義の分断と接合（中田瑞穂） Ⅲ　権威主義の強靭性 5. 現代中国政治の「強靭性レジリエンス」——胡錦濤・習近平政権への視座（川島真）／6. 権威主義体制の再構築と憲法の変容——タイ2017年憲法の分析から（外山文子） Ⅳ　政治秩序変化に対する国際的対応 7. 民主主義体制の脆弱化と権威主義体制の強靭化における国際的要因の考察（杉浦功一）
23（2021）	**インフォーマルな政治制度とガバナンス** はじめに（末近浩太） 1. 暴力と政治参加——インドネシアの事例から（岡本正明）／2. 反乱軍による公共サービスの提供とナショナル・アイデンティティ——内戦後社会の市民意識に対する国家横断的アプローチ（窪田悠一）／3. 「運動から政党へ」——インフォーマルな運動を背景とした政治組織はフォーマルな政治に参加するときいかに変化するか（酒井啓子）／4. 常態化する労働政治のインフォーマル・プロセス——日韓「働き方改革」比較の視点から（安周永）／5. 鉱山開発をめぐるインフォーマルな政治連合——ペルーの2事例の差異法による分析（岡田勇）／6. ウクライナにおける政軍関係の構造的変容——紛争後の国軍改革と自警団の台頭（松嵜英也）／7. アラブ首長国連邦におけるインフォーマルな政治と交渉——部族ネットワークの政治的再利用の検討（堀拔功二）
	クライエンテリズムをめぐる比較政治学 はじめに（馬場香織） Ⅰ　クライエンテリズムの多様性とその帰結 1. クライアンテリズムと民主化——政党レベルデータによる多国間統計分析（東島雅昌・鷲田任邦）

24（2022）	Ⅱ　民主主義体制下のクライエンテリズム 2. 日本政治とクライアンテリズム論について（建林正彦）／3. インドネシアにおけるクライエンテリズムと民主主義（増原綾子）／4. リヒテンシュタイン侯国におけるクライエンテリズム──君主制と民主主義との共存について（今野元） Ⅲ　権威主義体制下のクライエンテリズム 5. 権威主義体制下の経済発展とクライエンテリズム──一党制期コートジボワールを事例に（佐藤章）／6. 現代ヨルダン権威主義体制におけるクライエンテリズムの頑強性──2010年代の選挙制度改革の分析から（渡邊駿）7. ロシアの選挙権威主義体制における地方統制──公選制のもとでの知事のローテーション（溝口修平）
25（2023）	**危機と国家** はじめに（稗田健志） Ⅰ　COVID-19 に対峙する国家 1. 政治体制と COVID-19（安中進）／2. 民主主義国のロックダウンの比較分析──ニュージーランド，イギリス，日本（小松志朗） Ⅱ　紛争と国家 3. 紛争後の非リベラルな国家建設を市民はどのように認識するのか──2021 年シリア世論調査結果の分析から（末近浩太・山尾大）／4. ミンダナオ和平における政軍関係と第三者関与──分離独立紛争における国軍の和平妨害・抑制要因の検討（谷口美代子） Ⅲ　危機と公共政策 5.「再生産」の危機と国家──現代日本から考える（武田宏子）／6. アメリカにおける食品安全政策とリスク管理──危機時と平時の観点から（早川有紀）／7. 危機対応装置としての福祉国家──経済危機は「日本型生活保障レジーム」に変化をもたらしたのか（裵俊燮） Ⅳ　危機における国家と超国家組織 8. 危機の時代における欧州統合と国家（佐藤俊輔）
26（2024）	**地域研究と比較政治学** はじめに（近藤康史） Ⅰ　地域研究と比較政治の方法 1. 意味の政治を解釈する──フィリピン地域研究からの場外乱入・反則技・ラブレター（日下渉）／2. 地域研究の常なる変容と複数性──比較政治学との関係性を考える際の前提として（佐藤章）／3. 比較地域研究の批判的検討（宮地隆廣）／4. レンティア国家論・石油の呪いから移民エスノクラシー論へ──地域の固有性を時系列クロスセクション分析に組み込む（松尾昌樹） Ⅱ　事例研究と地域研究・比較政治学 5. 英国地域研究の現代的意義とは──比較野党研究からのア

プローチ（今井貴子）／6. イギリスにおける欧州懐疑主義と利益団体との関係——狂牛病問題をめぐるメイジャー政権の対応を事例に（安田英峻）

Ⅲ　計量テキスト分析と地域研究・比較政治学

7. ポスト紛争国におけるサービスの提供者と不安定化——計量テキスト分析からみる政府と人々の認識の乖離と抗議行動の拡大（山尾大）／8. ソーシャル・メディアにおける中国共産党の宣伝——人民日報 Weibo に対する量的テキスト分析（工藤文）／9. 権威主義体制国家における情報統制——武漢「封鎖」に対するインターネット上の感情温度の分析から（于海春）

参照・引用文献

【和文】

■あ

赤川学（2001）「言説分析と構築主義」上野千鶴子編『構築主義とは何か』勁草書房.

浅古泰史（2016）『政治の数理分析入門』木鐸社.

浅見和彦（2020）「日本の労働組合の変貌と現況」『社会政策』11巻3号, 57-72頁.

芦部信喜著, 高橋和之補訂（2023）『憲法』第八版, 岩波書店.

安達智史（2013）『リベラル・ナショナリズムと多文化主義——イギリスの社会統合とムスリム』勁草書房.

足達好正（2023）「LTTE撲滅に向けたスリランカの取組みについて——ラージャパクサ政権以前の取組みに関する一考察」『安全保障戦略研究』3巻1号, 45-61頁.

畔蒜泰助（2013）「転換期のロシア天然ガス外交と3・11後の日露エネルギー協力の行方」『アジ研ワールド・トレンド』211号, 11-15頁.

阿部照哉ほか編（1989）『地方自治大系』第1巻, 嵯峨野書院.

阿部利洋（2006）「訳者あとがき——『語りえぬ真実』と真実のモザイク」ヘイナー, プリシラ・B.『語りえぬ真実——真実委員会の挑戦』（阿部利洋訳）平凡社.

阿部利洋（2019）「南アフリカの移行期正義とその後——和解・ローカルオーナーシップ・意図せざる結果」『国際問題』679号, 36-47頁.

アーモンド, ガブリエル・A.（1982）『現代政治学と歴史意識』（内山秀夫ほか訳）勁草書房.

アーモンド, ガブリエル・A.＆ヴァーバ, シドニー（1974）『現代市民の政治文化——五カ国における政治的態度と民主主義』（石川一雄ほか訳）勁草書房.

阿利莫二（1974）「官僚制概念の成立と展開——ヨーロッパにおける現代官僚制論成立の系譜」渓内謙ほか編『現代行政と官僚制——辻清明先生還暦記念』上, 東京大学出版会.

有馬晋作（2017）『劇場型ポピュリズムの誕生——橋下劇場と変貌する地方政治』ミネルヴァ書房.

アルトマン, デニス（2005）『グローバル・セックス』（河口和也ほか訳）岩波書店.

アルブロウ, マーティン（1974）『官僚制』（君村昌訳）福村出版.

アルベール, ミシェル（1992）『資本主義対資本主義』（久水宏之監修）竹内書店新社.

安周永（2022）「『新しい働き方』における集団の意義——韓国20年間の軌跡からの示唆」『日本労働研究雑誌』747号, 77-88頁.

■い

井頭昌彦（2023）「KKV論争の後で質的研究者は何を考えるべきか——論争の整理と総括」井頭昌彦編著（2023）『質的研究アプローチの再検討——人文・社会科学からEBPsまで』勁草書房.

五十嵐誠一（2018）「市民社会は世界を動かすことができるのか」佐渡友哲ほか編『国際関係論』第3版, 弘文堂.

池内恵（2013）「特集にあたって——資源外交研究の射程」『アジ研ワールド・トレンド』211号, 2-3頁.

石田基広ほか（2017）『Rによるスクレイピング入門——web scraping』シーアンドアール研究所.

石田勇治（2011）「ジェノサイド研究の課題と射程——比較の視座から」石田勇治・武内進一編『ジェノサイドと現代世界』勉誠出版.

石田勇治（2015）『ヒトラーとナチ・ドイツ』講談社現代新書.

石塚二葉（2013）「ドイモイ期ベトナムにおける国会の刷新と政治的機能」山田紀彦編『独裁体制における議会と正当性——中国, ラオス, ベトナム, カンボジア』アジア経済研究所.

礒崎初仁ほか（2020）『ホーンブック 地方自治』新版, 北樹出版.

井田敦彦（2019）「アイルランドにおける憲法改正の手続と事例」『レファレンス』69巻1号, 27-46頁.

伊藤高史（2011）「国家の外交政策に対するメディアの影響力と「CNN効果」」『Sociologica』32（1/2）：1-20.

井上たか子（2020）「欧州連合（EU）における男女平等政策（3）人工妊娠中絶について」『フランス文化研究』51号, 39-61頁.

今井真士（2017a）『権威主義体制と政治制度——「民主化」の時代におけるエジプトの一党優位の実証分析』勁草書房.

今井真士（2017b）「「アラブの春」の比較政治学」『国際政治』188号, 129-138頁.

今井真士（2021）「執政制度の多様性の再検討——憲法の明示的規定に基づくデータセットの構築, 1946〜2020年」『比較政治研究』7号, 57-82頁.

今村祥子（2024）『統治理念と暴力——独立インドネシアの国家と社会』東京大学出版会.

今村都南雄ほか（1999）『ホーンブック 行政学』改訂版, 北樹出版.

今村都南雄ほか（2015）『ホーンブック 基礎行政学』第3版, 北樹出版.

林志弦（2022）『犠牲者意識ナショナリズム——国境を超える「記憶」の戦争』（澤田克己訳）東洋経済新報社.

岩崎正洋（1999）「政治発展論から民主化論へ——20世紀後半の比較政治学」『年報政治学』50巻, 153-188頁.

岩崎正洋（2020）『政党システム』日本経済評論社.

岩崎正洋編著（2019）『大統領制化の比較政治学』ミネルヴァ書房.

岩崎学（2015）『統計的因果推論』朝倉書店.

岩崎美紀子（2005）『比較政治学』岩波書店.
岩本美砂子（1997）「女のいない政治過程——日本の五五年体制における政策決定を中心に」『女性学』5巻, 8-39頁.
岩本美砂子（2007）「日本における女性政策ナショナルマシナリーの分析——「無私・無謬の官僚」神話と女性政策マシナリーの困難」『三重大学法経論叢』24巻2号, 1-40頁.

■う

ウィレンスキー, ハロルド・L.（1984）『福祉国家と平等——公共支出の構造的・イデオロギー的起源』（下平好博訳）木鐸社.
ヴァン・エヴェラ, スティーヴン（2009）『政治学のリサーチ・メソッド』（野口和彦・渡辺紫乃訳）勁草書房.
上谷直克（2008）「国家コーポラティズム（論）の呪縛？——「民主化」以後のラテンアメリカにおける政・労・使関係の軌跡」『大原社会問題研究所雑誌』595号, 31-47.
ウェーバー, マックス（1960）『支配の社会学1』経済と社会（世良晃志郎訳）創文社.
ウェーバー, マックス（1970）『支配の諸類型』経済と社会（世良晃志郎訳）創文社.
ウェーバー, マックス（2023）『支配について I——官僚制・家産制・封建制』経済と社会（野口雅弘訳）岩波書店.
ウェーバー, マックス（2024）『支配について II——カリスマ・教権制』経済と社会（野口雅弘訳）岩波書店.
ヴェーバー, マックス（1980）『職業としての政治』（脇圭平訳）岩波文庫.
上村雄彦（2009）『グローバル・タックスの可能性——持続可能な福祉社会のガヴァナンスをめざして』ミネルヴァ書房.
上村雄彦（2021a）「グローバル・タックス——地球規模課題解決のための革新的構想」西谷真規子・山田高敬編著『新時代のグローバル・ガバナンス論——制度・過程・行為主体』ミネルヴァ書房.
上村雄彦（2021b）「世界的な格差社会を「税」により変える」『保険診療』医学通信社, 27-31頁.
上村雄彦（2023）「グローバル・ガバナンスとSDGs——グローバル・タックス, GBI, 世界政府」野田真里編著『SDGsを問い直す——ポスト／ウィズ・コロナと人間の安全保障』法律文化社.
上村雄彦編著（2019）『グローバル・タックスの理論と実践——主権国家体制の限界を超えて』日本評論社.
上村泰裕（2015）『福祉のアジア——国際比較から政策構想へ』名古屋大学出版会.
ヴォダック, ルート（2023）『右翼ポピュリズムのディスコース——恐怖をあおる政治を暴く』第2版（石部尚登訳）明石書店.
宇佐見耕一・牧野久美子編（2015）『新興諸国の現金給付政策——アイディア・言説の視点から』日本貿易振興機構アジア経済研究所.
宇佐見耕一編（2001）『ラテンアメリカ福祉国家論序説』日本貿易振興会アジア経済研究所.
宇佐見耕一編（2003）『新興福祉国家論——アジアとラテンアメリカの比較研究』日本貿易振興会アジア経済研究所.
宇野重規（2013）『西洋政治思想史』有斐閣.

■え

エステベス＝アベほか（2007）「社会的保護と技能形成——福祉国家の再解釈」ホール, ピーター・A. &ソスキス, デヴィッド編『資本主義の多様性——比較優位の制度的基礎』（遠山弘徳ほか訳）ナカニシヤ出版.
エスピン＝アンデルセン, G.（2001）『福祉資本主義の三つの世界——比較福祉国家の理論と動態』（岡沢憲芙・宮本太郎訳）ミネルヴァ書房.
遠藤晶久・ジョウ, ウィリー（2019）『イデオロギーと日本政治——世代で異なる「保守」と「革新」』新泉社.
遠藤乾（2013）『統合の終焉——EUの実像と論理』岩波書店.
遠藤乾（2016）『欧州複合危機——苦悶するEU, 揺れる世界』中公新書.
遠藤貢（2015）『崩壊国家と国際安全保障——ソマリアにみる新たな国家像の誕生』有斐閣.

■お

大石眞（2021）『憲法概論I——総説・統治機構』有斐閣.
大串和雄（2012）「「犠牲者中心の」移行期正義と加害者処罰——ラテンアメリカの経験から」『平和研究』第38号, 1-22頁.
大串和雄（2015）「移行期正義の相克——「左翼的批判」に対する批判的考察」大串和雄編著『21世紀の政治と暴力——グローバル化, 民主主義, アイデンティティ』晃洋書房.
大嶽秀夫（2003）『日本型ポピュリズム——政治への期待と幻滅』中公新書.
大嶽秀夫（2005）「『レヴァイアサン』世代による比較政治学」日本比較政治学会編『日本政治を比較する』日本比較政治学会年報第7号, 早稲田大学出版部.
大嶽秀夫（2007）「日本政治と政治学の転換点としての一九七五年——「レヴァイアサンたち」の三〇年」『レヴァイアサン』40号, 20-35頁.
大沼保昭（1975）「戦争責任論序説——「平和に対する罪」の形成過程におけるイデオロギー性と拘束性」東京大学出版会.
大森彌・佐藤誠三郎編（1986）『日本の地方政府』東京大学出版会.
岡部恭宜（2020）「アジア通貨金融危機と中央銀行の独立性強化」東大社研・保城広至編『国境を越える危機・外交と制度による対応——アジア太平洋と中東』東京大学出版会.
岡本三彦（2022）「比較地方自治論の可能性と課題——LAI（地方自律性指標）を中心に」『行政管理研究』180号, 16-30頁.
荻野美穂（2008）『「家族計画」への道——近代日本の生殖をめぐる政治』岩波書店.
荻野美穂（2012）『中絶論争とアメリカ社会——身体をめぐる戦争』岩波書店.

参照・引用文献　　　623

小倉充夫・舩田クラーセンさやか（2018）『解放と暴力——植民地支配とアフリカの現在』東京大学出版会.
長有希枝編著（2020）『スレブレニツァ・ジェノサイド——25年目の教訓と課題』東信堂.
小田英郎（1989）『アフリカ現代政治』東京大学出版会.
小田桐確編著（2023）『安全保障化の国際政治——理論と現実』有信堂高文社.
帯谷博明（2021）『水環境ガバナンスの社会学——開発・災害・市民参加』昭和堂.
小山田英治（2019）『開発と汚職——開発途上国の汚職・腐敗との闘いにおける新たな挑戦』明石書店.
カウフマン，ハーバート（2015）『官僚はなぜ規制したがるのか——レッド・テープの理由と実態』（今村都南雄訳）
　　勁草書房.

■か

風間孝（2003）「同性婚のポリティクス」『家族社会学研究』14巻2号，32-42頁.
風間規男編著（2018）『新版　行政学の基礎』一藝社.
粕谷祐子（2014）『比較政治学』ミネルヴァ書房.
粕谷祐子（2018）「政治学における『因果推論革命』の進行」『アジ研ワールド・トレンド』269号，70-71頁.
粕谷祐子（2022）「序章　アジアの政治体制形成論——制度と運動を中心に」粕谷祐子編著『アジアの脱植民地化と体
　　制変動——民主制と独裁の歴史的起源』白水社.
粕谷祐子・高橋百合子（2015）「アカウンタビリティの現状と課題」高橋百合子編『アカウンタビリティ改革の政治学』
　　有斐閣.
粕谷祐子編著（2022）『アジアの脱植民地化と体制変動——民主制と独裁の歴史的起源』白水社.
粕谷裕子ほか（2021）「日本の民主主義は後退しているのか」『デモクラシー・ブリーフ』2021-2，V-Dem東アジア
　　センター.
ガーツ，ゲイリー＆マホニー，ジェイムズ（2015）『社会科学のパラダイム論争——2つの文化の物語』（西川賢・今
　　井真士訳）勁草書房.
カッツ，リチャード＆メア，ピーター（2023）『カルテル化する政党』（岩崎正洋・浅井直哉訳）勁草書房.
門屋寿ほか（2024）「選挙操作と党派性——多国間サーベイによる選挙の公正性認識の実証分析」『選挙研究』39号2
　　巻，26-40頁.
金丸裕志（1997）「価値観変化と政治変動——R・イングルハートの理論枠組み」『政治研究』44巻，41-96頁.
兼子歩（2021）「中絶論争が見えなくしたもの——アメリカ合衆国の生殖の政治」『世界』965号，181-188.
蒲島郁夫（2004）『戦後政治の軌跡——自民党システムの形成と変容』岩波書店.
蒲島郁夫・竹中佳彦（1996）『現代日本人のイデオロギー』東京大学出版会.
蒲島郁夫・竹中佳彦（2012）『イデオロギー』現代政治学叢書8，東京大学出版会.
鎌原勇太（2011）「民主主義指標の現状と課題」『法学政治学論究』90号，103-136頁.
上川龍之進（2014）『日本銀行と政治——金融政策決定の軌跡』中公新書.
上川龍之進（2020）「コーポレート・ガバナンスの政治経済学」田中拓道ほか『政治経済学——グローバル化時代の
　　国家と市場』有斐閣.
川中豪（2004）『競争と秩序——東南アジアにみる民主主義のジレンマ』白水社.
川中豪編著（2018）『後退する民主主義，強化される権威主義——最良の政治制度とは何か』ミネルヴァ書房.
川人貞史（2004）『選挙制度と政党システム』木鐸社.
カント，イマヌエル（2006）『永遠平和のために／啓蒙とは何か他3編』（中山元訳）光文社古典新訳文庫.

■き

ギアーツ，クリフォード（1987）『文化の解釈学』（吉田禎吾ほか訳）岩波書店.
北村亘（2022）『現代官僚制の解剖——意識調査から見た省庁再編20年後の行政』有斐閣.
木村雅昭（1993）『国家と文明システム』ミネルヴァ書房.
キムリッカ，ウィル（2018）『多文化主義のゆくえ——国際化をめぐる苦闘』（稲田恭明・施光恒訳）法政大学出版局.
金成垣（2008）『後発福祉国家論——比較のなかの韓国と東アジア』東京大学出版会.
キング，G. ほか（2004）『社会科学のリサーチ・デザイン——定性的研究における科学的推論』（真渕勝監訳）勁草
　　書房.

■く

日下渉ほか編著（2021）『東南アジアと「LGBT」の政治——性的少数者をめぐって何が争われているのか』明石書店.
グッドマン，ロジャー＆ペング，イト（2003）「東アジア福祉国家——逍遥的学習，適応性のある変化，国家建設」G.
　　エスピン＝アンデルセン編『転換期の福祉国家——グローバル経済下の適応戦略』（埋橋孝文監訳）早稲田大学出
　　版部.
工藤年博・渡邉真理子（2013）「ミャンマーの資源外交と中国」『アジ研ワールド・トレンド』211号，8-10頁.
クーパー，テリー（1986）『ジェノサイド——20世紀におけるその現実』（高尾利数訳）法政大学出版局.
久保慶一（2008）「コソボ」広瀬佳一ほか編著『ユーラシアの紛争と平和』明石書店.
久保慶一（2019）『争われる正義——旧ユーゴ地域の政党政治と移行期正義』有斐閣.
久保慶一ほか（2016）『比較政治学の考え方』有斐閣.
久米郁男（2013）『原因を推論する——政治分析方法論のすゝめ』有斐閣.
倉田徹（2021）『香港政治危機——圧力と抵抗の2010年代』東京大学出版会.
クリック，バーナード（2011）『シティズンシップ教育論——政治哲学と市民』（関口正司監訳）法政大学出版局.
クリフォード，ジェイムズ＆マーカス，ジョージ（1996）『文化を書く』（春日直樹ほか訳）紀伊國屋書店.

クールマン，ザビーネ＆ヴォルマン，ヘルムート（2021）『比較行政学入門——ヨーロッパ行政改革の動向』（縣公一郎ほか訳）成文堂.
クロス京子（2016）『移行期正義と和解——規範の多系的伝播・受容過程』有信堂高文社.
桒原響子（2023）「外交と偽情報——ディスインフォメーションという脅威」小泉悠ほか『偽情報戦争——あなたの頭の中で起こる戦い』ウェッジ.

■け

経済企画庁（2001）『国民生活白書のあらまし』国立印刷局.
ゲスト，ジャスティン（2019）『新たなマイノリティの誕生——声を奪われた白人労働者たち』（吉田徹ほか訳）弘文堂.
ケネス・盛・マッケルウェイン（2022）『日本国憲法の普遍と特異——その軌跡と定量的考察』千倉書房.
ケネディ，デイン（2023）『脱植民地化——帝国・暴力・国民国家の世界史』（長田紀之訳）白水社.
ゲルナー，アーネスト（2000）『民族とナショナリズム』（加藤節監訳）岩波書店.

■こ

小泉悠ほか（2023）『偽情報戦争——あなたの頭の中で起こる戦い』ウェッジ.
河野勝（2002）『制度』東京大学出版会.
小杉泰（1998）『イスラーム世界』21 世紀の世界政治 5，筑摩書房.
小杉泰（2002a）「イスラーム」大塚和夫ほか編『岩波イスラーム辞典』岩波書店.
小杉泰（2002b）「イスラームの挑戦か，諸宗教の復興か——現代の宗教と政党を考える」日本比較政治学会編『現代の宗教と政党——比較のなかイスラーム』日本比較政治学会年報第 4 号，早稲田大学出版部.
小杉泰（2014）『9.11 以後のイスラーム政治』岩波書店.
小竹聡（2021）『アメリカ合衆国における妊娠中絶の法と政治』拓殖大学.
五野井郁夫（2012）『「デモ」とは何か——変貌する直接民主主義』NHK 出版.
小林正弥（2008）「公共主義的政治的腐敗論——新構造主義的政治的恩顧主義論の観点から」河田潤一編著『汚職・腐敗・クライエンテリズムの政治学』ミネルヴァ書房.
小堀眞裕（2023）『歴史から学ぶ比較政治制度論——日英米仏豪』晃洋書房.
駒村圭吾・待鳥聡史編（2016）『「憲法改正」の比較政治学』弘文堂.
駒村圭吾・待鳥聡史編（2020）『統治のデザイン——日本の「憲法改正」を考えるために』弘文堂.
小宮山功一朗（2023）「情報操作とそのインフラ——戦時の情報通信ネットワークをめぐる戦い」小泉悠ほか『偽情報戦争——あなたの頭の中で起こる戦い』ウェッジ.
小森宏美（2009）『エストニアの政治と歴史認識』三元社.
小森田秋夫（2021）「ポーランド法の動向——2020 年」『ロシア・ユーラシアの社会』1066 号，19-50 頁.
ゴールドナー，アルヴィン（1963）『産業における官僚制——組織過程と緊張の研究』（岡本秀昭・塩原勉訳）ダイヤモンド社.
近藤孝弘（2009）「ドイツにおける若者の政治教育——民主主義社会の教育的基盤」『学術の動向』14 巻 10 号，10-21 頁.
近藤康史（2016）「連邦制と民主主義——『連邦制の効果』についての比較研究に向けて」松尾秀哉ほか編『連邦制の逆説？——効果的な統治制度か』ナカニシヤ出版.

■さ

齋藤純一（2017）『不平等を考える——政治理論入門』ちくま新書.
齋藤純子（1997）「ドイツにおける妊娠中絶法の統一」『外国の立法』201 号，281-294 頁.
酒井啓子（2014）『中東から世界が見える——イラク戦争から「アラブの春」へ』岩波ジュニア新書.
酒井啓子編（2011）『「アラブ大変動」を読む——民衆革命のゆくえ』東京外国語大学出版会.
境家史郎（2014）「フォーマル・モデリング」加藤淳子ほか編『政治学の方法』有斐閣.
坂本治也（2010）『ソーシャル・キャピタルと活動する市民——新時代日本の市民政治』有斐閣.
坂本治也編（2017）『市民社会論——理論と実証の最前線』法律文化社.
左高慎也（2021）「フェミニスト制度論は，どこから来て，どこへ行くのか——フェミニズムと制度論の統合に向けた理論的考察（1）（2）」『法政論集』289 号，97-130 頁；290 号，51-79 頁.
佐藤正弘（2010）「新時代のマルチステークホルダー・プロセスとソーシャル・イノベーション」『季刊 政策・経営研究』3 号，109-132 頁.
佐藤令・武岳沙綾（2022）「主要国の選挙におけるクオータ制」『調査と情報』No. 1206，国立国会図書館.
サラモン，R. M.（1994）「福祉国家の衰退と非営利団体の台頭」『中央公論』109 巻 11 号，401-412.
サルガニック，マシュー・J.（2019）『ビット・バイ・ビット——デジタル社会調査入門』（瀧川裕貴ほか訳）有斐閣.
澤田佳世（2014）『戦後沖縄の生殖をめぐるポリティクス——米軍統治下の出生力転換と女たちの交渉』大月書店.

■し

シェリング，トーマス（2018）『軍備と影響力——核兵器と駆け引きの論理』（斎藤剛訳）勁草書房.
塩川伸明（2008）『民族とネイション——ナショナリズムという難問』岩波新書.
塩川伸明（2021）『国家の解体——ペレストロイカとソ連の最期』東京大学出版会.
篠田英朗（2021）『パートナーシップ国際平和活動——変動する国際社会と紛争解決』勁草書房.
篠原一編（1984）『連合政治 I ——デモクラシーの安定をもとめて』岩波書店.

参照・引用文献　　625

芝健介（2015）『ニュルンベルク裁判』岩波書店.
嶋田博子（2022）『職業としての官僚』岩波新書.
下谷内奈緒（2019）『国際刑事裁判の政治学——平和と正義をめぐるディレンマ』岩波書店.
シュクラー，J. N.（1981）『リーガリズム——法と道徳・政治』（田中成明訳）岩波書店.
シュミッター，フィリップ（1984）「いまもなおコーポラティズムの時代なのか？」シュミッター，フィリップ＆レー
　　ムブルッフ，ゲァハルト編『現代コーポラティズム 1——団体統合主義の政治とその理論』山口定監訳，木鐸社.
シュミッター，フィリップ（2006）「比較政治学の将来とは？」日本比較政治学会編『比較政治学の将来』日本比較
　　政治学会年報第 8 号，早稲田大学出版部.
シュミット，ヴィヴィアン（2009）「アイデアおよび言説を真摯に受け止める——第四の『新制度論』としての言説
　　的制度論」（加藤雅俊訳），小野耕二編著『構成主義的政治理論と比較政治』ミネルヴァ書房.
ジョージ，アレキサンダー＆ベネット，アンドリュー（2013）『社会科学のケース・スタディ——理論形成のための
　　定性的手法』（泉川泰博訳）勁草書房.
白鳥令（1985）「ヨーロッパの伝統と現代政治学」白鳥令編『現代政治学の理論 続』，早稲田大学出版部.
新川敏光・篠田徹編著（2009）『労働と福祉国家の可能性——労働運動再生の国際比較』ミネルヴァ書房.
新川敏光編（2011）『福祉レジームの収斂と分岐——脱商品化と脱家族化の多様性』ミネルヴァ書房.
新保史生（2000）『プライバシーの権利の生成と展開』成文堂.

■■す

末近浩太（2018）『イスラーム主義——もう一つの近代を構想する』岩波新書.
末近浩太・遠藤貢編著（2020）『紛争が変える国家』グローバル関係学 4，岩波書店.
杉浦功一（2010）『民主化支援——21 世紀の国際関係とデモクラシーの交差』法律文化社.
杉田弘毅（2022）『国際報道を問いなおす——ウクライナ戦争とメディアの使命』ちくま新書.
杉之原真子（2008）「二つのグローバル化と企業統治改革——一九九三年から二〇〇二年の商法改正の分析」『国際政
　　治』153 号，91-105 頁.
鈴木彩加（2019）『女性たちの保守運動——右傾化する日本社会のジェンダー』人文書院.
鈴木智之（2023）「アメリカにおける人工妊娠中絶の現状——覆された「ロー対ウェイド」判決」『レファレンス』73
　　巻 1 号，83-111 頁.
鈴木慶孝（2021）「「移民・難民受け入れ国トルコ」におけるシリア人の社会的包摂に関する一考察」『法学政治学論究』
　　131 号，57-89 頁.
ステパン，アルフレッド・C.（1989）『ポスト権威主義——ラテンアメリカ・スペインの民主化と軍部』（堀坂浩太郎訳）
　　同文舘.
ストレイヤー，ジョセフ（1975）『近代国家の起源』（鷲見誠一訳）岩波新書.
スミス，アンソニー（1999）『ネイションとエスニシティ——歴史社会学的考察』（巣山靖司ほか訳）名古屋大学出版
　　会.

■■せ

関山健（2023）『気候安全保障の論理——気候変動の地政学リスク』日経 BP 日本経済新聞出版.
セーレン，キャスリーン（2022）『制度はいかに進化するか——技能形成の比較政治経済学』（石原俊時・横山悦生監
　　訳）大空社出版.
善教将大（2018）『維新支持の分析——ポピュリズムか，有権者の合理性か』有斐閣.
仙石学（2011）「中東欧諸国におけるケア枠組みのジェンダー的側面——女性に期待される役割が国により異なるの
　　はなぜか」日本比較政治学会編『ジェンダーと比較政治学』日本比較政治学会年報第 13 号，ミネルヴァ書房.

■■そ

曽我部真裕（2013）「公正取引委員会の合憲性について」伊藤眞ほか編『経済社会と法の役割——石川正先生古稀記
　　念論文集』商事法務.

■■た

ダウンズ，アンソニー（1975）『官僚制の解剖——官僚と官僚機構の行動様式』（渡辺保男訳）サイマル出版会.
高木徹（2002）『ドキュメント戦争広告代理店——情報操作とボスニア紛争』講談社.
高橋勝幸（2022）「なぜタイの若者は 2020 年，社会運動を引き起こしたのか」『アジア太平洋討究』43 号，139-159 頁.
高橋進（2016）「エスノ・リージョナリズムの隆盛と「再国民化」——「国家」・「国民」の分解か「礫岩国家」化か」
　　高橋進・石田徹編『「再国民化」に揺らぐヨーロッパ——新たなナショナリズムの隆盛と移民排斥のゆくえ』法律
　　文化社.
高橋百合子（2015）「アカウンタビリティ改革の政治学」高橋百合子編『アカウンタビリティ改革の政治学』有斐閣.
高柳彰夫・大橋正明編（2018）『SDGs を学ぶ——国際開発・国際協力入門』法律文化社.
滝川幸辰（1924）「堕胎と露西亜刑法」『法学論叢』12 巻 3 号（『滝川幸辰刑法著作集』第 4 巻，世界思想社，427-
　　438 頁）.
武内進一（2009）『現代アフリカの紛争と国家——ポストコロニアル家産制国家とルワンダ・ジェノサイド』明石書店.
武内進一（2013）「紛争後の国家建設」『国際政治』174 号，1-12 頁.
武内進一（2016）「冷戦後アフリカの紛争と紛争後——その概観」遠藤貢編『武力紛争を越える——せめぎ合う制度
　　と戦略のなかで』アフリカ潜在力 2，京都大学学術出版会.
竹田茂夫（2004）『ゲーム理論を読みとく——戦略的理性の批判』ちくま新書.

竹中千春（2011）「南アジアにおけるジェンダーと政治——インド民主主義のジェンダー・ダイナミクス」『ジェンダーと比較政治』日本比較政治学会年報第13巻，ミネルヴァ書房.

竹中治堅（2002）『戦前日本における民主化の挫折——民主化途上体制崩壊の分析』木鐸社.

竹中治堅（2017）「コーポレート・ガバナンス改革——会社法改正とコーポレート・ガバナンス・コードの導入」竹中治堅編著『二つの政権交代——政策は変わったのか』勁草書房.

伊達聖伸（2018）『ライシテから読む現代フランス——政治と宗教のいま』岩波新書.

建石真公子（1991）「フランスにおける人工妊娠中絶の憲法学的一考察」『東京都立大学法学会雑誌』8巻1号，1-64頁.

建林正彦（2004）『議員行動の政治経済学——自民党支配の制度分析』有斐閣.

建林正彦（2022）「日本政治とクライエンテリズム論について」日本比較政治学会編『クライエンテリズムをめぐる比較政治学』日本比較政治学会年報第24号，ミネルヴァ書房.

建林正彦ほか（2008）『比較政治制度論』有斐閣.

田中愛治（1998）「選挙研究における「争点態度」の現状と課題」『選挙研究』13号，17-27頁.

田中秀明（2011）『財政規律と予算制度改革——なぜ日本は財政再建に失敗しているか』日本評論社.

田中亘（2023）『会社法』第4版，東京大学出版会.

田辺俊介編著（2019）『日本人は右傾化したのか——データ分析で実像を読み解く』勁草書房.

谷口将紀（2015）『政治とマスメディア』東京大学出版会.

谷口将紀（2020）『現代日本の代表制民主政治——有権者と政治家』東京大学出版会.

田村哲樹（2008）『熟議の理由——民主主義の政治理論』勁草書房.

田村哲樹（2013）「熟議による「和解」の可能性」松尾秀哉・臼井陽一郎編『紛争と和解の政治学』ナカニシヤ出版.

田村哲樹（2017）『熟議民主主義の困難——その乗り越え方の政治理論的考察』ナカニシヤ出版.

田村正紀（2023）『因果過程追跡の基礎——経営革新事例の即応研究法』白桃書房.

タロー，シドニー（2006）『社会運動の力——集合行為の比較社会学』（大畑裕嗣監訳）彩流社.

ダントレーヴ（1972）『国家とは何か——政治理論序説』（石上良平訳）みすず書房.

■つ

ツェベリス，ジョージ（2009）『拒否権プレイヤー』（眞柄秀子・井戸正伸監訳）早稲田大学出版部.

辻清明（1969）『日本官僚制の研究』新版，東京大学出版会.

辻村みよ子・糠塚康江（2012）『フランス憲法入門』三省堂.

筒井若水（1976）『戦争と法』第2版，東京大学出版会.

■て

ティックナー，アン（2005）『国際関係論とジェンダー——安全保障のフェミニズムの見方』（進藤久美子・進藤榮一訳）岩波書店.

デュベルジェ，モーリス（1970）『政党社会学——現代政党の組織と活動』（岡野加穂留訳）潮出版社.

寺田勇文編（2002）『東南アジアのキリスト教』めこん.

■と

トゥービン，ジェフリー（2013）『ザ・ナイン——アメリカ連邦最高裁の素顔』（増子久美・鈴木淑美訳）河出書房新社.

トクヴィル，アレクシス・ド（1998）『旧体制と大革命』（小山勉訳）ちくま学芸文庫.

トクヴィル（2015）『アメリカのデモクラシー』第1巻，第2巻各上・下（松本礼二訳）ワイド版岩波文庫.

徳田太郎（2021）「「ポスト真実」時代の直接投票——2018年「妊娠中絶」国民投票の実施過程分析を中心に」『アイルランド研究』40巻，145-148頁.

戸田真紀子（2015）『貧困，紛争，ジェンダー——アフリカにとっての比較政治学』晃洋書房.

戸谷由麻（2018）『東京裁判——第二次大戦後の法と正義の追求』新装版，みすず書房.

富永京子（2017）『社会運動と若者——日常と出来事を往還する政治』ナカニシヤ出版.

富永京子（2021）「なぜ日本の若者は社会運動から距離を置くのか？」(nippon. com. https://www.nippon.com/ja/in-depth/d00668/, 2024年1月2日閲覧).

外山文子（2013）「タイにおける汚職の創造——法規定を政治家批判」『東南アジア研究』51巻1号，109-138頁.

外山文子・小山田英治（2022）「汚職取締と民主主義」外山文子・小山田英治編著『東南アジアにおける汚職取締の政治学』晃洋書房.

外山文子・小山田英治編著（2022）『東南アジアにおける汚職取締の政治学』晃洋書房.

■な

ナイ，ジョゼフ＆ドナヒュー，ジョン（2004）『グローバル化で世界はどう変わるか——ガバナンスへの挑戦と展望』（嶋本恵美訳）英治出版.

中井遼（2018）「偶然と党略が生み出したインターネット投票——エストニアによる世界初導入へと至る政治過程」『年報政治学』69巻2号，172-151頁.

長島徹（2023）「ナショナリズムと国民／国家の範囲」油本真理・溝口修平編『現代ロシア政治』法律文化社.

中野裕二（2009）「移民の統合の「共和国モデル」とその変容」宮島喬編『移民の社会的統合と排除——問われるフランスの平等』東京大学出版会.

中野裕二（2015）「共生の理念から排除の道具へ」中野裕二ほか編著『排外主義を問いなおす——フランスにおける

参照・引用文献　　627

排除・差別・参加』勁草書房.

中野智世ほか編著（2016）『近代ヨーロッパとキリスト教——カトリシズムの社会史』勁草書房.

中溝和弥（2012）『インド 暴力と民主主義——党優位支配の崩壊とアイデンティティの政治』東京大学出版会.

中溝和弥（2022）「第7章 インド・パキスタン—民主主義と権威主義の分岐点」粕谷祐子編著『アジアの脱植民地化と体制変動——民主制と独裁の歴史的起源』白水社.

中山裕美（2017）「難民レジームの危機の検討——負担分担と安全保障の関連から」『国際安全保障』45巻3号, 35-50頁.

■に

西岡晋（2007）「福祉レジーム再編の政治学——経路依存性モデルを超えて」『早稲田政治公法研究』84号, 207-241頁.

西岡晋（2015）「コーポレート・ガバナンスの政治学——「三つのI」のアプローチ」『年報政治学』65巻2号, 110-134頁.

西岡晋（2019）「政治の大統領制化と政策過程の変容」岩崎正洋編著『大統領制化の比較政治学』ミネルヴァ書房.

西岡晋（2021）『日本型福祉国家再編の言説政治と官僚制——家族政策の「少子化対策」化』ナカニシヤ出版.

西岡晋（2022）「アイディア学派の政治学——コーポレート・ガバナンス改革とアイディア」『法律時報』94巻8号, 7-11頁.

西岡晋・廣川嘉裕編著（2021）『行政学』文眞堂.

西川賢（2016）「選挙制度改革の政治学——カリフォルニア州のプライマリー改革の事例研究」『年報政治学』67（2）, 37-55頁.

日本政治学会編（1989）『転換期の福祉国家と政治学』岩波書店.

日本政治学会編（2023）『年報政治学 2023-Ⅱ——政治リテラシー』筑摩書房.

日本比較政治学会編（1999）『世界の行政改革』日本比較政治学会年報創刊号, 早稲田大学出版部.

日本比較政治学会編（2006）『比較政治学の将来』日本比較政治学会年報第8号, 早稲田大学出版部.

■の

野口雅弘（2011）『官僚制批判の論理と心理——デモクラシーの友と敵』中公新書.

野口雅弘（2020）『マックス・ウェーバー——近代と格闘した思想家』中央新書.

ノース, ダグラス・C.（1994）『制度・制度変化・経済成果』（竹下公視訳）晃洋書房.

野村康（2017）『社会科学の考え方——認識論, リサーチ・デザイン, 手法』名古屋大学出版会.

■は

橋本晃（2006）『国際紛争のメディア学』青弓社.

バスカー, ロイ（2009）『科学と実在論——超越論的実在論と経験主義批判』（式部信訳）法政大学出版局.

長谷部恭男（2022）『憲法』第8版, 新世社.

秦正樹（2022）『陰謀論——民主主義を揺るがすメカニズム』中公新書.

ハッキング, イアン（2006）『何が社会的に構成されるのか』（出口康夫・久米暁訳）岩波書店.

パーネビアンコ, アンジェロ（2005）『政党——組織と権力』（村上信一郎訳）ミネルヴァ書房.

馬場香織（2018）『ラテンアメリカの年金政治——制度変容の多国間比較研究』晃洋書房.

ハーバーマス, ユルゲン（1994）『公共性の構造転換——市民社会の一カテゴリーについての探求』（細谷貞雄・山田正行訳）第2版, 未来社.

浜田樹子（2023）「「歴史」をめぐる相克——ロシア・ウクライナ戦争の一側面」塩川伸明編『ロシア・ウクライナ戦争——歴史・民族・政治から考える』東京堂出版.

濱口伸明・高橋百合子（2008）「条件付現金給付の貧困対策の政治経済学的考察——ラテンアメリカの事例から」『国民経済雑誌』197巻3号, 49-64頁.

早尾貴紀（2008）『ユダヤとイスラエルのあいだ——民族／国民のアポリア』青土社.

林博史（2009）『戦犯裁判の研究——戦犯裁判政策の形成から東京裁判・BC級裁判まで』勉誠出版.

バラッド, カレン（2023）『宇宙の途上で出会う——量子物理学からみる物質と意味のもつれ』（水田博子ほか訳）人文書院.

ハンチントン, サミュエル（2008）『ハンチントン 軍人と国家』上, 新装版（市川良一訳）原書房.

ハンティントン, サミュエル（2023）『第三の波——20世紀後半の民主化』（川中豪訳）白水社.

■ひ

ピアソン, ポール（2010）『ポリティクス・イン・タイム——歴史・制度・社会分析』（粕谷祐子監訳）勁草書房.

稗田健志（2022）「比較政治経済学における歴史的制度論は「格差」をどのように捉えてきたのか？」『歴史と経済』255号, 12-20頁.

東島雅昌（2021）「多国間統計分析と国内事例研究による混合手法——分析アプローチとしての発展と方法論的限界への処方箋」『アジア経済』62巻4号, 49-78頁.

東島雅昌（2023）『民主主義を装う権威主義——世界化する選挙独裁とその論理』千倉書房.

樋口哲平（2023）「妊娠中絶をする憲法上の権利はあるか」『中央学術研究所紀要』52号, 133-159頁.

ピトキン, ハンナ（2017）『代表の概念』（早川誠訳）名古屋大学出版会.

日野愛郎（2001）「アジア諸国におけるナショナリズム——自国を誇らしいと思う感情はどこから生まれるか」池田謙一編著『日本とアジアの民主主義を測る——アジアンバロメータ調査と日本の21世紀』勁草書房.

平野克己（2013）「日中のアフリカ政策」『アジ研ワールド・トレンド』211 号，4-7 頁.

■ふ

深澤和子（2003）『福祉国家とジェンダー・ポリティックス』東信堂.
フーコー，ミシェル（2007）『安全・領土・人口──コレージュ・ド・フランス講義 1977-1978 年度』（高桑和巳訳）筑摩書房.
フーコー，ミシェル（2012）『知の考古学』（慎改康之訳）河出文庫.
藤田結子・北村文編（2013）『現代エスノグラフィー──新しいフィールドワークの理論と実践』新曜社.
藤谷忠昭（1999）「市民オンブズマンの活動とその社会的意味」『年報社会学論集』12 号，84-95 頁.
藤戸敬貴（2018）「同性カップルの法的保護をめぐる国内外の動向──2013 年 8 月〜2017 年 12 月，同性婚を中心に」『レファレンス』805 号，65-92 頁.
藤原真史（2012）「ウェーバーの官僚制論」岩崎正洋編著『政策過程の理論分析』三和書籍.
藤原帰一（2001）「国民の崩壊・民族の覚醒──民族紛争の政治的起源」日本比較政治学会編『民族共存の条件』日本比較政治学会年報第 3 号，早稲田大学出版部.
藤原帰一（2007）『国際政治』放送大学教育振興会.
藤原帰一ほか編著（2022）『気候変動は社会を不安定化させるか──水資源をめぐる国際政治の力学』日本評論社.
ブターリア，ウルワシー（2002）『沈黙の向こう側──インド・パキスタン分離独立と引き裂かれた人々の声』（藤岡恵美子訳）明石書店.
フランツ，エリカ（2021）『権威主義──独裁政治の歴史と変貌』（上谷直克ほか訳）白水社.
フリードマン，ハリエット（2006）『フード・レジーム──食料の政治経済学』（渡辺雅男・記田路子訳）こぶし書房.
ブリュア，ジョン（2003）『財政＝軍事国家の衝撃──戦争・カネ・イギリス国家 1688-1783』（大久保佳子訳）名古屋大学出版会.
古谷大輔・近藤和彦編（2016）『礫岩のようなヨーロッパ』山川出版社.
ブレイディ，ヘンリー＆コリアー，デヴィッド（2008）『社会科学の方法論争──多様な分析道具と共通の基準』（泉川泰博・宮下明聡訳）勁草書房.
ブレイディ，ヘンリー＆コリアー，デヴィッド編（2014）『社会科学の方法論争──多様な分析道具と共通の基準』第 2 版（泉川泰博・宮下明聡訳）勁草書房.

■へ

ヘイナー，プリシラ・B.（2006）『語りえぬ真実──真実委員会の挑戦』（阿部利洋訳）平凡社.
ベッツ，アレクサンダー＆コリアー，ポール（2023）『難民──行き詰まる国際難民制度を超えて』（滝澤三郎監修）明石書店.
ベネット，アンドリュー（2014）「過程追跡と因果的推論」泉川泰博・宮下明聡訳『社会科学の方法論争──多様な分析道具と共通の基準』第 2 版，勁草書房.
ベネット，アンドリュー＆ジョージ，アレクサンダー・L.（2003）「歴史学，政治学における事例研究と過程追跡──異なる目的を持つ両学問分野の似通った方法」エルマン，コリン＆エルマン，ミリアム・フェンディアス編『国際関係研究へのアプローチ──歴史学と政治学の対話』（渡辺昭夫監訳）東京大学出版会.
ヘルド，デイヴィッドほか（2006）『グローバル・トランスフォーメーションズ──政治・経済・文化』（古城利明ほか訳）中央大学出版部.

■ほ

ポグントケ，トーマス（2021）「リーダーによる政治か，それとも政党政治か──世界における政治の大統領制化」（岩崎正洋訳），岩崎正洋編著『議会制民主主義の揺らぎ』勁草書房.
ポグントケ，トーマス＆ウェブ，ポール編（2014）『民主政治はなぜ「大統領制化」するのか──現代民主主義国家の比較研究』（岩崎正洋監訳）ミネルヴァ書房.
保坂修司（2014）『サイバー・イスラーム──越境する公共圏』イスラームを知る 24，山川出版社.
保城広至（2015）『歴史から理論を創造する方法──社会科学と歴史学を統合する』勁草書房.
ホッブズ，トマス（2022）『リヴァイアサン』上・下（加藤節訳）ちくま学芸文庫.
堀江孝司（2011）「ジェンダーの比較社会論・比較政策論と比較政治学──政策変化におけるジェンダー」日本比較政治学会編『ジェンダーと比較政治学』日本比較政治学会年報第 13 号，ミネルヴァ書房.
堀江有里（2019）「キリスト教における「家族主義」──クィア神学からの批判的考察」『宗教研究』93 巻 2 号，163-189.
ポリット，クリストファー＆ブカールト，ヒールト（2022）『行政改革の国際比較──NPM を超えて』（縣公一郎・稲継裕昭監訳）ミネルヴァ書房.
堀拔功二（2016）「「国民マイノリティ国家」の成立と展開──アラブ首長国連邦における国民／移民の包摂と排除の論理」錦田愛子編『移民／難民のシティズンシップ』有信堂高文社.
堀部政男（1988）『プライバシーと高度情報化社会』岩波新書.
ホール，ピーター・A.＆ソスキス，デヴィッド（2007）「資本主義の多様性論・序説」ホール，ピーター・A.＆ソスキス，デヴィッド編『資本主義の多様性──比較優位の制度的基礎』（遠山弘徳ほか訳）ナカニシヤ出版.
ボレイン，アレックス（2008）『国家の仮面が剥がされるとき──南アフリカ「真実和解委員会」の記録』（下村則夫訳）第三書館.
ボワイエ，ロベール（1989）『レギュラシオン理論──危機に挑む経済学』（山田鋭夫訳）新評論.
本田宏（2022）「社会運動論の再整理──政治学の視点から」『北海学園大学法学研究』58 号 1 巻，1-33 頁.

参照・引用文献　　629

本名純（2020）「インドネシア・ジョコウィ政権にみる情動エンジニアリングの政治」見市建・茅根由佳編著『ソーシャルメディア時代の東南アジア政治』明石書店.

■ま

前田健太郎（2019）『女性のいない民主主義』岩波新書.
真柄秀子（1992）『西欧デモクラシーの挑戦──政治と経済の間で』早稲田大学出版部.
牧原出（1994）「官僚制理論」西尾勝・村松岐夫編『行政の発展』講座行政学第1巻，有斐閣.
待鳥聡史（2015）『政党システムと政党組織』東京大学出版会.
松井芳郎（2018）『武力行使禁止原則の歴史と現状』日本評論社.
松尾秀哉（2003）「冷戦とベルギー・キリスト教民主主義政党──分裂危機を念頭に」『聖学院大学総合研究所紀要』54号，199-241頁.
松尾昌樹（2013）「湾岸アラブ諸国における国民と移民──国籍に基づく分業体制と権威主義体制」土屋一樹編『中東地域秩序の行方──「アラブの春」と中東諸国の対外政策』日本貿易振興機構アジア経済研究所.
松尾隆佑（2019）『ポスト政治の政治理論──ステークホルダー・デモクラシーを編む』法政大学出版局.
松岡完（2001）『ベトナム戦争──誤算と誤解の戦場』中公新書.
松岡完（2003）『ベトナム症候群──超大国を苛む「勝利」への強迫観念』中公新書.
マッケナ，S.S.（2022）「Dobbs事件とアメリカにおける中絶の権利」（立石直子訳）『ジェンダー法研究』9号，215-229頁.
松嵜英也（2021）『民族自決運動の比較政治史──クリミアと沿ドニエストル』晃洋書房.
松田憲忠（2016）「選択としてのシティズンシップ・エデュケーション──市民参加のための教育は機能するのか？」『行政管理研究』141号，17-30頁.
松田憲忠（2023）「COVID-19パンデミックから市民育成を考える」岩崎正洋編著『命か経済か──COVID-19と政府の役割』勁草書房.
松谷満（2022）『ポピュリズムの政治社会学──有権者の支持と投票行動』東京大学出版会.
松中学（2016）「コーポレート・ガバナンスと政治過程」宍戸善一・後藤元編著『コーポレート・ガバナンス改革の提言──企業価値向上・経済活性化への道筋』商事法務.
松林哲也（2021）『政治学と因果推論──比較から見える政治と社会』岩波書店.
松本佐保（2019）『バチカンと国際政治──宗教機構の交錯』千倉書房.
松本宣郎・高柳俊一編（2009）『キリスト教の歴史2──宗教改革以降』山川出版社.
松本宣郎編（2009）『キリスト教の歴史1──初期キリスト教〜宗教改革』山川出版社.
マートン，ロバート・K.（1961）『社会理論と社会構造』（森東吾ほか訳）みすず書房.
真渕勝（2020）『行政学』新版，有斐閣.
マモーノヴァ，T.＆ヴォズネセンスカヤ，Y.（1982）『女性とロシア──ソ連の女性解放運動』（片岡みい子訳）亜紀書房.
マルクス，カール（1963）『資本主義的生産に先行する諸形態』（手嶋正毅訳）国民文庫.
マルクス＆エンゲルス（1951）『共産党宣言』（大内兵衛・向坂逸郎訳）岩波文庫.
丸山眞男著，古矢旬編（2015）『超国家主義の論理と心理──他八篇』岩波文庫.

■み

三浦まり編（2018）『社会への投資──「個人」を支える「つながり」を築く』岩波書店.
三浦まり編（2024）『ジェンダー・クオータがもたらす新しい政治──効果の検証』法律文化社.
三上了（2002）「「フリーダムハウス」は信用できるか──デモクラシー・データセットの評価ランキング」『国際問題』506号，83-85頁.
水島治郎（2001）「西欧キリスト教民主主義──その栄光と没落」日本比較政治学会編『現代の宗教と政党──比較のなかのイスラーム』日本比較政治学会年報第4号，早稲田大学出版部.
水島治郎（2016）『ポピュリズムとは何か──民主主義の敵か，改革の希望か』中公新書.
水島治郎編（2020）『ポピュリズムという挑戦──岐路に立つ現代デモクラシー』岩波書店.
ミッチェル，ライアン（2019）『PythonによるWebスクレイピング』第2版（黒川利明訳）オライリー・ジャパン.
南博・稲葉雅紀（2020）『SDGs──危機の時代の羅針盤』岩波新書.
見平典（2012）『違憲審査制をめぐるポリティクス──現代アメリカ連邦最高裁判所の積極化の背景』成文堂.
宮内悠輔（2024）『地域主義政党の国政戦略──現代ベルギーにおける政党間競合の展開』明石書店.
宮城大蔵（2013）「戦後史のなかの資源外交」『アジ研ワールド・トレンド』211号，28-31頁.
宮下紘（2015）『プライバシー権の復権──自由と尊厳の衝突』中央大学出版会.
宮田智之（2017）『アメリカ政治とシンクタンク──政治運動としての政策研究機関』東京大学出版会.
宮本太郎（2021）『貧困・介護・育児の政治──ベーシックアセットの福祉国家へ』朝日新聞出版.
宮脇聡史（2019）『フィリピン・カトリック教会の政治関与──国民を監督する「公共宗教」』大阪大学出版会.
ミュデ，カス＆カルトワッセル，クリストバル・ロビラ（2018）『ポピュリズム──デモクラシーの友と敵』（永井大輔・高山裕二訳）白水社.
ミュンツェルト，サイモンほか（2017）『Rによる自動データ収集──Webスクレイピングとテキストマイニングの実践ガイド』（石田基広ほか訳）共立出版.
ミル，J.S.（2020）『論理学体系』（江口聡・佐々木憲介編訳）京都大学学術出版会.

■む

村上裕一（2013）「行政の組織や活動の「独立性」について」『社会技術研究論文集』10巻，117-127頁.

村上祐介（2011）『教育行政の政治学――教育委員会制度の改革と実態に関する実証的研究』木鐸社.

村瀬信也・洪恵子編（2008）『国際刑事裁判所――最も重大な国際犯罪を裁く』東信堂.

■め

メロ，パトリック・A.（2023）『質的比較分析（QCA）――リサーチ・デザインと実践』（東伸一・横山斉理訳）千倉書房.

■も

モーゲンソー，H.（2013）『国際政治――権力と平和』上・中・下（原彬久監訳）岩波文庫.

森孝一（1996）『宗教からよむ「アメリカ」』講談社.

森巧尚（2019）『Python2年生　スクレイピングのしくみ――体験してわかる！会話までまなべる！』翔泳社.

■や

矢内勇生（2020）「不平等と再分配」田中拓道ほか『政治経済学――グローバル化時代の国家と市場』有斐閣.

柳原正治（2000）「いわゆる「無差別戦争観」と戦争の違法化――カール・シュミットの学説を手がかりとして」『世界法年報』20号，3-29頁.

山尾大（2013）『紛争と国家建設――戦後イラクの再建をめぐるポリティクス』明石書店.

山口定（1984）「あとがきと解説」シュミッター，フィリップ＆レームブルッフ，ゲァハルト編『現代コーポラティズム1――団体統合主義の政治とその理論』（山口定監訳）木鐸社.

山田鋭夫（1994）『20世紀資本主義――レギュラシオンで読む』有斐閣.

山田紀彦（2015）「ラオスにおける国民の支持獲得過程――国会を通じた不満吸収と国民への応答メカニズム」山田紀彦編『独裁体制における議会と正当性――中国，ラオス，ベトナム，カンボジア』アジア経済研究所.

山田紀彦編著（2024）『権威主義体制にとって選挙とは何か――独裁者のジレンマと試行錯誤』ミネルヴァ書房.

山本健太郎（2014）「事例研究」加藤淳子ほか編『政治学の方法』有斐閣.

山本健太郎（2021）「何が政党システム変容をもたらすのか――1990年代以降の日本を題材に」『年報政治学』72巻1号，15-39頁.

山本達也（2011）「アラブの春にみるソーシャルメディアの影響力」『中東研究』2号，19-25頁.

■ゆ

湯淺墾道（2009）「エストニアの電子投票」『社会文化研究所紀要』65号，39-71頁.

ユージンスキ，ジョゼフ・E.（2022）『陰謀論入門――誰が，なぜ信じるのか』（北村京子訳）作品社.

■よ

吉富重夫（1976）「官僚制論と行政学」辻清明編者代表『行政の理論』行政学講座1，東京大学出版会.

■ら

ラセット，ブルース（1996）『パクス・デモクラティア――冷戦後世界への原理』（鴨武彦訳）東京大学出版会.

ラトゥール，ブリュノ（2019）『社会的なものを組み直す――アクターネットワーク理論入門』（伊藤嘉高訳）法政大学出版局.

■り

李雨桐・新川匠郎（2023）「質的比較分析（Qualitative Comparative Analysis）の方法論的発展」『理論と方法』38号2巻，240-248頁.

李甲允（1992）「衆議院選挙での政党の得票数と議席数――公認候補者数と票の配分に関する政党の効率性と選挙区間定数不均衡の効果」『レヴァイアサン』10号.

李蓮花（2011）『東アジアにおける後発近代化と社会政策――韓国と台湾の医療保険政策』ミネルヴァ書房.

リズン，マリーズ（2004）『イスラーム』（菊地達也訳）岩波書店.

リプセット，シーモア＆ロッカン，スタイン（2013）「クリヴィジ構造，正統性，有権者の連携関係」（白鳥浩・加藤秀治郎訳）加藤秀治郎・岩淵美克編『政治社会学』第5版，一藝社.

■れ

レビツキー，スティーブン＆ジブラット，ダニエル（2018）『民主主義の死に方――二極化する政治が招く独裁への道』（濱野大道訳）新潮社.

レマン，ニコラス（2021）『マイケル・ジェンセンとアメリカ中産階級の解体――エージェンシー理論の光と影』（藪下史郎・川島睦保訳）日経BP.

■わ

和田毅・三浦航太（2022）「水紛争を持続可能な開発目標に沿った形で解決できるか」『ラテン・アメリカ論集』56号，35-65頁.

渡部奈々（2017）『アルゼンチンカトリック教会の変容――国家宗教から公共宗教へ』成文堂.

【欧文】

■A

Aassve, A. et al. (2021) "Epidemics and Trust: The Case of the Spanish Flu," *Health Economics* 30 (4)：840-857.

Abelson, D. E. & Rastrick, C. J. (eds.) (2021) *Handbook on Think Tanks in Public Policy*. Edward Elgar Publishing.

Abramowitz, A. I. & Saunders, K. L. (1998) "Ideological Realignment in the U. S. Electorate," *Journal of Politics* 60 (3)：634-652.

Abramowitz, A. I. & Saunders, K. L. (2008) "Is Polarization a Myth?" *Journal of Politics* 70 (2)：542-555.

Abu-Laban, Y. et al. (eds.) (2022) *Assessing Multiculturalism in Global Comparative Perspective: A New Politics of Diversity for the 21st Century?* Routledge.

Acemoglu, D. & Robinson, J. A. (2001) "A Theory of Political Transitions," *American Economic Review* 91 (4)：938-963.

Acemoglu, D. & Robinson, J. A. (2006) *Economic Origins of Dictatorship and Democracy*. Cambridge University Press.

Acemoglu, D. & Robinson, J. A. (2019) *The Narrow Corridor: States, Societies, and the Fate of Liberty*. Penguin Press.

Acemoglu, D. & Robinson, J. A. (2023) "Weak, Despotic, and Inclusive? How State Type Emerges from State Versus Civil Society Competition," *American Political Science Review* 117 (2)：407-420.

Acemoglu, D. et al. (2001) "The Colonial Origins of Comparative Development: An Empirical Investigation," *American Economic Review* 91 (5)：1369-1401.

Acemoglu, D. et al. (2005) "The Rise of Europe: Atlantic Trade, Institutional Change, and Economic Growth," *American Economic Review* 95 (3)：546-579.

Acemoglu, D. et al. (2019) "Democracy Does Cause Growth," *Journal of Political Economy* 127 (1)：47-100.

Adam, B. D. et al. (1999) *The Global Emergence of Gay and Lesbian Politics: National Imprints of a Worldwide Movement*. Temple University Press.

Aksoy, D. et al. (2015) "Terrorism and the Fate of Dictators," *World Politics* 67 (3)：423-468.

Alagappa, M. (2001) "Investigating and Explaining Change: An Analytical Framework," in M. Alagappa (ed.), *Coercion and Governance: The Declining Political Role of the Military in Asia*. Stanford University Press.

Alesina, A. & Drazen, A. (1991) "Why are Stabilizations Delayed?" *American Economic Review* 81 (5)：1170-88.

Alesina, A. & La Ferrara, E. (2005) "Preferences for Redistribution in the Land of Opportunities," *Journal of Public Economics* 89 (5)：897-931.

Alesina, A & Summers, L. H. (1993) "Central Bank Independence and Macroeconomic Performance: Some Comparative Evidence," *Journal of Money, Credit and Banking* 25 (2)：151-162.

Alesina, A. et al. (2015) "The Output Effect of Fiscal Consolidation Plans," *Journal of International Economics* 96 (1)：S19-S42.

Alexiadou, D. (2020) "Technocrats in Cabinets and Their Policy Effects," in E. Bertsou & D. Caramani (eds.), *The Technocratic Challenge to Democracy*. Routledge.

Alexiadou, D. & Gunaydin, H. (2019) "Commitment or Expertise? Technocratic Appointments as Political Responses to Economic Crises," *European Journal of Political Research* 58 (3)：845-865.

Alexiadou, D. et al. (2022) "When Technocratic Appointments Signal Credibility," *Comparative Political Studies* 55 (3)：386-419.

Allen, R. C. (2009) *The British Industrial Revolution in Global Perspective*. Cambridge University Press（眞嶋史叙ほか訳、2017、『世界史のなかの産業革命——資源・人的資本・グローバル経済』名古屋大学出版会）.

Almond, G. A. & Coleman, J. S. (eds.) (1960) *The Politics of the Developing Areas*. Princeton University Press.

Almond, G. A. & Verba, S. (1963) *The Civic Culture: Political Attitudes and Democracy in Five Nations*. Princeton University Press.

Amenta, E. (2014) "How to Analyze the Influence of Movements," *Contemporary Sociology* 43 (1)：16-29.

Amenta, E. et al. (2019) "The Political Institutions, Processes, and Outcomes Movements Seek to Influence," in D. A. Snow et al. (eds.), *The Wiley Blackwell Companion to Social Movements*. Wiley Blackwell.

Amsden, A. H. (1989) *Asia's Next Giant: South Korea and Late Industrialization*. Oxford University Press.

Anckar, C. & Fredriksson, C. (2019) "Classifying Political Regimes 1800-2016: A Typology and a New Dataset," *European Political Science* 18 (1)：84-96.

Andaya, B. W. (2021) "Bringing the Gender History of Early Modern Southeast Asia into Global Conversations," in T. A. Meade & M. E. Wiesner-Hanksedited (ed.), *A Companion to Global Gender History*. 2nd ed., Wiley Blackwell.

Andersen, J. G. & Bjorklund, T. (1990) "Structural Changes and New Cleavages: the Progress Parties in Denmark and Norway," *Acta Sociologica* 33 (3)：195-217.

Anderson, B. (1991) *Imagined Communities: Reflections on the Origin and Spread of Nationalism*. Revised ed., Verso.

Anderson, B. (1992) "The New World Disorder," *New Left Review* 193：3-13.

Anderson, C. et al. (2005) *Losers' Consent: Elections and Democratic Legitimacy*. Oxford University Press.

Andeweg, R. B. et al. (eds.) (2011) *Puzzles of Government Formation*. Routledge.

Annaka, S. (2021) "Political Regime, Data Transparency, and COVID-19 Death Cases," *SSM-Population Health* 15：100832.

Ansolabehere, S. & Konisky, D. M. (2006) "The Introduction of Voter Registration and Its Effect on Turnout,"

Political Analysis 14 (1)：83-100.

Arat, Z. F. (1991) *Democracy and Human Rights in Developing Countries.* Lynne Rienner Publishers.

Argyle, L. P. et al. (2023) "Out of One, Many: Using Language Models to Simulate Human Samples," *Political Analysis* 31 (3)：337-351.

Ariely, G. (2012) "Globalisation and the Decline of National Identity? An Exploration across Sixty-three Countries," *Nations and Nationalism* 18 (3)：461-482.

Arjona, A. (2016) *Rebelocracy: Social Order in the Colombian Civil War.* Cambridge University Press.

Arjona, A. et al. eds. (2017) *Rebel Governance in Civil War.* Cambridge University Press.

Aronoff, M. & Kubik, J. (2013) *Anthropology & Political Science: A Convergent Approach.* Berghahn Books.

Arrow, K. J. (1963) *Social Choice and Individual Values.* 2nd ed., Yale University Press.

Arthur, W. B. (1994) *Increasing Returns and Path Dependence in the Economy.* University of Michigan Press（有賀裕二訳, 2003,『収益逓増と経路依存──複雑系の経済学』多賀出版）.

Ashworth, S. (2006) "Campaign Finance and Voter Welfare with Entrenched Incumbents," *American Political Science Review* 100 (1)：55-68.

Asmolov, G. (2019) "The Disconnective Power of Disinformation Campaigns," *Journal of International Affairs* 71 (1.5)：69-76.

Astudillo, J. & Paneque, A. (2021) "Do Party Primaries Punish Women? Revisiting the Trade-off between the Inclusion of Party Members and the Selection of Women as Party Leaders," *Party Politics* 28 (2).

Auspurg, K. & Hinz, T. (2015) *Factorial Survey Experiments.* SAGE.

Axelrod, R. (1970) *Conflict of Interest: A Theory of Divergent Goals with Applications to Politics.* Markham.

Ayeni, V. (2005) *The Role and Effectiveness of the Ombudsman Institution.* National Democratic Institute for International Affairs (NDI).

Ayoub, P. M. (2016) *When States Come Out: Europe's Sexual Minorities and Politics of Visibility.* Chicago University Press.

■ B

Bächtiger, A. et al. (2022) "Discourse Quality Index," in S. A. Ercan et al. (eds.) *Research Methods in Deliberative Democracy.* Oxford University Press.

Ballard-Rosa, C. et al. (2017) "The Structure of American Income Tax Policy Preferences," *Journal of Politics* 79 (1)：1-16.

Bangura, I. (2023) *Disarmament, Demobilisation and Reintegration of Ex-combatants in Africa.* Routledge.

Banting, K. & Kymlicka, W. (2006) *Multiculturalism and the Welfare State: Recognition and Redistribution in Contemporary Democracies.* Oxford University Press.

Baradat, L. P. (1994) *Political Ideologies: Their Origins and Impact.* 5th ed., Prentice Hall.

Barany, Z. (2016) *How Armies Respond to Revolutions and Why.* Princeton University Press.

Barba Solano, C. (2019) "Welfare Regime in Latin America: Thirty Years of Social Reforms and Conflicting Paradigms," in G. Cruz-Martinez (ed.), *Welfare and Social Protection in Latin America.* Routledge.

Barberá, P. et al. (2019) "Who Leads? Who Follows? Measuring Issue Attention and Agenda Setting by Legislators and the Mass Public Using Social Media Data," *American Political Science Review* 113 (4)：883-901.

Baron, D. P. & Ferejohn, J. A. (1989) "Bargaining in Legislatures," *American Political Science Review* 83 (4)：1181-1206.

Barrientos, A. (2019) "One Region, Two System," in G. Cruz-Martinez (ed.), *Welfare and Social Protection in Latin America.* Routledge.

Barro, R. J. (1973) "The Control of Politicians: An Economic Model," *Public Choice* 14：19-42.

Barro, R. J. (1996) "Democracy and growth," *Journal of Economic Growth* 1：1-27.

Bartlett, J. (2018) *The People vs Tech: How the Internet is Killing Democracy（and How We Save It）.* Penguin Random House.

Bartolini, S. (2000) *The Political Mobilization of the European Left, 1860-1980: The Class Cleavage.* Cambridge University pres.

Bartusevičius, H. & Gleditsch, K. S. (2019) "A Two-Stage Approach to Civil Conflict: Contested Incompatibilities and Armed Violence," *International Organization* 73 (1)：225-248.

Bates, R. et al. (1998) *Analytic Narratives.* Princeton University Press.

Baum, M. A. (2003) *Soft News Goes to War: Public Opinion and American Foreign Policy in the New Media Age.* Princeton University Press.

Bayerlein, M. et al. (2021) "Populism and COVID-19: How Populist Governments (Mis) Handle the Pandemic," *Journal of Political Institutions and Political Economy* 2 (3)：389-428.

BBC (2020) Polish Abortion Law Protests over Woman's Hospital Death (https://www.bbc.com/news/world-europe-59130948, 2020, 11, 2, 2024年1月6日閲覧).

Beach, D. & Pedersen, R. B. (2016) *Causal Case Study Methods: Foundations and Guidelines for Comparing, Matching, and Tracing.* University of Michigan Press.

Beach, D. & Pedersen, R. B. (2019) *Process-Tracing Methods: Foundations and Guidelines.* 2nd ed., University of Michigan Press.

Beaulieu, E. & Hyde, S. D. (2009) "In the Shadow of Democracy Promotion: Strategic Manipulation, International

Observers, and Election Boycotts," *Comparative Political Studies* 42（3）：392-415.

Beblawi, H. & Luciani, G.（1987） *The Rentier State*. Croom Helm.

Beck, N. & Katz, J.（1995）"What to Do（and not to do）with Time-Series Cross-Section Data," *American Political Science Review* 89（3）：634-647.

Beck, U.（1986）*Risikogesellschaft*. Suhrkamp Verlag（東廉・伊藤美登里訳，1998，『危険社会——新しい近代への道』法政大学出版局）.

Becker, G. S.（1974）"Economics of the Family: Marriage, Children, and Human Capital," in T. W. Schultz（ed.）, *Economics of the Family: Marriage, Children, and Human Capital*. University of Chicago Press.

Bell, C. & Sudduth, J. K.（2017）"The Causes and Outcomes of Coup during Civil War," *Journal of Conflict Resolution* 61（7）：1432-55.

Bell, D. A.（2015）*The China Model: Political Meritocracy and the Limits of Democracy*. Princeton University Press.

Bendor, J. & Meirowitz, A.（2004）"Spatial Models of Delegation," *American Political Science Review* 98（2）：293-310.

Benford, R. D. & Snow, D. A.（2000）"Framing Processes and Social Movements: An Overview and Assessment," *Annual Review of Sociology* 26（1）：611-639.

Bennet, A. & Checkel, J. T.（2015）"Process Tracing: from Philosophical Roots to Best Practices," in A. Bennet & J. T. Checkel（eds.）, *Process Tracing: From Metaphor to Analytic Tool*. Cambridge University Press.

Benoit, K.（2006）"Duverger's Law and the Study of Electoral Systems," *French Politics* 4（1）：69-83.

Benoit, K.（2020）"Text as Data: An Overview," in L. Curini & R. Franzese（eds.）, *The SAGE Handbook of Research Methods in Political Science and International Relations*. SAGE.

Bentley, A.（1908）*The Process of Government*. University of Chicago Press（喜多靖郎・上林良一訳，1994，『統治過程論——社会圧力の研究』法律文化社）.

Beramendi, P.（2007）"Federalism," in C. Boix & S. C. Stokes（eds.）, *The Oxford Handbook of Comparative Politics*. Oxford University Press.

Bercovitch, J.（2007）"A Neglected Relationship: Diasporas and Conflict Resolution," in H. Smith & P. Stares（eds.）, *Diasporas in Conflict*. United Nations University Press.

Berenschot, W.（2011）*Riot Politics: Hindu-Muslim Violence and the Indian State*. Hurst.

Berger, P. & Luckmann, T.（1966）*The Social Construction of Reality: A Treatise in the Sociology of Knowledge*. Doublebay.

Berman, E. et al.（2011）"Do Working Men Rebel? Insurgency and Unemployment in Afghanistan, Iraq, and the Philippines," *Journal of Conflict Resolution* 55（4）：496-528.

Berman, N. & Couttenier, M.（2015）"External Shocks, Internal Shots: The Geography of Civil Conflicts," *Review of Economics and Statistics* 97（4）：758-776.

Bermeo, N.（2003）*Ordinary People in Extraordinary Times*. Princeton University Press.

Bermeo, N.（2016）"On Democratic Backsliding," *Journal of Democracy* 27（1）：5-19.

Bernauer, J. et al.（2016）"Taking the Multidimensionality of Democracy Seriously: Institutional Patterns and the Quality of Democracy," *European Political Science Review* 8（3）：473-494.

Berry, J. M.（2002）"Validity and Reliability Issues in Elite Interviewing," *PS: Political Science & Politics* 35（4）：679-682.

Bevir, M.（2012）*Governance: A Very Short Introduction*. Oxford University Press（野田牧人訳，2013，『ガバナンスとは何か』NTT 出版）.

Bevir, M. & Rhodes, R. A. W.（eds.）（2016）*Routledge Handbook of Interpretive Political Science*. Routledge.

Bezanson, K. & Luxton, M.（eds.）（2006）*Social Reproduction: Feminist Political Economy Challenges Neoliberalism*. McGill-Queen's University Press.

Biddle, S.（2021）*Nonstate Warfare: The Military Methods of Guerillas, Warlords, and Militias*. Princeton University Press.

Birch, S.（2011）*Electoral Malpractice*. Oxford University Press.

Birch, S.（2020）*Electoral Violence, Corruption, and Political Order*. Princeton University Press.

Bjorgo, T.（ed.）（2005）*Root Causes of Terrorism: Myth, Reality, and Ways Forward*. Routledge.

Bjornlund, E. et al.（2007）"Election Systems and Political Parties in Post-conflict and Fragile States," in D. W. Brinkerhoff（ed.）, *Governance in Post-Conflict Societies: Rebuilding Fragile States*. Routledge.

Bjørnskov, C. & Kurrild-Klitgaard, P.（2014）"Economic Growth and Institutional Reform in Modern Monarchies and Republics: A Historical Cross-country Perspective 1820-2000," *Journal of Institutional and Theoretical Economics* 170（3）：453-481.

Black, D.（1948）"On the Rationale of Group Decision-making," *Journal of Political Economy* 56（1）：23-34.

Blair, G. et al.（2013）"Poverty and Support for Militant Politics: Evidence from Pakistan," *American Journal of Political Science* 57（1）：30-48.

Blair, G. et al.（2014）"Comparing and Combining List and Endorsement Experiments: Evidence from Afghanistan," *American Journal of Political Science* 58（4）：1043-63.

Blaydes, L.（2011）*Elections and Distributive Politics in Mubarak's Egypt*. Cambridge University Press.

Blaydes, L.（2020）"Rebuilding the Ba' thist State: Party, Tribe, and Administrative Control in Authoritarian Iraq, 1991-1996," *Comparative Politics* 53（1）：93-115.

Blaydes, L. & Chaney, E.（2013）"The Feudal Revolution and Europe's Rise: Political Divergence of the Christian West and the Muslim World before 1500 CE," *American Political Science Review* 107（1）：16-34.

Blaydes, L. & Lo, J. (2011) "One Man, One Vote, One Time? A Model of Democratization in the Middle East," *Journal of Theoretical Politics* 2 (1)：110-146.

Bleich, E, & Pekkanen, R. (2013) "How to Report Interview Data," in L. Mosley (ed.), *Interview Research in Political Science*. Cornell University Press.

Blondel, J. (1968) "Party Systems and Patterns of Government in Western Democracies," *Canadian Journal of Political Science* 1 (2)：180-203.

Blyth, M. (2002) *Great Transformations: Economic Ideas and Institutional Change in the Twentieth Century.* Cambridge University Press.

Blyth, M. (2017) "The New Ideas Scholarship in the Mirror of Historical Institutionalism: A Case of Old Whines in New Bottles?" in D. Béland et al. (eds.), *Ideas, Political Power, and Public Policy*. Routledge.

Boatright, R. G. (ed.) (2018) *Routledge Handbook of Primary Elections.* Taylor & Francis Group.

Bodea, C. & Higashijima, M. (2017) "Central Bank Independence and Fiscal Policy: Can the Central Bank Restrain Deficit Spending?" *British Journal of Political Science* 47 (1)：47-70.

Boix, C. (1998) *Political Parties, Growth and Equality: Conservative and Social Democratic Economic Strategies in the World Economy.* Cambridge University Press.

Boix, C. (2000) "Partisan Governments, the International Economy, and Macroeconomic Policies in Advanced Nations, 1960-93," *World Politics* 53 (1)：38-73.

Boix, C. (2003) *Democracy and Redistribution*. Cambridge University Press.

Bollen, K. A. (1990) "Political Democracy: Conceptual and Measurement Traps," *Studies in Comparative International Development* 25 (1)：7-24.

Boncourt, T. (2020) "Interpreting Scientific Regionalization: Where European Political Science Associations Come From and How They Shape the Discipline," in T. Boncourt et al. (eds.), *Political Science in Europe: Achievements, Challenges, Prospects*. Rowman and Littlefield.

Boncourt, T. et al. (2020) "Fifty Years of Political Science in Europe: An Introduction," in T. Boncourt et al. (eds.), *Political Science in Europe: Achievements, Challenges. Prospects*. Rowman and Littlefield.

Bonoli, G. (2013) *The Origins of Active Social Policy: Labour Market and Childcare Policies in a Comparative Perspective*. Oxford University Press.

Boone, C. (2003) *Political Topographies of the African State: Territorial Authority and Institutional Choice.* Cambridge University Press.

Börzel, T. A. & Risse, T. (eds.) (2016) *The Oxford Handbook of Comparative Regionalism.* Oxford University Press.

Bosia, M. J. & Meredith, L. W. (eds.) (2013) *Global Homophobia.* Illinoi University Press.

Bosia, M. J. et al. (eds.) (2020) *The Oxford Handbook of Global LGBT and Sexual Diversity Politics.* Oxford University Press.

Boswell, J. (1980) *Christianity, Social Tolerance, and Homosexuality.* Chicago University Press.

Boulding, K. (1962) *Conflict and Defense: A General Theory.* Harper & Row.

Box-Steffensmeier, J. M. et al. (2004) "The Dynamics of the Partisan Gender Gap," *American Political Science Review* 98 (3)：515-528.

Bracher, K. D. (1969) *Die deutsche Diktatur: Entstehung, Struktur, Folgen des Nationalsozialismus.* Kiepenheuer & Witsch (山口定・高橋進訳, 1975, 『ドイツの独裁——ナチズムの生成・構造・帰結』 I・II, 岩波書店).

Brady, H. E. et al. (1995) "Beyond SES: A Resource Model of Political Participation," *American Political Science Review* 89 (2)：271-294.

Brancati, D. (2008) "The Origins and Strengths of Regional Parties," *British Journal of Political Science* 38 (1)：135-159.

Brancati, D. (2013) "Pocketbook Protests: Explaining the Emergence of Pro-Democracy Protests Worldwide," *Comparative Political Studies* 47 (11)：1503-30.

Brass, P. (2003) *The Production of Hindu-Muslim Violence in Contemporary India.* Oxford University Press.

Bremer, B. et al. (2020) "Juncker's Curse? Identity, Interest, and Public Support for the Integration of Core State Powers," *Journal of Common Market Studies* 58 (1)：56-75.

Brinkerhoff, D. W. ed. (2007) *Governance in Post-Conflict Societies: Rebuilding Fragile States.* Routledge.

Brooks, A. R. (2019) "Integrating the Civil-Military Relations Subfield," *Annual Review of Political Science* 22：379-398.

Brownlee, J. (2007) *Authoritarianism in an Age of Democratization.* Cambridge University Press.

Brownlee, J. et al. (2015) *The Arab Spring: Pathways of Repression and Reform.* Oxford University Press.

Brubaker, R. (2004) *Ethnicity without Groups.* Harvard University Press.

Bueno de Mesquita, B. et al. (2003) *The Logic of Political Survival.* MIT Press.

Bueno de Mesquita, E. & Shadmehr, M. (2023) "Rebel Motivations and Repression," *American Political Science Review* 117 (2)：734-750.

Buhaug, H. & Gates, S. (2002) "The Geography of Civil War," *Journal of Peace Research* 39 (4)：417-433.

Buhaug, H. & Lujala, P. (2005) "Accounting for Scale: Measuring Geography in Quantitative Studies of Civil War," *Political Geography* 24 (4)：399-418.

Buhaug, H. & Rød, J. K. (2006) "Local Determinants of African Civil Wars, 1970-2001," *Political Geography* 25 (3)：315-335.

Buhaug. H. et al. (2008) "Disaggregating Ethnic Conflict: A Dyadic Model of Exclusion Theory," *International*

Organization 62（3）：531-551.

Buhaug, H. et al.（2009）"Geography, Rebel Capability, and the Duration of Civil Conflict," *Journal of Conflict Resolution* 53（4）：544-569.

Burgess, M.（2009）"Federalism," in A. Wiener & T. Diez（eds.）, *European Integration Theories*. 2nd ed., Oxford University Press.

Burnell, P. & Calvert, P.（eds.）（2004）*Civil Society in Democratization*. Routledge.

Burstein, P. et al.（1995）"The Success of Political Movements: A Bargaining Perspective," in J. C. Jenkins & B. Klandermans（eds.）, *The Politics of Social Protest*. University of Minnesota Press.

Buzan, B. et al.（1998）*Security: A New Framework for Analysis*. Lynne Rienner Publishers.

■ C

Cameron, C. M.（2000）*Veto Bargaining: Presidents and the Politics of Negative Power*. Cambridge University Press.

Campbell, A. et al.（1960）*The American Voter*. University of Chicago Press.

Campbell, J. E. & Sumner, J. A.（1990）"Presidential Coattails in Senate Elections," *American Political Science Review* 84（2）：513-524.

Canaday, M.（2009）*The Straight State: Sexuality and Citizenship in Twentieth-Century America*. Princeton University Press.

Canovan, M.（1981）*Populism*. Harcourt Brace Jovanovich.

Capoccia, G. & Pop-Eleches, G.（2020）"Democracy and Retribution: Transitional Justice and Regime Support in Postwar West Germany," *Comparative Political Studies* 53（3-4）：399-433.

Caramani, D.（2017）"Will vs. Reason: The Populist and Technocratic Forms of Political Representation and Their Critique to Party Government," *American Political Science Review* 111（1）：54-67.

Carment, D.（2003）"Assessing State Failure: Implications for Theory and Policy," *Third World Quarterly* 24（3）：407-427.

Carothers, T.（1997）"Democracy without Illusions," *Foreign Affairs* 76（1）：85-99.

Carothers, T.（1999）*Aiding Democracy Abroad: The Learning Curve*. Carnegie Endowment for International Peace.

Carothers, T. & O'Donohue, A.（eds.）（2020）*Political Polarization in South and Southeast Asia: Old Divisions, New Dangers*. Carnegie Endowment for International Peace.

Carroll, R. & Cox, G. W.（2012）"Shadowing Ministers: Monitoring Partners in Coalition Governments," *Comparative Political Studies* 45（2）：220-236.

Carson, R.（1962）*Silent Spring*. Houghton Mifflin Company（青樹簗一訳, 1974,『沈黙の春』新潮文庫）.

Carstensen, M. & Schmidt, V.（2017）"Power through, over and in Ideas: Conceptualizing Ideational Power in Discursive Institutionalism," in D. Béland et al.（eds.）*Ideas, Political Power, and Public Policy*. Routledge.

Carter, B. L. & Hassan, M.（2021）"Regional Governance in Divided Societies: Evidence from the Republic of Congo and Kenya," *Journal of Politics* 83（1）：40-57.

Carter, D. et al.（2019）"Places to Hide: Terrain, Ethnicity, and Civil Conflict," *Journal of Politics* 81（4）：1446-65.

Carter, E. B. & Carter, B. L.（2023）*Propaganda in Autocracies: Institutions, Information, and the Politics of Belief*. Cambridge University Press.

Casal Bértoa, F. & Rama, J.（2020）"Party Decline or Social Transformation?: Economic, Institutional and Sociological Change and the Rise of Anti-Political-Establishment Parties in Western Europe," *European Political Science Review* 12（4）：503-523.

Casal Bértoa, F. & Rama, J.（2021）"Polarization: What Do We Know and What Can We Do about It?" *Frontier in Political Science* 3：687-695.

Casal Bértoa, F. & Spirova, M.（2019）"Parties between Thresholds: State Subsidies and Party Behaviour in Post-Communist Democracies," *Party Politics* 25（2）：233-244.

Casanova, J.（1994）*Public Religions in the Modern World*. University of Chicago Press（津城寛文訳, 2021,『近代世界の公共宗教』ちくま学芸文庫）.

Casper, B. A. & Tyson, S. A.（2014）"Popular Protest and Elite Coordination in a Coup d'état," *Journal of Politics* 76（2）：548-564.

Casper, G. & Tufis, C.（2003）"Correlation Versus Interchangeability: The Limited Robustness of Empirical Findings on Democracy Using Highly Correlated Data Sets," *Political Analysis* 11（2）：196-203.

Caspersen, N.（2011）*Unrecognized States: the Struggle for Sovereignty in the Modern International System*. Polity Press.

Cavaillé, C.（2023）*Fair Enough?: Support for Redistribution in the Age of Inequality*. Cambridge University Press.

Cederman, L-E. & Weidmann, N. B.（2017）"Predicting Armed Conflict: Time to Adjust Our Expectations?" *Science* 355（6324）：474-476.

Cederman, L-E. et al.（2013）*Inequality, Grievances, and Civil War*. Cambridge University Press.

Celis, K. et al.（2014）"Constituting Women's Interests through Representative Claims," *Politics & Gender* 10（2）：149-174.

Centeno, M. A.（2002）*Blood and Debt: War and the Nation-State in Latin America*. Pennsylvania State University Press.

Center for Systemic Peace（https://www.systemicpeace.org/inscrdata.html, 2023 年 10 月 30 日閲覧）.

Ceobanu, A. & Escandell, X.（2010）"Comparative Analyses of Public Attitudes Toward Immigrants and Immigration

Using Multinational Survey Data: A Review of Theories and Research," *Annual Review of Sociology* 36：309-328.

Cervera-Marzal, M.（2024）"A Populist Turn in the European Left. What Is New, and What Is Not?," *European Politics and Society* 25（2）：249-265.

CGFS (Committee on the Global Financial System)（2019）"Unconventional Monetary Policy Tools: A Cross-country Analysis," CGFS Papers No 6, Bank for International Settlements.

Chaisty, P. et al.（2018）*Coalitional Presidentialism in Comparative Perspective*. Oxford University Press.

Chandler, D.（2021）"Statebuilding," in O. Richmond & G. Visoka (eds.), *The Oxford Handbook of Peacebuilding, Statebuilding, and Peace Formation*. Oxford University Press.

Charbonneau, B. & Chafer, T. (eds.)（2014）*Peace Operations on the Francophone World: Global Governance Meets Post-Colonialism*. Routledge.

Chattopadhyay, R. & Duflo, E.（2004）"Women as Policy Makers: Evidence from a Randomized Policy Experiment in India," *Econometrica* 72（5）：1409-43.

Checkel, J. T. (ed.)（2013）*Transnational Dynamics of Civil War*. Cambridge University Press.

Chehabi, H. E. & Linz, J. J. (ed.)（1998）*Sultanistic Regimes*. Johns Hopkins University Press.

Cheibub, J. A. et al.（2010）"Democracy and Dictatorship Revisited," *Public Choice* 143（1-2）：67-101.

Cheibub, J. A. et al.（2014）"Beyond Presidentialism and Parliamentarism," *British Journal of Political Science* 44（3）：515-544.

Chen, C. & Weiss, M. (eds.)（2019）*The Political Logics of Anticorruption Efforts in Asia*. State University of New York Press.

Chen, D. et al.（2022）"Policy Stringency, Political Conditions, and Public Performances of Pandemic Control: An International Comparison," *Public Performance & Management Review* 45（4）：916-939.

Chenoweth, E.（2021）*Civil Resistance. What Everyone Needs to Know*. Oxford University Press（小林綾子訳，2023，『市民的抵抗――非暴力が社会を変える』白水社）.

Cheong, Y. & Haggard, S.（2023）"Political Polarization in Korea," *Democratization* 30（7）：1215-39.

Cherynykh, S. & Svolik, M. W.（2015）"Third-Party Actors and the Success of Democracy: How Electoral Commissions, Courts, and Observers Shape Incentives for Electoral Manipulation and Post-Election Protests," *Journal of Politics* 77（2）：407-420.

Childs, S. & Krook, M. L.（2009）"Analysing Women's Substantive Representaion: From Critical Mass to Critical Actors," *Government and Opposition* 44（2）：125-145.

Chin, J. et al.（2022）"Reshaping the Threat Environment: Personalism, Coups, and Assassinations," *Comparative Political Studies* 55（4）：657-687.

Christenson, D. P. & Kriner, D. L.（2019）"Does Public Opinion Constrain Presidential Unilateralism?" *American Political Science Review* 113（4）：1071-77.

Cinelli, M. et al.（2021）"The Echo Chamber Effect on Social Media," *PNAS* 118（9): e2023301118.

Cioffi, J. W.（2010）*Public Law and Private Power: Corporate Governance Reform in the Age of Finance Capitalism*. Cornel University Press.

Cioffi, J. W. & Höpner, M.（2006）"The Political Paradox of Finance Capitalism: Interests, Preferences, and Center-left Party Politics in Corporate Governance Reform," *Politics & Society* 34（4）：463-502.

Clark, T. & Linzer, D.（2015）"Should I Use Fixed or Random Effects?" *Political Science and Research Method* 3（2）：399-408.

Clarke, H. D. & Lebo, M.（2003）"Fractional (Co) Integration and Governing Party Support in Britain," *British Journal of Political Science* 33（2）：283-301.

Clayton, A. et al.（2019）"In Whose Interest? Gender and Mass-Elite Priority Congruence in Sub-Saharan Africa," *Comparative Political Studies* 52（1）：69-101.

Clayton, C. et al.（2023）"Introducing the ETH/PRIO Civil Conflict Ceasefire Dataset," *Journal of Conflict Resolution* 67（7-8）：1430-51.

Cobb, R. W. & Ross, M. H.（1997）*Cultural Strategies of Agenda Denial*. University Press of Kansas.

Cockayne, J. & O'Neil, S.（2015）*UN DDR in an Era of Violent Extremism: Is It Fit for Purpose?* Tokyo United Nations University.

Cohan, A.（1986）"Abortion as a Marginal Issue: the Use of Peripheral Mechanisms in Britain and the U. S.," in J. Lovenduski & J. Outshoorn (eds.), *The New Politics of Abortion*. Sage.

Colagrossi, A. et al.（2020）"Does Democracy Cause Growth? A Meta-analysis (of 2000 Regressions)," *European Journal of Political Economy* 61, 101824.

Colletta, N. J. et al.（1996）*The Transition from War to Peace in Sub-Saharan Africa*. The World Bank.

Collier, D.（2011）"Understanding Process Tracing," *PS: Political Science and Politics* 44（4）：823-830.

Collier, D. & Collier, R. B.（1979）"Inducements versus Constraints: Disaggregating 'Corporatism'," *American Political Science Review* 73（4）：967-986.

Collier, D. & Levitsky, S.（1997）"Democracy with Adjectives: Conceptual Innovation in Comparative Research," *World Politics* 49（3）：430-451.

Collier, P. & Hoeffler, A.（1998）"On Economic Causes of Civil War," *Oxford Economic Papers* 50（4）：563-573.

Collier, P. & Hoeffler, A.（2004）"Greed and Grievance in Civil War," *Oxford Economic Paper* 56（4）：563-596.

Collier, R. B. & Collier, D.（2002）*Shaping the Political Arena: Critical Junctures, the Labor Movement, and Regime Dynamics in Latin America*. University of Notre Dame Press.

Conca, K. & Weinthal, E. (2018) "The Political Dimensions of Water," in K. Conca & E. Weinthal (eds.), *The Oxford Handbook of Water Politics and Policy*. Oxford University Press.

Converse, P. E. (1964) "The Nature of Belief Systems in Mass Publics," in D. E. Apter (ed.), *Ideology and Discontent*. Free Press.

Coppedge, M. (2018) "Rethinking Consensus vs. Majoritarian Democracy," V-Dem Working Paper 2018, 78.

Coppedge, M. et al. (2011) "Conceptualizing and Measuring Democracy: A New Approach," *Perspectives on Politics* 9 (2)：247-267.

Coppedge, M. et al. (2024) "V-Dem Codebook v14." Varieties of Democracy (V-Dem) Project.

Cornell, A. & Grimes, M. (2023) "Brokering Bureaucrats: How Bureaucrats and Civil Society Facilitate Clientelism Where Parties are Weak," *Comparative Political Studies* 56 (6)：788-823.

Cornell, S. (2002) "Autonomy as a Source of Conflict: Caucasian Conflicts in Theoretical Perspective," *World Politics* 54 (1)：245-276.

Corsetti, G. (2023) "An Unconventional Collaboration," F & D Finance and Development, March 2023.

Cosentino, G. (2020) *Social Media and the Post-Truth World Order: the Global Dynamics of Disinformation*. Palgrave.

Council of Europe (2007) "State of Human Rights and Democracy in Europe," in: Parliamentary Assembly Resolution 1547 (https://assembly.coe.int/nw/xml/XRef/Xref-XML2HTML-en.asp? fileid=17531 & lang=en, 2024 年 6 月 17 日閲覧).

Cox, G. (1997) *Making Votes Count: Strategic Coordination in the World's Electoral Systems*. Cambridge University Press.

Cox, G. & McCubbins, M. D. (2007) *Legislative Leviathan: Party Government in the House*. 2nd ed., Cambridge University Press.

Cox, G. & McCubbins, M. (2011) "Managing Plenary Time: The U. S. Congress in Conmparative Context," in E. Schickler & F. Lee (eds.), *The Oxford Handbook of The American Congress*. Cambridge University Press.

Crenshaw, M. (ed.) (1995) *Terrorism in Context*. Pennsylvania State University Press.

Cresswell, T. (2004) *Place: A Short Introduction*. Blackwell Publishing.

Cronin, A. K. (2009) *How Terrorism Ends: Understanding the Decline and Demise of Terrorist Campaigns*. Princeton University Press.

Crowe, C. & Meade, E. E. (2007) "The Evolution of Central Bank Governance around the World," *Journal of Economic Perspectives* 21 (4)：69-90.

Culpepper, P. D. (2011) *Quiet Politics and Business Power: Corporate Control in Europe and Japan*. Cambridge University Press.

Cunningham, D. E. (2006) "Veto Players and Civil War Duration," *American Journal of Political Science* 50 (4)：875-892.

Curato, N. (2019) *Democracy in a Time of Misery: From Spectacular Tragedies to Deliberative Action*. Oxford University Press.

Curato, N. et al. (2017) "Twelve Key Findings in Deliberative Democracy Research," *Dædalus* 146 (3)：28-38.

Curato, N. et al. (2021) *Deliberative Mini-publics: Core Design Features*. Bristole University Press.

■ D

Daalder, H. ed. (1997) *Comparative European Politics: The Story of a Profession*. Pinter.

Dagher, R. (2021) *Reconstructing our Understanding of State Legitimacy in Post-conflict States: Building on Local Perspectives*. Palgrave Macmillan.

Dahl, R. A. (1961) *Who Governs?: Democracy and Power in an American City*. Yale Univerisity Press（河村望・高橋和宏監訳，1988，『統治するのはだれか――アメリカの一都市における民主主義と権力』行人社）.

Dahl, R. A. (1966) *Political Oppositions in Western Democracies*. Yale University Press.

Dahl, R. A. (1971) *Polyarchy: Participation and Opposition*. Yale University Press（高畠通敏・前田脩訳，2014，『ポリアーキー』岩波文庫）.

Dahl, R. A. (2006) *On Political Equality*. Yale University Press（飯田文雄ほか訳，2009，『政治的平等とは何か』法政大学出版局）.

Dalton, R. J. & Anderson, C. J. (eds.) (2010) *Citizen, Context, and Choice: How Context Shapes Citizens' Electoral Choice*. Oxford University Press.

Dalton, R. J. & Wattenberg, M. P. (eds.) (2000) *Parties Without Partisans: Political Change in Advanced Industrial Democracies*. Oxford University Press.

Dancy, G. & Thoms, O. T. (2022) "Do Truth Commissions Really Improve Democracy?" *Comparative Political Studies* 55 (4)：555-587

Dancy, G. et al. (2010) "The Turn to Truth: Trends in Truth Commission Experimentation," *Journal of Human Rights* 9 (1)：45-64.

Dandoy, R. (2010) "Ethno-Regionalist Parties in Europe: A Typology," *Perspective on Federalism* 2 (2)：194-220.

Darmofal, D. (2015) *Spatial Analysis for the Social Sciences*. Cambridge University Press.

Davies, S. et al. (2023) "Organized Violence 1989-2022, and the Return of Conflict between States," *Journal of Peace Research* 60 (4)：691-708.

Davison, W. P. (1983) "The Third-Person Effect in Communication," *Public Opinion Quarterly* 47 (1)：1-15.

Dawood, Y. (2022) "Constructing the Demos: Voter Qualification Laws in Comparative Perspective," in J. A. Gardner (ed.), *Comparative Election Law*. Edward Elger Publishing.

De Bruin, E. (2020) *How to Prevent Coups d' État: Counterbalancing and Regime Survival*. Cornell University Press.

de Coning, C. (2023) "Adaptive Peacebuilding: Leveraging the Context-specific and Participatory Dimensions of Self-sustainable Peace," in C. de Coning (ed.), *Adaptive Peacebuilding: A New Approach to Sustaining Peace in the 21st Century*. Cham Springer International Publishing.

de Percin, L. (2001) *Le Pacs*. Éditions De Vecchi (齊藤笑美子訳, 2004,『パックス──新しいパートナーシップの形』緑風出版).

de Soysa, I. (2002) "Paradise Is a Bazaar? Greed, Creek, and Governance in Civil War, 1989-99," *Journal of Peace Research* 39 (4)：395-416.

de Vries, E. et al. (2018) "No Longer Lost in Translation: Evidence that Google Translate Works for Comparative Bag-of-Words Text Applications," *Political Analysis* 26 (4)：417-430.

della Porta, D. & Diani, M. (2020) *Social Movements: An Introduction*. 3rd ed., Wiley-Blackwell.

DeRouen, K. R. & Sobek. D. (2004) "The Dynamics of Civil War Duration and Outcome," *Journal of Peace Research* 41 (3)：303-320.

Derpanopoulos, G. et al. (2016) "Are Coups Good for Democracy?" *Research and Politics* 3 (1)：1-7.

Diamond, L. J. (1999) *Developing Democracy: Toward Consolidation*. Johns Hopkins University Press.

Diamond, L. J. (2019) *Ill Winds: Saving Democracy from Russian Rage, Chinese Ambition, and American Complacency*. Penguin Books (市原麻衣子監訳, 2022,『侵食される民主主義──内部からの崩壊と専制国家の攻撃』上・下, 勁草書房).

Diaz-Cayeros, A. (2006) *Federalism, Fiscal Authority, and Centralization in Latin America*. Cambridge University Press.

Diermeier, D. & van Roozendaal, P. (1998) "The Duration of Cabinet Formation Processes in Western Multi-Party Democracies," *British Journal of Political Science* 28 (4)：609-626.

DiMaggio, P. & Powell, W. (1983) "The Iron Cage Revisited: Institutional Isomorphism and Collective Rationality in Organizational Fields," *American Sociological Review* 48 (2)：147-160.

Djankov, S. & Reynal-Querol, M. (2010) "Poverty and Civil War: Revisiting the Evidence," *Review of Economics and Statistics* 92 (4)：1035-41.

Dobbin, F. & Jung, J. (2010) "The Misapplication of Mr. Michael Jensen: How Agency Theory Brought Down the Economy and Why It Might Again," in M. Lounsbury & P. M. Hirsch (eds.), *Markets on Trial: The Economic Sociology of the U. S. Financial Crisis (Research in the Sociology of Organizations Volume 30)*. Emerald.

Dodds, F. (2019) *Stakeholder Democracy: Represented Democracy in a Time of Fear*. Routledge.

Dodge, T. (2021) "Afghanistan and the Failure of Liberal Peacebuilding," *Survival* 63：47-58.

Donais, T. (2012) *Peacebuilding and Local Ownership: Post-conflict Consensus-building*. Oxon Routledge.

Donno, D. (2013) "Elections and Democratization in Authoritarian Regimes," *American Journal of Political Science* 57 (3)：703-716.

Doucouliagos, H. & Ulubaşoğlu, M. A. (2008) "Democracy and Economic Growth: A Meta-Analysis," *American Journal of Political Science* 52 (1)：61-83.

Douglas, K. M. et al. (2019) Understanding Conspiracy Theories. *Political Psychology* 40 (51)：3-35.

Downing, B (1992) *The Military Revolution and Political Change: Origins of Democracy and Autocracy in Early Modern Europe*. Princeton University Press.

Downs, A. (1957) *An Economic Theory of Democracy*. Harper & Brothers.

Dreze, J. & Sen, A. (1990) *Hunger And Public Action*. Oxford University Press.

Druckman, J. (2022) "Experimental Thinking: A Primer on Social Science Experiments," *Public Opinion Quarterly* 88 (2)：442-444.

Dryzek, J. S. (2010) *Foundations and Frontiers of Deliberative Governance*. Oxford University Press.

Dryzek, J. S. (2013) *The Politics of the Earth*. 3rd ed., Oxford University Press (丸山正次訳, 2007,『地球の政治学──環境をめぐる諸言説』風行社).

Dube, O. & Vargas, J. F. (2013) "Commodity Price Shocks and Civil Conflict: Evidence from Colombia," *Review of Economic Studies* 80 (4)：1384-1421.

Duggan, L. (2002) "The New Homonormativity: The Sexual Politics of Neoliberalism," in R. Castronovo & D. D. Nelson (eds.), *Materializing Democracy: Toward a Revitalized Cultural Politics*. Duke University Press.

Duke of Richmond (1817) *The Bill of the Late Duke of Richmond for Universal Suffrage and Annual Parliaments*. W. Hone.

Dunning, T. (2008) *Crude Democracy: Natural Resource Wealth and Political Regimes*. Cambridge University Press.

Duursma, A. (2023) "Peacekeeping, Mediation, and the Conclusion of Local Ceasefires in Non-State Conflicts," *Journal of Conflict Resolution* 67 (7-8)：1405-29.

Duverger, M. (1951) *Les Partis Politiques*. Colin.

Duverger, M. (1954) *Political Parties: Their Organization and Activity in the Modern State*. Wiley.

Duverger, M. (1963) *Political Parties: Their Organization and Activity in the Modern State*. 2nd English ed. rev., Wiley.

■ E

Easton, D. (1953) *The Political System: An Inquiry into the State of Political Science*. 1st ed., Knopf.

Eberhardt, M.（2022）"Democracy, Growth, Heterogeneity, and Robustness," *European Economic Review* 147：104173.

Edgell, B.（2021）"Pandemic Backsliding: Violations of Democratic Standards during Covid-19," *Social Science & Medicine* 285：114244.

Edwards, M.（2011）"Introduction: Civil Society and the Geometry of Human Relations," in M. Edwards（ed.）, *The Oxford Handbook of Civil Society*. Oxford University Press.

Ehrenberg, J.（1999）*Civil Society: The Critical History of an Idea*. New York University Press（吉田傑俊監訳，2001，『市民社会論——歴史的・批判的考察』青木書店）.

Eibl, F. et al.（2022）"Political Economy and Development," in M. Lynch et al.（eds.）, *The Political Science and the Middle East: Theory and Research Since the Arab Uprisings*. Oxford University Press.

Elazar, D. J.（1995）"Federalism and the European Idea," in C. L. Brown-John（ed.）, *Federaltype Solutions and European Integration*. University Press America.

Eldersveld, S. J.（1956）"Experimental Propaganda Techniques and Voting Behavior," *American Political Science Review* 50（1）：154-165.

Electoral Reform Society（2010）What is AV?（https:// www.electoral-reform.org.uk/latest-news-and-research/ publications/what-is-av/#sub-section-6, 2024 年 8 月 30 日閲覧）.

Elgie, R. & Moestrup, S.（eds.）（2007）*Semi-Presidentialism Outside Europe: A Comparative Stvdy*. Routledge.

Elkins, D. J. & Simeon, R. E. B.（1979）"A Cause in Search of Its Effect, or What Does Political Culture Explain?" *Comparative Politics* 11（2）：21-38.

Elkins, Z. et al.（2009）*The Endurance of National Constitutions*. Cambridge University Press.

Elstub, S. et al.（eds.）（2018）*Deliberative Systems in Theory and Practice*. Routledge.

Elwert, F. & Winship, C.（2014）"Endogenous Selection Bias: The Problem of Conditioning on a Collider Variable," *Annual Review of Sociology* 40：31-53.

Encarnacion, O.（2014）"Gay Rights: Why Democracy Matters," *Journal of Democracy* 25（3）：90-104.

Englehart, N.（2011）"What Makes Civil Society Civil? The State and Social Groups," *Polity* 43（3）：337-357.

Epperly, B.（2013）"The Provision of Insurance?: Judicial Independence and the Post-tenure Fate of Leaders," *Journal of Law and Courts* 1（2）：247-278.

Epstein, D. & O'Halloran, S.（1994）"Administrative Procedures, Information, and Agency Discretion," *American Journal of Political Science* 38（3）：697-722.

Erk, J. & Anderson, L. M.（2010）"The Paradox of Federalism: Does Self-Rule Accommodate or Exacerbate Ethnic Divisions?" in J. Erk & L. M. Anderson（eds.）*The Paradox of Federalism: Does Self-Rule Accommodate or Exacerbate Ethnic Divisions?* Routledge.

Erlich, A. & Garner, C.（2023）"Is pro-Kremlin Disinformation Effective? Evidence from Ukraine," *International Journal of Press/Politics* 28（1）：5-28.

ERR（2021）"PPA Investigating Narva e-vote-buying Case," ERR. ee 02.11.2021（https://news.err.ee/1608389642/ ppa-investigating-narva-e-vote-buying-case, 2024 年 8 月 30 日閲覧）.

Ertman, T.（1997）*Birth of the Leviathan: Building States and Regimes in Medieval and Early Modern Europe*. Cambridge University Press.

Esping-Andersen, G.（1985）*Politics Against Markets: The Social Democtatic Road to Power*. Princeton University Press.

Esping-Andersen, G.（1990）*The Three World of Welfare Capitalism*. Prinston University Press（岡澤憲芙・宮本太郎監訳，2001，『福祉資本主義の三つの世界——比較福祉国家の理論と動態』ミネルヴァ書房）.

Esping-Andersen, G.（1999）*Social Foundations of Postindustrial Economies*. Oxford University Press（渡辺雅男・渡辺景子，2000，『ポスト工業経済の社会的基礎——市場・福祉国家・家族の政治経済学』桜井書店）.

Esping-Andersen, G.（ed.）（1996）*Welfare States in Transition: National Adaptions in Global Economies*. Sage.

Estévez-Abe, M.（2006）"Gendering the Varieties of Capitalism: A Study of Occupational Segregation by Sex in Advanced Industrial Societies," *World Politics* 59（1）：142-175.

Estévez-Abe, M. & Kim, Y. S.（2014）"Presidents, Prime Ministers and Politics of Care: Why Korea Expanded Childcare Much more than Japan," *Social Policy & Administration* 48（6）：666-685.

Etchemendy, S.（2011）*Models of Economic Liberalization: Business, Workers, and Compensation in Latin America, Spain, and Portugal*. Cambridge University Press.

Etchemendy, S. & Collier, R. B.（2007）"Down but Not Out: Union Resurgence and Segmented Neocorporatism in Argentina（2003-2007）," *Politics and Society* 35（3）：363-401.

Evans, P. B.（1995）*Embedded Autonomy: States and Industrial Transformations*. Princeton University Press.

Evans, P. B. et al.（eds.）（1985）*Bringing the State Back In*. Cambridge University Press.

Evertsson, N.（2018）"Corporate Contributions to Electoral Campaigns-the Current State of Affairs," in J. Mendilow & E. Phélippeau（eds.）, *Handbook of Political Party Funding*. Edward Elgar Publishing.

■F

Fahley, R. A. et al.（2021）"Populism in Japan," in R. Pekkanen et al.（eds.）, *The Oxford Handbook of Japanese Politics*. Oxford University Press.

Falleti, T. G.（2016）"Process Tracing of Extensive and Intensive Processes," *New Political Economy* 21（5）：455-462.

Fama, E. F.（1980）"Agency Problems and the Theory of the Firm," *Journal of Political Economy* 88（2）：288-307.

Farrell, D. M. (2011) *Electoral Systems: A Comparative Introduction*. 2nd ed., Palgrave Macmillan.

Favell, A. (2022) "Immigration, Integration and Citizenship: Elements of a New Political Demography," *Journal of Ethnic and Migration Studies* 48 (1)：3-32.

Fearon, J. D. (1994) "Domestic Political Audiences and the Escalation of International Disputes," *American Political Science Review* 88 (39)：577-592.

Fearon, J. D. (1995a) "Rationalist Explanations for War," *International Organization* 49 (3)：379-414.

Fearon, J. D. (1995b) "Ethnic War as a Commitment Problem," Annual Meeting of the American Political Science Association.

Fearon, J. D. (1999) "Electoral Accountability and the Control of Politicians: Selecting Good Types versus Sanctioning Poor Performance," in A. Przeworski et al. (eds.), *Democracy, Accountability, and Representation*. Cambridge University Press.

Fearon, J. D. (2005) "Primary Commodity Exports and Civil War," *Journal of Conflict Resolution* 49 (4)：483-507.

Fearon, J. D. & Laitin, D. D. (2003) "Ethnicity, Insurgency, and Civil War," *American Political Science Review* 97 (1)：75-90.

Featherstone, K. & Radaelli, C. (eds.) (2003) *The Politics of Europeanization*. Oxford University Press.

Federici, S. (2020) *Revolution at Point Zero: Housework, Reproduction, and Feminist Struggle*. 2nd ed., PM Press.

Feld, L. P. & Voigt, S. (2003) "Economic Growth and Judicial Independence: Cross-country Evidence Using a New Set of Indicators," *European Journal of Political Economy* 19 (3)：497-527.

Ferejohn, J. (1986) "Incumbent Performance and Electoral Control," *Public Choice* 50 (1-3)：5-25.

Ferejohn, J. & Rosenbluth, F. M. (2017) *Forged Through Fire: War, Peace and the Democratic Bargain*. W. W. Norton & Company.

Fernández-Albertos, J. (2015) "The Politics of Central Bank Independence," *Annual Review of Political Science* 18 (1)：217-237.

Ferragina, E. & Seeleib-Kaiser, E. (2015) "Determinants of a Silent (R)evolution: Understanding the Expansion of Family Policy in Rich OECD Countries," *Social Politics: International Studies in Gender, State & Society* 22 (1)：1-37.

Ferree, M. M. & Mueller, C. M. (2004) "Feminism and the Women's Movement: A Global Perspective," in D. A. Snow et al. (eds.), *The Blackwell Companion to Social Movements*. Blackwell.

Finer, S. E. (1962) *The Man on Horseback: The Role of the Military in Politics*. Pall Mall Press.

Finke, R. & Adamczyk, A. (2008) "Cross-National Moral Beliefs: The Influence of National Religious Context," *Sociological Quarterly* 49 (4)：617-652.

Finkel, E. (2012) "The Authoritarian Advantage of Horizontal Accountability: Ombudsmen in Poland and Russia," *Comparative Politics* 44 (3)：291-310.

Fioretos, O. et al. (2016) "Historical Institutionalism in Political Science," in O. Fioretos et al. (eds.), *The Oxford Handbook of Historical Institutionalism*. Oxford University Press.

Fioretos, O. et al. (eds.) (2016) *The Oxford Handbook of Historical Institutionalism*. Oxford University Press.

Fiorina, M. P. et al. (2006) *Culture War?: The Myth of a Polarized America*. 2nd ed., Pearson Longman.

Fiorina, M. P. et al. (2008) "Polarization in the American Public: Misconceptions and Misreadings," *Journal of Politics* 70 (2)：556-560.

Fischer, J. (2000) *From Confederation to Federation: Thoughts on the Finality of European Integration*. Speech by Joschka Fischer at the Humboldt University in Berlin, 12 May 2000 (https://ec.europa.eu/archives/futurum/documents/speech/sp120500_en.pdf, 2024 年 6 月 17 日閲覧).

Fisman, R. & Golden, M. (2017) *Corruption: What Everyone Needs to Know*. Oxford University Press (山形浩生・守岡桜訳, 2019, 『コラプション――なぜ汚職は起こるのか』慶應義塾大学出版会).

Flanagan, S. C. (1982) "Changing Values in Advanced Industrial Societies," *Comparative Political Studies* 14 (4)：403-444.

Fleras, A. (2009) *The Politics of Multiculturalism*. Palgrave macmillan.

Fleras, A. & Elliot, J. L. (1992) *Multiculturalism in Canada: The Challenge of Diversity*. Nelson Canada.

Flora, P. (ed.) (1999) *State Formation, Nation-building and Mass Politics in Europe: The Theory of Stein Rokkan*. Oxford University Press.

Foa, R. S. & Mounk, Y. (2017) "The Sings of Deconsolidation," *Journal of Democracy* 28 (1)：5-15.

Fortna, V. P. (2008) *Does Peacekeeping Work?: Shaping Belligerents' Choices after Civil War*. Princeton University Press.

Fortunato, D. (2021) *The Cycle of Coalition*. Cambridge University Press.

Fouirnaies, A. (2021) "How Do Campaign Spending Limits Affect Elections? Evidence from the United Kingdom 1885-2019," *American Political Science Review* 115 (2)：395-411.

Fowler, J. H. & Schreiber, D. (2008) "Biology, Politics, and the Emerging Science of Human Nature," *Science* 322 (5903)：912-914.

Fox, R. L. & Lawless, J. L. (2004) "Entering the Arena? Gender and the Decision to Run for Office," *American Journal of Political Science* 48 (2)：264-280.

Frankema, E. (2011) "Colonial Taxation and Government Spending in British Africa, 1880-1940: Maximizing Revenue or Minimizing Effort?" *Explorations in Economic History* 48 (1)：136-149.

Frankema, E. & van Waijenburg, M. (2014) "Metropolitan Blueprints of Colonial Taxation in British and French

Africa, c. 1880-1940," *Journal of African History* 55（3）：371-400.

Frantz, E.（2018）*Authoritarianism: What Everyone Needs to Know.* Oxford University Press.

Fraser, N.（1994）"After the Family Wage: Gender Equality and the Welfare State," *Political Theory* 22（4）：591-618.

Fraser, N.（2022）*Cannibal Capitalism.* Verso（江口泰子訳，2023,『資本主義は私たちをなぜ幸せにしないのか』ちくま新書）.

Freeman, R. E.（1984）*Strategic Management: A Stakeholder Approach.* Pitman.

Friedrich, C. J. & Brzezinski, Z. K.（1956）*Totalitarian Dictatorship and Autocracy.* Harvard University Press.

Fujii, L. A.（2012）"Research Ethics 101: Dilemmas and Responsibilities," *Political Science & Politics* 45（4）：717-723.

Fujikawa, K.（2021）"Settling with Autonomy after Civil Wars: Lessons from Aceh, Indonesia," *Global Policy* 12（2）：204-213.

Fukuyama, F.（1992）*The End of History and the Last Man.* Free Press（渡部昇一訳，2020,『新版 歴史の終わり』上・下，三笠書房）.

Fukuyama, F.（2011）*The Origins of Political Order: From Prehuman Times to the French Revolution.* Farrar, Straus and Giroux.

Fukuyama, F.（2014）*Political Order and Political Decay. From the Industrial Revolution to the Globalization of Democracy.* Farrar, Straus and Giroux（会田弘継訳，2018,『政治の衰退──フランス革命から民主主義の未来へ』上・下，講談社）.

■ G

Gallagher, M.（1991）"Proportionality, Disproportionality and Electoral Systems," *Electoral Studies* 10（1）：33-51.

Gallie, W. B.（1956）"Essentially Contested Concepts," *Proceedings of the Aristotelian Society* 56（1）：167-198.

Galton, F.（1889）"Discussion on 'On a Method of Investigating the Development of Institutions Applied to Laws of Marriage and Descent', E. Tylor," *Journal of the Anthropological Institute* 18：270.

Galton, M. & MacBeath, J.（2008）*Teachers under Pressure.* Sage.

Gamson, W.（1961）"A Theory of Coalition Formation," *American Sociological Review* 26（4）：373-382.

Gamson, W.（1990）*The Strategy of Social Protest.* 2nd ed., Wadsworth.

Gandhi, J.（2008）*Political Institutions under Dictatorship.* Cambridge University Press.

Gandhi, J. & Lust-Okar, E.（2009）"Elections under Authoritarianism," *Annual Review of Political Science* 12：403-422.

Gandhi, J. & Reuter, O. J.（2013）"The Incentives for Pre-Electoral Coalitions in Non-Democratic Elections," *Democratization* 20（1）：137-159.

Gandhi, J. & Sumner, J. L.（2020）"Measuring the Consolidation of Power in Nondemocracies," *Journal of Politics* 82（4）：1545-58.

Gandhi, J. et al.（2020）"Legislatures and Legislative Politics Without Democracy," *Comparative Political Studies* 53（9）：1359-79.

Ganghof, S.（2021）*Beyond Presidentialism and Parliamentarism.* Oxford University Press.

Garcia, N.（2020）*Mexico's Drug War and Criminal Networks: the Dark Side of Social Media.* Routledge.

Gardiner, J.（1993）"Defining Corruption," *Corruption and Reform* 7（2）：111-124.

Garmann, S.（2018）"God Save the Queen, God Save Us All? Monarchies and Institutional Quality," *Scottish Journal of Political Economy* 65（2）：186-204.

Garnett, H. A. et al.（2023）*Perceptions of Electoral Integrity*（PEI-9.0）.

Garrett, G.（1998）*Partisan Politics in the Global Economy.* Cambridge University Press.

Garritzmann, J.（2016）*The Political Economy of Higher Education Finance: The Politics of Tuition Fees and Subsidies in OECD Countries, 1945-2015.* Palgrave Macmillan.

Garritzmann, J. et al.（eds.）（2022）*The World Politics of Social Investment, Vol. 1: Welfare States in the Knowledge Economy.* Oxford University Press.

Garry, J.（2014）"Potentially Voting across the Divide in Deeply Divided Places: Ethnic Catch-All Voting in Consociational Northern Ireland," *Political Studies* 62（S1）：2-19.

Gauja, A. et al.（2020）"The Impact of Political Finance Regulation on Party Organisation," *Parliamentary Affairs* 73（1）：1-21.

Gazmararian, A. F. & Tingley, D.（2023）*Uncertain Futures: How to Unlock the Climate Impasse.* Cambridge University Press.

Geddes, B.（1999）"What Do We Know about Democratization after Twenty Years?," *Annual Review of Political Science* 2：115-144.

Geddes, B. et al.（2014）"Autocratic Breakdown and Regime Transitions: A New Data Set," *Perspectives on Politics* 12（2）：313-331.

Geddes, B. et al.（2018）*How Dictatorships Work: Power, Personalization, and Collapse.* Cambridge University Press.

Geddis, A.（2022）"Indigenous Peoples and Electoral Law," in J. A. Gardner（ed.）, *Comparative Election Law.* Edward Elger Publishing.

Gehlbach, S.（2022）*Formal Models of Domestic Politics.* 2nd ed., Cambridge University Press.

Gelman, A. & Hill, J.（2007）*Data Analysis Using Regression and Multilevel/Hierarchical Models.* Cambridge University Press.

Gel'man, V.（2010）"The Dynamics of Sub-national Authoritarianism: Russia in Comparative Perspective," in V. Gel'man & R. Cameron（eds.）, *The Politics of Sub-National Authoritarianism in Russia.* Routledge.

George, A. L. (1979) "Case Studies and Theory Development: The Method of Structured, Focused Comparison," in P. G. Lauren (ed.), *Diplomacy: New Approaches in History, Theory, and Policy*. Free Press.

Gerber, A. & Green, D. P. (2000) "The Effects of Canvassing, Telephone Calls, and Direct Mail on Voter Turnout: A Field Experiment," *American Political Science Review* 94 (3)：653-663.

Gerring, J. (2007) *Case Study Research: Principles and Practices*. Cambridge University Press.

Gerring, J. (2017) "Qualitative Methods," *Annual Review of Political Science* 20：15-36.

Gerring, J. et al. (2021) "Why Monarchy? The Rise and Demise of a Regime Type," *Comparative Political Studies* 54 (3-4)：585-622.

Gerring, J. et al. (2022) "Does Democracy Matter?" *Annual Review of Political Science* 25 (1)：357-375.

Gerschenkron, A. (1961) *Economic Backwardness in Historical Perspective*. Harvard University Press（絵所秀紀ほか訳，2005,『後発工業国の経済史——キャッチアップ型工業化論』ミネルヴァ書房）.

Gervasoni, C. (2018) *Hybrid Regimes within Democracies: Fiscal Federalism and Subnational Rentier States*. Cambridge University Press.

Gibler, D. M. & Randazzo, K. A. (2011) "Testing the Effects of Independent Judiciaries on the Likelihood of Democratic Backsliding," *American Journal of Political Science* 55 (3)：696-709.

Gibson, E. L. (2005) "Boundary Control: Subnational Authoritarianism in Democratic Countries," *World Politics* 58 (1)：101-132.

Gibson, E. L. (2013) *Boundary Control: Subnational Authoritarianism in Federal Democracies*. Cambridge University Press.

Giddens, A. (1998) *The Third Way: The Renewal of Social Democracy*. Polity Press.

Gilboa, E. (2005) "The CNN Effect: The Search for a Communication Theory of International Relations," *Political Communication* 22 (1)：27-44.

Gimore, E. A. (2018) "Bridging Research and Policy on Climate Change and Conflict," *Current Climate Change Report* 4 (4)：313-319.

Gingerich, D. W. & Vogler, J. P. (2021) "Pandemics and Political Development: The Electoral Legacy of the Black Death in Germany," *World Politics* 73 (3)：393-440.

Ginsburg, T. (2003) *Judicial Review in New Democracies: Constitutional Courts in Asian Cases*. Cambridge University Press.

Giraudy, A. (2015) *Democrats and Autocrats: Pathways of Subnational Undemocratic Regime Continuity within Democratic Countries*. Oxford University Press.

Giugni, M. & Grasso, M. T. (2019) "Economic Outcomes of Social Movements," in D. A. Snow et al. (eds.), *The Wiley Blackwell Companion to Social Movements*. Wiley Blackwell.

Gleditsch, K. S. & Weidmann, N. B. (2012) "Richardson in the Information Age: Geographic Information Systems and Spatial Data in International Studies," *Annual Review of Political Science* 15：461-481.

Goelzhauser, G. & Konisky, D. K. (2020) "The State of American Federalism 2019-2020: Polarized and Punitive Intergovernmental Relations," *Publius: Journal of Federalism* 50 (3)：311-343.

Golder, S. N. (2005) "Pre-Electoral Coalitions in Comparative Perspective: A Test of Existing Hypotheses," *Electoral Studies* 24 (4)：643-663.

Golder, S. N. (2006a) "Pre-Electoral Coalition Formation in Parliamentary Democracies," *British Journal of Political Science* 36 (2)：193-212.

Golder, S. N. (2006b) *The Logic of Pre-Electoral Coalition Formation*. Ohio State University Press.

Goldring, E. & Matthews, A. S. (2023) "To Purge or Not to Purge? An Individua Level Quantitative Analysis of Elite Purges in Dictatorships," *British Journal of Political Science* 53 (2)：575-593.

Goodwin, J. (2001) *No Other Way Out: States and Revolutionary Movements, 1945-1991*. Cambridge University Press.

Gorski, P. (2003) *The Disciplinary Revolution: Calvinism and the Rise of the State in Early Modern Europe*. University of Chicago Press.

Gough. I. et al. (2004) *Insecurity and Welfare Regimes in Asia, Africa and Latin America, Social Policy in Development Contexts*. Cambridge University Press.

Gourevitch, P. A. (2003) "The Politics of Corporate Governance Regulation," *Yale Law Journal* 112 (7)：1829-80.

Gourevitch, P. A. & Shinn, J. J. (2005) *Political Power and Corporate Control: The New Global Politics of Corporate Governance*. Princeton University Press（林良造監訳，2008,『コーポレートガバナンスの政治経済学』中央経済社）.

Graham, B. et al. (2017) "Safeguarding Democracy: Powersharing and Democratic Survival," *American Political Science Review* 111 (4)：686-704.

Grassi, E. et al. (1994) *Politicas sociales, crisis y ajuste estructural: un análisis del sistema educativo, de obras sociales y de las politicas alimentarias*. Espacio.

Gray, C. (2018) *International Law and the Use of Force*. 4th ed., Cambridge University Press.

Griffith, S. B. (ed.) (1961) *Mao Tse-Tung on Guerrilla Warfare*. Praeger.

Grimmer, J. & Stewart, B. M. (2013) "Text as Data: The Promise and Pitfalls of Automatic Content Analysis Methods for Political Texts," *Political Analysis* 21 (3)：267-297.

Grönlund, K. & Herne, K. (2022) "Experimental Methods," in S. A. Ercan et al. (eds.), *Research Methods in Deliberative Democracy*. Oxford University Press.

Groves, R. M. et al.（2004）*Survey Methodology*. Wiley（大隅昇監訳，2011，『調査法ハンドブック』朝倉書店）.

Grugel, J. & Bishop, M. L.（2013）*Democratization: A Critical Introduction*. 2nd ed., Red Globe Press（仲野修訳，2006,『グローバル時代の民主化──その光と影』法律文化社）.

Grundy, K. W.（1971）*Guerrilla Struggle in Africa: An Analysis and Preview*. Grossman.

Gür, N. et al.（2023）"Democracy and Fiscal Support during the COVID-19 Pandemic: An Empirical Investigation," *Applied Economics Letters* 30（21）：3068-74.

Guriev, S. & Treisman, D.（2022）*Spin Dictators: The Changing Face of Tyranny in the 21st Century*. Princeton University Press.

Gurr, T. R.（1974）"Persistence and Change in Political Systems, 1800-1971," *American Political Science Review* 68（4）：1482-1504.

Gurr, T. R. et al.（1993）*Minorities at Risk: A Global View of Ethnopolitical Conflicts*. United States Institute of Peace Press.

■ H

Haas, E. B.（1958）*The Uniting of Europe: Political, Social, and Economic Forces 1950-57*. Stanford University Press.

Habermas, J.（2012）*The Crisis of the European Union: A Response*. Polity.

Hacker, J. S.（1998）"The Historical Logic of National Health Insurance: Structure and Sequence in the Development of British, Canadian, and U. S. Medical Policy," *Studies in American Political Development* 12：57-130.

Hacker, J. S.（2002）*The Divided Welfare State: The Battle over Public and Private Social Benefits in the United States*. Cambridge University Press.

Haggard, S. & Kaufman, R. R.（2016）*Dictators and Democrats: Masses, Elites, and Regime Change*. Princeton University Press.

Hainmueller, J. & Hopkins, D.（2014）"Public Attitudes Toward Immigration," *Annual Review of Political Science* 17：225-249.

Hainmueller, J. et al.（2017）"Causal Inference in Conjoint Analysis: Understanding Multidimensional Choice via Stated Preference Experiments," *Political Analysis* 22（1）：1-30.

Hajer, M. A.（1995）*The Politics of Environmental Discourse: Ecological Modernization and the Policy Process*. Oxford University Press.

Hale, H. E.（2005）"Regime Cycles: Democracy, Autocracy, and Revolution in Post-Soviet Eurasia," *World Politics* 58（1）：133-165.

Hall, J.（2016）"Are Migrants More Extreme Than Locals After War? Evidence From a Simultaneous Survey of Migrants in Sweden and Locals in Bosnia," *Journal of Conflict Resolution* 60（1）：89-117.

Hall, P. A. & Franzese, R. J.（1998）"Mixed Signals: Central Bank Independence, Coordinated Wage Bargaining, and European Monetary Union," *International Organization* 52（3）：505-535.

Hall, P. A. & Soskice, D. W.（eds.）（2001）*Varieties of Capitalism: The Institutional Foundations of Comparative Advantage*. Oxford University Press（遠山弘徳ほか訳，2007,『資本主義の多様性──比較優位の制度的基礎』ナカニシヤ出版）.

Hall, P. A. et al.（1996）"Political Science and the Three New Institutionalisms," *Political Studies* XLIV: 936-957.

Hallerberg, M. & Wehner, J.（2020）"When Do You Get Economists as Policy Makers?" *British Journal of Political Science* 50（3）：1193-1205.

Han, K.（2022）"Political Budgetary Cycles in Autocratic Redistribution," *Comparative Political Studies* 55（5）：727-756.

Handlin, S.（2017）*State Crisis in Fragile Democracies: Polarization and Political Regimes in South America*. Cambridge University Press.

Hanssen, F. A.（2004）"Is There a Politically Optimal Level of Judicial Independence?" *American Economic Review* 94（3）：712-729.

Hanssen, U.（2021）"Populism in Japan: Fascist, Neoliberal, and Leftist Variants（2）," *Soka Hogaku* 50（3）：59-79.

Harbers, I. & Ingram, M. C.（2020）"Mixed-methods Design," in L. Curini & R. Franzese（eds.）, *The SAGE Book of Research Methods in Political Science and International Relations*. SAGE.

Harcourt, W.（2023）"The Ethics and Politics of Care: Reshaping Economic Thinking and Practice," *Review of Political Economy*.

Hargrave, L. & Blumenau, J.（2022）"No Longer Conforming to Stereotypes? Gender, Political Style and Parliamentary Debate in the UK," *British Journal of Political Science* 52（4）：1584-1601.

Hartzell, C. & Hoddie, M.（2003）"Peace: Power Sharing and Post-Civil War Conflict Management," *American Journal of Political Science* 47（2）：318-332.

Harvey, D.（2005）*A brief History of Neo-liberalism*. Oxford University Press.

Hassan, M.（2020）*Regime Threats and State Solutions: Bureaucratic Loyalty and Embeddedness in Kenya*. Cambridge University Press.

Hassan, M. et al.（2022）"Political Control," *Annual Review of Political Science* 25：155-174.

Hasunuma, L.（2019）"The Politics of Care and Community: Women and Civil Society in Japan," in G. Steel（ed.）, *Beyond the Gender Gap in Japan*. University of Michigan Press.

Hazan, R. Y. & Rahat, G.（2010）*Democracy Within Parties: Candidate Selection Methods and Their Political Consequences*. Oxford University Press.

He, B. & Warren, M. E. (2011) "Authoritarian Deliberation: The Deliberative Turn in Chinese Political Development," *Perspectives on Politics* 9 (2) : 269-289.

Hechter, M. (2000) *Containing Nationalism*. Oxford University Press.

Hegre, H. & Sambanis, N. (2006) "Sensitivity Analysis of Empirical Results on Civil War Onset," *Journal of Conflict Resolution* 50 (4) : 508-535.

Hegre, H. et al. (2001) "Toward a Democratic Civil Peace? Democracy, Political Change, and Civil War, 1816-1992," *American Political Science Review* 95 (1) : 33-48.

Heidenheimer, A. J. (ed.) (1978) *Political Corruption: Readings in Comparative Analysis*. Transaction Books.

Henderson, E. A. (2004) "Testing the Clash of Civilizations Thesis in Light of Democratic Peace Claims," *British Journal of Political Science* 34 (3) : 539-554.

Hendrawan, A. et al. (2021) "Parties as Pay-Off Seekers: Pre-Electoral Coalitions in a Patronage Democracy," *Electoral Studies* 69 : 102238.

Hendriks, C. et al. (2020) *Mending Democracy: Democratic Repair in Disconnected Times*. Oxford University Press.

Heraclides, A. (1991) *The Self-Determination of Minorities in International Politics*. Frank Cass.

Herbst, J. (1990) "War and the State in Africa," *International Security* 14 (4) : 117-139.

Hernes, H. M. (1987) *Welfare State and Woman Power: Essays on State Feminism*. Norwegian University Perss.

Hibbs, D. A. Jr. (1977) "Political Parties and Macroeconomic Policy," *American Political Science Review* 71 (4) : 1467-87.

Hicken, A. (2011) "Clientelism," *Annual Review of Political Science* 14 : 289-310.

Hicken, A. & Nathan, N. L. (2020) "Clientelism's Red Herrings: Dead Ends and New Directions in the Study of Nonprogrammatic Politics," *Annual Review of Political Science* 23 : 277-294.

Hicks, D. (2013) "War and the Political Zeitgeist: Evidence from the History of Female Suffrage," *European Journal of Political Economy* 31 : 60-81.

Higashijima, M. (2022) *The Dictator's Dilemma at the Ballot Box: Electoral Manipulation, Economic Maneuvering, and Political Order in Autocracies*. University of Michigan Press (東島雅昌, 2023, 『民主主義を装う権威主義——世界化する選挙独裁とその論理』千倉書房).

Higgins, E. (2021) *We Are Bellingcat: An Intelligence Agency for the People*. Bloomsbury Publishing.

Hirst, P. et al. (2009) *Globalization in Question*. 3rd ed., Polity Press.

Hite, K. & Cesarini, P. (eds.) (2004) *Authoritarian Legacies and Democracy in Latin America and Southern Europe*. University of Notre Dame Press.

Hjerm, M. (1998) "National Identities, National Pride and Xenophobia: A Comparison of Four Western Countries," *Acta Sociologica* 41 (4) : 335-347.

Hodson, D. & Puetter, U. (2019) "The European Union in Disequilibrium: New Intergovernmentalism, Postfunctionalism and Integration Theory in the Post-Maastricht Period," *Journal of European Public Policy* 26 (8) : 1153-71.

Hoffman, S. (1966) "Obstinate or Obsolete? The Fate of the Nation-state and the Case of Western Europe," *Daedalus* 95 (3) : 862-915.

Holland, P. W. (1986) "Statistics and Causal Inference," *Journal of the American Statistical Association* 81 (396) : 945-960.

Hollifield, J. F. (2004) "The Emerging Migration State," *International Migration Review* 38 (3) : 885-912.

Hollyer, J. R. et al. (2011) "Democracy and Transparency," *Journal of Politics* 73 (4) : 1191-1205.

Hong, L. & Page, S. E. (2004) "Groups of Diverse Problem Solvers Can Outperform Groups of High-ability Problem Solvers," *Proceedings of the National Academy of Sciences of the United States of America* 101 (46) : 16385-89.

Hooghe, L & Marks, G. (2009) "A Postfunctionalist Theory of European Integration: From Permissive Consensus to Constraining Dissensus," *British Journal of Political Science* 39 (1) : 1-23.

Horn, M. (1995) *The Political Economy of Public Administration: Institutional Choice in the Public Sector*. Cambridge University Press.

Horowitz, D. L. (1985) *Ethnic Groups in Conflict*, Berkeley. University of California Press.

Horowitz, D. L. (2001) *Ethnic Groups in Conflict*. Updated ed. with a new preface., University of California Press.

Hotelling, H. (1929) "Stability in Competition," *Economic Journal* 39 (153) : 41-57.

Howard, M. M. (2003) *The Weakness of Civil Society in Post-Communist Europe*. Cambridge University Press.

Howard, M. M. & Roessler, P. G. (2006) "Liberalizing Electoral Outcomes in Competitive Authoritarian Regimes," *American Journal of Political Science* 50 (2) : 365-381.

Howarth, D. (2000) *Discourse*. Open University Press.

Howarth, D. & Torfing, J. (2005) *Discourse Theory in European Politics: Identity, Policy and Governance*. Palgrave Macmillan.

Huan, C. & Kang, D. C. (2022) *State Formation through Emulation: The East Asian Model*. Cambridge University Press.

Huang, H. (2015) "Propaganda as Signaling," *Comparative Politics* 47 (4) : 419-444.

Huckfeldt, R. & Sprague, J. (1987) "Networks in Context: The Social Flow of Political Information," *American Political Science Review* 81 (4) : 1197-1216.

Huddy, L. & Del Ponte, A. (2020) "National Identity, Pride, and Chauvinism: Their Origins and Consequences for Globalization Attitudes," in G. Gustavsson & D. Miller (eds.), *Liberal Nationalism and Its Critics: Normative and Empirical Questions*. Oxford University Press.

Huddy, L. & Khatib, N.（2007）"American Patriotism, National Identity, and Political Involvement," *American Journal of Political Science* 51（1）：63-77.

Hultman, L. et al.（2014）"Beyond Keeping Peace: United Nations Effectiveness in the Midst of Fighting," *American Political Science Review* 108（4）：737-753.

Hummel, C. et al.（2021）"Do Political Finance Reforms Reduce Corruption?" *British Journal of Political Science* 51（2）：869-889.

Humphreys, M.（2005）"Natural Resources, Conflict, and Conflict Resolution," *Journal of Conflict Resolution* 49（4）：508-537.

Huntington, S. P.（1970）"Social and Institutional Dynamics of One-Party Systems," in S. P. Huntington & C. H. Moore（eds.）, *Authoritarian Politics in Modern Society: The Dynamics of Established One-Party Systems*. Basic Books.

Huntington, S. P.（1991）*The Third Wave: Democratization in the Late Twentieth Century*. University of Oklahoma Press（川中豪訳，2023，『第三の波――20 世紀後半の民主化』白水社）.

Huntington, S. P.（1993）"The Clash of Civilizations?," *Foreign Affairs* 72（3）：22-49.

Huntington, S. P.（1996）*The Clash of Civilizations and the Remaking of World Order*. Simon & Schuster（鈴木主税訳，1998，『文明の衝突』集英社）.

Hyde, S. & Marinov, N.（2012）"Which Elections Can Be Lost," *Political Analysis* 20（2）：191-210.

Hyde, S. & Marinov, N.（2021）Codebook for National Elections Across Democracy and Autocracy Dataset, 6.0.

▓ I

Ibenskas, R.（2016）"Understanding pre-electoral coalitions in Central and Eastern Europe," *British Journal of Political Science* 46（4）：743-761.

Ichijo, A. & Ranta, R.（2016）*Food, National Identity and Nationalism: From Everyday to Global Politics*. Palgrave.

Ide, T.（2023）"Rise or Recede? How Climate Disasters Affect Armed Conflict Intensity," *International Security* 47（4）：50-78.

IDEA International "Gender Quotas Database"（https://www.idea.int/data-tools/data/gender-quotas-database, 2024 年 8 月 30 日閲覧）.

Igarashi, A. & Nagayoshi, K.（2022）"Norms to be Prejudiced: List Experiments on Attitudes towards Immigrants in Japan," *Social Science Research* 102：102647.

Ignazi, P.（1992）"The Silent Counter-revolution: Hypothesis on the Emergence of Extreme Right-wing Parties in Europe," *European Journal of Political Research* 22（1）：3-34.

ILO（2021）*ILO Global Estimates on International Migrant Workers: Results and Methodology*. International Labour Organization.

Imai, K.（2011）"Multivariate Regression Analysis for the Item Count Technique," *Journal of the American Statistical Association* 106（494）：407-416.

Imai, K. & Kim, I. S.（2021）"On the Use of Two-way Fixed Effects Regression Models for Causal Inference with Panel Data," *Political Analysis* 29（3）：405-415.

Imai, K. et al.（2023）"Matching Methods for Causal Inference with Time-Series Cross-Sectional Data," *American Journal of Political Science* 67（3）：587-605.

Immergut, E. M.（1992）*Health Politics: Interests and Institutions in Western Europe*. Cambridge University Press.

Immergut, E. M.（1998）"The Theoretical Core of the New Institutionalism," *Politics & Society* 26（1）：5-34.

Inata, K.（2021）"Power-Sharing Negotiation and Commitment in Monarchies," *Public Choice* 187：501-518.

Inglehart, R.（1971）"The Silent Revolution in Europe: Intergenerational Change in Post-Industrial Societies," *American Political Science Review* 65（4）：991-1017.

Inglehart, R.（1977）*The Silent Revolution: Changing Values and Political Styes among Western Publics*. Princeton University Press（三宅一郎ほか訳，1978，『静かなる革命――政治意識と行動様式の変化』東洋経済新報社）.

Inglehart, R.（1990）*Culture Shift in Advanced Industrial Society*. Princeton University Press（村山皓ほか訳，1993，『カルチャーシフトと政治変動』東洋経済新報社）.

Inglehart, R.（2000）"Culture and Democracy," in L. E. Harrison & S. P. Huntington（eds.）, *Culture Matters: How Values Shape Human Progress*. Basic Books.

Inglehart, R. & Flanagan, S. C.（1987）"Value Change in Industrial Societies," *American Political Science Review* 81（4）：1289-1319.

Inglehart, R. & Klingemann, H-D.（1976）"Party Identification, Ideological Preference and the Left-Right Dimension among Western Mass Publics," in I. Budge et al.（eds.）, *Party Identification and Beyond: Representations of Voting and Party Competition*. John Wiley & Sons.

Inglehart, R. & Norris, P.（2003）*Rising Tide: Gender Equality and Cultural Change around the World*. Cambridge University Press.

Inglehart, R. & Welzel, C.（2005）*Modernization, Cultural Change and Democracy: The Human Development Sequence*. Cambridge University Press

Inoguchi, T.（1982）"Explaining and Predicting Japanese General Elections, 1960-1980," *Journal of Japanese Studies* 7（2）：285-318.

International IDEA（2014）Electoral Management Design. Revised ed., International IDEA（https://www.idea.int/publications/catalogue/electoral-management-design-revised-edition, 2024 年 2 月 18 日閲覧）.

International IDEA（2020）Political Finance Database（https://www.idea.int/data-tools/data/political-finance-data

base, 2024 年 1 月 9 日閲覧).

IPCC（2015）*Climate Change 2014: The Physical Science Basis. Contribution of Working Group I to the Fifth Assessment Report of the Intergovernmental Panel on Climate Change*. Cambridge University Press.

IPU（2023）"Women in Parliament in 2022: The Year in Review"（https://www.ipu.org/resources/publications/reports/2023-03/women-in-parliament-2022, 2024 年 8 月 30 日閲覧).

IPU（2024）"Monthly Raking of Women in National Parliaments," IPU Parline（https://data.ipu.org/women-ranking?month=1 & year=2024, 2024 年 8 月 30 日閲覧).

Issacharoff, S. & Pildes, R. H.（1998）"Politics as Markets: Partisan Lockups of the Democratic Process," *Stanford Law Review* 50（3）：643-717.

Ito, T.（1990）"The Timing of Elections and Political Business Cycles in Japan," *Journal of Asian Economics* 1（1）：135-156.

Iturbe-Ormaetxe, I. et al.（2021）"The Redistributive Effects of Enfranchising Non-citizens: Evidence From Sweden," SSRN（https://ssrn.com/abstract=3944655, 2024 年 3 月 10 日閲覧).

Iversen, T.（1999）*Contested Economic Institutions: The Politics of Macroeconomics and Wage Bargaining in Advanced Democracies*. Cambridge University Press.

Iversen, T. & Rosenbluth, F. M.（2010）*Women, Work, and Politics: The Political Economy of Gender Inequality*. Yale University Press.

Iversen, T. & Soskice, D.（2006）"Electoral Institutions and the Politics of Coalitions: Why Some Democracies Redistribute More Than Others," *American Political Science Review* 100（2）：165-181.

Iversen, T. & Wren, A.（1998）"Equality, Employment, and Budgetary Restraint: The Trilemma of the Service Economy," *World Politics* 50（4）：507-546.

Iyengar, S.（1991）*Is Anyone Responsible?: How Television Frames Political Issues*. University of Chicago Press.

Iyengar, S. & Kinder, D. R.（1987）*News That Matters: television and American opinion*. University of Chicago Press.

Iyengar, S. et al.（2019）"The Origins and Consequences of Affective Polarization in the United States," *Annual Review of Political Science* 22（1）：129-146.

■ J

Jackson, M. O. & Morelli, M.（2011）"The Reasons for Wars: An updated survey," in C. J. Coyne et al.（eds.）, *The Handbook on the Political Economy of War*. Edward Elgar Publishing.

Jacobs, L. & King, D.（2021）*Fed Power: How Finance Wins*. 2nd ed., Oxford University Press.

Jacobson, G. C.（1978）"The Effects of Campaign Spending in Congressional Elections," *American Political Science Review* 72（2）：469-491.

Jain, V. et al.（2022）"Association between Democratic Governance and Excess Mortality during the COVID-19 Pandemic: An Observational Study," *Journal of Epidemiology & Community Health* 76（10）：853-860.

James, T. S.（2020）*Comparative Electoral Management: Performance, Networks and Instruments*. Routledge.

James, T. S. & Garnett, H. G.（eds.）（2021）*Building Inclusive Elections*. Routledge.

Jamieson, K. H. & Cappella, J. N.（2008）*Echo Chamber: Rush Limbaugh and the Conservative Media Establishment*. Oxford University Press.

Jensen, M. C. & Meckling, W. H.（1976）"Theory of the Firm: Managerial Behavior, Agency Costs and Ownership Structure," *Journal of Financial Economics* 3（4）：305-360.

Jervis, R.（1976）*Perception and Misperception in International Relations*. Princeton University Press.

Johnson, C.（1982）*MITI and the Japanese Miracle: the Growth of Industrial Policy, 1925-1975*. Stanford University Press（佐々田博教訳, 2018,『通産省と日本の奇跡──産業政策の発展 1925-1975』勁草書房).

Jolly, S. K.（2015）*The European Union and the Rise of Regionalist Parties*. University of Michigan Press.

Jones, C.（1990）"Hong Kong, Singapore, South Korea and Taiwan: Oikonomic Welfare States," *Government and Opposition* 25（4）：446-462.

Joseph, L. et al.（2007）*New Perspectives in Political Ethnography*. Springer.

■ K

Kadima, D.（2014）"An introduction to the Politics of Party Alliances and Coalitions in Socially-divided Africa," *Journal of African Elections* 13（1）：1-24.

Kaltwasser, C. R. et al.（eds.）（2017）*The Oxford Handbook of Populism*. Oxford University Press.

Kalyvas, S. N.（1996）*The Rise of Christian Democracy in Europe*. Cornell University Press.

Kalyvas, S. N.（2006）*The Logic of Violence in Civil War*. Cambridge University Press.

Kalyvas, S. N. & van Kersbergen, K.（2010）"Christian Democracy," *Annual Reviews of Political Science* 13：183-209.

Kamenista, L.（2001）"Abortion Debates in Germany," in D. M. Stetson（ed.）, *Abortion Politics, Women's Movement and the Democratic State*. Oxford University Press.

Kanter, R. M.（1977）*Men and Women of the Corporation*. Basic Books.

Karl, T. L.（1997）*The Paradox of Plenty: Oil Booms and Petro-States*. University of California Press.

Kato, J.（1996）"Institutions and Rationality in Politics: Three Varieties of Neo-institutionalists," *British Journal of Political Science* 26（4）：553-582.

Kato, J. et al.（2009）"Neural Correlates of Attitude Change following Positive and Negative Advertisement," *Frontiers in Behavioral Neuroscience* 3: Article 6.

Katsumata, H. & Noda, S.（2024）"Kick Them Out' as a Voting Strategy: Theory and Evidence from Multi-member District Elections," *Journal of Politics*.

Katz, R. S. & Mair, P.（1995）"Changing Models of Party Organization and Party Democracy: The Emergence of the Cartel Party," *Party Politics* 1（1）：5-28.

Katz, R. S. & Mair, P.（2009）"The Cartel Party Thesis: a Restatement," *Perspectives on Politics* 7（4）：753-766.

Katz, R. S. & Mair, P.（2018）*Democracy and the Cartelization of Political Parties*. Oxford University Press（岩崎正洋・浅井直哉訳，2023，『カルテル化する政党』勁草書房）.

Katznelson, I. & Weingast, B. R.（eds.）（2005）*Preferences and Situations: Points of Intersection between Historical and Rational Choice Institutionalism*. Russell Sage Foundation.

Kaufman, J.（2002）*For the Common Good?: American Civic Life and the Golden Age of Fraternity*. Oxford University Press.

Keating, M.（1998）*The New Regionalism in Western Europe: Territorial Restructuring and Political Change*. Edward Elgar.

Keck, M. E. & Sikkink, K.（1998）*Activists beyond Borders: Advocacy Networks in International Politics*. Cornell University Press.

Keith, L. C. et al.（2009）"Is the Law a Mere Parchment Barrier to Human Rights Abuse?" *Journal of Politics* 71（2）：644-660.

Kellam, M.（2017）"Why Pre-Electoral Coalitions in Presidential Systems?" *British Journal of Political Science* 47（2）：391-411.

Kelley, J. G.（2012）*Monitoring Democracy: When International Election Observation Works, and Why It Often Fails*. Princeton University Press.

Kelley, J. G. & Simmons, B. A.（2015）"Politics by Number: Indicators as Social Pressure in International Relations," *American Journal of Political Science* 59（1）：55-70.

Kendall-Taylor, A. & Frantz, E.（2014）"Mimicking Democracy to Prolong Autocracies," *Washington Quarterly* 37（4）：71-84.

Keohane, R.（1982）"The Demand for International Regimes," *International Organization* 36（2）：325-355.

Kern, H. L. & Hainmueller, J.（2009）"Opium for the Masses: How Foreign Media Can Stabilize Authoritarian Regimes," *Political Analysis* 17（4）：377-399.

Keulertz, M. et al.（2018）"The Water-Energy-Food Nexus in Arid Regions: The Politics of Problemsheds," in K. Conca & E. Weinthal（eds.）, *The Oxford Handbook of Water Politics and Policy*. Oxford University Press.

Kevles, D. J.（1985）*In the Name of Eugenics: Genetics and the Uses of Human Heredity*. Knopf.

Khatib, L. & Lust, E.（2014）*Taking the Streets: The Transformation of Arab Activism*. Johns Hopkins University Press.

Kichner, E. J. & Dominiguez, R.（eds.）（2011）*The Security Governance of Regional Organizations*. Talylor and Francis.

Kikuta, K.（2019）"Postdisaster Reconstruction as a Cause of Intrastate Violence: An Instrumental Variable Analysis with Application to the 2004 Tsunami in Sri Lanka," *Journal of Conflict Resolution* 63（3）：760-785.

Kikuta, K.（2020）"The Environmental Costs of Civil War: A Synthetic Comparison of the Congolese Forests with and without the Great War of Africa," *Journal of Politics* 82（4）：1243-55.

Kim, H. M. & Fording, R. C.（1998）"Voter Ideology in Western Democracies, 1946-1989," *European Journal of Political Research* 33（1）：73-97.

Kim, H. M. & Fording, R. C.（2003）"Voter Ideology in Western Democracies: An Update," *European Journal of Political Research* 42（1）：95-105.

Kim, N. K. & Sudduth, J. K.（2021）"Political Institutions and Coups in Dictatorships," *Comparative Political Studies* 54（9）：1597-1628.

Kincaid, J.（1990）"From Cooperative to Coercive Federalism," *Annals of the American Academy of Political and Social Science* 509（1）：139-152.

Kinder, D. R.（1983）"Diversity and Complexity in Public Opinion," in A. R. Finifter（ed.）, *Political Science: The State of the Discipline, American Political Science Association*. American Political Science Association.

King, C.（2001）"The Benefits of Ethnic War: Understanding Eurasia's Unrecognized States," *World Politics* 53（4）：524-552

King, G. et al.（2013）"How Censorship in China Allows Government Criticism but Silences Collective Expression," *American Political Science Review* 107（2）：326-343.

Kirchheimer, O.（1966）"The Transformation of the Western European Party Systems," in J. LaPalombara & M. Weiner（eds.）, *Political Parties and Political Development*. Princeton University Press.

Kitschelt, H.（1992）"Formation of Party Systems in East Central Europe," *Politics and Society* 20（1）：7-50.

Kitschelt, H.（1994）*The Transformation of European Social Democracy*. Cambridge University Press.

Kitschelt, H. & Wilkinson, S. I.（2007）"Citizen-Politician Linkages: An Introduction," in H. Kitschelt & S. I. Wilkinson（eds.）, *Patrons, Clients, and Policies: Patterns of Democratic Accountability and Political Competition*. Cambridge University Press.

Klandermans, B.（2015）"Motivations to Action," in D. della Porta & M. Diani（eds.）, *The Oxford Handbook of Social Movements*. Oxford University Press.

Klingemann, H. D.（eds.）（2012）*The Comparative Study of Electoral Systems*. Oxford University Press.

Knutsen, C. H. et al. (2017) "Autocratic Elections: Stabilizing Tool or Force for Change?" *World Politics* 69 (1) : 98-143.

Koinova, M. (2018) "Diaspora Mobilisation for Conflict and Post-conflict Reconstruction: Contextual and Comparative Dimensions," *Journal of Ethnic and Migration Studies* 44 (8) : 1251-69.

Kolster, C. & Wittrich, H. (2021) "Is European Politics Polarizing?: And If So, What Does That Mean for the Democratic Process?" Open European Dialogue.

Koubi, V. (2019) "Climate Change and Conflict," *Annual Review of Political Science* 22 : 343-360.

Kovacs, M. S. & Bjarnesen, J. (eds.) (2019) *Violence in African Elections: Between Democracy and Big Man Politics*. Zed.

Krasner, S. D. & Risse, T. (2014) "External Actors, State-building, and Service Provision," *Governance* 27 (4) : 545-567.

Krcmaric, D. (2020) *The Justice Dilemma: Leaders and Exile in an Era of Accountability*. Cornell University Press.

Krehbiel, K. (1992) *Information and Legislative Organization*. University of Michigan Press.

Krennerich, M. (2021) *Free and Fair Elections?: Standards, Curiosities, Manipulations*. Dietz Verlag J. H. W. Nachf.

Kreppel, A. (2014) "Typologies and Classifications," in S. Martin (eds.), *The Oxford Handbook of Legislative Studies*. Oxford University Press.

Kreutz, J. (2010) "How and When Armed Conflicts End: Introducing the UCDP Conflict Termination Dataset," *Journal of Peace Research* 47 (2) : 243-250.

Kriesi, H. (1995) "The Political Opportunity Structure of New Social Movements: Its Impact on Their Mobilization," in J. C. Jenkins & B. Klandermans (eds.), *The Politics of Social Protest: Comparative Perspectives on States and Social Movements*. University of Minnesota Press.

Kriesi, H. (2015) "Party Systems, Electoral Systems and Social Movements," in D. della Porta & M. Diani (eds.), *The Oxford Handbook of Social Movements*. Oxford University Press.

Kriesi, H. et al. (2012) *Political Conflict in Western Europe*. Cambridge University Press.

Krook, M. L. (2009) *Quotas for Women in Politics: Gender and Candidate Selection Reform Worldwide*. Oxford University Press.

Krook, M. L. (2018) "Electoral Sysem and Women's Representation," in E. S. Herron et al. (eds.), *The Oxford Handbook of Electoral Systems*. Oxford University Press.

Kuhar, R. & Paternotte, D. (2018) *AntiAnti-gender Campaigns in Europe: Mobilizing against Equality*. Rowman & Littlefield International.

Kuhlmann, S. & Wollmann, H. (2019) *Introduction to Comparative Public Administration: Administrative System and Reforms in Europe*. 2nd ed., Edward Elgar (縣公一郎ほか訳, 2021, 『比較行政学入門——ヨーロッパ行政改革の動向』成文堂).

Kumar, K. & Ottaway, M. (1998) "General Conclusions and Priorities for Policy Research," in K. Kumar (ed.), *Postconflict Elections, Democratization, and International Assistance*. Lynne Reinner Publishers.

Kuran, T. (1991) "Now out of Never: The Element of Surprise in the East European Revolution of 1989," *World Politics* 44 (1) : 7-48.

Kuran, T. (1995) *Private Truth, Public Lies: The Social Consequences of Preference Falsification*. Harvard University Press.

Kustov, A. (2021) "Borders of Compassion: Immigration Preferences and Parochial Altruism," *Comparative Political Studies* 54 (3/4) : 445-481.

■ L

Laakso, M. & Taagepera, R. (1979) "'Effective' Number of Parties: A Measure with Application to West Europe," *Comparative Political Studies* 12 (1) : 3-27.

Laclau, E. (2005) *On Populist Reason*. Verso (澤里岳史・河村一郎訳, 2018, 『ポピュリズムの理性』明石書店).

Ladner, A. et al. (2019) *Patterns of Local Autonomy in Europe*. Palgrave Macmillan.

Ladner, A. et al. (2021) *Local Autonomy Index in the EU, Council of Europe and OECD countries (1990-2020)*. Release 2.0. European Commission.

Laitin, D. (1995) "The Civic Culture at 30," *American Political Science Review* 89 (1) : 168-173.

Lakoff, S. (2004) "The Reality of Muslim Exceptionalism," *Journal of Democracy* 15 (4) : 133-139.

Lange, M. & Dawson, A. (2009) "Dividing and Ruling the World? A Statistical Test of the Effects od Colonialism on Postcolonial Civil Violence," *Social Forces* 88 (2) : 785-818.

Landemore, H. (2020) *Open Democracy: Reinventing Popular Rule for the Twenty-First Century*. Princeton University Press.

Landry, P. F. (2008) *Decentralized Authoritarianism in China: The Communist Party's Control of Local Elites in the Post-Mao Era*. Cambridge University Press.

Laponce, J. A. (1981) *Left and Right: The Topography of Political Perceptions*. University of Toronto Press.

Laqueur, W. (1977) *A History of Terrorism*. Little, Brown & Co.

Laver, M. & Schofield, N. (1990) *Multiparty Government*. University of Michigan Press.

Laver, M. & Shepsle, K. A. (1996) *Making and Breaking Governments: Cabinets and Legislatures in Parliamentary Democracies*. Cambridge University Press.

Laver, M. & Shepsle, K. A. (eds.) (1994) *Cabinet Ministers and Parliamentary Government*. Cambridge University

Press.

Laver, M. et al.（2003）"Extracting Policy Positions from Political Texts Using Words as Data," *American Political Science Review* 97（2）：311-331.

Lazarsfeld, P. et al.（1948）*The People's Choice: How the Voter Makes up His Mind in a Presidential Campaign.* Columbia University Press.

Le Monde（2022）France Should not Stop at Making Abortion a Constitutional Right（https://www.lemonde.fr/en/opinion/article/2022/11/28/france-shouldn-t-stop-at-just-making-abortion-a-constitutional-right_6005869_23.html, 2022, 11, 28, 2024 年 1 月 7 日閲覧）.

Le Monde（2024）IVG dans la Constitution: revivez les débats et l'adoption du texte par le Parlement à Versailles（https://www.lemonde.fr/societe/live/2024/03/04/en-direct-l-inscription-de-l-ivg-dans-la-constitution-definitivement-adoptee-par-le-parlement_6220034_3224.html 2024, 4, 3, 2024 年 4 月 3 日閲覧）.

LeBlanc, R. M.（1999）*Bicycle Citizens: The Political World of the Japanese Housewife.* University of California Press（尾内隆之訳，2012，『バイシクル・シティズン──「政治」を拒否する日本の主婦』勁草書房）.

Lee, D.（2005）"Neuroeconomics: Making Risky Choices in the Brain," *Nature Neuroscience* 8（9）：1129-30.

Lehmbruch, G.（1996）"Die korporative Verhandlungsdemokratie in Westmitteleuropa," *Swiss Political Science Review* 2（4）：19-41（平島健司編訳，2004，「西中欧における団体主義的交渉デモクラシー」『ヨーロッパ比較政治発展論』東京大学出版会）.

Levi, M.（1988）*Of Rule and Revenue.* University of California Press.

Levi, M.（1997）*Consent, Dissent and Patriotism.* Cambridge University Press.

Levitsky, S. & Way, L. A.（2002）"The Rise of Competitive Authoritarianism," *Journal of Democracy* 13（2）：51-65.

Levitsky, S. & Way, L. A.（2010）*Competitive Authoritarianism: Hybrid Regimes after the Cold War.* Cambridge University Press.

Levitsky, S. & Way, L. A.（2012）"Beyond Patronage: Violent Struggle, Ruling Party Cohesion, and Authoritarian Durability," *Perspectives on Politics* 10（4）：869-889.

Levitsky, S. & Way, L. A.（2022）*Revolution and Dictatorship: The Violent Origins of Durable Authoritarianism.* Princeton University Press.

Levitsky, S. & Ziblatt, D.（2018）*How Democracies Die.* Broadway Books（濱野大道訳，2018，『民主主義の死に方──二極化する政治が招く独裁への道』新潮社）.

Lewis, J.（1992）"Gender and the Development of Welfare Regimes," *Journal of European Social Policy* 2（3）：159-173.

Lichbach M. I.（2013）*Democratic Theory and Causal Methodology in Comparative Politics.* Cambridge University Press.

Licklider, R.（2009）"The Consequences of Negotiated Settlements in Civil Wars, 1945-1993," in R. Ganguly（ed.）, *Ethnic Conflict Vol. IV: Settlement of Ethnic Conflict.* Sage Library of International Relations.

Liff, A. P. & Maeda, K.（2019）"Electoral Incentives, Policy Compromise, and Coalition Durability: Japan's LDP-Komeito Government in a Mixed Electoral System," *Japanese Journal of Political Science* 20（1）：53-73.

Lijphart, A.（1968）*The Politics of Accommodation: Pluralism and Democracy in the Netherlands.* University of California Press.

Lijphart, A.（1975）*The Politics of Accommodation: Pluralism and Democracy in the Netherlands.* 2nd ed., University of California Press.

Lijphart, A.（1977）*Democracy in Plural Societies: A Comparative Exploration.* Yale University Press（内山秀夫訳，1979，『多元社会のデモクラシー』三一書房）.

Lijphart, A.（1994）*Electoral Systems and Party Systems: A Study of Twenty-Seven Democracies, 1945-1990.* Oxford University Press.

Lijphart, A.（2012）*Patterns of Democracy: Government Forms and Performance in Thirty-Six Countries.* 2nd ed., Yale University Press（粕谷祐子・菊池啓一訳，2014，『民主主義対民主主義──多数決とコンセンサス型の 36 カ国比較研究』第 2 版，勁草書房）.

Lindberg, S. I.（2006）*Democracy and Elections in Africa.* Johns Hopkins University Press.

Linz, J. J.（1975）"Totalitarian and Authoritarian Regimes," in F. Greenstein & N. Polsby（ed.）, *Handbook of Political Science.* vol. 3, Addison-Wesley（高橋進監訳，1995，『全体主義体制と権威主義体制』法律文化社）.

Linz, J. J.（1978）*The Breakdown of Democratic Regimes.* Johns Hopkins University Press（横田正顕訳，2020，『民主体制の崩壊──危機・崩壊・再均衡』岩波文庫）.

Linz, J. J. & Stepan, A.（1996）*Problems of Democratic Transition and Consolidation: Southern Europe, South America, and Post-communist Europe.* Johns Hopkins University Press（荒井祐介ほか訳，2005，『民主化の理論──民主主義への移行と定着の課題』一藝社）.

Linz, J. J. & Valenzuela, A.（1994）*The Failure of Presidential Democracy,* Vol. 1, Johns Hopkins University Press.

Linz, J. J. & Valenzuela, A.（eds.）（1994）*The Failure of Presidential Democracy.* Johns Hopkins University Press（中道寿一訳，2003，『大統領制民主主義の失敗──その比較研究』南窓社）.

Lipset, S. M.（1960）*Political Man: The Social Bases of Politics.* Heinemann（内山秀夫訳，1963，『政治のなかの人間──ポリティカル・マン』東京創元新社）.

Lipset, S. M. & Rokkan, S.（1967）"Cleavage Structures, Party Systems, and Voter Alignments: An Introduction," in S. M. Lipset & S. Rokkan（eds.）, *Party Systems and Voter Alignments: Cross-National Perspectives.* Free Press.

Little, A. & Meng, A.（2023）"Measuring Democratic Backsliding," PS: Political Science & Politics（https://ssrn.com/

abstract=4327307, 2024 年 8 月 30 日閲覧).

Livi-Bacci, M.（2012）*A Concise History of World Population*. 5th ed., Wiley-Blackwell（速水融・斎藤修訳，2014，『人口の世界史』東洋経済新報社）.

Lohmann, S.（1994）"The Dynamics of Informational Cascades: The Monday Demonstrations in Leipzig, East Germany, 1989-91," *World Politics* 47（1）：42-101.

Lorentzen, P.（2013）"Regularizing Rioting: Permitting Public Protest in an Authoritarian Regime," *Quarterly Journal of Political Science* 8（2）：127-158.

Lorentzen, P.（2014）"China's Strategic Censorship," *American Journal of Political Science* 58（2）：402-414.

Lovenduski, J. & Outshoorn, J.（eds.）（1986）*The New Politics of Abortion*. Sage.

Lovenduski, J. & Randall, V.（1993）*Contemporary Feminist Politics*. Oxford University Press.

Lowi, T.（1969）*The End of Liberalism*. Norton（村松岐夫監訳，1981，『自由主義の終焉──現代政府の問題性』木鐸社）.

Loxton, J.（2018）"Introduction: Authoritarian Successor Parties Worldwide," in J. Loxton & S. Mainwaring（eds.）, *Life after Dictatorship: Authoritarian Successor Parties Worldwide*. Cambridge University Press.

Lubell, M. & Balazs, C.（2018）"Integrated Water Resources Management: Core Research Questions for Governance," in K. Conca & E. Weinthal（eds.）, *The Oxford Handbook of Water Politics and Policy*. Oxford University Press.

Lührmann, A. et al.（2020）"Constraining Governments: New Indices of Vertical, Horizontal, and Diagonal Accountability," *American Political Science Review* 114（3）：811-802.

Lujala, P.（2010）"The Spoils of Nature: Armed Civil Conflict and Rebel Access to Natural Resources," *Journal of Peace Research* 47（1）：15-28.

Luong, P. J. & Weinthal, E.（2010）*Oil is Not a Curse: Ownership Structure and Institutions in Soviet Successor States*. Cambridge University Press.

Lupu, N.（2016）*Party Brands in Crisis: Partisanship, Brand Dilution, and the Breakdown of Political Parties in Latin America*. Cambridge University Press.

Lupu, N. & Pontusson, J.（2011）"The Structure of Inequality and the Politics of Redistribution," *American Political Science Review* 105（2）：316-336.

Lust-Okar, E.（2005）*Structuring Conflict in the Arab World: Incumbents, Opponents, and Institutions*. Cambridge University Press.

Lynch, M.（2014）*The Arab Uprisings Explained: New Contentious Politics in the Middle East*. Columbia University Press.

Lyon, P.（1973）"New States and International Order," in A. James,（ed.）, *The Bases of International Order*. Oxford University Press.

■ M

Macdonald, T.（2008）*Global Stakeholder Democracy: Power and Representation beyond Liberal States*. Oxford University Press.

Madsen, J. B. et al.（2015）"Does Democracy Drive Income in the World, 1500-2000?," *European Economic Review* 78：175-195.

Maeda, K.（2010）"Two Modes of Democratic Breakdown: A Competing Risks Analysis of Democratic Durability," *Journal of Politics* 72（4）：1129-43.

Magaloni, B.（2006）*Voting for Autocracy: Hegemonic Party Survival and Its Demise in Mexico*. Cambridge University Press.

Magaloni, B.（2008）"Credible Power-Sharing and the Longevity of Authoritarian Rule," *Comparative Political Studies* 41（4-5）：715-741.

Magaloni, B. & Kricheli, R.（2010）"Political Order and One-Party Rule," *Annual Review of Political Science* 13：123-143.

Magyar, A. et al.（2023）"Party Strategies: Valence versus Position," N. Carter et al.（eds.）, *The Routledge Handbook of Political Parties*: 199-210. Routledge.

Mahoney, J.（2000）"Path Dependence in Historical Sociology," *Theory and Society* 29（4）：507-548.

Mahoney, J.（2010）*Colonialism and Postcolonial Development: Spanish America in Comparative Perspective*. Cambridge University Press.

Mahoney, J. & Rueschemeyer, D.（eds.）（2003）*Comparative Historical Analysis in the Social Sciences*. Cambridge University Press.

Mahoney, J. & Thelen, K.（eds.）（2010）*Explaining Institutional Change: Ambiguity, Agency, and Power*. Cambridge University Press.

Mahoney, J. & Thelen, K.（eds.）（2015）*Advances in Comparative-Historical Analysis*. Cambridge University Press.

Mainwaring, S. & Shugart, M. S.（eds.）（1997）*Presidentialism and Democracy in Latin America*. Cambridge University Press.

Mair, P.（1997）*Party System Change: Approaches and Interpretations*. Oxford University Press.

Malloy, J. M.（ed.）（1977）*Authoritarianism and Corporatism in Latin America*. University of Pittsburgh Press.

Mamdani, M.（2001）*When Victims Become Killers: Colonialism, Nativism, and the Genocide in Rwanda*. Princeton University Press.

Mann, M.（1986）"The Autonomous Power of the State: Its Origins, Mechanisms and Results," in J. A. Hall（ed.）,

States in History. Basil Blackwell.

Mann, M.（2005）*The Dark Side of Democracy: Explaining Ethnic Cleansing*. Cambridge University Press.

Mansfield, E. & Snyder, J.（2005）*Electing to Fight: Why Emerging Democracies Go to War*. MIT Press.

March, J. G. & Olsen, J. P.（1989）*Rediscovering Institutions: The Organizational Basis of Politics*. Free Press.

Marinov, N & Goemans, H.（2014）"Coups and Democracy," *British Journal of Political Science* 44（4）：799-825.

Marks, G. et al.（2006）"Party Competition and European Integration in the East and West: Different Structure, Same Causality," *Comparative Political Studies* 39（2）：155-175.

Marks, G. et al.（2021）"Cleavage Theory," in M. Riddervold et al.（eds.）, *The Palgrave Handbook of EU Crises*. Palgrave Macmillan.

Marsh, D. & Rhodes, R. W. A.（eds.）（1992）*Policy Networks in British Government*. Clarendon Press.

Marshall, A.（2016）"From Civil War to Proxy War: Past History and Current Dilemmas," *Small Wars & Insurgencies* 27（2）：183-195.

Martin, L. W. & Vanberg, G.（2011）*Parliaments and Coalitions: The Role of Legislative Institutions in Multiparty Governance*. Oxford University Press.

Martinangeli, A. et al.（2023）"Institutional Quality Causes Generalized Trust: Experimental Evidence on Trusting under the Shadow of Doubt," *American Journal of Political Science* 68（3）：972-987.

Martinez, L. R.（2022）"How Much Should We Trust the Dictator's GDP Growth Estimates?" *Journal of Political Economy* 130（10）：2731-69.

Masaad, J.（2007）*Desiring Arabs*. Chicago University Press.

Massicotte, L. & Blais, A.（1999）"Mixed Electoral Systems: A Conceptual and Empirical Survey," *Electoral Studies* 18（3）：341-366.

Matland, R. E.（2005）"Enhancing Women's Political Participation: Legislative Recruitment and Electoral Systems," in J. Ballington & A. Karam（ed.）, *Women in Parliament: Beyond Numbers, A Revised Edition*. International Institute for Democracy and Electoral Assistance.

Matland, R. E. & Studlar, D. T.（1996）"The Contagion of Women Candidates in Single-member District and Proportional Representation Systems: Canada and Norway," *Journal of Politics* 58（3）：707-733.

Matsuda, N.（2014）"Can Universities Supply Citizenship Education? A Theoretical Insight," *Japanese Political Science Review* 2：89-110.

Mattingly, D. C.（2017）"Colonial Legacies and State Institutions in China: Evidence from a Natural Experiment," *Comparative Political Studies* 50（4）：434-463.

Mattingly, D. C. & Elaine, Y.（2022）"How Soft Propaganda Persuades," *Comparative Political Studies* 55（9）：1569-94.

Mattson, I. & Strøm, K.（1995）"Parliamentary Committees," in H. Döring（eds.）, *Parliaments and Majority Rule in Western Europe*. St. Martin's Press.

May, D.（2018）"Political Party Funding and the Enigma of Trust," in J. Mendilow & E. Phélippeau（eds.）, *Handbook of Political Party Funding*. Edward Elgar Publishing.

Mazzoleni, O, & Mueller, S.（2017）"Introduction: Explaining the Policy Success of Regionalist Parties in Western Europe," O. Mazzoleni & S. Mueller（ed.）, *Regionalist Parties in Western Europe: Dimensions of Success*. Routledge.

McAdam, D. et al.（1996）*Comparative Perspectives on Social Movements: Political Opportunities, Mobilizing Structures, and Cultural Framings*. Cambridge University Press.

McAdam, D. et al.（2001）*Dynamics of Contention*. Cambridge University Press.

McBride, D. E. & Mazur, A. G.（eds.）（2012）*The Politics of State Feminism: Innovation in Comparative Research*. Temple University Press.

McCarthy, J. D. & Zald, M. N.（1977）"Resource Mobilization and Social Movements: A Partial Theory," *American Journal of Sociology* 82（6）：1212-41.

McCarthy, J. D. et al.（1996）"Accessing Public, Media, Electoral, and Governmental Agendas," in D. McAdam et al. （eds.）, *Comparative Perspectives on Social Movements. Political Opportunities, Mobilizing Structures, and Cultural Framings*. Cambridge University Press.

McCarty, N. et al.（2008）*Polarized America: The Dance of Ideology and Unequal Riches*. MIT Press.

McColl, R. W.（1969）"The Insurgent State: Territorial Bases of Revolution," *Annals of the Association of American Geographers* 59（4）：613-631.

McCombs, M. E. & Shaw, D. L.（1972）"The Agenda-Setting Function of Mass Media," *Public Opinion Quarterly* 36 （2）：176-187.

McDonnell, D. & Valbruzzi, M.（2014）"Defining and Classifying Technocrat-led and Technocratic Governments," *European Journal of Political Research* 53（4）：654-671.

McGuirk, E. & Burke, M.（2020）"The Economic Origins of Conflict in Africa," *Journal of Political Economy* 128（10）：3940-97.

McMann, K. M. & Tisch, D.（2021）"Democratic Regimes and Epidemic Deaths," V-Dem Working Paper 126.

McMann, K. M. et al.（2021）"Explaining Subnational Regime Variation: Country-Level Factors," *Comparative Politics* 53（4）：637-685.

Mebane, W.（2006）"Election Forensics: Vote Counts and Benford's Law," Paper Prepared for the 2006 Summer Meeting of the Political Methodology Society, UC-Davis, July 20-22.

Mecham, Q. & Hwang, J. C.（eds.）（2014）*Islamist Parties and Political Normalization in the Muslim World*.

University of Pennsylvania Press.

Meltzer, A. H. & Richard, S. F. (1981) "A Rational Theory of the Size of Government," *Journal of Political Economy* 89 (5)：914-927.

Melucci, A. (1980) "The New Social Movements. A Theoretical Approach," *Social Science Information* 19 (2)：199-226.

Menaldo, V. (2012) "The Middle East and North Africa's Resilient Monarchs," *Journal of Politics* 74 (3)：707-722.

Mendler, M. (1990) "Working Conditions of Foreign Journalists in East-West Relations: Regulating a Conflict about Values without Regime," in V. Rittberber (ed.), *International Regimes in East-West Policies*. Pinter Publishers.

Mendonça, R. et al. (2022) "More than Words: A Multidimensional Approach to Deliberative Democracy," *Political Studies* 70 (1)：153-172.

Meng, A. (2021) "Ruling Parties in Authoritarian Regimes: Rethinking Institutional Strength," *British Journal of Political Science* 51 (2)：526-540.

Meng, A. & Paine, J. (2022) "Power Sharing and Authoritarian Stability: How Rebel Regimes Solve the Guardianship Dilemma," *American Political Science Review* 116 (4)：1208-25.

Menon, V. (2023) "20 Years of the Default Mode Network: A Review and Synthesis," *Neuron* 111 (16)：2469-87.

Merler, S. (2021) "Technocracy, Trust and Democracy: Evidence on Citizens' Attitudes from a Natural Experiment in Italy," *Government and Opposition* 56 (2)：301-325.

Merton, R. K. & Kendall, P. L. (1946) "The Focussed Interview," *American Journal of Sociology* 51 (6)：541-557.

Mesa-Lago, C. (1978) *Social Security in Latin America*. Pittsburg University Press.

Mesa-Lago, C. (1996) "Las reformas de las pensiones en América Latina y la posición de los organismos internacionales," *Revista de la CEPAL* 1996 (60)：73-94.

Michalopoulos, S. & Papaioannou, E. S. (2016) "The Long-Run Effects of the Scramble for Africa," *American Economic Review* 106 (7)：1802-48.

Michels, R. (1911) *Zur Soziologie des Parteiwesens in der Modernen Demokratie*. Neudruck der zwiten Auflage, Hersg. Von Werner Conze, 1957, Kröners Taschenausgabe Band 250, Alfred Kröner Verlag (森博・樋口晟子訳, 1973-74, 『現代民主主義における政党の社会学——集団活動の寡頭制的傾向についての研究』木鐸社).

Mickler, T. A. (2017) "Committee Autonomy in Parliamentary Systems: Coalition Logic or Congressional Rationales?" *Journal of Legislative Studies* 23 (3)：367-391.

Midgley, J. (1986) "Industrialization and Welfare: The Case of the Four Little Tigers," *Social Policy and Administration* 20 (3)：225-238.

Migdal, J. S. (2001) *State in Society: Studying How States and Societies Transform and Constitute One Another*. Cambridge University Press.

Miguel, E. et al. (2004) "Economic Shocks and Civil Conflict: An Instrumental Variables Approach," *Journal of Political Economy* 112 (4)：725-753.

Miller, M. (2015) "Elections, Information, and Policy Responsiveness in Autocratic Regimes," *Comparative Political Studies* 48 (6)：691-727.

Minow, M. (1998) "Between Vengeance and Forgiveness: South Africa's Truth and Reconciliation Commission," *Negotiation Journal* 14 (4)：319-355.

Mishra, R. (1999) *Globalization and the Welfare State*. Edward Elgar Publishing.

Mitchell, E. J. (1969) "Some Econometrics of the Huk Rebellion," *American Political Science Review* 63 (4)：1159-71.

Mitchell, T. N. (2015) *Democracy's Beginning: the Athenian Story*. Yale University Press.

Moene, K. O. & Wallerstein, M. (2001) "Inequality, Social Insurance, and Redistribution," *American Political Science Review* 95 (4)：859-874.

Moineddin, R. et al. (2007) "A Simulation Study of Sample Size for Multilevel Logistic Regression Models," *BMC Medical Research Methodology* 7 (1)：1-10.

Mol, A. et al. (2009) *The Ecological Modernisation Reader: Environmental Reform in Theory and Practice*. Routledge.

Molina, O. & Rhodes, M. (2002) "Corporatism: The Past, Present, and Future of a Concept," *Annual Review of Political Science* 5：305-331.

Molyneux, M. (1984) "Mobilisation without Emancipation? Women's Interests, State and Revolution in Nicaragua," *Critical Social Policy* 4 (10)：59-71.

Montgomery, J. M, B. et al. (2018) "How Conditioning on Posttreatment Variables can Ruin Your Experiment and What to Do about It," *American Journal of Political Science* 62 (3)：760-775.

Moore, B. (1966) *Social Origins of Dictatorship and Democracy: Lord and Peasant in the Making of the Modern World*. Beacon Press (宮崎隆次ほか訳, 2019, 『独裁と民主政治の社会的起源——近代世界形成過程における領主と農民』上・下, 岩波文庫).

Moravcsik, A. (1998) *The Choice for Europe: Social Purpose and State Power From Messina to Maastricht*. Cornell University Press.

Morel, N. et al. (eds.) (2012) *Towards a Social Investment Welfare State?: Ideas, Policies and Challenges*. Policy Press.

Moreno, E. (2016) "The Contributions of the Ombudsman to Human Rights in Latin America, 1982-2011," *Latin American Politics and Society* 58 (1)：98-120.

Morgan, D. L. (1996) "Focus Groups," *Annual Review of Sociology* 22：129-152.

Morris, K. & Deumphy, P.（2019）"AVR Impact on State Voter Registration," Brennan Center for Justice（https://www.brennancenter.org/our-work/research-reports/avr-impact-state-voter-registration, 2024 年 3 月 10 日閲覧）.

Mosley, L.（2013）"Introduction. 'Just Talk to People'? Interviews in Contemporary Political Science," in L. Mosley（ed.）, *Interview Research in Political Science*. Cornell University Press.

Mossuz-Lavau, M-L.（1986）"Abortion Policy in France under Governments of the Right and Left," in J. Lovenduski & J. Outshoorn（ed.）, *The New Politics of Abortion*. Sage.

Mouffe, C.（2018）*For A Left Populism*. Verso（山本圭・塩田潤訳，2019，『左派ポピュリズムのために』明石書店）.

Moustafa, T.（2008）"Law and Resistance in Authoritarian States: The Judicialization of Politics in Egypt," in T. Ginsburg & T. Moustafa（eds.）, *Rule by Law: The Politics of Courts in Authoritarian Regimes*. Cambridge University Press.

Mucciaroni, G.（2008）*Same Sex, Different Politics: Success and Failure in the Struggles over Gay Rights*. University of Chicago Press.

Mudde, C.（2007）*Populist Radical Right Parties in Europe*. Cambridge University Press.

Mudde, C. & Kaltwasser, C. R.（2014）*Populism in Europe and the Americas: Threat Or Corrective For Democracy?* Cambridge University Press.

Mudde, C. & Rovira Kaltwasser, C.（2013）"Exclusionary vs. Inclusionary Populism: Comparing Contemporary Europe and Latin America," *Government and Opposition* 48（2）：147-174.

Mudde, C. & Rovira Kaltwasser, C.（2017）*Populism: A Very Short Introduction*. Oxford University Press（永井大輔・高山裕二訳，2018，『ポピュリズム──デモクラシーの友と敵』白水社）.

Muggah, R. & O'Donnell, C.（2015）"Next Generation Disarmament, Demobilization and Reintegration," *Stability: International Journal of Security & Development* 4（1）：1-12.

Müller, J-W.（2011）*Contesting Democracy: Political Ideas in Twentieth-Century Europe*. Yale University Press（板橋拓己・田口晃監訳，2019，『試される民主主義──20 世紀ヨーロッパの政治思想』上・下，岩波書店）.

Müller, J-W.（2013）"Defending Democracy within the EU," *Journal of Democracy* 24（2）：138-149.

Müller, W. C. et al.（2024）"Coalition Dynamics," *West European Politics* 47（1）：1-30.

Muller-Rommell, F. & Poguntke, T.（eds.）（1995）*New Politics*. Dartmouth Publishing Co.

Munck, G. L.（2009）*Measuring Democracy: A Bridge between Scholarship and Politics*. Johns Hopkins University Press.

Munck, G. L. & Snyder, R.（2007）*Passion, Craft, and Method in Comparative Politics*. Johns Hopkins University Press.

Munck, G. L. & Verkuilen, J.（2002）"Conceptualizing and Measuring Democracy: Evaluating Alternative Indices," *Comparative Political Studies* 35（1）：5-34.

Murtin, F. & Wacziarg, R.（2014）"The Democratic Transition," *Journal of Economic Growth* 19（2）：141-181.

■ N

Narita, Y. & Sudo, A.（2021）"Curse of Democracy: Evidence from the 21st Century," Cowles Foundation Discussion Papers 2632.

Natter, K.（2024）"The Il/liberal Paradox: Conceptualising Immigration Policy Trade-offs across the Democracy/Autocracy divide," *Journal of Ethnic and Migration Studies* 50（3）：680-701.

Nel, P. & Righarts, M.（2008）"Natural Disasters and the Risk of Violent Civil Conflict," *International Studies Quarterly* 52（1）：159-185.

Neumann, F.（1944）*Behemoth: The Structure and Practice of National Socialism 1933-1944*. 2nd ed., Oxford University Press（岡本友孝ほか訳，1963，『ビヒモス──ナチズムの構造と実際 1933-1944』みすず書房）.

Neumann, P.（2009）*Old and New Terrorism: Late Modernity, Globalization and the Transformation of Political Violence*. Polity Press.

Nilsson, M. et al.（2016）"Map the Interactions between Sustainable Development Goals," *Nature* 534：320-322.

Niskanen, W. A. Jr.（1971）*Bureaucracy and Representative Government*. Aldine-Atherton.

Nordhaus, W. D.（1975）"The Political Business Cycle," *Review of Economic Studies* 42（2）：169-190.

Nordlinger, A.（1977）*Soldiers in Politics: Military Coups and Governments*. Prentice-Hall.

Norgren, T.（2001）*Abortion before Birth Control*. Princeton University Press（岩本美砂子監訳，2023，『中絶と避妊の政治学──戦後日本のリプロダクション政策』新版，岩波書店）.

Norris, P.（1997）*Passages to Power: Legislative Recruitment in Advanced Democracies*. Cambridge University Press.

Norris, P.（2013）"The New Research Agenda Studying Electoral Integrity," *Electoral Studies* 32（4）：563-575.

Norris, P. & Inglehart, R.（2002）"Islamic Culture and Democracy: Testing the 'Clash of Civilizations' Thesis," *Comparative Sociology* 1（3）：235-263.

Norris, P. & Inglehart, R.（2019）*Cultural Backlash: Trump, Brexit, and Authoritarian Populism*. Cambridge University Press.

North, D. C. & Weingast, B. R.（1989）"Constitutions and Commitment: The Evolution of Institutions Governing Public Choice in Seventeenth-Century England," *Journal of Economic History* 49（4）：803-832.

Nunn, N. & Wantchekon, L.（2011）"The Slave Trade and the Origins of Mistrust in Africa," *American Economic Review* 101（7）：3221-52.

■O

O'Connor, J. S. (1993) "Gender, Class and Citizenship in the Comparative Analysis of Welfare State Regimes: Theoretical and Methodological Issues," *British Journal of Sociology* 44 (3)：501-518.

O'Connor, J. S. et al. (1999) *States, Markets, Families: Gender, Liberalism and Social Policy in Australia, Canada, Great Britain, and the United States.* Cambridge University Press.

O'Donnell, G. (1994) "Delegative Democracy," *Journal of Democracy* 5 (1)：55-69.

O'Donnell, G. (1999) "Horizontal Accountability in New Democracies," in A. Schedler et al. (eds.), *The Self-Restraining State: Power and Accountability in New Democracies.* Lynne Rienner Publishers.

O'Donnell, G. & Schmitter, P. C. (1986) *Transitions from Authoritarian Rule: Tentative Conclusions about Uncertain Democracies.* Johns Hopkins University Press（真柄秀子・井戸正伸訳，1986，『民主化の比較政治学——権威主義支配以後の政治世界』未來社）.

OECD (2008) *Tertiary Education for the Knowledge Society,* Vol. 1.

Offord, B. (2013) "Queer Activist Intersections in Southeast Asia: Human Rights and Cultural Studies," *Asian Studies Review* 37 (3)：335-349.

O'Flynn, I. (2007) "Divided Societies and Deliberative Democracy," *British Journal of Political Science* 37 (4)：731-751.

O''Flynn, I. (2017) "Pulling Together: Shared Intentions, Deliberative Democracy and Deeply Divided Societies," *British Journal of Political Science* 47 (1)：187-202.

Oleart, A. & Theuns, T. (2023) "'Democracy without Politics' in the European Commission's Response to Democratic Backsliding: From Technocratic Legalism to Democratic Pluralism," *Journal of Common Market Studies* 61 (4)：882-899.

Olojo, A. & Aniekwe, C. C. (2022) "Crime and Terror Nexus: The Intersections between Terror and Criminal Groups in the Lake Chad Basin," report, UNDP.

O'Loughlin, J. (2000) "Geography as Space and Geography as Place: The Divide Between Political Science and Political Geography Continues," *Geopolitics* 5 (3)：126-137.

Olson, M. (1965) *The Logic of Collective Action: Public Goods and the Theory of Groups.* Harvard University Press（依田博・森脇俊雅訳，1983，『集合行為論——公共財と集団理論』ミネルヴァ書房）.

Olson, M. & Zeckhauser, R. (1966) "An Economic Theory of Alliances," *Review of Economics and Statistics* 48 (3)：266-279.

Olzak, S. (1992) *The Dynamics of Ethnic Competition and Conflict.* Stanford University Press.

Ong, E. (2018) "Electoral Manipulation, Opposition Power, and Institutional Change: Contesting for Electoral Reform in Singapore, Malaysia, and Cambodia," *Electoral Studies* 54：159-171.

Ong, E. (2022) *Opposing Power: Building Opposition Alliances in Electoral Autocracies.* University of Michigan Press.

Orjuela, C. (2018) "Mobilizing Diasporas for Justice. Opportunity Structures and the Presencing of a Violent Past," *Journal of Ethnic and Migration Studies* 44 (8)：1357-73.

Orloff, A. S. (1993) "Gender and the Social Rights of Citizenship: The Comparative Analysis of Gender Relations and Welfare States," *American Sociological Review* 58 (3)：303-328.

Orloff, A. S. (2009) "Gendering the Comparative Analyses of Welfare States: An Unfinished Agenda," *Sociological Theory* 27 (3)：317-343.

OSCE/ODIHR (2023) *Guidelines on Political Party Regulation.* 2nd ed., Organization for Security and Co-operation in Europe.

Our World in Data (2023) Countries with Universal Right to Vote (https://ourworldindata.org/grapher/countries-with-universal-right-to-vote-lexical, 2023 年 12 月 23 日閲覧).

Outshoorn, J. & Kantola, J. (eds.) (2007) *Changing State Feminism.* Sage.

Özerdem, A. (2009) *Postwar Recovery: Disarmament, Demobilization and Reintegration.* I. B. Tauris & Co Ltd.

■P

Pajnik, M. & Sauer, B. (eds.) (2017) *Populism and the Web: Communicative Practices of Parties and Movements in Europe.* Routledge.

Pallister, K. (2017) *Election Administration and the Politics of Voter Access.* Routledge.

Papada, E. et al. (2023) Defiance in the Face of Autocratization. Democracy Report 2023. University of Gothenburg: Varieties of Democracy Institute (V-Dem Institute) (https:// www.v-dem.net/documents/29/V-dem_democra-cyreport2023_lowres.pdf, 2024 年 8 月 30 日閲覧).

Paris, R. (2004) *At War's End: Building Peace after Civil Conflict.* Cambridge University Press.

Paris, R. & Sisk, T. D. (2009) *The Dilemmas of Statebuilding: Confronting the Contradictions of Postwar Peace Operations.* Routledge.

Pariser, E. (2011) *The Filter Bubble: What the Internet Is Hiding from You.* Penguin.

Parkinson, J. & Mansbridge, J. (eds.) (2012) *Deliberative Systems: Deliberative Democracy at the Large Scale.* Cambridge University Press.

Pavković, A. & Radan, P. (2007) *Creating New States: Theory and Practice of Secession.* Ashgate.

Paxton, P. et al. (2014) *Women, Politics and Power: A Global Perspective,* 4th ed., Rowman & Littlefield.

Pearl, J. (2009) *Causality: Models, Reasoning, and Inference.* Cambridge University Press.

Pearlman, W. & Cunningham, K. G. (2012) "Nonstate Actors, Fragmentation, and Conflict Processes," *Journal of Conflict Resolution* 56 (1) : 3-15.

Pech, L. & Scheppele, K. L. (2017) "Illiberalism Within: Rule of Law Backsliding in the EU," *Cambridge Yearbook of European Legal Studies* 19 : 3-47.

Pedersen, M. N. (1980) "On Measuring Party System Change: A Methodological Critique and a Suggestion," *Comparative Political Studies* 12 (4) : 387-403.

Pekkanen, R. (2006) *Japan's Dual Civil Society: Members without Advocates*. Stanford University Press (佐々田博教訳, 2008,『日本における市民社会の二重構造——政策提言なきメンバー達』木鐸社).

Pelke, L. (2023) "Reanalysing the Link between Democracy and Economic Development," *International Area Studies Review* 26 (4) : 361-383.

Penninx, R. & Garcés-Mascareñas, B. (2016) "The Concept of Integration as an Analytical Tool and as a Policy Concept," in R. Penninx (ed.), *Integration Process and Policies in Europe*. IMISCOE Research Series.

Perlmutter, A. (1977) *The Military and Politics in Modern Times: On Professionals, Praetorians, and Revolutionary Soldiers*. Yale University Press.

Persson, T. & Tabellini, G. (2004) "Constitution and Economic Policy," *Journal of Economic Perspectives* 18 (1) : 75-98.

Petrich, K. (2021) "The Crime-Terror Nexus," *International Studies* [International Studies Association and Oxford University Press], March 25: 1-24.

Pew Research Center (2014) "Political Polarization in the American Public: How Increasing Ideological Uniformity and Partisan Antipathy Affect Politics, Compromise and Everyday Life."

Piazza, J. A. (2018) "Transnational Ethnic Diasporas and the Survival of Terrorist Organizations," *Security Studies* 27 (4) : 607-632.

Pierskalla, J. H. & Hollenbach, F. M. (2013) "Technology and Collective Action: The Effect of Cell Phone Coverage on Political Violence in Africa," *American Political Science Review* 107 (2) : 207-224.

Pierson, P. (1994) *Dismantling the Welfare State?: Reagan, Thatcher and the Politics of Retrenchment*. Cambridge University Press.

Pierson, P. (2001) "Coping with Permanent Austerity: Welfare State Restructuring in Affluent Democracies," in P. Pierson (ed.), *The New Politics of Welfare State*. Oxford University Press.

Pierson, P. (2004) *Politics in Time: History, Institutions, and Social Analysis*. Princeton University Press (粕谷祐子監訳, 2010,『ポリティクス・イン・タイム——歴史・制度・社会分析』勁草書房).

Pierson, P. (ed.) (2001) *New Politics of the Welfare State*. Oxford University Press.

Pinto, A. C. (2017) "Corporatism and 'Organic Represenation' in European Dictatorships," in A. C. Pinto (ed.), *Corporatism and Fascism: The Corporatist Wave in Europe*. Routledge.

Piven, F. F. & Cloward, R. A. (1979) *Poor People's Movements!*. Pantheon Books.

Poggi, G. (1978) *The Development of the Modern State: A Sociological Introduction*. Stanford University Press.

Polanyi, K. (1944) *The Great Transformation*. Beacon.

Polletta, F. & Jasper, M. J. (2001) "Collective Identity and Social Movements," *Annual Review of Sociology* 27 : 283-305.

Posada-Carbó, E. (2022) "The Long and Unfinished Road to Universal Suffrage and the Development of Electoral Institutions: A Latin American Perspective, 1810-1985," in J. A. Gardner (ed.), *Comparative Election Law*. Edward Elger Publishing.

Powell, G. B. Jr. & Whitten, G. D. (1993) "A Cross-National Analysis of Economic Voting: Taking Account of the Political Context," *American Journal of Political Science* 37 (2) : 391-414.

Powell, G. B. Jr. (2000) *Elections as Instruments of Democracy: Majoritarian and Proportional Visions*. Yale University Press.

Powell, J. M. & Thyne, C. L. (2011) "Global Instances of Coups from 1950 to 2010: A New Dataset," *Journal of Peace Research* 48 (2) : 249-259.

Powell, R. (1996) "Bargaining in the Shadow of Power," *Games and Economic Behavior* 15 (2) : 255-289.

Przeworski, A. & Sprague, J. (1986) *Paper Stones: A History of Electoral Socialism*. University of Chicago Press.

Pribble, J. (2013) *Partidos Politicos y estados de bienestar en América Latina*. miño y Dávila.

Prior, M. (2007) *Post-Broadcast Democracy: How Media Choice Increases Inequality in Political Involvement and Polarizes Elections*. Cambridge University Press.

Przeworski, A. (1985) *Capitalism and Social Democracy*. Cambridge University Press.

Przeworski, A. (1991) *Democracy and the Market: Political and Economic Reforms in Eastern Europe and Latin America*. Cambridge University Press.

Przeworski, A. & Teune, H. (1970) *The Logic of Comparative Social Inquiry*. Wiley-Interscience.

Puar, J. K. (2007) *Terrorist Assemblages: Homonationalism in Queer Times*. Duke University Press.

Putnam, R. (1988) "Diplomacy and Domestic Politics: The Logic of Two-Level Games," *International Organization* 42 (3) : 427-460.

Putnam, R. (1993) *Making Democracy Work: Civic Traditions in Modern Italy*. Princeton University Press (河田潤一訳, 2001,『哲学する民主主義——伝統と改革の市民的構造』NTT 出版).

Putnam, R. (2000) *Bowling Alone: The Collapse and Revival of American Community*. Simon & Schuster (柴内康文訳, 2006,『孤独なボウリング——米国コミュニティの崩壊と再生』柏書房).

Putnam, R. (ed.) (2002) *Democracies in Flux: The Evolution of Social Capital in Contemporary Society.* Oxford University Press (猪口孝訳, 2013, 『流動化する民主主義——先進 8 カ国におけるソーシャル・キャピタル』ミネルヴァ書房).

Putnam, R. et al. (1994) *Making Democracy Work: Civic Traditions in Modern Italy.* Princeton University Press.

■ Q

Quah, J. S. T. (2017) *Anti-Corruption Agencies in Asia Pacific Countries: An Evaluation of Their Performance and Challenges.* Transparency International.

Queen's University, Multiculturalism Policies in Contemporary Democracies (https://www.queensu.ca/mcp/, 2024 年 8 月 30 日閲覧).

Quinn, D. & Gurr, T. R. (2003) "Self-Determination Movements: Origins, Strategic Choices, and Outcomes," in M. G. Marshall & T. R. Gurr (eds.), *Peace and Conflict 2003: A Global Survey of Armed Conflicts, Self-Determination Movements, and Democracy.* Center for International Development and Conflict Management, University of Maryland.

■ R

Radnitz, S. (2010) *Weapons of the Wealthy: Predatory Regimes and Elite-Led Protests in Central Asia.* Cornell University Press.

Rae, D. W. (1971) *The Political Consequence of Electoral Laws.* Revised ed., Yale University Press.

Ragin, C. C. (1987) *The Comparative Method.* University of California Press.

Raleigh, C. et al. (2010) "Introducing ACLED: An Armed Conflict Location and Event Dataset," *Journal of Peace Research* 47 (5)：651-660.

Ramseyer, J. M. & Rosenbluth, F. M. (1993) *Japan's Political Marketplace.* Harvard University Press.

Rapoport, D. C. (2012) "The Four Waves of Modern Terrorism," in J. Horgan & K. Braddock (eds.), *Terrorism Studies A Reader.* Routledge.

Rastrick, C. J. (2018) *Think Tanks in the US and EU: The Role of Policy Institutes in Washington and Brussels.* Routledge.

Razavi, S. (2007) "The Political and Social Economy of Care in a Development Context: Conceptual Issues, Research Questions and Policy Options," UNRISD.

Reed, S. (1990) "Structure and Behaviour: Extending Duverger's Law to the Japanese Case," *British Journal of Political Science* 20 (3)：335-356.

Regan, P. M. (2002) "Third-Party Interventions and the Duration of Intrastate Conflicts," *Journal of Conflict Resolution* 46 (1)：55-73.

Regan, P. M. & Henderson. E. A. (2002) "Democracy, Threats and Political Repression in Developing Countries: Are Democracies Internally Less Violent?" *Third World Quarterly* 23 (1)：119-136.

Reif, L. C. (2004) *The Ombudsman, Good Governance, and the International Human Rights System.* Springer.

Reiljan, A. (2020) "'Fear and Loathing across Party Lines' (Also) in Europe: Affective Polarisation in European Party Systems," *European Journal of Political Research* 59 (2)：376-396.

Reuter, O. J. (2017) *The Origins of Dominant Parties: Building Authoritarian Institutions in Post-Soviet Russia.* Cambridge University Press.

Reuters (2022) Germany Abolishes Nazi-era Abortion Law (https:// www.reuters.com/world/europe/germany-abolishes-nazi-era-abortion-law-2022-06-24/2022, 1, 24, 2024 年 1 月 6 日閲覧).

Reynal-Querol, M. (2002) "Ethnicity, Political Systems, and Civil Wars," *Journal of Conflict Resolution* 46 (1)：29-54.

Rhodes, R. A. W. et al. (2009) *Comparing Westminster.* Oxford University Press (小堀眞裕・加藤雅俊訳, 2015, 『ウェストミンスター政治の比較研究——レイプハルト理論・新制度論へのオルターナティヴ』法律文化社).

Richmond, O. P. (2011) *A Post-Liberal Peace.* Routledge.

Riker, W. H. (1962) *The Theory of Political Coalitions.* Yale University Press.

Riker, W. H. & Ordeshook, P. C. (1968) "A Theory of the Calculus of Voting," *American Political Science Review* 62 (1)：25-42.

Rios-Figueroa, J. & Aguilar, P. (2018) "Justice Institutions in Autocracies: A Framework for Analysis," *Democratization* 25 (1)：1-18.

Risse, T. (ed.) (2011) *Governance without a State: Policies and Politics in Areas of Limited Statehood.* Columbia University Press.

Roberts, M. (2018) *Censored: Distraction and Diversion Inside China's Great Firewall.* Princeton University Press.

Robinson, J. C. (2001) "Gendering the Abortion Debate: the French Case," in D. M. Stetson (ed.), *Abortion Politics, Women's Movement and the Democratic State.* Oxford University Press

Rodan, G. (2018) *Participation without Democracy: Containing Conflict in Southeast Asia.* Cornell University Press.

Roe, M. J. (2003) *Political Determinants of Corporate Governance: Political Context, Corporate Impact.* Oxford University Press.

Roeder, P. G. (2003) "Clash of Civilizations and Escalation of Domestic Ethnopolitical Conflicts," *Comparative Political Studies* 36 (5)：509-540.

Roemer, J. E. (1998) "Why the Poor do not Expropriate the Rich: An Old Argument in New Garb," *Journal of Public Economics* 70 (3)：399-424.

Rogoff, K. (1985) "The Optimal Degree of Commitment to an Intermediate Monetary Target," *Quarterly Journal of Economics* 100 (4): 1169-89.

Rogoff, K. & Sibert, A. (1988) "Elections and Macroeconomic Policy Cycles," *Review of Economic Studies* 55 (1): 1-16.

Rokkan, S. (1975) "Dimensions of State Formation and Nation-Building: Possible Paradigm for Research on Variations within Europe," in C. Tilly (ed.), *The Formation of National States in Western Europe.* Princeton University Press.

Rose, R. & Urwin, D. W. (1970) "Persistence and Change in Western Party Systems since 1945," *Political Studies* 18 (3): 287-319.

Rosenberg, J. with Chen, M. (2009) "Expanding Democracy: Voter Registration around the World," Brennan Center for Justice (https://www.brennancenter.org/our-work/research-reports/expanding-democracy-voter-registration-around-world, 2024 年 3 月 10 日閲覧).

Rosenstone, S. J. & Hansen, J. M. (1993) *Mobilization, Participation, and Democracy in America.* Longman.

Rosenthal, J-L. (1998) "The Political Economy of Absolutism Reconsidered," in R. Bates et al. (eds.), *Analytic Narratives.* Princeton University.

Ross, M. H. (1997) "Culture and Identity in Comparative Political Analysis," in M. I. Lichbach & A. S. Zuckerman (eds.), *Comparative Politics: Rationality, Culture, and Structure.* Cambridge University Press.

Ross, M. L. (1999) "The Political Economy of the Resource Curse," *World Politics* 51 (2): 297-322.

Ross, M. L. (2001) "Does Oil Hinder Democracy?" *World Politics* 53 (3): 325-361.

Ross, M. L. (2006) "A Closer Look and Oil, Diamonds, and Civil War," *Annual Review of Political Science* 9: 265-300.

Ross, M. L. (2012) *The Oil Curse: How Petroleum Wealth Shapes the Development of Nations.* Princeton University Press (松尾昌樹・浜中新吾訳, 2017, 『石油の呪い——国家の発展経路はいかに決定されるか』吉田書店).

Ross, M. L. (2015) "What Have We Learned about the Resource Curse?," *Annual Review of Political Science* 18: 239-259.

Rotberg, R. I. (ed.) (2004) *When States Fail: Causes and Consequences.* Princeton University Press.

Roth, A. (2015) "The Role of Diasporas in Conflict," *Journal of International Affairs* 68 (2): 289-301.

Rothchild, D. & Roeder, P. G. (2005) "Power Sharing as an Impediment to Peace and Democracy," in P. G. Roeder & D. Rothchild (eds.), *Sustainable Peace: Power and Democracy after Civil Wars.* Cornell University Press.

Rothstein, B. & Stolle, D. (2008) "The State and Social Capital: An Institutional Theory of Generalized Trust," *Comparative Politics* 40 (4): 441-459.

Roubini, N. & Sachs, J. D. (1989) "Political and Economic Determinants of Budget Deficits in the Industrial Democracies," *European Economic Review* 33 (5): 903-933.

Rovny, J. (2012) "Who Emphasizes and Who Blurs? Party Strategies in Multidimensional Competition," *European Union Politics* 13 (2): 269-292.

Rowlands, D. & Carment, D. (1998) "Moral Hazard and Conflict Intervention," in M. Wolfson (ed.), *The Political Economy of War and Peace.* Springer.

Rubin, B. R. (2006) "Peace Building and State-building in Afghanistan: Constructing Sovereignty for Whose Security?" *Third World Quarterly* 27 (1): 175-185.

Rubin, D. B. (1974) "Estimating Causal Effects of Treatments in Randomized and Nonrandomized Studies," *Journal of Educational Psychology* 66 (5): 688-701.

Rubin, D. B. (1986) "Which Ifs Have Causal Answers," *Journal of the American Statistical Association* 81 (396): 961-962.

Rudra, N. (2008) *Globalization and the Race to the Bottom in Developing Countries: Who Really Gets Hurt?* Cambridge University Press.

Rueda, D. & Stegmueller, D. (2019) *Who Wants What? Redistribution Preferences in Comparative Perspective.* Cambridge University Press.

Ruff, C. & Fehr, E. (2014) "The Neurobiology of Rewards and Values in Social Decision Making," *Nature Review Neuroscience* 15: 549-562.

Ruggie, J. G. (1982) "International Regimes, Transactions, and Change: Embedded Liberalism in the Postwar Economic Order," *International Organization* 36 (2): 379-415.

Rule, W. (1987) "Electoral Systems, Contextual Factors and Women's Opportunity for Election to Parliament in Twenty Three Democracies," *Western Political Quarterly* 40 (3): 477-498.

Russett, B. M. (ed.) (1969) *Economic Theories of International Politics.* Markham Publishing Company.

Rustad, S. C. A. et al. (2008) "Foliage and Fighting: Forest Resources and the Onset, Duration, and Location of Civil War," *Political Geography* 27 (7): 761-782.

■S

Sainsbury, D. (1996) *Gender, Equality, and Welfare States.* Cambridge University Press.

Sainsbury, D. (ed.) (1999) *Gender and Welfare State Regimes.* Oxford University Press.

Salamon, L. (1995) *Partners in Public Service: Government-Nonprofit Relations in the Modern Welfare State.* Johns Hopkins University Press (江上哲監訳, 2007, 『NPO と公共サービス——政府と民間のパートナーシップ』ミネルヴァ書房).

Salamon, L. et al. (2004) *Global Civil Society: Dimensions of the Nonprofit Sector.* Vol. 2, Kumarian Press.

Sandri, G. & Seddone, A. (2021) *New Paths for Selecting Political Elites: Investigating the Impact of Inclusive*

Candidate and Party Leader Selection Methods. Taylor & Francis.

Sartori, G. (1976) *Parties and Party Systems: A Framework for Analysis.* Cambridge University Press (岡沢憲芙・川野秀之訳，1980，『現代政党学——政党システム論の分析枠組み』早稲田大学出版部).

Sass, J. & Dryzek, J. S. (2014) "Deliberative Cultures," *Political Theory* 42 (1)：3-25.

Sato, Y. & Wahman, M. (2019) "Elite Coordination and Popular Protest: The Joint Effect on Democratic Change," *Democratization* 26 (8)：1419-38.

Satyanath, S. et al. (2017) "Bowling for Fascism: Social Capital and the Rise of the Nazi Party," *Journal of Political Economy* 125 (2)：478-526.

Saurugger, S. (2014) *Theoretical Approaches to European Integration.* Palgrave Macmillan.

Schatz, E. (ed.) (2009) *Political Ethnography: What Immersion Contributes to the Study of Power.* Chicago University Press.

Schedler, A. (2002) "The Menu of Manipulation," *Journal of Democracy* 13 (2)：36-50.

Schedler, A. (2013) *The Politics of Uncertainty: Sustaining and Subverting Electoral Authoritarianism.* Oxford University Press.

Schedler, A. (ed.) (2006) *Electoral Authoritarianism: The Dynamics of Unfree Competition.* Lynne Rienner.

Schimmelfennig, F. & Winzen, T. (2020) *Ever Looser Union?: Differentiated European Integration.* Oxford University Press.

Schleussner, C-F. et al. (2016) "Armed-conflict Risks Enhanced by Climate-Related Disasters in Ethnically Fractionalized Countries," *Proceedings of the National Academy of Sciences* 113 (33)：9216-21.

Schmid, A. P. (ed.) (2011) *The Routledge Handbook of Terrorism Research.* Routledge.

Schmidt, V. (2010) "Taking Ideas and Discourse Seriously: Explaining Change through Discursive Institutionalism as the Fourth 'New Institutionalism'," *European Political Science Review* 2 (1)：1-25.

Schmitter, P. C. (1974) "Still the Century of Corporatism?" *Review of Politics* 36 (1)：85-131 (山口定監訳，1984，「いまもなおコーポラティズムの世紀なのか？」『現代コーポラティズム 1——団体統合主義の政治とその理論』木鐸社).

Schnabel, L. (2022) "Survey Experiments," in S. Engler & M. Stausberg (ed.), *The Routledge Handbook of Research Methods in the Study of Religion.* Routledge.

Schreiber, D. et al. (2013) "Red Brain, Blue Brain: Evaluative Processes Differ in Democrats and Republicans," *PLOS ONE* 8 (2): e52970.

Schumpeter, J. A. (1942) *Capitalism, Socialism, and Democracy.* Harper & Brothers (大野一訳，2016，『資本主義，社会主義，民主主義』1，2，日経 BP 社).

Schumpeter, J. A. (1950) *Capitalism, Socialism and Democracy.* 3rd ed., Harper & Brothers (中山伊知郎・東畑精一訳，1995，『資本主義・社会主義・民主主義』新装版，東洋経済新報社).

Schwarz, S. & Coppock, A. (2022) "What Have We Learned about Gender from Candidate Choice Experiments? A Meta-Analysis of Sixty-Seven Factorial Survey Experiments," *Journal of Politics* 84 (2)：655-668.

Schwedler, J. (2007) *Faith in Moderation: Islamist Parties in Jordan and Yemen.* Cambridge University Press.

Scott, J. C. (1972) *Comparative Political Corruption.* Prentice-Hall.

Scudder, M. F. (2022) "Listening Quality Index," in S. A. Ercan et al. (eds.), *Research Methods in Deliberative Democracy.* Oxford University Press.

Seawright, J. (2016) *Multi-Method Social Science: Combining Qualitative and Quantitative Tools.* Cambridge University Press.

Sedra, M. (2016) *Security Sector Reform in Conflict-Affected Countries: The Evolution of a Model.* Routledge.

Selway, J. S. (2011) "Cross-Cuttingness, Cleavage Structures and Civil War Onset," *British Journal of Political Science* 41 (1)：111-138.

Selznick, P. (1949) *TVA and the Grass Roots: A Study in the Sociology of Formal Organization.* University of California Press.

Shain, Y. (2002) "The Role of Diasporas in Conflict Perpetuation and Resolution," *SAIS Review* 22 (2)：115-144.

Shain, Y. & Barth, A. (2003) "Diasporas and International Relations Theory," *International Organization* 57 (3)：449-479.

Shane, M. (2011) "Electoral Institutions, the Personal Vote, and Legislative Organization," *Legislative Studies Quarterly* 36 (3)：339-361.

Shayo, M. (2009) "A Model of Social Identity with an Application to Political Economy: Nation, Class, and Redistribution," *American Political Science Review* 103 (2)：147-174.

Shepsle, K. A. (1978) *The Giant Jigsaw Puzzle: Democratic Committee Assignments in the Modern House.* University of Chicago Press

Shin, K. (2004) "Fufubessei Movement in Japan: Thinking about Women's Movement and Subjectivity," *Frontiers of Gender Studies* 2：107-114.

Shugart, M. S. & Taagepera, R. (2017) *Votes from Seats: Logical Models of Electoral Systems.* Cambridge University Press.

Sides, J. et al. (2018) *Identity Crisis: The 2016 Presidential Campaign and the Battle for the Meaning of America.* Princeton University Press.

Sikkink, K. (2011) *The Justice Cascade: How Human Rights Prosecutions are Changing World Politics.* W. W. Norton & Co.

参照・引用文献 659

Siklos, P. L. (2022) "Did the Great Influenza of 1918-1920 Trigger a Reversal of the First Era of Globalization?" *International Economics and Economic Policy* 19：459-490.

Sima, D. & Huang, F. (2023) "Is Democracy Good for Growth?: Development at Political Transition Time Matters," *European Journal of Political Economy* 78：102355.

Simmons, E. S. (2016) *Meaningful Resistance: Market Reforms and the Roots of Social Protest in Latin America.* Cambridge University Press.

Simpser, A. (2013) *Why Governments and Parties Manipulate Elections: Theory, Practice, and Implications.* Cambridge University Press.

Singh, B. (2018) "Crime-Terror Nexus in Southeast Asia: Case Study of the Abu Sayyaf Group," *Counter Terrorist Trends and Analysis* 10（9）：6-10.

Sisk, T. D. (2009) "Pathways of the Political: Electoral Processes after Civil War," in R. Paris & T. Sisk（eds.）, *The Dilemmas of Statebuilding: Confronting the Contradictions of Postwar Peace Operations.* Routledge.

Skocpl, T. (1979) *States and Social Revolutions: A Comparative Analysis of France, Russia and China.* Cambridge University Press.

Slettebak, R. T. (2012) "Don't Blame the Weather! Climate-related Natural Disasters and Civil Conflict," *Journal of Peace Research* 49（1）：163-176.

Small, M. & Singer, J. D. (1982) *Resort to Arms: International and Civil Wars, 1816-1980.* Sage Publications.

Smith, B. (2007) *Hard Times in the Lands of Plenty: Oil Politics in Iran and Indonesia.* Cornell University Press.

Smith, B. (2018) "Comparing Separatism across Regions: Rebellious Legacies in Africa, Asia, and the Middle East," in A. Ahram et al.（eds.）, *Comparative Area Studies: Methodological Rationales and Cross Regional Applications.* Oxford University Press.

Smith, H. & Stares, P. (2007) *Diasporas in Conflict.* UNU Press.

Smulovitz, C. & Peruzzotti, E. (2000) "Societal Accountability in Latin America," *Journal of Democracy* 11（4）：147-158.

Snow, D. A. & Benford, R. D. (1988) "Ideology, Frame Resonance, and Participant Mobilization," in B. Klandermans et al.（eds.）, *From Structure to Action: Comparing Social Movement Research across Cultures.* International Social Movement Research, Vol. 1. JAI Press.

Snow, D. A. et al.（eds.）(2013) *The Wiley Blackwell Encyclopedia of Social and Political Movements.* Wiley-Blackwell.

Snow, D. A. et al.（eds.）(2019) *The Wiley Blackwell Companion to Social Movements.* Wiley Blackwell.

Snow, J. (1855) *On the Mode of Communication of Cholera.* 2nd ed., John Churchill.

Soroka, S. N. et al. (2014) "It's（Change in the（Future）Economy, Stupid: Economic Indicators, the Media, and Public Opinion," *American Journal of Political Science* 59（2）：457-474.

Spalding, R. J. (1981) "State Power and Its Limits: Corporatism in Mexico," *Comparative Political Studies* 14（2）：139-161.

Spring, J. (2014) *Globalization of Education: An Introduction.* 2nd ed., Routledge（北村友人監訳，2023,『教育グローバル化のダイナミズム――なぜ教育は国境を超えるか』東信堂）.

Standing, G. (2011) *The Precariat: The New Dangerous class.* Bloomsbury USA Academic（岡野内正訳，2016,『プレカリアート――不平等社会が生み出す危険な階級』法律文化社）.

Stanley, D. A. & Adolphs, R. (2013) "Toward a Neural Basis for Social Behavior," *Neuron* 80（3）：816-826.

Stanley, L. M. (2016) "Using Focus Groups in Political Science and International Relations," *Politics* 36（3）：236-249.

Steenbergen, M. R. et al. (2002) "Modeling Multilevel Data Structures," *American Journal of Political Science* 46（1）：218-237.

Stegmueller, D. (2013) "How Many Countries for Multilevel Modeling? A Comparison of Frequentist and Bayesian Approaches," *American Journal of Political Science* 57（3）：748-761.

Steiner, J. et al. (2004) *Deliberative Politics in Action: Analyzing Parliamentary Discourse.* Cambridge University Press.

Steinmo, S. et al.（eds.）(1992) *Structuring Politics: Historical Institutionalism in Comparative Analysis.* Cambridge University Press.

Stepan, A. C. (1978) *The State and Society: Peru in Comparative Perspective.* Princeton University Press.

Stepan, A. C. (1999) "Federalism and Democracy: Beyond the U. S. Model," *Journal of Democracy* 10（4）：19-34.

Stetson, D. M. (2001a) "Women's Movements' Defense of Legal Abortion in Great Britain," in D. M. Stetson（ed.）, *Abortion Politics, Women's Movement and the Democratic State.* Oxford University Press.

Stetson, D. M. (2001b) "US Abortion Debates in 1959-1998," in D. M. Stetson（ed.）, *Abortion Politics, Women's Movement and the Democratic State: A Comparative Study of State Feminism.* Oxford University Press.

Stetson, D. M.（ed.）(2001) *Abortion Politics, Women's Movement and the Democratic State.* Oxford University Press.

Stetson, D. M. & Mazur, A. G.（eds.）(1995) *Comparative State Feminism.* Sage.

Stewart, F. (2008) "Horizontal Inequalities and Conflict: An Introduction and Some Hypotheses," in F. Stewart.（ed.）, *Horizontal Inequalities and Conflict: Understanding Group Violence in Multiethnic Societies.* Palgrave Macmillan.

Stokes, D. E. (1963) "Spatial Models of Party Competition," *American Political Science Review* 57（2）：368-377.

Stokes, S. (2005) "Perverse Accountability: A Formal Model of Machine Politics with Evidence from Argentina," *American Political Science Review* 99（3）：315-325.

Stokes, S. et al. (2013) *Brokers, Voters, and Clientelism: The Puzzle of Distributive Politics*. Cambridge University Press.

Straus, S. & Taylor, C. (2012) "Democratization and Electoral Violence in Sub-Saharan Africa, 1990–2008," in D. A. Bekoe (ed.), *Voting in Fear: Electoral Violence in Sub-saharan Africa*. United States Institute of Peace Press.

Streeck. W. & Thelen, K. (2005) "Introduction: Institutional Change in Advanced Political Economies," in W. Streeck & K. Thelen (eds.), *Beyond Continuity: Institutional Change in Advanced Political Economies*. Oxford University Press.

Streeck, W. & Thelen, K. (eds.) (2005) *Beyond Continuity: Institutional Change in Advanced Political Economies*. Oxford University Press.

Strøm, K. (1990) *Minority Governments and Majority Rule*. Cambridge University Press.

Strøm, K. (1998) "Parliamentary Committees in European Democracies," *Journal of Legislative Studies* 4 (1)：21-59.

Stubager, R. (2018) "What is Issue Ownership and How Should We Measure It?," *Political Behavior* 40 (2)：345-370.

Studlar, D. T. & Tatalovich, R. (1996) "Abortion Policy in the United States and Canada," in M. Githens & D. M. Stetson (ed.), *Abortion Politics, Public Policy in Cross-Cultural Perspective*. Routledge.

Sturzo, L. (1936) "The Totalitarian State," *Social Research* 3 (2)：222-235.

Subotic, J. (2009) *Hijacked Justice: Dealing with the Past in the Balkans*. Cornell University Press.

Sudduth, J. K. (2017) "Strategic Logic of Elite Purges in Dictatorships," *Comparative Political Studies* 50 (13)：1768-1801.

Sundberg, R. & Melander, E. (2013) "Introducing the UCDP Georeferenced Event Dataset," *Journal of Peace Research* 50 (4)：523-532.

Sunstein, C. R. (2001) *Echo Chambers: Bush v. Gore, Impeachment, and Beyond*. Princeton University Press.

Sunstein, C. R. (2017) *#Republic: Divided Democracy in the Age of Social Media*. Princeton University Press.

Supporting Democracy Worldwide, "Compulsory Voting" (https:// www.idea.int/data-tools/data/voter-turnout-database/compulsory-voting, 2023 年 12 月 23 日閲覧).

Svolik, M. (2012) *The Politics of Authoritarian Rule*. Cambridge University Press.

Swank, D. (2002) *Global Capital, Political Institutions, and Policy Change in Developed Welfare States*. Cambridge University Press.

Swenden, W. (2006) *Federalism and Regionalism in Western Europe: A Comparative and Thematic Analysis*. Palgrave Macmillan.

Swenson, P. (1991) "Bringing Capital Back In, or Social Democracy Reconsidered: Employer Power, Cross-Class Alliances, and Centralization of Industrial Relations in Denmark and Sweden," *World Politics* 43 (4)：513-544.

Szakonyi, D. (2022) "Candidate Filtering: The Strategic Use of Electoral Manipulation in Russia," *British Journal of Political Science* 52 (2)：649-670.

■ T

Taagepera, R. & Shugart, M. (1989) *Seats and Votes: The Effects and Determinants of Electoral Systems*. Yale University Press.

Tarrow, S. G. (1998) *Power in Movement: Social Movement and Contentious Politics*. Cambridge University Press（大畑裕嗣監訳，2006，『社会運動の力——集合行為の比較社会学』彩流社）.

Tarrow, S. G. (2022) *Power in Movement: Social Movements and Contentious Politics*. 4th ed., Cambridge University Press.

Tavares, R. (2010) *Regional Security: The Capacity of International Organizations*. Routledge.

Taylor-Gooby, P. (2004) "New Social Risks and Social Change," in P. Taylor-Gooby (ed.), *New risks, New welfare: The Transformation of the European Welfare State*. Oxford University Press.

Teets, J. (2014) *Civil Society under Authoritarianism: The China Model*. Cambridge University Press.

Teorell, J. & Lindberg, S. I. (2019) "Beyond Democracy-Dictatorship Measures: A New Framework Capturing Executive Bases of Power, 1789-2016," *Perspectives on Politics* 17 (1)：66-84.

Thelen, K. (2003) "How Institutions Evolve: Insights from Comparative Historical Analysis," in J. Mahoney & D. Rueschemeyer (eds.), *Comparative Historical Analysis in the Social Sciences*. Cambridge University Press.

Thelen, K. (2014) *Varieties of Liberalization and the New Politics of Social Solidarity*. Cambridge University Press.

Thompson, M. (1999) *Forging War: The Media in Serbia, Croatia and Bosnia-Herzegovina*. Revised ed., Article 19.

Thürk, M. et al. (2021) "Institutional Constraints on Cabinet Formation," *European Journal of Political Research* 60 (2)：295-316.

Thyne, C. (2017) "The Impact of Coups d' état on Civil War Duration," *Conflict Management and Peace Science* 34 (3)：287-307.

Thyne, C. & Powell, J. M. (2016) "Coup d' état or Coup d'Autocracy? How Coups Impact Democratization, 1950-2008," *Foreign Policy Analysis* 12 (2)：192-213.

Tilly, C. (1975a) *The Formation of National States in Western Europe*. Princeton University Press.

Tilly, C. (1975b) "Reflections on the History of European State-building," in C. Tilly (ed.), *The Formation of National State in Western Europe*. Princeton University Press.

Tilly, C. (1978) *From Mobilization to Revolution*. Addison-Wesley（堀江湛監訳，1984，『政治変動論』芦書房）.

Tilly, C. (1985) "War Making and State Making as Organized Crime," in P. B. Evans et al. (eds.), *Bringing the State Back In*. Cambridge University Press

Tilly, C.（1990）*Coercion, Capital, and European States, AD 990-1990*. B. Blackwell.

Tilly, C.（2003）*The Politics of Collective Violence*. Cambridge University Press

Tilly, C.（2004）*Social Movements, 1768-2004*. Paradigm Publishers.

Toha, R. J.（2022）*Rioting for Representation: Local Ethnic Mobilization in Democratizing Countries*. Cambridge University Press.

Tomz, M. & Weeks, J. L. P.（2020）"Public Opinion and Foreign Electoral Intervention," *American Political Science Review* 114（3）：856-873.

Torfing, J.（1999）*New Theories of Discourse: Laclau, Mouffe and Žižek*. Blackwell Publishers.

Trampusch, C. & Palier, B.（2016）"Between X and Y: How Process Tracing Contributes to Opening the Black Box of Causality," *New Political Economy* 21（5）：437-454.

Traverso, E.（2001）*Le totalitarisme. Le XXe siècle en débat*. Seuil（柱本元彦訳，2010，『全体主義』平凡社新書）.

Treisman, D.（2020）"Democracy by Mistake: How the Errors of Autocrats Trigger Transitions to Freer Government," *American Political Science Review* 114（3）：792-810.

Trejo, G.（2014）"The Ballot and the Street: An Electoral Theory of Social Protest in Autocracies," *Perspectives on Politics* 12（2）：332-352.

Tremblay, M. et al.（eds.）（2011）*The Lesbian and Gay Movement and the State: Comparative Insights into a Transformed Relationship*. Ashgate Publishing.

Troeger, V.（2020）"Time-Series-Cross-Section Analysis," in L. Curini & R. Franzese（eds.）, *The SAGE Handbook of Research Methods in Political Science and International Relations*. SAGE.

Truman, D.（1951）*The Government Process*. Alfred A. Knopf.

Tsebelis, G.（2002）*Veto Players: How Political Institutions Work*. Princeton University Press.

Tuan, Yi-Fu（1977）*Space and Place: The Perspective of Experience*. University of Minnesota Press.

Tucker, J. A.（2007）"Enough! Electoral Fraud, Collective Action Problems, and Post-Communist Colored Revolutions," *Perspectives on Politics* 5（3）：535-551.

U

Uesugi, Y.（2022）"Security Sector Reform," in R. M. Ginty et al.（eds.）, *Contemporary Peacemaking: Peace Processes, Peacebuilding and Conflict*. Springer.

Uesugi, Y.（ed.）（2014）*Peacebuilding and Security Sector Governance in Asia*. Lit Verlag.

UNCTAD（2023）*The Least Developed Countries Report 2023*.

UNDESA（2022）*E-Government Survey 2022: The Future of Digital Government*. United Nations Department of Economic and Social Affairs.

United Nations（2023）*Guidance Note of the Secretary General on Transitional Justice: A Strategic Tool for People. Prevention and Peace*.

UN-PKO（2023）United Nations Peacekeeping Operation（https://peacekeeping.un.org/en, 2024 年 12 月 24 日閲覧）.

Uppsala Conflict Data Program（https://ucdp.uu.se, 2024 年 8 月 30 日閲覧）.

Urbinati, N.（2019）*Me the People: How Populism Transforms Democracy*. Harvard University Press.

Uscinski, J. E. & Parent, J. M.（2014）*American Conspiracy Theories*. Oxford University Press.

V

Valentino, N. et al.（2019）"Economic and Cultural Drivers of Immigrant Support Worldwide," *British Journal of Political Science* 49（4）：1201-26.

Vallone, R. P. et al.（1985）"The Hostile Media Phenomenon: Biased Perception and Perceptions of Media Bias in Coverage of the Beirut Massacre," *Journal of Personality and Social Psychology* 49（3）：577-585.

van Bezouw, M, et al.（2019）"A Methodology for Cross-national Comparative Focus Group Research: Illustrations from Discussions about Political Protest," *Quality & Quantity* 53：2719-39.

Van Biezen, I. & Kopecký, P.（2017）"The Limited Impact of State Subsidies on Party Membership," in S. E. Scarrow et al.（eds.）, *Organizing Political Parties: Representation, Participation, and Power*. Oxford University Press.

van Kersbergen, K.（1995）*Social Capitalism: A Study of Christian Democracy and the Welfare State*. Routledge.

Varieties of Democracy（https://v-dem.net/, 2023 年 10 月 30 日閲覧）.

Varshney, A.（2002）*Ethnic Conflict and Civic Life: Hindus and Muslims in India*. Oxford University Press

VAWW-NET Japan 編（2002）『女性国際戦犯法廷の全記録――日本軍性奴隷制を裁く：2000 年女性国際戦犯法廷の記録』Ⅰ・Ⅱ，緑風出版.

V-Dem（2023）*Defiance in the Face of Autocratization*. University of Gothenburg.

Veil, S.（2009）*Une vie*. Le Livre de Poche（石田久仁子訳，2011,『シモーヌ・ヴェーユ回想録――20 世紀フランス，欧州と運命をともにした女性政治家の半生』パド・ウィメンズ・オフィス）.

Verba, S. et al.（1995）*Voice and Equality: Civic Voluntarism in American Politics*. Harvard University Press.

Versteeg, M. & Zackin, E.（2016）"Constitutions Unentrenched: Toward an Alternative Theory of Constitutional Design," *American Political Science Review* 110（3）：657-674.

Vitols, S.（2013）"European Corporate Governance: Is There an Alternative to Neo-Liberalism?" in V. A. Schmidt & M. Thatcher（eds.）, *Resilient Liberalism in Europe's Political Economy*. Cambridge University Press.

Vittori, D. et al.（2023）"Do Technocrats Boost the Acceptance of Policy Proposals among the Citizenry? Evidence from a Survey Experiment in Italy," *Electoral Studies* 81：102566.

Vogt, M.（2019）*Mobilization and Conflict in Multiethnic States*. Oxford University Press.

Voigtländer, N. & Voth, H. J.（2012）"Persecution Perpetuated: The Medieval Origins of Anti-Semitic Violence in Nazi Germany," *Quarterly Journal of Economics* 127（3）：1339-92.

von Beyme, K.（2010）"The Historical Development of Comparative Politics," *Zeitschrift für Vergleichende Politikwissenschaft* 4（1）：1-15.

Vosoughi, S. et al.（2018）"The Spread of True and False News Online," *Science* 359（6380）：1146-51.

■ W

Wade, R.（1990）*Governing the Market: Economic Theory and the Role of Government in East Asian Industrialization*. Princeton University Press.

Wahman, M.（2013）"Opposition Coalitions and Democratization by Elections," *Government and Opposition* 48（1）：3-32.

Wahman, M. et al.（2013）"Authoritarian Regime Types Revisited: Updated Data in Comparative Perspective," *Contemporary Politics* 19（1）：19-34.

Waldner, D. & Smith, B.（2020）"Survivorship Bias in Comparative Politics: Endogenous Sovereignty and the Resource Curse," *American Political Science Association* 19（3）：890-905.

Walter, B. F.（2009a）*Reputation and Civil War: Why Separatist Conflicts Are So Violent*. Cambridge University Press.

Walter, B. F.（2009b）"Bargaining Failures and Civil War," *Annual Review of Political Science* 12（1）：243-261.

Waltz, K. N.（1979）*Theory of International Politics*. Random House.

Waseda University Institute of Digital Government（2023）Waseda-IAC World Digital Government Ranking 2023. Waseda University（https://idg-waseda.jp/pdf/2023_Digital_Government_Ranking_Report.pdf, 2023 年 1 月 5 日閲覧）.

Washida, H.（2018）*Distributive Politics in Malaysia: Maintaining Authoritarian Party Dominance*. Routledge.

Watts, R. L.（1998）"Federalism, Federal Political Systems, and Federations," *Annual Review of Political Science* 1（1）：117-37.

Weber, M.（1904-1905）"Die protestantische Ethik und der Geist des Kapitalismus"（大塚久雄訳（1989）『プロテスタンティズムの倫理と資本主義の精神』岩波文庫）.

Weber, M.（1948）"Bureaucracy," in H. H. Gerth & C. W. Mills（eds.）, *From Max Weber*. Routledge.

Wedeen, L.（2008）*Peripheral Visions: Publics, Power, and Performance in Yemen*. University of Chicago Press.

Weidmann, N. B.（2009）"Geography as motivation and opportunity: Group concentration and ethnic conflict," *Journal of Conflict Resolution* 53（4）：526-543.

Weingast, B. R. & Marshall, W. J.（1988）"The Industrial Organization of Congress; or, Why Legislatures, Like Firms, Are Not Organized as Markets," *Journal of Political Economy* 96（1）：132-163.

Weingast, B. R. et al.（1981）"The Political Economy of Benefits and Costs: A Neoclassical Approach to Distributive Politics," *Journal of Political Economy* 89（4）：642-664.

Weiss, L.（ed.）（2003）*States in the Global Economy: Bringing Domestic Institutions Back In*. Cambridge University Press.

Welch, D.（2016）*Nazi Propaganda: The Power and the Limitations*. Routledge.

Weller, M.（2008）*Escaping the Self-Determination Trap*. Martinus Nijhoff Publishers.

Wendt, A.（1999）*Social Theory of International Politics*. Cambridge University Press.

Wesley, M.（2008）"The State of the Art on the Art of State Building," *Global Governance* 14（3）：369-385.

Whitehead, L.（ed.）（1996）*The International Dimensions of Democratization: Europe and the Americas*. Oxford University Press.

Wiarda, H. J.（ed.）（1985）*New Directions in Comparative Politics*. Westview Press（大木啓介ほか訳, 1988,『比較政治学の新動向』東信堂）.

Winn, P.（2024）*Narcotopia: In Search of the Asian Drug Cartel that Survived the CIA*. Public Affairs.

Wintrobe, R.（1998）*The Political Economy of Dictatorship*. Cambridge University Press.

Woldense, J.（2022）"What Happens When Coups Fail? The Problem of Identifying and Weakening the Enemy Within," *Comparative Political Studies* 55（7）：1236-65.

Wolin, S. S.（2004）*Politics and Vision: Continuity and Innovation in Western Political Thought*. Expanded ed., Princeton University Press.

Wood, M. J. et al.（2012）"Dead and Alive: Beliefs in Contradictory Conspiracy Theories," *Social Psychological and Personality Science* 3（6）：767-773.

Woodward, M.（2014）*Epidemiology: Study Design and Data Analysis*. 3rd ed., CRC Press.

Woodward, S. L.（2017）*The Ideology of Failed States: Why Intervention Fails*. Cambridge University Press.

Wren, A.（2021）"Strategies for Growth and Employment Creation in a Services-Based Economy: Skill Formation, Equality, and the Welfare State," in A. Hassel & B. Palier（eds.）, *Growth and Welfare in Advanced Capitalist Economies: How Have Growth Regimes Evolved?* Oxford University Press.

■ X

Xu, Y.（2023）"Causal Inference with Time-Series Cross-Sectional Data: A Reflection," *Forthcoming in the Oxford Handbook for Methodological Pluralism*（https://papers.ssrn.com/sol3/papers.cfm? abstract_id=3979613, 2024 年 8

月 27 日閲覧）.

■Y

Yanagizawa-Drott, D.（2014）"Propaganda and Conflict: Evidence from the Rwandan Genocide," *Quarterly Journal of Economics* 129（4）：1947-94.

Yanai, Y.（2017）Perceived Inequality and Support for Redistribution. SSRN（https://ssrn.com/abstract=2937637, 2024 年 8 月 30 日閲覧）.

Yildirim, K. & Kitschelt, H.（2020）"Analytical Perspectives on Varieties of Clientelism," *Democratization* 27（1）：20-43.

Yoshida, T.（2023）"Populism in Japan: Actors or Institutions?" in D. B. Subedi et al.（eds.）, *The Routledge Handbook of Populism in the Asia Pacific.* Routledge.

■Z

Zakaria, F.（1997）"The Rise of Illiberal Democracy," *Foreign Affairs* 76（6）：22-43.

Zeitzoff, T.（2017）"How Social Media Is Changing Conflict," *Journal of Conflict Resolution* 61（9）：1970-91.

事 項 索 引

＊「見出し語五十音索引」は xvii 頁参照．見出し語（全体／一部）の掲載ページは太字にした
＊適切な訳語が無い場合は英字を併記していない

■数字・英字

14 か条の平和原則　Fourteen Points　120

2011 年固定任期議会法　Fixed-term Parliaments Act 2011（FTPA 2011）　377

2 回投票制　two-round system（TRS）　354

2 レベルゲーム（二層ゲーム）　two-level games　443,468

9.11 米国同時多発テロ事件　9.11 attacks　156, 209,434,468

#KuToo（日本で女性のみにヒールを強要する職場環境に抗議する際に使用されるハッシュタグ）　541

#MeToo（セクハラや性的暴行などの性犯罪被害の体験を告白・共有する際に使用されるハッシュタグ）　541

ABS（アジアンバロメーター）　Asian Barometer Survey　45

AFBF（全米農民連盟）　American Farm Bureau Federation　328

AfD（ドイツのための選択肢）　Alternative für Deutschland　170

AMS（併用制［小選挙区比例代表併用制］，追加議員制）　additional member system　355

APEp（反政治エスタブリッシュメント政党）　anti-political-establishment parties　219

API　application programming interface　47,80

ART（生殖補助医療）　assisted reproductive technology　564

ASEAN（東アジア諸国連合）　Association of Southeast Asian Nations　492

ASG（アブ・サヤフ）　Abu Sayyaf Group　467

ATE（平均処置効果）　average treatment effect　67

AU（アフリカ連合）　African Union　436,492

AV（順位付け連記投票小選挙区制）　alternative vote　202

AWF（アジア女性基金）　The Asian Women's Fund　481

BE（左翼ブロック，ポルトガル）　Bloco de Esquerda, Left Bloc　172

CBM（信頼醸成措置）　confidence building measures　486

CDA（批判的言説研究，批判的談話研究）　critical discourse analysis　63

CMEs（調整型市場経済）　coordinated market economies　553

COVID-19（新型コロナウイルス感染症）　604

CSES（選挙制度の国際比較調査）　Comparative Study of Electoral Systems　44

DDR（武装解除・動員解除・社会再統合／社会復帰）　disarmament, demobilization, reintegration　496,**498**

DOMA（結婚防衛法）　Defense of Marriage Act　565

DQI（言説の質指標）　discourse quality index　197

DV（家庭内暴力）　domestic violence　555

DW-NOMINATE スコア　DW-NOMINATE scores　218

EBPM（証拠に基づく政策立案）　evidence-based policy-making　592,600

EBPM 基盤法　Foundations for Evidence-Based Policymaking Act of 2018　592

EBPM 諮問委員会　Evidence-Based Policymaking Commission　592

ECOWAS（西アフリカ諸国経済共同体）　Economic Community of West African States　492

ECPR　European Consortium for Political Research　8

ECPSA　European Confederation of Political Science Association　8

EITM（理論モデルの実証的含意）　empirical implications of theoretical models　23

EPSA　European Political Science Association　8

EpsNet　European Political Science Network　8

ERS（選挙改革協会）　electoral reform society　203

ETF（政策評価タスクフォース）Evaluation Task Force 593

EU（欧州連合）European Union 118, 170, 414, **418**, 437, 492, 496

Facebook 580

FENSA（全国農業者組合連合）Fédération nationale des syndicats d'exploitants agricoles 328

FGI（フォーカス・グループ・インタビュー）focus group interview **40**

FI, LFI（不服従のフランス）La France insoumise, France Unbowed, Indomitable France 172

FPTP/SMD/SMP（小選挙区［制］）first-past-the-post, single member district, single member prulality 354

FTPA 2011（2011年固定任期議会法）Fixed-term Parliaments Act 2011 377

GAFA Google, Amazon, Facebook, Apple 527

GAL-TAN green, alternative, libertarianism-traditionalism, authoritarianism and nationalism 299, 309

GDP（国内総生産）Gross Domestic Product 214

GDPR（一般データ保護規則）General Data Protection Regulation 602

GFC（グローバル金融危機）global financial crisis 519

GIS（地理情報システム）geographic information system 78

IAA（独立行政機関）independent administrative agency **408**

ICAN（核兵器廃絶国際キャンペーン）International Campaign to Abolish Nuclear Weapons 277

ICBL（地雷禁止国際キャンペーン）International Campaign to Ban Landmines 277

ICC（級内相関係数）intra-class correlation 72

ICC（国際刑事裁判所）International Criminal Court 476, 489, 502, 555

ICTR（ルワンダ国際刑事法廷）International Criminal Tribunal for Rwanda 502

ICTY（旧ユーゴ国際刑事法廷）International Criminal Tribunal for the former Yugoslavia 502

IDP（国内避難民）internally displaced person 472

IDPF（国際医薬品購入ファシリティ）international drug purchase facility（unitaid）527

IEA（国際エネルギー機関）International Energy Agency 528

IGY（国際地球観測年）international geophysical year 532

IMF（国際通貨基金）International Monetary Fund 411

International IDEA International Institute for Democracy and Electoral Assistance 373

IPCC（気候変動に関する政府間パネル）The Intergovernmental Panel on Climate Change 456

IR（国際関係論）international relations 2

IS（イスラーム国）Islamic State 468

ISSP（国際社会調査プログラム）International Social Survey Programme 45

ITU（国際電気通信連合）International Telecommunications Union 533

JCTU（総評）General Council of Trade Unions of Japan 324

JTUC（連合）Japanese Trade Union Confederation 325

KKV King, Keohane, and Verba 54

KLA（コソボ解放軍）Kosovo Liberation Army 486

LAI（地方自律性指標）local autonomy index 112

LFI, FI（不服従のフランス）La France insoumise, France Unbowed, Indomitable France 172

LGBT運動 LGBT movement **562**

LMEs（自由市場型経済）liberal market economies 553

LPB（自由主義平和構築論）liberal peacebuilding 494

M+1ルール M+1 rule 297

M5S（五つ星運動，イタリア）Five Star Movement 172

Manifesto Research on Political Representation（MARPOR）project 223

MBS（多数派ボーナス制）majority bonus system 355

MDGs（ミレニアム開発目標）Millennium Development Goals 534

事 項 索 引　　　　667

MMM（混合多数代表制，小選挙区比例代表並立制）mixed-member majoritarian system 354

MMP（混合比例代表制，小選挙区比例代表併用制）mixed-member proportional system 354

MoU　Memorandum of Understanding　473

NATO（北大西洋条約機構）North Atlantic Treaty Organization　475,486,492,497

NELDA　National Elections Across Democracy and Autocracy　370

NGO（非政府組織）nongovernmental organization　216,**276**

NPM（新しい公共管理）New Public Management　407

NPO（非営利団体）nonprofit organization　216,**276**

OAS　Organization of American States　437

OAU（アフリカ統一機構）Organization of African Unity　123,436

Open Secrets　327

OSCE（欧州安全保障協力機構）Organization for Security and Co-operation in Europe　487,492

OST（宇宙条約）Outer Space Treaty　533

PaCS（パックス）pacte civil de solidarité　564

PBC（国連平和構築委員会）UN Peacebuilding Commission　490

PEI（選挙公正性認識指標）perceptions of electoral integrity　371

PKO（平和維持活動）peacekeeping operations　95,441,485,490,492,494,496,498

PLPB（ポスト・平和構築論）post-liberal peacebuilding　495

PR（比例代表［制］）proportional representation　171,296,314,350,**352**,354,358,450,544

PSA　Political Studies Association　8

QCA（質的比較分析）qualitative comparative analysis　**24**

Qアノン　Qanon　584

RMA（軍事技術革命）revolution in military affairs　462

RMA（結婚尊重法）Respect for Marriage Act　565

SADC（南部アフリカ開発共同体）Southern African Development Community　492

SDGs（持続可能な開発目標）Sustainable Development Goals　**534**,594,601

SMD/SMP/FPTP（小選挙区［制］）single member district, single member prulality, first-past-the-post　354

SNS　social networking service　82,541,**580**,587

SNTV（単記非移譲投票制，中選挙区制）single non-transferable vote　355

SSR（治安部門改革）security sector reform　**496**,498

SSRC（社会科学研究評議会）The Social Science Research Council　3,6,8

SUTVA　Stable Unit Treatment Value Assumption　67

SYRIZA（急進左派連合［シリザ］，ギリシャ）Coalition of the Radical Left, Progressive Alliance　172

TAN（トランスナショナル唱道ネットワーク）transnational advocacy network　486

TikTok　581

TRS（2回投票制）two-round system　354

UN（国際連合）United Nations　427,472,489,**490**,492,496,498,534,551,594

UNCAC（国連腐敗防止条約）United Nations Convention Against Corruption　594

UNCED（国連環境開発会議，リオ会議，地球サミット）United Nations Conference on Environment and Development（Rio Conference, Earth Summit）　534

UNESCO（ユネスコ）United Nations Educational, Scientific and Cultural Organization　531

UNFCCC（気候変動枠組み条約）United Nations Framework Convention on Climate Change　535

UNHCR（国連高等難民弁務官事務所）Office of the United Nations High Commissioner for Refugees　472,491,568

UNRWA（国連パレスチナ難民救済事業機関）The United Nations Relief and Works Agency for Palestine Refugees in the Near East　473

UWSA（ワ州連合軍）United Wa State Army　467

VAW（女性に対する暴力）violence against women　554

V-Dem　Varieties of Democracy　183, 185, 188, 371, 402

WTO（世界貿易機関）World Trade Organization　328

WVS（世界価値観調査）World Values Survey　44

■あ行

アイディア中心アプローチ　idea-oriented approach　515

アイディアの市場　marketplace of ideas　576

アイデンティティ　identity　126, 128, 220, 266, 308, 562

アイデンティティ政治（アイデンティティ・ポリティクス）identity politics　157, 431

アカウンタビリティ（説明責任）accountability　29, 198, **374**, 598, 609

アクセスの困難さ　inaccessibility　454

アジア女性基金　The Asian Women's Fund（AWF）481

アジア通貨危機　Asian Financial Crisis　511

アジアンバロメーター　Asian Barometer Survey（ABS）45

足による投票　vote with their feet　520

新しい公共管理　new public management（NPM）609

新しい社会運動　new social movement　268

新しい社会的リスク　new social risks　139, 141

新しい戦争　New Wars　435

新しい同性愛規範　new homonormativity　563

アチェ紛争　Rebellion in Aceh　458

厚い記述　thick description　59

アッラー　Allah　130

圧力団体　pressure group　320

当てはまりの良さ（指標）goodness of fit　70

アドボカシー（政策提言）advocacy　216, 277, 321

アノクラシー　anocracy　428

アパルトヘイト　apartheid　441, 505

アフガニスタン　Afghanistan　435, 484, 554

アブ・サヤフ　Abu Sayyaf Group（ASG）467

アフリカ統一機構　Organization of African Unity（OAU）123, 436

アフリカ連合　African Union（AU）436, 492

アボリジニ　Aborigine　365

雨傘運動　Umbrella Movement　586

アメリカ革命　American Revolution　439

アメリカ（合衆国）United States of America　164, 414, **416**

アメリカ進歩センター　Center for American Progress　331

アメリカ・ファースト（アメリカ第一主義）America First　165

アラブの春　Arab Spring　237, **258**, 304, 413, 582, 586

アルゴリズム　algorithm　583

アルゼンチン　Argentina　500

アルメニア人虐殺　Armenian Genocide　476

アローの不可能性定理　Arrow's impossibility theorem　224

安心供与　reassurance　426

「安全なコミュニティ」プログラム　secure communities program　417

安全保障のディレンマ　security dilemma　426

安全保障理事会　Security Council　474, 490

委員会中心主義　committee-based system　399

違憲審査　judicial review　404

移行期正義　transitional justice　233, 488, **500**, 502, 505, 555

イシュー・ネットワーク　issue network　323

維新の会　168

イスラエル　Israel　470, 478

イスラエル・パレスチナ紛争　Israeli-Palestinian conflict　440

イスラーム　Islam　**130**, 156, 246, 563

イスラーム国　Islamic State（IS）468

イスラーム主義(運動)　Islamists（Islamist Movement）304

イスラーム(主義)政党　Islamic political party, Islamist party　**304**

イスラームの家　dar al-Islam　131

イスラーム復興運動　Islamic revival　131

異性愛中心主義　heteronormativity　549

「偉大なる社会」"Great Society"　416

一次資料　primary sources　38

一括補助金　block grant　417

一層制　one-tier system　354

「一帯一路」政策　Belt and Road Initiative　209

一致法　method of agreement　4, 16, 19

五つ星運動（イタリア） Five Star Movement (M5S) 172
一党制 one-party system 241,292
一党優位政党制 one-party dominant system 293,356
一般歳入分与制度 general revenue sharing 417
一般データ保護規則 General Data Protection Regulation（GDPR） 602
一票の格差 malapportionment 371
一夫多妻制 polygamy 550
イデオロギー ideology **158**,172,218,222,230, 292,304,331,388,585
イデオロギー的分極化 ideological polarization 405
亥年現象 the Year of the Boar phenomenon 381
委任民主主義 delegative democracy 184,524
イベント・データ event data 79
移民 immigration 118,126,**142**,172,470,566, 569,**570**,572
イラク Iraq 448,478
因果関係 causation 2,16,19,54,56,66,446
因果効果 causal effect 55,447
因果推論 causal inference 19,55,75,79,180, 455
因果推論革命 causal inference revolution 3
因果推論の根本問題 fundamental problem of causal inference 66
因果の複雑性 causal complexity 24
因果プロセス観察 causal process observation 21
因果メカニズム causal mechanism 22,54,57
インターナショナリズム internationalism 117
インターネット internet 163,248,**386**,577, 579,582
インターネット投票 internet voting **386**
インタビュー（聞き取り） interview 32,**36**, 38,40
インドネシア Indonesia 580
インドネシアの9.30事件 Indonesian mass Killing of 1965-66 476
インフォテインメント infotainment 579
インフォーマル・セクター informal sector 144
インフォームド・コンセント informed consent 33,36

インフレーション inflation 410
陰謀 conspiracy 584
陰謀論 conspiracy theory **581**
陰謀論的信念 conspiracy belief 585
陰謀論的マインドセット conspiracy mindset 585

ヴィネット実験 vignette experiment 69
ウーマノミクス womenomic 553
ヴェイレンス・イシュー valence issue 298
ウェストミンスター型民主主義 Westminster democracy 204
ウェストミンスター・モデル Westminster model 202
ウェブスクレイピング web scraping 46,80
ウォール街占拠運動 Occupy Wall Street 582
ウクライナ Ukraine 119,261,471,478
宇宙開発 space exploration **532**
宇宙基本法 Basic Space Law 533
宇宙条約 Outer Space Treaty 533
宇宙の平和利用決議 The Diet resolution of 1969 established "the principle of peaceful use of space" 533
ウティ・ポシデティス原則 principle of Uti possidetis 122
右派ポピュリズム right-wing populism **170**
ウブントゥ ubuntu 505
埋め込まれた自由主義 embedded liberalism 138
ウルグアイ・ラウンド Uruguay Round 531
ウンク WUNC 279
ウンマ Ummah 130

衛兵主義（プリートリアニズム） praetorianism 107,232
エコーチェンバー echo chamber 386,579,583
エコロジー的近代化 ecological modernization 273
エージェンシー agency 61
エストニア Estonia 118
エスニシティ ethnicity 121,274,570
エスニック・アイデンティティ ethnic identity 129
エスニック運動 ethnic movement **274**
エスニック・クレンジング（民族浄化） ethnic

cleansing 121

エスニック・ナショナリズム ethnic national-
ism 122

エスノクラシー ethnocracy 567

エスノグラフィー ethnography 32,58,197

エスノセントリズム ethnocentrism 573

エセックス学派 the Essex school 63

越境する公共財 transboundary public goods
460

エッジ edge 82

エネルギー安全保障 energy security 528

エネルギー資源の安定的供給 stable supply of
energy resources 528

エリートインタビュー elite interview 36

エリート主義 elitism 332

エリートによる国家制度の捕獲 elite capture
251

縁故主義 nepotism 597

エントレンチメント entrenchment 395

欧州安全保障協力機構 Organization for Secur-
ity and Co-operation in Europe (OSCE)
487,492

欧州オンブズマン the European Ombudsman of
the European Union 599

欧州議会 European Parliament 273,359

欧州中央銀行 European Central Bank 518

欧州統合 European integration 104

欧州評議会 Council of Europe 359

欧州連合 European Union (EU) 170,414,437,
492,496

応答変数 response variable 70

王立国際問題研究所 Royal Institute of Interna-
tional Affairs 330

汚職 corruption 594,596

汚職取締機関 anti-corruption agency 594

オシント（オープンソース・インテリジェンス）
Open Source Intelligence 478

オーストラリア Australia 203,353,365,368,
377

オーストラリア選挙委員会 Australian Electoral
Commission 368

オーストラリア連邦選挙法 Commonwealth
Electoral Act 369

オーストリア自由党 Freiheitliche Partei Öster-
reichs 170

汚染者負担原則 polluter-pays principle 272

オーナーシップ ownership 499

オバマケア Obamacare 417

オープンデータ open data 600

オープン・プライマリー open primary 360

親国家 parent states 108

オーラルヒストリー oral history 38

オランダ病 Dutch disease 246

穏健な多党制 moderate pluralism 293

恩顧＝庇護主義（クライエンテリズム） clientel-
ism 154,233,597

オンブズマン ombudsman 598

オンライン調査 online survey 47

オンラインデータ収集 online data gathering
46

オンラインメディア online media 582

■か行

外因性崩壊（民主政の） exogenous democratic
breakdown 191

階級闘争 class conflict 268

外交問題評議会 Council on Foreign Relations
330

外国人の選挙権 non-citizen suffrage 378

外国人労働者 foreign workers 329,566

解釈主義 interpretivism 58

懐柔（取り込み，抱き込み） co-optation 192,
242,244

階層格差構造 hierarchical disparity structure
166

外的妥当性 external validity 22

外的な主権 external sovereignty 108

介入 intervention 474,491

介入のジレンマ the dilemma of intervention
96

開発国家（発展指向型国家） developmental
state 95,510

開発独裁 developmental dictatorship 100

開発途上国 developing country 144

外部機会としての戦争 war as an outside option
442

核家族 nuclear family 140

格差 economic gap 166,210,519,522

核兵器 nuclear weapon 277,462

核兵器廃絶国際キャンペーン International
Campaign to Abolish Nuclear Weapons

事 項 索 引　　　　　　671

（ICAN）　277
革命　revolution　128,194,254,256,300,426,**438**
過激主義　radicalism　434
過大規模連合　oversized coalition, surplus majority coalition　311,313
カシミール紛争　Kashmir conflict　440
家族主義レジーム　familialistic regime　134
価値の権威的配分　authoritative allocation of values　522
カチン事件　The Katyn massacre　481
学校区　school district　416
合衆国憲法第10修正条項　Tenth Amendment to the United States Constitution　416
過程追跡　process tracing　**54**
家庭内ケア労働　domestic care work　552
家庭内暴力　domestic violence（DV）　555
寡頭支配　oligarchy　166
寡頭制の鉄則　iron law of oligarchy　321
カトリック　Catholicism　302,559,565
カナダ　Canada　126,571
かなめ政党　pivotal party　311
ガバナンス　governance　198,217,277,312
カファーラ制度（スポンサー制度）　Kafala system（sponsorship system）　567
家父長制　patriarchy　551,554
カラー革命　color revolution　209,258
カリスマ的支配　charismatische Herrschaft　406
カルテル政党　cartel party　**286**,291
環境運動　environmental movement　**272**
環境政党　ecology party　153
関係性型クライエンテリズム　relational clientelism　155
関係論アプローチ　relational approach　433
韓国　Korea　144,405,510,545
韓国後継農業経営人中央連合会　Korean Successor Advanced Farmers Federation　328
観衆費用　audience costs　443
間主観性　intersubjectivity　41
感情的分極化　affective polarization　165,218,382
感情分析　sentiment analysis　80
間接助成　indirect subsidy, in-kind subsidy　290
完全情報ゲーム　perfect information game　28
階層線形モデル　hierarchical linear model　72
観念（アイディア）　idea　60,158

観念論　idealism　60
完備情報ゲーム　complete information game　28
幹部政党　cadre party　286
カンボジア　Cambodia　502
官僚　bureaucrat　322,406,510,596
官僚制　bureaucracy　98,342,**406**,**592**
官僚的権威主義　bureaucratic authoritarianism　336

議院構造　parliamentary structures　**396**
議員提案　private member's bill　558
議院内閣制　parliamentary system, parliamentarism, parliamentary cabinet system　283,342,376,**392**,396,400,408
議会　parliament　194,197,**242**,306,310,312,354,392,396,398,559,598
議会運営　parliamentary management　397
議会解散　dissolution of parliament　376
機械学習　machine learning　80
議会型オンブズマン　the legislative/parliamentary ombudsman　598
議会制度　legislative system　342
議会政党　parliamentary party groups　287
議会による監視　legislative review　399
機会費用　opportunity cost　428,446
聞き手　interviewer　38
聞き取り（インタビュー）　interview　32,38
飢饉　famine　530
ギグワーカー　gig worker　325
気候安全保障　climate security　457
気候危機　climate crisis　457,526
気候難民　climate refugee　456
気候変動　climate change　**456**,459,460
気候変動に関する政府間パネル　The Intergovernmental Panel on Climate Change（IPCC）　456
気候変動枠組み条約　United Nations Framework Convention on Climate Change（UNFCCC）　272,535
疑似国家　pseudo-state　429
擬似相関（見せかけの相関）　spurious correlation　447,459
期日前投票　advance voting　387
記述的代表　descriptive representation　542
既成政党　established party　162

事 項 索 引

議席決定方式　electoral formulae　352
偽装難民　fake refugees　143
北アイルランド　Northern Ireland　485
議題設定効果　agenda-setting　578
北大西洋条約機構　North Atlantic Treaty Organization（NATO）　475,486,492,497
既得権益　vested interests　163
基盤転覆型クーデタ　regime changing coup　234
規範理論　normative theory　**26**
逆機能　dysfunction　407
逆の因果関係　reverse causality　447,455
ギャムソンの法則　Gamson's law　310
急進左派　radical left　167
急進左派連合（シリザ，ギリシャ）　Coalition of the Radical Left, Progressive Alliance　172
『旧体制と革命』　Ancien Régime et la Révolution　438
級内相関係数　intra-class correlation（ICC）　72
旧ユーゴ　Former Yugoslavia　478,502
旧ユーゴ国際刑事法廷　International Criminal Tribunal for the former Yugoslavia（ICTV）　502
キューバ革命　The Cuban Revolution　167
教育的ニーズ　educational needs　570
共産主義　communism　100,194,332
行政権　executive power　396
強制的連邦主義　coercive federalism　417
強制避難民　forcibly displaced people　569
行政府型オンブズマン　the executive ombudsman　598
業績投票モデル　retrospective voting　383
競争型民主政（競争型民主主義）　competitive democracy　**202**
競争寡頭的独裁制　competitive oligarchy　238
競争的権威主義　competitive authoritarianism　182,184,524
競争的選挙　competitive election　242
競争理論　competition theory　275
共同養子縁組　joint adoption　564
共変量　covariate(s)　71
共有資源　common-pool resources　517
協力ゲーム理論　cooperative game　28
協力者のジレンマ　the dilemma of collaborator　96
協力的連邦主義　cooperative federalism　416

強力な PKO　robust PKO　491
共和主義　republicanism　439
共和制　republic　412
極右政党　radical right　153
極東国際軍事裁判（東京裁判）　International Military Tribunal for the Far East（Tokyo trial）　480
居住要件　residency requirement　378
拒否権　veto point, veto power　313,397
拒否点　veto point　346
キリスト教　Christianity　**128**,**302**,562
キリスト教民主主義　Christian democracy　129,211,302
キリスト教民主主義政党　Christian democratic party　**302**
規律権力　disciplinary power　556
亀裂構造　cleavage structure　308
緊縮政策　austerity　590
近代化　modernization　7,136,186,274
近代化理論　modernization theory　186
金融資本主義　financial capitalism　552
金融政策　monetary policy　410,**518**,590
金融取引税　financial transaction tax　526

空間計量経済学／統計学　spatial econometrics/ statistics　78
空間的異質性　spatial heterogeneity　78
空間的分解　spatial disaggregation　79
空間データ　spatial data　78,454
空間投票モデル　spatial voting　383
空間分析　spatial analysis　**78**
クオータ制　quotas　543,544
グッド・ガバナンス（良き統治）　good governance　594,598
クーデタ　coup, coup d'état　192,228,**234**,245, 258,424,**436**
　　——の罠　coup trap　233
クーデタ予防　coup proofing　234
クライアント　client　154
クライエンテリズム（恩顧＝庇護主義）　clientelism　**154**,233,597
クラウドコンピューティング　cloud computing　600
グラスルーツロビイング　grassroots lobbying　321
グラフ　graph　82

クリーヴィッジ（社会的亀裂） cleavage(s) 294, **300**, 351, 382

クリティカル・アクター critical actor 543

クリティカル・マス critical mass 543

クリミヤ Crimea 261

グリーン移行 green transition 519

クルド Kurds 275, 440

クレディビリティ革命（信頼性革命） credibility revolution 3, 447

クロアチア Croatia 502

クロスセクションデータ cross-sectional data 76

クローズド・プライマリー closed primary 360

クロスレベル交互作用 cross-level interaction 73

グローバル・イシュー global issue 459

グローバル化 globalization **102**, 163, 198, 607

グローバル・ガバナンス global governance 103

グローバル金融危機 global financial crisis (GFC) 519

グローバル・タックス global tax **526**

グローバル法人税共通最低税率 global minimum corporate tax rate 527

軍事技術革命 revolution in military affairs (RMA) 462

軍事支配 military rule 183

軍事独裁体制 military regime 240

君主(体)制 monarchy **412**, 567

ケア care 548, **560**

ケアンズ・グループ Cairns Group 531

経験理論 empirical theory 26

経済成長 economic growth 100, 145, 213, 214, 413, 510

経済団体 **326**

経済投票モデル economic voting 383

経済同友会 Japan Association of Corporate Executives 326

経済発展 economic development 22, 44, 510, 562

経路依存(性) path dependence **52**, 57, 103, 134, 345, 347

ケインズ主義的福祉国家 Keynesian welfare state 138, 213

結果変数 outcome variable 71

結婚尊重法 Respect for Marriage Act（RMA） 565

結婚防衛法 Defense of Marriage Act（DOMA） 565

欠測 nonresponse 43

決定的分岐点（重大局面） critical juncture 52, 57, 347

欠落変数バイアス omitted variable bias 71

ケベック Quebec 126

ゲーム理論 game theory 28, 344

ゲリマンダリング gerrymandering 371

権威主義 authoritarianism 153, 159, 178, 181, 214, 336, 440, 566, 597, 605

――の遺産 authoritarian legacies **232**

権威主義化 authoritarianization 153, 253

権威主義継承政党 authoritarian successor party 233

権威主義体制 authoritarian regime 11, 182, 192, 195, 228, 231, 238, 246, 252, 254, 412

――の下位類型 subtypes of authoritarian regimes **182**, 244

――の崩壊 authoritarian regime failure **192**

権威主義的熟議 authoritarian deliberation 197

原因の効果 effect of cause 17, 21, 66

研究倫理 research ethics **32**

権原（エンタイトルメント） entitlement 530

原初主義 primordialism 121, 274, 432

言説(的)制度論 discursive institutionalism 61, 63, 137

建設的不信任案 constructive vote of no confidence 313

言説の質指標 discourse quality index（DQI） 27, 197

言説分析 discourse analysis **62**

険阻な地形 rough/rugged terrain 454

現地社会の主体性 local ownership 497

限定効果論 limited media effects 578

限定された国家性 limited statehood 469

憲法改正 constitutional amendment/revision 395

憲法裁判所（韓国） constitutional court（Korea） 405

憲法裁判所（［西］ドイツ） constitutional court（［West］Germany） 558

憲法体制 constitutional system/regime 405

憲法典　written constitution　**394**

権力資源(動員)論　power resource theory　134, 136,516

権力分掌　447

権力分有　power sharing　234,240,242,257,485

　分散的——　dispersive powersharing　485

　包摂的——　inclusive powersharing　485

　抑制的——　constraining powersharing　485

権力分立　separation of powers　396,402

権力融合　fusion of power　396

言論の自由　freedom of speech　288

合意型民主主義（コンセンサス型民主主義）　consensus democracy, consensus model of democracy　**204**,220,351

合意形成　consensus building　606

合意形成型政治制度　consensus political institution　514

効果の原因　cause of effect　17

抗議運動（抗議行動，デモ）　demonstration, protest, protest movement　229, 245, **254**, 258,457

公共団体　112

公共フォーラム　public forum　576

航空券連帯税　air-ticket solidarity levy　527

合計特殊出生率　total fertility rate　557

交渉理論　bargaining theory　458

構成概念　construct　42

合成コントロール法　synthetic control method　50

構成主義（コンストラクティヴィズム）　constructivism　**60**,411

構造機能主義　structural-functionalism　345

拘束名簿方式　closed-list　350,450

公的異議申立て（競争）　public contestation (competition)　181

公的雇用　public employment　245

行動科学革命　behavioral revolution　8

行動主義　behaviorism　346

公費負担（中絶の）　public funding (of abortion)　558

合法的支配　406

候補者リクルートメント　candidate recruitment　545

交絡　confounding　71,447,455

合理的選択制度論　rational choice institutionalism　344

合流点バイアス　collider bias　71

混合効果モデル　mixed effect model　72

小型衛星によるコンステレーション　small satellite constellation　533

国外同胞政策　compatriot policy　119

国際医薬品購入ファシリティ　international drug purchase facility, unitaid（IDPF）　527

国際関係論　international relations（IR）　2

国際規範　international norms　394

国際刑事裁判所　International Criminal Court（ICC）　476,489,502,555

国際社会調査プログラム　International Social Survey Programme（ISSP）　45

国際女性年　International Women's Year　547

国際人道法　international humanitarian law　488

国際地球観測年　international geophysical year（IGY）　532

国際通貨基金　International Monetary Fund（IMF）　411

国際テロ組織　international terrorist organization　468

国際電気通信連合　International Telecommunications Union（ITU）　533

国際比較世論調査　**44**

国際法　international law　476,**488**

国際連合（国連）　United Nations（UN）　427, 472,489,**490**,492,496,498,534,551,594

国際連帯税　international solidarity levy　527

国内避難民　internally displaced person（IDP）　472

国民国家建設　nation-state building　563

国民主義　nationalism　116

国民審査　the people's review　404

国民統合　national integration　**118**,430

国民投票　referendum　412,558

国民登録制度型有権者登録　civil registry model of voter registration　367

国民連合（フランス）　Rassemblement National　170

国連安全保障理事会第1325号決議　The United Nations Security Council Resolution 1325　554

国連環境開発会議（リオ会議，地球サミット）United Nations Conference on Environment and Development, Rio Conference, Earth Summit（UNCED）534
国連高等難民弁務官事務所 The Office of United Nations High Commissioner for Refugees（UNHCR）472,491,568
国連女性の10年 UN Decade of Women 547
国連パレスチナ難民救済事業機関 The United Nations Relief and Works Agency for Palestine Refugees in the Near East（UNRWA）473
国連腐敗防止条約 United Nations Convention Against Corruption（UNCAC）594
国連平和構築委員会 UN Peacebuilding Commission（PBC）490
国際エネルギー機関 International Energy Agency（IEA）528
誤情報 misinformation 83,386
個人稼ぎ手／ケア従事者モデル individual earner-carer model 549
個人交代型クーデタ reshuffling coup 234
個人支配 personalist rule 183
個人情報 personal information **602**
個人情報保護法 Act on the Protection of Personal Information 602
個人統合契約 570
個人投票 personal vote 357
個人独裁体制 personalist dictatorship 240
コスモポリタニズム cosmopolitanism 117
コソボ Kosovo 470,502
コソボ解放軍 Kosovo Liberation Army（KLA）486
国家建設 state building/formation **92,94**,494,499
国家コーポラティズム state corporatism 334
国家主義 nationalism 116
国家承認 state recognition 125
国家テロリズム state terrorism 424
『国家と社会革命』 *States and Social Revolutions : A Comparative Analysis of France, Russia, and China* 439
国家能力（国家の統治能力）state capacity **98**,457,475
『国家の復権』 *Bringing the State Back in* 439
国家フェミニズム state feminism 546

国家連合 confederation 309
国家論 state theory 346
固定効果モデル fixed effects model 75
固定相場制 fixed exchange rate 411
コーディング coding 40
古典的ポピュリズム classic populism 166
コートテール効果 coattail effect 376
コペンハーゲン学派 the Copenhagen school 63
コーポラティズム corporatism 103,198,211,**334,336**,342
コーポレート・ガバナンス corporate governance 198,**514**
コミットメント commitment 305,312,402,408,426,443
コミットメント問題 commitment problem 125,155,242,251,458
コミュニティ検出 community detection 83
「ゴム印機関」 rubber-stamp 242
雇用可能性 employability 608
子を持つ権利 right to have a child 564
コンゴ Congo 484
混合型 mixed constituency 351
混合手法 mixed methods **22**
混合制 mixed electoral system **354**
混合政治体制 mixed government 184
混合多数代表制（小選挙区比例代表並立制）mixed-member majoritarian system（MMM）354,358
混合モデル mixed model of electoral management 372
コンジョイント実験 conjoint experiment 69
コンセンサス型システム consensus system 103
コンセンサス型民主主義（合意型民主主義）consensus democracy, consensus model of democracy 220,351
コンラート・アデナウアー財団 Konrad Adenauer Stiftung 331

■さ行

在外投票 expatriate voting, overseas voting 387
差異化された統合 differentiated integration 105
連立サイクル coalition life cycle 312

最小勝利連合　minimum winning coalition　311, 313
最小二乗法　ordinary least squares（OLS）method　70, 74
再商品化　recommodification　139, 141
財政赤字　financial deficit　167
財政政策　fiscal policy　**516**
財政民主主義　fiscal democracy　110
再定住（第三国定住）　resettlement　473, 498
サイバー攻撃　cyber attack　601
サイバーセキュリティ　cybersecurity　583, 601
再分配　redistribution　134, 210, 521, 522
再分配のパラドクス　paradox of redistribution　523
差異法　method of difference　4, 16, 19
絶対多数式　majority formula　352
左派ポピュリズム　left-wing populism　**172**
サブナショナル権威主義　subnational authoritarianism　233, 251, **252**
サーベイ　survey　32, **42**
サーベイ実験　survey experiment　**68**
サーベイ調査　survey research　41
左翼党（ドイツ）　Die Linke, The Left　172
左翼ブロック（ポルトガル）　Bloco de Esquerda（BE）, Left Bloc　172
左翼リバタリアン　left libertarian　307
参加型民主主義　participatory democracy　460
産業革命　industrial revolution　300
産業化論　industrialism　136
産業主義理論　industrialism theory　134
産児制限運動　birth control movement　556
参与観察　participant observation　59
サンラグ式　Sainte-Laguë method　363

シーア派　Shiism（Shia Islam）　130
ジェノサイド（集団殺害）　genocide　424, 464, **476**, 480, 503, 554
シエラレオネ　Sierra Leone　502
ジェンダー　gender　140, **538**, **544**, **548**, **550**, **552**, **554**
ジェンダーに基づく暴力　gender based violence　555
ジェンダーの主流化　gender mainstreaming　551
ジェンダー平等　gender equality　290, 546
シオニズム　Zionism　120

シカゴ学派　the Chicago school　5
識字テスト　literacy test　364
識別戦略　identification strategy　67
シグナリング効果　signaling effect　249
時系列横断面データ　time-series cross-sectional data　74, 76
時系列データ　time series data　76
時系列分析　time series analysis　50, **76**
資源外交　resource diplomacy　**528**
資源権益　resource interests　528
資源政治　resource politics　528
資源動員論　resource mobilization theory/approach　268, 270, 273, 278
資源の呪い　resource curse　187, **246**
資源モデル　resource model　381
事後確率　posterior probability　30
事後確率分布　posterior distribution　31
自己クーデタ　self-coup　191
自己検閲　self-censorship　249, 256
自己選択　self-selection　51, 240
自己相関　autocorrelation　74
自己組織化　self-organization　495
市場経済　market economy　99, 494, 512, 560
市場類推論　market analogy　442
静かな政治　quiet politics　515
『静かなる革命』　*silent revolution*　152
事前確率　prior probability　30
事前確率分布　prior distribution　31
自然災害　natural disaster　**458**
自然実験　natural experiment　17, 78
自然地理　physical geography　454
思想アプローチ　ideological approach　432
持続可能な開発　sustainable development　534
持続可能な開発目標　Sustainable Development Goals（SDGs）　534, 601
実際的ジェンダー利益　practical gender interests　540
実質的代表　substantive representation　543
実証主義　positivism　58, 60, 63
執政制度　legislative-executive relations　400
失地回復主義　irredentism　440
質的研究　qualitative research　50
質的手法（定性分析）　qualitative methods　2, 20
質的比較分析　qualitative comparative analysis（QCA）　24

質的・量的分析論争　**20**

失敗国家（破綻国家）failed state　94, 98, **464**, 494

失敗しつつある国家　failing state　464

疫病　plague/epidemic　**604**

シティズンシップ　citizenship　606

シティズンシップ教育（主権者教育）citizenship education　606

私的結社　private association　291

私的財　private goods　244

シナロア・カルテル　Sinaloa Cartel　467

ジニ係数　Gini coefficient　523

支配者連合　governing coalition　403

支配政党　ruling parties　251

シビック・ナショナリズム　civic nationalism　122

司法政治　judicial politics　404

司法積極主義／消極主義　judicial activism/passivism　404

司法の政治化　politicization of the judiciary　**404**

資本移動の自由化　liberalization of capital movements　517

資本主義　capitalism　89, **212**, 324, 343, 510, **552**, 562

資本主義の多様性　varieties of capitalism　103, **512**, 553

資本蓄積　capital accumulation　553

市民会議　citizens' assemblies　197

市民社会　civil society　129, 150, **216**, 277, 290, 562

市民文化　civic culture　149

社会アカウンタビリティ　societal accountability　374, 599

社会運動　social movement　58, **266**, **268**, **270**, 540, 586

社会運動組織　social movement organization　268

社会運動論　social movement theory　259

社会科学研究評議会　The Social Science Research Council（SSRC）3, 6, 8

社会学的制度論　sociological institutionalism　344

社会学モデル　sociological model　382

社会関係資本（ソーシャル・キャピタル）social capital　149, **150**, 187, **217**, 460

社会構成主義（コンストラクティビズム）social constructionism　277, 432

社会主義革命　Socialist Revolution　439

社会心理学的アプローチ　social-psychological approach　133

社会心理学モデル　social psychological model　382

社会地理　social geography　454

社会的規律化　91

社会的亀裂（クリーヴィッジ）cleavage(s)　294, **300**, 351, 382

社会的公正　social justice　571

社会的再生産　social reproduction　552

社会的資本主義　social capitalism　303

社会的投資　social investment　103, 139, 211

社会的投資戦略　social investment strategy　608

社会的望ましさバイアス　social desirability bias　257

社会的包摂　social inclusion　521

社会分断　polarization　580

社会保険　social insurance　144

社会民主主義政党　social democratic party　**306**

社会民主主義レジーム　social democratic regime　134

ジャクソニアン・デモクラシー　Jacksonian democracy　164

ジャスミン革命　Jasmine Revolution　258

重回帰　multiple regression　18, **70**

宗教右派　religious right　565

宗教改革　Reformation　300

宗教紛争　religious conflict　**432**

集合(的)アイデンティティ　collective identity　267, 587

集合行為　collective action　245, 267, 268, 278, 344

集合行為問題　collective action problem　256

集合行動　collective behavior　278

集合論　set theory　24, 50

自由市場型経済　liberal market economies（LMEs）553

自由主義平和構築論　liberal peacebuilding（LPB）494

自由主義レジーム　liberal regime　134

囚人のジレンマ　prisoner's dilemma　154, 344

重大局面（決定的分岐点）critical juncture　52, 57, 347

集団安全保障(体制) collective security 427, 489,490

集団殺害（ジェノサイド） genocide 424,464, **476**,480,503,554

集団力学（グループ・ダイナミクス） group dynamics 40

自由投票 vote without whip 558

宗派化 91

宗派政党 confessional party 302

修復的正義 restorative justice 501

自由貿易協定 free trade agreement 328

住民自治 112

自由民主主義（リベラルデモクラシー） liberal democracy 197,212,332,402,524,566,591

住民投票 referendum 125

収斂論 convergence theory 512

熟議 deliberation 27,**196**,583,606

熟議システム論 deliberative systems 197

熟議文化 deliberative culture 197

熟議民主主義 deliberative democracy 26,196, 221

粛清 purge 228,**234**

主権 sovereignty 88,108,130,260,418

主権者教育（シティズンシップ教育） citizenship education **606**

首相 prime minister 392,400,412

首相化 prime ministerialisation 401

ジュニアパートナー junior partner **316**

主婦化 housewifization 553

順位付け連記投票小選挙区制 alternative vote （AV） 202

準拠枠 frame of reference 59

準権威主義 semi-authoritarianism 184,524

準司法的機能 quasi-judicial function 408

春闘 srping wage offensive 324

準比例代表制 semi-proportional representation 355

準立法的機能 quasi-legislative function 408

状況主義 circumstantialism 274

消極的議院内閣制 negative parliamentarism 313

消極的自由 negative liberty 408

証拠に基づく政策立案 Evidence-Based Policy Making（EPM） 600

少子化対策 state counter-measures for declining birthrate 557

情実主義 favoritism 597

少数事例研究 small-n studies 111

少数政権 minority (coalition) government 311,313

少数民族 ethnic minority 430

小選挙区(制) single member district, single member prulality, first-past-the-post （SMD/ SMP/FPTP), single-seat constituency 171, 296,350,354,544

小選挙区 2 回投票制 first past the post voting in two rounds 358

小選挙区比例代表併用制（混合比例代表制） mixed-member proportional system （MMP） 354

小選挙区比例代表並立制（混合多数代表制） mixed-member majoritarian system （MMM） 354,358

象徴的代表 symbolic representation 543

常備軍 standing army 106

商品化 commodification 553

情報の非対称性 information asymmetry 256

情報理論 information theory 398

条約難民 mandate refugee 472

初期近代 early modern 90

ジョグジャカルタ原則 Yogyakarta Principles 564

植民地 colony 92,96,122,427,**440**,480,550

植民地主義 colonialism 434,**440**,563

植民地ナショナリズム colonial nationalism 122

食料安全保障 food security 530

食料（食糧） food **460**,**530**

女性運動 women's movement **540**,546

女性器切除 female genital mutilation 550

女性参政権運動 women's suffrage movement 541

女性政策機関 women's policy agency 546

女性に対する暴力 violence against women （VAW） 554

女性の政治代表 women's political representation **542**

女性の政治的権利に関する条約 Convention on the Political Rights of Women 378

処置後バイアス post-treatment bias 71

処置集団 treatment group 16

処置変数 treatment variable 71

事 項 索 引　　　　　　　　　　679

ショービニズム（排外主義）chauvinism　572
地雷禁止国際キャンペーン　International Campaign to Ban Landmines（ICBL）277
シリア　Syria　478
事例研究　case study　22,**50**,54
事例分析　case study analysis　18
人格主義　personalism　303
新家産制国家　neopatrimonial state　95
新機能主義　neofunctionalism　104
新急進右翼政党　new radical right party　299
シンクタンク　think tank　**330**
人権　human rights　129,394,460
新興国　emerging market countries, emerging power　535
人口政策　population policy　**556**,558
人口増加　population growth　460
人工知能　artificial intelligence　583,600
人工妊娠中絶　induced abortion　**558**
新興民主主義国家　emerging democracies　290
真実委員会　truth commission　500,**504**
真実和解委員会（南アフリカ）truth and reconciliation commission　505
新自由主義（ネオリベラリズム）neoliberalism　103,**138**,167,169,336,460,511,553,563,608
新自由主義的経済　neoliberal economy　560
新自由主義的福祉国家　the neoliberal welfere state　213
新植民地主義　neocolonialism　95,122,441
新制度論　new institutionalism　342,344,346
新政府間主義　new intergovernmentalism　105
人的コーディング　human coding　80
人的資本投資　human capital investment　608
人道的介入　humanitarian intervention　474,489
人道に対する罪　crimes against humanity　489,503,555
人文地理　human geography　454
新マルサス主義　neo-Malthusianism　556
人民党　Populist Party　164
信頼　trust　151
信頼あるコミットメント　credible comittment　402,591
信頼醸成措置　confidence building measures（CBM）486
信頼性革命（クレディビリティ革命）credibility revolution　3,447

信頼できるコミットメント　credible commitment　315,442
侵略犯罪　crime of aggression　503
新連邦主義　new federalism　416

垂直的アカウンタビリティ（垂直的説明責任）vertical accountability　217,374,599
水平的アカウンタビリティ（水平的説明責任）horizontal accountability　191,374,524,599
数理モデル（フォーマル・モデル）formal models　22,**224**
数量政治学　quantitative political science　439
スタグフレーション　stagflation　142,516
スターリン主義　Stalinism　230
ステークホルダー　stakeholders　198
ステークホルダー・デモクラシー　stakeholder democracy　**198**
ソフト・プロパガンダ　soft propaganda　249
スプートニク1号　Sputnik 1　532
スペイン風邪　Spanish flu　604
スリランカ　Sri Lanka　470
スリランカ内戦　Sri Lankan Civil War　458
スルタン主義　sultanism　259
スレブレニツァ虐殺　Srebrenica massacre　476
スンナ派　Sunnism（Sunni Islam）130

政教分離　separation of church and state　128
政軍関係（民軍関係）civil-military relations　237,429
制限選挙　limited suffrage/election　284,378
政権担当能力　317
政策汚職　policy corruption　596
政策共同体　policy committee　323
政策距離　policy distance　317
政策空間　policy dimension　311
政策執行機能　policy implementation function　321
政策操作　manipulation　385
政策提言（アドボカシー）advocacy　216,277,321
政策的管轄　policy jurisdiction　397
政策ネットワーク論　policy network　322
政策評価タスクフォース　Evaluation Task Force（ETF）593
政治化　politicization　105,**404**
政治学史　history of political science　18

政治学方法論 methodology 2
政治経済学 political economy 556
性指向 sexual orientation 562
政治行動委員会 Political Behavior Committee 6
政治参加 political participation 283
政治資金 political funds **288**,290
政治資金規制 political finance regulation 288
政治制度 political institution **342**,457
政治制度論 comparative political institutions 259
政治体制 political regime 178,180,252,475
政治的機会 political opportunity 586
政治的機会構造 political opportunity structure 269,273,305
政治的景気循環 political business cycle **384**, 516
政治的交換 political exchange 335
政治的コンディショナリティ political conditionality 209
政治的コントロール political control 250
政治的同性愛嫌悪 political homophobia 563
政治的波乗り political surfing 385
政治的媒介モデル political mediation model 266,270
政治的敗者 political loser 585
政治的分極化 political polarization **218**,585
政治的暴力 political violence **424**
政治的予算循環 political beget cycle 384
政治哲学 political philosophy 18
司法 judiciary 189,**402**,**404**
性自認 gender identity 562
政治の司法化 judicialization of politics 405
政治の人格化 personalisation of politics 401
政治の大統領制化 presidentialization of politics **400**
政治発展 political development 7,186
政治発展論 political development theory 5, 186
政治腐敗 political corruption 288
政治文化 political culture 44,150,**152**
政治文化論 theory of political culture 148,156
政治分野における男女共同参画の推進に関する法律（候補者男女均等法） Gender Parity Law 545
政治変動 political regime change **152**,258

脆弱国家 fragile state 94,98,434,**464**,494
脆弱国家指標 fragile states index 465
脆弱な民主主義症候群 weak democracy syndrome 232
生殖補助医療 assisted reproductive technology （ART） 564
政治リテラシー political literacy 606
政治理論 political thought 2
生成 AI generative AI 581,601
生政治 biopolitics 556
正戦 just war 488
生体認証を使った有権者登録 biometric voter registration 367
性的少数者（性的マイノリティ） gender and sexual minority 550,562
政党
——の位置 party position **298**
——の一体性 party unity 357
——の幹部（執行部・指導部） party leadership, party executive 283
——の機能 functions of political parties **282**
——の分類 classification of political parties **284**
政党一致スコア party unity score 218
政党活動委員会 political action committee 289
政党帰属意識 party identification 382
政党支持態度 party support 382
政党システム party system 291,292,**294**,296, **305**,356,**362**,415
政党システムのタイポロジー typology of party system **292**
政党支配 party rule 183
政党助成 party subsidy 286,288,**290**
政党衰退論 party decline thesis 400
正統性（レジティマシー） legitimacy 94,106, 191,198,576
政党政治 party politics 166,408,515
政党組織 party organization 305,356
政党投票 party-line vote 218
政党独裁体制 party-based autocracy 240
政党ブランド party brand 233
政党リーダー party leader 401
制度中心アプローチ institution-oriented approach 514
制度的補完性 institutional complementarity 513

制度変化 institutional change 347
制度論 institutionalism 63,342,**344**,346
正のフィードバック positive feedback 52
政府エコノミスト government economist 592
政府間主義 intergovernmentalism 104
政府主導の有権者登録 government-initiated voter registration 366
政府の質 quality of government 150
政府モデル governmental model of electoral management 372
性別(役割)分業 gendered division of labor 140,540
性別役割分担モデル separate gender roles model 549
世界価値観調査 World Values Survey (WVS) 44
世界ガバナンス指標 World Governance Indicators 99
世界貿易機関 World Trade Organization (WTO) 328
責任政党政府モデル responsible party government model 154
石油 oil 110,246,448,528
石油の呪い oil curse 111
石油レント oil rent 110,448
世襲 hereditary succession 412
世俗化 secularization 128,302
世俗化テーゼ secularization thesis 304
積極的投票権保障 substantive voting rights 387
積極的労働市場政策 active labor market policies 211
絶対王政 absolutism 88
絶対君主制 absolute monarchy 412
絶対多数 absolute plurality 362
説明責任(アカウンタビリティ) accountability 29,198,**374**,598,609
説明変数 explanatory variable(s) 70
節約解 parsimonious solution 25
ゼノフォビア xenophobia 572
セルビア Serbia 503
選挙 election 192,**238**,254,388,450
——の公正性 electoral integrity 372
——の呪い electoral course 452
選挙アカウンタビリティ electoral accountability 374

選挙インセンティブ electoral incentive 314
選挙運営の評価 evaluation of election management **370**
選挙改革協会 electoral reform society (ERS) 203
選挙過程 electoral process 401
選挙監視団 election observers 370
選挙管理 election management, electoral management **372**,386
選挙管理委員会 election management body 370
選挙管理機関 electoral management body 372
選挙区定数 district magnitude 352,356
選挙区割り districting 351
選挙権 suffrage 364,378,524
選挙権威主義 electoral authoritarianism 182,184,193,241,524
選挙公正性認識指標 perceptions of electoral integrity (PEI) 371
選挙サイクル electoral cycle 373,**376**
選挙制度 electoral system 239,342,**350**,362
選挙制度改革 electoral reform 351
選挙操作 electoral manipulation 370
選挙タイミング election timing 385
選挙定式 electoral formula 354
選挙デモクラシー electoral democracy 164
選挙独裁制 electoral autocracy 238,365
選挙人登録 enrolment 368
選挙不正 electoral fraud/manipulation 239,254,370,453
選挙暴力 election violence 371,**452**
選挙ボラティリティ electoral volatility 294
選挙前連立 pre-electoral coalition 312,**314**
選好 preference 28,58,60,222,**256**,388,582
選好の偽装(自己検閲) preference falsification **256**
全国農業協同組合中央会(JA 全中) Central Union of Agricultural Co-operatives 328
全国農業者組合連合 Fédération nationale des syndicats d'exploitants agricoles (FENSA) 328
潜在的結果 potential outcomes 66
潜在的利益集団 potential interest group 320
潜在変数 latent variable 99
先住民 indigenous peoples 126,369
漸進的発展 evolution 438

戦争　war　92,**426**,473,478
「戦争が国家を作り，国家が戦争を引き起こした」
　"war made the state, and the state made
　war"　91
戦争犯罪裁判　war crimes trials　**502**
全体主義　totalitarianism　**230**
選択的接触　selective exposure　579
潜入行為　infiltration　250
全米商工会議所　U.S. Chamber of Commerce
　326
全米農民連盟　American Farm Bureau Federa-
　tion（AFBF）　328
全米民主主義基金　National Endowment for De-
　mocracy　207
専門型オンブズマン　the specialized ombuds-
　man　598
専門職業主義（プロフェッショナリズム）　pro-
　fessionalism　106,237
専門家　specialist　323,330,370,590
戦略国際問題研究所　Center for Strategic and
　International Studies　330
戦略的ジェンダー利益　strategic gender inter-
　ests　540
戦略投票　strategic voting　297,357

総稼ぎ主モデル　universal breadwinner model
　549
相互因果関係　reciprocal causality　289
操作変数　instrument variable　215
創造的連邦主義　creative federalism　416
想像の共同体　imagined communities　130,274
相対多数　relative plurality　362
相対多数式　plurality formula　352
相対的剥奪　relative deprivation　434,456
総調査誤差　total survey error　42
争点投票　issue voting　382
総評　General Council of Trade Unions of Japan
　（JCTU）　324
組閣担当者　formateur　312
組閣　coalition theory of cabinet formation　**310**
族議員　329
測地線　geodesic　83
測定誤差　measurement error　151
組織過程モデル・官僚政治モデル　an organiza-
　tional process model, a bureaucratic politics
　model　468

組織犯罪　organized crime　466
阻止条項　electoral threshold　350,**358**
ソーシャル・キャピタル（社会関係資本）　social
　capital　149,**150**,187,**217**,460
ソーシャルメディア　social media　249,478,582
ソフトニュース　soft news　579
ソマリア　Somalia　479
ソ連　Soviet Union　**260**,471

■た行

タイ　Thailand　586
第一次産品輸出　primary products export　166
第一次世界大戦　World War I　604
第一次石油危機　the first oil crisis　516
第一セクター　public sector　276
対外債務　external debt　166
対角的アカウンタビリティ　diagonal account-
　ability　375
代議制　representative system　332
代議制民主主義　representative democracy
　282
大規模言語モデル　large language models　81
第三国定住（再定住）　resettlement　473,498
第三者効果　third-person effect　579
第三セクター　third sector　276
第三の道　the Third Way　139
大衆迎合主義　162
大衆政党　mass party　166,286,288,306
大衆デモ　mass demonstration　**278**,**586**
対人地雷全面禁止条約（オタワ条約）　Conven-
　tion on the Prohibition of Anti-Personnel
　Mines　277
体制移行　regime transition　427
体制転換　regime change　475
体制の頑強性　regime durability　237
大選挙区　multi-member district system　350
大統領　president　253,376,392,396,400
大統領制　presidential system　282,342,376,
　392,396,**400**,408
大統領制化　presidentialization　9,400
第二セクター　private sector　276
第二波フェミニズム　second wave feminism
　558
代表民主主義　representative democracy　**194**
代理人　agent　250
代理変数　proxy　99

台湾　Taiwan, Chinese Taipei　144,510

ダウンズモデル　Downsian model　222

抱き込み（取り込み，懐柔）　co-optation　192,242,**244**

多極共存型民主主義　consociational democracy　9,26,**204**,220,333,451,485

多元結合関係　multiple conjunctural causation　24

多元主義（プルーラリズム）　pluralism　10,198,282,**332**,336,342,520

多元性　plurality　167

多数決型システム　majoritarian system　103

多数決型民主政（多数決型民主主義）　majoritarian democracy　**202**,351

多数制　plurality system　314

多数代表型政治制度　majoritarian political institution　514

多数代表（制）　majority/majoritarian representation　350,**352**,354

多数派ボーナス制　majority bonus system（MBS）　355

堕胎罪　abortion crimes　558

脱工業化　de-industrialization　171

脱商品化　decommodification　139,141

脱植民地化（脱植民地主義）　decolonization　**96**,122,427,440,550

脱物資主義　post-materialism　152,272,301

脱物質主義（的）価値観　post-materialistic value　44,159,294

多党制（複数政党制）　multi-party system　292,295,296,332,351,363,452

ダブルスタンダード　double standard　425

多文化主義　multiculturalism　118,121,**126**

多民族国家　multi-ethnic state　125

多様性が能力に勝る定理　diversity trumps ability theorem　224

ダルフール　Darfur　476

単一主義　unitarism　414

単一政党　single party　230

単記制　single ballot system　350

単記非移譲（式）投票制　single non-transferable vote（SNTV）　355,356

男女平等　equality for men and women　550

男性稼ぎ主型家族　male-breadwinner family　553

男性稼ぎ主（・女性ケア者）モデル　male bread-winner（female care-giver）　model　141,549

男性優位システム　male dominant system　554

団体自治　112

単独政権　single party government　310

単発型クライエンテリズム　single-shot clientelism　155

治安機構　public security organization　**236**

治安部門改革　security sector reform（SSR）　**496**,498

地域機構　regional organization　**492**

地域研究　area studies　2,304,457

地域政党　regional party　124,**308**

チェック・アンド・バランス　check and balance　375

チェルノブイリ　Chernobyl　272

違ったシステム・デザイン　most different systems desing　17

地球温暖化　global warming　272

地球炭素税　global carbon tax　526

知識基盤型経済（知識経済）　knowledge-based economy, knowledge economy　608

地勢　topography, terrain　**454**

地方エリート　local elites　250

地方行政　112

地方自治　**112**

　　──の本旨　112

地方自律性指標　local autonomy index（LAI）　112

地方政治　regional/local politics　252

地方統治　local governance　**250**

地方分権　decentralization　562

チャーティスト運動　Chartist movement　364

中位政党　median party　311

中位投票者　median voter　222

中位投票者定理　median voter theorem　210,**222**,522

中央銀行　central bank　409,518

　　──の独立性　central bank independence　410,518

中央銀行制度　central banking system　**410**

中央地方関係　center-region relations　253

中間選挙　midterm election　376

中国革命　Chinese Revolution　439

中心性　centrality　83

中選挙区(制) single non-transferable vote (SNTV) 329,356,363
中東 the Middle East 111,448
中南米(ラテンアメリカ) Latin America **166**
中範囲(の)理論 theory of the middle range, middle-range theory 58,225
超過議席 overhang seat 355
超過死亡 excess mortality 605
超高率インフレ hyperinflation 167
調査・観察データ survey and observational data 18
調査方法論 survey methodology 42
調査モード survey mode 43
頂上団体 peak organization 334
調整(レギュラシオン) régulation 512
調整型市場経済 coordinated market economies (CMEs) 512,553
懲罰的連邦主義 punitive federalism 417
直接助成 direct subsidy 290
直接民主主義 direct democracy **194**
地理情報システム geographic information system (GIS) 78
賃金稼得者 wage earners 141

ツイッター(現X) Twitter 478,580
通貨供給 money supply 518
通例の戦争犯罪 conventional war crimes 503

ディアスポラ diaspora **470**
提案・応答型の交渉ゲーム take-it-or-leave-it bargaining game 442
帝国 empire 88,90,96,128,427,440
帝国主義 Imperialism 552,556,573
定数配分 (legislative)apportionment 351
定性分析(質的手法) qualitative methods 2, 20
ディープステート deepstate 584
底辺への競争 race to the bottom 102,516
定量分析(量的手法) quantitative methods 2, 20
適応型平和構築論 adaptive peacebuilding 495
テキスト・スケーリング text scaling 80
テキスト分析 text analysis **80**,248
敵対的メディア認知 hostile media perception 578
テクノクラシー technocracy 591

テクノクラート technocrat 145,**590**
テクノクラート内閣 technocratic government 590
テクノポル technopol 590
テクノロジー technology, conflict **462**
デジタル化 digitalization 600,607
デジタル課税 digital tax 527
デジタル政府 digital government **600**
データ提供型有権者登録 data-sharing model of voter registration 366
データとしてのテキスト text as data 80
データプライバシー data privacy 603
データ保護指令 Data Protection Directive 602
手続き的定義 procedural definition 181
鉄の三角形 iron triangle 323
デブリーフィング debriefing 33
デモ(抗議運動,抗議行動) demonstration, protest, protest movement 229, 245, **254**, 258,457
デモクラシー(民主政,民主主義) democracy 150,178,180,182,**190**,210,212,**214**,**216**,**220**, 226,394,428,505,580,597,605
デモクラティックピース論(民主国家間の平和,民主的平和論) democratic peace 157, 427,494
デュアリズム dualism 211
デュベルジェの法則 Duverger's law **296**,362
デルファイ技法 Delphi technique 41
テロ組織 terrorist organization 466,470
テロとの戦い War on terror 435,441
テロリズム terrorism 424,**434**
テロル terror 230
電子政府 E-government 600
電子投票 electric voting 387
伝統的支配 traditional authority 406
伝統的な酋長 traditional chiefs 250
伝統的福祉国家 traditional welfare state 141
天然資源 natural resource 99,110,244,**448**
天然痘 smallpox 604
デンマーク式 Danish method 363

ドイツ Germany 478,502
ドイツ統一 German unity 559
ドイツのための選択肢 Alternative für Deutschland(AfD) 170
同一結果帰着性(等結果性) equifinality 24,55

動員構造　mobilizing structure　586
動員モデル　mobilization model　381
同化　assimilation　570
動機づけられた推論　motivated reasoning　585
道具主義　instrumentalism　432
統計的因果推論　statistical casual inference
　50,**66**,447
統計分析　statistical analysis　22
等結果性（同一結果帰着性）　equifinality　24,55
凍結仮説　freezing hypothesis　294
統合 DDR 基準　integrated DDR standards　498
統合的水資源管理　integrated water resources
　management　460
同時相関　contemporaneous error correlation
　74
同日選挙　simultaneous election　377
同性婚　same-sex marriage　369,**564**
統制集団　control group　16
同性パートナーシップ制度　same-sex civil
　partnmmership　564
闘争の政治　contentious politics　266,269
統治機構　political institutions　394
統治性（ガバメンタリティ）　governmentality
　556
東南アジア　Southeast Asia　550
党派的景気循環　partisan (political) business
　cycle　384,516
党派的仕分け　partisan sorting　218
党派的分極化　party polarization　218
党派理論　partisan theory　398
党費　party membership fee　288
投票決定　voting decision　380,**382**
投票参加　voter participation　**380**
投票年齢　minimum voting age　379
投票の義務付け　compulsory voting　**368**
投票のパラドクス　paradox of voting　380
盗用　plagiarism　32
独裁者　dictator　**228**,230,234,238,240,242,
　248,254,256
　――のジレンマ　dictator's dilemma　**228**,257
　――の退出　dictator exit　192
独裁（体）制　autocracy　180,228,238
特赦　amnesty　505
特定非営利活動促進法（NPO 法）　Act on Pro-
　motion of Specified Non-profit Activities
　276

独立規制機関　independent regulatory commis-
　sion　409
独立行政機関　independent administrative
　agency（IAA）　**408**,411
独立モデル　independent model of electoral man-
　agement　372
都市国家　city-state　88
都市政治　urban politics　**520**
都市の限界　city limits　521
途上国の福祉国家　welfare state in developing
　coutries　**144**
陶片追放　ostracism　364
ドーハ・ラウンド　Doha Round　531
トピック・モデル　topic modeling　80
ドブス判決　Dobbs decision　559
共稼ぎ家族　double-income family　553
トランスジェンダー　transgender　550
トランスナショナリズム　transnationalism　117
トランスナショナル唱道ネットワーク　transna-
　tional advocacy network（TAN）　486
取り込み（抱き込み，懐柔）　co-optation　192,
　242,**244**
取引費用　transaction costs　408
ドループ・クォータ　Droop quota　363
奴隷　slavery　93
ドント式　d'Hondt method　363
ドンバス　Donbas/Donbass　261

■な行

内因性崩壊（民主政の）　endogenous democratic
　breakdown　191
内閣　cabinet　310,312,376,392,396,412,590
内閣府男女共同参画局　Gender Equality Bureau
　Cabinet Office　547
内生性　endogeneity　51,240
内戦　civil war　424,**428**,430,446,458,468,474,
　490
内的な主権　internal sovereignty　108
ナイト的不確実性　Knightian uncertainty　61
内容分析（コンテンツ・アナリシス）　content
　analysis　40
中抜き　disinformation　163
ナショナリズム　nationalism　**116**,120,**122**,
　129,434,573
ナショナル・アイデンティティ　national iden-
　tity　567

ナショナル・マイノリティ　national minorities　126

ナショナル・マシーナリー　women's national machinery　546

ナショナル・ミニマム　national minimum　142

ナチス　Nationalsozialistische Deutsche Arbeiterpartei　604

ナチズム　Nazism　230,332

南部アフリカ開発共同体　Southern African Development Community（SADC）　492

難民　refugee　142,**568**

難民条約（1951 年，1967 年改正条約）　The 1951 Refugee Convention, The 1967 Protocol　568

難民の地位に関する議定書（難民議定書）　Protocol Relating to the Status of Refugees, New York Protocol　472

難民の地位に関する条約（難民条約）　Convention Relating to the Status of Refugees　472

難民レジーム　refugee regime　472

二元代表制　169

二項分布　binomial distribution　31

西アフリカ諸国経済共同体　Economic Community of West African States（ECOWAS）　492

二重連邦主義　dual federalism　416

偽情報　disinformation　386,479

二層ゲーム（2 レベルゲーム）　two-level games　443,468

二層制　two-tier system　354

二大政党制　two-party system　296,362

日常の政治　every politics　563

日米衛星調達合意　Satellite Procurement Agreement　533

二党制　two-party system　292,295,351

日本経済団体連合会　Japan Business Federation　326

日本商工会議所　Japan Chamber of Commerce and Industry　326

日本比較政治学会　Japan Association for Comparative Politics　10

入植者植民地主義　settler colonialism　441

ニューポリティクス　new politics　153

ニュルンベルク国際軍事裁判　Nuremberg International Military Tribunal　480

ニューロポリティクス　neuropolitics　**388**

認知領域の戦い　cognitive war　386

ネイション　nation　116,126,430

ネオ・コーポラティズム　neo-corporatism　10,334

ネオポピュリズム　neopopulism　167

ネオリベラリズム（新自由主義）　neoliberalism　103,**138**,167,169,336,460,511,553,563,608

ネクサス　nexus　467

捏造　fabrication　32

ネットワーク　network　151,269

ネットワーク分析　network analysis　**82**,323

農業団体　agricultural organization　**328**

ノード　node　82

ノミナル・グループ技法　nominal group technique　41

ノメンクラトゥーラ制　The nomenklatura　240

ノン・ルフールマン原則　The principle of non-refoulement　473

■は行

排外主義（ショービニズム）　chauvinism　309,**572**

賠償　reparation　500

排除的ポピュリズム　exclusionary/exclusive populism　173

背信　defection　237

陪審定理　condorcet jury theorem　224

配置構成比較　configurational comparison　24

ハイブリッド型オンブズマン　hybrid ombudsman　599

ハイブリッド体制　hybrid regime　184,191,242

ハイブリディティ　hybridity　495

白人至上主義　white supremacist　573

覇権政党システム　hegemonic party system　241

破綻国家（失敗国家）　failed state　94,98,**464**,494

破綻国家指標　failed states index　465

パックス　pacte civil de solidarité（PaCS）　564

バックリー対ヴァレオ事件　Buckley vs. Valeo　289

発展指向型国家（開発国家）　developmental state　95,**510**

バッファー・プレイヤー　buffer player　383

事 項 索 引　　687

ハード・プロパガンダ　hard propaganda　249
パトリオティズム　patriotism　117
パトロネージ　patronage　154, 315
パトロン　patron　154
パトロン・クライアント関係　patron-client relation　242
パトロン国家　patron states　109
話し手　interviewee　38
パネルデータ　panel data　74, 76
パネルデータ分析　panel data analysis　**74**
派閥　faction　357
パフォーマンスとしての正当性（パフォーマンス・レジティマシー）　performance legitimacy　101, 451
ハマス　Hamas　478
パリ協定　Paris Agreement under the United Nations Framework Convention on Climate Change　535
パン・アフリカニズム　pan Africanism　122
反移民　anti-immigration　143, 566, 572
反移民感情　anti-immigrant sentiment　572
反汚職　anti-corruption　594
反科学的態度　antiscientific attitude　585
ハンガリー革命　Hungarian Revolution　439
反事実　counterfactual(s)　66
反政治エスタブリッシュメント政党　anti-political-establishment parties（APEp）　219
半大統領制　semi-presidentialism（semi-presidential system）　171
反乱者によるガバナンス　rebel governance　469
反乱戦　insurgency　454

比較政治学委員会　Committee on Comparative politics　**6**, 8
比較選挙調査　Comparative Study of Electoral Systems（CSES）　44
比較不能な観察　non-comparable observations　50
比較民主化論　comparative democratization theory　439
比較歴史分析　comparative historical analysis　**56**, 259
比較連邦主義　comparative federalism　419
東アジア諸国連合　Association of Southeast Asian Nations（ASEAN）　492

東アジアモデル　East Asian welfare model　134
東ティモール　East Timor　502
皮下注射モデル　hypodermic needle model　578
非協力ゲーム理論　noncooperative game　28
庇護　asylum　568
非公式の政治　informal politics　58
非拘束(式)名簿　non-binding list, open-list　350, 451
庇護申請者　asylum seeker　569
非国家主体（非国家アクター）　non-state actor　199, 466, 468
庇護疲れ　asylum fatigue　569
非自由民主主義　illiberal democracy　184
非政府勢力　non-governmental force　428
非線形性　non-linearity　495
非対称性　causal asymmetry　25
非対称の情報　asymmetric information　442
ビッグデータ　big data　600
非伝統的金融政策　unconventional monetary policy　519
非人間化　dehumanization　425
批判的言説研究（批判的談話研究）　critical discourse analysis（CDA）　63
ヒューリスティクス　heuristics　159
票の水増し　ballot stuffing　371
票買収　vote buying　371, 453
標本　sample　42
標本抽出枠　sampling frame　42
比例式　proportional formula　352
比例代表(制)　proportional representation（PR）　171, 296, 314, 350, **352**, 354, 358, 450, 544
ヒンドゥー至上主義　Hindu nationalism　120

ファクトリアルサーベイ実験　factorial survey experiment　69
ファシズム　fascism　194, 230
フィアロン　Fearon, J.　442, 449
フィデス（ハンガリー）　Fidesz　170
フィルターバブル　filter bubble　386, 583
フィールド実験　field experiment　381
福祉排外主義　welfare（state）chauvinism　143, 573
フェイクニュース　fake news　**582**
フェミニスト経済学　feminist economy　560
フェミニスト制度論　feminist institutionalism　539

事項索引

フェミニズム運動　feminist movement　540, 547

フェモクラット　femocrat　546

フォーカス・グループ　focus group　40

フォーカス・グループ・インタビュー　focus group interview（FGI）**40**

フォーカス・グループ・ディスカッション　focus group discussion　40

フォーカスド・インタビュー　focused interview　40

フォーマル・セクター　formal sector　144

フォーマル・モデリング　formal modeling　224

不完全情報ゲーム　imperfect information game　28

不完備情報ゲーム　incomplete information game　28

不均一分散　heteroscedasticity　74

複合国家　composite state　90

複雑解　conservative solution, complex solution　25

複雑性理論　complexity theory　495

福祉国家　welfare state　10, 53, 89, 90, 98, 127, **136, 138, 140, 142**, 212, 306

福祉国家の新しい政治論　theory of the new politics of the welfare state　137

福祉政策　welfare policy　245

福祉生産レジーム　welfare production regime　513

福祉レジーム　welfare regime　10, 27, 53, **134**, 136, 211, 343, **548**, 561

複数結果帰着性（多重結果性）　multifinality　55

複数政党制（多党制）　multi-party system　292, 295, 296, 332, 351, 363, 452

不処罰　impunity　501

不戦条約　Treaty for the Renunciation of War as an Instrument of National Policy（Kellogg-Briand Pact）　489

武装解除・動員解除・社会再統合／社会復帰　disarmament, demobilization, reintegration（DDR）　496, **498**

武装勢力　armed group　**466**

武装非国家主体　armed non-state actor　468

普通選挙　universal suffrage　284, 364

物質主義（唯物論）　materialism　60, 152

フードレジーム　food regime　530

不平等　inequality　522

不服従のフランス　La France insoumise（LFI, FI）, France Unbowed, Indomitable France　172

部分的真実　partial truths　58

ブーメラン効果　boomerang effect　267

プライバシー　privacy　602

プライバシー権　right to privacy　558

プライバシー法　privacy law　602

プライマリー（予備選挙）　primary election　360

プライミング（効果）　priming　578

フランス　France　364, 545, 559, 564, 570

フランス革命　French Revolution　439

フリーダムハウス　Freedom House　524, 577

ブリティッシュネス　Britishness　571

プリートリアニズム（衛兵主義）　praetorianism　107, 232

フリードリヒ・エーベルト財団　Friedrich Ebert Stiftung　331

ブリューゲル（シンクタンク）　Bruegel　330

武装勢力　armed groups　446, 448, 454, **466**

武力紛争　armed conflict　453, 458, **488**, 554

プリンシパル＝エージェント・モデル　principal-agent model　374

プリンシパル＝エージェント理論　principal-agent theory　515

ブルジョワ革命　Bourgeois Revolution　439

ブール代数　Boolean algebra　24

ブルッキングス研究所　Brookings Institution　330

プレイイング・グラウンド　playing ground　453

プレカリアート（不安定労働者）　precariat　325

ブレグジット（イギリスの EU 離脱）　Brexit　162

フレーミング　framing　58, 173, 269, 279, 578

プレーヤー　player　28

ブローカー　brokers　155

ブローカー論　brokerage theory　460

ブロックチェーン　blockchain　601

プロパガンダ　propaganda　239, **248**, 478

プロフェッショナリズム（専門職業主義）　professionalism　106, 237

分割政府　divided government　517

分割投票　split-ticket voting　355

文化的フレーミング cultural framing 586
文化的リベラリズム cultural liberalism 307
分極化 polarization 190,360
分散的権力分有 dispersive powersharing 485
分析的叙述 analytic narratives 23
紛争 conflict 120,440,446,448,450,454,458,460,462,468,470,472,474,478,484,486,490,492,554
紛争解決 conflict resolution 441
紛争拡大のジレンマ the dilenmma of conflict escalation 96
紛争ダイヤモンド conflict diamonds 448
紛争予防 conflict prevention 492
分断 divide 255
分配政治 distributive politics 244
分配理論 distributive theory 398
文民統制 civilian control 106,497
文明の衝突 the Clash of Civilizations **156**
分離主義 separatism 415
分離独立 secession, secessionism 108,434
分離独立運動 separatist movement **124**,275,430,440
分裂した政党システム fragmented party system 315

平均処置効果 average treatment effect（ATE）67
閉鎖的権威主義体制 closed authoritarian regime 243
閉鎖的独裁制 closed autocracy 238
米州機構（OAS） Organization of American States（OAS） 437
ベイズ推論 Bayesian inference **30**
並立制 parallel voting 354
平和維持活動 peacekeeping operations（PKO）95,441,485,490,492,494,496,498
平和基金財団 fund for peace 465
平和構築 peacebuilding **494**,496,498,554
平和主義 pacifism 128
平和対正義 peace vs. justice 501
平和と正義のディレンマ dilemma of peace versus justice 489
平和に対する罪 crimes against peace 489,503
『平和への課題』 *Agenda for Peace* 494
ベヴァレッジ報告 Beveridge Report 142
ペスト plague 604

ベータ分布 beta distribution 31
ベトナム戦争 Vietnam War 441,479
ヘリテージ財団 Heritage Foundation 331
ヘルシンキ宣言 Helsinki Final Act 487
ベルヌーイ分布 Bernoulli distribution 31
ペレストロイカ Perestroika 260
偏回帰係数 partial regression coefficient(s) 70
変革的正義 transformative justice 501
変動相場制 floating exchange rate 411
変量効果モデル random effects model 72,75

ボイコット boycott 254
崩壊国家 collapsed state 464
包括性 inclusiveness 181
包括政党 catch-all party 286,288
包摂的権力分有 inclusive powersharing 485
「包摂-穏健化」仮説 inclusive moderation hypothesis 305
包摂的ポピュリズム inclusionary/inclusive populism 172
報道の自由 freedom of press 577
法と正義（ポーランド） Prawo i Sprawiedliwość 170
法の支配 rule of law 162,189,497
方法論的個人主義 methodological individualism 28
補完性原則 principle of subsidiarity 419
ポークバレル pork barrel 154
保険理論 insurance theory 402
保護する責任 responsibility to protect 489
ボコ・ハラム Boko Haram 467
ポジショナリティ positionality 58
母集団 population 42
保守主義レジーム conservative regime 134
ポスト機能主義 postfunctionalism 105
ポスト共産主義 post-communism 231
ポスト工業化 post-industrialization **140**,307
ポストコロニアル postcolonial 440
ポスト実証主義 post positivism 63
ポスト全体主義体制 post-totalitarian regime 231
ポスト・トゥルース post-truth 580
ポスト・平和構築論 post-liberal peacebuilding（PLPB） 495
ポストモダニズム postmodernism 60
ポスト・リベラルアプローチ post liberal ap-

proach 95

ボスニア Bosnia 479,485,502

母体保護法 maternal health law 557

ポデモス（スペイン） Podemos 172

ポピュリスト populist 162,168,170,188,219, 605

ポピュリスト政党 populist party 359

ポピュリズム populism 153,159,**162**,**164**,166, **168**,220,307,309,332

　右派── right-wing populism **170**

　古典的── classic populism 166

　左派── left-wing populism **172**

　ネオ── neopopulism 167

　排除的── exclusionary/exclusive populism 173

　包摂的── inclusionary/inclusive populism 172

ホモ・ナショナリズム homo-nationalism 563

ポリアーキー polyarchy 179,182,186

ポルポト政権 Pol-Pot regime 476

ホロコースト Holocaust 476,480

本会議中心主義 chamber-based system 399

香港 Hong Kong 586

本人-代理人問題 principal-agent/agency problem 29,403

■ま行

マイグレーション・マネジメント migration management 569

マイクロクレジット microcredit 277

マイノリティ minorities 126,434,466,567

マシーン政治 machine politics 252

マスメディア mass media **578**

マッチング matching 215

マッチングファンド matching fund 291

麻薬カルテル Drug Cartel 467

マルクス主義フェミニズム Marxist Feminism 552

マルチ・ステークホルダー・ガバナンス multi-stakeholder governance 526

マルチメソッド multi-method 21

マルチレベル・ガバナンス multi-level governance 419

マルチレベル分析 multilevel analysis **72**

マンデート難民 mandate refugees 569

ミシガン・グループ Michigan group 158

未承認国家 unrecognized states **108**

水資源 water resources **460**

　──をめぐる紛争 water conflict 460

水資源ガバナンス water governance 460

見せかけの相関（疑似相関） spurious correlation 447,459

緑の党 green party 273

南アフリカ South Africa 501

ミニ・パブリックス mini-publics 197,559

未来の割引率 future discount rate 247

ミレニアム開発目標 Millennium Development Goals（MDGs） 534

民軍関係（政軍関係） civil-military relations 237,429

民主化 democratization 7, 10, 90, 179, **186**, **193**,**208**,217,252,254,258,411,415,**450**

　──の移行理論 the theory of democratic transition 186

　──の「第三の波」 the third wave of democratization 111,187,208,232

　──の「定着」理論 the theory of democratic consolidation 187

民主化運動 movement for democratization 258

民主化支援 support for democratization **206**

民主国家間の平和（民主的平和論，デモクラティックピース論） democratic peace 157,427,494

民主国家のコミットメントの信頼性 democratic credibility 443

民主主義（民主政，デモクラシー） democracy 150,178,180,182,**190**,**210**,212,**214**,**216**,**220**, 226,394,428,505,580,597,605

　──の学校 112

　──の後退（民主主義の不況） democratic backsliding/recession **188**, 191, 207, 219, 525

　──の質 quality of democracy 205

　──の多様性機関 a variety of democracy institute 375

　──の定着 democratic consolidation 166

　──の防衛 democratic defense 207

民主主義サミット The Summit for Democracy 209

民主主義指標（民主主義指数） democracy index　179,**180**,185

民主主義・選挙支援国際研究所　The International Institute for Democracy and Electoral Assistance　368

民主的平和論（デモクラティックピース論，民主国家間の平和）　democratic peace　157,427,494

民主政（民主主義，デモクラシー）　democracy　150,178,180,182,**190**,210,212,**214**,**216**,220,226,394,428,505,580,597,605

民族自決　self-determination　120,124,430

民族主義　nationalism　116

民族浄化　ethnic cleaning　430

民族地図　map of ethnic groups　117

民族文化的マイノリティ　ethnocultural minorities　126

民族紛争　ethnic conflict　157,415,424,**430**

民兵　militia　462

無作為抽出　random sampling　43

無差別戦争観　non-discriminatory concept of war　488

無償ケア労働　unpaid care labor　548

無条件降伏　unconditional surrender　489

ムスリム同胞団　Muslim Brotherhood　304

無党派層　independent voter　169,382

名誉革命　Glorious Revolution　438

メキシコ　Mexico　545

メソ・コーポラティズム　meso-corporatism　334

メタアナリシス　meta analysis　214

メタコンセンサス　meta consensus　196

メディア　media　**248**,**478**,**576**

メディアの分極化　media polarization　577

メディケイド　Medicaid　417

モジュール性　modularity　278

模倣　emulation　61,92

■や行

夜間光　night light　215

夜警国家　night-watchman state　98,166

野党　opposition party　**254**,317

野党連合　opposition alliance　255

唯物論（物質主義）　materialism　60,152

有権者　eligible voter　154,158,218,222,296,298,**366**,**378**,522,542,591

　　——からの排除　exclusion from suffrage　379

　　——による自発的有権者登録　voter-initiated voter registration　367

有権者登録　voter registration　365,**366**

　　——における偏り　bias in voter registration　367

有権者登録業務のアウトソーシング　outsourcing of voter registration management　367

有権者登録率　voter registration rate　367

有権者名簿作成・更新のタイミング　timing of generating, updating voter registry　366

有効政党数　effective number of parties　294

有人宇宙飛行　human space flight　532

優生思想　eugenics　557

優生政策　eugenic policy　558

優生保護法　eugenic protection law/act　557

ユーゴスラビア　Yugoslavia　501

ユス・アド・ベルム　jus ad bellum　489

ユス・イン・ベロ　jus in bello　488

ユース・バルジ　youth bulge　130

輸入代替型工業化　import substitution industrialization　337

ユネスコ　United Nations Educational, Scientific and Cultural Organization（UNESCO）　531

ゆりかごから墓場まで　from the cradle to the grave　142

ユーロ・イスラーム　Euro Islam　130

ユーロバロメーター　Eurobarometer　45,72

要扶養児童世帯補助金　Aid to Families with Dependent Children　417

良き統治（グッド・ガバナンス）　good governance　594,598

抑制的権力分有　constraining powersharing　485

よく似たシステム・デザイン　most similar systems design　17

予測　prediction　19

与党　governing party　**240**,312,316,384

予備選挙（プライマリー）　primary election　360

ヨーロッパ化　europeanization　104

弱い国家　weak state　94,464

弱い政府　weak government　517

■ら行

ライシテ　laïcité　128
ラテンアメリカ　Latin America　144,246
ラトヴィア　Latvia　119
ランダム傾きモデル　random slope model　73
ランダム化比較試験　randomized controlled trial
　16,19
ランダム係数モデル　random coefficient model
　73
ランダム切片モデル　random intercept model
　72
ランド研究所　RAND Corporation　330

利益集団　interest group　282,320
利益集団自由主義（利益団体自由主義）　interest
　group liberalism　322,333
利益集団論　interest group theory　439,515
利益集約機能　interest aggregation function
　321
利益相反　conflict of interest　596
利益団体　interest group, organized interest
　group　198,**320,322,**328
利益中心アプローチ　interest-based approach
　515
利益表出機能　interest articulation function
　320
リオ＋20サミット　United Nations Conference
　on Sustainable Development（Rio＋20）　534
利害調整の駆け引きの失敗（交渉の失敗）　bar-
　gaining failure　426,442,447
リサーチ・デザイン　research design　18
リスト実験　list experiment　69
立憲君主制　constitutional monarchy　412
立憲主義　constitutionalism　91,402
立法権　legislative power　396
リプロダクティブ・ヘルス／ライツ　reproduc-
　tive health/right　557,558
リベラリズム　liberalism　26
リベラルデモクラシー（自由民主主義）　liberal
　democracy　197,212,332,402,524,566,591
リベラルな制度構築　liberal institution building
　95
リベラル／非リベラル・パラドックス　liberal/
　illiberal paradox　567

領域支配　territorial control　428
両院制（二院制）　bicameralism　377,396
猟官制度　spoils system　164
量的緩和政策　quantitative easing　519
量的研究　quantitative research　50
量的手法（定量分析）　quantitative methods　2,
　20
領土紛争　territorial conflicts　434
理論モデルの実証的含意　empirical implications
　of theoretical models（EITM）　23
倫理審査　ethics review　32

ルワンダ　Rwanda　470,476,478,501
ルワンダ国際刑事法廷　International Criminal
　Tribunal for Rwanda（ICTR）　502

冷戦　Cold War　100,436,441
れいわ新選組　169
歴史学　history　117
歴史社会学　historical sociology　56
歴史修正主義　historical revisionism　480
歴史（的）制度論　historical institutionalism　52,
　56,139,344,**346**
歴史的記憶　historical memory　119
歴史的政治経済学　historical political economy
　56
歴史的不正義　historical injustice　500
歴史認識　historical perception　**480**
歴史の終わり　end of history　524
レジティマシー（正統性）　legitimacy　94,106,
　191,198,576
レジーム論　regime theory　520
レジリエンス　resilience　495
レパートリー　repertoire, repertory　58
レールム・ノヴァルム　Rerum Novarum　303
連記制　plural ballot system　350
連合（日本労働組合総連合会）　Japanese Trade
　Union Confederation（JTUC）　325
連帯　solidarity　105
連帯賃金　solidarity wage　211
レンティア国家　rentier state　110,246,449,567
レント　rent　110,322,342,448
　──の分配　rent distribution　242
レント・シーキング　rent seeking　322
連邦国家　federation　418
連邦最高裁判所（アメリカ）　the United States

事 項 索 引 　　　693

Supreme Court　558
連邦制（連邦主義）federalism, federal system
　109,308,**414,416,418**
——の逆説　the paradox of federalism　415
連用制（小選挙区比例代表連用制）・追加議員制
　additional member system（AMS）355
連立政権　coalition government　283,310,316
連立理論　coalition theory　**310,312**,316

労働運動　labor movement　324
労働協約適用率　collective bargaining coverage
　325
労働組合　trade union　307,**324**
労働組合組織率　trade union density　325
労働三権　three primary rights of labor　324
労働市場の女性化　feminization of labor market
　140
労働党（イギリス）Labour Party　172
ロウ判決　Roe decision　559
ロシア　Russia　119,260,478
ロシア革命　Russian Revolution　439
ロシア語話者　Russian speakers　118

ロー対ウェイド事件　Roe vs. Wade　203
ロックイン　lock-in　247
ロビイスト　lobbyist　327
ロビイング　lobbying　216,321,327
ロビイング開示法　Lobbying Disclosure Act
　327
ロビイング規制法　Federal Regulation of Lobby-
　ing Act of 1946　327

■わ行

賄賂　bribe　596
和解　reconciliation　501,505
ワークフェア　workfare　139
ワ州連合軍　United Wa State Army（UWSA）
　467
ワシントン・コンセンサス　Washington consen-
　sus　102
我々の世界を変革する：持続可能な開発のための
　2030アジェンダ　Transforming our World：
　The 2030 Agenda for Sustainable Develop-
　ment　534
湾岸アラブ諸国　The Arab Gulf States　566

事項索引

人 名 索 引

＊日本人名には英字を併記していない

■あ行

アーサー　Arthur, W. B.　53
アセモグル（アジェモール）　Acemoglu, D.　93,
　107
アデナウアー　Adenauer, K.　302
アメンタ　Amenta, E.　266,270
アーモンド　Almond, G. A.　5,6
アリストテレス　Aristotle　4,178
アレント　Arendt, H.　439
アロー　Arrow, K. J.　224

石原慎太郎　168
イマグート　Immergut, E. M.　346
イングルハート　Inglehart, R.　152,159,294,301

ヴァーバ　Verba, S.　6,278
ウィナー　Weiner, M.　6
ウィレンスキー　Wilensky, H. L.　136
ウェイ　Way, L.　208
ウェーバー（ヴェーバー）　Weber, M.　4,88,94,
　106,284,406
ウェブ　Webb, P.　400
ウォルツ　Waltz, N.　426
ウォレス　Wallace, G.　165

エステベス゠アベ　Estévez-Abe, M.　549,553
エスピン゠アンデルセン　Esping-Andersen, G.
　27,134,136,303,548
エリツィン　El'tsin, B. N.　260

大嶽秀夫　168
オッフェ　Offe, C.　212
オードシュック　Ordeshook, P.　380
オドンネル　O'Donnell, G. A.　186
オフリン　O'Flynn, I.　221
オルソン　Olson, M.　268,278

■か行

ガーシェンクロン　Gerschenkron, A.　100
カッツ　Katz, R. S.　285,286

カバジェロ　Caballero, P.　534
蒲島郁夫　383
カルドー　Kaldor, M.　435
ガルトゥング　Galtung, J.　494

キー　Key, Jr., V. O.　6
キッチェルト　Kitschelt, H.　298
キムリッカ　Kymlicka, W.　126
ギャムソン　Gamson, W.　270
キルヒハイマー　Kirchheimer, O.　285
キング　King, G.　249

クラーン　Kuran, T.
クランダマンス　Klandermans, B.　278
クリック　Crick, B.　606
クワメ・エンクルマ　Kwame Nkrumah　123

ゲルナー　Gellner, E.　121

小泉純一郎　168
コックス　Cox, G.　297
コリアー　Collier, P.　449
ゴルダー　Golder, S. N.　314
ゴルトン　Galton, F.　557
コルピ　Korpi, W.　136
ゴルバチョフ　Gorbachev, M. S.　260
コールマン　Coleman, J. S.　6
コンヴァース　Converse, P. E.　158

■さ行

サラモン　Salamon, L. M.　217
サリット　Sarit Thanarat　100
サルトーリ　Sartori, G.　9,204,292,332

ジェイコブソン　Jacobson, C. G.　289
ジェソップ　Jessop, B.　212
シェリング　Schelling, T.　442
ジャクソン　Jackson, A.　164
シャープ　Sharp, G.　279
ジャマーア・テ・イスラーミー　Jamaat-e Islami
　304

人名索引

シュタイナー　Steiner, J. S.　27
シュトレーク　Streeck, W.　53
シュミッター　Schmitter, P. C.　186, 334, 336
シュミット　Schmidt, V. A.　63, 137
シュミット　Schmitt, C.　194
シュンペーター　Schumpeter, J. A.　178, 186,
　195, 203, 332
蒋経国　Chiang, C-K.　100
ショヴァン　Chauvin, N.　573
ジョコ・ウィドド　Joko Widodo　580
ジョージ　George, A. L.　54

スコチポル（スコッチポル）　Skocpol, T.　56,
　439
ステパン　Stepan, A. C.　107, 187
ストークス　Stokes, D. E.　158
スハルト　Suharto　100

セインズベリ　Sainsbury, D.　549
セーレン　Thelen, K.　53
セン　Sen, A.　530

■た行

ダウンズ　Downs, A.　158, 383
田中眞紀子　168
ダール　Dahl, R. A.　178, 181, 186, 292, 333, 520
タロウ　Tarrow, S.　266, 271, 278

ツェベリス　Tsebelis, G.　202

ティリー　Tilly, C.　92, 94, 266, 269, 271, 278
デ・ガスペリ　De Gasperi, A.　302
デ・コニング　de Coning, C.　495
デュベルジェ　Duverger, M.　9, 284, 292, 296

トゥレーヌ　Touraine, A.　268
トクヴィル　Tocqueville, A. de　4, 438
ドナイス　Donais, T.　495
トランプ　Trump, D.　162, 165, 209, 584
トルドー　Trudeau, P. E.　127
トルーマン　Truman, D.　320

■な行

ナフダトゥル・ウラマー　Nahdlatul Ulama　304
ナンセン　Nansen, F.　568

ノイマン　Neumann, S.　6
ノードハウス　Nordhaus, W. D.　385
ノードリンガー　Nordlinger, E.　107

■は行

パイ　Pye, L. W.　6
バーク　Burke, E.　282
パーソンズ　Persons, T.　300
ハッカー　Hacker, J. S.　53
バッシャール・アル゠アサド　Bashar al-Assad
　237
パットナム　Putnam, R. D.　150
パーネビアンコ　Panebianco, A.　285
ハーバマス　Habermas, J.　268
パリス　Paris, R.　494
パールマター　Perlmutter, A.　107
ハンチントン（ハンティントン）　Huntington, S.
　P.　101, 106, 156, 187, 208
バンティング　Banting, K.　127

ピアソン　Pierson, P.　52, 137, 346
ピヴン　Piven, F. F.　270
ピーターソン　Peterson, P.　521
ヒトラー　Hitler, A.　230, 478
ピノチェト　Pinochet, A.　232, 503

ファイナー　Finer, S.　106
フクヤマ　Fukuyama, F.　92, 209
フーコー　Foucault, M.　62, 556
プシェヴォルスキ　Przeworski, A.　335
ブトロス・ガリ　Boutros-Ghali, B.　494
ブライアン　Bryan, W. J.　164
プラボウォ・スビアント・ジョヨハディクスモ
　Prabowo Subianto Djojohadikoesoemo　580
フリードマン　Friedmann, H.　530
フレーザー　Fraser, N.　552
ブロンデル　Blondel, J.　9, 292

ヘーゲル　Hegel, G. W. F.　439
ベネット　Bennett, A.　55
ベブラーウィー　Beblawi, H.　111
ヘリング　Herring, E. P.　6
ベントレー　Bentley, A.　320

朴正熙　Park, C. H.　100
ポグントケ　Poguntke, T.　400

ホスニ・ムバーラク　Husnī Mubārak　237
ボノーリ　Bonoli, G.　549
ホーフラー　Hoeffler, A.　449

■ま行

マークス　Marks, G.　309
マクリディス　Macridis, R. C.　6
マーシュ　Marsh, D.　323
マスク　Musk, E. R.　532
マッカーダム　McAdam, D.　267
マディソン　Madison, J.　282
マートン　Merton, R. K.　407
マホニー　Mahoney, J.　57
マリタン　Maritain, J.　303
マルクス　Marx, K.　88,92,268,439
マルコス　Marcos, F.　100
マルサス　Malthus, T. R.　530,556
丸山眞男　5

ミヘルス　Michels, R.　321
ミル　Mill, J. S.　4,19

ムーア　Moore, Jr., B.　26,56,190
ムハンマド　Muhammad　130
ムフ　Mouffe, C.　172
ムンク　Munck, G.　180

メア　Mair, P.　285,286,295

モンテスキュー　Montesquieu, C-L. de　4,402,
　439

■や行

山本太郎　169

■ら行

ライカー　Riker, W.　380
ラクラウ　Laclau, E.　172
ラパロンバラ　LaPalombara, J.　6

リッチモンド　Richmond, O. P.　495
リード　Reed, S.　297
リプセット　Lipset, S. M.　5,186,300,294,308
リンス　Linz, J. J.　5,187,190,231

ルキアーニ　Luciani, G.　111
ルービン　Rubin, D. B.　66

レイガン　Ragin, C. C.　24
レイバー　Laver, M.　311
レイプハルト　Lijphart, A.　5, 9, 26, 202, 204,
　220,300,333,351
レヴィツキー　Levitsky, S.　188,208
レーガン　Reagan, D.　168
レーニン　Lenin, V.　195
レームブルッフ　Lehmbruch, G.　204

ロウィ　Lowi, T.　322,333
ロス　Ross, L. M.　111
ローズ　Rhodes, R.　323
ローゼンブルース　Rosenbluth, F.　553
ロッカン　Rokkan, S. G.　5, 9, 90, 94, 294, 300,
　308
ロビンソン　Robinson, J.　93,107
ロールズ　Rawls, J.　26

人名索引

比較政治学事典

令和 7 年 1 月 30 日　発　行

編　者　　日本比較政治学会

発行者　　池　田　和　博

発行所　　丸善出版株式会社
〒101-0051 東京都千代田区神田神保町二丁目17番
編集：電話 (03)3512-3264／FAX (03)3512-3272
営業：電話 (03)3512-3256／FAX (03)3512-3270
https://www.maruzen-publishing.co.jp

© Japan Association for Comparative Politics, 2025

組版印刷・三美印刷株式会社／製本・株式会社 松岳社

ISBN 978-4-621-30999-5　C3531　　　　Printed in Japan

JCOPY 〈(一社)出版者著作権管理機構　委託出版物〉

本書の無断複写は著作権法上での例外を除き禁じられています．複写
される場合は，そのつど事前に，(一社)出版者著作権管理機構（電話
03-5244-5088, FAX 03-5244-5089, e-mail：info@jcopy.or.jp）の許諾
を得てください．